RETA FINAL

VOLUME 1

DISCIPLINAS ESSENCIAIS

www.editorasaraiva.com.br/direito
Visite nossa página

COORDENAÇÃO
DARLAN BARROSO
MARCO ANTONIO ARAUJO JUNIOR

RETA FINAL

VOLUME 1

DISCIPLINAS ESSENCIAIS

CONCURSOS PÚBLICOS

ESTA OBRA ABORDA AS DISCIPLINAS ESSENCIAIS PARA CONCURSOS PÚBLICOS DE NÍVEL MÉDIO E NÍVEL SUPERIOR:

- DIREITO CONSTITUCIONAL
- DIREITO ADMINISTRATIVO
- PORTUGUÊS
- INFORMÁTICA
- MATEMÁTICA
- RACIOCÍNIO LÓGICO
- ESTATUTO DA PESSOA COM DEFICIÊNCIA

saraiva jur

saraiva EDUCAÇÃO | saraiva jur

Av. Paulista, 901, 3º andar
Bela Vista – São Paulo – SP – CEP: 01311-100

SAC | sac.sets@somoseducacao.com.br

DADOS INTERNACIONAIS DE CATALOGAÇÃO NA PUBLICAÇÃO (CIP)
ANGÉLICA ILACQUA CRB-8/7057

Reta final : disciplinas essenciais - concursos públicos – vol. 1 / coordenação de Darlan Barroso e Marco Antonio Araujo Junior. São Paulo: Saraiva Educação, 2020.
736 p.

Bibliografia
ISBN 978-65-5559-083-8 (impresso)

1. Direito. 2. Concursos públicos. I. Título. II. Barroso, Darlan. III. Araujo Junior, Marco Antonio.

CDD 153.1
20-0431 CDU 371.3

Índices para catálogo sistemático:

1. Direito
2. Concursos públicos

Direção executiva	Flávia Alves Bravin
Direção editorial	Renata Pascual Müller
Gerência de projetos e produção editorial	Fernando Penteado
Planejamento	Josiane de Araujo Rodrigues
Novos projetos	Sérgio Lopes de Carvalho Dalila Costa de Oliveira
Edição	Clarissa Boraschi Maria (coord.) Daniel Pavani Naveira
Produção editorial	Daniele Debora de Souza (coord.) Luciana Cordeiro Shirakawa
Arte e digital	Mônica Landi (coord.) Camilla Felix Cianelli Chaves Claudirene de Moura Santos Silva Deborah Mattos Guilherme H. M. Salvador Tiago Dela Rosa
Projetos e serviços editoriais	Daniela Maria Chaves Carvalho Kelli Priscila Pinto Laura Paraíso Buldrini Filogônio Marília Cordeiro Nicoly Wasconcelos Razuk
Diagramação	Muiraquitã Editoração Gráfica
Revisão	Bernardete Maurício Daniela Georgeto Denise Dognini Ivani Aparecida Martins Cazarim Luciana Cordeiro Shirakawa
Capa	Tiago Dela Rosa
Produção gráfica	Marli Rampim Sergio Luiz Pereira Lopes
Impressão e acabamento	Bartira

Data de fechamento da edição: 4-9-2020

Dúvidas? Acesse www.editorasaraiva.com.br/direito

CL 606496 CAE 727411

Sobre os Coordenadores

DARLAN BARROSO

Advogado. Sócio-fundador do MeuCurso. Mestre em Direito. Especialista em Direito Processual Civil pela PUC-SP. Professor de Direito Processual Civil e Coordenador de Pós-graduação em Processo Civil no MeuCurso. Foi coordenador de cursos preparatórios na Rede LFG, Diretor pedagógico no Damásio Educacional, autor e coordenador de obras na Editora Revista dos Tribunais. Atualmente, é autor e coordenador de obras na Saraiva Educação.

MARCO ANTONIO ARAUJO JR.

Advogado. Mestre em Direitos Difusos e Coletivos. Especialista em Direito das Novas Tecnologias pela Universidad Complutense de Madrid. Atuou como Conselheiro Seccional da OAB/SP (2013/2015 e 2016/2018), Presidente da Comissão de Defesa do Consumidor da OAB/SP (2013/2015 e 2016/2018), Membro da Comissão Nacional de Defesa do Consumidor do Conselho Federal da OAB (2013/2015 e 2016/2018). Diretor Adjunto da Comissão Permanente de Marketing do Brasilcon. Membro do Conselho Municipal de Defesa do Consumidor do Procon Paulistano. Foi Assessor-Chefe da Fundação Procon/SP. Atuou também como Presidente da Associação Nacional de Proteção e Apoio ao Concurso Público (Anpac) de 2015/2016 e 2017/2018 e atualmente atua como Vice-Presidente (2019/2020). Foi Professor, Coordenador do Núcleo de Prática Jurídica, Coordenador Acadêmico e Diretor do Curso de Direito da Uniban/SP; Professor e Coordenador do Curso Prima/SP; Professor e Diretor Acadêmico da Rede LFG; Professor, Coordenador da Graduação e Pós-graduação da Faculdade Damásio, Vice-Presidente Acadêmico, Diretor Executivo do Damásio Educacional e Diretor Acadêmico do IBMEC/SP. Atualmente, é Professor e Sócio-fundador do MeuCurso, autor e coordenador de obras na Saraiva Educação.

Sobre os Autores

BRUNO VILAR LEITE DOS SANTOS

Professor de Matemática e Filosofia. Pós-graduando em Direito Público, Coaching e PNL Praticioner. Autor de diversos livros, entre eles, *Raciocínio lógico*: teoria e treinamento prático (Método, 2009), *Raciocínio lógico*: questões comentadas – CESPE (Método, 2010), *Matemática básica para concursos*: teoria e treinamento prático (Método, 2011), *Matemática facilitada* (Editora Método/2017) e *Manual Passe na OAB* (Saraiva Educação, 2018).

CID MARQUES

Professor de Informática há 26 anos, professor de cursos de informática para concursos presenciais e on-line desde 2015, autor de obras para concursos. Bacharel em Ciências Econômicas – Universidade Sant'Anna e Técnico em Administração de Empresas. Empresário da área de educação profissionalizante com ênfase em Informática há 23 anos, formando jovens para o mercado de trabalho, com aulas de Marketing Pessoal, Comportamento e Postura, Gestão Empresarial, Informática, Manutenção de Computadores, Hotelaria e Turismo, e Informática para Concursos Públicos.

DANIEL LAMOUNIER

Advogado e Professor de Direito. Mestre em Direito Constitucional e especialista em Direitos Humanos e em Ciências Jurídico-Filosóficas pela Universidade de Coimbra, Portugal. Ex-Controlador Adjunto da Controladoria-Geral do Município de São Paulo.

LUCIANE APARECIDA AGGIO SARTORI

Graduada em Letras e pós-graduada em Metodologia de Ensino para Terceiro Grau. Professora Especialista em Português – gramática, interpretação de textos, redação discursiva, redação oficial e redação jurídica; revisora e redatora de textos há trinta anos; tem vinte anos de experiência na área de concursos. Atualmente, leciona na Rede LFG, no Getussp, MeuCurso e outras instituições. Além de professora, tem também a formação de Master Coaching e, está em curso, como Analista Comportamental.

MARCOS OLIVEIRA

Procurador da Fazenda Nacional. Especialista em Direito pela Universidade de São Paulo (USP). Professor de Direito Administrativo e Tributário no MeuCurso.

RAFAEL PAIVA

Advogado. Mestre em Direito. Professor de Direito Constitucional e Processo Penal no MeuCurso.

SAVIO CHALITA

Advogado. Mestre em Direitos Sociais, Difusos e Coletivos. Membro efetivo da Comissão Especial de Direito Constitucional do Conselho Seccional de São Paulo (OAB/SP). Professor Universitário. Professor do MeuCurso. Professor de Direito Constitucional, Eleitoral e Ética Profissional e Estatuto da OAB. Autor de diversas obras.

VIVIANE CRISTINA DE SOUZA LIMONGI

Advogada. Graduada em Direito, Especialista em Direito Empresarial e Mestre em Direito Civil, pela PUC/SP. Doutoranda em Direito Civil pela USP. Autora do livro *A capacidade civil e o Estatuto da Pessoa com Deficiência*: reflexos patrimoniais do negócio jurídico firmado pelas pessoas com deficiência mental. Presidente da Comissão de Direito Civil da Subseção de Pinheiros, triênio 2019-2021.

Sumário

Apresentação dos Coordenadores

O **Reta Final: Disciplinas Essenciais – Concursos Públicos**, em seu 1º volume, conta com as disciplinas chamadas de **Eixo Fundamental** em concursos públicos que exigem formação de nível médio ou superior, inclusive para alguns da área jurídica, que são:

- Direito Constitucional,
- Direito Administrativo,
- Português,
- Informática,
- Matemática,
- Raciocínio Lógico e
- Estatuto da Pessoa com Deficiência.

Essas disciplinas compõem parte relevante dos editais[1] de várias carreiras públicas, tais como:

- Analista e Técnico de Tribunais Estaduais e Federais (TJ, TRT, TRF, TRE);
- Analista e Técnico do Ministério Público (MP, MPT, MPF);
- Concursos de Prefeitura (Área administrativa, Motorista, Guarda Civil Metropolitano)
- Concursos de Câmara de Vereadores (Analista legislativo, Técnico legislativo, Auxiliar legislativo);
- Concursos para Carreiras Policiais (Agente, Escrivão, Soldado)

1 É fundamental que o candidato verifique o conteúdo do edital e identifique cada uma das disciplinas e dos temas exigidos no concurso público que irá prestar.

A ideia da obra é permitir que o candidato possa se preparar de forma aprofundada nas **disciplinas essenciais** e, em separado, complementar seus estudos com os temas restantes do edital da carreira para qual prestará concurso.

O livro traz uma abordagem totalmente inovadora e diferenciada, que permitirá uma leitura rápida, fluida e eficaz dos conteúdos mais importantes para as provas.

Escrita por autores que também são professores, a dinâmica da obra permite que os pontos mais importantes dos editais, com alta incidência nos concursos públicos, sejam trazidos em evidência, permitindo que o leitor possa saber aquilo que tem maior relevância na hora de estudar.

A obra revela ainda a metodologia criada por nós, ao longo dos nossos quase 20 anos de experiência em coordenação e direção dos principais cursos preparatórios do país (Prima, LFG, Damásio e agora MeuCurso).

É a metodologia da **Rota de Estudos** com **Saber** (leitura do texto) + **Praticar** (responder questões de provas anteriores sobre o tema estudado) + **Revisar** (verificar os comentários em cada questão e cada alternativa e revisar a matéria estudada).

Com isso, a obra permite que o leitor/candidato possa se aprofundar no conteúdo e colocar em prática o que aprendeu com os exercícios selecionados e incluídos abaixo de cada capítulo, com questões temáticas e comentários em todas as alternativas, indicando se a fonte utilizada vem da legislação, doutrina ou jurisprudência, e, ainda, informando qual o nível de dificuldade daquela questão.

No volume 2 da coleção, **Reta Final: Concentrado Tribunais**, o candidato poderá estudar disciplinas complementares constantes da maior parte dos editais de Tribunais Estaduais e Federais do país, tais como: Direito Civil, Direito Processual Civil, Direito Penal, Direito Processual Penal, Direito do Trabalho, Direito Processual do Trabalho, Direito Tributário, ECA, Direito Ambiental, Direito do Consumidor, Direito Previdenciário, Direito Eleitoral e Serviço Público Federal.

Desejamos ótimos estudos e muito sucesso nos concursos!

Prof. Marco Antonio Araujo Junior (Instagram @profmarcoantonio)
Prof. Darlan Barroso (Instagram @darlanbarroso)
www.meucurso.com.br

1
DIREITO CONSTITUCIONAL

Sumário

1. CONSTITUCIONALISMO E PODER CONSTITUINTE

1.1 Constitucionalismo e neoconstitucionalismo

O direito constitucional, mais do que a própria estrutura dorsal, é norma de validade de todo o sistema jurídico que estabelece. É por meio do texto constitucional que toda a legislação busca validade jurídica dentro do ordenamento que ele próprio inaugura.

Contudo, antes de avançarmos para as estruturas da relação entre institutos e garantias constitucionais, é importante compreender o cenário em que devemos analisar a função da Constituição em relação ao Estado e seu contexto histórico (de forma breve e objetiva, com foco no propósito claro desta obra).

O **conceito de constitucionalismo** está atrelado à evolução das relações existentes entre governantes e governados e ao surgimento de uma **norma capaz de legitimar e limitar o poder**.

Se, de um lado, é necessária a existência de uma normativa superior que garanta um Estado com poder e força suficientes para interferir nos casos em que esse documento assim estabelecer, de modo a equalizar (quando necessário) relações particulares ou mesmo garantir a ordem no convívio em sociedade, é preciso, em igual proporção, estabelecer limitações a esse poder, sob pena de abusos e regimes de verdadeira exceção.

São formas de limitação a esse poder:

a) **governo limitado por meio de uma norma superior**, a quem deverá obediência como pela própria razão de legitimação e existência, e também pelo sistema de separação de funções do poder que garantirá um auto mecanismo de controle (item seguinte);

b) **separação dos poderes** como mecanismo de *checks and balances* (pesos e contrapesos). Na verdade, veremos que o poder é uno. O que de fato ocorre (como adiantamos no item anterior) é uma separação de funções e competências que garantirá que o poder exerça mecanismo de controle sobre ele mesmo. É o que observamos na apresentação que temos entre o Legislativo, o Executivo e o Judiciário, cada qual com funções típicas e atípicas, convivendo de modo harmônico e independente, sem interferências, exceto quando diante da necessidade do próprio mecanismo de controle (vícios de constitucionalidade, de legalidade, abusos etc.);

c) **previsão de direitos e garantias** aos governados. A limitação do poder do Estado não pode encerrar compreensão de simples ação negativa, mas deve impor atuação positiva no intento de garantir o mínimo (segundo a doutrina e a jurisprudência, o mínimo existencial). A própria limitação, concordamos, é um importante direito de forma ampla. No entanto, a atuação prestacional do Estado (a seguir veremos os direitos de segunda dimensão, relacionados aos direitos de igualdade) deve estar assegurada.

1.2 Breve desenvolvimento histórico do constitucionalismo

É possível traçar, com objetividade, apontamentos históricos do desenvolvimento do constitucionalismo. Vejamos algumas experiências antigas que nos trouxeram para modelos experimentados hoje:

Constitucionalismo hebreu: contemplou um Estado teocrático, em que o governo e os governantes estavam limitados pelas escrituras sagradas (leis divinas). Neste modelo, é interessante a figura atuante dos profetas, na condição de verdadeiros intermediários entre o divino e os homens. Agiam de modo a demonstrar oposição àqueles governantes que atuassem em tom desconforme com a vontade de Deus. Os governantes, portanto, nada mais eram do que representantes do poder divino na Terra.

Grécia: considerada berço cultural e também do desenvolvimento da democracia, é marcada pelo conjunto de costumes, tradições, "estatutos", que eram considerados uma espécie de constituição (um grande limitador do poder).

Pode ser analisada pelo aspecto do **constitucionalismo ateniense** (organização política, civil, democrática), com parlamento aberto aos cidadãos (aqueles a quem eram atribuídos direitos políticos), controle de contas públicas, além de ações (*graphé*) que demonstravam a preocupação grega acerca da não concentração do poder ou mesmo a possibilidade de seu exercício arbitrário. Quanto ao **constitucionalismo espartano**, destacam-se a organização militarista, a liberdade e a defesa territorial. Um importante marco entre Atenas e Esparta estava na inexistência do direitos às mulheres.

Roma: de forma objetiva, podemos apontar o conceito de República como um grande legado. É necessária divisão histórica para melhor aprofundamento, o que a doutrina traz como:

a) Realeza (costumes como a fonte do direito);
b) República (Lei das XII Tábuas como uma importante etapa do constitucionalismo romano);
c) Principado (monarquia mitigada – era absoluta nas províncias);
d) Baixo Império ou Dominato (volta da monarquia absoluta).

Mesopotâmia: o principal marco é o Código de *Hammurabi* (1690 a.C.), com a previsão de direitos fundamentais e limitações ao poder do Estado/governante.

Constitucionalismo hindu: o principal marco é o Código de *Manu* (século II a.C.). Nessa codificação, os poderes (limitações) do governante (rei) vinham expressamente formalizados.

Idade Média: na Inglaterra, de modo especial, observamos episódios que repercutem influenciando sistemas jurídicos constitucionais, ainda que nas democracias mais desenvolvidas e experimentadas. Vejamos:

a) **Carta de Coroação de Henrique I (1110)** – Liberdades e garantias do cidadão.
b) **Magna Carta (1215)** – Considerada por expressiva doutrina como o principal marco do constitucionalismo durante o período da Idade média. Berço de direitos fundamentais (por exemplo, o *habeas corpus* e o devido processo legal). Envolve o governo de João Sem-Terra (1216) e a revolta dos barões, decorrente da grande insatisfação com a política fiscal e os privilégios, resultando na assinatura de um verdadeiro "pacto", que seria descumprido futuramente pelo próprio Rei (razão de ter sido deposto no mesmo ano de 1215).
c) ***Petition of Rights* (1628):** reconhecimento de direitos e liberdades.
d) ***Habeas Corpus Act* (1679):** liberdades (prisões arbitrárias).
e) ***Bill of Rights* (1689):** Rei *vs.* Parlamento (Inglaterra, século XVII). A submissão da monarquia à soberania popular (monarquia constitucional).

Constitucionalismo moderno: é o constitucionalismo dos EUA (1789) e da Constituição Francesa de 1791.

Por movimento constitucionalista, de modo geral, temos a quebra do padrão de um monarca absoluto para um modelo em que todo poder político deve ter uma limitação legal. Essa premissa também é chamada de princípio do ***rule of law***. Portanto, um movimento social, político e jurídico, em que o principal objetivo foi a limitação do poder do Estado por meio de um texto constitucional.

1.3 Neoconstitucionalismo

O neoconstitucionalismo é um movimento que procede ao constitucionalismo puro, inclusive superando-o, na medida em que privilegia a preservação dos direitos fundamentais por meio de verdadeira reestruturação do ordenamento que, com o movimento, passa a considerar um sistema interpretativo do próprio **texto constitucional à luz dos direitos fundamentais** e seus princípios protetivos.

O **positivismo puro** coloca em risco o próprio gênero humano, já que é capaz de legitimar atrocidades. Um exemplo que pode ser destacado é o AI-5 (Ato Institucional n. 5), ocorrido durante a Segunda Guerra Mundial, especialmente na Alemanha. Quanto a este último, interessante dado histórico aponta que:

> (...) os principais acusados de Nuremberg invocaram cumprimento da lei e a obediência a ordens emanadas da autoridade competente. Ao fim da segunda Guerra Mundial, a ideia de um ordenamento jurídico indiferente a valores éticos e da lei como uma estrutura meramente formal, uma embalagem para qualquer produto, já não tinha mais aceitação no pensamento[1].

A doutrina destaca o movimento neoconstitucionalista como responsável por alocar a Constituição no topo central de todo ordenamento, irradiando tanto validade das normas infraconstitucionais como também valores (valor axiológico do texto constitucional), na medida em que destaca como constante a defesa dos direitos fundamentais.

O neconstitucionalismo pode ser conceituado, nessa visão estabelecida, como uma nova forma de interpretar o direito positivado a partir de valores como dignidade da pessoa humana. Podemos perceber alguns reflexos diretos, como a função social da propriedade, a função social do contrato, o dever de preservação do meio ambiente com vistas à qualidade de vida da atual e futuras gerações, entre outros.

ATENÇÃO

Alguns marcos importantes a serem considerados quanto ao neconstitucionalismo:

- **Marco histórico:** pós-Guerra de 1945;
- **Marco filosófico:** pós-positivismo;
- **Marco teórico:** força normativa da Constituição e nova sistemática interpretativa à luz de valores inerentes à defesa dos direitos fundamentais.

a) Noções gerais

Poder constituinte é o poder de **elaborar ou atualizar** uma Constituição. É importante entender que esse poder não é uma pessoa ou um órgão. Na verdade, ele é uma capacidade que tem essa função mais do que relevante: elaborar ou atualizar uma Constituição.

IMPORTANTE

A titularidade do poder constituinte é do **povo**, e não da nação, segundo dispõe o **art. 1º, parágrafo único, da Constituição Federal**. Esse poder é exercido por meio de representantes eleitos ou diretamente, nos termos definidos pela própria Constituição Federal.

Então, basicamente, poder constituinte é aquele que tem força para criar normas constitucionais de uma nova Constituição

1 BARROSO, Luís Roberto; BARCELLOS, Ana Paula de. A nova interpretação constitucional: ponderação, argumentação e papel dos princípios. In: LEITE, George Salomão. *Dos princípios constitucionais*. São Paulo: Malheiros, 2003. p. 107.

ou alterar as normas de uma Constituição já existente.

Assim, podemos esquematizar o poder constituinte da seguinte forma:

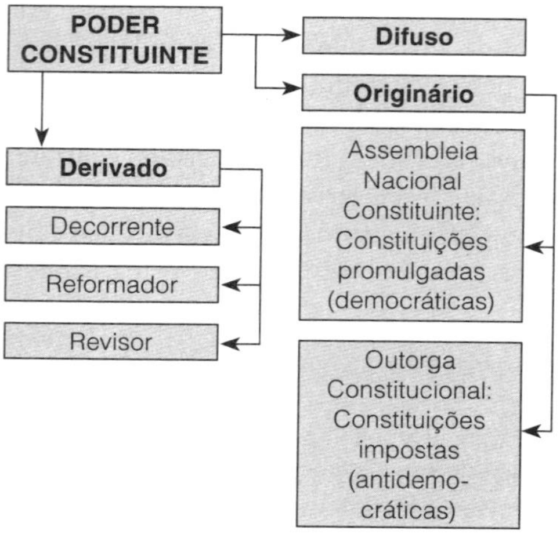

b) Poder Constituinte Originário

Também conhecido como Poder Constituinte inicial, principal, genuíno, primário ou de primeiro grau (apesar de cansativas, é importante conhecer todas essas denominações, pois é comum serem cobradas em provas de concursos públicos). É por meio do Poder Constituinte Originário que se cria uma nova ordem jurídica, rompendo-se com o ordenamento jurídico anterior, que tem por objetivo a criação de um novo Estado.

Como **não está subordinado a nenhuma norma jurídica**, o Poder Constituinte Originário tem natureza de **poder político** (é possível se deparar com a expressão pré-jurídico, que significa basicamente a mesma coisa), razão pela qual ele **não se submete a nenhum tipo de controle de constitucionalidade**.

ATENÇÃO

Não há qualquer forma de se questionar a "constitucionalidade" de uma norma advinda do Poder Constituinte Originário, pois é ele quem cria a nova ordem constitucional.

É correto afirmar que o Poder Constituinte originário cria e organiza os poderes do Estado, estabelecendo o próprio Estado constitucional, podendo se manifestar pela outorga constitucional, como acontece nas chamadas Constituições antidemocráticas, ou por meio da promulgação, também chamada de convenção, como acontece nas Constituições populares (democráticas).

O Poder Constituinte Originário possui as seguintes características fundamentais:

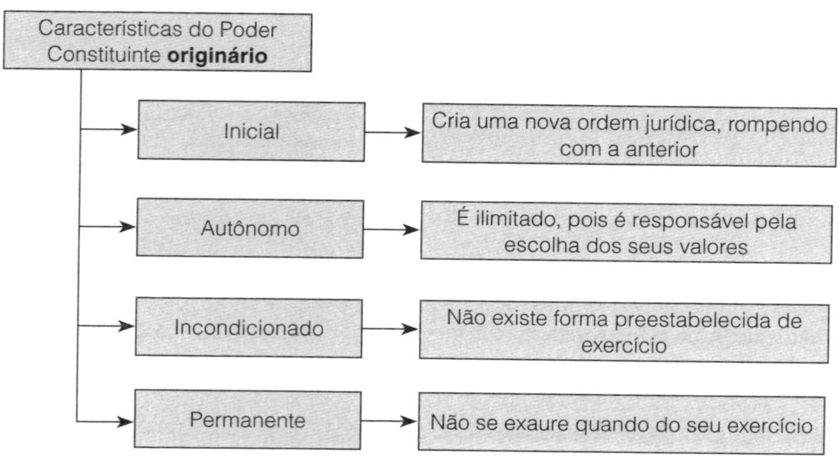

ATENÇÃO

Para o constitucionalista português J. J. Gomes Canotilho, o poder constituinte apenas é ilimitado (autônomo) do ponto de vista interno, haja vista que estaria submetido às seguintes limitações:

- princípios gerais de justiça;
- regra de direito internacional;
- regras e princípios do direito natural.

c) Poder Constituinte Derivado

O **Poder Constituinte Derivado**, como o próprio nome já demonstra, é aquele que deriva diretamente de uma Constituição já estabelecida, razão pela qual é considerado um **poder limitado** e **jurídico**, tendo duas funções:

- **modificar** o texto de uma Constituição já vigente por meio de sua **reforma** ou **revisão**;
- **elaborar** as **Constituições estaduais** dos Estados-membros da Federação.

O Poder Constituinte Derivado possui as seguintes **características**:

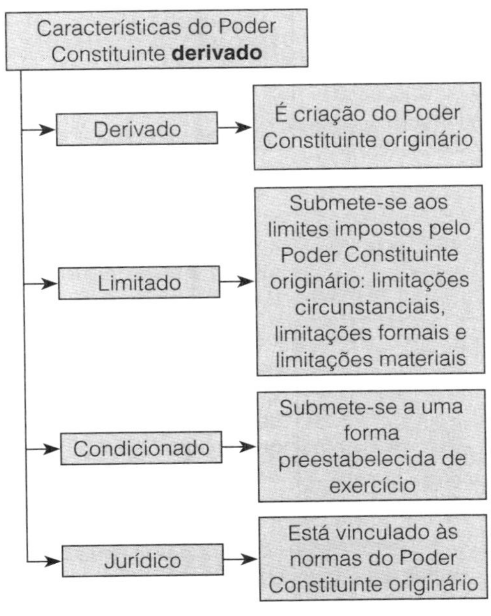

IMPORTANTE

Por ser um poder limitado e de natureza jurídica, o **Poder Constituinte Derivado pode ser objeto de controle de constitucionalidade**, diferentemente, como vimos, do Poder Constituinte Originário.

i) Poder Constituinte Derivado Decorrente

O Poder Constituinte Derivado Decorrente é responsável pela **elaboração** das **Constituições dos Estados-membros**, ou seja, as Constituições estaduais.

Conforme estipula o **art. 25 da Constituição Federal**, os estados organizam-se e regem-se pelas suas respectivas Constituições estaduais, que devem "espelhar" os princípios da Constituição, em razão da aplicação do **princípio da simetria** (ou espelhamento).

É, na verdade, como se as Constituições estaduais refletissem os valores inseridos na Constituição Federal. Por isso, dizemos que os estados não são dotados de Poder Constituinte Originário, pois, mesmo quando criam as suas próprias Constituições estaduais, o estão fazendo de acordo com as regras previamente estipuladas pela Constituição Federal.

E esse Poder Constituinte Decorrente tem forma específica de exercício? Claro que sim! Como ele é um poder que deriva da Constituição Federal, ou seja, foi estabelecido pelo Poder Constituinte Originário, submete-se às regras materiais e formais por ele estabelecidas.

Dessa forma, temos que o **art. 11 do Ato das Disposições Constitucionais Transitórias (ADCT)** estabelece que as **Assembleias Legislativas** dos Estados-membros terão poderes constituintes para elaborar, no **prazo de um ano** contado da promulgação da Constituição Federal, suas respectivas Constituições estaduais.

Como é possível observar, o constituinte das Assembleias Legislativas possui um **poder limitado** pela própria Constituição Federal, haja vista a obrigatoriedade de respeito aos princípios adotados pela Constituição Federal (princípio da simetria), bem como em razão da existência de uma forma preestabelecida de exercício.

IMPORTANTE

As normas existentes nas Constituições estaduais estão sujeitas ao controle de constitucionalidade, pois se subordinam às normas da Constituição Federal.

ATENÇÃO

A doutrina diverge sobre a existência de Poder Constituinte Derivado Decorrente ao Distrito Federal, pois, apesar de em muitos momentos exercer atribuições dos Estados-membros, não é regido por uma Constituição distrital, mas, sim, por Lei Orgânica do Distrito Federal.

Entretanto, com relação aos municípios, não há nenhuma dúvida: por serem regidos por Leis Orgânicas Municipais, não são dotados de Poder Constituinte Derivado Decorrente.

ii) Poder Constituinte Derivado Reformador

O Poder Constituinte Derivado Reformador é responsável pelas **alterações** promovidas em uma determinada Constituição Federal vigente. Por ser um **poder jurídico** que decorre do Poder Constituinte Originário, é limitado por diversas circunstâncias, as quais serão estudadas a seguir.

Antes, no entanto, é importante esclarecermos que a nossa Constituição Federal de 1988 é do **tipo rígida** (salvo para Alexandre de Moraes, para quem ela é do tipo super-rígida, haja vista possuir um núcleo imutável), pois exige que a modificação do texto constitucional siga um **procedimento bem mais solene e dificultoso** do que aquele exigido para alteração/criação das leis infraconstitucionais (leis ordinárias e complementares, por exemplo).

As **limitações** ao Poder Constituinte Derivado Reformador estão previstas no **art. 60 da Constituição Federal**, podendo ser resumidas no seguinte quadro esquemático, bastante cobrado em provas de concursos públicos:

Limitações ao Poder Constituinte Derivado Reformador (art. 60 da CF)	
Limitações circunstanciais	A Constituição Federal não poderá ser emendada na vigência de **intervenção federal** (art. 34 da CF), **estado de defesa** (art. 136 da CF) ou **estado de sítio** (art. 137 da CF).
Limitações formais subjetivas	Somente podem **propor** Projeto de Emenda Constitucional: a) Presidente da República; b) 1/3 da Câmara dos Deputados; c) 1/3 do Senado Federal; d) mais da metade das Assembleias Legislativas, manifestando-se cada uma delas pelo voto da maioria simples (relativa) de seus membros.
Limitações formais objetivas	A aprovação do Projeto de Emenda Constitucional depende de aprovação da **maioria qualificada** de 3/5 dos votos, em dois turnos de votação, nas duas Casas do Congresso Nacional (Câmara dos Deputados e Senado Federal).

Limitações ao Poder Constituinte Derivado Reformador (art. 60 da CF)	
Promulgação da Emenda Constitucional	As PECs aprovadas pelo Congresso Nacional são promulgadas diretamente pelas Mesas da Câmara dos Deputados e do Senado Federal, sem a necessidade de sanção ou veto do Presidente da República.
Limitações materiais	As limitações materiais (substanciais) são as chamadas **cláusulas pétreas**, que estão expressas no **art. 60, § 4º, da Constituição Federal**. São elas: a) forma federativa de Estado; b) separação dos Poderes; c) voto direto, secreto, universal e periódico; d) direitos e garantias individuais.

IMPORTANTE

Apesar de existir divergência da doutrina, defendemos que a Constituição Federal não admite a propositura de Projeto de Emenda Constitucional por meio da iniciativa popular, que é prevista expressamente no texto constitucional para as leis complementares e ordinárias, nos termos do **art. 61, § 2º, da Constituição Federal**.

ATENÇÃO

Diferentemente do que ocorre com os **projetos de lei** (ordinária ou complementar), que algumas vezes se submetem ao **requisito da iniciativa** (eis que alguns projetos de lei, nos termos da Constituição Federal, apenas podem ser apresentados por determinados legitimados – *vide* **art. 61, § 1º, da CF** sobre os projetos de lei de iniciativa privativa do Presidente da República), **no âmbito do Poder de Reforma não há qualquer requisito nesse sentido**, razão pela qual todos os legitimados podem propor livremente (sem se aterem a questões de iniciativa) Projetos de Emendas Constitucionais.

IMPORTANTE

Para memorizar o quórum de aprovação das emendas constitucionais, lembre-se do número **3522**. Isso porque a proposta de emenda constitucional (PEC), para ser aprovada, deve ser aprovada com quórum especial de 3/5 dos votos, em duas votações na Câmara dos Deputados e duas votações no Senado Federal.

Em caso de **rejeição de PEC**, nos termos do **art. 60, § 5º, da Constituição Federal**, **não** poderá ela ser objeto de nova proposta na mesma sessão legislativa, que ocorre nos termos do **art. 57 da Constituição Federal**, dos dias 2 de fevereiro a 17 de julho e 1º de agosto a 22 de dezembro.

IMPORTANTE

Como visto, **não** se aplica a regra **de reapresentação de projeto de lei rejeitado**, pois este, nos termos do **art. 67 da Constituição Federal**, poderá ser reapresentado na mesma sessão se houver subscrição da **maioria absoluta** dos membros de uma das casas legislativas.

ATENÇÃO

Segundo entendimento do STF, o que as cláusulas pétreas protegem não é a intangibilidade literal do respectivo dispositivo, mas, sim, o seu núcleo essencial. Assim, nada impede que haja a propositura de uma PEC referente a uma cláusula pétrea, desde que para reforçá-la, não se admitindo propostas que pretendam suprimi-la ou restringi-la.

Voltando às cláusulas pétreas, o Supremo Tribunal Federal vem decidindo que no texto constitucional existem **cláusulas pétreas implícitas**, que são aquelas que não estão previstas no **art. 60, § 4º, da Constituição Federal**, valendo mencionar três delas:

Cláusulas pétreas implícitas	
Limitações ao Poder Reformador	As limitações às Emendas Constitucionais, previstas no art. 60 da Constituição Federal, também são consideradas cláusulas pétreas (implícitas).
Princípio da anualidade eleitoral	É a regra do art. 16 da Constituição Federal, que estabelece que a lei que altere o processo eleitoral entra em vigor na data da sua publicação, mas só se aplica às eleições que aconteçam um ano após a sua vigência.
Princípio da anterioridade tributária	É a regra do art. 150, III, da Constituição Federal.

ATENÇÃO

Uma PEC que objetive abolir cláusula pétrea nem sequer pode tramitar perante o Congresso Nacional, razão pela qual é admitido, nesse caso, um **controle judicial repressivo de constitucionalidade** por meio do Supremo Tribunal Federal, após provocação de parlamentar mediante mandado de segurança.

Finalizando as limitações a que está submetido o Poder Constituinte Derivado Reformador, é importante falarmos das **limitações temporais**, que não foram adotadas pela Constituição Federal de 1988, apenas tendo sido previstas na Constituição do Império de 1824, oportunidade em que se impediu qualquer modificação da Constituição dentro de um determinado período de tempo (no caso, esse período foi de quatro anos).

iii) Poder Constituinte Derivado Revisor

O Poder Constituinte Derivado **Revisor** também possui **natureza jurídica**, limitando-se, portanto, às imposições do Poder Constituinte Originário e se submetendo ao controle de constitucionalidade.

Ele está expressamente previsto no **art. 3º do ADCT**, que previu seu exercício após cinco anos da promulgação da Constituição Federal de 1988, pelo voto da **maioria absoluta** dos membros do Congresso Nacional, em **sessão unicameral** (uma única sessão presente todo o Congresso Nacional).

São, então, as principais características do Poder Constituinte Derivado Revisor:

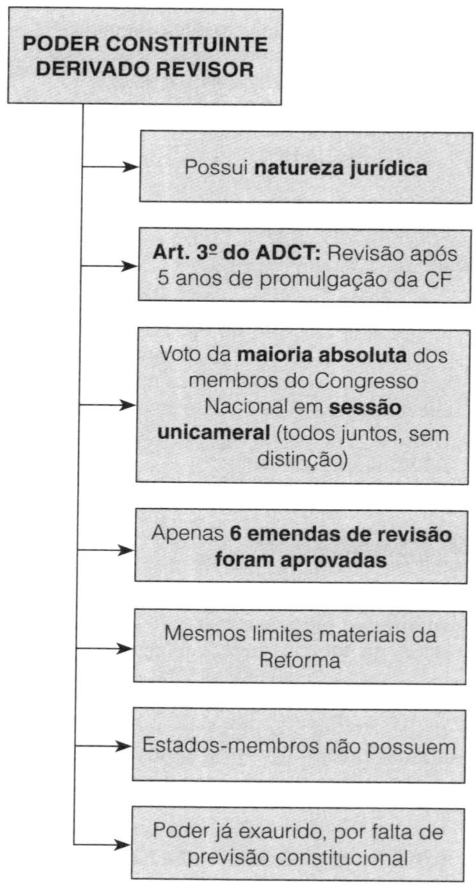

ATENÇÃO

Não confunda **sessão unicameral** com **sessão conjunta**. Na primeira (unicameral), não há qualquer distinção entre deputados e senadores, pois o resultado é apurado em uma só votação. Já na **sessão conjunta**, as discussões são feitas em conjunto, mas a apuração dos votos de deputados e senadores é feita separadamente.

Tratou-se, como se vê, de um **processo simplificado** e **pré-agendado** de alteração da Constituição Federal, sendo certo que, apesar disso, na época foram aprovadas **apenas seis Emendas Constitucionais de Revisão** (ECR).

As normas criadas pelo Poder Constituinte Derivado Revisor se submetem aos mesmos limites materiais do Poder Constituinte Derivado Reformador (cláusulas pétreas – **art. 60, § 4º, da CF**).

Verifique que se trata de um **poder exaurido**, pois na atual Constituição Federal não mais existe a possibilidade de ocorrência de sua manifestação, por falta de previsão constitucional, a qual já foi exaurida após cinco anos da Constituição (mais precisamente, em 1993).

IMPORTANTE

O poder de revisão não foi conferido aos Estados-membros, mas, sim, apenas aos membros do Congresso Nacional, conforme explicamos no quadro anterior.

d) Poder Constituinte Difuso

O Poder Constituinte **Difuso** é aquele exercido pelas **mutações constitucionais**, que basicamente consistem na **atividade do Supremo Tribunal Federal** de, **sem promover nenhum tipo de alteração no texto** da Constituição Federal, modificar informalmente o sentido de determinado dispositivo constitucional.

É, como se diz, um processo de modificação informal (ou seja, sem alteração de texto) da Constituição Federal.

As chamadas mutações constitucionais **decorrem da evolução social, das mudanças nos usos e costumes da sociedade.**

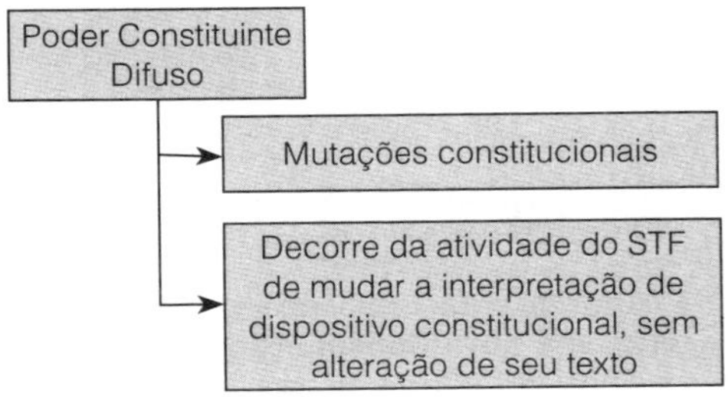

e) Fenômenos constituintes

De forma bastante simples, podemos dizer que são **cinco os fenômenos constitucionais**:

- recepção;
- repristinação;
- desconstitucionalização;
- recepção material de norma constitucional;
- revogação.

Veremos, a seguir, os principais pontos a respeito de cada um desses fenômenos.

i) Recepção

Assim que uma nova Constituição entra em vigor, compete a ela estabelecer a validade das leis infraconstitucionais vigentes anteriormente.

Quando uma lei infraconstitucional continua a se manter materialmente em conformidade com o novo texto constitucional, dizemos que ela foi **recepcionada** pelo novo texto constitucional.

Por outro lado, se uma norma, apesar de vigente no sistema constitucional anterior, é contrária à nova constituição, dizemos que ela **não foi recepcionada** pela nova ordem constitucional.

ATENÇÃO

É o que ocorreu, por exemplo, com a Lei de Imprensa, que não foi recepcionada pela Constituição Federal de 1988 por ser com ela incompatível.

IMPORTANTE

É muito comum acreditar que as **normas anteriores à nova Constituição**, se com ela incompatíveis, seriam inconstitucionais, mas isso não é correto. Na verdade, elas nem se submetem a esse crivo, pois, antes disso, **são tidas como não recepcionadas**.

E quem pode declarar essa lei anterior **não recepcionada**?

A princípio, **qualquer juiz ou Tribunal**, de forma **difusa**, poderia declarar a lei não recepcionada. No controle **concentrado**, vale mencionar a **Lei n. 9.882/99**, que institui a **ação de descumprimento de preceito fundamental (ADPF)**, que permite a análise de recepção ou não das leis anteriores à Constituição Federal de **forma *erga omnes* e com efeito vinculante**.

É importante entender que essa **análise de recepção é meramente material**, ou seja, não importa o aspecto formal da lei anterior. Isso significa que **não há nenhum impedimento para que um decreto-lei seja recepcionado pela Constituição com *status* de lei ordinária**.

ATENÇÃO

É o que aconteceu, inclusive, com o nosso **Código Penal**, que fora criado como decreto-lei e recepcionado pela Constituição Federal de 1988 como **lei ordinária**, eis que a figura do decreto-lei sequer fora prevista pelo constituinte de 1988. Da mesma forma, podemos citar o **Código Tributário Nacional**, que fora criado antes da Constituição Federal de 1988 como lei ordinária e passou a ser considerado como **lei complementar**, por força do que estabelece o art. 146, III, da Constituição Federal.

ii) Repristinação

Repristinação, de forma bem objetiva, é o **retorno de vigência de uma lei revogada quando a lei revogadora deixa de existir**. Ela está prevista no **art. 2º, § 3º, da Lei de Introdução às Normas do Direito Brasileiro**, e a regra é de que não é aplicada, salvo se houver expressa previsão legal ou constitucional.

Assim, se determinada lei foi declarada inconstitucional tendo por parâmetro a Constituição anterior, com o novo texto constitucional vigente ela só será repristinada (ressuscitada) se houver expressa previsão constitucional nesse sentido.

Sobre a repristinação, vale falarmos da hipótese interessante de **cautelar na ação direta de inconstitucionalidade (ADI)**. Isso porque o **art. 11, § 2º, da Lei n. 9.868/99** estabelece uma provável hipótese de repristinação:

Imagine que uma Lei A fora revogada por uma Lei B. Agora pense que essa Lei B, que revogou a Lei A, foi posteriormente declarada inconstitucional por meio de **decisão cautelar de julgamento de uma ADI**. Até aqui tudo bem? Agora saiba que a declaração de inconstitucionalidade cautelar em ADI gera efeitos *ex nunc*, ou seja, não retroativos, o que, em tese, manteria a revogação promovida na Lei A pela Lei B. Isso faz com que a Lei A continue revogada, o que poderia gerar uma lacuna jurídica, eis que, lembre-se, a Lei B está suspensa em razão da cautelar na ADI. Esse é um caso que admite repristinação por expressa previsão legal, fazendo com que a Lei A, anteriormente revogada, volte a vigorar em razão da suspensão cautelar da Lei B, considerada inconstitucional.

Para melhor visualização, vejamos o seguinte quadro:

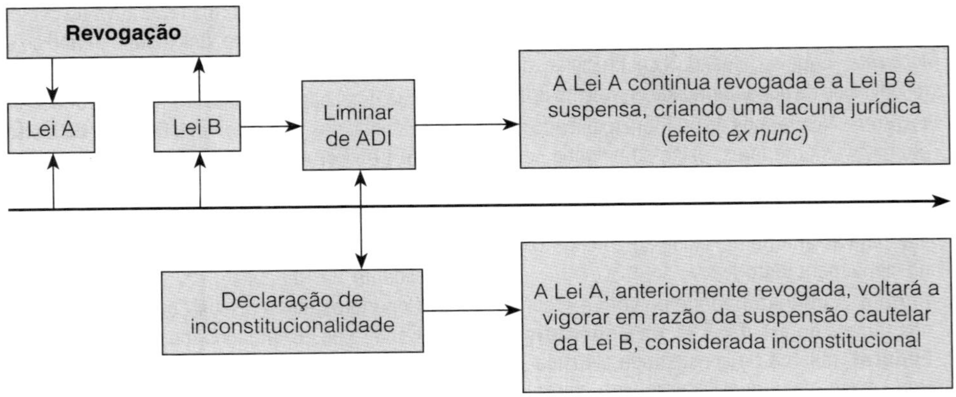

iii) Desconstitucionalização

É o fenômeno pelo qual a nova Constituição, ao revogar a Constituição anterior, **transforma parte dela em lei infraconstitucional**. Não é a regra no Brasil, apenas **sendo permitida nas hipóteses em que o texto da nova Constituição expressamente prever**.

iv) Recepção material de norma constitucional

É o fenômeno pelo qual a nova Constituição mantém em vigor, ainda que por pouco tempo, parte da Constituição antiga (revogada), mantendo a essas normas *status* constitucional.

É o exemplo clássico do **art. 34 do ADCT**, que permitiu a manutenção do Sistema Tributário Nacional da Constituição de 1967 pelo prazo de cinco meses, quando passou a vigorar o Sistema Tributário Nacional da Constituição de 1988.

v) Revogação

Revogação é, basicamente, a supressão de vigência de uma lei por outra, de mesma hierarquia. Assim, temos que a Constituição nova revoga a Constituição anterior. É tecnicamente incorreto, nesse sentido, dizer que a Constituição Federal revogou uma norma infraconstitucional até então existente. Veja que, nesse caso, haveria uma hipótese de não recepção, e não de revogação.

Já o instituto da derrogação consiste na revogação parcial da Constituição Federal, sendo exatamente o que promove a aprovação de uma Emenda Constitucional.

1.4 Questões

1. **(CESPE – TRE/BA – Analista Judiciário – Área Judiciária)** O presidente da República, fundamentando-se no argumento de que o exercício dos direitos políticos não deve ser imposto pelo Estado, pretende extinguir o voto obrigatório para os cidadãos com idade entre dezoito e setenta anos nas eleições de cargos eletivos do Poder Legislativo e do Poder Executivo e implementar o voto facultativo. Nesse caso, a implementação do voto facultativo deverá ocorrer por:

A) lei complementar.
B) medida provisória.
C) lei ordinária.
D) emenda constitucional.
E) decreto legislativo.

Resolução:

A) *Incorreta.* Na verdade, é necessária a aprovação de uma emenda constitucional para que seja possível a implementação do voto facultativo, visto que há previsão constitucional nesse sentido, nos termos do **art. 14, § 1º, da Constituição Federal**.

B) *Incorreta.* Exige-se emenda constitucional para modificação da obrigatoriedade de voto no Brasil.

C) *Incorreta.* Nos termos do que fora explicado nas alternativas anteriores, exige-se emenda constitucional para tanto.

D) *Incorreta.* Nos termos do que fora explicado nas alternativas anteriores, exige-se emenda constitucional para tanto.

E) *Correta.* A obrigatoriedade do voto é prevista nos termos do **art. 14, § 1º, da Constituição Federal**, mas não é considerada cláusula pétrea, razão pela qual poderá ser objeto de emenda constitucional, nos termos do **art. 60, § 4º, da Constituição Federal**.

↗ **Gabarito: "E".**

2. (CESPE – TRE/MT – Analista Judiciário – Área Administrativa) A respeito das espécies normativas e do processo legislativo, assinale a opção correta.

A) As leis ordinárias incidem em todo o território nacional, enquanto as leis complementares regulam matérias de interesse da União, não incidindo em estados e municípios nem no Distrito Federal.

B) São consideradas cláusulas pétreas da CF, entre outras, a forma federativa de Estado e o voto direto, secreto, universal e periódico, não se admitindo emenda constitucional tendente a aboli-las.

C) Iniciam-se no Senado Federal a discussão e a votação de projetos de lei de iniciativa do presidente da República, do STF e dos tribunais superiores.

D) A edição de medidas provisórias é de competência exclusiva do presidente da República, podendo versar sobre quaisquer matérias que possam ser reguladas por lei ordinária.

E) Emendas à CF entram em vigor se aprovadas por três quintos dos membros de cada casa do Congresso Nacional e sancionadas e promulgadas pelo presidente da República.

↘ **Resolução:**

A) *Incorreta.* As leis complementares, se aprovadas pelo Congresso Nacional, também possuem vigência em âmbito federal, assim como as leis ordinárias.

B) *Correta.* De fato, a forma federativa de Estado e o voto direto, secreto, universal e periódico são cláusulas pétreas expressas ao lado da separação dos poderes e dos direitos e garantias individuais, nos termos do **art. 60, § 4º, da Constituição Federal**, razão pela qual não podem ser objeto de emenda constitucional tendente a aboli-los.

C) *Incorreta.* Os projetos de lei de iniciativa do Presidente da República, do STF e dos Tribunais Superiores têm a discussão iniciada sempre na Câmara dos Deputados, nos termos do **art. 64 da Constituição Federal**.

D) *Incorreta.* Na verdade, é proibida a edição de medidas provisórias relacionadas às matérias constantes no **art. 62, § 1º, da Constituição Federal**.

E) *Incorreta.* As emendas constitucionais de fato são aprovadas pelo voto de 3/5 dos membros do Congresso Nacional, após dois turnos de votação em cada uma de suas casas, porém são promulgadas diretamente pelas Mesas da Câmara dos Deputados e do Senado Federal, conforme previsão do **art. 60, § 3º, da Constituição Federal**.

↗ **Gabarito: "B".**

3. (CESPE – TRE/MT – Analista Judiciário – Área Judiciária) Com relação ao neoconstitucionalismo, às normas constitucionais e ao poder constituinte, assinale a opção correta.

A) O fenômeno da mutação constitucional é um processo informal de alteração do significado da CF, decorrente de nova interpretação, mas não de alteração, do texto constitucional.

B) As normas constitucionais de eficácia contida, apesar de ter aplicabilidade imediata, somente produzem efeitos após edição de norma infraconstitucional integrativa.

C) Decorre do poder constituinte derivado reformador a possibilidade de estruturação dos estados-membros, por meio de suas próprias constituições.

D) O neoconstitucionalismo desenvolvido pelo modelo neoliberal de Estado revisita a concepção de liberdade de mercado, resultando no enfraquecimento dos direitos sociais.

E) A norma constitucional que trata da ação direta de inconstitucionalidade constitui elemento formal de aplicabilidade da CF.

↘ Resolução:

A) *Correta.* Trata-se do chamado Poder Constituinte Difuso, que corresponde à atividade exclusiva do Supremo Tribunal Federal de dar nova interpretação ao texto constitucional, sem qualquer modificação de texto.

B) *Incorreta.* As normas constitucionais de eficácia contida de fato possuem aplicabilidade imediata, mas não dependem da edição de norma infraconstitucional para produzirem seus efeitos.

C) *Incorreta.* Trata-se, na verdade, de manifestação do Poder Constituinte Derivado Decorrente, e não do Poder Constituinte Originário, uma vez que este último só é responsável pela criação das Constituições Federais.

D) *Incorreta.* Muito pelo contrário. O neoconstitucionalismo prevê um engrandecimento dos direitos sociais por meio da busca pela eficaz aplicação das prestações materiais prometidas à sociedade.

E) *Incorreta.* Cuida-se de elemento de estabilização constitucional, e não de elemento de aplicabilidade formal, como constou na alternativa.

↗ Gabarito: "A".

4. (IESES – TRE/MA – Analista Judiciário – Área Administrativa) A Constituição da República Federativa do Brasil poderá ser emendada mediante proposta:

A) Da maioria absoluta, no mínimo, dos membros da Câmara dos Deputados ou do Senado Federal.

B) Da maioria simples, no mínimo, dos membros da Câmara dos Deputados ou do Senado Federal.

C) De um terço, no mínimo, dos membros da Câmara dos Deputados ou do Senado Federal.

D) De um quarto das Assembleias Legislativas das unidades da Federação.

↘ Resolução:

A) *Incorreta.* A emenda constitucional, para ser proposta, demanda o voto de pelo menos 1/3 dos membros da Câmara dos Deputados ou do Senado Federal, conforme **art. 60, I, da Constituição Federal**.

B) *Incorreta.* A emenda constitucional, para ser proposta, demanda o voto de pelo menos 1/3 dos membros da Câmara dos Deputados ou do Senado Federal, conforme **art. 60, I, da Constituição Federal**.

C) *Correta.* Importante não confundir o quórum para a propositura com o quórum de aprovação da emenda constitucional. Dessa forma, nos termos do art. 60, I, da Constituição Federal, pelo menos 1/3 da Câmara dos Deputados ou 1/3 do Senado Federal poderá propor emenda constitucional, sendo certo que, para sua aprovação, tem-se a necessidade do voto de 3/5 dos votos, em dois turnos de votação, nas duas Casas do Congresso Nacional (Câmara dos Deputados e Senado Federal).

D) *Incorreta.* A emenda constitucional, para ser proposta, demanda o voto de pelo menos 1/3 dos membros da Câmara dos Deputados ou do Senado Federal, conforme **art. 60, I, da Constituição Federal**.

↗ Gabarito: "C".

5. (CESPE – TRE/MT – Analista Judiciário – Área Judiciária) Com relação ao neoconstitucionalismo, às normas constitucionais e ao poder constituinte, assinale a opção correta.

A) O fenômeno da mutação constitucional é um processo informal de alteração do significado da CF, decorrente de nova interpretação, mas não de alteração, do texto constitucional.

B) As normas constitucionais de eficácia contida, apesar de ter aplicabilidade imediata, somente produzem efeitos após edição de norma infraconstitucional integrativa.

C) Decorre do poder constituinte derivado reformador a possibilidade de estruturação dos estados-membros, por meio de suas próprias constituições.

D) O neoconstitucionalismo desenvolvido pelo modelo neoliberal de Estado revisita a concepção de liberdade de mercado, resultando no enfraquecimento dos direitos sociais.

↘ Resolução:

A) *Correta.* A mutação constitucional compreende a alteração informal, apenas no sentido interpretativo do texto constitucional. Não há alteração física (o texto permanece o mesmo, variando apenas o sentido interpretativo).

B) *Incorreta.* As normas constitucionais de eficácia contida possuem aplicação imediata e não dependem de edição de norma integrativa. Ocorre que, nessa classificação, a norma poderá vir a limitar a aplicação, restringindo, regulamentando, mas a norma constitucional não é dependente da infraconstitucional.

C) *Incorreta.* A assertiva faz menção ao Poder Constituinte Derivado Decorrente. O reformador tem relação com o art. 60 da Constituição Federal, que envolve a possibilidade de alteração física da Constituição por meio de emenda constitucional.

D) *Incorreta.* O neoconstitucionalismo, entre outras implicações, destaca o valor axiológico (vetor interpretativo valorativo) que deve a norma constitucional irradiar em todo o sistema. De modo especial, quanto à dignidade da pessoa humana e seus reflexos em todo o ordenamento (função social da empresa, do contrato, da propriedade).

↗ **Gabarito: "A".**

2. CONTROLE DE CONSTITUCIONALIDADE

Tema recorrente em provas, podemos conceituar controle de constitucionalidade como um verdadeiro **mecanismo de verificação da compatibilidade formal e material** de uma norma com relação ao parâmetro estabelecido (que pode ser tanto a Constituição Federal – bloco de constitucionalidade – quanto a Constituição Estadual).

Não havendo compatibilidade diante da ocorrência de um vício de inconstitucionalidade (conheceremos cada um deles), a norma deverá ser extirpada de nosso ordenamento. Esse mecanismo tem como **fundamento a própria supremacia constitucional**, uma vez que no topo do ordenamento temos a Constituição irradiando valores (neoconstitucionalismo) e servindo de parâmetro para validação de toda legislação infraconstitucional (conceito de hierarquia normativa da pirâmide de Kelsen).

Vale destacar, logo de início, que adotamos a **teoria da nulidade** (também chamada de teoria americana ou de Marshall). Por ela, todo ato viciado deve ser considerado nulo desde sua origem (*ex tunc* – retroage), não produzindo efeitos em razão disso. Pode ser chamado de ato írrito, natimorto, despido de qualquer eficácia.

Contudo, veremos que, por força do art. 27 da Lei n. 9.868/99, é possível que o STF, ao declarar a inconstitucionalidade, **module os efeitos de sua decisão** de modo que a regra de efeitos retroativos à data de "nascimento" da lei possa vir a ser flexibilizada para o presente ou situação futura.

Antes de tratarmos dos vícios e ações específicas de controle, vale destacar que o objeto será tanto a lei (art. 59 da CF) quanto os atos normativos (que possuem força de lei, assim como os decretos autônomos). Importante mencionar que, para que seja objeto de controle via ADI ou ADC, é necessário que a norma tenha sido editada sob a égide da Constituição Federal em vigor. Caso contrário, o controle será feito por meio de ADPF (que também corresponde a uma ação de controle concentrado de constitucionalidade, mas com um objeto mais amplo).

ATENÇÃO

O que podemos considerar como "leis" a fim de verificar o objeto de controle de constitucionalidade de natureza legislativa?

Resposta: art. 59 da CF:

I – emendas à Constituição;

II – leis complementares;

III – leis ordinárias;

IV – leis delegadas;

V – medidas provisórias;

VI – decretos legislativos;

VII – resoluções.

2.1 Vícios de inconstitucionalidade

Classificamos os vícios de acordo com a forma com que afrontam o parâmetro de controle. Conhecer a classificação ajudará a verificar tanto o momento do controle (prévio ou repressivo) quanto a ação mais adequada a ser utilizada. Vejamos a classificação:

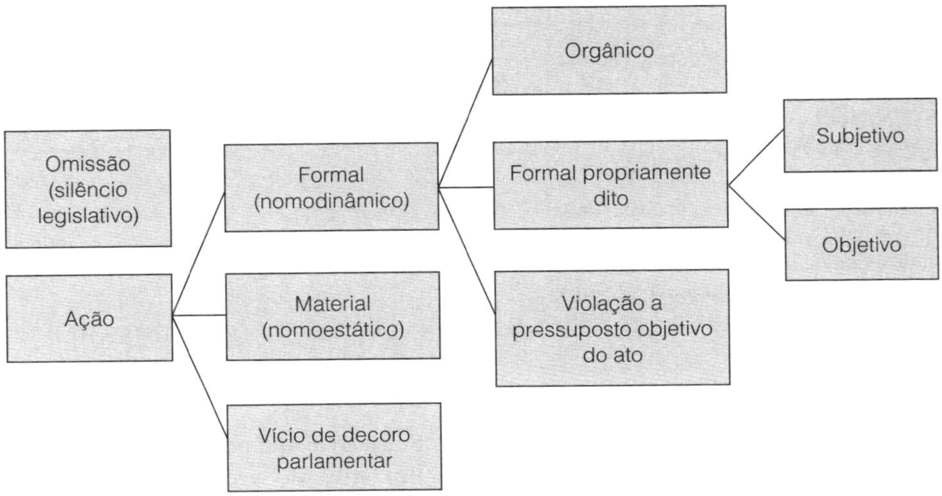

Duas são as naturezas do vício, que se desenrolarão em outras classificações. O vício poderá ocorrer por omissão (silêncio legislativo) ou por ação (quando decorre da atuação do legislativo no processo de elaboração de leis).

1) **Omissão:** envolve a situação em que a Constituição traz uma norma de eficácia limitada (depende de regulamentação por norma infraconstitucional), mas o legislador mantém-se inerte na elaboração do ato. Portanto, a omissão decorre da ausência de atividade legislativa quando havia necessidade de que se alcançasse a eficácia da norma. Ex.: o art. 33 da Constituição Federal estabelece que "lei disporá sobre a organização administrativa e judiciária dos Territórios".

ATENÇÃO

Eficácia e aplicabilidade das normas constitucionais

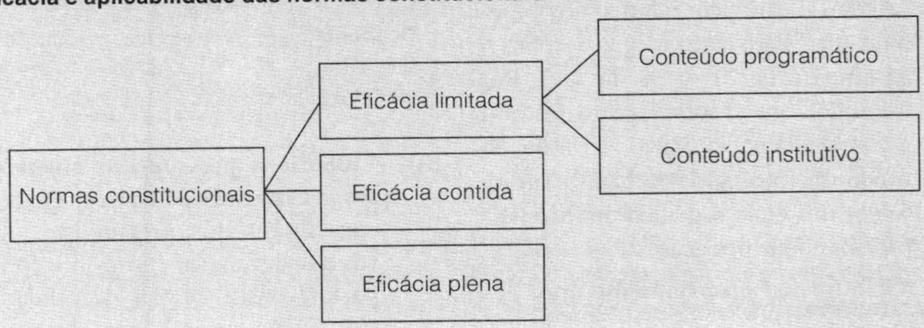

1) Eficácia limitada: norma que impõe a atuação do legislador/autoridade em editar lei que regule e traga eficácia ao direito estabelecido. Não se pode dizer que a norma em questão é totalmente despida de eficácia, uma vez que há um mínimo de aplicabilidade envolvendo vetor indicativo ao legislador de que produza a lei (o constituinte indicará se a lei deverá ser **complementar** ou **ordinária**. No silêncio, será lei ordinária). O silêncio do legislativo ensejará a propositura de ADI por omissão ou mandado de injunção.

a) Conteúdo programático: estabelecem programas de cunho social a serem desenvolvidos e aplicados pelo Estado. Ex.: art. 193 e s. da CF.

b) Conteúdo institutivo: estabelecem a própria estruturação do Estado, atribuições de órgãos, institutos, competências dos entes federativos – art. 118 e s. da CF (composição dos órgãos e competência da Justiça Eleitoral).

2) Eficácia contida: a norma é plenamente eficaz, no entanto, é possível que a lei venha a restringir o exercício de determinado direito a partir da necessidade de satisfação de condições por ela estabelecidos. É o caso do direito constitucional ao livre exercício de ofício ou profissão (art. 5º, XIII, da CF) e da Lei n. 8.906/94 (EOAB).

3) Eficácia plena: não é necessária qualquer complementação legislativa, sendo autossuficientes a garantir eficácia ao conteúdo do direito apresentado. A norma é plenamente eficaz.

2) **Ação:** o vício por ação registra, contrariamente ao item anterior, a atuação do legislativo durante o processo de elaboração da norma. Essa atuação deve estar em total compasso com o que estabelece a Constituição, sob pena de se constatar alguns vícios que podem ocorrer em diferentes ocasiões ou momentos. Por essa razão, há uma subdivisão conceitual.

a) **Formal:** também chamado de vício nomodinâmico (associado ao fato de que "forma" irá conotar "procedimento", e, portanto, algo que "está em movimento"). O vício formal poderá ser dividido ainda em:

i) **Vício orgânico:** relaciona-se com a origem. É um vício relativo à competência legislativa para legislar sobre o assunto (arts. 21 a 24 da CF). Por exemplo, legislar sobre direito eleitoral é competência privativa da União. Se um município legislar sobre o assunto, temos um vício orgânico de inconstitucionalidade por ação.

ii) **Vício formal propriamente dito:** poderá ser:

- **Subjetivo:** quando envolver a fase de iniciativa do processo legislativo. Ou seja, a quem cabia a iniciativa de legislar? Se se verificar que não está de acordo com o que a Constituição estabelece, há uma incompatibilidade relevante a ser apontada.
- **Objetivo:** todas as demais fases do processo legislativo que não a de iniciativa.

IMPORTANTE

Uma lei de iniciativa do Presidente da República vem a ser de fato iniciada pelo Congresso Nacional (qualquer das casas) e posteriormente sancionada pelo Presidente da República. A sanção presidencial é capaz de convalidar o vício formal subjetivo?

Resposta: não é possível a convalidação de qualquer vício de inconstitucionalidade (teoria da nulidade).

iii) **Violação a pressuposto objetivo do ato:** a Constituição Federal estabelece, para alguns atos, pressupostos objetivos que devem ser cumpridos (pressupostos constitucionais de validade do ato). O não cumprimento desses pressupostos acarretará um vício constitucional por tal violação. É o que acontece, como um grande exemplo adotado largamente na doutrina, na criação dos municípios (art. 18, § 4º, da CF).

IMPORTANTE

Para se criar um município, é preciso cumprir os seguintes pressupostos objetivos:

a) lei estadual criando o município;

b) lei complementar federal disciplinando a criação de municípios;

c) plebiscito à população diretamente envolvida;

d) estudos de viabilidade municipal.

Vício

O descumprimento de qualquer dos pressupostos apresentados acarretará a inconstitucionalidade por violação a pressuposto objetivo do ato.

b) **Material:** vício que se relaciona à matéria (assunto tratado na norma). Também é chamado de "nomoestático", pois, contrariamente à ideia de "movimento" no vício formal, aqui o tema é estático, é o próprio conteúdo tratado. Nessa natureza de vício observamos que o texto da norma objeto de controle é frontalmente colidente com a Constituição, não sendo possível que se mantenha vigente no ordenamento.

Como exemplo, podemos compreender uma norma que venha a tornar o voto público, não mais secreto (ou mesmo tendente a afrontar o sigilo do voto). Imaginando que outros aspectos formais tenham sido cumpridos, seria possível o voto aberto e não sigiloso?

A resposta é negativa. Isso porque o art. 60, § 4º, II, da Constituição Federal estabelece que não será objeto de deliberação a proposta de emenda tendente a abolir o "voto direto, secreto, universal e periódico", ou seja, uma cláusula pétrea (mas não precisava ser necessariamente uma cláusula pétrea, bastava existir afronta ao texto material da Constituição Federal). Nesse exemplo, tanto uma norma infraconstitucional quanto uma PEC seriam colidentes com o chamado "núcleo rígido de proteção" (cláusula pétrea), portanto, ambas devem ser declaradas inconstitucionais.

Vejamos um próximo exemplo objetivo:

Uma norma infraconstitucional vem dispor que o voto não é obrigatório (pensemos na literalidade do art. 14 da CF). Essa norma possui colidência frontal com o texto do *caput* do art. 14 da Constituição Federal e, portanto, é viciada materialmente. No entanto, é possível uma PEC alterar o *caput* do art. 14 da Constituição Federal, estabelecendo que o voto será sempre facultativo. Isso porque o já citado art. 60, § 4º, II, da Constituição Federal, ao trazer uma proteção mais robusta às características do voto, não relaciona entre elas a "obrigatoriedade". Portanto, a norma infraconstitucional não pode afrontar (pensemos na "hierarquia" da pirâmide de Kelsen), mas, se não há uma limitação material (cláusula pétrea), é possível que uma PEC altere formalmente o texto constitucional.

c) **Vício de decoro parlamentar:** modalidade ainda não consolidada na doutrina, mas que já vem ganhando espaço. Defendida pelo ilustre professor Pedro Lenza, consubstancia-se na situação em que o parlamentar, quebrando a legitima expectativa de sua representação, atua em desvio de conduta (decorrente de corrupção, abuso de prerrogativas, percepção de vantagens indevidas etc.).

Um exemplo utilizado pelo professor é a situação da Reforma Previdenciária aprovada em 2003, em que parlamentares teriam recebido o chamado "mensalão" para votação favorável à reforma. Em razão do julgamento pelo STF da Ação Penal 470 (AP 470 – no caso conhecido como "mensalão") e da constatação de grande esquema comprovado de compra de votos de parlamentares, foram propostas quatro ADIs buscando a declaração da inconstitucionalidade por vício de decoro parlamentar (ADI 4.887 – ADEPOL; ADI 4.888 – CSPB; ADI 4.889 – PSOL: ações que buscam declaração de inconstitucionalidade da Reforma Previdenciária de 2003, já que aprovada em razão de compra de votos de parlamentares – "escândalo do mensalão").

Dispõe o art. 55, § 1º, da Constituição Federal: "É incompatível com o decoro parlamentar, além dos casos definidos no regimento interno, o abuso das prerrogativas asseguradas a membro do Congresso Nacional ou a percepção de vantagens indevidas".

2.2 Momento do controle

O controle poderá ser prévio (preventivo, *a priori* ou priorístico) ou posterior (repressivo, *a posteriori* ou sucessivo).

1) **Prévio:** é realizado antes de o ato se aperfeiçoar de fato (o que, em regra, ocorrerá com sua publicação oficial). Aqui, o controle é realizado sobre o projeto de lei (PL) ou proposta de emenda constitucional (PEC) e é exercido por meio dos poderes (legislativo, executivo e judiciário).

a) **Legislativo:** ocorrerá durante o procedimento de elaboração das leis por meio das comissões especiais ou mesmo por meio da Comissão Permanente de Constituição e Justiça (CCJ). O regimento interno da Câmara e do Senado dispõe de forma específica sobre o procedimento de exame de constitucionalidade no âmbito das comissões, que elaborarão parecer a ser apreciado pelo plenário. Importante lembrar que os projetos de lei passam tanto pela CCJ da Câmara como pela do Senado.

b) **Executivo:** se realizará por meio do veto do Executivo (que poderá ser jurídico – controle de constitucionalidade – ou político – natureza política, que envolve contrariedade ao interesse público). Importante lembrar que a sanção presidencial não convalida qualquer vício de inconstitucionalidade.

c) **Judiciário:** havendo vícios no procedimento de elaboração da lei, é possível a propositura de mandado de segurança como forma de controle difuso de constitucionalidade. Nesse caso, embora difuso, apenas parlamentares estarão legitimados.

2) **Posterior:** controle realizado após a lei ou ato normativo ser publicado (vigência). A única exceção envolve situações em que se verifique o vício de inconstitucionalidade por omissão, já que nesse caso há a "não lei", diante da omissão relevante do legislador. Em regra, será exercida pelo Judiciário (veremos as ações em sequência), mas, em caráter de exceção, poderá ser exercida por outros poderes. Vejamos:

a) **1º Caso (Legislativo) – art. 62, § 5º, da CF:** caberá ao Congresso Nacional o controle posterior das medidas provisórias:

> Art. 62. Em caso de relevância e urgência, o Presidente da República poderá adotar medidas provisórias, com força de lei, devendo submetê-las de imediato ao Congresso Nacional.
>
> (...)
>
> § 5º A deliberação de cada uma das Casas do Congresso Nacional sobre o mérito das medidas provisórias dependerá de juízo prévio sobre o atendimento de seus pressupostos constitucionais.

b) **2º Caso (Legislativo) – art. 49, V, da CF:** decreto legislativo do Congresso Nacional que SUSTA ato normativo do Executivo que exorbite do poder

REGULAMENTAR ou dos limites da DELEGAÇÃO.

> Art. 49. É da competência exclusiva do Congresso Nacional:
>
> (...)
>
> V – sustar os atos normativos do Poder Executivo que exorbitem do poder regulamentar ou dos limites de delegação legislativa.

c) **3º Caso (Legislativo) – art. 52, X, da CF:** resolução do Senado Federal (controle difuso) que suspende a execução da lei, no todo ou em parte, em todo o território nacional, após ter sido declarada inconstitucional em sede de controle difuso (traz alcance *erga omnes* aos efeitos originalmente *inter partes*).

> Art. 52. Compete privativamente ao Senado Federal:
>
> (...)
>
> X – suspender a execução, no todo ou em parte, de lei declarada inconstitucional por decisão definitiva do Supremo Tribunal Federal.

d) **4º Caso (Executivo):** Poder Executivo, quando revoga decreto em razão de seu conteúdo inconstitucional. Também, quando o chefe do Executivo (presidente, governador ou prefeito) determina a não aplicação de determinada norma por violar conteúdo constitucional.

IMPORTANTE

O Tribunal de Contas pode exercer controle de constitucionalidade?

Resposta:

Súmula 347 do STF: "O Tribunal de Contas, no exercício de suas atribuições, pode apreciar a constitucionalidade das leis e dos atos do Poder Público".

2.3 Controle difuso

É o controle exercido de forma difusa, com pluralidade de órgãos do Poder Judiciário que o exercerão (ou seja, não se concentra nos tribunais). É também chamado de controle aberto, indireto, norte-americano ou subjetivo.

Tem como característica o fato de se tratar de um caso concreto, um bem da vida.

A análise da inconstitucionalidade da norma é feita de forma incidental, como causa de pedir, e não como pedido (o pedido será o bem da vida do caso concretamente tratado. A causa de pedir, que dá azo, fundamento, será a inconstitucionalidade da norma).

Dessa forma, é importante registrar que o resultado do controle (a decisão que resolve a questão) não faz coisa julgada, uma vez que tal efeito tão somente alcançará o dispositivo principal que foi resolvido (o bem da vida). Ou seja, aqui, a questão de inconstitucionalidade não faz coisa julgada possibilitando que seja levado a conhecimento do judiciário novamente, sem limitação por tal fundamento.

A decisão no controle difuso traz, em regra, efeitos *EX TUNC* e *INTER PARTES*. No entanto, é importante destacar dois pontos:

- **Recurso Extraordinário (RExt) no controle difuso:** o art. 102, III, da Constituição Federal dispõe sobre o cabimento do RExt quando a decisão recorrida contrariar dispositivo constitucional. Aqui, muito embora o controle seja difuso, haverá competência do STF para decidir em última instância sobre o caso. E, nessa ocasião, poderá ampliar os efeitos da decisão caso reconheça repercussão geral.
- **Resolução do Senado Federal (art. 52, X, da CF):** compete privativamente ao Senado Federal suspender a execução, no todo ou em parte, de lei declarada inconstitucional por decisão definitiva do

Supremo Tribunal Federal. Trata-se de uma exceção ao efeito *inter partes*. Importante destacar que não há obrigatoriedade do Senado em editar tal resolução; e a extensão da resolução alcançará idêntico conteúdo do quanto foi decidido pelo STF. Não se pode inovar, diminuindo ou ampliando o conteúdo do que se declarou inconstitucional.

ATENÇÃO

Uma corrente vem tomando força na Suprema Corte, sob a liderança do Ministro Gilmar Mendes. Com grande influência do Direito Constitucional alemão, Gilmar Mendes defende a mutação constitucional quanto ao dispositivo contido no art. 52, X, da Constituição Federal, não mais sendo necessária a edição de resolução pelo Senado Federal para que o efeito *erga omnes* seja aplicado, mas, sim, que é suficiente a própria indicação da Corte no sentido de que os efeitos a serem aplicados não serão aqueles ordinários ao controle difuso (*inter partes*), mas os efeitos *erga omnes*.

Tal entendimento prevaleceu recentemente no julgamento das ADIs 3.406 e 3.470 (Informativo 886 do STF), que trouxe a indicação de que os efeitos da declaração incidental da inconstitucionalidade, no caso, seriam de eficácia *erga omnes* e efeito vinculante.

Assim, podemos afirmar que, atualmente, está em destaque esse posicionamento de nossa Suprema Corte quanto à abstrativização do controle difuso, ou seja, por meio de mutação constitucional, a interpretação de que o art. 52, X, da Constituição Federal não é imprescindível para que se empreste o alcance *erga omnes* às decisões proferidas pela Suprema Corte em âmbito do controle difuso.

1) Cláusula de reserva de plenário

Como dito, o controle difuso é exercido por meio de uma pluralidade de órgãos pelo Poder Judiciário. É possível, inclusive, que seja realizado no âmbito dos Juizados Especiais. Nas situações em que a análise se dê em âmbito de primeira instância, nenhuma formalidade especial será imposta. No entanto, havendo recurso que conduza a questão aos tribunais (ou sendo distribuído perante eles originalmente), será necessário observar a cláusula de reserva de plenário, em atenção ao que dispõe o art. 97 da Constituição Federal: "Somente pelo voto da maioria absoluta de seus membros ou dos membros do respectivo órgão especial poderão os tribunais declarar a inconstitucionalidade de lei ou ato normativo do Poder Público".

Ou seja, no âmbito dos tribunais, o controle difuso obedecerá à determinação constitucional de que o incidente de inconstitucionalidade (causa de pedir) deverá ser apreciado e resolvido pelo pleno ou órgão especial, sendo mantida ao órgão fracionário a análise da questão de mérito (o caso concreto, bem da vida). O procedimento envolvido é chamado pela doutrina de "cisão horizontal", já que o incidente partirá do fracionário para o pleno/especial (sem alteração de instância, no mesmo tribunal, por isso a expressão "horizontal").

Controle DIFUSO no Tribunal

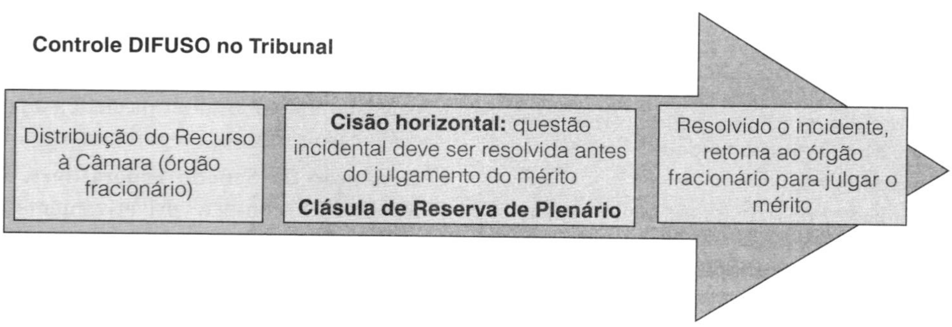

Dispõe a Súmula Vinculante 10 do STF: "Viola a cláusula de reserva de plenário (CF, art. 97) a decisão de órgão fracionário de tribunal que, embora não declare expressamente a inconstitucionalidade de lei ou ato normativo do Poder Público, afasta sua incidência, no todo ou em parte".

Importante observação à Súmula **Vinculante 10** se dá quanto às duas exceções a serem observadas. A primeira, quando houver um precedente do próprio tribunal. A segunda, sempre que houver pronunciamento do STF acerca da matéria (art. 949, parágrafo único, da CF).

2) Órgão especial

Todo tribunal é dividido em órgãos fracionários (câmaras, seções, turmas). O conjunto da totalidade dos julgadores (desembargadores) é chamado de pleno. No entanto, o art. 93, XI, da Constituição Federal possibilita que sejam constituídos os chamados órgãos especiais (que representarão o pleno em suas competências) nos tribunais com número superior a 25 julgadores.

Os órgãos especiais terão, no mínimo, 11 e, no máximo, 25 membros, e possuirão atribuições administrativas e jurisdicionais delegadas da competência do tribunal pleno. Metade das vagas será preenchida por antiguidade (os julgadores mais antigos) e a outra metade por meio de eleição pelo pleno.

2.4 Controle concentrado

É o controle "concentrado" nos tribunais (Tribunal de Justiça, caso a Constituição do Estado seja parâmetro, ou STF, se a Constituição Federal/bloco de constitucionalidade for o parâmetro). Também é chamado de controle objetivo, abstrato, fechado, reservado ou austríaco. Nessa forma, o controle é feito de forma objetiva, e a análise se dá apenas quanto à própria lei ou ato normativo (objeto) e sua compatibilidade com o parâmetro de controle (Constituição Estadual ou Constituição Federal).

Diferentemente do controle difuso (que é causa de pedir e, portanto, não gera coisa julgada), no controle concentrado, a declaração da inconstitucionalidade da lei é o próprio pedido.

Outra diferença se dá em relação à legitimação, que também não é difusa. Aqui, a legitimação obedece à taxativa previsão que, em regra, consta do art. 103 da Constituição Federal.

1) Ação direta de inconstitucionalidade genérica – ADI genérica

Prevista no art. 102, I, *a*, da Constituição Federal e disciplinada pela Lei n. 9.868/99, tem como **objeto** a verificação de compatibilidade entre uma lei (o art. 59 da CF relaciona todas as espécies legislativas) e um ato normativo estadual ou federal (municipal, não).

a) Legitimados universais e temáticos

Dispõe o art. 103 da Constituição Federal:

> Art. 103. Podem propor a ação direta de inconstitucionalidade e a ação declaratória de constitucionalidade:
> I – o Presidente da República;
> II – a Mesa do Senado Federal;
> III – a Mesa da Câmara dos Deputados;
> IV – a Mesa de Assembleia Legislativa ou da Câmara Legislativa do Distrito Federal;
> **V – o Governador de Estado ou do Distrito Federal;**
> **VI – o Procurador-Geral da República;**
> VII – o Conselho Federal da Ordem dos Advogados do Brasil;
> VIII – partido político com representação no Congresso Nacional;
> **IX – confederação sindical ou entidade de classe de âmbito nacional.**

Acerca da legitimação, é importante conhecer sensível distinção que costumeiramente é cobrada em provas. Os incisos IV, V e IX tratam dos chamados **legitimados temáticos ou especiais**, que devem comprovar pertinência temática sempre que buscarem ingressar com ações dessa forma de controle. Os demais legitimados não precisam de qualquer comprovação, pois são considerados **legitimados universais**.

Pertinência temática está relacionada a uma demonstração de interesse/pertinência dos legitimados especiais, que deverão guardar relação com o objeto e o pedido de declaração de inconstitucionalidade. De acordo com o STF, é necessário provar que a atuação dos legitimados especiais está de acordo com sua finalidade institucional.

b) Medida cautelar em sede de ADI

O art. 10 da Lei n. 9.868/99 dispõe sobre a possibilidade de medida cautelar nos autos da ADI (medida de natureza temporária, provisória e que, portanto, pode ser revista a qualquer tempo). Trata-se de uma antecipação da decisão final a ser proferida após os procedimentos específicos do rito. O deferimento dessa liminar estará condicionado ao quórum de maioria absoluta dos membros do STF (em período de atividades normais do Tribunal. Durante o recesso, cabe ao Presidente decidir. Em regra, só decidirá em caso de urgência, pois privilegiará a análise plenária para obtenção do quórum indicado pela lei).

O deferimento da medida cautelar implicará em efeito *erga omnes* e efeito *ex nunc* (em regra, não retroage, já que, aqui, a decisão ainda não é a definitiva. É uma forma de garantir a segurança jurídica). É possível, no entanto, que seja conferido efeito *ex tunc* (retroage), mediante decisão do STF nesse sentido (na inércia de um dispositivo dessa natureza, o efeito é *ex tunc*).

Para o deferimento, é imperiosa a demonstração de **perigo na demora (*periculum in mora*)**, que ficará demonstrada por meio de situações que certamente poderão se agravar ou vir a lesar gravemente direitos ante o transcurso de tempo. Assim, impondo a atuação cautelar por parte do órgão judicial, também será preciso demonstrar a **verossimilhança das alegações (*fumus boni iuris*)**, que consiste em comprovar que há plausibilidade nas alegações trazidas e o que de fato o ordenamento prevê.

c) Amicus curiae *e audiências públicas*

O art. 7º, § 2º, da Lei n. 9.868/99 traz a possibilidade de admissão, por parte do relator, do chamado *amicus curiae*. Trata-se de participação de órgãos ou entidades que poderão fornecer subterfúgios técnicos relativamente ao objeto do que se discute em sede de controle. A título de exemplo, por ocasião do julgamento da ADPF 54 (que entendeu pela possibilidade da interrupção de gravidez com fetos anencefálicos), representações médicas e religiosas foram ouvidas nesta condição.

Em sentido semelhante, o § 1º do art. 9º da Lei n. 9.868/99 dispõe sobre a **possibilidade** (não é obrigatório) de que:

> (...) em caso de necessidade de esclarecimento de matéria ou circunstância de fato ou de notória insuficiência das informações existentes nos autos, poderá o relator requisitar informações adicionais, designar perito ou comissão de peritos para que emita parecer sobre a questão, ou fixar data para, em audiência pública, ouvir depoimentos de pessoas com experiência e autoridade na matéria.

É um reflexo do que Peter Härbele chamou de "sociedade aberta dos intérpretes da constituição"[2].

Dispõe o art. 7º da Lei n. 9.868/99:

> Art. 7º Não se admitirá intervenção de terceiros no processo de ação direta de inconstitucionalidade.

2 HÄBERLE, Peter. *Hermenêutica Constitucional*: a sociedade aberta dos intérpretes da Constituição – contribuição para a interpretação pluralista e procedimental da Constituição. Tradução de Gilmar Ferreira Mendes. Porto Alegre: Fabris, 1997.

§ 1º (Vetado)

§ 2º O relator, considerando a relevância da matéria e a representatividade dos postulantes, poderá, por despacho irrecorrível, admitir, observado o prazo fixado no parágrafo anterior, a manifestação de outros órgãos ou entidades.

d) Atuação do Advogado-Geral da União e do Procurador-Geral da República

O Advogado-Geral da União – AGU atuará em defesa da lei ou do ato normativo. Cabe a ele resistir à pretensão do legitimado ativo que busca reconhecimento de um vício e, como consequência, a declaração de inconstitucionalidade.

Quanto ao Procurador-Geral da República – PGR, o art. 103, § 1º, da Constituição Federal estabelece que deverá ser previamente ouvido nas ações de inconstitucionalidade e em todos os processos de competência do Supremo Tribunal Federal.

e) Quórum de votação e efeitos da decisão

De acordo com os arts. 22 e 23 da Lei n. 9.868/99, a decisão que julgar a ADI deverá ser proferida por um quórum de maioria absoluta (ao menos seis ministros), destacando que, para a instalação de sessão, são necessários pelo menos oito ministros (2/3 da Corte).

Quórum de instalação da sessão de julgamento (é o mesmo quórum para modulação dos efeitos – art. 27 da Lei n. 9.868/99)	2/3 dos ministros (8 ministros)
Quórum de votação	Maioria absoluta dos membros (6 ministros)

Quanto aos efeitos, a regra será o *ex tunc* (retroage à data da publicação da lei ou ato normativo). No entanto, como já tratado anteriormente, é possível que haja a modulação dos efeitos da decisão que declara a inconstitucionalidade. O art. 27 da Lei n. 9.868/99 dispõe que:

> (...) tendo em vista razões **de segurança jurídica** ou de **excepcional interesse social**, poderá o Supremo Tribunal Federal, por maioria de **dois terços de seus membros**, restringir os efeitos daquela declaração ou decidir que ela só tenha eficácia a partir de seu trânsito em julgado ou de outro momento que venha a ser fixado.

O alcance da decisão é *erga omnes*, já que estamos diante de um contrato abstrato, vinculando todos os órgãos do Poder Judiciário e da Administração Pública direta e indireta em todas as esferas. Mas atenção! **Não vinculará o Poder Legislativo apenas quanto à sua função típica de legislar**. Eventual lei declarada inconstitucional poderá vir a ser novamente editada (integralmente, idêntica).

2) Ação direta de inconstitucionalidade por omissão – ADO

A ADO tem como objetivo declarar a inconstitucionalidade relacionada à omissão do legislador que não produziu lei indicada pela Constituição Federal como necessária à eficácia da norma constitucional, ou, ainda, se a produziu e ela não foi suficiente (omissão parcial).

A legitimação ativa será a mesma da ADI (art. 103 da CF e art. 12-A da Lei n. 9.868/99). A legitimação passiva, do órgão ou autoridade a quem cabia a regulamentação. A competência para apreciação será do STF, por força do art. 102, I, *a*, da Constituição Federal.

O quórum será o mesmo da ADI genérica, qual seja:

- **Instalação**: 8 ministros (2/3 dos membros) – art. 22 da Lei n. 9.868/99.

- **Aprovação**: 6 ministros (maioria absoluta) – art. 97 da CF e art. 23 da Lei n. 9.868/99.

a) Atuação do Advogado-Geral da União e do Procurador-Geral da República

Diferentemente das outras ações, não haverá atuação do Advogado-Geral da União – AGU, já que a norma é inexistente (lembrando que ele atua em defesa da constitucionalidade da norma). Quanto ao Procurador-Geral da República – PGR, a Lei n. 9.868/99 dispõe que apenas será ouvido se o relator considerar indispensável (muito embora o art. 103, § 1º, da CF estabeleça que nas ADIs ele apresentará parecer).

b) Medida cautelar

Será possível a concessão de medida cautelar (fundamento: art. 12-F da Lei n. 9.868/99) quando envolver excepcional urgência e relevância da matéria. Nesse caso, haverá prévia oitiva do órgão ou autoridade omissa (cinco dias). A decisão acerca da cautelar envolverá:

a) suspensão da aplicação da lei ou ato questionado (omissão parcial);
b) suspensão dos processos judiciais ou procedimentos administrativos;
c) outra providência poderá ser fixada pelo STF.

c) Decisão e efeitos

Julgada procedente a ADO, o STF dará ciência ao poder competente para que tome as medidas necessárias para suprir a omissão. No entanto, ante a impossibilidade (e também inconstitucionalidade) de intervenção de um poder no outro, essa "ciência" consistirá em:

i) se for órgão administrativo: prazo de 30 dias (art. 103, § 2º, da CF);
ii) ou prazo razoável a ser estabelecido pelo Tribunal (art. 12-H, § 1º, da Lei n. 9.868/99);
iii) se for o Congresso Nacional, Assembleias, Câmara Municipal ou chefes do Executivo, haverá apenas a recomendação.

3) Ação direta de inconstitucionalidade interventiva – ADI interventiva

O objetivo principal da ADI interventiva é a defesa repressiva (*a posteriori*) dos princípios constitucionais sensíveis, expressos pelo art. 34, VII, da Constituição Federal.

IMPORTANTE

Princípios sensíveis:

a) forma republicana, sistema representativo e regime democrático;

b) direitos da pessoa humana;

c) autonomia municipal;

d) prestação de contas da administração pública, direta e indireta;

e) aplicação do mínimo exigido da receita resultante de impostos estaduais, compreendida a proveniente de transferências, na manutenção e desenvolvimento do ensino e nas ações e serviços públicos de saúde (*vide* art. 212 da CF).

a) Legitimados

A **legitimidade ativa** é restrita ao PGR (art. 129, IV, da CF; art. 36, III, da CF; art. 2º da Lei n. 12.562/2011 – representação interventiva). A **legitimidade passiva** envolverá aquele órgão ou autoridade que tenha violado os princípios sensíveis.

É importante destacar que tais órgãos/autoridades apenas serão estaduais ou distritais, já que o que se busca é a intervenção federal no âmbito dos entes que podem sofrer a intervenção. Em caso de intervenção estadual (representação interventiva estadual), a autoridade/órgão será sempre municipal (já que o que se busca é a intervenção do Estado em âmbito municipal).

A **competência** será do STF, com base nos arts. 36, III, e 102, I, *a*, da Constituição

Federal. Quanto ao quórum, a exigência será a mesma da ADI genérica, qual seja:

- **Instalação**: 8 ministros (2/3 dos membros) - art. 9º da Lei n. 12.562/2011;
- **Aprovação**: 6 membros (art. 97 da CF e art. 10 da Lei n. 12.562/2011).

Em caso de procedência, o Presidente do STF, ao publicar o acórdão, levará a conhecimento do Presidente da República para que este, no prazo improrrogável de 15 dias, dê cumprimento aos §§ 1º e 3º do art. 36 da CF (art. 11, parágrafo único, da Lei n. 12.562/2011). Importante mencionar que o Judiciário não pode, por si só, decretar a intervenção. Por essa razão, comunica o Executivo para que este possa proceder.

O chefe do Executivo poderá, ainda, primeiramente, atuar com decreto suspendendo o ato que fora impugnado na ação, sem que haja, de fato, a intervenção (neste primeiro momento). Sendo suficiente, não haverá necessidade de medida mais drástica; não sendo, haverá o decreto interventivo.

Portanto, com a procedência da ADI interventiva, o chefe do Executivo (Presidente da República ou governador) poderá atuar com o decreto de intervenção, que, por sua vez, deverá especificar:

- a amplitude;
- o prazo;
- as condições de execução;
- se couber, a nomeação de um interventor.

b) Recurso e ação rescisória?

As decisões em sede de ADI interventiva (com exceção do agravo que indefere a petição inicial, previsto na Lei n. 9.868/99) são irrecorríveis. Parte da doutrina - o ilustre Prof. Flávio Martins - afirma que, por analogia à Lei n. 9.868/99, seriam possíveis, ainda, os embargos declaratórios.

Da mesma forma, a decisão que julgar procedente ou improcedente o pedido de representação interventiva não será suscetível de impugnação por ação rescisória (art. 12 da Lei n. 12.562/2011).

4) Ação declaratória de constitucionalidade – ADC/ADCon

A ADC, por sua vez, é ação que se destina a avançar à presunção relativa de constitucionalidade (toda norma publicada, em vigência, possui presunção relativa de constitucionalidade. Por sua vez, poderá tal presunção ser afastada pelas ações de controle), alcançando a inequívoca declaração de que o texto é compatível com a norma superior.

Com fundamento no art. 102, I, *a*, da Constituição Federal, e regulada pela Lei n. 9.868/99, pode ser considerada, juntamente com a ADI, como ação ambivalente. Isso porque a procedência de uma implica a improcedência da outra e vice-versa.

Na ADC existe uma peculiaridade importante a ser cumprida como requisito da petição inicial (art. 14, III, da Lei n. 9.868/99). Como busca demonstrar que de fato a lei é constitucional, exige uma premissa, que é a existência da chamada controvérsia judicial relevante. Ou seja, há uma divergência entre os tribunais quanto à constitucionalidade ou não da norma (o que, portanto, traz grande insegurança).

A ADC, diferentemente da ADI, apenas terá como objeto as leis ou atos normativos federais, não tendo espaço as de natureza estadual ou municipal.

a) Legitimados

Os legitimados são os mesmos da ADI, qual seja, aqueles previstos no art. 103 da Constituição Federal, inclusive quanto às peculiaridades dos legitimados que necessitam demonstrar a pertinência temática (legitimados especiais).

b) Medida cautelar

Também é possível que seja deferida medida cautelar em sede de ADC (art. 21 da Lei n. 9.868/99). Para tanto, deverá ser observado o quórum da maioria absoluta dos membros da Corte, e o efeito será o de suspender, por 180 dias, o julgamento de todos os processos que envolvam a aplicação da norma que esteja sendo questionada. Na prática, essa suspensão se arrasta por período muito maior (anos!).

c) Atuação do Advogado-Geral da União e do Procurador-Geral da República

Não haverá atuação do Advogado-Geral da União – AGU, já que o que se busca é justamente declarar a constitucionalidade da lei ou ato normativo. O Procurador-Geral da República – PGR atuará em conformidade constitucional (art. 103, § 1º, da CF) e de acordo com o disposto no art. 19 da Lei n. 9.868/99, que dispõe sobre a abertura de vista ao PGR para pronunciamento (manifestação).

d) Efeitos da decisão

Os efeitos são idênticos aos apontados na ADI.

5) Arguição de descumprimento de preceito fundamental – ADPF

Com previsão no art. 102, § 1º, da Constituição Federal e na Lei n. 9.882/99, busca verificar a compatibilidade de lei ou ato normativo que venha a violar preceito fundamental constitucional. Trata-se de ação com objeto muito mais abrangente que as demais, visto que poderá atacar tanto as leis quanto os atos normativos federais, estaduais, municipais, anteriores ou posteriores ao texto constitucional.

O art. 4º, em seu § 1º, especificamente, da Lei n. 9.868/99 dispõe que não será admitida ADPF quando houver qualquer outro meio eficaz de sanar a lesividade. Por essa razão, a doutrina empresta à ADPF a classificação de ação com caráter subsidiário.

a) Legitimados

São os mesmos indicados na ADI/ADC (art. 103 da CF).

b) Preceito fundamental

Não há menção na legislação específica (Lei n. 9.882/99) quanto ao que deveria ser considerado como "preceito fundamental", permanecendo como um conceito aberto. Assim, caberá ao STF, no caso concreto, verificar se o caso atende ao que a Constituição Federal apontou como "preceito fundamental".

c) Medida liminar

O art. 5º da Lei n. 9.882/99 dispõe que será possível a concessão de medida liminar por decisão da maioria absoluta de seus membros, sendo possível que, em caráter de exceção, seja concedida antes de ouvir o pleno da Corte, como é o caso do pedido durante o recesso. Aqui, a concessão ficará a cargo do próprio relator, e não do presidente do STF (que responderia, em tese, pelo plantão durante o recesso).

d) Atuação do Advogado-Geral da União e do Procurador-Geral da República

Não há exigência legal de atuação do Advogado-Geral da União – AGU (que atua em defesa da lei e de sua constitucionalidade). O Procurador-Geral da República – PGR, quando não for parte, será ouvido nos termos da imposição constitucional do art. 103, § 1º, da Constituição Federal.

IMPORTANTE

Normalmente, quando a questão aborda o controle de constitucionalidade de norma municipal ou anterior à Constituição Federal de 1988, caso esteja sendo cobrada a ação cabível, a ADPF tende a ser a correta (é necessário verificar os demais elementos apresentados).

2.5 Questões

1. (CESPE – TRE/MT – Analista Judiciário – Área Judiciária) Acerca do controle de constitucionalidade, assinale a opção correta.

A) A instauração do processo de controle de constitucionalidade, para fins de intervenção, é privativa do procurador-geral da República.

B) Em razão da cláusula de reserva de plenário, o controle de constitucionalidade incidental não pode ser exercido por juízos singulares de primeiro grau.

C) Caso o Distrito Federal, no exercício de sua competência legislativa estadual, edite ato normativo proibindo determinado serviço de transporte, poderá ser ajuizada ação declaratória de constitucionalidade no STF a fim de que a insegurança jurídica seja afastada.

D) Compete ao Congresso Nacional suspender a execução, no todo ou em parte, de lei declarada inconstitucional por decisão definitiva do STF.

E) É cabível o ajuizamento de arguição de descumprimento de preceito fundamental com a finalidade de se obter a interpretação, a revisão ou o cancelamento de súmula vinculante.

↘ Resolução:

A) *Correta.* Somente o PGR possuirá legitimidade para propor ADI interventiva (representação interventiva), o que será feito quando diante das hipóteses relacionadas nos arts. 34, VI e VII, e 36, III, da Constituição Federal.

B) *Incorreta.* A cláusula de reserva de plenário deve ser observada apenas diante do julgamento perante os tribunais, não se aplicando aos juízos singulares (de primeiro grau), conforme o art. 97 da Constituição Federal.

C) *Incorreta.* Diferentemente da ADI, em que o objeto da demanda pode envolver tanto leis quanto ato normativos federais e estaduais, na ADC, apenas poderão constar leis ou atos normativos federais.

D) *Incorreta.* Tal competência é do Senado Federal (art. 52, X, da CF) e não do Congresso. Importa mencionar que, atualmente, o pleno do STF tem admitido a mutação constitucional desse dispositivo (art. 52, X, da CF), de modo que basta que o próprio STF declare a inconstitucionalidade, mesmo que em sede do controle difuso, para que se opere o efeito *erga omnes* (ADI 3.406/RJ e ADI 3.470/RJ, rel. Min. Rosa Weber, j. 29-11-2017, Informativo 886).

E) *Incorreta.* A ADPF não é procedimento adequado para o que pretende afirmar a assertiva. Para o procedimento indicado, existe regulamentação própria tratada na Lei n. 11.417/2006.

↗ Gabarito: "A".

2. (FCC – MPC/MS – Analista de Contas) Do mesmo modo que a ação direta de inconstitucionalidade, a ação declaratória de constitucionalidade:

A) inadmite, após ter sido ajuizada, a extinção do processo em razão da desistência do autor.

B) não será conhecida caso dela não conste a indicação da existência de controvérsia judicial relevante sobre a aplicação da disposição normativa objeto da ação.

C) cabe ser proposta em face de lei ou ato normativo federal ou estadual.

D) enseja, em sua tramitação, a citação do Advogado-Geral da União para defender o ato ou texto impugnado

E) admite, em sua tramitação, o deferimento de pedidos de chamamento ao processo e de assistência.

↘ Resolução:

A) *Correta.* Essa vedação vem prevista no art. 5º da Lei n. 9.868/99, ao dispor que, proposta a ação direta, não se admitirá desistência.

B) *Incorreta.* Para a propositura da ADC, é necessária a controvérsia judicial relevante (art. 14, III, da Lei n. 9.868/99), algo que não é exigido no caso das ADIs.

C) *Incorreta.* O objeto da ADC poderá envolver apenas leis ou atos normativos federais, conforme art. 13, *caput*, da Lei n. 9.868/99.

D) *Incorreta.* O AGU só tem participação no caso da ADI (art. 103, § 3º, da CF). No entanto, considerando a força ambivalente da ADI e da ADC (a procedência de uma implica necessariamente na improcedência da outra, quando possuírem o mesmo objeto), a prática impõe incluir a participação do AGU, uma vez que, diante da improcedência de uma ADC, o efeito contrário (declarar a inconstitucionalidade do objeto) se fará presente.

E) *Incorreta.* Não se admitirá intervenção de terceiros no processo de ação declaratória de constitucionalidade (art. 18 da Lei n. 9.868/99).

↗ Gabarito: "A".

3. **(FCC – MPC/MS – Analista de Contas)** Qual ação cabível para verificar a constitucionalidade de uma Lei Federal que fora editada anteriormente à Constituição Federal de 1988?

A) Ação direta de inconstitucionalidade.

B) Ação declaratória de constitucionalidade.

C) Ação indireta de constitucionalidade.

D) Arguição de descumprimento de preceito fundamental.

E) Ação popular.

↘ **Resolução:**

A única alternativa correta vem apresentada pela alternativa "D". Isso porque a arguição de descumprimento de preceito fundamental é instrumento subsidiário de controle, cabendo-lhe a análise de atos normativos anteriores à Constituição Federal vigente (inciso I do parágrafo único do art. 1º da Lei n. 9.882/99).

↗ **Gabarito: "D".**

3. CLASSIFICAÇÃO DAS CONSTITUIÇÕES

A doutrina realiza a classificação das Constituições a partir de um conjunto de características e situações históricas, criando uma linha de melhor compreensão e análise a partir dos próprios títulos criados para tais apontamentos. Dentre as inúmeras existentes (e variadas), abordamos as que, de modo sedimentado, têm sido adotadas.

3.1 Quanto à forma

a) **Escrita:** constituição organizada e expressa por meio de texto (formalmente). Trata-se da fonte formal do sistema constitucional. Ex.: todas as Constituições brasileiras.

b) **Não escrita ou consuetudinária:** decorre não de uma sistematização ou organização, mas, sim, de textos esparsos, costumes, práticas comuns, jurisprudência. Há, como marco, a pluralidade de fontes formais do direito constitucional de determinado país adepto deste modelo. Ex.: Constituição inglesa.

3.2 Quanto ao modo de elaboração

a) **Dogmática:** será, necessariamente, uma Constituição escrita. Funda-se em dogmas, havendo presunção de aceitação dos dogmas registrados no texto. Resulta da elaboração de um texto por uma assembleia ou órgão constituinte.

b) **Histórica ou costumeira:** são textos formados ao longo do tempo a partir de costumes (consuetudinárias) que passam a incorporar o Estado.

3.3 Quanto à origem

a) **Outorgada ou imposta:** não democrática, imposta unilateralmente pelo soberano. Ex.: Carta Imperial de 1824.

b) **Promulgada ou democrática:** tem gênese na própria participação popular em sua elaboração (assembleia ou órgão constituinte). Ex.: Constituição Federal de 1988.

c) **Cezarista, bonapartista, referendária ou plebiscitária:** é referendada pelo povo, e a ratificação é ato meramente formal (pois não há, de fato, verdadeira possibilidade de rejeição, de liberdade).

d) **Pactuada (contratual):** trata-se de uma Constituição que nasce de um compromisso instável estabelecido entre dois ou mais grupos que estejam em embate direto. Ex.: Magna Carta de 1215 e a crise entre o Rei João Sem-Terra e seus barões; Constituição Francesa de 1830.

3.4 Quanto à estabilidade ou mutabilidade

a) **Imutável:** quando o texto aponta expressamente para a impossibilidade de sua modificação por qualquer meio.

b) **Super-rígida:** rígida, mas que possui um núcleo imutável (cláusulas pétreas).

c) **Rígida:** o texto é rígido pelo fato de o seu processo de modificação formal (alteração da Constituição) exigir requisitos mais dificultosos de serem cumpridos. Normalmente, observam-se quóruns de aprovação mais difíceis de serem atingidos. Ex.: o § 2º do art. 60 da Constituição Federal estabelece que a PEC será discutida e votada em cada Casa do Congresso Nacional, em dois turnos, considerando-se aprovada se obtiver, em ambos, 3/5 dos votos dos respectivos membros.

d) **Semirrígida:** parte do texto é rígida, parte é flexível. Um exemplo dessa classificação é a Carta Imperial de 1824.

e) **Flexível:** é possível que se proceda à alteração formal do texto constitucional por meio de processo legislativo utilizado para alteração de leis. A doutrina também denomina de "constituição plástica".

ATENÇÃO

O conceito de "constituição plástica" é utilizado pela doutrina em dois contextos e temas diferentes. Nas classificações, Pinto Ferreira[3] adota o termo com o objetivo de relacionar a ideia de mínima rigidez (ou nenhuma) na alteração formal do texto constitucional. Por outro lado, Raul Machado Horta[4] emprega o conceito ao tratar de uma Constituição que dependa de um grande número de regulamentações por parte do legislador ordinário (normas constitucionais de eficácia limitada).

3.5 Quanto à extensão do texto

a) **Concisas ou sintética:** composta de textos sucintos, que não aprofundam em minúcias, preocupando-se em dispor apenas acerca de questões fundamentais. Um exemplo dessa classificação é a Constituição Americana de 1787.

b) **Prolixa, analítica ou inchada:** por outro lado, diferentemente da classificação anterior, as Constituições prolixas ou analíticas (também chamadas de "inchadas") refletem a preocupação em regular situações amplas com minúcia, as quais poderiam estar reservadas ao legislador infraconstitucional. Um exemplo é a Constituição Federal de 1988.

3.6 Quanto ao conteúdo

a) **Material:** o conteúdo do texto constitucional relaciona-se à matéria constitucional que, de forma geral, irá tratar sobre o estabelecimento, a organização e o desenvolvimento do Estado. Como exemplo, temos a divisão dos poderes (das funções) e a repartição de competências, direitos e garantias fundamentais.

b) **Formal:** embora não apresentem conotação à organização e ao desenvolvimento do Estado (normas materiais), são normas formalmente constitucionais. Um exemplo é o art. 242, § 2º, da Constituição Federal, que dispõe sobre o Colégio Pedro II e sua localização na cidade do Rio de Janeiro, porém mantido em órbita federal.

Cabe destacar que a eficácia das normas constitucionais está relacionada à sua forma, e não à sua matéria isoladamente. Em um primeiro momento, podemos dizer que a Constituição é classificada como formal, por esse critério de conteúdo. No entanto, após a inserção do § 3º no art. 5º da Constituição Federal pela Emenda Constitucional n. 45/2004, passamos a compreender que a atual Constituição Federal caminha para um critério misto, já que o referido dispositivo indica que "Os tratados e convenções inter-

3 FERREIRA, Luiz Pinto. *Curso de direito constitucional*. 12. ed. São Paulo: Saraiva, 2002, p. 12.

4 HORTA, Raul Machado. *Direito constitucional*. 4. ed. Belo Horizonte: Del Rey, 2003, p. 211.

nacionais sobre direitos humanos que forem aprovados, em cada Casa do Congresso Nacional, em dois turnos, por três quintos dos votos dos respectivos membros, serão equivalentes às emendas constitucionais". Isso significa que há uma indicação de valor à matéria, e não apenas à forma.

3.7 Quanto à dogmática (de acordo com Pinto Ferreira)[5]

a) **Ortodoxa:** o texto constitucional é influenciado e adota uma única ideologia em seu conteúdo. Um exemplo é a Constituição Soviética de 1977.

b) **Eclética ou compromissória:** há preocupação com a pluralidade, abarcando, portanto, diversas ideologias no mesmo texto. Possui como característica a linha conciliatória, de compromisso entre as várias forças políticas. Um exemplo é a Constituição Federal de 1988.

3.8 Questões

1. (FUJB – MPE/RJ – Analista) As categorias de classificação das constituições quanto à possibilidade de reforma são:

A) rígidas, consuetudiárias e pactuadas;
B) analíticas, flexíveis e sintéticas;
C) costumeiras, pactuadas e outorgadas;
D) rígidas, semirrígidas e flexíveis;
E) pactuadas, analíticas e cesaristas.

↘ Resolução:

A) *Incorreta.* A classificação de consuetudinárias relaciona outra natureza que não a relativa à mutabilidade do texto.

B) *Incorreta.* Constituições analíticas e sintéticas são relacionadas quanto à extensão do texto, e não quanto à sua mutabilidade.

C) *Incorreta.* A alternativa relaciona classificações quanto à origem e à forma de elaboração do texto.

D) *Correta.* A alternativa apresenta a classificação do texto constitucional quanto à possibilidade de reforma (mutabilidade).

E) *Incorreta.* Apresenta classificação relativa à origem e à extensão do texto.

↗ Gabarito: "D".

2. (FUNDATEC – DPE/SC – Analista Técnico) Em relação à classificação das constituições, analise as seguintes assertivas:

I. Quanto à forma, são materiais ou formais.

II. Quanto ao modo de elaboração, são dogmáticas, históricas ou sistemáticas.

III. Quanto à estabilidade, podem ser super-rígidas, rígidas, flexíveis ou semirrígidas.

Quais estão corretas?

A) Apenas I.
B) Apenas II.
C) Apenas III.
D) Apenas II e III.
E) I, II e III.

↘ Resolução:

A) *Incorreta.* A classificação de formal ou material tem relação quanto ao seu conteúdo, e não à forma (escrita ou não escrita).

B) *Incorreta.* Quanto ao modo de elaboração, a classificação alcança tão somente a análise de ser dogmática ou histórica, não tendo qualquer relação a classificação de sistemática.

C) *Correta.* Encerra classificação relacionada à estabilidade (mutabilidade, alterabilidade) do texto constitucional.

D) *Incorreta.* A assertiva II indica a classificação de "sistemática" quanto ao modo de elaboração, o que é incorreto.

E) *Incorreta.* Apenas o contido na assertiva III pode ser indicado como correto (razões indicadas nas alternativas anteriores).

↗ Gabarito: "C".

3. (CESPE – TRE/RS – Analista Judiciário) Acerca de aspectos relacionados à Constituição, poder constituinte e princípios constitucionais fundamentais, assinale a opção correta.

A) O pluralismo político, princípio constitucional fundamental da CF que assegura a participação

[5] FERREIRA, Luiz Pinto. *Curso de direito constitucional.* 12. ed. São Paulo: Saraiva, 2002.

plural da sociedade, atinge apenas os partidos políticos, não se estendendo a sindicatos, associações, entidades de classe e organizações em geral.

B) Em se tratando de Constituição formal, consideram-se constitucionais as normas que constarem do texto magno, sejam elas emanadas do poder constituinte originário ou do de reforma.

C) As Constituições não escritas são compostas por costumes e pela jurisprudência, mas não por instrumentos escritos, ainda que dispersos pelo tempo.

D) O dispositivo da CF que considera dever do Estado fomentar práticas desportivas formais e não formais é considerado norma constitucional de eficácia contida.

E) Não se pode falar em poder constituinte originário se o ato constituinte for adstrito a uma única pessoa ou a um grupo restrito no qual não intervenha órgão de representação popular.

↘ Resolução:

A) *Incorreta.* A ideia de pluralismo político não fica circunscrita à existência dos partidos políticos, mas de pluralidade de opiniões, ideologias, convicções e crenças. O pluralismo é indicado tanto no preâmbulo quanto como fundamento do Estado Democrático de Direito (art. 1º, V, da CF).

B) *Correta.* A concepção de Constituição formal é a de que normas constitucionais são aquelas constantes do texto, pouco importando se originária ou derivada reformadora.

C) *Incorreta.* A Constituição não escrita pode ser compreendida como aquela que se compõe dos costumes, da jurisprudência e também de textos constitucionais escritos esparsos.

D) *Incorreta.* Tal dispositivo (art. 217 da CF) possui natureza limitada e programática, pois indica a necessidade de que haja uma regulamentação de tal ordem (*vide* eficácia e aplicabilidade das normas constitucionais).

E) *Incorreta.* É possível verificar textos constitucionais que, quanto à sua origem, são outorgados. Ou seja, são impostos por uma força ou pessoal, em detrimento da opinião do restante da população. Um exemplo é a primeira Constituição brasileira, de 1824.

↗ Gabarito: "B".

4. PRINCÍPIOS CONSTITUCIONAIS

Os princípios constitucionais estão previstos nos **arts. 1º a 4º da Constituição Federal**, inaugurando o seu texto.

Para compreender melhor esse tema e, assim, acertar as questões que vierem a ser cobradas nas provas, é importante entender que o tema **princípios constitucionais** se desmembra em outros três subtemas:

- **Fundamentos da República Federativa do Brasil (art. 1º da CF);**
- **Objetivos da República Federativa do Brasil (art. 3º da CF);**
- **Princípios do Brasil na ordem internacional (art. 4º da CF).**

Vamos, então, iniciar os nossos estudos pelos **cinco fundamentos da República Federativa do Brasil**, que estão previstos expressamente no **art. 1º da Constituição Federal.**

Para potencializar os seus estudos, é importante lançar mão de uma excelente técnica muito utilizada por concurseiros de sucesso: o método mnemônico, que consiste na memorização de uma ou mais palavras-chave que conterão a resposta (ou pelo menos um indicativo dela) em suas letras.

Veja que interessante!

Para memorizar os **cinco fundamentos** da República Federativa do Brasil, é preciso memorizar o mnemônico: **SO-CI-DI-VA-PLU.**

SOCIDIVAPLU

Vamos ver como funciona?

Fundamentos da República Federativa do Brasil (art. 1º da CF)	
SO	Soberania.
CI	Cidadania.
DI	Dignidade da pessoa humana.
VA	Valores sociais do trabalho e da livre-iniciativa.
PLU	Pluralismo político.

Viu como fica mais fácil?

Agora vamos memorizar os **Objetivos da República Federativa do Brasil**, que estão previstos no **art. 3º da Constituição Federal**.

Ao todo são cinco objetivos, que podem ser memorizados por meio do seguinte mnemônico: **CONGA E REPRO**.

CONGA E REPRO

Estranho? Que nada! Veja como fica mais fácil:

Objetivos da República Federativa do Brasil (art. 3º da CF)	
CON	Construir uma sociedade livre, justa e solidária.
GA	Garantir o desenvolvimento nacional.
E	Erradicar a pobreza e a marginalização.
RE	Reduzir as desigualdades sociais e regionais.
PRO	Promover o bem de todos, sem preconceitos de origem, raça, sexo, cor, idade e quaisquer outras formas de discriminação.

Por fim, nos resta falar dos princípios a serem adotados pela República Federativa do Brasil na ordem internacional, os quais estão previstos no **art. 4º da Constituição Federal**.

Para memorizá-los, lembre-se do mnemônico: **DECORA PISCINÃO**.

DECORA PISCINÃO

Princípios da República Federativa do Brasil na ordem internacional (art. 4º da CF)	
DE	Defesa da paz.
CO	Cooperação entre os povos para o progresso da humanidade.
R	Repúdio ao terrorismo e ao racismo.
A	Autoafirmação dos povos.
P	Prevalência dos direitos humanos.
I	Independência nacional.
S	Solução pacífica dos conflitos.
C	Concessão de asilo político.
I	Igualdade entre os povos.
NÃO	Não intervenção.

Um detalhe muito importante sobre os princípios da República Federativa do Brasil na ordem internacional: o **art. 4º, parágrafo único, da Constituição Federal** estabelece a busca por uma integração econômica, política, social e cultural dos povos da América Latina, tudo com o objetivo de formar uma comunidade latino-americana de nações.

Perfeito!

Agora que já falamos dos princípios constitucionais, por meio da tabela a seguir, abordaremos a diferença entre **Forma de Governo *vs.* Sistema de Governo *vs.* Forma de Estado *vs.* Regime de Governo**.

Forma de Governo	República
Sistema de Governo	Presidencialista
Forma de Estado	Federação
Regime de Governo	Democracia

Para finalizarmos esse assunto, **é** imprescindível ressaltar que há no Brasil uma **tripartição de poderes** (muitos defendem que são repartições de competências, e não do Poder, visto que este é uno e de titularidade do povo): **Poder Executivo, Poder Legislativo e Poder Judiciário.**

Estudaremos cada um desses três poderes em capítulos próprios, pois todos são de grande incidência em concursos públicos.

Por ora, vale anteciparmos que esses três poderes são **independentes** entre si e devem atuar sempre de forma **harmônica**, vigorando entre eles um **sistema de freios e contrapesos** (*checks and balances*), no qual cada um dos poderes, de uma forma ou de outra, interfere nos demais, evitando, assim, que um deles prevaleça sobre os outros, conforme estudaremos com mais detalhes em capítulos específicos.

4.1 Questões

1. (FCC – TRT 6ª Região – Técnico Judiciário – Área Administrativa) À luz do que dispõe a Constituição Federal quanto aos seus princípios fundamentais:

A) todo o poder emana de Deus, que o exerce por meio de representantes eleitos pelo povo, nos termos da Constituição.

B) são Poderes da União, independentes e harmônicos entre si, o Legislativo, o Executivo, o Judiciário e o Moderador.

C) constituem, dentre outros, objetivos fundamentais da República Federativa do Brasil os valores sociais do trabalho e da livre-iniciativa.

D) a República Federativa do Brasil buscará a integração econômica, política, social e cultural dos povos da América Latina, visando à formação de uma comunidade latino-americana de nações.

E) a República Federativa do Brasil tem como um de seus fundamentos a cooperação entre os povos para o progresso da humanidade.

↘ Resolução:

A) *Incorreta.* Na verdade, todo poder emana do povo, que o exerce por meio de seus representantes, ou diretamente, nos termos do que estabelece o art. 1º, parágrafo único, da Constituição Federal.

B) *Incorreta.* Nos termos do art. 2º da Constituição Federal, o poder moderador não é um dos três poderes da República Federativa do Brasil.

C) *Incorreta.* Os valores sociais do trabalho e da livre-iniciativa são fundamentos da República Federativa do Brasil, nos termos do art. 1º, IV, da Constituição Federal.

D) *Correta.* É exatamente isso o que dispõe o art. 4º, parágrafo único, da Constituição Federal.

E) *Incorreta.* A cooperação entre os povos para progresso da humanidade é, na verdade, um princípio a ser adotado pelo Brasil em suas relações internacionais, nos termos do art. 4º, IX, da Constituição Federal.

↗ Gabarito: "D".

2. (FCC – TRT 6ª Região – Analista Judiciário – Área Administrativa) A República Federativa do Brasil rege-se nas suas relações internacionais pelo princípio que:

A) autoriza o uso da intervenção, em qualquer hipótese, desde que autorizada pelo Senado Federal.

B) prega a solução dos conflitos por meio do uso da força, competindo ao Presidente da República declarar guerra, no caso de agressão estrangeira, autorizado pelo Senado Federal.

C) reconhece a diferença hierárquica entre os Estados em função de sua importância econômica.

D) reconhece a autodeterminação dos povos.

E) estimula a competição entre os povos para o progresso da humanidade.

↘ Resolução:

A) *Incorreta.* Na verdade, o art. 4º, IV, da Constituição Federal estabelece o princípio da não intervenção.

B) *Incorreta.* Na verdade, o art. 4º, VII, da Constituição Federal estabelece o princípio da solução pacífica dos conflitos.

C) *Incorreta.* Na verdade, o art. 4º, V, da Constituição Federal estabelece o princípio da igualdade entre os estados.

D) *Correta.* É exatamente o que dispõe o art. 4º, III, da Constituição Federal.

E) *Incorreta.* Na verdade, o art. 4º, IX, da Constituição Federal estabelece o princípio da cooperação entre os povos para progresso da humanidade.

↗ Gabarito: "D".

3. (CESPE – TRT 8ª Região – Técnico Judiciário – Área Administrativa) Constitui objetivo fundamental da República Federativa do Brasil:

A) a independência nacional.

B) a solução pacífica de conflitos.

C) a autodeterminação dos povos.

D) a construção de uma sociedade livre, justa e solidária.

E) a cooperação entre os povos para o progresso da humanidade.

↘ Resolução:

A) *Incorreta*. Este é, na verdade, um princípio do Brasil na ordem internacional, nos termos do art. 4º da Constituição Federal.

B) *Incorreta*. Este é, na verdade, um princípio do Brasil na ordem internacional, nos termos do art. 4º da Constituição Federal.

C) *Incorreta*. Este é, na verdade, um princípio do Brasil na ordem internacional, nos termos do art. 4º da Constituição Federal.

D) *Correta*. Este é um dos objetivos da República Federativa do Brasil, nos termos do art. 3º, I, da Constituição Federal.

E) *Incorreta*. Este é, na verdade, um princípio do Brasil na ordem internacional, nos termos do art. 4º da Constituição Federal.

↗ Gabarito: "D".

5. DIREITOS E GARANTIAS FUNDAMENTAIS

Direitos fundamentais podem ser compreendidos como declarações universais (Declaração Universal dos Direitos do Homem, por exemplo) positivadas em nosso ordenamento. Portanto, a positivação traz a esses direitos universais a condição de fundamentais.

IMPORTANTE

Na doutrina, prevalece o entendimento de que "direitos humanos" são declarações universais (tratados internacionais, documentos internacionais de modo geral) que possuem como objetivo a proteção do gênero humano.

No texto constitucional, em uma abordagem "geográfica" que nos traduz muito, verificamos que Direitos Fundamentais é o Título (Título II), logo no início, que compreende como capítulos: Direitos e deveres individuais e coletivos (art. 5º); Direitos sociais (arts. 6º a 11); Direito de nacionalidade (arts. 12 e 13); Direitos políticos (arts. 14 a 16); Partidos políticos (art. 17).

É claro que os direitos fundamentais não estão exaustivamente tratados nesse intervalo de artigos (arts. 5º a 17 da CF); outros tantos direitos, ainda que não positivados no texto constitucional (ainda mais no intervalo de artigos indicado), poderão ser reconhecidos em razão do que a própria Constituição assegura ao dispor que não haverá exclusão de direitos e garantias decorrentes do regime e princípios adotados (pela própria CF), ou, ainda, dos tratados internacionais dos quais o Brasil seja parte (art. 5º, § 2º, da CF).

Direitos fundamentais na Constituição Federal

Garantias *vs.* Direitos

Ainda que tratados como sinônimos, os conceitos de "garantia" e "direitos" não se confundem, mas se complementam. Isso porque direitos são aqueles previstos claramente no texto que asseguram ao cidadão que lhe será conferido respeito a determinada proteção/direito. Ex.: direito de liberdade (art. 5º, LXI a LXVII, da CF).

Garantia, por sua vez, pode ser compreendida como o instrumento que irá "garantir" (com o perdão da proposital redundância) o exercício/defesa daquele direito assegurado. Tomando como exemplo a "liberdade", destacada anteriormente, temos o *habeas corpus* como a garantia constitucional capaz de assegurar tal direito.

5.1 As gerações de direitos

No estudo dos direitos fundamentais, a doutrina realiza uma divisão quanto às gerações ou dimensões (importante conhecer a variação, pois ambas as terminologias poderão ser cobradas, embora o conceito seja o mesmo) de conjuntos de direitos que foram sendo absorvidos pelos textos constitucionais, pelos ordenamentos de modo geral. Trata-se da análise de um processo gradativo e cumulativo (uma dimensão não exclui a outra, mas a complementa).

1ª Geração de Direitos – Liberdade

Nesse contexto social, observamos movimentos que buscavam o afastamento do Estado que, de modo massivo, apresentava-se de modo interventivo nas relações. Aqui, portanto, o grande marco são movimentos sociais em busca de um absenteísmo estatal ("não Estado", "menos Estado", "direito negativo", "*status* negativo"), em defesa das **liberdades individuais** (direitos de associação, opinião, reunião). Podemos indicar que esta geração buscou, além da limitação da atuação do Estado (por isso a ideia do absenteísmo estatal), liberdades individuais e, também, direitos políticos.

2ª Geração de Direitos – Igualdade

A "diminuição do Estado" ocasionou um verdadeiro cenário de favorecimento de abusos por parte dos detentores do poder. A Revolução Industrial do século XVIII, a intensa e desorganizada modificação do espaço das cidades, a demanda de mão de obra e o êxodo em busca de oportunidade e emprego trouxeram o caos quanto a direitos relacionados à igualdade. Aqui, então, era necessária a volta do Estado para garantir condições mínimas (direitos positivos), **direitos sociais**. Os movimentos sociais buscavam, portanto, direitos relacionados a trabalho, educação, saúde, saneamento, moradia etc.

Possui marcos muito importantes, tais como o constitucionalismo social do México (1917) e a Constituição de Weimar (1919).

3ª Geração de Direitos – Fraternidade

A terceira geração é marcada por direitos que transcendem o próprio ser humano. Dentro da premissa de que o indivíduo faz parte de uma sociedade plural, global, os movimentos sociais atuam em defesa de direitos que garantam um ambiente saudável e equilibrado.

Pelo caráter transcendental, apontamos os direitos de solidariedade, relacionados à proteção do gênero humano, também chamados de direitos meta e transindividuais. De modo majoritário, a doutrina aponta nesta geração o direito à paz. (Importante: Paulo Bonavides aloca o direito à paz como um direito de 5ª geração).

4ª Geração de Direitos – Democracia

Relaciona-se aos direitos de informação, de **democracia** (em especial aos mecanismos de atuação direta na democracia: voto, plebiscito, referendo, iniciativa popular) e de pluralismo (pluralidade de ideias, convicções políticas, religiosas, filosóficas etc.). Também é apontado nesta geração o direito ao patrimônio genético (pesquisas com células-tronco embrionárias, transgênicos etc.).

5ª Geração de Direitos – Tecnologia

Considerada a geração que cuida de direitos relacionados à evolução cibernética, de tecnologias (realidade virtual, internet etc.). Paulo Bonavides, considerando a relevância do direito à paz (um verdadeiro axioma da democracia e premissa da própria existência da humanidade), aloca este direito em geração autônoma.

> **IMPORTANTE**
>
> **Mnemônico**
>
> As três primeiras gerações de direitos podem ser associadas ao lema da Revolução Francesa (Liberdade, Igualdade e Fraternidade).
>
> **1ª Geração** – Liberdade
>
> **2ª Geração** – Igualdade
>
> **3ª Geração** – Fraternidade
>
> A doutrina tem por consolidadas as três gerações indicadas.
>
> A 4ª e a 5ª geração ainda podem variar quanto à compreensão dos direitos relacionados.

5.2 Eficácia dos direitos fundamentais

Considerando o conceito de neoconstitucionalismo já explorado no item 1, é importante conhecer a referência feita pela doutrina e pela jurisprudência quanto à eficácia dos direitos fundamentais. Trata-se da observância de tais direitos em diferentes formas de relação social. Vejamos de modo objetivo:

a) **Eficácia horizontal:** ocorre entre partes iguais. É devido respeito aos direitos fundamentais entre particulares, mesmo na relação privada (função social dos contratos).

b) **Eficácia vertical:** é a relação entre o Estado e os cidadãos. É devida observância dos direitos fundamentais por parte do Estado (na perspectiva de verticalidade, está acima).

c) **Eficácia diagonal:** ocorre nas relações entre particulares, quando uma das partes tiver maior favorecimento quanto à situação. Ou, ainda, basta que exista situação que torne desequilibradas as posições ocupadas por cada uma das partes. Ex.: empregador *vs.* empregado; fornecedores *vs.* consumidores. Portanto, aqui, a doutrina visualiza a relação em que inicialmente se aplicaria a eficácia horizontal, mas com um desnivelamento para indicar que há um sensível descompasso entre as partes.

5.3 Características dos direitos fundamentais

a) **Historicidade:** os direitos fundamentais não podem ser compreendidos como um conjunto de normas elaboradas por uma ocasião isolada, mas, sim, como fruto de uma construção constante e histórica. Conforme visto nas gerações de direitos, os movimentos sociais e os direitos que foram avançando em termos de garantismo são paulatinamente agregados.

b) **Universalidade ou universalismo:** os direitos fundamentais, ainda que positivados na Constituição Federal, alcançarão todas as pessoas (respeitadas as limitações que o próprio texto constitucional trouxer, como no caso do exercício dos direitos políticos). A proteção da universalidade é não possibilitar que determinados direitos sejam restritos de modo a favorecer pessoas, grupos ou classes específicas.

c) **Caráter relativo (ou não absoluto):** cabe aqui a reflexão constante dos bancos acadêmicos: nenhum direito (nem mesmo a vida) é absoluto. É estranho compreender que nem mesmo a vida é um direito absoluto, uma vez que não faz sentido pensar em qualquer outro direito sem a premissa de que exista vida. De toda forma, a característica nos traz a compreensão de que, quando houver choque entre direitos fundamentais diversos, não haverá uma escala de relevância entre cada um deles, devendo ser resolvido no caso concreto pelo julgador.

d) **Vedação ao retrocesso (efeito *cliquet*):** não é possível retroceder na proteção de direitos fundamentais. Fala-se em irrevogabilidade. Uma vez previsto um direito fundamental, nem mesmo o Poder Constituinte Reformador (poder de reforma) poderá alterar o texto de modo a eliminar direito fundamental. A expressão "efeito *cliquet*" advém do conceito do ferramental utilizado por alpinistas (som emitido por ele), em que apenas é possível avançar no sentido de alcançar o topo, e não retroceder. Portanto, somente é possível "aumentar" a proteção.

e) **Irrenunciabilidade:** não é possível que o indivíduo renuncie aos direitos fundamentais. Não se trata de direito que esteja comportado entre aqueles de natureza patrimonial (disponíveis), mas, sim, de direitos que transcendem a particularidade do indivíduo e refletem, como consequência, em tom de obrigação de garantia por parte do Estado.

f) **Imprescritibilidade:** os direitos fundamentais não prescrevem diante de sua não utilização.

5.4 Direitos e garantias individuais e coletivos

A Constituição Federal relaciona um extenso rol de direitos e garantias individuais e coletivos, além de deveres constitucionais, em seu art. 5º (Quer uma dica? Adote-o como leitura de cabeceira! É um importantíssimo rol que possui enorme incidência em prova). Abordaremos de modo pontual e em reprodução ao texto constitucional, com apontamentos necessários para melhor compreensão:

I – homens e mulheres são iguais em direitos e obrigações, nos termos desta Constituição;

Por ocasião do julgamento da ADC 41 (rel. Min. Barroso, j. 8-6-2017), o STF entendeu que:

> (...) é constitucional a Lei 12.990/2014, que reserva a pessoas negras 20% das vagas oferecidas nos concursos públicos para provimento de cargos efetivos e empregos públicos no âmbito da administração pública federal direta e indireta, por três fundamentos.

Um dos fundamentos utilizados, destacado de forma pertinente a este inciso I, foi que a desequiparação promovida pela política de ação afirmativa em questão está em consonância com o princípio da isonomia, uma vez que fundada na necessidade de superar o racismo estrutural e institucional, além de garantir a igualdade material entre os cidadãos.

Outras situações que demonstram a necessidade e a efetiva ação afirmativa (tratamento desigual com vistas a garantir igualdade) por parte do Estado: Lei Maria da Penha (ADI 4.424) e constitucionalidade do critério de admissão em concurso relacionado ao sexo (RE 528.684).

II – ninguém será obrigado a fazer ou deixar de fazer alguma coisa senão em virtude de lei;

Ao particular é permitido fazer tudo o que a lei não proibir (à administração a ordem é inversa: só é permitido fazer o que a lei expressamente autoriza). Com relação à imposição/obrigação, estas somente poderão ocorrer se decorrentes de lei.

III – ninguém será submetido a tortura nem a tratamento desumano ou degradante;

Quanto ao tema, é relevante destacar a Súmula Vinculante 11, que estabelece que somente será lícito o uso de algemas em casos de resistência e de fundado receio de fuga ou de perigo à integridade (do preso, de terceiros ou do agente policial). Trata-se de situação que deve ser justificada por escrito, sob pena de responsabilização disciplinar, civil e criminal do agente, o que não exclui a responsabilidade civil do Estado com relação ao indivíduo algemado.

IV – é livre a manifestação do pensamento, sendo vedado o anonimato;

A Constituição Federal não permite o anonimato. Essa disposição garante que o ofendido, como se verá no inciso a seguir, consiga buscar reparação ou mesmo direito de reposta diante daquilo que venha a ser veiculado em seu desfavor.

V – é assegurado o direito de resposta, proporcional ao agravo, além da indenização por dano material, moral ou à imagem;

A Constituição Federal não permite a chamada "censura prévia", no entanto, por outro lado, garantirá a responsabilização daqueles que exacerbarem o direito de manifestação, lesando direito de terceiros. Julgados interessantes: ADI 4.451 e ADI 5.136.

VI – é inviolável a liberdade de consciência e de crença, sendo assegurado o livre exercício dos cultos religiosos e garantida, na forma da lei, a proteção aos locais de culto e a suas liturgias;

Não pode existir, por parte do Estado, qualquer forma de controle quanto à criação de novas religiões, como uma espécie de estabelecimento de requisitos para que sejam aceitas. Trata-se de princípio basilar da pluralidade constitucional. Julgados interessantes: ADI 2.566, RHC 146.303 e RHC 134.682.

VII – é assegurada, nos termos da lei, a prestação de assistência religiosa nas entidades civis e militares de internação coletiva;

Embora a Constituição Federal não estabeleça uma religião oficial, é garantida a pluralidade de cultos e religiões, favorecendo o respeito à convicção individual de cada um. Portanto, ninguém será obrigado a participar de qualquer culto ou seita religiosa, sendo somente garantido o acesso da prestação da assistência dessa natureza aos que assim pleitearem.

VIII – ninguém será privado de direitos por motivo de crença religiosa ou de convicção filosófica ou política, salvo se as invocar para eximir-se de obrigação legal a todos imposta e recusar-se a cumprir prestação alternativa, fixada em lei;

O art. 15, IV, da Constituição Federal estabelece a possibilidade de suspensão de direitos políticos àquele que não cumprir obrigação a todos imposta ou prestação alternativa (é o caso de religiões que não permitem que seus adeptos/seguidores/fiéis toquem em armas de fogo).

Tal indivíduo poderá utilizar-se da chamada escusa de consciência para requerer prestação alternativa. Não cumprindo, haverá possibilidade de vir a ser privado de exercer direitos políticos. O mesmo raciocínio exposto será aplicável para os casos envolvendo a escusa por motivo de convicção política ou religiosa.

IX – é livre a expressão da atividade intelectual, artística, científica e de comunicação, independentemente de censura ou licença;

X – são invioláveis a intimidade, a vida privada, a honra e a imagem das pessoas, assegurado o direito a indenização pelo dano material ou moral decorrente de sua violação;

Assunto recentemente tratado pelo STF envolveu o julgamento da ADI 4.451 (rel. Min. Alexandre de Moraes, j. 21-6-2018). O Plenário julgou procedente a ação, declarando a inconstitucionalidade de dispositivos da Lei das Eleições (Lei n. 9.504/97) que vedavam as emissoras de rádio e televisão de utilizar em sua programação, a partir do dia 1º de julho do ano eleitoral, trucagem, montagem ou qualquer recurso que viesse a degradar ou ridicularizar candidato, coligação, partido etc.

A posição foi no sentido de que tais dispositivos possuíam um traço marcante de censura prévia, com teor preventivo e abstrato. Assim, considerando a ilegítima interferência do Estado no direito individual de "criticar", foi declarada a inconstitucionalidade da norma.

XI – a casa é asilo inviolável do indivíduo, ninguém nela podendo penetrar sem consentimento do morador, salvo em caso de flagrante delito ou desastre, ou para prestar socorro, ou, durante o dia, por determinação judicial;

Para que seja possível "violar" a proteção deste inciso, é necessário que exista qualquer uma das seguintes situações: flagrante delito, desastre, prestação de socorro, durante o dia, por determinação judicial.

Quanto a "dia", o critério adotado para definir o que é dia ou o que é noite se dá por meio do conceito crepuscular, ou seja, enquanto houver luz do dia, será considerado dia. Informação relevante, já que, durante os meses de verão, mais ainda durante o período de horário de verão, o sol apenas se põe por volta das 20h. Esse critério também é chamado de "critério físico astronômico".

O escritório de advocacia é considerado, também, como casa. O mesmo entendimento, esposado pelo STF, alcança os consultórios de forma geral. Importante mencionar que, especificamente quanto aos escritórios de advocacia e local de trabalho, o Estatuto da OAB é ainda mais incisivo quanto aos requisitos a serem observados para a exceção da violação (art. 7º, II, do EOAB).

Também serão compreendidos como protegidos por tal inviolabilidade os quartos de hotéis, pensões, flats, trailers, embarcações utilizadas como moradia.

XII – é inviolável o sigilo da correspondência e das comunicações telegráficas, de dados e das comunicações telefônicas, salvo, no último caso, por ordem judicial, nas hipóteses e na forma que a lei estabelecer para fins de investigação criminal ou instrução processual penal;

A regra é a privacidade, o sigilo. No entanto, a quebra desse sigilo poderá ocorrer diante de situações excepcionais. Tema e regulação apresentados pela Lei n. 9.296/96 (Lei das Interceptações Telefônicas).

XIII – é livre o exercício de qualquer trabalho, ofício ou profissão, atendidas as qualificações profissionais que a lei estabelecer;

A Lei n. 8.906/94 (Estatuto da OAB) limita o dispositivo contido neste inciso que, dentro da classificação de eficácia das normas constitucionais, é norma de eficácia contida (ou seja, possibilita a redução de sua aplicação por lei).

Ou seja, se não existisse o EOAB, ou se fossem revogados os dispositivos que estabelecem a necessidade de cumprimento de requisitos para a inscrição como advogado, seria possível o livre exercício da advocacia (considerando a situação hipotética de não existir qualquer legislação limitando).

> **XIV – é assegurado a todos o acesso à informação e resguardado o sigilo da fonte, quando necessário ao exercício profissional;**

Vide art. 7º, XIV, do EOAB.

> **XV – é livre a locomoção no território nacional em tempo de paz, podendo qualquer pessoa, nos termos da lei, nele entrar, permanecer ou dele sair com seus bens;**

Importante análise se dá com relação às restrições de direitos possíveis de serem impostas por ocasião da decretação do estado de defesa e do estado de sítio (arts. 136 e 137 da CF).

> **XVI – todos podem reunir-se pacificamente, sem armas, em locais abertos ao público, independentemente de autorização, desde que não frustrem outra reunião anteriormente convocada para o mesmo local, sendo apenas exigido prévio aviso à autoridade competente;**

Direito de reunião, classificado como um direito de primeira dimensão, dispõe sobre a possibilidade do direito de manifestação em local público, de forma ordenada e coletiva. Para o exercício do direito de reunião (estática ou em movimento), é exigida prévia comunicação às autoridades, e **não** "pedido de autorização". A comunicação prévia resguarda o direito de anterioridade tanto para a realização do ato (se comunicado previamente, cabe ao Estado assegurar o exercício desse direito) quanto para a garantia da não interrupção dos serviços públicos (em especial os essenciais).

> **XVII – é plena a liberdade de associação para fins lícitos, vedada a de caráter paramilitar;**

Diferentemente do direito anterior (de reunião), a associação envolve uma união formal entre pessoas com o mesmo desígnio. Pode ser uma associação com finalidade cultural, profissional etc. A vedação tratada no texto apenas indica situações de finalidade ilícita ou de caráter paramilitar.

> **XVIII – a criação de associações e, na forma da lei, a de cooperativas independem de autorização, sendo vedada a interferência estatal em seu funcionamento;**

Não há necessidade de que o Poder Público autorize a criação de associações (direito de liberdade, primeira dimensão de direito), bastando que ela não contrarie o vetor indicado pelo próprio constituinte (a finalidade deve ser lícita, sendo vedada a de caráter paramilitar).

> **XIX – as associações só poderão ser compulsoriamente dissolvidas ou ter suas atividades suspensas por decisão judicial, exigindo-se, no primeiro caso, o trânsito em julgado;**

ATENÇÃO

O trânsito em julgado somente é exigido para o caso de dissolução compulsória. Para a suspensão, é suficiente uma decisão interlocutória (uma liminar, por exemplo).

> **XX – ninguém poderá ser compelido a associar-se ou a permanecer associado;**

A associação não pode ser compulsória, até mesmo porque se trata de um direito inerente à liberdade do indivíduo. Deve existir vontade do indivíduo de associar-se ou manter-se associado.

> **XXI – as entidades associativas, quando expressamente autorizadas, têm legitimidade para representar seus filiados judicial ou extrajudicialmente;**

Trata-se do fenômeno da substituição processual, o que dispensa a autorização individual e específica dos associados para que seja possível propor demanda judicial (RE 861.054 AgR).

> **XXII – é garantido o direito de propriedade;**
>
> **XXIII – a propriedade atenderá a sua função social;**

Os incisos XXII e XXIII referem-se ao conceito neoconstitucionalista de refletir, mesmo no âmbito do direito privado, a necessidade de observância ao princípio da dignidade da pessoa humana. Tal circunstância reflete no próximo inciso, ao tratar da desapropriação por interesse social ou utilidade pública.

> **XXIV – a lei estabelecerá o procedimento para desapropriação por necessidade ou utilidade pública, ou por interesse social, mediante justa e prévia indenização em dinheiro, ressalvados os casos previstos nesta Constituição;**
>
> **XXV – no caso de iminente perigo público, a autoridade competente poderá usar de propriedade particular, assegurada ao proprietário indenização ulterior, se houver dano;**

Diferentemente da desapropriação (em que haverá, obrigatoriamente, o prévio pagamento como forma de indenizar), aqui o pagamento será ulterior e apenas se houver dano.

> **XXVI – a pequena propriedade rural, assim definida em lei, desde que trabalhada pela família, não será objeto de penhora para pagamento de débitos decorrentes de sua atividade produtiva, dispondo a lei sobre os meios de financiar o seu desenvolvimento;**

Intenção do constituinte em proteger o indivíduo na condição de pequeno proprietário rural. Essa proteção recai sobre a impossibilidade de penhora do bem imóvel para pagamento de débitos relacionados à sua atividade produtiva, situação que se verifica quando o pequeno produtor busca, por exemplo, crédito para implementar sua atividade e não consegue adimplir a obrigação contraída.

> **XXVII – aos autores pertence o direito exclusivo de utilização, publicação ou reprodução de suas obras, transmissível aos herdeiros pelo tempo que a lei fixar;**
>
> **XXVIII – são assegurados, nos termos da lei:**
>
> **a) a proteção às participações individuais em obras coletivas e à reprodução da imagem e voz humanas, inclusive nas atividades desportivas;**
>
> **b) o direito de fiscalização do aproveitamento econômico das obras que criarem ou de que participarem aos criadores, aos intérpretes e às respectivas representações sindicais e associativas;**

Vide tratativa acerca do tema na Lei n. 9.610/98 (Lei de Direitos Autorais).

> **XXIX – a lei assegurará aos autores de inventos industriais privilégio temporário para sua utilização, bem como proteção às criações industriais, à propriedade das marcas, aos nomes de empresas e a outros signos distintivos, tendo em vista o interesse social e o desenvolvimento tecnológico e econômico do País;**

O Instituto Nacional da Propriedade Industrial – INPI é a autarquia federal responsável pelo registro de marcas, patentes e desenhos industriais. O tema é tratado pela Lei de Propriedade Industrial (Lei n. 9.279/96).

XXX – é garantido o direito de herança;

É garantido o direito de herança pela Constituição Federal, mas a tratativa quanto ao exercício é tema regulado no âmbito do direito privado (Código Civil).

XXXI – a sucessão de bens de estrangeiros situados no País será regulada pela lei brasileira em benefício do cônjuge ou dos filhos brasileiros, sempre que não lhes seja mais favorável a lei pessoal do *de cujus*;

Em acordo com este dispositivo, a Lei de Introdução às Normas do Direito Brasileiro, especificamente em seu art. 10, § 1º, reproduz igual conteúdo ao dispor que:

> (...) a sucessão de bens de estrangeiros, situados no país, será regulada pela lei brasileira em benefício do cônjuge ou dos filhos brasileiros, ou de quem os represente, sempre que não lhe seja favorável a lei pessoal do *de cujus*.

Em complemento, o § 2º do mesmo dispositivo indica que "a lei do domicílio do herdeiro ou legatário regula a capacidade para suceder".

XXXII – o Estado promoverá, na forma da lei, a defesa do consumidor;

O Código de Defesa do Consumidor é considerado pela doutrina como responsável por estabelecer um sistema autônomo. É também considerado uma norma supralegal.

XXXIII – todos têm direito a receber dos órgãos públicos informações de seu interesse particular, ou de interesse coletivo ou geral, que serão prestadas no prazo da lei, sob pena de responsabilidade, ressalvadas aquelas cujo sigilo seja imprescindível à segurança da sociedade e do Estado;

Vide Súmula Vinculante 14 e art. 7º, XIV, do EOAB.

XXXIV – são a todos assegurados, independentemente do pagamento de taxas:

a) o direito de petição aos Poderes Públicos em defesa de direitos ou contra ilegalidade ou abuso de poder;

b) a obtenção de certidões em repartições públicas, para defesa de direitos e esclarecimento de situações de interesse pessoal;

É inconstitucional a exigência de depósito prévio em recurso administrativo. São inúmeros os precedentes na Suprema Corte (julgado referência: ADPF 156).

O direito de petição, presente em todas as Constituições brasileiras, qualifica-se como importante prerrogativa de caráter democrático. Trata-se de instrumento jurídico-constitucional posto à disposição de qualquer interessado – mesmo daqueles destituídos de personalidade jurídica –, com a explícita finalidade de viabilizar a defesa, perante as instituições estatais, de direitos ou valores revestidos tanto de natureza pessoal quanto de significação coletiva (ADI 1.247).

Cabe mencionar que o direito apresentado na alínea *b* ampara tão somente o fornecimento de informações relativas ao próprio interessado, e não a terceiros (AI 739.338 AgR).

XXXV – a lei não excluirá da apreciação do Poder Judiciário lesão ou ameaça a direito;

Exceção a essa regra, a justiça desportiva é uma das exceções ao princípio da inafastabilidade da jurisdição, juntamente com o *habeas data* e a reclamação constitucional por descumprimento de súmula vinculante pela Administração Pública.

Nessas situações, é imperioso o esgotamento da instância administrativa para só então ser possível buscar amparo jurisdicional (art. 217, § 1º, da CF).

> **XXXVI – a lei não prejudicará o direito adquirido, o ato jurídico perfeito e a coisa julgada;**

Trata-se de disposição que visa a garantir a estabilização e a segurança jurídica nas relações estabelecidas.

Direito adquirido é todo direito que garante ao seu titular o exercício, ou mesmo que este delegue a terceiro o mandato de representação para esse fim. É um direito adquirido em consonância com a lei vigente e válida. A lei estabelece um direito e o particular, por cumprir com eventuais requisitos ou condições, a ele faz jus.

Importante ponderar que o direito adquirido somente será respeitado por uma nova Constituição (constituinte originário), caso o novo texto disponha formalmente a respeito. Caso não disponha, não há que se falar em recepção ou manutenção do direito adquirido na vigência de Constituição anterior.

ATENÇÃO

> O exercício do Poder Constituinte Originário é ilimitado juridicamente, cabendo-lhe regular todo o sistema que irá inaugurar. Dentre os inúmeros temas que irá tratar, está resolver sobre situações como o direito adquirido na vigência de constituição anterior.

Ato jurídico perfeito é aquele que, por ter cumprido com os requisitos de existência e validade ao tempo de sua elaboração, é capaz de produzir efeitos. O ato jurídico perfeito não emana da lei, mas possui sua existência e validade fundadas nela.

Acerca da **coisa julgada**, cabe lembrar que o Estado possui poder uno, sendo ele repartido em três funções distintas: legislativo, executivo e judiciário. Quanto a esta última função, ocorre a imutabilidade das decisões proferidas pelo órgão (judiciário), sendo elas originadas do litígio entre as partes diante de um conflito.

Essa imutabilidade, em natureza de direito fundamental, ganha destaque ante a necessidade de se garantir a estabilidade e a segurança aos jurisdicionados, para que possam, assim, investir nas relações jurídicas após a manifestação do órgão judicial, seja no âmbito das outras funções (legislativo e executivo), seja por parte do próprio Judiciário.

> **XXXVII – não haverá juízo ou tribunal de exceção;**

O órgão julgador deve ser estabelecido em lei em momento anterior ao ato que ensejará apreciação jurisdicional.

> **XXXVIII – é reconhecida a instituição do júri, com a organização que lhe der a lei, assegurados:**
>
> **a) a plenitude de defesa;**
>
> **b) o sigilo das votações;**
>
> **c) a soberania dos veredictos;**
>
> **d) a competência para o julgamento dos crimes dolosos contra a vida;**

O constituinte reservou ao tribunal do júri, composto por jurados leigos, os crimes dolosos contra a vida (Capítulo I do Código Penal – arts. 121 a 128), consumados ou tentados, reservando sua organização à lei (Código de Processo Penal).

Além disso, garantiu também a plenitude de defesa, que possibilita que outros argumentos que não apenas jurídicos sejam utilizados (sociológicos, filosóficos, morais etc.). Admite-se até mesmo a autodefesa, o que não afasta a defesa técnica, sob pena de nulidade.

IMPORTANTE

Súmula 523 do STF: "No processo penal, a falta da defesa constitui nulidade absoluta, mas a sua deficiência só o anulará se houver prova de prejuízo para o réu".

Diferentemente dos filmes norte-americanos, em que os jurados atuam de forma a buscar um veredito entre si, no sistema brasileiro existe a incomunicabilidade dos jurados (seja com relação a eles próprios ou com relação a terceiros), não podendo manifestar sua opinião sobre o processo, sob pena de exclusão do conselho e multa (art. 466 do CPP).

O serviço do júri é obrigatório, sendo o alistamento compreendido entre os cidadãos maiores de 18 anos de notória idoneidade (art. 436 do CPP). Apenas estão isentos do serviço do júri o Presidente da República, os governadores e seus respectivos secretários, membros do Congresso Nacional, Assembleias Legislativas e Câmaras Distrital e Municipais, prefeitos, membros da magistratura, do Ministério Público, da Defensoria Pública e seus servidores, autoridades e servidores da polícia e segurança pública, militares em serviço ativo, maiores de 70 anos que requeiram dispensa e, por fim, aqueles que requererem exclusão demonstrando justo impedimento (art. 437 do CPP).

XXXIX – não há crime sem lei anterior que o defina, nem pena sem prévia cominação legal;

Trata-se do princípio da legalidade no âmbito do direito penal. Estabelece que não é possível a criação de leis definidoras de crimes após o cometimento do fato, com o fito de atingi-lo. Ou seja, não é possível "criar crimes" no intento de prejudicar alguém, para apená-lo por fato cometido anteriormente.

Da mesma forma, o dispositivo traz a reserva legal, de modo que reserva à lei a possibilidade de criar crimes (não pode ser por espécie normativa).

XL – a lei penal não retroagirá, salvo para beneficiar o réu;

O dispositivo traz o chamado princípio do *novatio legis in mellius*, que indica a impossibilidade de a lei penal retroagir. No entanto, se a retroação for benéfica ao réu, a Constituição Federal autoriza que a aplicação retroativa aconteça.

XLI – a lei punirá qualquer discriminação atentatória dos direitos e liberdades fundamentais;

O dispositivo não pode ser interpretado tão somente como uma vedação ao tratamento discriminatório (o que significa "toda distinção, exclusão, restrição ou preferência que tenha por objeto ou resultado prejudicar ou anular o reconhecimento, gozo ou exercício, em igualdade de condições, dos direitos humanos e liberdades fundamentais, nos campos político, econômico, social, cultural e civil ou em qualquer outro campo. Logo, a discriminação significa sempre desigualdade"[6]), deve ser compreendido como um vetor interpretativo ao legislador para que produza normas que fomentem e concretizem a inclusão de grupos marginalizados e de minorias.

6 PIOVESAN, Flávia. Ações afirmativas da perspectiva dos direitos humanos. *Cadernos de Pesquisa*. Fundação Carlos Chagas. Disponível em: <http://dx.doi.org/10.1590/S0100-15742005000100004>.

XLII – a prática do racismo constitui crime inafiançável e imprescritível, sujeito à pena de reclusão, nos termos da lei;

A nítida intenção do constituinte, buscando erguer um protetivo aos direitos fundamentais, foi de indicar comandos em combate ao racismo (busca de uma sociedade igualitária, pluralista e democrática). Há, no dispositivo, indicação ao legislador de que a legislação deverá atentar-se à inviabilidade de liberdade provisória, necessidade de punição a qualquer tempo (imprescritibilidade) e sanções penais alinhadas ao regime de reclusão.

XLIII – a lei considerará crimes inafiançáveis e insuscetíveis de graça ou anistia a prática da tortura, o tráfico ilícito de entorpecentes e drogas afins, o terrorismo e os definidos como crimes hediondos, por eles respondendo os mandantes, os executores e os que, podendo evitá-los, se omitirem;

A esse respeito, o STF já decidiu:

> A concessão de indulto aos condenados a penas privativas de liberdade insere-se no exercício do poder discricionário do presidente da República, limitado à vedação prevista no inciso XLIII do art. 5º da Carta da República. A outorga do benefício, precedido das cautelas devidas, não pode ser obstado por hipotética alegação de ameaça à segurança social, que tem como parâmetro simplesmente o montante da pena aplicada. Revela-se inconstitucional a possibilidade de que o indulto seja concedido aos condenados por crimes hediondos, de tortura, terrorismo ou tráfico ilícito de entorpecentes e drogas afins, independentemente do lapso temporal da condenação. Interpretação conforme a Constituição dada ao § 2º do art. 7º do Decreto 4.495/2002 para fixar os limites de sua aplicação, assegurando-se legitimidade à indulgencia *principis* (ADI 2.795 MC, rel. Min. Maurício Corrêa, j. 8-5-2003, *DJ* 20-6-2003).

XLIV – constitui crime inafiançável e imprescritível a ação de grupos armados, civis ou militares, contra a ordem constitucional e o Estado Democrático;

Trata-se de previsão que visa a proteger a própria ordem constitucional. Está alinhada com a restrição constitucional ao direito de associação (não pode constituir grupo paramilitar).

XLV – nenhuma pena passará da pessoa do condenado, podendo a obrigação de reparar o dano e a decretação do perdimento de bens ser, nos termos da lei, estendidas aos sucessores e contra eles executadas, até o limite do valor do patrimônio transferido;

A Constituição Federal estabelece a individualidade da pena. Não há como "herdar" a sanção aplicada a um indivíduo ou mesmo ser alcançado pela pena aplicada a um terceiro, salvo em situação de coautoria ou participação na conduta delituosa.

XLVI – a lei regulará a individualização da pena e adotará, entre outras, as seguintes:

a) privação ou restrição da liberdade;

b) perda de bens;

c) multa;

d) prestação social alternativa;

e) suspensão ou interdição de direitos;

A Constituição Federal, limitando a atuação do legislador ao criar as sanções, estabelece taxativamente quais são as penas possíveis de serem criadas.

XLVII – não haverá penas:

a) de morte, salvo em caso de guerra declarada, nos termos do art. 84, XIX;

b) de caráter perpétuo;

c) de trabalhos forçados;

d) de banimento;

e) cruéis;

Considerando a vedação à evolução reacionária (vedação ao retrocesso ou efeito *cliquet*), não é possível que uma PEC estabeleça novas situações em que seja possível a pena de morte. O mesmo ocorre quanto a inovar e passar a dispor sobre a possibilidade de penas de caráter perpétuo, trabalhos forçados, de banimento ou cruéis.

XLVIII – a pena será cumprida em estabelecimentos distintos, de acordo com a natureza do delito, a idade e o sexo do apenado;

Considerando o intento da ressocialização, teoricamente, não haveria como manter presos, conjuntamente, condenados por crimes de naturezas distintas, bem como por idade ou sexo.

Lamentavelmente, não se ignora a lástima do sistema carcerário brasileiro, que, além de não servir ao que se presta (ressocialização), também, na maioria das vezes, não traz tal distinção apontada pelo constituinte.

XLIX – é assegurado aos presos o respeito à integridade física e moral;

Trata-se de dispositivo que veda, indiretamente, a tortura. Isso porque a integridade física do condenado ou preso cautelarmente deve ser respeitada. A tortura não pode ser justificada como forma de "punição", por mais repulsivo que seja o crime cometido. Cabe ao Judiciário, e não à individualidade particular, aplicar o direito.

L – às presidiárias serão asseguradas condições para que possam permanecer com seus filhos durante o período de amamentação;

A proteção constitucional tem como tutela o nascituro, e não as presidiárias propriamente. O constituinte busca resguardar o período de aleitamento materno, indispensável ao sadio desenvolvimento da criança.

LI – nenhum brasileiro será extraditado, salvo o naturalizado, em caso de crime comum, praticado antes da naturalização, ou de comprovado envolvimento em tráfico ilícito de entorpecentes e drogas afins, na forma da lei;

A Primeira Turma do STF, em 28-3-2017, deferiu extradição de brasileira nascida no Brasil após tal pleito ter sido realizado pelo governo dos Estados Unidos. A Ext 1.462 foi de relatoria do Ministro Roberto Barroso. O caso, sinteticamente, envolve pedido de extradição de mulher nascida no Brasil que, após se mudar para os EUA em 1990, obteve seu *green card* após se casar com seu marido americano.

Mesmo com o *green card* (que, por sua vez, possibilita a permanência e o exercício de trabalho ou profissão), optou, em 1999, pela cidadania americana. A mulher, acusada de ter assassinado o marido em 2007, retornou ao Brasil na tentativa de se eximir da responsabilidade criminal.

O que decidiu o STF? Entendeu o colegiado que, ao abdicar da cidadania brasileira, optando pela americana, a mulher perdeu o vínculo nacional com o Brasil (lembrando que, se fosse condição imposta para permanência ou exercício de direitos, não haveria essa perda – art. 12, § 4º, II, *a* e *b*, da CF). Portanto, é plenamente possível que fosse realizada a extradição, visto que, à luz da Constituição Federal, a mulher é estrangeira e não mais brasileira.

LII – não será concedida extradição de estrangeiro por crime político ou de opinião;

A Constituição Federal assegura que a extradição de estrangeiro não poderá se dar em razão de crimes políticos ou de opinião. É um reflexo da proteção às liberdades individuais e do período obscurantista de proteção e atenção aos direitos fundamentais que antecederam a promulgação da Constituição Federal.

LIII – ninguém será processado nem sentenciado senão pela autoridade competente;

Corresponde ao princípio do juiz natural, que está intimamente ligado à vedação dos tribunais de exceção, não sendo possível criar tribunal específico (ou designar juiz) para assumir determinado caso. Devem ser respeitadas as regras de distribuição de cada tribunal (as quais devem existir ao tempo da distribuição da ação).

LIV – ninguém será privado da liberdade ou de seus bens sem o devido processo legal;

Direito de liberdade de primeira dimensão, limita a atuação do Estado no seu *jus puniendi*. Somente poderá existir a privação de liberdade ou de bens após o devido processo legal e o contraditório (inciso seguinte).

LV – aos litigantes, em processo judicial ou administrativo, e aos acusados em geral são assegurados o contraditório e ampla defesa, com os meios e recursos a ela inerentes;

O contraditório implica no direito de "contradizer" o que fora apresentado inicialmente. Se alguém reclama o reconhecimento de um direito, é imperioso, por força constitucional, que se oportunize à outra parte que resista ao reconhecimento pleiteado, apresentando razões e fatos que possam influir na formação da cognição do Judiciário.

LVI – são inadmissíveis, no processo, as provas obtidas por meios ilícitos;

Importante destacar que aqui se enquadra a chamada "Teoria do fruto da árvore envenenada", que nos empresta conceito no sentido de que em uma prova obtida ilicitamente somente poderá se observar a derivação de outras provas de igual natureza, qual seja, ilícitas.

LVII – ninguém será considerado culpado até o trânsito em julgado de sentença penal condenatória;

No chamado princípio da presunção de inocência, não é possível que uma pessoa venha a cumprir pena sem que haja o devido trânsito em julgado, que é o que de fato lhe conferirá a condição de culpada.

Recentemente, o STF apreciou duas icônicas situações envolvendo o princípio. No primeiro caso, conhecido como HC LULA (HC 152.752, rel. Min. Edson Fachin), o STF entendeu pela possibilidade de prisão antecipada ao trânsito em julgado, sendo necessária apenas a confirmação da condenação por órgão de segundo grau, sendo este o único órgão/instância competente para reanalisar os fatos/mérito.

Ocorre que, em situação posterior, especificamente nos autos das ADCs 43, 44 e 54, o STF afastou a possibilidade da prisão após a condenação em segunda instância, antes do trânsito em julgado.

LVIII – o civilmente identificado não será submetido a identificação criminal, salvo nas hipóteses previstas em lei;

Tal dispositivo vem regulamentado pela Lei n. 12.037/2009. Referido diploma, em seu art. 3º, indica quais são os documentos suficientes para a identificação do indivíduo, bem como as situações em que, mesmo apresentando documento de identificação, poderá ocorrer a identificação criminal:

> Art. 3º (...)
>
> I – o documento apresentar rasura ou tiver indício de falsificação;
>
> II – o documento apresentado for insuficiente para identificar cabalmente o indiciado;
>
> III – o indiciado portar documentos de identidade distintos, com informações conflitantes entre si;
>
> IV – a identificação criminal for essencial às investigações policiais, segundo despacho da autoridade judiciária competente, que decidirá de ofício ou mediante representação da autoridade policial, do Ministério Público ou da defesa;
>
> V – constar de registros policiais o uso de outros nomes ou diferentes qualificações;
>
> VI – o estado de conservação ou a distância temporal ou da localidade da expedição do documento apresentado impossibilite a completa identificação dos caracteres essenciais.

LIX – será admitida ação privada nos crimes de ação pública, se esta não for intentada no prazo legal;

Importante mencionar que a ação privada não afasta a atuação do membro do Ministério Público, que poderá aditar a queixa, repudiá-la e oferecer denúncia substitutiva, intervir em todos os termos do processo, fornecer elementos de prova, interpor recurso e, a todo tempo, no caso de negligência do querelante, retomar a ação como parte principal (art. 29 do CPP).

LX – a lei só poderá restringir a publicidade dos atos processuais quando a defesa da intimidade ou o interesse social o exigirem;

LXI – ninguém será preso senão em flagrante delito ou por ordem escrita e fundamentada de autoridade judiciária competente, salvo nos casos de transgressão militar ou crime propriamente militar, definidos em lei;

Importante marco jurisprudencial sobre a temática pode ser observado no emblemático caso que resultou na prisão em flagrante do ex-senador Delcídio do Amaral em 25 de novembro de 2015. Naquela ocasião, por razão da AC 4.039, de relatoria do Ministro Teori Zavascki, restou expresso o entendimento da possibilidade de que, constatada a situação de crime permanente (no caso, o descrito no art. 2º, § 1º, da Lei n. 12.850/2013 e o crime do art. 355 do CP), o estado de flagrância seria algo constante (já que o crime é permanente).

Portanto, considerando, ainda, que a modalidade delituosa é inafiançável, restou o entendimento do cabimento da prisão em flagrante de crime inafiançável do ex-senador Delcídio Amaral.

LXII – a prisão de qualquer pessoa e o local onde se encontre serão comunicados imediatamente ao juiz competente e à família do preso ou à pessoa por ele indicada;

O Código de Processo Penal, em seus arts. 306 e seguintes, dispõe em igual sentido ao texto constitucional. Determina, ainda, que, em até 24 horas, após a realização da prisão, o auto de prisão em flagrante será encaminhado ao juiz competente. No caso de o autuado não informar o nome de seu advogado, será encaminhada cópia integral para a Defensoria Pública.

LXIII – o preso será informado de seus direitos, entre os quais o de permanecer calado, sendo-lhe assegurada a assistência da família e de advogado;

Nasce do princípio de que ninguém é obrigado a produzir prova contra si mesmo. Por essa razão, é resguardado ao preso o direito de se manter em silêncio.

LXIV – o preso tem direito à identificação dos responsáveis por sua prisão ou por seu interrogatório policial;

Trata-se de direito inerente à pessoa humana, consistente na devida identificação da autoridade que venha a realizar a constrição de sua liberdade (informação em que constará a nota de culpa – art. 306, § 2º, do CPP).

LXV – a prisão ilegal será imediatamente relaxada pela autoridade judiciária;

A prisão ilegal poderá ser relaxada de ofício pela própria autoridade judiciária, não sendo indispensável que tal requerimento ocorra por parte de advogado, defensor ou membro do Ministério Público.

LXVI – ninguém será levado à prisão ou nela mantido, quando a lei admitir a liberdade provisória, com ou sem fiança;

A lei deverá regular tal situação, ou seja, sempre que houver admissão de liberdade provisória, independentemente da contraprestação em fiança, deverá o preso ser posto em liberdade. Destaca-se que esta modalidade está relacionada à prisão antecipatória à condenação (prisão temporária, preventiva e em flagrante).

LXVII – não haverá prisão civil por dívida, salvo a do responsável pelo inadimplemento voluntário e inescusável de obrigação alimentícia e a do depositário infiel;

Vide Súmula Vinculante 25: "É ilícita a prisão civil de depositário infiel, qualquer que seja a modalidade do depósito".

IMPORTANTE

A Constituição Federal prevê para cada "doença" de natureza constitucional um "remédio" apropriado que visa a assegurar que o direito estabelecido se mantenha incólume. A seguir, os chamados **REMÉDIOS CONSTITUCIONAIS**, quais sejam:

a) ***Habeas corpus*** – direito líquido e certo à liberdade.

b) **Mandado de segurança individual e coletivo** – direito líquido e certo não amparado por *habeas corpus* ou *habeas data*.

c) **Mandado de injunção individual e coletivo** – omissão na regulamentação de norma constitucional de eficácia limitada. Direito líquido e certo de se obter a atuação regulamentar do Estado.

d) ***Habeas data*** – direito líquido e certo que assegura conhecimento de informações relativas à pessoa do impetrante, bem como sua retificação ou anotação.

e) **Ação popular** – direito líquido e certo do cidadão de ver preservado o patrimônio público (erário público), a moralidade na Administração Pública, o meio ambiente e o patrimônio histórico e cultural.

LXVIII – conceder-se-á *habeas corpus* sempre que alguém sofrer ou se achar ameaçado de sofrer violência ou coação em sua liberdade de locomoção, por ilegalidade ou abuso de poder;

Este inciso trata do *habeas corpus*, remédio constitucional (garantia) destinado à efetivação do direito à liberdade, o direito de livremente ir, vir e permanecer. O *habeas corpus* será concedido sempre que alguém se achar ameaçado de sofrer violência ou coação em sua liberdade de locomoção, por ilegalidade ou abuso de poder.

O *habeas corpus* poderá ser **preventivo** (quando apenas houver a ameaça de violência ou coação) ou repressivo (quando, de fato, a violência ou coação tiver se consumado).

Por força do art. 5º, LXXVII, da Constituição Federal, tanto o *habeas corpus* quanto o *habeas data* são ações gratuitas ("são gratuitas as ações de *habeas corpus* e *habeas data*, e, na forma da lei, os atos necessários ao exercício da cidadania").

O impetrante poderá ser terceira pessoa (advogado ou não) ou pode se confundir com o próprio paciente (a vítima da ilegalidade). Lembrando que para esta ação constitucional não se exige **capacidade postulatória** (não se exige a condição de advogado para postular), *vide* o § 1º do art. 1º do EOAB: "Não se inclui na atividade privativa de advocacia a impetração de *habeas corpus* em qualquer instância ou tribunal".

A **competência** dependerá da autoridade coatora do caso concreto (por exemplo, se a autoridade coatora for o delegado de polícia civil, a autoridade será o juiz estadual criminal de primeira instância da comarca respectiva).

Importante característica se dá quanto à sua informalidade (durante os anos acadêmicos da graduação, inclusive, aprendemos que pode ser impetrada escrita em "papel de pão", "papel higiênico" e até mesmo em um lençol. Em breve busca na internet, é possível constatar a existência de casos concretos envolvendo todos esses exemplos.

Não cabe *habeas corpus* em relação às punições disciplinares militares (art. 142, § 2º, da CF), exceto quando houver descumprimento dos pressupostos de validade (hierarquia, poder disciplinar, ato ligado à função e pena suscetível de ser aplicada disciplinarmente).

Súmulas importantes do STF:

Súmula	Enunciado
395	Não se conhece de recurso de *habeas corpus* cujo objeto seja resolver sobre o ônus das custas, por não estar mais em causa a liberdade de locomoção.
692	Não se conhece de *habeas corpus* contra omissão de relator de extradição, se fundado em fato ou direito estrangeiro cuja prova não constava dos autos, nem foi ele provocado a respeito.
693	Não cabe *habeas corpus* contra decisão condenatória a pena de multa, ou relativo a processo em curso por infração penal a que a pena pecuniária seja a única cominada.
694	Não cabe *habeas corpus* contra a imposição da pena de exclusão de militar ou de perda de patente ou de função pública.
695	Não cabe *habeas corpus* quando já extinta a pena privativa de liberdade.

IMPORTANTE

a) O art. 142, § 2º, da Constituição Federal dispõe que não é cabível o *habeas corpus* em caso de punições disciplinares militares. No entanto, é pacífico que esse não cabimento possui relação tão somente com o mérito das punições. Será cabível quando existir descumprimento de princípios intrínsecos ao procedimento disciplinar (tais como o da tipicidade, o da proibição da retroatividade da norma menos benéfica, o do devido processo legal etc.).

b) Não cabe *habeas corpus* em benefício de pessoa jurídica, já que é inerente ao exercício da liberdade que seja uma pessoa humana.

c) Não se exige capacidade postulatória (não precisa ser advogado) nem capacidade civil (pode ser um menor de idade) para que seja possível impetrar *habeas corpus* em favor de terceiro ou dele próprio.

LXIX – conceder-se-á mandado de segurança para proteger direito líquido e certo, não amparado por *habeas corpus* ou *habeas data*, quando o responsável pela ilegalidade ou abuso de poder for autoridade pública ou agente de pessoa jurídica no exercício de atribuições do Poder Público;

O mandado de segurança é ação de natureza constitucional (não é recurso, muito embora em alguns casos possa ser utilizado com esse objetivo) destinada a garantir o direito líquido e certo contra o abuso de poder ou ilegalidade praticado por autoridade pública ou por quem lhe faça as vezes, desde que tal direito não seja possível de garantir por meio de *habeas corpus* ou *habeas data*.

Como líquido e certo podemos compreender o direito que possa ser demonstrado e comprovado por meio de prova já constituída (provas pré-constituídas), visto que não há espaço probatório para o rito do mandado de segurança (ou seja, todas as provas já devem acompanhar a inicial).

Pela redação do inciso LXIX, verifica-se tratar de um remédio constitucional residual, já que somente terá espaço quando não for possível garantir o direito respectivo por meio de *habeas corpus* ou *habeas data*.

Como legitimados ativos, podemos indicar tanto pessoas físicas quanto pessoas jurídicas.

Prazo: 120 dias a contar da ciência do ato impugnado.

Tramitação: o art. 20 da Lei n. 12.016/2009 estabelece prioridade na tramitação do mandado de segurança e no julgamento de seus respectivos recursos em relação a todos os demais atos judiciais, com exceção do *habeas corpus*.

Súmulas importantes do STF:

Súmula	Enunciado
101	O mandado de segurança não substitui a ação popular.
266	Não cabe mandado de segurança contra lei em tese.
267	Não cabe mandado de segurança contra ato judicial passível de recurso ou correição.
268	Não cabe mandado de segurança contra decisão judicial com trânsito em julgado.
269	O mandado de segurança não é substitutivo de ação de cobrança.
270	Não cabe mandado de segurança para impugnar enquadramento da Lei n. 3.780, de 12-7-1960, que envolva exame de prova ou de situação funcional complexa.
271	Concessão de mandado de segurança não produz efeitos patrimoniais em relação a período pretérito, os quais devem ser reclamados administrativamente ou pela via judicial própria.
430	Pedido de reconsideração na via administrativa não interrompe o prazo para o mandado de segurança.
510	Praticado o ato por autoridade, no exercício de competência delegada, contra ela cabe o mandado de segurança ou a medida judicial.
512	Não cabe condenação em honorários de advogado na ação de mandado de segurança.
625	Controvérsia sobre matéria de direito não impede concessão de mandado de segurança.
630	A entidade de classe tem legitimação para o mandado de segurança ainda quando a pretensão veiculada interesse apenas a uma parte da respectiva categoria.
632	É constitucional lei que fixa prazo de decadência para impetração de mandado de segurança.

IMPORTANTE

a) Não haverá condenação em honorários advocatícios sucumbenciais no mandado de segurança.

b) Diferentemente do *habeas corpus* e do *habeas data*, não há isenção de custas judiciais para o mandado de segurança.

LXX – o mandado de segurança coletivo pode ser impetrado por:

a) partido político com representação no Congresso Nacional;

b) organização sindical, entidade de classe ou associação legalmente constituída e em funcionamento há pelo menos um ano, em defesa dos interesses de seus membros ou associados;

Por representação no Congresso Nacional devemos compreender a existência de ao menos um deputado federal ou senador sob a sigla do partido que intente ingressar com o mandado de segurança coletivo.

Acerca da possibilidade de liminar, de acordo com o § 2º do art. 22 da Lei n. 12.016/2009, somente será possível concessão (da liminar) após audiência do representante judicial da pessoa jurídica de direito pública, a se pronunciar no prazo de 72 horas.

LXXI – conceder-se-á mandado de injunção sempre que a falta de norma regulamentadora torne inviável o exercício dos direitos e liberdades constitucionais e das prerrogativas inerentes à nacionalidade, à soberania e à cidadania;

Regulamentado pela Lei n. 13.300/2016 (28 anos após a promulgação da Constituição Federal de 1988), visa a garantir o exercício de direitos e liberdades constitucionais e prerrogativas inerentes a nacionalidade, soberania e cidadania, sempre que lei ou regulamento de que é dependente determinada norma constitucional de eficácia limitada não vier a ser editada.

Ou seja: imaginemos que determinado dispositivo constitucional disponha que, para exercer o direito nele previsto, é preciso lei complementar disciplinando a respeito. Diante da omissão total ou parcial (vício de inconstitucionalidade por omissão), será possível a concessão do mandado de injunção.

Diferentemente da ADI por omissão, o mandado de injunção possui característica concreta. A **legitimidade** caberá a qualquer interessado, pessoa física ou jurídica, não sendo possível a concessão de liminar (lei não trata a respeito). Poderá, ainda, ocorrer na modalidade mandado de injunção coletivo, sendo legitimados (art. 12 da Lei n. 13.300/2016):

> Art. 12. (...)
>
> I – pelo Ministério Público, quando a tutela requerida for especialmente relevante para a defesa da ordem jurídica, do regime democrático ou dos interesses sociais ou individuais indisponíveis;
>
> II – por partido político com representação no Congresso Nacional, para assegurar o exercício de direitos, liberdades e prerrogativas de seus integrantes ou relacionados com a finalidade partidária;
>
> III – por organização sindical, entidade de classe ou associação legalmente constituída e em funcionamento há pelo menos 1 (um) ano, para assegurar o exercício de direitos, liberdades e prerrogativas em favor da totalidade ou de parte de seus membros ou associados, na forma de seus estatutos e desde que pertinentes a suas finalidades, dispensada, para tanto, autorização especial;
>
> IV – pela Defensoria Pública, quando a tutela requerida for especialmente relevante para a promoção dos direitos humanos e a defesa dos direitos individuais e coletivos dos necessitados, na forma do inciso LXXIV do art. 5º da Constituição Federal.

No caso do mandado de injunção coletivo, a sentença fará coisa julgada limitadamente às pessoas integrantes da coletividade, do grupo, da classe ou da categoria substituídos pelo impetrante. Sem prejuízo, poderá ser conferida eficácia *ultra partes* ou *erga omnes* à decisão, quando for inerente ou indispensável ao exercício do direito, liberdade ou prerrogativa objeto do mandado de injunção.

A decisão proferida nos autos de um mandado de injunção será revestida da teoria concretista individual (o Judiciário apresentará a solução para o caso concreto, com efeito *inter partes*). Duas são as etapas a serem analisadas:

1ª Etapa: o juiz ou tribunal reconhe\ce a mora legislativa. Será deferida a injunção (imposição, ordem) para que o impetrado edite a norma regulamentadora no prazo razoável a ser estabelecido pelo julgador.

2ª Etapa: esgotado o prazo, ante a inércia, o juiz ou tribunal deverá:

a) estabelecer as condições em que se dará o exercício dos direitos reclamados;

b) estabelecer, se for o caso, as condições em que poderá o interessado promover ação própria visando ao exercício dos direitos.

IMPORTANTE

a) Se em outra ação (outro mandado de injunção) o respectivo órgão manteve-se também inerte, poderá o juiz ou tribunal avançar diretamente para a 2ª etapa.

b) Se norma regulamentadora for editada durante o trâmite da ação: perda do objeto do mandado de injunção.

c) Se norma regulamentadora for editada posteriormente à ação já sentenciada: em regra, os efeitos já produzidos são mantidos e, a partir da entrada em vigor, a nova lei passará a tratar com plenitude sobre o assunto.

d) Transitada em julgado a decisão em sede de manado de injunção coletivo, seus efeitos poderão ser estendidos aos casos análogos por decisão monocrática do relator.

Diante da proximidade de objetos envolvendo o mandado de injunção e a ADI por omissão, confira a seguir, com objetividade, alguns elementos a serem destacados de cada uma das ações:

MANDADO DE INJUNÇÃO	ADI POR OMISSÃO
Natureza e finalidade	Natureza e finalidade
Trata-se de processo no qual é discutido um direito subjetivo. A finalidade é viabilizar o exercício de um direito. Há, portanto, controle concreto de constitucionalidade.	A finalidade é declarar que há uma omissão, já que não existe determinada medida necessária para tornar efetiva uma norma constitucional. Estamos diante, portanto, de processo objetivo, em que há controle abstrato de constitucionalidade.
Cabimento	Cabimento
Cabível quando faltar norma regulamentadora de direitos e liberdades constitucionais e das prerrogativas inerentes à nacionalidade, à soberania e à cidadania.	Cabível quando faltar norma regulamentadora relacionada com qualquer norma constitucional de eficácia limitada.
Legitimados ativos	Legitimados ativos
MI individual: pessoas naturais ou jurídicas que se afirmam titulares dos direitos, das liberdades ou das prerrogativas. **MI coletivo:** estão previstos no art. 12 da Lei n. 13.300/2016.	Os legitimados da ADI por omissão estão descritos no art. 103 da CF.

MANDADO DE INJUNÇÃO	ADI POR OMISSÃO
Competência	**Competência**
A competência para julgar a ação dependerá da autoridade que figura no polo passivo e que possui atribuição para editar a norma.	Se relacionada com norma da Constituição Federal: STF. Se relacionada com norma da Constituição estadual: TJ.
Efeitos da decisão	**Efeitos da decisão**
Reconhecido o estado de mora legislativa, será deferida a injunção para: I – determinar prazo razoável para que o impetrado promova a edição da norma regulamentadora; II – estabelecer as condições em que se dará o exercício dos direitos, das liberdades ou das prerrogativas reclamados ou, se for o caso, as condições em que poderá o interessado promover ação própria visando a exercê-los, caso não seja suprida a mora legislativa no prazo determinado. Obs.: será dispensada a determinação a que se refere o inciso I quando comprovado que o impetrado deixou de atender, em mandado de injunção anterior, ao prazo estabelecido para a edição da norma.	Declarada a inconstitucionalidade por omissão, o Judiciário dará ciência ao poder competente para que este adote as providências necessárias. Se for órgão administrativo, este terá um prazo de 30 dias para adotar a medida necessária. Se for o Poder Legislativo, não há prazo.

LXXII – conceder-se-á *habeas data*:

a) para assegurar o conhecimento de informações relativas à pessoa do impetrante, constantes de registros ou bancos de dados de entidades governamentais ou de caráter público;

b) para a retificação de dados, quando não se prefira fazê-lo por processo sigiloso, judicial ou administrativo;

Caberá *habeas data* para assegurar conhecimento de informações relativas à pessoa do impetrante (se for relativamente a terceiros, o *habeas data* não é o remédio constitucional adequado. Nesse caso, caberá o mandado de segurança), constantes em registros ou bancos de dados de entidades governamentais ou de caráter público.

O *habeas data* também será cabível para que seja possível realizar a retificação desses dados e informações, quando não se prefira fazê-lo por processo sigiloso, judicial ou administrativo.

Assim como o *habeas corpus*, é uma ação gratuita e não comporta condenação em honorários advocatícios sucumbenciais.

O *habeas data* é, ao lado da justiça desportiva e da reclamação constitucional por descumprimento de súmula vinculante pela Administração Pública, uma das exceções ao princípio da inafastabilidade da jurisdição. Ou seja, nessas situações é imperioso o esgotamento da instância administrativa para só então ser possível buscar amparo jurisdicional (art. 8º, parágrafo único, da Lei n. 9.507/97).

ATENÇÃO

Sintetizando:

O *habeas data* assegura:

a) conhecer;

b) retificar;

c) complementar ou anotar.

O quê?

Resposta: informações relativas à pessoa do impetrante bem como dados/informações mantidos em base de dados governamentais ou de caráter público.

IMPORTANTE

a) O *habeas data* não se revela meio idôneo para se obter vista de processo administrativo (HD 90-AgR, rel. Min. Ellen Gracie, j. 18-2-2010, Plenário, *DJe* 19-3-2010).

b) A informação incompleta equivale à sua recusa.

c) É necessário fazer prova da recusa ou do indeferimento para que se impetre o *habeas data*, sob pena de falta de interesse de agir e, como consequência, indeferimento da petição por carência da ação.

LXXIII – qualquer cidadão é parte legítima para propor ação popular que vise a anular ato lesivo ao patrimônio público ou de entidade de que o Estado participe, à moralidade administrativa, ao meio ambiente e ao patrimônio histórico e cultural, ficando o autor, salvo comprovada má-fé, isento de custas judiciais e do ônus da sucumbência;

Para a propositura de ação popular, é necessário comprovar a existência de vínculo político com o Brasil, ou seja, ser alistado junto à Justiça Eleitoral, o que será feito por meio da apresentação de certidão (possível de ser obtida pelo site do TSE) ou mesmo da cópia de seu título eleitoral. Podemos apontá-la como uma forma de exercício de democracia direta, muito embora não relacionada no art. 14 da Constituição Federal, ao longo dos incisos. Assim, para seu exercício, é preciso que esteja em pleno gozo dos direitos políticos.

O objetivo da ação popular é anular ato lesivo ao patrimônio público ou entidade de que o Estdo participe, à moralidade administrativa, ao meio ambiente e ao patrimônio histórico e cultural.

A Lei n. 4.717/65 regulamenta e estabelece regras específicas sobre a ação. Haverá isenção de custas judiciais, salvo se for comprovada má-fé (situação em que arcará com custas, ônus sucumbenciais, sem prejuízo de multa processual).

Com a manifestação de interesse em desistir da ação, será possibilitado a terceiros assumi-la (outro cidadão que assuma o polo ativo). Não ocorrendo, o fará o membro do Ministério Público, nesta condição. A competência será do juízo de primeiro grau.

Por fim, é importante esclarecer que pessoa jurídica não possui legitimidade para propor ação popular.

LXXIV – o Estado prestará assistência jurídica integral e gratuita aos que comprovarem insuficiência de recursos;

O hipossuficiente será amparado tanto pela Defensoria Pública (estadual, distrital ou federal) quanto por advogados nomeados para atuar em situações envolvendo a hipossuficiência do assistido, sendo os honorários arcados pelo Estado (convênio da assistência judiciária entre OAB e Defensoria, por exemplo).

LXXV – o Estado indenizará o condenado por erro judiciário, assim como o que ficar preso além do tempo fixado na sentença;

Previsão que impõe a responsabilização civil do Estado em razão de erro cometido pelo Poder Judiciário. Importante lembrar que o poder do Estado é uno, apenas existindo a tripartição de suas funções.

LXXVI – são gratuitos para os reconhecidamente pobres, na forma da lei:

a) o registro civil de nascimento;

b) a certidão de óbito;

Gratuidade quanto aos emolumentos que são, em regra, devidos para que seja possível realizar registro civil de nascimento e certidão de óbito.

LXXVII – são gratuitas as ações de *habeas corpus* e habeas data, e, na forma da lei, os atos necessários ao exercício da cidadania;

Considerando os direitos que tais garantias visam assegurar, e sua relevância dentro do sistema jurídico inaugurado pela Constituição Federal, o constituinte dispõe sobre a gratuidade do *habeas corpus* e do *habeas data*.

LXXVIII – a todos, no âmbito judicial e administrativo, são assegurados a razoável duração do processo e os meios que garantam a celeridade de sua tramitação.

A celeridade processual, por meio de sua razoável duração (desde a apresentação da coisa litigiosa até o desfecho final), compreende legítima expectativa do cidadão que aciona o Judiciário para que seja colocado termo em um impasse envolvendo bens da vida.

§ 1º As normas definidoras dos direitos e garantias fundamentais têm aplicação imediata.

Não pode um direito e garantia fundamental, sob pretexto de inexistência de norma regulamentadora, não ser aplicado de imediato.

§ 2º Os direitos e garantias expressos nesta Constituição não excluem outros decorrentes do regime e dos princípios por ela adotados, ou dos tratados internacionais em que a República Federativa do Brasil seja parte.

§ 3º Os tratados e convenções internacionais sobre direitos humanos que forem aprovados, em cada Casa do Congresso Nacional, em dois turnos, por três quintos dos votos dos respectivos membros, serão equivalentes às emendas constitucionais.

O § 3º do art. 5º da Constituição Federal não nasceu originalmente no texto constitucional, foi inserido, por força do poder reformador, pela Emenda Constitucional n. 45/2004. O dispositivo garante aos tratados e convenções internacionais sobre direitos humanos que forem aprovados com quórum de emenda (em cada casa do Congresso Nacional, em dois turnos de votação, com quórum de 3/5 dos votos dos respectivos membros) o *status* de emenda constitucional. Assim, passamos a compreender o chamado bloco de constitucionalidade, que corresponde a esse conjunto de normas de natureza constitucional que atuarão em caráter de parâmetro para fins de controle de constitucionalidade.

Parte da doutrina já defendia, antes mesmo da edição da Emenda Constitucional n. 45/2004, que os tratados internacionais sobre direitos humanos teriam o *status* constitucional, independentemente do quórum de aprovação. Permanecem defendendo tal posição. No entanto, o que adotaremos para as provas é o que segue:

Documento internacional	*Status* no ordenamento jurídico brasileiro
Tratados internacionais sobre direitos humanos aprovados com quórum de EC (art. 60 da CF).	Emenda constitucional (bloco de constitucionalidade).

Documento internacional	*Status* no ordenamento jurídico brasileiro
Tratados internacionais sobre direitos humanos aprovados com quórum não qualificado (não cumpre com o requisito do § 3º do art. 5º da CF).	*Status* de supralegalidade (abaixo da CF e acima das legislações – produção infraconstitucional).
Tratados internacionais sobre assuntos diversos, que não direitos humanos.	*Status* de lei.

Conflito entre Tratado Internacional e a Constituição Federal

Em objetiva análise, quando verificamos que um Tratado Internacional sobre Direitos Humanos (independentemente de seu *status*) dispõe de forma ampliativa quanto ao exercício de um direito ou garantia, deve-se privilegiá-lo com relação à aplicação do direito interno (seja uma lei ordinária/complementar ou mesmo o próprio texto constitucional).

Não se trata de revogação da norma interna, mas, sim, do que a jurisprudência chamou de "**efeito paralisante**", visto que há apenas a paralisação da eficácia normativa interna, e não sua revogação (o que dependeria de norma de natureza semelhante tratando totalmente sobre o mesmo tema ou, ainda, expressamente, apontando a revogação).

O critério a ser utilizado, portanto, será o da norma mais benéfica, que garanta de forma mais ampliativa o exercício de um direito. Não se trata tão somente de analisar o critério hierárquico da norma constitucional, mas outros princípios, como o ***pro homine*** (art. 4º, II, da CF: "A República Federativa do Brasil rege-se nas suas relações internacionais pelos seguintes princípios: (...) II – prevalência dos direitos humanos"), a **prevalência do direito mais favorável** e o chamado **diálogo de transigência** (Prof. Valerio Mazzuoli)[7], que afirma a necessidade de que haja transigência (flexibilização, relativização) de um texto em relação a outro no tocante à apresentação mais favorável ou ampliativa de um direito fundamental por um Tratado Internacional.

Julgados interessantes do STF sobre o tema: RE 466.343/SP; RHC 79.785; HC 87.585/TO.

> **§ 4º O Brasil se submete à jurisdição de Tribunal Penal Internacional a cuja criação tenha manifestado adesão.**

5.5 Questões

1. **(FCC – TRT 2ª Região – Analista Judiciário – Área Administrativa)** Considere as seguintes afirmativas:

I. Lei federal que condicione o exercício da profissão de músico à inscrição regular na Ordem dos Músicos do Brasil e ao pagamento das respectivas anuidades não ofende a Constituição, pois cabe ao legislador estabelecer qualificações profissionais a serem exigidas como condição ao exercício do direito fundamental à liberdade de profissão.

II. É assegurada às entidades associativas, desde que expressamente autorizadas, legitimidade para representar seus filiados judicialmente, inclusive em sede de ação civil pública e de mandado de segurança coletivo.

III. A inviolabilidade da intimidade, da honra e da imagem, bem como o direito à indenização por danos morais decorrentes de sua violação são constitucionalmente assegurados às pessoas naturais e não às pessoas jurídicas.

Está correto o que consta em:

A) III, apenas.

B) I e III, apenas.

[7] MAZZUOLI, Valério de Oliveira. *O controle jurisdicional da convencionalidade das leis.* 2. ed. São Paulo: Atlas, 2011, p. 165.

C) II, apenas.

D) I, II e III.

E) I, apenas.

↘ Resolução:

I. *Incorreto.* De fato, não ofende a Constituição o estabelecimento de regras que condicionem o exercício de ofício ou profissão, uma vez que a norma constitucional contida no art. 5º, XIII, dispõe que "é livre o exercício de qualquer trabalho, ofício ou profissão, atendidas as qualificações profissionais que a lei estabelecer". É importante notar que a parte final do dispositivo – "atendidas as qualificações profissionais que a lei estabelecer" – é o que garante a classificação de uma norma constitucional de eficácia contida. Ou seja, em regra, a eficácia é plena, exceto se existir lei restringindo o exercício do direito. Se houver tal lei, deve ser cumprida (pois a própria Constituição afirma essa condicionante possível). A assertiva I apenas é incorreta pois indica que "cabe ao legislador". Na verdade, essa afirmação traz a conotação de uma norma de eficácia limitada (que dependeria obrigatoriamente da regulamentação do exercício). No caso, isso não ocorre. A possibilidade é de restringir o exercício de um direito que se dá plenamente diante da inexistência de regulamentação.

II. *Incorreto.* Ainda que o art. 5º, XXI, da Constituição Federal estabeleça que "as entidades associativas, quando expressamente autorizadas, têm legitimidade para representar seus filiados judicial ou extrajudicialmente", a Súmula 629 do STF orienta que "A impetração de mandado de segurança coletivo por entidade de classe em favor dos associados independe da autorização destes".

III. **ATENÇÃO!** Item indicado como correto pela banca. No entanto, está incorreto. Destacamos e mantivemos a questão como forma de alerta.

As pessoas jurídicas possuem, sim, direito à indenização por danos morais diante da violação do direito à honra e à imagem (dano moral objetivo), conforme dispõem as Súmulas 37 e 227, ambas do STJ. De fato, não é previsto tal direito quando diante da violação da intimidade.

↗ Gabarito: "A" (questão com problema no gabarito. Mantida para que seja possível alertar o leitor).

2. (FUNRIO – MPOG – Analista) Os chamados "remédios constitucionais", enquanto direitos e garantias fundamentais, têm a função de integralizar direitos e evitar lesão ou ameaça, se apresenta, em sede constitucional, da seguinte forma:

A) O *habeas data* é oneroso com custas judiciais e ônus da sucumbência, pois visa assegurar o conhecimento de informações relativas à pessoa jurídica do impetrante, constante de registros ou bancos de dados de entidades governamentais ou de caráter privado, assim como a sua retificação, se incorretas. O ente passivo sempre será o Estado.

B) Destina-se fundamentalmente o mandado de segurança, à proteção de direito líquido e certo, não amparado por *habeas corpus* ou *habeas data*, quando o responsável pela ilegalidade ou abuso de poder for autoridade pública ou agente de pessoa jurídica no exercício de atribuições do Poder Público. Aplica-se, também, às concessionárias públicas.

C) O mandado de segurança visa à proteção de direito líquido e certo, também amparado por ação popular, quando o responsável pela ilegalidade ou abuso de poder for autoridade pública ou agente de pessoa jurídica no exercício de atribuições do Poder Público. Aplica-se, também, às concessionárias e às permissionárias públicas.

D) Qualquer pessoa é parte legítima para propor ação popular que vise a anular ato lesivo ao patrimônio público ou de entidade de que o Estado seja parte, à moralidade administrativa, ao meio ambiente e ao patrimônio histórico e cultural, ficando o autor, salvo comprovada boa-fé, com custas judiciais e ônus da sucumbência. O ente passivo sempre será o Estado.

E) Conceder-se-á mandado de injunção para assegurar o conhecimento de informações relativas à pessoa do impetrante, constantes de registros ou bancos de dados de entidades governamentais ou de caráter público. O ente passivo sempre será o Estado.

↘ Resolução:

A) *Incorreta.* A ação de *habeas data* é gratuita, conforme art. 5º, LXXVII, da Constituição Federal.

B) *Correta.* Possui fundamento no art. 5º, LXIX, da Constituição Federal.

C) *Incorreta.* Não cabe mandado de segurança em substituição à ação popular – Súmula 101 do STF.

D) *Incorreta.* A ação popular impõe o vínculo político de cidadania (alistamento eleitoral), ou seja, não é destinada ao exercício de qualquer pessoa, mas, sim, de qualquer cidadão.

E) *Incorreta.* O instrumento descrito é o *habeas data*, e não o mandado de injunção.

↗ Gabarito: "B".

3. (CESPE – DPU – Técnico em Comunicação Social – Publicidade e Propaganda) Considerando os direitos fundamentais contidos na CF, assinale a opção correta.

A) A criação de associações e, na forma da lei, a de cooperativas independem de autorização, sendo vedadas a dissolução compulsória dessas instituições ou a suspensão de suas atividades.

B) A CF assegura plena liberdade para o exercício de trabalho, ofício ou profissão, sendo vedadas restrições de qualquer natureza.

C) Os tratados e convenções internacionais acerca dos direitos humanos que forem aprovados, em cada casa do Congresso Nacional, em dois turnos, por três quintos dos votos dos respectivos membros, serão equivalentes às emendas constitucionais.

D) No caso de iminente perigo público, a autoridade competente poderá fazer uso de propriedade particular, assegurada ao proprietário indenização, independentemente da ocorrência de dano.

E) Todos têm direito a receber dos órgãos públicos quaisquer informações de seu interesse particular, ou de interesse coletivo ou geral, que têm de ser prestadas no prazo da lei, sob pena de responsabilidade.

↘ Resolução:

A) *Incorreta.* A redação correta, tratada no art. 5º, XVIII, da Constituição Federal, estabelece que é "vedada a interferência estatal em seu funcionamento". Também o inciso XIX, que estabelece que as "associações só poderão ser compulsoriamente dissolvidas ou ter suas atividades suspensas por decisão judicial, exigindo-se, no primeiro caso, o trânsito em julgado".

B) *Incorreta.* É possível que a lei estabeleça qualificações profissionais (norma constitucional de eficácia contida, prevista no art. 5º, XIII, da CF).

C) *Correta.* Art. 5º, § 3º, da Constituição Federal.

D) *Incorreta.* Para que exista a indenização, deve existir o dano (art. 5º, XXV, da CF).

E) *Incorreta.* A redação do art. 5º, XXXIII, da Constituição Federal estabelece que, quanto às informações, são "ressalvadas aquelas cujo sigilo seja imprescindível à segurança da sociedade e do Estado".

↗ Gabarito: "C".

6. DIREITOS SOCIAIS

A Constituição Federal dispõe entre os arts. 6º e 11 direitos capitulados como "direitos sociais". Conforme demonstrado anteriormente, está localizado dentro do Título II – Dos Direitos e Garantias Fundamentais.

O texto (art. 6º, *caput*, da CF) destaca como direitos sociais:

a) educação;
b) saúde;
c) alimentação;
d) trabalho;
e) moradia;
f) transporte;
g) lazer;
h) segurança;
i) previdência social;
j) proteção à maternidade e à infância;
k) assistência aos desamparados.

De modo específico, no art. 7º da Constituição Federal, relaciona também os direitos dos trabalhadores rurais, além de outros que visam à melhoria de sua condição social. Vejamos:

Direitos dos trabalhadores urbanos e rurais	Aplica-se aos trabalhadores domésticos (parágrafo único do art. 7º da CF) – EC n. 72/2013
I – relação de emprego protegida contra despedida arbitrária ou sem justa causa, nos termos de lei complementar, que preverá indenização compensatória, dentre outros direitos;	não
II – seguro-desemprego, em caso de desemprego involuntário;	não
III – fundo de garantia do tempo de serviço;	não
IV – salário mínimo, fixado em lei, nacionalmente unificado, capaz de atender a suas necessidades vitais básicas e às de sua família com moradia, alimentação, educação, saúde, lazer, vestuário, higiene, transporte e previdência social, com reajustes periódicos que lhe preservem o poder aquisitivo, sendo vedada sua vinculação para qualquer fim;	sim
V – piso salarial proporcional à extensão e à complexidade do trabalho;	não
VI – irredutibilidade do salário, salvo o disposto em convenção ou acordo coletivo;	sim
VII – garantia de salário, nunca inferior ao mínimo, para os que percebem remuneração variável;	sim
VIII – décimo terceiro salário com base na remuneração integral ou no valor da aposentadoria;	sim
IX – remuneração do trabalho noturno superior à do diurno;	não
X – proteção do salário na forma da lei, constituindo crime sua retenção dolosa;	sim
XI – participação nos lucros, ou resultados, desvinculada da remuneração, e, excepcionalmente, participação na gestão da empresa, conforme definido em lei;	não
XII – salário-família pago em razão do dependente do trabalhador de baixa renda nos termos da lei;	não
XIII – duração do trabalho normal não superior a oito horas diárias e quarenta e quatro semanais, facultada a compensação de horários e a redução da jornada, mediante acordo ou convenção coletiva de trabalho;	sim
XIV – jornada de seis horas para o trabalho realizado em turnos ininterruptos de revezamento, salvo negociação coletiva;	não
XV – repouso semanal remunerado, preferencialmente aos domingos;	sim
XVI – remuneração do serviço extraordinário superior, no mínimo, em cinquenta por cento à do normal;	sim
XVII – gozo de férias anuais remuneradas com, pelo menos, um terço a mais do que o salário normal;	sim

Direitos dos trabalhadores urbanos e rurais	Aplica-se aos trabalhadores domésticos (parágrafo único do art. 7º da CF) – EC n. 72/2013
XVIII – licença à gestante, sem prejuízo do emprego e do salário, com a duração de cento e vinte dias;	sim
XIX – licença-paternidade, nos termos fixados em lei;	sim
XX – proteção do mercado de trabalho da mulher, mediante incentivos específicos, nos termos da lei;	não
XXI – aviso prévio proporcional ao tempo de serviço, sendo no mínimo de trinta dias, nos termos da lei;	sim
XXII – redução dos riscos inerentes ao trabalho, por meio de normas de saúde, higiene e segurança;	sim
XXIII – adicional de remuneração para as atividades penosas, insalubres ou perigosas, na forma da lei;	não
XXIV – aposentadoria;	sim
XXV – assistência gratuita aos filhos e dependentes desde o nascimento até 5 (cinco) anos de idade em creches e pré-escolas;	não
XXVI – reconhecimento das convenções e acordos coletivos de trabalho;	sim
XXVII – proteção em face da automação, na forma da lei;	não
XXVIII – seguro contra acidentes de trabalho, a cargo do empregador, sem excluir a indenização a que este está obrigado, quando incorrer em dolo ou culpa;	não
XXIX – ação, quanto aos créditos resultantes das relações de trabalho, com prazo prescricional de cinco anos para os trabalhadores urbanos e rurais, até o limite de dois anos após a extinção do contrato de trabalho;	não
XXX – proibição de diferença de salários, de exercício de funções e de critério de admissão por motivo de sexo, idade, cor ou estado civil;	sim
XXXI – proibição de qualquer discriminação no tocante a salário e critérios de admissão do trabalhador portador de deficiência;	sim
XXXII – proibição de distinção entre trabalho manual, técnico e intelectual ou entre os profissionais respectivos;	não
XXXIII – proibição de trabalho noturno, perigoso ou insalubre a menores de dezoito e de qualquer trabalho a menores de dezesseis anos, salvo na condição de aprendiz, a partir de quatorze anos;	não
XXXIV – igualdade de direitos entre o trabalhador com vínculo empregatício permanente e o trabalhador avulso.	não

Ainda conforme o parágrafo único do art. 7º da Constituição Federal, são assegurados à categoria dos trabalhadores domésticos, atendidas as condições estabelecidas em lei e observada a simplificação do cumprimento das obrigações tributárias, principais e acessórias, decorrentes da relação de trabalho e suas peculiaridades, os previstos nos incisos **I, II, III, IX, XII, XXV e XXVIII**, bem como a sua integração à previdência social.

Boa parte dos direitos sociais indicados (sobretudo no art. 6º da CF) é novamente tratada a partir do art. 193 da Constituição Federal, ao ser inaugurado o Título VIII – Da Ordem Social, trazendo normas programáticas (normas constitucionais de eficácia limitada de natureza programática) acerca de políticas públicas e a execução pelo Poder Público. Ou seja, são direitos que impõem ao Estado a atuação positiva (prestação), o que, logicamente, acarretará despesas em relação ao orçamento necessário.

Nesse contexto, surge a chamada "reserva do possível", que é circunstância em que o Poder Público alega a impossibilidade da prestação de alguns desses direitos (fornecimento de medicamentos de alto custo, internações, cirurgias etc.) sob a alegação de que não desconhece o dever imposto pelo texto constitucional, mas que não pode privilegiar um cidadão em detrimento de todos os demais que seriam prejudicados diante da situação de ter que custear tratamentos (prestações de modo geral) com impacto direto no orçamento.

Em poucos casos se verifica a flexibilização do Judiciário quanto à alegação de "reserva do possível", uma vez que entende não ser possível argumento vazio no sentido de autorizar o Poder Público a se eximir da obrigação.

Importante observação deve ser feita quanto ao art. 8º da Constituição Federal (mais do que recomendada a leitura dos incisos correspondentes). A Constituição Federal garante a livre associação profissional ou sindical, em consonância com o próprio art. 5º, em seus incisos XVI, XVII, XVIII e XX.

Essa análise ganha corpo com importante decisão do STF (ADI 5.794 e ADC 55) acerca da constitucionalidade do fim da contribuição sindical obrigatória estabelecida pela Reforma Trabalhista (Lei n. 13467/2017), no tocante à redação do art. 579 da Consolidação das Leis do Trabalho (Decreto-lei n. 5.452/43). No caso, a compreensão da Corte foi no sentido da constitucionalidade, permanecendo a contribuição sindical como prestação opcional do trabalhador.

Quanto aos direitos garantidos pelo art. 8º da Constituição Federal, podemos relacionar:

> Art. 8º É livre a associação profissional ou sindical, observado o seguinte:
>
> I – a lei não poderá exigir autorização do Estado para a fundação de sindicato, ressalvado o registro no órgão competente, vedadas ao Poder Público a interferência e a intervenção na organização sindical;
>
> II – é vedada a criação de mais de uma organização sindical, em qualquer grau, representativa de categoria profissional ou econômica, na mesma base territorial, que será definida pelos trabalhadores ou empregadores interessados, não podendo ser inferior à área de um município;
>
> III – ao sindicato cabe a defesa dos direitos e interesses coletivos ou individuais da categoria, inclusive em questões judiciais ou administrativas;
>
> IV – a assembleia geral fixará a contribuição que, em se tratando de categoria profissional, será descontada em folha, para custeio do sistema confederativo da representação sindical respectiva, independentemente da contribuição prevista em lei;

V – ninguém será obrigado a filiar-se ou a manter-se filiado a sindicato;

VI – é obrigatória a participação dos sindicatos nas negociações coletivas de trabalho;

VII – o aposentado filiado tem direito a votar e ser votado nas organizações sindicais;

VIII – é vedada a dispensa do empregado sindicalizado a partir do registro da candidatura a cargo de direção ou representação sindical e, se eleito, ainda que suplente, até um ano após o final do mandato, salvo se cometer falta grave nos termos da lei.

O parágrafo único do dispositivo ainda indica que tais direitos se aplicam à organização de sindicatos rurais e de colônias de pescadores, atendidas as condições que a lei estabelecer.

O art. 9º da Constituição Federal garante o direito de greve, estabelecendo que caberá aos trabalhadores a decisão sobre a oportunidade de exercer tal direito e sobre os interesses a serem defendidos por tal ocasião.

O § 1º do dispositivo ainda indica que caberá à lei (norma de eficácia limitada) estabelecer as atividades ou serviços essenciais, dispondo sobre eventuais necessidades inadiáveis da sociedade e seu atendimento (a Lei n. 7.783/89 dispõe sobre o exercício do direito de greve, define as atividades essenciais e regula o atendimento das necessidades inadiáveis da comunidade e dá outras providências).

Ainda quanto ao direito de greve, o entendimento da Suprema Corte (ARE 654.432) é no sentido da impossibilidade de que servidores ligados à segurança pública o exerçam. Isso porque a atividade desses profissionais envolve "atividade essencial à manutenção da ordem pública".

Além disso, importante registrar o apontamento de que as atividades desenvolvidas pelas polícias (art. 144 da CF) são análogas (com a finalidade de analisar o direito de greve, apenas) à atuação das Forças Armadas (militares – art. 142, § 3º, da CF), cujo exercício de greve é vedado expressamente pelo inciso IV do § 3º do art. 142 da Constituição Federal (no caso dos militares, inclusive, é vedada a sindicalização, o que não ocorre com os servidores do art. 144 da CF).

6.1 Questões

1. **(IPAD – PGE/PE – Área Jurídica)** Sobre os direitos sociais, marque a alternativa CORRETA:

A) Os empregados não poderão ser demitidos mesmo com indenização compensatória.

B) O trabalhador rural não tem direito a fundo de garantia do tempo de serviço.

C) Desde que exista convenção ou acordo coletivo, os salários poderão ser reduzidos.

D) O piso salarial é fixado exclusivamente com base no grau de instrução do trabalhador.

E) De acordo com a Constituição, os que percebem remuneração variável poderão receber salário inferior ao mínimo.

Resolução:

A) *Incorreta.* O art. 7º, I, da Constituição Federal estabelece a proteção contra despedida arbitrária ou sem justa causa, nos termos de lei complementar, que preverá indenização compensatória, dentre outros direitos.

B) *Incorreta.* Trata-se de direito estabelecido no art. 7º, III, da Constituição Federal.

C) *Correta.* Com fundamento no art. 7º, VI, da Constituição Federal, ao estabelecer o direito à irredutibilidade do salário, salvo o disposto em convenção ou acordo coletivo.

D) *Incorreta.* O art. 7º, V, da Constituição Federal assegura piso salarial proporcional à extensão e à complexidade do trabalho.

E) *Incorreta.* O art. 7º, VII, da Constituição Federal assegura o salário, nunca inferior ao mínimo, aos que percebem remuneração variável.

↗ **Gabarito: "C".**

2. (VUNESP – DPE/MS) Em relação aos direitos sociais, políticos e de nacionalidade, assinale a opção correta.

Tendo em vista o disposto na Carta Magna brasileira, assinale a alternativa que contempla corretamente os direitos sociais garantidos aos trabalhadores.

A) Participação nos lucros, ou resultados, vinculada à remuneração, e, excepcionalmente, participação na gestão da empresa, conforme definido em lei; seguro contra acidentes de trabalho, a cargo do empregador, sem excluir a indenização a que este está obrigado, quando incorrer em dolo ou culpa.

B) Duração do trabalho normal não superior a oito horas diárias e quarenta e quatro horas semanais, facultada a compensação de horários e a redução da jornada, mediante acordo ou convenção coletiva de trabalho; proteção em face da automação, na forma da lei.

C) Jornada de seis horas para o trabalho realizado em turnos ininterruptos de revezamento, salvo negociação coletiva; remuneração do serviço extraordinário superior, no mínimo, em sessenta por cento à do normal.

D) Proteção do salário na forma da lei, constituindo crime sua retenção dolosa; salário-família pago em razão do dependente de todo trabalhador, nos termos da lei.

↘ **Resolução:**

A) *Incorreta.* A participação nos lucros ou resultados deve estar desvinculada da remuneração (art. 7º, XI, da CF).

B) *Correta.* De acordo com a redação do art. 7º, XIII, da Constituição Federal.

C) *Incorreta.* O correto é que seja superior em 50% à do normal, de acordo com o art. 7º, XVI, da Constituição Federal.

D) *Incorreta.* Não alcança todo trabalhador, mas apenas o de baixa renda, nos termos do art. 7º, XII, da Constituição Federal.

↗ **Gabarito: "B".**

3. (FCC – PGE/MT) Como garantia da liberdade de associação profissional ou sindical, a Constituição da República prevê que:

A) a lei não poderá exigir autorização do Estado para a fundação de sindicato, ressalvado o registro no órgão competente, vedadas ao Poder Público a interferência e a intervenção na organização sindical.

B) os trabalhadores ou empregadores interessados definirão a base territorial para a criação de organização sindical, em qualquer grau, representativa de categoria profissional ou econômica, não podendo a base, contudo, ser inferior à área de um Estado.

C) ninguém será obrigado a filiar-se ou a manter-se filiado a sindicato, salvo disposição contrária prevista nos atos constitutivos respectivos.

D) é vedada a dispensa do empregado sindicalizado a partir de sua eleição para cargo de direção ou representação sindical, ainda que suplente, até dois anos após o final do mandato, salvo se cometer falta grave nos termos da lei.

E) o aposentado filiado tem direito a votar nas organizações sindicais, embora não o tenha a ser votado.

↘ **Resolução:**

A) *Correta.* Reproduz o contido no art. 8º, I, da Constituição Federal.

B) *Incorreta.* O art. 8º, II, da Constituição Federal, dispõe que a base territorial da criação de organização sindical não poderá ser inferior à área do município (não do estado).

C) *Incorreta.* O art. 8º, V, da Constituição Federal dispõe que ninguém será obrigado a filiar-se ou manter-se filiado a sindicato.

D) *Incorreta.* O art. 8º, VIII, da Constituição Federal dispõe que a estabilidade se dá por até um ano, e não dois.

E) *Incorreta.* O filiado tem direito tanto de votar quanto de ser votado (art. 8º, VII, da CF).

↗ **Gabarito: "A".**

7. NACIONALIDADE

7.1 Aspectos gerais sobre o direito fundamental à nacionalidade

O direito à nacionalidade é tido como um direito fundamental, sendo tratado nos **arts. 12 e 13 da Constituição Federal.**

Da leitura desses dispositivos, constatamos que nossa Constituição Federal adotou dois critérios para aferição da nacionalidade originária (brasileiros natos): territorialidade (*ius solis*) e consanguinidade (*ius sanguinis*).

IMPORTANTE

Nacionalidade originária é aquela relacionada aos brasileiros natos, ao passo que nacionalidade derivada é aquela adquirida por meio da naturalização.

7.2 Nacionalidade brasileira nata

O **art. 12, I, da Constituição Federal** enumera, em suas três alíneas, quatro hipóteses de reconhecimento da nacionalidade originária brasileira. É esse artigo que define quem são os brasileiros natos.

Assim, são considerados brasileiros natos:

Nacionalidade brasileira originária (brasileiros natos)	
Os nascidos na República Federativa do Brasil, **SALVO** se ambos os pais (pai e mãe) forem estrangeiros E estejam a serviço de Governo estrangeiro.	**Critério do *ius solis*** – art. 12, I, *a*, da CF.
Os nascidos no exterior, **DESDE** que filhos de pai E/OU mãe brasileiro que esteja a serviço do Governo brasileiro (vale para União, estados, Distrito Federal ou municípios, tanto da Administração Pública direta quanto da indireta).	**Critério do *ius sanguinis*** – art. 12, I, *b*, da CF.
Os nascidos no exterior, **DESDE** que filhos de pai E/OU mãe brasileiro e que tenham sido registrados na repartição brasileira (consulado, embaixada ou mesmo cartório de registro civil brasileiro).	**Critério do *ius sanguinis*** – art. 12, I, *c*, primeira parte, da CF.
Os nascidos no exterior, **DESDE** que filhos de pai E/OU mãe brasileiro e, uma vez adquirida a maioridade (18 anos), venham a residir no Brasil e optem, a qualquer tempo, pela nacionalidade brasileira.	**Critério do *ius sanguinis*** – art. 12, I, *c*, parte final, da CF.

IMPORTANTE

A Constituição Federal não adotou o critério de fixação da nacionalidade originária brasileira pelo *ius sanguinis* puro, pois em nenhuma das hipóteses anteriormente elencadas basta ser filho de pai ou mãe brasileiros para ter direito à aquisição da nacionalidade brasileira. Em qualquer dos casos é preciso ter ascendência brasileira e preencher algum outro requisito:

a) ter pai ou mãe a serviço do Governo brasileiro;

b) ser registrado na repartição brasileira competente;

c) vir a residir no Brasil após a maioridade e requerer, a qualquer tempo, a nacionalidade brasileira.

7.3 Nacionalidade brasileira derivada (naturalização)

A Constituição Federal elenca, em seu **art. 12, II**, os requisitos para que o estrangeiro venha a se naturalizar brasileiro. Ao todo, são três as hipóteses de naturalização.

Aquisição da nacionalidade brasileira derivada (naturalização)	
1) Naturalização nos termos da lei	É a chamada **naturalização ordinária (art. 12, II, *a*, primeira parte, da CF)**, que tem previsão constitucional, mas cujos requisitos estão previstos na **Lei n. 13.445/2017 (Lei de Migração)**.

Aquisição da nacionalidade brasileira derivada (naturalização)	
2) Naturalização para os estrangeiros oriundos de países de língua portuguesa	É a chamada **naturalização ordinária para os oriundos de países de língua portuguesa (art. 12, II, *a*, parte final, da CF)**. É aplicável não só aos portugueses, mas a **todos os estrangeiros oriundos de países de língua portuguesa** (como é o caso, por exemplo, de Angola, Moçambique, entre outros). Para deferimento, é preciso que se comprovem **idoneidade moral** e **residência ininterrupta no Brasil pelo período de um ano**.
3) Naturalização extraordinária	É aplicável a **todos os estrangeiros**, independentemente da nacionalidade originária, desde que residam no Brasil de forma ininterrupta há pelo menos **15 anos** e **não possuam condenação criminal**.

IMPORTANTE

A **naturalização ordinária**, regulada pela **Lei de Migração**, pode ser requerida por estrangeiro de qualquer nacionalidade, desde que preencha os requisitos ali inseridos.

ATENÇÃO

No que se refere à **naturalização extraordinária**, o requisito é o de que o estrangeiro não ostente **condenação criminal**, não havendo qualquer óbice em caso de condenação cível, trabalhista, administrativa etc.

7.4 A quase naturalidade

Aos portugueses com residência permanente no Brasil, o **art. 12, § 1º, da Constituição Federal** concede um importante benefício: a **quase naturalização**.

Significa que, se houver **reciprocidade** em favor dos brasileiros em Portugal (o que atualmente existe, haja vista o Tratado de Amizade, Cooperação e Consulta, celebrado entre Brasil e Portugal), poderão os portugueses aqui residentes gozar de todos os direitos reservados aos brasileiros naturalizados, inclusive o exercício de direitos políticos, salvo aqueles inerentes aos brasileiros natos.

Trata-se, então, da possibilidade de o português que vier a residir no Brasil, e que preencha os requisitos legais, gozar dos direitos dos brasileiros naturalizados, sem a necessidade de naturalização. Assim, continua a ser estrangeiro, mas goza dos direitos inerentes aos brasileiros, daí o motivo de se chamar "quase naturalidade".

7.5 Diferenças entre brasileiros natos e naturalizados

De forma expressa, o **art. 12, § 2º, da Constituição Federal** proíbe que a lei imponha qualquer diferença entre brasileiros natos e naturalizados. Assim, "aos olhos da lei", são iguais em direitos e obrigações.

Ocorre que **não há impedimento para que a Constituição Federal faça essa diferenciação** entre os brasileiros natos e os naturalizados! E ela o faz? Sim, quando, por exemplo, elenca no seu **art. 12, § 3º, da Constituição Federal** um rol de cargos que apenas poderão ser preenchidos por brasileiros natos, ou quando estipula algumas restrições para que os brasileiros naturalizados fiquem responsáveis pelo editorial de meios de comunicação, nos termos do **art. 222, § 2º, da Constituição Federal**.

ATENÇÃO

A lei não pode criar diferenças entre brasileiros natos e naturalizados, mas a própria Constituição Federal pode!

7.6 Cargos privativos de brasileiros natos

O **art. 12, § 3º, da Constituição Federal** enumera alguns cargos que serão preenchidos apenas por brasileiros natos. São eles:

Cargos privativos de brasileiros natos (art. 12, § 3º, da CF)	
Ministros do Supremo Tribunal Federal	O Supremo Tribunal Federal é composto por 11 Ministros, e todos eles, sem exceção, deverão ser brasileiros natos. **ATENÇÃO!** Na estrutura do Poder Judiciário brasileiro, com algumas exceções do Conselho Nacional de Justiça e do Supremo Tribunal Federal, os demais cargos (inclusive no STJ) podem ser ocupados tanto por brasileiros natos como por brasileiros naturalizados.
Presidente da República e Vice-Presidente da República	Ambos os cargos devem ser preenchidos necessariamente por brasileiros natos. Observe que se trata do **único** cargo **eletivo direto** que é ocupado obrigatoriamente por brasileiro nato.
Presidente da Câmara dos Deputados	Dos 513 deputados federais que compõem a Câmara dos Deputados, apenas o seu presidente deve ser obrigatoriamente brasileiro nato. Verifique que o cargo de presidente da Câmara dos Deputados **não é um cargo eletivo direto** (não se vota para esse cargo).
Presidente do Senado Federal	Dos 81 senadores que compõem o Senado Federal, apenas o seu presidente deve ser obrigatoriamente brasileiro nato, assim como constatamos para a presidência da Câmara dos Deputados.
Carreiras Diplomáticas	É o caso, por exemplo, dos embaixadores, diplomatas e cônsules que representam o Brasil no exterior.
Oficiais das Forças Armadas	Os oficiais do Exército, da Marinha e da Aeronáutica devem ser, obrigatoriamente, brasileiros natos. Observe que essa exigência não se aplica aos oficiais das Polícias Militares nem aos praças das Forças Armadas.
Ministro de Estado da Defesa	De todos os auxiliares do Presidente da República, o único que deve ser brasileiro nato é o Ministro da Defesa. Todos os demais ministros, inclusive o Ministro da Fazenda, da Justiça e das Relações Exteriores, podem ser brasileiros natos ou naturalizados.

Para te ajudar na memorização desses cargos, de alta incidência em concursos públicos, vale a pena memorizar o seguinte mnemônico: **MP3.COM**.

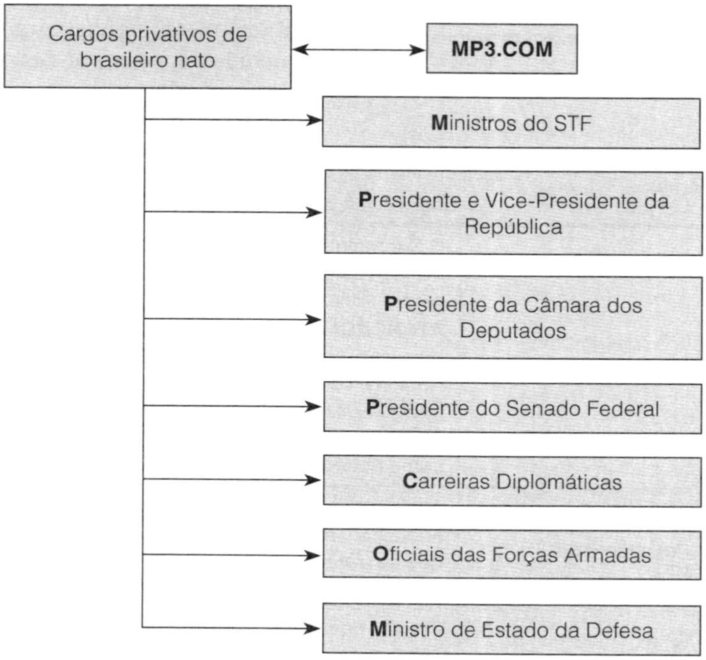

ATENÇÃO

Esse rol não é taxativo, pois o **art. 89, VII, da Constituição Federal**, por exemplo, estabelece que o Conselho da República será preenchido, dentre outras pessoas, por seis brasileiros natos. De qualquer forma, não se deve esquecer que a lei não pode impor qualquer outra hipótese de cargo privativo de brasileiro nato, atribuição exclusiva da Constituição Federal (**art. 12, § 2º, da CF**).

7.7 Hipóteses de perda da nacionalidade

O **art. 12, § 4º, da Constituição Federal** enumera as hipóteses que gerarão a perda da nacionalidade (inclusive a do brasileiro nato, conforme se verá a seguir).

Perda da nacionalidade (art. 12, § 4º, da CF)	
1) Cancelamento da naturalização por sentença judicial em virtude de atividade nociva ao interesse nacional	É a hipótese em que há decisão judicial (NUNCA decisão administrativa), proposta pelo Ministério Público Federal na Justiça Federal, para cancelamento da naturalização pela prática, pelo brasileiro naturalizado (veja que essa hipótese não se aplica ao brasileiro nato), de atividade nociva ao interesse nacional.
2) Aquisição de outra nacionalidade	A regra constitucional é a de que o brasileiro naturalizado ou nato, uma vez que adquira outra nacionalidade, perca a nacionalidade brasileira. Entretanto, a própria Constituição Federal

Perda da nacionalidade (art. 12, § 4º, da CF)	
2) Aquisição de outra nacionalidade	excetua sua regra, estabelecendo que não haverá perda em duas hipóteses: **a) reconhecimento da nacionalidade originária segundo a lei estrangeira**: é o que acontece, por exemplo, com os brasileiros descendentes de italianos, que podem adquirir a nacionalidade originária (nata) italiana sem perderem a brasileira; **b) imposição de naturalização, pela lei estrangeira, ao brasileiro residente em estado estrangeiro, como condição de permanência do país ou para o exercício dos direitos civis**: perceba que, nessa hipótese, o brasileiro já está morando no exterior (com um visto de trabalho, por exemplo), e é obrigado por aquele governo a se naturalizar para poder continuar a morar no país, ou para ali exercer os seus diretos civis. **ATENÇÃO!** Não confunda direitos civis com direitos políticos.

7.8 Demais aspectos sobre a nacionalidade

Como já deve ser de seu conhecimento, a Constituição Federal adotou uma única língua oficial no Brasil: a língua portuguesa, conforme estipula o seu **art. 13, *caput***.

Ademais, houve a escolha de alguns símbolos oficiais para a nossa República Federativa do Brasil: a bandeira, as armas, o hino e o selo nacionais.

Inclusive, a esse respeito, conforme expressamente autoriza o **art. 13, § 2º, da Constituição Federal**, os entes federados, como os estados, o Distrito Federal e os municípios, poderão ter símbolos próprios.

7.9 Questões

1. (FCC – TRF 4ª Região – Analista Judiciário – Área Judiciária) Considere que determinada mulher, filha de mãe brasileira e pai estrangeiro, nascida em país cuja lei lhe reconhece nacionalidade originária e durante período em que sua mãe lá estava a serviço da República Federativa do Brasil, venha a residir no Brasil, depois de atingida a maioridade. Nessa hipótese, referida mulher:

A) é considerada brasileira nata, não podendo vir a ser extraditada, quaisquer que sejam as circunstâncias e a natureza do delito pelo qual o requeira Estado estrangeiro.

B) não faz jus à nacionalidade originária brasileira, embora possa vir a ser naturalizada, após residir por quinze anos ininterruptos no Brasil e desde que não sofra condenação penal.

C) será considerada brasileira naturalizada, podendo vir a ser autorizada sua extradição, mediante processo de competência originária do Supremo Tribunal Federal, em caso de comprovado envolvimento em tráfico ilícito de entorpecentes.

D) é considerada estrangeira, condição em virtude da qual não será concedida sua extradição apenas por crime político ou de opinião.

E) será considerada brasileira nata, desde que opte pela nacionalidade brasileira, mediante processo de competência da Justiça Federal.

↘ Resolução:

A) *Correta.* De fato, será considerada brasileira NATA, pois, em que pese ter nascido no exterior, é filha de brasileira que se encontrava a serviço do governo brasileiro, nos termos do **art. 12, I, *b*, da Constituição Federal**. Ainda, por ser considerada brasileira nata, não poderá ser extraditada para Estado estrangeiro, haja vista a vedação expressamente constante do **art. 5º, LI, da Constituição Federal**.

B) *Incorreta.* É considerada brasileira nata, pois sua mãe era brasileira e encontrava-se no exterior a serviço de governo estrangeiro, nos termos do **art. 12, I, *b*, da Constituição Federal**.

C) *Incorreta*. É considerada brasileira nata, pois sua mãe era brasileira e encontrava-se no exterior a serviço de governo estrangeiro, nos termos do **art. 12, I, *b*, da Constituição Federal**, não sendo cabível, portanto, sua extradição em nenhuma hipótese, nos termos do **art. 5º, LI, da Constituição Federal**.

D) *Incorreta*. É considerada brasileira nata, pois sua mãe era brasileira e encontrava-se no exterior a serviço de governo estrangeiro, nos termos do **art. 12, I, *b*, da Constituição Federal**.

E) *Incorreta*. Não é preciso que opte pela nacionalidade brasileira, visto que, segundo as regras insculpidas no **art. 12, I, *b*, da Constituição Federal**, é considerada brasileira nata (nacionalidade originária brasileira).

↗ **Gabarito: "A".**

2. **(FCC – TRF 4ª Região – Técnico Judiciário – Área Administrativa)** Alejandro é brasileiro naturalizado e está sendo acusado judicialmente de exercer atividade nociva ao interesse nacional; Cláudia é brasileira nata e teve uma outra nacionalidade originária assim reconhecida pela lei estrangeira; Marcos é brasileiro nato residente em Estado estrangeiro, tendo se naturalizado naquele país como condição para sua permanência no território. Com fundamento na Constituição Federal, sentença judicial poderá declarar a perda da nacionalidade a:

A) Alejandro e Cláudia, apenas.

B) Alejandro, Cláudia e Marcos.

C) Cláudia e Marcos, apenas.

D) Alejandro, apenas.

E) Alejandro e Marcos, apenas.

↘ **Resolução:**

A) *Incorreta*. Apenas Alejandro poderá perder a nacionalidade brasileira, pois é brasileiro naturalizado e está sendo acusado judicialmente de exercer atividade nociva ao interesse nacional, nos termos do que estipula o **art. 12, § 4º, I, da Constituição Federal**.

B) *Incorreta*. Claudia e Marcos não perderão a nacionalidade brasileira, pois estão inseridos nas exceções constantes do **art. 12, § 4º, II, *a* e *b*, da Constituição Federal**.

C) *Incorreta*. Claudia e Marcos não perderão a nacionalidade brasileira, pois estão inseridos nas exceções constantes do **art. 12, § 4º, II, *a* e *b*, da Constituição Federal**.

D) *Correta*. De fato, Alejandro é o único que está sujeito a perder a nacionalidade brasileira, visto que presente a hipótese do **art. 12, § 4º, I, da Constituição Federal**.

E) *Incorreta*. Marcos não perderá a nacionalidade brasileira, pois está inserido nas exceções constantes do **art. 12, § 4º, II, *b*, da Constituição Federal**.

↗ **Gabarito: "D".**

3. **(FCC – TRT 15ª Região – Analista Judiciário – Área Administrativa)** O vínculo jurídico político que liga um indivíduo a um certo e determinado Estado, fazendo deste indivíduo um componente do povo e capacitando-o a exigir sua proteção e sujeitando-o ao cumprimento de deveres impostos é denominado:

A) soberania.

B) nacionalidade.

C) dignidade humana.

D) legitimidade ativa.

E) elegibilidade.

↘ **Resolução:**

A) *Incorreta*. Soberania é um atributo da República Federativa do Brasil, e não direito fundamental dos indivíduos.

B) *Correta*. De fato, o vínculo jurídico que liga um indivíduo a um certo e determinado Estado é denominado de nacionalidade.

C) *Incorreta*. Dignidade da pessoa humana é o conjunto de princípios e valores que têm a função de garantir que cada cidadão tenha seus direitos respeitados pelo Estado.

D) *Incorreta*. Trata-se, na verdade, do direito fundamental à nacionalidade.

E) *Incorreta*. Elegibilidade relaciona-se com os direitos políticos, mais precisamente com o exercício da capacidade eleitoral passiva, não tendo relação direta com a nacionalidade.

↗ **Gabarito: "B".**

4. (FGV – TJSC – Técnico Judiciário Auxiliar) Jean, brasileiro naturalizado, que adquiriu grande popularidade em razão de suas atividades filantrópicas, decidiu concorrer a um cargo eletivo. No entanto, estava em dúvida se concorreria ao cargo de Vice-Presidente da República, de Governador ou Senador. À luz da sistemática constitucional, Jean poderia concorrer apenas ao(s) cargo(s) de:

A) Vice-Presidente e Governador;
B) Governador e Senador;
C) Vice-Presidente;
D) Governador;
E) Senador.

↘ **Resolução:**

A) *Incorreta.* O cargo de Vice-Presidente da República é privativo de brasileiro nato, nos termos do **art. 12, § 3º, da Constituição Federal**.

B) *Correta.* Os cargos de governador e de senador não são privativos de brasileiro nato (**art. 12, § 3º, da CF**), razão pela qual podem ser preenchidos tanto por brasileiros natos como por brasileiros naturalizados.

C) *Incorreta.* O cargo de Vice-Presidente da República é privativo de brasileiro nato, nos termos do **art. 12, § 3º, da Constituição Federal**.

D) *Incorreta.* Não só o cargo de governador é privativo de brasileiro nato. Na verdade, o cargo de senador também pode ser preenchido por brasileiro nato ou naturalizado, nos termos do **art. 12, § 3º, da Constituição Federal**.

E) *Incorreta.* Não só o cargo de senador é privativo de brasileiro nato. Na verdade, o cargo de governador também pode ser preenchido por brasileiro nato ou naturalizado, nos termos do **art. 12, § 3º, da Constituição Federal**.

↗ **Gabarito: "B".**

8. DIREITOS POLÍTICOS E PARTIDOS POLÍTICOS

Direitos políticos podem ser compreendidos como um direito público subjetivo do cidadão (vínculo político, de cidadania) em participar ativa e passivamente das decisões tomadas pelo Estado com o qual mantenha vínculo jurídico (de nacionalidade).

▶ **ATENÇÃO**

Nacionalidade: vínculo jurídico mantido pelo indivíduo com relação ao Estado. Os critérios que, se cumpridos, garantirão esse vínculo são estabelecidos pelo Estado (soberania nacional).

Cidadania: vínculo político. É estabelecido a partir do alistamento eleitoral junto à Justiça eleitoral. Poderá se alistar o nacional (nato, naturalizado e o quase nacional)[3], também chamado de "nacional qualificado", ou seja, nacional qualificado pelo vínculo político.

O vínculo jurídico será mais bem tratado em capítulo próprio sobre a nacionalidade. Aqui, cuidaremos de abordar o aspecto do vínculo político, especialmente quanto aos conceitos, instrumentos e formas de exercício.

O parágrafo único do art. 1º da Constituição Federal estabelece que todo o poder emana do povo, que o exercerá por meio de representantes eleitos ou diretamente nos termos da Constituição. Em complemento, o art. 14 da Constituição Federal traz explicação e conceituações importantes de serem analisadas, especialmente quando o texto indica que a soberania popular será exercida pelo sufrágio universal e pelo voto direto e secreto, com igual valor para todos e, nos

8 O Tratado da Amizade (Decreto n. 3.927/2001), celebrado entre Brasil e Portugal em 22 de abril de 2000 (por ocasião das comemorações de 500 anos do descobrimento do Brasil), estabelece que ao português residente ininterruptamente no Brasil por três anos, havendo reciprocidade, será garantido o exercício de direitos políticos (situação que suspenderá a possibilidade de exercício desses mesmos direitos em seu país de origem).

termos da lei, mediante plebiscito, referendo e iniciativa popular.

Em primeiro lugar, a **soberania popular** está associada a quem cabe a titularidade do poder (art. 1º, parágrafo único, da CF: "todo poder emana do povo"), e, assim, podemos compreender que aqui já temos sinais de um regime democrático, do povo, pelo povo e para o povo. Essa soberania, compreendida como o poder que cabe originalmente ao próprio povo, será exercida de algumas formas, que serão classificadas em diretas ou indiretas a depender de suas características, conforme veremos a seguir.

Antes de avançar quanto às formas de exercício desse poder soberano que envolve tanto a ideia de um regime democrático como também de direitos políticos, é importante destacar a expressão apontada pelo *caput* do art. 14 da Constituição Federal: **sufrágio universal**. Trata-se de um direito público subjetivo no qual encontramos tanto os direitos políticos ativos (votar, responder às consultas, subscrever projeto de leis etc.) quanto os direitos políticos passivos (ser votado).

A doutrina distingue duas formas de sufrágio, o restrito e o universal, cada qual com suas peculiaridades e traduzindo um nível de complexidade maior (restrito) ou menor (universal) no tocante à satisfação de requisitos para que seja possível exercer os indicados direitos políticos.

1) **Sufrágio restrito:** nesse conceito, há uma maior dificuldade para que se consiga alcançar com satisfação necessária os requisitos impostos pela lei a fim de exercer direitos políticos. Há ainda uma subdivisão:

a) **Sufrágio censitário.** Os requisitos envolvem a capacidade financeira/econômica do indivíduo a fim de que se possibilite o exercício de direitos políticos.

Uma dica mnemônica é pensar em "Cen$itário", fazendo associação com a questão financeira.

b) **Sufrágio capacitário.** A análise recai sobre capacidade técnica, instrução técnica, escolaridade do indivíduo para que, satisfazendo um critério preestabelecido – imaginemos a situação em que, para o exercício de direitos políticos em uma nação, seja necessário possuir instrução de nível superior –, possa então exercer seus direitos de cidadania, políticos.

2) **Sufrágio universal:** menores ou mais simples de satisfação são as condições impostas nesse conceito. O Brasil adota o sufrágio universal (art. 14 da CF), como bem podemos observar ao analisar os conceitos de alistabilidade (art. 14, §§ 1º e 2º, da CF) e as condições de elegibilidade (art. 14, § 3º, da CF).

Avançamos em compreender, nesse contexto de conceitos apresentados, que o Brasil adota a chamada **democracia semidireta**, isso porque, como dito anteriormente, apresenta mecanismos de **atuação direta** e mecanismos de **atuação indireta** na democracia a partir do exercício do sufrágio universal.

1) Mecanismos de atuação direta

O cidadão (aquele alistado junto à Justiça Eleitoral) atuará diretamente, sem intermediários ou representantes. É exemplo da ocasião em que o cidadão é convocado às urnas para votar (voto) e também para responder às consultas populares (plebiscito e referendo), uma vez que as respectivas respostas àquelas consultas são exteriorizadas por um sistema semelhante ao de votação (por meio de urnas eletrônicas preparadas).

A Constituição Federal assegura, ainda, a iniciativa popular, ou seja, a possibilidade de que um projeto de lei de iniciativa popular seja submetido a votação no Congresso Nacional.

2) Mecanismos de atuação indireta

O cidadão irá escolher, por meio de um pleito eleitoral, quem será seu representante. Este atuará em situações em que o cidadão, muito embora titular soberano de todo o poder que emane nesta nação, não possua capacidade legal para tanto (falar na tribuna, votar projetos de lei etc.).

É preciso entender dois pontos muito relevantes: quais são os sistemas eleitorais para essas escolhas (sistema majoritário e proporcional) e quais são os requisitos para que se possa concorrer a um cargo público eletivo (alistabilidade, condições de elegibilidade e não incorrer em hipótese de inelegibilidade).

8.1 Voto

O **VOTO** pode ser conceituado como um direito subjetivo compreendido como instrumento do sufrágio. É a concreta manifestação de escolha por parte dos cidadãos quando chamados a manifestar opção de representação durante um processo eleitoral, razão pela qual se conceitua como forma DIRETA de exercício democrático. Algumas características acerca do voto são encontradas no próprio texto constitucional. Vejamos:

a) **Direto:** o eleitor vai pessoalmente à sua seção eleitoral. Não há intermediários nem é possível que se outorgue a terceiro a atribuição de manifestar sua vontade (o que, inclusive, comprometeria a característica seguinte). Portanto, é um ato personalíssimo.

b) **Secreto:** historicamente, o Brasil enfrentou os famosos "votos de cabresto". Atualmente, ainda que casos criminosos sejam identificados, nosso ordenamento prevê o voto secreto, de maneira a preservar a convicção íntima de cada cidadão. Cabe destacar que, por ocasião da Lei n. 13.165/2015, o Congresso Nacional aprovou a inserção do art. 59-A na Lei das Eleições (Lei n. 9.504/97).

O dispositivo criou a obrigação de que no processo de votação eletrônica houvesse uma impressora para que se realizasse o registro físico (impressão) de cada voto, que seria depositado automaticamente após o eleitor conferir que a impressão corresponderia à sua escolha (não seria possível qualquer contato físico com o material impresso) em uma urna lacrada, o que possibilitaria futura auditoria dos resultados. Posteriormente, quando enviado à sanção presidencial, sob a natureza de controle de constitucionalidade (controle jurídico), a presidenta da República vetou tal dispositivo sob a alegação de que tal procedimento permitiria a ocorrência de violação ao sigilo do voto.

Ocorre que o Congresso Nacional, após votação nesse sentido, derrubou o veto presidencial, trazendo vigor à disposição, que deveria ser implantada para a eleição presidencial de 2018. Em razão dos apontamentos quanto à temerária possibilidade de afronta ao sigilo da votação, a PGR, por meio da ADI 5.889, conseguiu deferimento de medida liminar que suspendeu a eficácia da norma até decisão final acerca do assunto. Até a data de fechamento desta edição não houve qualquer modificação dessa decisão, e sequer perspectiva de pauta para o julgamento da ação direta.

c) **Universal:** todos são titulares do sufrágio (direito subjetivo) – homens, mulheres, negros, brancos etc. –, sendo necessário apenas o preenchimento de requisitos básicos previstos em nosso ordenamento (art. 14 da CF). Essa possibilidade ampla de participação dá origem ao próprio conceito "universal".

d) **Periódico:** as eleições ocorrerão a cada quatro anos, com mandatos eletivos de oito anos para senador e quatro anos para todos os demais cargos. Nosso ordenamento autoriza uma única reeleição para os cargos do Poder Executivo e não impõe limites aos do Poder Legislativo. No caso dos senadores, é relevante mencionar que, embora o mandato seja de oito anos, a cada quatro anos será realizada a renovação da representação de estados e Distrito Federal de 1/3 e 2/3, conforme o § 2º do art. 46 da Constituição Federal (cada estado possui representação de três senadores no total. Portanto, a alternância será sempre de um ou dois a cada eleição presidencial).

e) **Obrigatoriedade:** atualmente, o voto no Brasil é obrigatório (art. 14, *caput*, da CF), muito embora seja certo que sua obrigatoriedade recai quanto ao comparecimento às urnas e não ao voto em si considerado. Isso porque é possível que o eleitor "anule" o seu voto como expressão de vontade, repúdio ou manifestação.

Importante também consignar que o art. 60, § 4º, da Constituição Federal estabelece as chamadas **cláusulas pétreas**. Ou seja, disposições protetivas contidas em nosso texto constitucional que, mesmo diante do Poder Constituinte Derivado Reformador, não poderá ser alterado de forma tendente a abolir o que ali o constituinte relacionou.

> Art. 60. (...)
>
> § 4º Não será objeto de deliberação a proposta de emenda tendente a abolir:
>
> I – a forma federativa de Estado;
>
> **II – o voto direto, secreto, universal e periódico;**
>
> III – a separação dos Poderes;
>
> IV – os direitos e garantias individuais.

É de importante alerta o destaque feito acima. Dentre as características relacionadas pelo protetivo rígido constitucional, especificamente quanto ao voto, temos que a característica da **OBRIGATORIEDADE** não é cláusula pétrea, podendo ser alterada por meio de emenda constitucional (alteração formal da Constituição), mas não por lei ordinária ou complementar.

8.2 Plebiscito e referendo

A Constituição ainda dispõe sobre outras formas de exercício direto da democracia, indicando as consultas populares e a lei de iniciativa popular.

Quanto às consultas, temos o Plebiscito e o Referendo como formas de possibilitar a participação dos cidadãos nas tomadas de decisão pelo Estado de forma direta, sem intermediário.

O *caput* do art. 2º da Lei n. 9.709/98 define **plebiscito** e **referendo** como "consultas formuladas ao povo para que delibere sobre matéria de acentuada relevância, de natureza constitucional, legislativa ou administrativa".

1) **Plebiscito:** é convocado com anterioridade ao ato legislativo ou administrativo, cabendo ao povo aprovar ou denegar o que tenha sido submetido a consulta (art. 2º, § 1º, da Lei n. 9.709/98). Será de **observância obrigatória** (somente o plebiscito possui situações em que deverá ser realizado com obrigatoriedade) quando na incorporação, subdivisão, anexação, criação de novos estados e municípios (art. 18, §§ 3º e 4º, da CF). Também poderá ser convocado em razão de relevância nacional (art. 3º da Lei n. 9.709/98). Nesse caso (de convocação), a única legitimação é do CONGRESSO NACIONAL por 1/3 dos membros da Câmara ou do Senado Federal (não é possível o Presidente da República convocar plebiscito, por mais relevante que seja a matéria).

2) **Referendo:** é a convocação feita posteriormente ao ato legislativo ou administrativo, cabendo ao povo ratificar ou rejeitar o ato por meio da consulta (art. 2º, § 2º, da Lei n. 9.709/98). É uma consulta facultativa a ser convocada em caso de relevância nacional (art. 3º da Lei n. 9.709/98), a menos que prevista expressamente no texto legislativo.

A legitimação para sua convocação é idêntica à dos casos facultativos de realização plebiscitária, ou seja, do Congresso Nacional por 1/3 dos membros de qualquer das Casas, sendo impossível a convocação por Presidente da República ou qualquer outra autoridade ou quórum.

Como exemplo, temos o Estatuto do Desarmamento (a propósito, até o fechamento desta edição, foi a última oportunidade em que fomos convocados a nos manifestar nesta modalidade), que, em seu art. 35, § 1º, condicionou a entrada em vigor de seu *caput* ao resultado de referendo popular. Tal dispositivo dispunha o seguinte: "É proibida a comercialização e arma de fogo e munição em todo o território nacional, salvo para as entidades previstas no art. 6º desta Lei".

Assim, com o resultado "NÃO" tendo sido vencedor na consulta, não temos em vigor tal proibição. Importante observar que as duas espécies de consultas populares são, na verdade, consultas aos **cidadãos**, uma vez que é imprescindível a inscrição eleitoral para poder votar, tanto no plebiscito quanto no referendo.

Dessa forma, aplicam-se as mesmas regras dispostas no art. 14, § 1º, I e II, da Constituição Federal: obrigatoriedade do voto aos maiores de 18 anos e facultatividade aos analfabetos, aos maiores de 70 anos e aos maiores de 16 e menores de 18 anos.

Na mesma linha de raciocínio, é possível verificar que cada eleitor obedecerá sua zona e sessão eleitoral (principalmente nos casos em que o plebiscito interessar a estados determinados – art. 4º da Lei n. 9.709/98), que os brasileiros residentes no exterior não votam (afinal, a resposta a essas consultas – plebiscito e referendo – é feita por meio do exercício de aposição de voto no "SIM" ou "NÃO") e que, quanto aos que estiverem no exterior, será necessária a justificativa quando de seu regresso.

ATENÇÃO

O resultado das duas formas de consulta vincula o Poder Público?

A resposta, entendemos, deve ser afirmativa. Isso porque estamos diante de situação em que o titular exerce o poder de se manifestar (o povo), sendo possível contrariar o que foi decidido apenas por via idêntica (ou seja, por meio de outra consulta, na modalidade escolhida anteriormente).

8.3 Iniciativa popular

A iniciativa popular é perfeitamente conceituada pelo art. 13 da já referida Lei n. 9.709/98 como a apresentação de projeto de lei à Câmara dos Deputados, subscrito por, no mínimo, 1% do eleitorado nacional, distribuído pelo menos por cinco estados, com não menos de 0,3% dos eleitores de cada um deles.

ATENÇÃO

Mnemônico:

Hora da Iniciativa Popular: 15:05

1% dos votos válidos (eleitorado nacional)

5 Estados ao menos

0,5% em cada um dos estados (votos válidos)

O projeto de lei originário de iniciativa popular deverá "circunscrever-se a um só assunto" (art. 13, § 1º, da Lei n. 9.709/98), não podendo ser rejeitado pela Casa por vício de forma, cabendo ao órgão competente da Câmara providenciar as correções de eventuais impropriedades técnicas (legislativas ou de redação).

É possível que as Assembleias Legislativas e as Câmaras Municipais tragam previsão, em seus textos legais (Constituição Estadual e Lei Orgânica, respectivamente), da iniciativa popular referente às suas competências.

No Brasil, não é possível PEC de origem por iniciativa popular. Não que sejamos contra (muito pelo contrário, seria uma forma de garantir que mudanças substanciais pudessem ser originadas diretamente), mas, atualmente, não há tal possibilidade em vigor, ainda que amplamente criticado pela doutrina e jurisprudência.

ATENÇÃO

Não é possível PEC de iniciativa popular.

Muito embora nos pareça adequado e de grande relevância democrática, o art. 60 da Constituição Federal (que apresenta rol taxativo de legitimados a propor PEC) não relaciona a iniciativa popular. A título de informação, a PEC n. 3/2011, originada no Senado Federal (senador Rodrigo Rollemberg), propõe a inserção do inciso IV ao art. 60 da Constituição Federal, viabilizando, assim, a apresentação de propostas de emenda constitucional de iniciativa popular (aprovada no Senado, aguarda votação na Câmara sob o n. 286/2016).

8.4 Atuação indireta (por representantes)

Para falar das formas de representação (mecanismo de atuação indireta na democracia por parte do cidadão), é relevante apontarmos os requisitos que a própria Constituição Federal estabeleceu para que um cidadão viesse a se candidatar a um cargo público eletivo e, a partir disso, tratar de cada um desses requisitos.

Requisitos para exercício dos direitos políticos passivos (candidatar-se a cargo público eletivo)
Alistabilidade (art. 14, § 1º, da CF).
Condições de elegibilidade (art. 14, § 3º, da CF).
Não incorrer em hipóteses de inelegibilidade: • inelegibilidades constitucionais (art. 14, §§ 4º a 8º, da CF); • inelegibilidades legais/infraconstitucionais (LC n. 64/90 + LC n. 135/2010).

A premissa para que haja qualquer tipo de atuação na democracia (exercício de direitos políticos), como já visto em reiteração, é a existência de um vínculo jurídico entre o indivíduo e o Estado. Aqui falamos, então, da alistabilidade.

Por **alistabilidade**, devemos compreender a possibilidade (direito prerrogativa ou direito obrigação) de o indivíduo se alistar junto à Justiça Eleitoral (vínculo político). O art. 14, § 1º, da Constituição Federal divide as situações da seguinte forma:

Alistamento obrigatório	Alistamento facultativo	Alistamento vedado
Direito-dever.	Direito prerrogativa.	Proibição.
Maiores de 18 e menores de 70 anos.	Maiores de 16 e menores de 18 anos. Maiores de 70 anos. Analfabetos.	Militares conscritos, durante o período de conscrição. Estrangeiros*.

*** Quem é o "quase nacional" ou "nacional equiparado"?**

Embora a regra estabelecida pelo texto constitucional seja de que os estrangeiros sejam inalistáveis e, portanto, inelegíveis, é importante mencionar o que estabelece o Tratado da Amizade, celebrado entre Brasil e Portugal (Decreto n. 3.927/2001) por ocasião das comemorações entre os dois países quanto aos 500 anos de descobrimento do Brasil.

Pelo referido tratado, aos portugueses residentes no Brasil há três anos ininterruptos, havendo reciprocidade de tratamento, será garantido o exercício de direitos políticos no Brasil. Nessa ocasião, ficarão suspensos os direitos políticos em Portugal enquanto estiver ativo no Brasil.

A essa figura chamamos de quase nacional ou nacional equiparado (ou, ainda, brasileiro equiparado). É uma exceção à regra de os estrangeiros serem inalistáveis e inelegíveis, como consequência.

ATENÇÃO

E os índios?

Para todos eles, o alistamento e o voto são compreendidos como facultativos, porém, caso queiram exercer esse direito, as exigências são separadas entre os índios integrados e os não integrados. Dos primeiros é exigida a quitação militar, conforme Resolução do TSE n. 20.806/2001, o que não ocorre em relação aos não integrados.

8.5 Condições de elegibilidade

Apresentamos anteriormente o conceito de sufrágio universal, apontando que tal sentido envolve um menor esforço ou uma maior possibilidade de cumprimento de requisitos mínimos para que se possibilite o exercício de direitos políticos por parte do cidadão.

Além da alistabilidade, vista anteriormente, é imperioso o cumprimento total das condições de elegibilidade estabelecidas no art. 14, § 3º, da Constituição Federal. Vejamos cada uma delas:

1) Nacionalidade brasileira

Com inteligência do art. 12 da Constituição Federal, são considerados brasileiros natos os nascidos no Brasil, ainda que de pais estrangeiros, desde que não estejam a serviço de seu país de origem, bem como os nascidos no estrangeiro, de pai ou mãe brasileiros, desde que qualquer deles esteja a serviço do Brasil.

São considerados brasileiros naturalizados aqueles que, na forma da lei, venham a adquirir a nacionalidade brasileira, sendo exigido residência por um ano ininterrupto e idoneidade moral aos originários de países de língua portuguesa e residência há mais de 15 anos ininterruptos, sem condenação penal, aos estrangeiros de qualquer outra nacionalidade, desde que assim requeiram.

Importante mencionar que a regra constitucional (art. 12 da CF) é da impossibilidade de tratamento com distinção entre brasileiros natos e naturalizados, exceto se tal situação vier a ser estabelecida na própria Constituição. É exatamente o que acontece quanto aos cargos de Presidente e Vice-Presidente da República (art. 12, § 3º, da CF), em que há um critério objetivo para ocupar o cargo, qual seja, o de ser BRASILEIRO NATO.

ATENÇÃO

Não podemos confundir **CONDIÇÕES DE ELEGIBILIDADE** com **CONDIÇÕES PARA O EXERCÍCIO DO CARGO**. As condições de elegibilidade deverão ser cumpridas por aqueles que intentam concorrer em um pleito eleitoral. Ou seja, somente poderão ser exigidas quando para esse claro propósito, o que é aferido nos autos de um pedido de registro de candidatura (RCan).

Por outro lado, as condições de cargo devem ser observadas em qualquer situação de sua ocupação, seja via eleição ou mesmo por meio da linha de substituição, que, no caso de Presidente da República, está indicada no art. 80 da Constituição Federal.

Como forma de exemplificar o quadro acima, tomemos os seguintes casos hipotéticos:

Fato 1) Gabriel é candidato à **presidência** da República. Para que se oficialize essa condição, dentre outras situações a serem observadas, deverá comprovar as condições de elegibilidade do art. 14, § 3º, da Constituição Federal, dentre elas, e com o propósito pedagógico deste exemplo, ser brasileiro nato (condição para o cargo) e ter a idade mínima de 35 anos (condição de elegibilidade).

Fato 2) José, brasileiro nato, foi eleito deputado federal pelo estado de São Paulo. Como condição imposta para concorrer a esse cargo, comprovou possuir na data da posse a idade mínima de 21 anos (condição de elegibilidade).

Fato 3) José, caso seja eleito presidente da Câmara dos Deputados (que, segundo o art. 80, após o Vice-Presidente da República, é quem substituirá o Presidente da República em caso de impedimento ou vacância), poderá assumir o cargo de Presidente da República caso seja necessário ante situação de impedimento ou vacância do titular e vice?

Resposta: Sim! Isso porque o critério etário é apenas condição de elegibilidade, e não para o exercício de cargo.

Fato 4) Admitindo que José seja brasileiro naturalizado, a resposta permaneceria positiva?

Resposta: Não. Isso porque ser brasileiro nato não é condição de elegibilidade, mas, sim, pressuposto objetivo para poder exercer o cargo de Presidente da República.

2) Pleno exercício dos direitos políticos

O cidadão não poderá estar com seus direitos políticos suspensos ou tê-los perdido. Importante lembrar que o art. 15 da Constituição Federal estabelece que é vedada a cassação de direitos políticos, cuja perda ou suspensão se dará nos casos de:

> I – cancelamento da naturalização por sentença transitada em julgado;
>
> II – incapacidade civil absoluta;
>
> III – condenação criminal transitada em julgado, enquanto durarem seus efeitos;
>
> IV – recusa de cumprir obrigação a todos imposta ou prestação alternativa, nos termos do art. 5º, VIII;
>
> V – improbidade administrativa, nos termos do art. 37, § 4º.

ATENÇÃO

Se, hipoteticamente, um cidadão vier a ser condenado por crime de lavagem de dinheiro, tendo sido confirmada tal decisão em âmbito do tribunal (segunda instância), mas ainda sem o trânsito em julgado, teremos o seguinte cenário:

a) não haverá suspensão dos direitos políticos, situação que só acontecerá quando houver o trânsito em julgado. Por este único ponto, não haveria limitação em se candidatar a algum cargo público eletivo;

b) há latente hipótese de inelegibilidade, que tem relação com necessária situação negativa a ser cumprida pelo cidadão. A LC n. 64/90, em seu art. 1º, I, *e*, item 6, estabelece que a decisão transitada em julgado ou proferida por órgão colegiado, quanto ao crime de lavagem de dinheiro, imporá inelegibilidade de oito anos após o cumprimento da respectiva pena.

3) Alistamento eleitoral

Além dos detalhes envolvendo a obrigatoriedade, a facultatividade e a vedação (todos vistos anteriormente), a Resolução TSE n. 21.538/2003, em seu art. 15, dispõe que:

> (...) o brasileiro nato que não se alistar até os 19 anos ou naturalizado que não se alistar até um ano depois de adquirida a nacionalidade brasileira incorrerá em multa imposta pelo juiz eleitoral e cobrada no ato da inscrição.

Ou seja, o alistamento é imprescindível para que o cidadão possa vir a se candidatar a qualquer cargo político eletivo.

4) Domicílio eleitoral na circunscrição

Para fins de estabelecer o domicílio eleitoral, antes de tratar das espécies de vínculo, é importante afirmar a distinção existente entre o domicílio civil (arts. 70 e s. do CC) e o domicílio eleitoral (art. 42 do CE), já que neste último há maior "flexibilidade e elasticidade", sendo identificado como a residência e o lugar em que o interessado mantenha vínculos, sejam eles políticos, sociais, patrimoniais, afetivos ou de trabalho.

ATENÇÃO

Domicílio eleitoral na jurisprudência do TSE

O Tribunal Superior Eleitoral, em reiterados julgados, consolidou três espécies de vínculos que um cidadão pode manter a fim de caracterizar domicílio eleitoral:

a) familiar;

b) patrimonial;

c) afetivo, social ou comunitário.

Quanto ao vínculo **familiar**, podemos compreender como sendo aquela localidade onde seja o domicílio do genitor do cidadão em questão (TSE, AgRg em Ag 4.788/MG).

O vínculo **patrimonial**, como o próprio nome sugere, é a localidade onde o cidadão seja proprietário de imóvel, ainda que não resida nele (TSE, REsp 10.972/SE).

Por fim, o **vínculo afetivo, social ou comunitário** refere-se à localidade onde o candidato (cidadão que exerce seus direitos políticos passivos), nas eleições imediatamente anteriores, obteve a maior parte da sua votação (TSE, REsp 16.397/AL).

Outros julgados interessantes que tratam sobre o tema: Ac.-TSE, de 8-4-2014, no REspe 8.551; de 5-2-2013, no AgR-AI 7.286; e de 16-11-2000, no AgRgREspe 18.124).

Assim, para que possa concorrer ao cargo de prefeito, deve comprovar o domicílio eleitoral na circunscrição do município (qualquer localidade dentro do município). Se busca concorrer ao cargo de governador, deve comprovar domicílio eleitoral em qualquer município pertencente ao estado correspondente. Por fim, se a pretensão envolve a presidência da república, deve comprovar domicílio em qualquer município dentro do país.

Para os cargos legislativos, o mesmo raciocínio deve ser aplicado, considerando a circunscrição de atuação. Podemos compilar:

Cargo	Circunscrição onde deve comprovar domicílio eleitoral (seis meses antes das eleições)
Prefeito (e vice) e vereador	Dentro do município respectivo
Governador (e vice), deputado estadual, federal e distrital, senador	Qualquer município pertencente ao estado correspondente
Presidente da República e vice	Qualquer município brasileiro

5) Filiação partidária

A Lei n. 9.096/95 (Lei Orgânica dos Partidos Políticos), alterada pela minirreforma eleitoral de 2015, dispõe que os brasileiros natos e naturalizados que gozam de seus direitos políticos deverão requerer filiação aos partidos políticos e ter tal solicitação deferida até seis meses antes das eleições pretendidas (considera-se a data da eleição o primeiro domingo de outubro do ano eleitoral).

Os partidos políticos enviarão à Justiça Eleitoral, na segunda semana dos meses de abril e outubro (de cada ano), uma lista com as novas filiações do partido. Caso isso não ocorra, a validade das filiações fica assegurada pela última lista enviada, podendo, ainda, o interessado comprovar por outros meios sua filiação, conforme Súmula 20 do TSE, que dispõe o seguinte:

> Súmula 20 – A prova de filiação partidária daquele cujo nome não constou da lista de filiados de que trata o art. 19 da Lei 9.096/1995, pode ser realizada por outros elementos de convicção, salvo quando se tratar de documentos produzidos unilateralmente, destituídos de fé pública.

A Reforma de 2017 (Lei n. 13.488/2017), em igual sentido, indica o prazo de seis meses anteriores às eleições como o lapso mínimo a ser cumprido para que o cidadão tenha, até este momento, filiação partidária deferida e domicílio eleitoral na circunscrição em que pretenda concorrer a cargo público eletivo.

ATENÇÃO

No Brasil, não é possível a chamada "candidatura avulsa", em que o cidadão busca concorrer a cargo público eletivo sem que esteja filiado a algum partido político. Isso porque a Constituição Federal é clara ao estabelecer quais são as condições de elegibilidade a serem satisfeitas, e, dentre elas, está a filiação a partido político (art. 14, V, da CF).

O constituinte não deixou espaço para norma infraconstitucional criar as condições, mas optou por estabelecê-las claramente.

6) Idade mínima

A Constituição traz algumas idades mínimas a serem obedecidas a pretendentes a diferentes cargos eletivos. São elas:

Idade mínima	Cargo
18 anos	Vereador
21 anos	Deputado federal, deputado estadual ou distrital, prefeito, vice-prefeito e juiz de paz
30 anos	Governador de Estado e Distrito Federal e respectivo vice
35 anos	Presidente da República e vice e senador

Vale salientar que a condição de elegibilidade etária é verificada tendo por referência a data da posse no cargo eletivo (art. 11, § 2º, da Lei n. 9.504/97), com exceção inaugurada pela minirreforma eleitoral de 2015, que estabelece que, quando a idade mínima for fixada em 18 anos (como para o cargo de vereador), a aferição será feita na data-limite para o pedido de registro de candidatura (neste ponto, considera-se a data-limite até 20 dias antes da data das eleições – inteligência do art. 16 da Lei das Eleições).

Reafirmamos que, quanto aos demais cargos, em que a idade a ser observada será superior à de 18 anos, a regra permanece a mesma (a aferição será feita na data da posse).

8.6 Inelegibilidades

Podemos compreender **inelegibilidade** como a impossibilidade de o cidadão exercer seus direitos políticos passivos (exercer cargo público eletivo) em razão de circunstâncias impeditivas elencadas na Constituição Federal e também pela Lei Complementar n. 64/90, com as alterações acertadas da Lei Complementar n. 135/2010 (Lei da Ficha Limpa).

Desse modo, podemos dizer que as hipóteses de inelegibilidades são divididas entre **hipóteses constitucionais** (art. 14, §§ 4º a 8º, da CF) e **hipóteses infraconstitucionais** (LC n. 64/90 e as alterações da LC n. 135/2010 – Lei da Ficha Limpa). Considerando a abordagem em prova, apenas trataremos das questões constitucionais.

Hipóteses constitucionais

As hipóteses constitucionais estão previstas no art. 14, §§ 4º a 7º, da Constituição Federal, que dispõem serem inelegíveis cidadãos que se encontrem nas seguintes situações:

a) **Inalistáveis**: o art. 14, § 2º, da Constituição Federal dispõe que são inalistáveis os estrangeiros e, durante o período do serviço militar obrigatório, os conscritos. Pode-se, ainda, considerar inalistáveis os que tiveram seus direitos políticos perdidos ou suspensos. O inalistável não preenche todas as condições de elegibilidade (art. 14, § 3º, III, da CF) e, consequentemente, é naturalmente inelegível.

b) **Analfabetos** (art. 14, § 4º, da CF): não há um critério unânime para se determinar o que é um "analfabeto", contudo, são considerados "analfabetos" aqueles que não dominam a escrita e a compreensão de textos, ainda que singelos, em seu próprio idioma. De outro lado, o domínio em algum grau justifica o *status* de alfabetizado ou semialfabetizado. Para fins eleitorais, pouca instrução não pode ser considerada como analfabetismo. Alguns juízes fazem ditados para aferir se o candidato é alfabetizado ou não, porém não há respaldo jurídico para esse método, sendo, inclusive, combatido por violar o princípio da dignidade da pessoa humana (TSE, REsp 21.707/PB, rel. Humberto Gomes de Barros).

De maneira sintética, o art. 14, § 1º, II, *a*, da Constituição Federal dispõe que o alistamento e o voto são **facultativos aos analfabetos** (faculta-se o exercício dos direitos políticos ativos), ou seja, trata-se de um direito prerrogativa (lembrando que, para os alistáveis, trata-se de um direito-dever). De outro lado, **os analfabetos não podem exercer seus direitos políticos passivos** (não podem ser votados), conforme hipótese de inelegibilidade constitucional do art. 14, § 4º, da Constituição Federal.

IMPORTANTE

A condição de analfabeto pode ser, logicamente, provisória, uma vez que o indivíduo pode vir a ser alfabetizado, afastando essa hipótese de inelegibilidade.

c) **Inelegibilidade reflexa, relativa ou por vínculo de parentesco:** o § 7º do art. 14 da Constituição Federal dispõe que:

> Art. 14. (...)
>
> § 7º São inelegíveis, no território de jurisdição do titular, o cônjuge e os parentes consanguíneos ou afins, até o segundo grau ou por adoção, do Presidente da República, de Governador de Estado ou Território, do Distrito Federal, de Prefeito ou de quem os haja substituído dentro dos seis meses anteriores ao pleito, salvo se já titular de mandato eletivo e candidato à reeleição.

Nesse cenário, é imperioso destacar e relembrar alguns conceitos pontuais:

- **Cônjuge e companheiros (união estável):** compreende-se por cônjuge o companheiro/convivente na constância da união estável (registrada ou reconhecida judicialmente), incluindo também os casais de mesmo sexo, não havendo qualquer distinção.

ATENÇÃO

Súmula Vinculante 18: "A dissolução da sociedade ou do vínculo conjugal, no curso do mandato, não afasta a inelegibilidade prevista no § 7º do art. 14 da Constituição Federal".

- **Parentes consanguíneos e afins ou por adoção até o 2º grau:** parentes consanguíneos até o 2º grau de um cidadão compreendem os avós, pais, irmãos, filhos (não havendo distinção entre adotivos e não adotivos) e netos. Parentes por afinidade até o 2º grau de um cidadão compreendem sogro, sogra, sogro-avô, sogra-avó, genro, nora, genro-neto, nora-neta, cunhado e cunhada.

d) **Militares**: quanto ao § 8º do art. 14 da Constituição Federal, ao dispor sobre a inelegibilidade dos militares, ressaltamos objetivamente o intento do constituinte:

- **Militares com menos de 10 anos de serviço:** deverão afastar-se da carreira, deixando de integrar os quadros efetivos das Forças Armadas.
- **Militares com mais de 10 anos de serviço:** serão agregados pela autoridade supe-

rior. Se eleitos, passarão, no ato da diplomação, à inatividade (reserva). Se não eleitos, retornarão às atividades originais.

e) **Limite à recondução ao cargo de chefia do Executivo:** por fim, destacamos especial atenção aos §§ 5º e 6º do art. 14 da Constituição Federal, que, nitidamente, tratam de estabelecer a possibilidade de uma única recondução ao cargo de chefe do Executivo, não limitando aos ocupantes de cargos legislativos, e trazendo a ideia do que conceituamos como desincompatibilização[9].

Vejamos:

- Os chefes do Executivo, para concorrerem a outros cargos, devem renunciar aos seus mandatos até seis meses antes do pleito.
- Os chefes do Executivo, concorrendo à reeleição (mesmo cargo), não precisam renunciar aos seus mandatos por falta de previsão legal, muito embora seja incoerente a lógica de se tutelar a lisura das eleições, uma vez que a previsão de desincompatibilização até seis meses anteriores ao pleito intenta evitar o abuso do poder em razão de função diante da chefia do Executivo.

IMPORTANTE

Titular e Vice são cargos diferentes, no entanto, quem ocupar o cargo de TITULAR por dois mandatos consecutivos ficará impedido de candidatar-se a VICE, consecutivamente, pois haveria a possibilidade de se tornar TITULAR nas hipóteses de Substituição (caráter temporário; ex.: titular em viagem, enfermo etc.) e Sucessão (caráter definitivo; ex.: morte do titular).

"Aquele que ocupar o cargo de Vice por 2 mandatos consecutivos poderá candidatar-se a Titular em uma terceira eleição consecutiva, desde que não tenha substituído o Titular nos 6 meses anteriores ao pleito" (TSE, REsp 19.939/SP).

ATENÇÃO

As inelegibilidades constitucionais não precluem, podendo ser arguidas tanto na impugnação de candidatura (Ação de Impugnação ao Registro de Candidatura – AIRC) quanto no recurso contra expedição de diploma (Recurso Contra a Expedição do Diploma – RCED).

8.7 Suspensão e perda dos direitos políticos

O art. 15 da Constituição Federal veda a cassação de direitos políticos. Porém, determina casos em que se dará a perda ou suspensão desses direitos: cancelamento da naturalização por sentença transitada em julgado; incapacidade civil absoluta; condenação criminal transitada em julgado, enquanto durarem seus efeitos; recusa de cumprir obrigação a todos imposta ou prestação alternativa (art. 5º, VIII, da CF) e improbidade administrativa (art. 37, § 4º, da CF).

De maneira geral, encontramos duas hipóteses de perda dos direitos políticos: perda da nacionalidade brasileira por adquirir outra voluntariamente e cancelamento da naturalização por sentença transitada em julgado. As demais podem ser classificadas como casos de suspensão, dado o caráter temporário que irão assumir.

a) Cancelamento da naturalização

O dispositivo encontrado no art. 15, I, da Constituição Federal apresenta hipótese de perda dos direitos políticos na situação de

[9] CF: "Art. 14. (...) § 6º Para concorrerem a outros cargos, o Presidente da República, os Governadores de Estado e do Distrito Federal e os Prefeitos devem renunciar aos respectivos mandatos até seis meses antes do pleito".

cancelamento da naturalização por sentença transitada em julgado em razão de exercício de atividade nociva ao interesse nacional (Lei n. 818/49).

A mesma regra de perda dos direitos políticos é válida aos brasileiros que tiverem declarado a perda da sua nacionalidade em razão da aquisição voluntária de outra. Excetuam-se a este último caso o reconhecimento de nacionalidade originária pela lei estrangeira e a situação de imposição de naturalização pela lei estrangeira ao brasileiro residente no exterior, como condição para permanência e exercício de direitos civis.

Para o caso de perda da nacionalidade em razão de cancelamento da naturalização, a reaquisição será exceção, a depender do regular trâmite de ação rescisória em face da sentença transitada em julgada que decidiu pelo cancelamento da naturalização.

b) Incapacidade civil absoluta

A disposição do art. 15, II, da Constituição Federal apresenta-se como hipótese de suspensão dos direitos políticos, sendo que apenas ocorrerá quando reconhecida por sentença transitada em julgado, salvo nos casos de menores de 16 anos, uma vez que a incapacidade absoluta é legalmente prevista. O art. 3º do Código Civil dispõe que são absolutamente incapazes de exercer pessoalmente os atos da vida civil os menores de 16 anos e os que, por enfermidade ou deficiência mental, não possuírem o necessário discernimento para a prática de atos da vida civil, ou mesmo aqueles que por causa transitória não puderem exprimir sua vontade.

No entanto, com a entrada em vigor do Estatuto da Pessoa com Deficiência, que alterou significativamente os dispositivos atinentes à capacidade civil das pessoas, extinguiu-se a figura da incapacidade civil superveniente. Ou seja, os únicos a serem compreendidos como INCAPAZES são os menores de 16 anos de idade (cuidado!).

c) Condenação criminal

O dispositivo constitucional do art. 15, III, faz menção à condenação criminal transitada em julgado, enquanto durarem seus efeitos. Ou seja, no caso de sentença irrecorrível que venha a condenar o indivíduo, seus direitos políticos serão suspensos, não sendo necessário que tal disposição venha expressa na sentença, uma vez que já é pacífico no STF que o art. 15, III (que dispõe sobre a condenação criminal como causa de suspensão dos direitos políticos), enquadra-se no perfil de preceito autoaplicável.

Diz-se suspensão dos direitos, pois a restrição cessará com o cumprimento da pena ou extinção, conforme inteligência da Súmula 9 do TSE.

d) Recusa de cumprir obrigação

O art. 15, IV, da Constituição Federal dispõe outra causa de suspensão dos direitos políticos, qual seja, a recusa de cumprir obrigação a todos imposta ou prestação alternativa (art. 5º, VIII, da CF).

e) Improbidade administrativa

Prevista no art. 15, V, da Constituição Federal. Nos termos do art. 37, § 4º, também da Constituição Federal, o tempo de suspensão dos direitos políticos, neste caso, está previsto em legislação especial, qual seja, a Lei n. 8.429/92 (Lei de Improbidade Administrativa). Como na hipótese da condenação criminal, e para afastar abuso e ilegalidade, a situação demanda o trânsito em julgado da sentença.

8.8 Ação de impugnação de mandato eletivo

O art. 14, § 10, da Constituição Federal dispõe que o mandato eletivo poderá ser impugnado junto à Justiça Eleitoral no prazo de até 15 dias (a contar da diplomação) por petição instruída com as provas de abuso de poder econômico, corrupção ou fraude.

A ação de impugnação de mandato tramitará em segredo de Justiça, sem prejuízo de que o autor responda, na forma da lei, se a acusação for temerária ou de manifesta má-fé.

A competência obedecerá às seguintes regras:

a) impugnação de mandato de prefeito, vice-prefeito ou vereador: a ação será processada e julgada perante o juízo eleitoral de primeiro grau;

b) impugnação de mandato de governador, vice-governador, senador, deputado federal, deputado estadual e deputado distrital: a ação será processada e julgada perante o Tribunal Regional Eleitoral da circunscrição;

c) impugnação de mandato do Presidente da República e Vice-Presidente da República: a ação será processada e julgada perante o Tribunal Superior Eleitoral.

ATENÇÃO

AIME

a) Prazo: 15 dias da diplomação.

b) Finalidade: Desconstituir a diplomação, que tem a função de declarar a validade de todo o procedimento havido no período eleitoral com relação ao cargo específico, em garantia da normalidade e legitimidade do exercício do poder de sufrágio popular contra a prática de abuso do poder econômico, corrupção ou fraude durante o processo eleitoral.

b) Competência:

i) Eleição para Presidente da República: TSE;

ii) Eleições para Governador e Vice-Governador, inclusive do Distrito Federal, Deputados Federais e Estaduais e Senadores: TER;

iii) Eleições Municipais: Juízes Eleitorais.

c) Legitimidade ativa:

i) Ministério Público;

ii) Partido político ou coligação;

iii) Candidato.

Obs.: eleitor não possui legitimidade para propor AIME.

d) Legitimidade passiva:

O diplomado.

8.9 Anualidade ou anterioridade da lei eleitoral

O art. 16 da Constituição Federal dispõe que "a lei que alterar o processo eleitoral entrará em vigor na data de sua publicação, não se aplicando à eleição que ocorra até um ano da data de sua vigência".

Significa compreender que a respectiva lei (que altera o processo eleitoral) somente será aplicada às eleições futuras se da sua publicação até a data do pleito decorrer ao menos um ano. Se o espaço de tempo for menor, a lei somente será aplicada às eleições seguintes.

Em um objetivo gráfico, vamos analisar dois casos.

No primeiro caso, a nova lei cumpre com a anterioridade mínima de um ano. Por essa razão, pode ser aplicada às eleições que ocorrerão em sequência:

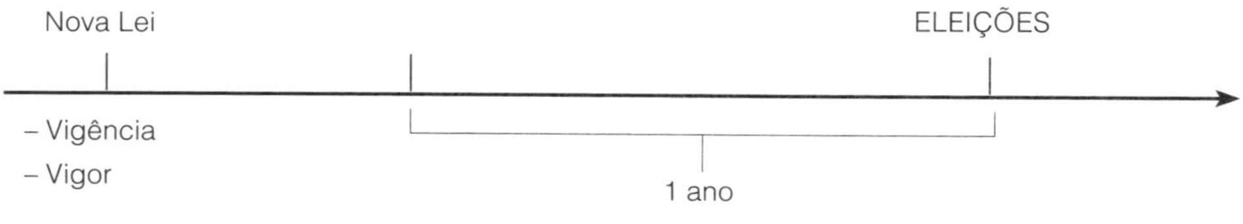

No segundo caso, não há cumprimento do intervalo mínimo de um ano. Sendo assim, ainda que em vigor/vigência, a lei que altera o processo eleitoral apenas será aplicada às próximas eleições que não as que ocorrerão em sequência:

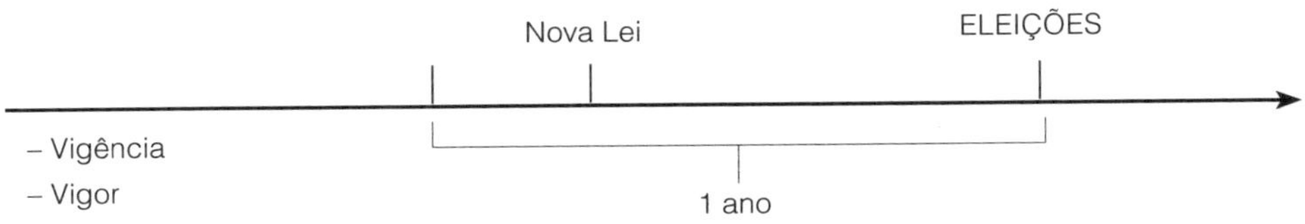

Quanto ao conceito de **processo eleitoral**, podemos tomar todas as situações que se desenvolvem antes das eleições (campanha intrapartidária, convenções partidárias, registro de candidatura, propaganda eleitoral, debates etc.), durante o pleito (dia da votação, abertura das sessões eleitorais, impressão da zerézima, atuação de mesários e fiscais de partidos, fechamento das sessões etc.) e após as eleições (proclamação de resultados/dos eleitos, diplomação, posse, recursos e ações eleitorais etc.).

8.10 Partidos políticos

Os **partidos políticos** são pessoas jurídicas de direito privado, tendo sua existência garantida pelo art. 17 da Constituição Federal, que dispõe ser **livre** a criação, fusão, incorporação e extinção de partidos políticos, sendo resguardados a soberania nacional, o regime democrático, o pluripartidarismo, os direitos fundamentais da pessoa humana e a observação de alguns preceitos, quais sejam:

a) caráter nacional;

b) proibição de recebimento de recursos financeiros de entidade ou governo estrangeiros;

c) prestação de contas à Justiça Eleitoral; e

d) funcionamento parlamentar de acordo com a lei.

Os partidos políticos **destinam-se** a assegurar o interesse do regime democrático, a autenticidade do sistema representativo, e a defender os direitos fundamentais definidos no texto constitucional (art. 1º da Lei n. 9.096/95). É vedado às agremiações ministrar instrução militar ou paramilitar, bem como se utilizar de organização com tais características e adotar uniforme para seus membros.

Tanto a Constituição Federal quanto a Lei n. 9.096/95 (Lei dos Partidos Políticos, Lei Orgânica dos Partidos Políticos, LPP, LOPP) estabelecem que os partidos adquiriram personalidade jurídica na forma da Lei (leia-se, com o registro de seu estatuto junto ao Cartório de Registro de Pessoas Jurídicas da Capital Federal do Distrito Federal) e, posteriormente, registro junto ao TSE.

O texto constitucional dá aos partidos também **AUTONOMIA** para dispor em seus estatutos sobre critérios de escolha e regime de suas coligações, bem como sobre a fidelidade partidária, estatutos estes que deverão ser registrados no TSE (art. 17, § 2º, da CF).

Quanto ao chamado **DIREITO DE ANTENA (rádio e televisão)** e ao acesso ao **FUNDO PARTIDÁRIO** (arts. 240 e s. do CE, bem como art. 7º, § 2º, da Lei n. 9.096/95), a EC n. 97/2017 trouxe impacto direto.

Quanto ao **FUNDO PARTIDÁRIO**, foi instituída a chamada **CLÁUSULA DE BARREIRA** ou **CLÁUSULA DE DESMPENHO AOS PARTIDOS POLÍTICOS**. Ainda permanece a necessidade de que o partido político adquira a personalidade jurídica nos termos da lei civil (registro do estatuto primeiramente junto ao cartório de registro de pessoas jurídicas da capital federal) e, posteriormente, proceda ao registro junto ao TSE, contudo, agora com uma nova condição (referida cláusula de barreira constitucional para os partidos políticos), que é cumprir cumulativamente com o seguinte critério de desempenho:

a) Obter **3% dos votos válidos** para a Câmara dos Deputados, divididos em pelo menos 1/3 dos estados. Cada um dos estados deve apresentar votação equivalente a 2% dos votos válidos correspondentes (ou seja, um critério praticamente impossível de ser cumprido pelos chamados "partidos nanicos", que anteriormente se beneficiavam pela inexistência do critério de desempenho).
b) **Alternativamente**, em vez de cumular com os critérios acima, a Constituição também possibilita que o partido possa comprovar a eleição de **15 deputados** federais, distribuídos em pelo menos 1/3 dos estados, sem necessidade de um subcritério interiormente aos estados (como verificamos no primeiro item).

Um dos intentos, certamente, foi evitar a proliferação de partidos dentro do sistema eleitoral como um todo. O fundo partidário, tratado pela legislação como fundo especial de assistência financeira aos partidos políticos (art. 38 da Lei dos Partidos Políticos), é constituído por multas e penalidades pecuniárias aplicadas pelo Código Eleitoral e outras legislações esparsas de âmbito do direito eleitoral, recursos financeiros destinados por lei (caráter permanente ou eventual), lembrando que o inciso III do art. 38, que também incluía as doações de pessoas físicas e jurídicas diretamente na conta do fundo partidário, foi considerado inconstitucional por ocasião do julgamento da ADI 4.650 pelo STF.

Ou seja, o **financiamento por pessoa jurídica é inconstitucional** quando em benefício do candidato, do partido ou mesmo do fundo partidário (que financia todos os partidos registrados junto ao TSE, vide § 2º do art. 7º da Lei n. 9.096/95)[10].

1) Coligações partidárias

As coligações partidárias são expressão de acordos (anteriormente chamados de alianças) realizados entre partidos políticos como forma de melhor se organizarem e se apresentarem diante dos pleitos eleitorais. Possuem o objetivo claro de eleger o maior número de candidatos que compuserem a "chapa", formada por essa fusão momentânea dos partidos. Politicamente, são uma estratégia prática, tendo em vista a formação de base governamental.

Importante alteração trazida pela Emenda Constitucional n. 97/2017 foi a alteração do texto do art. 17 da Constituição Federal. Trata-se da **extinção das coligações partidárias para eleições em que o sistema eleitoral a ser aplicado seja o proporcional**. Ou seja, após a Emenda Constitucional n. 97/2017, somente será possível formar coligações para cargos do sistema majoritário (chefes de executivo e senador federal).

2) Titularidade de mandato e sistema eleitoral

Nosso ordenamento cria uma distinção entre dois sistemas de apuração de votos, sendo o majoritário (cargos do Poder Executivo + senador) e o proporcional (cargos do Poder Legislativo – senador).

10 Art. 7º (...) § 2º Só o partido que tenha registrado seu estatuto no Tribunal Superior Eleitoral pode participar do processo eleitoral, receber recursos do Fundo Partidário e ter acesso gratuito ao rádio e à televisão, nos termos fixados nesta Lei.

A ideia trazida pelo sistema majoritário é bastante simples, considerando-se vencedor aquele que venha a obter maioria dos votos (obedecidas as regras de maioria simples ou absoluta, a depender se for o caso ou não de segundo turno).

No sistema proporcional, a ideia é alcançar minorias. E, para tanto, é imperiosa a observância de regras específicas, tais como o cálculo do quociente eleitoral e partidário, para só então apurar quem são os vencedores (maiores detalhes no tópico específico).

Nessa sistemática, é de se verificar que **os candidatos eleitos pelo sistema proporcional beneficiam-se das votações obtidas por siglas** (por exemplo, o eleitor que não sabe em quem votar para um cargo do legislativo, com exceção do senador, e opta por votar na sigla de partido que mais lhe afeiçoe) e também dos quocientes obtidos pelo partido.

Por essa razão, e outras de digressão mais aprofundada, entende-se que o cargo proporcional (cargos em que se aplica o sistema proporcional de apuração de votos) **pertence ao partido**, e não ao candidato.

8.11 Questões

1. **(FCC – DPE/SP)** Considere os seguintes itens:

I. Trinta e cinco anos para Presidente e Vice-Presidente da República.

II. Trinta anos para Governador e Vice-Governador de Estado e do Distrito Federal.

III. Vinte e um anos para Senador.

IV. Dezoito anos para Vereador.

Nos termos da Constituição Federal, é condição de elegibilidade, dentre outras, a idade mínima corretamente descrita APENAS em:

A) IV.

B) I e III.

C) I e II.

D) II, III e IV.

E) I, II e IV.

↘ Resolução:

I. *Correto.* Conforme art. 14º, § 3º, VI, *a*, da Constituição Federal.

II. *Correto.* Conforme art. 14, § 3º, VI, *b*, da Constituição Federal.

III. *Incorreto.* A idade mínima para o cargo de senador é de 35 anos (art. 14, § 3º, VI, *a*, da CF).

IV. *Correto.* Conforme art. 14, § 3º, VI, *d*, da Constituição Federal.

↗ Gabarito: "E".

2. **(FGV – DPE/RJ)** **Direitos políticos são instrumentos previstos na Constituição, através dos quais se manifesta a soberania popular, viabilizando a participação do cidadão na coisa pública. Como exemplo desses direitos políticos, a Constituição assegura**

A) o voto indireto e secreto, com valor igual para todos. O sufrágio universal e o voto direto, obrigatório para os maiores de dezoito anos e menores de sessenta anos.

B) o voto facultativo para os analfabetos, os maiores de setenta anos, bem como pessoas maiores de dezesseis e menores de dezoito anos.

C) a ação popular, que consiste em um processo iniciado por, no mínimo, 1% da população nacional, para destituir administradores ímprobos.

D) o plebiscito ou o referendo, nos quais o cidadão decide diretamente qual será o rumo legislativo sobre matéria de relevância nacional, sem qualquer participação do Poder Legislativo durante o processo legislativo.

↘ Resolução:

A) *Incorreta.* A garantia é de que o voto seja DIRETO, secreto, universal e periódico (art. 60, § 4º, II, da CF).

B) *Correta.* Conforme art. 14, § 1º, II, da Constituição Federal.

C) *Incorreta.* A ação popular é remédio constitucional previsto no art. 5º, LXXIII, da Constituição Federal, que estabelece que "qualquer cidadão é parte legítima para propor ação popular que vise a anular ato lesivo ao patrimônio público ou de entidade de que o Estado participe, à moralidade administrativa, ao meio ambiente e ao patrimônio histórico e cultural, ficando o autor, salvo comprovada má-fé, isento de custas judiciais e do ônus da sucumbência".

D) *Incorreta.* Plebiscito é consulta anterior à realização da lei ou ato ou, ainda, quanto à criação de município ou incorporação, subdivisão e desmembramento de estados. Referendo, por sua vez, é consulta posterior a lei ou ato. Nesses dois mecanismos de atuação direta na democracia, há a participação necessária do Poder Legislativo, uma vez que lhe cabe a competência de autorizar referendo e convocar plebiscito (art. 49, XV, da CF).

↗ **Gabarito: "B".**

3. (FGV – DPE/RJ) A mesma Constituição da República que assegura os direitos políticos como instrumentos por meio dos quais se garante o exercício da soberania popular, prevê a perda ou suspensão dos mesmos, no caso de:

A) incapacidade civil relativa, como na hipótese de interdição, na forma da lei.

B) condenação criminal por improbidade administrativa, através de sentença penal transitada em julgado.

C) prática de ato de improbidade administrativa, reconhecida em regular processo administrativo transitado em julgado.

D) recusa de cumprir obrigação a todos imposta ou prestação alternativa, na forma da lei.

E) condenação criminal por crime hediondo, com decisão judicial transitada em julgado, hipótese em que ocorre cassação dos direitos políticos enquanto durarem os efeitos da condenação.

↘ **Resolução:**

A) *Incorreta.* O art. 15, II, da Constituição Federal estabelece que somente haverá suspensão dos direitos políticos no caso de incapacidade absoluta.

B) *Incorreta.* A suspensão poderá ser efetivada nos moldes do art. 37, § 4º, da Constituição Federal, ou seja, a condenação não necessariamente terá natureza criminal (nesse caso, a improbidade estará amparada na Lei n. 8.429/92 – Lei de Improbidade Administrativa).

C) *Incorreta.* Não se admite a suspensão de direitos políticos decorrente de processo administrativo, sendo impositiva a aplicação da restrição apenas após o trânsito em julgado de sentença judicial.

D) *Correta.* De acordo com os arts. 5º, VIII, e 15, IV, da não necessariamente.

E) *Incorreta.* A cassação é vedada, permitindo-se apenas a suspensão ou perda (art. 15, *caput*, da CF).

↗ **Gabarito: "D".**

9. ORGANIZAÇÃO DO ESTADO (FEDERAÇÃO E REPARTIÇÃO DE COMPETÊNCIAS)

9.1 Federação Brasileira – aspectos introdutórios

Inicialmente, é importante saber que Federação nada mais é do que a **forma de Estado** adotada pela Constituição Federal de 1988, conforme determinado em seu **art. 1º**. Ela se caracteriza pela união indissolúvel dos entes federados no chamado Pacto Federativo.

IMPORTANTE

A forma de Estado federada é, inclusive, **cláusula pétrea** expressa, conforme determina o **art. 60, § 4º, I, da Constituição Federal**.

A Federação Brasileira é composta dos seguintes entes federados:

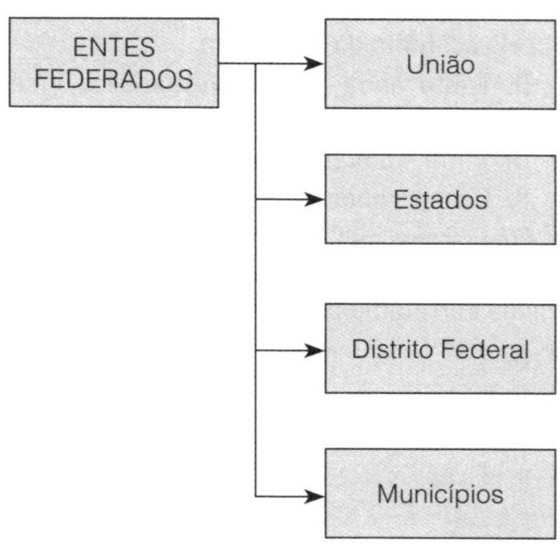

ATENÇÃO

Atualmente, não existem territórios federais no Brasil. De qualquer forma, mesmo quando existentes, não serão eles entes federados, eis que são integrantes da União.

A nossa federação pode ser categorizada da seguinte forma:

Características da Federação Brasileira	
1) Descentralização político-administrativa	Todos os entes federados gozam das seguintes autonomias: **a) Autonomia política:** podem eleger seus próprios membros do Poder Legislativo e os Chefes do Poder Executivo; **b) Autonomia legislativa:** podem elaborar suas próprias leis, desde que seguindo a repartição de competências prevista na Constituição Federal; **c) Autonomia administrativa:** criam e mantêm seus próprios serviços públicos.
2) Constituição rígida com base jurídica	A previsão das normas relativas à organização do Estado no corpo constitucional dá a elas maior estabilidade, haja vista a adoção de um procedimento legislativo mais rigoroso de alteração.
3) Repartição de competências constitucionais	A própria Constituição Federal determina a forma de divisão das atribuições dos entes federados (arts. 21 a 24 da CF).
4) Inexistência do direito de secessão	Os entes federados não podem se desvincular do Pacto Federativo (art. 1º, *caput*, da CF).

IMPORTANTE

CUIDADO para não confundir autonomia com soberania. Todos os entes federados possuem apenas autonomia, pois a soberania é atributo exclusivo da República Federativa do Brasil.

9.2 Vedações aos entes federados

O **art. 19 da Constituição Federal** elenca uma série de práticas que são vedadas aos entes federados. São elas:

VEDAÇÕES AOS ENTES FEDERADOS
1) estabelecer cultos religiosos ou igrejas, subvencioná-los, embaraçar-lhes o funcionamento ou manter com eles ou seus representantes relações de dependência ou aliança, ressalvada, na forma da lei, a colaboração de interesse público;
2) recusar fé aos documentos públicos;
3) criar **distinções** entre brasileiros ou preferências entre si.

9.3 União

A União é considerada um **ente bipolar**, pois realiza duas importantes funções:

UNIÃO
- → É ente federado (no mesmo patamar dos demais)
- → Representa a **República Federativa do Brasil**

IMPORTANTE

A União, mesmo que represente a República Federativa do Brasil, não goza de soberania, mas apenas de autonomia.

Como a nossa Constituição Federal adotou o **Sistema de Governo Presidencialista**, o Presidente da República, chefe do Poder Executivo Federal, realiza duas importantes funções: **chefe de Estado** (na ordem internacional, quando representa a República Federativa do Brasil) e **chefe de Governo** (na ordem interna, quando representa a União).

ATENÇÃO

Assim, por exemplo, quando o Presidente da República celebra um tratado internacional **(art. 84, VIII, da CF)**, está exercendo as funções de chefe de Estado, ao passo que, quando edita uma medida provisória **(art. 84, XXVI, da CF)**, está exercendo as funções de chefe de Governo.

No que se refere ao estudo da União como ente federativo, vale uma leitura atenta do **art. 20 da Constituição Federal**, que versa sobre os chamados **bens da União**. Sobre estes, vale especial referência:

Bens da União (art. 20 da CF)	
1) Todas as ilhas fluviais (rios) e lacustres (lagos) localizadas nas zonas limítrofes (fronteira) com outros países.	1) Os potenciais de energia hidráulica.
2) As praias marítimas.	2) Os recursos minerais, inclusive do subsolo.
3) As ilhas oceânicas e costeiras, SALVO se contiverem a sede de municípios e não sejam afetadas ao serviço público federal, a unidade ambiental federal, ou sejam bens dos estados.	3) As terras tradicionalmente ocupadas pelos índios.

De se consignar que a tabela acima apenas elenca os bens da União com mais incidência em prova, não servindo de forma alguma para o esgotamento do assunto, para o que se faz remissão ao **art. 20 da Constituição Federal**, pois se trata de tema com bastante incidência em provas de concursos públicos.

9.4 Estados-membros

Os estados federados são tratados nos **arts. 25 a 28 da Constituição Federal**.

Seus bens estão elencados no **art. 26 da Constituição Federal**, sendo que eles se organizam e se regem por suas Constituições estaduais (Poder Constituinte Derivado Decorrente).

IMPORTANTE

É importante saber que os estados, diferentemente do que ocorre com a União e os municípios, não possuem competências próprias prescritas pela Constituição Federal. Isso porque o **art. 25, § 1º, da Constituição Federal** estabelece que a competência dos estados é **residual**, ou seja, ele pode exercer as competências que não lhe são proibidas (visto que seriam competências da União ou dos municípios).

Agora, um ponto mais do que importante para a sua prova.

Os estados podem se desmembrar, se anexar, se subdividir ou se incorporar entre si? Claro! Esta hipótese é prevista no importante **art. 18, § 3º, da Constituição Federal**, e não se confunde com a vedação à secessão, pois se trata apenas de mudanças internas que não prejudicam o Pacto Federativo.

Para que essas movimentações ocorram, é preciso que sejam respeitados os seguintes requisitos:

Desmembramento, anexação e incorporação de **Estados**
→ **Aprovação** da população diretamente interessada → Por meio de **Plebiscito**
→ Lei **complementar** do **Congresso Nacional**

9.5 Municípios

Os municípios também são entes federados e começam a ser tratados a partir do **art. 29 da Constituição Federal**. Eles não são dotados de Poder Constituinte Derivado Decorrente, razão pela qual não são regidos por Constituições municipais, mas, sim, por leis orgânicas municipais.

Vale, inclusive, especial menção à forma de aprovação dessas leis orgânicas:

a) quórum de 2/3 dos membros da Câmara dos Vereadores;

b) dois turnos de votação;

c) interstício mínimo de 10 dias entre a primeira e a segunda votação.

É importante perguntar: assim como acontece com os estados, os municípios podem ser criados, se desmembrar, se incorporar e se fundir?

A resposta está no **art. 18, § 4º, da Constituição Federal**, que será analisado a seguir:

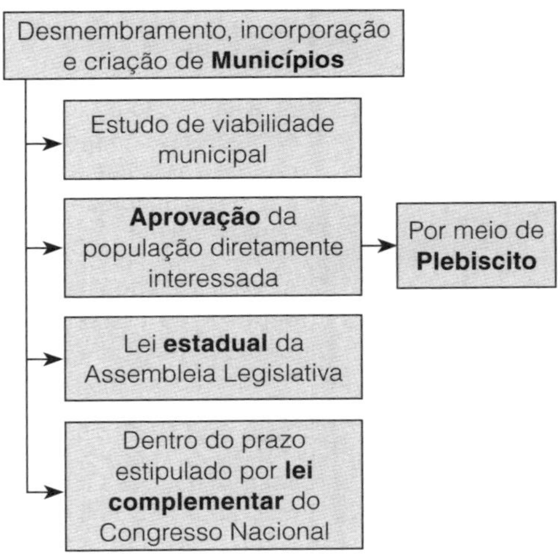

Então, é possível a criação, fusão, incorporação e desmembramento de municípios no Brasil? Tecnicamente, sim, mas, na prática, não. Isso porque o Congresso Nacional ainda não criou a lei complementar que irá indicar o prazo para criação de novos municípios.

Importante regra é aquela prevista no **art. 96 do ADCT, acrescentado pela Emenda Constitucional n. 57/2008**, que convalidou os atos de criação, fusão, incorporação e desmembramento de municípios cuja lei tenha sido publicada até 31 de dezembro de 2006, desde que estabelecidos os demais requisitos exigidos pela Constituição Federal.

> **IMPORTANTE**
>
> Apenas os municípios com mais de 20.000 habitantes devem possuir, obrigatoriamente, Plano Diretor, conforme estipula o **art. 182, § 1º, da Constituição Federal**.

9.6 Distrito Federal

O Distrito Federal é tratado no **art. 32 da Constituição Federal.**

Ele também é regido por lei orgânica distrital elaborada de acordo com o mesmo procedimento para criação das leis orgânicas municipais e não pode se subdividir em municípios.

O Distrito Federal acumula, nos termos do **art. 31, § 1º, da Constituição Federal**, competências legislativas reservadas aos estados e municípios, o que significa que uma lei distrital pode ter "natureza" municipal (quando trata de tema afeto aos municípios, nos termos do **art. 30 da CF**) ou estadual (matérias residuais).

9.7 Territórios federais

Os territórios federais são tratados no **art. 33 da Constituição Federal**. Eles não são considerados entes federados, pois integram a União, e atualmente não existem no Brasil.

Para criação de um território federal, ou para sua reintegração a estado, exige-se **lei complementar** do Congresso Nacional, conforme prescreve o **art. 18, § 2º, da Constituição Federal**.

> **IMPORTANTE**
>
> Os territórios federais podem se dividir em municípios, os quais serão considerados entes federados (com autonomia política, legislativa e administrativa). Isso mesmo. Há a possibilidade da existência de um território

> federal sem autonomia (eis que não é ente federado) e de um município, localizado dentro deste território, que possua autonomia, nos termos da Constituição Federal.

9.8 A repartição de competências federativas

Conforme mencionado na introdução deste capítulo, uma das características da nossa Federação é a existência de uma **repartição constitucional de competências**.

Pois bem, essa divisão de competências é realizada por quatro artigos muito importantes para a sua prova: **arts. 21, 22, 23 e 24 da Constituição Federal.**

Inicialmente, temos que dividir essas competências em dois grandes grupos: **competências materiais** (execução de serviços públicos) e **competências legislativas** (competência para criação de leis).

As **competências materiais** poderão se dividir em:

a) exclusivas da União; OU
b) comuns entre os entes federados.

Já as **competências legislativas** poderão ser:

a) privativas da União; OU
b) concorrentes entre os Estados-membros.

Para melhor ilustrar essa repartição de competências, veja o quadro esquemático a seguir:

- Competências Materiais
  - → **Exclusivas da União (art. 21 da CF)**
  - → **Comuns (art. 23 da CF)**

- Competências Legislativas
  - → **Privativas da União (art. 22 da CF)**
  - → **Concorrentes (art. 24 da CF)**

Vamos, então, começar a trabalhar as **competências materiais exclusivas da União**.

Para concursos públicos, é importante saber que essas competências somente podem ser exercidas pela União e **não podem ser delegadas**, sendo as mais cobradas em provas:

Competências materiais exclusivas da União (art. 21 da CF)	
1) Declarar guerra e celebrar a paz	Nesse caso, exige-se autorização do Congresso Nacional (**art. 49, II, da CF**).
2) Emitir moeda	A emissão de moeda é uma atribuição do Banco Central, que é uma autarquia federal, e não da Casa de Moeda (**art. 164 da CF**).
3) Manter o serviço postal e o correio aéreo nacional	Esta atribuição é exercida pela Empresa de Correios e Telégrafos, que é uma empresa pública federal.
4) Conceder anistia	A concessão de anistia depende de lei a ser aprovada pelo Congresso Nacional (**art. 48, VIII, da CF**).
5) Executar os serviços de polícia marítima, aeroportuária e de fronteiras	Essas atribuições são realizadas pela Polícia Federal (**art. 144, § 1º, III, da CF**).

Muito bem! Agora que vimos as principais competências materiais exclusivas da União, podemos passar ao estudo das competências materiais comuns, que estão previstas no **art. 23 da Constituição Federal**.

Essas competências administrativas podem ser exercidas por todos os entes federados, desde que respeitado o critério da prevalência dos interesses, segundo o qual a União fica responsável pelos interesses gerais, os estados, pelos interesses regionais, e os municípios, pelos interesses locais.

São as principais competências materiais comuns:

Competências materiais comuns (art. 23 da CF)	
1) Zelar pela guarda da Constituição, das leis, das instituições democráticas e conservar o patrimônio público	Art. 23, I, da CF
2) Cuidar da saúde, da assistência pública, da proteção e garantia das pessoas portadoras de deficiência	Art. 23, II, da CF
3) Proteger o meio ambiente e combater a poluição em qualquer de suas formas	Art. 23, VI, da CF
4) Preservar as florestas, a fauna e a flora	Art. 23, VII, da CF
5) Estabelecer e implantar política de educação para a segurança do trânsito	Art. 23, XII, da CF

ATENÇÃO

A competência para implementação de políticas para segurança no trânsito é material comum (**art. 23, XII, da CF**), podendo ser exercida por todos os entes federados. Já a competência legislativa para trânsito e transporte é uma competência legislativa privativa da União, conforme **art. 22, XI, da Constituição Federal**.

Agora que tratamos dos dois tipos de competências materiais, vamos passar à análise das competências legislativas, que podem ser privativas (**art. 22 da CF**) ou concorrentes (**art. 24 da CF**).

As competências **legislativas** privativas podem ser delegadas aos estados por meio de **lei complementar** do Congresso Nacional, conforme previsão importante e sempre cobrada em provas do **art. 22, parágrafo único, da Constituição Federal**.

São as principais competências legislativas privativas:

Competências legislativas privativas (art. 22 da CF)	
1) Direito civil, penal, processual, comercial, eleitoral, agrário, marítimo, aeronáutico, espacial e do trabalho	Art. 22, I, da CF
2) Seguridade social	Art. 22, XXIII, da CF
3) Trânsito e transporte	Art. 22, XI, da CF
4) Regime dos portos, navegação lacustre, fluvial, marítima, aérea e aeroespacial	Art. 22, X, da CF
5) Desapropriação	Art. 22, II, da CF

ATENÇÃO

As **competências materiais exclusivas** (art. 21 da CF) não podem ser delegadas pela União, ao passo que as **competências legislativas privativas** (art. 22 da CF) podem ser delegadas por meio de **lei complementar** do Congresso Nacional.

Para finalizar, vamos tratar das **competências legislativas concorrentes**, previstas no **art. 24 da Constituição Federal**.

Sobre elas, é importante saber que também seguem o princípio da prevalência dos interesses, que aplicamos para as competências materiais comuns. Entretanto, sobre elas, há um pormenor MUITO cobrado em concursos públicos: o disposto no **art. 24, §§ 1º a 4º, da Constituição Federal**.

Veja só: compete à União criar as normas gerais e aos estados e municípios, as normas suplementares. Uma vez que a União não crie as normais gerais, os estados e municípios poderão exercer a competência legislativa plena, ou seja, poderão legislar livremente sobre aquele tema sem precisar se atentar a eventual norma federal (que nem existe, no nosso caso hipotético).

Tendo os estados e municípios exercido suas competências legislativas concorrentes de forma plena, e posteriormente seja criada a norma federal estabelecendo as normas gerais (até então inexistentes), ela suspenderá (e não revogará) a lei estadual/municipal naquilo que lhe for contrária, nos termos do **art. 24, § 4º, da Constituição Federal**.

Vamos elencar, agora, as principais competências legislativas concorrentes:

Competências legislativas concorrentes (art. 24 da CF)	
1) Direito tributário, financeiro, penitenciário, econômico e urbanístico	Art. 24, I, da CF
2) Produção e consumo	Art. 24, V, da CF
3) Proteção ao patrimônio histórico, cultural, artístico, turístico e paisagístico	Art. 24, VII, da CF
4) Previdência social, proteção e defesa da saúde	Art. 24, XII, da CF
5) Assistência jurídica e defensoria pública	Art. 24, XIII, da CF

Agora que falamos das competências materiais e legislativas previstas nos **arts. 21 a 24 da Constituição Federal**, vamos tecer alguns importantes comentários sobre as **competências legislativas e materiais destinadas especificadamente aos municípios**, que estão elencadas no **art. 30 da Constituição Federal**:

Competências municipais (art. 30 da CF)	
1) Legislar sobre assuntos de interesse local	Art. 30, I, da CF
2) Suplementar a legislação federal e a estadual no que couber	Art. 30, II, da CF
3) Manter, com a cooperação técnica da União e do Estado, programas de **educação infantil e de ensino fundamental**	Art. 30, VI, da CF
4) Prestar, com a cooperação técnica e financeira da União e do Estado, serviços de atendimento à saúde da população	Art. 30, VII, da CF
5) Promover, no que couber, adequado ordenamento territorial, mediante planejamento e controle do uso, do parcelamento e da ocupação do solo urbano	Art. 30, VIII, da CF

ATENÇÃO

Sobre a competência municipal para legislar sobre assuntos de interesse local, vale a pena uma leitura atenta das **Súmulas Vinculantes 38 e 49**. A primeira estabelece que compete aos municípios a fixação de horário de funcionamento de estabelecimentos comerciais, ao passo que a segunda estabelece que ofende o princípio da livre concorrência (**art. 170, IV, da CF**) lei municipal que impede a instalação de estabelecimentos comerciais do mesmo ramo em determinada área.

9.9 Questões

1. **(FCC – TRT 15ª Região – Técnico Judiciário – Área Administrativa)** Conside-

rando a disciplina constitucional acerca da competência legislativa concorrente da União, Estados e Distrito Federal:

A) está prevista nessa espécie de competência a da União e dos Estados para matéria pertinente ao comércio exterior e interestadual.

B) no âmbito dessa competência, cabe à União estabelecer normas gerais, sendo que, na ausência de lei federal, os Estados exercerão a competência legislativa plena, para atender a suas peculiaridades.

C) está excluída dessa espécie de competência a autorização para legislar sobre criação, funcionamento e processo do juizado de pequenas causas, por se tratar de matéria de competência privativa da União.

D) a União somente pode legislar sobre direito financeiro enquanto o Estado não o fizer.

E) lei complementar federal poderá autorizar os Estados a legislar sobre questões específicas nas matérias sujeitas a essa espécie de competência.

↘ Resolução:

A) *Incorreta.* Legislar sobre comércio exterior e interestadual é uma competência legislativa privativa da União, nos termos do **art. 22, VIII, da Constituição Federal**.

B) *Correta.* É exatamente o que estabelece o **art. 24, §§ 1º a 4º, da Constituição Federal**, cuja leitura é imprescindível.

C) *Incorreta.* É matéria afeta à competência legislativa concorrente, nos termos do **art. 24, X, da Constituição Federal**.

D) *Incorreta.* Direito financeiro é matéria de competência legislativa concorrente, nos termos do **art. 24, I, da Constituição Federal**, cabendo, nesse caso, à União, estabelecer as normas gerais.

E) *Incorreta.* Essa hipótese se aplica às matérias de competência legislativa privativa da União, nos termos do **art. 22, parágrafo único, da Constituição Federal**.

↗ Gabarito: "B".

2. (FCC – TRT 15ª Região – Técnico Judiciário – Área Administrativa) À luz da organização político-administrativa do Estado brasileiro, na qual prevalece a autonomia das entidades federativas:

A) a autonomia baseia-se na existência de uma única esfera governamental atuante sobre a população, em um mesmo território.

B) a Constituição Federal prevê mecanismos de proteção do sistema federativo, tais como a repartição de competências administrativas e legislativas entre os entes federados.

C) a Constituição Federal prevê a possibilidade de instituição de regiões metropolitanas por iniciativa legislativa dos municípios limítrofes interessados na associação.

D) a autonomia é assegurada a todos os entes sob os aspectos administrativo e fiscal, cabendo, no entanto, somente à União a autonomia legislativa.

E) a soberania, na qualidade de poder supremo consistente na capacidade de autodeterminação do ente federado, cabe à União e aos Estados-membros.

↘ Resolução:

A) *Incorreta.* Na verdade, a autonomia dos entes federados se funda na ideia de descentralização do exercício do poder, sendo esta cabida a todos os entes federados: União, estados, Distrito Federal e municípios.

B) *Correta.* É exatamente o que estipulam os **arts. 21, 22, 23, 24 e 30, todos da Constituição Federal**.

C) *Incorreta.* A criação de regiões metropolitanas depende de lei complementar estadual, e não municipal, nos termos do **art. 25, § 3º, da Constituição Federal**.

D) *Incorreta.* Nos termos do **art. 18, *caput*, da Constituição Federal**, todos os entes federados (União, estados, Distrito Federal e municípios) possuem autonomias administrativas, políticas e legislativas.

E) *Incorreta.* Somente a República Federativa do Brasil é dotada de soberania. Os entes federados, dentre eles a União, possuem apenas autonomia, conforme estipulam os **arts. 1º e 18 da Constituição Federal**.

↗ Gabarito: "B".

3. **(FGV – TJSC – Técnico Judiciário – Técnico Judiciário Auxiliar)** Maria, Deputada Estadual, almejava apresentar um projeto de lei sobre direito financeiro, tendo constatado que competia à União, aos Estados e ao Distrito Federal legislar concorrentemente sobre a matéria. Com o objetivo de atuar de modo correto, solicitou que sua assessoria esclarecesse o alcance da competência estadual nesse caso. Com embasamento na sistemática constitucional, a assessoria informou, corretamente, que o Estado, nesse tipo de matéria:

A) pode legislar livremente sobre a matéria, já que as normas da União se destinam ao plano federal;

B) enquanto a União não editar normas gerais sobre a matéria, possui competência plena;

C) somente pode legislar nos limites em que seja autorizado pela União;

D) revogará as normas gerais da União ao editar normas específicas;

E) somente pode editar as normas de interesse local.

↘ Resolução:

A) *Incorreta.* Segundo o **art. 24, § 1º, da Constituição Federal**, os estados possuem, como regra, competência legislativa concorrente suplementar, eis que cabe à União legislar sobre as normas gerais.

B) *Correta.* É exatamente o que estipula o **art. 24, § 3º, da Constituição Federal**.

C) *Incorreta.* Nos termos do **art. 24, §§ 1º e 2º, da Constituição Federal**, compete à União criar a norma geral, e aos estados a norma suplementar, salvo quando, nos termos do **art. 24, § 3º, da Constituição Federal**, não houver a criação de norma geral pela União.

D) *Incorreta.* A competência estadual, neste caso, é meramente suplementar, nos termos do **art. 24, § 2º, da Constituição Federal**, não havendo que se falar em revogação.

E) *Incorreta.* A competência legislativa para matérias de interesse local não é dos estados, mas sim dos municípios, nos termos do **art. 30, I, da Constituição Federal**.

↗ Gabarito: "B".

10. PODER EXECUTIVO

Dos três poderes da República, o Poder Executivo é o mais simplificado e, portanto, mais fácil de ser estudado.

No Brasil, desde o advento da Constituição Republicana de 1981, a regra foi da adoção de um **regime presidencialista**, cuja exceção parlamentarista se resumiu a alguns poucos anos entre 1961 e 1963 (Constituição Federal de 1946).

No que tange ao estudo do Poder Executivo, que tem previsão nos **arts. 76 a 91 da Constituição Federal**, os itens mais recorrentemente cobrados são: ordem de sucessão, atribuições do Presidente da República, responsabilização do Presidente da República e ordem de sucessão, que serão os temas que abordaremos neste capítulo.

10.1 Atribuições do Presidente da República

As atribuições do Presidente da República estão previstas no **art. 84 da Constituição Federal**. Elas **não estão taxativamente** previstas nesse artigo, podendo ser previstas outras atribuições pelo texto constitucional, conforme previsão expressa do **art. 84, XXVII, da Constituição Federal**.

Além disso, em regra, essas atribuições **não podem ser delegadas**, SALVO as previstas no **art. 84, parágrafo único, da Constituição Federal**:

Atribuições delegáveis pelo Presidente da República (art. 84, parágrafo único, da CF)	
Decretos autônomos	Art. 84, VI, da CF
Concessão de indulto e comutação de penas	Art. 84, XII, da CF
Provimento dos cargos públicos	Art. 84, XV, primeira parte, da CF

IMPORTANTE

Essas atribuições podem ser delegadas pelo Presidente da República aos Ministros de Estado, ao Procurador-Geral da República e ao Advogado-Geral da União.

ATENÇÃO

Com relação à delegabilidade da atribuição de prover (preencher) os cargos públicos, o Supremo Tribunal Federal também a admite para o desprovimento (despreenchimento) dos cargos públicos, o que não se confunde com a extinção deles. Observe que a demissão (pena administrativa) é uma forma de desprovimento de um cargo público, o que não se confunde com a extinção dele.

Para potencializar os seus estudos, selecionamos as principais (e mais recorrentes) atribuições do Presidente da República, conforme tabela a seguir:

Principais atribuições do Presidente da República (art. 84 da CF)	
Nomear e exonerar os Ministros de Estado	**Art. 84, I, da CF.** Observe que a nomeação dos Ministros de Estado independe de autorização ou aprovação do Poder Legislativo, devendo ser preenchidos apenas os requisitos do **art. 87 da CF**: a) ser maior de 21 anos; b) ser brasileiro (exigível apenas a condição de nato para o cargo de Ministro de Estado da Defesa); e c) estar no pleno gozo dos direitos políticos.

Principais atribuições do Presidente da República (art. 84 da CF)	
Vetar os projetos de lei, total ou parcialmente	Art. 84, V, da CF
Editar decretos regulamentares	Art. 84, IV, da CF
Editar decretos autônomos	Art. 84, VI, da CF
Celebrar tratados, convenções e atos internacionais, sujeitos a referendo do Congresso Nacional	**Art. 84, VIII, da CF.** Observe que os tratados internacionais, uma vez celebrados pelo Presidente da República, devem ser aprovados pelo Congresso Nacional, nos termos do **art. 49, I, da CF**
Decretar o estado de defesa e o estado de sítio	Art. 84, IX, da CF
Decretar e executar a intervenção federal	Art. 84, IX, da CF
Editar as medidas provisórias	Art. 62 da CF

Observe que essa nossa relação não esgota definitivamente o assunto, razão pela qual é imprescindível a leitura atenta de todo o teor do **art. 84 da Constituição Federal**.

Da relação *supra*, temos que nos debruçar com maior atenção sobre duas importantes atribuições do Presidente da República: os decretos regulamentares e os decretos autônomos. Para facilitar a sua compreensão a respeito das diferenças entre ambos, verifique a tabela a seguir:

DIFERENÇAS ENTRE O DECRETO REGULAMENTAR E O DECRETO AUTÔNOMO	
Decreto regulamentar	**Decreto autônomo**
Previsão no **art. 84, IV, da CF**.	Previsão no **art. 84, VI, da CF**.
Objetivo de apenas regulamentar os projetos de lei, visando às suas fiéis execuções.	Objetivos específicos de: a) organizar o funcionamento da Administração Pública Federal, desde que não haja aumento de despesa nem a criação ou extinção de órgão público; b) extinguir os cargos públicos federais, apenas quando estiverem vagos.
Fundamento de validade na lei.	Fundamento de validade direto na Constituição Federal.
Natureza infralegal.	Natureza infraconstitucional.
Não pode ser delegado pelo Presidente da República.	Pode ser delegado pelo Presidente da República.

1) Responsabilização do Presidente da República

Durante o seu mandato, o Presidente da República pode ser responsabilizado de duas formas: crime comum ou crime de responsabilidade.

Para conferir maior objetividade aos seus estudos, elaboramos uma planilha contendo as principais características e diferenças entre os dois tipos de responsabilização do Presidente da República:

CRIME DE RESPONSABILIDADE *vs.* CRIME COMUM	
Crime de Responsabilidade	**Crime Comum**
São as chamadas infrações político-administrativas, com previsão no **art. 85 da CF**, bem como na Lei n. 1.079/50.	São os crimes tipificados na legislação penal, desde que tenham relação com o exercício do mandato.
Denúncia feita por qualquer cidadão.	**Denúncia** feita exclusivamente pelo Procurador-Geral da República.
Abertura do processo depende de **autorização** de **2/3 da Câmara dos Deputados**.	Abertura do processo depende de **autorização** de **2/3 da Câmara dos Deputados**.
Iniciado o processo, o Presidente da República deve ser afastado pelo período máximo de 180 dias.	Iniciado o processo, o Presidente da República deve ser afastado pelo período máximo de 180 dias.
Julgamento pelo Senado Federal, por **2/3** de seus membros, sob a presidência do Presidente do STF (que não tem direito de voto).	Julgamento pelo Supremo Tribunal Federal, por maioria de votos.
Se houver condenação: inabilitação por oito anos e perda do cargo.	Se houver condenação: perda do cargo e imposição da respectiva pena criminal.

ATENÇÃO

Durante o seu mandato, o Presidente da República apenas poderá ser responsabilizado em caso de prática de crime relacionado ao exercício do seu mandato, desde que, como já dissemos, haja autorização de 2/3 da Câmara dos Deputados. Além disso, não poderá ser preso cautelarmente em nenhuma hipótese, nem mesmo em caso de flagrante de crime inafiançável, como ocorre com os deputados federais e senadores.

2) Sucessão presidencial

Agora que já falamos das atribuições do Presidente da República e das formas de responsabilização durante o mandato, vamos abordar a ordem de sucessão presidencial e o que acontece nos casos de dupla vacância.

A **ordem de sucessão presidencial** está prevista no **art. 80 da Constituição Federal**:

ORDEM DE SUCESSÃO PRESIDENCIAL

Presidente da República → Vice-Presidente da República → Presidente da Câmara dos Deputados → Presidente do Senado Federal → Presidente do STF

IMPORTANTE

De todos os sucessores mencionados, o único que, se assumir o mandato, pode exercê-lo até o final é o Vice-Presidente da República.

E a **dupla vacância**? A dupla vacância é a hipótese em que tanto os cargos de Presidente da República quanto o de Vice-Presidente da República ficam vagos. Nesse caso, deverá ser observado o procedimento descrito no **art. 81 da Constituição Federal**, que levará em conta o momento em que a dupla vacância ocorrer:

Dupla vacância (art. 81 da CF)	
Se ocorrer nos dois primeiros anos de mandato	**Se ocorrer nos dois últimos anos de mandato**
Nesse caso, assume o Presidente da Câmara dos Deputados, que deve convocar **eleições diretas** no prazo de 90 dias.	Nesse caso, assume o Presidente da Câmara dos Deputados, que deve convocar **eleições indiretas** no Congresso Nacional, no prazo de 30 dias.

Dupla vacância (art. 81 da CF)
Em qualquer caso, quem assumir apenas completará o final do mandato restante (mandato-tampão).

10.2 Questões

1. (FCC – TRT 15ª Região – Técnico Judiciário – Área Administrativa) Sobre a responsabilidade do Presidente da República, levando-se em conta que em regimes democráticos não existem governantes irresponsáveis, e considerando o que estabelece sobre o tema a Constituição Federal:

A) são considerados crimes de responsabilidade aqueles que, contrariando leis complementares, atentarem contra o patrimônio público e social.

B) admitida a acusação de infração penal comum contra o Presidente da República por três quintos da Câmara dos Deputados, será ele submetido a julgamento perante o Senado Federal.

C) nos casos de crime de responsabilidade, admitida a acusação contra o Presidente da República, compete o julgamento ao Supremo Tribunal Federal.

D) na vigência de seu mandato, poderá o Presidente da República ser responsabilizado por atos não correlatos ao exercício de suas funções, desde que autorizada a acusação pelo Congresso Nacional.

E) admitida a acusação contra o Presidente da República por infrações penais comuns ou por crime de responsabilidade, ficará ele suspenso de suas funções pelo prazo de até cento e oitenta dias.

↘ **Resolução:**

A) *Incorreta.* Os crimes de responsabilidade estão previstos no **art. 85 da Constituição Federal**, não havendo qualquer correspondência com a conduta descrita na alternativa.

B) *Incorreta.* Há, na verdade, a necessidade de autorização de 2/3 da Câmara dos Deputados para que seja possível a instauração de processo contra o Presidente da República, nos termos do **art. 51, I, da Constituição Federal**.

C) *Incorreta.* A competência para julgamento do Presidente da República por crime de responsabilidade é do Senado Federal, nos termos do **art. 52, I, da Constituição Federal**.

D) *Incorreta.* Durante o seu mandato, o Presidente da República não poderá ser responsabilizado por atos que não sejam correlatos ao exercício de suas funções, conforme estabelece o **art. 86, § 4º, da Constituição Federal**.

E) *Correta.* É o teor do **art. 86, § 1º, da Constituição Federal**, lembrando que o afastamento não se dá automaticamente após a autorização de 2/3 da Câmara dos Deputados, mas, sim, após a formal instauração do processo contra o Presidente da República.

↗ **Gabarito: "E".**

2. (FCC – TRT 2ª Região – Analista Judiciário – Área Administrativa) De acordo com as disposições da Constituição Federal que regem as atribuições dos Poderes da República, cabe:

A) ao Presidente da República editar decreto para disciplinar o horário de funcionamento dos órgãos do Poder Executivo federal.

B) ao Presidente da República dispor, mediante decreto, sobre extinção de funções ou cargos público, vagos ou não.

C) exclusivamente ao Tribunal Superior do Trabalho a edição de atos normativos que disponham sobre a criação de cargos de servidores públicos de seus serviços auxiliares.

D) exclusivamente ao Supremo Tribunal Federal apreciar, de ofício ou mediante provocação, a legalidade dos atos administrativos praticados pelos demais Tribunais.

E) exclusivamente ao Presidente do Supremo Tribunal Federal elaborar e encaminhar a proposta orçamentária do Poder Judiciário, no âmbito da União.

↘ **Resolução:**

A) *Correta.* É o que dispõe o **art. 84, VI, *a*, da Constituição Federal** a respeito da atribuição do Presidente da República para edição dos chamados decretos autônomos.

B) *Incorreta.* O **art. 84, VI, *b*, da Constituição Federal** estabelece que o Presidente da República apenas poderá extinguir cargos públicos por meio de decreto autônomo nos casos de estarem vagos.

C) *Incorreta.* O **art. 96, II, *b*, da Constituição Federal** estabelece que essa competência não é exclusiva do Tribunal Superior do Trabalho, mas também do Supremo Tribunal Federal, dos demais Tribunais Superiores e dos Tribunais de Justiça. Ademais, a criação de cargos não pode ser realizada por meio de ato administrativo, necessitando-se, para tanto, da propositura de um projeto de lei ao Congresso Nacional.

D) *Incorreta.* Compete ao Conselho Nacional de Justiça o controle da atuação administrativa e financeira do Poder Judiciário e do cumprimento dos deveres funcionais dos juízes, além de outras atribuições que lhe forem conferidas pelo Estatuto da Magistratura, conforme estipula do **art. 103-B, § 4º, da Constituição Federal**.

E) *Incorreta.* No âmbito da União, essa atribuição compete não só ao Supremo Tribunal Federal, mas também aos Tribunais Superiores, com a aprovação dos respectivos tribunais, nos termos do que estabelece o **art. 99, § 2º, da Constituição Federal**.

3. (AOCP – TRT 1ª Região – Analista Judiciário – Área Judiciária) De acordo com o que dispõe a Constituição Federal, assinale a alternativa que NÃO representa uma das atribuições do Presidente da República.

A) Convocar e presidir o Conselho da República e o Conselho de Defesa Nacional.

B) Nomear os magistrados, nos casos previstos na Constituição, e o Advogado-Geral da União.

C) Celebrar tratados, convenções e atos internacionais, sujeitos a referendo do Congresso Nacional.

D) Comutar penas, com audiência, se necessário, dos órgãos instituídos em lei.

E) Prestar, anualmente, ao Congresso Nacional, dentro de cento e vinte dias após a abertura da sessão legislativa, as contas referentes ao exercício anterior.

↘ Resolução:

A) *Incorreta.* Esta é uma atribuição do Presidente da República, conforme estipula o **art. 84, XVIII, da Constituição Federal**.

B) *Incorreta.* Esta é uma atribuição do Presidente da República, conforme estipula o **art. 84, XVI, da Constituição Federal**.

C) *Incorreta.* Esta é uma atribuição do Presidente da República, conforme estipula o **art. 84, VIII, da Constituição Federal**.

D) *Incorreta.* Esta é uma atribuição do Presidente da República, conforme estipula o **art. 84, XII, da Constituição Federal**.

E) *Correta.* Na verdade, o prazo para prestação de contas ao Congresso Nacional é de 60 dias após a abertura da sessão legislativa, nos termos do que dispõe o **art. 84, XXIV, da Constituição Federal**.

11. PODER LEGISLATIVO

11.1 Organização e estrutura do Poder Legislativo

O Poder Legislativo começa a ser tratado a partir do **art. 44 da Constituição Federal.**

Ele está presente em todos os entes federados: União, estados, Distrito Federal e municípios, conforme quadro esquemático a seguir:

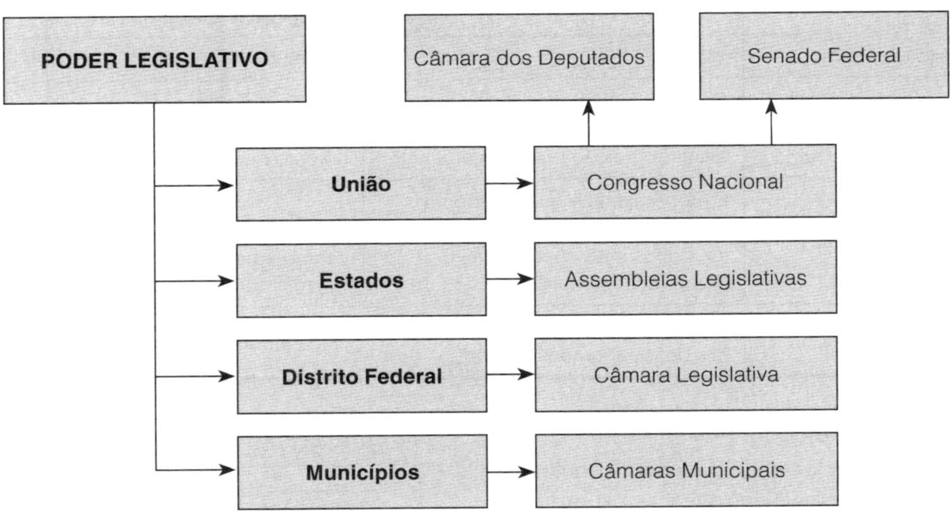

Como se pode observar, apenas o Poder Legislativo Federal (da União) é do tipo **bicameral**, visto que composto por duas Casas Legislativas: Câmara dos Deputados e Senado Federal. Todos os demais órgãos do Poder Legislativo (estados, Distrito Federal e municípios) são unicamerais.

Antes de partimos para a análise de como se compõe e estrutura o Poder Legislativo da União, é importante saber que ele possui duas funções típicas de destaque:

a) elaboração dos atos normativos primários: é o processo legislativo **(arts. 59 a 69 da CF)**;

b) fiscalização orçamentária (controle externo) de todos os demais órgãos e poderes **(arts. 70 a 75 da CF).**

Muito bom! Agora que já sabemos quais são as funções típicas do Poder Legislativo, vamos estudar a composição do Congresso Nacional e suas duas Casas Legislativas: Câmara dos Deputados e Senado Federal.

Para te ajudar nessa tarefa, elaboramos uma tabela contendo os principais aspectos e diferenças de cada uma dessas Casas do Poder Legislativo Federal:

Estrutura e organização do Congresso Nacional		
	Câmara dos Deputados	Senado Federal
Representatividade	Os deputados federais representam a população.	Os senadores representam os Estados-membros e o Distrito Federal.
Composição	A Câmara dos Deputados é composta de **513 deputados federais**.	O Senado Federal é composto de **81 senadores**.
Mandato	4 anos, que representa 1 legislatura.	8 anos, que representa 2 legislaturas.
Renovação	De 4 em 4 anos, de forma integral, ou seja, todas as 513 vagas são colocadas em disputa.	De 4 em 4 anos, de forma alternada: em uma primeira eleição, troca-se 1/3 das vagas e, na seguinte (depois de 4 anos), trocam-se mais 2/3 das vagas.
Idade Mínima	21 anos.	35 anos.
Critério Eleitoral	Critério proporcional de eleição, que leva em conta o cociente eleitoral (eleição por arrastamento).	Critério majoritário de eleição (vence o candidato com maior número de votos).
Número de Parlamentares por Estado	É proporcional à quantidade da população. Nenhum estado poderá ter menos de 8 ou mais de 70 deputados federais.	Número fixo de 3 senadores por estado e pelo Distrito Federal.
Territórios Federais	Se existirem, elegem um número fixo de 4 deputados federais.	Não elegem nenhum senador.

11.2 Prerrogativas parlamentares

Os parlamentares federais possuem diversas prerrogativas que visam à proteção de seus respectivos mandatos e que estão previstas no **art. 53 da Constituição Federal**.

Ao todo, são quatro as prerrogativas parlamentares:

PRERROGATIVAS PARLAMENTARES

- **Imunidades materiais** (art. 53, *caput*, da CF)
- **Imunidades formais com relação à prisão** (art. 53, § 2º, da CF)
- **Imunidades formais com relação ao processo** (art. 53, § 3º, da CF)
- **Foro por prerrogativa de função** (art. 53, § 1º, da CF)

Feitos esses esclarecimentos iniciais, passemos à análise objetiva e resumida de cada uma dessas prerrogativas.

1) **Imunidades materiais:** de acordo com essa imunidade, os parlamentares federais não respondem civil nem criminalmente por suas palavras, votos ou opiniões.

Isso significa que os deputados federais e senadores não respondem pelos crimes de calúnia, injúria ou difamação em razão de suas palavras, votos e opiniões, nem podem ser responsabilizados civilmente por elas.

É importante que se entenda que, dentro do Congresso Nacional (no plenário das Casas ou comissões especiais), essas imunidades são integrais, apenas **não atingindo discurso feito em campanha político-eleitoral nem protegendo o parlamentar de eventual responsabilização disciplinar no Conselho de Ética por quebra do decoro parlamentar** (como acontece, por exemplo, nos chamados discursos de ódio).

Já fora das dependências do Congresso Nacional (qualquer lugar que não seja o Plenário das Casas ou comissões) essa imunidade é parcial, apenas protegendo o parlamentar por palavras, votos e opiniões proferidos em razão do exercício do mandato.

IMPORTANTE

Os deputados estaduais e distritais possuem as mesmas prerrogativas inerentes aos deputados federais, inclusive essas imunidades materiais, conforme o disposto no **art. 27, § 1º, da Constituição Federal**, salvo com relação ao foro por prerrogativa de função.

De acordo com o **art. 29, VIII, da Constituição Federal**, os vereadores apenas estarão protegidos por essa imunidade material em caso de votos, palavras ou opiniões proferidas dentro da circunscrição do município em que exercem a vereança, desde que relacionadas ao exercício do mandato.

2) **Imunidades formais em relação à prisão:** os deputados federais e estaduais poderão ser presos, durante o mandato, apenas em razão de prisão em flagrante por crime inafiançável.

ATENÇÃO

Os crimes inafiançáveis são: tráfico de drogas, terrorismo, tortura, crimes hediondos (Lei n. 8.072/90), racismo e ação de grupos armados, civis ou militares, contra a ordem constitucional e o Estado Democrático de Direito **(art. 5º, XLII e XLIII, da CF)**.

Nesse caso, os autos da prisão em flagrante deverão ser encaminhados à Casa respectiva (Câmara dos Deputados ou Senado Federal), no prazo de 24 horas, a fim de que deliberem sobre a prisão. Se obtida a maioria absoluta de votos, a prisão será relaxada e o parlamentar preso será colocado em liberdade, sem prejuízo do processo.

IMPORTANTE

Os deputados estaduais e distritais possuem as mesmas prerrogativas inerentes aos deputados federais, inclusive essas imunidades formais com relação à prisão, conforme o disposto no **art. 27, § 1º, da Constituição Federal**, salvo com relação ao foro por prerrogativa de função. Nesse caso, não há nenhuma proteção aos vereadores, que podem, por exemplo, ser presos preventivamente.

ATENÇÃO

Essa imunidade formal com relação à prisão protege o parlamentar, inclusive, de prisão civil pelo inadimplemento voluntário e inescusável de pensão alimentícia.

3) **Imunidades formais com relação ao processo:** segundo essa imunidade, o Supremo Tribunal Federal, ao iniciar uma ação penal contra um deputado

federal ou senador, deverá comunicar imediatamente a Casa respectiva (Câmara dos Deputados ou Senado Federal).

IMPORTANTE

Observe que o STF não precisa mais de autorização prévia da Câmara dos Deputados ou do Senado Federal para iniciar uma ação penal contra deputado federal ou senador. Atualmente, o STF pode iniciar a ação penal e apenas posteriormente à sua instauração deve comunicar a Casa Legislativa respectiva.

Uma vez que foi informado da abertura do processo criminal contra o parlamentar, qualquer partido político com representação na Casa Legislativa (Câmara dos Deputados ou Senado Federal) poderá, até o julgamento final no STF, requerer à Mesa da respectiva Casa a suspensão do processo até o final do mandato.

Nesse caso, a Mesa da Câmara dos Deputados ou do Senado Federal deverá pautar o pedido para deliberação em plenário no prazo de 45 dias, sendo certo que, obtida a maioria absoluta dos votos, haverá a suspensão do processo até o final do mandato do parlamentar, ficando suspenso, nesse caso, também o prazo prescricional **(art. 53, §§ 4º e 5º, da CF)**.

ATENÇÃO

Os deputados estaduais e distritais possuem as mesmas prerrogativas inerentes aos deputados federais, inclusive essas imunidades formais com relação ao processo, conforme o disposto no **art. 27, § 1º, da Constituição Federal**, salvo com relação ao foro por prerrogativa de função. Nesse caso, não há nenhuma proteção aos vereadores.

4) **Foro por prerrogativa de função:** segundo o art. 53, § 1º, da Constituição Federal, os deputados federais e senadores serão julgados, desde a diplomação, perante o Supremo Tribunal Federal.

Atente-se para o fato de que esse foro por prerrogativa não se aplicará a ações que não sejam de natureza penal, como é o caso de ações cíveis indenizatórias, ações trabalhistas, ações populares, ações civis públicas, ações de improbidade administrativa etc.

Ademais, recentemente, o STF mudou drasticamente sua jurisprudência, passando a compreender que só haverá foro por prerrogativa de função em caso de crime praticado por deputado federal ou senador durante o mandato (após a diplomação) e que guarde relação com o exercício desse mandato.

Ademais, vale especial atenção ao teor da **Súmula Vinculante 45**, que estabelece que prevalece o foro por prerrogativa de função em detrimento da competência do Tribunal do Júri, quando esse foro privilegiado estiver previsto na Constituição Federal.

Foro por prerrogativa de função

- → Apenas se aplica a **crimes praticados após a diplomação**
- → Crimes devem se relacionar ao **exercício do mandato**
- → Uma vez que tenha finalizado o mandato sem o julgamento do processo no STF, deverá ele ser redistribuído para a Justiça comum, **SALVO se já iniciado o julgamento (decisão de pelo menos um Ministro) no STF**

11.3 Competências legislativas

Os **arts. 48, 49, 51 e 52 da Constituição Federal** enumeram as chamadas competências legislativas.

Sobre essas competências, é importante memorizar a tabela a seguir:

COMPETÊNCIAS PARLAMENTARES		
Órgão responsável pela elaboração	Espécie normativa	Sanção do Presidente da República
Congresso Nacional (art. 48 da CF).	Resultam na elaboração de leis.	Aprovação depende de sanção do Presidente da República.
Congresso Nacional (art. 49 da CF).	Resultam na elaboração de **decretos legislativos**, de competência **exclusiva** do Congresso Nacional.	Não depende de sanção do Presidente da República.
Câmara dos Deputados (art. 51 da CF).	Resultam na elaboração de **resoluções da Câmara dos Deputados.**	Não depende de sanção do Presidente da República.
Senado Federal (art. 52 da CF).	Resultam na elaboração de **resoluções do Senado Federal.**	Não depende de sanção do Presidente da República.

É de suma importância fazer uma leitura atenta dos artigos supraindicados, notadamente os da lista a seguir:

Relação de dispositivos de leitura obrigatória Competências parlamentares	
Decreto legislativo (art. 49 da CF)	Incisos I, II, III, IV, V, VII, VIII, IX, XIII e XV
Resoluções da Câmara dos Deputados (art. 51 da CF)	Incisos I e II
Resoluções do Senado Federal (art. 52 da CF)	Incisos I, II, III, X e XI

ATENÇÃO

Apesar de a Constituição Federal utilizar o termo "**privativamente**" para se referir às competências da Câmara dos Deputados e do Senado Federal (**arts. 51 e 52 da CF**), é importante lê-las como "**exclusivamente**", haja vista que, como acontece nas atribuições do **art. 49 da Constituição Federal** (que resultam em decretos legislativos do Congresso Nacional), não podem elas ser delegadas.

11.4 Questões

1. **(FCC – TRT 6ª Região – Analista Judiciário – Área Judiciária)** A competência para resolver definitivamente sobre tratados, acordos ou atos internacionais que acarretem encargos ou compromissos gravosos ao patrimônio nacional é exclusiva:

A) do Presidente da República.

B) da Câmara dos Deputados.

C) do Congresso Nacional.

D) do Senado Federal.

E) do Supremo Tribunal Federal.

Resolução:

A) *Incorreta.* Trata-se de atribuição do Congresso Nacional, que a exerce por meio da edição de decretos legislativos, nos termos do **art. 49, I, da Constituição Federal**.

B) *Incorreta*. Trata-se de atribuição do Congresso Nacional, que a exerce por meio da edição de decretos legislativos, nos termos do **art. 49, I, da Constituição Federal**.

C) *Correta*. Trata-se de atribuição do Congresso Nacional, que a exerce por meio da edição de decretos legislativos, nos termos do **art. 49, I, da Constituição Federal**.

D) *Incorreta*. Trata-se de atribuição do Congresso Nacional, que a exerce por meio da edição de decretos legislativos, nos termos do **art. 49, I, da Constituição Federal**.

E) *Incorreta*. Trata-se de atribuição do Congresso Nacional, que a exerce por meio da edição de decretos legislativos, nos termos do **art. 49, I, da Constituição Federal**.

↗ **Gabarito: "C".**

2. **(CESPE – TRE/TO – Analista Judiciário – Área Administrativa)** Compete ao Congresso Nacional, com a sanção do presidente da República:

A) deliberar, definitivamente, sobre atos internacionais que acarretem compromissos gravosos ao patrimônio nacional.

B) autorizar referendo e convocar plebiscito.

C) dispor sobre diretrizes orçamentárias, operações de crédito e dívida pública.

D) sustar atos normativos do Poder Executivo que exorbitem do poder regulamentar.

E) autorizar a pesquisa e a lavra de riquezas minerais em terras indígenas.

↘ **Resolução:**

A) *Incorreta*. Trata-se de atribuição do Congresso Nacional, que a exerce por meio da edição de decretos legislativos, nos termos do **art. 49, I, da Constituição Federal**.

B) *Incorreta*. Trata-se de atribuição do Congresso Nacional, que a exerce por meio da edição de decretos legislativos, nos termos do **art. 49, XV, da Constituição Federal**.

C) *Correta*. Trata-se de atribuição do Congresso Nacional, que a exerce por meio da edição de lei, com a necessidade de sanção do Presidente da República, nos termos do **art. 48, II, da Constituição Federal**.

D) *Incorreta*. Trata-se de atribuição do Congresso Nacional, que a exerce por meio da edição de decretos legislativos, nos termos do **art. 49, V, da Constituição Federal**.

E) *Incorreta*. Trata-se de atribuição do Congresso Nacional, que a exerce por meio da edição de decretos legislativos, nos termos do **art. 49, XVI, da Constituição Federal**.

↗ **Gabarito: "C".**

3. **(CESPE – TRE/TO – Analista Judiciário – Área Administrativa)** Anastácio é Ministro do Supremo Tribunal Federal e Anacleto, membro do Conselho Nacional de Justiça. A ambos é imputada a prática de crime de responsabilidade. Diante dessa situação hipotética, à luz da Constituição Federal, compete privativamente:

A) à Câmara dos Deputados processar e julgar tanto Anastácio quanto Anacleto.

B) à Câmara dos Deputados processar e julgar Anastácio e ao Senado Federal processar e julgar Anacleto.

C) ao Supremo Tribunal Federal processar e julgar tanto Anastácio quanto Anacleto.

D) ao Senado Federal processar e julgar tanto Anastácio quanto Anacleto.

E) ao Supremo Tribunal Federal processar e julgar Anastácio e ao Congresso Nacional processar e julgar Anacleto.

↘ **Resolução:**

A) *Incorreta*. A competência para julgamento de ambos é do Senado Federal, nos termos do **art. 52, II, da Constituição Federal**.

B) *Incorreta*. A competência para julgamento de ambos é do Senado Federal, nos termos do **art. 52, II, da Constituição Federal**.

C) *Incorreta*. A competência para julgamento de ambos é do Senado Federal, nos termos do **art. 52, II, da Constituição Federal**.

D) *Correta*. É exatamente o que dispõe o **art. 52, II, da Constituição Federal**.

E) *Incorreta*. A competência para julgamento de ambos é do Senado Federal, nos termos do **art. 52, II, da Constituição Federal**.

↗ **Gabarito: "D".**

12. PROCESSO LEGISLATIVO

O processo legislativo é previsto a partir do **art. 59 da Constituição Federal**, tendo como resultado a elaboração dos chamados atos normativos primários:

ATOS NORMATIVOS PRIMÁRIOS

- Emendas Constitucionais
- Leis Ordinárias
- Leis Complementares
- Leis Delegadas
- Medida Provisória
- Decretos Legislativos
- Resoluções da Câmara dos Deputados e do Senado Federal

Destes, já tivemos a oportunidade de estudar as emendas constitucionais (no tópico sobre Poder Constituinte Derivado Reformador – **art. 60 da CF**), os decretos legislativos (no tópico sobre as competências do Poder Legislativo – **art. 49 da CF**) e as resoluções da Câmara dos Deputados e do Senado Federal (**arts. 51 e 52 da CF**).

Assim, para não nos estendermos sem necessidade, fazemos remissão aos itens supraindicados para compreensão do regramento legislativo para as emendas constitucionais, decretos legislativos e resoluções.

Vamos começar, então, a estudar as leis complementares e as leis ordinárias.

12.1 Leis ordinárias e leis complementares

Tanto as leis ordinárias quanto as leis complementares são resultado do chamado processo legislativo, encontrando-se ambas, distintamente do que muitos acreditam, no mesmo patamar hierárquico, o que significa que uma lei complementar tem o mesmo valor que uma lei ordinária.

Apesar de serem parecidas, elas guardam algumas diferenças entre si, conforme veremos a seguir:

DIFERENÇAS ENTRE AS LEIS COMPLEMENTARES E AS LEIS ORDINÁRIAS	
Leis complementares	**Leis ordinárias**
Têm **previsão expressa** na Constituição Federal: isso significa que a nossa Constituição determina de forma expressa quando determinado assunto deverá ser legislado por lei complementar.	**Natureza residual**: quando a Constituição Federal nada falar sobre a espécie normativa, aquele assunto poderá ser tratado por lei ordinária.
São aprovadas pela maioria absoluta dos membros da Câmara dos Deputados e do Senado Federal **(art. 69 da CF)**.	São aprovadas pela maioria simples (ou relativa) da Câmara dos Deputados ou do Senado Federal.

Agora que foram vistas as diferenças entre as leis complementares, talvez tenha surgido uma dúvida: qual é a diferença entre a **maioria absoluta** e a **maioria relativa**?

ATENÇÃO

A **maioria absoluta** sempre será 50% + 1 (na verdade, o próximo número inteiro superior a 50%) do total de membros da Casa Legislativa (Câmara dos Deputados e Senado Federal), ao passo que a **maioria relativa** sempre será 50% + 1 do total de presentes naquela sessão legislativa. Assim, fica fácil constatar que a **maioria absoluta** será sempre o mesmo número, e que a **maioria relativa** variará segundo o número de parlamentares presentes durante a votação.

Muito bem! Já foi vista a diferença entre **lei complementar** e **lei ordinária** e **maioria absoluta** e **maioria relativa**. É a vez de saber a diferença entre quórum de instalação e quórum de votação.

Quórum de instalação é o número mínimo de parlamentares presentes para que sejam iniciados os trabalhos de deliberação e de voto dentro do Congresso Nacional, ao passo que **quórum de votação** consiste no número mínimo de votos para aprovação de um projeto de lei, por exemplo.

Sobre esse **quórum de instalação**, o **art. 47 da Constituição Federal** estabelece que ele sempre será, tanto para leis complementares quanto para leis ordinárias, de maioria absoluta. O que varia, então, é o **quórum de votação**, e não o quórum de instalação.

ATENÇÃO

Para exemplificar, imagine determinada sessão de votação no Senado Federal em que serão votados um projeto de lei complementar e um projeto de lei ordinária. Pense que nessa sessão, dos 81 senadores que compõem o Senado, estão presentes apenas 60.

O primeiro passo é verificar se foi preenchido o **quórum de instalação**, que é de **maioria absoluta** tanto para as leis complementares como para as leis ordinárias. Ora, se estão presentes 60 senadores, e a maioria absoluta no Senado é de 41 senadores (81/2 = 40,5), consideramos que foi aberta a sessão de votação.

Instalada a sessão, vamos analisar quantos votos seriam necessários para aprovação do projeto de lei complementar e de lei ordinária.

Assim, temos que, para a aprovação da **lei complementar**, seria necessário o voto de 41 senadores, pois este é o resultado de 50% + 1 do número total de senadores. Então, dos 60 presentes, ao menos 41 deveriam votar a favor do projeto de **lei complementar**.

Já para aprovação do projeto de **lei ordinária** (que exige maioria relativa para aprovação), seria necessário o voto de 31 senadores, pois este é o resultado de 50% + 1 do número de presentes (60). Assim, dos 60 senadores presentes, apenas 31 deles deveriam votar favoravelmente para o projeto de **lei ordinária**.

Sobre a iniciativa dos projetos de lei (independentemente lei complementar ou lei ordinária), é muito importante a leitura do **art. 61 da Constituição Federal**. São legitimados:

Legitimados para propositura de leis ordinárias e complementares (art. 61, *caput*, da CF)	
Qualquer membro ou Comissão da Câmara dos Deputados, do Senado Federal ou do Congresso Nacional.	Presidente da República.
Supremo Tribunal Federal.	Tribunais Superiores (TST, TSE, STJ e STM).
Procurador-Geral da República.	Cidadãos, nos termos do **art. 61, § 2º, da Constituição Federal**.

IMPORTANTE

Observe que, diferentemente do que acontece com as emendas constitucionais **(art. 60 da CF)**, um deputado federal (ou um senador) sozinho consegue apresentar um projeto de lei (complementar ou ordinária).

ATENÇÃO

A participação dos cidadãos na fase de iniciativa é regulada pelo **art. 61, § 2º, da Constituição Federal**. É preciso que o projeto de lei de iniciativa popular seja subscrito por **1% do eleitorado nacional**, distribuído em pelo menos **cinco estados da federação**, sendo que em cada um deles deve haver subscrição de, **no mínimo, 0,3% de seus eleitores de cada estado participante**. Nesse caso, o projeto de lei deve ser encaminhado à Câmara dos Deputados.

Com relação à atuação do **Presidente da República**, ele tem a atribuição exclusiva de propor projetos de lei acerca de alguns temas específicos elencados no **art. 61, § 1º, da Constituição Federal**.

Assim, a título de exemplo, somente o Presidente da República poderia propor ao Congresso Nacional um projeto de lei para a criação ou extinção de um Ministério **(art. 61, § 1º, II, *e*, da CF)**. Se essa regra de iniciativa for violada, o que ocorre, por exemplo, quando um deputado federal propõe um projeto de lei de iniciativa privativa do Presidente da República, estaremos diante de um **vício de iniciativa** (inconstitucionalidade formal subjetiva), o que tornará esse projeto de lei inconstitucional.

Mas e se o Presidente da República sancionar esse projeto de lei que nasceu com vício de iniciativa? Está a inconstitucionalidade formal convalidada?

A resposta é NÃO! O Supremo Tribunal Federal, hoje, entende (nem sempre foi assim, haja vista o que dispõe a antiga Súmula 5 do STF, hoje inaplicável) que a sanção do Presidente da República ao projeto de lei com vício de iniciativa não o convalida!

Ainda tratando sobre a atuação do Presidente da República no processo legislativo, é de muita relevância falarmos do **Regime de Urgência Constitucional**, que é ato privativo do Presidente da República e que visa a dar início ao chamado **processo legislativo sumário**, que, diferentemente do processo legislativo comum, tem prazo específico para finalização (45 dias na Câmara dos Deputados e 45 dias no Senado Federal), conforme dispõe o **art. 64 da Constituição Federal**, cuja leitura é imprescindível!

ATENÇÃO

Apenas o Presidente da República pode solicitar o regime de urgência na apreciação dos projetos de lei, sendo **obrigatório** que esse projeto de lei tenha sido por ele apresentado.

CUIDADO, pois não se exige que o projeto seja de iniciativa privativa do Presidente da República! Basta que ele o tenha apresentado.

Para finalizarmos nosso estudo objetivo sobre o processo legislativo das leis complementares e ordinárias, vamos falar um pouco sobre um ato imprescindível para que o projeto de lei se torne efetivamente lei: **a apreciação pelo Presidente da República**.

Quando um projeto de lei é aprovado pelo Congresso Nacional, deve ele ser submetido à apreciação do Presidente da República, que pode sancioná-lo ou vetá-lo. Se o Presidente da República sancionar o projeto de lei (com prazo de 15 dias), deverá promulgá-lo e encaminhá-lo para publicação.

Se, entretanto, o Presidente da República vetar o projeto de lei, deverá ele ser devolvido para o Congresso Nacional a fim de que ocorra uma análise do veto, conforme veremos depois que tratarmos das principais características do veto, explicitadas na tabela a seguir.

Veto presidencial (art. 66 da CF)	
O veto poderá ser jurídico ou político: o veto político é aquele em que o Presidente acredita que o projeto de lei não é conveniente ou oportuno, ao passo que o veto jurídico nada mais é do que a realização do controle preventivo de constitucionalidade pelo Poder Executivo.	O Presidente da República possui prazo de **15 dias úteis** para apreciar o projeto de lei. Se nada fizer nesse prazo, será o projeto de lei considerado **tacitamente sancionado**.
O veto pode ser **parcial ou total**: se for parcial, somente pode recair sobre texto integral de artigo, parágrafo, inciso ou alínea **(art. 66, § 2º, da CF)**.	O veto presidencial **não é retratável**, ou seja, o Presidente da República não pode desistir do veto realizado.

Veto presidencial (art. 66 da CF)	
O veto é apenas **supressivo**, ou seja, o Presidente da República nada pode acrescentar ao projeto de lei encaminhado para sua apreciação.	Por ser um **ato político**, o veto presidencial **não está sujeito ao controle de constitucionalidade pelo Poder Judiciário**.

Agora que já se conhecem as principais **características do veto**, como já antecipamos, vamos entender o que acontece com o projeto de lei depois que ele é vetado pelo Presidente da República (é pouco importante o fato de o veto ser político ou jurídico).

Muito bem, após o veto, o Presidente da República deverá encaminhá-lo com a respectiva justificada para o Senado Federal (prazo de 48 horas), que terá prazo de 30 dias para submetê-lo à apreciação do Congresso Nacional, em **sessão conjunta**.

Se houver o voto da maioria absoluta do Congresso Nacional, ocorrerá a **derrubada do veto**, que significará o retorno do projeto de lei inicialmente vetado ao Presidente da República, a fim de que o promulgue no prazo de 48 horas **(art. 66, §§ 4º e 5º, da CF)**.

12.2 Medidas provisórias

As medidas provisórias são tratadas no **art. 62 da Constituição Federal**.

São editadas monocraticamente pelo Presidente da República, nos casos em que há **relevância e urgência**.

Ao editar a medida provisória, o Presidente da República deve encaminhá-la imediatamente para análise do Congresso Nacional, iniciando-se a apreciação pela Câmara dos Deputados, seguida do Senado Federal, com **prazo comum de 60 dias**, prorrogáveis por mais 60 dias.

ATENÇÃO

O prazo constitucional para apreciação das medidas provisórias **(art. 62, §§ 3º e 7º, da CF)** se suspende durante o recesso parlamentar, conforme previsão do **art. 62, § 4º, da Constituição Federal**. Além disso, se não tiver sido apreciado até o 45º dia, entrará em regime de urgência, oportunidade em que ficarão sobrestadas as demais deliberações.

Ainda que haja relevância e urgência, o Presidente da República está impedido de editar medidas provisórias versando sobre os temas elencados no **art. 62, § 1º, da Constituição Federal**, cuja leitura é recomendadíssima. Para facilitar sua memorização, selecionamos os principais temas que não poderão ser tratados por medida provisória:

Principais matérias que não poderão ser tratadas por medidas provisórias (art. 62, § 1º, da CF)	
Nacionalidade, cidadania, direitos políticos, partidos políticos e direito eleitoral.	Art. 61, § 1º, I, da CF
Direito penal, processo penal e processual civil.	Art. 61, § 1º, II, da CF
Reservada a lei complementar.	Art. 61, § 1º, IIII, da CF
Já disciplinada em projeto de lei aprovado pelo Congresso Nacional e pendente de sanção ou veto do Presidente da República.	Art. 61, § 1º, IV, da CF

Se a medida provisória for aprovada pelo Congresso Nacional, será convertida em lei, mas, se for rejeitada, perderá sua eficácia imediatamente. Ademais, se a medida provisória não for apreciada pelo Congresso Nacional no prazo estipulado na Constituição Federal, será considerada **tacitamente rejeitada** (observe que, neste caso, não há aprovação tácita, mas sim rejeição tácita, diferentemente do que verificamos para a sanção presidencial).

Uma vez que tenha sido rejeitada a medida provisória, as relações jurídicas decorrentes do período de sua vigência serão mantidas, SALVO se o Congresso Nacional editar um decreto legislativo (no prazo de 60 dias) prevendo a eficácia *ex tunc* (retroativa) da rejeição da MP.

Por fim, a medida provisória que tenha sido rejeitada (expressa ou tacitamente) não poderá ser reeditada na mesma sessão legislativa.

12.3 Leis delegadas

As leis delegadas estão previstas no **art. 68 da Constituição Federal**, e consistem em uma autorização do Congresso Nacional para que o Presidente da República possa elaborar monocraticamente uma lei, desde que não se trate dos temas indicados no **art. 68, § 1º, da Constituição Federal**.

E o Congresso Nacional deve aprovar essa lei delegada após a sua elaboração pelo Presidente da República? Em regra, NÃO, pois isso somente ocorrerá quando a delegação vier acompanhada de resolução do Congresso Nacional prevendo tal análise posterior. Nesse caso, a apreciação ocorrerá em votação única, vedada qualquer emenda.

12.4 Questões

1. **(FCC – TRT 2ª Região – Técnico Judiciário – Área Administrativa)** Suponha que o Presidente da República encaminhe projeto de lei à Câmara dos Deputados que prevê (i) a criação de um Tribunal Regional do Trabalho; (ii) o aumento do número de membros dos Tribunais Regionais do Trabalho e (iii) o aumento da remuneração dos servidores integrantes de serviços auxiliares do Tribunal Superior do Trabalho. Considerando as normas constitucionais que tratam sobre a iniciativa para a apresentação de projetos de lei, a proposição legislativa em comento:

A) encontra-se em conformidade com a Constituição Federal, uma vez que o Presidente da República tem iniciativa legislativa para apresentar projeto de lei que disponha sobre todos os temas que são objeto da proposta, ainda que o Tribunal Superior do Trabalho também possa apresentar projeto de lei sobre a mesma matéria.

B) é incompatível com a Constituição Federal no que toca a todos os temas nela tratados, uma vez que apenas poderiam ser objeto de proposta do Tribunal Superior do Trabalho.

C) é incompatível com a Constituição Federal apenas no que toca ao aumento de remuneração dos servidores integrantes de serviços auxiliares do Tribunal Superior do Trabalho, uma vez que essa matéria somente pode ser objeto de proposta do próprio Tribunal.

D) é incompatível com a Constituição Federal apenas no que toca ao aumento do número de membros dos Tribunais Regionais do Trabalho, uma vez que essa matéria somente pode ser objeto de proposta do Tribunal Regional do Trabalho nela interessado diretamente.

E) é incompatível com a Constituição Federal apenas no que toca à criação de um Tribunal Regional do Trabalho, uma vez que essa matéria somente pode ser objeto de proposta do Tribunal Superior do Trabalho.

➘ Resolução:

A) *Incorreta.* Todos os projetos de lei mencionados são de iniciativa privativa do Tribunal Superior do Trabalho, conforme estipula o **art. 96, II, *a*, *b* e *c*, da Constituição Federal**, razão pela qual não há que se falar em iniciativa do Presidente da República.

B) *Correta.* De fato, todos os projetos de lei mencionados são de iniciativa privativa do Tribunal Superior do Trabalho, conforme estipula o **art. 96, II, *a*, *b* e *c*, da Constituição Federal**.

C) *Incorreta.* Todos os projetos de lei mencionados são de iniciativa privativa do Tribunal Superior do Trabalho, conforme estipula o **art. 96, II, *a*, *b* e *c*, da Constituição Federal**.

D) *Incorreta.* Todos os projetos de lei mencionados são de iniciativa privativa do Tribunal Superior do Trabalho, conforme estipula o **art. 96, II, *a*, *b* e *c*, da Constituição Federal**.

E) *Incorreta.* Todos os projetos de lei mencionados são de iniciativa privativa do Tribunal Superior do Trabalho, conforme estipula o **art. 96, II, *a*, *b* e *c*, da Constituição Federal**.

↗ **Gabarito: "B".**

2. **(FCC – TRT 6ª Região – Analista Judiciário – Área Judiciária)** À luz do que disciplina a Constituição Federal quanto ao processo legislativo:

A) prorrogar-se-á uma única vez por igual período a vigência de medida provisória que, no prazo de sessenta dias, contado de sua publicação, não tiver a sua votação encerrada nas duas Casas do Congresso Nacional.

B) o Presidente da República, em caso de urgência e relevância, pode editar medida provisória relativa a direito eleitoral.

C) caberá à comissão mista de Deputados e Senadores examinar as medidas provisórias e sobre elas emitir parecer, antes de serem apreciadas, em sessão conjunta do Congresso Nacional.

D) aprovado projeto de lei de conversão alterando o texto original da medida provisória, esta deixará de viger imediatamente.

E) é vedada a reedição, na mesma sessão legislativa, de medida provisória que tenha sido rejeitada, sendo possível, contudo, sua reedição, no caso da perda de sua eficácia por decurso de prazo.

↘ **Resolução:**

A) *Correta.* **É exatamente o que estipula o art. 62, § 7º, da Constituição Federal**.

B) *Incorreta.* Direito eleitoral não pode ser tratado por medida provisória, mesmo nos casos em que eventualmente haja relevância e urgências, nos termos do **art. 62, § 1º, I, *a*, da Constituição Federal**.

C) *Incorreta.* Na verdade, o parecer da Comissão Mista do Senado Federal e da Câmara dos Deputados será apreciado em sessão separada no plenário das duas Casas, conforme expressamente dispõe o **art. 62, § 9º, da Constituição Federal**.

D) *Incorreta.* Nesse caso, a medida provisória se manterá em vigor até que seja sancionado ou vetado o projeto, conforme **art. 62, § 12, da Constituição Federal**.

E) *Incorreta.* É vedada a reedição da medida provisória mesmo nos casos em que tenha perdido a eficácia por decurso de prazo, conforme **art. 62, § 10, da Constituição Federal**.

↗ **Gabarito: "A".**

3. **(FCC – TRF 5ª Região – Analista Judiciário – Área Judiciária)** Projeto de lei de iniciativa de Deputado Federal, tendo por objeto o estabelecimento de hipótese de prisão civil do depositário infiel de bens penhorados em juízo, é aprovado pela maioria absoluta dos membros da Câmara dos Deputados e, na sequência, sem alterações, pelo Senado Federal, por maioria simples dos presentes, em sessão de votação a que compareceram 60 dos 81 de seus membros. O projeto é, assim, encaminhado à sanção presidencial. Nessa hipótese, consideradas as normas constitucionais pertinentes e a jurisprudência do Supremo Tribunal Federal, referido projeto de lei:

A) padece de vício de inconstitucionalidade formal, por versar sobre matéria de iniciativa privativa do Presidente da República, vício esse que não se convalida, ainda que haja posterior sanção presidencial.

B) padece de vício de inconstitucionalidade formal, por inobservância do quórum de aprovação nas Casas legislativas, devendo ser vetado pelo Presidente da República, por motivo de inconstitucionalidade, no prazo de 15 dias úteis contados de seu recebimento.

C) padece de vício de inconstitucionalidade material, por ofensa a garantia de direito fundamental assegurada em tratado internacional com *status* de norma constitucional, devendo ser vetado pelo Presidente da República, por motivo de inconstitucionalidade, no prazo de 15 dias úteis contados de seu recebimento.

D) contraria teor de súmula vinculante, sendo passível de impugnação mediante reclamação perante o Supremo Tribunal Federal.

E) não apresenta vício formal no processo legislativo, ainda que venha a ser sancionado expressa ou tacitamente pelo Presidente da República, embora, no mérito, estabeleça hipótese de prisão ilícita, por contrariedade a norma de tratado internacional em matéria de direitos fundamentais.

↘ **Resolução:**

A) *Incorreta.* Não se trata de matéria de competência do Presidente da República, eis que não constante do rol previsto no **art. 61, § 1º, da Constituição Federal**.

B) *Incorreta.* Não há qualquer violação ao **art. 47 da Constituição Federal**, que estabelece que a regra é a aprovação pela maioria dos votos, exigindo-se para tanto a presença da maioria absoluta de membros, o que foi verificado em ambas as votações, tanto na Câmara dos Deputados como no Senado Federal.

C) *Incorreta.* Não se trata de hipótese de inconstitucionalidade, eis que o Pacto de San José da Costa Rica possui *status* de norma supralegal, e não de emenda constitucional, eis que não fora ratificado pelo Congresso Nacional pelo quórum previsto no **art. 5º, § 3º, da Constituição Federal**.

D) *Incorreta.* O Poder Legislativo, em sua função típica legislativa, não se vincula ao teor de súmula vinculante.

E) *Correta.* De fato, não há qualquer inconstitucionalidade formal, eis que o Pacto possui apenas *status* de norma supralegal. No mérito, no entanto, conflita com o disposto em referido tratado internacional que se refere a direitos humanos.

↗ **Gabarito: "E".**

13. PODER JUDICIÁRIO

13.1 Aspectos introdutórios sobre o Poder Judiciário

O Poder Judiciário é previsto a partir do **art. 92 da Constituição Federal** e é composto da seguinte forma:

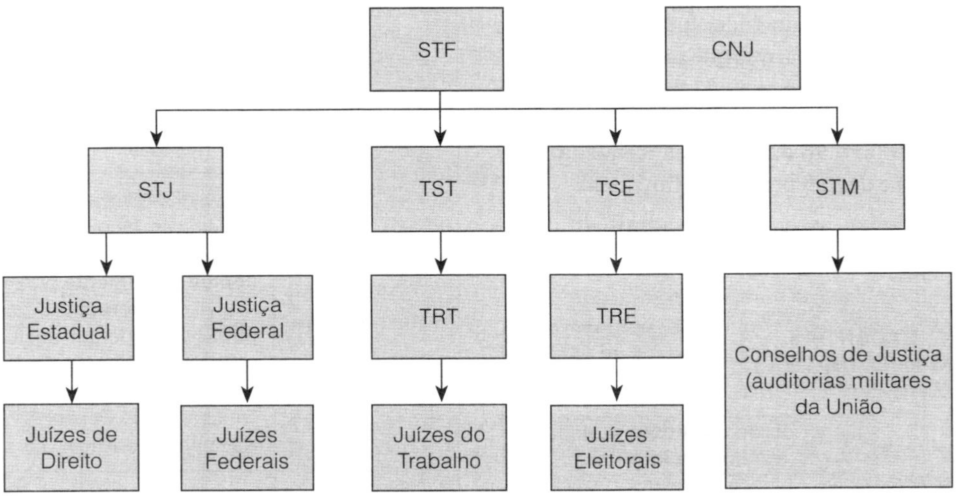

O Poder Judiciário, como visto, basicamente se divide em **Justiça Comum** e **Justiça Especializada**. A Justiça Comum é composta pela Justiça Comum Federal e pela Justiça Comum Estadual.

A **competência da Justiça Federal** está disposta nos **arts. 108 e 109, ambos da Constituição Federal**, ao passo que a **competência da Justiça Estadual** é residual, abarcando tudo aquilo que não é de competência da Justiça Federal.

Já a **Justiça Especializada** se subdivide em Justiça do Trabalho, Justiça Eleitoral e Justiça Militar.

O STJ, o TST, o TSE e o STM compõem os chamados **Tribunais Superiores**, os quais possuem sede em Brasília/DF e têm jurisdição em todo o território nacional, com a função principal de uniformização da interpretação da legislação federal.

O Poder Judiciário tem como principal **função típica** realizar a atividade jurisdicional, mas também exerce **funções atípicas**, como quando elabora seus regimentos internos (função atípica legislativa) ou quando elabora licitação para compra de materiais (função atípica administrativa).

> **IMPORTANTE**
>
> Observe que o Conselho Nacional de Justiça, em que pese fazer parte do Poder Judiciário **(art. 92 da CF)**, não possui função jurisdicional, sendo o responsável pelo **controle da atuação administrativa e financeira do Poder Judiciário, além da fiscalização do cumprimento dos deveres funcionais dos juízes**.

13.2 Garantias do Poder Judiciário

Os órgãos do Poder Judiciário possuem algumas prerrogativas que asseguram a independência no exercício da função jurisdicional, sendo divididas em garantias administrativas **(art. 96 da CF)**, financeiras **(art. 99 da CF)** e de independência funcional.

Sobre as garantias administrativas, podemos assim sistematizá-las:

GARANTIAS ADMINISTRATIVAS → Art. 96 da CF

- Eleger **órgãos diretivos + elaborar regimento interno**
- Organizar suas secretarias e serviços auxiliares
- Prover os cargos de juiz
- Propor **criação** de novas varas
- Prover os cargos por **concurso público**
- Conceder **licença**, **férias** etc.

Para as provas de concursos públicos, devemos dar muito mais atenção às garantias funcionais dos magistrados, as quais estão previstas no **art. 95 da Constituição Federal**:

Garantias funcionais dos magistrados (art. 95 da CF)	
Vitaliciedade	O magistrado apenas está sujeito à perda do cargo em razão de **sentença judicial transitada em julgado**. Ela é, no primeiro grau, adquirida após **dois anos de exercício** (para os indicados pelo quinto constitucional, ela é automática). Antes da aquisição da vitaliciedade, o magistrado também poderá perder o cargo por meio de deliberação do Tribunal a que estiver vinculado (corregedorias dos Tribunais).
Inamovibilidade	Os magistrados apenas podem ser removidos por **vontade própria** ou **compulsoriamente** por motivo de **interesse público**, desde que neste caso haja voto da **maioria absoluta** do respectivo Tribunal ou do Conselho Nacional de Justiça.
Irredutibilidade de subsídios	Essa garantia é **meramente nominal**, pois não garante a manutenção do poder de compra, que é modificado, por exemplo, em razão da inflação.

Assim como possuem garantias funcionais, os magistrados também estão sujeitos a algumas vedações, que são encontradas no **art. 95, parágrafo único, da Constituição Federal**:

Vedações dos magistrados (art. 95, parágrafo único, da CF)
Exercer, ainda que em disponibilidade, outro cargo/função, salvo uma de magistério.
Receber, a qualquer título ou pretexto, custas para participação em processo.
Dedicar-se à atividade político-partidária.
Receber, a qualquer título ou pretexto, auxílios ou contribuições de pessoas físicas, entidades públicas ou privadas, ressalvadas as exceções previstas em lei.
Exercer a advocacia no juízo ou Tribunal do qual se afastou (aposentadoria/exoneração) antes de decorridos três anos do afastamento. É a chamada "quarentena".

13.3 Conselho Nacional de Justiça

O Conselho Nacional de Justiça foi criado com o advento da Emenda Constitucional n. 45/2004 e está previsto no **art. 103-B da Constituição Federal,** sendo considerado órgão pertencente ao Poder Judiciário **(art. 92 da CF).**

Ele possui a função constitucional de realizar o **controle administrativo e financeiro do Poder Judiciário,** bem como realizar o **controle dos deveres funcionais dos juízes.**

O CNJ é composto por **15 membros,** com **mandato de dois anos,** sendo permitida uma única recondução.

Composição do Conselho Nacional de Justiça (art. 103-B da CF)	
Presidente do Supremo Tribunal Federal, que também exercerá as funções de Presidente do CNJ	Indicado pelo STF
1 Desembargador do Tribunal de Justiça	Indicado pelo STF
1 Juiz de Direito	Indicado pelo STF
1 Ministro do Superior Tribunal de Justiça, que exercerá as funções de Corregedor-Geral de Justiça	Indicado pelo STJ
1 Juiz Federal do TRF (2ª instância)	Indicado pelo STJ
1 Juiz Federal	Indicado pelo STJ
1 Ministro do Tribunal Superior do Trabalho	Indicado pelo TST
1 Juiz do TRT (2ª instância)	Indicado pelo TST
1 Juiz do Trabalho	Indicado pelo TST
1 membro do Ministério Público da União	Indicado pelo PGR
1 membro do Ministério Público Estadual	Indicado pelo PGR (dentre os indicados pelos respectivos MPEs)
2 advogados	Indicados pelo Conselho Federal da OAB
2 cidadãos de notável conhecimento jurídico e de reputação ilibada	1 indicado pela Câmara dos Deputados 1 indicado pelo Senado Federal

IMPORTANTE

Diferentemente do que verificamos para o preenchimento de outros cargos do Poder Judiciário, não há limite de idade para ser nomeado Conselheiro do CNJ. Além disso, todos os indicados, com exceção do Presidente do CNJ (que é, naturalmente, o presidente do STF), passam por aprovação (sabatina) do Senado Federal, sendo nomeados pelo Presidente da República.

ATENÇÃO

Os Estados-membros não possuem competência para criação de órgãos estaduais de controle administrativo nos moldes do Conselho Nacional de Justiça, conforme prevê a **Súmula 649 do STF**.

13.4 O quinto constitucional

A Constituição Federal prevê que 1/5 das vagas dos Tribunais Regionais do Trabalho, dos Tribunais de Justiça, dos Tribunais Regionais Federais e do Tribunal Superior do Trabalho será preenchido da seguinte forma:

<table>
<tr><th colspan="3">Quinto constitucional</th></tr>
<tr><th>Composição</th><th>Requisitos</th><th>Indicação</th></tr>
<tr><td>Metade das vagas do quinto constitucional será preenchida por membros do Ministério Público.</td><td>Basta a comprovação de 10 anos de carreira.</td><td rowspan="2">São indicados em lista sêxtupla do MP/OAB, que é encaminhada ao Tribunal onde será preenchida a vaga, que dela formará lista tríplice, a ser encaminhada ao Chefe do Poder Executivo (Presidente da República ou governador), que terá 20 dias para escolher.</td></tr>
<tr><td>A outra metade das vagas do quinto constitucional será preenchida por advogados.</td><td>Comprovação de 10 anos de carreira, reputação ilibada e notável conhecimento jurídico.</td></tr>
<tr><td colspan="3">Em qualquer dos casos, o vitaliciamento é automático no ato da posse.</td></tr>
</table>

IMPORTANTE

Não se fala em quinto constitucional quando se tratar do Superior Tribunal de Justiça, haja vista que ali temos o terço constitucional, nos moldes do **art. 104, parágrafo único, da Constituição Federal**.

13.5 Supremo Tribunal Federal

O Supremo Tribunal Federal tem previsão constitucional nos **arts. 101 a 103-A da Constituição Federal**, sendo o órgão de cúpula do Poder Judiciário brasileiro.

É composto por **11 ministros**, todos escolhidos pelo **Presidente da República** dentre os **cidadãos brasileiros natos com mais de 35 e menos de 65 anos de idade**, de **notável saber jurídico e reputação ilibada**.

Apesar de serem escolhidos e nomeados pelo Presidente da República, os membros do STF, antes da nomeação, devem ser **sabatinados e aprovados pela maioria absoluta do Senado Federal**.

As competências do Supremo Tribunal Federal estão previstas no **art. 102 da Constituição Federal**, cuja leitura é recomendada.

13.6 Superior Tribunal de Justiça

O Superior Tribunal de Justiça tem previsão constitucional nos **arts. 104 e 105 da Constituição Federal**, sendo composto por **33 ministros**, todos eles nomeados pelo Presidente da República, após sabatina e aprovação (por maioria absoluta) do Senado Federal.

As 33 vagas no STJ são preenchidas da seguinte forma:

a) 1/3 de juízes dos Tribunais Regionais Federais;

b) 1/3 de desembargadores dos Tribunais de Justiça;

c) 1/3 de advogados e membros do Ministério Público.

As competências do STJ estão previstas no **art. 105 da Constituição Federal**, cuja leitura é recomendada.

Ademais, é importante citarmos que funcionam junto ao STJ dois importantes órgãos: a Escola Nacional de Aperfeiçoamento e Formação de Magistrados e o Conselho da Justiça Federal, que é responsável pela supervisão administrativa e orçamentária da Justiça Federal, nos termos do que estabelece o **art. 105, parágrafo único, da Constituição Federal**.

13.7 Justiça Comum Estadual

Atuam perante a Justiça Comum Estadual os juízes de direito (1ª instância) e os Tribunais de Justiça (2ª instância), sendo esta aquela que possui **competência residual**, ou seja, será competente a Justiça Comum Estadual quando não for competente nenhuma das Justiças Especializadas (do Trabalho, Eleitoral ou Militar) e nem mesmo a Justiça Comum Federal.

A respeito da competência da Justiça Comum Estadual, muita atenção às **Súmulas 556 e 508 do STF**: compete à Justiça Estadual o processamento e o julgamento das causas envolvendo as sociedades de economia mista, dentre elas, o Banco do Brasil.

E a Justiça Militar Estadual?

Os estados com efetivo militar superior a 20 mil integrantes, por meio de lei estadual, por iniciativa do Tribunal de Justiça, poderão criar a Justiça Militar Estadual, que, em 1ª instância, é composta pelos Conselhos de Justiça e juízes militares e, em 2ª instância, pelo Tribunal de Justiça Militar.

13.8 Justiça Comum Federal

A Justiça Comum Federal é composta, em 1ª instância, pelos juízes federais e, em 2ª instância, pelos Tribunais Regionais Federais, que são compostos de, no mínimo, 7 juízes, estes nomeados pelo Presidente da República dentre os brasileiros (natos ou naturalizados) com mais de 35 e menos de 65 anos de idade.

Nos Tribunais Regionais Federais, 1/5 das vagas é preenchido por meio das regras do quinto constitucional (**art. 94 da CF**), ao passo que as demais vagas (4/5) são preenchidas por juízes federais com mais de cinco anos de exercício, sempre alternadamente por antiguidade e merecimento.

As competências dos Tribunais Regionais Federais estão previstas no **art. 108 da Constituição Federal**, ao passo que as competências da Justiça Federal (1ª instância) estão previstas no **art. 109 da Constituição Federal**, cuja leitura é recomendadíssima.

13.9 As súmulas vinculantes

Para finalizarmos o estudo do Poder Judiciário, é imprescindível que tratemos das chamadas súmulas **vinculantes**, com previsão no **art. 103-A da Constituição Federal**, bem como na **Lei n. 11.417/2006**.

Elas são elaboradas pelo Supremo Tribunal Federal e possuem **força vinculativa**, razão pela qual devem ser obedecidas por todos os órgãos do Poder Judiciário, bem como pela Administração Pública direta e indireta de todos os entes federados.

ATENÇÃO

As **súmulas vinculantes** apenas não exercem sua eficácia vinculante em face do próprio Supremo Tribunal Federal, bem como não atingem a função legislativa do Poder Legislativo.

Quem pode propor ao STF a elaboração, o cancelamento ou a revisão de uma súmula vinculante?

Legitimados para iniciativa de elaboração, cancelamento ou revisão de súmula vinculante
1) O próprio Supremo Tribunal Federal, de ofício;
2) Os legitimados para ação direta de inconstitucionalidade **(art. 103 da CF)**;
3) Defensor Público-Geral da União;
4) Tribunais do Poder Judiciário.

O quórum de aprovação, revisão ou cancelamento de súmula vinculante é de 2/3 dos membros do Supremo Tribunal Federal, o que corresponde, na prática, a oito ministros.

Por fim, em caso de descumprimento de súmula vinculante, é cabível **reclamação** ao Supremo Tribunal Federal.

13.10 Questões

1. (FCC – TRT 4ª Região – Técnico Judiciário – Área Administrativa) Sobre a responsabilidade do Presidente da República, levando-se em conta que em regimes democráticos não existem governantes irresponsáveis, e considerando o que Lineu é juiz federal titular de vara de competência mista e deve decidir acerca da sua competência com relação a três processos que lhe foram distribuídos: o primeiro trata de causa de ação referente a acidente de trabalho, na qual entidade autárquica Federal (INSS) figura como ré; o segundo se refere a causa entre Estado estrangeiro e município; e o terceiro versa sobre crime contra a organização do trabalho. Com base na Constituição Federal, Lineu deve dar-se por:

A) incompetente para processar e julgar a primeira causa e competente para processar e julgar a segunda e a terceira causas.

B) competente para processar e julgar a primeira causa e incompetente para processar e julgar a segunda e a terceira causas.

C) competente para processar e julgar as três causas.

D) incompetente para processar e julgar as três causas.

E) competente para processar e julgar a primeira e a segunda causas e incompetente para processar e julgar a terceira causa.

↘ Resolução:

A) *Correta.* Nos termos da Súmula 501 do STF, compete à Justiça Estadual o processo e o julgamento de acidentes do trabalho, ainda que promovidos contra a União, suas autarquias, empresas públicas e sociedades de economia mista, salvo se a ação for proposta contra o empregador, relacionando-se a causa laboral, oportunidade em que a competência será da Justiça do Trabalho, nos termos da Súmula Vinculante 22 do STF. Ademais, de fato, é de competência da Justiça Federal o processo e julgamento das causas envolvendo Estado estrangeiro e municípios (art. 109, II, da CF) e os crimes contra a organização do trabalho (art. 109, VI, da CF).

B) *Incorreta. Vide* comentários à alternativa "A".

C) *Incorreta. Vide* comentários à alternativa "A".

D) *Incorreta. Vide* comentários à alternativa "A".

E) *Incorreta. Vide* comentários à alternativa "A".

↗ Gabarito: "A".

2. (FCC – TRT 2ª Região – Analista Judiciário – Área Judiciária) A partir de representação efetuada por jurisdicionado, o Conselho Nacional de Justiça (CNJ) avoca processo administrativo disciplinar em curso em face de determinado magistrado vinculado a Tribunal Regional do Trabalho. Dando andamento ao processo disciplinar em questão, no qual é assegurada ampla defesa ao acusado, o CNJ aplica ao magistrado a penalidade de aposentadoria compulsória com proventos proporcionais ao tempo de serviço. Nessa hipótese, à luz da Constituição Federal, a penalidade foi imposta ao magistrado:

A) irregularmente, uma vez que não dispõe o CNJ de competência para avocar processos disciplinares em andamento, mas tão somente para revisar, de ofício ou mediante provocação, os que hajam sido julgados há menos de um ano, cabendo ao magistrado impetrar mandado de segurança, de competência originária do Supremo Tribunal Federal, para anulá-la.

B) irregularmente, uma vez que a competência para eventualmente avocar processos disciplinares contra magistrados vinculados a Tribunais Regionais do Trabalho não é do CNJ, e sim do Conselho Superior da Justiça do Trabalho, ao qual compete exercer a supervisão administrativa da Justiça do Trabalho de primeiro e segundo graus, cabendo ao magistrado ajuizar reclamação perante o Tribunal Superior do Trabalho.

C) regularmente, diante da competência originária e concorrente conferida pela Constituição ao CNJ na aplicação de medidas disciplinares contra membros do Poder Judiciário, inclusive aposentadoria compulsória com proventos proporcionais ao tempo de serviço, assegurada ampla defesa ao acusado.

D) irregularmente, pois a competência conferida pela Constituição ao CNJ na aplicação de medidas disciplinares de modo concorrente ao órgão correcional originariamente competente restringe-se a processos administrativos envolvendo servidores, e não magistrados, ademais de não lhe ser dado aplicar pena de aposentadoria compulsória, cabendo a decisão respectiva ser anulada, mediante ajuizamento, pelo magistrado, de ação de competência originária do Supremo Tribunal Federal.

E) irregularmente, uma vez que não dispõe o CNJ de competência para avocar processos disciplinares em andamento, mas tão somente para revisar, de ofício ou mediante provocação, os que hajam sido julgados há menos de um ano, cabendo ao magistrado ajuizar arguição de descumprimento de preceito fundamental perante o Supremo Tribunal Federal em face da decisão respectiva.

↘ Resolução:

A) *Incorreta.* O CNJ pode avocar processos disciplinares em curso e determinar a remoção, disponibilidade ou aposentadoria compulsória, desde que respeitada a ampla defesa, nos termos do art. 103-B, § 4º, III, da Constituição Federal.

B) *Incorreta.* O CNJ pode avocar processos disciplinares em curso e determinar a remoção, disponibilidade ou aposentadoria compulsória, desde que respeitada a ampla defesa, nos termos do art. 103-B, § 4º, III, da Constituição Federal.

C) *Correta.* De fato, o CNJ pode avocar processos disciplinares em curso e determinar a remoção, disponibilidade ou aposentadoria compulsória, desde que respeitada a ampla defesa, nos termos do art. 103-B, § 4º, III, da Constituição Federal.

D) *Incorreta.* O CNJ pode avocar processos disciplinares em curso e determinar a remoção, disponibilidade ou aposentadoria compulsória, desde que respeitada a ampla defesa, nos termos do art. 103-B, § 4º, III, da Constituição Federal.

E) *Incorreta.* O CNJ pode avocar processos disciplinares em curso e determinar a remoção, disponibilidade ou aposentadoria compulsória, desde que respeitada a ampla defesa, nos termos do art. 103-B, § 4º, III, da Constituição Federal.

↗ Gabarito: "C".

3. (FGV – TJSC – Técnico Judiciário Auxiliar) Antônio, Juiz de Direito, com o objetivo de colaborar para o crescimento do País, estava refletindo sobre a possibilidade de se filiar a um partido político e de se dedicar ao magistério superior, ministrando a disciplina "Ciência Política". Considerando as vedações que recaem sobre os magistrados, Antônio:

A) pode exercer o magistério e, autorizado pelo Tribunal, filiar-se a partido político;

B) apenas não pode filiar-se a partido político;

C) não pode praticar nenhuma das condutas;

D) apenas não pode exercer o magistério;

E) pode praticar ambas as condutas.

↘ Resolução:

A) *Incorreta.* Aos juízes é vedada a dedicação a atividade político-partidária, nos termos do art. 95, parágrafo único, III, da Constituição Federal.

B) *Correta.* De fato, os juízes podem exercer uma função de magistério, conforme autoriza o art. 95, parágrafo único, I, da Constituição Federal.

C) *Incorreta.* Na verdade, os juízes podem exercer uma função de magistério, conforme autoriza o art. 95, parágrafo único, I, da Constituição Federal, ainda que de fato não possam exercer atividade político-partidária.

D) *Incorreta.* Os juízes podem exercer uma função de magistério, conforme autoriza o art. 95, parágrafo único, I, da Constituição Federal.

E) *Incorreta.* Na verdade, os juízes podem exercer uma função de magistério, conforme autoriza o art. 95, parágrafo único, I, da Constituição Federal, ainda que de fato não possam exercer atividade político-partidária.

↗ Gabarito: "B".

14. FUNÇÕES ESSENCIAIS À JUSTIÇA (ADVOGADO, MINISTÉRIO PÚBLICO, DEFENSORIA, ADVOCACIA PÚBLICA)

O constituinte originário trouxe, a partir do art. 127 da Constituição Federal, aqueles que mantêm funções de essencialidade ao funcionamento da atuação jurisdicional do Estado (Poder Judiciário). Importantes inserções foram feitas pelas Emendas Constitucionais n. 19/98 e n. 45/2004.

A Constituição Federal atribuiu a cada uma das "essenciais" garantias características e apontamentos quanto à atuação dentro da perspectiva de um Estado Democrático de Direito.

14.1 Ministério Público

O Ministério Público é instituição de caráter permanente, com a função constitucional de defender a ordem pública, o regime democrático e os interesses sociais e individuais indisponíveis. Como forma de garantir suas características (veremos a seguir), o Ministério Público tem garantida sua autonomia administrativa, de modo que, existindo dotação orçamentária e autorização legislativa, cabe-lhe a propositura (respeitando os limites indicados na Lei de Diretrizes Orçamentárias) de cargos e serviços a serem preenchidos e compostos a partir de concurso público de provas e títulos (aos membros do Ministério Público, é exigido o cumprimento de três anos de atividade jurídica).

Como princípios institucionais, a Constituição relacionou a **UNIDADE**, a **INDIVISIBILIDADE** e a **INDEPENDÊNCIA FUNCIONAL**.

a) **Unidade:** os membros integram um só órgão, chefiados pelo Procurador-Geral da República (estruturação federal) e pelo Procurador-Geral de Justiça (estruturação estadual).

b) **Indivisibilidade:** a atuação dos membros sempre será em nome da totalidade da instituição, não podendo ocorrer individualmente.

c) **Independência funcional:** deve ser observada pelos membros a atuação em harmonia com a lei e a própria convicção, não devendo existir qualquer imposição hierárquica superior.

O Ministério Público é composto por órgãos indicados no art. 128 da Constituição Federal:

Estruturação	Composição	Chefia
Ministério Público da União (União)	MP Federal MP Trabalho MP Militar MP Distrito Federal e Territórios	PGR (Procurador-Geral da República)
Ministério Público Estadual (Estado)	MP Estadual	PGJ (Procurador-Geral de Justiça)

O **PGR** será nomeado pelo Presidente da República após aprovação por maioria absoluta dos membros do Senado Federal. Deve possuir mais de 35 anos, ser integrante da carreira (deve pertencer à carreira, não sendo nomeado livremente, como no caso do STF), e cumprirá mandato de dois anos, permitida única recondução.

Antes do fim do prazo de seu mandato, pode existir hipótese de destituição por parte da autoridade nomeante, qual seja, o Presidente da República. Para isso, no entanto, é necessário que exista, de igual forma, a autorização de maioria absoluta do Senado Federal. Tanto a nomeação quanto a destituição se darão por votação fechada (sigilosa) pelos parlamentares indicados.

Os **Ministérios Públicos dos Estados e o do Distrito Federal e Territórios** formarão lista tríplice dentre integrantes da carreira, na forma da lei respectiva, para escolha de seu Procurador-Geral, que será nomeado pelo Chefe do Poder Executivo, para mandato de dois anos, permitida uma recondução (art. 128, § 3º, da CF). E, de igual modo, poderão ser destituídos por deliberação da maioria absoluta do Poder Legislativo, na forma da lei complementar respectiva.

1) Garantias constitucionais

O art. 128, I, da Constituição Federal estabelece as seguintes garantias aos membros do Ministério Público:

a) **vitaliciedade**, após dois anos de exercício, não podendo perder o cargo senão por sentença judicial transitada em julgado;

b) **inamovibilidade**, salvo por motivo de interesse público, mediante decisão do órgão colegiado competente do Ministério Público, pelo voto da maioria absoluta de seus membros, assegurada ampla defesa;

c) **irredutibilidade de subsídio**, fixado na forma do art. 39, § 4º, e ressalvado o disposto nos arts. 37, X e XI, 150, II, 153, III, e 153, § 2º, I.

2) Vedações constitucionais

O art. 128, II, da Constituição Federal também indica quais são as vedações que devem ser observadas pelos membros do Ministério Público:

a) receber, a qualquer título e sob qualquer pretexto, honorários, percentagens ou custas processuais;

b) exercer a advocacia;

c) participar de sociedade comercial, na forma da lei;

d) exercer, ainda que em disponibilidade, qualquer outra função pública, salvo uma de magistério;

e) exercer atividade político-partidária;

f) receber, a qualquer título ou pretexto, auxílios ou contribuições de pessoas físicas, entidades públicas ou privadas, ressalvadas as exceções previstas em lei.

3) Funções institucionais do Ministério Público (art. 129 da CF)

Estabelecidas pelo art. 129 da Constituição Federal, as funções institucionais do Ministério Público envolvem as seguintes situações:

> I – promover, privativamente, a ação penal pública, na forma da lei;
>
> II – zelar pelo efetivo respeito dos Poderes Públicos e dos serviços de relevância pública aos direitos assegurados nesta Constituição, promovendo as medidas necessárias a sua garantia;
>
> III – promover o inquérito civil e a ação civil pública, para a proteção do patrimônio público e social, do meio ambiente e de outros interesses difusos e coletivos;
>
> IV – promover a ação de inconstitucionalidade ou representação para fins de intervenção da União e dos Estados, nos casos previstos nesta Constituição;
>
> V – defender judicialmente os direitos e interesses das populações indígenas;
>
> VI – expedir notificações nos procedimentos administrativos de sua competência, requisitando informações e documentos para instruí-los, na forma da lei complementar respectiva;
>
> VII – exercer o controle externo da atividade policial, na forma da lei complementar mencionada no artigo anterior;
>
> VIII – requisitar diligências investigatórias e a instauração de inquérito policial, indicados os fundamentos jurídicos de suas manifestações processuais;

IX – exercer outras funções que lhe forem conferidas, desde que compatíveis com sua finalidade, sendo-lhe vedada a representação judicial e a consultoria jurídica de entidades públicas.

4) Conselho Nacional do Ministério Público (CNMP)

O CNMP é o órgão responsável pela fiscalização do Ministério Público (atuação de natureza administrativa, financeira e funcional dos membros – § 2º do art. 130-A da CF). A composição do órgão se dá por 14 membros, nomeados pelo Presidente da República, após aprovação pela maioria absoluta do Senado Federal, para um mandato de dois anos, admitida uma recondução.

Todos os membros devem ser oriundos do próprio Ministério Público, da Magistratura, da Advocacia e da sociedade (dois cidadãos de notável saber jurídico e reputação ilibada, indicados um pela Câmara dos Deputados e outro pelo Senado Federal).

14.2 Advocacia pública

A advocacia pública é composta por advogados públicos que representam instituições, órgãos da Administração Pública direta e indireta, defendendo o interesse do Estado (de modo geral), judicial e extrajudicialmente, além de prestarem consultoria e assessoramento jurídico (art. 131 da CF).

A Advocacia-Geral da União (art. 131 da CF), cujo ingresso na carreira depende de concurso público de provas e títulos, é a representação judicial e extrajudicial da União, e da forma como indicado inicialmente, cabendo-lhe também consultoria e assessoramento do Poder Executivo.

A chefia da carreira é exercida pelo Advogado-Geral da União, este de livre nomeação do Presidente da República (é necessário que seja cidadão brasileiro, maior de 35 anos de idade, detentor de notório saber jurídico e reputação ilibada). Diferentemente do Ministério Público, não se impõe que o cargo de chefia seja ocupado por alguém oriundo da carreira (livre nomeação – § 1º do art. 131 da CF).

A Procuradoria-Geral do Estado e do Distrito Federal, por sua vez, exerce função semelhante no âmbito dos entes respectivos (representação, assessoramento e consultoria jurídica).

A chefia de carreira é exercida pelo Procurador-Geral do Estado, de livre nomeação pelo governador do Estado ou do Distrito Federal, e o ingresso na carreira de procurador depende de aprovação de provas e títulos, com a participação da Ordem dos Advogados do Brasil em todas as suas fases.

Por fim, o art. 132 da Constituição Federal indica que os procuradores terão assegurada a estabilidade após três anos de efetivo exercício, mediante avaliação de desempenho perante os órgãos próprios, após relatório circunstanciado das corregedorias.

14.3 Advocacia

A advocacia veio indicada pelo art. 133 da Constituição Federal como "O advogado é indispensável à administração da justiça, sendo inviolável por seus atos e manifestações no exercício da profissão, nos limites da lei". As atividades privativas estão relacionadas logo no art. 1º da Lei n. 8.906/94, tais como a postulação perante os órgão do Poder Judiciário (possuem exceções que serão tratadas a seguir), assessoria, consultoria e direção jurídica, além do ato de visar atos constitutivos de pessoas jurídicas quando levadas a registro nos órgãos competentes (com exceção das MEs, EPPs e EIRELIs que possuam enquadramento em ME ou EPP).

A OAB é órgão que possui atribuições de representação de classe, além de outras envolvendo a defesa do Estado Democrático de Direito, a justiça social, a boa aplicação das leis, a rápida administração da justiça, a defesa dos direitos humanos e o aperfeiçoamento das instituições. Importante lembrar que o órgão máximo de representação, Conselho Federal da OAB, é, ainda, um dos legitimados universais destacados no art. 103 da Constituição Federal (legitimados a propor ações de controle concentrado de constitucionalidade).

De início, cabe destacar que a indispensabilidade resulta em afirmar que o advogado nunca poderá ser "dispensado", muito embora existam circunstâncias e situações em que sua presença é prescindível, por não se exigir capacidade postulatória ao exercício de um direito. Por exemplo, nos casos envolvendo:

a) *habeas corpus*;
b) ação de alimentos;
c) requerimento das medidas protetivas de urgência da Lei Maria da Penha;
d) Juizado Especial Cível Estadual (até 20 salários mínimos);
e) Juizado Especial Cível Federal (até 60 salários mínimos);
f) Justiça do Trabalho (1ª instância, recursos em âmbito do TRT);
g) habilitação para o casamento.

Para ser advogado, deve o interessado cumprir com os requisitos estabelecidos no art. 8º da Lei n. 8.906/94 (Estatuto da OAB e da Advocacia), dentre eles, a aprovação no Exame de Ordem (o STF considera constitucional o exame; referência: RExt 603.583). O Estatuto, além de trazer a regulamentação da atividade, também relaciona as prerrogativas (garantias ao exercício da atividade), que possuem a premissa de inexistência de qualquer hierarquia entre advogados, membros do Ministério Público e magistrados, devendo todos se tratar com respeito mútuo e consideração.

Dentre as prerrogativas, destaca-se uma relacionada pelo próprio texto constitucional, que é a inviolabilidade do advogado em suas manifestações no exercício da profissão e nos limites da lei. No caso, a lei é o próprio Estatuto da OAB, de modo especial, o § 2º do art. 7º, que dispõe que não constituirão injúria ou difamação as manifestações do advogado, no exercício de sua atividade, em juízo ou fora dele. Tudo isso sem prejuízo das sanções disciplinares perante a OAB, pelos excessos que cometer.

Destaca-se, quanto a essa prerrogativa indicada, que, por força da ADI 1.127-8, foi declarada inconstitucional a imunidade abrangendo o crime de desacato.

Outra relevante prerrogativa, com impacto na disciplina de direito constitucional, está na Súmula Vinculante 14, que garante ao advogado:

> (...) ter acesso amplo aos elementos de prova que, já documentados em procedimento investigatório realizado por órgão com competência de polícia judiciária, digam respeito ao exercício do direito de defesa.

A Súmula Vinculante 47, em âmbito dos honorários sucumbenciais, estabelece que:

> Os honorários advocatícios incluídos na condenação ou destacados do montante principal devido ao credor consubstanciam verba de natureza alimentar cuja satisfação ocorrerá com a expedição de precatório ou requisição de pequeno valor, observada ordem especial restrita aos créditos dessa natureza.

Por fim, cabe destacar que a Ordem dos Advogados do Brasil é considerada uma autarquia *sui generis*, sem qualquer vínculo com a Administração Pública, mantendo-se isenta e autônoma. Essa condição lhe garante a imunidade tributária de seus órgãos (mais recentemente, fazendo incluir as caixas de assistência ao advogado – RE 405.267/MG, rel. Min. Luiz Edson Fachin, j. 6-9-2018).

14.4 Defensoria pública

A defensoria pública é instituição permanente, essencial à função jurisdicional do Estado, cabendo-lhe a orientação jurídica, a promoção dos direitos humanos e a defesa, em todos os graus, judicial e extrajudicial, dos direitos individuais e coletivos, de forma integral e gratuita, aos necessitados (art. 134 da CF, combinado com o art. 5º, LXXIV, da CF).

Possui como princípios institucionais a unidade, a indivisibilidade, a independência funcional, além da aplicação, no que couber, do disposto na norma contida no disposto no art. 93 e no inciso II do art. 96 da Constituição Federal. É vedado ao defensor público o exercício da advocacia fora das atribuições institucionais.

A Constituição Federal ainda dispõe no § 1º do art. 134 que lei complementar organizará a Defensoria Pública da União e do Distrito Federal e dos Territórios e prescreverá normas gerais para sua organização nos estados, em cargos de carreira, providos, na classe inicial, mediante concurso público de provas e títulos, assegurando-se a inamovibilidade ao defensor.

14.5 Questões

1. (IPAD – PGE/PE) Sobre as Funções Essenciais à Justiça na Constituição, marque a alternativa INCORRETA:

A) O Ministério Público tem a função institucional de promover, privativamente, a ação penal pública, na forma da lei.

B) A Procuradoria-Geral da Fazenda Nacional representa a União na execução da dívida ativa de natureza tributária.

C) A consultoria jurídica dos Estados e do Distrito Federal é exercida por Advogados nomeados em cargos em comissão pelo chefe do Poder Executivo.

D) O advogado é indispensável à administração da justiça, sendo inviolável por seus atos e manifestações no exercício da profissão, nos limites da lei.

E) Incumbe à Defensoria Pública a orientação jurídica e a defesa dos necessitados.

↘ Resolução:

A) *Correta.* Com fundamento no art. 129 da Constituição Federal.

B) *Correta.* Com fundamento no art. 131, § 3º, da Constituição Federal.

C) *Incorreta.* De acordo com o art. 132 da CF: "Os Procuradores dos Estados e do Distrito Federal, organizados em carreira, na qual o ingresso dependerá de concurso público de provas e títulos, com a participação da Ordem dos Advogados do Brasil em todas as suas fases, exercerão a representação judicial e a consultoria jurídica das respectivas unidades federadas".

D) *Correta.* Com fundamento no art. 133 da Constituição Federal.

E) *Correta.* Com fundamento no art. 134 da Constituição Federal.

2. (FCC – DPE/RS) A Constituição Federal brasileira assegura aos Defensores Públicos:

A) o exercício da advocacia fora das atribuições institucionais, nos termos da lei.

B) o exercício da advocacia fora das atribuições institucionais, nos termos da lei, e a inamovibilidade.

C) o exercício da advocacia fora das atribuições institucionais, nos termos da lei, e a autonomia funcional.

D) o exercício de dois cargos públicos de Defensor Público.

E) a inamovibilidade.

↘ Resolução:

A) *Incorreta.* O § 1º do art. 134 da Constituição Federal dispõe ser vedado o exercício da advocacia fora das atribuições institucionais.

B) *Incorreta.* O § 1º do art. 134 da Constituição Federal dispõe ser vedado o exercício da advocacia fora das atribuições institucionais.

C) *Incorreta.* O § 1º do art. 134 da Constituição Federal dispõe ser vedado o exercício da advocacia fora das atribuições institucionais.

D) *Incorreta.* Não há como cumular dois cargos idênticos. Basta que seja aprovado em concurso de provas e títulos para que seja ocupante do cargo.

E) *Correta.* O art. 134, § 1º, da Constituição Federal estabelece a garantia de inamovibilidade.

↗ Gabarito: "E".

3. **(FCC – DPE/RS)** A função estabelecida constitucionalmente à Defensoria Pública consiste em:

A) defender a ordem jurídica, o regime democrático e os interesses sociais e individuais indisponíveis.

B) desempenhar as atividades de consultoria e assessoramento jurídico do Poder Executivo.

C) promover a orientação jurídica e a defesa, em todos os graus, dos necessitados.

D) fiscalizar as atividades desempenhadas pelo Poder Executivo e a implantação de políticas públicas essenciais.

E) elaborar projetos de lei voltados à melhoria das condições de vida da população carente e à erradicação da pobreza.

↘ **Resolução:**

A) *Incorreta.* Trata-se de atribuição constitucional conferida ao Ministério Público (art. 127 da CF).

B) *Incorreta.* A consultoria e o assessoramento do Poder Executivo são realizados pela AGU (art. 131 da CF).

C) *Correta.* Conforme art. 134 da Constituição Federal.

D) *Incorreta.* A fiscalização do Poder Público será realizada, principalmente, pelo Ministério Público. Isso, no entanto, não obsta que qualquer cidadão fiscalize os atos públicos (ação popular).

E) *Incorreta.* A elaboração de projetos de leis não é atribuição da Defensoria Pública, mas do Congresso Nacional (plano federal).

↗ **Gabarito: "C".**

15. DEFESA DO ESTADO

Os institutos de defesa do Estado e das instituições democráticas estão previstos nos **arts. 136 a 141 da Constituição Federal**. São eles o **estado de defesa e o estado de sítio**.

Iniciemos nosso estudo com o estado de defesa, que tem previsão no **art. 136 da Constituição Federal**, sendo considerado o menos rigoroso dos dois.

15.1 Estado de defesa

O estado de defesa é decretado pelo Presidente da República, sem a necessidade de autorização prévia do Congresso Nacional. Na verdade, o Presidente da República deve ouvir apenas os Conselhos da República e de Defesa Nacional para decretação do estado de defesa, que será submetido **posteriormente** à **aprovação da maioria absoluta** do Congresso Nacional.

IMPORTANTE

A oitiva do Conselho da República e de Defesa Nacional é obrigatória, mas os pareceres por eles emitidos não são vinculativos.

O **decreto de estado de defesa** deve indicar as áreas abrangidas, as medidas coercitivas a serem adotadas e o seu **prazo de duração**, que será de, no **máximo, 30 dias, prorrogável uma única vez por mais 30 dias**. Se esse prazo prorrogado não for suficiente para a estabilização objetivada, poderá ser o caso de decretação de **estado de sítio**.

IMPORTANTE

Se houver a prorrogação do estado de defesa, deverá esta também ser submetida a nova aprovação do Congresso Nacional.

Para o sucesso do estado de defesa, podem ser tomadas as seguintes medidas coercitivas:

Medidas coercitivas admitidas no estado de defesa (art. 136, § 1º, I e II, da CF)
Restrições ao direito de reunião, ainda que exercido dentro das associações.
Restrições ao sigilo de correspondência.
Restrições ao sigilo de comunicação telegráfica e telefônica.
Ocupação e uso temporário de bens e serviços públicos, no caso de calamidade pública.

E quais são as situações que admitem a decretação do estado de defesa? Estão previstas no **art. 136, *caput*, da Constituição Federal**.

Hipóteses que autorizam a decretação do estado de defesa (art. 136 da CF)	
Preservar ou prontamente restabelecer, em locais restritos e determinados, a ordem pública ou a paz social quando:	a) houver ameaça decorrente de grave e iminente instabilidade institucional;
	b) ocorrer calamidade de grandes proporções da natureza.

15.2 Estado de sítio

O estado de sítio é mais rigoroso que o estado de defesa e está previsto no **art. 137 da Constituição Federal**. Ele também é decretado pelo Presidente da República após a oitiva do Conselho da República e do Conselho de Defesa Nacional, mas, nesse caso, depende de **autorização** anterior da **maioria absoluta** do Congresso Nacional.

O estado de sítio também tem duração de até 30 dias, mas, nesse caso, são admitidas sucessivas prorrogações (cada uma pelo prazo de até 30 dias), SALVO se se tratar de decretação em razão de declaração de guerra ou de resposta a agressão armada estrangeira, quando o decreto do estado de sítio perdurará pelo tempo em que se fizer necessário.

São medidas coercitivas admitidas no estado de sítio:

Medidas coercitivas admitidas no estado de sítio (art. 139 da CF)
Obrigação de permanência em localidade determinada.
Detenção em edifício não destinado a acusados ou condenados por crimes comuns.
Restrições relativas à inviolabilidade de correspondência, ao sigilo das comunicações, à prestação de informações e à liberdade de imprensa, radiofusão e televisão, na forma da lei.
Suspensão da liberdade de reunião.
Busca e apreensão em domicílio.
Intervenção nas empresas de serviços públicos.
Requisição de bens.

E quais são as situações que admitem a decretação do estado de sítio? Estão previstas no **art. 137 da Constituição Federal**.

Hipóteses que autorizam a decretação do estado de sítio (art. 137 da CF)
a) Comoção de grave repercussão nacional;
b) Ocorrência de fatos que comprovem a ineficácia de medida tomada durante o estado de defesa;
c) Declaração de estado de guerra ou resposta a agressão armada estrangeira.

15.3 Questões

1. (CESPE – TRT 10ª Região – Analista Judiciário – Área Judiciária – adaptada) Julgue o item seguinte, a respeito do estado de defesa e do estado de sítio.

O estado de defesa e o estado de sítio são medidas excepcionais previstas no texto constitucional e visam à restauração da ordem em momentos de crise.

↘ Resolução:

Correto. De fato, tanto o estado de defesa (menos rigoroso) quanto o estado de sítio (mais rigoroso) são medidas excepcionais que objetivam a restauração da ordem em momentos de crise.

2. (CESPE – TRT 10ª Região – Analista Judiciário – Área Judiciária – adaptada) Julgue o item seguinte, a respeito do estado de defesa e do estado de sítio.

O Congresso Nacional deixará de funcionar enquanto vigorar o estado de defesa.

↘ **Resolução:**

Incorreto. O Congresso Nacional não deixará de funcionar durante o estado de defesa. Muito pelo contrário, pois o art. 136, § 5º, da Constituição Federal estabelece que o Congresso Nacional, se estiver em recesso, será convocado extraordinariamente, no prazo de cinco dias.

Ademais, o art. 136, § 6º, da Constituição Federal estabelece que o Congresso Nacional deverá apreciar o decreto do estado de defesa no prazo de 10 dias, contado de seu recebimento, devendo continuar funcionando durante todo o período em que vigorar o estado de defesa.

3. (FCC – TRT – 11ª Região – Analista Judiciário – Área Judiciária) **Gustavo, Presidente da República, após ouvidos o Conselho da República e o Conselho de Defesa Nacional, decretou estado de defesa para preservar, em local restrito e determinado, a ordem pública ameaçada por grave e iminente instabilidade institucional, indicando no decreto, segundo a Constituição Federal, nos termos e limites da lei, as medidas coercitivas a vigorarem, podendo restringir os direitos de:**

A) ir e vir, sujeito à pena de banimento, apenas.

B) ir e vir, sujeito à prisão perpetua e multa.

C) imagem e de propriedade intelectual.

D) reunião, ainda que exercida no seio das associações, sigilo de correspondência e sigilo de comunicação telegráfica e telefônica.

E) livre manifestação do pensamento e de propriedade imóvel.

↘ **Resolução:**

A) *Incorreta.* O exercício do direito de ir e vir não está sujeito a restrição no estado de defesa, nos termos do art. 136, § 1º, da Constituição Federal. Ademais, a pena de banimento é proibida no Brasil, nos termos do art. 5º, XLVII, da Constituição Federal.

B) *Incorreta.* O exercício do direito de ir e vir não está sujeito a restrição no estado de defesa, nos termos do art. 136, § 1º, da Constituição Federal. Ademais, a pena de caráter perpétuo é proibida no Brasil, nos termos do art. 5º, XLVII, da Constituição Federal.

C) *Incorreta.* O direito à imagem e à propriedade intelectual não está sujeito a restrição durante o estado de defesa.

D) *Correta.* De fato, é o que estabelece o art. 136, § 1º, I, da Constituição Federal.

E) *Incorreta.* Não se trata de direitos que possam ser restringidos durante o estado de defesa.

↗ **Gabarito: "D".**

16. ORDEM SOCIAL

Tratada nos arts. 193 a 232 da Constituição Federal, dispõe sobre direitos e traz inúmeros dispositivos de conteúdo programático (normas constitucionais de eficácia limitada de conteúdo programático). A ordem social, na redação do próprio texto, tem como base o primado do trabalho e como objetivo o bem-estar e a justiça sociais.

16.1 Seguridade social

A seguridade social é composta por um conjunto integrado de ações por parte do Poder Público e da sociedade que visam a assegurar direitos relativos a saúde, previdência e assistência social. Nesse cenário, o parágrafo único do art. 194 da Constituição Federal indica que são princípios e objetivos que norteiam a seguridade social:

> I – universalidade da cobertura e do atendimento;
>
> II – uniformidade e equivalência dos benefícios e serviços às populações urbanas e rurais;
>
> III – seletividade e distributividade na prestação dos benefícios e serviços;
>
> IV – irredutibilidade do valor dos benefícios;
>
> V – equidade na forma de participação no custeio;
>
> VI – diversidade da base de financiamento;
>
> VII – caráter democrático e descentralizado da administração, mediante gestão quadripartite, com participação dos trabalhadores, dos empregadores, dos aposentados e do Governo nos órgãos colegiados.

O financiamento da seguridade social se dará por toda a sociedade (lembrando que as entidades beneficentes de assistência social, atendendo às exigências legais, estarão isentas), de forma direta e indireta, por meio de recursos provenientes de todos os entes federativos em razão das contribuições sociais indicadas no art. 195 da CF, ao longo de seus incisos). Destacamos, ainda, que "nenhum benefício ou serviço da seguridade social poderá ser criado, majorado ou estendido sem a correspondente fonte de custeio total" (art. 193, § 5º, da CF).

16.2 Saúde

A todos é garantido o **direito à saúde**, cabendo ao estado o dever da **prestação** (atuação positiva por meio de políticas públicas), visando à redução do risco de doença e de outros agravos e ao acesso universal e igualitário às ações e serviços para sua promoção, proteção e recuperação. É um direito do cidadão de segunda geração (direitos sociais).

O Sistema Único de Saúde (SUS) será constituído por uma rede regionalizada e hierarquizada, sendo financiado com recursos do orçamento da seguridade social dos entes federativos (União, estados, Distrito Federal e municípios), além de outras fontes. No tocante aos entes federativos, o § 2º do art. 198 da Constituição Federal estabelece que, anualmente, serão aplicados às ações e serviços públicos de saúde os percentuais indicados pela sistemática apresentada nos incisos do mesmo dispositivo.

É permitida à iniciativa privada a assistência à saúde, sendo que instituições privadas poderão participar complementarmente ao SUS por meio de contratos ou convênios, devendo garantir preferência às entidades filantrópicas e às sem fins lucrativos.

ATENÇÃO

Outras atribuições de competência do SUS (art. 200 da CF):

I – controlar e fiscalizar procedimentos, produtos e substâncias de interesse para a saúde e participar da produção de medicamentos, equipamentos, imunobiológicos, hemoderivados e outros insumos;

II – executar as ações de vigilância sanitária e epidemiológica, bem como as de saúde do trabalhador;

III – ordenar a formação de recursos humanos na área de saúde;

IV – participar da formulação da política e da execução das ações de saneamento básico;

V – incrementar, em sua área de atuação, o desenvolvimento científico e tecnológico e a inovação;

VI – fiscalizar e inspecionar alimentos, compreendido o controle de seu teor nutricional, bem como bebidas e águas para consumo humano;

VII – participar do controle e fiscalização da produção, transporte, guarda e utilização de substâncias e produtos psicoativos, tóxicos e radioativos;

VIII – colaborar na proteção do meio ambiente, nele compreendido o do trabalho.

16.3 Previdência

Organizada sob a forma de regime geral, possui caráter contributivo (ou seja, "se não pagar, não tem direito"), de filiação obrigatória, e atenderá:

- cobertura dos eventos de incapacidade temporária ou permanente para o trabalho e idade avançada;
- proteção à maternidade, especialmente à gestante;
- proteção ao trabalhador em situação de desemprego involuntário;
- salário-família e auxílio-reclusão para os dependentes dos segurados de baixa renda;
- pensão por morte do segurado, homem ou mulher, ao cônjuge ou companheiro e dependentes (nenhum benefício será inferior ao salário mínimo).

Quanto à **aposentadoria**, a Constituição Federal, após a promulgação da Emenda Constitucional n. 103/2019, dispõe que não poderá existir adoção de requisitos e critérios diferenciados, ressalvada, nos termos de lei complementar, a possibilidade de previsão de idade e tempo de contribuição distintos da regra geral para concessão de aposentadoria exclusivamente em favor dos segurados:

- com deficiência, previamente submetidos a avaliação biopsicossocial realizada por equipe multiprofissional e interdisciplinar;
- cujas atividades sejam exercidas com efetiva exposição a agentes químicos, físicos e biológicos prejudiciais à saúde, ou associação desses agentes, vedada a caracterização por categoria profissional ou ocupação.

IMPORTANTE

Reforma da Previdência – Emenda Constitucional n. 103/2019

Em 12 de novembro de 2019, foi aprovada a chamada PEC da Previdência ou da Reforma Previdenciária. Trata-se da Emenda Constitucional n. 103/2019, que alterou o sistema de previdência social e também estabeleceu regras de transição.

É indispensável a leitura do texto dessa emenda, e aqui vamos tratar de pontos objetivos, por força da pertinência na abordagem desta obra.

A respeito da concessão de aposentadoria:

Idade mínima	• 65 anos para homens • 62 anos para mulheres
Tempo de contribuição	• 15 anos para as mulheres • 15 anos para homens que já estão no mercado de trabalho • 20 anos para homens que ainda não pagam INSS (regra de transição)
Trabalhadores rurais e em regime de economia familiar (incluídos o produtor rural, o garimpeiro e o pescador artesanal)	• 60 anos para homens • 55 anos para mulheres

Para o titular do cargo de professor que comprovar exclusivamente tempo de efetivo exercício das funções de magistério na educação infantil e no ensino fundamental e médio, os requisitos de idade e de tempo de contribuição serão:

- **Previdência privada:** é possível, como forma de complementar o regime geral, e não o substituir. Entre outras regras específicas, será sempre facultativo, autônomo, disciplinado por lei complementar e com independência financeira.
- **Regime de previdência do servidor público:** Lei n. 10.887/2004.
- **Aposentadoria da pessoa com deficiência segurada no Regime Geral de Previdência Social (RGPS):** regulamentada pela LC n. 142/2013.

16.4 Assistência social

Diferentemente da previdência, possui caráter assistencial e não contributivo, bastando que seja demonstrada a necessidade. Conforme o art. 203 da Constituição Federal, constituem objetivos da assistência social:

> I – a proteção à família, à maternidade, à infância, à adolescência e à velhice;
>
> II – o amparo às crianças e adolescentes carentes;
>
> III – a promoção da integração ao mercado de trabalho;
>
> IV – a habilitação e reabilitação das pessoas portadoras de deficiência e a promoção de sua integração à vida comunitária;

V – a garantia de um salário mínimo de benefício mensal à pessoa portadora de deficiência e ao idoso que comprovem não possuir meios de prover a própria manutenção ou de tê-la provida por sua família.

A Lei n. 8.742/93, conhecida como Lei Orgânica da Assistência Social – LOAS, é quem disciplina o benefício assistencial.

16.5 Educação

A educação é direito de todos e dever do estado e da família, devendo ser promovida e incentivada com a colaboração da sociedade, visando ao pleno desenvolvimento da pessoa, seu preparo para o exercício da cidadania e sua qualificação para o trabalho (art. 205 da CF), devendo observar os seguintes princípios na execução dessa promoção (art. 206 da CF):

I – igualdade de condições para o acesso e permanência na escola;

II – liberdade de aprender, ensinar, pesquisar e divulgar o pensamento, a arte e o saber;

III – pluralismo de ideias e de concepções pedagógicas, e coexistência de instituições públicas e privadas de ensino;

IV – gratuidade do ensino público em estabelecimentos oficiais;

V – valorização dos profissionais da educação escolar, garantidos, aos das redes públicas, na forma da lei, planos de carreira, com ingresso exclusivamente por concurso público de provas e títulos;

VI – gestão democrática do ensino público, na forma da lei;

VII – garantia de padrão de qualidade;

VIII – piso salarial profissional nacional para os profissionais da educação escolar pública, nos termos de lei federal.

A gratuidade do ensino público em estabelecimentos oficiais deu origem à Súmula Vinculante 12, que estabelece em seu enunciado que a cobrança de taxa de matrícula nas universidades públicas viola o disposto no inciso IV do art. 206 da Constituição Federal.

A Constituição Federal também estabelece que o ensino será de livre-iniciativa privada, desde que atenda aos requisitos de:

a) cumprir normas gerais da educação nacional; e

b) estar condicionado à autorização e avaliação de qualidade pelo Poder Público.

Acerca da divisão de atribuições de cada um dos entes:

União	• Organização do sistema federal de ensino e o dos Territórios. • Financiamento das instituições de ensino público federais. • Função redistributiva e supletiva, em matéria educacional, de forma a garantir equalização de oportunidades educacionais e padrão mínimo de qualidade do ensino mediante assistência técnica e financeira aos estados, Distrito Federal e municípios.
Estados e Distrito Federal	Atuarão, prioritariamente, nos ensinos fundamental e médio.
Municípios	Atuarão, prioritariamente, no ensino fundamental e na educação infantil.

16.6 Cultura

A Constituição Federal, em seu art. 215, estabelece que o Estado garantirá a todos o pleno exercício dos direitos culturais e o acesso às fontes da cultura nacional, apoiando e incentivando a valorização e a difusão das manifestações culturais. No mesmo sentido, dispõe o Texto que haverá, por parte do Estado, atuação protetiva às manifestações das culturas populares, indígenas e afro-brasileiras e de outros grupos participantes do processo civilizatório do país.

O art. 216 da Constituição Federal estabelece que constitui patrimônio cultural brasileiro os bens de natureza material e imaterial, tomados individualmente ou em conjunto, portadores de referência à identidade, à ação, à memória dos diferentes grupos formadores da sociedade brasileira, nos quais se incluem:

> I – as formas de expressão;
>
> II – os modos de criar, fazer e viver;
>
> III – as criações científicas, artísticas e tecnológicas;
>
> IV – as obras, objetos, documentos, edificações e demais espaços destinados às manifestações artístico-culturais;
>
> V – os conjuntos urbanos e sítios de valor histórico, paisagístico, artístico, arqueológico, paleontológico, ecológico e científico.

É importante a indicação de leitura do art. 216-A, que estabelece a organização e o regime de colaboração do Sistema Nacional de Cultura, o qual será regido pelos seguintes princípios (art. 216-A, § 1º, da CF):

> I – diversidade das expressões culturais;
>
> II – universalização do acesso aos bens e serviços culturais;
>
> III – fomento à produção, difusão e circulação de conhecimento e bens culturais;
>
> IV – cooperação entre os entes federados, os agentes públicos e privados atuantes na área cultural;
>
> V – integração e interação na execução das políticas, programas, projetos e ações desenvolvidas;
>
> VI – complementaridade nos papéis dos agentes culturais;
>
> VII – transversalidade das políticas culturais;
>
> VIII – autonomia dos entes federados e das instituições da sociedade civil;
>
> IX – transparência e compartilhamento das informações;
>
> X – democratização dos processos decisórios com participação e controle social;
>
> XI – descentralização articulada e pactuada da gestão, dos recursos e das ações;
>
> XII – ampliação progressiva dos recursos contidos nos orçamentos públicos para a cultura.

16.7 Desporto

Cabe ao Estado apoiar práticas desportivas formais ou não, como direito de cada um, devendo ser observadas regras como:

> I – a autonomia das entidades desportivas dirigentes e associações, quanto a sua organização e funcionamento;
>
> II – a destinação de recursos públicos para a promoção prioritária do desporto educacional e, em casos específicos, para a do desporto de alto rendimento;
>
> III – o tratamento diferenciado para o desporto profissional e o não profissional;
>
> IV – a proteção e o incentivo às manifestações desportivas de criação nacional.

Importante apontamento neste ponto se dá quanto à Justiça Desportiva, que, juntamente com o *habeas data* e a reclamação constitucional por descumprimento de súmula vinculante por parte da Administração Pública, é exceção ao princípio da inafastabilidade da jurisdição, sendo necessária demonstração do esgotamento da instância administrativa para só então ser possível buscar amparo jurisdicional (art. 217, § 1º, da CF).

16.8 Ciência, tecnologia e inovação

O art. 218 da Constituição Federal estabelece ao Estado o dever de promover e incentivar o desenvolvimento, a pesquisa, a capacitação científica e tecnológica e a inovação. O § 7º do mesmo dispositivo indica que o Estado também irá promover e incentivar a atuação das instituições públicas, dessas atividades indicadas no *caput*, no exterior.

O art. 219-B dispõe sobre o Sistema Nacional de Ciência, Tecnologia e Inovação, que será organizado em regime de colaboração entre os entes públicos e privados, visando à promoção do desenvolvimento científico e tecnológico e à inovação.

16.9 Comunicação social

Assegura a Constituição Federal, em seu art. 220, que não haverá qualquer restrição à manifestação do pensamento, criação, expressão e informação, sob qualquer forma. Inviabiliza qualquer disposição legal que venha a constituir embaraço à plena liberdade de informação jornalística (*vide* ADI 4.451), vedada toda e qualquer censura de natureza política, ideológica ou artística. Não poderá existir monopólio ou oligopólio dos meios de comunicação social, direta ou indiretamente.

O art. 221 da Constituição Federal estabelece que a produção de programação das emissoras de rádio e televisão deverá atender aos princípios de:

> I – preferência a finalidades educativas, artísticas, culturais e informativas;
>
> II – promoção da cultura nacional e regional e estímulo à produção independente que objetive sua divulgação;
>
> III – regionalização da produção cultural, artística e jornalística, conforme percentuais estabelecidos em lei;
>
> IV – respeito aos valores éticos e sociais da pessoa e da família.

16.10 Meio ambiente

Estabelece o art. 225 da Constituição Federal:

> Todos têm direito ao meio ambiente ecologicamente equilibrado, bem de uso comum do povo e essencial à sadia qualidade de vida, impondo-se ao Poder Público e à coletividade o dever de defendê-lo e preservá-lo para as presentes e futuras gerações.

Para assegurar a efetividade da disposição supratranscrita, a Constituição Federal incumbe ao Poder Público as obrigações constantes no art. 225, § 1º, e incisos

16.11 Família

A premissa da abordagem é de que a família é a base da sociedade, possuindo proteção especial do Estado. E, nesse contexto, são garantidos: a gratuidade da celebração do casamento civil; os efeitos civis decorrentes do casamento religioso; e o reconhecimento da união estável como unidade familiar.

A Emenda Constitucional n. 66/2010 criou a possibilidade do chamado divórcio direto, que coloca fim ao vínculo conjugal de forma definitiva. Ainda que não mais usual em maior escala, ainda permanece a separação judicial seguida do divórcio (há controvérsias quanto a isso. Parte da doutrina entende que não mais existe a separação ante a possibilidade do divórcio direto.

Ocorre que a manutenção da separação judicial é harmônica com o texto constitucional, que garante proteção especial à família, visto que "separação judicial" garante um período de reflexão do casal, que poderá seguir ou não com o desfazimento do vínculo conjugal).

16.12 Índios

Considerados como povo originário de nossa nação, a Constituição Federal garante o reconhecimento aos índios de sua organização social, costumes, línguas, crenças e tradições, além de direitos originários sobre terras tradicionalmente ocupadas, cabendo à União demarcá-las, protegê-las e fazer-se respeitar todos os seus bens.

Importante mencionar que a competência da União será exercida pelo Congresso Nacional, que, inclusive, poderá deliberar, em caso de catástrofe, epidemia que ponha em risco a população indígena, ou interesse da soberania nacional, a remoção de grupos indígenas de suas terras. De toda forma, o texto constitucional garante o retorno imediato tão logo cesse o risco ou perigo (art. 231, §§ 1º e 5º, da CF).

Aos índios também caberá o aproveitamento de recursos hídricos, incluídos os potenciais energéticos; a pesquisa e a lavra das riquezas minerais em terras indígenas só podem ser efetivadas com autorização do Congresso Nacional, ouvidas as comunidades afetadas, ficando-lhes assegurada participação nos resultados da lavra, na forma da lei (art. 231, § 3º, da CF).

16.13 Questões

1. (CESPE – PGE/PI) Segundo a CF, o dever do Estado com a educação será efetivado mediante a garantia de:

A) educação infantil, em creche e pré-escola, às crianças de até cinco anos de idade.

B) ensino fundamental e médio, obrigatório e gratuito, inclusive para os que a ele não tiveram acesso na idade própria.

C) atendimento educacional especializado aos portadores de deficiência, preferencialmente em escolas exclusivas para portadores de necessidades especiais.

D) ensino religioso, de matrícula obrigatória nas escolas públicas de ensino fundamental.

↘ Resolução:

A) *Correta.* Com fundamento no art. 207, IV, da Constituição Federal.

B) *Incorreta.* O art. 208, I, da Constituição Federal indica "educação básica obrigatória e gratuita dos 4 (quatro) aos 17 (dezessete) anos de idade, assegurada inclusive sua oferta gratuita para todos os que a ela não tiveram acesso na idade própria".

C) *Incorreta.* O art. 208, III, da Constituição Federal estabelece que o atendimento será, preferencialmente, na rede regular de ensino, e não em escolas exclusivas.

D) *Incorreta.* O art. 210, § 1º, da Constituição Federal estabelece que o ensino religioso será de matrícula facultativa.

↗ Gabarito: "A".

2. (FGV – DPE/RJ) A Constituição da República, em seu art. 5º, XXXV, prevê que "a lei não excluirá da apreciação do Poder Judiciário lesão ou ameaça a direito", consagrando o princípio da inafastabilidade do controle jurisdicional. Nesse contexto, é correto afirmar que o Poder Judiciário:

A) só admite ações relativas à disciplina e às competições desportivas após se esgotarem as instâncias da justiça desportiva, regulada em lei.

B) só admite ações relativas a direitos autorais após esgotarem-se as instâncias conciliatórias, reguladas em lei.

C) não pode extinguir um processo, sem resolução de mérito pela convenção de arbitragem, por violação ao princípio da inafastabilidade da jurisdição.

D) exige o prévio esgotamento da via militar, nos casos disciplinares, para admissibilidade da demanda perante a Justiça Comum.

E) exige o prévio esgotamento da via eleitoral, nos casos excepcionais previstos em lei, para admissibilidade da demanda perante a Justiça Comum.

↘ Resolução:

A) *Correta.* Com fundamento no art. 217, § 1º, da Constituição Federal. Trata-se de exceção ao princípio da inafastabilidade de jurisdição.

B) *Incorreta.* A fase conciliatória poderá ser dispensada diante da solicitação de ambas as partes.

C) *Incorreta.* O Código de Processo Civil admite a extinção de processo sem julgamento do mérito também pela previsão de convenção de arbitragem, o que não ofenderá a inafastabilidade de jurisdição.

D) *Incorreta.* A justiça militar e a justiça eleitoral são justiças especializadas, e as ações que lhes competem apreciar não guardam relação com a alçada da justiça comum.

E) *Incorreta.* A justiça militar e a justiça eleitoral são justiças especializadas, e as ações que lhes competem apreciar não guardam relação com a alçada da justiça comum.

↗ **Gabarito: "A".**

3. (TRE/MA – Analista judiciário) A ordem social tem como base o primado do trabalho, e como objetivo o bem-estar e a justiça sociais. Pode-se dizer também, com base na Constituição:

A) É vedada a participação direta ou indireta de empresas ou capitais estrangeiros na assistência à saúde no País, salvo nos casos previstos em lei.

B) É permitida a filiação ao regime geral da previdência, na qualidade de segurado facultativo, de pessoa participante de regime próprio de previdência.

C) Poderá ser criado, majorado ou estendido benefício ou serviço da seguridade social, independente de fonte de custeio total.

D) Os produtos e substâncias de interesse para a saúde e produção de medicamentos, equipamentos, imunobiológicos, hemoderivados e outros insumos serão controlados e fiscalizados pela vigilância sanitária dos municípios.

↘ **Resolução:**

A) *Correta.* Com fundamento na literalidade do art. 199, § 3º, da Constituição Federal.

B) *Incorreta.* Tal conduta é expressamente vedada pelo art. 201, § 5º, da Constituição Federal.

C) *Incorreta.* Para que seja possível criar, majorar ou estender qualquer benefício ou serviço da seguridade social, é necessário que exista correspondente fonte de custeio total (art. 195, § 5º, da CF).

D) *Incorreta.* O art. 200, I, da Constituição Federal dispõe que compete ao Sistema Único de Saúde controlar e fiscalizar procedimentos, produtos e substâncias de interesse para a saúde e participar da produção de medicamentos, equipamentos, imunobiológicos, hemoderivados e outros insumos.

↗ **Gabarito: "A".**

17. ATIVIDADE ECONÔMICA DO ESTADO

Inicialmente, cabe-nos esclarecer que a ordem econômica é, basicamente, o conjunto de normas que regulamentam a atividade econômica em um país, tendo como finalidade, no Brasil, a dignidade da pessoa humana e a justiça social, conforme estabelece o **art. 170 da Constituição Federal.**

Nesse aspecto, a nossa Constituição Federal adotou dois fundamentos que regem a ordem econômica e financeira: a valorização do trabalho humano e a valorização da livre-iniciativa.

Aliás, o próprio **art. 170 da Constituição Federal** estabelece um rol de princípios a serem aplicados, quais sejam:

Princípios aplicáveis à Ordem Econômica e Financeira (art. 170 da CF)
Soberania nacional.
Propriedade privada.
Função social da propriedade.
Livre concorrência.
Defesa do consumidor.
Defesa do meio ambiente, inclusive mediante tratamento diferenciado conforme impacto ambiental dos produtos e serviços e de seus processos de elaboração e prestação.
Redução das desigualdades regionais e sociais.
Busca do pleno emprego.
Tratamento favorecido para as empresas de pequeno porte constituídas sob as leis brasileiras e que tenham sua sede e administração no País.
Livre exercício de qualquer atividade econômica, independentemente de autorização dos órgãos públicos, salvo nos casos previstos em lei.

Muito bem. Agora que conhecemos os princípios basilares da atividade econômica no Brasil, vamos tratar de um tema muito mais polêmico: a atuação interventiva do Estado na economia.

Afinal, considerando que adotamos um modelo de economia capitalista, admite-se a atuação do Estado na economia?

A resposta é **SIM**!

Veja, o Estado poderá atuar na economia de duas formas:

a) Estado como agente normativo e regulamentador

i) fiscalização;
ii) incentivo;
iii) planejamento.

b) Estado como administrador e explorador direto da atividade econômica

Vamos iniciar nosso estudo compreendendo como o Estado atua na economia como agente normativo e regulador.

17.1 Atuação do Estado como agente normativo e regulador

Como vimos na relação anterior, nesta hipótese o Estado é incumbido de três atuações:

a) **Fiscalização:** tem relação com o poder de regulamentação, apuração de responsabilidades e punição. Essa função é realizada por órgãos tanto da Administração Pública direta quando da indireta, como é o caso da atuação do Banco Central (Bacen), que é uma autarquia federal.

b) **Incentivo:** implementação de políticas de favorecimento das microempresas e empresas de pequeno porte, conforme estipula o **art. 179 da Constituição Federal**, bem como o estímulo ao cooperativismo (**art. 174, § 2º, da CF**) e a promoção da atividade garimpeira em cooperativas (**art. 174, §§ 3º e 4º, da CF**).

c) **Planejamento:** nesse caso, as deliberações do Estado são meramente **indicativas** para o setor privado e **determinantes** para o setor público, nos termos do **art. 174, *caput* e § 1º, da Constituição Federal**.

Excelente!

Agora que já sabemos como o Estado atua como agente normatizador e regulamentador, vamos adentrar no tema mais polêmico: **atuação direta e exploratória do Estado na economia**.

17.2 Atuação direta do Estado na economia

Afinal, é possível que o Estado explore a atividade econômica diretamente?

A resposta mais uma vez é: SIM!

Essa atividade do Estado como explorador direto da atividade econômica pode ser exercida de duas formas:

a) **Monopólio:** são os casos previstos no **art. 177 da Constituição Federal**, dentre os quais citamos a pesquisa e lavra das jazidas de petróleo e gás natural e outros hidrocarbonetos fluidos, a refinação do petróleo nacional ou estrangeiro e a importação ou exportação dos produtos e derivados básicos resultantes do petróleo.

> **IMPORTANTE**
>
> O Estado poderá contratar com empresas estatais ou privadas para a realização dessas atividades (com exceção das atividades nucleares previstas no **art. 177, V, da CF**).

b) **Concorrência:** nos termos do **art. 173 da Constituição Federal**, apenas será admitida quando houver autorização expressa na Constituição Federal, ou quando for necessária a atuação estatal à garantia da segurança nacional ou relevante interesse coletivo.

Importante consignarmos, para fins de concursos públicos, alguns temas relevantes sobre a atuação concorrencial do Estado na economia:

Regras importantes a respeito da atuação concorrencial do Estado na economia
Normalmente é instrumentalizada por meio da criação de empresas públicas ou sociedades de economia mista.
Essas empresas deverão se sujeitar ao regime jurídico próprio das empresas privadas, inclusive quanto a direitos e obrigações civis, comerciais, trabalhistas ou tributárias.
Há o dever de licitação para contratação de obras e serviços, compras e alienações, aplicando-lhes os princípios gerais da Administração Pública.
Não poderão gozar de privilégios fiscais não extensíveis às empresas do setor privado.

17.3 Questões

1. **(CESPE – STJ – Técnico Judiciário – Área Administrativa)** Considerando as disposições legais pertinentes a sustentabilidade e proteção ambiental, julgue o item a seguir.

A defesa do meio ambiente, inclusive mediante tratamento diferenciado conforme o impacto ambiental dos produtos e serviços e de seus processos de elaboração e prestação, é princípio de índole constitucional que pauta a ordem econômica brasileira.

↘ Resolução:

Correto. É o que de fato prevê o **art. 170, VI, da Constituição Federal**.

2. **(FCC – TRF 5ª Região – Técnico Judiciário – Área Administrativa)** À luz dos princípios gerais da atividade econômica na Constituição Federal:

A) poderão ser autorizados sob regime de permissão a pesquisa, a lavra, o enriquecimento, o reprocessamento, a industrialização e o comércio de minérios e minerais nucleares e seus derivados, com exceção dos radioisótopos cuja produção, comercialização e utilização constituem monopólio da União.

B) a pesquisa e a lavra de recursos minerais e o aproveitamento dos potenciais de energia hidráulica somente poderão ser efetuados mediante concessão da União, no interesse nacional, por brasileiros ou empresa estrangeira, independentemente do país em que se localize sua sede e administração, desde que tenha sido constituída sob as leis brasileiras, na forma da lei, que estabelecerá as condições específicas quando essas atividades se desenvolverem em faixa de fronteira ou terras indígenas.

C) a autorização de pesquisa será sempre por prazo determinado, e as autorizações e concessões de exploração de jazidas e demais recursos minerais, bem como de potenciais de energia hidráulica, poderão ser cedidas ou transferidas totalmente, com prévia anuência do poder concedente, ou parcialmente, sem a necessidade da referida anuência.

D) o aproveitamento do potencial de energia renovável, mesmo que seja de capacidade reduzida, dependerá de autorização ou concessão.

E) as jazidas, em lavra ou não, e demais recursos minerais e os potenciais de energia hidráulica constituem propriedade distinta da do solo, para efeito de exploração ou aproveitamento, e pertencem à União, garantida ao concessionário a propriedade do produto da lavra.

↘ Resolução:

A) *Incorreta.* Trata-se de atividade sujeita a monopólio da União, nos termos do **art. 170, V, da Constituição Federal**, não havendo que se falar, portanto, em permissão para essas atividades.

B) *Incorreta.* Exige-se, para tanto, que a empresa tenha sido constituída sob as leis brasileiras e que tenha sua sede e administração no Brasil, nos termos do **art. 176, § 1º, da Constituição Federal**.

C) *Incorreta.* De fato, a autorização de pesquisa sempre será por tempo determinado, mas as autorizações e concessões previstas neste artigo não poderão ser cedidas ou transferidas, total ou parcialmente, sem prévia anuência do poder concedente, conforme **art. 176, § 3º, da Constituição Federal**.

D) *Incorreta.* Na verdade, NÃO dependerá de autorização ou concessão de aproveitamento do potencial de energia renovável de capacidade reduzida, nos termos do **art. 176, § 4º, da Constituição Federal**.

E) *Correta.* É justamente o que estabelece o **art. 176, *caput*, da Constituição Federal**.

↗ **Gabarito: "E".**

3. (IADES – TRE/PA – Analista Judiciário – Área Judiciária) "Art. 170. A ordem econômica, fundada na valorização do trabalho humano e na livre-iniciativa, tem por fim assegurar a todos existência digna, conforme os ditames da justiça social".

A respeito da ordem econômica e social disposta na Constituição, assinale a alternativa correta.

A) Em que pese viger no Brasil o incentivo à livre-iniciativa, para o exercício de qualquer atividade econômica, deverá haver prévia e expressa autorização do órgão público competente.

B) Pode-se dizer que a atuação do Estado na economia se sujeita ao princípio da subsidiariedade.

C) Constitui monopólio da União e dos Estados a refinação de petróleo nacional ou estrangeiro.

D) A livre concorrência, em que pese ser um dos objetivos da ordem econômica e financeira brasileira, não é tida como um princípio constitucional.

E) Os serviços somente poderão ser prestados pelo Estado, não cabendo delegação ao ente privado.

↘ **Resolução:**

A) *Incorreta.* O **art. 170, parágrafo único, da Constituição Federal** estabelece a desnecessidade de autorização dos órgãos públicos, salvo nos casos previstos em lei.

B) *Correta.* Estabelece o **art. 173 da Constituição Federal** que, ressalvados os casos previstos nesta Constituição, a exploração direta de atividade econômica pelo Estado só será permitida quando necessária aos imperativos da segurança nacional ou a relevante interesse coletivo, conforme definidos em lei.

C) *Incorreta.* Na verdade, trata-se de monopólio apenas da União (não dos estados), conforme **art. 177, II, da Constituição Federal**.

D) *Incorreta.* A livre concorrência é, sim, um dos princípios que regem a ordem econômica no Brasil, nos termos do que dispõe o **art. 170, IV, da Constituição Federal**.

E) *Incorreta.* Nos termos do **art. 175 da Constituição Federal**, incumbe ao Poder Público, na forma da lei, diretamente ou sob regime de concessão ou permissão, sempre por meio de licitação, a prestação de serviços públicos.

↗ **Gabarito: "B".**

REFERÊNCIAS

ALEXANDRINO, Marcelo; PAULO, Vicente. *Direito constitucional descomplicado.* 16. ed. São Paulo: Método, 2017.

CANOTILHO, J. J. Gomes et al. *Comentários à Constituição do Brasil.* 2. ed. São Paulo: Saraiva, 2018.

CHALITA, Savio. *Manual completo de direito eleitoral.* Indaiatuba: Foco, 2014.

FERREIRA, Luiz Pinto. *Comentários à Constituição brasileira.* São Paulo: Saraiva, 1989. v. 1.

_______. *Curso de direito constitucional.* 12. ed. São Paulo: Saraiva, 2002, p. 12.

GOMES, José Jairo. *Direito eleitoral.* 11. ed. São Paulo: Atlas, 2015.

HÄBERLE, Peter. *Hermenêutica Constitucional*: a sociedade aberta dos intérpretes da Constituição – contribuição para a interpretação pluralista e procedimental da Constituição. Tradução de Gilmar Ferreira Mendes. Porto Alegre: Fabris, 1997.

HORTA, Raul Machado. *Direito constitucional.* 4. ed. Belo Horizonte: Del Rey, 2003, p. 211.

NUNES JUNIOR, Flávio Martins Alves. *Curso de direito constitucional.* 2. ed. São Paulo: Revista dos Tribunais, 2018.

SARLET, Ingo Wolfgang; MARINONI, Luiz Guilherme; MITIDIERO, Daniel. *Curso de direito constitucional.* 6. ed. São Paulo: Saraiva, 2017.

SILVA, José Afonso da. *Curso de direito constitucional positivo.* 39. ed. São Paulo: Malheiros, 2016.

DANIEL LAMOUNIER e MARCOS OLIVEIRA

2

DIREITO ADMINISTRATIVO

Sumário

1. PRINCÍPIOS DA ADMINISTRAÇÃO PÚBLICA

Os princípios da Administração Pública são os valores que orientam a atuação dos órgãos, entidades e agentes públicos. Dividem-se em princípios constitucionais e infraconstitucionais. Podem estar expressamente previstos em norma jurídica, sendo, nesse caso, chamados de explícitos, ou decorrer de outros princípios ou valores, sendo, nesse caso, chamados de implícitos.

A doutrina, entretanto, alerta que todos os mencionados princípios decorrem de dois grandes princípios: princípio da supremacia do interesse público e princípio da indisponibilidade do interesse público.

1.1 Princípio da supremacia do interesse público

Cuida-se de princípio implícito da Administração Pública, em razão do qual, havendo conflito entre interesse público e interesse particular, deve prevalecer o primeiro, respeitados os direitos e garantias individuais dos particulares. De fato, não teria lógica que se desse mais importância ao interesse particular de uma pessoa em detrimento do interesse da coletividade como um todo.

Esse princípio orienta tanto a produção das leis administrativas (atividade legislativa) como também a atividade concreta de aplicação da lei (atividade administrativa).

O princípio da supremacia está presente especialmente nas situações em que o Estado se coloca numa situação de superioridade jurídica perante os particulares (verticalidade jurídica), como, por exemplo, na prática de atos administrativos que impõem deveres; no exercício dos poderes administrativos; nas formas de intervenção na propriedade privada, como a desapropriação; nas cláusulas exorbitantes presentes nos contratos administrativos etc.

Imagine-se, por exemplo, a desapropriação. Nela, o Estado retira de forma compulsória o patrimônio do particular e o transfere para si, com o fim de atender a uma necessidade ou utilidade pública, ou interesse social (art. 5º, XXIV, da CF), sem que o proprietário possa invocar o interesse privado de permanecer no bem desapropriado. Pode, é claro, discutir o valor da indenização ou eventuais vícios processuais (art. 20 do Decreto-lei n. 3.365/41), mas não pode querer fazer prevalecer o seu interesse sobre o da coletividade.

São também exemplos de aplicação do princípio da supremacia os poderes administrativos (especialmente o poder de polícia), a autoexecutoriedade de alguns atos administrativos, os prazos diferenciados da Fazenda Pública em juízo etc.

ATENÇÃO

A doutrina diferencia o interesse público primário do interesse público secundário. O primeiro diz respeito ao interesse da coletividade; o segundo consiste nos interesses meramente patrimoniais da Administração Pública. O interesse público secundário só tem validade quando coincide com o interesse público primário. É o que acontece, por exemplo, na alienação de bens públicos, na qual a Administração Pública tem interesse legítimo de obter a proposta e maior valor.

1.2 Princípio da indisponibilidade do interesse público

Os interesses administrados pelos agentes públicos não são seus, mas, sim, da coletividade (interesse público primário). Por isso, não pode deles dispor como desejar, mas sempre de acordo com o que a lei o permite ou determina. Deve prevalecer, em verdade, a vontade da lei em detrimento da sua vontade pessoal.

Um excelente exemplo de aplicação desse princípio se dá na alienação dos bens públicos. Não pode o administrador público alienar os bens públicos a qualquer pessoa ou por qualquer valor. Deve seguir, necessariamente, as regras que a lei estabelece (art. 17 da Lei n. 8.666/93), já que não se trata do seu patrimônio pessoal, realizando, como regra, licitação.

Percebe-se, pois, que desse princípio decorre uma série de restrições impostas à Administração Pública, todas elas justificadas no fato de os interesses perseguidos pelo agente público serem da coletividade e não seus, pessoalmente.

São exemplos de aplicação do princípio:

a) necessidade de lei específica para perdão de débitos tributários (remissão) (art. 150, § 6º, da CF);
b) obrigatoriedade de procedimento especial para a alienação de bens públicos (art. 17 da Lei n. 8.666/93);
c) obrigatoriedade de realização de concurso público para a investidura em cargos públicos efetivos e empregos públicos (art. 37, II, da CF);
d) necessidade de realização de licitação, como regra, para a celebração de contratos administrativos (art. 37, XXI, da CF).

Percebe-se que toda a atuação da Administração Pública deve estar pautada na estrita legalidade. Por isso, alguns autores afirmam que o princípio da legalidade decorre diretamente do princípio da indisponibilidade do interesse público.

1.3 Princípios constitucionais da Administração Pública

Vistos os princípios da supremacia do interesse público e da indisponibilidade do interesse público, comecemos a estudar os princípios da Administração Pública que estão expressamente previstos na Constituição Federal.

Existem outros princípios expressos nas leis, os quais serão vistos em seguida.

Os princípios constitucionais estão previstos especialmente no art. 37, *caput*, da Constituição Federal: legalidade, impessoalidade, moralidade, publicidade e eficiência.

IMPORTANTE

Para memorizar os princípios constitucionais, utilize o mnemônico **LIMPE**.

L – legalidade;
I – impessoalidade;
M – moralidade;
P – publicidade;
E – eficiência.

1) Princípio da legalidade

Segundo o princípio da legalidade, a atuação da Administração Pública deve estar sempre pautada no que a lei determina ou autoriza (legalidade em sentido estrito). O que a lei não autorizar ou determinar, o agente público não pode fazer. Assim, sua atuação não pode contrariar a lei e só pode ser exercida com fundamento na lei.

Distingue-se da legalidade aplicada aos particulares. Estes podem fazer tudo que a lei não proíbe (legalidade em sentido amplo) (art. 5º, II, da CF).

O princípio da legalidade também está previsto no art. 2º, *caput*, da Lei n. 9.784/99, que disciplina o processo administrativo no âmbito federal, por força do qual a Administração Pública obedecerá, dentre outros, ao princípio da legalidade.

Em razão do princípio da legalidade, os decretos expedidos pelo Presidente da República têm como fundamento, como regra, uma lei anteriormente produzida pelo Poder Legislativo.

Em outras palavras, os decretos não inovam na ordem jurídica, não criam ou extinguem direitos ou deveres. São exatamente por isso chamados de "decretos de execução" (art. 84, IV, da CF).

A atividade administrativa, de forma geral, deve restringir-se à expedição de comandos que assegurem a execução da lei, ou seja, a atuação do Poder Executivo nada mais é do que a concretização do preconizado em lei.

Existe, entretanto, uma exceção a essa regra. A Constituição Federal autoriza que o Presidente da República edite os chamados "decretos autônomos", hoje previstos no art. 84, VI, da Constituição Federal, os quais podem dispor apenas e tão somente sobre:

i) organização e funcionamento da administração federal, quando não implicar aumento de despesa nem criação ou extinção de órgãos públicos;

ii) extinção de funções ou cargos públicos, quando vagos.

Os decretos autônomos, ao contrário dos decretos de execução, não regulamentam uma lei anteriormente produzida. Na verdade, cumprem papel que, em tese, caberia à lei.

ATENÇÃO

Particulares (art. 5º, II, da CF)	Administração Pública (art. 37, *caput*, da CF)
Legalidade ampla.	Legalidade estrita.
Podem fazer tudo que a lei não proibir.	Só pode fazer o que a lei determina ou autoriza.

2) Princípio da impessoalidade

O princípio da impessoalidade não possui apenas um significado ou sentido.

Em primeiro lugar, a impessoalidade orienta a atuação da Administração Pública no sentido de sempre se buscar alcançar o interesse público, nunca os interesses pessoais dos agentes públicos ou de terceiros.

Por isso, ficam impedidas quaisquer condutas que visem favorecer ou perseguir pessoalmente pessoas, como remoções de servidores públicos com o fim de perseguição; ou desapropriações com o objetivo de prejudicar o proprietário do bem desapropriado etc.

A necessidade de sempre se buscar o interesse público é bastante clara, por exemplo, na obrigatoriedade de realização de concursos públicos para a contratação de pessoal no âmbito da administração pública (art. 37, II, da CF) e na obrigatoriedade de realização de licitação para a celebração de contratos administrativos (art. 37, XXI, da CF). Ambas as regras visam à impessoalidade nas contratações, garantindo igualdade de condições a todos os competidores e evitando favorecimentos pessoais.

Assim, fica claro que o princípio da impessoalidade está diretamente relacionado ao princípio da igualdade, o qual obriga a Administração Pública a tratar igualmente todos os que estejam na mesma situação fática e jurídica.

Um exemplo que demonstra com clareza uma violação ao princípio da impessoalidade é o nepotismo, por meio do qual a autoridade nomeante beneficia parentes seus de até terceiro grau. O tema é tratado na Súmula Vinculante 13 do STF, nos seguintes termos:

> A nomeação de cônjuge, companheiro ou parente em linha reta, colateral ou por afinidade, até o terceiro grau, inclusive, da autoridade nomeante ou de servidor da mesma pessoa jurídica investido em cargo de direção, chefia ou assessoramento, para o exercício de cargo em comissão ou de confiança ou, ainda, de função gratificada na administração pública direta e indireta em qualquer dos Poderes da União, dos Estados, do Distrito Federal e dos Municípios, compreendido o ajuste mediante designações recíprocas, viola a Constituição Federal.

ATENÇÃO

Atos administrativos praticados com desvio de finalidade são NULOS e, portanto, sequer podem ser convalidados.

A impessoalidade possui, ainda, um segundo significado: toda a atuação dos agentes públicos é imputada ao Estado, e não a eles próprios (teoria da imputação ou teoria do órgão). Ou seja, embora seja o agente público que execute o ato, este é atribuído à Administração Pública, que deve responder por ele.

Por isso, o Estado deve responder pelos atos praticados pelos funcionários de fato. Estes são agentes que foram mal investidos em cargo ou emprego público (ocorreu algum vício na sua investidura), porém, praticando atos, o Estado deve responder por eles, já que são imputados à Administração Pública. Vigora também aqui o princípio da confiança.

Duas importantes disposições da Constituição Federal consagram diretamente tal princípio.

A primeira delas está contida no art. 37, § 1º, da Constituição Federal, segundo o qual a publicidade dos atos, programas, obras, serviços e campanhas dos órgãos públicos deverá ter caráter educativo, informativo ou de orientação social, dela não podendo constar nomes, símbolos ou imagens que caracterizem promoção pessoal de autoridades ou servidores públicos.

Em outras palavras, os atos, programas, obras e serviços são atribuídos ao Estado, e não aos agentes públicos, de forma que estes não podem se favorecer pessoalmente quando os divulgarem. Qualquer promoção pessoal por meio de nomes, símbolos ou imagens desrespeita o princípio da impessoalidade.

Por esse motivo, o princípio da impessoalidade fere a realização de gasto de recursos públicos com a elaboração de cartilhas escolares com nomes, símbolos e imagens que caracterizavam a promoção pessoal de autoridades públicas do município.

Também pode ser aplicada a impessoalidade nessa dimensão na interpretação da norma disciplinadora da responsabilidade civil extracontratual do Estado contida no art. 37, § 6º, da Constituição Federal, segundo a qual as pessoas jurídicas de direito público e as de direito privado prestadoras de serviços públicos responderão pelos danos que seus agentes, nessa qualidade, causarem a terceiros, assegurado o direito de regresso contra o responsável nos casos de dolo ou culpa.

Segundo o STF, o agente causador não responde diretamente perante a vítima, mas apenas regressivamente perante o Estado, desde que comprovado dolo ou culpa (responsabilidade subjetiva).

No âmbito da Administração Pública Federal, o princípio também está consagrado no art. 2º, parágrafo único, III, da Lei n. 9.784/99, segundo o qual nos processos administrativos é vedada a promoção pessoal de agentes ou autoridades.

3) Princípio da moralidade

A moralidade administrativa impõe que a atuação do agente público seja pautada na boa-fé, na lealdade, na ética e na probidade.

Não se pode confundir, entretanto, a moralidade administrativa com a moralidade comum, ou seja, com a moralidade subjetiva do próprio agente público. Esta última é construída individualmente, a partir das vivências pessoais do agente, e diz respeito à sua vida privada.

A moralidade administrativa é, na verdade, definida a partir dos princípios e regras que devem ser observados pelo agente público em sua atuação em razão dos mandamentos legais. É, portanto, na lei (em sentido amplo) que deve o agente buscar a definição do que é moral.

Das ações constitucionais que tutelam diretamente a moralidade administrativa, duas merecem destaque:

i) a ação de improbidade administrativa, que visa a punir os sujeitos que pratiquem atos de improbidade administrativa (art. 37, § 4º, da CF);

ii) a ação popular, que visa a punir a prática de atos lesivos à moralidade administrativa (art. 5º, LXXIII, da CF).

O nepotismo (Súmula Vinculante 13 do STF) também consagra situação em que há ofensa ao princípio da moralidade administrativa.

4) Princípio da publicidade

O princípio da publicidade também pode ser entendido de diversas formas.

Em uma primeira acepção, refere-se à exigência de divulgação oficial aos atos da Administração Pública. É o que ocorre, por exemplo, com os editais de concursos públicos, editais de licitações públicas, decretos de desapropriação, entre inúmeros outros atos, que são objeto de publicidade na imprensa oficial.

O art. 2º da Lei n. 9.784/99 também consagra o princípio ao estabelecer que nos processos administrativos serão observados, entre outros, os critérios de divulgação oficial dos atos administrativos, ressalvadas as hipóteses de sigilo previstas na Constituição.

Não se trata, como se percebe, de princípio absoluto. Em algumas hipóteses previstas na Constituição Federal, a publicidade cede lugar ao sigilo. É o caso da previsão contida no art. 5º, XXXIII, da Constituição Federal, segundo o qual todos têm direito a receber dos órgãos públicos informações de seu interesse particular, ou de interesse coletivo ou geral, que serão prestadas no prazo da lei, sob pena de responsabilidade, ressalvadas aquelas cujo sigilo seja imprescindível à segurança da sociedade e do Estado.

Também é exemplo de relativização do princípio a previsão contida no art. 5º, LX, da Constituição Federal, que autoriza que a lei restrinja a publicidade dos atos processuais quando a defesa da intimidade ou o interesse social o exigirem.

É importante ressaltar que negar publicidade a ato oficial constitui ato de improbidade administrativa por ofensa ao princípio da publicidade ora tratado (art. 11, IV, da Lei n. 8.429/92).

A publicidade possui, ainda, um segundo sentido, que é o da transparência, em razão do qual deve ser dado amplo conhecimento dos atos praticados pela Administração Pública, devendo ser motivados, demonstrando as razões de fato e de direito das decisões tomadas.

A propósito da transparência, a Lei de Acesso à Informação (Lei n. 12.527/2011) é aplicação importantíssima do princípio constitucional da publicidade, prescrevendo que os procedimentos nela previstos destinam-se a assegurar o direito fundamental de acesso à informação e devem ser executados em conformidade com os princípios básicos da Administração Pública e com as seguintes diretrizes:

> Art. 3º (...)
>
> I – observância da publicidade como preceito geral e do sigilo como exceção;
>
> II – divulgação de informações de interesse público, independentemente de solicitações;
>
> III – utilização de meios de comunicação viabilizados pela tecnologia da informação;
>
> IV – fomento ao desenvolvimento da cultura de transparência na administração pública;
>
> V – desenvolvimento do controle social da administração pública.

ATENÇÃO

O STF entende, em nome do princípio da transparência, que é legítima a divulgação, inclusive em sítio eletrônico mantido pela Administração Pública, do nome de servidores e dos valores dos correspondentes vencimentos e vantagens pecuniárias.

5) Princípio da eficiência

O princípio da eficiência foi incluído na Constituição Federal a partir da Emenda Constitucional n. 19/98. Com isso, houve o abandono do modelo de administração burocrática, passando a ser adotado um modelo de administração gerencial.

A eficiência não pode ser entendida apenas de uma forma.

Significa, em primeiro lugar, produção de resultados. Não pode o agente público atuar de forma improdutiva, esperando-se dele o melhor desempenho possível de sua atuação, para alcançar os melhores resultados. Deve cumprir suas funções com presteza e rendimento profissional.

Eficiência, entretanto, também tem relação com economicidade/racionalidade de recursos no âmbito da Administração Pública. Ou seja, o agente público deve buscar atingir os melhores resultados, valendo-se do mínimo de recursos possível.

Em síntese, o princípio da eficiência exige que a atividade administrativa seja exercida com rendimento funcional, perfeição e presteza.

São exemplos de aplicação concreta do princípio: a celebração dos contratos de gestão com o fim de ampliar a autonomia gerencial, orçamentária e financeira dos órgãos e entidades da administração direta e indireta, tendo por objeto a fixação de metas de desempenho para o órgão ou entidade (art. 37, § 8º, da CF); a exigência de avaliação especial de desempenho para a aquisição de estabilidade no serviço público (art. 41, § 4º, da CF); a existência de escolas de governo para o aperfeiçoamento dos servidores públicos, sendo a participação em seus cursos requisito para promoção na carreira (art. 39, § 2º, da CF); a possibilidade de perda do cargo público em razão de reprovação em avaliação periódica de desempenho realizada após a estabilidade (art. 41, § 1º, III, da CF).

É importante destacar que a eficiência administrativa não pode ser invocada para afastar a aplicação de outros princípios, notadamente o da legalidade, já que inexiste hierarquia entre esses princípios. Assim, por exemplo, a pretensa necessidade de rápido julgamento de determinado recurso administrativo não pode afastar a aplicação dos princípios do contraditório e da ampla defesa.

IMPORTANTE

Legalidade	Atuação de acordo com o que a lei autoriza ou determina
Impessoalidade	Finalidade pública/ Isonomia Imputação dos atos dos agentes públicos à Administração Pública
Moralidade	Atuação de boa-fé, com lealdade, probidade
Publicidade	Divulgação oficial Transparência
Eficiência	Presteza, rendimento, economicidade

1.4 Demais princípios da Administração Pública

Além dos princípios expressamente consagrados no art. 37, *caput*, da Constituição Federal, existem outros princípios da Administração Pública, a maior parte deles prevista em normas infraconstitucionais.

1) Princípio da autotutela

Refere-se ao controle que a Administração Pública possui sobre seus próprios atos com relação à sua legalidade e ao seu mérito, independentemente de tutela jurisdicional. Significa, em outras palavras, que a Administração Pública pode, ela mesma, sem precisar do Poder Judiciário, anular seus próprios atos, quando ilegais, ou anulá-los, quando inconvenientes ou inoportunos.

Cabe lembrar que o controle de legalidade realizado pela Administração Pública não exclui a sua apreciação pelo Poder Judiciário (controle externo). O controle de legalidade pela própria Administração Pública, entretanto, é feito de ofício (independentemente de provocação), ao passo que o Poder Judiciário deve ser provocado.

ATENÇÃO

A respeito da autotutela administrativa, destacam-se duas importantes súmulas do STF:

Súmula 473: "A administração pode anular seus próprios atos, quando eivados de vícios que os tornam ilegais, porque deles não se originam direitos; ou revogá-los, por motivo de conveniência ou oportunidade, respeitados os direitos adquiridos, e ressalvada, em todos os casos, a apreciação judicial".

Súmula 346: "A Administração Pública pode declarar a nulidade dos seus próprios atos".

IMPORTANTE

Não confundir **AUTOTUTELA** com **TUTELA ADMINISTRATIVA**. Esta última diz respeito ao controle que as entidades políticas (União, Estados, Distrito Federal e Municípios) realizam com relação aos atos praticados pelas entidades que compõem sua administração indireta. Cuida-se de controle finalístico, não hierárquico, uma vez que não existe relação de subordinação entre entidades da Administração Pública.

A autotutela administrativa também está relacionada à proteção que a Administração Pública deve ter com relação ao seu patrimônio. Assim, é dever do gestor público adotar as providências necessárias à conservação dos bens públicos, seja qual for sua natureza.

2) Princípio da continuidade do serviço público

Os serviços públicos (prestados pela própria Administração Pública ou por particulares em regime de delegação) devem ser oferecidos aos seus usuários de forma contínua, como regra, sem solução de continuidade. Trata-se de princípio expressamente consagrado no art. 6º, § 1º, da Lei n. 8.987/95 (lei que dispõe sobre o regime de concessão comum e permissão da prestação de serviços públicos) e no art. 4º da Lei n. 13.460/2017 (lei que dispõe sobre participação, proteção e defesa dos direitos do usuário dos serviços públicos da Administração Pública).

O princípio da continuidade do servico público é garantido por uma série de regras legais, dentre as quais podem ser citadas como exemplo: a previsão de intervenção nas concessões e permissões de serviço público (art. 32 da Lei n. 8.987/95); a existência de bens reversíveis nos contratos dessa natureza (art. 18, V, da Lei n. 8.987/95); a impossibilidade de o particular interromper, antes de decisão transitada em julgado, a prestação do serviço nos casos em que ajuíza ação judicial com o fim de extinguir os contratos de concessão e permissão (art. 39, parágrafo único, da Lei n. 8.987/95); os institutos da substituição, suplência, delegação e avocação de competência.

Todos esses institutos viabilizam a prestação de serviço público de forma contínua, sem interrupções, o que atende o interesse da coletividade, maior interessada em uma regular execução da atividade.

A própria Lei n. 8.987/95 (art. 6º), entretanto, prevê hipóteses em que o serviço público pode ter sua prestação interrompida, não se caracterizando como descontinuidade, quais sejam:

- em situação de emergência; ou
- após prévio aviso, quando motivada por razões de ordem técnica ou de segurança das instalações; e por inadimplemento do usuário, considerado o interesse da coletividade.

3) Princípio da segurança jurídica

Importantes institutos decorrem do princípio da segurança jurídica: a coisa julgada, o ato jurídico perfeito, a prescrição, a decadência etc.

Trata-se de princípio que também orienta a atuação da Administração Pública, embora não figure como princípio expresso no art. 37, *caput*, da Constituição Federal.

O princípio, porém, no âmbito da Administração Pública federal, está expressamente consagrado no art. 2º, *caput*, da Lei n. 9.784/99. Nos termos do parágrafo único do inciso XIII do mesmo artigo, deve ser conferida interpretação da norma administrativa da forma que melhor garanta o atendimento do fim público a que se dirige, vedada aplicação retroativa de nova interpretação. Ou seja, havendo modificação administrativa de interpretação da lei pela Administração Pública, os fatos jurídicos já ocorridos não podem, como regra, ser alcançados.

4) Princípios da proporcionalidade e da razoabilidade

No âmbito da Administração Pública federal, os princípios são expressamente consagrados no art. 2º, *caput*, da Lei n. 9.784/99.

Nos termos do parágrafo único do inciso VI do art. 2º da Lei n. 9.784/99, nos processos administrativos, deve haver adequação entre meios e fins, vedada a imposição de obrigações, restrições e sanções em medida superior àquelas estritamente necessárias ao atendimento do interesse público.

Em outras palavras, as sanções, as restrições e as obrigações devem ser impostas no limite do que for necessário e suficiente para atender o interesse público.

Em razão disso, nos chamados atos discricionários, nos quais a lei estabelece certa margem de liberdade ao agente público, essa liberdade jamais é plena, já que as escolhas feitas devem ser limitadas na medida do que for estritamente necessário ao cumprimento do interesse público.

Assim, a liberdade é exercida sempre nos estritos limites estabelecidos pela lei, de forma que não se pode confundir discricionariedade com abuso de poder ou arbitrariedade.

Se um fiscal sanitário, por exemplo, em fiscalização, verifica a existência de poucas unidades de produtos vencidos em determinado supermercado, não é proporcional e razoável que realize a interdição do estabelecimento.

Os princípios da proporcionalidade e da razoabilidade visam a impedir que agentes públicos se conduzam com abuso de poder, sobretudo nas atividades discricionárias.

5) Princípio da motivação

Cuida-se princípio expressamente consagrado no art. 2º, *caput*, da Lei n. 9.784/99.

Em razão de tal princípio, os atos praticados pela Administração Pública, de forma geral, devem ser motivados, ou seja, devem ser expostas as razões de fato e de direito que justificam a prática do ato. É a necessária fundamentação que todo ato administrativo, como regra, deve ter.

É importante destacar que a motivação deve ser explícita, clara e congruente (art. 50, § 1º, da Lei n. 9.784/99), e deve abranger não apenas os fundamentos jurídicos, mas também os fundamentos de fato.

Motivar, portanto, é a regra no âmbito da Administração Pública.

Assim, atos que neguem, limitem ou afetem direitos ou interesses; imponham ou agravem deveres, encargos ou sanções; decidam processos administrativos de concurso ou seleção pública; dispensem ou declarem a inexigibilidade de processo licitatório; decidam recursos administrativos; decorram de reexame de ofício; deixem de aplicar jurisprudência firmada sobre a questão ou discrepem de pareceres, laudos, propostas e relatórios oficiais; importem anulação, revogação, suspensão ou convalidação de ato administrativo, devem ser motivados (art. 50 da Lei n. 9.784/99).

IMPORTANTE

Há hipóteses excepcionais em que a motivação é dispensada para a prática de atos pela Administração Pública.

É o que acontece nas nomeações e exonerações de cargos em comissão, que são livres, dispensada, portanto, a motivação (art. 37, II, da CF).

ATENÇÃO

No julgamento do RE 589.998, realizado sob o regime da repercussão geral, o STF estabeleceu que a Empresa Brasileira de Correios e Telégrafos – ECT tem o dever de motivar os atos de dispensa sem justa causa de seus empregados.

6) Princípios da ampla defesa e do contraditório

Cuidam-se de princípios expressamente consagrados no art. 5º, LV, da Constituição Federal, segundo o qual aos litigantes, em processo judicial ou administrativo, e aos acusados em geral são assegurados o contraditório e a ampla defesa, com os meios e recursos a ela inerentes.

Estão diretamente relacionados ao princípio do devido processo legal, exigindo-se que seja conferida ao administrado ciência das acusações que lhe são imputadas e oportunizado o direito de produzir todas as provas lícitas necessárias à comprovação dos fatos alegados em sua defesa.

Estão previstos expressamente em inúmeras leis que regem o processo administrativo, cabendo citar como exemplo:

- art. 22 da Lei n. 8.112/90: o servidor estável só perderá o cargo em virtude de sentença judicial transitada em julgado ou de processo administrativo disciplinar no qual lhe seja assegurada ampla defesa;
- art. 153 da Lei n. 8.112/90: o inquérito administrativo obedecerá ao princípio do contraditório, assegurada ao acusado ampla defesa, com a utilização dos meios e recursos admitidos em direito;
- art. 38, § 2º, da Lei n. 8.987/95: a declaração da caducidade da concessão deverá ser precedida da verificação da inadimplência da concessionária em processo administrativo, assegurado o direito de ampla defesa.

A Lei n. 9.784/99 (art. 2º) também aponta, dentre os princípios da Administração Pública, o contraditório e a ampla defesa.

1.5 Questões

1. (FCC – TRE/PR – Analista Judiciário – Área Judiciária – 2017) Dentre os princípios que regem a Administração pública, aplica-se aos servidores públicos, no exercício de suas funções, a:

A) legalidade, como princípio vetor e orientador dos demais, tendo em vista que os todos os atos dos servidores têm natureza vinculada, ou seja, devem estar previstos em lei, assim como todas as infrações disciplinares e respectivas penalidades.

B) moralidade, que orienta todos os atos praticados pelos servidores públicos, mas cuja violação não pode ser imputada à Administração pública enquanto pessoa jurídica, porque sua natureza é incompatível com a subjetividade.

C) publicidade, que exige a publicação de todos os atos praticados pelos servidores, vinculados ou discricionários, ainda que não dependam de motivação, não atingindo, contudo, os atos que se refiram aos servidores propriamente ditos, que prescindem de divulgação, porque surtem efeitos apenas internos.

D) eficiência, como finalidade precípua da atuação da Administração pública, obrigando os servidores públicos a prezar pela sua aplicação em preferência aos demais princípios, que a ela passaram a se subordinar após sua inclusão na Constituição Federal.

E) impessoalidade, tanto no que se refere à escolha dos servidores, quanto no exercício da função pelos mesmos, que não pode favorecer, beneficiar ou perseguir outros servidores e particulares que mantenham ou pretendam manter relações jurídicas com a Administração pública.

↘ Resolução:

A) *Incorreta.* Os servidores públicos também praticam atos discricionários, e estes também se dão com fundamento em lei, seguindo, portanto, o princípio da legalidade.

B) *Incorreta.* Os atos imorais são também imputáveis à Administração Pública.

C) *Incorreta.* Embora a publicidade seja princípio que orienta a atividade administrativa, sua aplicação não é absoluta. Porém, mesmo os atos internos devem ser passíveis de conhecimento dos administrados, em razão da transparência que deve orientar a atuação administrativa.

D) *Incorreta.* Não há preferência do princípio da eficiência com relação aos demais princípios, de forma que não pode ser tal princípio invocado como forma de afastar a aplicação da lei.

E) *Correta.* A impessoalidade impede, de fato, favorecimentos ou perseguições pessoais. Disso decorre, de fato, a necessidade de realização de concurso público para o provimento de cargos efetivos. Além disso, na atuação, o servidor público deve orientar seus atos no sentido de buscar a finalidade pública.

↗ Gabarito: "E".

2. **(CESPE – TER/BA – Analista Judiciário – Área Administrativa – 2017)** A respeito da administração pública, julgue os itens a seguir.

I – São princípios que regem a administração pública expressos na Constituição Federal de 1988: legalidade, indivisibilidade, moralidade, publicidade e eficiência.

II – A avaliação de desempenho como condição para a aquisição de estabilidade do servidor público é um exemplo de aplicação do princípio da eficiência.

III – A afronta a qualquer um dos princípios explícitos da administração pública pode configurar ato de improbidade administrativa.

IV – A moralidade administrativa é definida com base na concepção pessoal do agente público acerca da conduta administrativa considerada ética.

Estão certos apenas os itens:

A) I e II.

B) I e III.

C) II e III.

D) II e IV.

E) III e IV.

↘ Resolução:

I) *Incorreto.* A indivisibilidade não figura como princípio da Administração Pública.

II) *Correto.* A doutrina, de fato, aponta como aplicação do princípio da eficiência a avaliação especial de desempenho, uma vez que o servidor, ciente da avaliação, tende a se tornar mais produtivo.

III) *Correto.* Trata-se dos atos previstos no art. 11 da Lei n. 8.429/92.

IV) *Incorreto.* A moralidade apontada no art. 37, *caput*, da Constituição Federal é a objetiva, cujo conteúdo é aferido da lei e não da subjetividade do agente.

↗ Gabarito: "C".

3. **(CESPE – STJ – Analista Judiciário – Administrativa – 2018 – adaptada)** Em relação aos princípios aplicáveis à administração pública, julgue o item a seguir:

Em decorrência do princípio da segurança jurídica, é proibido que nova interpretação de norma administrativa tenha efeitos retroativos, exceto quando isso se der para atender o interesse público.

Resolução:

Incorreto. Nos termos do art. 2º, parágrafo único, XII, da Lei n. 9.784/99, a interpretação da norma administrativa deve se dar da forma que melhor garanta o atendimento do fim público a que se dirige, vedada aplicação retroativa de nova interpretação. Assim, não se aplica a exceção apontada no item.

4. (CESPE – STJ – Analista Judiciário – Administrativa – 2018 – adaptada) Em relação aos princípios aplicáveis à administração pública, julgue o item a seguir:

O servidor público que revelar a particular determinado fato sigiloso de que tenha ciência em razão das atribuições praticará ato de improbidade administrativa atentatório aos princípios da administração pública.

Resolução:

Correto. Trata-se do ato de improbidade administrativa previsto no art. 11, VII, da Lei n. 8.429/92.

5. (CESPE – STJ – Analista Judiciário – Administrativa – 2018 – adaptada) Em relação aos princípios aplicáveis à administração pública, julgue o item a seguir:

O princípio da proporcionalidade, que determina a adequação entre os meios e os fins, deve ser obrigatoriamente observado no processo administrativo, sendo vedada a imposição de obrigações, restrições e sanções em medida superior àquelas estritamente necessárias ao atendimento do interesse público.

Resolução:

Correto. É como dispõe o art. 2º, parágrafo único, VI, da Lei n. 9.784/99.

6. (CESPE – STJ – Analista Judiciário – Administrativa – 2018 – adaptada) Em relação aos princípios aplicáveis à administração pública, julgue o item a seguir:

A indicação dos fundamentos jurídicos que determinaram a decisão administrativa de realizar contratação por dispensa de licitação é suficiente para satisfazer o princípio da motivação.

Resolução:

Incorreto. A motivação exige a exposição dos fundamentos de fato e de direito (art. 50 da Lei n. 9.784/99).

2. PODERES DA ADMINISTRAÇÃO PÚBLICA

No estudo dos princípios da Administração Pública vimos que, segundo a doutrina, dois grandes princípios orientam a atuação da atividade administrativa: a supremacia do interesse público e a indisponibilidade do interesse público.

Do primeiro princípio, o da supremacia, decorre em favor da Administração Pública uma série de prerrogativas, sem as quais o Poder Público ficaria sem instrumentos para fazer prevalecer o interesse público (da coletividade) sobre os interesses privados (particulares).

Ou seja, sem tais prerrogativas, a Administração Pública não teria instrumentos suficientes para impor aos particulares a observância do interesse público.

Citem-se como exemplos dessas prerrogativas a possibilidade que o Estado tem de desapropriar bens particulares de forma compulsória; ou as cláusulas exorbitantes que a Administração Pública tem nos contratos administrativos, como a possibilidade de alterar unilateralmente suas cláusulas.

Dentre essas prerrogativas, trataremos agora dos chamados poderes administrativos, os quais, assim como os institutos anteriores, são instrumentos que permitem que a Administração Pública faça prevalecer o interesse público sobre o particular.

Cabe lembrar que, sendo o interesse público buscado pela Administração Pública indisponível, o exercício desses poderes administrativos é um verdadeiro dever, e não mera faculdade. Por isso, a doutrina os chama de poderes-deveres ou deveres-poderes. Isso significa que, diante de uma situação concreta, não é facultado à Administração Pública escolher entre exercer ou não o poder administrativo adequado ao caso. Seu exercício é um dever, é compulsório.

É o que se dá, por exemplo, nas fiscalizações sanitárias ou de trânsito, nas quais, deparando-se a autoridade administrativa com a prática de infração, tem o dever de punir o particular infrator, e não mera faculdade de sancioná-lo.

A doutrina divide os poderes administrativos nas seguintes modalidades:

a) poder hierárquico;

b) poder disciplinar;

c) poder normativo;

d) poder de polícia.

Cada um desses poderes pode ser exercido de duas formas distintas: vinculada ou discricionária.

No exercício dos poderes administrativos de forma vinculada, a lei não confere ao agente público nenhuma margem de liberdade na conduta, estabelecendo um único comportamento a ser adotado.

É o caso, por exemplo, de uma sanção disciplinar (exercício do poder disciplinar) em face de servidor público que pratica ato de improbidade administrativa. Nessa hipótese, não há outra conduta a ser adotada senão aplicar a sanção de demissão. Qualquer outra sanção aplicada contraria a lei.

Também é exemplo de exercício vinculado a expedição de licenças, típico exercício do poder de polícia, em que a Administração Pública, diante do cumprimento dos requisitos pelo particular, não tem margem de liberdade no consentimento do exercício do direito (direito de dirigir, por exemplo).

IMPORTANTE

Não confunda licença com autorização. Ambas decorrem do exercício do poder de polícia.

Porém, as licenças decorrem do exercício vinculado, conforme visto anteriormente, enquanto as autorizações decorrem do exercício discricionário.

Quando o poder administrativo é exercido de forma discricionária, a prerrogativa também deve ser exercida (poder-dever), sendo igualmente disciplinado pela lei, mas esta confere certa margem de liberdade ao agente público com relação a um dos elementos do ato administrativo.

É o que acontece, por exemplo, no exercício de fiscalizações em que o agente público, diante do caso concreto e observados os princípios da proporcionalidade e da razoabilidade, deve escolher qual a sanção mais adequada para atender o interesse público.

Parte da doutrina também identifica a existência de discricionariedade quando o motivo justificador da prática de um ato contém um conceito jurídico indeterminado. Por exemplo, uma penalidade administrativa decorrente de "falta grave" ou de "conduta escandalosa".

O exercício dos poderes administrativos de forma discricionária não pode extrapolar os limites legalmente impostos; tampouco os princípios da proporcionalidade e da razoabilidade. Discricionariedade não se confunde com arbitrariedade.

Em razão disso, os poderes administrativos, ainda quando exercidos de forma discricionária, estão sujeitos ao controle judicial. Importante destacar que não se trata de controle de mérito administrativo (conveniência e oportunidade), mas de legalidade, sendo possível a declaração de nulidade do ato administrativo praticado caso haja desrespeito à lei. Ato praticado no exercício do poder discricionário que não atenda aos princípios da proporcionalidade e da razoabilidade é ato ilegal.

ATENÇÃO

O abuso de poder (exercício arbitrário, ilegal) pode se dar de duas formas distintas:

- Excesso de poder: o órgão ou agente público extrapola o âmbito de sua competência legalmente estabelecida. Ex.: o agente público tem competência para suspender seu subordinado por até 30 dias, mas o suspende por 60 dias.
- Desvio de finalidade: o órgão ou agente público pratica o ato respeitando os limites da competência que a lei estabelece, porém buscando fim diverso do público ou do que é próprio do ato. Ex.: remoção de servidor público com a finalidade de puni-lo ou persegui-lo.

2.1 Poder hierárquico

No âmbito da Administração Pública, para a organização eficiente da atividade administrativa, são estabelecidas relações de coordenação e subordinação entre os órgãos e agentes públicos. Aqueles situados em posição administrativamente superior proferem ordens e orientam a atividade dos órgãos e agentes subordinados. A hierarquia, portanto, é, antes de tudo, um princípio que rege toda a organização administrativa.

Dessas relações decorre o poder hierárquico.

Como exemplo, pode-se citar a relação de hierarquia existente entre uma secretaria e uma superintendência ou entre as coordenadorias de uma secretaria. Ou também a obediência que os servidores públicos devem guardar com relação às ordens legalmente impostas pelos chefes das repartições públicas.

Das relações de coordenação e subordinação decorrem alguns poderes relacionados a:

- imposição de ordens, as quais devem ser fielmente obedecidas, salvo se forem manifestamente ilegais;
- fiscalização das atividades;
- controle dos atos (convalidação, anulação e revogação);
- punição (poder disciplinar, estudado a seguir);
- delegação e avocação de competências (estudados na teoria dos atos administrativos);
- edição de atos normativos com o objetivo de ordenar a atuação dos subordinados.

IMPORTANTE

Não existe hierarquia entre entidades da Administração Pública. A hierarquia anteriormente estudada se dá entre órgãos e agentes públicos integrantes de uma mesma entidade.

Assim, pode-se dizer que há hierarquia entre a Presidência do INSS e suas Superintendências Regionais.

Não se pode dizer, por outro lado, que existe hierarquia entre a União (Administração Pública direta) e o INSS (autarquia integrante da Administração Pública indireta).

A relação que se estabelece, nesse caso, é de vinculação, de forma que o controle realizado não é hierárquico, mas, sim, finalístico.

No âmbito federal, dá-se o nome de controle ministerial ao controle realizado pela União com relação aos atos praticados pelas entidades que compõem a Administração Pública indireta (art. 19 do Decreto-Lei n. 200/67).

2.2 Poder disciplinar

Refere-se à prerrogativa que a Administração Pública possui de:

a) Punir os servidores públicos em razão da prática de infrações administrativas.

É o que se dá, por exemplo, nas demissões de servidores públicos federais que abandonaram o cargo público (art. 127, III c/c art. 132, II c/c art. 138, todos da Lei n. 8.112/90).

Ou, ainda como exemplo, pode-se citar a suspensão de servidor público que reiterou em conduta punível com advertência (art. 130 da Lei n. 8.112/90).

b) Punir administrados (particulares) que possuam vínculo jurídico específico com um órgão ou entidade que integra a Administração Pública. São pessoas que estão sujeitas à disciplina interna administrativa.

Pode-se citar como exemplo a extinção do contrato de concessão de serviço público por meio da caducidade (art. 38 da Lei n. 8.987/95), em razão de o particular executar o serviço de forma inadequada. Ou, ainda, a expulsão de aluno de universidade pública federal por descumprir as regras internas da entidade.

IMPORTANTE

Não se deve confundir as sanções aplicadas no exercício do poder disciplinar com as sanções impostas no exercício do poder de polícia.

Sempre que houver subordinação administrativa decorrente de vínculo específico com a Administração Pública, a punição decorre do poder disciplinar. Ex.: sanções aplicadas pelo chefe ao seu subordinado; sanções contratuais a empresa que executa mal um contrato de obra pública.

Inexistindo subordinação administrativa por não haver vínculo jurídico específico com a Administração Pública, as sanções decorrem do poder de polícia. Ex.: multa de trânsito aplicada a particular que ultrapassa sinal vermelho; apreensão de mercadorias por fiscal sanitário em estabelecimento comercial.

Perceba que, no segundo caso, o particular condutor do veículo não é hierarquicamente subordinado ao fiscal de trânsito. Por isso, sua punição não decorreu do poder disciplinar, mas, sim, do poder de polícia.

2.3 Poder normativo

Refere-se ao poder que a Administração Pública possui de expedir atos gerais e abstratos em plano inferior à lei (atos infralegais – abaixo da lei).

Por isso, é importante lembrar que os atos decorrentes do poder normativo não se confundem com os atos legislativos (leis, em sentido estrito) emanados do Poder Legislativo, porque estes, e apenas eles, podem inovar no ordenamento jurídico, criando direitos, proibições e deveres novos. Não são, portanto, atos normativos originários (as leis são), mas, sim, atos normativos derivados, que visam a operacionalizar um comando normativo preexistente.

Sua principal manifestação (embora não única) são os regulamentos, expedidos pelos Chefes do Poder Executivo, que se dividem em duas espécies:

a) regulamentos de execução das leis (regulamentos executivos), autorizados pelo art. 84, IV, da Constituição Federal. É a regra no Direito brasileiro. Não podem criar direitos, deveres, obrigações, proibições e sanções novas, e apenas viabilizam a execução de uma lei preexistente a eles;

b) regulamentos autônomos ou independentes, autorizados pelo art. 84, VI, da Constituição Federal. São exceção no Direito Administrativo brasileiro, só podendo ser expedidos com duas finalidades: organização e funcionamento da administração federal, quando não implicar aumento de despesa nem criação ou extinção de órgãos públicos; extinção de funções ou cargos públicos, quando vagos.

O poder normativo, no entanto, não tem como única manifestação os decretos ou regulamentos. Também se manifesta por meio de portarias, resoluções, instruções, regimentos internos (atos normativos de efeitos apenas internos), portarias etc.

É importante ressaltar que, quando o ato normativo extrapola os limites legais, cabe ao Congresso Nacional sustá-lo, nos termos do art. 49, V, da Constituição Federal.

IMPORTANTE

Tem-se admitido a figura dos chamados REGULAMENTOS AUTORIZADOS. A lei disciplina determinada matéria e, de forma propositalmente lacunosa, deixa a cabo de uma entidade a elaboração de normas técnicas que a complementam. É o caso típico dos atos normativos expedidos pelas chamadas AGÊNCIAS REGULADORAS.

2.4 Poder de polícia

Dos quatro poderes administrativos, sem qualquer dúvida, é o poder de polícia o mais sentido na vida cotidiana da maior parte dos administrados. Está presente em toda as atividades particulares em que o Estado repute necessária alguma forma de limitação ou restrição para a proteção do interesse público.

Sua definição legal está no art. 78 do Código Tributário Nacional:

> Art. 78. Considera-se poder de polícia atividade da administração pública que, limitando ou disciplinando direito, interesse ou liberdade, regula a prática de ato ou abstenção de fato, em razão de interesse público concernente à segurança, à higiene, à ordem, aos costumes, à disciplina da produção e do mercado, ao exercício de atividades econômicas dependentes de concessão ou autorização do Poder Público, à tranquilidade pública ou ao respeito à propriedade e aos direitos individuais ou coletivos.

A definição do poder de polícia no Código Tributário Nacional decorre do fato de seu exercício acarretar a exigência para o administrado do pagamento de tributo, qual seja, a taxa de polícia (art. 145, II, da CF). É o que acontece, por exemplo, com as taxas pagas em razão da expedição de licenças ambientais, chamadas genericamente de taxas ambientais; ou, ainda como exemplo, podem-se citar as taxas pagas na expedição das licenças para dirigir pelos órgãos de trânsito.

Da definição legal *supra*, pode-se definir doutrinariamente o poder de polícia.

Trata-se de atividade pela qual a Administração Pública limita ou restringe o exercício de um direito, de uma liberdade, ou o uso de um bem, para a proteção do interesse da coletividade (interesse público primário).

Essas limitações e restrições se dão, em um primeiro momento, no plano da lei, por meio das chamadas normas de polícia (leis de trânsito, leis sanitárias, leis ambientais, por exemplo).

Uma vez produzida a norma de polícia (lei) pelo Poder Legislativo, a Administração Pública passa, então, diante dos casos concretos, a aplicá-la, em típico exercício de atividade administrativa. Expede licenças para construir, licenças para funcionamento de estabelecimentos comerciais, autoriza o uso de bens públicos pelos particulares etc.

Em seu sentido amplo, a expressão "poder de polícia" abrange todos os atos (legislativos ou administrativos) que impõem restrições ou limitações ao uso de bens e exercício de direitos pelos particulares. Em seu sentido estrito, compreende apenas as atividades administrativas de aplicação da lei.

Assim, no campo da polícia de trânsito, o Código de Trânsito integra o conceito de poder de polícia em sentido amplo, mas não estaria contemplado em seu sentido estrito. Já a expedição das licenças para dirigir estão abrangidas pelas duas acepções do poder de polícia.

1) Distinções entre polícia administrativa e polícia judiciária

A polícia administrativa não se confunde com a chamada polícia judiciária.

Embora ambas busquem proteger o interesse público, seu campo de atuação é completamente diferente.

A polícia judiciária, exercida exclusivamente por corporações específicas (polícia civil, polícia federal, polícia militar etc.), age eminentemente em razão da prática de infrações penais (crimes e contravenções). Sua atuação tem como objeto imediato pessoas e sua atividade serve de apoio à persecução criminal do Estado.

A polícia administrativa, por outro lado, é exercida por inúmeros órgãos e entidades (órgãos de trânsito, órgãos ambientais, órgãos sanitários etc.), a depender da competência para regular as atividades correspondentes, e disciplina atividades que interfiram no interesse da coletividade. Sua atuação, quando repressiva, recai sobre infrações administrativas, e não infrações criminais, residindo aqui sua principal diferença com relação à polícia judiciária.

Assim, embora a polícia administrativa também seja exercida na modalidade repressiva, tem sempre como objeto infrações administrativas, ao passo que a polícia judiciária atua com relação a infrações no âmbito penal.

Polícia Administrativa	Polícia Judiciária
Preventiva ou repressiva	Preventiva ou repressiva
Bens, direitos e atividades	Pessoas
Infrações administrativas	Infrações penais
Diversos órgãos e entidades (órgãos ambientais, órgãos de trânsito etc.)	Corporações específicas (polícia militar, polícia civil, polícia federal etc.)

2) Distinções entre poder de polícia e serviço público

Embora serviços públicos e poder de polícia sejam atividades exercidas pela Administração Pública, buscando como fim (mediato ou imediato) o interesse público, são distintos com relação às suas naturezas jurídicas.

Os serviços públicos conferem comodidades aos particulares, ao passo que o poder de polícia é eminentemente condicionador, limitador. O primeiro beneficia mais diretamente o usuário do serviço, ao passo que o segundo protege mais diretamente o interesse público.

3) Poder de polícia preventivo ou repressivo

Preventivamente, a Administração Pública, com base nas leis, visa a evitar lesões ao interesse da coletividade.

É o que ocorre quando se confere ao particular uma licença ou autorização, por meio dos chamados alvarás, ou quando são realizadas fiscalizações (uma fiscalização de trânsito, por exemplo).

IMPORTANTE

Embora as licenças e autorizações decorram do poder de polícia, há uma distinção importantíssima entre elas.

A **LICENÇA** é ato praticado no exercício do poder de polícia VINCULADO. Cumprindo o particular determinados requisitos previstos em lei, nasce o direito subjetivo à obtenção da licença, sendo a sua expedição obrigatória.

Já a **AUTORIZAÇÃO** é ato praticado no exercício do poder de polícia DISCRICIONÁRIO. Não há direito subjetivo à obtenção da autorização, cabendo ao Poder Público, diante do caso concreto, de forma discricionária, analisando a conveniência e a oportunidade, expedir ou não o alvará de autorização.

Cabe deixar claro que tanto as licenças quanto as autorizações são passíveis de controle judicial e administrativo.

A única distinção é que, com relação às autorizações, apenas a Administração Pública tem legitimidade para averiguar a existência ou não da conveniência e oportunidade (mérito administrativo) para a prática do ato. Ao Poder Judiciário fica reservado o controle apenas e tão somente da conformidade do ato discricionário à lei, ou seja, o controle de legalidade.

	Administração Pública	Poder Judiciário
Poder Vinculado	De ofício ou provocada	Provocado
Poder Discricionário	De ofício ou provocada Análise de legalidade e de mérito administrativo	Provocado Análise apenas de legalidade

Já o exercício do poder de polícia na modalidade REPRESSIVA se consubstancia por meio de penalidades (SANÇÕES DE POLÍCIA) em razão do descumprimento das normas de polícia. Tem-se como exemplos as multas ambientais, a interdição de estabelecimentos, o reboque de veículos, a demolição de prédios etc.

O exercício repressivo do poder de polícia exige da Administração Pública a observância, dentre outros, dos princípios do contraditório e da ampla defesa administrativa (art. 5º, LV), dos princípios da proporcionalidade e da razoabilidade (art. 2º, *caput*, da Lei n. 9.784/99). Além disso, devem ser respeitados os prazos estabelecidos em lei para a constituição dos créditos que decorram do exercício desse poder e para sua cobrança judicial.

4) Prazos

No âmbito da Administração Pública federal (direta e indireta), a Lei n. 9.873/99 estabelece os prazos para a ação punitiva no exercício do poder de polícia.

É de cinco anos o prazo para a ação punitiva da Administração Pública federal, direta e indireta, no exercício do poder de polícia, objetivando apurar infração à legislação em vigor, contados da data da prática do ato ou, no caso de infração permanente ou continuada, do dia em que tiver cessado (art. 1º da Lei n. 9.873/99).

Uma vez constituído definitivamente o crédito, após o término regular do processo administrativo, prescreve em cinco anos a ação de execução da Administração Pública federal relativa a crédito decorrente da aplicação de multa por infração à legislação em vigor (art. 1º-A da Lei n. 9.873/99).

Observe-se que o prazo prescricional de cinco anos para a ação de execução só começa a fluir do fim do processo administrativo que apurou o crédito, ou seja, apenas após julgados todos os recursos e impugnações apresentados pelo administrado.

5) Delegabilidade

Há grande discussão na doutrina e na jurisprudência acerca da delegabilidade do poder de polícia.

Tem prevalecido o entendimento de que apenas algumas das atividades da polícia administrativa podem ser exercidas por pessoas jurídicas de direito privado que integram a Administração Pública (empresas públicas e sociedades de economia mista).

Para tanto, é necessário entender que o ciclo de polícia é dividido em quatro etapas:

a) ordem de polícia (legislação, sempre presente);

b) consentimento de polícia (em regra, presente);

c) fiscalização de polícia (sempre presente);

d) sanção de polícia (eventualmente presente).

O STJ possui precedente no sentido de que apenas as atividades de consentimento de polícia e fiscalização de polícia podem ser delegadas a pessoas jurídicas de direito privado que integram a Administração Pública indireta. Assim, por exemplo, pode-se delegar a uma empresa pública municipal a fiscalização de trânsito no respectivo Município.

Já a sanção de polícia consiste em atividade privativa das pessoas jurídicas de direito público. Uma multa de trânsito, por exemplo, não poderia ser aplicada por empresas públicas ou sociedades de economia mista.

Para o Tribunal, somente os atos relativos ao consentimento e à fiscalização são delegáveis, pois aqueles referentes à legislação e à sanção derivam do poder de coerção do Poder Público.

Em relação aos particulares, a impossibilidade de delegação do exercício do poder de polícia tem previsão expressa na Lei n. 11.079/2004, que trata das parcerias público-privadas, a qual, em seu art. 4º, III, dispõe que são indelegáveis as funções de regulação, jurisdicional, do exercício do poder de polícia e de outras atividades exclusivas do Estado.

A propósito da discussão, quando o poder de polícia é exercido por entidade política (União, Estados, Distrito Federal e Municípios), fala-se em poder de polícia originário. Já quando o poder de polícia é exercido por pessoas jurídicas que compõem a Administração Pública indireta, tem-se o exercício de poder de polícia delegado.

Por fim, é importantíssimo lembrar que existem certos atos preparatórios do exercício do poder de polícia e outros que apenas executam materialmente as decisões tomadas pela Administração Pública que podem, sem nenhum problema, ser executados por particulares.

É o caso, por exemplo, da instalação por empresas particulares de radares em rodovias para a fiscalização de trânsito. Também pode ser citada como exemplo a demolição de prédios por empresa contratada pelo Poder Público em razão de decisão tomada no exercício do poder de polícia. Os dois exemplos envolvem atividades que não se confundem propriamente com o exercício do poder de polícia, mas apenas preparam ou executam decisões tomadas no exercício do poder.

6) Atributos do poder de polícia

Como toda e qualquer atividade exercida pelo Poder Público, o poder de polícia possui algumas características. Majoritariamente, tem-se entendido que são os seguintes atributos:

a) **Discricionariedade:** grande parte da doutrina leciona ser a discricionariedade um atributo do poder de polícia.

Esse atributo, no entanto, deve ser entendido com bastante cuidado.

Isso porque, embora a Administração Pública tenha, de fato, certa liberdade de escolha quanto a alguns aspectos do poder de polícia, o exercício nem sempre é feito de forma discricionária.

Basta lembrar, para entender, da expedição de licenças, que são atos tipicamente vinculados, em que, uma vez cumpridos os requisitos pelo particular, deve o Poder Público expedir o correspondente alvará.

Assim, é correto afirmar que a discricionariedade é um atributo, mas é errado dizer que o poder de polícia é sempre exercido de forma discricionária.

A discricionariedade como atributo refere-se mais propriamente ao momento em que se dará o exercício do poder, o local físico de atuação etc.

b) **Autoexecutoriedade:** atributo próprio de grande parte dos atos do poder de polícia exercidos na modalidade repressiva.

Refere-se à possibilidade de a Administração Pública executar materialmente suas próprias decisões sem que para isso seja necessário provimento judicial.

Exemplos clássicos dessa autoexecutoriedade são o reboque de veículo estacionado em vaga proibida e a apreensão de mercadorias vencidas em estabelecimento empresarial.

A doutrina admite a autoexecutoriedade em duas hipóteses:

- quando houver expressa previsão legal (apreensão de mercadorias vencidas, por exemplo);

- quando se estiver diante de situação de emergência, em que a execução imediata é imperativa, a fim de evitar maiores danos à coletividade (por exemplo, interdição de construção prestes a desabar).

É importante observar que, quando o poder de polícia é exercido de forma autoexecutória, o contraditório e a ampla defesa (art. 5º, LV, da CF) não são observados previamente, porém deverão, obrigatoriamente, ser garantidos ao administrado de forma ulterior, ou seja, após a execução material do ato. Trata-se dos chamados contraditório e ampla defesa diferidos.

c) **Coercibilidade:** caracteriza-se pela imposição coativa das medidas adotadas no exercício do poder de polícia, independentemente da vontade do particular. Está diretamente relacionado com o atributo da autoexecutoriedade.

2.5 Questões

1. (FCC – TRT 15ª Região – Analista Judiciário – Área Judiciária – 2018) A Polícia Militar de um estado da federação organizou uma operação de fiscalização para controle de embriaguez na condução de veículos automotores. Para além das questões criminais possivelmente envolvidas, diante dos motoristas que se mostraram em desacordo com os níveis de álcool permitidos para a condução de veículos, aferidos mediante uso de instrumento específico (bafômetro), os agentes apreenderam os veículos, bem como autuaram e lavraram autos de infração e imposição de multas. Essa atuação:

A) dependeria de prévio processo administrativo, com respeito ao contraditório e ampla defesa, sendo vedada a apreensão e a imposição de multa previamente à nomeação de defensor público para o motorista.

B) configura exercício do poder de polícia pela Administração Pública, que está autorizada a adotar medidas acautelatórias da ordem e da segurança, diferindo o exercício do direito de defesa pelo motorista.

C) é uma das formas de exercício do poder hierárquico exercido pela corporação militar, que o possui em caráter originário, não sendo limitado pelo Poder Executivo.

D) pode ter se dado com base no poder disciplinar, considerando que essa é uma característica intrínseca da atuação da Polícia Militar, independentemente de fundamento normativo.

E) caracteriza um procedimento de polícia para a Corporação da Polícia Militar, que inclui polícia administrativa e polícia judiciária.

↘ **Resolução:**

A) *Incorreta.* Na apreensão de veículos e na imposição de multa o contraditório e a ampla defesa são diferidos, ou seja, oportunizados após a prática do ato. Trata-se dos atributos da autoexecutoriedade e da exigibilidade.

B) *Correta.* Conforme comentado anteriormente, o contraditório é diferido, em razão dos atributos da autoexecutoriedade e da exigibilidade.

C) *Incorreta.* Trata-se, na verdade, do poder de polícia, o qual não é exercido por corporações específicas, como a Polícia Militar, mas, sim, por diferentes órgãos e entidades, cada um no seu âmbito de atuação legalmente prevista.

D) *Incorreta.* Trata-se do poder de polícia, e não do disciplinar.

E) *Incorreta.* Não se trata de exercício de polícia judiciária, mas, sim, de polícia administrativa.

↗ **Gabarito: "B".**

2. (FGV – TJSC – Analista Jurídico – 2018) Poder de Polícia pode ser conceituado como atividade da Administração Pública que se expressa por meio de seus atos normativos ou concretos, com fundamento na supremacia geral do interesse público, para, na forma da lei, condicionar a liberdade e a propriedade dos indivíduos mediante ações fiscalizadoras, preventivas e repressivas.

Nesse contexto, de acordo com modernas doutrina e jurisprudência, o poder de polícia é:

A) delegável na fase de fiscalização de polícia, pois está ligado ao poder de gestão do Estado;

B) delegável na fase de sanção de polícia, pois está ligado ao poder de império do Estado;

C) delegável em qualquer fase, pois decorre do poder hierárquico do Estado;

D) indelegável em qualquer fase, pois decorre da autoexecutoriedade administrativa;

E) indelegável em qualquer fase, pois decorre da discricionariedade administrativa.

↘ **Resolução:**

A) *Correta.* Prevalece o entendimento de que as fases de consentimento e fiscalização podem ser delegadas.

B) *Incorreta.* A fase de sanção, por estar ligada ao poder de império, é indelegável.

C) *Incorreta.* A fase de sanção é indelegável.

D) *Incorreta.* As fases de consentimento e fiscalização são delegáveis.

E) *Incorreta.* As fases de consentimento e fiscalização são delegáveis.

↗ **Gabarito: "A".**

3. (FCC – TRT 2ª Região – Analista Judiciário – Área Judiciária – 2018) A edição de um decreto pelo Chefe do Executivo instituindo proibição de circulação de veículos por determinado perímetro da cidade:

A) encontra fundamento no poder regulamentar, porque este se presta a suprir lacunas legais.

B) insere-se dentre as atribuições inerentes ao poder hierárquico, considerando a supremacia do interesse público sobre o particular, que permite a limitação da liberdade dos administrados, em prol da coletividade.

C) configura expressão do poder disciplinar, posto que se presta a pacificar as relações entre a Administração pública e os administrados.

D) excede os limites do poder regulamentar, na medida em que inova o ordenamento jurídico ao estabelecer nova restrição a direitos sem que conste haver o devido fundamento em lei.

E) excede os limites do poder de polícia, tendo em vista que esta atuação se presta apenas a imposição de obrigações, não sendo admitido o estabelecimento de limitação ou restrição a direitos dos administrados.

↘ **Resolução:**

A) *Incorreta.* O poder regulamentar não pode ser exercido para suprir lacunas legais, uma vez que não pode inovar na ordem jurídica.

B) *Incorreta.* Não se trata de exercício do poder hierárquico, o qual é exercido por órgãos ou agentes superiores com relação a órgãos ou agentes subordinados.

C) *Incorreta.* Não se trata do exercício do poder disciplinar, mas não se está diante da aplicação de sanções.

D) *Correta.* O poder regulamentar (art. 84, IV, da CF) não pode ser exercido com o fim de inovar na ordem jurídica, criando, modificando ou extinguindo direitos, obrigações, proibições.

E) *Incorreta.* Não se trata do exercício do poder de polícia, conforme exposto anteriormente.

↗ **Gabarito: "D".**

3. ATOS ADMINISTRATIVOS

3.1 Definição de ato administrativo

Não há uma definição de ato administrativo unânime na doutrina.

É pacífico, porém, que os denominados "atos administrativos" propriamente ditos são apenas uma das inúmeras espécies de atos que a Administração Pública pratica.

Dito de outra forma, os "atos da Administração Pública" seriam um gênero, figurando os "atos administrativos" como uma de suas espécies.

Assim, compõem o gênero "Atos da Administração Pública": atos de direito privado; contratos administrativos; atos de mera execução material (atos materiais); atos de conhecimento ou meramente enunciativos (meros atos administrativos); atos normativos; atos administrativos.

Percebe-se, portanto, que os ATOS ADMINISTRATIVOS são apenas uma espécie de ATOS DA ADMINISTRAÇÃO PÚBLICA.

Como dito anteriormente, não existe consenso quanto à definição de atos administrativos. Dessa forma, iremos adotar nesta obra a definição que entendemos mais adequada. Segundo Maria Sylvia Zanella Di Pietro, ato administrativo é a:

> (...) declaração do Estado ou de quem o represente, que produz efeitos jurídicos imediatos, com observância da lei, sob regime jurídico de direito público e sujeita a controle pelo Poder Judiciário[1].

Assim, para que se qualifique como "ato administrativo", o ato praticado pela Administração Pública deve, necessariamente:

- ser unilateral, ou seja, sua existência independe da vontade de terceiro. Isso deixa de fora do conceito de ato administrativo, por exemplo, os contratos administrativos, que são bilaterais;
- produzir efeitos jurídicos imediatos, criando, modificando ou extinguindo direitos e/ou deveres. Assim, não estão compreendidos no conceito de ato administrativo os meros atos de execução material que não produzam nenhum efeito jurídico, como a varredura de uma rua, a demolição de um prédio etc.;
- ser regido pelo direito público, conferindo à Administração Pública prerrogativas não detidas pelos particulares. Assim, não se enquadram no conceito de ato administrativo os atos de direito privado praticados pela Administração Pública;
- se sujeitar a controle judicial.

São atos administrativos, por exemplo, um ato de nomeação de aprovado em concurso público para cargo efetivo; um ato de concessão de aposentadoria; um ato de exoneração de servidor público; um ato de cassação de alvará de funcionamento de estabelecimento; um ato de lavratura de auto de infração de trânsito, entre tantos outros.

3.2 Atributos do ato administrativo

O ato administrativo é dotado de alguns atributos ou características:

a) Presunção de legalidade/legitimidade e veracidade

Presume-se que o ato administrativo foi praticado de acordo com a lei (presunção de legalidade) e que os fatos alegados pela Administração Pública são verdadeiros (presunção de veracidade).

Assim, por exemplo, quando se está diante de um auto de infração de trânsito, presume-se que o ato foi praticado de acordo com a lei de trânsito e que os fatos registrados pelo agente público são verdadeiros (por exemplo, condução em velocidade acima da permitida).

A principal e mais lógica consequência da presunção de veracidade é a inversão do ônus da prova, o que significa que, desejando o particular desconstituir o ato, deverá apresentar fatos, acompanhado de provas em sentido contrário, seja na via judicial ou administrativa.

A presunção de legalidade e veracidade está presente em todos os atos administrativos, ao contrário dos outros atributos, que não estão presentes em todos os atos.

Alguns autores preferem usar a expressão "presunção de legitimidade", em vez de "presunção de legalidade", a fim de demonstrar que tal presunção compreende não apenas a observância à lei (em sentido estrito), mas também os princípios (constitucionais e infraconstitucionais).

b) Imperatividade

A vontade da Administração Pública expressa por meio do ato administrativo é imposta de forma unilateral, ou seja, independente da manifestação de vontade do particular. Em outras palavras, para que o ato exista e produza efeitos, a vontade do particular é irrelevante. Essa característica decorre do poder extroverso do Estado.

Tal atributo não está presente em todos os atos administrativos, mas apenas naqueles que impõem deveres ou restrições a

1 DI PIETRO, Maria Sylvia Zanella. *Direito administrativo*. 31. ed. Rio de Janeiro: Forense, 2018.

particulares. Assim, atos que concedem direitos, por exemplo, não possuem tal atributo.

c) Exigibilidade

Prerrogativa por força da qual a Administração Pública toma decisões executórias criando deveres para os particulares, sem necessidade de prévia autorização judicial, valendo-se de meios de coerção indiretos.

É o que acontece, por exemplo, nas situações de descumprimento de leis de trânsito, em que o agente público aplica sanções sem necessidade de tutela jurisdicional prévia.

Sem a exigibilidade do ato administrativo, o Poder Público perderia eficiência na sua atuação, já que teria que demandar em juízo previamente todas as vezes que necessitasse interferir na esfera jurídica do particular, impondo-lhe obrigações.

Também se trata de atributo que não está presente em todos os atos administrativos.

IMPORTANTE

As dívidas de valor perante a Administração Pública, como regra, não são autoexecutáveis.

De fato, se o particular, por exemplo, não realiza o pagamento de uma multa de trânsito, deverá o Poder Público ingressar com a ação de execução em juízo para a satisfação da obrigação.

A Administração Pública não pode, por meio coercitivos diretos próprios, satisfazer o cumprimento do dever de pagar a dívida de valor.

A Lei n. 8.666/93 (art. 86, § 2º c/c art. 87, § 1º), entretanto, prevê hipótese de dívida de valor (multa contratual) autoexecutória, uma vez que autoriza que seja descontado do valor da garantia contratual o montante devido a título de multa.

Ou seja, sem precisar recorrer ao Poder Judiciário, poderá satisfazer a obrigação pecuniária correspondente à multa contratual. Trata-se de situação excepcional de autoexecutoriedade de dívida de valor.

d) Autoexecutoriedade

A autoexecutoriedade, quando presente, autoriza que a Administração Pública execute materialmente suas próprias decisões sem prévia autorização judicial, valendo-se, inclusive, da força, se necessário for.

É o que ocorre, por exemplo, na apreensão de veículos irregulares realizada em fiscalizações de trânsito. Estando o veículo em desacordo com a lei, o agente público o apreenderá, independentemente de qualquer autorização judicial prévia.

Também retrata autoexecutoriedade a apreensão de mercadorias vencidas em estabelecimentos comerciais.

Segundo parte da doutrina, a autoexecutoriedade existe:

- quando houver expressa previsão legal;
- em situações de emergência que justifiquem a imediata execução material do ato.

e) Tipicidade

O ato administrativo deve ser praticado com absoluta sujeição aos modelos legais previamente estabelecidos em lei.

Decorre do princípio da legalidade e garante que o ato administrativo nunca será totalmente discricionário, sob pena de ser arbitrário.

3.3 Elementos do ato administrativo

Vistos os atributos ou características do ato administrativo, passa-se ao estudo dos elementos ou requisitos.

a) Competência

O sujeito que pratica o ato administrativo deve ser dotado de capacidade e competência.

A competência se refere à atribuição legal para a prática do ato administrativo.

Os agentes públicos, os órgãos públicos e as entidades integrantes da Administração Pública têm suas atribuições (competências) definidas em lei.

Exatamente por decorrerem da lei, as competências administrativas são irrenunciáveis, embora o seu exercício possa ser objeto de DELEGAÇÃO ou AVOCAÇÃO. Ambos os institutos estão previstos na Lei n. 9.784/99.

i) **Delegação** (art. 12 da Lei n. 9.784/99)

Na delegação, o órgão ou agente detentor da competência (delegante) transfere para outro órgão ou agente (delegado) o exercício temporário da atividade.

É o que se dá, por exemplo, quando um órgão fazendário, detentor da competência para apreciar determinado parcelamento (delegante), delega para outro órgão fazendário o exercício da atividade temporariamente.

Um órgão administrativo e seu titular poderão, se não houver impedimento legal, delegar parte da sua competência a outros órgãos ou titulares, ainda que estes não lhe sejam hierarquicamente subordinados, quando for conveniente, em razão de circunstâncias de índole técnica, social, econômica, jurídica ou territorial.

IMPORTANTE

Não podem ser objeto de delegação (art. 13 da Lei n. 9.784/99):

- a edição de atos de caráter normativo;
- a decisão de recursos administrativos;
- as matérias de competência exclusiva do órgão ou autoridade.

Além disso, o ato de delegação e sua revogação deverão ser publicados no meio oficial, devendo especificar as matérias e poderes transferidos, os limites da atuação do delegado, a duração e os objetivos da delegação e o recurso cabível, podendo conter ressalva de exercício da atribuição delegada.

O ato de delegação é revogável a qualquer tempo pela autoridade delegante, por isso se diz que uma de suas características é a precariedade.

As decisões adotadas por delegação devem mencionar explicitamente essa qualidade e considerar-se-ão editadas pelo delegado.

ii) **Avocação** (art. 15 da Lei n. 9.784/99)

Na avocação, um órgão ou agente a quem não foi atribuída certa competência (avocante) atrai para si o exercício da competência detida por outro órgão ou agente (avocado).

Seria o caso de avocação, por exemplo, situação em que o chefe de determinada repartição pública atrai para si o exercício de determinada atribuição conferida por lei ao seu subordinado, como a expedição de uma certidão.

A avocação é permitida, em caráter excepcional e por motivos relevantes devidamente justificados, e pressupõe sempre hierarquia entre avocante (superior) e avocado (subordinado).

Além disso, embora a Lei n. 9.784/99 não seja expressa nesse sentido, entende-se que as competências exclusivas não podem ser avocadas.

LEMBRE-SE

Atos praticados com vício de competência (alguém que não detém competência, pratica indevidamente o ato) são, como regra, ANULÁVEIS, podendo, por isso, ser convalidados.

Quando, entretanto, a competência for definida em lei como exclusiva ou definida em razão da matéria, o ato deverá ser considerado NULO.

b) Objeto (ou conteúdo)

Consiste no efeito jurídico imediato do ato administrativo.

No decreto de desapropriação, por exemplo, o objeto é a desapropriação; no ato de nomeação de servidor público, o objeto é a nomeação.

IMPORTANTE

Atos praticados com vício no objeto são NULOS, não podendo, por isso, ser convalidados.

É o caso, por exemplo, de o Estado desapropriar um bem do município sem autorização legislativa prévia. Cuida-se de ato nulo em razão do seu objeto.

c) Forma

É o modo pelo qual o ato administrativo se exterioriza no mundo jurídico.

Existe, na nossa ordem jurídica, uma série de formas distintas de se praticar o ato administrativo: portarias, ordens de serviço, instruções normativas etc.

Para parte da doutrina, o procedimento administrativo de formação do ato também integra sua FORMA, e, quando viciado, provoca a ilicitude do ato administrativo.

Por essa razão, para quem assim entende, integra o conceito de forma a MOTIVAÇÃO do ato. Assim, caso a motivação (fundamentação) do ato administrativo não seja realizada, o vício recairá sobre o elemento forma.

IMPORTANTE

O ato praticado com vício na forma é, como regra, ANULÁVEL, podendo, por isso, ser convalidado.

Quando, entretanto, a forma for definida em lei como essencial à validade do ato, este será NULO, não podendo ser convalidado.

É o caso, por exemplo, do ato que deve ser motivado e não o foi. Não havendo motivação, o ato é NULO.

d) Finalidade

O resultado que a Administração Pública quer alcançar com a prática do ato. Trata-se do efeito jurídico mediato do ato.

Divide-se em finalidade:

- geral: sempre a finalidade pública;
- específica: o resultado específico que cada ato deve produzir.

Dessa forma, em um auto de infração de trânsito, por exemplo, a finalidade geral é a pública e a específica é a de punir o administrado infrator.

IMPORTANTE

O desvio de finalidade é um dos vícios do ato administrativo e provoca sua nulidade, não podendo o ato ser convalidado.

Ocorre quando o ato é praticado com finalidade diversa da pública ou da finalidade específica do ato.

Ato viciado no elemento finalidade é ATO NULO.

e) Motivo

São as razões de fato e de direito que justificam a prática do ato administrativo.

Não se deve confundir MOTIVO com MOTIVAÇÃO. Motivação é a exteriorização dos motivos, é a fundamentação do ato administrativo.

A motivação deve estar presente, como regra generalíssima, em todos os atos administrativos (vinculados e discricionários).

IMPORTANTE

Segundo a TEORIA DOS MOTIVOS DETERMINANTES, a validade do ato administrativo está condicionada à veracidade dos motivos expostos pela Administração Pública. Assim, mesmo quando o ato administrativo não precisa de motivação, caso o administrador público o motive, o ato será considerado nulo se os motivos alegados não forem verdadeiros.

É o que acontece na exoneração de cargo em comissão, sob o fundamento de inassiduidade. Caso se comprove que o motivo exposto é falso, o ato é nulo, mesmo considerando que tal ato não precisaria ser motivado (art. 37, II, da CF).

Assim, a exposição de motivos falsos anula o ato administrativo.

3.4 Extinção do ato administrativo

O ato administrativo pode ser extinto (deixar de existir) de diversas formas.

São modalidades de extinção dos atos administrativos:

- cumprimento de seus efeitos;
- desparecimento do sujeito ou do objeto;
- retirada;
- renúncia.

Destacam-se, em concursos, as seguintes modalidades de retirada:

1) Anulação (ou invalidação)

A extinção do ato administrativo por meio da anulação se dá por razões de ilegalidade na sua prática.

Considerando que a legalidade é princípio constitucional da Administração Pública (art. 37, *caput*, da CF), quando o ato é praticado sem respeitar os preceitos legais, deve ser extinto (retirado) da ordem jurídica.

A anulação produz efeitos *ex tunc* (retroativos), alcançando o ato desde sua origem, e desfazendo todos os efeitos jurídicos produzidos entre seu nascimento e sua retirada.

Tendo em vista o poder de autotutela detido pela Administração Pública, a anulação pode ser feita por ela mesma, prescindido, para tanto, de recurso ao Poder Judiciário. Nesse caso, a anulação pode ser realizada de ofício ou por força de provocação.

Tal possibilidade, entretanto, não afasta do controle judicial dos atos administrativos. O Poder Judiciário, desde que provocado, também pode anular ato administrativo.

A Administração Pública, como regra, tem o dever de anular o ato administrativo ilegal, tendo em vista o princípio da legalidade (art. 37, *caput*, da CF c/c art. 53 da Lei n. 9.784/99).

O direito da Administração de anular os atos administrativos de que decorram efeitos favoráveis para os destinatários decai em cinco anos, contados da data em que foram praticados, salvo comprovada má-fé (art. 54 da Lei n. 9.784/99).

Os vícios (também chamados defeitos) de ilegalidade podem atingir os seguintes elementos: COMPETÊNCIA, FORMA, FINALIDADE, MOTIVO E OBJETO.

a) Vícios (ou defeitos) que atingem o elemento COMPETÊNCIA:

i) usurpação de função: a pessoa que praticou o ato não foi investida de qualquer modo em cargo, emprego ou função pública. Predomina o entendimento de que os atos praticados pelo usurpador de função são inexistentes, não se responsabilizando o Estado por eles;

ii) excesso de poder: o agente público excede os limites de sua competência;

iii) função de "fato" (ou funcionário de fato): a pessoa que pratica o ato está investida irregularmente no cargo, emprego ou função, mas a situação tem aparência de legalidade. Os atos praticados são válidos, em razão da teoria da aparência.

b) Vícios (ou defeitos) quanto ao OBJETO:

Objetos ilícitos, impossíveis, imorais ou indeterminados.

c) Vícios (ou defeitos) quanto à FORMA:

Ato é praticado sem atender às formalidades exigidas em lei.

d) Vícios (ou defeitos) quanto ao MOTIVO:

Motivos inexistentes ou falsos.

e) Vícios (ou defeitos) quanto à FINALIDADE:

Atos praticados com desvio de finalidade. Tal desvio pode recair sobre a finalidade genérica ou sobre a finalidade específica.

LEMBRE-SE

Os vícios anteriormente apontados podem dar origem a atos NULOS ou ANULÁVEIS.

Embora ambos sejam espécies de ATO ILEGAL, os atos ANULÁVEIS podem ser convalidados pela Administração Pública, porque os vícios que sobre eles recaem são menos graves, sendo defeitos, portanto, sanáveis.

A CONVALIDAÇÃO é instituto previsto no art. 55 da Lei n. 9.784/99, segundo o qual, em decisão na qual se evidencie não acarretarem lesão ao interesse público nem prejuízo a terceiros, os atos que apresentarem defeitos sanáveis poderão ser convalidados pela própria Administração.

Os atos NULOS possuem defeitos insanáveis, não podendo, portanto, ser convalidados.

São ATOS NULOS (DEFEITOS INSANÁVEIS) os que contenham vícios que recaiam sobre o OBJETO, A FINALIDADE, O MOTIVO.

São ATOS ANULÁVEIS (DEFEITOS SANÁVEIS) os que contenham vícios que recaiam sobre a COMPETÊNCIA e a FORMA, como regra. Veja-se anteriormente, entretanto, que, em algumas situações, defeitos de competência e forma provocam a prática de atos NULOS.

A doutrina diverge quanto à obrigatoriedade ou não de convalidação dos atos administrativos anuláveis.

A Lei n. 9.784/99 (art. 55) considera, se interpretada literalmente, uma faculdade: "Em decisão na qual se evidencie não acarretarem lesão ao interesse público nem prejuízo a terceiros, os atos que apresentarem defeitos sanáveis poderão ser convalidados pela própria Administração".

Já parte da doutrina entende que a convalidação é, como regra, um dever, salvo quando se cuidar de vício de competência que recaia sobre um ato discricionário, porque, nesse caso, o agente competente deverá analisar a conveniência e a oportunidade do ato administrativo sem se vincular ao juízo realizado pelo agente que praticou o ato.

2) Revogação

Na revogação, o ato é retirado do mundo jurídico pela Administração Pública por razões de oportunidade e conveniência.

Cuida-se de espécie de retirada típica dos atos discricionários, aqueles em que, no momento de sua prática, o agente público analisa a existência de conveniência e oportunidade.

A revogação, ao contrário da anulação, produz efeitos *ex nunc* (prospectivos), portanto apenas impede que o ato continue produzindo efeitos para o futuro, mas mantém válidos todos aqueles já produzidos.

Não há prazo para a revogação, já que a inconveniência ou inoportunidade podem surgir a qualquer tempo após a prática do ato administrativo.

Apenas a Administração Pública, no exercício da atividade administrativa, pode revogar ato administrativo. Não é possível que o Poder Judiciário, no exercício da função jurisdicional, o faça.

IMPORTANTE

A afirmação de que o Poder Judiciário não pode revogar ato administrativo deve ser entendida com bastante cuidado.

Em primeiro lugar, não quer dizer, em absoluto, que os atos discricionários estão protegidos do controle judicial. Qualquer ato administrativo, vinculado ou discricionário, pode ser controlado judicialmente.

O que não pode fazer o Poder Judiciário é adentrar no mérito administrativo e analisar a conveniência e oportunidade em sede de ação judicial. O controle judicial pode ser feito, porém apenas com relação à legalidade do ato, ou seja, em conformidade com a lei.

Outro aspecto importante a ser lembrado é que o Poder Judiciário também realiza atividade administrativa, praticando atos administrativos, na qualidade de Administração Pública. Nesse caso, a revogação dos atos será feita por ele mesmo, porém no exercício da atividade administrativa, e não da jurisdicional.

Não podem ser revogados:

- atos vinculados;
- atos que já exauriram seus efeitos (atos consumados);
- atos que integram um procedimento;
- atos que geraram direitos adquiridos;
- os meros atos administrativos.

▶ ATENÇÃO

A respeito da autotutela administrativa, destacam-se duas importantes súmulas do STF:

Súmula 473: "A administração pode anular seus próprios atos, quando eivados de vícios que os tornam ilegais, porque deles não se originam direitos; ou revogá-los, por motivo de conveniência ou oportunidade, respeitados os direitos adquiridos, e ressalvada, em todos os casos, a apreciação judicial".

Súmula 346: "A Administração Pública pode declarar a nulidade dos seus próprios atos".

3) Cassação

Consiste no desfazimento do ato nos casos em que o seu destinatário deixa de cumprir as condições para que dele continue se beneficiando. A cassação do ato administrativo não pressupõe a prévia declaração da sua nulidade pela Administração Pública, uma vez que não recai sobre atos inválidos.

Exemplo disso é a cassação da licença de funcionamento de um bar, em razão da venda ilegal de bebidas a menores de idade; ou cassação de licença ambiental, porque o particular está degradando o meio ambiente.

4) Caducidade

Consiste no desfazimento do ato administrativo quando, após a realização deste, sobrevém norma jurídica que torna impossível a situação antes autorizada pela ordem jurídica, impedindo, portanto, que o ato continue produzindo efeitos jurídicos.

É importante perceber que, na caducidade, o ato foi praticado sem nenhum vício de ilegalidade. O que impõe sua retirada é o surgimento de uma nova norma jurídica após a sua prática.

É o que ocorre, por exemplo, com a caducidade de ato de autorização de funcionamento de parque de diversões em uma determinada área, quando uma lei, posterior à prática do ato, veda a realização da atividade naquela região.

▶ IMPORTANTE

Não se deve confundir caducidade do ATO ADMINISTRATIVO e caducidade do CONTRATO DE CONCESSÃO DE SERVIÇO PÚBLICO.

Embora ambos tenham a mesma denominação, a caducidade do contrato de concessão tem previsão no art. 38 da Lei n. 8.987/95 e possui caráter punitivo, uma vez que importa na extinção antecipada do contrato por culpa do particular, que executa o serviço de forma inadequada.

5) Contraposição

Os efeitos jurídicos de um ato são contrapostos aos efeitos de um ato anteriormente praticado. Ex.: exoneração de servidor público e nomeação.

3.5 Questões

1. (CESPE – STJ – Analista Judiciário – Administrativa – 2018 – adaptada) Julgue o item a seguir, relativo aos atos administrativos.

No caso de vício de competência, cabe a revogação do ato administrativo, desde que sejam respeitados eventuais direitos adquiridos de terceiros e não tenha transcorrido o prazo de cinco anos da prática do ato.

↘ Resolução:

Incorreto. Vícios de competência ensejam, em tese, anulação, por serem ilegais. Prevalece, no entanto, que os vícios de competência podem ser convalidados. A revogação, por seu turno, deve recair sobre atos inconvenientes ou inoportunos.

2. (CESPE – STJ – Analista Judiciário – Administrativa – 2018 – adaptada) Julgue o item a seguir, relativo aos atos administrativos.

São exemplos de atos administrativos normativos os decretos, as resoluções e as circulares.

↘ Resolução:

Correto. Decorrem do poder normativo da Administração Pública.

3. (CESPE – STJ – Analista Judiciário – Administrativa – 2018 – adaptada) Julgue o item a seguir, relativo aos atos administrativos.

O ato administrativo praticado com desvio de finalidade pode ser convalidado pela administração pública, desde que não haja lesão ao interesse público nem prejuízo a terceiros.

↘ Resolução:

Incorreto. Vícios de finalidade não podem ser convalidados.

4. (FGV – TJAL – Analista Judiciário – Área Judiciária – 2018) Pelo princípio da motivação, o Administrador Público deve motivar as suas decisões, expondo os fundamentos de fato e de direito que embasaram a prática daquele ato administrativo.

Quando o agente público motiva seu ato mediante declaração de concordância com fundamentos de anteriores pareceres, informações, decisões ou propostas, como parte integrante do ato, de acordo com a jurisprudência e com a Lei Federal n. 9.784/99, sua conduta é:

A) ilícita, devendo o ato ser invalidado porque o ordenamento jurídico exige motivação expressa e idônea específica para cada ato administrativo;

B) ilícita, devendo o ato ser revogado porque o ordenamento jurídico exige motivação legítima, expressa e idônea para cada ato administrativo;

C) ilícita, devendo o ato ser invalidado por ofensa aos princípios da administração pública da legalidade, da transparência e da finalidade;

D) lícita, pois é possível a utilização da motivação aliunde dos atos administrativos, quando a motivação do ato remete a de ato anterior que embasa sua edição;

E) lícita, pois a exigência de fundamentação não recai no campo da validade do ato administrativo, e sim no de sua eficácia, cabendo sua convalidação, com posterior complementação da motivação.

↘ Resolução:

A) *Incorreta.* Expressamente autorizado pelo art. 50, § 1º, da Lei n. 9.784/99.

B) *Incorreta.* Expressamente autorizado pelo art. 50, § 1º, da Lei n. 9.784/99.

C) *Incorreta.* Expressamente autorizado pelo art. 50, § 1º, da Lei n. 9.784/99.

D) *Correta.* Nos termos do art. 50, § 1º, da Lei n. 9.784/99, a motivação deve ser explícita, clara e congruente, podendo consistir em declaração de concordância com fundamentos de anteriores pareceres, informações, decisões ou propostas, que, nesse caso, serão parte integrante do ato. Trata-se da chamada motivação aliunde.

E) *Incorreta.* A motivação aliunde não exige posterior complementação.

↗ Gabarito: "D".

5. (FCC – TRT 2ª Região – Analista Judiciário – Área Administrativa – 2018) Os atos administrativos discricionários são passíveis de controle judicial no que concerne:

A) exclusivamente a eventual desvio de finalidade, quando evidenciado que a Administração praticou o ato visando a fim ilícito.

B) às condições de conveniência e oportunidade para sua prática, com base nos princípios aplicáveis à Administração Pública.

C) ao seu mérito, avaliando-se a aderência do mesmo ao interesse público que justificou a sua edição e às finalidades colimadas.

D) a vícios de legalidade, o que inclui também a avaliação da inexistência ou falsidade dos motivos declinados pela Administração para a edição do ato.

E) apenas a vícios de competência, cuja convalidação poderá ser feita, contudo, mediante ratificação administrativa ou judicial.

↘ Resolução:

A) *Incorreta*. Os atos discricionários podem sofrer controle judicial com relação a qualquer vício de legalidade, em qualquer um dos seus elementos.

B) *Incorreta*. A conveniência e a oportunidade (mérito administrativo) não se sujeitam a controle judicial.

C) *Incorreta*. A conveniência e a oportunidade (mérito administrativo) não se sujeitam a controle judicial.

D) *Correta*. O vício de legalidade que macule ato discricionário pode ser controlado judicialmente, inclusive quanto aos motivos expostos na sua prática, uma vez que, nos termos da teoria dos motivos determinantes, a validade do ato é condicionada à veracidade das razões de fato expostas pela Administração Pública.

E) *Incorreta*. Qualquer vício de legalidade pode sofrer controle judicial. Ademais, a convalidação dos atos administrativos não pode ser feita judicialmente, mas apenas administrativamente.

↗ Gabarito: "D".

4. AGENTES PÚBLICOS

Agente público é a pessoa física que exerce mandato, cargo, emprego ou função pública, independentemente da origem do vínculo, eleição, nomeação, designação, com ou sem remuneração.

4.1 Classificação dos agentes públicos

a) Agentes políticos

São os integrantes do alto escalão do Poder Público, entre suas atividades se destaca a elaboração de diretrizes e funções de direção, orientação e supervisão da administração. Ex.: Chefes do Poder Executivo e seus auxiliares imediatos, membros do Poder Legislativo, membros da magistratura e do Ministério Público.

b) Agentes administrativos

São aqueles que exercem atividade pública de natureza profissional e remunerada em um ambiente com hierarquia. Ocupam cargos, empregos ou funções.

c) Servidores públicos em sentido estrito

Possuem regime jurídico estatutário e são titulares de cargos públicos, efetivos ou em comissão.

d) Empregados públicos

Possuem regime jurídico celetista.

e) Temporários

Decorrem de situações de necessidade temporária e excepcional. É necessário processo seletivo simplificado. Possuem contrato por tempo determinado e exercem função pública.

f) Militares

Para alguns doutrinadores, os militares possuem classificação exclusiva.

g) Agentes honoríficos

São cidadãos requisitados ou designados. Ex.: mesários e jurados.

h) Agentes delegados ou delegatários

São particulares que exercem atividade pública, por sua conta e risco, a partir de delegação, sob fiscalização do Poder Público. Ex.: concessionários, permissionários, leiloeiros etc.

i) Agentes credenciados

São cidadãos com a incumbência de representação da administração pública.

4.2 Ingresso de servidores

Os servidores públicos em sentido estrito podem ocupar cargos efetivos ou comissionados.

O ingresso em cargos em comissão, em regra, é livre para escolha da autoridade competente, desde que observada a Súmula Vinculante 13, que veda a prática de nepotismo.

ATENÇÃO

A Súmula Vinculante 13 não se aplica aos cargos de natureza política, como de Ministros do Poder Executivo da União e de Secretários dos Estados, Municípios e Distrito Federal.

Já o ingresso para cargos efetivos até atingir a estabilidade no serviço público decorrerá de uma série de fases que veremos a seguir.

a) Concurso público

i) Forma de avaliação – apenas provas (ex.: objetiva, subjetiva, oral, física) ou provas e títulos (art. 37, II, da CF).

ii) Prazo de validade do concurso – até dois anos, prorrogável por igual período (art. 37, III, da CF).

iii) Restrições de acesso ao cargo público – o edital do concurso poderá apresentar restrições, desde que compatíveis com as atribuições do cargo (ex.: idade máxima para ingresso na polícia militar; conclusão de curso de medicina para o cargo de médico etc.).

iv) Direito subjetivo à nomeação – candidato aprovado e classificado dentro do número de vagas possui o direito de ser nomeado até o final da validade do concurso público.

v) Reserva de percentual dos cargos e empregos públicos para as pessoas com deficiência (art. 37, VIII, da CF) – para cargos federais o limite de reserva é de até 20% (art. 5º, § 2º, da Lei n. 8.112/90)[2].

b) Nomeação

Prevista no art. 9º da Lei n. 8.112/90, é a forma de provimento originária ao cargo público responsável por indicar determinada pessoa física para ocupar certo cargo público.

c) Posse

Prevista no art. 13 da Lei n. 8.112/90, se dá por assinatura de termo após a verificação da documentação exigida para cada cargo.

Prazo: até 30 dias, improrrogáveis, contados da nomeação.

É possível a posse por procurador desde que a procuração possua poderes específicos.

Não ocorrendo a posse, o ato de nomeação se torna sem efeito.

A partir da posse, o nomeado se torna servidor público.

d) Exercício

Previsto no art. 15 da Lei n. 8.112/90, é o efetivo desempenho das atribuições do cargo ou da função de confiança.

Prazo: até 15 dias a partir da posse do cargo.

IMPORTANTE

Caso não inicie o exercício dentro do prazo limite, o servidor será exonerado (art. 34, parágrafo único, II, da Lei n. 8.112/90).

e) Estágio probatório

Previsto no art. 20 da Lei n. 8.112/90 e no art. 41, § 4º, da Constituição Federal, é o período pelo qual o servidor será avaliado quanto à sua aptidão e à sua capacidade.

Prazo: três anos de efetivo desempenho.

A reprovação no estágio probatório poderá acarretar:

- exoneração; ou
- recondução ao cargo anterior, se já estável no serviço público em razão de vínculo anterior.

2 Referências à Lei n. 8.112/90 estão vinculadas aos servidores públicos federais.

Para o STJ, a reprovação dependerá da disposição para o exercício do contraditório e da ampla defesa.

f) Estabilidade no serviço público

Prevista no art. 41 da Constituição Federal, a estabilidade no serviço público depende de três condições:

- servidores efetivos;
- aprovação no estágio probatório;
- prazo de três anos.

Servidor meramente comissionado não adquirirá estabilidade.

g) Perda do cargo para servidor estável

Prevista no art. 41, § 1º, da Constituição Federal.

IMPORTANTE

A perda do cargo, quando estável, apenas poderá ocorrer nas seguintes situações:

- sentença judicial transitada em julgado;
- processo administrativo com ampla defesa;
- insuficiência de desempenho verificada em avaliação periódica com ampla defesa (depende da edição de lei complementar);
- excesso de despesa com pessoal (art. 169, § 4º, da CF).

4.3 Direito de greve dos servidores públicos

A Constituição Federal, em seu art. 37, VII, indica a necessidade de lei para o exercício de greve no serviço público.

A ausência da norma fez com que, no passado, as greves fossem consideradas ilegais.

Atualmente, o STF, a partir do julgamento de mandados de injunção, firmou o entendimento de que os servidores públicos poderão exercer greve conforme a norma para o setor privado até que se edite norma específica.

IMPORTANTE

Não possuem direito de greve:

- os militares e os policiais militares (arts. 142, § 3º, IV, e 42, § 1º, da CF);
- os equiparados (policiais civis, federais e rodoviários federais).

4.4 Vedação de acumulação de cargos, empregos, funções

Prevista no art. 37, XVI e XVII, da Constituição Federal.

Como regra, os cargos públicos, empregos públicos e funções públicas não podem ser acumulados.

Segundo o art. 38 da Constituição Federal, são exceções quando houver compatibilidade de horário:

- dois cargos de professor;
- um cargo de professor com outro, técnico ou científico;
- dois cargos ou empregos privativos de profissionais de saúde;
- qualquer cargo com o de vereador.

4.5 Agentes em exercício de mandatos eletivos

Estão previstos no art. 38 da Constituição Federal:

- servidor eleito para qualquer cargo do Poder Executivo ou Legislativo federal, estadual ou distrital – afastamento obrigatório do cargo (efetivo ou comissionado), função ou emprego público;
- servidor público eleito para o cargo de prefeito – afastamento obrigatório. Poderá optar pela remuneração de qualquer dos cargos;
- servidor público eleito para o cargo de vereador – havendo compatibilidade de horário, poderá desempenhar as atribui-

ções dos dois cargos. Não havendo, será afastado do cargo, função ou emprego público e optará pela remuneração de qualquer dos cargos.

4.6 Sistema remuneratório

Vencimentos – contraprestação pecuniária pela atividade desenvolvida por servidor público estatutário;

Salário – contraprestação aos empregados públicos com vínculo celetista;

Subsídio – parcela única, sendo vedado pagamento de gratificação, adicional, abono, prêmio etc. Recebem por subsídio os agentes políticos e servidores de carreiras especiais (Advocacia-Geral da União, Defensoria Pública da União, Procuradoria-Geral da Fazenda Nacional etc.).

1) Fixação por lei (art. 37, X, da CF) – o valor dos vencimentos e subsídios decorrerá de lei.

2) Teto remuneratório dos agentes públicos (art. 37, XI, da CF).

a) na União – subsídio do Ministro do Supremo Tribunal Federal;

b) nos Municípios – subsídio do prefeito;

c) nos Estados e Distrito Federal:

i) Poder Executivo – subsídio do governador;

ii) Poder Legislativo – subsídio dos deputados estaduais e distritais;

iii) Poder Judiciário – subsídio dos desembargadores (esse limite se aplica aos membros do Ministério Público, procuradores e defensores públicos).

ATENÇÃO

É possível a adoção de teto único nos Estados e no Distrito Federal. Caso ocorra a opção, o teto será o subsídio do Desembargador (art. 37, § 12, da CF).

Exceções ao teto:

- parcelas indenizatórias (art. 37, § 11, da CF);
- empresas públicas e sociedades de economia mista que não recebem recursos públicos para o pagamento de despesas de pessoa e custeio em geral, não se submetem ao teto (art. 37, § 9º, da CF).

3) Revisão anual (art. 37, X, da CF) – trata-se da recomposição do poder aquisitivo. Não se trata de aumento real.

4) Irredutibilidade dos subsídios e vencimentos (art. 37, XV, da CF) – a irredutibilidade refere-se apenas ao valor nominal e não exclui a imposição do teto remuneratório.

4.7 Questões

1. (FCC – Analista de Gestão de Pessoas (CREMESP) – Departamento Pessoal – 2016) Conforme preceitua a Constituição Federal, a acumulação remunerada de cargos públicos é:

A) vedada em qualquer hipótese, admitindo-se a acumulação não remunerada com aproveitamento do tempo de serviço para fins de aposentadoria.

B) permitida, independentemente da natureza do cargo, desde que haja compatibilidade de horários.

C) admissível apenas para um cargo efetivo e um de livre provimento, com limitação da remuneração ao teto constitucional.

D) admissível, entre outras hipóteses, para dois cargos de professor quando houver compatibilidade de horários.

E) vedada, salvo para dois cargos de médico, com jornada não superior a 6 horas cada, com limitação da remuneração ao teto constitucional.

Resolução:

A) *Incorreta.* É possível, excepcionalmente, a acumulação, conforme art. 37, XVI, da Constituição Federal.

B) *Incorreta*. É possível apenas nas hipóteses previstas nos arts. 37, XVI, e 38, III, da Constituição Federal.

C) *Incorreta*. É possível, excepcionalmente, a acumulação nas hipóteses previstas nos arts. 37, XVI, e 38, III, da Constituição Federal.

D) *Correta*. Art. 37, XVI, *a*, da Constituição Federal.

E) *Incorreta*. É possível, excepcionalmente, a acumulação nas hipóteses previstas nos arts. 37, XVI, e 38, III, da Constituição Federal.

↗ **Gabarito: "D".**

2. (FCC – TRT 15ª Região – Analista Judiciário – Área Administrativa – 2018) É característica comum aos servidores ocupantes de cargos públicos efetivos e de empregos públicos:

A) a necessidade de processo administrativo disciplinar e fundadas razões para exoneração do serviço público.

B) a submissão a prévio concurso público de provas ou de provas e títulos e a necessidade de estágio probatório para estabilização no cargo e no emprego.

C) a necessidade de se submeter a estágio probatório, reduzido em um ano no caso de empregos públicos junto à Administração indireta.

D) enquadramento no conceito de agente público para fins de tipificação de ato de improbidade.

E) responsabilidade pessoal e objetiva por danos causados a terceiros em razão do exercício de suas funções públicas.

↘ **Resolução:**

A) *Incorreta*. O processo administrativo disciplinar é requisito apenas para aplicação da penalidade de demissão para servidor efetivo. A exoneração de servidor efetivo poderá ocorrer de diferentes formas, como, por exemplo, reprovação em estágio probatório.

B) *Incorreta*. A estabilidade do art. 41 da Constituição Federal não recai sobre empregado público.

C) *Incorreta*. Empregados públicos não possuem estágio probatório.

D) *Correta*. Conforme art. 2º da Lei n. 8.429/92.

E) *Incorreta*. A responsabilidade do agente público é subjetiva, conforme art. 37, § 6º, da Constituição Federal.

↗ **Gabarito: "D".**

3. (FCC – TCE-RS – Auditor Público Externo – Engenharia Civil – Conhecimentos Básicos – 2014) Fulano e Beltrano, colegas desde os tempos de faculdade, seguiram carreiras distintas. Fulano, desde a graduação, é advogado de empresa pública federal e Beltrano, há dois anos e dois meses, é juiz vinculado a um Tribunal Regional Federal. Ambos pretendem, agora, participar de concurso em que há duas vagas para professor de Direito em uma Universidade pública federal, para ministrar aulas no período noturno. Considerada a disciplina constitucional da matéria, se Fulano e Beltrano vierem a ser aprovados no concurso:

A) nenhum dos dois poderá cumular suas funções atuais com a de professor.

B) ambos poderão cumular suas funções atuais com a de professor.

C) apenas Fulano poderá cumular o emprego de advogado com o cargo de professor.

D) apenas Beltrano poderá cumular o cargo de juiz com o de professor.

E) Beltrano perderá o cargo de juiz, se assumir o de professor, por não ter adquirido estabilidade.

↘ **Resolução:**

A) *Incorreta*. Ambos poderão acumular as atividades, conforme arts. 37, XVI, e 95, parágrafo único, I, da Constituição Federal.

B) *Correta*. Conforme arts. 37, XVI, e 95, parágrafo único, I, da Constituição Federal.

C) *Incorreta*. Ambos poderão acumular as atividades, conforme arts. 37, XVI, e 95, parágrafo único, I, da Constituição Federal.

D) *Incorreta*. Ambos poderão acumular as atividades, conforme arts. 37, XVI, e 95, parágrafo único, I, da Constituição Federal.

E) *Incorreta*. Magistrados possuem como garantia funcional a vitaliciedade, adquirida após dois anos (regra), e não estabilidade, conforme art. 95 da Constituição Federal.

↗ **Gabarito: "B".**

5. IMPROBIDADE ADMINISTRATIVA

Trata-se de conduta imoral, ilegal, praticada por agente público em face do Poder Público.

5.1 Sujeitos

Que pratica ato de improbidade:

- Agente público – todo aquele que exerce, ainda que transitoriamente ou sem remuneração, por eleição, nomeação, designação, contratação ou qualquer outra forma de investidura ou vínculo, mandato, cargo, emprego ou função nos entes ou entidades públicas (arts. 1º e 2º da Lei n. 8.429/92).

Que induz ou concorre para o ato de improbidade ou dele se beneficia:

- Particular (art. 3º da Lei n. 8.429/92).

Que são lesados pelo ato de improbidade (art. 1º da Lei n. 8.429/92):

- Administração Pública direta ou indireta;
- Empresa incorporada ao patrimônio público;
- Entidade que receba benefício ou incentivo (fiscal ou creditício);
- Entidade com a qual o Poder Público concorreu para criação ou concorre para custeio.

5.2 Atos de improbidade administrativa

1) Ato de improbidade administrativa que importe em enriquecimento ilícito

Previsto no art. 9º da Lei n. 8.429/92, é o recebimento de qualquer vantagem patrimonial indevida em razão de cargo, função, emprego, mandato ou atividade pública.

A configuração do ato dependerá do elemento subjetivo dolo. Ex.:

- obter vantagem para facilitar aquisição, locação ou contratação de serviços com valor acima do de mercado;
- obter vantagem para facilitar a alienação, permuta ou locação de bem público ou fornecimento de serviço com preço abaixo de mercado;
- utilizar bens ou mão de obra de servidores em obra/serviço particular;
- obter vantagem para tolerar a prática de atividade ilícita (jogos, drogas);
- obter vantagem para medição, ateste, avaliação falsas;
- adquirir bens em valor desproporcional à renda.

2) Ato de improbidade administrativa que acarrete prejuízo ao erário

Previsto no art. 10 da Lei n. 8.429/92, é a ação ou omissão que acarrete perda patrimonial.

A configuração do ato dependerá do elemento subjetivo dolo ou culpa. Ex.:

- doar bens sem procedimento legal;
- alienar por preço inferior ao de mercado;
- comprar e alugar por preço superior ao de mercado;
- autorizar o uso de bens ou mão de obra para serviço particular de terceiro;
- realizar operação financeira irregular;
- conceder benefício administrativo sem a observância legal;
- frustrar a licitude de processo licitatório ou de processo seletivo para celebração de parcerias com entidades sem fins lucrativos, ou dispensá-los indevidamente;
- ordenar ou permitir despesas não autorizadas em lei.

3) Ato de improbidade administrativa decorrente de concessão ou aplicação indevida de benefício financeiro ou tributário

Previsto no art. 10-A da Lei n. 8.429/92, é a concessão ou aplicação de benefícios financeiro ou tributário a particular de modo ilegal. Prejuízo ao erário.

A configuração do ato dependerá do elemento subjetivo dolo.

4) Ato de improbidade administrativa que atente contra os princípios da Administração Pública

Previsto no art. 11 da Lei n. 8.429/92, é a ação ou omissão que viole os princípios e os deveres de honestidade, imparcialidade, legalidade e lealdade às instituições.

A configuração do ato dependerá do elemento subjetivo dolo. Ex.:

- retardar ou deixar de praticar, indevidamente, ato de ofício;
- revelar fato ou circunstância de que tem ciência em razão das atribuições e que deva permanecer em segredo;
- negar publicidade aos atos oficiais;
- revelar ou permitir que chegue ao conhecimento de terceiro, antes da respectiva divulgação oficial, teor de medida política ou econômica capaz de afetar o preço de mercadoria, bem ou serviço;
- frustrar a licitude de concurso público;
- deixar de prestar contas quando for obrigado a fazê-lo;
- deixar de cumprir a exigência de requisitos de acessibilidade previstos na legislação.

5.3 Sanções administrativas

Estão previstas no art. 12 da Lei n. 8.429/92. São elas:

- perda dos bens ou valores obtidos ilicitamente (inclusive se estiverem com terceiro);
- ressarcimento integral do dano;
- perda da função pública;
- suspensão dos direitos políticos de:
  - 8 a 10 anos para ato de enriquecimento ilícito;
  - 5 a 8 anos para ato de prejuízo ao erário;
  - 5 a 8 anos para ato de concessão ou aplicação indevida de benefício financeiro ou tributário;
  - 3 a 5 anos para ato de violação a princípios;
- multa;

ATENÇÃO

- Até 3 vezes o valor do acréscimo patrimonial ilegal para ato de enriquecimento ilícito.
- Até 2 vezes o valor do dano para ato de prejuízo ao erário.
- Até 3 vezes o valor do benefício para ato de concessão ou aplicação indevida de benefício financeiro ou tributário.
- Até 100 vezes o valor da remuneração para ato de violação a princípios.

- proibição de contratar com o Poder Público ou dele receber benefícios ou incentivos por:
  - 10 anos para ato de enriquecimento ilícito;
  - 5 anos para ato de prejuízo ao erário;
  - 3 anos para ato de violação a princípios.

As sanções podem ser aplicadas isolada ou cumulativamente. A dosimetria levará em conta a extensão do dano causado e o proveito patrimonial obtido pelo agente.

A perda da função pública e a suspensão dos direitos políticos só ocorrerão após o trânsito em julgado da decisão judicial.

A aplicação das sanções independe da efetiva ocorrência do dano (salvo para ressarcimento) ou de aprovação ou rejeição das contas em controle interno, tribunal ou conselho de contas.

IMPORTANTE

O sucessor daquele que causar lesão ao patrimônio público ou se enriquecer ilicitamente está sujeito às cominações desta lei até o limite do valor da herança (art. 8º da Lei n. 8.429/92).

5.4 Natureza das sanções

As penalidades previstas na Lei n. 8.429/92 possuem natureza administrativa, civil e política, mas não possuem natureza penal.

5.5 Declaração de bens

Prevista no art. 13 da Lei n. 8.429/92, é a declaração que contém a relação de bens, valores e receitas, incluindo cônjuges, filhos e dependentes.

Deverá ser apresentada na posse, em atualização anual e na data em que o agente público deixar o exercício do mandato, cargo, emprego ou função. Caso não apresente ou apresente declaração falsa, a penalidade será a de demissão a bem do serviço público.

5.6 Procedimentos administrativos

A apuração administrativa seguirá o rito do processo administrativo disciplinar e será iniciada (art. 14 da Lei n. 8.429/92):

a) de ofício;
b) provocada por terceiro.

A comissão processante comunicará ao Ministério Público e ao Tribunal de Contas (art. 15 da Lei n. 8.429/92).

Havendo fundados indícios de responsabilidade, a comissão solicitará aos órgãos competentes o sequestro/indisponibilidade de bens para assegurar o ressarcimento do dano, a perda do acréscimo e o pagamento da multa (arts. 7º e 16 da Lei n. 8.429/92).

A autoridade administrativa ou judicial poderá determinar o afastamento das atividades do agente público durante a apuração, mas manterá a remuneração (art. 20, parágrafo único, da Lei n. 8.429/92).

5.7 Ação de improbidade administrativa

A ação de improbidade administrativa é uma espécie de ação civil pública.

1) Finalidade

Aplicação de sanções pelo ato de improbidade administrativa aos agentes públicos e aos particulares que induziram, concorreram ou se beneficiaram.

2) Legitimados ativos

Estão previstos no art. 17 da Lei n. 8.429/92. São eles:

a) Ministério Público;
b) Pessoa jurídica interessada.

3) Legitimados passivos

São eles:

a) agentes públicos (arts. 1º e 2º da Lei n. 8.429/92);
b) particulares que induziram, concorreram para o ato de improbidade ou que dele se beneficiaram (art. 3º da Lei n. 8.429/92).

IMPORTANTE

Os particulares não podem responder isoladamente como réus em ação de improbidade administrativa, pois quem pratica o ato é o agente público.

4) Aspectos processuais

- Competência – primeiro grau da justiça estadual ou federal;

- Vedação de transação, acordos ou conciliações (art. 17, § 1º, da Lei n. 8.429/92);
- Notificação dos réus para defesa prévia (art. 17, § 7º, da Lei n. 8.429/92);
- Caso recebida a inicial, o juiz determinará a citação (art. 17, § 9º, da Lei n. 8.429/92).

5) Prescrição

Está prevista no art. 23 da Lei n. 8.429/92.

ATENÇÃO

a) Até 5 anos após o término do exercício de mandato, de cargo em comissão ou de função de confiança.

b) Dentro do prazo prescricional previsto em lei específica para faltas disciplinares puníveis com demissão a bem do serviço público, nos casos de exercício de cargo efetivo ou emprego.

c) Até 5 anos da data da apresentação à Administração Pública da prestação de contas final pelas entidades que recebem benefícios públicos.

A pena (dever) de ressarcimento é imprescritível nos casos dolosos (art. 37, § 5º, da CF e jurisprudência do STF).

5.8 Questões

1. (FCC – SEMEF Manaus/AM – Técnico Fazendário – 2019) As penas passíveis de imposição pela prática de ato de improbidade:

A) são aplicadas isoladamente, tal qual as sanções previstas para contratos administrativos, que não admitem cumulação.

B) são previstas individualizadamente, conforme a natureza do ato de improbidade, passíveis de cumulação com outras apenas as referentes à modalidade de ato de improbidade que gera prejuízo ao erário.

C) incidem preferencialmente sobre as sanções civis e administrativas e em igualdade de prioridade em relação às sanções penais, em razão da gravidade.

D) aplicáveis por ato que gera enriquecimento ilícito são cumulativas com a imposição de multa, salvo se o sujeito ativo restituir o acréscimo patrimonial.

E) aplicáveis por ato que gera prejuízo ao erário admitem cumulação do pagamento de multa pecuniária com imposição de proibição de contratar com o Poder Público, sem prejuízo de outras.

↘ Resolução:

A) *Incorreta.* As sanções podem ser aplicadas de forma isolada ou cumulativamente, conforme art. 12 da Lei n. 8.429/92.

B) *Incorreta.* Para os quatro tipos de ato de improbidade administrativa, as sanções podem ser aplicadas de modo isolado ou cumulativamente, conforme art. 12 da Lei n. 8.429/92.

C) *Incorreta.* Não preferência de aplicação, salvo a obrigatoriedade para sanção de ressarcimento ao erário nos casos de dano.

D) *Incorreta.* Não há previsão legal para aplicação da forma mencionada na alternativa.

E) *Correta.* As sanções podem ser aplicadas de modo isolado ou cumulativamente, conforme art. 12 da Lei n. 8.429/92.

↗ Gabarito: "E".

2. (FGV – DPE-RJ – Técnico Superior Jurídico – 2019) Maria, servidora pública, foi informada por seu superior hierárquico que determinada conduta por ela praticada, apurada em sindicância interna, seria comunicada ao órgão competente para fins de ajuizamento de ação por ato de improbidade administrativa.

Considerando a sistemática vigente, o referido órgão:

A) só pode ser o Ministério Público, tendo a ação natureza extrapenal;

B) só pode ser a Procuradoria do ente lesado, tendo a ação natureza extrapenal;

C) só pode ser o Ministério Público, tendo a ação natureza penal;

D) pode ser o Ministério Público ou a Procuradoria do ente lesado, tendo a ação natureza extrapenal;

E) pode ser o Ministério Público, a Defensoria Pública ou a Procuradoria do ente lesado, tendo a ação natureza extrapenal.

↘ **Resolução:**

Pode ser proposta pelo Ministério Público e pela pessoa jurídica interessada, conforme art. 17 da Lei n. 8.429/92.

A ação judicial não possui natureza penal.

↗ **Gabarito: "D".**

3. (FCC – Prefeitura de Recife/PE – Analista de Planejamento, Orçamento e Gestão – 2019) Quando um agente público comete ato de improbidade, sabe-se que:

A) se trata de servidor público estatutário ou celetista, admitidos mediante concurso público, não sendo indispensável a comprovação de conduta dolosa para aquela configuração.

B) o terceiro que tiver participado, induzido ou concorrido para a prática do ato poderá sofrer as sanções previstas na mesma lei.

C) para sua condenação é indispensável a comprovação de dolo, independentemente da modalidade em questão.

D) agiu com a reprovável quebra de confiança, configurando dolo presumido, o que enseja condenação por ato de improbidade.

E) sua conduta culposa é suficiente para aplicação de algumas penalidades acessórias, mas não admite a tipificação como uma modalidade individualizada de ato de improbidade.

↘ **Resolução:**

A) *Incorreta.* Para fins de improbidade administrativa, considera-se agente público em seu sentido amplo, conforme art. 2º da Lei n. 8.429/92.

B) *Correta.* Conforme art. 3º da Lei n. 8.429/92.

C) *Incorreta.* Para o ato de prejuízo ao erário, admite-se a modalidade culposa, conforme art. 10 da Lei n. 8.429/92.

D) *Incorreta.* Não há presunção de dolo.

E) *Incorreta.* Para aplicação das sanções, exige-se a comprovação da prática de pelo menos algum dos atos de improbidade administrativa.

↗ **Gabarito: "B".**

6. ORGANIZAÇÃO DA ADMINISTRAÇÃO PÚBLICA

6.1 Sentidos

A expressão Administração Pública possui os seguintes campos de abrangência:

1) Objetivo – função administrativa.

a) fomento – incentivo à iniciativa privada de interesse público; financiamentos, favores fiscais; desapropriações que favoreçam entidades privadas sem fins lucrativos;

b) polícia administrativa – medidas de limitação administrativa impostas por lei em face de direitos individuais em benefício do interesse coletivo;

c) serviço público – atividade da Administração Pública, direta ou indireta, para satisfação da necessidade coletiva;

d) intervenção – regulamentação e fiscalização da atividade econômica privada (intervenção indireta) ou atuação direta do Estado no domínio econômico (intervenção direta).

2) Subjetivo – pessoas responsáveis pela execução da função administrativa.

6.2 Centralização, descentralização e desconcentração

1) Centralização – quando o ente público (União, Estado, Município ou Distrito Federal) executa suas tarefas diretamente por seus órgãos e agentes (administração direta).

2) Descentralização – quando o Poder Público desempenha parte de suas tarefas por pessoas jurídicas diversas da administração direta.

a) outorga – criação de nova pessoa jurídica com transferência de serviço público específico (administração indireta);

b) delegação em sentido estrito – transferência a particulares da execução de serviço público por concessão, permissão ou autorização.

3) Desconcentração – distribuição de competências/atribuições dentro de uma mesma pessoa jurídica. Criação de órgãos.

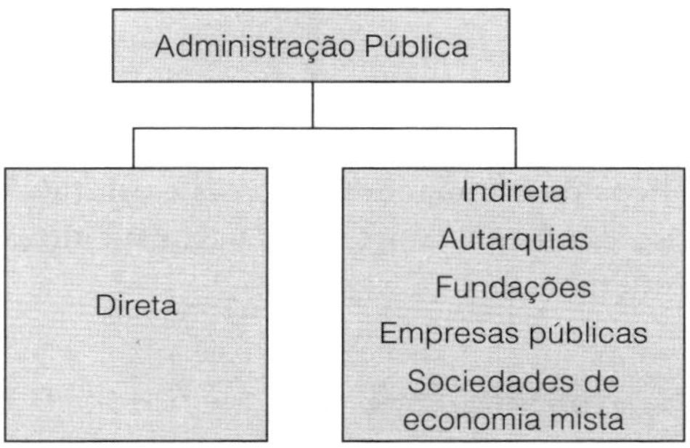

6.3 Administração direta

Consiste no ente público (União, Estados, Municípios e Distrito Federal) e seus órgãos no exercício da atividade pública centralizada.

Órgãos públicos são um conjunto de competências e atribuições definidas em lei e sem personalidade jurídica, como ministérios e secretárias.

O regime jurídico dos agentes públicos da Administração Direta é estatutário, conforme dispõe o art. 39 da Constituição Federal.

Compras e alienações devem seguir as normas de licitações.

6.4 Administração indireta

Consiste no conjunto de pessoas jurídicas vinculadas ao ente público no exercício da atividade pública descentralizada (Decreto-lei n. 200/67) e não possui relação hierárquica com a Administração direta, apenas controle finalístico.

1) Autarquias

São pessoas jurídicas de direito público com autonomia administrativa para o exercício de atividades específicas típicas da administração e sobre controle finalístico da Administração direta.

a) Tipos

i) comuns – são as autarquias sem regramento diferenciado, ordinárias;

ii) sob regimes especiais – a lei de criação apontará a peculiaridade que as diferenciará das comuns:

- agências reguladoras – possuem fim específico de regular e intervir em atividade econômica ou serviço público (Anatel, Aneel, ANP, Anvisa etc.);
- agências executivas – possuem maior autonomia administrativa, orçamentária e financeira, mediante contrato de gestão e metas de desempenho.

ATENÇÃO

Agências executivas são autarquias especiais com contrato de gestão.

iii) equiparadas:

- fundação pública de direito público;
- associação pública;
- consórcios públicos constituídos como associação pública;
- territoriais – caso o brasil volte a adotar territórios, eles possuirão natureza de autarquia;
- profissionais – conselhos profissionais. Atividade de fiscalização (Crea, Creci, CRM etc.). Exceção: OAB.

b) Criação

Por lei específica, conforme o art. 37, XIX, da Constituição Federal.

c) Responsabilidade civil

As autarquias responderão pelos danos que seus agentes causarem a terceiros, conforme o art. 37, § 6º, da Constituição Federal.

d) Pessoal

O regime jurídico dos agentes públicos das autarquias é estatutário, conforme o art. 39 da Constituição Federal.

IMPORTANTE

Autarquias criadas na vigência do texto do art. 39 da Constituição Federal, introduzido pela Emenda Constitucional n. 19, podem ter regime jurídico celetista.

e) Compras e alienações

Devem seguir as normas de licitações.

f) Foro dos litígios judiciais

i) se autarquia federal – justiça federal;

ii) se autarquia estadual ou municipal – justiça estadual.

2) Fundações públicas

É a personificação de patrimônio na prestação de atividade pública social sem fins lucrativos.

a) Tipos

i) de direito privado;

ii) de direito público.

b) Criação

i) fundação de direito privado – lei autorizativa + lei complementar a definir sua área de atuação (art. 37, XIX, da CF) + registro civil de pessoa jurídica;

ii) fundação de direito público (equiparada à autarquia) – criação por lei específica.

c) Responsabilidade

As fundações públicas responderão pelos danos que seus agentes causarem a terceiros, conforme o art. 37, § 6º, da Constituição Federal.

d) Pessoal

O regime jurídico dos agentes públicos das fundações públicas é estatutário, conforme o art. 39 da Constituição Federal.

ATENÇÃO

Fundações públicas criadas na vigência do texto do art. 39 da CF, introduzido pela Emenda Constitucional n. 19, podem ter regime jurídico celetista.

e) Compras e alienações

Devem seguir as normas de licitações.

f) Foro dos litígios judiciais

i) se de direito público federal (equiparada à autarquia) – justiça federal;

ii) todas as demais – justiça estadual.

3) Empresas estatais

Trata-se de pessoas jurídicas de direito privado que podem explorar atividade econômica ou prestar serviço público.

a) Tipos

i) empresa pública;

ii) sociedade de economia mista.

	Empresa Pública	SEM
Criação (incluindo subsidiária)	Lei autorizativa + Registro	Lei autorizativa + Registro
Forma Jurídica	Todas as admitidas em Direito	Apenas sociedade anônima
Capital Social	100% público	Misto. A maioria das ações com direito a voto permanece com o ente público que instituiu sua criação
Responsabilidade Civil	Prestadora de serviço público – conforme o art. 37, § 6º, da CF Exploradora de atividade econômica – CC/CDC	Prestadora de serviço público – conforme o art. 37, § 6º, da CF Exploradora de atividade econômica – CC/CDC
Pessoal	Possui empregados com regime jurídico celetista – necessidade de concurso público A Lei n. 13.303/2016 apresenta requisitos mínimos para conselheiros e diretores	Possui empregados com regime jurídico celetista – necessidade de concurso público A Lei n. 13.303/2016 apresenta requisitos mínimos para conselheiros e diretores
Compras e Alienações (Exceção – atos de gestão comercial)	Licitação – conforme Lei n. 13.303/2016	Licitação – conforme Lei n. 13.303/2016
Foro dos Litígios Judiciais	Federal – justiça federal Municipal, estadual, distrital – justiça estadual	Todas – justiça estadual Obs.: mandado de segurança contra ato de gestor federal – justiça federal

4) Consórcio público

Previsto na Lei n. 11.107/2005, é pessoa jurídica formada exclusivamente por entes da Federação (União, Estados, Municípios e Distrito Federal), podendo ser de direito público (associação pública) ou privado (associação civil), para gestão associada de serviços públicos.

Procedimento para criação – edição de protocolo de intenções entre os entes; ratificação em leitor para cada ente; assinatura de contrato da associação e contrato de rateio (quando houver transferência de recursos).

IMPORTANTE

A União só poderá participar de consórcio com municípios se o respectivo Estado também participar.

6.5 Questões

1. **(FCC – TRE-PR – Analista Judiciário – Área Judiciária – 2017)** Uma autarquia pode:

A) contratar empregados celetistas sem concurso público para provimento de funções em seus quadros, hipótese em que não gozarão de estabilidade e garantia de demissão precedida de processo administrativo disciplinar.

B) alienar bens de sua propriedade, desde que de natureza comum, por meio de pregão, vedada a modalidade eletrônica quando for necessária a prestação de garantia.

C) contratar bens e serviços por meio de regime jurídico de direito privado quando se tratar de sua atividade-fim e estiver sujeita a mercado concorrencial.

D) ser titular e executar serviços públicos essenciais quando assim lhe for atribuído pela lei que a criou e que disciplina sua atuação, inclusive para fins de disciplinar o exercício dos poderes típicos da Administração pública.

E) participar do capital social ou ser acionista de empresas estatais da mesma esfera de governo, independentemente do que preveja a lei que a criou, bem como de seu escopo de atuação, tendo em vista que também integram a Administração indireta e, como tal, sujeitam-se ao mesmo regime jurídico e finalidade mediata.

↘ Resolução:

A) *Incorreta.* Autarquia possui regime estatutário, conforme art. 39 da Constituição Federal.

B) *Incorreta.* A alienação de bens comuns deverá ocorrer por concorrência, conforme art. 17, I, da Lei n. 8.666/93.

C) *Incorreta.* Autarquia é pessoa jurídica de direito público e está sujeita às mesmas normas de contratação que a Administração direta.

D) *Correta.* Conforme art. 5º do Decreto-lei n. 200/67.

E) *Incorreta.* Autarquia é pessoa jurídica de direito público, diferentemente das empresas estatais, que possuem natureza de direito privado, conforme arts. 3º e 4º da Lei n. 13.303/2016.

↗ Gabarito: "D".

2. (FGV – Prefeitura de Salvador /BA – Especialista em Políticas Públicas – 2019) Até recentemente, havia o entendimento dos especialistas de que a sociedade poderia ser classificada em dois setores, o primeiro sendo o Poder Público e o segundo o Mercado.

Com o crescente número de demandas sociais não atendidas pelo Estado, um terceiro setor começa se consolidar e ganhar importância no atendimento das demandas da sociedade.

Assinale a opção que indica uma organização do terceiro setor.

A) Agência Executiva.

B) Sociedade Anônima.

C) Fundação Autárquica.

D) Associação Pública.

E) Entidade de Apoio.

↘ Resolução:

A) *Incorreta.* Agência executiva é uma autarquia submetida a regime especial.

B) *Incorreta.* Sociedade de economia mista pertence à Administração Pública indireta.

C) *Incorreta.* Fundação autárquica é uma fundação pública de direito público e pertence à Administração Pública indireta.

D) *Incorreta.* Associação pública é uma pessoa jurídica de direito público equiparada à autarquia.

E) *Correta.*

↗ Gabarito: "E".

3. (FGV – Prefeitura de Salvador/BA – Fiscal de Serviços Municipais – 2019 – adaptada) Determinado município autoriza, por meio de lei, a instituição de uma autarquia com a finalidade de gerir o trânsito e os estacionamentos públicos da região. Para preencher os cargos dessa autarquia, serão realizados concursos públicos, e os empossados serão regidos pelo regime jurídico estatutário. Além disso, visando a contenção de despesas, o Município irá convocar alguns empresários locais para participar do capital da autarquia, deixando o Poder Público apenas com 51% do controle.

Em relação ao apresentado na situação, está de acordo com a legislação brasileira que dispõe sobre as autarquias:

A) A autorização da instituição da autarquia por lei, o uso do regime jurídico único estatutário para o pessoal e a participação da iniciativa privada em seu capital.

B) A autorização da instituição por lei da autarquia e a participação de empresários em seu capital.

C) A autorização da instituição da autarquia por lei, o uso do regime jurídico estatutário para o pessoal.

D) O uso do regime jurídico estatutário para o pessoal e a participação da iniciativa privada em seu capital.

E) O uso do regime jurídico estatutário para o pessoal.

↘ Resolução:

Autarquia possui personalidade jurídica de direito público com criação direta por lei, conforme o art. 41, IV, do Código Civil e o art. 37, XXI, da Constituição Federal.

Por ser de direito público, não se admite participação de particulares e não há capital social.

O regime jurídico de seus agentes é estatutário, conforme art. 39 da Constituição Federal.

↗ **Gabarito: "E".**

7. TERCEIRO SETOR

São pessoas jurídicas de direito privado, sem fins lucrativos, não pertencentes à Administração Pública formal, que exercem atividade de interesse público e recebem colaboração do Poder Público para tal.

São exemplos de entidades paraestatais:

- serviços sociais autônomos;
- organizações sociais (OS);
- organizações da sociedade civil de interesse público (Oscip);
- organizações da sociedade civil (OSC) – Lei n. 13.019/2014.

7.1 Serviços sociais autônomos

1) Conceito

São pessoas jurídicas de direito privado, sem fins lucrativos, com criação prevista em lei. Ex.: Serviço Brasileiro de Apoio às Micro e Pequenas Empresas (Sebrae), Serviço Social da Indústria (Sesi), Serviço Nacional de Aprendizagem Industrial (Senai), Serviço Social do Comércio (Sesc), Serviço Nacional de Aprendizagem Comercial (Senac), Serviço Nacional de Aprendizagem Rural (Senar), Serviço Social de Transporte (Sest), Serviço Nacional de Aprendizagem do Transporte (Senat).

2) Natureza jurídica

Associação ou fundação.

3) Objeto

Atividade social para, em regra:

a) aprendizado profissionalizante;

b) serviços assistenciais ou de utilidade pública a determinados grupos profissionais ou sociais.

4) Recursos financeiros

Contribuições sociais de natureza tributária e dotações orçamentárias do Poder Público.

5) Regime jurídico dos empregados

Por não pertencerem à Administração Pública, não há como cogitar o regime jurídico celetista.

6) Contratações

São realizadas por procedimento formal a ser instituído por regulamento próprio à luz dos princípios de licitação.

7) Fiscalização

Caso haja transferência de recursos federais, a fiscalização poderá ser exercida pelo Tribunal de Contas da União e pela Controladoria-Geral da União.

7.2 Organizações sociais (OS)

1) Conceito

Trata-se de qualificação jurídica atribuída a uma pessoa jurídica (associação ou fundação), sem fins lucrativos, criada por particulares, que recebe atribuição de atividade de interesse social público por intermédio de contrato de gestão.

2) Objeto

Tem previsão no art. 1º da Lei n. 9.637/98.

Organização social poderá desempenhar atividades de:

a) ensino;

b) pesquisa científica;

c) desenvolvimento tecnológico;

d) proteção e preservação do meio ambiente;

e) cultura; e

f) saúde.

3) Requisitos

Estão previstos no art. 2º da Lei n. 9.637/98. São eles:

a) possuir personalidade jurídica de direito privado;
b) não possuir fins lucrativos;
c) atuar em algumas das áreas do item anterior.

4) Qualificação

Por ato discricionário de Ministro de Estado ou titular de órgão da área de atividade do objeto social da OS (art. 2º, II, da Lei n. 9.637/98).

5) Contrato de gestão

É o instrumento firmado entre o Poder Público e a entidade qualificada como organização social, com vistas à formação de parceria entre as partes para fomento e execução de atividades (art. 6º da Lei n. 9.637/98).

6) Recursos

Recursos orçamentários, bens (permissão de uso) e disponibilidade de servidores (arts. 12 e 14 da Lei n. 9.637/98).

7) Contratações

Quando o Poder Público contrata a organização social, a licitação é dispensável (art. 24, XXIV, da Lei n. 8.666/93). Quando a organização social faz contratações com recursos oriundos da União, deverá adotar procedimento seletivo com fundamento nos princípios licitatórios.

8) Fiscalização

Será realizada pelo órgão supervisor do contrato e pelo Tribunal de Contas (arts. 8º e 9º da Lei n. 9.637/98).

9) Desqualificação

Poderá ocorrer quando a organização social descumprir disposição contratual. É necessário processo administrativo que observe o contraditório e a ampla defesa (art. 16 da Lei n. 9.637/98).

A desclassificação obriga a reversão dos bens e valores.

7.3 Organizações da sociedade civil de interesse público (Oscip)

1) Conceito

Trata-se de qualificação jurídica atribuída a uma pessoa jurídica (associação ou fundação), sem fins lucrativos, criada por particulares, que recebe atribuição de atividade de interesse público por intermédio de termo de parceria.

2) Objeto

Possui previsão no art. 3º da Lei n. 9.790/99 e poderá desempenhar atividades de:

a) assistência social;
b) cultura, defesa e conservação do patrimônio histórico e artístico;
c) direitos humanos;
d) educação;
e) saúde;
f) segurança alimentar e nutricional;
g) defesa, preservação e conservação do meio ambiente e promoção do desenvolvimento sustentável;
h) promoção do voluntariado;
i) desenvolvimento econômico e social e combate à pobreza;
j) experimentação de novos modelos socioprodutivos e de sistemas alternativos de produção, comércio, emprego e crédito;
k) promoção de direitos estabelecidos, construção de novos direitos e assessoria jurídica gratuita de interesse suplementar;
l) promoção da ética, da paz, da cidadania, dos direitos humanos, da democracia e de outros valores universais;

m) estudos e pesquisas, desenvolvimento de tecnologias alternativas, produção e divulgação de informações e conhecimentos técnicos e científicos;

n) estudos e pesquisas para o desenvolvimento, a disponibilização e a implementação de tecnologias voltadas à mobilidade de pessoas, por qualquer meio de transporte.

3) Requisitos

Estão previstos no art. 1º da Lei n. 9.790/99. São eles:

a) possuir personalidade jurídica de direito privado;

b) não possuir fins lucrativos;

c) ser constituída há, no mínimo, três anos;

d) atuar em algumas das áreas do item anterior.

4) Qualificação

Ocorrerá por ato vinculado do Ministério da Justiça (arts. 1º, § 2º, e 6º da Lei n. 9.790/99).

5) Quem não pode ser qualificado

Sociedades comerciais, sindicatos, associações de classe, instituições religiosas ou de representação de categoria profissional, entre outros previstos no art. 2º da Lei n. 9.790/99.

6) Termo de parceria

Instrumento firmado entre o Poder Público e a entidade qualificada como organização da sociedade civil de interesse público, com vistas à formação de parceria entre as partes para fomento e execução de atividades (art. 9º da Lei n. 9.790/99).

7) Recursos

Recursos orçamentários e permissão de uso de bens públicos (art. 10, IV, da Lei n. 9.790/99).

8) Contratação

Quando o Poder Público contrata uma organização da sociedade civil de interesse público, deverá ocorrer concurso de projetos/chamamento público. Quando a organização da sociedade civil de interesse público faz contratações com recursos oriundos da União, deverá adotar procedimento seletivo com fundamento nos princípios licitatórios (art. 14 da Lei n. 9.790/99).

9) Fiscalização

Será realizada pelo órgão supervisor do contrato (comissão de avaliação) e pelo Tribunal de Contas (arts. 11 e 12 da Lei n. 9.790/99).

10) Principais diferenças entre OS e Oscip

OS	OSCIP
Contrato de gestão	Termo de parceria
Qualificação discricionária	Qualificação vinculada
O Estado pode contratar uma OS de forma direta	O Estado fará concurso de projetos/ chamamento público

7.4 Organizações da sociedade civil (OSC)

1) Quem são consideradas OSC

Possuem previsão no art. 2º da Lei n. 3.019/2014. São elas:

a) instituições privadas que desempenham atividade de interesse público, sem fins lucrativos, e que não distribuem sobras, patrimônio e afins entre seus integrantes;

b) cooperativas que desempenham atividades de interesse público;

c) organizações religiosas que desempenham atividade de interesse público (exceto as de fim exclusivamente religioso).

2) Finalidade

Parceria para promover o interesse público a partir do fomento, da colaboração e da cooperação com as organizações da sociedade civil.

3) Espécies de instrumentos

- Termo de colaboração;
- Termo de fomento;
- Acordo de cooperação.

a) Termo de colaboração

Previsto no art. 2º, VII, da Lei n. 13.019/2014, é o instrumento por meio do qual são formalizadas as parcerias para a consecução de finalidades de interesse público propostas pela Administração Pública que envolvam a transferência de recursos financeiros.

Procedimento para celebração: chamamento público (publicação de edital contendo critérios objetivos) ou formalização direta (exceção), celebração do instrumento.

b) Termo de fomento

Previsto no art. 2º, VIII, da Lei n. 13.019/2014, é o instrumento por meio do qual são formalizadas as parcerias para a consecução de finalidades de interesse público propostas pelas organizações da sociedade civil que envolvam a transferência de recursos financeiros.

Procedimento para celebração: manifestação de interesse social, chamamento público (publicação de edital contendo critérios objetivos) ou formalização direta (exceção), celebração do instrumento.

c) Acordo de cooperação

Previsto no art. 2º, VIII-A, da Lei n. 13.019/2014, é o instrumento por meio do qual são formalizadas as parcerias para a consecução de finalidades de interesse público que não envolvam a transferência de recursos financeiros.

4) Manifestação de interesse social

Instrumento pelo qual a OSC apresenta proposta ao Poder Público para parceria.

Caso a Administração tenha interesse, realizará o chamamento público.

5) Chamamento público

Trata-se de procedimento de seleção da organização da sociedade civil.

Fases: instrumento convocatório, julgamento e classificação, habilitação e homologação.

a) Dispensa

Prevista no art. 30 da Lei n. 13.019/2014 – rol taxativo:

i) urgência – até 180 dias;

ii) guerra, calamidade, grave perturbação da ordem pública ou da paz social;

iii) realização de programa de proteção de pessoas ameaçadas/segurança;

iv) para atividades de educação, saúde e assistência social mediante prévio credenciamento.

b) Inexigibilidade

Prevista no art. 31 da Lei n. 13.019/2014.

i) Inviabilidade de competição:

- por natureza singular do objeto da parceria; ou
- se as metas somente puderem ser atingidas por uma entidade específica.

ATENÇÃO

Formalizações diretas dependem de justificativa.

6) Fiscalização

A fiscalização do cumprimento do ajuste será realizada:

a) pela Administração Pública;

b) pelos Tribunais de Contas;

c) pelo Conselho de Política Pública da área.

7) Prestação de contas

Disposta nos arts. 63 a 68 da Lei n. 13.019/2014, possui previsão no instrumento e no plano de trabalho.

Serão glosados os valores vinculados a metas ou resultados descumpridos e não justificados.

Ao final, as contas serão consideradas:

i) regulares;

ii) regulares com ressalva, ocorrência de falta de natureza formal que não resulte em dano ao erário;

iii) irregulares, quando comprovada qualquer das seguintes circunstâncias:

- omissão no dever de prestar contas;
- descumprimento injustificado dos objetivos e metas estabelecidos no plano de trabalho;
- dano ao erário decorrente de ato de gestão ilegítimo ou antieconômico;
- desfalque ou desvio de dinheiro, bens ou valores públicos.

8) Sanções

A confirmação de irregularidades na execução poderá ensejar a aplicação de:

- advertência;
- suspensão temporária da participação em chamamento público e impedimento de celebração de parceria ou contrato com órgãos e entidades da esfera de governo da Administração Pública sancionadora, por prazo não superior a dois anos;
- declaração de inidoneidade para participar de chamamento público ou celebrar parceria ou contrato com órgãos e entidades de todas as esferas de governo.

9) Prescrição das sanções

Está prevista no art. 73, §§ 2º e 3º, da Lei n. 13.019/2014.

As penalidades poderão ser aplicadas em até cinco anos a partir da prestação de contas.

Ocorrerá interrupção com a instauração de procedimento de apuração.

7.5 Questões

1. (FGV – Prefeitura de Salvador/BA – Fiscal de Serviços Municipais – 2019) No terceiro setor da economia estão presentes as entidades privadas, chamadas pela doutrina de paraestatais, que atuam ao lado da Administração Pública, sem finalidade lucrativa e executam atividades de interesse social.

Dentre elas, destacam-se as qualificadas como Organizações Sociais (OS's) que, como disposto na Lei n. 9.637/1998:

A) possuem autonomia em seu órgão colegiado de deliberação superior, vedada a participação de representantes do Poder Público e de membros da comunidade.

B) prestam serviços públicos não exclusivos do Estado, como ensino, pesquisa científica, desenvolvimento tecnológico, proteção e preservação do meio ambiente, cultura e saúde.

C) dependem de prévia lei específica para serem criadas e promovem obrigatoriamente a distribuição de bens e de parcela do patrimônio líquido a seus acionistas.

D) integram a Administração Indireta e possuem em seu estatuto objeto social relacionado com as atividades que desempenharão após a celebração do convênio.

E) têm personalidade jurídica de direito público e estão habilitadas, estatutariamente, a prestar serviços públicos essenciais compatíveis com o termo de parceria.

↘ Resolução:

A) *Incorreta.* Haverá participação de representante da Administração Pública e da sociedade, conforme art. 3º da Lei n. 9.637/98.

B) *Correta.* Conforme art. 1º da Lei n. 9.637/98.

C) *Incorreta.* Não dependem de lei específica para criação e não podem promover a distribuição de bens a seus acionistas, conforme art. 2º da Lei n. 9.637/98.

D) *Incorreta.* As organizações sociais são consideradas Terceiro Setor justamente por não pertencerem ao Primeiro Setor, que é o Estado.

E) *Incorreta.* Organizações sociais são pessoas jurídicas de direito privado sem fins lucrativos, conforme art. 1º da Lei n. 9.637/98.

↗ Gabarito: "B".

2. (FGV – TJSC – Analista Administrativo – 2018) As organizações sociais (OS) são entidades de direito privado que tiveram origem na estratégia de publicização de parte de atividades exercidas pelo Estado.

Em relação às OS é correto afirmar que:

A) fazem parte da estrutura da administração indireta;

B) podem exercer qualquer tipo de atividade de interesse público;

C) são vinculadas à Administração Pública por meio do contrato de gestão;

D) podem adquirir qualificação de agência executiva por decreto presidencial;

E) devem se enquadrar no modelo societário de sociedade de economia mista.

↘ Resolução:

A) *Incorreta.* As organizações sociais são consideradas Terceiro Setor justamente por não pertencerem ao Primeiro Setor, que é o Estado.

B) *Incorreta.* Só podem exercer as atividades previstas no art. 1º da Lei n. 9.637/98 (ensino, pesquisa científica, desenvolvimento tecnológico, proteção e preservação do meio ambiente, cultura e saúde.

C) *Correta.* Conforme art. 5º da Lei n. 9.637/98.

D) *Incorreta.* A qualificação de agência executiva é atribuída a autarquias.

E) *Incorreta.* As organizações sociais não pertencem à Administração Pública e não devem possuir fins lucrativos.

↗ Gabarito: "C".

3. (FCC – TRT 6ª Região – Analista Judiciário – Área Judiciária – 2018) De acordo com a Lei n. 13.019/2014:

A) qualquer organização da sociedade civil pode celebrar parceria com a Administração pública, podendo se materializar mediante convênio ou contrato.

B) as entidades da sociedade civil devem ser qualificadas como organizações sociais para celebrarem parcerias regidas por esse diploma legal com os entes públicos quando envolverem o repasse de recursos financeiros.

C) as parcerias firmadas entre poder público e entidades da sociedade civil regidas por esse diploma legal dependem da previsão de repasse de recursos financeiros para realização das atividades.

D) os instrumentos de parceria previstos nesse diploma legal se destinam a disciplinar a realização de atividades de interesse público e recíproco, nem todos envolvendo o repasse de recursos financeiros em favor da organização da sociedade civil.

E) a celebração de acordos ou termos de cooperação com entidades da sociedade civil configura hipótese expressa de dispensa de licitação, diferentemente do termo de fomento, que exige a realização de um chamamento para escolha da organização que melhor desempenhará as atividades de interesse público.

↘ Resolução:

A) *Incorreta.* As parcerias previstas na Lei n. 13.019/2014 são o termo de fomento, o termo de colaboração e o acordo de cooperação, conforme art. 2º da Lei n. 13.019/2014.

B) *Incorreta.* As organizações da sociedade civil não dependem de ato classificador.

C) *Incorreta.* Entre as formas de parceria estabelecidas na Lei n. 13.019/2014 está o acordo de cooperação, que não prevê a transferência de recursos, conforme art. 2º, VIII-A.

D) *Correta.* Conforme art. 2º da Lei n. 13.019/2014.

E) *Incorreta.* O chamamento público é regra para celebração de termo de fomento e termo de cooperação, conforme art. 2º, XII, da Lei n. 13.019/2014.

↗ **Gabarito: "D".**

8. LICITAÇÃO

É o procedimento administrativo pelo qual a Administração Pública busca selecionar a proposta mais vantajosa a partir da competição de participantes em igualdade de condições.

8.1 Princípios

Além dos já previstos no *caput* do art. 37 da Constituição Federal (legalidade, impessoalidade, moralidade, publicidade e eficiência), a Lei n. 8.666/93, em seu art. 3º, apresenta os seguintes:

- probidade administrativa;
- vinculação ao instrumento convocatório que apresenta as regras da competição;
- julgamento objetivo – o edital deve indicar elementos objetivos e concretos para a valoração das propostas;
- competitividade – exige o tratamento com igualdade para os licitantes. Situações que se demonstrem injustificadamente mais favoráveis a determinado licitante devem ser consideradas ilegais;

IMPORTANTE

As microempresas (ME) e as empresas de pequeno porte possuem condições diferenciadas justamente para proporcionar igualdade (Lei Complementar n. 123/2006).

Contratações de até R$ 80.000,00 devem ser realizadas exclusivamente com ME/EPP.

Esse valor deve ser observado por item ou por lote, e não o valor global da licitação.

Para aquisições de bens de natureza divisível, a cota é de até 25% do objeto para ME/EPP.

- sigilo das propostas – a revelação antecipada de determinada proposta impede a competitividade;
- adjudicação compulsória – dever de atribuir o objeto da licitação ao licitante vencedor.

8.2 Fases do procedimento licitatório

1) Audiência pública

Prévia à publicação do edital para licitações com valor superior a R$ 330.000.000,00 (art. 39 da Lei n. 8.666/93).

2) Edital/Carta convite

É o instrumento formal pelo qual a Administração expõe o objeto interessado e as regras para a competição. Possui os seguintes prazos como antecedência mínima de publicação (art. 21, § 2º, da Lei n. 8.666/93):

a) 45 dias – concurso e concorrência de empreitada integral ou por melhor técnica/técnica e preço;

b) 30 dias – concorrência e tomada de preço por melhor técnica/técnica e preço;

c) 15 dias – tomada de preços e leilão;

d) 5 dias úteis – convite;

e) 8 dias úteis – pregão.

3) Habilitação

Momento de verificação da documentação e dos requisitos dos licitantes (arts. 27 a 33 da Lei n. 8.666/93):

a) habilitação jurídica (incluindo possível compromisso para constituição de consórcio);

b) qualificação técnica – a comprovação da aptidão para desempenho deve ser compatível com o objeto da licitação; sendo desproporcional, haverá restrição de participação e redução de competitividade;

c) qualificação econômico-financeira – verificação da capacidade financeira do licitante a evitar o abandono da execução do contrato;

d) regularidade fiscal e trabalhista;

e) restrições e proibições ao trabalho de menores.

4) Julgamento das propostas

Nesta fase, poderá ocorrer a desclassificação do licitante se o modelo da proposta utilizado for diferente daquele previsto no edital, se o preço for superior ao de referência obtido preliminarmente pela administração ou se a proposta for inexequível (arts. 43 a 45 da Lei n. 8.666/93).

5) Homologação

É a realização do controle de legalidade do procedimento (art. 43, VI, da Lei n. 8.666/93).

6) Adjudicação

A autoridade competente atribuirá o objeto ao vencedor (art. 43, VI, da Lei n. 8.666/93).

8.3 Modalidades

As modalidades de licitação estão previstas nos arts. 22 e 23 da Lei n. 8.666/93, com valores atualizados pelo Decreto n. 9.412/2018.

1) Concorrência

Pode ser adotada em qualquer situação em que caiba tomada de preços ou convite.

2) Tomada de preços

Necessidade de cadastro/inscrição prévios dos interessados.

3) Convite

Possibilidade de pré-cadastro, fixação da carta na repartição, não necessidade de publicação.

4) Concurso

Para escolha de trabalho técnico, científico ou artístico com premiação ou remuneração aos vencedores, com comissão especial para avaliação.

5) Leilão

Modalidade adotada para a venda de bens móveis (de até um milhão, quatrocentos e trinta mil reais) ou imóveis (oriundos de procedimento judicial e dação em pagamento) a quem oferecer o maior lance.

6) Pregão

Previsto na Lei n. 10.520/2002, é a modalidade utilizada para aquisição de bens e serviços comuns, independentemente do valor da contratação. São características do pregão:

a) Critério de julgamento – menor preço.

b) Lances sucessivos – o limite para próxima rodada é de até 10% do melhor lance.

c) Negociação para abaixar preço.

d) Inversão das fases de habilitação e julgamento, inversão das fases de homologação e adjudicação.

	Concorrência	Tomada de Preços	Convite
Obras e Serviços de Engenharia	Acima de 3,3 milhões	Até 3,3 milhões	Até 330 mil
Compras e Serviços	Acima de 1,43 milhão	Até 1,43 milhão	Até 176 mil
Alienação de Bens Públicos	Imóveis típicos Móveis acima de 1,43 milhão		

8.4 Tipos de licitação

Previstos no art. 45, § 1º, da Lei n. 8.666/93, são os critérios de julgamento das propostas, que podem ser:

- menor preço;
- melhor técnica;
- técnica e preço – serviços de natureza predominantemente intelectual (por exemplo, projetos, cálculos, projetos básicos e executivos);
- maior lance ou oferta.

8.5 Contratação direta

1) Inexigibilidade de licitação

Prevista no art. 25 da Lei n. 8.666/93, ocorre quando houver impossibilidade jurídica de competição. Ex.:

- fornecedor exclusivo;
- contratação de serviços técnicos profissionais com notória especialização (vedado para publicidade e divulgação);
- contratação de artistas renomados (crítica especializada ou opinião pública).

2) Dispensa de licitação

a) Licitação dispensável

Prevista no art. 24 da Lei n. 8.666/93, abrange as hipóteses em que a competição é possível, mas a lei autoriza a Administração a dispensar a licitação. Ex.:

- serviços e compras de até R$ 17.600,00;
- casos de guerra ou grave perturbação;
- casos de emergência ou calamidade pública;
- casos de licitação deserta (não interessados na licitação anterior) etc.

b) Licitação dispensada

Prevista no art. 17, § 2º, da Lei n. 8.666/93, não se trata de faculdade, mas de dever, mesmo sendo viável a licitação. Ex.:

- alienação de bens imóveis para dação em pagamento;
- doação para outro órgão ou entidade;
- permuta por outro imóvel;
- venda de ações e títulos.

3) Procedimento

Com previsão no art. 26 da Lei n. 8.666/93, é instruído com os seguintes elementos:

a) caracterização da situação;
b) razão da escolha do fornecedor ou executante;
c) justificativa do preço.

8.6 Sistema de registro de preços

Possui previsão no art. 15, II, da Lei n. 8.666/93 e no Decreto n. 7.892/2013.

1) Finalidade

Facilitar compras de bens e serviços frequentes, concomitantes ou sucessivas, sem a necessidade de realizar procedimento licitatório individualizado.

2) Modalidade licitatória

Concorrência e pregão.

3) Edição da Ata de Registro de Preços (ARP)

Editada ao final da licitação, deverá conter os valores e os quantitativos por órgão aderidos.

4) Vinculação da ARP

Vincula os fornecedores, mas não obriga a Administração Pública a contratar. Pode ser realizada nova licitação, mas, se os valores forem equivalentes, a preferência é do detentor da ARP.

5) Vigência máxima

12 meses.

8.7 Anulação e revogação da licitação

Possui previsão no art. 49 da Lei n. 8.666/93.

1) Anulação

Pressupõe a ilegalidade de algum ato. A anulação de um ato implica a anulação dos atos posteriores no encadeamento do procedimento.

A anulação não gera obrigação de indenizar, salvo se demonstrado eventual prejuízo devidamente comprovado e justificado (art. 49, § 1º, da Lei n. 8.666/93).

A anulação da licitação acarreta a anulação do contrato (art. 49, § 2º, da Lei n. 8.666/93).

2) Revogação

Poderá ocorrer por oportunidade e conveniência em duas hipóteses:

a) por razões de interesse público decorrente de fato superveniente devidamente comprovado, pertinente e suficiente para justificar tal conduta (art. 49 da Lei n. 8.666/93);

b) quando a Administração convocar o licitante vencedor para assinar o termo de contrato e ele não aceitar ou deixar de retirar o instrumento equivalente no prazo e condições estabelecidos (art. 64, § 2º, da Lei n. 8.666/93).

8.8 Recursos

Estão previstos no art. 109 da Lei n. 8.666/93.

1) Prazo

a) cinco dias úteis;

b) dois dias úteis, se na modalidade de "carta convite".

A contagem do prazo se inicia a partir da intimação do ato ou da lavratura da ata.

2) Hipóteses

a) habilitação ou inabilitação do licitante (efeito suspensivo obrigatório);

b) julgamento das propostas (efeito suspensivo obrigatório);

c) anulação ou revogação da licitação (efeito suspensivo facultativo);

d) indeferimento do pedido de inscrição em registro cadastral, sua alteração ou cancelamento (efeito suspensivo facultativo).

3) Impugnação a recurso

Os demais licitantes poderão apresentar impugnação ao recurso de seu adversário.

Prazo de cinco dias úteis, ou dois dias úteis, se na modalidade de "carta convite".

4) Endereçamento do recurso

O recurso deverá ser endereçado à autoridade superior por intermédio da que praticou o ato recorrido, a qual poderá reconsiderar sua decisão, no prazo de cinco dias úteis, ou, nesse mesmo prazo, fazê-lo subir.

8.9 Questões

1. **(FCC – MPE-MT – Promotor de Justiça Substituto – 2019)** Quanto à dispensa e inexigibilidade de licitação:

A) em geral, nas hipóteses de dispensa há possibilidade de competição, e nas de inexigibilidade, não.

B) não há distinção entre ambas.

C) a dispensa é espécie da inexigibilidade.

D) a inexigibilidade é espécie da dispensa.

E) não existem, porque a licitação será sempre exigível.

Resolução:

A) *Correta.*

B) *Incorreta.* A dispensa ocorrerá em situações em que a licitação seria tecnicamente viável. Já a inexigibilidade ocorrerá quando a licitação for impossível.

C) *Incorreta*. Dispensa e inexigibilidade são modalidades de contratação direta, embora distintas.

D) *Incorreta*. Dispensa e inexigibilidade são modalidades de contratação direta, embora distintas.

E) *Incorreta*. Estão previstas nos arts. 17, 24 e 25 da Lei n. 8.666/93.

↗ Gabarito: "A".

2. A modalidade de licitação adequada para escolha do trabalho técnico, científico ou artístico, mediante a instituição de prêmios ou remuneração aos vencedores, a exemplo de projeto de arquitetura para um ginásio poliesportivo, é:

A) concorrência.

B) tomada de preços.

C) convite.

D) leilão.

E) concurso.

↘ Resolução:

Conforme o art. 22, § 4º, o concurso é a modalidade para escolha de trabalho técnico, científico ou artístico, mediante a instituição de prêmios ou remuneração aos vencedores.

↗ Gabarito: "E".

3. (FCC – TRF 4ª Região – Analista Judiciário – Oficial de Justiça Avaliador Federal – 2019) O Ministério da Saúde necessita promover licitação, a fim de contratar o fornecimento de um lote de 3 milhões de fraldas geriátricas descartáveis, para uso nos hospitais federais, descrito esse objeto com base em especificações usuais do mercado. O valor estimado da contratação é de R$ 5.000.000,00 (cinco milhões de reais) e a entrega se dará até o final do exercício fiscal. Em vista das características da aquisição e à luz do que dispõem as leis federais sobre licitação, são elegíveis as modalidades:

A) leilão e concorrência.

B) tomada de preços e convite.

C) concorrência e pregão.

D) tomada de preços e concorrência.

E) concurso e pregão.

↘ Resolução:

A) *Incorreta*. Leilão não é a modalidade adequada para aquisição de bens.

B) *Incorreta*. Tomada de preços e convite não poderão ser utilizadas em razão de seus limites de valores.

C) *Correta*. A concorrência poderá ser utilizada para a aquisição de bens de qualquer valor (art. 23, § 3º, da Lei n. 8.666/93) e o pregão é adequado para aquisição de bens ou serviços comuns (art. 1º da Lei n. 10.520/2002).

D) *Incorreta*. Tomada de preços não poderá ser utilizada caso o valor exceda ao seu limite de 1,43 milhão.

E) *Incorreta*. Concurso é a modalidade para seleção de trabalho técnico, científico ou artístico, mediante a instituição de prêmios ou remuneração aos vencedores.

↗ Gabarito: "C".

9. SERVIÇOS PÚBLICOS

9.1 Definição

A doutrina administrativista moderna tem definido serviço público como uma atividade material (de aplicação da lei) que confere alguma comodidade aos seus usuários, realizada pelo próprio Estado ou por quem por ele seja autorizado, cujo regime jurídico é público ou parcialmente público.

9.2 Formas de prestação

A Administração Pública direta, por mais bem estruturada e eficiente que seja, não prestaria a contento todos os serviços públicos. A especialidade própria de certas atividades exige que a União, Estados, Distrito Federal e Municípios descentralizem a prestação de alguns serviços e deleguem sua execução (e, às vezes, transfiram também sua titularidade) a outras pessoas jurídicas.

Dessa forma, os serviços públicos podem ser prestados pelo próprio Estado (Administração Pública) ou por particulares, por meio de delegação (concessão ou permissão). Nesse sentido, tem-se:

1) Prestação direta ou centralizada

O serviço público é prestado diretamente pelos entes políticos (União, Estados, Distrito Federal e Municípios). Ex.: serviço de saúde prestado por postos de saúde municipais; serviços tributários prestados pela Procuradoria-Geral da Fazenda Nacional etc.

2) Prestação indireta ou descentralizada

a) Por outorga

O serviço público é prestado por pessoas jurídicas que compõem a Administração Pública indireta (autarquias, fundações públicas etc.), a quem se transfere a titularidade da atividade e sua execução. Ex.: serviço público prestado pelo INSS (autarquia federal incumbida de administrar o Regime Geral de Previdência Social); serviço prestado pelas agências reguladoras.

b) Por delegação

O serviço é prestado por particulares que celebram contrato com a Administração Pública. Transfere-se ao particular apenas a execução da atividade, e não sua titularidade. Nessa modalidade se enquadram as concessionárias e permissionárias de serviços públicos.

O fundamento constitucional para a delegação de serviços públicos reside no art. 175 da Constituição Federal, segundo o qual "incumbe ao Poder Público, na forma da lei, diretamente ou sob regime de concessão ou permissão, sempre através de licitação, a prestação de serviços públicos".

9.3 Princípios

A legislação que trata da prestação de serviços públicos consagra inúmeros princípios que orientam a atividade, seja ela exercida pelo próprio Poder Público ou por particulares.

A Lei n. 13.460/2017, ao dispor sobre participação, proteção e defesa dos direitos do usuário dos serviços públicos da Administração Pública, prescreve, em seu art. 4º, que os serviços públicos e o atendimento do usuário serão realizados de forma adequada, observados os **princípios da regularidade, da continuidade, da efetividade, da segurança, da atualidade, da generalidade, da transparência e da cortesia**.

Praticamente todos esses princípios são também consagrados pela Lei n. 8.987/95, que, ao dispor sobre o regime de concessão e permissão da prestação de serviços públicos por particulares, impõe que o **serviço seja adequado ao pleno atendimento dos usuários** (art. 6º).

E vai além, definindo que serviço adequado é o que satisfaz as condições de **regularidade, continuidade, eficiência, segurança, atualidade, generalidade, cortesia na sua prestação e modicidade das tarifas** (§ 1º do art. 6º da Lei n. 8.987/95).

A **atualidade**, por sua vez, compreende a modernidade das técnicas, do equipamento e das instalações e a sua conservação, bem como a melhoria e expansão do serviço (§ 2º do art. 6º da Lei n. 8.987/95).

O art. 11 da Lei n. 8.987/95 traz importante instrumento para a concretização do princípio da **modicidade das tarifas**. Dispõe a lei que no atendimento às peculiaridades de cada serviço público poderá o poder concedente prever, em favor da concessionária, no edital de licitação, a possibilidade de outras fontes provenientes de receitas alternativas, complementares, acessórias ou de projetos associados, com ou sem exclusividade, com vistas a favorecer a modicidade das tarifas.

É o que se dá, por exemplo, na conservação de rodovias, em que a concessionária recebe receitas decorrentes da exploração comercial em painéis de publicidade. Também serve de exemplo a publicidade que determinadas empresas fazem na parte traseira dos ônibus utilizados na prestação do serviço de transporte urbano municipal.

Assim, além da contraprestação paga pelos usuários dos serviços, o prestador passa a deter outras fontes de receita, permitindo que a tarifa possa ser reduzida, ao menos em tese.

Ressalte-se, por oportuno, que tais receitas não são pagas pelo Poder Público, e visam à complementação das tarifas pagas pelos usuários ou pelo próprio Poder Público (no caso das parcerias público privadas).

Outro princípio bastante importante é o da **continuidade do serviço público**.

Trata-se de princípio que visa a evitar a interrupção da prestação do serviço e é viabilizado por meio de uma série de disposições contidas na própria Lei n. 8.987/95, a começar pelo instituto dos bens reversíveis.

O art. 18, X, da Lei n. 8.987/95 dispõe que o edital de licitação para contratação de concessões e permissões de serviços públicos conterá a **indicação dos bens reversíveis**, os quais, ao fim do contrato, restarão com a Administração Pública (poder concedente) exatamente para o fim de evitar que o serviço público tenha sua prestação interrompida.

É o que se dá, por exemplo, com os postos de pedágio, os quais, ao fim do contrato de concessão de conservação de rodovia, ficam com o Poder Público, que passará a utilizá-los para a prestação do serviço ou os entregará ao próximo concessionário. Isso visa a evitar que ocorram interrupções na prestação do serviço público.

Ao fenômeno pelo qual os bens reversíveis são entregues à Administração Pública, no fim do contrato, dá-se o nome de **reversão** (art. 35, § 1º, da Lei n. 8.987/95).

A reversão no advento do termo contratual faz-se com a indenização das parcelas dos investimentos vinculados a bens reversíveis, ainda não amortizados ou depreciados, que tenham sido realizados com o objetivo de garantir a continuidade e a atualidade do serviço concedido (art. 36 da Lei n. 8.987/95).

Também concretiza o princípio da continuidade do serviço público a impossibilidade de o particular, quando ajuíza ação para extinção do contrato de concessão ou permissão, no caso de descumprimento das normas contratuais pelo poder concedente, interromper imediatamente a prestação do serviço público. Só poderá haver a cessação da prestação do serviço após a obtenção de decisão com trânsito em julgado (art. 39, parágrafo único, da Lei n. 8.987/95).

Outro instituto que também está diretamente relacionado ao princípio da continuidade do serviço público é a **intervenção** (arts. 32 e s. da Lei n. 8.987/95). A Administração Pública, com o objetivo de assegurar a adequação na prestação do serviço, bem como o fiel cumprimento das normas contratuais, regulamentares e legais pertinentes, pode assumir a prestação do serviço temporariamente.

A intervenção faz-se por decreto do poder concedente, que conterá a designação do interventor, o prazo da intervenção e os objetivos e limites da medida, e, uma vez declarada, o Poder Público deverá, no prazo de 30 dias, instaurar procedimento administrativo para comprovar as causas determinantes da medida e apurar responsabilidades, assegurado o direito de ampla defesa.

Observe-se que o direito de ampla defesa do particular é assegurado, porém o processo administrativo destinado a apurar as irregularidades é instaurado APÓS o decreto de intervenção.

Finalizada a intervenção, se não for extinta a concessão, a administração do serviço será devolvida à concessionária, precedida de prestação de contas pelo interventor, que responderá pelos atos praticados durante a sua gestão.

O procedimento administrativo deve ser concluído no prazo de até 180 dias, sob pena de considerar-se inválida a intervenção.

Em relação à continuidade do serviço público, nos termos do § 3º do art. 6º da Lei n. 8.987/95, não se caracteriza como descontinuidade a sua interrupção em situação de emergência ou após prévio aviso, quando:

- motivada por razões de ordem técnica ou de segurança das instalações; e
- por inadimplemento do usuário, considerado o interesse da coletividade.

ATENÇÃO

Em relação aos casos de inadimplemento do usuário, o STJ vem entendendo que débitos pretéritos mensurados por fraude do medidor de consumo causada pelo consumidor podem acarretar o corte, desde que verificada com observância dos princípios do contraditório e da ampla defesa.

O não pagamento dos débitos por recuperação de efetivo consumo por fraude ao medidor enseja o corte do serviço, assim como acontece para o consumidor regular que deixa de pagar a conta mensal (mora), sem deixar de ser observada a natureza pessoal (não *propter rem*) da obrigação.

9.4 Remuneração

Quando o serviço público é prestado pela ADMINISTRAÇÃO PÚBLICA, a remuneração pode ser realizada mediante TAXA paga pelo contribuinte. A cobrança está condicionada à prestação de um serviço específico e divisível, também chamado de *UTI SINGULI*. Os serviços públicos universais (*UTI UNIVERSI*) não podem ser remunerados por taxa (art. 145, II, da CF). Pode, ainda, ser objeto de cobrança de tarifa (preço público), como se dá, por exemplo, nos serviços postais prestados pelos Correios.

Quando o serviço público é prestado por DELEGATÁRIO (concessionário ou permissionário), a remuneração, nas concessões comuns (regida pela Lei n. 8.987/95), é realizada mediante TARIFA paga pelo USUÁRIO, e não por meio de pagamento de tributo (taxa).

IMPORTANTE

Nas parcerias público-privadas (PPPs) (Lei n. 11.079/2004), modalidade especial de contrato de concessão estudada a seguir, existe contraprestação paga à parceira privada por parte da Administração Pública, o que não ocorre nas concessões comuns.

9.5 Formas de delegação de serviços públicos a particulares

A Lei n. 8.987/95 disciplina duas modalidades distintas de delegação de serviços públicos a particulares: a concessão de serviço público e a permissão de serviço público.

a) **CONCESSÃO** de serviço público: a delegação de sua prestação, feita pelo poder concedente, mediante licitação, na modalidade de concorrência, à pessoa jurídica ou consórcio de empresas que demonstre capacidade para seu desempenho, por sua conta e risco e por prazo determinado (art. 2º, II, da Lei n. 8.987/95).

LEMBRE-SE

Os contratos de concessão podem ser precedidos da realização de obra pública (art. 2º, III, da Lei n. 8.987/95).

É o que ocorre, por exemplo, quando a Administração Pública celebra contrato de conservação de rodovia, precedida da realização de obra de alargamento.

b) **PERMISSÃO** de serviço público: a delegação, a título precário, mediante licitação, da prestação de serviços públicos, feita pelo poder concedente à pessoa física ou jurídica que demonstre capacidade para seu desempenho, por sua conta e risco (art. 2º, IV, da Lei n. 8.987/95).

Além disso, o art. 40 da mesma Lei n. 8.987/95 dispõe que a permissão de serviço público será formalizada mediante contrato de adesão, que observará os termos da lei, das demais normas pertinentes e do edital de licitação, inclusive quanto à precariedade e à revogabilidade unilateral do contrato pelo poder concedente.

Das definições trazidas pela Lei n. 8.987/95, é possível estabelecer as diferenças entre concessão e permissão, a saber:

Concessão de Serviço Público	Permissão de Serviço Público
Formalizada por contrato administrativo	Formalizada por contrato de adesão
É precedida de licitação, obrigatoriamente na modalidade concorrência	É precedida de licitação, mas a lei não impõe uma modalidade específica
Prazo determinado (não precária)	Prazo determinado, porém precária
Delegação apenas a pessoas jurídicas ou consórcios de empresas	Delegação a pessoas físicas ou jurídicas

A precariedade dos contratos de permissão de serviço público resulta na possibilidade de sua revogação a qualquer tempo, sem que a Administração Pública tenha o dever de indenizar o particular.

IMPORTANTE

É vedado à União, aos Estados, ao Distrito Federal e aos Municípios executar obras e serviços públicos por meio de concessão e permissão de serviço público, sem lei que lhes autorize e fixe os termos, dispensada a lei autorizativa nos casos de saneamento básico e limpeza urbana e nos já referidos na Constituição Federal, nas Constituições Estaduais e nas Leis Orgânicas do Distrito Federal e Municípios, observados, em qualquer caso, os termos da Lei n. 8.987/95 (art. 2º da Lei n. 9.074/95).

O poder concedente deve publicar, previamente ao edital de licitação, ato justificando a conveniência da outorga de concessão ou permissão, caracterizando seu objeto, área e prazo (art. 5º da Lei n. 8.987/95).

Parte da doutrina também aponta a **autorização de serviços públicos** como uma modalidade de delegação, embora não haja sua previsão na Lei n. 8.987/95. Para quem a concebe, consistiria em ato administrativo unilateral, por prazo indeterminado, precário, em razão do qual se consente que o autorizatário preste serviços a particulares. Ex.: radioamadores.

Muitos autores, entretanto, sustentam que inexiste tal figura, uma vez que, nos casos de autorização, prevalece mais o interesse particular do prestador que o interesse da coletividade. Para esses doutrinadores, o Poder Público apenas consente, nesse caso, que um particular explore uma atividade que depende de autorização do Estado. Seria, portanto, a autorização um ato administrativo decorrente do exercício do poder de polícia.

9.6 Formas de extinção dos contratos de concessão e permissão

As modalidades de extinção do contrato de concessão (e permissão, no que couber) estão previstas no art. 34 da Lei n. 8.987/95:

a) Advento do termo contratual: cuida-se de extinção quando o prazo de vigência termina. É a forma de extinção mais previsível e natural de todas.

b) Encampação (art. 37 da Lei n. 8.987/2005): considera-se encampação a retomada do serviço pelo poder concedente durante o prazo da concessão, por motivo de interesse público, mediante lei autorizativa específica e após prévio pagamento de indenização.

Observa-se que, na encampação, o fim do contrato não se dá por culpa do particular. O que enseja a extinção prematura do vínculo são razões de interesse público.

Exatamente por isso, a indenização das parcelas dos investimentos vinculados a bens reversíveis, ainda não amortizados ou depreciados, que tenham sido realizados com o objetivo de garantir a continuidade e a atualidade do serviço concedido, deverá ser realizada previamente.

Entende parte da doutrina que a delegatária também deve ser indenizada pelos danos emergentes e lucros cessantes em razão da extinção antecipada do contrato.

c) Caducidade (art. 38 da Lei n. 8.987/95): motivada por descumprimento do contrato pela delegatária de serviço público (inexecução total ou parcial do contrato). Possui natureza eminentemente sancionatória.

A caducidade será declarada, por exemplo, quando o serviço estiver sendo prestado de forma inadequada ou deficiente; a concessionária descumprir cláusulas contratuais ou disposições legais ou regulamentares concernentes à concessão; a concessionária paralisar o serviço ou concorrer para tanto, ressalvadas as hipóteses decorrentes de caso fortuito ou força maior; a concessionária perder as condições econômicas, técnicas ou operacionais para manter a adequada prestação do serviço concedido; entre outras situações apontadas no art. 38, § 1º, da Lei n. 8.987/95.

A declaração da caducidade da concessão deverá ser precedida da verificação da inadimplência da concessionária em processo administrativo, assegurado o direito de ampla defesa.

A Lei n. 8.987/95 também prescreve que não será instaurado processo administrativo de inadimplência antes de comunicados à concessionária, detalhadamente, os descumprimentos contratuais referidos em que incorreu, dando-lhe um prazo para corrigir as falhas e transgressões apontadas e para o enquadramento, nos termos contratuais.

Instaurado o processo administrativo e comprovada a inadimplência, a caducidade será declarada por decreto do poder concedente, independentemente de indenização prévia, calculada no decurso do processo.

Nesse caso, como o término do contrato de forma antecipada se deu por culpa da concessionária, não haverá indenização por danos emergentes ou lucros cessantes.

A Lei n. 8.987/95, entretanto, garante, ainda que não de forma prévia, a indenização prevista no art. 36 da Lei n. 8.987/95, que se refere às parcelas dos investimentos vinculados a bens reversíveis, ainda não amortizados ou depreciados, que tenham sido realizados com o objetivo de garantir a continuidade e a atualidade do serviço concedido.

d) Rescisão (judicial) (art. 39 da Lei n. 8.987/95): requerida pelo particular (prestador do serviço) no âmbito de ação judicial quando há descumprimento do contrato pelo poder concedente. Nesse caso, a lei exige que os serviços continuem sendo prestados até a existência de decisão judicial transitada em julgado, sendo protegida a continuidade da prestação do serviço público.

Observe-se que, quando o descumprimento do contrato se dá pelo poder concedente, não pode o particular rescindir unilateralmente o vínculo. Apenas a Administração Pública, nos contratos administrativos, possui a prerrogativa de rescindi-los unilateralmente (art. 58, II, da Lei n. 8.666/93).

e) Anulação: motivada por vícios de ilegalidade presentes no contrato administrativo ou na licitação que antecedeu sua celebração.

f) Falência ou extinção da empresa concessionária e falecimento ou incapacidade do titular, no caso de empresa individual.

9.7 Reversão

Prevista no art. 36 da Lei n. 8.987/95.

Conforme visto anteriormente, extinta a concessão, retornam ao poder concedente todos os bens reversíveis, direitos e privilégios transferidos ao concessionário, de acordo com o previsto no edital e estabelecido no contrato.

Não se trata, portanto, a reversão de uma forma de extinção da concessão ou permissão, mas de uma decorrência desta.

A reversão, no advento do termo contratual, faz-se com a indenização das parcelas dos investimentos vinculados a bens reversíveis, ainda não amortizados ou depreciados, que tenham sido realizados com o objetivo de garantir a continuidade e a atualidade do serviço concedido.

No caso da encampação, tal indenização é realizada de forma prévia; na caducidade, é feita em momento posterior à extinção do contrato.

9.8 Subconcessões

Desde que autorizadas pelo poder concedente, e realizada licitação na modalidade concorrência, a Lei n. 8.987/95 permite que seja transferida a execução de parte do objeto concedido a outro particular (art. 26 da Lei n. 8.987/95).

A título de exemplo, celebrado um contrato de concessão de transporte urbano, é possível que parte dos trajetos objeto da delegação sejam subconcedidos a outra pessoa jurídica ou consórcios de empresas, desde que seja realizada nova licitação na modalidade concorrência e haja previsão no edital e no contrato de concessão.

Havendo subconcessão, o subconcessionário se sub-rogará todos os direitos e obrigações da subconcedente dentro dos limites da subconcessão.

A doutrina alerta que a licitação prévia, na modalidade concorrência, como condição para celebrar subconcessões, deve ser promovida pelo poder concedente.

9.9 Transferência do controle acionário

A lei proíbe, sem anuência do poder concedente, a transferência da concessão ou do controle societário da concessionária (art. 27 da Lei n. 8.987/95).

9.10 Caráter não exclusivo das concessões e permissões

A outorga de concessão ou permissão não terá caráter de exclusividade, salvo no caso de inviabilidade técnica ou econômica justificada. Ou seja, como regra, ao delegar a prestação de serviços públicos a particulares, deverá a Administração Pública, com relação a uma mesma atividade, consentir que mais de um particular a execute.

9.11 Tarifas diferenciadas

As tarifas a serem pagas à concessionária poderão ser diferenciadas em função das características técnicas e dos custos específicos provenientes do atendimento aos distintos segmentos de usuários.

É o que se dá, por exemplo, com a cobrança de pedágio diferenciado entre veículos de categorias diferentes.

9.12 Parcerias público-privadas

Ao lado das concessões regidas pela Lei n. 8.987/95, denominadas concessões comuns, existem as concessões disciplinadas pela Lei n. 11.079/2004 (parcerias público-privadas).

A parceria público-privada também é um contrato de concessão de serviço público, porém com algumas peculiaridades que a diferenciam dos contratos de concessão comum.

A Lei n. 11.079/2004 prevê duas modalidades distintas de contratos dessa natureza:

a) **Concessão patrocinada**: é a concessão de serviços públicos ou de obras públicas de que trata a Lei n. 8.987/95 quando envolver, adicionalmente à tarifa cobrada dos usuários, contraprestação pecuniária do parceiro público ao parceiro privado.

A principal e mais importante característica das concessões patrocinadas é que, além da contraprestação do usuário (tarifa), a Administração Pública (parceiro público) também remunera a concessionária, o que constitui um ponto de distinção entre essa modalidade de concessão e as concessões comuns.

As concessões patrocinadas, em que mais de 70% da remuneração do parceiro privado for paga pela Administração Pública, dependerão de autorização legislativa específica (art. 11, § 3º, da Lei n. 11.079/2004).

b) **Concessão administrativa:** é o contrato de prestação de serviços de que a Administração Pública seja a usuária direta ou indireta, ainda que envolva execução de obra ou fornecimento e instalação de bens.

A principal distinção entre a concessão administrativa e as concessões comuns é que nelas, ao contrário das comuns, a própria Administração Pública figura como usuária direta ou indireta do serviço, arcando, portanto, com a integralidade da remuneração do parceiro privado.

Visto isso, percebe-se que não constitui parceria público-privada a concessão comum, assim entendida a concessão de serviços públicos ou de obras públicas de que trata a Lei n. 8.987/95 quando não envolver contraprestação pecuniária do parceiro público ao parceiro privado, chamada concessão administrativa.

Algumas **vedações** foram estabelecidas pela Lei n. 11.079/2004 nas parcerias público-privadas:

- Vedação quanto ao valor do contrato: o contrato de parceria público-privada não pode ser inferior a R$ 10.000.000,00 (dez milhões de reais).

ATENÇÃO

O valor mínimo dos contratos de parceria público-privada passou por alteração em 2017, por força da Lei n. 13.529/2017. Antes da alteração legislativa, o montante mínimo era de R$ 20.000.000,00 (vinte milhões de reais).

- Vedação quanto ao prazo do contrato: os contratos de parceria público-privada não podem ter prazo de duração inferior a 5 anos, nem superior a 35 anos, incluindo eventuais prorrogações, e devem ser compatíveis com a amortização dos investimentos realizados pelo particular.
- Vedação quanto ao objeto do contrato: os contratos de parceria público-privada não podem ter como objeto único o fornecimento de mão de obra, o fornecimento e a instalação de equipamentos ou a execução de obra pública. Ou seja, sempre deve haver prestação de serviço, ainda que acompanhado dos demais objetos citados.

Algumas **diretrizes e peculiaridades do contrato**, estabelecidas pela Lei n. 11.079/2004 na contratação de parcerias público-privadas, merecem ser destacadas:

- indelegabilidade das funções de regulação, jurisdicional, do exercício do poder de polícia e de outras atividades exclusivas do Estado;
- responsabilidade fiscal na celebração e execução das parcerias;
- transparência dos procedimentos e das decisões;

- repartição objetiva de riscos entre as partes, inclusive as referentes a caso fortuito e força maior, fato do príncipe e álea econômica extraordinária;
- compartilhamento com a Administração Pública de ganhos econômicos efetivos do parceiro privado decorrentes da redução do risco de crédito dos financiamentos utilizados pelo parceiro privado;
- sustentabilidade financeira e vantagens socioeconômicas dos projetos de parceria;
- prestação, pelo parceiro privado, de garantias de execução suficientes e compatíveis com os ônus e riscos envolvidos, que, nesse caso, são obrigatoriamente exigidas pela Administração Pública;
- existência de contraprestação por parte da Administração Pública (inexistente nas concessões comuns), a qual pode ser feita por: ordem bancária; cessão de créditos não tributários; outorga de direitos em face da Administração Pública; outorga de direitos sobre bens públicos dominicais; outros meios admitidos em lei.

O contrato pode prever o pagamento ao parceiro privado de remuneração variável vinculada ao seu desempenho, conforme metas e padrões de qualidade e disponibilidade definidos no contrato.

Antes da celebração do contrato, deve ser constituída sociedade de propósito específico, incumbida de implantar e gerir o objeto da parceria, que pode assumir a forma de companhia aberta, com valores mobiliários admitidos a negociação no mercado. Fica vedado à Administração Pública ser titular da maioria do capital votante da sociedade de propósito específico, e tal vedação não se aplica à eventual aquisição da maioria do capital votante da sociedade de propósito específico por instituição financeira controlada pelo Poder Público em caso de inadimplemento de contratos de financiamento.

Em relação à licitação para a contratação de parcerias público-privadas, a Lei n. 11.079/2014 traz importantes regras, dentre as quais merece destaque a necessária submissão da minuta de edital e de contrato à consulta pública, mediante publicação na imprensa oficial, em jornais de grande circulação e por meio eletrônico.

Além disso, nas licitações para a contração de parcerias público-privadas, o julgamento poderá adotar como critérios, além dos previstos na Lei n. 8.987/95, os seguintes:

a) menor valor da contraprestação a ser paga pela Administração Pública;
b) melhor proposta em razão da combinação do critério anterior com o de melhor técnica, de acordo com os pesos estabelecidos no edital.

O edital definirá a forma de apresentação das propostas econômicas, admitindo-se:

a) propostas escritas em envelopes lacrados; ou
b) propostas escritas, seguidas de lances em viva voz.

Além disso, o edital poderá prever a possibilidade de saneamento de falhas, de complementação de insuficiências ou, ainda, de correções de caráter formal no curso do procedimento, desde que o licitante possa satisfazer as exigências dentro do prazo fixado no instrumento convocatório.

Havendo a previsão de lances verbais, os lances em viva voz serão sempre oferecidos na ordem inversa da classificação das propostas escritas, sendo vedado ao edital limitar a quantidade de lances; porém, o edital poderá restringir a apresentação de lances em viva voz aos licitantes cuja proposta escrita seja, no máximo, 20% maior que o valor da melhor proposta.

Também é importante lembrar que o edital poderá prever a inversão da ordem das fases de habilitação e julgamento, hipótese em que, encerrada a fase de classificação das propostas ou o oferecimento de lances, será aberto o invólucro com os documentos de habilitação do licitante mais bem classificado, para verificação do atendimento das condições fixadas no edital; verificado o atendimento das exigências do edital, o licitante será declarado vencedor.

Inabilitado o licitante mais bem classificado, serão analisados os documentos habilitatórios do licitante com a proposta classificada em segundo lugar, e assim sucessivamente, até que um licitante classificado atenda às condições fixadas no edital. Proclamado o resultado final do certame, o objeto será adjudicado ao vencedor nas condições técnicas e econômicas por ele ofertadas.

9.13 Questões

1. (FCC – SEAD-AP – Analista Jurídico – 2018) A previsão da possibilidade de concessionária de serviços públicos explorar outras receitas durante a execução de contrato de concessão comum ou de concessão patrocinada:

A) configura mecanismo preferencial ao reequilíbrio econômico-financeiro, de forma que este só pode ser exigido se atingido o potencial máximo de exploração de receitas alternativas ou acessórias.

B) se presta a substituir a contraprestação nos contratos de parceria público-privada que não sejam integralmente remunerados por tarifa.

C) implica assunção de responsabilidade pelo poder concedente pela realização das receitas alternativas inerentes aos contratos, sob pena de reequilíbrio econômico-financeiro.

D) não demanda expressa previsão contratual, considerando que se insere dentre as faculdades inerentes à exploração do serviço público sob o regime de concessão comum.

E) deve constar previamente do edital de licitação, bem como do contrato decorrente desse procedimento, mas não afasta a possibilidade de configuração de hipótese de reequilíbrio econômico-financeiro diante da materialização de eventos que interfiram nessa equação.

↘ Resolução:

A) *Incorreta.* Embora as receitas alternativas visem ao equilíbrio econômico-financeiro do contrato, não é sua forma preferencial nem única. Prova disso é que sua previsão não é obrigatória no contrato de concessão.

B) *Incorreta.* As receitas alternativas (art. 11 da Lei n. 8.987/95) não visam a substituir a contraprestação, mas sim complementá-la.

C) *Incorreta.* As receitas alternativas não são pagas pelo poder concedente, mas sim por terceiros.

D) *Incorreta.* As receitas alternativas demandam expressa previsão contratual, nos termos do art. 11 da Lei n. 8.987/95.

E) *Correta.* As fontes de receita alternativas serão obrigatoriamente consideradas para a aferição do inicial equilíbrio econômico-financeiro do contrato e devem ter previsão no edital de licitação e no contrato (art. 11 da Lei n. 8.987/95).

↗ Gabarito: "E".

2. (VUNESP – MPE-SP – Analista Jurídico do Ministério Público – 2018) As parcerias público-privadas são importante instrumento para a mobilização de capitais privados para a realização de investimentos de interesse público e fornecimento de serviços, seja à população, seja à Administração, com maior eficiência e qualidade. A esse respeito, é correto afirmar que:

A) é vedada a celebração de contrato de parceria público-privada cujo valor do contrato seja inferior a R$ 20.000.000,00 (vinte milhões de reais).

B) constitui parceria público-privada a concessão comum quando não envolver contraprestação pecuniária do parceiro público ao parceiro privado.

C) é vedada a emissão de empenho em nome dos financiadores do projeto de parceria público-privada em relação às obrigações pecuniárias da Administração Pública.

D) as obrigações contraídas pela Administração em contrato de parceria público-privada poderão ser garantidas por vinculação de receita de impostos.

E) a contratação de parceria público-privada será necessariamente precedida de licitação na modalidade de concorrência, com as adaptações previstas em legislação própria.

↘ Resolução:

A) *Incorreta.* É vedada a celebração de contrato de parceria público-privada cujo valor do contrato seja inferior a R$ 10.000.000,00 (dez milhões de reais) (art. 2º, § 4º, I, da Lei n. 11.079/2004).

B) *Incorreta.* Não constitui parceria público-privada a concessão comum, assim entendida a concessão de serviços públicos ou de obras públicas de que trata a Lei n. 8.987/95, quando não envolver contraprestação pecuniária do parceiro público ao parceiro privado (art. 2º, § 3º, da Lei n. 11.079/2004).

C) *Incorreta.* Os contratos de parceria público-privada poderão prever a possibilidade de emissão de empenho em nome dos financiadores do projeto em relação às obrigações pecuniárias da Administração Pública (art. 5º, § 2º, II, da Lei n. 11.079/2004).

D) *Incorreta.* A vinculação de receita de impostos é vedada, nos termos do art. 167, IV, da Constituição Federal, o qual é objeto de remissão no art. 8º, I, da Lei n. 11.079/2004, que trata sobre as obrigações contraídas pela Administração Pública nos contratos de parceria público-privada.

E) *Correta.* Trata-se de exigência prevista no art. 10 da Lei n. 11.079/2004.

↗ Gabarito: "E".

3. (FCC – TRT 15ª Região – Analista Judiciário – Área Judiciária – 2018) A reversibilidade dos bens utilizados para a prestação dos serviços públicos pela iniciativa privada, mediante concessão regida pela Lei n. 8.987/95, caracteriza-se:

A) pelo retorno dos bens afetados ao serviço público ao patrimônio do poder concedente, em razão do custo de aquisição dos mesmos ter sido suportado por recursos públicos mediante aporte.

B) pela necessidade ou não da continuidade da utilização dos referidos bens para a prestação dos serviços públicos, não havendo que se falar em indenização pela aquisição ou não amortização, tendo em vista que a concessão regida pela Lei n. 8.987/1995 se presta por conta e risco da concessionária.

C) pela exigência de que os bens adquiridos pela concessionária sejam de titularidade do poder concedente desde o início da vigência do contrato, sendo vedado ao privado que o registro ou a contabilização do ativo sejam feitos em sua titularidade, sob pena de irreversibilidade material.

D) pela afetação dos bens ao serviço público prestado, ensejando o retorno dos mesmos à propriedade do poder concedente ao término da concessão, para permitir a continuidade da prestação, direta ou mediante nova delegação a iniciativa privada.

E) pelo conjunto de bens adquiridos pelo concessionário de serviço público ao longo da concessão contratada, sendo obrigatória a indenização pelo valor dos mesmos ao término da concessão, corrigidos monetariamente desde a data em que ingressaram no patrimônio do privado.

↘ Resolução:

A) *Incorreta.* Os custos de aquisição dos bens reversíveis são do concessionário, e não do poder concedente. Exatamente por isso devem ser considerados na apuração do equilíbrio econômico-financeiro do contrato.

B) *Incorreta.* Os bens reversíveis são vinculados à continuidade na prestação do serviço público. Ademais, o art. 36 da Lei n. 8.987/95 dispõe que a reversão no advento do termo contratual far-se-á com a indenização das parcelas dos investimentos vinculados a bens reversíveis, ainda não amortizados ou depreciados, que tenham sido realizados com o objetivo de garantir a continuidade e a atualidade do serviço concedido.

C) *Incorreta.* Os bens reversíveis não são de propriedade do poder concedente. São adquiridos pela concessionária e, ao final do contrato, permanecem com a Administração Pública.

D) *Correta.* Os bens reversíveis permanecem com o poder concedente, na extinção do contrato de concessão, exatamente para viabilizar a continuidade na prestação do serviço público. Assim dispõe o art. 35, § 1º, da Lei n. 8.987/95: "Extinta a concessão, retornam ao poder concedente todos os bens reversíveis, direitos e privilégios transferidos ao concessionário conforme previsto no edital e estabelecido no contrato". Exigem previsão no edital de licitação (art. 18, X e XI, da Lei n. 8.987/95) e no contrato de concessão (art. 23, X, da Lei n. 8.987/95).

E) *Incorreta.* Bens reversíveis são apenas os vinculados à prestação do serviço público e que permaneçam com o Poder Público no fim da concessão. Assim, não abrange todo e qualquer bem adquirido pela concessionária. Ademais, só é cabível indenização com relação às parcelas dos investimentos vinculados a bens reversíveis ainda não amortizados ou depreciados.

↗ **Gabarito: "D".**

10. CONTRATOS ADMINISTRATIVOS

10.1 Definição

A Administração Pública, no exercício da atividade administrativa, firma uma série de vínculos contratuais, seja com particulares, seja com outras entidades da Administração Pública. São os chamados contratos da Administração Pública.

São vínculos bilaterais e que, por isso, sempre dependem, para sua constituição, da manifestação de vontade de uma ou mais pessoas.

Os chamados contratos administrativos estão inseridos dentro dos contratos celebrados pela Administração Pública. São contratos regidos pelo direito público com particulares ou outras entidades integrantes da própria Administração Pública, aplicando-se-lhes, supletivamente, os princípios da teoria geral dos contratos e as disposições de direito privado.

A Administração Pública, claro, também celebra contratos de direito privado, como, por exemplo, contratos de locação, contratos de seguro etc., porém nestes contratos inexistem cláusulas exorbitantes, as quais estão presentes nos contratos administrativos propriamente ditos e são estudadas a seguir.

10.2 Formalização dos contratos administrativos

Como regra, os contratos administrativos devem ser escritos. A Lei n. 8.666/93 considera nulo e de nenhum efeito o contrato verbal com a Administração.

No entanto, a própria Lei n. 8.666/93 admite, nos casos de pequenas compras de pronto pagamento, assim entendidas aquelas de valor não superior a 5% do limite estabelecido no art. 23, II, *a*, da Lei n. 8.666/93, que sejam celebrados contratos verbais.

ATENÇÃO

Com as alterações feitas pelo Decreto n. 9.412/2018, o limite relativo ao art. 23, II, *a*, da Lei n. 8.666/93 (valor contratual máximo para a utilização da modalidade convite nas compras e serviços que não sejam de engenharia) passou a ser de R$ 176.000,00.

Aplicando-se o percentual de 5% sobre esse montante, conclui-se que o valor máximo para contratos verbais com a Administração Pública é de R$ 8.800,00.

A exigência é também válida para eventuais aditamentos contratuais, em razão, por exemplo, de modificações do valor do contrato.

O instrumento de contrato é obrigatório nos casos de concorrência e de tomada de preços, bem como nas dispensas e inexigibilidades cujos preços estejam compreendidos nos limites dessas duas modalidades de licitação, e facultativo nos demais em que a Administração puder substituí-lo por outros instrumentos hábeis, tais como carta-contrato, nota de empenho de despesa, autorização de compra ou ordem de execução de serviço.

10.3 Duração dos contratos

Como regra, a vigência dos contratos administrativos é restrita à dos respectivos créditos orçamentários (art. 57, *caput*, da Lei n. 8.666/93), sendo vedado o contrato com prazo de vigência indeterminado (art. 57, § 3º, da Lei n. 8.666/93).

A própria Lei n. 8.666/93 (incisos do art. 57), no entanto, traz hipóteses em que o contrato administrativo, em razão de suas peculiaridades, não se submete a essa limitação:

- Os contratos relativos a projetos cujos produtos estejam contemplados nas metas estabelecidas no Plano Plurianual, os quais poderão ser prorrogados se houver interesse da Administração e desde que isso tenha sido previsto no ato convocatório.

- Os contratos relativos a serviços a serem executados de forma contínua, que poderão ter a sua duração prorrogada por iguais e sucessivos períodos com vistas à obtenção de preços e condições mais vantajosas para a administração, limitada a 60 meses.

Em caráter excepcional, devidamente justificado e mediante autorização da autoridade superior, tal prazo pode ser prorrogado por até mais 12 meses (§ 4º do art. 57 da Lei n. 8.666/93).

Ou seja, no total, os contratos relativos a serviços a serem executados de forma contínua podem ter vigência de até 60 meses, prorrogáveis, excepcionalmente, por mais 12 meses.

- Os contratos relativos ao aluguel de equipamentos e à utilização de programas de informática, podendo a duração estender-se pelo prazo de até 48 meses após o início da vigência do contrato.
- Os contratos relativos às hipóteses previstas nos incisos IX, XIX, XXVIII e XXXI do art. 24 da Lei n. 8.666/93, que poderão ter vigência por até 120 meses, caso haja interesse da administração.

10.4 Cláusulas exorbitantes dos contratos administrativos

Os contratos administrativos se caracterizam por conferir à Administração Pública inúmeras prerrogativas, inexistentes nos contratos regidos pelo direito privado. Essas prerrogativas, previstas em sua maioria no art. 58 da Lei n. 8.666/93, são chamadas pela doutrina de cláusulas exorbitantes, visto que exorbitam do direito privado.

Sua aplicação independe de expressa previsão no contrato administrativo, porque decorrem diretamente da lei (cláusulas *ex lege*).

Passemos a estudar uma a uma tais prerrogativas.

1) Exigência de garantias

A Lei n. 8.666/93, em seu art. 56, dispõe que, a critério da autoridade competente, em cada caso, e desde que prevista no instrumento convocatório, poderá ser exigida a prestação de garantia nas contratações de obras, serviços e compras.

Conforme se observa da literalidade do artigo, trata-se de uma faculdade a exigência de garantia, e não de uma obrigação.

Sendo exigida a garantia pela Administração Pública, caberá ao contratado optar por uma das seguintes modalidades: caução em dinheiro ou em títulos da dívida pública; seguro-garantia; ou fiança bancária.

A escolha da modalidade de garantia é do particular, e não da Administração Pública.

É importante anotar que, em alguns contratos, a exigência de garantia é obrigatória. É o que se dá, por exemplo, nos contratos de parceria público-privada (art. 5º, VIII, da Lei n. 11.079/2004).

A Lei n. 8.666/93 cuidou de limitar a garantia a 5% do valor do contrato, tendo seu valor atualizado nas mesmas condições daquele (art. 56, § 1º); porém, para obras, serviços e fornecimentos de grande vulto envolvendo alta complexidade técnica e riscos financeiros consideráveis, demonstrados por meio de parecer tecnicamente aprovado pela autoridade competente, o limite é elevado para 10% do valor do contrato (art. 56, § 3º, da Lei n. 8.666/93).

Para os fins da Lei n. 8.666/93, obras, serviços e compras de grande vulto são aqueles cujo valor estimado seja superior a 25 vezes o limite estabelecido na alínea *c* do inciso I do art. 23 da Lei (art. 6º, V, da Lei n. 8.666/93).

A garantia prestada pelo contratado será liberada ou restituída após a execução do contrato e, quando em dinheiro, atualizada monetariamente.

É importante destacar que, nos casos de contratos que importem na entrega de bens pela Administração, dos quais o contratado ficará depositário, ao valor da garantia deverá ser acrescido o valor desses bens.

IMPORTANTE

Nas parcerias público-privadas, o art. 5º da Lei n. 11.079/2004 dispõe que entre as cláusulas dos contratos deve ser prevista a prestação, pelo parceiro privado, de garantias de execução suficientes e compatíveis com os ônus e riscos envolvidos.

2) Modificação, de forma unilateral, do contrato, para melhor adequação às finalidades de interesse público, respeitados os direitos do contratado, assegurada pela Lei n. 8.666/93, nesse caso, a manutenção do equilíbrio econômico-financeiro do contrato

Em relação à prerrogativa de modificar unilateralmente o contrato, esta alcança apenas as cláusulas regulamentares, nunca as cláusulas econômico-financeiras. Pode ser dar:

- Quando houver modificação do projeto ou das especificações, para melhor adequação técnica aos seus objetivos (MODIFICAÇÃO QUALITATIVA).
- Quando necessária a modificação do valor contratual em decorrência de acréscimo ou diminuição quantitativa de seu objeto (MODIFICAÇÃO QUANTITATIVA).

O contratado fica obrigado a aceitar, nas mesmas condições contratuais, os acréscimos ou supressões que se fizerem nas obras, serviços ou compras, até 25% do valor inicial atualizado do contrato, e, no caso específico de reforma de edifício ou de equipamento, até o limite de 50% para os seus acréscimos.

Nenhum acréscimo ou supressão poderá exceder tais limites, salvo as supressões resultantes de acordo celebrado entre os contratantes. Ressalte-se que, nos termos do art. 65, § 2º, da Lei n. 8.666/93, apenas as supressões podem superar o limite de 25% se houver acordo; em relação aos acréscimos, a lei não trouxe essa possibilidade.

IMPORTANTE

Quando há supressão de obras, bens ou serviços, se o contratado já tiver adquirido os materiais e posto no local dos trabalhos, estes deverão ser pagos pela Administração pelos custos de aquisição regularmente comprovados e monetariamente corrigidos, podendo caber indenização por outros danos eventualmente decorrentes da supressão, desde que regularmente comprovados (art. 65, § 4º, da Lei n. 8.666/93).

3) Rescisão unilateral do contrato

Cuida-se de prerrogativa detida apenas pela Administração Pública.

4) Fiscalização da execução dos contratos, por meio de representante especialmente designado

A execução do contrato deve ser acompanhada e fiscalizada por um representante da Administração especialmente designado, permitida a contratação de terceiros para assisti-lo e subsidiá-lo de informações pertinentes a essa atribuição.

O contratado deverá manter preposto, aceito pela Administração, no local da obra ou serviço, para representá-lo na execução do contrato.

5) Aplicação de sanções motivadas pela inexecução total ou parcial do ajuste, independentemente de prévia autorização judicial

A Lei n. 8.666/92 prevê como sanções possíveis de serem aplicadas em face do contratado as seguintes:

a) Em razão do atraso injustificado na execução do contrato: multas de mora.

b) Pela inexecução total ou parcial do contrato: advertência, multa, suspensão temporária de participar de licitações ou de contratar com o Poder Público pelo prazo máximo de dois anos, declaração de inidoneidade para contratar com a Administração Pública.

Pelos atrasos injustificados na execução do contrato, a Lei n. 8.666/93 previu a aplicação da penalidade de multa de mora à contratada, conforme estiver previsto no instrumento convocatório ou no contrato (art. 86). A aplicação da multa, no entanto, é importante ressaltar, não impede que a Administração rescinda unilateralmente o contrato e aplique as outras sanções previstas na lei.

Sendo aplicada a multa (sempre após regular processo administrativo), será descontada da garantia oferecida pela contratada, cuidando-se de típico caso de autoexecutoriedade, uma vez que a execução material da multa independe de qualquer providência judicial.

Nas hipóteses em que o valor da multa superar o valor da garantia, o remanescente será descontado dos pagamentos eventualmente devidos pela Administração ou, ainda, quando for o caso, cobrado judicialmente.

Em razão da inexecução total ou parcial do contrato, o art. 87 da Lei n. 8.666/93 previu as demais sanções:

i) advertência;

ii) multa, na forma prevista no instrumento convocatório ou no contrato;

iii) suspensão temporária de participação em licitação e impedimento de contratar com a Administração, por prazo não superior a dois anos;

iv) declaração de inidoneidade para licitar ou contratar com a Administração Pública enquanto perdurarem os motivos determinantes da punição ou até que seja promovida a reabilitação perante a própria autoridade que aplicou a penalidade, que será concedida sempre que o contratado ressarcir a Administração pelos prejuízos resultantes e após decorrido o prazo da sanção aplicada com base no inciso anterior.

A aplicação de todas as sanções exige prévia defesa.

Igualmente ao que se dá com relação à multa de mora, se a multa aplicada por inexecução total ou parcial do contrato for superior ao valor da garantia prestada, além da perda desta, responderá o contratado pela sua diferença, que será descontada dos pagamentos eventualmente devidos pela Administração ou cobrada judicialmente.

A multa pode ser aplicada concomitantemente com qualquer uma das outras sanções.

6) Nos casos de serviços essenciais, ocupar provisoriamente bens móveis, imóveis, pessoal e serviços vinculados ao objeto do contrato, na hipótese da necessidade de acautelar apuração administrativa de faltas contratuais pelo contratado, bem como na hipótese de rescisão do contrato administrativo

Cuida-se da chamada ocupação provisória.

7) Relativização do princípio da exceção do contrato não cumprido por parte da contratada

O contratado deve suportar atrasos de até 90 dias dos pagamentos devidos pela Administração decorrentes de obras, serviços ou fornecimento, ou parcelas destes, já recebidos ou executados. Ultrapassado esse prazo (salvo nos casos de calamidade pública, grave perturbação da ordem interna ou guerra), é assegurado ao contratado o direito de optar pela suspensão do cumprimento de suas obrigações até que seja normalizada a situação.

10.5 Responsabilidade da contratada

A Lei n. 8.666/93, em seu art. 70, dispõe que a responsabilidade pelos danos causados diretamente à Administração ou a terceiros, decorrentes de culpa ou dolo na execução do contrato, é da contratada, não excluindo ou reduzindo essa responsabilidade a fiscalização ou o acompanhamento pelo órgão interessado.

Cuida-se, como se vê, de responsabilidade de natureza subjetiva, uma vez que exige a comprovação de culpa ou dolo na execução do contrato.

Não se deve confundir a responsabilidade pelos danos eventualmente decorrentes da execução da obra, tratada no já citado art. 70 da Lei n. 8.666/93, com a responsabilidade pelos danos decorrentes da simples existência da obra pública.

Os primeiros são indenizados pelo contratado (particular), desde que comprovada a ocorrência de dolo ou culpa; aqueles que sejam decorrência do simples fato de a obra existir, como a desvalorização de imóveis privados por força da construção de uma via elevada de ônibus, devem ser indenizados pela Administração Pública, de forma objetiva, nos termos do art. 37, § 6º, da Constituição Federal.

Em relação aos encargos trabalhistas, fiscais, previdenciários e comerciais resultantes da execução do contrato, a responsabilidade também é da contratada. A inadimplência desta, com referência aos encargos trabalhistas, fiscais e comerciais, não transfere à Administração Pública a responsabilidade por seu pagamento. Também não poderá onerar o objeto do contrato ou restringir a regularização e o uso das obras e edificações, inclusive perante o Registro de Imóveis. Todas essas regras estão contidas no art. 71 da Lei n. 8.666/93.

Em relação aos encargos previdenciários, no entanto, a Lei n. 8.666/93 prescreveu a responsabilidade solidária da Administração Pública com o contratado.

ATENÇÃO

A respeito do tema, importante lembrar o teor da Súmula 331 do TST:

"CONTRATO DE PRESTAÇÃO DE SERVIÇOS. LEGALIDADE.

(...)

IV – O inadimplemento das obrigações trabalhistas, por parte do empregador, implica a responsabilidade subsidiária do tomador dos serviços quanto àquelas obrigações, desde que haja participado da relação processual e conste também do título executivo judicial.

V – Os entes integrantes da Administração Pública direta e indireta respondem subsidiariamente, nas mesmas condições do item IV, caso evidenciada a sua conduta culposa no cumprimento das obrigações da Lei n. 8.666, de 21-6-1993, especialmente na fiscalização do cumprimento das obrigações contratuais e legais da prestadora de serviço como empregadora. A aludida responsabilidade não decorre de mero inadimplemento das obrigações trabalhistas assumidas pela empresa regularmente contratada.

VI – A responsabilidade subsidiária do tomador de serviços abrange todas as verbas decorrentes da condenação referentes ao período da prestação laboral".

A Súmula 331 do TST, em sua redação original, previa que "o inadimplemento das obrigações trabalhistas, por parte do empregador, implica a responsabilidade subsidiária do tomador dos serviços, quanto àquelas obrigações, inclusive quanto aos órgãos da administração direta, das autarquias, das fundações públicas, das empresas públicas e das sociedades de economia mista, desde que hajam participado da relação processual e constem também do título executivo judicial (art. 71 da Lei n. 8.666, de 21-6-1993)".

A modificação da redação da súmula foi motivada pelo julgamento do STF da ADC 16, que declarou constitucional o § 1º do art. 71 da Lei n. 8.666/93, o qual, conforme anotado anteriormente, estabelece que a inadimplência dos encargos trabalhistas, fiscais e comerciais pelo contratado não transfere à Administração Pública a responsabilidade pelo seu pagamento.

10.6 Subcontratações

A Lei n. 8.666/93, em seu art. 72, autoriza que o contratado, na execução do contrato, sem prejuízo das responsabilidades contratuais e legais, subcontrate partes da obra, serviço ou fornecimento, até o limite admitido, em cada caso, pela Administração.

10.7 Equilíbrio econômico-financeiro

Consiste na relação de equivalência que se estabelece entre a remuneração da contratada e seus encargos no cumprimento do contrato, o qual deve ser mantido durante toda a execução.

Assim, quando a execução do contrato se tornar mais onerosa para a contratada, a administração deve alterar sua remuneração.

A propósito do tema, é cabível distinguir os reajustes das revisões.

a) Reajuste

É a atualização do valor do contrato prevista na oportunidade em que o contrato é celebrado. Nos termos do § 8º do art. 65 da Lei n. 8.666/93, a variação do valor contratual para fazer face ao reajuste de preços previsto no próprio contrato, as atualizações, compensações ou penalizações financeiras decorrentes das condições de pagamento nele previstas, bem como o empenho de dotações orçamentárias suplementares até o limite do seu valor corrigido não caracterizam alteração do contrato, podendo ser registrados por simples apostila, dispensando a celebração de aditamento.

b) Revisão (ou recomposição)

Ocorre nas hipóteses em que o contrato se torna mais oneroso por causas não previstas no momento da sua celebração (causas supervenientes). Havendo alteração unilateral do contrato que aumente os encargos do contratado, por exemplo, a Administração deve restabelecer, por aditamento, o equilíbrio econômico-financeiro inicial (art. 65, § 6º, da Lei n. 8.666/93).

Hipóteses de revisão:

i) **Alteração unilateral do contrato**

ii) **Fato do príncipe**

Conduta geral da Administração Pública, aplicável à generalidade dos administrados, que não decorra, portanto, da sua qualidade de contratante, mas que torne o contrato mais oneroso.

É o que se dá na hipótese de aumento de tributos ou encargos legais. Nesses casos, o art. 65, § 5º, da Lei n. 8.666/93 garante que:

> (...) quaisquer tributos ou encargos legais criados, alterados ou extintos, bem como a superveniência de disposições legais, quando ocorridas após a data da apresentação da proposta, de comprovada repercussão nos preços contratados, implicarão a revisão destes para mais ou para menos, conforme o caso.

Tal hipótese de revisão independe de quem tenha sido a entidade política responsável pelo aumento da carga tributária.

iii) **Fato da administração**

Decorre de uma conduta da Administração Pública na qualidade de contratante que torna o contrato mais oneroso. Ex.: a demora na liberação, por parte da Administração, de área, local ou objeto para execução de obra, serviço ou fornecimento, nos prazos contratuais, bem como das fontes de materiais naturais especificadas no projeto.

iv) **Sujeição ou interferências imprevistas**

Situações materiais que já existiam na época da celebração do contrato, mas só são reveladas durante a sua execução, tornando-o mais oneroso. Um exemplo seria um grande lençol freático no local da escavação para realização de uma obra pública.

Nas hipóteses de revisão contratual, é necessário realizar aditamento contratual. Já o reajuste não depende de aditamento, podendo ser feito por simples apostila (art. 65, § 8º, da Lei n. 8.666/93).

10.8 Formas de extinção do contrato administrativo

a) Rescisão unilateral.

b) Rescisão amigável, desde que haja conveniência para a Administração.

c) Rescisão judicial.

A rescisão administrativa ou amigável deve ser precedida de autorização escrita e fundamentada da autoridade competente.

A Lei n. 8.666/93 estabeleceu algumas consequências importantes para os casos em que a rescisão contratual não se dá por culpa da contratada (incisos XII a XVII do art. 78): devolução de garantia; pagamentos devidos pela execução do contrato até a data da rescisão; pagamento do custo da desmobilização.

Já o caso de rescisão unilateral por culpa da contratada acarreta as seguintes consequências, sem prejuízo das sanções previstas na Lei n. 8.666/93:

i) assunção imediata do objeto do contrato, no estado e local em que se encontrar, por ato próprio da Administração;

ii) ocupação e utilização do local, instalações, equipamentos, material e pessoal empregados na execução do contrato, necessários à sua continuidade;

iii) execução da garantia contratual, para ressarcimento da Administração, e dos valores das multas e indenizações a ela devidos;

iv) retenção dos créditos decorrentes do contrato até o limite dos prejuízos causados à Administração.

10.9 Questões

1. (FGV – MPE-AL – Analista do Ministério Público – Área Jurídica – 2018) O Município Beta celebrou contrato administrativo de trato sucessivo com a sociedade empresária Ômega, tendo previsto, na cláusula 22.3, que, na periodicidade indicada, o preço pactuado seria acrescido de percentual equivalente à inflação acumulada no período, tomando-se por base o índice oficial indicado. Considerando à sistemática legal vigente, a cláusula 22.3 é:

A) ilegal, por afrontar o risco negocial da alçada da contratada.

B) necessária, dispondo sobre critério de reajuste.

C) facultativa, dispondo sobre critério de reajuste.

D) necessária, dispondo sobre critério de revisão.

E) facultativa, dispondo sobre critério de revisão.

↘ Resolução:

A) *Incorreta.* O reajuste previsto tem amparo legal no art. 65, § 8º, da Lei n. 8.666/93.

B) *Correta.* É como dispõe o art. 65, § 8º, da Lei n. 8.666/93: "§ 8º A variação do valor contratual para fazer face ao reajuste de preços previsto no próprio contrato, as atualizações, compensações ou penalizações financeiras decorrentes das condições de pagamento nele previstas, bem como o empenho de dotações orçamentárias suplementares até o limite do seu valor corrigido, não caracterizam alteração do mesmo, podendo ser registrados por simples apostila, dispensando a celebração de aditamento". Trata-se de reajuste e não de revisão, porque foi previsto no momento da celebração do contrato.

C) *Incorreta.* É obrigatória para a manutenção do equilíbrio econômico-financeiro do contrato.

D) *Incorreta.* A revisão contratual se dá por fatos não previstos no início do contrato. É o que se dá, por exemplo, com o previsto no art. 65, § 5º, da Lei n. 8.666/95: "Quaisquer tributos ou encargos legais criados, alterados ou extintos, bem como a superveniência de disposições legais, quando ocorridas após a data da apresentação da proposta, de comprovada repercussão nos preços contratados, implicarão a revisão destes para mais ou para menos, conforme o caso".

E) *Incorreta.* Conforme comentário ao item anterior, não se trata de revisão, mas, sim, de reajuste.

↗ Gabarito: "B".

2. (FCC – TRF 5ª Região – Analista Judiciário – Oficial de Justiça Avaliador Federal – 2017) A Administração pública necessita,

para atendimento do interesse público, reduzir quantitativamente contrato de prestação de serviço de limpeza e conservação, regido pela Lei n. 8.666/93, cujo objeto contratual é a área a ser limpa. A Administração está autorizada a:

A) realizar supressão dos serviços até o limite de 50% do valor inicial atualizado do contrato, independentemente da concordância do contratado.

B) realizar supressão dos serviços de até 25% do valor inicial atualizado do contrato, desde que haja concordância do contratado, quer dizer, desde que a alteração seja consensual.

C) realizar supressão dos serviços de até 25% do valor inicial atualizado do contrato, independentemente da concordância do contratado, que, na hipótese, fica obrigado a aceitá-la.

D) realizar supressão dos serviços, que não está sujeita à limites, podendo ser feita de forma consensual ou unilateral.

E) rescindir o contrato, realizando, posteriormente, nova licitação, pois os contratos, após licitados, não podem ser alterados, mesmo que para reduzir ou aumentar seu objeto, isso em razão do princípio da vinculação ao instrumento licitatório.

↘ Resolução:

A) *Incorreta.* O limite de alteração unilateral é de 25%, nos termos do art. 65, § 1º, da Lei n. 8.666/93.

B) *Incorreta.* Nos termos do art. 65, § 1º, da Lei n. 8.666/93, a alteração, no limite de 25%, independe da concordância do contratado.

C) *Correta.* Nos termos do art. 65, § 1º, da Lei n. 8.666/93, o contratado fica obrigado a aceitar, nas mesmas condições contratuais, os acréscimos ou supressões que se fizerem nas obras, serviços ou compras, até 25% do valor inicial atualizado do contrato, e, no caso particular de reforma de edifício ou de equipamento, até o limite de 50% para os seus acréscimos.

D) *Incorreta.* Há limite previsto no art. 65, § 1º, da Lei n. 8.666/93.

E) *Incorreta.* A alternação unilateral do contrato é cláusula exorbitante, nos termos do art. 58, I, da Lei n. 8.666/93.

↗ Gabarito: "C".

3. (FCC – TRT 2ª Região – Analista Judiciário – Área Administrativa – 2018) Considere que, firmado pelo Estado contrato administrativo para a construção de uma rodovia, tenha sobrevindo aumento da carga tributária incidente sobre a mão de obra empregada na execução do objeto contratual. Diante de tal cenário, a empreiteira contratada informou que não poderia concluir a execução das obras com base nos preços contratados, haja vista a majoração dos encargos em relação ao momento em que apresentou a sua oferta no correspondente procedimento licitatório. Considerando a disciplina constitucional e legal sobre a matéria:

A) a contratada poderá paralisar as obras, por onerosidade excessiva, afastando a aplicação de multa contratual.

B) deverá ser rescindido o contrato, por condição superveniente, e instaurada nova licitação.

C) caberá reequilíbrio do contrato, mediante aditivo, para reestabelecer a equação econômico-financeira original.

D) a contratada somente terá direito ao reequilíbrio contratual se a majoração de imposto for imputável ao ente contratante.

E) o Estado poderá revogar a licitação que precedeu o contrato, como forma de evitar o aumento dos encargos contratuais.

↘ Resolução:

A) *Incorreta.* A contratada deverá pleitear a revisão contratual (art. 65, § 5º, da Lei n. 8.666/93), não devendo paralisar a obra. Constitui motivo para rescisão do contrato a paralisação da obra, do serviço ou do fornecimento, sem justa causa e prévia comunicação à Administração (art. 78, V, da Lei n. 8.666/93).

B) *Incorreta.* Não é o caso de rescisão contratual, mas, sim, de revisão (art. 65, § 5º, da Lei n. 8.666/93).

C) *Correta.* Quaisquer tributos ou encargos legais criados, alterados ou extintos, bem como a superveniência de disposições legais, quando ocorridas após a data da apresentação da proposta, de comprovada repercussão nos preços contratados, implicarão a revisão destes para mais ou para menos, conforme o caso (art. 65, § 5º, da Lei n. 8.666/93). A revisão contratual (ao contrário do reajuste) exige aditamento contratual.

D) *Incorreta*. O direito ao equilíbrio contratual independe da pessoa política responsável pelo aumento do tributo, sendo necessário, isto sim, se comprovada a repercussão nos preços contratados.

E) *Incorreta*. Após celebrado o contrato, não se há de falar em revogação da licitação, a qual, ademais, se dá apenas por razões de interesse público superveniente (art. 49 da Lei n. 8.666/93).

↗ **Gabarito: "C".**

11. RESPONSABILIDADE CIVIL EXTRACONTRATUAL DA ADMINISTRAÇÃO PÚBLICA

11.1 Fundamento constitucional

O Estado, agindo de forma lícita ou ilícita, por meio de seus agentes públicos, acaba provocando, às vezes, danos morais ou materiais aos administrados.

A Constituição Federal, a propósito do tema, dispõe que as pessoas jurídicas de direito público e as de direito privado prestadoras de serviços públicos responderão pelos danos que seus agentes, nessa qualidade, causarem a terceiros, assegurado o direito de regresso contra o responsável nos casos de dolo ou culpa (art. 37, § 6º, da CF).

Da leitura do dispositivo constitucional, podem ser extraídas algumas importantíssimas conclusões:

a) A Constituição consagra a TEORIA OBJETIVA, na vertente da TEORIA DO RISCO ADMINISTRATIVO, em matéria de responsabilidade extracontratual do Estado, uma vez que dispensa a comprovação de dolo ou culpa para que o particular que tenha sofrido o dano (patrimonial ou moral) seja indenizado.

Não foi consagrada no art. 37, § 6º, da Constituição Federal a teoria do risco integral, adotada, segundo alguns autores, em matéria de dano nuclear (art. 21, XXIII, *d*, da CF).

b) Atente-se que a exigência de comprovação de dolo ou culpa só é feita na ação de regresso, proposta pela pessoa jurídica em face do seu agente; as ações propostas pela vítima em face da pessoa jurídica são fundadas na teoria objetiva (teoria do risco administrativo).

c) A teoria adotada pela Constituição Federal admite excludentes de responsabilidade, quais sejam, segundo a doutrina: força maior, culpa exclusiva da vítima e atos de terceiros.

A culpa concorrente da vítima não exclui a responsabilidade do Estado, mas a ameniza, diminuindo o valor da indenização.

IMPORTANTE

A principal diferença entre a teoria do risco administrativo e a teoria do risco integral reside na existência de excludentes de responsabilidade na primeira. Na teoria do risco integral, não são admitidas excludentes. Assim, ainda que, por exemplo, a força maior ocorra, o Estado tem que indenizar.

Segundo alguns autores, em matéria de dano nuclear (art. 21, XXIII, *d*, da CF) é adotada a teoria do risco integral.

Assim, por exemplo, a indenização devida em razão de um dano nuclear não pode ser afastada sob o fundamento de que sua ocorrência se deu em razão de evento da natureza, como um raio, uma enchente etc., porque, nesse caso, conforme já afirmado, aplica-se a teoria do risco integral.

ATENÇÃO

A responsabilidade civil do Estado por danos nucleares foi cobrada no XXVII Exame de Ordem Unificado.

d) Estão alcançadas pelo dispositivo constitucional as pessoas jurídicas de direito público (entidades políticas, autarquias, fundações públicas de direito público, associações públicas etc.), assim como as pessoas jurídicas de direito privado (integrantes ou não da Administração Pública), desde que, nesse caso, sejam prestadoras de serviços públicos (ex.: empresas públicas e sociedades de economia mista prestadoras de serviços públicos; concessionárias e permissionárias de serviços públicos).

Dessa forma, as pessoas jurídicas de direito privado exploradoras de atividade econômica integrantes da Administração Pública indireta não estão alcançadas pelo art. 37, § 6º, da Constituição Federal.

e) No momento da ocorrência do dano, o agente público deve estar no exercício da função pública ou a pretexto de exercê-la. Assim, a título de exemplo, se o agente público (policial), de folga e com arma do avô, lesiona outro particular, não há de se falar em responsabilidade da Administração Pública.

ATENÇÃO

O STF possui entendimento consagrado no sentido de que o § 6º do art. 37 da Constituição Federal consagra dupla garantia: uma, em favor do particular, possibilitando-lhe ação indenizatória contra a pessoa jurídica de direito público, ou de direito privado que preste serviço público, dado que bem maior, praticamente certa, a possibilidade de pagamento do dano objetivamente sofrido. Outra garantia, no entanto, em prol do servidor estatal, que somente responde administrativa e civilmente perante a pessoa jurídica a cujo quadro funcional se vincular.

11.2 Pressupostos para a indenização

Sendo objetiva a responsabilidade do Estado, cabe ao lesado provar:

- a ação (lícita ou ilícita);
- o dano sofrido (patrimonial ou extrapatrimonial);
- o nexo de causalidade entre a ação e o dano.

A responsabilidade civil das pessoas apontadas no art. 37, § 6º, da Constituição Federal abrange os danos causados em razão de atividade lícita ou ilícita.

Com relação aos atos ilícitos, o dever de indenizar os danos causados tem fundamento no princípio da legalidade; já no caso de danos causados por atividade lícita (ex.: obra pública que cause prejuízos anormais a comerciantes situados no entorno), o fundamento reside no princípio da isonomia e na necessidade de se distribuir, de forma equânime entre os particulares, os danos causados a um grupo de pessoas.

A pessoa jurídica de direito privado prestadora de serviço público possui responsabilidade objetiva em relação a terceiros usuários ou não usuários do serviço público. Assim, se, por exemplo, um veículo de uma concessionária de serviço público abalroa em veículo particular, causando-lhe danos, a responsabilidade também é objetiva, nos termos do art. 37, § 6º, da Constituição Federal, apesar de o condutor do veículo particular não ser, no momento da colisão, usuário do serviço.

11.3 Danos causados por omissão

Existe grande divergência doutrinária e jurisprudencial sobre o tema:

1ª Corrente: adoção da teoria subjetiva (teoria da culpa do serviço ou culpa anônima). Nesse caso, o dever de indenizar estaria fundado em uma falha no serviço público: serviço não prestado, mal prestado ou prestado tardiamente.

Não é necessária, entretanto, a individualização do agente público negligente, imperito ou imprudente, daí a teoria também ser chamada de teoria da culpa anônima.

2ª Corrente: teoria objetiva. Para essa corrente, mesmo quando se estiver diante de situação em que o dano tenha sido causado por omissão, deve-se entender aplicável a teoria objetiva.

11.4 Ação de regresso

Cuida-se da ação proposta pela pessoa jurídica em face de seu agente, com o fim de condená-lo a ressarcir os valores despendidos na indenização do particular que sofreu o dano. Funda-se na teoria subjetiva, sendo, portanto, necessário que se comprove o dolo ou a culpa do agente na ocorrência do dano.

Para que a pessoa jurídica possa promover a ação de regresso, é imprescindível que tenha havido sua condenação à indenização do particular que sofreu o dano.

11.5 Prescrição da ação indenizatória

A jurisprudência do STJ firmou-se no sentido de que a prescrição contra a Fazenda Pública é quinquenal, mesmo em ações indenizatórias, uma vez que é regida pelo Decreto n. 20.910/32.

Também é de cinco anos o prazo prescricional para a obtenção de indenização de danos causados por pessoas jurídicas de direito privado prestadoras de serviços públicos (art. 1º-C da Lei n. 9.494/97).

11.6 Danos causados em situações de custódia de bens e pessoas pelo Estado

Segundo a jurisprudência do STF, nas situações em que o Estado tem o dever específico de proteção com relação a bens e pessoas, a responsabilidade, ainda que por danos causados por omissão, é OBJETIVA.

É o que se dá, por exemplo, com eventuais mortes ocorridas dentro de estabelecimentos prisionais ou de crianças que falecem dentro de estabelecimento de ensino público.

Em situações dessa natureza, o dever de indenizar pelos danos causados independe da comprovação de qualquer elemento subjetivo (dolo ou culpa), uma vez que o Estado falhou no seu dever de proteção.

11.7 Questões

1. (FCC – TRT 15ª Região – Analista Judiciário – Área Judiciária – Oficial de Justiça Avaliador Federal – 2018) Quando uma decisão judicial entender por impor a um ente público responsabilidade objetiva integral, ou responsabilidade objetiva pura, significa que:

A) o ente público responsabilizado não pode alegar as chamadas excludentes de responsabilidade para se eximir do dever de indenização.

B) o agente público já teve sua culpa demonstrada, de forma que a responsabilização do Estado se dará em litisconsórcio necessário com o servidor.

C) não houve comprovação de culpa ou dolo, mas em razão da gravidade dos fatos, o empregador deve responder pelos atos de seus empregados.

D) é admissível apenas a alegação das chamadas excludentes de responsabilidade, não sendo possível questionar nenhuma das alegações feitas.

E) não se poderá discutir preço ou legalidade formal no referido processo, tendo em vista que o poder público remanescerá responsável pela integralidade dos prejuízos causados.

↘ Resolução:

A) *Correta.* A principal característica da teoria do risco integral é exatamente a inexistência de causas excludentes de responsabilidade. Contrapõe-se à teoria do risco administrativo, consagrada pelo art. 37, § 6º, da Constituição Federal, que admite excludentes de responsabilidade, como a culpa exclusiva da vítima.

B) *Incorreta.* O STF entende que o agende público não deve responder diretamente perante a vítima.

C) *Incorreta.* Não é isso que caracteriza a teoria do risco integral, mas, sim, a inexistência de causas excludentes de responsabilidade, conforme comentado na alternativa "A".

D) *Incorreta.* Não se admite a alegação de excludente de responsabilidade.

E) *Incorreta.* Em qualquer teoria (risco administrativo ou risco integral) é possível discutir o montante da indenização ou legalidade formal do processo, como a observância regular dos princípios do contraditório e da ampla defesa (art. 5º, LV, da CF).

↗ Gabarito: "A".

2. (FCC – TRT 2ª Região – Analista Judiciário – Área Administrativa – 2018) Suponha que determinado cidadão tenha sofrido ferimentos enquanto aguardava uma audiência em um prédio do Poder Judiciário, ocasionados por um servidor que buscava conter um tumulto que se formou no local em razão de protestos de determinada categoria de funcionários públicos. Referido cidadão buscou a responsabilização civil do Estado pelos danos sofridos. De acordo com o que predica a teoria do risco administrativo, o Estado:

A) possui responsabilidade objetiva pelos danos sofridos pelo cidadão, descabendo qualquer excludente de responsabilidade, como força maior, culpa da vítima ou de terceiros.

B) apenas responde pelos danos causados em caráter comprovadamente doloso ou culposo pelos seus agentes, assegurado o direito de regresso contra o agressor.

C) não responde pelos danos causados, salvo se comprovada omissão no dever de fiscalizar a prestação do serviço público envolvido e suas condições de segurança.

D) possui responsabilidade subjetiva pelos danos sofridos pelo cidadão, a quem compete comprovar o nexo de causalidade e a culpa anônima do serviço.

E) pode ser responsabilizado, independentemente de culpa ou dolo de seus agentes, excluindo-se tal responsabilidade se comprovada culpa de terceiros.

↘ Resolução:

A) *Incorreta.* A teoria do risco administrativo, adotada pelo art. 37, § 6º, da Constituição Federal, admite excludentes de responsabilidade.

B) *Incorreta.* A teoria do risco administrativo (art. 37, § 6º, da CF) é objetiva, não exigindo comprovação de dolo ou culpa do agente para indenização da vítima.

C) *Incorreta.* Configura-se, no caso, responsabilidade estatal objetiva.

D) *Incorreta.* A teoria adotada pela Constituição Federal é objetiva, prescindido da comprovação de dolo ou culpa.

E) *Correta.* A teoria objetiva (pelo risco administrativo) admite excludentes de responsabilidade, dentre as quais a culpa de terceiros.

↗ Gabarito: "E".

3. (FCC – TRF 5ª Região – Analista Judiciário – Oficial de Justiça Avaliador Federal – 2017) O Departamento Nacional de Infraestrutura de Transportes – DNIT, autarquia federal vinculada ao Ministério dos Transportes, ao executar obras viárias acabou por causar prejuízos para proprietários rurais lindeiros, porquanto a implementação das obras desviou artificialmente o curso das águas das chuvas de modo que passaram a atingir, diretamente, as plantações, causando erosões e alagamentos nas propriedades vizinhas a rodovia federal não concedida. Considerando esta situação hipotética, os atingidos:

A) podem ingressar com ação de responsabilidade civil em face da autarquia, na qual terão que demonstrar o dano, nexo causal entre prejuízo sofrido e a execução das obras, com o que exsurge o direito à indenização.

B) podem ingressar com ação de responsabilidade civil em face da autarquia, devendo, no entanto, demonstrar culpa ou dolo na execução das obras, para terem direito à indenização.

C) podem acionar a autarquia, mas, antes, devem mover ação em face da empreiteira contratada para executar as obras, demonstrando falha na execução dos serviços e o nexo causal.

D) somente podem acionar a empreiteira contratada pela autarquia para a execução das obras, porquanto, na hipótese de terceirização de serviços, fica excluída a responsabilidade estatal.

E) podem escolher acionar a autarquia ou mover ação em face do ente criador (União), porquanto a pessoa jurídica instituidora responde integralmente pelos atos da entidade que criou.

↘ Resolução:

A) *Correta.* Como os danos causados se deram pelo simples fato da obra, e não na sua execução, a ação deve ser proposta em face da autarquia, sendo de natureza objetiva a responsabilidade.

B) *Incorreta.* A responsabilidade da autarquia é objetiva, nos termos do art. 37, § 6º, da Constituição Federal, prescindindo da comprovação de dolo ou culpa.

C) *Incorreta.* Os danos não foram causados na execução da obra, de forma que não há que se falar em responsabilidade da empreiteira.

D) *Incorreta.* A terceirização não exclui a responsabilidade estatal.

E) *Incorreta.* A responsabilidade direta é da autarquia, cabendo à União responder apenas subsidiariamente, caso demonstrada a inviabilidade de pagamento pela autarquia.

↗ **Gabarito: "A".**

12. BENS PÚBLICOS

12.1 Definição

São públicos os bens do domínio nacional pertencentes às pessoas jurídicas de direito público interno; todos os outros são particulares, seja qual for a pessoa a que pertencerem (art. 98 do CC).

São bens públicos, portanto, os bens pertencentes às autarquias, às fundações públicas de direito público, às entidades políticas (União, Estados, Distrito Federal e Municípios), porque são pessoas jurídicas de direito público.

Por outro lado, são bens privados os pertencentes às empresas públicas e sociedades de economia mista, porque, embora integrem a Administração Pública, são pessoas jurídicas de direito privado.

ATENÇÃO

O STF entende que os bens pertencentes às pessoas jurídicas de direito privado integrantes da Administração Pública indireta vinculados à prestação de serviço público são impenhoráveis, a fim de proteger o princípio da continuidade do serviço público.

12.2 Classificação

Os bens públicos se dividem em três espécies, definidas no art. 99 do Código Civil:

1) Os de uso comum do povo, tais como rios, mares, estradas, ruas e praças

O uso comum dos bens públicos pode ser gratuito ou retribuído, conforme for estabelecido legalmente pela entidade a cuja administração pertencerem.

A propósito, lembre-se da conhecida "Zona Azul", em que se exige do administrado o pagamento de determinado valor pela utilização da via pública dentro de certos horários e dias da semana; ou a remuneração, mediante pedágio, em razão da utilização de rodovias conservadas pelo Poder Público (autorizada pelo art. 150, V, da CF).

2) Os de uso especial, tais como edifícios ou terrenos destinados a serviço ou estabelecimento da administração federal, estadual, territorial ou municipal, inclusive os de suas autarquias

Os bens de uso comum do povo e os bens de uso especial são afetos a uma finalidade pública. A principal diferença reside no fato de, nos bens de uso especial, a afetação ser específica, uma vez que o bem está vinculado à prestação de determinado serviço ou estabelecimento da administração.

3) Os dominicais, que constituem o patrimônio das pessoas jurídicas de direito público, como objeto de direito pessoal, ou real, de cada uma dessas entidades

Os bens dominicais (ou dominiais) não estão afetados a nenhuma finalidade pública. Em razão disso, são os únicos bens públicos que podem ser alienados (art. 101 do CC).

Citem-se como exemplo viaturas policiais que não são mais utilizadas ou prédios públicos desativados.

Não dispondo a lei em contrário, consideram-se dominicais os bens pertencentes às pessoas jurídicas de direito público a que se tenha dado estrutura de direito privado.

12.3 Características

1) Inalienabilidade relativa (condicionada)

Os bens públicos de uso comum do povo e os de uso especial são inalienáveis, enquanto conservarem a sua qualificação, na forma que a lei determinar (art. 100 do CC).

Os bens públicos dominicais podem ser alienados, observadas as exigências da lei (art. 101 do CC).

A alienação de bens públicos se sujeita a regras específicas, as quais serão estudadas no próximo tópico.

2) Imprescritibilidade

Os bens públicos não estão sujeitos a usucapião (art. 102 do CC).

Nem mesmo os bens dominicais podem ser adquiridos por usucapião (Súmula 340 do STF).

3) Impenhorabilidade

Os bens públicos são impenhoráveis, ou seja, não podem ser objeto de constrição em ação de cobrança.

Os pagamentos devidos pelas Fazendas Públicas Federal, Estaduais, Distrital e Municipais, em virtude de sentença judiciária, são feitos exclusivamente na ordem cronológica de apresentação dos precatórios e à conta dos créditos respectivos, proibida a designação de casos ou de pessoas nas dotações orçamentárias e nos créditos adicionais abertos para este fim (art. 100 da CF).

4) Não onerosidade

Só aquele que pode alienar poderá empenhar, hipotecar ou dar em anticrese; somente os bens que se podem alienar poderão ser dados em penhor, anticrese ou hipoteca (art. 1.420 do CC).

Assim, os bens públicos não podem ser objeto de oneração.

5) Alienação dos bens públicos (dominiais – desafetados)

A alienação de bens da Administração Pública, subordinada à existência de interesse público devidamente justificado, será precedida de avaliação e obedecerá às seguintes normas:

a) quando imóveis, dependerá de autorização legislativa para órgãos da administração direta e entidades autárquicas e fundacionais, e, para todos, inclusive as entidades paraestatais, dependerá de avaliação prévia e de licitação na modalidade de concorrência;

IMPORTANTE

Os bens imóveis da Administração Pública, cuja aquisição tenha derivado de procedimentos judiciais ou de dação em pagamento, poderão ser alienados por meio de licitação na modalidade de concorrência ou leilão (art. 19 da Lei n. 8.666/93).

b) quando móveis, dependerá de avaliação prévia e de licitação.

ATENÇÃO

Para a venda de bens móveis avaliados, isolada ou globalmente, em quantia não superior ao limite previsto no art. 23, II, *b*, da Lei n. 8.666/93, a Administração poderá permitir o leilão (atualmente, com as alterações feitas pelo Decreto n. 9.412/2018, o valor limite para utilização do leilão, nesse caso específico, é de até 1,43 milhão).

12.4 Uso privativo por particulares de bens públicos

1) Autorização

Ato unilateral, discricionário, precário, sem prazo determinado (regra), de forma gratuita ou onerosa.

Não é necessária licitação.

Possui relevância do interesse particular; não há obrigação da utilização pelo particular.

Ex.: uso de uma rua para festa de moradores.

2) Permissão

Ato unilateral, discricionário, precário, sem prazo determinado (regra), de forma gratuita ou onerosa. Na permissão, os interesses são equivalentes e a não utilização acarretará a perda da permissão.

Realiza-se licitação – quando possível – em nome do princípio da impessoalidade.

Quando não for viável competição, como o uso de calçadas por proprietários de bares, não há que se falar em licitação (inexigibilidade).

Ex.: bancas de revistas, bancas de jornais.

3) Concessão

Contrato administrativo com prazo de duração, licitação prévia, de forma gratuita ou onerosa. Em regra, envolve grande investimento pelo particular.

Não há relevância de um dos interesses em especial.

Ex.: concessão para exploração de minério, concessão de área para restaurante em prédio público.

12.5 Questões

1. **(FCC – TRT 2ª Região – Analista Judiciário – Área Judiciária – 2018)** O regime jurídico aplicável aos imóveis públicos se presta à proteção dos mesmos, especialmente porque estes devem se destinar ao atingimento do interesse público e à prestação de utilidades em favor dos administrados. Nesse sentido, dentre as prerrogativas e proteções impostas aos bens públicos:

A) a inalienabilidade não permite venda ou doação de bens de uso comum do povo, de bens especiais ou de bens dominicais, independentemente de o titular integrar a Administração pública direta ou indireta.

B) a impenhorabilidade impede que os bens públicos sejam compulsoriamente penhorados, admitindo essa garantia apenas quando em caráter voluntário por parte da Administração pública.

C) a inalienabilidade protege os bens públicos afetados a uma finalidade pública, inclusive aqueles pertencentes a autarquias.

D) não se incluem os bens pertencentes às autarquias, salvo quando expressamente previstos em lei.

E) não se inclui a inalienabilidade dos bens de uso especial, tendo em vista que somente os bens de uso comum do povo são indisponíveis.

↘ Resolução:

A) *Incorreta.* Os bens dominicais podem ser alienados, por não estarem vinculados a uma finalidade pública. São bens desafetados (art. 101 do CC).

B) *Incorreta.* A impenhorabilidade dos bens públicos tem fundamento no art. 100 da Constituição Federal, dela não podendo dispor a Administração Pública.

C) *Correta.* Os bens das autarquias se enquadram na categoria de bens públicos, já que pertencem a uma pessoa jurídica de direito público (art. 98 do CC), sendo, por isso, inalienáveis.

D) *Incorreta.* Conforme comentário ao item anterior, os bens pertencentes às autarquias são bens públicos (art. 98 do CC).

E) *Incorreta.* Os bens de uso especial, enquanto guardarem tal qualidade, também são inalienáveis, uma vez afetados à prestação de serviço público.

↗ Gabarito: "C".

2. **(FCC – TRT 6ª Região – Analista Judiciário – Área Judiciária – 2018)** Um Município pretende se desfazer de um prédio onde funciona uma unidade escolar, mediante alienação por meio de licitação, pois ela se insere em região que se tornou bastante valorizada para empreendimentos imobiliários. Editou decreto autorizando a licitação. Esse ato:

A) é ilegal, considerando que a alienação depende de lei autorizando a alienação e desafetando o bem de uso especial.

B) é válido e regular, ficando condicionado à prévia desocupação do imóvel.

C) é inválido, não podendo ser considerado o resultado da licitação, independentemente de anulação.

D) é aderente ao princípio da eficiência, tendo em vista que o interesse público será mais e melhor atendido com a receita oriunda da alienação e destinada a outras políticas públicas.

E) deve ser revogado, pois viola a norma legal que exige avaliação prévia e desafetação para somente então o bem poder ser alienado.

↘ Resolução:

A) *Correta.* A prévia autorização legal para alienação de bens imóveis tem fundamento no art. 17, I, da Lei n. 8.666/93. Outrossim, os bens afetados não podem ser alienados (art. 100 do CC).

B) *Incorreta.* A alienação de bens públicos imóveis depende de prévia autorização legislativa, sua desafetação, avaliação e licitação prévia (art. 17, I, da Lei n. 8.666/93).

C) *Incorreta.* A desconsideração do resultado da licitação depende de anulação do procedimento, em razão de vício de legalidade (ofensa ao art. 17, I, da Lei n. 8.666/93), nos termos do art. 40 da Lei n. 8.666/93.

D) *Incorreta.* Conforme apontado anteriormente, há ofensa às exigências contidas no art. 17, I, da Lei n. 8.666/93.

E) *Incorreta.* Não se trata de revogação, a qual ocorre por interesse público superveniente (art. 40 da Lei n. 8.666/93), havendo, no caso, ilegalidade.

↗ Gabarito: "A".

3. (FCC – TRF 5ª Região – Analista Judiciário – Área Judiciária – 2017) A Administração Pública federal, buscando angariar receita para investir em políticas públicas prioritárias, decidiu alienar alguns de seus bens. Para tanto, objetivando dar transparência ao processo e legitimar a política pública, publicou relação dos bens que seriam, respeitadas as formalidades legais, alienados. É juridicamente viável que dessa relação constem:

A) os rios navegáveis, em razão da pujança econômica do país, que produz grãos e precisa escoá-los.

B) os imóveis, independentemente da destinação legal, porquanto podem perder o caráter da inalienabilidade por meio da afetação.

C) os bens do domínio público, porquanto, na hipótese, o princípio da eficiência se sobrepõe ao da legalidade, autorizando, assim, a alienação.

D) os bens dominicais também denominados de bens do domínio privado do estado.

E) todos os imóveis, desde que suscetíveis de valoração patrimonial, mesmo que afetados à prestação de serviços públicos, em especial nas hipóteses de bens administrados por concessionárias de serviço público, que têm a obrigação de realizar investimentos como forma de compensação pelo direito de explorar, por prazos longos, serviços públicos.

↘ Resolução:

A) *Incorreta.* Os rios navegáveis são bens de uso comum do povo, não podendo ser alienados (art. 100 do CC). Os bens públicos de uso comum do povo e os de uso especial são inalienáveis.

B) *Incorreta.* A afetação vincula o imóvel ao interesse público, provocando sua inalienabilidade (art. 100 do CC).

C) *Incorreta.* Os bens do domínio público são inalienáveis (art. 100 do CC).

D) *Correta.* Os bens públicos dominicais podem ser alienados, observadas as exigências da lei (art. 101 do CC).

E) *Incorreta.* Os bens vinculados à prestação de serviço público são bens de uso especial, sendo inalienáveis (art. 100 do CC).

↗ Gabarito: "D".

13. INTERVENÇÃO DO ESTADO NA PROPRIEDADE PRIVADA

13.1 Requisição

É o instrumento de intervenção na propriedade alheia em razão de perigo público configurado ou iminente (art. 5º, XXV, da CF), como uma enchente. Abrange bens móveis, imóveis ou serviços de particulares.

Possui como características a transferência temporária da posse e sua instituição por ato administrativo.

O proprietário poderá pleitear indenização apenas se existir dano, assim, ela será ulterior.

Ocorrerá a extinção da situação com o desaparecimento da situação de perigo.

13.2 Ocupação temporária

É o instrumento de intervenção na propriedade alheia, de modo temporário, para auxílio à execução ou à implementação de obras e/ou serviços e/ou atividades públicas (art. 36 do Decreto-lei n. 3.365/41). Ex.: campanhas de vacinação, pátio para alocação de máquinas de asfalto etc.

Possui como características a transferência temporária da posse e a instituição por ato administrativo.

O proprietário poderá pleitear indenização nos casos de auxílio à realização de obras ou de execução de serviços públicos, se existir dano.

O prazo para pleitear a indenização é de cinco anos (art. 10, parágrafo único, do Decreto-lei n. 3.365/41).

Ocorrerá a extinção com o desaparecimento da causa que lhe deu origem.

13.3 Tombamento

É o instrumento de intervenção na propriedade alheia pelo qual o Poder Público visa à proteção do patrimônio cultural brasileiro por meio de restrições de uso (art. 216, § 1º, da CF e Decreto-lei n. 25/37).

1) Espécies

a) De ofício (quando se tratar de bem público – art. 5º do Decreto-lei n. 25/37), voluntário (mediante consentimento do proprietário – art. 6º do Decreto-lei n. 25/37) ou compulsório (em razão da resistência do proprietário – art. 6º do Decreto-lei n. 25/37).

b) Provisório (a partir da notificação) ou definitivo (a partir do registro no livro do tombo) – art. 10 do Decreto-lei n. 25/37.

c) Individual ou geral.

2) Processo de tombamento

Previsto no art. 9º do Decreto-lei n. 25/37, compreende as seguintes etapas:

- notificação do proprietário;
- anuência ou impugnação;
- decisão do Conselho Consultivo;
- possibilidade de recurso.

3) Principais efeitos

- O proprietário não pode destruir, demolir ou mutilar o bem tombado (art. 17 do Decreto-lei n. 25/37).
- O proprietário só poderá reparar, pintar ou restaurar com autorização do Poder Público (art. 17 do Decreto-lei n. 25/37).
- Dever de manutenção. No caso de ausência de recursos, o particular deverá comunicar o órgão responsável pelo tombamento, que providenciará as obras necessárias, sob risco de cancelamento do tombamento (art. 19 do Decreto-lei n. 25/37).
- Em caso de urgência, o Poder Público poderá tomar a iniciativa para projetar e executar as obras devidas (art. 19 do Decreto-lei n. 25/37).
- Proibição de construção que impeça ou reduza sua visibilidade (art. 18 do Decreto-lei n. 25/37).

4) Indenização

Em regra, não há. O proprietário poderá pleitear indenização em caso de prejuízo pelo tombamento. Caso a Administração entenda pela necessidade de restrição total do bem, deverá desapropriar e indenizar.

5) Prazo

Conforme o art. 10, parágrafo único, do Decreto-lei n. 25/37, é de cinco anos.

6) Extinção

O tombamento extingue-se por:

- perecimento do objeto;

- interesse público;
- pedido do proprietário quando a Administração não providenciar os reparos necessários, nos moldes do § 2º do art. 19 do Decreto-lei n. 25/37.

13.4 Servidão administrativa

É um ônus real de uso determinado pela Administração Pública sobre propriedade particular para permitir a execução de serviços de interesse coletivo (art. 40 do Decreto-lei n. 3.365/41). Ex.: instalação de redes elétricas, telefônicas, gasodutos, oleodutos, impedimento de construção próximo a aeroportos, colocação de ganchos para estrutura de transporte público etc.

1) Características

a) ônus real;

b) incidência em propriedade de terceiros;

c) possibilidade de a União instituir servidão sobre bens estaduais e municipais;

d) finalidade de utilização pública (implementar execução de serviços de interesse público);

e) caráter perpétuo.

2) Procedimento

Decorre diretamente da lei (servidão sobre margens de rios) ou há necessidade de declaração de utilidade pública. Após a declaração, é necessário acordo administrativo ou sentença judicial.

A servidão será registrada na matrícula do imóvel.

3) Indenização

Condicionada a configuração de prejuízo ao proprietário, poderá ser prévia ou posterior.

De acordo com o art. 10, parágrafo único, do Decreto-lei n. 3.365/41, o prazo para se exigir é de cinco anos.

4) Extinção

Rol exemplificativo de extinção da servidão administrativa:

- com o desaparecimento do bem gravado (ex.: desmoronamento);
- com a incorporação do bem ao patrimônio do ente público;
- com o desinteresse superveniente do Poder Público.

13.5 Desapropriação

É o procedimento pelo qual o Poder Público transfere para si propriedade de outrem, por razões de utilidade pública (ex.: construção de escola – art. 5º do Decreto-lei n. 3.365/41), de necessidade pública (emergência) ou de interesse social (descumprimento da função social).

1) Previsão legal

Arts. 5º, XXIV, 182, §§ 3º e 4º, III (desapropriação urbanística – Lei n. 10.257/2001), 184 (rural – Lei Complementar n. 76/93) e 243 (desapropriação confiscatória), todos da Constituição Federal; Decreto-lei n. 3.365/41; e Súmulas 23, 164 e 618 do STF.

2) Objeto

Em regra, qualquer bem suscetível de valoração patrimonial. Exceção – moeda corrente e direitos personalíssimos (honra, liberdade e cidadania).

ATENÇÃO

Bens públicos podem ser desapropriados pelo ente mais amplo – a União pode desapropriar de Estados, Municípios e Distrito Federal; Estados podem desapropriar de Municípios (art. 2º, § 2º, do Decreto-lei n. 3.365/41).

Poderá desapropriar área contígua ao bem de interesse imediato em virtude da possível valorização ou ampliação de uso – desapropriação por zona (art. 4º do Decreto-lei n. 3.365/41).

A pequena e média propriedade rural e a propriedade produtiva não podem ser desapropriadas para fins de reforma agrária (art. 185 da CF).

3) Requisitos

- Declaração de utilidade pública do bem (por decreto).
- A competência declaratória pertence ao Chefe do Poder Executivo do ente público.
- As concessionárias podem executar desapropriações, desde que haja prévia autorização em contrato administrativo (art. 3º do Decreto-lei n. 3.365/41).

4) Procedimento

a) Fase declaratória – ato normativo que declara a utilidade pública ou o interesse social do objeto. O decreto deverá conter: a descrição do bem, a finalidade da desapropriação e o fundamento legal (art. 6º do Decreto-lei n. 3.365/41).

O decreto terá validade de cinco anos (art. 10 do Decreto-lei n. 3.365/41).

A partir da sua publicação, representantes do ente público poderão adentrar o bem.

b) Fase executória – via administrativa ou judicial. A ação de desapropriação versará apenas sobre o valor da indenização ou do vício processual, e não quanto à oportunidade e conveniência de sua realização (art. 9º do Decreto-lei n. 3.365/41).

IMPORTANTE

Na ação, poderá ser concedida a imissão provisória na posse mediante alegação de urgência e prévio pagamento. O prazo para o pedido é de 120 dias a partir da alegação, de acordo com o art. 15, *caput* e § 2º, do Decreto-lei n. 3.365/41.

5) Indenização

Como regra, ocorrerá pagamento prévio e em dinheiro (art. 32 do Decreto-lei n. 3.365/41). Exceções:

- reforma agrária – títulos da dívida agrária resgatáveis no prazo de até 20 anos;
- fins urbanísticos – títulos da dívida pública resgatáveis no prazo de até 10 anos;
- confiscatória – não há indenização (art. 243 da CF).

Obs.: Bens expropriados não podem ser objeto de lide, apenas perdas e danos.

6) Desapropriação indireta

Pode ocorrer de duas formas. A mais tradicional é pela ocupação (apossamento) do bem sem o regular procedimento (por exemplo, proprietário sai de férias e, ao voltar, nota que em seu terreno foi erguida uma creche pública) ou pela imposição de limitações de uso por lei tão severas que se torna inviável a utilização do bem (art. 35 do Decreto-lei n. 3.365/41).

Ocorrida a desapropriação indireta, o particular não poderá pleitear sua reintegração, apenas indenização no prazo de 10 anos (art. 1.238, parágrafo único, do CC).

7) Direito de extensão

O Poder Público pode determinar a desapropriação de apenas parte de um imóvel. Caso a parcela remanescente seja inservível, o proprietário poderá solicitar que a desapropriação também atinja essa parcela. O pedido poderá ser realizado durante o processo administrativo ou judicial.

8) Tredestinação

Tredestinação significa destinação diferente da apresentada originalmente no decreto e desapropriação.

A tredestinação poderá ser lícita ou ilícita:

a) Lícita – quando o bem possui destinação diferente, mas revestida de interesse público. Por exemplo, o decreto apresentava o interesse no imóvel para construção de um hospital, mas, após a desapropriação, se construiu uma universidade.

b) Ilícita – quando o bem tem destinação diferente, mas não há interesse público. Por exemplo, após a desapropriação para construção de uma rodoviária, o bem é alienado para um particular que ofereceu vantagem econômica ao agente público competente.

Apenas a tredestinação ilícita fundamenta eventual pedido de retrocessão do bem ao anterior proprietário.

13.6 Intervenção pelo Estatuto da Cidade

Quando não cumprida a função social da propriedade urbana, o plano diretor do município poderá apresentar as seguintes formas de persuasão:

- parcelamento, edificação e utilização compulsórios (art. 5º da Lei n. 10.257/2001);
- aplicação do IPTU progressivo no tempo – alíquota máxima de 15% (art. 7º da Lei n. 10.257/2001);
- desapropriação (art. 8º da Lei n. 10.257/2001).

O Município também poderá indicar interesse na aquisição do bem pertencente a outrem e terá direito de preferência de compra quando o proprietário decidir pela sua alienação (art. 25 da Lei n. 10.257/2001).

13.7 Questões

1. (FCC – Prefeitura de Caruaru-PE – Procurador do Município – 2018) Em relação à desapropriação, é correto afirmar que:

A) por se tratar de matéria administrativa, compete a cada ente da Federação legislar sobre desapropriação.

B) na desapropriação por descumprimento da função social da propriedade rural, de competência dos Estados, o pagamento é feito em títulos da dívida agrária, resgatáveis em até vinte anos, sendo as benfeitorias úteis e necessárias pagas em dinheiro.

C) é vedada aos Municípios a realização de desapropriação de imóvel rural.

D) a desapropriação é forma derivada de aquisição de propriedade e, por conta disso, se a indenização for paga a terceiro que não proprietário, a desapropriação se torna inválida.

E) a desapropriação por utilidade pública deve ser efetivada mediante acordo ou intentada judicialmente, no prazo de cinco anos, contados da data da expedição do decreto.

↘ Resolução:

A) *Incorreta.* Compete privativamente à União legislar sobre desapropriação, conforme art. 22, II, da Constituição Federal.

B) *Incorreta.* O descumprimento da função social da propriedade rural acarretará desapropriação a ser efetuada pela União, conforme art. 184 da Constituição Federal.

C) *Incorreta.* Os municípios podem desapropriar imóveis rurais por necessidade ou utilidade pública, sendo vedada a desapropriação por interesse social.

D) *Incorreta.* A desapropriação é forma originária de aquisição da propriedade.

E) *Correta.* Conforme art. 10 do Decreto-lei n. 3.365/41.

↗ Gabarito: "E".

2. (FCC – DPE-MA – Defensor Público – 2018) A desapropriação para fins de reforma agrária:

A) pode ser realizada por qualquer dos entes federados, a fim de promover a justa distribuição de terras.

B) depende de prévia indenização em dinheiro em valores referente à área desapropriada e às benfeitorias úteis e necessárias.

C) se destina aos imóveis urbanos ou rurais que não estejam cumprindo com a sua função social.

D) pode incidir sobre a média ou a grande propriedade rural, bastando que sejam improdutivas.

E) isenta as operações de transferência do imóvel desapropriado de impostos federais, estaduais e municipais.

↘ Resolução:

A) *Incorreta.* Apena a União poderá promover a desapropriação para fins de reforma agrária, conforme art. 184 da Constituição Federal.

B) *Incorreta.* A indenização para a área desapropriada será paga em títulos da dívida agrária resgatáveis em até 20 anos, conforme art. 184 da Constituição Federal.

C) *Incorreta.* Restringe-se aos imóveis rurais, conforme art. 184 da Constituição Federal.

D) *Incorreta.* Não incidirá sobre a média propriedade, conforme art. 185 da Constituição Federal.

E) *Correta.* Conforme art. 184, § 5º, da Constituição Federal.

↗ Gabarito: "E".

3. (FCC – Câmara Legislativa do Distrito Federal – Consultor Legislativo – Desenvolvimento Urbano – 2018) O proprietário de uma fazenda foi procurado por uma concessionária de serviço público de distribuição de gás natural para que autorizasse a instalação de tubulação subterrânea em determinado trecho de sua propriedade, equipamento que integraria a rede pública de distribuição operada por aquela empresa. A instalação dessa tubulação:

A) deve ser instituída mediante desapropriação, considerando que configura intervenção direta na propriedade privada de terceiro, dispensando, dessa forma, a concordância do mesmo.

B) pode se dar desde que haja concordância do proprietário, na medida que somente a desapropriação autoriza a imposição forçada.

C) deve ser instituída mediante servidão de passagem, vigente pelo prazo fixado no contrato em execução pela concessionária de serviço público.

D) depende de autorização legal e desapropriação do trecho objeto das instalações pretendidas.

E) se dá em favor do serviço público, constituindo uma utilidade a todos administrados servidos pela rede pública, razão pela qual é instituída mediante servidão administrativa.

↘ Resolução:

A) *Incorreta.* Poderia ocorrer por servidão administrativa, conforme art. 40 do Decreto-lei n. 3.365/41.

B) *Incorreta.* A imposição de servidão independe da concordância do particular, conforme art. 40 do Decreto-lei n. 3.365/41.

C) *Incorreta.* Trata-se de servidão administrativa e não está adstrita à vigência do contrato de concessão.

D) *Incorreta.* Poderia ocorrer por servidão administrativa, conforme art. 40 do Decreto-lei n. 3.365/41.

E) *Correta.* Conforme art. 40 do Decreto-lei n. 3.365/41.

↗ Gabarito: "E".

14. PROCESSO ADMINISTRATIVO FEDERAL

É o encadeamento de atos na esfera administrativa para conclusão da provocação inicial.

14.1 Tipos

a) Comum;

b) Especiais:

i) licitatório;

ii) disciplinar;

iii) tributário etc.

14.2 Previsão legal do processo administrativo comum

Lei n. 9.784/99 e Decreto n. 8.539/2015.

14.3 Atuação da Lei n. 9.784/99

Aplica-se à esfera federal (art. 1º) para os três poderes.

14.4 Caráter subsidiário ou supletivo

A Lei n. 9.784/99 não se sobrepõe a processos administrativos especiais (licitação, PAD etc.) e, na ausência de norma municipal ou estadual, poderá ser utilizada até a edição da lei local.

14.5 Direitos dos administrados

Possuem previsão no art. 3º da Lei n. 9.784/99:

1) ter acesso ao processo. Se eletrônico, deve ocorrer pelo sistema ou em arquivo digital (art. 8º do Decreto n. 8.539/2015);
2) fazer-se assistir, facultativamente, por advogado;
3) ser tratado com respeito pelas autoridades e servidores;
4) possuir direito de prioridade de tramitação (art. 69-A da Lei n. 9.784/99), desde que requerido e apresentada prova da condição:

- pessoa com idade igual ou superior a 60 anos;
- pessoa com deficiência, física ou mental;
- pessoa portadora de doença grave.

14.6 Deveres dos administrados

Estão previstos no art. 4º da Lei n. 9.784/99:

1) expor os fatos conforme a verdade;
2) proceder com lealdade e boa-fé.

14.7 Início do processo

Com previsão no art. 5º da Lei n. 9.784/99, pode ocorrer:

a) de ofício; ou
b) a pedido de interessado.
   Ex.: solicitação, denúncia, reclamação.

14.8 Impedimento e suspeição

1) Impedimento

A lei veda a participação de determinados servidores públicos por presunção de parcialidade nos seguintes casos (art. 18 da Lei n. 9.784/99):

- tenha interesse direto ou indireto na matéria;
- tenha participado ou venha a participar como perito, testemunha ou representante, ou em tais situações estejam cônjuge ou parentes até o terceiro grau;
- esteja litigando judicial ou administrativamente com o interessado ou respectivo cônjuge ou companheiro.

IMPORTANTE

O servidor que se encontrar em alguma das condições deverá reportar o impedimento (art. 19 da Lei n. 9.784/99). Caso não se declare impedido, será caracterizada falta grave.

2) Suspeição

Ocorre por dúvida de parcialidade ao servidor que tiver amizade íntima ou inimizade notória com o interessado, cônjuge e parentes até o terceiro grau.

IMPORTANTE

Deverá ser arguida pelo interessado. Caso o interessado não se manifeste tempestivamente, a consequência será a preclusão (art. 20 da Lei n. 9.784/99).

14.9 Forma dos atos processuais

Prevista no art. 20 da Lei n. 9.784/99.

Em regra, os atos administrativos pertencentes a um processo administrativo são informais, mas deverão ser escritos, em português, com data e local, assinatura do responsável e páginas numeradas.

14.10 Comunicação dos atos

Prevista nos arts. 26 a 28 da Lei n. 9.784/99.

O interessado será notificado quanto às diligências ou decisão, em especial:

a) imposição de deveres;
b) ônus;
c) sanções; ou
d) restrição de direitos e atividades.

IMPORTANTE

Em caso de risco iminente, providências acauteladoras poderão ser adotadas sem a manifestação prévia do interessado (art. 45 da Lei n. 9.784/99).

14.11 Instrução e decisão

Prevista nos arts. 29 a 49 da Lei n. 9.784/99.

O ônus da prova será do interessado, salvo quando o documento comprovatório estiver em poder da Administração.

No processo administrativo eletrônico, a Administração Pública poderá exigir a apresentação do documento original para conferência (art. 14 do Decreto n. 8.539/2015).

As provas obtidas por meio ilícito não são admitidas.

Encerrada a instrução, o interessado terá 10 dias para se manifestar, tendo direito de acesso ao processo e cópias.

A decisão deverá ser motivada e proferida em até 30 dias.

14.12 Desistência

Prevista no art. 51 da Lei n. 9.784/99.

O interessado poderá desistir do pedido:

- totalmente;
- parcialmente.

IMPORTANTE

Existindo interesse público, a Administração dará prosseguimento ao processo.

14.13 Extinção

Prevista no art. 52 da Lei n. 9.784/99.

O órgão competente poderá declarar extinto processo que:

- atingiu sua finalidade;
- tiver o objeto como impossível, prejudicado ou inútil por fato superveniente.

14.14 Recurso administrativo

Poderão ser apresentados até dois recursos hierárquicos, que tramitarão por até três instâncias, a partir da decisão.

Prazo para interposição: 10 dias (art. 59 da Lei n. 9.784/99).

ATENÇÃO

O recurso é endereçado à autoridade que proferiu a decisão que se manifestará quanto ao cabimento ou não de reconsideração da sua decisão (em cinco dias). No último caso, encaminhará o recurso para a autoridade superior (art. 56, § 1º, da Lei n. 9.784/99), que decidirá em 30 dias/prorrogável (art. 59, § 1º, da Lei n. 9.784/99).

Em regra, o recurso não tem efeito suspensivo. Havendo fundado receio de prejuízo, poderá ser concedido (art. 61 da Lei n. 9.784/99).

Não há caução para a interposição do recurso (art. 56, § 2º, da Lei n. 9.784/99 e Súmula Vinculante 21).

O recurso não será conhecido quando (art. 63 da Lei n. 9.784/99):

- intempestivo;
- apresentado perante órgão incompetente;
- apresentado por não legitimado;
- exaurida a esfera administrativa.

IMPORTANTE

A instância superior poderá reformar decisão a pior para o requerente (art. 64 da Lei n. 9.784/99).

14.15 Revisão

As decisões administrativas poderão ser revistas a qualquer tempo.

1) Requisito

Para solicitação de revisão de decisão administrativa da qual não caiba mais recursos, é necessária a demonstração de novos fatos ou circunstâncias (art. 65 da Lei n. 9.784/99).

2) Início

A revisão poderá ser requerida tanto pelo interessado quanto pela administração (de ofício), em razão do poder de autotutela.

3) Conclusão

A decisão em revisão poderá manter a decisão original ou alterar no sentido benéfico ao interessado.

ATENÇÃO

A revisão não poderá resultar em agravamento da decisão original ao interessado.

14.16 Questões

1. (FCC – Câmara Legislativa do Distrito Federal – Consultor Técnico Legislativo – Analista de Sistemas Área – 2018) O exercício da convalidação pela Administração pública, nos termos do disposto na Lei n. 9.784/99, está condicionado à:

A) que os vícios sejam passíveis de serem sanáveis, como os relativos à forma, e que da convalidação não resulte lesão ao interesse público nem a direito de terceiros.

B) natureza jurídica vinculada do ato, tendo em vista que os atos discricionários não podem ser convalidados, porque objeto de juízo personalíssimo do administrador.

C) irretroatividade de seus efeitos, de forma que o ato convalidado só pode produzir efeitos após a data do ato de convalidação.

D) demonstração da existência de vício de qualquer natureza, quando a prática da convalidação se torna de rigor.

E) mesma autoria, ou seja, o mesmo administrador na época da edição do ato viciado e depois, por ocasião da convalidação.

↘ Resolução:

A) *Correta.* Conforme art. 55 da Lei n. 9.784/99.

B) *Incorreta.* Atos discricionários podem ser convalidados desde que apresentem defeitos sanáveis.

C) *Incorreta.* A razão da convalidação é justamente gerar segurança jurídica aos efeitos praticados desde a origem do ato.

D) *Incorreta.* Não cabe convalidação de atos com defeitos insanáveis.

E) *Incorreta.* Não depende do mesmo ator. A convalidação poderá ocorrer por chefe competente no uso do poder hierárquico.

↗ Gabarito: "A".

2. (FCC – DPE-MA – Defensor Público – 2018) O recurso administrativo é meio hábil para propiciar o reexame da atividade da Administração por razões de legalidade ou de mérito. O recurso hierárquico impróprio é aquele dirigido:

A) à autoridade ou instância superior do mesmo órgão administrativo, pleiteando revisão do ato recorrido por terceiro interessado.

B) pela parte, à autoridade ou órgão estranho à repartição que expediu o ato recorrido, mas com competência julgadora expressa.

C) pela parte, à autoridade ou órgão estranho à repartição que expediu o ato recorrido, sem a necessidade de competência julgadora expressa, bastando estar, de alguma forma, em posição hierárquica superior em relação à autoridade recorrida.

D) à mesma autoridade que expediu o ato, para que o invalide ou o modifique, e, por isso, apesar de consistir em reanálise é imprópria, pois não é dirigida à autoridade ou órgão hierarquicamente superior.

E) em forma de denúncia formal, à autoridade superior, dando conta de irregularidades internas ou abuso de poder na prática de atos da Administração, feita pela parte atingida diretamente pela irregularidade ou abuso de poder.

↘ **Resolução:**

Recurso hierárquico presume relação de chefia e subordinação dentro de uma mesma estrutura administrativa. Dar-se-á recurso hierárquico impróprio quando o recurso é interposto perante autoridade de outra estrutura administrativa, por exemplo, recurso contra decisão do Presidente do Ibama (autarquia federal) interposto no Ministério do Meio Ambiente (órgão da União).

A) *Incorreta.* Deve ser interposto em outra estrutura administrativa.

B) *Correta.*

C) *Incorreta.* Em razão do princípio da legalidade, deve haver expressa previsão normativa.

D) *Incorreta.* O recurso "próprio" é endereçado à autoridade que proferiu a decisão. A autoridade superior só analisará o recurso em caso de manutenção ou reconsideração parcial da autoridade em juízo preliminar, conforme art. 56 da Lei n. 9.784/99.

E) *Incorreta.* Deve ser interposto em outra estrutura administra.

↗ **Gabarito: "B".**

3. (FCC – SEFAZ-SC – Auditor-Fiscal da Receita Estadual – Auditoria e Fiscalização – 2018) A decisão administrativa proferida em sede de processo administrativo, contra a qual não caibam mais recursos:

A) impede o exercício do poder de revisão dos atos pela própria Administração pública, considerando a ocorrência de trânsito em julgado.

B) admite revisão apenas pelo Poder Judiciário, seja para anulação, seja para revogação, desde que fundada em prejuízo ao interesse público.

C) pode ser objeto de pedido de revisão pelo interessado, sendo possível à Administração Pública fazê-lo, observado o prazo prescricional.

D) pode ser alterada diante de fato novo, como mitigação à coisa julgada administrativa.

E) admite revisão pelo Tribunal de Contas, tanto para anulação, quanto para revogação, independentemente de prazo prescricional, por se tratar de controle externo.

↘ **Resolução:**

A) *Incorreta.* Pode ser requerida revisão caso haja fato novo, conforme art. 65 da Lei n. 9.784/99.

B) *Incorreta.* Cabe revisão pela Administração Pública, conforme art. 65 da Lei n. 9.784/99.

C) *Incorreta.* A revisão poderá ocorrer a qualquer tempo, conforme art. 65 da Lei n. 9.784/99.

D) *Correta.* Conforme art. 65 da Lei n. 9.784/99.

E) *Incorreta.* Cabe revisão pela Administração Pública responsável pela decisão. O controle externo é cabível como atividade de controle (controle de legalidade) e não de revisão.

↗ **Gabarito: "D".**

15. CONTROLE DA ADMINISTRAÇÃO PÚBLICA

15.1 Classificação

1) Quanto à origem

a) controle interno – exercido pela própria Administração Pública;

b) controle externo – exercido por instituições fora da Administração Pública;

c) controle popular – exercido pelo povo.

2) Quanto ao momento de exercício

a) controle prévio – antes da prática do ato administrativo ou celebração do contrato administrativo;

b) controle concomitante – durante a vigência do ato ou contrato administrativo;

c) controle subsequente ou corretivo – após a vigência do ato ou contrato administrativo.

3) Quanto ao tipo de controle (pode ser exercido nos três momentos)

a) controle de legalidade – verificará se o ato ou contrato administrativo atende às exigências legais;

b) controle de mérito – verificará a oportunidade e a conveniência para a edição ou manutenção do ato administrativo.

4) Quanto à amplitude

a) controle hierárquico – da chefia para seus subordinados;

b) controle finalístico – não possui hierarquia e verificará se o ato ou contrato administrativo atendem à finalidade do órgão público.

15.2 Controle administrativo

É aquele realizado pela própria Administração Pública sobre suas atividades, também conhecido como controle interno, oriundo do exercício da autotutela.

1) Tipos

a) controle de legalidade;

b) controle de mérito dos atos administrativos.

2) Previsão legal

Arts. 70 e 74 da Constituição Federal, art. 53 da Lei n. 9.784/99 e Súmula 473 do STF.

3) Fiscalização

a) contábil – realizada nos registros contábeis;

b) financeira – realizada na movimentação financeira, em contas bancárias;

c) orçamentária – verificará o cumprimento das leis orçamentárias;

d) operacional – verificará as licitações, os contratos e os atos administrativos;

e) patrimonial – realizada nos bens patrimoniais.

4) Início

a) de ofício;

b) por provocação;

c) por denúncia;

d) por representação;

e) por reclamação;

f) por pedido de reconsideração;

g) por recurso administrativo;

h) por revisão (fatos novos).

5) Contraditório e ampla defesa

Caso o ato ou contrato administrativo a ser anulado ou revogado afete interesse de administrado, deverá ser concedido contraditório.

6) Dever de comunicação ao Tribunal de Contas

Os responsáveis pelo controle interno, ao se depararem com irregularidade/ilegalidade, devem comunicar o Tribunal de Contas competente, sob pena de responsabilidade solidária.

15.3 Controle legislativo

É o controle da Administração Pública exercido pelo Poder Legislativo com o apoio do Tribunal de Contas.

1) Tipos

a) controle de legalidade;

b) controle de mérito em casos determinados pela Constituição Federal.

Exemplos de controle de mérito: nomeação do presidente e diretores do banco central e empréstimos internacionais dependem da aprovação do Senado Federal.

2) Previsão legal

Arts. 49, V, IX, X, XII, XVI, XVII, 50, 52, 70 e 71, X, §§ 1º e 2º, da Constituição Federal.

3) Fiscalização

a) contábil – realizada nos registros contábeis;

b) financeira – realizada na movimentação financeira, em contas bancárias;

c) orçamentária – verificará o cumprimento das leis orçamentárias;

d) operacional – verificará as licitações, os contratos e os atos administrativos;

e) patrimonial – realizada nos bens patrimoniais.

4) Principais atribuições dos Tribunais de Contas (art. 71 da CF)

a) apreciar contas do Presidente da República (Governador);

b) aplicar sanções (multa proporcional ao dano, declaração de inidoneidade etc.);

c) sustar ato administrativo.

IMPORTANTE

O Tribunal de Contas poderá determinar recomendação de suspensão de contrato administrativo à Administração Pública e ao Congresso Nacional, após 90 dias, sem que ocorra a suspensão.

5) Contraditório e ampla defesa

Durante sua atuação de controle externo, o Tribunal de Contas deverá oportunizar contraditório e ampla defesa, conforme a Súmula Vinculante 3 do STF.

15.4 Controle judicial

É o controle da Administração Pública exercido pelo Poder Judiciário, no desempenho da atividade jurisdicional.

1) Tipo

Controle apenas de legalidade dos atos e contratos administrativos.

ATENÇÃO

Os atos discricionários poderão ser controlados quanto aos elementos legais, como competência, forma e finalidade.

2) Previsão legal

Art. 5º, XXXV, da CF e Súmula 473 do STF.

3) Principais ações judiciais que têm por objeto o controle da Administração Pública

a) mandado de segurança – proteção de direito subjetivo líquido e certo, quando não amparado por *habeas data* ou *habeas corpus*, dentro do prazo de 120 dias e sem necessidade de dilação probatória;

b) *habeas data* – para acesso e retificação de informações pessoais quando negado administrativamente;

c) ação popular – para proteção do patrimônio público e histórico cultural e do meio ambiente. Apenas o cidadão possui legitimidade ativa;

d) ação civil pública – quanto ao controle da Administração Pública, tem como finalidade a proteção do patrimônio público e histórico cultural e do meio ambiente;

e) ação de improbidade administrativa – para aplicação das sanções pela prática de ato de improbidade administrativa.

15.5 Questões

1. **(FGV – AL-MA – Técnico de Gestão Administrativa – Administrador – 2013)** Controle na Administração Pública é o conjunto de mecanismos jurídicos para a correção e a fiscalização das atividades da Administração Pública. O controle feito em âmbito administrativo por outra pessoa jurídica distinta daquela de onde precede o ato, é denominado:

A) Controle Judicial.

B) Controle Externo.

C) Controle de Legalidade.

D) Controle Hierárquico.

E) Controle Tutelar.

↘ Resolução:

A) *Incorreta.* Controle judicial não ocorre no âmbito administrativo, trata-se de controle externo.

B) *Incorreta.* O enunciado aborda controle administrativo, que é sinônimo de controle interno.

C) *Incorreta.* Controle de legalidade é um tipo de controle e pode ser exercido tanto de modo interno quanto externo.

D) *Incorreta.* O controle hierárquico é uma das modalidades do controle administrativo, pois pode ser hierárquico ou finalístico. Hierárquico é o controle administrativo exercido na mesma estrutura administrativa. No entanto, o enunciado requer o controle administrativo exercido por outra pessoa jurídica.

E) *Correta.* Embora pouco usual, o termo controle tutelar é sinônimo de controle finalístico. Trata-se de controle administrativo exercido por outra estrutura administrativa.

↗ Gabarito: "E".

2. As decisões do Tribunal de Contas:

A) perfazem coisa julgada, prejudicando a rediscussão da questão no âmbito do Poder Judiciário, ainda que acerca de vício no devido processo.

B) que imputem débito têm força de título executivo, podendo ser executadas em juízo.

C) que determinem diretamente a sustação de execução contratual não necessitam de comunicação ao Poder Legislativo.

D) podem ser revistas por apelação dirigida ao Poder Legislativo.

E) podem ser revistas por apelação dirigida ao Superior Tribunal de Justiça.

↘ Resolução:

A) *Incorreta.* As decisões do Tribunal de Contas não afastam apreciação do Poder Judiciário, conforme art. 5º, XXXV, da Constituição Federal.

B) *Correta.* Conforme art. 71, § 3º, da Constituição Federal.

C) *Incorreta.* Primeiro devem comunicar o Poder Legislativo, conforme art. 71, § 1º, da Constituição Federal.

D) *Incorreta.* Por se tratar de órgão autônomo, a revisão pelo Poder Legislativo deveria possuir previsão constitucional.

E) *Incorreta.* As decisões do Tribunal de Contas podem ser revistas pelo Poder Judiciário, mas, por não pertencer à estrutura do Poder Judiciário, não cabe recurso de apelação da decisão do Tribunal de Contas ao Supremo Tribunal Federal.

↗ Gabarito: "B".

3. (FCC – MPE-PE – Analista Ministerial – Área Jurídica – 2018) O controle externo exercido pelo Poder Judiciário e pelos Tribunais de Contas envolve a possibilidade de desfazimento ou de determinação para desfazimento de atos ou contratos firmados pela Administração pública, conforme o caso. Essa atuação:

A) inclui os negócios jurídicos firmados por entes da Administração indireta, desde que sujeitos ao regime jurídico de direito público, o que exclui as empresas estatais.

B) abrange os atos firmados por consórcio público, constituído por meio de autarquia, sujeita a regime jurídico de direito público, desde que seja resultado da deliberação de pessoas jurídicas de mesma natureza.

C) não autoriza a sustação ou desfazimento de atos e contratos pelos Tribunais de Contas, que podem, nesses casos, apenas suspender a vigência dos mesmos até que os vícios identificados sejam sanados.

D) autoriza o desfazimento de contratos nos casos de comprovada ilegalidade, tais como vício de motivo ou desvio de finalidade.

E) também incide sobre os contratos celebrados por consórcios públicos, como, por exemplo, a contratação da referida associação pública pelos Municípios titulares para prestação de serviço público à comunidade.

↘ Resolução:

A) *Incorreta.* Não exclui os negócios jurídicos das empresas estatais. Pertencem à Administração Pública.

B) *Incorreta.* Os atos firmados por consórcio público podem ser objeto de controle externo. Não há restrição se o ato do consórcio for ou não oriundo de deliberação de pessoas jurídicas de mesma natureza.

C) *Incorreta.* Não restringe as atribuições dos Tribunais de Contas para sustação.

D) *Incorreta.* Desfazimento pode induzir atuação discricionária. Contratos ilegais são submetidos a juízo de nulidade.

E) *Correta.* Os contratos de consórcios públicos são submetidos ao controle do Tribunal de Contas e do Poder Judiciário, conforme art. 9º da Lei n. 11.107/2005.

↗ **Gabarito: "E".**

REFERÊNCIAS

CARVALHO FILHO, José dos Santos. *Manual de direito administrativo.* 31. ed. São Paulo: Atlas, 2017.

DI PIETRO, Maria Sylvia Zanella. *Direito administrativo.* 31. ed. Rio de Janeiro: Forense, 2018.

MELLO, Celso Antônio Bandeira de. *Curso de direito administrativo.* 33. ed. São Paulo: Malheiros, 2018.

MOREIRA NETO, Diogo de Figueiredo. *Curso de direito administrativo.* 16. ed. Rio de Janeiro: Forense, 2014.

PAULO, Vicente; ALEXANDRINO, Marcelo. *Direito administrativo descomplicado.* 26. ed. São Paulo: Método, 2018.

LUCIANE APARECIDA AGGIO SARTORI

3

PORTUGUÊS

Sumário

1. ACENTUAÇÃO GRÁFICA

1) ¨ (trema)

O trema não é mais empregado – era: argüir/agora: arguir –, a não ser nas palavras estrangeiras e em suas derivadas, exemplos: *Müller, mülleriano.*

2) ´ (agudo)

Só aparece na sílaba tônica de som aberto, exemplo: avó.

3) ^ (circunflexo)

Só aparece na sílaba tônica de som fechado, exemplo: avô.

Para entendermos a aplicação desses acentos, temos de fazer alguns lembretes.

a) **Quanto à tonicidade, as palavras são classificadas em:**

i) **oxítona:** quando a sílaba tônica da palavra é a última → café, urubu.

ii) **paroxítona:** quando a sílaba tônica da palavra é a penúltima → cabeça, júri.

iii) **proparoxítona:** quando a sílaba tônica da palavra é a antepenúltima → sílaba, tônico.

b) **Reconhecimento da sílaba tônica**: basta que você chame pela palavra, acrescentando um "ô" antes dela, assim a sílaba que mais se estender na pronúncia será a tônica: *hoje* → ô hooooje → sílaba tônica "ho"; *ventilador* → ô ventiladoooor → sílaba tônica "dor"; *melancia* → ô melanciiiia → sílaba tônica "ci".

c) **Encontros vocálicos:** subdividem-se em ditongo, tritongo e hiato.

i) **Ditongo:** ocorre quando há o encontro de dois sons vocálicos em uma mesma sílaba. Pode ser:

- **crescente**: semivogal + vogal → *cárie*.
- **decrescente:** vogal + semivogal → *fauna*.

ii) **Tritongo:** é formado por semivogal + vogal + semivogal: *iguais, quão*.

iii) **Hiato:** quando duas vogais se encontram, mas pertencem a sílabas diferentes: *hi-a-to.*

ATENÇÃO

- o "a" sempre é vogal, nunca é fraco;
- o "e" e o "o" são semivogais, se tiverem o som do "i" e do "u" respectivamente – como ocorre em *mãe* e *mão* –, com o som deles próprios, ou seja, de "e" e de "o" – como em *apoia* e *sei*, são vogais;
- o "i" e o "u" são semivogais, só serão vogais se estiverem juntas de uma consoante, ou estiverem sozinhas na sílaba, ou tiverem o som estendido quando chamamos pela palavra.

4) Regras de acentuação gráfica da sílaba tônica

Reconhecida a sílaba tônica, verificar se nela existe:

a) Hiato

Recebem acento → - **i (s), u (s),** quando forem a segunda vogal do hiato. Mas não receberão acento se forem seguidos de nh.

Exemplos: saúde, faísca, balaústre, substituí-lo, moinho.

IMPORTANTE

- Nas paroxítonas, o *-i* ou o *-u* tônicos não serão acentuados se precedidos de ditongo (falsos hiatos), já que a vogal não é antecedida de outra vogal, mas de um ditongo – era: *feiúra, baiúca,* agora: *feiura, baiuca*; se a palavra for oxítona com o hiato na última sílaba (mesmo que seja falso), o acento permanece: *Piauí*.
- As palavras *xiita* e *xiismo* continuam sem acento.
- Não se usa mais o acento nas palavras terminadas nos hiatos *-êem* e *-ôo*(s) – era: *vêem, vôos, perdôo,* agora: *voos, veem, perdoo.*

b) Ditongo

Recebem acento os ditongos tônicos e de som aberto -éi(s), -ói(s), -éu (s) nas palavras oxítonas e monossílabas.

Exemplos: pastéis, herói, troféus, céu.

c) Quanto à terminação

As palavras serão acentuadas quando:

i) **Monossílabas** = tônicas, que possuem acentuação própria, e terminadas em -a(s), -e(s), -o (s).

Exemplos: cá, vês, cós, pôs.

ATENÇÃO

Reconhecimento da monossílaba tônica: pode-se pensar assim: a monossílaba tônica é aquela que tem significação própria, enquanto a átona é vazia de sentido. O verbo *dar*, por exemplo, é uma palavra monossílaba tônica porque tem significação própria, por isso a grafia desse verbo, nesta forma, é "dê", diferentemente de "de" preposição, que é átona, pois não tem significação própria e por isso não é acentuada.

ii) **Oxítonas:** terminadas em -a (s), -e (s), -o (s), -em (ens).

Exemplos: vatapá, café, cipós, refém, reféns, encontrá-la, fazê-lo, compô-lo.

IMPORTANTE

Não confunda *substituí-la* com *decidi-lo*; note que no primeiro caso há um hiato, já no segundo isso não ocorre, o que existe é uma oxítona terminada em *-i*, que não é acentuada.

iii) **Paroxítonas: não** se acentuam os terminadas em -a (s), -e (s), -o (s), -em (ens), -am.

Exemplos: cebola, rubrica, rabanete, coco, item, itens, hifens, polens, iam, lembram.

__Compare:__ biquíni, lápis, ônus, caráter, útil, amável, tórax, hífen, médium, órgão (termina em ditongo decrescente), frequência (termina em ditongo crescente), ímã, bíceps, íon, íons.

ATENÇÃO

- Prefixos paroxítonos terminados em -r e -i, normalmente, não são acentuados, independentemente da regra. Porém são acentuados quando usados como substantivos: *A **máxi** do orçamento desequilibrou a economia mundial./Ela usava uma **míni** que era o máximo!*
- Importante lembrar que **paroxítona terminada em ditongo crescente** pode ser considerada **proparoxítona (eventual, relativa** ou **acidental),** ficando assim a divisão silábica: subs – tân – cia ou subs – tân – ci-a. Quando a paroxítona terminar em ditongo decrescente, ela será sempre considerada paroxítona terminada em ditongo.

iv) **Proparoxítonas**: **todas** são acentuadas.

Exemplos: mate__má__tica, alco__ó__latra, __ín__terim, __sí__laba, __té__pido, __cá__lido.

d) O acento em alguns verbos

Ortografia

3ª pessoa do singular				
crê	dê	lê	vê	provê
↓	↓	↓	↓	↓
creem	deem	leem	veem	proveem
3ª pessoa do plural				

Memorização: CREDELEVEPROVÊ.

Dos quatro primeiros verbos acima surgem os derivados que seguem as mesmas condições de grafia. Exemplos: __reler__ (derivado de *ler*) – *ele relê/eles releem.*

Grafia e acentuação

presente / verbos	3ª pessoa do singular	3ª pessoa do plural
ter	tem – monossílaba tônica terminada em -em.	têm – acento diferencial: diferencia o plural do singular.
vir	vem – monossílaba tônica terminada em -em.	vêm – acento diferencial: diferencia o plural do singular.
ver	vê – monossílaba tônica terminada em -e.	veem (hiato)/veem (Acordo)
conter	contém – oxítona terminada em -em/ singular.	contêm – oxítona terminada em -em/ plural.
convir	convém – oxítona terminada em -em/ singular.	convêm – oxítona terminada em -em/ plural.
rever	revê – oxítona terminada em -e/som fechado.	reveem (hiato)/reveem (Acordo)

e) Acento diferencial

O acento diferencial de *pôde/pode, pôr/por* permanece.

Os acentos diferenciais do singular e do plural dos verbos *ter* e *vir* e dos seus derivados permanecem.

É facultativo o emprego do acento diferencial nas palavras *forma/fôrma*, que se torna importante nas formações de ambiguidade: A *forma* da *fôrma* é oval.

IMPORTANTE

- Nos nomes compostos, considera-se a tonicidade da última palavra para efeito de classificação. As demais palavras que constituem o nome composto são ditas átonas: *beija-flor* → oxítona/*licença-prêmio* → paroxítona.
- O til das palavras primitivas é mantido nas derivadas que apresentem o sufixo *–mente* ou *iniciado pelo -z: irmãmente, leõezinhos, oraçõezinhas.*
- Os verbos terminados em *-guar, -quar e -quir*, como *enxaguar, apaziguar, obliquar, delinquir* e outros, passam a ter uma variação de pronúncia e consequente variação na acentuação:

– pronunciados com o *-u* tônico, ficam sem acento: *eu enxaguo, eu averiguo, eu delinquo*;

– pronunciados com o *-a* ou o *-i* tônicos, serão acentuados: *eu enxáguo, eu avérguo.*

1.1 Questões

1. (FCC – PGE-BA – Assistente de Procuradoria) Todas as palavras estão acentuadas de acordo com as normas oficiais em:

A) Aquí também se observam as preferencias musicais dos jovens que usam o transporte público.

B) As raizes da falta de educação dos jóvens se devem também à falta de educação dos pais.

C) Os ônibus contem uma verdadeira platéia ouvindo musicas altas nem sempre de carater muito agradável.

D) Os passageiros não têm como evitar o terrível som do ruído das falas, ao celular, dentro dos ônibus.

E) Alguem falando alto ao telefone, numa forma pouco rápida, revela um comportamento publico repreensível.

Resolução:

A) *Incorreta*. Isso porque "aqui" não deveria ter acento, pois trata-se de oxítona terminada em

-i, e "preferência" tem acento por ser uma paroxítona terminada em ditongo.

B) *Incorreta*. Isso porque "raízes" tem de ter acento, pois o "i" forma hiato com o "a"; "jovens" não tem acento, porque é uma paroxítona terminada em -ens.

C) *Incorreta*. Isso porque "contém" tem de ter acento, por ser uma oxítona terminada em -em; "plateia", pelo Acordo, não tem mais acento, pois trata-se de uma paroxítona terminada em -a; "músicas" tem de ter acento, pois é uma proparoxítona; e "caráter" é uma paroxítona terminada em -r, portanto, tem acento.

D) *Correta*. Não há erro.

E) *Incorreta*. Isso porque "alguém" tem de ter acento, pois é uma oxítona terminada em -em; e "público" é uma proparoxítona, logo é acentuada.

↗ Gabarito: "D".

2. (FCC – TST – Analista Judiciário – Taquigrafia) Segundo os preceitos da gramática normativa do português do Brasil, a única palavra dentre as citadas abaixo que NÃO deve ser pronunciada com o acento tônico recaindo em posição idêntica àquela em que recai na palavra avaro é:

A) mister.

B) filantropo.

C) gratuito.

D) maquinaria.

E) ibero.

↘ Resolução:

"Avaro" é paroxítona, por isso inclusive não tem acento. "Mister" é a única oxítona do teste; todas as outras são paroxítonas, como "avaro": filantropo; gratuito; maquinaria; ibero.

↗ Gabarito: "A".

3. (CASA CIVIL – Executivo Público – FCC) A frase em que a grafia respeita totalmente o padrão culto escrito é:

A) Sabiam que pouco tempo teriam para descançar, mas ninguém quis alterar o trajeto, minuciosamente pensado e repensado durante meses.

B) Era tão grande a sua presunsão, que entendia como ato lisonjeiro até um breve aceno do mais distraído dos transeuntes de seu vilarejo.

C) Tal era sua ogeriza pela política que se excedia em palavras e tons assim que algum desavisado puxava o assunto tabu, sem intenção alguma de ferí-lo.

D) Muitas eram as reminiscências, algumas esdrúxulas, outras comuns, repetindo-se iguaizinhas de tempo em tempo, em circuito que não exorbitava os limites da fazenda.

E) O espaço era exiguo, à exceção da cozinha, mas nada impedia que os vizinhos tentassem grangear a simpatia do padre inflingindo-lhe pratos que excitavam sua gula.

↘ Resolução:

Esta questão mistura grafia com acentuação.

A) *Incorreta*. Isso porque "descansar" é com "s".

B) *Incorreta*. Isso porque "presunção" é com "ç".

C) *Incorreta*. Isso porque "ojeriza" é com "j"; feri-lo não tem acento, pois é uma oxítona terminada em -i.

D) *Correta*. Não há erro.

E) *Incorreta*. Isso porque "exíguo" tem acento, pois trata-se de uma paroxítona terminada em ditongo; "granjear" é com "j" ; e "infligindo-lhe", como se pode ver, não apresenta "n" depois de "fli".

↗ Gabarito: "D".

2. ORTOGRAFIA

A ortografia oficial é baseada em dois processos: o etimológico ou histórico e o fonológico ou de pronúncia. Dessa forma, como nem toda forma escrita representa fielmente o som emitido na pronúncia, pois existe ainda o aspecto histórico da palavra a ser considerado, temos de seguir o que instituições credenciadas, como a Academia Brasileira de Letras, ditam como sistema de grafia.

O estudo da Ortografia compreenderá:

- emprego do hífen;
- algumas considerações sobre siglas e abreviaturas;
- emprego de letras;
- semântica e ortografia;
- emprego de algumas expressões.

1) Hífen

Quanto ao emprego do hífen, a base será o *Acordo Ortográfico da Língua Portuguesa*, de 16 de dezembro de 1990, da Academia Brasileira de Letras e da Academia das Ciências de Lisboa. Além disso, haverá também o apoio do VOLP de 2009, 5ª edição e do *Escrevendo pela Nova Ortografia*, do Instituto Antônio Houaiss.

Primeiro é bom lembrar que o hífen só aparece em substantivos compostos (super-homem), em adjetivos compostos (verde-claro), na separação silábica – como já vimos – (ma-ca), entre verbos e pronomes que aos primeiros se agregaram (fazê-lo), ou ainda entre alguns prefixos ou alguns falsos prefixos e uma palavra primitiva (pré-natal).

a) Emprega-se o hífen

i) quando houver a junção de duas palavras ou mais, dando origem a uma nova, com sentido diferente das anteriores.

"Ele sempre bebe um *copo de leite* antes de dormir."

"O *copo-de-leite* do jardim da cidade está lindo."

> **ATENÇÃO**
>
> - O entendimento do item *a* faz-nos compreender o emprego geral do sinal: ocorre quando um dos elementos da composição perde o seu sentido e o conjunto de palavras da composição passa a ter significado próprio. É o caso de *decreto-lei, arco-íris, primeiro-ministro, segunda-feira*...
> - Nos compostos em que a noção de composição já se perdeu, a grafia é feita sem hífen: *girassol, madressilva, mandachuva, pontapé, paraquedas, paraquedista*... (VOLP)

ii) quando o segundo substantivo especifica o primeiro: *banana-prata, vale-refeição, navio-escola.*

> **IMPORTANTE**
>
> Observe que para entender o caso da especificação, basta que você tente visualizar os elementos da composição e você verá apenas um, como em *banana-prata*, caso em que você verá apenas a *banana* e a *prata*, não.

iii) nas composições de palavras que designam espécies botânicas e zoológicas, ligadas por preposição ou qualquer outro elemento de ligação: *bem-me-quer, bem-te-vi*...

iv) em compostos em que o primeiro elemento é numeral: *quinta-feira, primeira-dama.*

v) nos chamados encadeamentos vocabulares, o hífen também é empregado: a ponte *Rio-Niterói*, a ligação *Angola-Moçambique*, diálogo *governo-supermercados*...

> **ATENÇÃO**
>
> Deve-se entender por *encadeamentos vocabulares* as palavras que ocasionalmente se combinam, formando uma ideia de relação ou de continuidade ou de soma – não haverá nestes casos o surgimento de um outro significado: *de* Rio *até* Niterói, Angola *e* Moçambique, *entre* governo *e* supermercados.

vi) em compostos formados por palavras iguais ou semelhantes, como dois adjetivos ou dois verbos ou elementos repetidos: *sócio-gerente, luso-brasileiro, verde-claro, reco-reco, corre-corre*...

> **IMPORTANTE**
>
> - Com *sócio* só há o hífen se tiver o sentido de *associado* mesmo, por isso em *socioeconômico* não há o sinal.
> - *euro, indo, sino, luso* etc. só se escrevem com o hífen caso se trate da soma de duas origens, como em *luso-brasileiro, anglo-americano*; do contrário, não há: *eurocomunista, lusofilia.*

vii) Nos topônimos (nomes de lugar) compostos iniciados por *grã*, *grão* ou por forma verbal ou cujos elementos estejam ligados por artigo: *Grã-Bretanha, Grão-Pará, Passa-Quatro, Baía de Todos-os-Santos.*

ATENÇÃO

Os demais não são separados por hífen, como *América do Sul*, com exceção de *Guiné-Bissau*, cuja forma é consagrada pelo uso.

b) Hífen com prefixos ou falsos prefixos

Nas palavras formadas por derivação, ou seja, que "nasceram" de outras, como é o caso de rever que "nasceu" de *ver* e, para isso, sofreu o acréscimo do prefixo re, pode haver o emprego do hífen entre este prefixo e a palavra primitiva.

Emprega-se o hífen

i) O hífen será empregado, basicamente, quando o segundo elemento (palavra primitiva) dessa formação se iniciar por "h" ou pela mesma letra em que termina o prefixo ou o falso prefixo da formação. Assim, temos: *aut**o**-**o**rdenamento, micr**o**-**o**ndas, inte**r**-**r**egional, ant**i**-**i**nflacionário, anti-**h**umano, auto-**h**emoterapia...*

Não teremos hífen, então, para: *auto**t**utela, aut**oa**juda.*

IMPORTANTE

Há aqui uma particularidade: quando o prefixo for **co**, mesmo que o segundo elemento se inicie pela vogal **o**, não haverá o emprego do hífen: *coobrigação, coordenar, cooperar...*

É por isso que a ABL sugere que tiremos o "h" do segundo elemento quando o primeiro for **co**: *coerdeiro, coerdar...*

ii) Casos especiais de emprego do hífen

Primeiro elemento	Segundo elemento	Exemplos
ab → ob → sob → sub	iniciado por *b,h,r*	ab-rogar, ob-rogar, sob-roda sub-humano, sub-ramal *exceção: ab-rupto/abrupto*
hiper → inter → super	iniciado por *h, r*	hiper-hepático, inter-humano, super-homem, super-real
ad	iniciado por *d,h,r*	ad-digital, ad-rogar *exceção: adrenalina*
circum → pan	a) iniciado por vogal b) iniciado por *h, m, n*	circum-adjacente, circum-hospitalar, circum-murar, circum-navegação, pan-americano, pan-harmônico, pan-mágico, pan-negro
além → soto aquém → vice recém → vizo sem sota ex ("cessamento" ou "estado anterior")	qualquer (sempre)	além-fronteira, aquém-mar, recém-publicado, sem-fim, sota-capitão, soto-general, vice-tesoureiro, vizo-rei, ex-librista
pós → pré → pró	sempre que conservem autonomia vocabular: *pré-ocupado* e *preocupado*	pós-graduação, pré-qualificar, pró-forma

iii) Há ainda o emprego do hífen com **bem** e **mal**: após esses elementos, usa-se o hífen quando forem seguidos de elemento que se inicie por *vogal* ou *h*. Mas há uma ressalva, *bem* pode não se aglutinar a elementos que se iniciem por consoante. Sendo assim, teremos: *bem-estar/mal-estar, bem-humorado/ mal-humorado*; porém bem-criado/ malcriado, bem-falante/malfalante.

Não se emprega hífen

i) quando o primeiro elemento termina em vogal e após essa vogal a primeira letra da próxima palavra começa com "r" ou "s", a letra "r" ou "s" será dobrada: *anti**rr**acial, anti**ss**emita, anti**rr**epública, anti**ss**ocial*;

ii) quando as formações forem com os prefixos "des" e "in": ***des**classificar, **de**sanuviar, **des**considerar, **in**calculável, **in**capaz;*

iii) quando a palavra tiver perdido o "h" original: ***des**umano, **in**ábil.*

2) Siglas e abreviaturas

a) Quando abreviamos palavras devemos colocar um ponto após a última letra da abreviação. Exemplo: *ex.*

b) Se vamos citar algo após a palavra exemplo, cabem, ainda, dois pontos após o ponto da abreviação. Exemplo: *Ex.:*

c) Se a palavra abreviada tem acento ou hífen, a abreviação manterá tanto o acento quanto o hífen.

Exemplo: *índice de indeterminação de sujeito = íis*; século = séc.; contra-almirante = c.- alm.

d) Observe estas siglas: *bel.* = bacharel; *Cia.* = Companhia; *Ltda.* = Limitada e *Revma.* = Reverendíssima. São bem poucas as siglas que aceitam essa forma de abreviação. Veja algumas que apresentam apenas uma letra na formação da abreviação como fica a grafia: *nº.* (e não no.), *Exª.* (e não Exa.).

e) O ponto das abreviaturas serve de ponto que finaliza o período se a abreviatura estiver no final dele. Exemplo: Eu comprei lápis, borracha, livro *etc.*

f) Sigla – sequência formada por letras ou iniciais de palavras que constituem uma expressão, como nome de entidades, organizações, empresas, partidos políticos, associações etc.

ATENÇÃO

Se forem formadas por menos de quatro letras, nela só se empregam maiúsculas: *SP, PIS, IML.*

g) O plural das abreviaturas se faz apenas com o acréscimo do "s" – a mesma condição serve para as siglas, mesmo que elas sejam formadas por letras maiúsculas apenas – ou, quando a abreviatura for formada por apenas uma letra, dobra-se a letra. Exemplo: *pág. ou p. > págs. ou pp.; CDs; IOFs; IPTUs.*

h) Quando as abreviaturas forem, na verdade, símbolos científicos, eles serão usados sem ponto e sem "s". Exemplo: *kg, m, h, min*, mg, ml, mm etc.

IMPORTANTE

Em textos literários e jornalísticos, evitam-se as abreviaturas de medida: *Tudo começou às 14 horas.*

3) Emprego de letras

Na maioria das vezes, o que estabelece uma ou outra grafia é a origem das palavras. Sendo assim, a melhor maneira de assimilarmos a sua escrita é reconhecendo a "genética" delas, ou seja, a sua etimologia. É claro que isso não irá solucionar todas as dificuldades desse assunto, mas já será um bom começo. Porque todos sabemos que a ortografia nós assimilamos mesmo lendo bastante e atentamente.

a) Usamos X em vez de CH:

i) Após **ditongos** encontramos a letra "x": *deixa, trouxa.*
Exceções: *guache* e *recauchutar.*

ii) Após iniciais **me** e **en** encontramos a letra "x": *mexerica, mexer, enxame, enxada, enxovalhar.*
Exceções: *encher* (de cheio), *encharcar* (de charco), *mecha* (de cabelo), *enchova* (o mesmo que anchova), *enchumaçar* (de chumaço).

iii) Nas palavras de origem indígena e africana, bem como nas aportuguesadas do inglês com "sh": *xavante, xingar, xampu, xerife.*

b) Usamos S:

i) Em palavras derivadas de primitivas com "s" na *grafia: análise/analisar, rosa/roseira, casa/casinha, jus/justiça.*

ii) Após ditongos. Exemplos: *causa, lousa, náusea.*

iii) Para indicar origem, no caso do sufixo "ês" e seu feminino "esa": *português, portuguesa, calabrês, calabresa, milanês, milanesa.*

iv) Na formação de adjetivos com "oso"(a,s) e "ense": *rigorosa, rigoroso, tediosas, tediosos, paranaense.*

v) Nos verbos **querer** e **pôr**: *pus, quis, pusesse, quisesse, pusera, quisera.*

vi) Em palavras femininas terminadas em "-isa" ou "-esa" que não sejam derivadas de primitivas grafadas com "-z" (*juiz/juíza*): *baronesa, sacerdotisa, consulesa, poetisa.*

c) Usamos Z:

i) Em palavras derivadas de primitivas com "z": *rapaz/rapazote, cruz/cruzamento, juiz/ajuizar.*

ii) Com o sufixo "triz", formando substantivo feminino de algumas palavras: *imperador/imperatriz, embaixador/embaixatriz (sua esposa, embaixadora = exerce as funções de embaixador), ator/atriz.*

iii) Em substantivos abstratos derivados de adjetivos: homem *sensato – sensatez*; gelatina *mole – moleza*; homem *embriagado – embriaguez*; questão *certa – certeza.*
Exceções: quando a palavra tem na sua origem a letra "s" esta permanece no substantivo derivado, assim: *formosa – formosura*; *lesado – leso.*

iv) Quando formamos aumentativos ou diminutivos: *florzinha; pauzinho, nozinho.*
Exceções: nos casos de palavras que têm na sua origem a letra "s": *casa – casinha*; *lápis – lapisinho.*

v) Sufixo formador de verbo "izar" ou "isar".
A maioria dos verbos são com o sufixo "izar": *polêmica – polemizar; política – politizar.*
Entretanto, se a palavra de origem apresenta um "s": *análise – analisar; friso – frisar.*

d) Usamos J:

i) Em palavras de origem africana, indígena ou árabe. Exemplos: *pajé, canjica, jiboia, jerimum.*

ii) Nas formas derivadas de verbos que terminam em **jar** e **jear** são grafadas com "j": *viajar/viajem, arranjar/arranjem, granjear/granjeiem.*

iii) Na terminação -aje: *ultraje, laje, traje.*

e) Usamos o G:

i) Nos substantivos terminados em **-gem** são grafados com "g": *fuligem, coragem, garagem, vertigem, viagem.*

Exceções: *lambujem, pajem, lajem (variação de laje).*

Observe, então, a diferença:

A viagem foi boa.

Para que eles viajem com segurança, precisarão usar o cinto.

ii) Nas palavras terminadas em *-ágio*, **-égio**, **-ígio**, **-ógio** e **-úgio**: *pedágio, colégio, litígio, relógio, refúgio.*

f) Usamos o Ç

i) Nas palavras de origem árabe, tupi ou africana: *açafrão, Paiçandu, caçula.*

ii) Após ditongo: refeição, louça, calabouço.

iii) Na relação **ter** – **tenção:** *reter – retenção; ater – atenção; obter – obtenção.*

g) Substantivos que finalizam em -ssão, -são

i) Verbos grafados com **-itir, -primir** e **-ced-** originam substantivos com **-ssão:** *demitir → demissão, imprimir → impressão, ceder → cessão.*

ii) Verbos grafados com **-verter**, **-nd-** e **-pelir** originam substantivos com **-são**: *reverter → reversão, pretender → pretensão, expelir → expulsão.*

h) Verbos com terminação em -e ou -i

i) **-e:** nos verbos terminados em -o**a**r e -u**a**r no presente do subjuntivo:

Modelo: (que eu) fale, (que tu) fales, (que ele) fale.

abençoar → abençoe, abençoes, abençoe.

continuar → continue, continues, continue.

ii) **-i**: nos verbos terminados em -a**i**r, -u**i**r e -o**e**r quando flexionados nas 2ª e 3ª pessoas do presente do indicativo:

Modelo: (tu) falas, (ele) fala.

cair→ cais, cai.

possuir→ possuis, possui.

moer → móis, moi.

i) Lista de algumas palavras que aparecem muito em provas

*au**to**tutela;*

exceção – há dois significados para essa palavra:

exceção[1] – desvio, fora da regra; exceção[2] – tipo de recurso usado em processos;

excerto – trecho de texto – é um fragmento;

ascensão – como *pretensão, suspensão,* que vêm de verbos que apresentam **-nd** no início da última sílaba: asce**nd**er> asce**ns**ão;

*p**r**ivilégio;*

*pres**c**indir* – o contrário de *imprescindível,* logo aquilo que é *descartável*;

*recru**des**cimento* – aumento, elevação;

*in**f**erência* – dedução, conclusão, entendimento coerente;

***rei**vindicar* – e, **não**, re**in**vindicar;

*re**inc**idência* – **inc**idir novamente;

***ad**ivinhado* – e, não, advinhado.

4) Semântica e ortografia

a) **Homônimos:** *São palavras que apresentam a mesma pronúncia ou a mesma grafia, ou as duas coisas ao mesmo tempo, mas significados diferentes.*

Exemplos:

Eu sempre *jogo* neste bicho. (jogar – verbo)

O *jogo* foi ótimo. (jogo – substantivo)

Os homônimos podem ser:

i) **Homônimos homógrafos:** *São palavras iguais na grafia e diferentes na pronún-*

cia. Exemplos: almoço (ô) – substantivo; almoço (ó) – verbo.

ii) **Homônimos homófonos:** *São palavras que possuem o mesmo som e grafia diferente. Ex.:* cela – quarto de prisão; sela – arreio.

iii) **Homônimos perfeitos:** *São palavras que possuem a mesma pronúncia e a mesma grafia. Exemplos: manga – da camisa;* manga – fruta.

b) **Parônimos:** *São palavras que possuem significados diferentes e apresentam pronúncia e escrita parecidas. Exemplos:* infringir – desobedecer; infligir – aplicar.

Relação de alguns homônimos

Acender – pôr fogo.

Ascender – subir.

Acento – sinal gráfico.

Assento – tampo de cadeira, banco.

Cerrar – fechar.

Serrar – cortar.

Cessão – ato de ceder.

Sessão – reunião.

Secção/seção – divisão, repartição.

Cheque – ordem de pagamento.

Xeque – lance no jogo de xadrez.

Xeque – entre os árabes, chefe de tribo ou soberano.

Concerto – sessão musical.

Conserto – reparo, ato ou efeito de consertar.

Coser – costurar.

Cozer – cozinhar.

Expiar – sofrer, padecer.

Espiar – espionar, observar.

Estático – imóvel.

Extático – posto em êxtase, enlevado.

Estrato – tipo de nuvem.

Extrato – trecho, fragmento, resumo.

Incerto – indeterminado, impreciso.

Inserto – introduzido, inserido.

Relação de parônimos

Acostumar – habituar-se.

Costumar – ter por costume.

Afear – tornar feio.

Afiar – amolar.

Amoral – indiferente à moral.

Imoral – contra a moral, devasso.

Comprimento – extensão.

Cumprimento – saudação.

Deferir – atender.

Diferir – adiar, retardar.

Delatar – denunciar.

Dilatar – estender, ampliar.

Eminente – alto, elevado, excelente.

Iminente – que ameaça acontecer.

Emergir – sair de onde estava mergulhado.

Imergir – mergulhar.

Emigrar – deixar um país.

Imigrar – entrar num país.

Flagrante – evidente.

Fragrante – perfumado.

Fluir – proceder, escorrer.

Fruir – aproveitar.

Incidente – circunstância acidental.

Acidente – desastre.

Inflação – aumento geral de preços, perda do poder aquisitivo.

Infração – violação.

Intercessão – intervenção.

Interseção ou Intersecção – corte, cruzamento.

Mal – opõe-se a *bem*. É também sinônimo de doença.

Mau – opõe-se a *bom*.

Nenhum – antônimo de algum.

Nem um – nem um sequer, nem um único.

Ótico – relativo ao ouvido.

Óptico – relativo à visão.

5) Emprego de algumas expressões

Ao encontro de	a favor, para junto de	As medidas vão **ao encontro dos** anseios do povo.
De encontro a	contra	As medidas vêm **de encontro aos** interesses do povo.
Ao invés de	ao contrário de	O preço subiu, **ao invés de** cair.
Em vez de	em lugar de	Foi ao cinema **em vez de** ficar em casa.
A par	ciente	Estou **a par** do assunto.
Ao par	de acordo com a convenção legal, sem ágio, sem abatimentos (câmbio, ações, títulos etc.) – jargão econômico	O real está **ao par** do dólar.
À-toa	adjetivo: ordinário, imprestável	Vida **à-toa**.
À toa	advérbio: sem rumo	Andar **à toa**.
Onde	empregado em situações estáticas (com verbos de quietação)	**Onde** moras? (= onde...?)
Aonde	empregado em situações dinâmicas (com verbos de movimento). Semelhante a "para onde"	**Aonde** vais? (= para onde...?)
Afim (de)	semelhante (→ afinidade)	A língua espanhola é **afim d**a língua portuguesa.
A fim de	para, finalidade	Estude **a fim de** ser aprovado.
A	preposição: tempo futuro ideia de distância	Daqui **a** duas horas, eles chegarão. Fiquei **a** dez metros do local.
Há	verbo: tempo passado (= faz) = existir, ocorrer e acontecer	**Há** duas horas, choveu. **Há** dez pessoas ali.
Cerca de	aproximadamente	**Cerca de** vinte pessoas participaram da palestra.
Acerca de	sobre, a respeito de	Falou **acerca de** política.
A cerca de	distância ou tempo futuro aproximados	Fiquei **a cerca de** dez metros do local. (distância aproximada) Daqui **a cerca de** duas horas, eles chegarão. (futuro aproximado)

Há cerca de	existência ou tempo passado aproximados	**Há cerca de** dez pessoas ali. (= existem aproximadamente) **Há cerca de** duas horas, choveu. (= faz aproximadamente)
Tampouco Tão pouco	nem, também não muito pouco	Não estuda, **tampouco** trabalha. Ele estuda **tão pouco**!
Senão Se não	do contrário a não ser mas sim caso não	Saia daí, **senão** vai se molhar. Não faz outra coisa **senão** reclamar. Não tive a intenção de exigir, **senão** de pedir. Esperarei mais um pouco; **se não** vier, irei embora.
Porquê	= motivo (sempre antecedido de palavra determinante: artigo, pronome ou numeral) • tem valor de substantivo	Eu não sei o **porquê** de sua amargura. (o = artigo)
Por quê	próximo de um sinal de pontuação • preposição e pronome substantivo.	**Por quê**? / Eles não vieram e eu não sei **por quê**.
Porque	= pois (o contexto equivale a uma justificativa) ou para que. • conjunção explicativa, causal ou final.	Fui à praia **porque** estava calor. (= pois) Ele rezará muito, **porque** se livre dessa doença. (= para que)
Por que	≠ pois • preposição e pronome relativo (= pelo qual e flexões). • advérbio interrogativo (= por que razão)	Este é o momento **por que** esperava. (= pelo qual) **Por que** *(razão)* você não foi à reunião? (interrogativa direta) Quero saber **por que** *(razão)* você não foi à reunião. (interrogativa indireta)

2.1 Questões

1. (FCC – TJRJ – Analista Judiciário – Assistência Social) É preciso corrigir, por falhas diversas, a seguinte frase:

A) Quem ouve mal não tem necessariamente mau ouvido; pode ter sido afetado pelo desconhecimento de um contexto determinado.

B) Quem não destorce o que ouviu de modo torto acaba por permanecer longe do caminho reto da compreensão.

C) Pelos sons exóticos das palavras, nos impregnamos da melodia poética a cujo encanto se rendem, imantados, os nossos ouvidos.

D) Há sons indiscrimináveis, como os que se apanha do rádio mau sintonizado ou de uma conversa aliatória, entre terceiros.

E) É possível elaborar-se uma longa lista de palavras e expressões em cuja recepção sonora verificam-se os mais curiosos equívocos.

↘ Resolução:

A) *Correta.* Não há erro de grafia ou acentuação.

B) *Correta.* Não há erro de grafia ou acentuação.

C) *Correta.* Não há erro de grafia ou acentuação.

D) *Incorreta.* Isso porque "apanha" tinha de estar no plural, pois seu sujeito é o "que", que representa o "os"; "mal" é com l, já que se trata de advérbio – o contrário de "bem"; e "aleatória" é grafada com "e", e não com "i".

E) *Correta.* Não há erro de grafia ou acentuação.

↗ **Gabarito: "D".**

2. (FCC – TST – Analista Judiciário – Taquigrafia) A frase redigida segundo as prescrições do padrão culto é:

A) Os gritos de "incendio tudo, incendio tudo", ainda ecoavam nos ouvidos de todos quando o rapaz, ainda em surto, foi controlado pela população.

B) Tinha já espirado o prazo quando chegou lá com a presunção de inscrever-se, mas discretamente lhe notificaram que estava mau informado.

C) Quando resolveu apressar o carro que teria de vender para enfrentar as despezas da viagem, decepcionou-se tanto com o valor oferecido, que quase agrediu o rapaz.

D) Afirmou que não quis abrir precedente ao indicar a filha como responsável por soma tão vultosa e revelou também o temor de que alguém se opusesse à indicação.

E) Se aquelas acusações vão sortir efeito ou não, ninguém sabe, mas é bom que se procurem antever os novos rumos que o caso pode tomar.

↘ **Resolução:**

A) *Incorreta.* Isso porque "incendiar" é um dos verbos do "MARIO" (Mediar, Ansiar, Remediar, Incendiar, Odiar) e todos devem ser conjugados como o verbo "odiar", portanto tomá-lo como paradigma: eu odeio, tu odeias..., portanto a grafia correta de "incendiar" no presente seria "incendeio".

B) *Incorreta.* Isso porque "expirar" é com x; e "mal" tem de ser com l, neste caso, por tratar-se de advérbio – pode-se pensar que é o contrário de "bem".

C) *Incorreta.* Isso porque "apreçar", nesta frase, tem de ser grafado com ç, por ter o sentido de "avaliar o preço", e não de "dar pressa a", que aí sim teria a grafia "apressar"; e "despesas" é com s.

D) *Correta.* Não há nada que fuja às prescrições do padrão culto.

E) *Incorreta.* Isso porque "surtir" é com "u", pois não tem o sentido de "abastecer, munir", e sim de "resultar, ter como resultado".

↗ **Gabarito: "D".**

3. (FCC – TRF 2ª Região – Analista Judiciário – Área Administrativa) Está correto o emprego de ambos os elementos sublinhados em:

A) Se o <u>por quê</u> da importância primitiva de Paraty estava na sua localização estratégica, a importância de que goza atualmente está na relevância histórica <u>porque</u> é reconhecida.

B) Ninguém teria <u>porque</u> negar a Paraty esse duplo merecimento de ser poesia e história, <u>por que</u> o tempo a escolheu para ser preservada e a natureza, para ser bela.

C) Os dissabores <u>por que</u> passa uma cidade turística devem ser prevenidos e evitados pela Casa Azul, <u>porque</u> ela nasceu para disciplinar o turismo.

D) <u>Porque</u> teria a cidade passado por tão longos anos de esquecimento? Criou-se uma estrada de ferro, eis <u>porque</u>.

E) Não há <u>porquê</u> imaginar que um esquecimento é sempre deplorável; veja-se como e <u>por quê</u> Paraty acabou se tornando um atraente centro turístico.

↘ **Resolução:**

A) *Incorreta.* Isso porque "o porquê" deve ser junto e com acento, pois está substantivado – observar o artigo que o precede; "por que" é preposição + pronome relativo, por isso equivale à expressão "pela qual".

B) *Incorreta.* Isso porque "por que" é advérbio interrogativo, pois a oração "<u>porque</u> negar a Paraty esse duplo merecimento de ser poesia e história" pode ser substituída pelo ISSO, logo é uma subordinada substantiva, apresentando, portanto, o advérbio interrogativo "por que" – de modo mais simples, podemos entender que o "por que" pode ser substituído por "por qual motivo" ou ainda podemos apenas imaginar a palavra "motivo" bem à frente de "por que", e isso dá certo – fica ao seu critério usar qualquer um dos raciocínios, todos são 100% garantidos pelo Inmetro rs. O segundo "porque" deve ficar junto e sem acento, pois é uma conjunção, haja vista poder ser substituído por "pois".

C) *Correta.* As duas formas estão corretas, pois o primeiro é preposição + pronome relativo, equivalente à expressão "pelos quais", e o segundo é uma conjunção, equivale ao "pois".

D) *Incorreta.* Isso porque o primeiro "por que" deve ser separado sem acento, pois é um advérbio interrogativo (= por que motivo ou por qual motivo), e o segundo "por quê" deve ser separado com acento, pois, como a expressão foi empregada ao final da frase, o "quê" foi substantivado.

E) *Incorreta.* Isso porque o primeiro e o segundo "por que" devem ser separados e sem acento, pois são advérbios interrogativos (= por que motivo ou por qual motivo).

↗ **Gabarito: "C".**

4. (FCC – Prefeitura de São Paulo-SP – Auditor Fiscal do Município – Gestão Tributária) **A frase em que a ortografia está adequada ao padrão culto escrito é:**

A) À mínima contrariedade, exarcebava-se de tal maneira que seus excessos verbais eram já conhecidos de todos.

B) A expontaneidade com que se referiu ao local como "impesteado" fez que todo o auditório explodisse em risos.

C) Quanto à infraestrutura, será necessário reconstrui-la em prazo curto, mas sem que haja qualquer tipo de displiscência.

D) O docente não viu como retaliação a rasura no cartaz que afixara, mas sua intenção era advertir quanto ao desleixo com a coisa pública.

E) A obra faraônica será uma excressência naquela paisagem bucólica, mas ninguém teve hêsito em convencer os responsáveis da necessidade de revisão do projeto.

↘ **Resolução:**

A) *Incorreta.* Isso porque "exacerbava" tem "r" depois da sílaba "ce", e não depois de "xa".

B) *Incorreta.* Isso porque "espontaneidade" é com "s"; é bom lembrar que "empesteado" é com "e", ainda que na questão a palavra tenha vindo entre aspas.

C) *Incorreta.* Isso porque "reconstruí-la" tem acento, já que se trata de um caso de hiato, o que prevalece sobre a condição de a palavra ser uma oxítona; "displicência" não é com "sc", apenas com "c".

D) *Correta.* Não apresenta erro.

E) *Incorreta.* Isso porque "excrescência" é com "sc", e não com "ss"; e "êxito" é grafado assim, já que se trata do substantivo e não do verbo "hesitar", que no presente ficaria "hesito".

↗ **Gabarito: "D".**

5. (FCC – TRF 2ª Região – Analista Judiciário – Taquigrafia) **A frase correta no que diz respeito à ortografia é:**

A) Ele detém o poder de reinvindicar melhorias em nome de todos os funcionários do instituto, pois todos o quizeram na função de representante.

B) Certamente seu desempenho se deve a algum processo mnemônico, pois é impossível que advinhe mais de 90% dos nomes das pessoas que se apresentaram.

C) A anestesia, talvez em excesso, o fez sentir ânsias e profundo mal-estar no dia da cirurgia, mas, depois, sua convalescença se deu de forma tranquila, sem sobressaltos.

D) O maosoléu da família era imponente e bem cuidado, costumeiramente vizitado por grupos de estudantes que pesquizavam as obras de arte funerária do maior cemitério da cidade.

E) Por muitos anos foi extrator de latéx, depois trabalhou na enxada, foi acensorista e, finalmente, arranjou-se como incentivador de expectadores em programas de auditório.

↘ **Resolução:**

A) *Incorreta.* Isso porque "reivindicar" não tem "n" depois de "rei"; e "quiseram" é com "s".

B) *Incorreta.* Isso porque "adivinhe" é com "i", ou seja, o "d" não é mudo.

C) *Correta.* Não apresenta erro.

D) *Incorreta.* Isso porque "mausoléu" é com "u", e não com "o"; "visitado" é com "s" e "pesquisavam" é com "s".

E) *Incorreta.* Isso porque "látex" tem acento em "lá", pois é paroxítona terminada em x; e "ascensorista" é grafado com "sc" e "espectador", neste caso, é com "s", porque é aquele que assiste a um espetáculo – "expectador" é aquele que tem expectativa.

↗ **Gabarito: "C".**

3. MORFOLOGIA: ESTRUTURA, FORMAÇÃO E CLASSES DE PALAVRAS

O estudo da Morfologia se subdivide em duas partes:

- Estrutura e Formação de Palavras;
- Classes Gramaticais ou Classes de Palavras.

1) Estrutura das palavras

As palavras podem ser formadas por uma única parte, como ocorre com *sol*, ou não, como ocorre com *ferreiro*. Da palavra *mar* e da palavra *ferreiro*, podem-se formar outras palavras, mas *mar* sempre aparecerá como a menor unidade: *mar, maré, marítimo;* ao contrário de *ferreiro, ferro, ferragem*. Observe que neste último conjunto a menor parte é *ferr*.

Todas essas partes (*mar, -é, ferr, -eiro, -agem...*) que formam a palavra chamam-se **elementos mórficos** ou **morfemas.** De acordo com a sua função, são classificados em: *radical, afixos, desinências, vogal temática.* Além dos quatro morfemas, podemos encontrar a formação do *tema* nas formas verbais.

Assim, temos:

radical	elemento básico da palavra que sustenta o seu significado: ferr o ferr agem ferr eiro
afixos	associam-se ao radical, formando uma nova palavra: prefixo: antes do radical → **in** feliz sufixo: depois do radical → feliz **mente**
desinências	a) nominais: indicam o gênero e o número dos nomes. g a t **o** **s** → desinência nominal de número (**o**) → desinência nominal de gênero b) verbais: indicam pessoa, número, tempo e modo dos verbos. **f a l** (radical) **á** (vogal temática) **v a** (desinência modo-temporal) **m o s** (desinência número-pessoal)
vogal temática	indica a conjugação a que pertence o verbo: fal**a**r – 1ª conjugação beb**e**r – 2ª conjugação part**i**r – 3ª conjugação
tema	radical + vogal temática **fala** -mos, **bebe** -mos, **parti** -mos

Existe também a possibilidade de encontrarmos uma *vogal* ou uma *consoante de ligação* na formação das palavras. Essas vogais e consoantes aparecem apenas para facilitar a pronúncia, não têm significação e, por isso, não são morfemas: paris – **i** – ense/café – **t** – eira.

2) Formação das palavras

Os principais processos de formação são dois: o de derivação e o de composição.

a) Derivação

prefixal	prefixo + radical	**des**leal, **sub**solo
sufixal	radical + prefixo	leal**dade**, fatal**ismo**
prefixal e sufixal	prefixo + radical+ sufixo	**des**leal**dade**, **des**respeit**oso**
parassíntese	prefixo + radical +sufixo	**des**alm**ado**, **en**trist**ecer**
regressiva	a nova palavra surge por redução da palavra primitiva ou de verbos que indicam ação	botequim→ *boteco* pescar → *pesca* caçar → *caça*
imprópria	mudança da classe gramatical da palavra sem que ela mude de forma	Homem **Aranha** → adjetivo derivado substantivo Não sei o **porquê** disso.→ substantivo derivado de conjunção

ATENÇÃO

Como diferenciar *derivação prefixal* e *sufixal* de *parassíntese*? De *deslealdade* podem-se formar *desleal* e *lealdade*, assim temos tanto um prefixo quanto um sufixo sendo agregados ao radical. Porém de *entristecer* não se podem formar *entriste* e *tristecer*, logo temos aí um processo só – parassíntese.

b) Composição

por justaposição	os radicais agregados permanecem inalterados	*passatempo* = passa+tempo
por aglutinação	há alteração em pelo menos um dos radicais	*aguardente* = água+ardente

c) Outros processos de formação de palavras

hibridismo	união de palavras de idiomas diferentes	*televisão* = *tele*:grego + *visão*:latim
onomatopeia	imitação de sons	*pingue-pongue*
abreviação	não é abreviatura, é a redução da palavra sem prejuízo da compreensão	*pneu* por pneumático *fone* por telefone
sigla	união das letras ou sílabas iniciais de outras palavras	PT, BNDES, Incra, Embratur
palavra-valise	junção de partes de outras palavras	*portunhol* = português + espanhol
decalque	tradução de uma palavra ou expressão estrangeira	*novo-rico* (do francês = *nouveau rich*)

3) Classes de palavras (ou gramaticais)

São dez classes (classificações) de palavras que se subdividem em dois grupos: palavras variáveis e invariáveis.

As variáveis são as que têm flexão de gênero (masculino, feminino), número (singular, plural), grau (aumentativo ou diminutivo, comparativo ou superlativo), pessoa (1ª, 2ª, 3ª), tempo (presente, passado, futuro), modo (indicativo, subjuntivo, imperativo) e voz (ativa, passiva, reflexiva). São elas: substantivo, artigo, adjetivo, numeral, pronome e verbo.

As invariáveis não têm flexão. São elas: advérbio (apesar de apresentar flexão de grau), preposição, conjunção e interjeição.

Classe	Definição	Exemplos
SUBSTANTIVO (variável)	É a palavra com que damos nomes aos seres em geral.	carro, professor, pássaro, Carolina, Fortaleza, felicidade, sinceridade, sensatez, vida
ADJETIVO (variável)	É a palavra que atribui *qualidade, característica* ou *estado* aos seres.	mulher **linda,** tarde **ensolarada,** pessoa **responsável,** casas **amarelas**
ARTIGO (variável)	É a palavra que indica o substantivo, revelando seu *gênero* e *número.* Refere-se ao substantivo para *defini-lo* ou *indefini-lo.*	**o** vaso, **um** vaso, **os** vasos, **uns** vasos, **a** bala, **uma** bala, **as** balas**, umas** balas
NUMERAL (variável)	É a palavra que indica *quantidade* ou *ordem de sucessão.*	um, dois, primeiro, segundo, dobro, triplo, um terço, dois terços
PRONOME (variável)	É a palavra que substitui o nome (pronome substantivo) ou o acompanha (pronome adjetivo), indicando uma das três pessoas gramaticais.	**Aquela** moça é **minha** filha. **Ela** e **eu** seremos candidatos do sindicato. **Nossos** alunos estão muito bem preparados. **Estes** recados são para **você**.
VERBO (variável)	É a palavra que indica processo, ou seja, aquilo que se passa no tempo.	Carlos **treina** muito. (ação) Ela **estava** tranquila. (indica o estado *tranquila*) **Nevou** em diversas regiões. (fenômeno natural)
ADVÉRBIO (invariável)	Nunca se refere ao substantivo. É um modificador semântico ou do verbo, ou do adjetivo ou ainda de outro advérbio, exprimindo determinada **circunstância.**	**Não** faremos isso **calmamente**. **Ontem** fizemos a compra do mês. Ele **sempre** se arruma **muito bem**. O salão está **bastante** enfeitado. Ela está **meio** cansada.
PREPOSIÇÃO (invariável)	É um **conectivo** que liga dois elementos, estabelecendo entre eles relações de sentido e/ou de dependência. Não tem função sintática.	**Até** amanhã, meu amigo. Estou aqui **desde** as duas horas. Ensino **a** distância. Estamos aqui **para** estudar. Estou **sem** vontade **de** fazer isso.
CONJUNÇÃO (invariável)	É um **conectivo** que liga dois elementos que exercem a mesma função sintática, estabelecendo entre eles uma determinada relação semântica. Não tem função sintática.	Voltaremos mais cedo, **se** for possível. Ele pagou o produto, **contudo** não quis levá-lo. Sua professora é ótima; você deveria, **pois**, valorizá-la mais. Esperei mais um pouco, **conquanto** estivesse com pressa.

Classe	Definição	Exemplos
INTERJEIÇÃO (invariável)	É a palavra através da qual exprimimos nossas emoções. Não tem função sintática.	**Oh,** ele veio! **Oxalá** eu conseguisse isso! **Nossa,** que tormento! **Ué,** por que sofres tanto?

IMPORTANTE

Locução: é o conjunto de duas ou mais palavras que juntas desempenham apenas uma função gramatical (um sentido) → amor de mãe = amor materno.

3.1 Substantivo

Substantivo é palavra variável em gênero, número e grau que atribui *nome* aos seres em geral.

1) Considerações importantes sobre seu emprego nas frases

a) O substantivo é sempre **núcleo**: *As duas **casas** amarelas são de minha **avó**.*

b) Toda palavra que o substitui passa a ter valor de substantivo, portanto de nome, e, consequentemente, passa a ser núcleo também:

Ana saiu. → ***Ela** foi ao cinema.* (o pronome *Ela*, neste caso, tem valor de substantivo, de nome, por isso é núcleo)

c) As palavras que se referem ao núcleo são chamadas *determinantes* ou *adjetivas* (de valor adjetivo), por isso devem concordar com ele em gênero e número:

As duas *casas* **amarelas** são de **minha** *avó.*

d) Não se refere a outro substantivo, a menos que desempenhe o valor de um adjetivo ou que seja o nome próprio dele:

*Fizeram uma obra **monstro** ali.* (*monstro* tem valor de adjetivo de *obra*)

*O seu filho **Carlos** é agitado.* (*Carlos* é nome próprio de *filho*)

e) Pode ser representado por uma oração, a qual se chama *oração subordinada substantiva*:

*Desejamos **a sua vinda**.* → *Desejamos **que você venha.***

2) Quanto à sua formação, pode ser

a) *primitivo x derivado*: jornal x jornalista;

b) *simples x composto:* jornal x beija-flor/ sol x girassol.

3) Quanto à sua significação, pode ser

a) *comum x próprio:* jornal x Amazonas;

b) *concreto x abstrato*: jornal x redação.

ATENÇÃO

- Os substantivos *próprios* sempre são iniciados com maiúscula, já que designam apenas um determinado ser de uma espécie: *Carlos* sempre foi um rapaz estudioso.
- Os substantivos *abstratos* indicam qualidade (alegria), sentimento (ódio), sensações (fome), ações (luta) ou estados (morte) – são seres de existência dependente de outro ser e os *concretos*, por sua vez, têm existência independente de outro ser.
- Para se fazer a **diferença** entre o substantivo ***abstrato*** e o ***concreto***, basta que se verifique se o ser em questão tem existência dependente ou independente de outro ser. Por exemplo: o amor para existir depende de que nós o sintamos? sim; então sua existência é de dependência

de outro ser e, por isso, é um substantivo abstrato. É importante lembrar que o contexto define tal raciocínio: A **plantação** do milho demorou muito para ser finalizada. (abstrato) ≠ A **plantação** de milho pegou fogo. (concreto)

- Entre *os comuns*, há os **coletivos** que, mesmo sendo singulares, designam um conjunto de seres de mesma espécie, como *álbum* (conjunto de selos ou de fotos).

3.2 Adjetivo

Adjetivo é palavra variável que se refere ao substantivo, indicando suas *características* ou *estados*.

1) Considerações importantes sobre seu emprego nas frases

a) Refere-se ao substantivo ou a qualquer palavra que o substituir e mantém com essa palavra (esse nome) relação de concordância de gênero e número:

*As duas casas **amarelas** são de minha avó.* (*amarelas* é adjetivo e está no feminino e no plural, pois refere-se ao nome *casa*)

b) Quando o adjetivo se refere a um nome, diz-se que ele é uma palavra determinante ou adjetiva, mas, quando substitui um substantivo, passa a ter o valor de um substantivo, passa, portanto, a ser nome:

*O quarto **escuro** assusta as crianças.* (o adjetivo *escuro* é uma palavra adjetiva, determinante e está no masculino e no singular, pois se refere ao substantivo *quarto*)

*O **escuro** assusta as crianças.* (*escuro*, neste caso, tem valor de substantivo, pois equivale a um, tanto que o artigo se refere a ele).

c) O adjetivo pode tanto acompanhar o nome como também pode referir-se a ele por meio do verbo:

*A mulher **linda** vai passar agora.* (o adjetivo *linda* acompanha o substantivo, o nome *mulher*)

*A mulher está **linda**.* (neste caso, o adjetivo *linda* está se referindo ao substantivo, ao nome *mulher* por meio do verbo *estar*, que liga um ao outro)

d) Pode aparecer em forma de oração, a qual se chama *oração subordinada adjetiva:*

Força **imensurável**. → Força **que não se pode medir**.

2) Outras formas de emprego e formação

a) Adjetivos pátrios

i) indicam a nacionalidade ou a origem geográfica de um ser e normalmente são formados pelo acréscimo de um sufixo ao substantivo de que se originam: *Alagoas/alagoano, Brasil/brasileiro, Calábria/calabrês,* mas também há: *Espírito Santo/espírito-santense* ou *capixaba, Salvador/soteropolitano;*

ii) podem ser *simples* ou *compostos*, referindo-se a duas ou mais nacionalidades ou regiões: *luso-brasileiro* – neste último caso assumem sua forma reduzida e erudita, com exceção do último elemento: *sino-russo-americano.*

b) Locuções adjetivas

Expressões, geralmente, formadas por preposição e nome que equivalem a adjetivos:

i) anel **de prata** = anel **argênteo;**

ii) problema **de fígado** = problema **hepático;**

iii) soldadinhos **de chumbo** = soldadinhos **plúmbeos;**

iv) estrela **da tarde** = estrela **vespertina.**

c) Semântica

Podem mudar de sentido, quando mudam de posição com o substantivo:

i) menina *pobre*: sem recursos;

ii) *pobre* menina: coitada;

iii) homem *grande*: relativo ao tamanho dele – grande;

iv) *grande* homem: notável.

3.3 Flexões do substantivo e do adjetivo

1) Gênero e número

As flexões de gênero e número dos adjetivos simples são exatamente as mesmas dos substantivos simples.

> **ATENÇÃO**
>
> Substantivo simples com valor de adjetivo fica invariável. Exemplo: Comprei blusas **vinho**.

a) Gênero (masculino/feminino)

Os substantivos e os adjetivos podem ser:

i) *biformes*: uma forma para masculino e outra para feminino: *gato/gata; bonito/bonita.*

São chamados *heterônimos* os substantivos que fazem distinção de gênero não pela desinência, mas através do radical: *bode/cabra; homem/mulher*;

ii) *uniformes:* uma única forma para ambos os gêneros: menino *inteligente/* menina *inteligente;* a *criança.*

Os substantivos, nesse caso, dividem-se em:

- *epiceno*: usado para animais de ambos os sexos (macho e fêmea)→ jacaré **macho**, jacaré **fêmea**;
- *comum de dois gêneros*: designa pessoas, fazendo a distinção dos sexos através das palavras adjetivas→ **o** dentista, **a** dentista.
- *sobrecomum*: apresenta um só gênero gramatical para designar pessoas de ambos os sexos→a criança.

> **IMPORTANTE**
>
> - Alguns substantivos, quando mudam de gênero, mudam de sentido: o cabeça (chefe); a cabeça (parte do corpo).
> - **Outros têm gênero vacilante: o/a diabetes; o/a laringe; o/a soprano; o/a usucapião; o/a personagem.**

b) Número (singular x plural)

Nos substantivos e adjetivos simples, forma-se o plural em função do final da palavra.

Substantivo terminado em	Forma o plural assim	Exemplos	Exceções
Vogal ou ditongo	+s	muro → muro**s** degr**au** → degrau**s**	–
ão	+s -ão + ões -ão + ães	acórd**ão** → acórdão**s** mam**ão** → mam**ões** tabeli**ão** → tabeli**ães**	–
al el ol ul	-l + is	cana**l** → cana**is** fusíve**l** → fusíve**is** caraco**l** → caracó**is** pau**l** → pau**is**	ma**l** → mal**es** me**l** → mé**is** ou mel**es** cônsu**l** → cônsul**es**
il	-l +s (em oxítonas) -il + eis (em paroxítonas)	ti**l** → ti**s** fuzi**l** → fuzi**s** míss**il** → míss**eis** fóss**il** → fóss**eis**	mírtil → mírtiles ou mírteis móbil → móbiles ou móbeis reptil/projetil → reptis/projetis ou réptil/projétil → répteis/projéteis

Substantivo terminado em	Forma o plural assim	Exemplos	Exceções
r,z	+es	gravide**z** → gravidez**es** júnio**r** → junior**es** sênio**r** → senior**es** caráte**r** → caracter**es**	
m	-m+ns	refé**m** → refé**ns** nuve**m** → nuve**ns**	–
s	+es (em oxítonas) invariável, se não for oxítona	lilá**s** → lilas**es** adeu**s** → adeus**es** **o** pires → **os** pires **o** ônibus → **os** ônibus	• **cais** e **xis** são invariáveis; • **cós** faz plural *cós* ou *coses*.
n	+s ou +es (o acréscimo de *es* é pouco comum)	póle**n** → polen**s** hífe**n** → hifen**s**, hífen**es** abdôme**n** → abdomen**s**, abdômen**es**	
X	Invariáveis	**A** fênix → **as** fênix **O** tórax → **os** tórax	As formas variantes seguem o plural da variante: índe**x** ou índic**e** → _ ou índice**s.**

ATENÇÃO

- Alguns exemplos de substantivos terminados em -ão que apresentam múltiplos plurais: alão→ alões, alãos, alães/alazão→ alazões, alazães/aldeão→ aldeões, aldeãos, aldeães/vilão→ vilões, vilãos/ancião→ anciões, anciãos, anciães/verão→ verões, verãos/castelão→ castelões, castelãos/rufião→ rufiões, rufiães/ermitão→ ermitões, ermitãos, ermitães/sultão→ sultões, sultães, sultãos.
- *Sufixo diminutivo -ZINHO(A)/-ZITO(A)*: colocar a palavra primitiva no plural, retirar o -S e acrescentar o sufixo com -S no final: cãe**zito**s, coronei**zinho**s, mulhere**zinha**s.
- Alguns substantivos, quando mudam de número, mudam de sentido: bem (virtude); bens (riquezas).

Nos compostos, o plural é formado de maneira diferente para os substantivos e adjetivos.

i) Plural dos substantivos compostos

I – Sem hífen	igual ao substantivo simples	planalto → planaltos girassol → girassóis
II – Substantivos compostos com hífen	**como fica?**	**exemplo**
substantivo adjetivo pronome numeral	são sempre flexionados **Obs.**: em nome de reza só o 2º varia. (norma erudita)	couve-flor → couves-flores amor-perfeito → amores-perfeitos guarda-civil → guardas-civis quinta-feira → quintas-feiras pai-nosso → pai-nossos/pais-nossos

advérbio verbo preposição prefixo	ficam invariáveis	sempre-viva → sempre-vivas guarda-chuva → guarda-chuvas alto-falante → alto-falantes vice-presidente → vice-presidentes
ligados por preposição	varia apenas a primeira palavra com ou sem o hífen	pão de ló → pães de ló mula sem cabeça → mulas sem cabeça joão-de-barro → joões-de-barro
palavras repetidas ou semelhantes ou onomatopaicas	varia apenas o último elemento	teco-teco → teco-tecos pingue-pongue → pingue-pongues bem-te-vi → bem-te-vis **Obs.**: verbos repetidos→ corre-corre → corre-corres ou corres-corres
com o segundo substantivo determinando ou limitando o primeiro, indicando forma, espécie ou finalidade*	varia apenas o primeiro elemento (ou variam os dois elementos)	banana-prata → bananas-prata ou bananas-pratas laranja-pera → laranjas-pera ou laranjas-peras vale-refeição → vales-refeição ou vales-refeições
formados com *grão*, *grã*, *bel* seguidos de substantivo	varia apenas o segundo elemento	grão-duque → grão-duques grã-duquesa → grã-duquesas bel-prazer → bel-prazeres
Exceções	invariáveis →	louva-a-deus e arco-íris

IMPORTANTE

- Há muitas dúvidas em como identificar os compostos em que o 2º substantivo especifica o 1º. Assim, pode-se recorrer ao raciocínio dado na parte de emprego do hífen no n. 1 do item 2: basta que você tente visualizar os elementos de uma composição, como *banana-prata*, e você verá apenas um, no caso, a *banana*, mas a *prata* não.
- Há substantivos simples que só são empregados no plural e compostos que têm o segundo elemento sempre no plural: olheiras, óculos, guarda-costas, para-raios, paraquedas, porta-joias, saca-rolhas.
- Os nomes estrangeiros assimilados pela língua têm seu plural de acordo com as normas vigentes de nossa língua: *dólar → dólares, hambúrguer →hambúrgueres.* Porém, os que não foram ainda assimilados têm o seu plural ou apenas com o acréscimo do –s ou de acordo com sua língua de origem – o mais recomendado: *campus→campi, curriculum→ curricula, logos→ logoi, dandy→ dandies, penny→ pennies ou pence, blitz→ blitze.*

ii) Plural e gênero dos adjetivos compostos

Adjetivos compostos sem hífen	a flexão é igual à do simples, só varia "o final"	relação socioeconômica → relações socioeconômicas → projetos socioeconômicos
Adjetivos compostos com hífen	**como ficam?**	**Exemplo**

Adjetivo + Adjetivo	varia apenas o último adjetivo	blusa verde-clara → blusas verde-claras congresso afro-luso-brasileiro → congressos afro-luso-brasileiros
Adjetivo + Substantivo	invariável	casa verde-limão → casas verde-limão casaco verde-musgo → casacos verde-musgo
Exceções	invariáveis→ variam os dois elementos →	azul-marinho, azul-celeste e cor-de-rosa surdo-mudo → surdos-mudos, surdas-mudas

2) Grau

Grau dos substantivos	
normal	homem
diminutivo (vulgar ou erudito)	homenzinho, homúnculo
aumentativo (vulgar ou erudito)	homenzão, homenzarrão

Grau dos adjetivos			
Comparativo	igualdade (tão...quanto/como)		Ele é **tão** alto **quanto** você.
	superioridade (mais...(do) que)		Ele é **mais** alto (**do) que** você.
	inferioridade (menos...(do) que)		Ele é **menos** alto (**do) que** você.
Superlativo	absoluto	analítico	Ele é **muito** alto.
		sintético	Ele é **altíssimo**.
	relativo	de superioridade	Ele é **o mais** alto de todos.
		de inferioridade	Ele é **o menos** alto de todos.

Formas sintéticas especiais para os adjetivos **bom**, **mau**, **grande** e **pequeno:**

Adjetivos	Comparativo de Superioridade	Superlativo absoluto	
		regular	irregular
bom	melhor	boníssimo	ótimo
mau	pior	malíssimo	péssimo
pequeno	menor	pequeníssimo	mínimo
grande	maior	grandíssimo	máximo

Assim, temos: *Ele é **maior** do que o irmão. E **não**: Ele é mais grande do que o irmão.*

ATENÇÃO

Quando estes adjetivos se referem a características de um mesmo ser, admitem-se as construções **mais bom que, mais mau que, mais grande que** e **mais pequeno que**. Exemplo: Ele é bonito e inteligente; alguns o consideram mais bom que inteligente.

3.4 Artigo

Artigo é palavra variável em gênero e número que indica o substantivo de modo preciso ou vago, revelando-lhe o gênero e o número.

Mantém, portanto, uma relação de concordância com o nome: ***o** menino, **os** meninos, **a** menina, **as** meninas, **um** nó, **uns** nós, **uma** noz, **umas** nozes.*

1) Classificações e propriedades

a) São classificados em:

i) **definido**: *o, a, os, as* – determina o substantivo ou a espécie a que se refere de modo específico, preciso: *Joana saiu rapidamente. **A moça** parecia muito preocupada.*

ii) **indefinido**: *um, uma, uns, umas* – determina o substantivo ou a espécie a que se refere de modo vago, impreciso: *Somente **uma pessoa** veio aqui hoje.*

b) Pode aparecer combinado com preposição: ***numa**, do, à (a + **a**), **ao**, pelo*

i) **contração** é o nome que se dá à formação da crase, ou seja, da fusão de duas vogais (artigo + preposição) a uma só;

ii) **combinação** é o nome da fusão do artigo com as demais preposições.

c) Tem a propriedade de substantivar qualquer palavra precedida por ele. A esse processo dá-se o nome de **substantivação**:

***O não** educa as crianças.*

*No mundo da Ciência **o porquê** das coisas não é desprezado.*

2) Emprego do artigo

a) Não se deve usar artigo depois de *cujo* e suas flexões:

*Este é o garoto **cujo** pai esteve aqui.* (**errado:** cujo o/cuja a...)

b) Não se usa artigo diante de expressões de tratamento iniciadas por possessivos.

***Vossa Senhoria** será homenageado.* (**errado:** A Vossa Senhoria...)

c) É obrigatório o uso do artigo definido entre o numeral *ambos* e o substantivo a que se refere:

*Ele estava com **ambas as mãos** machucadas.* (**errado:** ambas mãos)

d) Diante do possessivo adjetivo, ou seja, pronome que acompanha o substantivo, seu emprego é facultativo; mas se o pronome for substantivo, ou seja, quando o pronome substitui o substantivo, seu emprego torna-se obrigatório:

*Eu comprei **a minha casa** e você, **a sua**.* ou *Eu comprei **minha casa** e você, **a sua**.*

e) Antes de nomes de pessoas comuns, seu emprego é facultativo, gramaticalmente:

***A Paula** veio aqui.* (o artigo revela afetividade) ou ***Paula** veio aqui.* (distanciamento)

f) Antes de nomes de pessoas bastante conhecidas, não se usa artigo:

***Shakespeare** escreveu Romeu e Julieta.*

g) Não se usa artigo diante das palavras *casa* (= lar, moradia) e *terra* (= chão firme) a menos que essas palavras sejam especificadas, adjetivadas:

*Estamos reunidos em **casa**.* (**errado**: na casa)/*Estamos reunidos n<u>a</u> **casa** <u>**do meu pai**</u>.*

h) Diante de alguns nomes de cidade não se usa artigo, a não ser que venham especificados, adjetivados:

*Conhecemos <u>Brasília</u>. → Conhecemos **a** <u>Brasília</u> **de Juscelino**.* (especificada)

i) Não se combina com conectivo o artigo que faz parte de nomes de jornais, revistas e obras literárias, bem como com aquele que faz parte de um sujeito de verbo no infinitivo:

A reportagem foi veiculada **por** O *Estado de São Paulo*. (**errado**: *pelo Estado de São Paulo*)

Apesar ***de o campo estar*** *em boas condições, o jogo foi suspenso.* (**errado**: *...do campo estar*)

j) Depois de *todo*, emprega-se o artigo quando se quer dar ideia de especificação ao contexto, e depois de *todos*, sempre:

Todo livro *é bom.* (generalização, todo e qualquer livro é bom)

Todo o livro *é bom.* (especificação, o livro inteiro e um só)

Todos os livros *são bons.* (o plural causa generalização e o artigo faz parte da construção)

k) Emprega-se o artigo para a elaboração do superlativo:

Discutia ***os*** *assuntos mais profundos.* (**errado**:... ***os*** *assuntos* ***os*** *mais profundos.* – a norma culta não admite a repetição do artigo)

3.5 Numeral

Numeral é a palavra que indica quantidade ou ordem.

1) Classificações

a) cardinal → indica quantidade: 1, 2, 3.

b) ordinal → indica ordem de sucessão: primeiro, segundo.

c) multiplicativo → indica multiplicação: dobro, duplo, triplo.

d) fracionário → indica fração: meio, metade, terço.

2) Nas frases

Os numerais podem apresentar valor adjetivo (palavra determinante ou adjetiva) ou valor de substantivo (nome):

Ele foi o ***primeiro jogador*** *a chegar.* → acompanha um substantivo, tem valor adjetivo.

Ele será ***o primeiro*** *desta vez.* → substitui um substantivo, tem valor de nome.

3) Empregos

a) Em enumeração de leis, decretos, artigos, portarias, enfim, em textos oficiais, emprega-se o numeral ordinal até o nono e o cardinal a partir de dez: artigo 5º./artigos 34 e 35.

Os artigos são representados pelos algarismos arábicos e os incisos com os romanos: artigo 9º, inciso II (artigo nono, inciso segundo).

b) Em enumeração de textos, páginas, folhas, casas e equivalentes, emprega-se o cardinal; antecedido ao substantivo, emprega-se o ordinal: página 14, casa 12/14ª página, 12ª casa.

c) Em indicação de séculos, reis, papas e capítulos, utiliza-se na leitura ordinal até o 10º; a partir de onze, usam-se os cardinais: João Paulo II (segundo)/Luís XIV (quatorze).

d) O numeral *mil* não aparece acompanhado de outro numeral quando representa unidade: *mil reais* (forma correta); *um mil reais* (forma incorreta).

e) O numeral ordinal deve indicar o primeiro dia do mês: *dia primeiro* (forma correta) ; *dia um* (forma incorreta); os demais dias são indicados pelos cardinais: *dia dois.*

IMPORTANTE

- se o numeral vier antes do substantivo, será obrigatória a leitura do ordinal: XX (vigésima) Bienal; V (quinto) Salão do Automóvel;
- zero e ambos (acompanhado de artigo se seguido de substantivo: *ambos os meninos*) também são numerais cardinais;
- *dúzia, centena...* são chamados numerais coletivos, por designarem um conjunto de seres.

3.6 Pronome

Pronome é palavra variável em gênero, número e pessoa que acompanha ou substitui um nome.

Quando acompanha o substantivo, tem valor de *palavra adjetiva* e é classificado *pronome adjetivo*; e quando substitui o substantivo, tem valor de *nome* e é classificado *pronome substantivo*. Exemplos:

Ana saiu. Ela foi ao cinema. → *pronome substantivo, pois substitui o nome "Ana".*

Aquela questão já foi resolvida. → *pronome adjetivo, pois acompanha o nome "questão".*

Este carro é meu. Esse outro é seu. →*"outro" é pronome substantivo, pois substitui "carro".*

"Esse" é pronome adjetivo, pois acompanha "outro" que tem valor do substantivo "carro".

1) Palavras fóricas

Os pronomes são assim considerados, pois podem se referir a elementos do texto que foram mencionados antes dele – **função anafórica**; ou que serão mencionados depois dele – **função catafórica**. Exemplos:

Ana saiu. Ela foi ao cinema. → *função anafórica.*

Aquela *questão* já foi resolvida. → *função catafórica.*

2) Pessoas do discurso

São três:

1ª pessoa: aquele que fala, emissor.

2ª pessoa: aquele com quem se fala, receptor.

3ª pessoa: aquele de que ou de quem se fala, referente.

O pronome se relaciona com o substantivo, indicando-o como pessoa do discurso. Sendo assim, nas frases abaixo, temos:

Levantei-me cedo.→ texto em primeira pessoa.

Levantou-se cedo. → texto em terceira pessoa.

3) Classificações dos pronomes e seus empregos

Subdividem-se em seis grupos de acordo com suas funções específicas nos contextos:

- pessoal (tratamento);
- possessivo;
- demonstrativo;
- relativo;
- indefinido;
- interrogativo.

4) Pronome pessoal (tratamento)

Indica a pessoa do discurso, substituindo um substantivo ou um termo. E apresenta variações, porque muda de função sintática na frase, subdividindo-se em retos e oblíquos átonos ou tônicos.

Pronomes Pessoais				
número	pessoa	pronomes retos	pronomes oblíquos	
			tônicos	átonos
singular	1ª 2ª 3ª	eu tu ele, ela	mim, comigo ti, contigo ele, ela, si, consigo	me te se, o, a, lhe
plural	1ª 2ª 3ª	nós vós eles, elas	nós, conosco vós, convosco eles, elas, si, consigo	nos vos se, os, as, lhes

a) Os pronomes **átonos** não são preposicionados na elaboração da frase, ou seja, a preposição não é expressa no texto: Comprei-*a*; Paguei-*o* ao jornaleiro; Fizeram-*me* um favor.

b) Os pronomes **tônicos** são preposicionados na elaboração da frase, ou seja, a preposição é expressa no texto:
Paguei isso *a ele*; Levou isso *para ti*.

c) Os pronomes **pessoais** são sempre **substantivos**.

d) As formas oblíquas ***o, a, os, as*** não são regidas de preposição; enquanto ***lhe*** e ***lhes*** são regidos de preposição não expressa junto deles; os demais oblíquos átonos ***me, te, se, nos*** e ***vos*** podem ou não ser regidos de preposição não expressa antes deles:

Comprei um carro. = Comprei-**o**. (= Comprei "ele" – representação do raciocínio, pois a norma culta não aceita essa construção – complemento sem preposição = objeto direto).

Dei um doce ao João. = Dei um doce a ele. = Dei-**lhe** um doce. (com preposição = objeto indireto)

Ele garantiu isso a mim. = Garantiu-**me** isso. (com preposição = objeto indireto)

Levaram-**me** para passear. (= Levaram "eu" para passear – no raciocínio, pois a norma culta não aceita essa construção – complemento sem preposição = objeto direto)

e) Os pronomes pessoais **retos** → são essencialmente **sujeito**, desde que não estejam preposicionados, pois passam a funcionar como oblíquos tônicos (exceto **eu** e **tu** que, preposicionados ou não, sempre exercem a função de sujeito). Os retos podem ser ainda **predicativo** ou **vocativo**.

Este livro é para **eu** ler. (sujeito)

A professora és **tu**. (predicativo do sujeito)

Tu, não faças isso. (vocativo)

f) Os pronomes pessoais **oblíquos** → além de complementos – objeto direto, indireto e complemento nominal –, podem ainda ser sujeito, adjunto adnominal, agente da passiva ou adjunto adverbial.

i) Complementos

Esta é uma conversa *entre* **mim** e **ela**. (complemento nominal)

Ele fez isso *para* **ti**. (objeto indireto)

Viu-**te** no parque. (objeto direto)

ATENÇÃO

Os pronomes "eu" e "tu" são empregados apenas como *sujeito*. Ao passo que "mim" e "ti" nunca o são. Para reconhecer, então, se o emprego do pronome está correto, basta localizar o sujeito.

O livro é *para* **eu** *ler*. (sujeito – "eu" pratica ação) ≠ O livro é *para* **mim.** (não é o sujeito da oração)

O livro é *para* **tu** *leres*. (sujeito – "tu" pratica ação) ≠ O livro é *para* **ti**. (não é o sujeito da oração)

ii) Sujeito do infinitivo

Estes verbos (sensitivos e causativos) não aceitam os pronomes do caso reto.	Pronomes oblíquos átonos.	Qualquer verbo no infinitivo.
Deixar Mandar Fazer Ver Ouvir Sentir	me te se, o, a nos vos os, as	cantar trabalhar sair entrar ir chegar

Deixe-*me ver isso.* → a segunda oração funciona como complemento de "Deixe", por isso o pronome empregado é o oblíquo "me" e não o reto "eu", porém, dentro da segunda oração ("me ver isso"), "me" é sujeito do verbo "ver" no infinitivo.

iii) Adjunto adnominal (*me, te, lhe, nos, vos, lhes = possessivo*)

Alguns autores discordam dessa classificação, porém é a mais comum e, quando solicitada nos concursos, o que se pede é esta classificação ou, principalmente, o reconhecimento da diferença entre este emprego e o de complemento. Essa função ocorre quando o oblíquo tem o valor do possessivo.

Puxaram-**me** para dentro do trem. (= Puxaram "eu"... – forma inculta – objeto direto/complemento)

Puxaram-**me** *o* cabelo com muita força. (= Puxaram *o* **meu** cabelo... equivale a possessivo: adjunto adnominal de cabelo)

iv) Agente da passiva

Este livro foi lido *por* **mim**. (é termo agente, pois "eu" li o livro)

v) Adjunto adverbial

Ela foi ao jardim **comigo**.

g) Nos pronomes oblíquos tônicos ***comigo, contigo, conosco*** e ***convosco***, a preposição *com* já é parte integrante do pronome.

Conosco e ***convosco*** devem aparecer na sua forma analítica – ***com nós* e *com vós*** – quando vierem com os modificadores *todos, outros, mesmos, próprios* ou um *numeral:*

Ninguém foi **conosco** ao parque.

Ninguém foi **com nós três** ao parque.

Trabalhar é **com nós mesmos**.

Foram **convosco**, mas voltaram sozinhos.

h) Os oblíquos ***si*** e ***consigo*** têm valor exclusivamente reflexivo:

Ele não trazia **consigo** nenhum documento. (= com ele mesmo)

Ela é uma pessoa que só pensa *em* **si**. (= nela mesma)

Forma errada: Pedro, preciso falar **consigo** um pouquinho. (afinal, se ele quer falar *com ele mesmo*, o Pedro não deve impedir. Isso ocorre, porque a ideia não é reflexiva)

Forma correta: Pedro, preciso falar **com você** um pouquinho.

i) ***Me, te, se, nos, vos*** – podem ter valor reflexivo: Ele **se** (= ele mesmo) lavou rapidamente.

j) ***Se, nos, vos*** – podem ter valor reflexivo e recíproco: Nós **nos** entreolhamos. (= um olhou para o outro)

k) Pela norma culta não se contrai as preposições ***de*** e ***em*** com sujeitos de um verbo no infinitivo, mesmo que o sujeito esteja representado por um pronome:

Em vez ***de ele*** (sujeito) continuar, desistiu. ≠ Vi as bolsas ***dele*** (adjunto adnominal) bem aqui.

l) Plural de modéstia é o uso do "*nós*" em lugar do "*eu*", para evitar tom impositivo ou pessoal:

Nós fizemos um trabalho baseado nas provas de concurso público.→ neste caso o sujeito é apenas um autor que se refere ao próprio trabalho.

m) Num sujeito composto é de bom tom colocar o pronome de 1ª pessoa por último:

João, Ana e ***eu*** sempre passeamos juntos.

Se for algo desagradável ou que implique responsabilidade, usa-se a 1ª pessoa no início:

Eu, João e ***Ana*** fomos os responsáveis por este erro.

n) Os pronomes ***o, a, os*** e ***as*** transformam-se em *lo (a/s)*, quando associados a verbos terminados em *r, s* ou *z* e os verbos perdem o *r*, o *s* ou o *z*; se a terminação verbal for em ditongo nasal *(-m, -ão,...)*, os pronomes transformam-se em *no(a/s)*:

Estou feliz por encontrar meus amigos. → Estou feliz por encontr**á**-**los.**

Trouxemos os ingressos. → Trouxem**o**-**los.**

Fiz a tarefa. → **Fi**-**la**.

Ponham o grampeador aqui. → Ponha**m**-**no** aqui.

Põe o doente nesta maca. → **Põe**-**no** nesta maca.

- Verbo em 1ª pessoa do plural + pronome oblíquo NOS, o verbo perde o "s":

Nós queixamos-nos. (forma errada)

Nós queixam**o**-**nos;** Nós nos queixamos ou Queixam**o**-**nos**. (formas corretas)

o) Quando numa mesma oração ocorrem dois pronomes átonos, um na função de objeto direto e outro, objeto indireto, estes pronomes podem combinar-se, observadas as seguintes condições:

i) **Me**, **te**, **nos**, **vos**, **lhe** e **lhes** (na função de objeto indireto) juntam-se a **o**, **a**, **os**, **as** (formas de objeto direto): Comprei um carro para mim. = Comprei **o** + **me** = Comprei-**mo.**

Eu remeterei as peças solicitadas a ele. = Eu **as** + **lhe**. = Eu **lhas** remeterei.

ii) O pronome **se** associa-se aos **me, te, nos, vos, lhe(s),** e nunca aos **o(s), a(s)**:

Justiça seja feita a ele. = Justiça **se lhe** faça.

p) **Os pronomes de tratamento** são palavras ou expressões que equivalem a pronomes pessoais.

Abrev.	Tratamento	Uso
V. Ex.ª	Vossa Excelência	Altas autoridades do Governo e das Forças Armadas
V. S.ª	Vossa Senhoria	Autoridades públicas ou particulares em geral
V. Mag.ª	Vossa Magnificência	Reitores das universidades
V. A.	Vossa Alteza	Príncipes, Arquiduques, Duques
V. M.	Vossa Majestade	Reis, Imperadores
V. S.	Vossa Santidade	Papa
V. Em.ª ou V. Em.ª Rev.ma	Vossa Eminência ou Vossa Eminência Reverendíssima	Cardeais
V. Ex.ª Rev.ma	Vossa Excelência Reverendíssima	Arcebispos e Bispos
V. Rev.ma ou V. S.ª Rev.ma	Vossa Reverendíssima ou Vossa Senhoria Reverendíssima	Monsenhores, Cônegos ou superiores religiosos
V. Rev.ª	Vossa Reverência	Sacerdotes, clérigos e demais religiosos

i) Essas formas, assim como *você, vocês,* são empregadas como referência à pessoa com quem se fala (2ª pessoa); entretanto, a concordância dos verbos e de outros pronomes é feita em 3ª pessoa; as formas nominais dos verbos e as palavras adjetivas concordam em gênero com o sexo da pessoa da autoridade em questão:

Vossa Senhoria será homenagead**o** por **seus** amigos.

(homem)

Vossa Senhoria será homenageada por **seus** amigos.

(mulher)

ii) Também são pronomes de tratamento *você, vocês* (provenientes da redução de *Vossa Mercê*), *Senhor, Senhora* e *Senhorita*.

iii) ***Ilustríssimo*** (Ilmo.) e ***digníssimo*** (DD) não se usam mais em relação às autoridades tratadas por *Vossa Senhoria* e *Vossa Excelência*, respectivamente.

iv) As formas precedidas de *Vossa* empregam-se à pessoa com quem se fala (2ª pessoa) e as de *Sua*, à pessoa de quem se fala. Troca-se na abreviatura o V. pelo S.

*Esta correspondência foi enviada a **Sua Excelência**, entregue-lhe imediatamente.*

ATENÇÃO

Note que a pessoa está falando com uma outra e ordenando-lhe que entregue a correspondência à autoridade que não está presente naquele momento da fala, por isso teve de se empregar a forma precedida de *Sua*.

q) **Colocação dos pronomes oblíquos átonos**

i) Ênclise: pronome depois do verbo → Dê-**me** uma xícara de café.

ii) Mesóclise: pronome no "meio" do verbo → Entregar-**te**-ia os documentos hoje.

iii) Próclise: pronome antes do verbo → Nada **me** assusta.

IMPORTANTE

Esses pronomes, quando pospostos ao verbo, ligam-se a ele pelo hífen e, quando antepostos, mantêm sua autonomia, ou seja, não se ligam ao verbo pelo hífen, como se pode notar nos exemplos acima.

Vejamos os casos obrigatórios:

r) **Próclise – é obrigatória nos seguintes casos:**

i) **com palavras atrativas:**

- Expressões negativas → **Nada me** faltará.
- Advérbios não separados por vírgulas→ **Hoje te** contarei o ocorrido.
- Pronomes demonstrativos, indefinidos e relativos → Esta é a pessoa **que nos** socorreu.
- Conjunções subordinativas → Ela disse **que te** ofendi.

ii) nas construções de:

- Preposição "em" + gerúndio → **Em se tratando** deste assunto, ele é especialista.
- Frases exclamativas, interrogativas e optativas → Onde **a** encontraram**?**/Como **se** ilude**!**/Deus **te** proteja!

s) **Mesóclise – é obrigatória, desde que não haja fator de próclise.**

Com verbos no futuro do presente ou do pretérito no início da frase.

Contar-**te**-ei o ocorrido./Contar-**te**-ia o ocorrido.

t) **Ênclise – desde que o verbo não esteja no futuro ou desde que não haja fator de próclise, é obrigatória:**

i) Em início de frase. → **Diga-me** o que aconteceu.

ii) Após advérbio seguido de vírgula. → Hoje, **levei-o** ao cinema.

iii) Em orações iniciadas pelo gerúndio. → Ele chegou, **tirando-lhe** o copo da mão.

u) **Outras considerações**

i) **A próclise prevalece** sobre os demais casos. **E a mesóclise prevalece** sobre a ênclise.

ii) No corpo do período, **a colocação não deve ser proclítica pela norma culta:**

Ele me iludiu, **enganou-me** e foi embora.

Ele chegará, **far-lhe-á** uma sugestão e partirá.

iii) **A próclise passa a ser obrigatória** com sujeito expresso ou com pronome reto e o verbo no futuro:

Ana lhe dirá isso depois.

Eu lhe direi isso depois.

iv) **Com as formas nominais**, a colocação do oblíquo átono com as formas nominais deve ser assim:

- **gerúndio** → seguem-se as regras normalmente: **Fazendo-me** este favor, já será ótimo.
- **particípio** → a colocação após o particípio é proibida: Tinha-**o encontrado**.
- **infinitivo** → a colocação é facultativa, mesmo que haja caso de próclise obrigatória:

Para *não* **me elogiar**, não vieram./ Para *não* **elogiar-me**.

v) **Com o infinitivo pessoal precedido de preposição**, ocorre próclise:

Por *se* **comportarem** mal, foram advertidas.

vi) **Nas demais situações**, a colocação é **facultativa** e sempre prevalece a eufonia (bom som) ou a ênfase: Eu lhe obedeço. → Eu obedeço-lhe.

vii) **Nas locuções verbais**

i) Verbo auxiliar + infinitivo

- Se houver fator de próclise ou não, pode-se colocar o pronome antes ou depois do verbo auxiliar ou depois do infinitivo

O professor **me vai elogiar.**

O professor **vai me (-me) elogiar**.

O professor **vai elogiar-me**.

O professor **não me vai elogiar**.

O professor **não vai me elogiar**.

O professor **não vai elogiar-me**.

ii) Verbo auxiliar + gerúndio

- Se não houver fator de próclise, pode-se colocar o pronome antes da locução, entre os verbos da locução ou após a locução.

O professor **me está elogiando**.

O professor **está me (-me) elogiando**.

O professor **está elogiando-me**.

- Se houver fator de próclise, pode-se colocar o pronome antes do verbo auxiliar ou depois do gerúndio.

O professor **não me está elogiando**./ **não está elogiando-me**.

iii) Verbo auxiliar + particípio

- Se não houver fator de próclise, o pronome ficará antes ou depois do verbo auxiliar. Isso porque não se põe o pronome oblíquo após o particípio. → **Tinha-o encontrado** lá.
- Se houver fator de próclise, o pronome ficará antes do verbo auxiliar. → **Não o tinha encontrado** lá.

5) Pronome possessivo

Faz referência às pessoas do discurso, apresentando-as como possuidoras de algo. Sua importância, nas provas, está na coesão.

Pronomes possessivos		
pessoa	singular – um possuidor	plural – vários possuidores
1ª	meu(s), minha(s)	nosso(a/s)
2ª	teu(s), tua(s)	vosso(a/s)
3ª	seu(s), sua(s)	seu(s), sua(s)

a) Empregos

i) As formas do possessivo variam conforme o gênero e o número do elemento possuído e conforme a pessoa e o número do possuidor (seu referente):

Eu estava no portão de **minha casa**.

ii) Pode desempenhar o papel de pronome adjetivo (adjunto adnominal), bem como de pronome substantivo (aqui a função sintática vai depender de seu emprego na frase):

Este é **meu caderno**. (= pronome adjetivo, adjunto adnominal de caderno)

O **meu** é o azul. (= pronome substantivo, sujeito)

iii) Normalmente, vem antes do nome a que se refere; mas pode, também, vir depois do substantivo que acompanha. Neste último caso, pode até alterar o sentido da frase, causando efeito de estilo:

Minha prima não faz isso.

Prima minha não faz isso.

iv) As formas *seu, sua, seus, suas* podem causar ambiguidade; para evitá-la, prefira o uso das formas *dele, dela, deles, delas, de você, do senhor...*:

O **guarda** levou o **menino** à **sua** casa. (casa de quem?)

v) Não tem valor de posse em expressões como:

Seu João saiu. → trata-se apenas de uma alteração fonética de *Senhor*;

José já deve ter **seus** 30 anos. → aproximação numérica;

Todos passamos por **nossos** apertos. → valor de indefinido;

Ele teve um de **seus** repentes. → designação de hábito.

6) Pronome demonstrativo

Indica a posição dos seres em relação às pessoas do discurso, situando-os no tempo e/ou no espaço (função dêitica destes pronomes). Pode também ser empregado, fazendo referência aos elementos do texto (função anafórica ou catafórica). São eles:

• este (a/s), esse (a/s), aquele (a/s) – variáveis:	têm função de pronome adjetivo principalmente;
• isso, isto, aquilo, o (a/s) – invariáveis:	têm função de pronome substantivo;
• mesmo, próprio, semelhante, tal (e flexões):	quando são demonstrativos, são pronomes adjetivos.

IMPORTANTE

Observações sobre o "mesmo":

- O emprego de "mesmo" como pronome substantivo não é aceitável pela norma culta. Exemplos:

*Não entre no elevador sem antes verificar se **o mesmo** encontra-se no andar.* (= ele/emprego incorreto, pois está na função de pronome substantivo)

*Ele **mesmo** fez o trabalho.* (= em pessoa/emprego correto e igual ao do demonstrativo *próprio*, pois está na função de pronome adjetivo)

- Outros empregos de "mesmo":

"Ele fez **mesmo** todo o trabalho." (= realmente, de fato → advérbio)

"Até **mesmo** ele poderia ser capaz de realizar tal tarefa." (palavra denotativa de inclusão)

Atenção! *Nestes dois últimos casos, ele é invariável.*

a) Empregos

i) Indicando localização no espaço (função dêitica do pronome)

- *este (e flexões), isto* – pronome de 1ª pessoa (aqui), o falante o emprega para referir-se ao ser que está junto dele:

Ergueu o copo e gritou, fazendo careta:

– **Este** suco está horrível.

- *esse (e flexões), isso* – pronome de 2ª pessoa (aí), o falante o emprega para referir-se ao ser que está junto do seu ouvinte:

Dois alunos conversam, cada um com uma bola de futebol na mão. Diz um deles:

– Esta bola é melhor que **essa** aí.

- *aquele (e flexões), aquilo* – pronome de 3ª pessoa (lá), a referência será ao ser que está distante do falante e do ouvinte:

Estava no portão da casa com a amiga e, olhando para o final da rua, perguntou:

– Que pessoa estranha é **aquela**?

ii) **Indicando localização temporal (função dêitica do pronome)**

- *este (e flexões)* → presente:

Neste mês vou me formar.

- *esse (e flexões)*→ passado ou futuro próximos:

Bons tempos, **esses** que *já se vão*.

Nessa semana a professora de História *falará* sobre a Abolição.

- *aquele* (e flexões) → passado remoto ou bastante vago:

Naquele mês *prescreveu* o Acordo que fixava estes valores.

iii) Fazendo referências contextuais

- *este (e flexões), isto* → refere-se à última informação antecedente a ele no texto:

Maria, João e Ana são irmãos; esta é alta, esse é baixo e aquela é de estatura mediana.

- *esse (e flexões), isso*→ refere-se a qualquer informação antecedente a ele no texto:

Maria, João e Ana são irmãos; esta é alta, esse é baixo e aquela é de estatura mediana.

- *aquele (e flexões), aquilo* → refere-se à informação mais distante dele no texto.

Maria, João e Ana são irmãos; esta é alta, esse é baixo e aquela é de estatura mediana.

ATENÇÃO

Usa-se ainda o *este (e flexões)*, que se refere ao elemento mais próximo, em oposição ao *aquele (e flexões)*, que se refere ao elemento mais distante; neste caso, ambos são anafóricos: *João e José saíram, este foi ao cinema e aquele ao restaurante.*

iv) Fazendo referência a elemento textual

- *este (e flexões), isto* → refere-se a um elemento sobre o qual ainda se vai falar no texto (catáfora); ou pode também fazer referência ao último elemento citado anteriormente a ele (anáfora):

"(...)*Um dia chegará em que todos os cidadãos terão seu número de registro:* ***esta*** *é a* ***meta (referência catafórica)*** *dos serviços de identidade. Nossa personalidade civil já se exprime com maior precisão mediante nossas coordenadas de nascimento do que mediante nosso* ***sobrenome****.* ***Este (referência anafórica)****, com o tempo, poderia muito bem não desaparecer, mas ficar reservado à vida particular,(...)*"[1].

- *esse (e flexões), isso* → refere-se a um elemento já mencionado no texto (anáfora).

"*(...) Os recém-chegados eram gente prática, experimentada, sofrida, ciente de suas culpas oriundas do pecado de Adão, predispostos à virtude, com clara noção dos 28 horrores do pecado e da perdição eterna. Os índios não sabiam d****isso (referência anafórica)****. (...)*"[2].

b) Outras considerações

i) Os demonstrativos substantivos podem substituir algum termo, expressão, oração ou ideia, evitando sua repetição, no papel de **termos vicários**:

"*(...)Eram, a seu modo, inocentes, confiantes, (...), e capacitados, como gente alguma* <u>*jamais* ***o*** *foi*</u>*, para a convivência solidária.(...)*" = ... <u>*jamais foi* ***isso***</u>**...**[3].

---

[1] Philippe Ariès. *História social da criança e da família*. Trad. Dora Flaksman. p. 1-2 (com adaptações), in CESPE/ABIN.

[2] Darcy Ribeiro. *O povo brasileiro*: a formação e o sentido do Brasil, p. 44, in CESPE/FUNDAC.

[3] Idem, ibidem.

ATENÇÃO

O pronome **o** fica neutro, ou seja, sem flexão de gênero ou número, como ocorre com os demais demonstrativos substantivos: **isso**, **isto**, **aquilo**.

ii) O demonstrativo *o (e flexões)* sempre equivale a outro demonstrativo: *aquilo*, *aquele/s*, aquela/s, *isso*; e é muito empregado antes do pronome relativo *que:*

"**O** que dá pra rir dá pra chorar." (= aquilo)

Dê-me uma toalha, pegue **a** que está na porta. (= aquela)

iii) *Tal, mesmo, próprio, semelhante (e flexões)* são demonstrativos se puderem ser substituídos por *esse*, *este* ou *aquele* (e flexões):

Eles moram **no mesmo** lugar faz muitos anos. (= *nesse* lugar)

Tal problema tirou-lhe a saúde. (= *Esse* problema)

Ana foi demitida por **semelhante** fato. (= *esse* fato)

IMPORTANTE

Mesmo e *próprio* têm sentido de *idêntico, em pessoa, exato*:

Elas **próprias/mesmas** fizeram o trabalho. (= em pessoa)

iv) Podem apresentar valor intensificador, apreciativo, irônico ou depreciativo, dependendo do contexto: Elas chegaram à conclusão por si **próprias**, por si **mesmas.**

Vá, com **aquela** coragem que é só sua.

Aquilo é um namorado de enfeite.

v) *Nisto* é empregado tradicionalmente com valor de *"então"* ou *"nesse momento"*:

Nisto, ela entrou triunfante.

7) Pronome relativo

De modo geral, retoma um termo expresso anteriormente (antecedente).

Pronomes Relativos	
que, **o/a (s) qual (s)** – refere-se à coisa ou pessoa:	O livro **que** li é ótimo./O livro **o qual** li é ótimo.
quem – refere-se à pessoa (= que *ou* aquele que):	Esta é a aluna de **quem** falei.
cujo (parecido com o possessivo) – posse:	Este é o autor com **cujas** ideias concordo.
onde (= em que) – lugar/variantes: **aonde** e **donde:**	A rua **onde/em que** moro é movimentada.

ATENÇÃO

Como nem sempre é fácil identificar o relativo *que*, pode-se usar a seguinte estratégia para sua identificação: troque o *que* por uma forma equivalente (o qual, a qual, os quais, as quais) concordando com o antecedente; se a troca der certo, trata-se de um pronome relativo, observe:

Os rapazes que estudam vão bem nas provas.

↓

(os quais)

a) **Quem →** relativo indefinido quando é empregado sem antecedente claro, nem sempre preposicionado: Fomos traídos por **quem** sempre fingiu ser nosso amigo.

b) **Onde →** relativo que também pode ser empregado sem antecedente expresso, pois sempre indica lugar: Meu coração está **onde** quer que você esteja.

c) **Aonde/de onde/donde/para onde →** variantes do *onde*, os quais serão empregados conforme o sentido da frase, por isso envolve o estudo da regência:

O bairro **onde** moramos é arborizado.

O bairro **de onde/donde** saímos é arborizado.

O lugar **para onde** nos dirigimos é este.

O lugar **aonde** fomos nas férias era maravilhoso.

d) **Cujo** (a/s) → é o relativo empregado para dar a ideia de posse entre o termo antecedente e o consequente; e não concorda com o antecedente, mas com o consequente:

<u>Os pais, **cujas** filh**as**</u> sumiram, estão desesperados.

(*entenda-se*: as filhas dos pais)

ATENÇÃO

- Como é um especificador, não se usa artigo depois dele: *cujo o, cuja a...* são formas erradas;
- Fica sempre entre dois nomes, nunca entre nome e verbo:

certo: Os **rapazes**, cujas **namoradas** são
(nome) (nome)
lindas, sempre têm problemas com os outros rapazes.

errado: As mulheres trabalham **muito**, cujas
(advérbio)
estão sempre cansadas.
(verbo)

e) **Quanto**(a/s) → normalmente, tem por antecedente os pronomes indefinidos *tudo, tanto (a/s)*, indicando ideia de quantidade – esses pronomes relativos sempre representam um nome:

Compre **tantos quanto** quiser./Compre **tudo quanto** puder levar.

f) **Quando** → seu antecedente dá ideia de TEMPO; equivale a "em que":

Época de glória era aquela, **quando** o Brasil sempre fazia bonito no futebol.

g) **Como** → seu antecedente indica *modo* ou *maneira*.

O **jeito como** fala revela sua personalidade.

h) **O qual** (e flexões) → é usado para evitar ambiguidade; depois de preposições com mais de uma sílaba; e depois das preposições *sob e sobre*, seu emprego é obrigatório:

Este é o pai da moça **que** me processou. (quem o processou: o pai ou a moça?)

Este é o pai da moça **a qual** me processou. (neste caso, fica claro que foi a moça)

Esta é a estante **sobre que** falei. (sem eufonia)

Esta é a estante **sobre a qual** falei. (com eufonia)

8) Pronome indefinido

Refere-se à 3ª pessoa do discurso, quando considerada de modo vago, impreciso, genérico. Pode fazer referência a pessoas e coisas.

Pronomes indefinidos		
	variáveis	invariáveis
pessoas		quem, alguém, ninguém, outrem
coisas	qual (quais), bastante (s), todo (a/s), algum (a/s), vário (a/s), nenhum (a/s), certo (a/s), outro (a/s), muito (a/s), pouco (a/s), quanto (a/s), um (a/s), qualquer (quaisquer), cada, tanto(a/s)	algo, cada, nada, tudo

a) Empregos

i) *algum* → empregado após o substantivo, assume valor negativo (= nenhum):

Mulher **alguma** resolverá o problema daquele homem.

ii) *cada* e *qualquer*→ devem, pela norma culta, ser sempre seguidos de um substantivo, pronome ou numeral: Vendeu **cada fruta** por dez reais. Dignidade serve para **qualquer um**.

iii) *certo*→ é indefinido se vier antes do nome a que estiver se referindo; senão é adjetivo:

Certas empresas encontram sucesso no mercado financeiro. (= algumas, umas)

Empresas **certas** encontram sucesso no mercado financeiro. (= corretas)

iv) *bastante* → pode ser adjetivo, pronome indefinido ou advérbio:

Vieram **bastantes pessoas** à festa. (= muitas/varia: pronome indefinido)

Estes são documentos **bastantes** para resolver o processo. (= suficientes/varia: adjetivo)

Ela fala **bastante**. (= muito/não varia: advérbio)

v) *outrem* → equivale a *"qualquer pessoa"*: Isso foi decidido por mim, e não quero que seja mudado por **outrem**.

vi) *nada* → tem valor negativo (*nenhuma coisa*), mas nas interrogativas negativas tem valor positivo (*alguma coisa*); colocado junto a verbos ou adjetivos, pode equivaler a *advérbio*:

Os bandidos *nada* levaram consigo. (valor negativo = nenhuma coisa)

O senhor não quer *nada*? (valor positivo = O senhor quer alguma coisa?)

Ela não *parece* **nada** bem. (= advérbio/ junto do verbo)

vii) *outro (a/s)* → ganha valor adjetivo se equivaler a *"diferente"*:

Depois daquela viagem, meu pai voltou **outro**.

viii) *demais* → é pronome indefinido quando equivale a *"outros"* e se refere a substantivos, mas é advérbio de intensidade quando não se refere ao substantivo:

Ela *fala* **demais**. (= advérbio, pois se refere a um verbo)

Ela é *baixa* **demais**. (= advérbio, pois se refere a um adjetivo)

Ela fala *alto* **demais**. (= advérbio, pois se refere a um outro advérbio)

Respeito somente os mais velhos. Os **demais** que me perdoem. (= indefinido, igual a *outros*)

ix) Existem locuções pronominais indefinidas, a saber: *cada um, cada qual, quem quer que seja, seja quem for, todo aquele que, seja qual for.*

9) Pronome interrogativo

Empregado na elaboração de perguntas diretas ou indiretas, esse pronome se refere à 3ª pessoa do discurso; eles são os indefinidos *que, quem, qual(s)* e *quanto(a/s)* em frases interrogativas:

Quantos **livros você tem?**

Que **é feriado?**/O que **é feriado?**

Não sei quem **fez isso.**

Quanto **você pagou nisso?**

3.7 Verbo

Verbo é palavra variável em número, pessoa, tempo, modo e voz, que exprime um acontecimento – ação, estado ou fenômeno da natureza – representado no tempo:

Ela *trabalhou* muito ontem. (ação)

Ela *estava* cansada. (estado transitório)

Ele *é* feliz. (estado permanente)

Chove lá fora. (fenômeno natural)

Sem ele não há oração.

1) Estrutura do verbo

cantávamos

cant	á	va	mos
radical	vogal temática	desinência modo--temporal	desinência número--pessoal

As vogais temáticas indicam a que conjugação pertence o verbo.

2) Conjugações

1ª → *ar* → falar
2ª → *er* → comer (verbo *pôr* e derivados também)
3ª → *ir* → partir

3) Flexões

Os verbos flexionam-se em pessoa, número, tempo, modo e voz.

4) Modos

indicativo → expressa a ideia de certeza: ***Fui** ao cinema*.
subjuntivo → expressa a ideia de incerteza: dúvida, hipótese, possibilidade, concessão: *Talvez eu **vá** ao cinema com você*.
imperativo → expressa a ideia de ordem, que pode aparecer sob a forma de conselho ou pedido: ***Compre** batom!*

5) Tempos verbais

presente → indica ação que ocorre no momento da fala (hoje): **Quero** uma promoção.
pretérito → indica ação passada, anterior ao momento da fala (ontem): **Fomos** ao cinema.
futuro → indica ação que deverá ocorrer após o momento da fala (amanhã): **Compraremos** isso depois.

6) Empregos dos tempos e modos verbais

a) Subjuntivo

i) **presente:** exprime um fato que pode acontecer:

Estudaremos bastante para que **sejamos** aprovados.

Ele quer que você **estude** à noite.

ii) **pretérito imperfeito:** exprime um fato que poderia acontecer:

Se você **fosse** comigo à reunião, eu me sentiria muito mais segura.

iii) **futuro:** exprime um fato que poderá acontecer ou não e mantém relação com outro fato:

Se eu **receber** um abono, dar-te-ei um presente.

IMPORTANTE

- Para você se lembrar das desinências desse modo, basta conjugar o verbo com **que**, **se**, **quando:**

Que eu fal**e.**

Se eu fala**sse.**

Quando eu fala**r.**

- Note que não estamos falando de regra, mas de uma forma prática de lembrar as conjugações do subjuntivo.

b) Indicativo

i) **presente:** pode exprimir

- ideia de fato atual ou frequente: ***Estudamos** muito. **Escovo** os dentes.*
- fato universal: *A água **é** inodora.*
- fato passado: *Pedro Álvares Cabral **descobre** o Brasil em 1500.*
- fato futuro: *Amanhã eu **faço** isso.*

ii) **pretérito:** exprime fato passado

- **perfeito** – concluído, encerrado: ***Passei** no concurso.*

- **imperfeito** – contínuo, habitual, impreciso: *Passei a roupa enquanto ele **dormia**.*
- **mais-que-perfeito** – anterior a outro fato também passado: *Li o livro que **comprara**.*

iii) **futuro:** exprime um fato que ainda vai acontecer

- **do presente:**

– em relação ao momento presente, o da fala: ***Falarei** com você depois.*

– pode dar à frase um sentido incerto, inseguro: ***Será** que ele vem?*

– pode atenuar tom imperativo de uma frase: *Não **matarás**.*

> **IMPORTANTE**
>
> Na linguagem informal, vem sendo substituído pelas locuções verbais com o auxiliar **ir** no presente do indicativo, mais o infinitivo do verbo principal: ***Vou acabar** isso logo.*

- **do pretérito:**

– em relação a um momento do passado:

*Se fosse necessário, **falaria** a verdade.*

– pode atenuar uma expressão por polidez ou respeito:

*Você **faria** isso para mim?*

– pode ainda revelar uma incerteza em relação a um fato já ocorrido:

*O que o **teria** levado a agir assim?*

> **ATENÇÃO**
>
> Na linguagem informal, vem sendo substituído por locuções verbais com o auxiliar **ir** no pretérito imperfeito do indicativo, mais o infinitivo do verbo principal: *Você **ia ficar** com ódio de mim.*

c) Imperativo

Esse modo não apresenta tempos distintos, mas formas afirmativa e negativa. Além disso, não apresenta a 1ª pessoa do singular e a 3ª pessoa do singular "ele" é representada por "você".

presente do indicativo		**afirmativo**		presente do subjuntivo		**negativo** (não)
eu falo		–		eu fale		–
tu falas	→	fala (tu)		tu fales	→	fales (tu)
ele fal~~a~~		fale (você)	←	ele fale	→	fale (você)
nós falamos		falemos (nós)	←	nós falemos	→	falemos (nós)
vós fala~~s~~	→	falai (vós)		vós faleis	→	faleis (vós)
eles falam		falem (vocês)	←	eles falem	→	falem (vocês)

Seu emprego nas frases representa fala direta do emissor ao receptor:

Menino, *fica* quieto!

"*Não use* drogas."

7) Correlação dos tempos verbais

Correlação ou articulação dos tempos verbais é a relação lógica entre os tempos e modos verbais empregados no período composto.

Se *soubéssemos conversar, brigaríamos* menos. → correlação correta – relação lógica entre as formas verbais empregadas no período.

Eu *quero* que ela *dissesse* a verdade. → correlação incorreta – relação ilógica entre as formas verbais empregadas no período.

8) Formas nominais: infinitivo, particípio e gerúndio

Denominam-se **formas nominais** as palavras, de origem verbal, que também podem ser empregadas nas funções próprias de adjetivos, substantivos ou advérbios. São elas: *infinitivo, particípio* e *gerúndio.*

Sendo assim, essas formas podem ser empregadas em duas funções: verbos ou nomes.

a) Infinitivo

i) é infinitivo, ou infinito, porque é atemporal: *falar, correr, brincar...*

ii) é **impessoal** quando terminar em *r* e for de sentido genérico ou indefinido: *Falar é bom.*

iii) é **pessoal** quando na frase houver sujeito que o flexione no contexto: *Este livro é para eu ler.*

iv) pode ter valor de **substantivo**: *As atitudes revelam o ser.*

v) sem conectivo (pronome relativo ou conjunção) no período, pode representar uma oração reduzida: *É preciso **fazer** o trabalho.* (= *É preciso **que se faça** o trabalho.* – oração desenvolvida)

vi) pode ter valor de imperativo: *Ele respondeu "Marchar!".*

vii) pode exercer função de complemento de adjetivo: *É um problema fácil de solucionar.*

viii) pode apresentar-se no presente – forma simples: *É preciso fazer o trabalho*; ou no passado – forma composta: "*Era preciso ter feito o trabalho*".

ix) preposição **de** + infinitivo = predicativo: *Isso é de admirar.*

b) Particípio

i) pode ser **regular**: *falado, partido* (-ado, -ido), ou **irregular**: *aberto,* ou ainda o verbo pode ter essas duas formas, chamados **abundantes**: *impresso, imprimido*;

ii) além de ser usado nos tempos compostos, pode expressar o resultado de uma **ação passada:**

Eles tinham dançado muito.

iii) e pode ter valor de **adjetivo**, sendo assim, sofre flexão para concordar com o nome a que se refere: *Elas são pessoas sofridas.*

iv) na voz passiva concorda com o sujeito, portanto sofre flexão de gênero e número: *As roupas já foram consertadas.*

v) sem conectivo (pronome relativo ou conjunção) no período, pode representar uma oração reduzida: ***Terminada** a reunião, serviremos um jantar.* (= ***Quando terminar** a reunião, serviremos um jantar* – oração desenvolvida)

c) Gerúndio

i) sua terminação é sempre **-ndo**: *falando, correndo, partindo*;

ii) expressa ideia de **ação em processo** na forma simples: *Estamos caminhando há horas.*

iii) expressa ideia de **ação concluída** na forma composta: *Tendo estudado, foi aprovado.*

iv) pode ter valor de **adjetivo:** *Criança correndo é um perigo.* Ou de **advérbio**: *Errando se aprende.*

v) sem conectivo (pronome relativo ou conjunção) no período, pode representar uma oração reduzida: ***Voltando** do trabalho, encontrei uns amigos.* (= ***Enquanto voltava** do trabalho, encontrei uns amigos* – oração desenvolvida).

9) Locuções verbais

Sempre que se fala "locução", significa "mais de uma palavra" formando uma ideia, uma unidade. Assim, em locuções verbais, que são formadas por mais de um verbo (ligados ou não por uma preposição) há um conjunto, uma ação apenas.

Os garotos **estão** **dormindo** *faz tempo.*
v. auxiliar + v. principal

ATENÇÃO

Na locução verbal, o verbo que exerce a função de principal fica na forma nominal e o auxiliar se flexiona sempre que possível e necessário.

Ocorrem locuções verbais em combinações de dois ou mais verbos em:

a) **formação de voz passiva**, com os auxiliares *ser* (voz passiva de ação) e *estar* (voz passiva de estado) + *particípio* do verbo principal: *Ela <u>foi raptada</u> por dois homens mascarados.*

b) **construções com outros auxiliares**, que determinam com mais eficiência como se realiza ou deixa de se realizar a ação verbal. Podem expressar ideias de: possibilidade (*posso ter*), obrigação (*tive de ir*), duração (*vai andando, estou a andar*), começo ou encerramento (*começou a chover, pôs-se a chorar, acabei de sair*), dúvida (*parece aguentar*) e várias outras.

10) Tempos compostos

É o tempo constituído pelos verbos auxiliares *ter* e *haver* flexionados mais o verbo principal no particípio. Semanticamente pode manter a ideia do tempo simples, como também acrescentar-lhe algo mais:

*O ladrão **tinha fugido**, quando a polícia chegou.* (= fugira, o ladrão fugiu antes de a polícia chegar)

*Ela **tem levado** seus filhos à escola de carro.* (= ela leva seus filhos de carro desde um certo tempo passado até os dias de hoje)

11) Classificação dos verbos

regulares	seguem o paradigma verbal de sua conjugação, ou seja, mantêm o radical e, em todos eles, as desinências são iguais em todos os tempos e modos; seguem, portanto, um modelo de conjugação: eu **canto,** eu **amo,** eu **falo.**
irregulares	não seguem o paradigma verbal da conjugação a que pertencem; as irregularidades podem aparecer no radical ou nas desinências: **ouvir – ouço/ouve, estar – estou/ estão.**
anômalos	verbos irregulares com mudanças profundas nos radicais: **ser/ir** → eu **sou**, tu **és**, ele **é/**eu **vou**, tu **vais**, ele **vai.**
defectivos	não são conjugados em determinadas pessoas, tempo ou modo: **falir –** no pres. do ind. só apresenta a 1ª e a 2ª pessoa do plural.
abundantes	apresentam mais de uma forma para uma mesma flexão. Mais frequente no particípio, devendo-se usar o particípio regular com *ter* e *haver*; já o irregular com *ser* e *estar* : Isso *foi* **aceito/**Ele *tinha* **aceitado** o convite.
auxiliares	juntam-se ao verbo principal ampliando sua significação. Presentes nos tempos compostos e nas locuções verbais como já vimos: Eles **estavam** *estudando.*
impessoais	são conjugados apenas na 3ª pessoa do singular, porque não apresentam sujeito; é o caso dos verbos que indicam fenômenos da natureza, os que indicam tempo ou clima – *ser, estar, haver, fazer* – e, ainda, o verbo *haver* com sentido de "existir": **Há** muitas pessoas aqui.

unipessoais	São empregados somente em 3ª pessoa do singular e do plural devido à sua significação e aplicação, mas apresentam sujeito; normalmente indicam vozes de animais – *latir, mugir...*: **Consta** que tudo é verdade. – observe que o sujeito aqui é oracional (que tudo é verdade).
pronominais	certos verbos possuem pronomes pessoais átonos que se tornam partes integrantes deles. Nestes casos, o pronome pode exercer a função sintática de complemento verbal (objeto direto ou indireto): ***Queixaram-se*** *de nós.*
reflexivos	são verbos que, conjugados com o pronome oblíquo átono, podem representar uma ação que o sujeito, ao mesmo tempo, pratica e sofre. O pronome exerce a função sintática de complemento verbal e, morfologicamente, chamam-se reflexivos também: *Eu* ***me lavei*** *com este sabão.*

a) Alguns exemplos de verbos abundantes:

Verbo	Particípio regular	Particípio irregular
aceitar	aceitado	aceito
acender	acendido	aceso
eleger	elegido	eleito
entregar	entregado	entregue
enxugar	enxugado	enxuto
expulsar	expulsado	expulso
imprimir	imprimido	impresso

b) Os verbos seguintes só possuem particípio irregular:

abrir – aberto escrever – escrito

ver – visto cobrir – coberto

fazer – feito vir – vindo

dizer – dito pôr – posto

c) Tendência de uso dos particípios. Em geral, usa-se o particípio regular (-ado/-ido) junto com os verbos *ter* e *haver.*

Exemplo: O povo **havia elegido** o candidato.

d) Usa-se o particípio irregular junto com os verbos *ser e estar.*

Exemplo: Naquela época, o candidato já **estava eleito**.

e) Os particípios regulares dos verbos **ganhar** (ganhado), **gastar** (gastado) e **pagar** (pagado) estão sendo substituídos, na prática, pelos particípios irregulares: *ganho, gasto e pago.*

f) **Chegar** e **pegar** só possuem forma regular: *chegado, pegado* – *pego* e *chego* são formas populares.

g) O verbo **completar** não é abundante e só possui a forma *completado*: *A quantia **foi completada** por mim. Ele **havia completado** a série.*

h) Os defectivos existem por causa da eufonia ou por coincidirem com flexões de outros verbos ou ainda por motivos semânticos. A maioria deles é de 3ª conjugação.

i) O verbo **reaver** tem apenas a 1ª e a 2ª pessoas do plural no presente do indicativo e não tem o presente do subjuntivo, o que reflete seus "defeitos" de conjugação no modo imperativo que nasce desses outros dois tempos anteriores. A mesma formação têm os verbos **adequar-se**, **falir**, **precaver-se**.

Pres. ind.	Pret. perf. Ind.	Pres. subj.	Imperf. subj.	Fut. subj.
–	**reouve**	–	**reouvesse**	**reouver**
–	reouveste	–	reouvesses	reouveres
–	**reouve**	–	**reouvesse**	**reouver**
reavemos	**reouvemos**	–	reouvéssemos	reouvermos
reaveis	reouvestes	–	reouvésseis	reouverdes
–	reouveram	–	reouvessem	reouverem

j) O verbo **abolir** não apresenta 1ª pessoa do singular no presente do indicativo nem o presente do subjuntivo, o que reflete seus "defeitos" de conjugação no modo imperativo que nasce desses outros dois tempos anteriores. Como este verbo, conjugam-se os verbos **colorir**, **banir**, **demolir**, **explodir**, **emergir**, **esculpir**, **viger** – ressalvando que *viger* segue como modelo o verbo *beber*.

Pres. ind.	Pret. perf. Ind.	Pres. subj.
–	aboli	–
aboles	aboliste	–
abole	aboliu	–
abolimos	abolimos	–
abolis	abolistes	–
abolem	aboliram	–

12) Paradigma

É um modelo de verbo que podemos seguir para conjugar outro, como fazemos com os verbos regulares, basta que você compare a terminação de um verbo com a de outro que lhe seja mais familiar:

Regulares: am**ar**, beb**er**, part**ir** → eu am – **o** → eu beb – **o** → eu part – **o**.

Irregulares: restit**uir**, imisc**uir**-se → eu restit**u** – **o** → eu me imisc**u** – **o**. rep**etir**, comp**etir**, refl**etir** → eu rep – **ito** → eu comp – **ito** → eu refl – **ito.**

13) Verbos primitivos e derivados

Primitivos: aqueles que servem de base para a formação de outros: ter, ver, vir, pôr, cantar.

Derivados: os que foram criados a partir do radical dos primitivos com o acréscimo de prefixo ou sufixo: reter, rever, provir, repor, encantar.

O raciocínio dos paradigmas sempre deve ser usado com os verbos derivados, que seguem seus primitivos:

Quando eu vir Quando eu revir	Se ele tivesse Se ele retivesse
Quando eu vier Quando eu provier	Se ele viesse Se ele interviesse
Quando eu puser Quando eu repuser	Eu vim / Ele veio Eu intervim / Ele interveio

14) Terminações e verbos que merecem atenção

a) **Verbos terminados em -IAR** → são **regulares**. *Paradigma: negociar*

presente do indicativo

eu negocio

tu negocias

ele negocia

nós negociamos

vós negociais

eles negociam

Observação:

M EDIAR

A NSIAR

R EMEDIAR

I NCENDIAR

O DIAR

b) São **irregulares**. *Paradigma: odiar*

presente do indicativo

eu odeio

tu odeias

ele odeia

nós odiamos

vós odiais

eles odeiam

c) **Verbos terminados em -EAR →** são **irregulares**. *Paradigma: passear*

presente do indicativo

eu passeio

tu passeias

ele passeia

nós passeamos

vós passeais

eles passeiam

d) **Verbos terminados em -UIR →** exceto no caso dos defectivos, tenha-se atenção ao "i" nas conjugações da 2ª e 3ª pessoas do singular no presente do indicativo, como seu paradigma *possuir*:

presente do indicativo

eu possuo

tu possuis

ele possui

nós possuímos

vós possuís

eles possuem

Dessa mesma forma são conjugados os verbos *construir, obstruir, destruir, influir, anuir, arguir, concluir, distribuir.*

e) **Verbos em -OER →** nas 2ª e 3ª pessoas do singular do presente do indicativo formam o ditongo aberto 'ói'. Em todos os outros tempos, seguem a conjugação do verbo *beber.*

Paradigma: ***roer***

eu roo

tu róis

ele rói

nós roemos

vós roeis

eles roem

Doer só é conjugado nas terceiras pessoas do singular e do plural, e ***soer*** segue o modelo do *abolir*, pois são defectivos.

f) **REQUERER →** é irregular e não é derivado do *querer*; no presente do indicativo: **requeiro, requeres, requer...** e no presente do subjuntivo: **requeira, requeiras, requeira...;** os demais tempos seguem o paradigma *beber.*

g) **PROVER →** é irregular e não é derivado do *ver*, apesar de coincidir em algumas formas com este verbo.

Presente do indicativo: **provejo, provês, provê,..., proveem.**

Presente do subjuntivo: **proveja, provejas, proveja,..., provejam.**

IMPORTANTE

Em prova, os verbos **prover** e **provir** são facilmente confundidos, mas suas conjugações são completamente diferentes. *Provir* é derivado de *vir*, e *prover* você tem de conhecer. Assim, tenha muita atenção, em primeiro lugar, com o sentido da frase para julgar a forma verbal empregada.

Tabela resumo de verbos

CONJUGAÇÕES, MODOS, TEMPOS E FORMAS NOMINAIS			
CONJUGAÇÕES	1” – terminação → **ar** 2” – terminação → **er** 3” – terminação → **ir**		am**ar** beb**er** part**ir**
FORMAS NOMINAIS	**infinitivo** – terminação *-r* **gerúndio** – terminação *-ndo* **particípio** – terminação *-ado/ido*		ama**r** ama**ndo**, bebe**ndo**, parti**ndo** am**ado**, beb**ido**, part**ido**
MODOS	**indicativo** (certeza) **subjuntivo** (incerteza) **imperativo** (ordem, pedido)		Eu amo. Se eu amasse ... Ama (tu).
TEMPOS SIMPLES DO INDICATIVO	**PRESENTE** → *hoje* – indica fatos que acontecem no momento em que se fala		eu am-o, beb-o, part-o
	PRETÉRITO	**perfeito** → *ontem* – indica fato concluído	eu am-ei, beb-i, part-i
		imperfeito → *continuidade* – indica fato não concluído, em continuidade	eu am-ava, beb-ia, part-ia
		mais-que-perfeito → *anteontem* – indica fato concluído, mas que ocorreu antes de outro fato também concluído.	eu am-ara, beb-era, part-ira
	FUTURO	**do presente** → *amanhã de hoje* – indica fatos que acontecerão após o presente momento	eu cant-arei, beb-erei, part-irei
		do pretérito → *amanhã de ontem* – indica um fato futuro, mas relativo a um outro fato passado	eu cant-aria, beb-eria, part-iria
TEMPOS COMPOSTOS DO INDICATIVO	PRETÉRITO	perfeito	eu tenho/hei cantado, bebidɔ, partido
		mais-que-perfeito	eu tinha/havia cantado, beb do, partido
	FUTURO	do presente	eu terei/haverei cantado, bebido, partido
		do pretérito	eu teria/haveria cantado, bebido, partido
TEMPOS SIMPLES DO SUBJUNTIVO	**PRESENTE –** *hoje hipotético*		*que* eu cant-e, beb-a, part-a
	PRET. IMPERFEITO – *ontem hipotético*		*se* eu cant-asse, beb-esse, part-isse
	FUTURO – *amanhã hipotético*		*quando* eu cant-ar, beb-er, part-ir
TEMPOS COMPOSTOS DO SUBJUNTIVO	PRETÉRITO	perfeito	*que* eu tenha/haja cantado, bebido, partido
		mais-que-perfeito	*se* eu tivesse/houvesse cantado, bebido, partido
	FUTURO		*quando* eu tiver/houver cantado, bebido, partido

15) Vozes verbais

<table>
<tr><td colspan="2">ativa: sujeito é agente da ação verbal → A imobiliária alugou a casa.
(VTD)</td></tr>
<tr><td rowspan="2">passiva: sujeito é paciente da ação verbal.</td><td>analítica – verbo auxiliar (ser) + particípio do verbo principal
→ A casa foi alugada pela imobiliária.
(o verbo "ser" mantém o tempo do verbo na voz ativa e concorda com o sujeito)</td></tr>
<tr><td>sintética ou pronominal – verbo na 3ª p. + SE (partícula apassivadora ou pronome apassivador)
→ Alugou-se a casa. (=A casa foi alugada por ela.)
(o verbo principal passa a ser o verbo conjugado como na voz ativa)</td></tr>
<tr><td colspan="2">reflexiva: sujeito é agente e paciente da ação verbal. (acréscimo de pronome oblíquo, neste caso, chamado reflexivo/classificação morfológica)
→ Cortou-se com a faca. = a si mesmo/a si mesma – equivalência gramatical
= ele mesmo/ela mesma – equivalência semântica
Obs.: No plural, a voz reflexiva pode indicar reciprocidade: Cumprimentaram-se ali mesmo.</td></tr>
</table>

A diferença principal entre as vozes verbais é o comportamento do sujeito.

16) Transposição das vozes verbais

a) Na passagem da voz ativa para a passiva analítica, deve-se seguir o seguinte esquema:

i) o sujeito passa a ser o agente da passiva;

ii) o objeto direto passa a ser o sujeito paciente;

iii) o verbo vai para o particípio e suas flexões são mantidas pelo verbo auxiliar *ser*, formando uma locução verbal;

iv) os demais termos não sofrem alteração.

ATENÇÃO

O verbo que pode fazer essa transposição é o verbo que apresenta objeto direto – complemento sem preposição. As exceções são os verbos ***assistir*** (com sentido de dar assistência), ***pagar, perdoar, obedecer, desobedecer, responder, aludir*** e ***apelar***, porém nem toda banca aceita essa excepcionalidade.

Observe os esquemas:

A imobiliária	alugou	a casa	hoje.
sujeito agente	verbo	objeto direto	adjunto adverbial

A casa	foi alugada	pela imobiliária	hoje.
sujeito paciente	locução verbal	agente da passiva	adjunto adverbial

?	Compravam –	na	às pressas.
sujeito indeterminado	verbo	objeto direto	adjunto adverbial

Ela	era comprada	às pressas	?
sujeito paciente	locução verbal	adjunto adverbial	agente da passiva indeterminado

O governo | está combatendo | o desemprego.
sujeito agente | locução verbal | objeto direto

O desemprego | está sendo combatido | pelo governo.
sujeito paciente | locução verbal | agente da passiva

Observe que o verbo *ser* sempre assume a forma verbal do verbo principal.

b) Transposição da voz ativa para a passiva analítica e da passiva analítica para a sintética.

O proprietário | reformou | as casas.
sujeito agente | verbo | objeto direto

As casas | foram reformadas | pelo proprietário.
sujeito paciente | locução verbal | agente da passiva

Reformaram - se | as casas.
verbo * | sujeito paciente

*partícula apassivadora ou pronome apassivador

Na passiva sintética, o verbo fica no plural, se o sujeito estiver no plural.

Se invertermos os processos, os caminhos serão os mesmos.

3.8 Advérbio

Advérbio: modificador semântico que exprime uma determinada circunstância.

Nunca se refere ao substantivo. Pode referir-se a um verbo, a um adjetivo e, ainda, a um outro advérbio, e nestes dois últimos casos, são de intensidade:

Ele **chegou** tarde. = circunstância de tempo em relação ao verbo *chegar.*

Estas ruas estão tão **esburacadas**. = circunstância de intensidade em relação ao adjetivo *esburacadas.*

Muita gente lê muito **mal**. = circunstância de intensidade em relação a outro advérbio *mal.*

Pode também ser representado por um adjetivo que deverá ser empregado de invariável ou por uma oração, a oração subordinada adverbial:

A cerveja que desce redondo. = redondamente/fica invariável.

Telefone-me assim que puder. = oração subordinada adverbial de tempo.

1) Principais circunstâncias que o advérbio pode expressar

- **lugar:** abaixo, acima, perto, longe, junto, dentro, for, atrás, alhures, algures, aqui, ali, aí, cá.
- **tempo:** agora, sempre, nunca, tarde, breve, cedo, já, ainda.
- **modo:** assim, bem, mal, depressa, devagar, a maioria dos adv. com sufixo -mente: calmamente.
- **negação:** não, tampouco, absolutamente.
- **dúvida:** quiçá, talvez, provavelmente, acaso, porventura, possivelmente.
- **intensidade:** muito, pouco, bastante, mais, menos, demais, tão.

- **afirmação:** sim, certamente, realmente, efetivamente.

2) São locuções adverbiais

À noite, à tarde, às vezes, em breve, à direita, à frente, à vontade, de cor, em vão, por acaso, frente a frente, de maneira alguma, ao largo, por ali, por aqui, de manhã, de repente, de vez em quando, em breve, às pressas, a custo, à toa, às escuras, ao acaso, a sós e muitas outras.

3) Particularidades de emprego

i) na sequência de advérbios terminados em *-mente*, é comum o uso do sufixo só no último:

Ele escreve ***rápido*** *e* ***claramente***.

ii) o advérbio assume valor superlativo, na linguagem coloquial, com o sufixo diminutivo:

Eles estão um ***pouquinho*** *cansados com a viagem. (quase* ***pouquíssimo****)*

iii) também tem valor superlativo a repetição de um mesmo advérbio:

Ontem fez ***muito, muito*** *frio.*

iv) *muito* e *bastante* podem aparecer como advérbios (invariáveis) ou pronomes indefinidos (variáveis – determinando um substantivo):

Ele está bastante ***calmo***. = advérbio que se refere a um adjetivo

v) *Bastantes* ***motivos*** *fizeram-no desistir.* (= pronome indefinido, refere-se ao nome)

As palavras *onde* (de lugar), *como* (de modo), *por que* (de causa), *quando* (de tempo) e *quanto* e flexões (de quantidade), usadas em frases interrogativas diretas ou indiretas, são classificadas **advérbios interrogativos:**

Por que *partiu?* ***Onde*** *você está?* ***Quando*** *você vem?* ***Como*** *fico nesta história?*

3.9 Preposição

Preposição: palavra invariável que une dois elementos, estabelecendo relação sintático-semântica entre eles.

Essa relação ocorre quando o segundo elemento esclarece ou completa o sentido do primeiro:

Ele estava ***com Isabel***. (= esclarece *estar*, dando a ideia de companhia)

Ele precisa ***de você***. (= completa *precisa*, relação de regência: termo regente "precisa" e regido "de você")

Por essa razão, pode fazer parte de expressões ou locuções adjetivas bem como das adverbiais:

Ele mora em uma casa ***de madeira***. (= expressão adjetiva, caracteriza o nome *casa*)

Ele saiu ***de perto***. (= expressão adverbial, circunstância de lugar da ação de *sair*)

Não tem função sintática, por isso sempre deve ser analisada junto do termo regido por ela, como fizemos nos exemplos anteriores.

1) Classificações

a) **essenciais**: a, ante, após, até, com, contra, de, desde, em, entre, para, perante, por (per), sem, sob, sobre, trás.

b) **acidentais**: afora, conforme, consoante, durante, exceto, salvo, segundo, senão etc.

As preposições essenciais acompanham oblíquos tônicos: *Apaixonou-se* ***por ti***; enquanto as acidentais acompanham os pronomes pessoais do caso reto: *As pessoas gostaram da festa,* ***exceto eu***.

2) Locuções prepositivas

Exercem a mesma função das preposições: abaixo de, acima de, acerca de, a despeito de, a fim de, além de, ao lado de, apesar de, através de, de acordo com, em vez de, junto de, perto de, debaixo de, junto a, por trás de, por diante de etc.

3) Emprego

a) **combinação**: preposição + outra palavra sem perda fonética: a + o = ao/a + os = aos.

b) **contração**: preposição + outra palavra com perda fonética: em + a = na/a + a = à.

Não esquecer que não se deve contrair preposição com o sujeito do infinitivo: Chegou a hora **de ela** *viajar.*/Chegou a hora **de a moça** *viajar.*

4) As preposições podem assumir inúmeras semânticas

- **tempo:** Ele sairá **em** alguns segundos.
- **lugar**: Os cadernos estão **sobre** a mesa.
- **origem**: Ela veio **de** São Paulo.
- **falta ou ausência**: Este namoro é **sem** graça.
- **modo:** Saíram **em** paz.
- **causa**: O pássaro morreu **de** frio.
- **assunto:** A palestra foi **sobre** política.
- **fim ou finalidade:** Estamos aqui **para** estudar.
- **instrumento:** Fez o trabalho **a** máquina.
- **proximidade**: Sentou-se **à** mesa.
- **companhia:** Saíram **com** o pai.
- **meio**: Eles viajaram **de** avião.
- **posse:** O lápis **de** Maria foi roubado.
- **oposição:** Ficaram **contra** nós.

3.10 Conjunção

Conjunção: palavra invariável que une dois elementos, principalmente orações, estabelecendo relação sintático-semântica entre eles. Também existem locuções conjuntivas.

Não tem função sintática, por isso sempre deve ser analisada junto com o elemento à sua frente:

Ele correu *e caiu*. (= a conjunção e, empregada na segunda oração, revela que o segundo fato – conteúdo da segunda oração – ocorreu na sequência do primeiro fato – conteúdo da primeira oração)

1) Quando relacionam elementos de mesma função sintática, são chamadas **coordenativas.** As orações relacionadas por elas são, por isso, independentes e são chamadas coordenadas.

CONJUNÇÕES COORDENATIVAS		
1) aditivas – indicam adição	e, nem, que (= e), (não só...) mas também/como também, (tanto...) como	O número dezesseis é par **e** sua raiz quadrada é quatro.
2) adversativas – indicam adversidade, oposição	mas, porém, contudo, todavia, entretanto, que (= mas), no entanto, não obstante (verbo no indicativo)	Ele estava com muita fome, **mas** não conseguia engolir a comida de tão nervoso que estava.
3) alternativas – indicam alternância	ou... ou, ora... ora, quer... quer, seja... seja, nem... nem, já... já	**Ou** aprendemos a conversar, **ou** teremos de nos separar.
4) conclusivas – indicam fato ou ideia resultante da oração anterior	logo, portanto, pois (depois do verbo), por isso	A prova estava fácil; *fomos*, **pois**, muito bem.
5) explicativas – indicam fato ou ideia que justifica o conteúdo da oração anterior.	que, porque, pois (antes do verbo), porquanto	Não vá sem mim, **que** eu ficarei triste.

2) Quando as orações são dependentes uma da outra, ou seja, uma é subordinada – desempenha função sintática – à outra, que é a principal, as conjunções empregadas são as **subordinativas**.

CONJUNÇÕES SUBORDINATIVAS		
1) causais – indicam o motivo do fato da oração principal.	porque, já que, pois que, por isso que, como (só no início do período), visto que, desde que, visto como	***Como*** *estava doente*, foi ao médico.
2) comparativas – indicam uma relação entre dois elementos – um da oração subordinada e outro da oração principal.	mais... do que, menos... do que, tão/tanto... como/quanto, assim como, como (no início ou não do período)	Ele sempre se comportou ***como*** *um garoto mimado.*
3) concessivas – indicam ideia de oposição, de exceção ao padrão.	embora, conquanto, ainda que, mesmo que, se bem que, posto que	***Embora*** *estivesse cansada*, assisti à aula até o fim.
4) condicionais – indica um fato hipotético ou condicional (= permissivo) do fato da oração principal.	se, caso, desde que, a não ser que, a menos que, contanto que, uma vez que, desde que, salvo se, se não	Ele não poderá cursar este módulo, ***a menos que*** *haja alguma desistência.*
5) conformativas – indicam a ideia "de acordo com" em relação à ideia da principal.	conforme, como, segundo	Tudo aconteceu ***como*** *eles haviam previsto.*
6) consecutivas – indicam um fato resultante do fato da oração principal	(tão/tanto...) que, de modo que, de sorte que, de maneira que, de forma que	*Tanto* se esforçou, ***que*** *conseguiu ser aprovado nos exames.*
7) finais – indicam a finalidade do fato da oração principal.	a fim de que, para que, porque, que	Estude bastante ***para que*** *consiga uma boa classificação.*
8) proporcionais – indicam fato simultâneo ao da oração principal	à proporção que, à medida que, na medida em que, quanto mais, quanto menos, conforme	Sentíamos mais calor ***à medida que*** *avançávamos para o interior.*
9) temporais – indicam circunstância de tempo em relação ao fato da oração principal.	quando, enquanto, mal, logo que, assim que, sempre que, desde que	***Mal*** *amanhece,* muita gente vai à praia em busca de peixe fresco.
10) integrantes – não indicam ralação semântica específica, mas auxiliam as orações subordinadas a completar a oração principal sintaticamente.	que, se	Nós queremos ***que*** *você compareça à nossa festa de despedida.* (= Nós queremos *isso.*)

IMPORTANTE

- As **conjunções subordinativas integrantes** introduzem as orações subordinadas substantivas, enquanto **as demais** iniciam orações subordinadas adverbiais.
- As conjunções e suas locuções só aparecem nas orações chamadas desenvolvidas.
- Não se confunde "porque" causal com explicativo, observando-se o seguinte:

Fui ao médico,/porque estava doente.
2º fato 1º fato → o primeiro fato gerou o segundo = causal

- Ana foi ao médico,/porque vi a receita médica aviada a ela.
1º fato 2º fato → o primeiro fato não gera o segundo, apenas o justifica = explicativo

3.11 Interjeição

Interjeição: palavra invariável que expressa emoções, sentimentos e sensações. O valor de cada interjeição depende do contexto.

alegria: ah!, oh!, oba!, opa!

advertência: cuidado!, atenção

afugentamento: fora!, passa!, xô!

alívio: ufa!, arre!

animação: coragem!, avante!, eia!, força!, vamos!

aplauso: bravo!, bis!, mais um!, viva!

chamamento: alô!, olá!, psit!

desejo: oxalá!, tomara!, oh!

dor: ai!, ui! etc.

espanto ou surpresa: ah!, puxa!, oh!, chi!, ué!, ih!

impaciência: hum!, hem!, irra!, are!

invocação: alô!, ô!, ó!, olá!, psiu!, psit!

silêncio: silêncio!, psiu!, quieto!

suspensão: alto!, basta!, alto lá!

terror: ui!, uh!

São **locuções interjetivas**: valha-me Deus!, puxa vida!, não diga!, que horror!, graças a Deus!, ora bolas!, cruz credo! ai de mim!, raios te partam!

3.12 Palavras denotativas

Palavras denotativas: a NGB classifica assim palavras que não se enquadram a nenhuma das dez classes gramaticais, por isso não devem ser confundidas com advérbios já que não mantêm necessariamente relação com um adjetivo, com o verbo ou com outro advérbio. São classificadas de acordo com a ideia que expressam:

designação: eis→ **Eis** nosso professor mais querido!

exclusão: apenas, apesar, exceto, inclusive, salvo, senão, sequer, somente, só, unicamente etc. → Os convidados adoraram a festa, **exceto** ele.

explicação: a saber, isto é, por exemplo etc.→Ele quer, **ou seja,** faz questão de que você vá conosco.

inclusão: até, ainda, inclusive, mesmo, também etc.→ É claro que eu **também** vou.

limitação: só, somente, unicamente, apenas etc.→ **Somente** ele me ofereceu ajuda.

realce: cá, é porque, é que, lá, mas, não, se etc. → Você **é que** fará esta atividade.

retificação: aliás, isto é, ou melhor, ou antes etc.→ São quatro dias, **ou melhor**, três.

situação: afinal, agora, então, mas etc. →**Afinal**, ele não tem culpa de nada.

3.13 Questões

1. **(FCC – MPE-RS – Secretário de Diligências)** (adaptada) Considere a frase:

"*... afirma que dados da empresa foram cruciais para os resultados do trabalho*".

O único adjetivo que **NÃO** apresenta semelhança de sentido com o de ***cruciais***, entre aqueles que também aparecem no texto, considerada a forma de masculino singular, é:

A) significativo.

B) valioso.

C) essencial.

D) isolado.

E) decisivo.

↘ **Resolução:**

Diferentemente do que ocorre nas demais alternativas, na alternativa "D", o adjetivo "isolado" foge da ideia de "importância" associada ao adjetivo "cruciais" e está no masculino singular.

↗ **Gabarito: "D".**

2. (FCC – TST – Analista Judiciário – Taquigrafia)

"Entendi que o que acontecia não era apenas a perda de um centro ***(20) único. Era*** *o diálogo que perpassa todo discurso; era o plurilinguismo social e histórico (Bakhtin, 1988b, p. 82).*

Teria de parar de pensar numa língua única, num único sujeito de um discurso. Teria de entender que há sempre a palavra de um outro, junto daquela que eu julgo ser de um. Importava, e muito, o diálogo do eu com o outro, ou seja, a verdade de que o outro permeia todo o fio do meu discurso, permeia as variantes intertextuais, permeia o texto-base.

Com esse outro inevitável, compactuo, entro em conflito, brinco; posso ***(25) até*** *transfigurá-lo esteticamente. (25) Isso, quando tenho consciência dele e represento-o no meu discurso, porque o tomo como* ***(26) sujeito-parceiro*** *da construção da minha enunciação. Isso é intertextualidade. Assim esse conceito será trabalhado* ***(27) daqui para a frente.***" (Discini, N. *Introdução.* Intertextualidade no conto maravilhoso. São Paulo: Humanitas, 2002, p. 9-11).

Considerados os três últimos parágrafos, assinale a alternativa correta.

A) (linha 27) A expressão *daqui para a frente*, embora mais comumente usada para referir espaço ("deste ponto em diante"), é empregada no texto exclusivamente para referir tempo, equivalendo somente a "a partir de agora".

B) (linha 25) O uso de *até* sugere que a última forma de interação inevitável com o *outro* é concebida como mais rara que as anteriormente citadas.

C) (linha 26) O uso de hífen em *sujeito-parceiro* não só desrespeita preceitos da gramática normativa como também é desnecessário: a assim forjada "palavra composta" é inócua para a significação do texto.

D) (linha 25) O anafórico *Isso* remete exclusivamente ao segmento *posso até transfigurá-lo esteticamente*.

E) (linha 20) O ponto-final entre *único* e *Era* prejudica a interpretação do fragmento, pois torna ambígua a relação semântica entre os períodos.

↘ **Resolução:**

A) *Incorreta.* Temos que a expressão "daqui para a frente" se refere exclusivamente ao tempo, porém o texto trata-se de uma introdução, logo o que temos de entender é que a expressão se refere também ao texto todo, todo o transcorrer do discurso.

B) *Correta.* Encontramos um item de pressuposto, pois a palavra "até", neste caso, é uma palavra denotativa de inclusão, assim tal transfiguração não seria de fato algo comum como as outras ocorrências: *Com esse outro inevitável, compactuo, entro em conflito, brinco.* A mesma ideia ocorreria em "Mesmo ele faria isso." – o que significa que os outros fariam coisas que ele não seria capaz de fazer, mas, neste caso, até ele conseguirá fazer. É a resposta.

C) *Incorreta.* O emprego do hífen não desrespeita os preceitos da gramática normativa – sempre podemos criar palavras compostas quando desejamos formar, com mais de uma palavra, apenas uma.

D) *Incorreta.* O anafórico (elemento que se refere a um elemento citado anteriormente no texto) "isso" não se refere apenas à última informação anterior a ele, mas ao período anterior inteiro: *Com esse outro inevitável, compactuo, entro em conflito, brinco; posso até transfigurá-lo esteticamente.*

E) *Incorreta.* Temos que o ponto-final entre *único* e *Era* prejudica a interpretação do fragmento, pois gera ambiguidade, mas isso não ocorre; apenas o sujeito fica subentendido na segunda oração do parágrafo.

↗ **Gabarito: "B".**

3. (FCC – TRF 3ª Região – Analista Judiciário – Oficial de Justiça Avaliador)

Afirma-se corretamente:

A) Em *pedindo-lhe* que *cedesse o nome de seu herói...*, o elemento destacado é um pronome.

B) O elemento destacado no segmento ... *uma escolha tão popular* que *um grupo de trabalhadores*... NÃO é um pronome.

C) Em **que** pagavam o "lector" do próprio salário..., o elemento destacado substitui *leituras*.

D) Em com o **que** parece ser uma atenção enlevada, o elemento destacado refere-se a "charutos".

E) Em Os trabalhadores **que** imigraram para os Estados Unidos..., o elemento destacado NÃO é um pronome.

↘ **Resolução:**

A) *Incorreta*. Isso porque o termo em destaque é uma conjunção integrante que introduz uma oração subordinada substantiva objetiva direta.

B) *Correta*. Está certa a afirmação que indica que a palavra destacada NÃO é um pronome, pois deve ser compreendida como uma conjunção subordinativa consecutiva.

C) *Incorreta*. Isso porque o pronome "que" destacado é relativo à palavra "operários" e não à palavra "leituras".

D) *Incorreta*. Isso porque "enrolar charutos" é a expressão recuperada pelo pronome "que" destacado neste item, e não "charutos".

E) *Incorreta*. Isso porque a palavra "que" destacada introduz uma oração subordinada adjetiva restritiva, colocada como comentário adicional do autor, tanto que o "que" pode ser facilmente substituído pela forma equivalente "os quais".

↗ **Gabarito: "B".**

4. (FCC – MPE-SE – Analista – Direito) A frase em que o elemento sublinhado NÃO é um pronome está em:

A) *... chegam a decretar a morte dos subúrbios, que consideram insustentáveis...*

B) *... em ruas que podem ser frequentadas por pedestres...*

C) *... já que está em estudo a ressurreição de um sistema de bondes.*

D) *... nas grandes cidades em torno das quais eles gravitam.*

E) *É uma metáfora que faz ainda mais sentido quando...*

↘ **Resolução:**

A alternativa "C" deve ser assinalada como a correta, pois a palavra destacada é integrante da locução conjuntiva causal "já que", enquanto, nas demais alternativas, todas as palavras são pronomes relativos e introduzem orações subordinadas adjetivas.

↗ **Gabarito: "C".**

5. (FCC – TRT 1ª Região – Analista judiciário – Área judiciária) *Por falta de preparo linguístico não sabia como atender a seu pedido.* **Caso se dê uma nova redação à frase anterior, iniciando-se por *Não sabia como atender a seu pedido*, a complementação que não traz prejuízo para o sentido e a correção é:**

A) mesmo porque não teria preparo linguístico.

B) haja visto minha despreparação linguística.

C) tendo em mira minha despreparação linguística.

D) em razão de meu despreparo linguístico.

E) não obstante meu despreparo na linguística.

↘ **Resolução:**

O trecho do texto revela ideia de causa e consequência e a única alternativa que também indica essa ideia é a "D".

ATENÇÃO

Importante observar, nesta questão, o que foi cobrado nos demais itens: no "A", a ideia de reforço oferecida pelo "mesmo", que não há no contexto do texto; no "B", a expressão "haja vista" nunca tem a forma "visto"; no "C", a ideia é de finalidade; no "E", a expressão "não obstante", muito cobrada nas provas, tem a ideia da oposição, como "apesar de".

↗ **Gabarito: "D".**

6. (FCC – TRT 15ª Região – Analista Judiciário – Área Judiciária)

> *Reciclar os dejetos oriundos das criações animais e dos refugos das plantações deve ser encarado não como custo ou gasto "a mais", mas sim como uma excelente oportunidade de gerar toda ou parte da energia necessária para executar as atividades econômicas (...)*

Os termos em negrito podem ser substituídos, sem prejuízo do sentido e da correção, respectivamente, por:

A) e – porém – a fim de.

B) mas – todavia – a fim de.

C) mas – porém – afim de.

D) e – entretanto – afim de.

E) porém – entretanto – a fim de.

Resolução:

O conectivo "ou" no contexto tem ideia de soma, por isso fica corretamente substituído por "e"; a conexão "mas sim" é adversativa e fica corretamente substituída por "porém", "todavia" ou "entretanto"; e o conectivo "para", neste contexto, expressa ideia de finalidade, por isso pode ser substituído pela expressão "a fim de", que é grafada separadamente. Alternativa correta é a "A".

IMPORTANTE

Atenção à expressão "a fim de", muito cobrada pela FCC, exprimindo ideia de finalidade, sempre deve ser separada. Observe-se também o emprego do "ou", que pode ter três acepções: de alternância, de soma ou de retificação.

Gabarito: "A".

7. (FCC – TRT 15ª Região – Analista Judiciário – Área Judiciária)

Reciclar os dejetos oriundos das criações animais e dos refugos das plantações deve ser encarado não como custo ou gasto "a mais"; mas sim como uma excelente oportunidade (...)

O termo **como** do texto anterior tem o mesmo valor que em:

A) Como garantir a sustentabilidade se não for possível afastarmos definitivamente a fome, a pobreza e a miséria?

B) É preciso reciclar os dejetos oriundos das criações animais como nos foi ensinado nas palestras sobre sustentabilidade.

C) Como a maioria dos biólogos, os ecologistas acreditam serem necessárias medidas urgentes para que se contenham os males do efeito estufa.

D) O fato é que as autoridades não sabiam como poderiam resolver os problemas da exploração predatória das fontes de energia.

E) Como tem sido criada uma consciência ecológica nos últimos anos, talvez seja possível reverter os efeitos do mau uso da energia.

Comentários:

"Como" no contexto acima revela ideia de comparação, assim como na alternativa "C", por isso esta é a resposta.

ATENÇÃO

Note-se aqui as várias acepções do vocábulo "como", que pode expressar ideia de causa (alternativa "E"), comparação, conformidade (alternativa "B"), modo; e, ainda, pode ser pronome relativo, substantivo, advérbio interrogativo (alternativas "A" e "D"), preposição acidental e interjeição.

Gabarito: "C".

8. (FCC – TRF 3ª Região – Analista Judiciário – Oficial de Justiça Avaliador)

Tinham seus prediletos ...

O verbo flexionado nos mesmos tempo e modo que o grifado acima está em:

A) Dumas consentiu.

B) ... levaram com eles a instituição do "lector".

C) ... enquanto uma fileira de trabalhadores enrolam charutos...

D) Despontava a nova capital mundial do Havana.

E) ... que cedesse o nome de seu herói...

Resolução:

A forma verbal do enunciado "Tinham" está flexionada no pretérito imperfeito do indicativo. Vejamos, agora, nos itens abaixo, qual forma está flexionada no mesmo tempo e modo que a do enunciado.

A) *Incorreta.* Isso porque "consentiu" está no pretérito perfeito do indicativo.

B) *Incorreta.* Isso porque "levaram" está no pretérito perfeito do indicativo.

C) *Incorreta.* Isso porque "enrolam" está no presente do indicativo.

D) *Correta.* Isso porque "despontava" está no pretérito imperfeito do indicativo, é a resposta.

E) *Incorreta.* Isso porque "cedesse" está no pretérito imperfeito do subjuntivo.

Gabarito: "D".

9. (FCC – MPE-AP – Analista Ministerial – Adm.)

... ou se porque preferia guardá-lo...

O verbo flexionado nos mesmos tempo e modo que o grifado acima está também grifado em:

A) *... se dispôs a pintar uma noite estrelada...*

B) *... em que fixava a beleza do céu noturno...*

C) *...se assistíssemos ao nascer do Universo.*

D) *... acordara, naquele dia...*

E) *... mas deveria existir...*

↘ Resolução:

A forma verbal do enunciado "preferia" está flexionada no pretérito imperfeito do indicativo. Vejamos, agora, nos itens abaixo, qual forma está flexionada no mesmo tempo e modo que a do enunciado.

Observação: o verbo "preferir" no futuro do pretérito do indicativo teria a forma "preferiria".

A) *Incorreta.* Isso porque "dispôs" está no pretérito perfeito do indicativo.

B) *Correta.* Isso porque "fixava" está no pretérito imperfeito do indicativo, é a resposta.

C) *Incorreta.* Isso porque "assistíssemos" está no pretérito imperfeito do subjuntivo.

D) *Incorreta.* Isso porque "acordara" está no pretérito mais-que-perfeito do indicativo.

E) *Incorreta.* Isso porque "deveria" está no futuro do pretérito do indicativo.

↗ Gabarito: "B".

10. (FCC – Câmara Municipal de São Paulo-SP – Procurador Legislativo) Todas as formas verbais estão corretamente empregadas, grafadas e flexionadas na frase:

A) O autor do texto parece considerar que já está para se proscrever a validade do livro convencional.

B) Um direito que não se pustula, como o da alfabetização, é um direito que se fragiliza.

C) Foi grande sua emoção quando, alfabetizado, sentiu-se capaz de destrinçar o sentido de um texto.

D) O prazer da leitura é um direito que poucos assessam nos países mais pobres.

E) Eles se absteram de votar porque achavam que encontrariam dificuldade na leitura das instruções.

↘ Resolução:

Neste tipo de questão, que há algum tempo a Carlos Chagas não fazia, o que se cobra do candidato é atenção à grafia do verbo, sua semântica e as relações entre verbo primitivo e derivado. Para este último caso, ressalto que se deva estudar bem os verbos "ter, pôr, ver e vir" – que apresentam muitos verbos derivados, os quais mantêm a grafia dos primitivos.

A) *Incorreta.* Isso porque "proscrever" deveria ter a forma "prescrever" nesta frase, pois essa primeira forma verbal significa "proibir, expulsar", o que não condiz com o contexto da frase; ao passo que a segunda tem sentido de "perder a validade".

B) *Incorreta.* Isso porque "pustula" deveria ter a forma "postular", que é sua grafia correta.

C) *Correta.* Isso porque as formas verbais estão corretas e bem empregadas, é a resposta.

D) *Incorreta.* Isso porque a forma "assessam" deveria ser "acessam".

E) *Incorreta.* Isso porque a forma "absteram" deveria ser "abstiveram", mantendo a forma do primitivo "ter", que é "tiveram".

↗ Gabarito: "C".

11. (FCC – METRÔ-SP – Analista Desenvolvimento Gestão Júnior – Administração de Empresas)

Na frase *Caso os leitores ...... (vir) a ler o jornal com maior rigor, certamente ...... (poder) perceber os estereótipos que ...... (predominam) nas reportagens de hoje*, as lacunas serão corretamente preenchidas, na ordem dada, por:

A) vierem – poderiam – predominariam.

B) virem – poderão – predominam.

C) viessem – poderão – predominassem.

D) vierem – podem – predominem.

E) viessem – poderiam – predominam.

↘ Resolução:

Na primeira lacuna, o verbo tem de ficar no subjuntivo por causa da conjunção "caso" e, pelo contexto, tem de ter o sentido de "ver", assim *a alternativa "B" já está eliminada* ("virem"= verbo "ver"). Para empregarmos "vierem" – futuro do subjuntivo, o verbo da oração seguinte teria de estar no futuro do presente "poderão" – **o que elimina as alternativas "A" e a "D"**.

Resta-nos verificar **as alternativas "C" e "E"**: a forma verbal "viessem", pretérito imperfeito do subjuntivo, faz correlação, neste contexto, com o futuro do pretérito do indicativo: caso viessem (no passado hipotético)..., ...poderiam (no futuro provável)... (essa é uma correlação muito incidente nas provas da FCC) – o que nos leva à alternativa "E" como resposta.

É bom observar, ainda, que a forma "predominam" está no presente do indicativo, pois nos dá uma informação certa e que representa em verdade.

↗ **Gabarito: "E".**

12. (FCC – TRT 2ª Região – Analista Judiciário – Área Administrativa) Está plenamente adequada a correlação entre tempos e modos verbais em:

A) Se alguém apelasse para a tal "questão de gosto", dificilmente nós, reputados polemistas, haveremos de concordar.

B) Seria necessário que todos gostassem das fórmulas ditatoriais do gosto para que se impeça um debate calcado em princípios argumentativos.

C) Caso um de nós a tome em sentido absoluto, a questão de gosto acabará por impedir que debatamos com alguma seriedade.

D) Caso sejam levadas a sério, suas ponderações teriam soterrado as tais razões de gosto que alegassem os seus interlocutores.

E) Somente nos restaria engolir em seco, se admitirmos que a tal da questão de gosto tivesse alguma relevância.

↘ **Resolução:**

Observe que, para perceber as formas corretas dos verbos da frase, "aproximá-los" facilita a análise.

Observação: estão em negrito as formas corrigidas.

A) *Incorreta.* Isso porque a correlação certa seria: "Se alguém apelasse... nós... **haveríamos** de concordar".

B) *Incorreta.* Isso porque a correlação certa seria: "Seria necessário que todos gostassem... para que se **impedisse**".

C) *Correta.* A correlação está certa: "Caso um de nós a tome... a questão de gosto acabará por impedir que debatamos".

D) *Incorreta.* Isso porque a correlação certa seria: "Caso sejam levadas a sério, suas ponderações **soterrarão** as tais razões de gosto que **alegarem**...".

E) *Incorreta.* Isso porque a correlação certa seria: "Somente nos restaria engolir... se **admitíssemos** que a tal da questão de gosto **tem**...".

↗ **Gabarito: "C".**

13. (FCC – TRT 16ª Região – Analista Judiciário – Contabilidade) Transpondo-se para a **voz passiva** a frase *vou glosar uma observação de Machado de Assis*, a forma verbal resultante deverá ser:

A) terei glosado.

B) seria glosada.

C) haverá de ser glosada.

D) será glosada.

E) terá sido glosada.

↘ **Resolução:**

A frase da voz ativa tem como sujeito "eu", a locução verbal indica futuro do presente auxiliado pelo verbo "ir" (eu vou glosar = eu glosarei) e o OD é "uma observação de Machado de Assis". Transpondo-a para a voz passiva, teremos: *uma observação ... **será glosada/vai ser glosada** por mim.* – sem ou com o verbo "ir" como auxiliar.

↗ **Gabarito: "D".**

14. (FCC – METRÔ-SP – Analista Desenvolvimento Gestão Júnior – Administração de Empresas) Considerado o contexto e transpondo-se para a **voz passiva** o segmento *sem jamais pendurá-los* no pau de arara, a forma resultante será:

A) sem que jamais fossem pendurados no pau de arara.

B) sem que no pau de arara jamais se os pendurasse.

C) sem que jamais tivessem sido pendurados no pau de arara.

D) sem que o pau de arara jamais os pendurasse.

E) sem que jamais se pendurassem no pau de arara.

↘ **Resolução:**

A frase da voz ativa tem como sujeito possível "ele", já que a forma verbal é de 3ª pessoa do singular, a forma verbal é de infinitivo e o OD é "os".

Transpondo-a para a voz passiva, teremos: *sem jamais "eles" (equivalente ao "os")* ***serem pendurados***..., na forma de oração reduzida, como no enunciado, ou na forma de oração desenvolvida *sem que jamais "eles" (equivalente ao "os")* ***fossem pendurados***...

Notem que na alternativa "B", o "os" continua em sua forma de OD – o que mostra que a frase não foi transposta – apenas as relações de sentido é que foram alteradas; na alternativa "C", apareceu o verbo "ter", que não deve aparecer na passiva sem estar na voz ativa; na alternativa "D", o "pau de arara" virou sujeito – o que muda o sentido da frase; e na alternativa "E", a construção é de voz reflexiva.

↗ Gabarito: "A".

15. (FCC – TRT 2ª Região – Analista Judiciário – Área Administrativa) Na passagem da voz ativa para a passiva, NÃO houve a devida correspondência quanto ao tempo verbal na seguinte construção:

A) Será que ele apreciará tais formas ditatoriais? = Será que tais fórmulas ditatoriais serão apreciadas por ele?

B) Haveremos de enfrentar esse e outros desafios = Esse e outros desafios haverão de ser enfrentados por nós.

C) A questão de gosto dispensaria as razões = As razões teriam sido dispensadas pela questão de gosto.

D) O autoritarismo apagava as diferenças reais = As diferenças reais eram apagadas pelo autoritarismo.

E) Os acomodados têm proclamado a servidão ao capricho = A servidão ao capricho tem sido proclamada pelos acomodados.

↘ Resolução:

A única alternativa que não apresenta a transposição correta da voz ativa para a passiva é a "C", pois a voz ativa em "A questão de gosto **dispensaria** as razões" ficaria assim na voz passiva: "As razões **seriam dispensadas** pela questão de gosto", no entanto, na alternativa, temos o acréscimo do verbo "ter" totalmente dispensável nesta transposição.

↗ Gabarito: "C".

4. SINTAXE – TERMOS DA ORAÇÃO

1) Frase

É todo enunciado com sentido, haja nele verbo ou não. Sem verbo, chama-se frase nominal:

Fogo!

Faça o que eu quero.

2) Oração

É enunciado que tenha verbo ou locução verbal, com sentido completo ou não:

Isso ***pegou*** *fogo!*

Eles ***estão estudando*** *há horas.*

3) Período

Frase finalizada pela pontuação: ponto final, de interrogação, de exclamação, reticências; pode ser simples ou composto.

a) O **simples** é formado por apenas uma oração, chamada **oração absoluta:**

O combustível ***sofreu*** *alteração de preço.*

Eles ***haviam trabalhado*** *muito na noite anterior.*

b) O **composto** é formado por duas orações ou mais:

Muitas atrizes ***são homenageadas*** *pelas escolas de samba, e* ***desfilam*** *no carnaval.*

Os deputados ***receberam*** *aumento, e os professores não (receberam).*

4) Termos da oração

Elementos que se relacionam dentro de uma frase, compondo seu sentido. Eles subdividem-se em **essenciais, integrantes** e **acessórios**, conforme quadro abaixo.

Nos termos sublinhados, estão em negrito apenas os seus núcleos.

TERMOS ESSENCIAIS		
1. Sujeito seu núcleo **não** é preposicionado	• é o termo da oração a respeito do qual se declara uma informação; é, portanto o nome do assunto da oração; • pode ter mais de um núcleo; • é representado por nome (s) – substantivo ou qualquer elemento que o substitua; • pode ser representado por uma oração: a subordinada substantiva subjetiva.	As **camas** estão arrumadas. O **ladrão** e o seu **parceiro** foram capturados. **Fumar** é prejudicial./**Isso** é meu. É importante **que você compareça à reunião**. (= seu *comparecimento/ substantivo*)
2. Predicado	• é a informação dada sobre o sujeito; • é nele que está o **verbo**; • seu núcleo pode ser o verbo significativo ou o predicativo; • pode ter mais de um núcleo.	Elas **chegaram** cedo aqui. verbo significativo/núcleo Elas estavam **tristes**. predicativo/núcleo Elas **chegaram tristes**. verbo significativo+ predicativo = 2 núcleos
TERMOS INTEGRANTES		
1. Objeto direto	• completa o sentido do verbo transitivo direto (não pede preposição); • pode ser preposicionado quando: a) representado pelo pronome relativo quem com antecedente expresso; b) representado por oblíquo tônico; c) se quer dar realce à mensagem; d) se deseja evitar ambiguidade; e) se emprega a palavra ambos; • pode ter mais de um núcleo; • pode ser pleonástico (repetido); • e ser representado por uma oração: a subordinada substantiva objetiva direta.	Jane recebeu **flores**./Recebeu-**a**. Ele era o homem a **quem** ela adorava. Vestiram a **si** mesmos para o baile. Comeu do **pão**. Ao **filho** ama o pai. Não vi a **ambos** ali. Comprei **pães** e **doces** Os **meninos**, eu **os** vi lá fora. Quero que você compareça aqui. (= seu *comparecimento***/***substantivo*)
2. Objeto indireto termo preposicionado	• completa o sentido de verbo transitivo indireto ("pede" preposição); • pode ter mais de um núcleo; • e ser representado por uma oração: a subordinada substantiva objetiva indireta.	Ela prefere rosas a **cravos**./ Isto **lhe** pertence? Ele gosta de **laranja** e (de)**maçã**. Necessito **de que você compareça aqui**. (= de seu *comparecimento/ substantivo*)

<table>
<tr><th colspan="3">TERMOS INTEGRANTES</th></tr>
<tr><td>3. Complemento nominal
termo preposicionado</td><td>• completa o sentido de:
a) advérbio;
b) adjetivo;
c) substantivo abstrato;
• pode ser representado por um oblíquo;
• pode ser representado por uma oração: a subordinada substantiva completiva nominal.</td><td>Ele agiu contrariamente à lei.
Estou feliz com seu comportamento.
Tenho necessidade de sua participação.
Foi-me útil este material.
(= Foi útil para mim este material)
Tenho necessidade de que você me ajude. (= de sua ajuda/substantivo)</td></tr>
<tr><td>4. Agente da passiva
termo preposicionado (por/de)</td><td>• pratica a ação na voz passiva (corresponde ao sujeito da voz ativa).</td><td>João comprou as flores. (voz ativa)
sujeito →
As flores foram compradas por João.
(voz passiva) agente da passiva</td></tr>
<tr><th colspan="3">TERMOS ACESSÓRIOS</th></tr>
<tr><td>1. Adjunto adnominal</td><td>• determina, qualifica ou caracteriza o substantivo concreto ou o abstrato (quando for termo agente);
• representa, portanto, na sintaxe, as palavras determinantes ou adjetivas da morfologia (artigo, adjetivo, numeral adjetivo, pronome adjetivo e locução adjetiva);
• pode ser representado por uma oração: a subordinada adjetiva.</td><td>Os meus dois velhos soldadinhos de chumbo foram comprados pela minha mãe.

Os rapazes que estudam bastante obtêm boa classificação na prova. (= estudiosos/adjetivo)</td></tr>
<tr><td>2. Adjunto adverbial</td><td>• é um modificador semântico, pois representa uma circunstância relacionada ao verbo (tempo, lugar, modo ...);
• os advérbios de intensidade podem relacionar-se ao adjetivo ou ao advérbio;
• nunca se refere ao substantivo/nome;
• pode ser representado por um advérbio, por uma locução adverbial ou uma expressão adverbial;
• e pode ser representado também por uma oração: a subordinada adverbial.</td><td>Os dois rapazes o visitarão hoje.

Os móveis de ferro são bastante resistentes.

Muita gente lê muito mal.

Eles saíram rapidamente.
O carro virou à esquerda.
A intensidade do calor causou problemas naquele verão.
Feche a porta quando sair.</td></tr>
</table>

TERMOS ACESSÓRIOS		
3. Aposto	• explica, detalha, caracteriza melhor ou resume o substantivo a que se refere – pode, por isso, ser entendido como uma "repetição sintática"; • suas classificações são: a) explicativo; b) numerativo; c) especificativo; • pode ser representado por uma oração: subordinada substantiva apositiva.	*Fortaleza*, **capital** do Ceará, é uma cidade linda. Só desejo uma *coisa*: **felicidade**. Compramos várias *coisas*: **arroz, feijão, sal, açúcar** e **pão**. A *Avenida* Ipiranga é um local turístico em São Paulo. A *cidade* de Santos é muito boa. Só desejo uma *coisa*: que você seja feliz.

Existe ainda o vocativo, mas ele não é termo da oração.

VOCATIVO	• termo independente usado para fazer chamamento; • sempre separado por sinal de pontuação.	Fica quieto, **menino**. **Crianças**, obedeçam aos seus professores. A ordem, meus **amigos**, é o progresso. (Machado de Assis)

5) Classificações do sujeito

Sujeito nome que pratica ou sofre a ação verbal ou sobre quem se declara uma informação.	• **determinado simples**: apresenta um núcleo – um substantivo ou elemento que o substitua → o pronome substantivo indefinido pode ser sujeito, já que representa o nome – mesmo que semanticamente você não possa definir, de fato, o sujeito.		**Maria** saiu. **Algo** aconteceu. **Alguém** bateu à porta.
	• **determinado composto**: apresenta mais de um núcleo		**João** e **Maria** saíram.
	• **determinado oculto**, **elíptico** ou **desinencial**: reconhecido pela desinência verbal → a NGB não aceita esta classificação, portanto considera-se apenas a classificação **sujeito determinado** (no contexto).		(eu) Acredit*ei* em você. João e Maria saíram. For*am* ao cinema. (sujeito determinado no contexto)
	• **indeterminado**	verbo na **3ª pessoa do plural** – sem que se possa identificá-lo no contexto;	Telefonaram para você. (não se sabe quem foi)
		verbo na **3ª pessoa do singular + partícula SE** → só ocorre com verbo intransitivo, transitivo indireto ou de ligação; →o se é índice de indeterminação do sujeito.	*Precisa-se* de dinheiro. *Vive-se* bem aqui.

<table>
<tr><td rowspan="3">Sujeito nome que pratica ou sofre a ação verbal ou sobre quem se declara uma informação.</td><td rowspan="3">• inexistente com verbos impessoais
Os principais são:</td><td>SER, ESTAR: indicando tempo, clima, datas, horas, distância;
HAVER, FAZER: indicando tempo passado – somente em terceira pessoa do singular;</td><td>São 3 horas.
Está frio.
Há três anos não o vejo.
Faz duas horas que choveu.</td></tr>
<tr><td>verbos que indicam fenômeno da natureza – em 3ª pessoa do singular
→ em linguagem figurada, concordam com o sujeito;</td><td>Choveu muito.
Eles trovejaram comigo.
sujeito</td></tr>
<tr><td>HAVER: com sentido de existir, ocorrer, acontecer.</td><td>Havia muitas pessoas ali.
(= Existiam muitas pessoas ali).</td></tr>
</table>

6) Predicação verbal

Estudo do comportamento do verbo no predicado.

<table>
<tr><td rowspan="4">Verbos significativos</td><td colspan="2">Verbo intransitivo tem sentido completo:
O carro morreu.
Aquela nuvem escura desapareceu.
Todos saíram.</td></tr>
<tr><td rowspan="3">Verbo transitivo
não tem sentido completo</td><td>Verbo transitivo direto pede complemento sem preposição chamado objeto direto:
O camelô vendia óculos.
o. d.
O capanga tirou o intruso do recinto.
o. d.
Alguém comprou o livro solicitado?
o. d.</td></tr>
<tr><td>Verbo transitivo indireto pede complemento com preposição chamado objeto indireto:
Eu gosto de dinheiro.
o.i.
Todos precisam de cooperação.
o.i.</td></tr>
<tr><td>Verbo transitivo direto e indireto admite objeto direto e indireto ao mesmo tempo:
Ela prefere rosas a cravos.
o.d. o.i.
Ofereceram abono aos funcionários.
o.d. o.i.</td></tr>
<tr><td>Verbo de ligação</td><td colspan="2">perde sua significação, em um contexto, para apenas ligar ao sujeito o predicativo, ou seja, qualidade ou estado importante no contexto. Os principais verbos que podem ser de ligação: ser, estar, ficar, continuar, andar, parecer, permanecer, tornar-se, virar:
O rio está cheio.
Este aluno é inteligente.
Ela permanecia triste.</td></tr>
</table>

7) Predicativo

Predicativo elemento do predicado	• é sempre uma característica ou estado **importante** no contexto da frase→	O portão está **enferrujado**.
	• pode ser referente ao sujeito ou ao objeto→	Achei **linda** a joia. **predicativo do objeto** — o.d. <u>Aquela joia</u> é **linda**. sujeito — **pred. do suj**
	• pode ser representado por uma oração: a <u>subordinada substantiva predicativa</u>→	O importante é **que você compareça à reunião.**

ATENÇÃO

Na frase, sempre que houver verbo de ligação, haverá predicativo do sujeito. Mas o contrário não é verdadeiro, pois pode haver predicativo do sujeito e verbo significativo. Veja próxima tabela.

8) Complemento nominal, objeto indireto e adjunto adnominal

a) Objeto indireto e complemento nominal

Não se pode confundir um termo com o outro, pois o objeto mantém relação com o verbo e complemento nominal com o nome, logo obedecem a regências diferentes:

Ela tem medo ***de barata***. → quem *tem*, *tem* algo, no caso, medo, medo = objeto direto; quem tem *medo*, tem *medo* de algo, no caso, de barata; que mantém relação com *medo*, por isso é complemento nominal.

Dei um presente ***a ela***. → quem *dá*, *dá algo* e *dá* a alguém, no caso, *dá um presente* e *dá* a ela, mantém relação com o verbo, objeto indireto.

b) Complemento nominal e adjunto adnominal

Complemento nominal completa, por regência, *adjetivo*, *advérbio* e *substantivo abstrato* – como termo paciente; adjunto adnominal relaciona-se, **não** por regência, ao *substantivo concreto e ao abstrato* – como termo agente, e, muitas vezes, indicando posse.

Dessa forma, podemos tirar algumas conclusões:

i) quando o termo preposicionado relacionar-se a *advérbio* ou a *adjetivo*, só poderá ser complemento nominal:

Fumar é <u>prejudicial</u> <u>à saúde</u>.

adjetivo — *complemento nominal*

A boa vida está <u>longe</u> <u>da cidade grande</u>.

advérbio — *complemento nominal*

ii) quando o termo preposicionado referir-se a *substantivo concreto*, só poderá ser adjunto adnominal:

A <u>casa</u> <u>de pedra</u> é construção comum em muitas regiões.

substantivo concreto — *adjunto adnominal*

iii) quando o termo preposicionado relacionar-se a substantivo abstrato, será adjunto adnominal, se for termo agente, mas, se for termo paciente, alvo da ação, será complemento nominal:

Amor de mãe é incondicional. → neste caso, o amor é dela, pois é ela quem ama, agente.

substantivo abstrato *adjunto adnominal*

O amor à mãe é puro. → neste caso, não é a mãe quem ama, ela é amada, paciente, alvo da ação de amar.

substantivo abstrato *complemento nominal*

As reclamações dos moradores ao síndico são infundadas.

substantivo abstrato *adjunto adnominal* *complemento nominal*

Neste último exemplo, o raciocínio é o mesmo: *os moradores* é que praticam a ação de reclamar, termo agente; o síndico é o alvo das reclamações, pois elas foram feitas a ele, termo paciente.

9) Classificações do predicado

São determinadas pelo tipo de núcleo(s) que apresenta o predicado.

Verbal	seu **núcleo** é um **verbo significativo** – intransitivo ou transitivo	Os dois **saíram**. núcleo → v. intransitivo
Nominal	seu **núcleo** é um nome: **predicativo do sujeito** – neste tipo de predicado o verbo é de ligação	Os dois estavam **cansados**. núcleo → predicativo do sujeito
Verbo-nominal	apresenta **dois núcleos**: **verbo significativo** + **predicativo** do sujeito ou do objeto	Os dois **saíram cansados**. v.i. + predicat. do suj. **Declararam** o réu **culpado**. v.t.d. + predicat. do obj. = 2 núcleos

10) As funções do SE mais cobradas e algumas dicas

Conjunção subordinativa condicional: → sempre inicia oração subordinada adverbial	*Vou à festa,* **se** *você for comigo.* = *caso*, semanticamente → (Vou à festa, *caso* você vá comigo.)
Conjunção subordinativa integrante: → sempre inicia oração subordinada substantiva	*Ele me perguntou* **se** *eu queria um café.* = Ele me perguntou *isso*.
Partícula apassivadora ou pronome apassivador: → sempre haverá sujeito na oração	*Aluga-***se** *casa. / Aluga***m***-***se** *casas.* sujeito sujeito a melhor opção de reconhecimento do pronome apassivador é passar a frase para a voz passiva analítica – dando certo, é voz passiva sintética e há sujeito na oração. Ver item 3.7

Índice de indeterminação do sujeito: → sempre com verbo no singular	*Come-**se** bem aqui. / Precisa-**se** de dinheiro.* Não ocorre com verbo transitivo direto, logo não é possível passar para a voz passiva analítica e não se reconhece sujeito no contexto.
Pronome reflexivo: →sintaticamente é objeto ou sujeito de verbo no infinitivo. Ver item 3.6	*Ele fez **a si mesmo** na vida.* (= objeto direto preposicionado) *Ele deixou-**se** ficar à vista.* (= sujeito do infinitivo "ficar") → neste caso, o sujeito pratica e sofre a ação verbal.
Pronome recíproco: → é o pronome reflexivo que, usado no plural, pode exprimir o sentido da reciprocidade e, por isso, muda sua classificação morfológica.	*Cumprimentaram-**se** ali na rua.* = um cumprimentou o outro.
Parte integrante do verbo → fazem parte de verbos que exprimem, geralmente, sentimento ou mudança de estado, como arrepender-se, ajoelhar-se, congelar-se etc.	*Queixou-**se** de você.* → o verbo normalmente não é usado sem o pronome.

4.1 Questões

1. (FCC – MPE-AP – Promotor de Justiça)

*... quando vierem **as cheias**...*

O segmento em destaque exerce na frase acima a mesma função sintática que o elemento grifado exerce em:

A) ... ***todos*** fogem diante dele...

B) .. as coisas do mundo sejam governadas ***pela fortuna e por Deus***...

C) ... mas deixa a nosso governo ***a outra metade***...

D) ... sem poder contê-***lo*** minimamente...

E) ... só resta ***aos homens*** providenciar barreiras e diques...

↘ Resolução:

Este tipo de questão, normalmente, traz muita dúvida aos candidatos. Acredito que isso aconteça porque ela fala em análise sintática, mas, gente, é tranquila sempre. Como fazemos em aula, o ideal é sempre começar o raciocínio da questão pelo reconhecimento do sujeito – se for um sujeito inexistente, já será detectado, neste momento, pela análise do verbo.

Reconhecido o sujeito, temos de passar ao reconhecimento dos objetos, depois ao dos adjuntos adverbiais e, em seguida, ao do restante dos termos.

A FCC costuma cobrar o sujeito e o objeto direto nesta questão. Vejamos: na frase do enunciado "*... quando vierem **as cheias**...*", o sujeito é "as cheias", logo é ele que temos de procurar em negrito nos itens a serem analisados. Sendo assim, neste caso, temos de descartar os termos preposicionados desde já – isso ocorre nas alternativas "B" e "E".

Ficamos, então, com as alternativas "A", "C" e "D". Na alternativa "D", temos o "-lo", que sempre é OD. Analisando a alternativa "C", observamos que, pela regência verbal, deve haver um objeto direto na frase: quem deixa, deixa algo a alguém: deixa a outra metade (OD) a nosso governo (OI). Assim, gente, só pode ser a alternativa "A".

É bom lembrar: não se confunde sujeito com o objeto direto e vice-versa pelo entendimento da oração!

Na alternativa "A", o termo em destaque é o sujeito, é a resposta.

Na alternativa "B", o termo em destaque é agente da passiva.

Na alternativa "C", o termo em destaque é objeto direto.

Na alternativa "D", o termo em destaque é objeto direto.

Na alternativa "E", o termo em destaque é objeto indireto.

↗ Gabarito: "A".

2. (FCC – TRT 5ª Região – Analista Judiciário – Serviço Social) Considerando-se outras possíveis alterações, o verbo que se mantém corretamente **no singular**, com as propostas entre parênteses no final da frase para o segmento nela grifado, é:

A) ... *como nenhum de nós falaria.* (**ninguém mais dentre os poetas**)

B) ... *fica a sua lembrança...* (**as marcas de sua lembrança**)

C) ... *porque tudo mudou na face das coisas...* (**uma e outra situação**)

D) ... *que sua voz ficou soando para sempre...* (**os ecos de sua voz**)

E) ... *aparece, tranquilo e terrível, demoniacamente belo, justo e verdadeiro, um gênio.* (**os gênios**)

↘ Comentários:

Observe-se que o raciocínio desta questão é igual ao da anterior, assim:

Na alternativa "A", substituindo "nenhum de nós" por "ninguém mais dentre os poetas", o verbo ficará no singular, já que o núcleo deste último termo é "ninguém", por isso essa é a resposta.

Na alternativa "B", substituindo "a sua lembrança" por "as marcas de sua lembrança", o verbo ficará no plural, já que o núcleo deste último termo é "marcas".

Na alternativa "C", substituindo "tudo" por "uma e outra situação", o verbo ficará no plural, já que o sujeito, neste caso, é composto: "uma e outra situação" resultam em duas situações.

Na alternativa "D", substituindo "a sua voz" por "os ecos de sua voz", o verbo ficará no plural, já que o núcleo deste último termo é "ecos".

Na alternativa "E", substituindo "um gênio" por "os gênios", o verbo ficará no plural, já que o núcleo deste último termo é "gênios".

↗ Gabarito: "A".

3. (FCC – TRE-TO – Analista Judiciário – Área Judiciária) Com a substituição do segmento grifado pela expressão entre parênteses no final da transcrição, o verbo que deverá ser mantido no singular está em:

A) ... o raciocínio conservacionista tem sido puramente contábil ... (o raciocínio dos conservacionistas)

B) Mas, ainda que seja um assunto cada vez mais popular ... (assuntos cada vez mais populares)

C) ... de quem está mergulhado nas decisões mais prosaicas do dia a dia. (daqueles que)

D) ... nunca, na história do planeta, registrou-se um número tão grande de espécies ameaçadas. (tantas espécies ameaçadas)

E) ... um tema que se discuta nos bares ... (daqueles temas)

↘ Resolução:

Observe-se que o raciocínio desta questão é igual ao do anterior, assim:

Na alternativa "A", substituindo "o raciocínio conservacionista" por "o raciocínio dos conservacionistas", o verbo ficará no singular, já que o núcleo deste último termo é "raciocínio" – essa é a resposta.

Na alternativa "B", substituindo "um assunto cada vez mais popular" por "assuntos cada vez mais populares", o verbo ficará no plural, já que o núcleo deste último termo é "assuntos".

Na alternativa "C", substituindo "de quem" por "daqueles que", o verbo ficará no plural, já que o sujeito é o relativo "que", que retoma "daqueles", levando o verbo para o plural. É importante observar que o relativo "quem" parece estar preposicionado, mas não o está, porque a preposição colocada aí preposiciona a oração em que o "quem" foi empregado.

Na alternativa "D", substituindo "um número tão grande de espécies ameaçadas" por "tantas espécies ameaçadas", o verbo ficará no plural, já que o núcleo deste último termo é "espécies".

Na alternativa "E", substituindo "um tema" por "daqueles temas", o verbo ficará no plural, já que o núcleo deste último termo é "temas".

↗ Gabarito: "A".

4. (FCC – TRT – 19ª Região – Analista Judiciário – Área Judiciária)

... que acompanham as fronteiras ocidentais chinesas...

O verbo que, no contexto, exige o mesmo tipo de complemento que o da frase acima está em:

A) *A Rota da Seda nunca foi uma rota única...*

B) *Esses caminhos floresceram durante os primórdios da Idade Média.*

C) *... viajavam por cordilheiras...*

D) *... até cair em desuso, seis séculos atrás.*

E) *O maquinista empurra a manopla do acelerador.*

↘ **Resolução:**

Temos aqui uma questão de regência verbal. Para este tipo de questão temos de usar do seguinte raciocínio: primeiro devemos analisar se o verbo é significativo ou de ligação – os de ligação, normalmente, estão nas frases das alternativas para atrapalhar o candidato, haja vista eles serem bastante confundidos com os verbos transitivos diretos. Sendo um verbo significativo, analisar, em seguida, se ele pede ou não complemento; se o verbo pedir complemento, analise se ele pede complemento com ou sem preposição.

Tal procedimento deve ser feito primeiro com o verbo da frase do enunciado, para depois realizá-lo com os verbos das alternativas.

Nesta questão, há na frase do enunciado um verbo que pede complemento direto (OD) = as fronteiras ocidentais chinesas. Agora, temos de ver em qual alternativa isso também ocorre:

Na alternativa "A", o verbo "ser" é de ligação (nunca perguntem "o quê?" para ele, senão a confusão está armada!).

Na alternativa "B", o verbo "florescer" é intransitivo, não pede complemento.

Na alternativa "C", o verbo "viajar" pede complemento com preposição = *por cordilheiras.*

Na alternativa "D", o verbo "cair" pede complemento com preposição = *em desuso.*

Na alternativa "E", o verbo "empurrar" pede complemento sem preposição = *a manopla do acelerador* – é a resposta.

↗ **Gabarito: "E".**

5. (FCC – MPE-AP – Analista Ministerial – Administração)

Aos espanhóis ***revertem*** *em sua totalidade os primeiros frutos...*

O verbo grifado acima tem o mesmo tipo de complemento que o verbo empregado em:

A) A descoberta das terras americanas é, basicamente, um episódio dessa obra ingente.

B) ... e suscita um enorme interesse por novas terras.

C) O restabelecimento dessas linhas [...] constitui sem dúvida alguma a maior realização dos europeus...

D) Não se trata de deslocamentos de população...

E) Esse interesse contrapõe Espanha e Portugal, "donos" dessas terras, às demais nações europeias.

↘ **Resolução:**

O procedimento de resolução desta questão é o mesmo da questão 1.

Na frase do enunciado acima, há um verbo que pede complemento indireto (OI) = *Aos espanhóis.* Para quem ainda tem dúvida sobre a elaboração da frase, vale ressaltar que "os primeiros frutos", neste caso, é o sujeito. Agora, temos de ver em qual alternativa isso também ocorre:

Na alternativa "A", o verbo "ser" é de ligação.

Na alternativa "B", o verbo "suscitar" pede complemento sem preposição: *um enorme interesse por novas terras.*

Na alternativa "C", o verbo "constituir" pede complemento sem preposição: *a maior realização dos europeus.*

Na alternativa "D", o verbo "tratar-se" tem complemento com preposição = *de deslocamentos de população* – é a resposta.

Na alternativa "E", o verbo "contrapor" pede dois complementos: um sem e outro com preposição: *Espanha e Portugal, "donos" dessas terras,...* e *às demais nações europeias.*

↗ **Gabarito: "D".**

6. (FCC – NOSSA CAIXA DESENVOLVIMENTO – Contador) Na frase *No caso dos donos do mundo, não se devem esperar exames de consciência mais profundos,* é correto afirmar que:

A) a construção verbal é um exemplo de voz ativa.

B) a partícula <u>se</u> tem a mesma função que em ***E <u>se</u> ela não vier?***

C) a forma plural *devem* concorda com *exames.*

D) ocorre um exemplo de indeterminação do sujeito.

E) a expressão *donos do mundo* leva o verbo ao plural.

↘ **Resolução:**

A) *Incorreta.* Isso porque a expressão está na voz passiva sintética e pode ser transposta: *não se devem esperar exames de consciência mais profundos = exames de consciência mais profundos não devem ser esperados.*

B) *Incorreta.* Isso poque no enunciado o "se" é classificado como partícula apassivadora, enquanto a proposição feita na questão deve ser entendida como conjunção subordinativa.

C) *Correta.* Está certa a afirmação sobre a concordância da locução verbal "devem esperar" com a palavra "exames", pois esta tem a função de sujeito da oração e impõe a forma plural ao verbo.

D) *Incorreta.* Isso porque o sujeito é paciente e explícito *"exames de consciência"*.

E) *Incorreta.* Isso porque a expressão *"dos donos do mundo"* não é o sujeito da oração, tanto que é um termo preposicionado e faz parte do adjunto adverbial.

↗ **Gabarito: "C".**

7. (FCC – TRT 5ª Região – Analista Judiciário – Serviço Social)

Embora as maiores instituições humanas se alienem, ou enxovalhem, resta-nos sempre uma, tão nova nos lábios de Gladstone como nos de Péricles: a instituição divina da palavra, capaz só por só de reconquistar todas as outras, quando associada à misteriosa onipotência da verdade. Tiraram-lhe a majestade da tribuna, pela qual os parlamentos governam. Mas ficou-lhe a imprensa, que se impõe aos governos, domina os parlamentos, e instrui os povos. Considerada como órgão desta função, avulta incomparável, no mundo moderno, a sua grandeza. E é assim que a consideramos, que o seu prestígio nos fascina, que a sua beleza nos deslumbra, que a sua missão nos atrai, que as temeridades, os sacrifícios, os perigos da sua comunhão nos acenam, ainda hoje, com uma sedução diversa, mas às vezes não menos viva que a de vinte e sete anos atrás, quando o jornalismo arrebatou pela primeira vez no seu torvelinho a nossa mocidade.

Cada país, cada raça, cada estado social, cada época tem a sua imprensa, e, na mesma época, o Proteu reveste, para cada ambição, para cada parcialidade, para cada tendência, para cada apostolado, a sua forma, atenuada, ou típica, vivaz, ou decadente, confessa, ou dissimulada. As grandes nações coevas poderiam caracterizar-se cada qual pelo caráter do seu jornalismo. Mas através das variedades que o diversificam, das especialidades, que o enriquecem, das excentricidades que o desnaturam, a origem do seu valor, do seu poderio, da sua resistência indestrutível está na transparência luminosa da sua ação sobre a sociedade, na sua correspondência com os sofrimentos populares, na sua solidariedade com as reivindicações do direito, na irreconciliabilidade da sua existência com a da ignorância, a da mentira, a da torpeza.

Observação: **Proteu** – um deus do mar, capaz de se metamorfosear em todas as formas que desejasse, fossem animais ou quaisquer outros elementos, como água ou fogo.

Ortografia atualizada segundo as normas vigentes.

(Rui Barbosa. *Campanhas jornalísticas.* 4. ed. São Paulo: Edigraf, 1972. p. 138-139)

Considere as afirmativas seguintes a respeito da regência de alguns verbos transcritos do texto e do sentido que lhes é atribuído. Está **INCORRETO** o que consta em:

A) No 1º parágrafo, a frase *Tiraram-lhe a majestade da tribuna* pode ser substituída, sem outra alteração, por: **Arrebataram dela a majestade da tribuna**.

B) No 2º parágrafo, o verbo da frase que se inicia por *o Proteu reveste* está empregado sem necessidade de complemento diretamente ligado a ele.

C) No 1º parágrafo, a frase *Mas ficou-lhe a imprensa* apresenta sentido de **Porém tocou a ela por quinhão a imprensa**, respeitada a regência do verbo que substitui o original.

D) O pronome **nos**, subordinado aos verbos do 1º parágrafo grifados em *que a sua beleza nos deslumbra, que a sua missão nos atrai*, pode ser substituído por **a nós**, com alteração apenas de sua colocação em cada uma das frases.

E) O verbo grifado na frase transcrita do 1º parágrafo, *que a consideramos*, apresenta um único complemento, expresso pelo pronome **a**.

↘ Resolução:

A) *Correta.* Isso porque o oblíquo, neste caso, tem sentido de possessivo.

B) *Incorreta.* Isso porque o verbo "*reveste*" é VTD, ou seja, pede complemento, que, nesta frase, é "*a sua forma, atenuada, ou típica, vivaz, ou decadente, confessa, ou dissimulada.*".

C) *Correta.* Isso porque o sentido das palavras substituidoras das originais são coerentes ao contexto, além de também observarmos que a regência do verbo "tocar" foi respeitada, já que o pronome "lhe" aí tem função de complemento indireto.

D) *Correta.* Isso porque o pronome oblíquo "nos" pode ter função de objeto indireto ou de direto e, nesta frase, cumpre com a função de objeto indireto, observadas as regências dos verbos citados; além disso, como oblíquo tônico (preposicionado) ele fica somente após o verbo – deslocamento correto, portanto.

E) *Correta.* Isso poque o verbo citado tem como complemento apenas o oblíquo "a".

↗ Gabarito: "B".

5. PERÍODO COMPOSTO

1) Período composto por coordenação

É formado por orações coordenadas, ou seja, orações que exercem a mesma função sintática, por isso são também chamadas independentes. Apresentam-se enumeradas no período e podem ser:

a) <u>assindéticas</u>: sem síndeto, ou seja, sem conjunção ou locução conjuntiva:

Eles saíram,/foram ao cinema,/voltaram cedo.

1 2 3

– **3 orações** coordenadas assindéticas.

b) <u>sindéticas</u>: com síndeto, ou seja, com conjunção ou locução conjuntiva.

*Eles saíram,/foram ao cinema/**e** voltaram cedo.*

1 2 3

– **1** e **2** são orações coord. assind.;
3 é oração coord. sindética aditiva.

Classificação das orações coordenadas sindéticas

As orações sindéticas classificam-se conforme com a conjunção que as inicia (veja quadro de conjunções – item 3.10).

a) **aditiva** – indica adição, soma:

Não só trabalharam / ***como também** foram ao cinema*.

↓ *or. coord. assind.* ↓ *or. coord. sind. aditiva*

b) **adversativa** – indica adversidade, oposição:

Estudou bastante, / ***mas** foi mal na prova*.

or. coord. assind. *or. coord. sind. adversativa*

c) **alternativa** – indica alternância, escolha:

***Ou** equilibramos nossas tarefas diárias,* / ***ou** adoecemos*.

or. coord. sind. alternativa / *or. coord. sind. alternativa*

d) **conclusiva** – indica fato ou ideia resultante da oração anterior:

Estamos doentes; / *temos, **pois,** de ir ao médico*.

or. coord. assind. / *or. coord. sind. conclusiva*

e) **explicativa** – indica fato ou ideia que justifica o conteúdo da oração anterior:

Volte rápido, / ***pois** não podemos esperá-la por muito tempo*.

or. coord. assind. / *or. coord. sind. explicativa*

2) Período composto por subordinação

É formado, basicamente, por oração principal (sem conectivo) e oração subordinada (com conectivo) que exerce função gramatical em relação à principal. E, de acordo com essa função, ou seja, com essa relação sintático-semântica, a subordinada pode ser de três tipos:

- adverbial → com conjunções (ou locuções) subordinativas adverbiais (veja quadro do item);
- adjetiva → com pronome relativo (veja quadro do item);
- substantiva → com conjunção subordinativa integrante (que, se), ou advérbio interrogativo, ou pronome indefinido, ou pronome interrogativo.

ATENÇÃO

As subordinadas sempre estarão relacionadas a uma oração principal.

a) Oração subordinada adverbial

Exerce função de adjunto adverbial em relação à oração principal e é, basicamente, iniciada por conjunção ou locução de conjunção subordinativa adverbial:

*Saímos/**quando** era cedo.*

↓ 1 ↓ 2 (= cedo)

A oração **1** é a principal e a **2** é subordinada adverbial temporal.

As adverbiais podem ser causal, comparativa, concessiva, condicional, conformativa, consecutiva, final, proporcional e temporal (veja quadro de conjunções no item 3.10):

i) **causal** – indica o motivo do fato da oração principal:

Como ainda estava de luto, / *não o namorou*.

or. sub. adv. causal — *or. principal*

ATENÇÃO

Ver diferença entre adverbial causal e coordenada explicativa.

ii) **comparativa** – indica uma relação entre dois elementos – um da oração subordinada e outro da oração principal:

Nevou aqui, / *como neva nos Polos*.

or. principal — *or. sub. adv. comparativa*

iii) **concessiva** – indica ideia de oposição, de exceção ao padrão:

Embora estivesse cansado, / *terminei o trabalho solicitado*.

↓ *or. sub. adv. concessiva* — ↓ *or. principal*

iv) **condicional** – indica um fato hipotético ou condicional (= permissivo) do fato da oração principal:

Não irei à praia com você, / *a menos que faça sol*.

or. principal — *or. sub. adv. condicional*

v) **conformativa** – indica a ideia "de acordo com" em relação à ideia da principal:

Faça o serviço contratado, / *como eu o orientei*.

or. principal — *or. sub. adv. conformativa*

vi) **consecutiva** – indica um fato resultante do fato da oração principal:

Ele falou tão alto / *que me assustou*.

or. principal — *or. sub. adv. conformativa*

vii) **final** – indica a finalidade do fato da oração principal:

Pegou-me pelo braço / *para que eu o seguisse*.

or. principal — *or. sub. adv. final*

viii) **proporcional** – indica fato simultâneo ao da oração principal:

Quanto mais as cidades se desenvolvem, /

or. sub. adv. proporcional

mais problemas vão surgindo.

or. principal

ix) **temporal** – indica circunstância de tempo em relação ao fato da oração principal:

Mal ele chegou, / *todas o rodearam*.

or. sub. adv. temporal *or. principal*

b) Oração subordinada adjetiva

Exerce função de adjetivo em relação a um nome antecedente, que fica na oração principal. Por isso tem função de adjunto adnominal e é, basicamente, iniciada por pronome relativo:

Os rapazes / que estudaram / conseguiram ótima classificação.

1 2 (= estudiosos) 1

A **1** é a oração principal e a **2** é a oração subordinada adjetiva restritiva.

Veja suas classificações.

CLASSIFICAÇÃO	SENTIDO	EXEMPLOS
1) restritiva	– limita, restringe o sentido do nome; – na escrita, **não apresenta vírgula antes do pronome relativo.**	Ela colheu as laranjas que estavam maduras. → leia-se que **apenas** as laranjas maduras foram colhidas e as verdes não.
2) explicativa	– apenas esclarece, explica melhor o nome a que se refere, daí o seu sentido de generalização; – **apresenta sempre vírgula antes do pronome relativo.**	Ela colheu as laranjas**,** que são frutas cítricas. →leia-se que **todas** as laranjas são frutas cítricas.

Posição da oração subordinada adjetiva

Pode aparecer intercalada na oração principal ou ao lado dela:

Este é o rapaz de quem falei. → ao lado

O rapaz de quem falei é este. → intercalada

c) Oração subordina substantiva

Esta oração tem sempre valor de termo sintático da oração principal, pois equivale a um substantivo. É **desenvolvida**, quando iniciada por conjunção integrante (que, se); é **justaposta**, quando iniciada por pronome interrogativo ou indefinido (que, quem, quanto) ou advérbio interrogativo (como, onde, por que, quando);

Espero *que você participe da reunião*.

1 2 (= sua participação)

1 é a oração principal

2 or. sub. substantiva objetiva direta (oração desenvolvida)

A oração **2** tem a função de completar o sentido do verbo "esperar", verbo transitivo direto, e, por isso, é **objetiva direta**. É iniciada por conjunção integrante.

Não sei *quem virá*.

1 2

1 é a oração principal

2 or. sub. substantiva objetiva direta (justaposta)

A oração **2** tem a função de completar o sentido do verbo "saber", verbo transitivo direto, e, por isso, também é **objetiva direta**, apesar de ser iniciada por pronome indefinido.

IMPORTANTE

Para facilitar o reconhecimento desse tipo de oração, pode-se trocá-la pelo pronome *isso: Espero que você participe da reunião.= Espero isso.*

Veja suas classificações.

ORAÇÃO SUBORDINADA SUBSTANTIVA		
CLASSIFICAÇÕES	ORAÇÃO PRINCIPAL (sem conectivo e seu verbo é conjugado)	ORAÇÃO SUBORDINADA (com conectivo)
subjetiva = sujeito oracional	verbo em 3ª pessoa do singular, acompanhado ou não da partícula apassivadora *se*	É essencial que vocês estudem. Vê-se que você estuda.
predicativa = predicativo oracional	sujeito + verbo de ligação	Meu desejo é que vocês passem.
objetiva direta = objeto direto oracional	sujeito + verbo transitivo direto	Quero que vocês passem.
objetiva indireta = objeto indireto oracional	sujeito + verbo transitivo indireto	Creio em que vocês passarão.
completiva nominal = complemento nominal oracional	sujeito + verbo + nome	Tenho certeza de que vocês passarão.
apositiva = aposto oracional	dois pontos ou vírgula e pode ser precedida de **a saber**, **isto é**, **ou seja**.	Só queremos isso: que vocês passem.

d) Coordenação das subordinadas

As orações subordinadas substantivas podem ser coordenadas entre si, com ou sem conjunção:

Espero / que você realize as suas tarefas /
1 2

e organize sua agenda rapidamente.
3

A 1 é a oração principal, a 2 e a 3 são orações subordinadas substantivas e, ao mesmo tempo, são coordenadas entre si.

3) Orações reduzidas

Quando uma oração se apresenta **sem conjunção ou sem pronome relativo** e com o **verbo no infinitivo, no particípio** ou **no gerúndio**, dizemos que ela é uma **oração reduzida**, acrescentando-lhe o nome **de infinitivo**, **de particípio** ou **de gerúndio**. Podem, ainda, ser introduzidas por preposição.

Ele não precisa de indicação *para que consiga este emprego**.

**Oração subordinada adverbial final desenvolvida*

Ele não precisa de indicação *para conseguir este emprego**.

**Oração subordinada adverbial final reduzida de infinitivo*

ORAÇÕES SUBORDINADAS		
	REDUZIDAS	DESENVOLVIDAS
INFINITIVO	É importante *estudar*. • *oração subordinada substantiva subjetiva reduzida de infinitivo*	É importante *que vocês estudem*. • *oração subordinada substantiva subjetiva*
GERÚNDIO	Havia muitos alunos *dançando no pátio*. • *oração subordinada adjetiva restritiva reduzida de gerúndio*	Havia muitos alunos *que dançavam no pátio*. • oração subordinada adjetiva restritiva

ORAÇÕES SUBORDINADAS		
	REDUZIDAS	DESENVOLVIDAS
PARTICÍPIO	<u>Encerrado o debate</u>, foi servido um jantar. • *oração subordinada adverbial temporal reduzida de particípio*	<u>Quando encerrou o debate</u>, foi servido um jantar. • *oração subordinada adverbial temporal*

ATENÇÃO

Oração coordenada também pode ser reduzida com verbo no gerúndio.

Note que ela apresenta a sequência do fato anteriormente citado:

Ele se levantou, <u>abrindo os braços para o céu</u>.
↓
(= **e** <u>abriu os braços para o céu</u>)

O período composto pode ser misto

Sempre havia alguém (1) *que nos incomodava* (2), *quando queríamos dormir* (3).

- oração 1: é oração principal em relação à oração 2;
- oração 2: é oração subordinada adjetiva restritiva em relação à 1 e é oração principal em relação à 3.
- oração 3: é oração subordinada adverbial temporal em relação à oração 2.

5.1 Questões

1. (FCC – Prefeitura de São Paulo-SP – Auditor Fiscal do Município – Gestão Tributária) A afirmação correta é:

A) Do ponto de vista estritamente gramatical, a substituição de *os elementos culturais alheios que se pretendam impor* **por** "os elementos culturais alheios que se imporem" preserva a correção.

B) Do ponto de vista estritamente gramatical, a substituição de *hão de alimentar a busca de soluções endógenas, que nem sempre têm* **por** "hão de alimentar a busca de uma solução, que nem sempre se mantém" preserva a correção.

C) A grafia de *envelheceu* está correta, como o está a de "rejuvenesceu".

D) Em *Passamos do regime servil para o trabalho livre – <u>ou quase</u>*, o ajuste que o segmento destacado realiza recai sobre o segmento *regime servil*.

E) Do ponto de vista estritamente gramatical, a substituição de *deve desfazer-se dos modelos importados* **por** "se acaso se desfazerem dos modelos importados" preserva a correção.

↘ Resolução:

Na alternativa "A", "impor" é verbo derivado de "pôr", logo é escrito como o seu primitivo "pôr"; dessa forma a transcrição que preservaria a correção seria *"os elementos culturais alheios que se **impuserem**"*, já que se trata de oração desenvolvida (desenvolvida, apresenta pronome relativo) – se fosse uma oração reduzida, a forma "imporem" estaria corretamente escrita no infinitivo.

Na alternativa "B", não há erro, a transcrição fica correta, pois o sujeito de "manter", que é o "que" nos dois trechos, deixa de representar "soluções" para representar "solução", levando a forma verbal para o singular, por isso a alteração do acento circunflexo da forma verbal "têm" passa a ser o agudo em "mantém".

Na alternativa "C", "rejuvenesceu" é com sc.

Na alternativa "D", a expressão "ou quase" faz um ajuste de sentido sobre a expressão "trabalho livre".

Na alternativa "E", a substituição por "se acaso se desfazerem dos modelos importados" não preserva a correção, pois o verbo "desfazer" é derivado de "fazer" e, por isso, deve seguir a grafia de seu primitivo. Assim, a forma correta deste verbo nesta frase seria "desfizerem", já que se trata de oração desenvolvida (desenvolvida, apresenta conjunção) – se fosse uma oração reduzida, a forma "desfazerem" estaria corretamente escrita no infinitivo.

↗ **Gabarito: "B".**

2. (FCC – TCE-AP – Analista de Controle Externo – Controle Externo – Jurídica)

A frase redigida corretamente é:

A) No caso de elas virem até nós, teremos a oportunidade de esclarecer por que os documentos ainda não foram liberados, e também reiterar que o diretor os mantém devidamente resguardados.

B) Quanto aos fabricantes, se se contraporem à decisão do juiz, terão de apresentar provas convincentes, que, segundo eles mesmos, não é garantia de sortir efeito em nova deliberação.

C) Esclareço hoje, a uma semana da audiência de conciliação, que um acordo só será aceito por meu cliente se lhe convir não só o montante da indenização, mas também a forma de pagamento.

D) Quando entrevisto candidatos, sempre os argúo acerca de sua descrição quanto a assuntos profissionais, pois esse é um dos quesitos avaliados no processo de ascenção na empresa.

E) Ele incendia todas as reuniões com essa mania de projetos mirabolantes, a ponto de sempre alguém freiar sua participação em comissões de eventos.

↘ **Resolução:**

Na alternativa "A", não há erro; vale observarmos três ocorrências: o correto é "No caso de elas virem...", e não "No caso delas virem...", pois "elas" é sujeito do infinitivo "vierem" e, por isso, não deve ser aglutinado à preposição; o "por que" fica separado sem acento, pois é um advérbio interrogativo (= por que motivo ou por qual motivo); e "mantém" tem acento agudo, porque é uma oxítona terminada em "em" e está no singular, porque seu sujeito é "diretor".

Na alternativa "B", a oração é desenvolvida, por isso o verbo tem de estar conjugado e "contrapuserem" é a forma correta do futuro do subjuntivo, enquanto "contraporem" é a forma do infinitivo; "sortir", que significa "abastecer, prover" não cabe ao contexto, mas "surtir" sim, pois significa "causar, originar, resultar".

Na alternativa "C", o verbo "convir" tem de ser conjugado nesta oração desenvolvida, assim a forma correta que ele deve assumir neste caso é "convier".

Na alternativa "D", "arguo" não tem acento agudo, pois, pelo Acordo, trata-se de paroxítona terminada em -o – antes também não tinha acento, pois o grupo "gu" estava acompanhado de "o", e não de "e" ou "i"; e "ascensão" é com um "s", e não com "ç".

Na alternativa "E", o verbo "incendiar", como faz parte dos verbos do "MARIO", tem como paradigma o verbo "odiar", por isso sua forma no presente é "incendeia"; e o verbo "frear", como segue o modelo de "passear", no presente do indicativo fica "frear".

↗ **Gabarito: "A".**

3. (FCC – INSS – Perito Médico Previdenciário)

... frase com a menção de que são essenciais à busca da felicidade.

A relação de regência exemplificada acima NÃO ocorre APENAS em:

A) a observância da felicidade coletiva.

B) acesso aos básicos serviços públicos.

C) crença na contínua evolução da sociedade.

D) a pretensão legítima ao seu atendimento.

E) dos valores de cada pessoa.

↘ **Resolução:**

Termos preposicionados que se referem a adjetivos e a advérbios sempre são complementos nominais; quando eles se referem a substantivo concreto são adjuntos adnominais; e quando se referem a substantivo abstrato são complementos se obedecerem à regência ou forem termos pacientes – alvos – do nome abstrato, porque se houver relação de posse entre os elementos associados pelas preposições, os termos preposicionados serão adjuntos adnominais.

Nesta questão, em particular, há quatro itens que revelam relação estabelecida pela regência, ou seja, quatro são complementos nominais: "da felicidade", "aos básicos serviços públicos", "na crença contínua da sociedade" e "ao seu entendimento"; e somente um item não apresenta tal relação: "de cada pessoa", que é adjunto adnominal, já que existe a relação de posse entre os elementos associados pela preposição: "cada pessoa" tem "valores".

Na alternativa "A", "observância" rege com a preposição "de".

Na alternativa "B", "acesso" rege com a preposição "a".

Na alternativa "C", "crença" rege com a preposição "em".

Na alternativa "D", "pretensão" rege com a preposição "a".

Na alternativa "E", há a relação de posse, como explicado acima – é a resposta.

↗ **Gabarito: "E".**

4. (FCC – SABESP – Analista de Gestão – Administração) **Considerada a substituição do segmento grifado pelo que está entre parênteses ao final da transcrição, o verbo que deverá permanecer no singular está em:**

A) *... disse o pesquisador à Folha de S. Paulo.* (**os pesquisadores**)

B) *Segundo ele, a mudança climática contribuiu para a ruína dessa sociedade...* (**as mudanças do clima**)

C) *No sistema havia também uma estação...* (**várias estações**)

D) *... a civilização maia da América Central tinha um método sustentável de gerenciamento da água.* (**os povos que habitavam a América Central**)

E) *Um estudo publicado recentemente mostra que a civilização maia...* (**Estudos como o que acabou de ser publicado**)

↘ **Resolução:**

Observe-se que os termos grifados devem ser sujeito das orações, já que interferem no comportamento do verbo, assim:

Na alternativa "A", substituindo "o pesquisador" por "os pesquisadores", o verbo ficará no plural.

Na alternativa "B", substituindo "a mudança climática" por "as mudanças do clima", o verbo ficará no plural, já que o núcleo deste último termo é "mudanças".

Na alternativa "C", não importa por qual termo seja feita a mudança do termo "uma estação", não haverá diferença do comportamento do verbo, pois o "haver", neste caso, é impessoal, já que tem sentido de "existir", por isso essa é a resposta.

Na alternativa "D", substituindo "a civilização maia da América Central" por "os povos que habitavam a América Central", o verbo ficará no plural, já que o núcleo deste último termo é "povos".

Na alternativa "E", substituindo "Um termo publicado recentemente" por "Estudos como o que acabou de ser publicado", o verbo ficará no plural, já que o núcleo deste último termo é "Estudos".

↗ **Gabarito: "C".**

6. SINTAXE DE REGÊNCIA

Sintaxe de regência é a relação de dependência ou subordinação que se estabelece entre termos da frase.

Há termos que exigem a presença de outros e, por isso, são chamados de **regentes** ou **subordinantes**; e estes termos que atuam como complementos são chamados de **regidos** ou **subordinados**.

Quando o termo regente é o verbo, a relação que se estabelece entre ele e o seu complemento é **regência verbal.**

Eles gostam de maçã.

regente regido

Se essa relação ocorrer entre o nome (adjetivo, substantivo ou advérbio) e o seu complemento, haverá **regência nominal.**

Ele é favorável ao aborto.

regente regido

1) Regência nominal

Esta regência depende da semântica desejada no contexto, avaliando se o termo regente requer ou prevê um complemento na sua significação. Por esse motivo, muitos dos nomes (adjetivo, substantivo ou advérbio) regem com mais de uma preposição. **E essa relação entre nome e complemento é sempre regida por preposição.**

Sendo assim, é difícil que saibamos todas as regências de todos os nomes, porém o sentido nos auxilia, vejamos:

*Amparados **no** muro.* (apoiados)

*Amparados **do** vento.* (protegidos)

O importante das frases acima é que percebamos que, se mudou a preposição, a semântica, por sua vez, também. Porém há vezes em que a escolha ou a troca da preposição é errada, pois **não** se obtém um sentido lógico entre o termo regido e o regente: *Amparados **entre** o vento.*

Vejamos alguns exemplos de nomes e seus complementos:

*Ela morava em uma cidade **contígua à** minha.*

*Seu comportamento é **incompatível com** a situação.*

*Este terreno é **passível de** desapropriação.*

2) Regência verbal

O estudo da regência verbal tem relação com o da predicação verbal (veja tabela à p. 1149, no item 4, de Sintaxe – Termos da Oração), ou seja, com o estudo do comportamento do verbo no predicado:

João namora.
↓
verbo intransitivo

Neste caso, a frase só informa que João namora.

João namora Maria.
↓ ↘
verbo transitivo direto — *objeto direto*

Neste, a frase informa qual é a namorada de João.

João namora com Luísa.
↓ ↘
verbo intransitivo — *adjunto adverbial de companhia*

Neste outro, a frase informa quem acompanha João quando ele vai namorar.

3) Regências variantes de alguns verbos

a) Há verbos que mudam de regência, mas não mudam de sentido:

Falei sobre você. → *Falei de você.*
verbo transitivo indireto — *verbo transitivo indireto*

Cumpriremos a nossa tarefa. → *Cumpriremos com a nossa tarefa.*
verbo transitivo direto — *verbo transitivo indireto*

b) Há verbos que mudam de regência, mas mudam de sentido:

Preciso do relógio. → *necessitar*
verbo transitivo indireto

Preciso o relógio. → *acertar, informar com exatidão*
verbo transitivo direto

4) Lembretes importantes

a) Os pronomes oblíquos átonos podem funcionar como complementos verbais:

OBLÍQUOS	FUNÇÃO SINTÁTICA	EXEMPLOS
O/A	**OBJETO DIRETO**	Você comprou **o carro**? Sim, comprei-**o**.
LHE	**OBJETO INDIRETO**	Você obedece **a seu pai**? Sim, obedeço-**lhe**.
ME TE SE NOS VOS	**OBJETO DIRETO ou OBJETO INDIRETO**	Você não **nos** viu? ***(obj. dir.)*** Você não **nos** confiou seu trabalho. ***(obj. ind.)*** Entregaram-**me** o carro. ***(obj. ind.)*** Entregaram-**me** ao carrasco. ***(obj. dir.)***

b) Os pronomes oblíquos tônicos, logicamente, só podem funcionar como complementos verbais se forem objetos indiretos, como é o caso dos seguintes pronomes:

ele, ela, eles, elas, mim, ti, si...	objeto indireto. Dei isso **a ele.**

c) Quando o complemento de um verbo ou de um nome for constituído de uma oração reduzida de infinitivo, não se faz a combinação ou contração entre a preposição e o sujeito dessa oração. Exemplo:

Esta é a roupa ***de o menino*** *viajar.*

Está na hora ***de eles*** *viajarem.*

d) Termos de regências diferentes pedem complementos diferentes. Vejamos as correções efetuadas abaixo:

Entrou e *saiu* da sala. (forma errada) → *Entrou* na sala e *saiu* dela. (forma correta)

Tenho e *assisto* na minha própria casa. (forma errada) → *Tenho* minha própria casa e nela *assisto*. (forma correta)

e) Entretanto se os termos tiverem a mesma regência, podem ter o mesmo complemento:

A amiga de quem muito gosto e preciso
OI VTI VTI
nas horas difíceis veio aqui hoje.

Visitei e *conheci várias cidades*.
VTD VTD OD

f) **Voz passiva** só pode ser realizada com verbos de ação que "peçam" objeto direto o qual seja alvo da ação expressa pelo verbo. As exceções deste caso ocorrem com os verbos ***assistir*** *(com sentido de dar assistência)* ***pagar, perdoar, obedecer, desobedecer, responder, aludir*** *e* ***apelar.***

O rapaz pagou os doces ***ao padeiro.*** → **O padeiro** *foi pago pelo rapaz.*

g) As orações subordinadas substantivas e os pronomes relativos podem ser preposicionados, dependendo da função sintática que eles desempenharem:

Comprei o livro de que precisava para fazer meu trabalho.
↓
OI

Este é o trabalho por que tenho dedicado tanto empenho.
↓
CN

Tínhamos certeza de que ele era inocente.
↓
Oração Subordinada Substantiva Completiva Nominal

Gosto de que vivam felizes.
↓
Oração Subordinada Substantiva Objetiva Indireta.

IMPORTANTE

- As **subordinadas substantivas** podem desempenhar função de sujeito, objeto direto, objeto indireto, complemento nominal, predicativo e aposto.
- Os **pronomes relativos** podem desempenhar função de sujeito, objeto direto, objeto indireto, complemento nominal, predicativo do sujeito, agente da passiva, adjunto adverbial (onde, como) e adjunto adnominal (cujo).

5) A regência de alguns verbos

a) Agradar

agradar → alguém	→	= acariciar
agradar → **a** alguém	→	= ser agradável, satisfazer

Agrado minhas filhas o dia inteiro.

Para agradar ao pai ficou em casa naquele dia.

As medidas econômicas do Presidente nunca agradam ao povo.

b) Aspirar

aspirar → algo	→	cheirar, sorver
aspirar → **a** algo	→	almejar, pretender

ATENÇÃO

No sentido de *almejar* não aceita *lhe*; aceita apenas ***a ele, a ela.***

Aspirou o ar puro da manhã.

Esta era a vida a que aspirava.

O cargo de gerente é ótimo, por isso aspiro a ele. (e **não** *aspiro-lhe*)

c) Assistir

assistir → algo, alguém	→	prestar assistência, ajudar, socorrer
assistir → **em** algum lugar	→	morar, residir
assistir → **a** algo	→	caber, pertencer
assistir → **a** algo	→	ver, presenciar

ATENÇÃO

No sentido de *ver, presenciar* não aceita *lhe*; aceita apenas ***a ele, a ela.***

O técnico assistia os jogadores novatos.

Assistiu em Maceió por muito tempo.

Assiste ao homem tal direito.

Não assistimos ao show.

Este programa, assisti a ele várias vezes. (e **não** *assisti-lhe*)

d) Visar

visar → algo, alguém	→	mirar
visar → algo	→	dar visto
visar → a algo	→	ter em vista, objetivar

ATENÇÃO

- No sentido de *objetivar* não aceita *lhe*; aceita apenas ***a ele, a ela.***
- Quando um complemento for um verbo no infinitivo, na última acepção, a preposição se torna facultativa: *Viso (a) conquistar isso.*

Disparou o tiro visando o alvo.

Visaram os documentos.

Viso a uma situação melhor.

e) Proceder

proceder →	→	ter fundamento
proceder → **de** algum lugar	→	originar-se, vir de algum lugar
proceder → **a** algo	→	dar início, executar

Suas queixas não procedem.

Muitos males da humanidade procedem da falta de respeito ao próximo.

Os detetives procederam a uma investigação criteriosa.

f) Querer

querer → algo	→	desejar
querer → **a** algo, **a** alguém	→	estimar, ter afeto

Quero que você participe da reunião.

Quero muito aos meus amigos.

g) Implicar

implicar	→ **com** algo, **com** alguém	→	ter implicância
implicar-se	→ **em** algo	→	envolver-**se**
implicar	→ algo	→	acarretar, causar

O chefe deste departamento implica demais com a faxineira.

*O diretor daquela escola implicou-**se** em tráfico de drogas.*

Sua desatenção ao serviço implicou sua demissão.

h) Pagar/Perdoar

i) se têm por complemento palavra que denote coisa: não exigem preposição.

Ela pagou a conta do restaurante.

Perdoou o trote.

ii) se têm por complemento palavra que denote pessoa (no caso do verbo *pagar*, considera-se o credor, sendo ele pessoa ou não): regem com a preposição **a**.

*Ele **pagou** a conta do restaurante **ao** gerente.*

***Perdoou** o trote **a** todos os colegas.*

i) Informar/Avisar/Comunicar/Certificar

No sentido de dar informação, admitem duas construções:

i) objeto direto de pessoa e indireto de coisa (regido pelas preposições **de** ou **sobre**).

Informou todos do ocorrido.

OD OI

ii) objeto indireto de pessoa (regido pela preposição **a**) e direto de coisa.

Informou a todos o ocorrido.

OI OD

j) Obedecer/Desobedecer

Exigem a preposição **a**.

*As crianças obedecem **aos** pais.*

*O aluno desobedeceu **ao** professor.*

k) Simpatizar/Antipatizar

Exigem a preposição **com**.

*Simpatizo **com** Lúcio.*

*Antipatizo **com** meu professor de História.*

ATENÇÃO

Estes verbos **não** são pronominais, portanto, são consideradas construções erradas as que os apresentam acompanhados de pronome oblíquo, como:

Simpatizo-me com Lúcio. (forma errada)

Antipatizo-me com meu professor de História. (forma errada)

l) Esquecer/Lembrar

i) Quando não forem pronominais: são usados sem preposição.

***Esqueci** o nome dela.*

OD

ii) Quando forem pronominais: são regidos pela preposição **de**.

***Lembrei**-me do nome de todos.*

OD OI

iii) O pronome pode ter valor de objeto indireto e o que era objeto direto (como no *caso a*) passa a ser sujeito:

***Esqueceu**-me o nome dela.*

OI sujeito

m) Preferir

Este verbo exige dois complementos, sendo que um é usado sem preposição, objeto direto, e o outro, objeto indireto, com a preposição **a**.

Exemplo:

Prefiro dançar a fazer ginástica.

OD OI

ATENÇÃO

- Segundo a linguagem formal, é errado usar este verbo reforçado pelas expressões ou palavras: antes, mais, muito mais, mil vezes mais etc.

Prefiro mil vezes dançar a fazer ginástica. (errado)

- Quando o artigo for empregado no objeto direto, deverá ser empregado no indireto também.

Prefiro salgado a doce. → **Prefiro** o salgado ao doce. (paralelismo)

Prefiro maçã a pera. → **Prefiro** a maçã à pera. (paralelismo)

6) Verbos de movimento e de quietação (sem movimento)

Para entender bem a regência dos verbos a seguir, é bom conhecer um pouco mais o emprego das preposições "a" e "em". Quando indicam lugares, elas são muito utilizadas com os verbos de movimento ou de quietação e elas podem indicar:

A → proximidade ou movimento:

*Sentamo-nos **à** mesa.* – proximidade

*Encostei-me **à** parede.* – proximidade

*Fui **ao** cinema com Pedro.* – movimento

*Cheguei **à** casa dela bem cedo.* – movimento

EM → com o sentido de *em cima de* ou *dentro de*, não indica movimento:

Sentamo-nos na mesa. – em cima de

Vou no carro dela. – dentro de

Assim, vejamos:

a) Chegar/Ir

chegar, ir → **a** (movimento)/**de** (origem)		→ um lugar
chegar, ir →	**em/de**	→ meio de transporte
ir → **a** (movimento)		→ temporariamente
→ **para**		→ definitivamente

*Vou **ao** dentista.*

*Cheguei **a** Brasília **de** avião.*

*Cheguei **no** trem das 13h **a** São Paulo.*

*Fui **no** carro do meu amigo **ao** cinema.*

b) Morar/Residir/Situar-se/Estabelecer-se

em → uma casa, rua, praça, cidade, país...

Assim também: **morador em/residente em/situado em/sito em/estabelecido em.**

Este estabelecimento, sito na Avenida Dorotéia, n. 10, era de meu pai.

Morávamos na Rua do Pari.

6.1 Questões

1. **(FCC – ISS – Auditor Fiscal Tributário)** A frase em que a palavra destacada está empregada corretamente é:

A) Depois de anos, resignou-se definitivamente àquele modo de vida precário.

B) Só mesmo ele, com sua ousadia, podia ter-se arrogado em certos direitos.

C) Percebeu que o que fizera era uma exorbitância com suas funções.

D) No dia seguinte da postagem da carta, ela já a recebia em casa.

E) Sua função lhe incompatibilizou com muitos colegas.

↘ Resolução:

Como se pode notar, trata-se de uma questão de regência, já que as palavras sublinhadas são preposições e o pronome oblíquo "lhe". Desta forma, as correções são as seguintes:

Na alternativa "A", o emprego da crase está correto: "resignar-se A" + "Aquele".

Na alternativa "B", *Só mesmo ele, com sua ousadia, podia ter-se arrogado certos direitos.* – "arrogar-se ALGO" – VTDI – o "se" fica como OI e "certos direitos" como OD.

Na alternativa "C", *Percebeu que o que fizera era uma exorbitância de suas funções.* – "exorbitância" rege com "em" ou "de".

Na alternativa "D", *No dia seguinte ao da postagem da carta, ela já a recebia em casa.* – note-se que faltou paralelismo neste caso, é "no dia seguinte" ao dia da postagem, e não "no dia seguinte" à postagem.

Na alternativa "E", *Sua função o incompatibilizou com muitos colegas.* – "incompatibilizar" é

VTDI e rege com a preposição "com": "com muitos colegas" é OI e "o" é OD.

↗ **Gabarito: "A".**

2. (FCC – TRT – 16ª Região (MA) – Analista Judiciário – Medicina) **As lacunas da frase** ***Um prefácio ...... nossa inteira atenção esteja voltada certamente conterá qualidades ...... força é impossível resistir*** **preenchem-se adequadamente, na ordem dada, pelos seguintes elementos:**

A) para o qual – a cuja

B) ao qual – de cuja a

C) com o qual – por cuja

D) aonde – de que a

E) por onde – das quais a

↘ **Resolução:**

Temos aqui uma questão de regência e emprego de pronome relativo, o que deve ser analisado para completarmos as duas lacunas.

Como se trata de analisarmos relativos, a primeira coisa a ser lembrada é que a regência deve ser analisada nos limites da oração adjetiva, atentando ao fato de que o relativo está substituindo na oração adjetiva o nome antecedente a ele. Dessa forma, para preenchermos a primeira lacuna, o raciocínio deve ser o seguinte: **nossa inteira atenção esteja VOLTADA PARA ou A o prefácio (= que, o qual)** – 1ª oração adjetiva; o que nos leva a pensar nas alternativas "A" ou "B".

Observe-se como a "montagem" da oração adjetiva foi feita na explicação acima: sujeito + verbo + OD + OI + advérbios, ou seja, colocamos a oração adjetiva em ordem direta e substituímos o relativo pelo nome que ele representa na oração – isso sempre deve ser feito, pois facilita-nos entender a regência.

Temos, portanto, a ideia de posse na segunda oração adjetiva com certeza, já que nas duas alternativas existe o relativo "cujo". Para analisarmos a regência com o relativo "cujo", podemos trocá-lo por um possessivo a fim de facilitar nossa análise: **é impossível RESISTIR A sua força (= A cuja força)**. Assim, temos a resposta A como única possibilidade.

↗ **Gabarito: "A".**

3. (FCC – TRT 5ª Região – Analista Judiciário – Oficial de Justiça Avaliador) **Está plenamente adequado o emprego de ambos os segmentos sublinhados na frase:**

A) Os antigos gregos e romanos consideravam que a escravidão não representava uma exceção <u>na</u> regra dos direitos democráticos, <u>a cujos</u> só tinham acesso os homens livres.

B) Uma das práticas que vão <u>ao encontro</u> dos valores democráticos é a discriminação dos pobres, <u>que seus</u> direitos tantas vezes são desrespeitados.

C) Volta e meia deparamo-nos, em pleno século XXI, <u>diante de</u> casos de trabalho forçado, uma abominação desumana, <u>de cuja</u> violência nada fica a dever à da escravidão.

D) As leis <u>em cujas</u> os legisladores primam pela equidade e justiça são as mesmas <u>a que</u> invocam os advogados espertos para contornar esses mesmos princípios.

E) O texto não deixa dúvida quanto à naturalidade <u>com que</u> encaramos injustiças presentes e quanto à indignação <u>de que</u> somos tomados diante de injustiças passadas.

↘ **Resolução:**

Temos aqui novamente uma questão de regência verbal e nominal, de emprego de pronome relativo e de emprego de preposição.

Na alternativa "A", o emprego da contração "na" (= em + a) está errado, pois a preposição a ser usada aí deveria ser "a" devido à regência do substantivo exceção (caso de regência nominal, portanto), o que ficaria assim "...uma exceção à **(= a + a)** regra..."; o relativo "cujo" deve sempre revelar posse entre um substantivo posterior a ele com outro anterior a ele, e, com o posterior, ele deve concordar em gênero e número: "cujos módulos", "cuja paciência", "cujas determinações"..., dessa forma seu emprego está errado nesta frase, já que à frente de "cujo" está um advérbio e um verbo: "só tinha" (como fazer a concordância?!) – além disso, como não existe posse, as possíveis correções para esta expressão seriam "aos quais" ou "a que", observando que a preposição "a" deve ser mantida devido à regência do substantivo "acesso" (caso de regência nominal).

Na alternativa "B", a expressão "ao encontro de" apresenta a ideia de "mesma direção, a favor, junto de" e a expressão "de encontro a" apresenta a ideia de "contra, oposição". Neste caso, "discriminação dos pobres" vai contra aos valores democráticos, portanto a expressão deveria ser "de encontro a". A segunda expressão assinalada é "que seus", a qual deve ser substituída por "cujos", já que o relativo "que" não tem a capacidade de representar a ideia de posse: *os direitos dos pobres*, mas o relativo "cujo" a tem.

Na alternativa "C", a primeira expressão está errada, pois não corresponde com a regência de "deparamo-nos", a preposição adequada aí é "com": "quem se depara, se depara com..."; na segunda expressão sublinhada não pode haver preposição, já que "cuja violência" é o sujeito da oração adjetiva: "sua violência nada fica a dever à da escravidão" (o relativo "cujo" foi substituído pelo possessivo para facilitar o entendimento).

Na alternativa "D", como vimos no item a, o relativo "cujo" deve sempre, com o nome posterior a ele, concordar em gênero e número, o que nos faz perceber que o seu emprego nessa frase está errado: *...em cujas os legisladores...*, e a correção seria "em que os legisladores primam pela equidade e justiça", pois *eles primam pela equidade e justiça nas leis.* A segunda expressão sublinhada também deve ser corrigida para "as quais" ou "que" apenas, pois ela serve de objeto direto de "invocar": *os advogados espertos invocam as leis.*

Na alternativa "E", as duas expressões estão corretas, pois nós *encaramos injustiças COM NATURALIDADE*; e *...somos tomados DE INDIGNAÇÃO...*

↗ **Gabarito: "E".**

4. (FCC – ICMS)

... aquele monarca distante e invisível cujo poder Cortés representava.

Considerado do ponto de vista estritamente gramatical, o segmento acima mantém a correção se a forma verbal representava for substituída por:

A) se apoiava.

B) contestava.

C) se curvava.

D) desconfiava.

E) fazia frente.

↘ **Resolução:**

Esta questão trabalha exclusivamente com regência verbal. Como o examinador pede para realizarmos a troca de verbos, mantendo a correção gramatical, o que temos de pensar é no caso da regência, pois somente isso poderia trazer incorreção. Assim, temos de analisar a regência do verbo no enunciado para acharmos outro igual a ele.

O verbo da frase no enunciado é "representar", cujo complemento é OD: *cujo poder*, logo trata-se de um verbo transitivo direto. Para certificarmo-nos disso, basta colocarmos a frase em ordem direta: *Cortés representava seu poder.* – troquei o relativo "cujo" pelo possessivo para ficar mais fácil a avaliação da regência.

Na alternativa "A", "apoiar-se" rege com as preposições "em, sobre, a" – não é a resposta.

Na alternativa "B", "contestar" rege sem preposição – é a resposta, pois tem complemento direto.

Na alternativa "C", "curvar-se" rege com a preposição ou com a locução prepositiva "a, diante de" – não é a resposta.

Na alternativa "D", "desconfiar" rege com a preposição "de" – não é a resposta.

Na alternativa "E", "fazer frente" rege com a preposição "a" – não é a resposta.

↗ **Gabarito: "B".**

5. (FCC – TRT 19ª Região – Analista Judiciário – Área Judiciária)

Ela consagra a vitória da razão abstrata, que é a instância suprema de toda a cultura moderna, versada no rigor das matemáticas que passarão a reger os sistemas de controle do tempo e do espaço.

Afirma-se corretamente sobre a frase acima:

A) As vírgulas isolam um segmento explicativo.

B) O verbo *consagra*, no contexto, não admite transposição para a voz passiva.

C) No segmento *que passarão a reger os sistemas de controle do tempo e do espaço*, o elemento sublinhado pode ser substituído por "com que", sem prejuízo para o sentido original.

D) O segmento *versada no rigor* está corretamente traduzido, no contexto, por "de acordo com os princípios".

E) O segmento *que passarão a reger os sistemas de controle do tempo e do espaço* pode ser substituído por "cujos sistemas de controle do tempo e do espaço passarão a reger".

Resolução:

A) *Correta.* Isso porque a expressão "que é a instância suprema de toda a cultura moderna" é uma oração subordinada adjetiva explicativa, pois apresenta pronome relativo e nos explica o conceito de "razão abstrata".

B) *Incorreta.* Isso porque o verbo "*consagra*" é VTD, ou seja, admite a voz passiva: *A vitória da razão abstrata* ***é consagrada*** *por ela.*

C) *Incorreta.* Isso porque a colocação da preposição "com" gera a mudança do sujeito para um adjunto adverbial: o "que" é o sujeito da oração e, com a colocação da preposição, ele passa a ser adjunto adverbial, logo altera o sentido da frase: "eles passarão a reger os sistemas... com as matemáticas"; sendo que no sentido original "as matemáticas passarão a reger os sistemas...".

D) *Incorreta.* Isso porque a expressão "*versada no rigor*" tem o sentido de "feita com a precisão" *das matemáticas*, não de conformidade como foi proposto.

E) *Incorreta.* Isso porque no contexto não há ideia de posse, portanto o emprego do "cujo" está equivocado; além disso o verbo "reger" é VTD, mas ficou sem complemento.

Gabarito: "A".

7. CRASE

Crase é a fusão entre duas vogais idênticas: a + a(s), as quais pertencem a classes gramaticais diferentes. Essa fusão é indicada pelo acento grave (`) nos seguintes casos:

preposição A+ (por regência essencialmente)
- → artigo definido feminino **a (s):** Fui **à** feira. **(a+a)**
- → pronome demonstrativo **aquilo, aquele (a,s), a (s):** Vá **àquele** balcão. **(a+ aquele)**

1) Crase formada com o artigo definido feminino

Neste caso a preposição "a", empregada por motivo de regência, funde-se ao artigo definido feminino singular ou plural, conforme o nome a que ele se refere.

Todos assistiram ***à*** *cena em silêncio.*

preposição ***a*** *+ artigo* ***a***

O artigo feminino singular foi empregado por referir-se a um substantivo feminino singular *cena*. Se fosse substantivo plural ou masculino, a formação seria:

Todos assistiram ***à(s)*** *cena(s) em silêncio.*

preposição ***a*** *+ artigo* ***a(s)***

Todos assistiram ***ao(s)*** *filme(s) em silêncio.*

preposição ***a*** *+ artigo* ***o(s)***

Além disso, o artigo é definido, ou seja, no contexto, deve referir-se ao substantivo principalmente com o objetivo de especificá-lo ou manter a especificação que outra palavra já tenha feito ao substantivo. Portanto, quando isso ocorre, este artigo deve ser empregado, vejamos a diferença:

Não chegaram ***a*** *conclusão* ***alguma****.*

preposição ***a*** *+ ...* *pronome indefinido* – o substantivo não está especificado

Não chegaram ***à*** *conclusão* ***desejada****.*

preposição ***a*** *+ artigo* ***a*** *adjetivação* – o substantivo está especificado, o artigo definido é empregado.

Temos de lembrar ainda que o substantivo pode ser empregado no plural para causar generalização e, neste caso, logicamente, o artigo não deve ser empregado:

Faz anos que não vou ***a*** *festas.*

preposição ***a*** *+ ...* *plural para indicar generalização: "qualquer festa"*

E, por fim, se a regência não pedir a preposição, só se emprega o artigo:

Não vimos a faxineira do prédio.

VTD ... + *artigo* ***a***

ATENÇÃO

Por tudo que foi visto, podemos concluir que a forma **à(s)** é equivalente à forma **ao(s)**. <u>Assim, toda vez que o "a/à (s)" estiver em concordância, no feminino, com o termo a que se refere – pois, sem concordância, sem crase –</u> pode-se substituir essa forma mentalmente por uma forma masculina para se verificar se a crase é empregada em um determinado contexto ou não:

Vou **à** farmácia. = Vou ao clube.

preposição ***a*** *+ artigo* ***a*** — *preposição* ***a*** *+ artigo* ***o***

2) Não ocorre crase com artigo definido feminino

a) Antes de substantivo masculino: *Comemos bife <u>a cavalo</u>.*

b) Antes de verbo: *Tudo <u>a partir</u> de R$1,99. Todos temos contas <u>a pagar</u>.*

c) Antes de pronomes em geral: *Refiro-me <u>a ela</u> e não <u>a você</u>. Refiro-me <u>a alguém especial</u>. Refiro-me <u>a Vossa Senhoria</u> e não <u>à senhora</u>.*

IMPORTANTE

Para se ter certeza do emprego ou não da crase antes do pronome, verifique se o pronome empregado aceita ou não o artigo e, para isso, basta passá-lo para a forma masculina do próprio pronome:

Refiro-me <u>a ela</u>. = Refiro-me <u>a ele</u>, e **não** *Refiro-me <u>ao ele</u>.* Logo o pronome **não** aceita o artigo antes dele, <u>**não** há crase</u>.

*Refiro-me <u>à senhora</u>. = Refiro-me <u>**ao** senhor</u>.* Logo o pronome aceita o artigo antes dele, <u>há crase</u>.

Refiro-me <u>a alguém</u>. Não existe forma masculina ou feminina para esse pronome, por isso **não** é possível empregar-se o artigo antes dele, logo <u>**não** há crase</u>.

d) Antes de artigo indefinido: *Fomos <u>a uma convenção maravilhosa</u>.*

e) Depois de preposição que não seja "a": *Pusemos o livro <u>sobre a</u> mesa.*

f) Em expressões de palavras repetidas, mesmo que sejam femininas: *Conhecemos este lugar de <u>ponta a ponta</u>. Revisamos a matéria <u>ponto a ponto</u>.*

3) Ocorrências facultativas

a) Crase antes de <u>nomes próprios femininos</u>: *Dei um presente **a/à Paula**.*

Antes de nome de pessoas ilustres não se usa crase:

*Fiz referência **a Joana D'arc**.*

b) Crase antes de <u>pronome possessivo feminino</u>: *Dei um presente **a/à sua** irmã.*

O pronome possessivo substantivo, obrigatoriamente, será antecedido de artigo, logo ocorre a crase se a regência exigir a preposição: *Minha opinião é igual **à sua** (opinião).*

c) Crase com a <u>preposição até</u> – pode-se empregar apenas "até" ou a locução "até a":

*Fui **até a/à** esquina.*

4) Crase formada com o pronome demonstrativo

A preposição "a", empregada por motivo de regência, funde-se ao demonstrativo *aquele (a,s), aquilo* ou *a(s)* que estiver no termo regido por ela:

*Chegou **àquele** lugar muito cedo.*

*preposição **a** + demonstrativo **aquele***

*Ora aspirava a isto, ora **àquilo**; não sabia o que queria.*

*preposição **a** + demonstrativo **aquilo***

*Esta caneta é igual **à** que comprei ontem.*

*preposição **a** + demonstrativo **a** (=aquela)*

5) Particularidades

a) Há crase nas expressões femininas iniciadas por "a" (= locuções adverbiais, prepositivas e conjuntivas): *à esquerda, à noite, à espera de, à procura de, à proporção que, à moda (mesmo que ela esteja subentendida)...*

*Coma **à vontade**.*

***À medida que** o tempo passa, envelhecemos.*

*Ele fez um gol **à Ronaldinho.*** (= a moda de Ronaldinho)

*Estarei lá **às dez horas**.*

Neste último exemplo, temos a indicação de hora exata, como em *Estarei lá **à uma hora**.*, diferente de *Passe em casa **a uma hora (qualquer)**.*

O mesmo raciocínio ocorre nesses casos:

*A espera é **de** oito **a** dez horas.* → [de – a]

*Ficarei lá **das** oito **às** dez horas* → [das – às]

As expressões *a pena*, *a lenha* e *a distância* não são acentuadas:

*Tudo isso vale **a pena**.*

*Este forno é **a lenha**.*

*Ensino **a distância**.*

A expressão *a distância* tem acento grave se for especificada:

*Estou **à distância** **de cem metros** do local.*

b) Casa e terra são considerados substantivos de sentido genérico, por isso só se emprega artigo antes deles, se estiverem adjetivados, especificados. E, neste caso, poderá haver crase se a regência exigir a presença da preposição "a":

Cheguei a casa logo cedo.

*Cheguei à casa **de meus amigos** à noite.*

*Cheguei à casa **amarela**.*

Desci a terra na primeira parada da viagem.

*Desci à terra **natal de meus amigos**.*

c) Crase antes de nome de lugar (topônimo) só ocorre se a regência exigir a preposição "a" e o nome do lugar aceitar o artigo ou estiver adjetivado, especificado:

*Irei **à Bahia.***

*Irei **a Brasília.***

*Irei **à Brasília dos governantes**.*

*Conheço **a Bahia.***

*Conheço **Brasília.***

*Conheço **a Brasília dos governantes.***

ATENÇÃO

Para saber se o topônimo aceita artigo ou não, basta trocar o verbo da frase pelo verbo "voltar": se o raciocínio for "voltar **de**", o nome do lugar não aceita artigo; se for "voltar **da**", o nome do lugar aceita artigo.

7.1 Questões

1. **(FCC – TRT 19ª Região – Analista Judiciário – Área Judiciária)** O sinal indicativo de crase pode ser corretamente suprimido, sem prejuízo para a correção e o sentido original do texto, em:

A) *... à opressão e ao obscurantismo...*

B) *... o mais belo legado do Renascimento à atualidade.*

C) ... *em continuidade à miséria...*

D) ... *e a submetê-la à sua vontade.*

E) ... *que impõe à sociedade um padrão único...*

↘ Resolução:

Nas alternativas "A", "B", "C" e "E" há caso de regência que exige a preposição "a" e um substantivo feminino de referência, por isso a crase será mantida; porém na alternativa "D", há ocorrência de crase facultativa, pois ela ocorreu antes de um possessivo feminino adjetivo (acompanha um substantivo) – vale lembrar que se fosse um possessivo substantivo, o artigo seria obrigatório, consequentemente, neste caso, a crase também.

↗ Gabarito: "D".

2. (FCC – TRT 5ª Região – Analista Judiciário – Serviço Social)

... *quando associada à <u>misteriosa onipotência da verdade</u>.*

Mantém-se corretamente o à – com o sinal indicativo de crase – se o segmento grifado for substituído por:

A) uma característica que a identifica.

B) cada tendência de pensamento.

C) valores dispersos na sociedade.

D) defesa dos direitos sociais.

E) qualquer ação esclarecedora dos fatos.

↘ Resolução:

Como dito antes, para questões como esta, é importante entendermos que a preposição será mantida, afinal a regência a exige: "associada" **a** quê? O que temos de avaliar, portanto, é o emprego do artigo para que a crase seja mantida ou não.

Na alternativa "A", não se pode usar acento grave neste caso, pois "uma" é um artigo indefinido, e não é possível empregarmos um artigo definido junto de outro artigo e ainda que é indefinido, não é mesmo? Assim, permanece apenas a preposição na frase.

Na alternativa "B", não se pode usar acento grave neste caso, pois "cada" é um pronome indefinido, e não é possível empregarmos um artigo definido junto de um pronome que é indefinido, não é mesmo? Assim, permanece apenas a preposição na frase.

Na alternativa "C", não se pode usar acento grave neste caso, pois "valores" é substantivo masculino e, ainda, está no plural, assim o artigo que se empregaria aí seria o masculino plural "os", resultando na seguinte forma: "... *quando associada AOS valores dispersos na sociedade.*".

Na alternativa "D", há crase, pois a palavra de referência é um substantivo feminino "defesa", ocasionando o emprego do artigo feminino junto da preposição, gerando a crase – é a resposta.

Na alternativa "E", não se pode usar acento grave neste caso, pois "qualquer" é um pronome indefinido, e não é possível empregarmos um artigo definido junto de um pronome que é indefinido, não é mesmo? Assim, permanece apenas a preposição na frase.

↗ Gabarito: "E".

3. (FCC – TRE-PR – Analista Judiciário – Área Administrativa) A frase que respeita o padrão culto escrito é:

A) Tudo que fizeram afim de angariar a simpatia do diretor pela proposta não deu bons frutos, por isso não lhes restaram, conforme estavam todos de acordo, outra ideia a não ser agregar valor ao projeto inicial.

B) Os jornalistas não creem que existam documentos espúrios em meio àqueles já examinados, e isso por que já haviam feito cuidadosa checagem, todavia, a transparência impondo, voltarão a tarefa de imediato.

C) A questão ficou cada vez mais descaracterizada quando, logo depois da visita o antropólogo defendeu que aquelas dificuldades não se restringiam para as nações indígenas daquela região, sendo mais universal.

D) A manutenção e apoio ao grupo de escoteiros dependem dele aceitar a contrapartida dos empresários, que não é, aliás, nada abuso, visto que eles executam as tarefas solicitadas cotidianamente, sem desgaste exaustivo.

E) Não obstante a grande aprovação recebida pelos candidatos da legenda, não se ignora que, se não revirem suas plataformas, cujas bases têm fragilidades que só há pouco os analistas expuseram, sairão lesados em futuro bem próximo.

↘ Resolução:

Na alternativa "A", "a fim" é separado, pois trata-se de uma expressão que indica finalidade, "afim" junto é de afinidade – quando se tem afinidade, fica-se junto, não é mesmo?!; "restou" tinha de ficar no singular, pois seu sujeito "outra ideia" está no singular; por fim, a palavra "ideia" pode ou não ter acento, pelo Acordo, não o tem mais, pois é uma palavra paroxítona terminada em "-a" – antes tinha acento, pois entrava no caso dos ditongos tônicos de som aberto "-éi, ói, éu".

Na alternativa "B", "creem" fica sem acento pela norma do novo Acordo, pois o "-eem" final não será mais acentuado; o "porque" fica junto, pois trata-se de uma justificativa ao que foi dito antes; por fim o "à" depois de "voltarão" deve receber o acento grave, porque a regência do verbo exige a preposição "a" e a palavra que segue ao verbo é substantivo feminino "tarefa": "voltarão à tarefa de imediato".

Na alternativa "C", não há problemas de ortografia ou de acento, mas é preciso dizer que faltou uma vírgula depois de visita para intercalar o adjunto adverbial "logo depois da visita": "... quando, logo depois da **visita,** o antropólogo..."; a expressão "para as" deve ser substituída por "às", haja vista o verbo "restringir" exigir a preposição "a" que deve se aglutinar ao artigo "a" da frase: "não se restringiam **às** nações indígenas"; por fim a oração "sendo mais universal" não foi bem empregada, pois ela não apresenta continuidade lógica ao período.

Na alternativa "D", há dois substantivos com regências diferentes, mas com apenas um complemento e isso não é correto tanto para a elaboração de frases com nomes como também com verbos, além de não haver paralelismo na construção do termo composto: o primeiro substantivo é acompanhado de artigo e o segundo não. Assim, a correção seria "A manutenção **do grupo de escoteiros** e **o** apoio **a ele**...". Há ainda outra correção a ser feita: sujeito de verbos no infinitivo não deve ser aglutinado a uma preposição: "...dependem **de ele** aceitar...". Além dessas duas ocorrências indevidas, ainda há outra: "a **contrapartida** dos empresários... não é, aliás, nada **abusiva**...".

Na alternativa "E", não há erro.

↗ Gabarito: "E".

4. (FCC – TRF 2ª Região – Analista Judiciário – Execução de Mandados) Não deixa de ser paradoxal o fato de o crescimento da descrença, que parecia levar ...... uma ampliação da liberdade, ter dado lugar ...... escalada do fundamentalismo religioso, ... que se associam manifestações profundamente reacionárias.

Preenchem corretamente as lacunas da frase acima, na ordem dada:

A) a – à – a

B) à – a – a

C) a – a – à

D) à – à – a

E) a – à – à

↘ Resolução:

Depois da primeira lacuna, há "uma", artigo indefinido, logo não podemos empregar aqui um artigo definido, certo? Não haverá crase, portanto – podemos eliminar as alternativas "B" e "D". Depois da segunda lacuna, há a o substantivo "escalada", substantivo feminino e singular, que concorda com os "as" da segunda coluna de "A" a "E" de alternativas, portanto há a **possibilidade** de haver crase; em seguida da terceira lacuna, há o relativo "que", o qual não aceita artigo definido antes dele, portanto não há crase neste caso. Encontramos, assim, a resposta: alternativa "A".

A questão já está respondida, mas é bom notarmos, para seu estudo, que na segunda lacuna há crase, pois a expressão "ter dado lugar" exige a preposição "a", que, unida ao artigo "a", gera crase. Na segunda lacuna, a preposição "a" foi exigida pelo verbo "associar-se": "manifestações ... se associam A alguma coisa", a qual foi empregada antes do pronome relativo.

↗ Gabarito: "A".

5. (FCC – TRE – Analista Judiciário-PR – adaptada)

É possível encontrar antecedentes a esse tipo de análise na teoria do imperialismo. No entanto, a elaboração anterior à CEPAL preocupava-se principalmente com os países capitalistas avançados, interessando-se pelos países "atrasados" na medida em que desenvolvimentos ocorridos neles repercutissem para além deles.

JULGUE O ITEM ABAIXO:

O sinal gráfico indicativo da crase está adequadamente empregado em *à CEPAL*, mas se, em vez de *Comissão*, tivesse sido empre-

gada uma palavra masculina, o padrão culto escrito abonaria unicamente o emprego de a.

↘ Resolução:

Como esta questão originalmente apresentou vários assuntos, retirei dela apenas o item de crase, adaptando-a, pois ela tem uma forma de perguntar bem diferente das demais, e "pega" a pessoa desprevenida. Assim para que seu preparo seja completo achei por bem comentá-la.

De fato a expressão "à CEPAL" está correta, mas se, em vez de *Comissão*, tivesse sido empregada uma palavra masculina, o padrão culto escrito **não** abonaria unicamente o emprego de **a**, e sim, o emprego de **ao**: "...anterior AO 'Debate'...".

Portanto, o item está errado.

6. (FCC – TRT 16ª Região – Analista Judiciário – Área Judiciária)

Seria sem dúvida ingenuidade esperar que a indústria farmacêutica se entregasse de corpo e alma à resolução do problema. Seu compromisso primordial é com seus acionistas – e essa é a regra do jogo. Isso não significa, contudo, que não possam fazer parte do esforço.

Afirma-se com correção sobre aspecto do trecho acima:

A) Se, em vez de *resolução do problema*, houvesse "resolver o problema", seria correto manter o acento indicativo da crase – "se entregasse [...] à resolver o problema".

B) A palavra *primordial* está corretamente empregada, assim como está em "É primordial para o setor, sem dúvida alguma, as mudanças relativas à área de recursos humanos".

C) Justifica-se o uso do sinal de pontuação, na linha 2 do trecho acima, assim: "Não é raro o emprego de um só travessão para indicar que a parte final de um enunciado constitui um comentário marginal, de reduzida força para o desenvolvimento do raciocínio".

D) A substituição da conjunção *contudo* por "ainda que" não altera a relação que originalmente está estabelecida entre as frases do texto.

E) A substituição da forma verbal *possam fazer* por "possa fazer" estaria correta e adequada ao contexto.

↘ Resolução:

A) *Incorreta*. Isso porque nunca ocorre crase antes de verbos como na proposta "à resolver".

B) *Incorreta*. Isso porque a determinação da concordância verbo-nominal, na frase colocada no item, está vinculada ao sujeito "as mudanças" que ajustaria as formas do verbo "ser" e do predicativo do sujeito para "são primordiais".

C) *Incorreta*. Isso porque o valor semântico da expressão feita no comentário "de reduzida força para o desenvolvimento do raciocínio" não é aplicado para o emprego de um só travessão, além de o raciocínio ser irrelevante neste caso.

D) *Incorreta*. Isso porque a expressão "ainda que" propõe a introdução de um argumento concessivo e "contudo" propõe a elaboração de um raciocínio adversativo; "ainda que" também não pode ficar deslocada sem que se rompa com o sentido por ela proposto, além de exigir o verbo no modo subjuntivo: "Ainda que isso signifique...".

E) *Correta*. Isso porque está certa a substituição da forma verbal *possam fazer* por "possa fazer" sem prejuízo para o contexto e para a correção gramatical, pois haveria apenas o deslocamento da relação de concordância de "acionistas" no plural para a relação de concordância no singular com a "indústria farmacêutica", preservando o mesmo sentido do "esforço" (dos acionistas ou da indústria farmacêutica, pois um representa o outro no contexto) a que se refere o final da proposição.

↗ Gabarito: "E".

8. CONCORDÂNCIA NOMINAL E VERBAL

8.1 Concordância nominal

Combinação de gênero e número entre determinante e nome.

1) Regra geral

O artigo, o numeral adjetivo, o pronome adjetivo, o particípio adjetivo e o adjetivo devem concordar em gênero e número com o substantivo/nome a que se referem.

Aqueles	*dois*	*ótimos*	***funcionários***	*visitarão*	*o*	*novo*	***cliente***	*hoje.*
pronome	*numeral*	*adjetivo*	*substantivo*		*artigo*	*adjetivo*	*substantivo*	

2) **Adjetivo anteposto a mais de um substantivo** concorda com o substantivo mais próximo.

*Observam-se **boa** disciplina, estudo e trabalho neste lugar.*

*Desfrutei de **boas** horas e momentos naquele lugar.*

ATENÇÃO

Se preceder um substantivo como título, prenome, parentesco ou se referir a nomes próprios, inclusive de pessoas ilustres, é empregado SEMPRE no plural. Exemplos:

*Tivemos a presença dos **ilustres** Celso Cunha e Domingos Paschoal Cegalla.*

*Nós fomos apresentados aos **senhores** Sartori e Rodrigues.*

3) **Adjetivo posposto a mais de um substantivo** pode concordar com o substantivo mais próximo – concordância atrativa – ou ficar no plural, concordando com todos os elementos – concordância gramatical – e, se os gêneros dos substantivos forem diferentes, prevalece o masculino.

O carro, a motocicleta e *a bicicleta equipada.*

O carro, a motocicleta e a bicicleta equipados.

Aqueles são o prédio e a *casa velha.*

Aqueles são *o prédio e a casa velhos.*

IMPORTANTE

Dependendo do contexto, o adjetivo só poderá referir-se a um dos substantivos, caso em que deverá concordar com ele:

*Nesta loja, vendem-se rapadura e **pão macio**.* (só o pão é macio, a rapadura não)

4) **Outros casos de um adjetivo referindo-se a mais de um substantivo.** Se estes substantivos forem **sinônimos, quase sinônimos ou sinônimos contextuais** ou formarem **gradação** das ideias enunciadas, o adjetivo – anteposto ou posposto aos substantivos – só pode ficar no **singular**, concordando com o substantivo mais próximo.

*Ele sempre teve crença e fé **exagerada**.*

*Ele tinha por ela carinho, paixão e amor **exagerado**.*

5) **Dois ou mais adjetivos referindo-se a um substantivo** apresenta duas possibilidades:

a) se o substantivo estiver no plural: não se usa artigo antes dos adjetivos.

*Estudamos **as línguas** grega, romana e inglesa.*

b) se o substantivo estiver no singular: usa-se artigo a partir do segundo adjetivo – ou não – forma desaconselhável, apesar de correta.

*Estudamos **a língua** grega, romana e inglesa.* (forma desaconselhável) *Estudamos **a língua** grega, **a** romana e **a** inglesa.*(forma aconselhável)

6) **Anexo, incluso, junto, nenhum, leso, obrigado, quite, mesmo, próprio, tal** – como palavras adjetivas concordam normalmente com o nome a que se referem em gênero e número.

*Quero falar com elas **mesmas**.*

*Quero falar com elas **próprias**.*

*Eles não são **nenhuns** santinhos.*

*Os moços agradeceram: Muito **obrigados**.*

a) **Mesmo** pode também ser empregado como **advérbio de afirmação** com o sentido de *realmente, de fato* ou como **palavra denotativa** com o sentido de *até*. Nesses casos, fica invariável:

__Mesmo__ elas, que eram tão experientes, não sabiam o que fazer.

Elas fizeram __mesmo__ o trabalho.

b) O vocábulo **tal** também pode se apresentar na expressão **tal qual,** caso em que cada elemento irá concordar com o substantivo ou pronome a que se referir.

Ela queria que sua <u>filha</u> fosse <u>tal</u> __quais__ as __primas__.

<u>Eles</u> se comportam <u>tais</u> __quais__ os __pais__.

<u>Eles</u> se comportam <u>tais</u> __qual__ a __mãe__.

c) A locução adverbial **em anexo** fica invariável:

Todos os documentos foram enviados __em anexo__.

d) A palavra **junto** só fica invariável quando faz parte de uma locução prepositiva como **junto com/junto a**.

__Nós__ saímos __juntos__ e fomos almoçar __junto com__ Idalina.

7) **Só, meio, muito, bastante, caro, barato**

a) Como palavras adjetivas concordam normalmente com o nome a que se referem em gênero e número, exceto "só" e "bastante" que só variam em número:

Eles estavam __sós__ em casa. (= sozinhos)

__Meia__ porta estava aberta. (= metade)

Compraram duas __meias__ entradas para o espetáculo.

Aquelas roupas estavam __baratas__.

Acho que não sairá __cara__ aquela viagem.

Ela faltou __bastantes__ vezes. (= muitas)

b) Quando são advérbios ou palavras denotativas, permanecem invariáveis:

Ele __só__ quer namorar você. (= apenas)

A porta estava __meio__ aberta. (= um pouco, um tanto)

Ela estava __meio__ chateada. (= um pouco, um tanto)

Paguei __barato__ aquelas roupas.

Aqueles relógios custaram muito __caro__.

Suas ideias eram __bastante__ interessantes. (= muito)

c) A expressão **a sós** fica SEMPRE invariável, por ser uma locução adverbial:

Ela gosta de estar __a sós__.

d) A expressão **por si só** se flexiona com o substantivo ou pronome em referência:

As notícias, __por si sós__, não foram suficientes para acalmá-la.

8) **Menos, monstro, alerta, pseudo** – ficam invariáveis.

Os soldados estavam __alerta__.

Há no governo alguns __pseudo__intelectuais. (sem hífen, conforme o Acordo)

Eles eram criaturas __monstro__.

Nada lhes escapa, são homens __alerta__.

Vieram __menos__ pessoas do que imaginei.

Caso **alerta** e **monstro** forem utilizados como substantivos, obviamente poderão ir para o plural.

<u>Os alertas</u> foram dados à população./ <u>Os monstros</u> deste desenho são enormes.

9) **Um e outro/nem um nem outro** – o substantivo permanece invariável, mas o adjetivo vai para o plural.

Um e outro problema __brasileiros__.

Houve um e outro homem __escolhidos__ para o cargo.

O delegado não apurou nem um nem outro crime __praticados__.

Nem um nem outro ato __hediondos__.

10) O(S)/A(S) possível(eis)

Nesse caso, o adjetivo "possível" segue o que indica o artigo "o/a/os/as": se o artigo estiver no plural, o adjetivo "possível" também se flexiona no plural; se o artigo ficar no singular, "possível" também fica no singular.

*Conheci mulheres **o** mais encantadoras **possível**.*

*Conheci mulheres **as** mais encantadoras **possível**.*

11) A olhos vistos – essa expressão pode ficar invariável (locução adverbial) ou a palavra visto pode concordar com o substantivo a que se refere:

*Rosana tem melhorado **a olhos vistos/a olhos vista.***

12) Haja vista – essa expressão está sempre certa quando invariável, equivalente a "Veja". Mas, há também a possibilidade de mantermos o substantivo **vista** invariável, enquanto o verbo **haja** se flexiona de acordo com o substantivo seguinte:

***Haja vista** o problema.*

***Haja vista/Hajam vista** os problemas.*

13) Pronomes de tratamento formados pelos possessivos "Sua, Vossa", a concordância é igual à do pronome "você", sempre em terceira pessoa e em concordância com sexo da pessoa:

*Vossa Senhoria será **homenageado** por **seus** amigos.*
(homem)

14) Predicativo – concorda em gênero e número com o nome a que se refere.

*A **moça** estava **desorientada**.*
*Encontramos a **moça desorientada**.*

15) Predicativo após o sujeito ou o objeto compostos – o predicativo vai para o plural dos gêneros dos núcleos desses termos; se os gêneros deles forem diferentes prevalece o masculino:

*O jogador e o técnico estavam **incorretos**.*
*Eu considerei o homem e a mulher **nervosos**.*

16) Predicativo anteposto ao sujeito composto concorda com o núcleo mais próximo, se o verbo assim o fizer; se o verbo for para o plural, o predicativo também irá para o plural.

*Estavam **incorretos** o jogador e o técnico.*
*Estava **incorreto** o jogador e o técnico.*

17) Predicativo anteposto ao objeto composto vai para o plural e prevalece o masculino se os gêneros dos substantivos forem diferentes:

*Eu considerei **incorretos** o jogador e o técnico.*
*Eu achei **nervosos** o homem e a mulher.*

18) O predicativo não concorda com o sujeito quando:

a) O predicativo é substantivo abstrato:

*As constantes crises financeiras são um **enigma** para a população.*
*Os homens são um **estorvo** para a vida das mulheres.*

b) Faz-se concordância ideológica (silepse):

*São Paulo é **linda**.*
*Os brasileiros somos **um povo pacífico**.*
*Vossa Senhoria está **bonito**.*

c) O sujeito tem sentido genérico, não é acompanhado de palavra adjetiva, determinante (artigo ou pronome):

*Laranja é **bom** para a saúde.*

*Caça é **proibido** neste local.*

*É **necessário** prudência.*

IMPORTANTE

Atenção para a diferença:
*__Esta__ laranja é **boa** para a saúde.*
*__A__ caça é **proibida** neste local.*

19) **Mil** – quando representa unidade, mas não aparece, é de outro numeral:

Mil mulheres *participarão do evento.*

A partir de *dois*, é acompanhado do numeral de unidade que concorda com o substantivo:

Duas mil pessoas *farão parte desta campanha.*

Duas mil e duas crianças *fizeram parte deste comercial.*

20) **Milhão** – como palavra variável, deverá concordar com a parte inteira do cardinal relacionado a ele:

*Esta instituição investiu **1,5 milhão** de reais em propaganda.*

O artigo e o numeral que o antecederem devem concordar com ele, no masculino:

Os dois milhões *de pessoas daquela região estão desabrigadas.*

21) **Milhar** – sempre é empregado no masculino, devendo permanecer neste gênero:

Muitos dos milhares de árvores *desta floresta já foram derrubadas.*

8.2 Concordância verbal

Combinação entre o verbo e o sujeito.

1) **Regra geral** – o verbo concorda em pessoa e número com o sujeito da oração:

Eu *saí.*
Tu *saíste.*
Ele *saiu.*
sujeito verbo

2) **Sujeito simples** – o verbo deve concordar com o núcleo do sujeito em pessoa e número:

*O **número** de alunos participantes da excursão foi excelente.*

sujeito

núcleo do sujeito = ele/3ª pessoa do sing. — verbo/3ª. pessoa do sing.

3) **Sujeito composto** – se anteposto ao verbo, o verbo fica no plural; se posposto ao verbo, o verbo fica no plural ou concorda com o núcleo do sujeito mais próximo:

*O **orvalho** e a **chuva** sempre o **agradaram** muito.*

Agradavam/agradava *aquela mulher o **orvalho** e a **chuva**.*

*Bastante quentes **eram** os **dias** e as **noites** naquela região.*

Há casos em que o sujeito composto aceitará o verbo no singular, mesmo anteposto ao verbo:

*A raiva e o ódio **deixou**-o louco.* – núcleos sinônimos ou quase sinônimos;

*Uma paixão, um amor profundo **invadia** a sua alma.* – núcleos dispostos em gradação;

*Trabalhar e estudar **deixa** qualquer um morto.* – núcleos representados por infinitivos.

4) **Sujeito paciente da voz passiva sintética** – o verbo, acompanhado do "se" (pronome ou partícula apassivadora), fica no singular, se o sujeito for singular; vai para o plural, se o sujeito for plural:

***Apresentava**-se uma **teoria** nova de regras políticas.*

***Apresentavam**-se **teorias** de regras políticas.*

ATENÇÃO

- Para se ter certeza de que se trata de voz passiva e confirmar a presença do sujeito na oração, faça a conversão para a voz passiva analítica, como modelo do item.
- Nas locuções, o verbo auxiliar faz a concordância com o sujeito e verbo principal fica no particípio concordando com o sujeito em gênero e número, mas o verbo "ser" não é flexionado:

Eventos costumam *ser realizad**os** aqui.*

5) **Sujeito indeterminado** – se o verbo estiver acompanhado de "se" (índice de indeterminação do sujeito), o verbo fica no singular; se não fica em terceira pessoa do plural:

Desconfia-se *dos dissimulados.*

Come*-se bem aqui.*

Falaram *de você ontem na festa. (sem o SE e o verbo no plural)*

6) **Verbo haver** – quando usado com sentido de existir, ocorrer, acontecer, é impessoal e deve ser usado apenas na terceira pessoa do singular. Diz-se que a oração é sem sujeito ou que o sujeito é inexistente:

*Logo **haverá** carros que voam.*

*Não **havia** mais casos de violência naquele país.*

*Há de **haver** apenas pessoas éticas neste mundo.*

IMPORTANTE

Na locução verbal, se o verbo *haver* for empregado no sentido de *existir, ocorrer, acontecer*, como verbo principal, o auxiliar ficará no singular:

Deverá *haver muitos problemas nesta Convenção.*

7) **Verbo fazer** – quando indica "tempo decorrido" ou "clima" é verbo impessoal e deve, portanto, permanecer na 3ª pessoa do singular. Na locução verbal, se ele for o principal, o auxiliar fica no singular. Todas essas formas representam oração sem sujeito ou sujeito inexistente:

Faz *invernos rigorosos neste local.*

Faz *seis anos que não o vejo.*

Vai *fazer vários anos que encerrei o Ensino Médio.*

8) **Verbos indicadores de fenômenos naturais** – empregados em seu sentido literal, são impessoais; do contrário flexionam-se esses verbos, concordando com o sujeito normalmente:

Choveu *muito ontem.*

≠

Choveram *rosas no palco.*

Neva *bastante aqui, nesta época.*

≠

Nevaram *escamas de caspa sobre o seu ombro.*

8.3 Particularidades na formação do sujeito

1) Casos de sujeito simples

a) **Partitivo** – se o sujeito é formado por expressão de sentido partitivo – indica uma parte do todo, o verbo fica no singular; se esse partitivo estiver acompanhado de adjunto adnominal no plural, o verbo fica no singular ou no plural:

*A multidão **conseguiu** atravessar a avenida.*

*A multidão de grevistas **conseguiu/conseguiram** atravessar a avenida.*

*A turma **reuniu**-se ontem à tarde.*

*A turma de alunos **reuniu-se/reuniram-se** ontem à tarde.*

b) **Pronome de tratamento** – o verbo concorda sempre em terceira pessoa do singular:

*Vossa Excelência **será** homenageado pelos cidadãos.*

*Sua Santidade **presidirá** a reunião.*

c) **Um dos que/uma das que:** o verbo fica no plural, mas se o "que" tiver como referência o nome no singular, devido à ideia de restrição, o verbo fica no singular:

*Ele é um dos que mais **trabalham** nesta casa.* (ele + outros trabalham)

*Raposa é uma das equipes que **participaram** do campeonato.* (ela + outras participaram)

*Um dos filmes desta famosa roteirista que **passará** hoje na TV ganhou um Oscar.* (somente um filme passará)

> **ATENÇÃO**
>
> Mesmo que apareçam em construções como estas:
>
> *Cada filho, cada sobrinho, cada neto o presenteou muito bem.*
>
> *Nenhum filho, nenhum sobrinho, nenhum neto o presenteou muito bem.*

d) **Mais de um** – verbo no singular:

*Mais de um filho **apoiou** o pai.*

*Sabia-se que mais de um funcionário **participou** da negociata.*

i) Se houver repetição da expressão ou a ideia de reciprocidade com o pronome recíproco "se", o verbo vai para o plural:

*Mais de um aluno, mais de um professor **faltaram**.*

*Mais de um irmão **abraçaram**-se.* (um abraçou o outro, no mínimo, são dois)

ii) Com as demais expressões que indicam quantidade aproximada seguida de numeral – como CERCA DE, MAIS DE DUAS... –, o verbo concordará com o substantivo:

*Cerca de dez pessoas **vieram** à palestra.*

e) **Sujeito realçado pela palavra "QUE"** – o verbo concorda em pessoa e número com o termo antecedente do "QUE":

*Não fui **eu** que **fiz** este trabalho.*

*Não fomos **nós** que **fizemos** este trabalho.*

*Não foram **eles** que **fizeram** este trabalho.*

i) **É que** fica invariável, quando for expressão expletiva ou de realce (pode-se retirá-la do contexto sem fazer diferença para o sentido):

***É** (e não "são") em enormes cortiços **que** eles vivem.*

ii) **O que** – pede concordância no singular e no masculino:

***O que** não **vier** não receberá o prêmio.*

***O que** não **é necessário** não se faz.*

f) **Sujeito representado por "QUEM"** – o verbo deve ficar na terceira pessoa do singular (concordância culta):

*Não fui eu **quem fez** este trabalho.*

*Não foste tu **quem fez** este trabalho.*

*Não foi ele **quem fez** este trabalho.*

*Não fomos nós **quem fez** este trabalho.*

g) **Nome próprio no plural** – com o artigo plural, verbo no plural; sem artigo ou com artigo singular, verbo no singular:

*Minas **possui** paisagens naturais belíssimas.*

***O** Amazonas **nasce** nos Andes.*

***Os** Estados Unidos já **entraram** em guerra com muitos outros povos.*

h) Sujeito com locuções pronominais

Algum				nós		
Nenhum	+	de/dentre	+	vós	+	verbo
Qual				eles		
Quem						
O verbo fica na terceira pessoa do singular desde que o primeiro pronome esteja no singular.						

Alguns						
Poucos				nós		
Muitos	+	de/dentre	+	vós	+	verbo
Quais				eles		
Quantos						
Vários						
O verbo concordará com os pronomes NÓS/VÓS/ELES, ou vai para a terceira pessoa do plural, desde que o primeiro pronome esteja no plural.						

***Qual** de nós **será** o preferido?*

***Quais** de **nós** **serão/seremos** o preferido?*

2) Casos de sujeito composto

a) Sujeito composto de pessoas gramaticais diferentes

i) A primeira pessoa prevalece sobre a segunda e a terceira pessoas.

*Tu, ela e eu **faremos** o serviço.*

*Ela e eu **faremos** o serviço.*

ii) A segunda pessoa prevalece sobre a terceira pessoa ou, modernamente, prevalece a terceira pessoa do plural.

*Tu e ela **fareis/farão** o serviço.*

b) Sujeito ligado por OU

i) Verbo no singular se "ou" indicar exclusão:

*João ou José **ganhará** a eleição do grêmio.*

*Um ou outro aluno **comentará** o ocorrido.*

– mas o verbo poderá ir para o plural, se a ideia for de soma.

*Nem um nem outro **comentará** o ocorrido.*

– preferência da maioria dos gramáticos, mas o verbo poderá ir para o plural se a ideia **não** for de exclusão.

ii) Verbo no plural se "ou" indicar inclusão (adição):

*Meu pai ou minha mãe sempre me **ajudam**.*

*Um e outro **comentarão/comentará** o ocorrido.* – preferência pelo plural.

iii) Verbo concorda com o núcleo mais próximo se "ou" indicar retificação:

*O diretor ou os diretores **definiram** o projeto rapidamente.*

3) Casos especiais

a) **Sujeito oracional** – verbo fica na terceira pessoa do singular. Neste caso, o sujeito é representado pela oração subordinada substantiva desenvolvida ou reduzida (verbo no infinitivo):

***Seria** necessário que eles passassem no concurso.*

***Seria** necessário passarem no concurso.*

*Passar nos concursos **tem sido** o nosso objetivo.*

*Ainda falta **comprar** os materiais de construção da reforma.*

Em todos os casos acima, pode-se substituir o sujeito sublinhado por "isso" para identificá-lo como sujeito oracional, já que em todos eles há verbo:

Seria necessário que eles passassem no concurso.→ Isso seria necessário.

Com o verbo **parecer** junto de outro verbo:

*As estrelas **pareciam brilhar** muito naquela noite.*

a concordância acontece como com toda locução verbal;

*As estrelas/**parecia**/brilharem naquela noite.*

oração reduzida de infinitivo – neste caso, o período se desdobra:

***Parecia**/que as estrelas **brilhavam** naquela noite.*

oração subordinada substantiva subjetiva reduzida

Com o **infinitivo pronominal**, apenas o infinitivo se flexiona:

*Aquelas moças **parece zangarem-se** à toa.*

b) **Elementos coordenados resumidos pelo indefinido** – verbo no singular:

*Água, comida, luz, tudo nos **faltará** no futuro, se não nos prevenirmos.*

suj. composto *aposto*

8.4 Concordância do verbo ser

1) O verbo *ser* pode concordar com o sujeito ou com o predicativo. Gramaticalmente, a preferência é pelo termo plural, especialmente o predicativo:

*Tudo **são** flores.*

*Tudo **é** flores.*

*O que me interessa **são** os ganhos.*

2) **Na determinação de *datas, horas e distância***, o verbo *ser* concorda com o numeral:

*Ontem **foi** 1º. de maio.*

*Já **é** meia-noite.*

*Já **é** meia-noite e meia.*

***São** 4 horas da tarde.*

*Daqui a Santos **são** 54 quilômetros.*

Na indicação das datas, pode subentender-se a palavra "dia" e, neste caso, o verbo fica no singular; se explícita, o verbo fica no singular:

*Ontem **foi** (dia)/**foram** 10 de maio.*

*Ontem **foi** dia 10 de maio.*

3) Com as expressões **é muito, é pouco, é mais de, é menos de, é suficiente, é bastante,** o verbo *ser* deve ser empregado no singular, é impessoal:

*Dois perus **é muito** para o Natal.*

*Seis metros deste tecido **é mais** do que ela pediu.*

Nos demais casos, ele é pessoal, e concorda, **em primeiro lugar**, com as referências de pessoa, **em segundo lugar**, concorda com o termo que estiver no plural.

4) Com pessoas ou pronomes pessoais, concorda com essas referências em pessoa e número:

*A professora **sou** eu.*

*Minha filha **era** minhas glórias.*

5) Com os pronomes interrogativos **quem** ou **que**, concorda com o substantivo ou o pronome pessoal:

*Quem **são** estes personagens?*

6) Com a expressão expletiva (ou de realce) **é que,** o verbo *ser* concorda obrigatoriamente com o antecedente desta expressão:

*As conquistas é que **foram** poucas.*

8.5 Questões

1. **(FCC – TRT 2ª Região – Analista Judiciário – Área Judiciária)** Considerada a norma-padrão escrita, a frase que exige correção é:

A) O representante dos escritores agraciados pelo ambicionado prêmio fez longo discurso, no qual se apontaram os itens mais candentes do embate entre eles e as editoras, deixando manifesto as ácidas críticas que há muito lhes são dirigidas por não manter os compromissos assumidos.

B) Fala-se de Sua Excelência, o Ministro do Meio Ambiente, que, com o intuito de dirimir sejam quais forem as dúvidas dos jornalistas, deve conceder-lhes entrevista coletiva daqui a duas semanas, sem discriminação de ordem alguma.

C) Mal atinando com a razão da impugnação, temendo a consequência de seu ato intempestivo, e julgando estar sozinho para combatê-las, como achar um modo de considerá-las sem sentir desolação?

D) Aos sapientes e pacientes recomendo o belo trabalho que podem escrever pesquisando o conto do vigário pelos séculos atrás: encontrarão um misto de historinhas banais e pequenas obras-primas que ocupariam lugar eminente nas obras de ficção.

E) Não se deve entender os movimentos reivindicatórios como balões de ensaio que, ao primeiro golpe de vento, despencam e se destroem; são a argamassa que se molda à pressão da sociedade, e com que se fará uma sólida e legítima construção.

↘ Resolução:

Na alternativa "A", a expressão "manifesto" deveria estar concordando com "ácidas críticas" em "...deixando manifestas as ácidas críticas...".

Nas demais alternativas, não há erro.

Preste atenção!

O verbo, quando está na forma de particípio, concorda em número e gênero com substantivo a que se liga. Só não entra em concordância nominal com o nome quando faz parte de uma locução verbal de tempo composto, exemplo: *Ele tinha/havia estudado.* ou *Eles tinham/haviam estudado.*

↗ Gabarito: "A".

2. (FCC – TRF 3ª Região – Analista Judiciário – Oficial de Justiça Avaliador) O verbo flexionado no plural que também estaria corretamente flexionado no singular, sem que nenhuma outra alteração fosse feita, encontra-se em:

A) *Não é à toa que partiram daqui várias manifestações culturais...*

B) *Sempre me pareceram sem sentido as guerras...*

C) *São Paulo são muitas cidades em uma.*

D) *São Paulo não tem símbolos que dêem conta de...*

E) *.. onde as informações diversas se misturam...*

↘ Resolução:

Observe-se que o raciocínio desta questão é igual ao da anterior, apesar de o verbo não estar grifado, assim:

Na alternativa "A", o sujeito é "várias manifestações culturais", cujo núcleo é "manifestações", faz com que o verbo fique no plural "partiram".

Na alternativa "B", o sujeito é "as guerras", cujo núcleo é "guerras", faz com que o verbo fique no plural.

Na alternativa "C", neste caso, há um detalhe importante: o verbo é o "ser", que, de modo geral, pode concordar com o sujeito ou com o predicativo, que respectivamente são "São Paulo" e "muitas cidades"; desta forma, o verbo pode ficar no singular, concordando com o sujeito, ou no plural, concordando com o predicativo – essa é a resposta.

Na alternativa "D", o sujeito é "São Paulo", cujo núcleo é "Paulo", faz com que o verbo fique no singular.

Na alternativa "E", o sujeito é "as informações diversas", cujo núcleo é "informações", faz com que o verbo fique no plural.

↗ Gabarito: "C".

3. (FCC – TRT 16ª Região – Analista Judiciário – Tecnologia da Informação) O verbo indicado entre parênteses deverá flexionar-se de modo a concordar com o elemento sublinhado na frase:

A) As <u>características</u> a que (**dever**) atender um prefácio podem torná-lo um estraga-prazeres.

B) Há <u>casos</u> em que o prefácio se (**revelar**) um componente inteiramente inútil de um livro.

C) Às vezes, numa bibliografia (**ganhar**) mais destaque as <u>páginas</u> de um prefácio do que o texto principal de um livro.

D) Não é incomum que se (**recorrer**) a <u>frases</u> de Machado de Assis para glosá-las, dada a graça que há nelas.

E) O autor confessa o que a <u>muitos</u> (**parecer**) impensável: é possível gostar mais de um prefácio do que do restante da obra.

↘ Resolução:

Observe-se que o raciocínio desta questão é o de reconhecer o sujeito do verbo que está entre parênteses, assim:

Na alternativa "A", o sujeito é "prefácio", portanto o verbo não concordará com "características".

Na alternativa "B", o sujeito é "prefácio", portanto o verbo não concordará com "casos".

Na alternativa "C", o sujeito é "páginas", portanto o verbo concordará com o termo grifado – essa é a resposta.

Na alternativa "D", o sujeito é indeterminado e o SE é índice de indeterminação do sujeito, portanto o verbo não concordará com "frases".

Na alternativa "E", o sujeito é o relativo "que", que retoma o demonstrativo "o", desta forma o sujeito não é "muitos".

↗ Gabarito: "C".

4. (FCC – TRT 16ª Região – Analista Judiciário – Contabilidade) O verbo indicado entre parênteses deverá flexionar-se no **plural** para preencher corretamente a lacuna da seguinte frase:

A) ...... (**ganhar**) proeminência, entre as convicções de Montesquieu, a de que Deus nunca se afasta em definitivo de suas criaturas, ainda quando estas o esqueçam.

B) Às leis imutáveis do mundo físico não se ...... (**ater**) a legislação dos homens, caracterizada muitas vezes pela inconstância e pela dificuldade de cumprimento.

C) Dado que não ...... (**competir**) aos homens governar o mundo natural, deveriam eles buscar governar a si mesmos do modo mais justo e mais eficiente possível.

D) Montesquieu lembra que ...... (**dever**) caber aos filósofos alertar os homens para não se esquecerem das leis morais que devem ser cumpridas.

E) ...... (**atuar**) claramente nesse texto, onde tão bem se representa o pensamento de Montesquieu, os conceitos fundamentais de mundo físico e mundo inteligente.

↘ Resolução:

Observe-se que o raciocínio desta questão é muito parecido com o das três questões anteriores, haja vista termos de considerar o sujeito do verbo a ser analisado em cada item, sendo que tal verbo deverá ir para o plural na alternativa de resposta; assim:

Na alternativa "A", o sujeito é "a", que substitui "proeminência", portanto o verbo deverá ficar no singular.

Na alternativa "B", o sujeito é "a legislação dos homens", cujo núcleo é "legislação", portanto o verbo deverá ficar no singular.

Na alternativa "C", o sujeito é "governar o mundo natural", sujeito oracional, portanto o verbo deverá ficar no singular.

Na alternativa "D", o sujeito é "alertar os homens", sujeito oracional, portanto o verbo deverá ficar no singular.

Na alternativa "E", o sujeito é "os conceitos fundamentais de mundo físico e mundo inteligente", cujo núcleo é "conceitos", portanto o verbo deverá ficar no plural – essa é a resposta.

↗ Gabarito: "E".

5. (FCC – TRF – 3ª Região – Analista Judiciário – Informática) Considere as frases abaixo.

I. No verso *O que a gente aprendia naquele lugar* ***era*** *só ignorâncias*, o verbo destacado pode ser flexionado no plural, sem prejuízo para a correção e o sentido original.

II. Em seguida ao termo *voz*, no verso *e na sua voz uma candura de Fontes* (em *O menino tinha no olhar um silêncio de chão e na sua voz uma candura de Fontes*), pode-se acrescentar uma vírgula, sem prejuízo para a correção e o sentido original.

III. Sem que nenhuma outra alteração seja feita, no verso *e nem há pedras de sacristias por aqui*, o verbo pode ser substituído por **existe**, mantendo-se a correção e o sentido original.

Está correto o que se afirma APENAS em:

A) II e III.

B) I e III.

C) II.

D) III.

E) I e II.

↘ Resolução:

O texto desta questão não foi reproduzido, pois nos bastam os trechos citados em cada item para avaliarmos a correção do item.

No item I, o verbo destacado em *O que a gente aprendia naquele lugar* era *só ignorâncias* pode ser flexionado no plural, sem prejuízo para a correção e o sentido original, porque o verbo "ser" pode concordar, de modo geral, com o sujeito ou com o predicativo; neste caso, ele está no singular em concordância com o sujeito "que" – que retoma o "o" –, mas poderia estar no plural em concordância com "ignorâncias", que é o predicativo – item certo.

O item II é bem danado! E é de pontuação misturada à parte de concordância. A vírgula pode ser corretamente posta depois de "voz" porque este sinal marcaria a omissão da forma verbal "tinha", que já está expressa na frase – item correto.

No item III, no verso *e nem há pedras de sacristias por aqui*, o verbo "haver" pode ser substituído por **existir**, desde que vá para o plural "existem" concordando com "pedras", que se torna o núcleo do sujeito, pois tal verbo é pessoal – o que não ocorre com o "haver" que, com sentido de "existir", é impessoal, o que permite a ele ser empregado apenas em terceira pessoa do singular.

Assim, somente os itens I e II estão corretos.

↗ **Gabarito: "E".**

6. (FCC – AL-PE – Analista Legislativo – Direito Constitucional, Administrativo e Eleitoral) Está correta a seguinte flexão para o plural:

A) *se extraiu o substantivo*: se extraíram os substantivos.

B) *Trata-se de um vocábulo*: Tratam-se de vocábulos.

C) *o meio digital privilegia as mensagens diretas e não tem tempo a perder*: os meios digitais privilegiam as mensagens diretas e não tem tempo a perder.

D) *é casca-grossa por natureza*: são casca-grossas por natureza.

E) *o substantivo [...] existe acima de qualquer dúvida*: os substantivos existem acima de qualquer dúvidas.

↘ **Resolução:**

Observe-se que o raciocínio desta questão é de reconhecimento do sujeito e verificação da flexão do verbo, analisando se o comportamento deste último fica correto, feitas algumas alterações no segmento, assim:

Na alternativa "A", o sujeito é "substantivo", o qual foi passado para o plural, levando o verbo para o plural – item correto – essa é a resposta. Note-se que o "se" é pronome apassivador: *os substantivos foram extraídos*.

Na alternativa "B", o sujeito é indeterminado e o SE é índice de indeterminação do sujeito, portanto o verbo só pode ser flexionado em 3ª pessoa do singular – flexão errada.

Na alternativa "C", a expressão "o meio digital" é o sujeito de "privilegia" e "tem"; passando este sujeito para o plural, os dois verbos têm de ser flexionados no plural, o que não aconteceu com o verbo "ter": "privilegiam" e "tem" – flexão errada, tinha de ser "têm".

Na alternativa "D", há um erro de flexão nominal: "casca-grossa" no plural fica assim: "cascas-grossas", o que não ocorreu – flexão errada.

Na alternativa "E", há um erro de flexão nominal: "qualquer dúvidas" – o pronome adjetivo tem de concordar com o substantivo de referência: "quaisquer dúvidas".

↗ **Gabarito: "A".**

7. (FCC – TRT 2ª Região – Analista Judiciário – Área Administrativa) O verbo indicado entre parênteses deverá flexionar-se concordando com o elemento sublinhado na frase:

A) As <u>incertezas</u> quanto ao meu próprio futuro não (**dever**) eximir-me de ser responsável por minhas decisões.

B) Os <u>desafios</u> que cada um de nós hoje se (**obrigar**) a enfrentar fortalecem-nos diante do futuro.

C) Há <u>trabalhos</u> que a gente (**executar**) sem imaginar o sentido que ganharão no futuro.

D) Os <u>minutos</u> de que se (**necessitar**) viver plenamente devem trazer consigo uma expectativa de futuro.

E) As <u>privações</u> que me (**competir**) enfrentar não devem desestimular meus empreendimentos.

↘ **Resolução:**

Observe-se que o raciocínio desta questão é igual ao das duas questões anteriores, assim:

Na alternativa "A", o sujeito é "incertezas", portanto o verbo concordará com o termo grifado – essa é a resposta.

Na alternativa "B", o sujeito é "cada um de nós", portanto o verbo não concordará com "desafios".

Na alternativa "C", o sujeito é "a gente", portanto o verbo não concordará com "trabalhos".

Na alternativa "D", o sujeito é indeterminado e o SE é índice de indeterminação do sujeito, portanto o verbo não concordará com "minutos".

Na alternativa "E", o sujeito é "enfrentar", sujeito oracional, portanto o verbo não concordará com "privações".

↗ **Gabarito: "A".**

9. PONTUAÇÃO

Os sinais de pontuação são sinais gráficos que representam a entonação e as pausas da fala ou marcam a separação de termos que não fazem parte da frase ou não estão em sequência sintática direta.

1) Ponto (.)

a) Sinaliza final de frase declarativa: *Este evento acontecerá amanhã.*

b) Separa períodos: *Ele se levantou. Tomou banho. E foi trabalhar.*

c) Em abreviaturas: *V. Ex.ª*

2) Ponto de exclamação (!)

a) Sinaliza frase exclamativa: *Não é que ele veio!*

b) Após interjeições ou expressões ou termos equivalentes, como vocativo: *Oh! Nossa!*

c) Após imperativo: *Vá embora!*

d) Havendo tom interrogativo, pode ser seguido do ponto de interrogação:

Quem poderia imaginar isso!?

3) Ponto de interrogação (?)

a) Sinaliza pergunta direta: *Quem é você?*

b) Pode ser seguido do ponto de exclamação: *Mas ele fará isso?!*

4) Vírgula (,)

É empregada para separar orações e, também, termos que não fazem parte da sequência lógica da oração ou não estão na ordem direta.

5) Ordem direta

<u>Aquela menina bonita</u> <u>comprou</u> <u>doces</u> <u>na loja da esquina</u>.
sujeito + verbo + objeto + adjunto adverbial

Note-se que não há necessidade de vírgula neste caso.

Assim, não se podem separar por vírgula:

- sujeito de verbo;
- objeto direto de verbo;
- objeto indireto de verbo na ordem direta;
- predicativo do sujeito do verbo de ligação;
- adjunto adnominal de nome;
- complemento nominal de nome;
- predicativo do objeto do objeto;
- oração principal da subordinada substantiva, exceto as apositivas, que podem ser separadas por vírgula ou dois pontos:

*Aquela súplica, **que não fosse embora**, tirava-lhe a noite de sono.*

*Só desejava uma coisa: **que não fosse embora**.*

- Antes de oração subordinada adverbial consecutiva que tenha esse tipo de construção:

*"Bebeu tanto **que caiu duro.**"*

a) **A vírgula no interior da oração** é utilizada nas seguintes situações:

i) Separar termos **deslocados** (ordem inversa)

- adjunto adverbial longo: ***Durante o ano letivo**, os estudantes estudam assuntos variados.*
- objeto pleonástico, quando desejamos realçá-lo: ***O Sérgio**, encontrei-o ontem à tarde.*

- predicativo do sujeito: ***Decepcionados****, os torcedores despediam-se do Brasil da Copa de 2010.*
- aposto explicativo: ***Capital de Ceará***, *Fortaleza é uma cidade linda.*
- nome de lugar nas indicações de data: ***São Paulo****, 01 de julho de 2010.*
- complementos em inversão brusca: ***Aos românticos****, inspiração não faltou para tanta tragédia.*

ii) Isolar termos **intercalados**, que se encontram no interior da oração:

- adjunto adverbial longo: *Os estudantes,* ***durante o ano letivo****, estudam assuntos variados.*
- predicativo do sujeito: *Os torcedores,* ***decepcionados****, despediam-se do Brasil a Copa de 2010.*
- aposto explicativo: *Ceará,* ***capital de Fortaleza****, é uma cidade linda.*
- conjunções coordenativas adversativas (exceção: *mas*) e conclusivas:

Dizia, ***contudo****, que nada o animaria.*

Está muito cansado; não vai, ***pois****, à festa.*

- expressões explicativas, retificativas ou continuativas (aliás, por exemplo, ou seja, ou melhor, isto é, a saber, além disso etc.): *Ele estava contente,* ***ou melhor****, contentíssimo.*

ATENÇÃO

- **Adjunto adverbial** quando curto ou formado de uma palavra apenas – inverso ou intercalado – é separado por vírgula facultativamente, desde que não haja interferência no sentido da frase.
- No final da frase, o **adjunto adverbial** também pode ser separado por vírgula por uma questão de ênfase que se queira dar a ele.

iii) Ainda, para:

- isolar vocativo:

Meus jovens*, o Corinthians representa a alma da torcida brasileira.*

O Corinthians, ***meus jovens****, representa a alma da torcida brasileira.*

O Corinthians representa a alma da torcida brasileira, ***meus jovens****.*

- marcar a omissão de uma palavra, que geralmente é o verbo, a fim de evitar sua repetição (zeugma): *Eu* ***comprei*** *pães; e ela, doces. (= ela* ***comprou*** *doces)*
- compor números decimais: *O preço da comida subiu* ***7,8%.***
- separar termos repetidos, enumerados, enfim, coordenados assindéticos (têm a mesma função sintática e não são ligados por conjunção): *Ele comprou* ***lápis, borracha, caneta e caderno.***

Vou repetir: eu quero ***bala, bala, bala, bala****, e não pirulito.*

b) **A vírgula entre orações** é utilizada nas seguintes situações:

i) Normalmente, entre as orações coordenadas (enumeradas) sindéticas ou assindéticas:

Eles conversaram bastante, mas não chegaram a um acordo.

Ele saiu, foi ao clube, encontrou-se com Laura, e viajaram.

Não existem orações coordenadas inversas ou intercaladas entre si.

Essas orações podem ser separadas também por ponto e vírgula ou ponto final:

Eles estudaram bastante, entretanto não conseguiram boa nota na prova.

Eles estudaram bastante; entretanto (,) não conseguiram boa nota na prova.

Eles estudaram bastante. Entretanto (,) não conseguiram boa nota na prova.

Note que nestes dois últimos casos, a conjunção pode ser seguida de vírgula.

ii) Antes das conjunções **e, ou, nem** não se usa vírgula, exceto quando:

- aparecerem repetidas: *Ele correu, e pulou, e gritou, e dançou, estava feliz.*
- o *e* ligar orações de sujeitos diferentes, subentendendo-se pausa na leitura:

  Eu comprei pães, e ela, doces.
- o *e* tiver valor diferente do aditivo: *Ele estudou, e (= mas) foi mal na prova.*
- se quiser dar ênfase à informação ou apenas marcar uma pausa na frase:

  Não saio daqui, nem que me matem.

  É você que vai comigo, ou ela?

  Eu não vou sair com ele, e você não pode me obrigar a isso.

iii) Para isolar orações subordinadas adjetivas explicativas:

*As laranjas, **que são frutas cítricas**, têm vitamina C.*

*Serão punidos os alunos, **que saíram antes da hora**.*

ATENÇÃO

- A oração subordinada adjetiva restritiva não é iniciada por vírgula, porém pode apresentar vírgula ao seu final, caso esteja intercalada na principal, quando for extensa ou quando terminar por verbo seguido do verbo da principal:

*As pessoas **que quiserem participar do evento de amanhã à noite**, deverão entrar em contato conosco.*

*O que nós **pretendemos**, **é** que você saia agora.*

iv) Para separar orações subordinadas adverbiais (desenvolvidas ou reduzidas), em ordem inversa ou intercaladas:

***Quando retornou ao local**, não viu mais nada.*

***Ao retornar ao local**, não viu mais nada.*

*Não viu, **quando retornou ao local**, mais nada.*

v) Para separar as orações intercaladas:

*Dizem, **não sei se é verdade**, que a culpa é dele.*

IMPORTANTE

Essas orações poderão ter suas vírgulas substituídas por duplo travessão:

*Dizem – **não sei se é verdade** – que a culpa é dele.*

6) Ponto e vírgula (;)

É um sinal intermediário entre a vírgula e o ponto final e é basicamente empregado para:

a) Separar orações ou frases muito extensas ou orações nas quais a vírgula já tenha sido utilizada: *Todos nós estávamos muito empolgados com a Copa 2010; porém, apesar de muito esforço, nosso time não teve o desempenho esperado.*

b) Separar os itens de um texto oficial ou de uma enumeração longa:

A Lei n. 62, de 1935, assegurou diversos direitos trabalhistas aos industriários e comerciários, dentre eles:

- *aviso prévio;*
- *suspensão do contrato;*
- *estabilidade decenal;*
- *não redução do salário; (...)*

(PRETTI, Gleibe. *Manual de direito do trabalho.* Florianópolis: Conceito Editorial, 2010, p. 26)

7) Dois-pontos (:) indicam:

a) Fala de personagens:

O menino disse:

– Quero doce.

b) Enumeração, explicação ou resumo de informação anterior, por isso sinalizam aposto ou oração apositiva: *Só desejo uma coisa: que você seja feliz.*

c) Citação: *Como dizia Machado de Assis: "Cala a boca, besta!"*

8) Reticências (...) indicam:

a) Interrupção de ideia ou de frase que não se completa:

Eu queria dizer que... Deixa, depois eu falo.

b) Hesitação, dúvida, timidez, surpresa de quem fala:

Olha...não sei se digo..., mas eu preciso... eu te amo.

c) Alterações de natureza emocional, como tristeza, dor etc.:

Há quanto tempo eu não ria tanto!... Será que vou chorar depois?

d) Prolongamento de ideia ao fim de uma frase gramaticalmente completa:

Eu sempre disse que isso ia acontecer..., não disse?

Isso eu não podia imaginar... Mas a vida continua...

e) Supressão de palavra ou trecho de texto transcrito:

"Falemos, então, de historiografia. Que ela (tem) um componente subjetivo (...) é sabido; mas as conclusões radicais(...)"

(GINZBURG, Carlo. *O fio e os rastros:* verdadeiro, falso, fictício (Introdução). São Paulo: Companhia das Letras, 2007, p. 9)

9) Parênteses ( ) e colchetes [ ]

a) Isolar trecho de caráter explicativo ou datas:

"(...)'Hoje [1942-3]..., até mesmo nos testemunhos mais resolutamente voluntários', escrevia Bloch, (...)"

(GINZBURG, Carlo. *O fio e os rastros:* verdadeiro, falso, fictício (Introdução). São Paulo: Companhia das Letras, 2007, p. 9)

"(...) A redação desse relatório é primorosa, pela concisão, objetividade e clareza (hoje diríamos: transparência), qualidades que vêm coerentemente combinadas com a honestidade absoluta dos dados e da autoavaliação(...)"

(Tarcísio Viegas, inédito)

b) Marcar também a lacuna de um trecho de texto não transcrito:

"Falemos, então, de historiografia. Que ela (tem) um componente subjetivo (...) é sabido; mas as conclusões radicais (...)"

(GINZBURG, Carlo. *O fio e os rastros:* verdadeiro, falso, fictício (Introdução). São Paulo: Companhia das Letras, 2007, p. 9)

ATENÇÃO

Os parênteses também podem substituir a vírgula ou o travessão:

*João (**o filho da empregada**) casou-se com a filha da patroa da mãe.*

*João – **o filho da empregada** – casou-se com a filha da patroa da mãe.*

*João, **o filho da empregada**, casou-se com a filha da patroa da mãe.*

10) Travessão (–) empregado para:

a) Marcar o início da fala de um personagem:

O rapaz questionou:

– Por que o preço deste produto aumentou tanto de ontem para hoje?

b) Marcar mudança de interlocutor nos diálogos:

– Como vai você?

– Vou bem, obrigada.

c) Substituir a vírgula em expressões ou frases explicativas, realçando essa informação, já que a pausa do travessão é maior:

*Monteiro Lobato – **grande escritor brasileiro** – escreveu também obra infantil.*

d) Substituir também os dois-pontos:

Ele só quer uma explicação – a de sua ausência ao jantar.

IMPORTANTE

Se o segundo travessão coincidir com uma vírgula, usam-se os dois sinais:

A criação de um sistema de saúde gratuito, com estrutura completa – desde hospitais até equipamentos técnicos de última geração –, asseguraria maior confiabilidade na ação da administração pública.

11) Aspas (“ ”) empregadas para:

a) Isolar palavras ou expressões que fogem à norma culta, como gírias, estrangeirismos, palavrões, arcaísmos e outros:

Minha avó sempre dizia que os “reclames” de televisão atrapalham muito.

Você pode me dar um “feedback” do serviço pelo funcionário.

b) Marcar palavras ou expressões que não foram empregadas em seu sentido usual, especialmente com tom de ironia, ou para destacá-la:

“Rachas” põem em risco a vida das pessoas.

“(...)Diz-se que há o “economês”, jargão misterioso dos economistas, o “politiquês”, estilo evasivo dos políticos, o “acadêmico”, com o cheiro de mofo dos baús da velha retórica etc. etc.(...)”

(Tarcísio Viegas, inédito)

c) Indicar uma citação textual sem alteração ao texto original:

“Nada nunca é suficiente no atual sistema”, disse Michael Moore no Festival de Cinema de Toronto, em 2009.

(Adaptado de Sérgio Dávila. *Frugalistas* Graças a Deus.Serafina, revista da Folha de S. Paulo, setembro, 2009, p. 20)

ATENÇÃO

No interior de um texto marcado pelas aspas, caso o emprego desse sinal tenha de se repetir, usa-se aspas simples (‘):

“(...) ‘Hoje [1942-3]..., até mesmo nos testemunhos mais resolutamente voluntários’, escrevia Bloch, (...)”

(GINZBURG, Carlo. *O fio e os rastros*: verdadeiro, falso, fictício (Introdução). São Paulo: Companhia das Letras, 2007, p. 9)

9.1 Questões

1. (FCC – TRT 16ª Região – Analista Judiciário – Contabilidade) Quanto à pontuação, a frase inteiramente correta é:

A) Já pela má fama adquirida já por preconceito, sempre haverá por parte de certos leitores, alguma relutância diante da leitura de um prefácio.

B) O autor do texto não hesita honestamente de recorrer a experiências pessoais, para demonstrar sua tese, favorável em boa parte à existência mesma dos prefácios.

C) A escritora Cecília Meireles tão talentosa quanto bonita, é citada no texto como parâmetro de excelência, na comparação com uma jovem, bela e pouco inspirada poetisa.

D) Muita gente acabará por confessar tal como fez o autor, que um prefácio pode prender nossa atenção, com muito mais força, do que o texto principal de uma obra.

E) O autor conclui, não sem razão, que as bibliografias que indicam apenas o prefácio de uma obra permitem deduzir, não há dúvida, que o restante do livro não importa muito.

↘ Resolução:

Na alternativa “A”, há uma enumeração no início do período que não foi marcada pela vírgula, logo está errada a construção: *Já pela má fama adquirida, já por preconceito*; além disso há uma vírgula colocada antes de *alguma relutância diante da leitura de um prefácio*, que é objeto direto – o que não pode ocorrer.

Na alternativa “B”, “honestamente” é adjunto adverbial formado por apenas uma palavra, assim é facultativo o emprego das vírgulas para intercalá-lo na frase – importante lembrar que para a FCC a colocação de vírgula(s) para marcar o adjunto adverbial sempre é facultativa, não importa a sua extensão. Mas não pode ocorrer de apenas uma vírgula ser posta, como ocorre na frase em análise: aí entra o princípio 3 – observe-se que a ausência de uma vírgula antes de "honestamente" separou o verbo do objeto indireto: ***hesita*** *honestamente,* ***de recorrer a experiências pessoais***. As duas últimas vírgulas também estão erradas, haja vista separarem elementos que estão em continuidade de informação: a primeira separa a oração subordinada adverbial final – *pessoais, para demonstrar sua tese, favorável em boa parte à existência mesma dos prefácios*; a segunda separa o substantivo de seu adjetivo: tese, favorável.

Na alternativa "C", em "A escritora Cecília Meireles tão talentosa quanto bonita, é citada" a vírgula separa o sujeito do verbo; a segunda vírgula também está errada, pois ela deveria fazer dupla com uma anterior para separar o segmento "no texto, *como parâmetro de excelência*, com"; e a terceira separa o substantivo de seu adjetivo: "jovem, bela".

Na alternativa "D", a expressão "tal como fez o autor" deveria estar entre vírgulas; e as duas últimas vírgulas também estão erradas, pois separam elementos em continuidade de informação "prender nossa atenção, com muito mais força, do que o texto".

Na alternativa "E", há duas intercalações que foram respeitadas, pois foram separadas por duas vírgulas cada uma.

↗ Gabarito: "E".

2. (FCC – TRT 16ª Região – Analista Judiciário – Área Judiciária) Segmentos do texto receberam nova pontuação. O que mantém a adequação à norma-padrão é:

A) *Adoção, por parte da empresa ou de qualquer instituição, de políticas e práticas organizacionais socialmente responsáveis*/Adoção por parte da empresa ou de qualquer instituição, de políticas e práticas organizacionais, socialmente responsáveis.

B) *Do ponto de vista mercadológico, a responsabilidade social procura harmonizar as expectativas dos diferentes segmentos ligados à empresa* Do ponto de vista, mercadológico, a responsabilidade social procura harmonizar as expectativas dos diferentes segmentos, ligados à empresa.

C) *a organização que exerce sua responsabilidade social procura respeitar e cuidar da comunidade, melhorar a qualidade de vida*/a organização – que exerce sua responsabilidade social – procura, respeitar e cuidar, da comunidade, melhorar a qualidade de vida.

D) *gerar uma consciência nacional para integrar desenvolvimento e conservação*/gerar uma consciência nacional, para integrar, desenvolvimento e conservação.

E) *para integrar desenvolvimento e conservação, ou seja, promover o desenvolvimento sustentável, o bem-estar e a qualidade de vida*/para integrar desenvolvimento e conservação, ou seja: promover o desenvolvimento sustentável, o bem-estar e a qualidade de vida.

↘ Resolução:

Na alternativa "A", a última vírgula colocada na transcrição "**políticas** e **práticas** organizacionais, socialmente **responsáveis**" separa adjetivo de substantivo.

Na alternativa "B", as vírgulas colocadas na transcrição separam substantivo de adjetivo: "ponto de vista, mercadológico,..." e "segmentos, ligados".

Na alternativa "C", os travessões estão errados, pois separam oração subordinada adjetiva restritiva e as outras duas vírgulas separam elementos que estão em continuidade de informação, pois se completam.

Na alternativa "D", a primeira vírgula separou oração subordinada adverbial que não apresenta pausa e a segunda separou o verbo do objeto direto.

Na alternativa "E", a substituição da vírgula pelos dois-pontos não geraram prejuízo ao texto, pois, na sequência, foi feita uma explicação do que se havia dito antes.

↗ Gabarito: "E".

3. (FCC – METRÔ-SP – Analista Desenvolvimento Gestão Júnior – Adm. de Empresas) Atente para as seguintes frases:

I. Numa viagem de metrô, sentimos que o próprio tempo parece acelerar.

II. Ele prefere evitar o metrô, por conta de sua tendência claustrofóbica.

III. Ele optou pelo horário do metrô, que lhe parece mais conveniente.

A supressão da(s) vírgula(s) altera o sentido do que está APENAS em:

A) I e II.

B) II e III.

C) I e III.

D) II.

E) III.

↘ Resolução:

No item I, a vírgula foi empregada para separar adjunto adverbial longo, logo sua supressão não alteraria o sentido da frase.

No item II, a vírgula também foi empregada para separar adjunto adverbial longo, logo sua supressão também não alteraria o sentido da frase.

No item III, a vírgula separa uma oração subordinada adjetiva explicativa, que, sem a vírgula, passaria a ser adjetiva restritiva, justamente porque seu sentido seria alterado.

↗ Gabarito: "E".

4. (FCC – TRT – 2ª Região – Analista Judiciário – Área Administrativa) Quanto à colocação das vírgulas, a frase inteiramente correta é:

A) Num de seus textos, a que deu o título de "Do justo e do injusto", Voltaire aborda, com a propriedade de sempre, a questão da natureza mesma do sentimento da justiça, que, segundo ele, foi-nos concedido por Deus, que também nos deu um cérebro para contrabalançar os impulsos do coração.

B) Num de seus textos, a que deu o título de "Do justo e do injusto" Voltaire aborda, com a propriedade de sempre a questão da natureza mesma do sentimento da justiça, que segundo ele foi-nos concedido por Deus que, também, nos deu um cérebro para contrabalançar os impulsos do coração.

C) Num de seus textos a que deu o título de "Do justo e do injusto", Voltaire aborda com a propriedade de sempre, a questão da natureza mesma do sentimento da justiça, que segundo ele foi-nos concedido por Deus, que também nos deu um cérebro, para contrabalançar, os impulsos do coração.

D) Num de seus textos, a que deu o título de "Do justo e do injusto", Voltaire aborda, com a propriedade de sempre, a questão da natureza mesma, do sentimento da justiça, que segundo ele foi-nos concedido por Deus que, também nos deu um cérebro, para contrabalançar os impulsos do coração.

E) Num de seus textos a que deu o título de "Do justo e do injusto", Voltaire aborda com a propriedade de sempre, a questão da natureza mesma do sentimento da justiça que, segundo ele, foi-nos concedido por Deus que também nos deu um cérebro para contrabalançar os impulsos do coração.

↘ Resolução:

Nesta frase, a colocação da vírgula se faz necessária:

A) depois de "textos" para separar adjunto adverbial inverso.

B) antes e depois da oração intercalada *a que deu o título de "Do justo e do injusto"*.

C) antes e depois do adjunto adverbial deslocado "com a propriedade de sempre".

D) antes e depois da oração subordinada adjetiva explicativa "que, segundo ele, foi-nos concedido por Deus".

E) antes e depois da expressão intercalada "segundo ele".

↗ Gabarito: "A".

5. (FCC – TRF 5ª Região – Analista Judiciário – Área Judiciária) Está inteiramente adequada a pontuação da frase:

A) Como já se disse, poeta é aquele que, ao aplicar-se conscientemente à difícil arte do desaprender, passa a ver o mundo com olhar infantil, despido das camadas de preconceitos e prejuízos que, quase sempre à nossa revelia, acumulamos ao longo da vida adulta.

B) Como, já se disse, poeta é aquele que ao aplicar-se conscientemente à difícil arte do desaprender, passa a ver o mundo, com olhar infantil, despido das camadas de preconceitos e prejuízos, que quase sempre à nossa revelia, acumulamos ao longo da vida adulta.

C) Como já se disse poeta é aquele, que ao aplicar-se conscientemente à difícil arte do desaprender, passa a ver o mundo com olhar infantil despido das camadas de preconceitos e prejuízos que, quase sempre à nossa revelia acumulamos, ao longo da vida adulta.

D) Como já se disse poeta, é aquele que ao aplicar-se conscientemente à difícil arte do desaprender, passa a ver o mundo com olhar infantil despido das camadas de preconceitos, e prejuízos, que quase sempre à nossa revelia acumulamos ao longo da vida adulta.

↘ Resolução:

Nesta frase, a colocação da vírgula se faz necessária:

A) depois da expressão inicial "Como já se disse".

B) antes e depois da oração adverbial intercalada "ao aplicar-se conscientemente à difícil arte do desaprender".

C) antes da oração subordinada adjetiva explicativa reduzida "despido das camadas de preconceitos e prejuízos".

D) antes e depois da expressão intercalada "quase sempre à nossa revelia".

↗ Gabarito: "A".

6. (FCC – Câmara Municipal de São Paulo-SP – Procurador Legislativo) **Ao se modificar a redação da frase, suprimindo-se a(s) vírgula(s), altera-se o sentido em:**

A) Ainda assim, é difícil imaginar quem se sinta bem em qualquer lugar.

B) Ele se dispôs, humildemente, a refletir melhor sobre o tema.

C) Fui ler um artigo de Edward Said, ontem, por considerá-lo uma autoridade no assunto.

D) Há que se ter pena dos exilados, que sentem tanto desamparo longe da pátria.

E) Aceitei, com muito prazer, o convite para aquela palestra.

↘ Resolução:

As frases das alternativas "A", "B", "C" e "E" apresentam vírgulas que marcam adjuntos adverbiais inversos ou intercalados, e o sentido delas não se altera se retirarmos tais vírgulas. Mas a frase da alternativa "D" apresenta vírgula que marca a ocorrência de uma oração subordinada adjetiva explicativa e, se retirada a vírgula, torna-se uma oração subordinada adjetiva restritiva, consequentemente seu sentido muda.

↗ Gabarito: "D".

7. (FCC – SABESP – Advogado) **Sem prejuízo para a correção e a lógica, uma vírgula poderia ser colocada imediatamente depois de:**

I. mostra, na frase *Um estudo publicado recentemente mostra que a civilização maia...*

II. abandonada, na frase *No final do século IX a área foi abandonada e os motivos que levaram ao seu colapso ainda são questionados e debatidos pelos pesquisadores.*

III. Scarbourough, na frase *Para Scarborough é muito difícil dizer o que de fato aconteceu.*

A) I.

B) II e III.

C) I e III.

D) II.

E) III.

↘ Resolução:

No item I, a vírgula não pode ser colocada depois do verbo "mostrar", pois irá separar o verbo do seu objeto direto oracional.

No item II, pode-se colocar uma vírgula depois de "abandonada", pois há o início de uma oração coordenada aditiva com sujeito diferente da primeira.

No item III, pode-se colocar uma vírgula depois de "Scarbourough", pois assim se marca a inversão do termo "Para Scarbourough".

↗ Gabarito: "B".

8. (FCC – TRF – 3ª Região – Analista Judiciário – Informática)

Menino do mato

Eu queria usar palavras de ave para escrever.
Onde a gente morava era um lugar imensamente e sem
[nomeação.
Ali a gente brincava de brincar com palavras
tipo assim: Hoje eu vi uma formiga ajoelhada na pedra!
A Mãe que ouvira a brincadeira falou:
Já vem você com suas visões!
Porque formigas nem têm joelhos ajoelháveis
e nem há pedras de sacristias por aqui.
Isso é traquinagem da sua imaginação.
O menino tinha no olhar um silêncio de chão
e na sua voz uma candura de Fontes.
(...)

Em uma redação em prosa, para um segmento do poema, a pontuação se mantém correta em:

A) A Mãe, que tinha ouvido a brincadeira, falou: "Já vem você com suas visões!" Porque formigas nem têm joelhos ajoelháveis, nem há pedras de sacristias por aqui: "Isso é traquinagem da sua imaginação".

B) A Mãe que tinha ouvido a brincadeira, falou: – Já vem você com suas visões! Porque formigas nem têm joelhos ajoelháveis, nem há pedras de sacristias por aqui: – Isso é traquinagem da sua imaginação.

C) A Mãe, que tinha ouvido a brincadeira falou: "Já vem você com suas visões!, porque formigas, nem têm joelhos ajoelháveis, nem há pedras de sacristias por aqui. Isso é traquinagem da sua imaginação".

D) A Mãe que tinha ouvido a brincadeira, falou: "Já vem, você com suas visões!"; porque formigas nem têm joelhos ajoelháveis e nem há pedras de sacristias por aqui. Isso é traquinagem da sua imaginação.

E) A Mãe que, tinha ouvido a brincadeira, falou: "Já vem você com suas visões!" Porque formigas, nem têm joelhos ajoelháveis, nem há pedras de sacristias por aqui. "Isso, é traquinagem da sua imaginação".

↘ Resolução:

Nesta frase, a colocação da vírgula se faz necessária antes e depois da oração subordinada adjetiva explicativa "que tinha ouvido a brincadeira". Nas demais alternativas, as vírgulas empregadas depois de "brincadeira ("B"), Mãe ("C"), formigas ("C"), brincadeira ("D"), vem ("D") e Isso ("E")" separaram sujeito de verbo. Na alternativa "B", faltou a primeira vírgula antes do início da oração adjetiva.

Além do emprego da vírgula, também temos de considerar que os dois-pontos têm de ser colocados antes das falas do personagem, indicando-as, bem como as aspas têm de ser colocadas para marcar essas falas: *Já vem você com suas visões!* e *Isso, é traquinagem da sua imaginação.*

↗ Gabarito: "A".

9. (FCC – TRT 16ª Região – Analista Judiciário – Área Judiciária)

Há, além disso, uma dificuldade relativa à ciência. Algumas das terapias disponíveis já têm quatro ou cinco décadas de existência. Investimentos em pesquisa poderiam levar a estratégias de prevenção e cura mais efetivas. Como essas doenças não são rentáveis, porém, os grandes laboratórios raras vezes se interessam por esse nicho.

Considerado o trecho acima, é adequado o seguinte comentário:

A) A supressão da vírgula após a palavra *Há* preserva a correção da frase.

B) A correlação entre as formas verbais *Há* e *poderiam levar* evidencia a relação estabelecida entre o que efetivamente existe e a hipótese considerada bastante improvável.

C) Formulação alternativa ao uso de *têm* está correta assim – "existe a".

D) A expressão *mais efetivas*, em virtude do segmento que caracteriza, pode ser deslocada para depois da palavra *estratégias*, sem prejudicar o sentido original.

E) No contexto, o emprego de *já* contribui para a construção da ideia de que certas terapias têm longevidade que comprova sua eficiência.

↘ Resolução:

A) *Incorreta.* Isso porque a primeira vírgula faz uma dupla com a segunda, logo não pode ser retirada sem que a segunda também possa ser eliminada.

B) *Incorreta.* Isso porque a forma "poderiam levar" é uma hipótese bastante provável.

C) *Incorreta.* Isso porque a substituição de "têm" pelo verbo "existir" só ficaria correta se este último verbo fosse flexionado no plural – já que o sujeito dessa forma verbal é "Algumas das terapias possíveis" –, acompanhado do verbo "haver" para indicar tempo passado; assim o correto seria que a substituição tivesse esta forma: "existem há".

D) *Correta.* Isso porque o deslocamento da expressão "mais efetivas" mantém a relação que ela tem com o substantivo "estratégias".

E) *Incorreta.* Isso porque o "já" indica a longevidade das terapias, mas isso não comprova sua eficiência.

↗ Gabarito: "D".

10. INTERPRETAÇÃO DE TEXTO

1) Entendimento pleno de um texto

Para se entender um texto plenamente, é preciso, enquanto se lê:

- reconhecer o tipo de texto que se está lendo: narração (fato), descrição (imagem) ou dissertação (ideia, tese) e proceder à leitura de acordo com essa tipologia;
- identificar o tipo de linguagem empregada pelo autor: denotativa (emprego das palavras em seu sentido real) ou conotativa (emprego das palavras em sentido figurado);
- analisar os principais aspectos gramaticais da elaboração textual: pronomes, tempos e modos verbais, sintaxe, conectivos;
- situar todas as informações textuais naquele determinado contexto;
- entender o texto como unidade, já que todos transmitem apenas uma mensagem – e para isso estudamos coesão e coerência, palavras e ideias-chave;
- chegar à intenção do autor.

Para realizar esse processo de leitura não há uma sequência exata, quando lemos, damos todos os passos ao mesmo tempo. A questão é saber como fazer cada um deles, por isso vamos estudá-los, agora, separadamente.

IMPORTANTE

Interpretar é entender o que o texto diz para nós, e não o que "achamos" que ele diz. Em outras palavras: não é para pensar que cada um de nós pode entender o que quiser do texto, mas sim que cabe a nós compreender o que está dito nele.

2) Tipologia textual

Em todos os textos prevalece um tipo básico de estrutura. Os três tipos que existem são: descrição, narração e dissertação.

a) Descrição

	FUNÇÃO	CARACTERÍSTICAS
TEXTO DESCRITIVO	• Produz uma imagem que o leitor não vê de fato, mas imagina. A imagem pode ser de seres reais ou fictícios, parados ou não; de espaço; ou de uma cena.	• Pode ser: a) psicológica (traça o perfil do ser descrito) ou física (traça apenas a aparência); b) objetiva (sem ponto de vista do autor) ou subjetiva (com ponto de vista do autor – prevalece a conotação); c) dinâmica (apresenta movimento) ou estática (não apresenta movimento). • **Não** revela **mudança** nas informações dadas, mas a elaboração imaginária do que se descreve. • O autor concentra-se na **imagem.** • A concentração da informação está no **adjetivo**.

Centro de São Paulo às seis da tarde. Nas ruas, os pedestres se engalfinham agitados, todos com muita pressa. O trânsito é lento, confuso, estressante. Momento do happy hour as pessoas se encontram, cansadas, falam sobre qualquer coisa, comem e bebem. A luz do dia se esvai, acentuando o cinza da cidade.

b) Narração

	FUNÇÃO	CARACTERÍSTICAS
TEXTO NARRATIVO	• Apresenta uma sucessão de fatos situados no tempo, reais ou imaginários; • Ao final, revela um fato inusitado.	• Presença de uma ou mais personagens, ações e cenários. • Ênfase nas indicações temporais (antes disso, hoje...). • Revela uma mudança, por isso apresenta progressão temporal: sucessão de fatos. • Elementos: narrador, personagem, tempo, espaço (local) e ação (fato). • O narrador concentra-se no **fato**. • A concentração da informação está no **verbo**.

Eram seis e meia da tarde em São Paulo e a cidade estava tumultuada, na confusão comum deste horário. Assim, sem que se percebesse, a cor pálida do final da tarde deu lugar à cor forte da noite. Os postes da cidade tiveram de anunciar sua presença. Mesmo assim a iluminação já não era mais a mesma de antes.

c) Dissertação

	FUNÇÃO	CARACTERÍSTICAS
TEXTO DISSERTATIVO	• Trata-se de análise de um assunto. • Apresenta uma tese, uma ideia principal a respeito do assunto analisado. • Pode ser polêmico, tomar partido contra ou a favor de uma pessoa, grupo ou instituições e suas ideias.	• Desenvolve ideias. • Desenvolve também argumentos, informações que comprovam a tese. • Uso de oposições, antíteses, frases de tom categórico. • O autor pode intervir em seu discurso com os pronomes ***eu*** ou ***nós***. • Pode ser argumentativo (o autor defende um ponto de vista seu) ou expositivo (apenas expõe informações acerca do assunto analisado, que é um fato). • Apresenta progressão discursiva – a ideia apresentada vai tornando-se gradativamente forte ao longo do texto. • Sua estrutura é composta de introdução/apresentação, desenvolvimento (comprovação) e conclusão (reiteração da tese). • O autor concentra-se na **tese** – a ideia principal. • A concentração do assunto está no **substantivo**.

A qualidade de vida nos grandes centros urbanos, como São Paulo, é precária, ao passo que nas regiões interioranas as pessoas vivem muito bem. Nas metrópoles, há uma grande concentração de habitantes num espaço que não foi preparado para recebê-los e, por esse motivo, os cidadãos sofrem com o trânsito lento, transporte coletivo insuficiente, alimentação inadequada, poluição e tantos outros dissabores. Nas cidades do interior, nada disso acontece, pois o espaço é grande e a proximidade com a natureza é muito maior.

3) Estrutura do texto dissertativo padrão – palavra e ideia-chave

Veremos com mais profundidade o texto dissertativo, porque é esse tipo de texto que aparece nas provas de concurso com grande incidência. Observe, então, a estrutura básica desse tipo de texto:

Introdução (1º§): tese + 3 argumentos (+ comentário opcional do autor);

Desenvolvimento

(2º§): retomada do primeiro argumento + justificativa da ideia principal;

(3º§): retomada do segundo argumento + justificativa da ideia principal;

(4º§): retomada do terceiro argumento + justificativa da ideia principal;

Conclusão (5º§):

retomada da tese → resumo do texto;
ou
→ apresentação de solução(ções);
ou
→ questionamento.
(+ comentário final ou opcional)

Levando em consideração a estrutura representada acima, note que os parágrafos dissertativos vão fazendo retomadas do que já foi dito no texto, a fim de que ele tenha continuidade lógica.

Note, ainda, que cada parágrafo apresenta um ponto de vista diferente em relação à ideia principal do texto. Reconhecendo essa particularidade da dissertação, entendemos que cada parágrafo constitui uma unidade, que integra o todo textual, mas com um foco próprio.

Por essa razão essa unidade apresenta palavra (ou expressão) importante, e sua síntese representa sua ideia principal, que são chamadas:

- **palavras-chave:** são as palavras de maior destaque de cada parágrafo de um texto e estabelecem referência central à ideia desenvolvida nesse momento.
- **ideia-chave:** é uma síntese do parágrafo em que se concentram as ideias dominantes nele expressas.

IMPORTANTE

- Como vimos, a dissertação apresenta muitas retomadas, assim a tendência é que determinadas palavras ou expressões se repitam no decorrer do texto.
- Deve-se entender que "repetir", nesse caso, significa repetir de fato a palavra, como também repeti-la por meio de substituições por pronomes, sinônimos, quase sinônimos e assim por diante.
- Conclusão: para se reconhecer as palavras-chave (ou expressões) do texto, basta observar as que mais se "repetem".

Leia o texto de Bertrand Russel, **"Minha Vida"**, e observe as palavras-chave em destaque e as ideias-chave sublinhadas em cada parágrafo:

*Três **paixões**, simples, mas irresistivelmente fortes, governaram minha **vida**: o desejo imenso do amor, a procura do conhecimento e a insuportável compaixão pelo sofrimento da humanidade. Essas paixões, como os fortes ventos, levaram-me de um lado para outro, em caminhos caprichosos, para além de um profundo oceano de angústias, chegando à beira do verdadeiro desespero.*

*Primeiro busquei o **amor**, que traz o êxtase – êxtase tão grande que sacrificaria o resto de minha vida por umas poucas horas dessa alegria. Procurei-o, também, porque abranda a solidão – aquela terrível solidão em que uma consciência horrorizada observa, da margem do mundo, o insondável e frio abismo sem vida. Procurei-o, finalmente, porque na união do amor vi, em mística miniatura, a visão prefigurada do paraíso que santos e poetas imaginaram. Isso foi o que procurei e, embora pudesse parecer bom demais para a vida humana, foi o que encontrei.*

*Com igual paixão busquei o **conhecimento**. Desejei compreender os corações dos homens. Desejei saber por que as estrelas brilham. E tentei apreender a força pitagórica pela qual o número se mantém acima do fluxo. Um pouco disso, não muito, encontrei.*

*Amor e conhecimento, até onde foram possíveis, conduziram-me aos caminhos do paraíso. Mas a **compaixão** sempre me trouxe de volta à Terra. Ecos de gritos de dor reverberam em meu coração. Crianças famintas, vítimas torturadas por opressores, velhos desprotegidos – odiosa carga para seus filhos – e o mundo inteiro de solidão, pobreza e dor transformaram em arremedo o que a vida humana poderia ser. Anseio ardentemente aliviar o mal, mas não posso, e também sofro.*

*Isso foi a minha **vida**. Achei-a digna de ser vivida e vivê-la-ia de novo com a maior alegria se a oportunidade me fosse oferecida.*

(RUSSEL, Bertrand. *Revista Mensal de Cultura*, Enciclopédia Bloch, n. 53, set.1971, p. 83)

ATENÇÃO

Sempre que se chega ao final da leitura, deve-se voltar ao início do texto para se fazer uma visão geral, relembrando a informação inicial e "amarrando" com a informação final.

4) Coesão e coerência

A estruturação do texto depende principalmente da relação coerente de significados entre as frases, as orações, os períodos que o compõem. Depende, portanto, da articulação dos pensamentos que o incorporam, como sabemos que o fazem a coordenação e a subordinação.

Essa ligação entre as partes constitutivas do texto se dá por meio da dependência de sentido que elas têm de ter entre si – **coerência** – e que é realizada por meio das conexões entre elas – **coesão**. A falta de coerência ocorre, por exemplo, quando se empregam de modo inadequado conjunções e pronomes, quando a escolha vocabular é inadequada, quando há ambiguidades, regências e concordâncias incorretas, ou ainda, quando não se relaciona o sentido de uma parte do texto com outra; e a falta de coesão ocorre quando palavras, frases estão "desconectadas", bem como as partes do texto, como, por exemplo, períodos e parágrafos.

Portanto, quando o processo da coesão é ignorado ou mal-elaborado, a coerência pode ficar comprometida ou simplesmente não existir. E, como consequência disso, o texto pode não apresentar **progressão discursiva**, ou seja, o texto não apresenta **circularidade**, torna-se apenas uma repetição de informações sem que a argumentação se realize.

A técnica que muito auxilia na elaboração dos parágrafos para a concretização da progressão do discurso e da coerência é o **paralelismo**: elaborar o parágrafo com a mesma estrutura da dissertação – introdução, argumentação e conclusão –, de modo que o seu encerramento reitere o início, confirmando-o.

5) Mecanismos de coesão

A coesão pode ser feita por meio de:

a) Expressões anafóricas (retomam algum dado) e catafóricas (apresentam novo dado):

"Três ***paixões****, simples, mas irresistivelmente fortes, governaram minha vida: o desejo imenso do amor, a procura do conhecimento e a insuportável compaixão pelo sofrimento da humanidade.* ***Essas*** *paixões, como os fortes ventos, levaram-me de um lado para outro (...)"*→ processo anafórico.

*"****Primeiro busquei*** *o amor, (...)* ***Com igual paixão busquei*** *o conhecimento."*→ processo anafórico.

Este *produto vai revolucionar sua vida:* ***xampu Ela****.* → processo catafórico.

b) Palavras ou expressões equivalentes – sinônimos ou quase sinônimos:

"Primeiro busquei o ***amor****, que traz o* ***êxtase*** *– êxtase tão grande que sacrificaria o resto de minha vida por umas poucas horas dessa* ***alegria****."*

c) Omissão de um termo, facilmente identificável: Eu comprei pão; e ela, ( ) doces.

d) Conectivos – há vários e os mais importantes são:

- preposições e suas locuções: em, para, de, por, sem, com... (ver item 3.9)
- conjunções e suas locuções: e, que, quando, para que, mas... (ver item 3.10)
- pronomes: onde, que, cujo, seu, este, esse, ele... (ver item 3.6)

"Amor ***e*** *conhecimento,* ***até*** *onde foram possíveis, conduziram-me* ***aos*** *caminhos do paraíso.* ***Mas*** *a compaixão sempre me trouxe* ***de*** *volta* ***à*** *Terra. Ecos* ***de*** *gritos* ***de*** *dor reverberam* ***em*** *meu coração."*

*"****Primeiro*** *busquei o amor, que traz o êxtase (...). Procurei-o,* ***também****, porque abranda a solidão(...). Procurei-o,* ***finalmente****, porque na união do amor vi, em mística miniatura, a visão prefigurada do paraíso que santos e poetas imaginaram.* ***Isso*** *foi* ***o que*** *procurei e, embora pudesse parecer bom demais para a vida humana, foi* ***o que*** *encontrei."*

"Isso foi a minha ***vida****. Achei-****a*** *digna de ser vivida e vivê-****la****-ia de novo com a maior alegria* ***se*** *a oportunidade me fosse oferecida."*

- Conjunções e outras importantes conexões.

CONJUNÇÕES COORDENATIVAS (também locuções conjuntivas, preposições e locuções prepositivas)		
adição	e, nem, (não só...) mas também, mas ainda, tampouco, (não só...) como também	A água cristalina brota da terra e busca seu caminho por entre as pedras.
adversidade/oposição	mas, porém, contudo, todavia, entretanto, no entanto, não obstante	Este candidato não estudou muito, mas foi aprovado.
alternância	ou... ou, ora... ora, quer... quer, seja... seja	Ou estude, ou aguente a reprova.
conclusão	logo, portanto, pois (depois de verbo), por isso, então	Bebida alcoólica pode causar vício, portanto sua venda deve ser considerada ilícita.
explicação	que, porque, pois (antes do verbo), porquanto	Não se preocupe, que eu arrumarei toda esta bagunça.
CONJUNÇÕES SUBORDINATIVAS ADVERBIAIS (também locuções conjuntivas, preposições e locuções prepositivas)		
causa	porque, já que, como (somente no início do período), que, visto que, por (+ infinitivo), graças a, desde que, em virtude de (+ infinitivo), em face de, uma vez que	A criança machucou-se, porque desobedeceu a mãe.

CONJUNÇÕES SUBORDINATIVAS ADVERBIAIS (também locuções conjuntivas, preposições e locuções prepositivas)		
comparação	mais... que, menos... que, tão/ tanto... como, assim como, como	Ernesto Che Guevara sempre se posicionou como um líder.
concessão	embora, conquanto, ainda que, mesmo que, se bem que, apesar de (+ infinitivo), em que pese a (+infinitivo), posto que, malgrado	Embora este material seja muito resistente, sofreu essa rachadura.
condição	se, caso, desde que, a não ser que, a menos que, contanto que, uma vez que	A inclusão social só pode ser real se os projetos sociais forem cumpridos à risca.
conformidade	conforme, como, segundo, consoante	O evento ocorreu como foi planejado pela sua equipe.
consequência	(tão/tanto...) que, de modo que, de maneira que, de sorte que	Tanto se esforçou que atingiu a meta esperada.
finalidade	a fim de que, a fim de (+ infinitivo), que, porque, para que, para (+ infinitivo)	Saíram cedo para que não se atrasassem para o trabalho.
proporcionalidade	à proporção que, à medida que, quanto mais, quanto menos, conforme	Quanto mais ela briga comigo, mais eu me apaixono.
tempo	quando, enquanto, mal, logo que, assim que, sempre que, desde que, conforme	Assim que encerrar o expediente, telefono para você.

IMPORTANTE

Não basta saber as conexões e suas classificações de cor. É importante, ainda, que se atente ao sentido do contexto, pois é isso que definirá o emprego do conectivo adequado, lembrando que alguns deles podem assumir valores diversos – como veremos no subitem sobre polissemia, neste item 10.

6) A coerência e a unidade textual

Coerência textual é uma relação harmônica e, portanto, lógica que se estabelece entre as partes de um texto, em um contexto específico, e que é responsável pela percepção de uma **unidade de sentido**, que forma a unidade textual em conjunto com a coesão.

Vejamos as partes que nos fazem perceber a unidade do texto de Bertrand Russel:

1º parágrafo: *Três paixões (...) governaram minha vida:(...) o amor,(...) o conhecimento e a compaixão(...).* ***Essas paixões (...) levaram-me de um lado para outro, em caminhos caprichosos, para além de um profundo oceano de angústias, chegando à beira do verdadeiro desespero.***

Ao ler este último período do primeiro parágrafo, a impressão que se tem é que *as paixões que governaram sua vida foram ruins para ele.* Mas o texto continua e a compreensão real só se dá quando chegamos ao final da leitura.

2º parágrafo: *Primeiro busquei o amor, que traz o* ***êxtase*** *(...). Procurei-o, também, porque* ***abranda a solidão*** *(...). Procurei-o, finalmente, porque na união do amor vi, em mística miniatura,* ***a visão prefigurada do paraíso*** *(...).* ***Isso foi o que procurei e, embora pudesse parecer bom demais para a vida humana, foi o que encontrei.***

Ao continuar a leitura, percebe-se que *as paixões não foram todas ruins na vida dele*, pois o que se lê sobre o amor é que ele *foi bom demais para vida humana.*

3º parágrafo: ***Com igual paixão busquei o conhecimento. Desejei compreender*** *os corações dos homens.* ***Desejei saber*** *por que as estrelas brilham.* ***E tentei apreender*** *a força pitagórica pela qual o número se mantém acima do fluxo.* ***Um pouco disso, não muito, encontrei.***

Com a leitura do terceiro parágrafo, entende-se que *o conhecimento também foi bom para a vida dele*, só não foi tão bom quanto o amor.

4º parágrafo: (...) *Mas* ***a compaixão sempre me trouxe de volta à Terra.*** *(...) o mundo inteiro de solidão, pobreza e dor transformaram em arremedo o que a vida humana poderia ser.* ***Anseio ardentemente aliviar o mal, mas não posso, e também sofro.***

Constata-se com a leitura desse parágrafo que *somente a compaixão foi ruim na vida dele*, pois as outras paixões foram boas.

5º parágrafo: ***Isso foi a minha vida.*** *Achei-a digna de ser vivida* ***e vivê-la-ia de novo*** *com a maior alegria se a oportunidade me fosse oferecida.*

Pela leitura da conclusão, fica evidente que a vida dele foi tão boa que ele a viveria outra vez.

Sendo assim, o que se pode **inferir**, **concluir** da leitura desse texto?

Voltemos ao início do texto. Aquela primeira impressão de que as três paixões foram ruins na vida dele – final do 1º parágrafo – tem de ser desfeita, pois, se sua vida foi boa, como revela a conclusão, é porque as três paixões mais lhe fizeram bem do que mal, vejamos: o amor foi excelente, o conhecimento foi bom, somente a compaixão lhe trouxe tristeza. Por isso, pelo último período do primeiro parágrafo: "*Essas paixões (...) levaram-me de um lado para outro*", deve-se entender que as paixões o levaram tanto para o lado bom quanto para o ruim. E, na balança, prevaleceu o lado bom.

Assim, pela lógica das informações, ou seja, pela coerência, entendeu-se o todo do texto.

7) Inferência

Inferência pode ser definida como um processo de raciocínio conclusivo, ou seja, pode-se concluir *alguma coisa* a partir de *outra* já conhecida que, no caso da argumentação, a base será *SE acontece isso* → *ENTÃO acontece aquilo:*

SE o amor foi excelente na vida dele,

SE o conhecimento foi bom na vida dele,

SE a compaixão na foi boa na vida dele,

ENTÃO a vida dele foi boa, já que suas paixões "*o levaram de um lado para o outro*", ou seja, tanto para o bom quanto para o ruim, e o lado bom prevaleceu.

> **ATENÇÃO**
>
> Este processo de raciocínio deve ser feito com base na lógica, na coerência do contexto, senão haverá erro de interpretação, ou seja, ocorrerá a extrapolação – erro clássico que veremos a seguir.

8) Erros clássicos de interpretação

Estes erros são considerados clássicos porque são os mais comuns e, para ilustrar cada um deles, vamos nos apoiar no texto de Bertrand Russel.

a) Extrapolação

Apresenta informação que não pode ser comprovada pelo texto, nem por dedução lógica, coerente:

O texto afirma que o amor foi intenso em sua vida, superou suas expectativas, porém ele não encontrou um amor único. → não há menção a um único amor e o texto não fornece informação alguma que possibilite essa inferência.

b) Redução

A informação, neste caso, está no texto, mas o item não apresentará a ideia solicitada na sua totalidade, como aparece no texto ou como pedido na questão:

O texto afirma que somente o amor foi bom na vida dele. → o conhecimento também foi.

c) Contradição

O item apresentará informação contrária à do texto:

O texto afirma que a compaixão foi boa na vida dele, haja vista ser uma paixão que a governou. → a compaixão não foi boa.

9) Semântica: significação das palavras

Semântica é o estudo do significado das palavras de uma língua. Estuda basicamente os seguintes aspectos: sinonímia, antonímia, homonímia, paronímia, polissemia, conotação e denotação.

a) Sinonímia

Caso de sinônimos – quando duas ou mais palavras têm sentido semelhante ou igual, como ocorre com *certo* e *correto.*

b) Antonímia

Caso de antônimos – quando duas ou mais palavras têm sentido diferente, contrário, como ocorre em *triste* e *feliz.*

c) Homonímia

Casos de homônimos – quando *palavras apresentam a mesma pronúncia ou grafia, mas têm significados diferentes:*

As ***celas*** *desta penitenciária precisam de reforma. (quarto de prisão)*

Ele ainda não havia colocado ***sela*** *no cavalo.* (arreio)

d) Paronímia

Casos de **parônimos – quando** *palavras apresentam pronúncia e escrita parecidas, mas que possuem significados diferentes.*

Meu vizinho sempre ***infringe*** *as leis de trânsito.* **(violar, desobedecer)**

Os guardas estão sempre lhe ***infligindo*** *multas.* **(aplicar, impor)**

IMPORTANTE

Ver outros exemplos no item 4 do capítulo 9.

Significação contextual

Este é o raciocínio mais cobrado em prova. Além de as bancas cobrarem conhecimento prévio de vocabulário, na maioria das vezes, o que as questões pedem é que você consiga enxergar uma possibilidade de significação para uma palavra pelo entendimento do texto ou, também, sua possível relação com uma outra de significado semelhante. Esse processo de relação entre as palavras chama-se **sinonímia contextual.**

"As casas legislativas, cujos membros são todos eleitos pelo ***voto direto****, não podem ser vistas como uma síntese cristalizada da índole de toda uma sociedade, incluindo-se aí as perversões, os interesses escusos, as distorções de valor. A* ***chancela*** *da representatividade, que legitima os legisladores, não os autoriza em hipótese alguma a duplicar os vícios sociais; de fato, tal representação deve ser considerada, entre outras coisas, como um compromisso firmado para a eliminação dessas mazelas. O*

***poder** conferido aos legisladores deriva, obviamente, das postulações positivas e construtivas de uma determinada ordem social, que se pretende cada vez mais justa e equilibrada."*

(Demétrio Saraiva, inédito, fragmento)

Neste texto, a fim de promover a coesão, retomando informações já expressas, o autor empregou *poder* e *chancela* como sinônimos de *voto direto*. Por isso são sinônimos contextuais.

e) Polissemia

"AS APARÊNCIAS ENGANAM"

A polissemia ocorre quando uma palavra ou expressão assume ou revela mais de um significado e seu entendimento dependerá do contexto:

*O **posto** de gasolina estava aberto.*

*"Nas óperas românticas, servem de pesos inconscientes, ***postos que** até então desconhecidos, laços, geralmente ocultados, de naturezas mais pessoais." (FCC/Especialista/ANS - 2007)*

*Neste caso, a expressão **posto que** é invariável, pois trata-se de locução de conjunção.

Vejamos algumas conjunções e locuções conjuntivas que podem assumir diversos significados:

i) Desde que

*A economia de Brasília é a mesma, **desde que** cheguei aqui.* (tempo)

*Farei o serviço, **desde que** seja bem remunerado.* (= *caso*/condição)

***Desde que** não posso fazer do meu jeito, não realizarei este trabalho.* (= *já que*/causa)

ii) E

*Ele saiu correndo **e** caiu.* (= adição)

*Estudou bastante, **e** foi mal na prova.* (= *mas*/oposição)

*Estudou bastante, **e** foi bem na prova.* (= *por isso*/conclusão)

iii) Porque

*A reunião foi tumultuada **porque** as alterações administrativas foram muitas.* (= *já que*/causa)

*Saíram cedo **porque** não se atrasassem para o trabalho.* (= *para que*/finalidade)

*Célia foi ao médico, **porque** vi uma receita médica com o nome dela.* (= explicação)

iv) Pois

*Vi uma receita médica com o nome da Célia; ela foi, **pois**, ao médico.* (= *portanto*/conclusão)

*Fale baixo, **pois** as crianças estão dormindo.* (= porque/explicação)

v) Como

*Ele vive **como** um cidadão honesto.* (= *tal qual*/comparação)

***Como** estava preocupado, resolveu telefonar-me.* (= *já que*/causa)

***Como** diz o regulamento, aqui é proibido fumar.* (= *conforme*/conformidade)

vi) Uma vez que

***Uma vez que** estudou, tem ótimas chances de passar neste concurso. (= já que/causa)*

***Uma vez que** seja educado, conquistará a simpatia de todos. (= caso/condição)*

f) Denotação

A denotação consiste no emprego da palavra em seu sentido próprio, literal.

*O **cemitério** da cidade está em reforma desde o começo da semana.*

(terreno destinado à sepultura dos mortos)

g) Conotação

A conotação consiste em empregar a palavra em sentido figurado, ou seja, em atribuir-lhe novos significados, os quais serão identificados pelo contexto.

*Aquela festa de casamento estava um **cemitério**.* (significa que a festa estava sem graça, triste, não havia ânimo)

Os dois processos de linguagem conotativa (ou figurada) mais empregados são a metáfora e a metonímia.

i) A **metáfora** ocorre quando há o emprego de um termo que se associa a outro ou que o substitui, baseando-se numa comparação implícita:

*"Amor e conhecimento, até onde foram possíveis, conduziram-me aos caminhos do **paraíso**."* (= caminhos aprazíveis, de felicidade)

*"O guarda-noturno está tomando conta da noite, a vagar pelas ruas **anjo sem asas**, porém armado."* (guarda = anjo, pois os dois nos protegem, guarda) Cecília Meireles

ii) A **metonímia** ocorre quando existe uma relação de proximidade de sentido entre o termo substituído e o empregado, sem que haja comparação entre eles:

*Ele tem **teto** para morar.* (teto representa a casa)

*Os jogos da Copa do Mundo fazem o **mundo** parar.* (o mundo representa as pessoas)

Como se pode perceber, o entendimento dessas formas de linguagem só se realiza com o apoio do conjunto de informações que todo contexto apresenta.

10) Paráfrase

A paráfrase é a reescritura de um texto com outras palavras ou com outras estruturas de frase, mantendo seu significado original.

Fazer omissão de informações básicas, ou acréscimo de informações, ou alteração indevida descaracteriza uma paráfrase.

Texto original: **O cão mordeu o menino.**

Texto parafraseado: ***O menino foi mordido pelo cão.***

Texto original: ***"Saí, afastando-me dos grupos, e fingindo ler os epitáfios."*** (M. de Assis)

Texto parafraseado: ***Saí, enquanto me afastava dos grupos e fingia ler os epitáfios.***

11) Informações implícitas

a) Pressupostos

São ideias não expressas de maneira explícita, mas que o leitor pode perceber a partir de certas palavras ou expressões contidas na frase.

Exemplo: "O tempo continua chuvoso."

Informação explícita: no momento, o tempo é de chuva.

Informação implícita: o verbo "continuar" deixa perceber que antes o tempo já estava chuvoso.

Os pressupostos são marcados, nas frases, por meio de vários indicadores linguísticos:

i) **Advérbios:** Os resultados da pesquisa ***ainda*** não chegaram até nós.

Pressuposto: Os resultados já deviam ter chegado.

ii) **Verbos:** O caso do contrabando ***tornou-se*** público.

Pressuposto: O caso não era público antes.

iii) **Adjetivos:** Os partidos ***radicais*** acabarão com a democracia no Brasil.

Pressuposto: Existem partidos radicais no Brasil.

iv) **Orações adjetivas:** Os candidatos a prefeito ***que só querem defender seus interesses*** não pensam no povo.

Pressuposto: Existem candidatos a prefeito que não querem defender apenas seus interesses, porque pensam no povo.

b) Subentendidos

São as insinuações escondidas por trás de uma afirmação.

Exemplo: Se uma pessoa pergunta:

Você tem fogo?

subentende-se: ***Acenda-me o cigarro.***

O subentendido, muitas vezes, serve para o falante proteger-se diante de uma informação que quer transmitir para o ouvinte sem se comprometer com ela.

10.1 Questões

O texto refere-se às Questões de 1 a 3.

Toda crítica envolve uma militância, alertou o teórico francês Christian Metz em **A significação do cinema**. *Toda crítica esconde camadas de subjetividade por baixo do seu manto solene de objetividade. De quando em quando, todo crítico é acometido por algum tipo de cegueira analítica: ora são afetos e relações pessoais que podem flexibilizar o rigor dos textos, ora são idealizações materializadas em artistas que se tornam a mais fiel tradução da própria militância.*

O fato é que amo a crítica. Trabalhei durante muitos anos no jornalismo cultural e, por quase uma década, chefiei uma equipe de críticos atuando nas mais diferentes manifestações artísticas. Acredito piamente que o processo da arte só se realiza em sua plenitude no olhar erudito do crítico, que vai contextualizar determinada obra na história da humanidade, deslindando preciosidades estéticas, temáticas e filosóficas que, em muitos casos, passam despercebidas até mesmo para os próprios criadores.

Acho sinceramente que a crítica é um espaço de resistência fundamental nessa massacrante indústria cultural que tanto nos sufoca. Por mais que admire e respeite quem a exerce, nunca me arrisquei por esse caminho, com exceção de um breve período em minha juventude. Há diferentes tipos de crítico, mas sempre me interessei por aqueles que enveredam pelo ensaísmo. Não gosto, porém, de textos que transbordam de tanto entusiasmo diante de uma "obra-prima" nem dos cruelmente destrutivos, sem um único aceno de generosidade. Vale a advertência de Robert Bresson: "Não há louvação ou crítica demolidora que não parta de um equívoco".

(MOCARZEL, Evaldo. *Bravo!*. n. 187, mar. de 2013, p. 35)

1. (FCC – TRT 15ª Região – Analista Judiciário – Área Judiciária) O texto constitui:

A) opinião crítica a respeito do importante trabalho exercido por alguns jornalistas na área das manifestações artísticas, especialmente na área relativa ao cinema.

B) exposição de ideias de cunho pessoal a respeito da função da crítica, amparadas em nomes reconhecidos, inclusive com emissão de juízos de valor, marcados pelo emprego da 1ª pessoa.

C) relato memorialista, marcado pela subjetividade da 1ª pessoa, sobre uma das atividades mais sujeitas a críticas desfavoráveis, como a de produção de filmes.

D) reprodução de parâmetros para a análise crítica a partir de opiniões de especialistas citados, com intenção pedagógica de defender a atuação de jornalistas nessa função específica.

E) valorização do trabalho desenvolvido no jornalismo pelo crítico de arte, com apoio de citações que justificam as afirmativas indiscutíveis, defendidas em 1ª pessoa.

↘ Resolução:

Como o texto é dissertativo, as possibilidades de resposta giram em torno das alternativas "A" e "B", já que a "A" aponta o texto como sendo uma "opinião crítica" e a "B", como sendo uma "exposição de ideias", lembrando que a dissertação pode ser argumentativa ou expositiva. Entretanto, não há no texto uma opinião sobre "importante trabalho exercido por alguns jornalistas", o que encontramos é de fato "exposição de ideias amparadas por nomes reconhecidos", como *Christian Metz* e *Robert Bresson*; além de o texto ter "emissão de juízos de valor", o que pode ser comprovado com o início do segundo parágrafo. Note-se que os últimos três itens são de extrapolação textual, e relato é texto narrativo, descritivo ou informativo.

PRESTE ATENÇÃO!

Observe-se como a teoria da dissertação ajuda muito nestas questões, tanto para a identificação da resposta como também para o ganho de tempo. Em questões como esta, vale a pena concentrar-se primeiramente nas primeiras palavras das alternativas, veja: "opinião crítica", "exposição de ideias de cunho pessoal", "relato memorialista", "reprodução de parâmetros para a análise crítica" e "valorização do trabalho desenvolvido no jornalismo", observando que as três últimas alternativas não refletem o conteúdo do texto. Assim fica fácil eliminar mais de um item só com a observação dessas colocações do examinador.

↗ Gabarito: "B".

2. (FCC – TRT 15ª Região – Analista Judiciário – Área Judiciária) ***Vale a advertência de Robert Bresson: "Não há louvação ou crítica demolidora que não parta de um equívoco".*** **Com a transcrição da advertência anterior, o autor:**

A) retoma, apoiando-se em manifestação alheia, sua crença de *que o processo da arte só se realiza em sua plenitude no olhar erudito do crítico,* olhar esse que afasta as possibilidades de engano na avaliação da produção artística.

B) se propõe a desvalorizar quaisquer observações críticas a respeito de obras no ramo das manifestações artísticas, porque *a crítica esconde camadas de subjetividade por baixo do seu manto solene de objetividade.*

C) censura as observações críticas que se baseiam nas impressões subjetivas de quem as emite, a partir da constatação de que, evidentemente, toda crítica exprime *a mais fiel tradução da própria militância.*

D) reafirma a importância de seu próprio trabalho de crítico em que sempre considerou seus *afetos e relações pessoais*, assinalando, no entanto, que a crítica deve procurar envolver-se no *manto solene de objetividade.*

E) explora novamente, na conclusão do texto, o sentido da afirmativa de que *ora são afetos e relações pessoais que podem flexibilizar o rigor dos textos, ora são idealizações materializadas em artistas que se tornam a mais fiel tradução da própria militância.*

↘ Resolução:

A citação da advertência de Robert Bresson no texto apoia a ideia de que as críticas perpassam pela subjetividade, de acordo com a relação existente entre o crítico e o objeto de crítica em si, que é a ideia principal do texto de Evaldo Mocarzel, apesar de tal fato não as desmerecer. A citação só acrescenta uma ressalva em relação às críticas excessivamente ruins ou boas, pois nelas a subjetividade se evidencia facilmente. Dessa forma, a resposta é a alternativa "E".

PRESTE ATENÇÃO!

Note-se que, nos outros quatro itens, o examinador pretendeu conduzir o candidato a ver o texto como uma análise imperativa da crítica, levando o ponto de vista defendido no texto a ser categórico contra a sua dosagem de subjetividade, o que não ocorreu no texto.

↗ Gabarito: "E".

3. (FCC – TRT 15ª Região – Analista Judiciário – Área Judiciária) O autor acentua a importância do crítico ao:

A) reconhecer, com a afirmativa de que *passam despercebidas até mesmo para os próprios criadores,* que nem sempre as inovações características de certas obras podem ser adequadamente apontadas e analisadas sob um ponto de vista crítico.

B) criar a imagem referente à qualidade dessa atuação – *por baixo do seu manto solene de objetividade* –, que expõe claramente a erudição indispensável a quem se dispõe a analisar a produção artística de diferentes autores, em qualquer época e lugar.

C) declarar que chefiou *uma equipe de críticos atuando nas mais diferentes manifestações artísticas*, o que lhe assegura não só a primazia no exercício dessa função, mas também o equilíbrio resultante do conhecimento acumulado durante todo esse tempo.

D) empregar o verbo **deslindar** – *deslindando preciosidades estéticas, temáticas e filosóficas* – que poderia ser corretamente substituído por outros verbos, como **pesquisar**, **investigar** ou **esquadrinhar**, sem prejuízo para o sentido original nem alteração da organização da frase.

E) apresentar seu testemunho com a frase *Por mais que admire e respeite quem a exerce*, que permaneceria correta, sem qualquer alteração, se o segmento sublinhado fosse substituído por: **que valorize e demonstre consideração**.

↘ Resolução:

O comando da questão requer que se aponte o trecho do texto em que se acentua a importância do crítico. Sendo assim, a alternativa "A" é a única que mostra isso, pois no trecho apontado temos que nem mesmo o criador do objeto de análise percebe muitas vezes as preciosidades de sua própria criação. Porém, os críticos as revelam e as explicam. Os demais itens extrapolam o que foi pedido por esse comando.

PRESTE ATENÇÃO!

Observe que em questões deste tipo temos que tomar cuidado com os itens de gramática e de vocabulário aí misturados com os de interpretação. Os itens B e C são de extrapolação do que foi solicitado na questão; o item D apresenta sugestões de substituição de palavras que não correspondem com o sentido da palavra empregada no texto; o item E aponta um item de regência: os verbos "admirar" e "respeitar" empregados no texto são transitivos diretos e os vocábulos apontados para substituição deles são "valorizar", também transitivo direto, e "demonstre consideração", sendo que "consideração" exige a preposição "por", que não foi empregada no texto, anulando a possibilidade de troca.

↗ Gabarito: "A".

Para responder às Questões de 4 a 7, considere o texto:

Foi no Varandá

Quem não é baiano e chega a Salvador – que também se chama "a Bahia" – faz uma viagem profunda, encontrando dentro de si uma chave insuspeitada, que abre inédita alegria e invoca um verdadeiro companheirismo. É uma súbita epifania, vale dizer, uma manifestação reveladora.

A minha ocorreu faz muito tempo, em 1970, e se deu especialmente no Varandá, um inacreditável barzinho, perto do elevador Lacerda, dependurado lá no alto, sobre o mar, com a varanda que lhe deu o nome. Chegara a Salvador e já estava com uma turma amiga, lá em cima, de frente para a lua e para o forte São Marcelo. Parodiando Drummond: aquela lua, aquele mar me botavam comovido como o diabo.

A descoberta de Salvador (que revisitei recentemente, impressionado com a rápida metamorfose urbana que veio a sofrer a extensa orla) não é sem consequências: o viajante volta de lá não como um turista recompensado, mas como alguém que incursionou para muito dentro de si mesmo, por ter convivido tanto para fora... Talvez não se explique essa sensação de que a alegria mais forte tem dois lados, fazendo comunicar-se a alma pessoal com a alma das ruas.

Pois voltando recentemente a Salvador, procurei pelo Varandá sabendo que já não existia há muito: é assim que funciona a fome teimosa de nossa memória afetiva. Fui até o portãozinho de ferro trancado, que dava para o corredor que à frente virava para chegar à varanda sobre aquele abismo mágico. Colado ao velho portão, vi caixotes velhos, papelão, garrafas, signos do abandono – quase diria de traição. Fiquei ali uns minutos pensando, obviamente, na efemeridade de tudo. Pensei comigo: – Foi aqui, foi no Varandá...

Saí de lá rumo à praça Castro Alves, pensando na magia que os jovens viajantes de hoje, saberão encontrar na cidade. Enquanto isso, ia lembrando uma canção: "Viver não é fácil não/Pergunte pra meu coração/sei perder na valentia/sei amar o meu amor/Ah moreno/Sei beber no Varandá/Foi Sandoval quem me ensinou" (Justino da Veiga, inédito).

4. **(FCC – TRT 5ª Região – Analista Judiciário – Área Judiciária)** O título do texto – ***Foi no Varandá*** – sinaliza o lugar onde se deu um evento marcante para o autor, evento este caracterizado pela:

A) satisfação que um turista experimenta ao confirmar os atrativos de uma cidade já bastante celebrada por sua história.

B) revelação afetiva que o jovem viajante experimenta em profundidade, sob o estímulo mágico de um lugar especial.

C) epifania que representa para um jovem um cenário de Salvador, sob o estímulo de uma canção inesperada.

D) sedução inominável da natureza, à qual é tão sensível um jovem quando está vivendo uma experiência amorosa.

E) celebração íntima que o viajante se proporciona, quando de repente reconhece o lugar onde viveu um momento de exaltação.

↘ **Resolução:**

O texto aborda uma epifania que se dá por meio da relação afetiva que um jovem viajante cria no Varandá, um barzinho na cidade de Salvador, o que se pode comprovar principalmente nos primeiro e terceiro parágrafos. Assim, a alternativa "B" é a que melhor corresponde com o que foi perguntado na questão.

PRESTE ATENÇÃO!

As demais alternativas são apenas extrapolação textual: o texto não fala da história de Salvador (alternativa "A"), o texto não põe em evidência os sentimentos do jovem por causa de uma canção (alternativa "C"), não aborda a sedução inominável da natureza (alternativa "D") e sua afetividade para com o lugar não advém do reconhecimento do lugar onde viveu um momento de exaltação (alternativa "E").

↗ **Gabarito: "B".**

5. **(FCC – TRT 5ª Região – Analista Judiciário – Área Judiciária)** Considere as seguintes afirmações:

I – A expressão *chave insuspeitada*, no primeiro parágrafo, é utilizada para exprimir a sensação de abertura para um tipo de emoção até então desconhecida para o narrador.

II – A conjunção de fatores que leva o narrador a sentir em profundidade certa comoção faz com que ele venha a se lembrar de Drummond.

III – Ao revisitar o lugar do antigo *Varandá*, em busca de uma memória calorosa, o narrador se vê diante de um esvaziamento que o faz sentir-se enganado pelo tempo.

Em relação ao texto, está correto o que se afirma em:

A) I, II e III.

B) I e II, apenas.

C) II e III, apenas.

D) I e III, apenas.

E) III, apenas.

↘ **Comentários:**

Os três itens estão corretos em relação ao texto: a "chave insuspeitada" revela um sentimento desconhecido, por isso epifânico; as emoções promovidas pelo lugar e pelo momento o levam a lembrar Drummond (2º parágrafo); e revisita o lugar, que no momento está abandonado, o barzinho já não existe mais e percebe, como ele diz no penúltimo parágrafo, a "efemeridade de tudo", ou seja, ele fora enganado pelo tempo.

↗ **Gabarito: "A".**

6. **(FCC – TRT 5ª Região – Analista Judiciário – Área Judiciária)** Considerando-se o contexto, traduz-se adequadamente o sentido essencial de um segmento do texto em:

A) *rápida metamorfose urbana* (3º parágrafo) = súbita recuperação cosmopolita.

B) *como um turista recompensado* (3º parágrafo) = qual um visitante reconquistado.

C) *a fome teimosa de nossa memória afetiva* (4º parágrafo) = a voracidade intransigente da amnésia.

D) *pensando na efemeridade de tudo* (4º parágrafo) = refletindo sobre a transitoriedade das coisas.

E) *sobre aquele abismo mágico* (4º parágrafo) = galgando uma ilusão abissal.

↘ **Resolução:**

Na alternativa "D", "refletindo" é sinônimo de "pensando"; "a transitoriedade das coisas" é expressão sinônima de "na efemeridade de tudo".

PRESTE ATENÇÃO!

É importante perceber que, para resolver esta questão, deve-se observar cada expressão dos trechos sugeridos. Observe que na alternativa "A", não correspondem, em sentido, "rápida" com "súbita", "metamorfose" com "recuperação; na alternativa "B", "recompensado" com "reconquistado"; na alternativa "C", "memória afetiva" com "amnésia"; e, na alternativa "E", "abismo mágico" com "ilusão abissal".

↗ **Gabarito: "D".**

7. **(FCC – TRT 5ª Região – Analista Judiciário – Área Judiciária)** Constituem uma **causa** e seu **efeito, nesta ordem**, as seguintes afirmações do texto:

A) *abre inédita alegria/encontrando dentro de si uma chave insuspeitada* (1º parágrafo)

B) *já estava com uma turma amiga/lá em cima, de frente para a lua* (2º parágrafo)

C) *aquela lua, aquele mar/me botavam comovido como o diabo* (2º parágrafo)

D) *procurei pelo Varandá/sabendo que já não existia há muito* (4º parágrafo)

E) *Saí de lá rumo à praça Castro Alves/pensando na magia que os jovens de hoje saberão encontrar* (5º parágrafo)

↘ **Resolução:**

A lua e o mar são o motivo, a causa de sua comoção, por isso a alternativa "C" é a reposta.

PRESTE ATENÇÃO!

Não se esqueça de que "causa" é sempre "motivo, razão" e "efeito" é a consequência, o resultado da "causa". Outro detalhe importante: a questão nos pede para assinalar o item que apresenta causa e efeito nesta ordem, e o item A apresenta efeito e causa – isso é típico da FCC, atenção! A fim de sanar dúvidas, observe que a alternativa "B" nos dá ideia de localização; a alternativa "D", ideia de oposição; e a alternativa "E", de concomitância.

↗ **Gabarito: "C".**

REFERÊNCIAS

BECHARA, Evanildo. *Gramática escolar da língua portuguesa*. 2. ed. Rio de Janeiro: Nova Fronteira, 2010.

CEGALLA, Domingos Paschoal. *Novíssima gramática da língua portuguesa*. 43. ed. São Paulo: Companhia Editora Nacional, 2000.

______. *Escrevendo pela nova ortografia:* como usar as regras do novo acordo ortográfico da língua portuguesa. Instituto Antonio Houaiss, coordenação e assistência de José Carlos de Azeredo. 2. ed. São Paulo: Publifolha, 2008.

LIMA, Carlos Henrique de Rocha. *Gramática normativa da língua portuguesa*. 25. ed. Rio de Janeiro: José Olympio, 1985.

CUNHA, Celso Ferreira da. *Gramática da língua portuguesa*. 10. ed. Rio de Janeiro: FAE, 1984.

LUFT, Celso Pedro. *Dicionário prático de regência verbal*. 8. ed. 12. impr. São Paulo: Ática, 2008.

______. *Dicionário prático de regência nominal*. 4. ed. 8. impr. São Paulo: Ática, 2008.

SARTORI, Luciane Aparecida Aggio, coautora. In: *Vade Mecum doutrina*: técnico e analista. Coord. Álvaro de Azevedo e Nathaly Campitelli Roque. 4. ed. São Paulo: GEN/Método, 2014.

4

INFORMÁTICA

Sumário

1. NOÇÕES DE HARDWARE

1) Estrutura e funcionamento do computador

O Computador é formado por um Conjunto de Elementos físicos (hardware) que estão relacionados entre si, que é tornado útil por via da execução de programas (software), os quais são conjuntos de instruções que o computador executa.

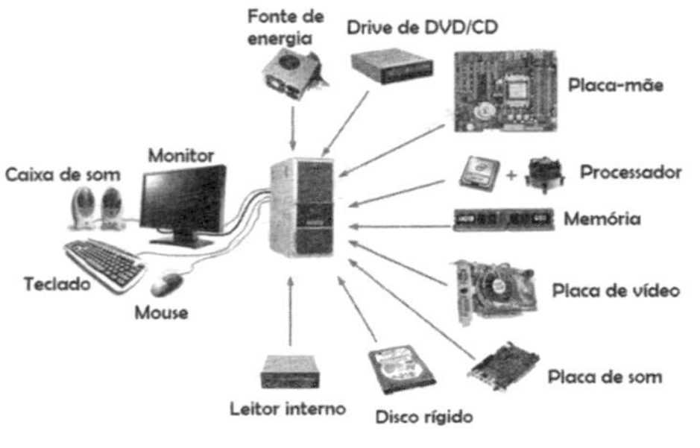

Figura 1

Hardware

São as partes físicas de uma máquina, como o gabinete, o teclado, o mouse, a impressora, o disco rígido, a memória, entre outros itens utilizados na fabricação de um computador ou equipamentos eletrônicos. Esses elementos se comunicam com os demais por meio do barramento, um dos componentes da placa-mãe.

O computador é qualquer dispositivo eletrônico que pode: armazenar, manipular e enviar dados processados de volta ao usuário.

As partes físicas de um computador são:

- Componentes obrigatórios (exemplos: placa-mãe, processador, memórias).
- Dispositivos periféricos, equipamentos de entrada e saída de informação (exemplos: teclado, mouse, monitor, caixas de som).
- Dispositivos de armazenamento (exemplos: memória volátil (RAM) e permanente (HD)).

2) Periféricos de fornecimento de energia

São equipamentos que, em geral, oferecem algum tipo de proteção ao equipamento central em relação ao fornecimento de energia elétrica.

a) Filtro de linha

Tem a função de interromper o fornecimento de energia por meio da queima do fusível, no caso de sobrecarga, e eliminar ruídos da rede elétrica.

b) Estabilizador

Tem a função de conter sobrecargas de energia, para que não comprometa o desempenho do computador. O estabilizador concentra tanto a sobretensão quanto a subtensão.

c) Nobreak

Tem a função de acumular energia da rede elétrica por meio de uma bateria, e na ausência de energia da fonte de alimentação direta, fornece energia para o computador. O nobreak tem sempre autonomia relativa, e nunca absoluta.

3) Fonte de alimentação

Um dos principais elementos na montagem de um gabinete é a fonte de alimentação que recebe o cabo de energia com o objetivo de alimentar os componentes do computador.

A fonte de alimentação do computador é um dispositivo que transforma a energia recebida da rede elétrica para as voltagens adequadas, utilizadas pelos diferentes componentes do computador.

a) Tensão

Converte a Corrente Alternada (CA ou AC – do inglês Alternating Current) para Corrente Contínua (CC ou DC do inglês Direct Current) de nível mais baixo.

Os circuitos digitais utilizam tensões de 3,3 e 5 volts, enquanto a tensão de 12 volts é utilizada para fazer funcionar os motores dos drivers de disco e das ventoinhas.

b) Potência

A especificação principal de uma fonte de alimentação é Watts. Um Watt é o produto da voltagem em Volts pela corrente em Amperes.

c) Tipos de fonte

AT ou ATX (Advanced Tecnology eXtendend). Necessita ser compatível com a placa-mãe do dispositivo.

4) Gabinete

Um gabinete de computador, também conhecido como case, caixa, chassis, carcaça ou torre, é o compartimento que contém a maioria dos componentes (normalmente, excluindo o monitor, teclado e mouse).

5) Placa-mãe (Mother Board)

Placa central que se destina à conexão com todas as outras placas e componentes do computador, tanto de forma direta como indireta (por meio de uma conexão sem fio). Ela é chamada de "espinha dorsal", e possui diferentes conectores.

- Processadores: é instalado num suporte chamado de "socket".
- HD (hard disk): é conectado por meio das portas IDE, SCSI ou SATA.
- Placa de vídeo: é conectada em slots chamados de PCI-Express 16x ou AGP 8x.
- Placas de rede, som, entre outras: podem ser encaixadas nos slots PCI ou em entradas PCI Express.

6) On-board

São placas-mãe em que os componentes auxiliares estão fisicamente conectados de forma permanente, sendo considerados componentes fixos. Estas placas não permitem, em geral, upgrade, e têm como vantagem o baixo custo de montagem. Podem ter poucos, ou não ter slots disponíveis.

Figura 2

7) Off-board

São placas-mãe em que os componentes auxiliares não estão fisicamente conectados, e podem ser retirados e trocados, sendo considerados componentes móveis. Estas placas permitem upgrade, porém o custo de montagem geralmente é maior.

Figura 3

8) Barramentos internos

Ligam a CPU aos equipamentos internos do Gabinete.

Encontrado dentro de um dispositivo, como, por exemplo, um processador (CPU).

9) Barramento local

Conecta o processador à memória RAM, sendo dividido em três grupos independentes, mas que operam em conjunto para realizar operações de entrada e saída:

- Barramento de dados: onde os dados circulam.
- Barramento de endereços: onde a informação de endereço é fornecida.
- Barramento de controle: informações adicionais como, por exemplo, se a operação é leitura ou escrita.

10) Barramentos externos

Ligam a CPU aos equipamentos externos.

Os barramentos externos, também chamados de barramentos de I/O ou E/S (entrada e saída) da placa-mãe são meios físicos comuns, em que vários dispositivos externos (periféricos) utilizam para acessar o processador (CPU). Também intitulados de Barramentos de Expansão, pois permitem que novas funcionalidades sejam acrescentadas à placa-mãe por meio de Placas de Expansão.

11) Sockets

É nele que os **Processadores** são instalados.

Figura 4

12) Slots – Barramentos de expansão

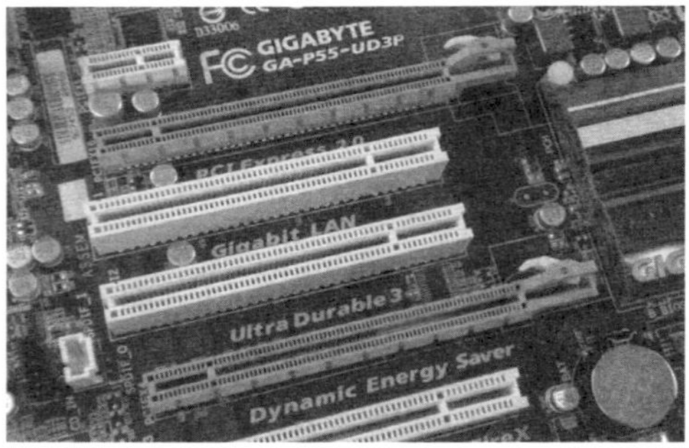

Figura 5

- ISA (Industry Standard Architecture) 8 / 16 bits;
- EISA (Extended Industry Standard Architecture);
- VLB (Vesa Local Bus) 32 bits;
- PCI (Peripheral Component Interconnect) 32 / 64 bits;
- PCI Express;
- AGP (Accelerated Graphics Port);
- MCA (Micro Channel Architecture);
- AMR (Audio Modem Riser);
- CNR (Communications and Network Riser);
- ACR (Advanced Communications Riser).

13) Placas auxiliares

As placas auxiliares são utilizadas para acrescentar novas funcionalidades ao computador. Essas placas são conhecidas como placas de expansão ou off-board, já que estão fisicamente fora do circuito impresso da placa-mãe.

14) Slots – Barramentos para dispositivos de armazenamento

a) IDE (Integrated Drive Eletronics)

Também conhecido como ATA (Advanced Technology Attachment) que foi renomeada para PATA (Parallel ATA). Permite até 2 equipamentos ligados por barramento.

b) SCSI (Small Computer System Interface)

É uma tecnologia que permite ao usuário conectar a CPU a uma larga gama de periféricos, tais como discos rígidos HDs, unidades CD-ROM, DVD-ROM, impressoras e scanners. Permite ligar até 15 equipamentos por barramento.

c) SATA (Serial Advanced Technology Attachment)

É uma tecnologia de transferência de dados em série entre um computador e dispositivos de armazenamento em massa (mass storage devices) como unidades de disco rígido e drives ópticos.

15) Portas externas de comunicação

Interface é o nome dado ao circuito que controla um dispositivo de entrada ou saída, enviando ou recebendo informações do processador ou do chipset, agindo como um adaptador desse dispositivo.

Figura 6

- Porta Serial (RS232) → Modems externos
- Porta Paralela (EPP) → Impressora
- Porta PSII → Mouse ou Teclado
- Portas USB → Portas de comunicação para vários tipos de aparelhos
- Porta de Rede → Conexões de Rede de Computadores
- Portas de Áudio → Caixas de Som ou Fones de ouvido
- Portas de Vídeo (VGA / HDMI) → Monitores, Projetores

16) USB (Universal Serial Bus)

O padrão de portas e conectores USB foi desenvolvido para facilitar a instalação e uso de periféricos nos computadores. Antes desse tipo de conexão, dispositivos como impressoras, modems e zip drives, por exemplo, utilizavam portas paralelas com baixa velocidade de transmissão de dados. Se houvesse a necessidade de uma instalação interna, era necessário configurar Jumpers ou IRQs diretamente na placa-mãe, o que implicava a abertura do computador e necessidade de se ter alguma noção de como configurá-los corretamente.

Além disso, cada periférico tinha um tipo de conector diferente na placa-mãe e nem sempre estes conectores eram padronizados. Não era uma situação incomum ter que se recorrer a adaptadores devido a determinado formato de conector ser difícil de achar ou até mesmo ter deixado de existir completamente.

A instalação desses dispositivos também era complexa, pois eles não eram automaticamente reconhecidos pelo computador e necessitavam de drivers específicos para modelo e marca que nem sempre estavam mais disponíveis. Por estes e outros motivos, instalar periféricos era uma tarefa delegada para técnicos e, às vezes, as pessoas apenas desistiam de ter determinado dispositivo no computador.

Atualmente, praticamente todos os periféricos e dispositivos – de mouses e teclados a impressoras e câmeras – são compatíveis com este tipo de conector, bem como mídias de armazenamento e transferência de dados (pendrives e cartões de memória). Outra facilidade trazida com o USB foi que as placas-mãe mais novas contam com ao menos quatro entradas deste tipo.

A velocidade de transmissão de dados também é expressivamente maior e o reconhecimento e instalação dos dispositivos necessários para o funcionamento dos periféricos ficam por conta do próprio Sistema Operacional (Plug & Play), raramente necessitando de drivers externos. Além disso, não é preciso reiniciar o computador após a conexão de um dispositivo USB para sua detecção.

a) Conectores USB do tipo A e B

O conector USB do tipo A padrão é aquele cuja imagem já se forma em nossa mente quando pensamos neste tipo de entrada – a retangular e achatada. Este tipo fica encarregado pela transmissão de dados e energia (lembre-se que muitos dispositivos USB podem ser carregados por seus respectivos cabos) e normalmente são cabos com conectores fixos.

O do tipo B apresenta um formato um pouco mais quadrado e normalmente faz parte de um cabo removível. Ao contrário do conector USB A, este tipo de entrada é conectado ao dispositivo em vez de ser ligado ao computador e costuma servir para o envio de energia.

Figura 7

Existem dispositivos (como celulares, por exemplo) que utilizam os tipos de USB mini e micro (A e B). Estes aparelhos adotam cabos com uma destas entradas para conexão com ele próprio e outra padrão normal para conexão no computador.

b) Cabos e funcionamento do USB

Os conectores dos cabos USB possuem quatro fios internos, sendo dois responsáveis pela alimentação elétrica e aterramento (cada um para uma destas funções) e dois para transmissão de dados. Um cabo USB pode ter no máximo 5 metros de comprimento para que o tempo de transmissão de dados não exceda o limite e não ocorra perda de dados. Caso você precise de tamanhos maiores, é necessário utilizar um hub ou algum outro equipamento para repetir os sinais da comunicação.

É possível efetuar a conexão de até 127 dispositivos em uma única porta USB por meio de um concentrador. A comunicação entre estes aparelhos é feita por meio de protocolos, onde o Host (no caso o computador) mapeia por meio de um sinal tudo que estiver ligado ao barramento USB e determina um endereço para cada um deles (processo chamado de enumeração).

Quando esta conexão estiver corretamente estabelecida, o Host também possuirá a informação pertinente a que tipo de transferência de dados cada um dos dispositivos está utilizando, que podem ser basicamente de quatro tipos:

i) **Isócrono**: utilizado para dispositivos de transmissão contínua no qual os dados são transferidos em tempo real e praticamente sem interrupções. Neste tipo de comunicação não há detecção/correção de erros para evitar atrasos. Um alto-falante, por exemplo, utiliza este tipo de conexão.

ii) **Bulk**: aplicado por dispositivos que recebem grandes blocos de dados (pacotes maiores). Este tipo de conexão conta com recursos de detecção de erros para garantir que as informações estão corretas e garantir sua integridade. Este tipo de transferência é utilizado por impressoras e scanners, por exemplo.

iii) **Interrupção**: este tipo de conexão serve para aqueles dispositivos cuja taxa de transferência de dados é relativamente pequena, como teclados, mouses e joysticks.

iv) **Controle**: utilizado pelo Host para transmissão ou verificação de parâmetros de controle e configuração de dispositivos.

À medida que os dispositivos são devidamente enumerados, o Host controla a largura da banda de transmissão de dados ocupada por eles conforme seu tipo de transmissão de dados. A distribuição fica com até 90% para transferências do tipo isócrono e de interrupção e 10% para bulk e pacotes de controle.

c) USB 1.1

Lançado em 1998, essa versão foi desenvolvida para unificar o tipo de interface utilizada para conectar periféricos, pois o padrão 1.0, lançado em 1996, definia as especificações técnicas para todos os dispositivos USB, mas não dizia nada sobre um conector padrão para ser utilizado, de forma que existia uma mesma interface de implementação para todos os dispositivos, mas com vários tipos de conectores.

Essa especificação previa velocidades de 1,5 Mbps até 12 Mbps, dependendo da configuração de velocidade. Mesmo na época em que foi lançado, o USB 1.1 trazia velocidades já consideradas lentas em relação a outros barramentos, como o FireWire e o SCSI, mas já era um grande avanço em relação às portas seriais e paralelas e na universalização de um conector padrão para periféricos.

d) USB 2.0

A atualização do padrão USB para a versão 2.0 em 2000 deu um grande passo em relação à sua popularização. Com a velocidade máxima teórica de 480 Mbps de transferência, ele começou a ser bastante utilizado por dispositivos que exigiam mais largura de banda, como pen drives e discos rígidos externos e até monitores. O conector desse padrão é o mesmo usado no 1.1.

Com uma largura de banda 40 vezes maior que o modelo anterior, a versão 2.0 é compatível com dispositivos mais lentos, como teclados, mouses e pen drives, que requerem uma largura de banda, consumo de energia e tempos de acesso bastante baixos, de forma que o USB 2.0 possui especificações de sobra para dar conta desses produtos.

e) USB 3.0

O USB 3.0 fornece uma taxa de transferência de dados (teórica) de até 4.8 Gbps, e um fornecimento de energia 80% maior em relação aos padrões anteriores, o que o torna ideal para gadgets de alta performance como pen drives e discos rígidos mais velozes.

Outra mudança implementada no USB 3.0 é a utilização de um conector de 9 pinos, em vez dos 4 pinos utilizados nas versões anteriores, para um melhor controle no fluxo de dados e gerenciamento de energia. Ele pode ser diferenciado dos outros anteriores por seu conector de cor azul.

f) USB 3.1

O USB 3.1, por sua vez, foi lançado como uma atualização ao padrão 3.0, com mesmo conector e compatibilidade, porém com uma velocidade de transferência maior, de até 10 Gb/s.

É importante lembrar que todos os conectores USB A são retrocompatíveis sem necessidade de uso de um adaptador, ou seja, um dispositivo USB 2.0 funciona em uma entrada USB 3.0 e vice-versa, e o mesmo ocorre com o USB 1.1.

g) USB -Type C

A mudança no conector foi necessária para que o novo padrão entregasse uma velocidade de transmissão de dados, em torno de 40 Gb/s. Essa versão traz como diferencial a porta com formato igual dos dois lados, diferente das versões anteriores. Isso significa que é necessário usar um adaptador para conectar um cabo USB Type C em um periférico externo que tenha interface USB Type A.

Em resumo, eis as velocidades do padrão USB:

- USB 1.1: 12 Mbps;
- USB 2.0: 480 Mbps;
- USB 3.0: 4,8 Gb/s;
- USB 3.1: 10 Gb/s;
- USB Type C: 40 Gb/s (compatível com Thunderbolt 3).

17) Como o computador calcula as informações

Os computadores digitais e outros componentes tecnológicos "entendem" ou interpretam impulsos elétricos, negativos e positivos que são representados por 0's e 1's, respectivamente.

Assim, a informação é codificada em zeros e uns, utilizando-se o sistema de numeração binário.

Cada dígito binário tem o nome de bit, palavra resultante da contração de binary digit.

Tanto o processador como os componentes restantes envolvidos no tratamento da informação possuem a capacidade de lidar com milhões de bits por segundo!

18) Grandezas da informática

Pelo SI – Sistema Internacional de Unidades, o símbolo para byte é "b", enquanto que bit tem como símbolo o próprio nome "bit". Mas na linguagem popular as descrições são feitas como na tabela que segue, e consequentemente assim são usadas pelas bancas organizadoras em concursos públicos.

Sempre que multiplicados por (2^{10} = 1024), estaremos passando a utilizar a próxima unidade de medida.

Bit (Binary digit) (b) Unidade mínima de Informação			
8 bits	formam	1 Byte (B = 1 caractere)	
1024 Bytes	formam	1 KB	KiloByte
1024 KB	formam	1 MB	MegaByte
1024 MB	formam	1 GB	GigaByte
1024 GB	formam	1 TB	TeraByte
1024 TB	formam	1 PB	PettaByte
1024 PB	formam	1 EB	ExaByte
1024 EB	formam	1 ZB	ZettaByte
1024 ZB	formam	1 YB	YottaByte

Tabela de caracteres da informática – ASCII

Na versão original do código normatizado ASCII (American Standard Code for Information Interchange ou Código Padrão Americano para o Intercâmbio de Informação), criado em 1961, cada símbolo codifica um conjunto de sinais ou Código Binário, que possui 8 bits (equivalente a 1 byte), sendo 7 bits para o propósito de codificação e 1 bit de paridade (detecção de erro).

- 33 sinais de controle (não imprimíveis);
- 95 sinais gráficos (letras do alfabeto latino, sinais de pontuação e sinais matemáticos, todos sinais imprimíveis);
- 127 outros sinais gráficos que podem ser úteis no dia a dia (sinais imprimíveis). Tabela ASCII Estendida.

19) Processadores (CPU – Unidade Central de Processamento – ou UCP)

O processador é o principal componente de hardware do computador. Ele é o responsável por buscar e executar instruções presentes na memória do computador. As instruções (processos) que ele executa consistem em operações matemáticas e lógicas, além de operações de busca, leitura e gravação de dados.

a) Os principais componentes da CPU

Basicamente, um processador desempenha dois tipos de operações diferentes:

- UC – Unidade de Controle;
- ULA – Unidade Lógica e Aritmética (substituiu os antigos coprocessadores aritméticos).

b) Velocidade de processamento

A unidade hertz (Hz) é o número de ciclos por segundo, fazendo de 1 megahertz (MHz) um milhão de ciclos por segundo, enquanto 1 gigahertz é 10^9 (1 bilhão) de hertz. As vibrações e as radiações eletromagnéticas são medidas em unidades de hertz, mas, na computação, é a velocidade de processamento da unidade central de processamento (CPU, em inglês) que é referenciada em termos de hertz.

c) Instruções por segundo

Por vezes, erradamente, a medida hertz (Hz) é confundida com o número de instruções que o processador realiza por segundo. Na realidade, cada instrução é realizada num número específico de ciclos, o que torna impossível definir com exatidão o número de instruções realizadas num segundo. Existem instruções que são realizadas num único ciclo de relógio (no limite é o que se deseja), enquanto outras demoram várias dezenas.

Consequentemente quanto mais ciclos por segundo mais rápido serão seguidas as instruções.

d) Arquitetura de processadores

- Processadores de 32 bits têm a capacidade de processar "palavras" (sequência de bits) de até 32 bits.

Na arquitetura de 32 bits, um processador precisa realizar duas ou mais "viagens" (uma a cada ciclo de clock) para interpretar determinadas informações.

- Processadores de 64 bits podem processar "palavras" de até 64 bits, ou seja, o dobro de informações.

Na arquitetura de 64 bits, um processador poderia realizar em apenas uma "viagem".

Dessa forma, a capacidade de um hardware do gênero poder trabalhar com uma quantidade maior de bits não influenciará diretamente em sua velocidade de operação, mas, sim, em um melhor desempenho geral da plataforma (desde que esta também seja compatível com a arquitetura de 64 bits).

e) Armazenamento interno (temporário)

São as memórias internas do processador. Quanto mais próximas dele, mais rápidas elas são, mas também são menores, em contrapartida, quanto mais afastadas, maiores elas são e, por consequência disso, mais lentas.

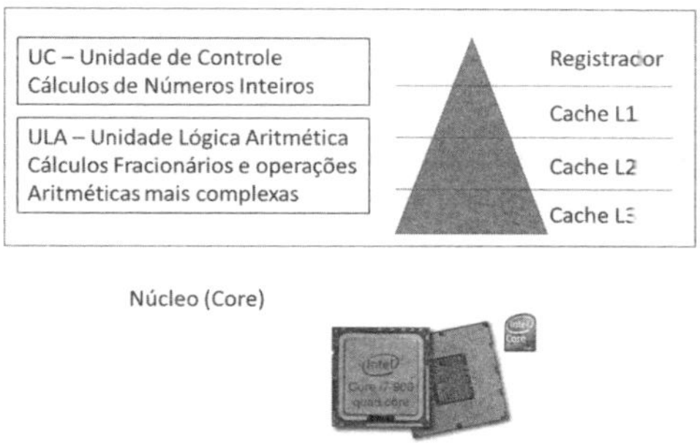

Figura 8

f) Núcleos

Os processadores podem conter um núcleo de processamento ou mais de um núcleo, sendo considerados multicores, o que chama a atenção é a quantidade de núcleos que ele comporta.

- Sendo assim, um processador que oscile a um clock de 2.6GHz e que dependa exclusivamente de 1 núcleo será menos eficiente do que outro com idêntica frequência, mas dotado de 2 núcleos e, assim, sucessivamente.

- Entretanto, o número de núcleos não determina uma real performance quantitativa. Isso equivale a afirmar que 2 não é igual ao dobro e que uma CPU constituída por 4 núcleos tampouco será 4 vezes mais rápida do que aquela do início do exemplo.

20) Memórias

Chama-se "memória" a todos os componentes eletrônicos capazes de armazenar dados temporariamente. Distinguem-se assim duas grandes categorias de memórias:

- **Memória primária** – memória central – memória interna – memória viva – memória real

Permite memorizar temporariamente os dados quando da execução dos programas. A memória central é realizada com a ajuda de microcondutores, ou seja, circuitos eletrônicos especializados rápidos.

- **Memória secundária** – memória de massa – memória física – memória externa – memória morta

Permite armazenar informações em longo prazo, incluindo quando da inicialização do computador. A memória de massa corresponde aos dispositivos de armazenamento, como o HD e o SSD.

- **Memória terciária**

É parecida com a memória secundária, só que a terciária depende das operações de montagem, como disquetes, discos ópticos e fitas magnéticas, entre outros.

a) Memória RAM (Random Access Memory ou Memória de Acesso Randômico)

Também chamada de memória principal, as memorias RAM armazenam os dados provenientes do processador. Desde que o computador é inicializado e o sistema operacional executado, a memória RAM armazena os dados.

É uma memória volátil e rápida para acesso pelo processador, porém muito mais cara. A CPU a utiliza para armazenar temporariamente os dados dos programas que estão rodando no computador. Esta memória somente fica ativa enquanto o computador estiver ligado e os conteúdos devem ser salvos, pois quando ele for desligado, tudo o que estiver armazenado nesta memória perde-se.

- **Gravação e leitura** – A memória RAM pode ter tantos dados gravados quanto lidos durante a execução do computador.
- **Gravação temporária** – A memória RAM precisa ser energizada para gravar dados, e quando o computador é desligado, ela é desenergizada e todos os dados são apagados.
- **Volátil** – Como o espaço livre e ocupado da memória RAM é variável, ela é considerada uma memória volátil.
- **Acesso aleatório** – Como a memória RAM é acessada durante todo o funcionamento do computador, não é possível determinar o momento exato em que é acessada, sendo uma memória de acesso aleatório.

b) Influência da arquitetura do processador na RAM

- Arquitetura x86-32 bits = suporta o máximo de 4 GB de RAM;
- Arquitetura x64-64 bits = reconhece memórias de até 16 EB. O Windows não reconhece tudo isso.

c) Memória ROM (Read Only Memory ou Memória Somente de Leitura)

Memória responsável pelo armazenamento permanente dos dados. Esses dados não podem ser apagados ou alterados, apenas se forem utilizados procedimentos específicos. Quando a energia acaba ou o computador é desligado, os dados não se perdem, sendo uma memória não volátil. Existem vários tipos de memória ROM, como: memória flash, cd-rom, dvd-rom e outros relacionados, EPROM (Erasable Programmable Read-Only Memory), PROM (Programmable Read-Only Memory) etc.

A memória ROM armazena os Firmwares (softwares embarcados) BIOS, POST e SETUP.

- **Apenas leitura** – A memória ROM não permite que o usuário grave dados, apenas realize leitura dos dados gravados pelo fabricante.
- **Gravação permanente** – A memória ROM não precisa ser energizada para gravar dados, portanto quando o computador é desligado, ela mantém os dados gravados.
- **Não volátil** – Como não é possível gravar dados, apagar dados, e ela não é temporária, o espaço ocupado e livre dela é fixo, tornando a ROM uma memória não volátil.
- **Acesso não aleatório** – Como ela é executada na inicialização do sistema, é possível determinar o momento exato de sua execução, portanto o acesso é não aleatório.

d) Firmwares – Software Embarcado

Em eletrônica e computação, firmware é o conjunto de instruções operacionais programadas diretamente no hardware de um equipamento eletrônico. Também conhecidos pela nomenclatura "software embarcado", é armazenado permanentemente num circuito integrado (chip) de memória de hardware, como uma ROM, PROM, EPROM ou ainda EEPROM e memória flash, no momento da fabricação do componente. Muitos aparelhos simples possuem firmware, entre eles: controles-remotos, calculadora de mão, algumas partes do computador, como disco rígido, teclado, cartão de memória, unidades USB, muitos instrumentos científicos e robôs. Outros aparelhos mais complexos como celulares, câmeras digitais, sintetizadores, entre outros, também possuem um firmware para a execução de suas tarefas.

Não há fronteiras rígidas entre firmware e software, pois ambos são termos descritivos bastante livres. Contudo, o termo firmware foi originalmente inventado para contrastar com software de alto nível que poderia ser alterado sem a troca de um componente de hardware, e o firmware está normalmente envolvido com operações muito básicas de baixo nível das quais sem um dispositivo seria completamente não funcional.

Na informática a parte lógica controla a parte física, pois são necessários programas que possibilitem o funcionamento dos componentes físicos. O fabricante da placa-mãe instala 3 firmwares que existem em qualquer computador.

- **BIOS** – Sistema Básico de Entradas e Saídas, responsável por reconhecer todos os hardwares conectados à placa-mãe.
- **POST** – Autoteste de inicialização, testa os componentes de hardware detectados pelo BIOS.
- **SETUP** – Possibilita que o usuário altere configurações do sistema, como sequência de BOOT e data e hora do sistema.

ATENÇÃO

Quando os Firmwares BIOS, POST e SETUP são gravados na memória ROM, ela traz a necessidade de vir acompanhada de uma memória do tipo CMOS (Complementary Metal Oxide Semiconductor). Um pequeno pedaço de memória volátil, usado para gravar as configurações do Setup, e alimentado por uma bateria de lítio, para energizar a CMOS quando o computador é desligado.

e) Flash Memory

Atualmente a memória Flash tem substituído a ROM na gravação dos Firmwares BIOS, POST e SETUP, não trazendo a necessidade da memória do tipo CMOS e nem da bateria de lítio.

As características da Flash Memory:

- **Gravação e leitura** – A memória Flash possibilita que o usuário grave dados e leia os dados gravados.
- **Gravação permanente** – A memória Flash não traz a necessidade de ser energizada para manter dados gravados.

21) Periféricos

São componentes de hardware da informática (peças, componentes físicos) que não são obrigatórios para o funcionamento do computador, porém são fundamentais para que o usuário possa estabelecer troca, interface com o computador.

Existem periféricos em que o usuário utiliza para enviar informações para o computador, denominados periféricos de entrada, ou Input. Existem periféricos em que o computador envia as informações para o usuário, denominados periféricos de saída, ou Output. Existe ainda um conjunto de periféricos que cumpre as duas funções, e são denominados periféricos híbridos, ou de Entrada e Saída (E/S) ou ainda Input/Output (I/O).

a) Periféricos de entrada (Input)

Os periféricos de entrada são denominados desta forma quando têm a função de auxiliar os usuários a enviarem informações para o computador, e não são obrigatórios para o funcionamento deste.

- **Mouse** – Envia informações de ação para o computador, por meio da interface gráfica, utilizando o cursor visual do mouse do computador para você "clicar" em lugares específicos.
- **Teclado** – Envia comandos por meio de teclas físicas alfanuméricas e atalhos ou teclas de atalhos. É o dispositivo típico de entrada, porque permite que você insira dados/informações no computador. Auxilia na digitação, e sua combinação de teclas pode facilitar em jogos e outros aplicativos.
- **Microfone** – Envia comandos de voz para serem gravados ou executar alguma função no computador.
- **Scanner** – O scanner padrão digitaliza imagens, transformando fotografias e páginas de um livro em arquivos de imagens. Caso o scanner tenha o recurso OCR (Reconhecimento Ótico de Caracteres) também tem a capacidade de digitalizar caracteres, transformando a página de um livro em um arquivo de texto que pode ser editado.
- **Leitores** – Tanto os leitores de códigos de barras quanto os leitores biométricos enviam para o computador informações capturadas.
- **Webcam** – Captura imagens e envia para o computador, que pode servir para envio de imagens em videoconferência ou criação de arquivo de imagem.
- **Mesa digitalizadora** – Também denominado tablete gráfico, este periférico tem a função de capturar escrita ou desenho em uma base que utiliza uma caneta especial e transformar em um arquivo de texto ou imagem.

b) Periféricos de saída (Output)

Os componentes de hardware que não são obrigatórios para o funcionamento do computador, mas que têm a função de permitir a interface do usuário do computador, e são responsáveis por possibilitar que o computador envie informações para o usuário, em uma interface máquina-homem, são considerados de saída, ou Output.

i) Monitores

Os monitores são, por padrão, periféricos exclusivamente de saída. Caso o monitor tenha a característica Touchscreen, ou tela sensível ao toque, será um periférico híbrido (Input/Output).

- **Monitor CRT Mono (de fósforo).** Não é mais fabricado e tem a pior qualidade de geração original de imagens. Existem monitores de fósforo verde, cinza e laranja.
- **Monitor CRT Color (de tubo).** Durante muito tempo foi o monitor padrão para os computadores de mesa (desktops). Tem um projetor e um amplificador que permitem a visualização da imagem gerada.
- **Monitor LCD (Cristal Líquido).** É o monitor padrão para computadores de mesa (desktops) ou notebooks e tablets. Existe uma subcategoria de monitores LCD denominada LED e OLED.
- **Projetor.** Um projetor é um equipamento provido de uma lente convergente (objetiva) que é capaz de fornecer imagens reais, invertidas e maiores que o objeto, que pode ser um slide ou filme.

IMPORTANTE

Tanto o monitor CRT Color quanto o monitor LCD utilizam pixels para a geração de imagens. Um pixel possui três elementos internos, que geram, cada um, uma cor sólida, dentre as possíveis na paleta RGB (Vermelho, Verde e Azul). Quanto maior a distância entre pixels, pior a geração original de imagens. Esta distância pode ser denominada DP ou Dot Pitch ou Pixel Pitch.

ATENÇÃO

Como o monitor CRT Color tem a imagem que é visualizada pelo usuário amplificada e projetada, e como todo amplificador e projetor perde gradativamente sua capacidade, a área útil é sempre menor que a área total do monitor, por conta da moldura existente. Os monitores LCD, por sua vez, não possuem projeção e amplificação física, portanto, com uma moldura mais fina, sua área útil é igual à área total.

ii) Impressoras

As informações impressas podem conter textos, dados numéricos ou gráficos.

A tecnologia das impressoras foi evoluindo a partir das impressoras matriciais básicas, passando pelas matriciais gráficas (com qualidade Carta), evoluindo para os modelos a Jato de Tinta e Laser.

Os usuários procuram obter a melhor relação custo-benefício na hora da compra de uma impressora, onde são considerados como benefícios a qualidade e a velocidade de impressão.

- Interface

É o meio pelo qual a impressora recebe os dados vindos do microcomputador. As interfaces mais utilizadas são:

→ Paralelo ou Centronics;

→ Serial ou RS-232;

→ USB (Universal Serial Bus);

→ Infravermelho;

→ Bluetooth;

→ Rede.

A comunicação paralela é mais veloz que a serial, pois a comunicação é feita byte a byte, ou seja, a paralela envia oito bits depois mais oito bits e assim sucessivamente. No entanto, esta comunicação tradicional é unidirecional, permitindo que somente dados sejam enviados do microcomputador para impressora, porém, também pode trabalhar em outros modos, principalmente o bidirecional.

- Modos de operações da paralela

Existem basicamente três modos de operação: SPP, EPP e ECP. Cada um dos modos tem sua taxa de transferência.

A configuração de qual o modo que será utilizado pela porta paralela é feita no setup do micro. De preferência habilite o modo ECP ou "ECP + EPP".

➢ Modo SPP (Standard Parallel Port)

Este é o modo de operação padrão unidirecional com taxa de transferência de 150 KB/s.

➢ Modo EPP (Enhanced Parallel Port)

Este modo de operação é bidirecional. Na porta paralela padrão, a comunicação do processador com a porta é feita em oito bits por vez. Já no modo EPP, a comunicação do processador com a porta é feita a 32 bits por vez: a porta trata de quebrar os 32 bits recebidos do processador em quatro dados de oito bits a serem enviados ao dispositivo, no caso a impressora. Só isso já faz com que a comunicação do processador com a porta paralela fique quatro vezes mais rápida. A taxa de transferência teórica do modo EPP é de 2MB/s, porém, na prática, essa taxa gira em torno de 800 KB/s. Como esse modo trabalha com taxa de transferência muito mais alta que o modo padrão, é necessário a utilização de um cabo especial quando a porta opera nesse modo (ou no modo ECP) a fim de diminuir o nível de ruído. Este cabo tem uma blindagem especial que permite atingir altas taxas de transferência.

➢ Modo ECP (Extended Capabilities Port)

Esse modo é um avanço sobre o modo EPP, aumentando consideravelmente a taxa de transferência. A porta paralela em modo ECP compacta os dados automaticamente, aumentando o desempenho. Comparado com os outros modos, mais dados poderão ser enviados em um mesmo período de tempo. O modo ECP é capaz de reduzir os dados a serem transmitidos em até 64 vezes o seu tamanho. Outra técnica utilizada por este modo é o DMA (Acesso Direto à Memória), o qual aumenta mais o desempenho do modo ECP. Apesar de ter uma taxa igual à do modo EPP, a porta ECP tem grande vantagem de não sobrecarregar o processador, fazendo com que esse modo na prática seja muito mais rápido que o EPP.

- **A comunicação serial, também chamada de RS-232**

Essa comunicação trabalha bit a bit, ou seja, envia apenas um bit por vez entre o computador e o dispositivo. No caso da impressora, essa comunicação é bem mais lenta que a paralela, sua velocidade máxima é de 115.200 bps. A grande vantagem dessa comunicação é a capacidade de levar dados a distâncias bem maiores que a paralela.

- **O Padrão USB (Universal Serial Bus)**

Uma impressora USB é conectada diretamente a um computador individual por meio de um cabo USB. É fácil de conectar essa impressora a qualquer computador que tenha uma porta USB, pelo fato de a porta ser plug and play, ou seja, conectar e usar, desde que o driver já esteja instalado. Isto é muito mais comum do que as portas de impressora mais velhas, seriais ou paralelas, particularmente em computadores portáteis como netbooks e laptops. Uma impressora USB geralmente pode ser conectada e desconectada sem a necessidade de reiniciar o computador antes de imprimir.

- **A conexão via raios infravermelhos (Infrared)**

Essa comunicação é muito utilizada em computadores portáteis devido a sua praticidade, basta que o equipamento esteja a uma determinada distância e apontando um para o outro para que a comunicação se estabeleça. Para isso, é preciso que tanto o computador quanto a impressora tenham a interface infrared e que esteja devidamente configurada em ambos.

- **A conexão bluetooth**

Funciona como a transmissão de rádio, mas utiliza outras faixas de frequência. Foi idealizada para ser a conexão universal entre os dispositivos portáteis, não apenas entre o computador e a impressora, mas entre qualquer dispositivo eletrodoméstico.

- **Comunicação via rede**

É utilizada em impressoras destinadas a servirem vários computadores interligados via rede. Essas necessitam de placa de interface entre a impressora e a rede. Como exemplo, podemos citar a placa JetDirect bastante comum em vários modelos de impressoras da HP. Outros fabricantes como a Epson, a Lexmark etc., utilizam acessórios para redes, como a famosa 3com.

- **Velocidade da impressão**

Podemos comparar a velocidade de impressão por meio dos seguintes aspectos:

➢ Caracteres Por Segundo – CPS

Refere-se a impressoras matriciais, mostrando quantos caracteres (letras) são impressas por segundo. Caracteres maiores precisam de mais pontos, dando um menor índice de CPS.

➢ Caracteres Por Linha – CPL

Também se refere a impressoras matriciais. Informa o número de letras que podem ser colocadas em uma única linha horizontal. Quando estiver imprimindo em modo texto usando as fontes nativas da impressora, geralmente uma impressora imprimirá um determinado número de caracteres por linha para cada tipo de fonte que a impressora pode produzir.

➢ Páginas Por Minuto – PPM

Como, no geral, uma página tem 80 colunas e 60 linhas, nela cabem 4.800 caracteres. Cada unidade de página por minuto equivale a 80 caracteres por segundo (4.800/80). Isso significa que uma impressora que consiga imprimir 5 páginas por minuto, consegue atingir aproximadamente 400 CPS.

- **Direção de impressão**

É usada em impressoras matriciais ou jato de tinta. Nestas o cabeçote avança da esquerda para a direita fazendo uma linha. Após isto o papel avança uma linha e o cabeçote precisa fazer o percurso inverso, da direita para a esquerda. Algumas impressoras fazem esta volta imprimindo, outras não. As que voltam imprimindo são chamadas de bidirecionais, enquanto as que imprimem apenas numa direção são chamadas de unidirecionais.

- **Resolução**

A resolução na impressora é medida em DPI (Dots Per Inch) ou Pontos Por Polegadas.

Dot Pitch indica a quantidade e precisão com que os pontos são colocados, tanto na direção horizontal quanto na vertical.

Uma impressora matricial, comumente tem um Dot Pitch de 1/120" (0,21mm) na direção horizontal e de 1/180" (0,14mm) na vertical, ou seja, o cabeçote pode colocar até 120 pontos em cada polegada no sentido horizontal e 180 no sentido vertical. Esta é a resolução gráfica desta impressora (120 x 180). As impressoras jato de tinta atingem valores de no mínimo 300 DPI, enquanto as impressoras laser têm resolução normalmente de 300 a 1200 DPI (mas podem chegar a mais de 3000 DPI).

- **Fontes**

Uma fonte é um conjunto de caracteres com o mesmo estilo visual de letras. As impressoras laser e jato de tinta são fornecidas com dezenas de fontes, porém as impressoras matriciais geralmente dispõem de apenas uma fonte que é trabalhada em tamanhos e versões (expandido, itálico, comprimido, sublinhado etc.), formando diversas variações.

• Tipos de impressoras

As impressoras são periféricos exclusivamente de saída que enviam documentos impressos, e são classificados quanto as suas características de qualidade de impressão, velocidade de impressão, custo de impressão e autonomia de impressão, que é a capacidade da impressora trabalhar de forma contínua sem a necessidade da interferência humana.

➢ Impressora de impacto ou matricial

A impressora matricial que também é conhecida como impressora "de impacto", e que utiliza fita para impressão e em geral, formulário contínuo, tem como características principais:

Baixa qualidade de impressão;

Baixo custo de impressão;

Baixa velocidade de impressão;

Alta autonomia de impressão.

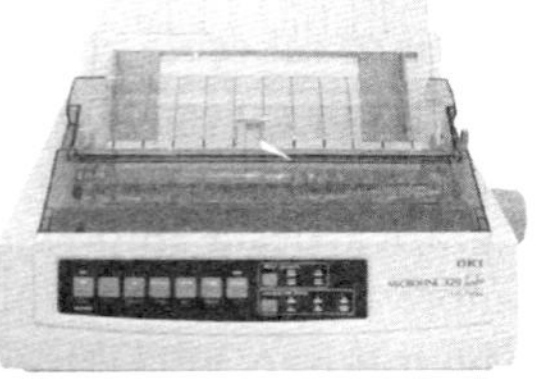

Figura 9

Elas também são conhecidas como DOT MATRIX IMPACT (Impacto Por Matriz de Pontos) e acabou sendo traduzida para o português apenas como "Matricial".

As impressoras matriciais são consideradas impressoras exclusivas de caracteres, embora muitas possam imprimir gráficos. O caractere é enviado à impressora, que por sua vez o imprime. Neste tipo de impressora, utiliza-se algum dispositivo mecânico que produza um impacto sobre o papel onde será feita a impressão. Podemos classificá-las em:

 # Impacto por agulhas

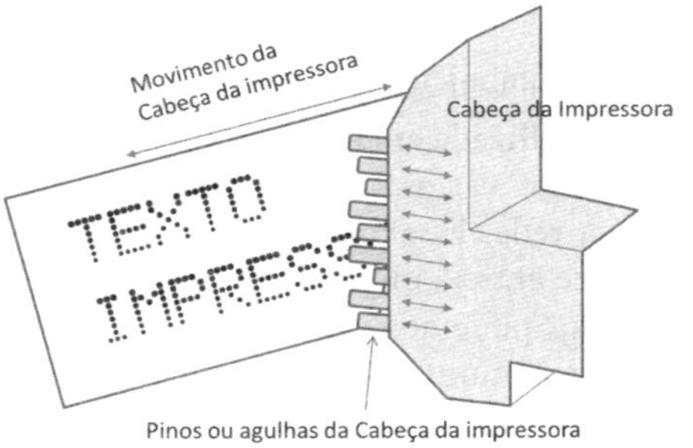

Figura 10

 # Impacto por martelo

Figura 11

 # Impressora de margarida

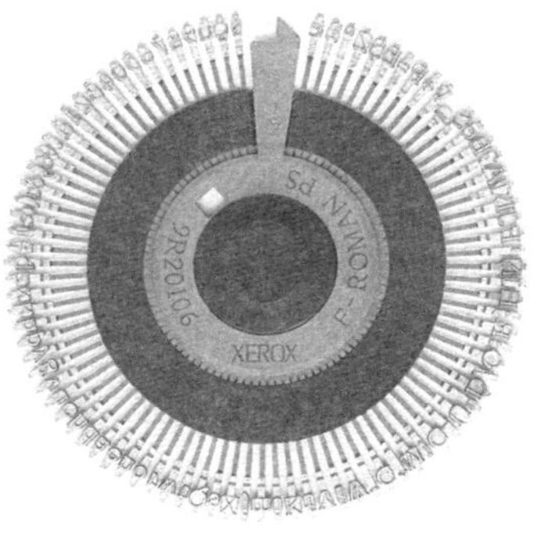

Figura 12

Essas impressoras baseiam-se nas máquinas de datilografia tradicional, cujo mecanismo consta essencialmente um conjunto de martelos com tipos nas pontas.

Cada Martelo se choca contra uma fita tintada que, por sua vez, é pressionada contra uma folha de papel.

O impacto do Martelo comprime a fita e transfere a tinta para o papel. Absorvida pelas fibras do papel, a tinta deixa nele a marca visível do Martelo que a atingiu.

Essas impressoras são chamadas também de impressoras de caracteres completos, e não têm a capacidade de imprimir gráficos, apenas textos.

➢ Impressora jato de tinta

A impressora jato de tinta é a impressora que tem características mais residenciais e menos corporativas. Ela funciona com a tinta no estado líquido, utilizando cartuchos para a impressão, e tem como características principais:

Média qualidade de impressão;

Alto custo de impressão;

Média velocidade de impressão;

Baixa autonomia de impressão.

Figura 13

Uma das diferenças entre as impressoras matriciais e térmicas para a jato de tinta está na impressão que não precisa de contato físico entre o cabeçote e o papel, pois a tinta é borrifada em um jato sobre o papel, como se fosse um spray.

➢ Impressora térmica

As impressoras térmicas são chamadas de TDM (Thermal Dot Matrix) – Matriz de Pontos Térmica. Estas impressoras substituem o impacto pelo calor para formar a imagem e, no lugar das agulhas, existem pequenas resistências elétricas as quais formam uma matriz de pontos que, quando acionadas eletricamente, sensibilizam um papel especial ou esquentam uma fita entintada.

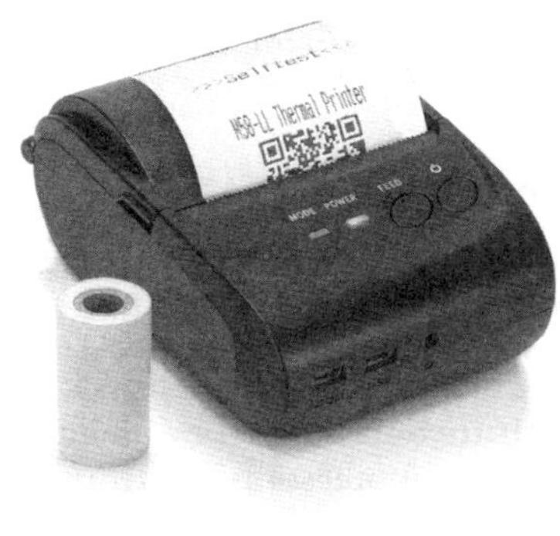

Figura 14

➢ Impressora eletrofotográfica ou laser

A impressora laser é a mais comum em órgãos públicos, pois suas características são as mais apropriadas para o uso em organizações, particularmente em atividades administrativas. Ela funciona com a tinta no estado sólido, utilizando tonners para a impressão, e tem como características principais:

Alta qualidade de impressão;

Médio custo de impressão;

Alta velocidade de impressão;

Média autonomia de impressão.

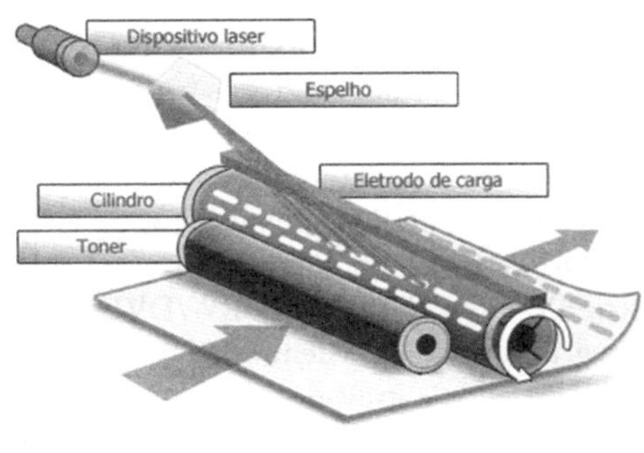

Figura 15

Essas impressoras laser usam um processo chamado de Sistema de Formação de Imagem (SFI).

➢ Outros tipos de impressoras

Existem ainda outros tipos de impressoras, como a térmica, jato de cera, sculp (a chamada impressora "3D") e a plotter, que é uma impressora para impressão de banners, mapas etc.

c) Periféricos híbridos

Os periféricos híbridos se caracterizam por cumprirem tanto a função de envio quanto de recebimento de informações.

- **Multifuncionais** – Erroneamente denominada "impressora multifuncional", as multifuncionais, por padrão, são constituídas do periférico de entrada Scanner e do periférico de saída Impressora, e por esta razão são Input/Output, ou híbridos.
- **Telas multifuncionais** – Os monitores padrão são geralmente componentes exclusivamente de saída, porém os sensíveis ao toque ou Touchscreen são Input/Output, ou híbridos.
- **Drive de disquete** – Dispositivos de entrada e saída de dados. Atualmente, os drivers de disquete são caros e estão em desuso. O disquete é um tipo de envoltório que armazena o disco magnético, onde são gravadas as informações. Ele tem capacidade de até 1,44 MB de armazenamento.
- **Drive de CD/DVD-ROM** – Dispositivos de entrada e saída de dados capaz de ler e gravar CDs e DVDs-ROM. Antigamente havia apenas os leitores de CDs. Podem ser do tipo CD-ROM (apenas leitor de CDs); CD-RW(funciona como leitor e gravador de CD-R e CD-RW); CD-RW/DVD (leitor e gravador de CD e leitor de DVD); DVD-RW (leitor e gravador de CDs e DVDs). Estão surgindo no mercado computadores que suportem a leitura de Blu-Ray.

d) Periféricos de comunicação – Placas/Conexões de rede

Uma placa de rede (também chamada adaptador de rede ou NIC, do acrônimo inglês Network Interface Card) é um dispositivo de hardware responsável pela comunicação entre os computadores de uma rede. A placa de rede é o hardware que permite aos computadores conversarem entre si por meio da rede.

A forma mais óbvia de conexão em rede em um PC desktop é a porta Ethernet, onde pode ser plugado um cabo de rede com conector no padrão RJ-45 (o popular "cabo azul da internet").

Hoje são comuns PCs com interfaces "Gigabit Ethernet", capazes de trafegar dados a até 1 Gigabit (128 MB) por segundo, cerca de 3 vezes mais rápidas que uma conexão Wireless 802.11n e ideais para quem precisa transferir grandes quantidades de dados. Entretanto, ainda há máquinas com interfaces "10/100", capazes de trafegar no máximo 12 MB por segundo. Em ambos os casos, a porta e o conector são idênticos.

Em redes de computadores a arquitetura de redes, o escopo e a topologia são definidos por hardwares específicos de redes de computadores. Estes hardwares são componentes periféricos que cumprem função input e output, ou seja, são periféricos híbridos, que recebem e enviam dados de forma simultânea.

i) Fax/Modem: acesso à internet discada

A palavra Modem vem da junção das palavras modulador e demodulador. É um dispositivo eletrônico que modula um sinal digital numa onda analógica, pronta a ser transmitida pela linha telefônica, e que demodula o sinal analógico e reconverte-o para o formato digital original. Utilizado para conexão à Internet, BBS ou a outro computador.

O processo de conversão de sinais binários para analógicos é chamado de modulação/conversão digital-analógico. Quando o sinal é recebido, outro modem reverte o processo (chamado demodulação). Ambos os modems devem trabalhar de acordo com os mesmos padrões, que especificam, entre outras coisas, a velocidade de transmissão (bps, baud), nível e algoritmo de compressão de dados, protocolo etc.

O prefixo Fax deve-se ao fato de que o dispositivo pode ser utilizado para receber e enviar fac-símile.

Os primeiros modems analógicos eram externos. Ligados por meio das interfaces paralelas, onde a velocidade de transmissão era de 300 bps (bits por segundo) e operavam em dois sinais diferentes, um tom alto que representava bit 1, enquanto o tom baixo representava o bit 0.

Figura 16

ii) Placa de rede

Uma placa de rede (também chamada adaptador de rede ou NIC, do acrônimo inglês Network Interface Card) é um dispositivo de hardware responsável pela comunicação entre os computadores de uma rede.

A placa de rede é o hardware que permite aos computadores conversarem entre si por meio da rede. A sua função é controlar todo o envio e recepção de dados por meio da rede. Cada arquitetura de rede exige um tipo específico de placa de rede; sendo as arquiteturas mais comuns a rede em anel Token Ring e a tipo Ethernet.

Além da arquitetura usada, as placas de rede à venda no mercado diferenciam-se também pela taxa de transmissão, cabos de rede suportados e barramento utilizado (On-Board, PCI, ISA ou Externa via USB). As placas de rede para Notebooks podem ser on-board ou PCMCIA.

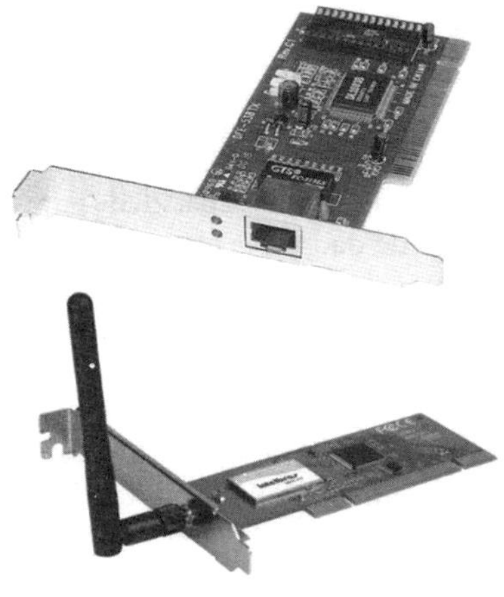

Figura 17

22) Drivers de dispositivos

No contexto da informática, a função de um driver de dispositivo ou controlador de dispositivo é aceitar requerimentos abstratos do software independente do dispositivo acima dele e cuidar para que a solicitação seja executada, permitindo que o software interaja com o dispositivo.

Um driver não é um processo ou tarefa (programa) gerido independentemente pelo sistema, mas sim um conjunto de tabelas contendo informações sobre cada periférico, bem como os fluxos de informação circulante entre o computador e o periférico.

Um driver de dispositivo simplifica a tarefa da aplicação atuando como um tradutor entre o dispositivo e as aplicações ou o sistema operacional. O código de alto nível das aplicações pode ser escrito independentemente do dispositivo que será utilizado. Qualquer versão de um dispositivo, como uma impressora, requer os seus próprios comandos. Entretanto, a maioria das aplicações acede aos dispositivos usando comandos genéricos de alto nível, como print, que imprime um texto. O driver converte esses comandos genéricos para um código de baixíssimo nível interpretado pelo dispositivo. Em uma melhor tradução: um driver (do verbo to drive) opera ou controla um hardware, ou seja, é o meio de comunicação do hardware.

23) HD

HD (Hard Disk - Disco Rígido) é um tipo de disco de grande capacidade para armazenamento de dados permanentes ou até que sejam removidos do computador. Ele é mais lento para acesso, porém muito mais barato. Nele se armazenam todos os dados e programas que devem permanecer no computador, mesmo estando este desligado. Sua capacidade de armazenamento é muito variável desde poucos GB até alguns TB (Terabytes). Para seu correto funcionamento é necessário que existam interfaces de controle, como IDE (Integrated Drive Electronics), SATA (Serial Advanced Technology Attachment) e SCSI (Small Computer System Interface).

Figura 18

O disco rígido é um periférico de armazenamento de dados da categoria dos discos magnéticos. Ele pode ser dividido em mais de uma parte lógica, e estas partes são denominadas partições. A divisão de um disco rígido em duas ou mais partições pode permitir que existam no computador dois sistemas operacionais (Linux e Windows, por exemplo) ou organização de arquivos, com o sistema operacional em uma partição e arquivos em outra. As partições de um mesmo Disco Rígido são completamente independentes, podendo o usuário formatar uma partição sem comprometer as demais.

24) SSD

SSD (sigla do inglês Solid-State Drive) ou unidade de estado sólido é um tipo de dispositivo, sem partes móveis, para armazenamento não volátil de dados digitais. São, tipicamente, construídos em torno de um circuito integrado semicondutor, responsável pelo armazenamento, diferindo dos sistemas magnéticos (como os HDDs e fitas LTO) ou óticos (discos como CDs e DVDs). Os dispositivos utilizam memória flash (tecnologia semelhante às utilizadas em cartões de memória e pendrives).

Atributo ou Característica	SSD	HDD
Tempo de acesso randômico	Extremamente baixo, cerca de 0.1 a 0.3 ms, pois a memória é sólida.	Lento, de 5 a 10 ms, precisa mover o leitor até a trilha que contém as informações que se deseja ler.
Latência de leitura	Baixa, pois a leitura é direta de qualquer local da memória, o que resulta em menor tempo de boot do sistema e inicialização de aplicativos.	Alta, pois requer o tempo de posicionamento do leitor no local correto.

Atributo ou Característica	SSD	HDD
Desfragmentação	Não traz grandes benefícios, pois a leitura de qualquer local da memória é rápida, gasta ciclos de escrita que são limitados.	Requer desfragmentação contínua para ter melhor rendimento, pois a leitura de arquivos fragmentados é muito lenta.
Ruído	Não produz ruído durante o funcionamento.	As partes que se movimentam durante o funcionamento produzem ruído, em alguns modelos este ruído é perceptível.
Fatores externos	Não é sensível a choque, altitude, vibração, magnetismo.	Sensível a choque, altitude, vibração e magnetismo (o último pode danificar arquivos).
Custos	O preço por GB de espaço é alto, já o consumo de energia é bastante baixo.	Preço por GB de espaço é baixo, consumo de energia alto.
Capacidade	A grande maioria dos SSDs comercializados é de 60 GB a 1 TB; existem exemplares com 3 TB de espaço ou mais, mas são extremamente caros.	Capacidade alta é comum, exemplares com 4 TB são comercializados a preços acessíveis.
Longevidade	Apesar de serem menos suscetíveis a falhas, os SSDs possuem limitação de ciclos de escrita (em geral de 1 a 5 milhões de ciclos dependendo da tecnologia).	São mais suscetíveis a defeitos mecânicos, pois possuem partes móveis, no entanto não possuem limites de escrita, pois o funcionamento de gravação baseia-se em propriedades magnéticas.

25) Disk Array

O conceito de Disk Array consiste em utilizar mais de um Disco Rígido como uma única unidade lógica. É utilizado quando a organização ou usuário tem a necessidade de uma unidade lógica que armazene uma capacidade de dados muito maior do que os Hard Disks disponíveis no mercado.

RAID

A **R**edundância de **A**rmazenamento de **D**iscos **I**ndependentes é a forma em que é organizado o Disk Array. Existem dezenas de tipos de RAIDs, porém as redundâncias consideradas padrão são as "0", "1" e "5".

- **RAID 0** – Utiliza no mínimo dois Hard Disks, e os arquivos armazenados e editados no computador têm suas partes divididas igualmente entre os dois Hard Disks. Com o funcionamento simultâneo dos dois HDs, o RAID 0 permite melhor desempenho no acesso ao arquivo, porém menor estabilidade do sistema. No RAID 0 a capacidade de armazenamento dos dois HDs é somada.
- **RAID 1** – Utiliza no mínimo dois Hard Disks, e os arquivos armazenados e aditados no computador são publicados nos dois HDs. Esta redundância é caracterizada por espelhamento de um HD em outro. Com o funcionamento de apenas um HD, o RAID 1 não melhora o desempenho no acesso ao arquivo, porém aumenta a estabilidade do sistema, pois, se falhar um HD, o segundo entra em operação. No RAID 1 a capacidade de armazenamento dos dois HDs não é somada.

- **RAID 5** – Utiliza no mínimo três Hard Disks, sendo que dois operam em RAID 0, dividindo os arquivos armazenados e editados em dois HDs e o terceiro espelhando o conteúdo dos outros dois. Com o funcionamento dos dois HD que atuam em RAID 0, o RAID 5 aumenta o desempenho no acesso ao arquivo, e como contém um terceiro HD em espelhamento, ou seja, operando em RAID 1, o RAID 5 também garante maior estabilidade do sistema. No RAID 5 a capacidade de armazenamento apenas dos HDs que operam em RAID 0 é somada.

26) Particionamento de discos

Uma partição é uma divisão lógica do espaço físico de um disco rígido. Cada partição pode conter um sistema de arquivos diferente. Consequentemente, em cada partição pode ser instalado um Sistema Operacional sendo possível, portanto, a convivência de vários Sistemas Operacionais na mesma unidade de disco.

O particionamento do tipo DOS é comumente encontrado num computador PC doméstico. Localiza-se no primeiro setor do disco, que é chamado MBR (Master Boot Record). Caracteriza-se por permitir até quatro partições, ditas primárias. Caso seja necessário um número maior, pode-se usar uma partição primária como estendida.

Ferramentas de Particionamento

• Fdisk • DM • Partition Magic • Paragon • Acronis

27) Formatação de discos

A formatação de um disco magnético é realizada para que o sistema operacional seja capaz de gravar e ler dados no disco, criando assim estruturas que permitam gravar os dados de maneira organizada e recuperá-los mais tarde.

Existem dois tipos de formatação, chamados de formatação física e formatação lógica. A formatação física é feita na fábrica ao final do processo de fabricação, que consiste em dividir o disco virgem em trilhas, setores, cilindros e isola os bad blocks (danos no HD). Estas marcações funcionam como as faixas de uma estrada, permitindo à cabeça de leitura saber em que parte do disco está, e onde ela deve gravar dados. A formatação física é feita apenas uma vez, e não pode ser desfeita ou refeita por meio de software. Porém, para que este disco possa ser reconhecido e utilizado pelo sistema operacional, é necessária uma nova formatação, chamada de formatação lógica. Ao contrário da formatação física, a formatação lógica não altera a estrutura física do disco rígido, e pode ser desfeita e refeita quantas vezes for preciso, por meio do comando Format do DOS, por exemplo. O processo de formatação é quase automático: basta executar o programa formatador que é fornecido junto com o sistema operacional.

Quando um disco é formatado, ele simplesmente é organizado à maneira do sistema operacional, preparado para receber dados. A esta organização damos o nome de "sistema de arquivos". Um sistema de arquivos é um conjunto de estruturas lógicas e de rotinas que permitem ao sistema operacional controlar o acesso ao disco rígido. Diferentes sistemas operacionais usam diferentes sistemas de arquivos. O computador, no decorrer de sua utilização, tem seu desempenho geral afetado, em decorrência da instalação e remoção de diversos softwares, inclusive alguns que não removem todos os arquivos e informações do seu computador, ocasionando lentidão na sua execução. O software básico (o sistema operacional) pode apresentar falhas de funcionamento (travamentos), instabilidade no uso, espera no carregamento de programas e softwares diversos, ou casos extremos de corrompimento do sistema operacional (falhas na execução do próprio) em decorrência de uso ilegal ou ataques de vírus de computador. Uma formatação lógica apaga todos os dados do disco rígido, inclusive o sistema operacional. Deve-se fazer isso com conhecimento técnico, para salvar/guardar dados e informações (os backups de arquivos). O processo de formatação é longo, e as informações contidas no disco rígido serão totalmente apagadas (embora não definitivamente, ainda é possível recuperar alguns dados com softwares especiais). Ações preventivas de manutenção de computador podem evitar que seja necessária a formatação.

28) Sistema de arquivos

Também muito conhecido pelo seu nome em Inglês, filesystem, basicamente, o sistema de arquivos funciona como um intermediário entre o disco rígido e os arquivos armazenados em seu computador.

Os sistemas de arquivos determinam **a forma que o sistema operacional manipula as informações** (edita, copia, move, exclui).

De início, dois computadores que possuam sistemas operacionais com sistemas de arquivos distintos não podem ter compartilhamento de arquivos. Não existe comunicação direta entre o Windows e o Linux sem tradução.

Realização de particionamento e formatação: esquema de trabalho com setores e trilhas, definição e uso da trilha zero, sistema de clusters.

O disco rígido tem a função de armazenar todos os dados dos documentos do seu PC, contudo, ele por si só não sabe como organizá-los em seu espaço. Nesse ponto o sistema de arquivos entra em ação, pois ele dita as regras de organização no disco rígido.

Além disso, um filesystem também diz como os arquivos são acessados no disco, quais usuários possuem permissão para lerem ou alterá-los no computador. Assim, um mesmo documento pode ser armazenado de forma diferente no disco, dependendo do uso do sistema de arquivos.

Outros sistemas operacionais, como o Linux, possuem sistemas de arquivos totalmente diferentes do Windows.

a) Principais Sistemas de Arquivos Microsoft (Windows)

i) **FAT** – **F**ile **A**llocation **T**able ou Tabela de Alocação de Arquivos

O FAT (sigla de File Allocation Table – Tabela de Alocação de Arquivos) foi criado para ser o filesystem oficial do MS-DOS, e continuou sendo até o fim do uso deste sistema.

A sua primeira versão FAT convencional foi desenvolvida no ano de 1980, para atender às necessidades daquela época. No início, ele trabalhava somente com 12 bits de endereçamento, valor que passou para 16 em 1987.

Contudo, as principais versões do Windows na década de 90 mantiveram o DOS como núcleo do sistema, sendo que toda a parte visual era como se fosse uma interface gráfica para o terminal de comandos. Entre os sistemas que utilizavam essa configuração, podemos citar o Windows 3.0, 95, 98 e ME. Somente os dois últimos trabalham com o FAT de 32 bits.

Finalmente, no ano de 1996 passou a usar os 32 bits. O Sistema de arquivos FAT32 é basicamente uma evolução do FAT convencional.

ii) FAT32

- Sistema de arquivos padrão do Windows 95 OSR2, Windows 98 e Windows ME, e compatível com versões superiores;
- Não pode criar uma partição FAT32 com mais de 32 GB (gigabytes);
- Só consegue administrar arquivos que tenham até 4 GB;

- Tamanho máximo do nome do arquivo = 255 caracteres no caminho + ponto (.) + 4 caracteres para extensão;
- Tamanho do cluster = 4KB (4096 bytes) – Utiliza melhor o espaço físico, mas se torna mais lento que o FAT16;
- Suporte para 65.535 arquivos no mesmo diretório.

iii) ExFAT (FAT Extendido) ou FAT64

- Inserido a partir do Windows XP, apesar de não ser o sistema de arquivos padrão de nenhuma versão;
- Sua capacidade teórica é de 64 ZB (zettabyte), mas a Microsoft não recomenda capacidades acima de 512 TB;
- Limite máximo do tamanho de cada arquivo é 16 Exabytes;
- Tamanho máximo do nome do arquivo = 255 caracteres no caminho + ponto (.) + 4 caracteres para extensão;
- Tamanho do cluster = 32 Bytes;
- Melhor alocação e gerência do espaço livre em disco devido à introdução de uma nova organização da memória (Bitmap);
- Suporte a lista de controle de acesso.

iv) NTFS

O NTFS (**N**ew **T**echnology **F**ile **S**ystem ou Nova Tecnologia de Sistema de Arquivos) foi desenvolvido em 1993, com o objetivo de ser o filesystem oficial do Windows NT. Na verdade, a sua criação foi uma necessidade, pois os sistemas baseados em MS-DOS não eram suficientemente estáveis para a execução em servidores. Nesse caso, a solução foi a implementação de um núcleo totalmente novo, chamado de NT (New Tecnology – Nova Tecnologia).

O NTFS possui muitos avanços em relação ao FAT, além de alguns recursos novos, como a encriptação e atribuição de permissões aos arquivos.

- Sistemas de arquivos padrão do Windows XP em diante.
- Aceita volumes de até 2 TB.
- Aceita nomes de volumes de até 32 caracteres.
- Limite máximo do tamanho de cada arquivo é 16 Exabytes, ou o limite do volume.
- Tem recursos de segurança contra corrompimentos, e oferece suporte a compactação, criptografia e indexação.
- Permite políticas de segurança e gerenciamento.
- Suporte para 4.294.967.295 arquivos no mesmo diretório.

v) ReFS

O ReFS (**Re**silient **F**ile **S**ystem ou Sistema de Arquivos Resiliente) é o sistema de arquivos do Windows Server 2012 que oferece tamanho de arquivo praticamente ilimitado, tamanhos de diretório e aumento da resiliência, que elimina a necessidade de ferramentas de verificação de erros, tais como Chkdsk.exe. No entanto, ReFS não inclui suporte para recursos de NTFS, como compactação de arquivos, sistema de arquivos criptografados (EFS) e quotas de disco. Discos árbitros também não podem ser lidos por todos os sistemas operacionais mais antigos do que o Windows Server 2012.

b) Comparativo entre os Sistemas de Arquivos

i) Segurança

A questão da segurança talvez seja o quesito mais diferente entre os sistemas de arquivos discutidos aqui, e isso, por sua vez, tem tudo a ver com os núcleos DOS e NT.

Quando o DOS foi criado, em 1980, o mundo da informática era muito mais underground comparado com hoje dia, pois não existia uma preocupação com segurança.

Por isso, ele foi criado no conceito do "usuário único", paradigma que assumia que uma única pessoa estava à frente do computador. Como era de se esperar, o FAT seguiu a mesma filosofia.

Por isso, mesmo nas versões do Windows que são multiusuários, o FAT32 não consegue fazer esta diferenciação. Para esse sistema de arquivos, existe somente um usuário, independentemente do seu nível de permissão do sistema. A principal consequência é o fato que não é possível atribuir permissões individuais. Logo, qualquer conta do Windows conseguirá acessar um arquivo de leitura. Pior, até mesmo o convidado do sistema pode modificar arquivos como bem entender.

A Microsoft percebeu este problema e implementou o conceito de usuários no NT. Esse núcleo passou a trabalhar com dois níveis de acesso às funções de sistema: o "user mode" e o "kernel mode". O primeiro deles atribui acesso ao SO e arquivos de forma bastante limitada, restringindo muitas operações para usuários comuns. Já o "kernel mode" é o método que permite a alteração completa do SO. Consequentemente, o NTFS implementou esse conceito.

Portanto, em partições NTFS é possível associar pastas e arquivos com usuários. Suponha que existam duas contas de usuário no seu computador; se você tornar a opção de leitura exclusiva para você, a outra conta não irá conseguir ler tais arquivos. Portanto, desta maneira você terá realmente a segurança que ninguém irá ler ou modificar seus dados, pois um convidado poderia efetuar somente poucas operações.

Além da parte do gerenciamento dos usuários, o NTFS faz uso do recurso EFS (Encriptation FileSystem), que funciona como uma camada extra de segurança. Deste modo, o usuário pode encriptar seus arquivos no disco, exigindo senha para desencriptação. O EFS não é suportado pelo FAT32.

ii) Confiabilidade

Na questão de confiabilidade, novamente o NTFS está muito à frente do FAT32. Antigamente, quando algum problema de energia ocorria, era muito comum que informações fossem perdidas durante o processo. Isso acontecia pelo fato de que, quando o sistema caía, existiam operações pendentes de gravação para serem executadas no HD, as quais nunca eram concluídas.

O FAT32 não possuía (e ainda não possui, e provavelmente nunca possuirá) nenhum mecanismo de recuperação de arquivos eficiente, o que ocasiona em inconsistências no disco e em algumas funções do sistema operacional. Quando o disco era danificado fisicamente, aí sim o problema se tornava mais grave.

Por sua vez, o NTFS usa o mecanismo de Journaling, que funciona como uma espécie de tabela de anotações. Toda vez que uma aplicação precisa escrever no disco, ela informa isso ao núcleo, que por sua vez coloca essa informação na tabela do Journaling. Logo, quando o sistema cai, é verificado item por item para ver se todas as operações foram concluídas de forma satisfatória. Caso contrário, as tarefas pendentes são concluídas.

iii) Gerenciamento de espaço em disco

O FAT32, que trabalha com 32 bits, pode representar 4.294.967.296 (2^32) valores, que é exatamente 4GB de tamanho. Consequentemente, ele pode trabalhar com arquivos que possuam no máximo 4GB de espaço ocupado, pois para tamanhos maiores, precisaria manipular mais de 32 bits.

A solução deste problema é o uso do NTFS, que na teoria trabalha com 64 bits. Assim, o tamanho máximo de arquivo aumenta de forma considerável, pois 2^64 = 2^32 x 2^32 = 4 GB x 4 GB. Na prática não é exatamente desta forma, mas cada vez mais os novos sistemas com NTFS estão se aproximando do ideal.

Além disso, existem ainda outras questões, como o fato de que o FAT32 consegue endereçar 2TB de espaço, só que divididos em várias partições. Já no caso do NFTS, uma única partição já pode ter esse tamanho.

iv) Criação de cotas

O NTFS também permite a criação de cotas para usuários, que limitam o espaço de uso do disco de cada um. Por exemplo, caso o limite seja 2 GB, o sistema não irá permitir a criação de novos arquivos enquanto espaço não seja liberado. Esse recurso é bastante útil em redes de universidades, onde muitas pessoas acessam os computadores.

v) Compressão de arquivos

Outro novo recurso do NTFS é a compressão de arquivos que não são utilizados durante um período de tempo. Quando comprimidos, eles estão ocupando uma quantidade de espaço reduzida no disco. Ao serem acessados, são descompactados e voltam às suas condições normais. No FAT32 não é possível aplicar este recurso.

Nos sistemas operacionais Windows mais novos, é possível definir limites de dias sem uso para que arquivos sejam comprimidos. Esse recurso é bastante útil quando o HD já está lotado.

vi) Velocidade

Quando o NTFS começou a ser utilizado em larga escala, no lançamento, vários testes de comparação foram realizados, os quais comprovaram que o FAT32 era mais rápido. Essa vantagem do FAT32 durou alguns anos, principalmente pelo fato de os computadores da época possuírem um poder de processamento muito menor que hoje em dia. Isso acontecia também porque as estruturas de dados usadas para armazenar informações de arquivos no NTFS eram mais complexas que no FAT32. Em discos rígidos antigos, que possuíam tamanhos menores que 20 GB, o NTFS não era uma boa opção.

Contudo, o NTFS está relativamente mais rápido que o FAT32, principalmente na execução de aplicativos mais novos. Os desenvolvedores estão criando seus programas para o funcionamento em NTFS, portanto, trabalhando melhor com suas estruturas de dados mais complexas. Além disso, os PCs atuais possuem potência de processamento suficiente para que essas estruturas não sejam sentidas.

vii) Busca de arquivos

Como uma tabela, a indicação dos arquivos contidos no disco rígido é organizada de forma sequencial. Por exemplo, se o seu HD possui 10 mil arquivos, pode ser que ele esteja tanto no começo quanto no final da lista. Se você o encontrou no começo, parabéns. Contudo, se ele está somente no final, você acaba de fazer 10.000 testes para finalmente encontrar o que estava procurando.

Pensando neste problema, a Microsoft implementou a chamada busca por índice nas partições NTFS, agilizando, deste modo, o processo.

c) Regras Impeditivas para Prefixos (nomes)

No sistema operacional Windows, em suas distintas versões, existem prefixos tanto para pastas quanto para arquivos que são reservados, e não podem ser utilizados. Estas regras vêm desde a época em que o Windows era uma interface gráfica do sistema operacional DOS, e até hoje se mantém.

Seguem os nomes reservados:

- COM + 1 número de 0 a 9. = refere-se às portas de comunicação;
- LPT + 1 número de 0 a 9. = refere-se às impressoras;
- AUX = dispositivos auxiliares;
- PRN = arquivos de impressão;
- NUL = refere-se ao código binário 0000 0000 = Null – Bit bucket (cesta de bits) bits descartados;

- CON = origina-se da palavra "console" e prepara o sistema para entradas de texto a partir do teclado.

Existe a possibilidade de, na criação de prefixos, utilizarem-se letras, números e símbolos, e, fora as regras acima, alguns símbolos são proibidos de serem utilizados no Windows para criação de prefixos de pastas e arquivos, e os nove símbolos proibidos seguem abaixo:

- Sinal de menor ...... <
- Sinal de maior .... >
- Barra .... /
- Barra invertida ...... \
- Barra divisória ...... |
- Asterisco........... *
- Interrogação......... ?
- Dois pontos .... :
- Aspas............... "

29) Estrutura de diretórios, pastas e arquivos

1) **Arquivo:** é um item que contém informações como texto, imagens ou música. Quando aberto, o arquivo pode ser muito parecido com um documento de texto ou com uma imagem que você poderia encontrar na mesa de alguém ou em um fichário. Em seu computador, os arquivos são representados por ícones; isso facilita o reconhecimento de um tipo de arquivo bastando olhar para o respectivo ícone. Veja a seguir alguns ícones de arquivo comuns:

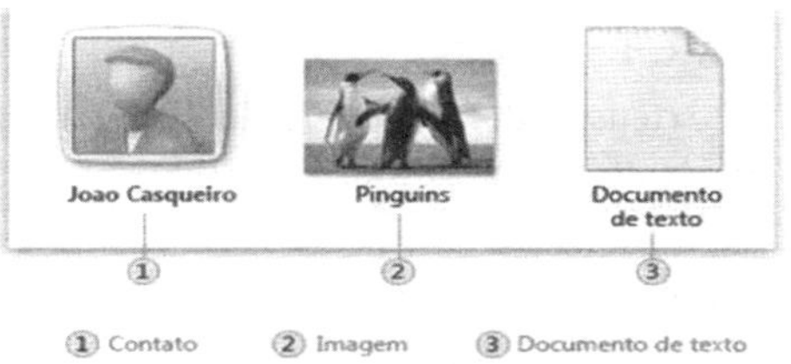

Figura 19

2) **Pasta:** é um contêiner que serve para armazenar arquivos. Se você costumava ter várias pilhas de papéis sobre sua mesa, provavelmente era quase impossível encontrar algum arquivo específico quando precisava dele. É por isso que as pessoas costumam armazenar os arquivos em papel em pastas dentro de um fichário. As pastas no computador funcionam exatamente da mesma forma. Veja a seguir alguns ícones de pasta comuns:

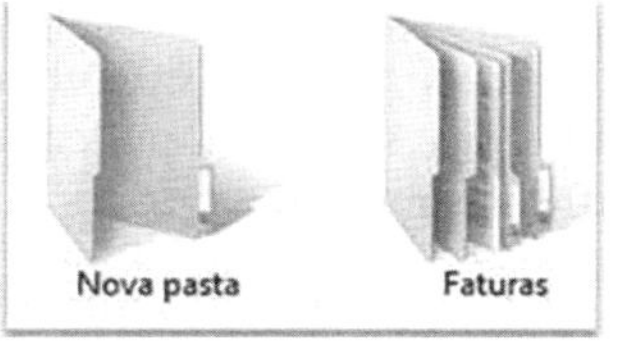

Figura 20

A primeira diferença que é necessária compreender refere-se à estrutura de nomes de pastas e arquivos.

- **Nomes de pastas** – Uma pasta tem sem nome simples, composto **apenas por prefixo**.

  Exemplo: FOTOS ou DOCUMENTOS.

- **Nomes de arquivos** – Um arquivo tem o **nome composto**, de **prefixo+extensão**, separados por um ponto. Não é possível existirem dois arquivos com o mesmo nome "prefixo+extensão" na mesma pasta, apenas arquivos com o mesmo prefixo, mas extensões diferentes, ou com a mesma extensão, desde que tenham prefixo diferente.

Exemplo: lista.docx ou funcionários.xlsx.

A extensão determina o tipo de conteúdo do arquivo.

Quantos caracteres um nome de arquivo pode ter?

Depende do tamanho do caminho completo para o arquivo (como C:\Arquivos de Programa\filename.txt).

O Windows limita um único caminho a 256 caracteres.

É por isso que você pode, ocasionalmente, encontrar um erro ao copiar um arquivo com um nome muito longo para um local que possua um caminho mais longo do que o local original do arquivo.

3) **Subpastas e Sub-arquivos:** Na informática existe a figura da subpasta, que é uma pasta dentro de outra formando a árvore hierárquica de diretórios de um computador.

Não existe, para a abordagem em concursos públicos, a figura do sub-arquivo, porém algumas situações podem levar a uma confusão sobre isto.

- Quando estamos editando um documento de textos, por exemplo, e nos utilizamos de uma imagem existente em outro arquivo para inserir no documento em edição tal imagem, este procedimento não caracteriza um sub-arquivo, e a imagem se torna um elemento de imagem dentro do arquivo de texto.
- Quando precisamos enviar por e-mail uma pasta que contém diversos arquivos, precisamos compactar, e este arquivo de compactação não caracteriza que ele possui sub-arquivos.

30) Case-sensitive

Case-sensitive é um anglicismo que se refere a um tipo de análise tipográfica da informática. Em língua portuguesa, significa algo como "sensível à caixa das letras" ou "sensível a maiúsculas e minúsculas".

O Windows não é Case-sensitive, ou seja, não diferencia letras maiúsculas de minúsculas para nomes de arquivos e pastas salvos.

O Linux é Case-sensitive, ou seja, consegue diferenciar letras maiúsculas de letras minúsculas para nomear arquivos e pastas salvos.

31) Extensões de arquivos

As extensões de arquivos são sufixos que designam seu formato e principalmente a função que desempenham no computador. Na plataforma Windows, cada tipo de arquivo tem sua extensão, que o difere dos demais dentre milhões existentes em cada máquina.

Cada extensão de arquivo tem funcionamento e características próprias, portanto demanda um software específico para trabalhar com ela. Há extensões para os mais variados propósitos.

- É possível apontar outro Programa Padrão no Windows para abertura de determinado tipo de extensão de arquivos.
- Uma pasta pode conter extensão.
- Um arquivo pode ser salvo no computador sem extensão, lembrando que assim ele perde a relação com programas.
- Os aplicativos sugerem ao usuário salvar os novos arquivos em sua extensão padrão.
- Se a extensão de um arquivo for renomeada, este pode não funcionar mais.
- Um programa geralmente reúne condições de abertura de diversas extensões, inclusive aquelas que são nativas de outros aplicativos.
- Alguns programas permitem salvar arquivos em formatos diferentes, mas podem não ter capacidade de leitura dessa mesma extensão que representa o formato salvo. Exemplos: PDF, JPEG.
- Um arquivo compactado apresenta outra extensão, em geral relacionada com o tipo de compactação. Exemplos: ZIP, RAR, TAR, 7Z.
- A extensão de um nome de arquivo faz parte de seu caminho.

32) Requisitos mínimos do sistema

Para o perfeito funcionamento de um sistema em um dispositivo é, em geral, necessário que exista uma chamada configuração mínima desse dispositivo.

a) Requisitos mínimos de Sistema Operacional Windows 7

- Processador de 32 bits (x86) ou 64 bits (x64) de 1 GHz ou superior*.
- 1 GB de RAM (32 bits) ou 2 GB de RAM (64 bits).
- 16 GB (32 bits) ou 20 GB (64 bits) de espaço em disco disponível.
- Dispositivo gráfico DirectX 9 com driver WDDM 1.0 ou superior.

b) Requisitos mínimos de Sistema Operacional Windows 8 e 8.1

- Processador. 1 GHz* ou mais rápido com suporte a PAE, NX e SSE2.
- RAM. 1 GB (32 bits) ou 2 GB (64 bits).
- Espaço em disco. 16 GB (32 bits) ou 20 GB (64 bits).
- Placa gráfica. Dispositivo gráfico Microsoft DirectX 9 com driver WDDM.

c) Requisitos mínimos de Sistema Operacional Windows 10

- Processador de 1 gigahertz (GHz) ou mais rápido ou Soc.
- Memória RAM: 1 gigabyte (GB) para 32 bits ou 2 GB para 64 bits.
- Espaço em disco rígido: 16 GB para um SO de 32 bits ou 20 GB para um SO de 64 bits.
- Placa gráfica: DirectX 9 ou posterior com driver WDDM 1.0.
- Tela: 800x600.

1.1 Questões

1. **(FGV – Prefeitura de Salvador-BA – Analista – Engenharia Elétrica – 2019)** O microcomputador é composto por variados tipos de peças eletrônicas, adequadamente conectadas, que permitem a execução de diversos programas.

São exemplos de hardware:

A) placa-mãe e sistema operacional.
B) processador e boot loader.
C) memória RAM e Linux.
D) Windows e pacote Office.
E) placa de vídeo e disco rígido.

↗ **Gabarito: "E".**

2. **(CESPE – TJDFT – Técnico Judiciário – Área Administrativa – 2013)** Acerca de redes de computadores e segurança da informação, julgue o item subsequente.

Nobreak é um equipamento que mantém, durante determinado tempo, em caso de falta de energia elétrica na rede, o funcionamento de computadores que a ele estiverem conectados.

( ) Certo.
( ) Errado.

↗ **Gabarito: "Certo".**

3. **(FUNRIO – IF-PA – Infraestrutura de Tecnologia da Informação – 2016)** Relacione os seguintes itens com os tipos de proteção que eles são capazes de proporcionar aos equipamentos de informática.

1. Aterramento.
2. Estabilizador de Tensão.
3. Filtro de linha.
4. Nobreak.

( ) Variações de tensão elétrica fornecida pela rede elétrica.
( ) Ruídos provenientes da rede elétrica.
( ) Proteção contra eletricidade estática.
( ) Falta de energia elétrica. Assinale a alternativa que mostra a relação correta de cima para baixo.

A) 1, 2, 3 e 4.
B) 2, 3, 1 e 4.
C) 2, 3, 4 e 1.
D) 3, 2, 1 e 4.
E) 4, 3, 1 e 2.

↗ **Gabarito: "B".**

4. (FCC – TRT – 11ª Região – Técnico Judiciário – Tecnologia da Informação – 2017) Um Técnico do TRT foi solicitado a fornecer informações sobre a fonte de alimentação de microcomputadores e afirmou que:

A) tensão contínua é a energia que a fonte de alimentação recebe da rede elétrica quando se liga o computador na tomada.

B) todas as fontes possuem uma chave seletora de voltagem (110 ou 220 Watts), isso porque essa energia pode ser ou 110 ou 220, dependendo da região do país onde o computador será ligado.

C) a tensão contínua é o resultado da transformação da tensão alternada pela fonte de alimentação. A fonte usa a tensão contínua para distribuir a energia necessária para os dispositivos internos do gabinete.

D) os fios internos de uma fonte de alimentação, após a transformação da tensão, distribuem voltagens duplas: +5W e –5W, +12W e –12W.

E) a tensão alternada produzida pela fonte alimenta o HD, os drives de CD ROM, a placa-mãe etc.

↗ **Gabarito: "C".**

5. (COSEAC – Prefeitura de Niterói-RJ – Técnico em Informática – 2016) São possíveis problemas identificados na aquisição de microcomputadores que utilizam placa-mãe on-board, quando comparados com aqueles que utilizam placa-mãe off-board:

A) menor desempenho e alto custo.

B) dificuldade de expansão e menor desempenho.

C) maior ruído e alto custo.

D) dificuldade de suporte de fabricantes e alto custo.

E) impossibilidade de conexão de periféricos e maior ruído.

↗ **Gabarito: "B".**

6. (COSEAC – Prefeitura de Niterói-RJ – Técnico em Informática – 2016) Observe as afirmativas a seguir.

I. O barramento principal de um computador é chamado de barramento do sistema ou barramento interno.

II. A CPU e a memória principal são componentes do barramento de expansão.

III. Os controladores de entrada e saída são os circuitos que gerenciam e comandam os barramentos de expansão.

Das afirmativas acima:

A) apenas I está correta.

B) apenas III está correta.

C) apenas I e II estão corretas.

D) apenas I e III estão corretas.

E) todas estão corretas.

↗ **Gabarito: "D".**

7. (Quadrix – CFA – Analista de Sistemas – Informática – 2015) Nos computadores pessoais, a placa-mãe permite o tráfego de informação e alimenta alguns periféricos com a energia elétrica que recebe da fonte do gabinete, dentre outras funções. Em relação à placa-mãe, é correto afirmar que:

A) todas as placas-mãe são projetadas para suportarem overlock, que consiste em superalimentar de energia processadores e memórias, além de permitir mais de uma placa de vídeo funcionando em paralelo.

B) como não queimam, as placas-mãe são construídas com capacitores menos resistentes, que reduzem seu custo. Mas todas possuem grande profusão de dissipadores de calor para garantir que os chipsets funcionem.

C) as placas-mãe costumam ter portas de conexão Ethernet, WiFi e Bluetooth. Além dessas, portas de última geração como FIDMI2, LiFi e USB 5.0 estão se popularizando.

D) há uma padronização na forma, como os slots, conectores e chipsets estão distribuídos em placas-mãe, mesmo de fabricantes e modelos diferentes.

E) o soquete, em que é encaixado o processador, possui certa quantidade de pinos para encaixe. Tecnicamente chamado de pinagem, define qual família de processadores é suportada pela placa-mãe.

↗ **Gabarito: "E".**

8. (CPCON – Câmara de Campina Grande-PB – Agente Legislativo – 2019) Assinale a opção que representa um tipo de slot de expansão de uma placa-mãe:

A) RAM.

B) AGP.

C) PCB.
D) DDR.
E) ISSO.

↗ **Gabarito: "B".**

9. **(Quadrix – CRMV-MA – Assistente Administrativo – 2018)** O dispositivo destinado a ligar computadores em uma rede local (LAN), permitindo o compartilhamento de recursos entre um computador e outro, é o(a)

A) gabinete.
B) placa-mãe.
C) placa de rede.
D) processador.
E) placa de vídeo.

↗ **Gabarito: "C".**

10. **(FADESP – COREN-PA – Fiscal – 2013)** Tipo de barramento local largamente utilizado, que permite que uma placa de expansão em um computador possa ser conectada a dispositivos periféricos, tais como o scanner, o disco rígido e o cd-rom. Trata-se do:

A) MCA.
B) SCSI.
C) AGP.
D) DMA.

↗ **Gabarito: "B".**

11. **(AOCP – Sercomtel S.A Telecomunicações – Analista – 2016)** Acerca dos conhecimentos básicos sobre o Hardware, o conector RJ-45 (cabo de rede) é compatível com "portas de comunicação" identificadas por quais letras?

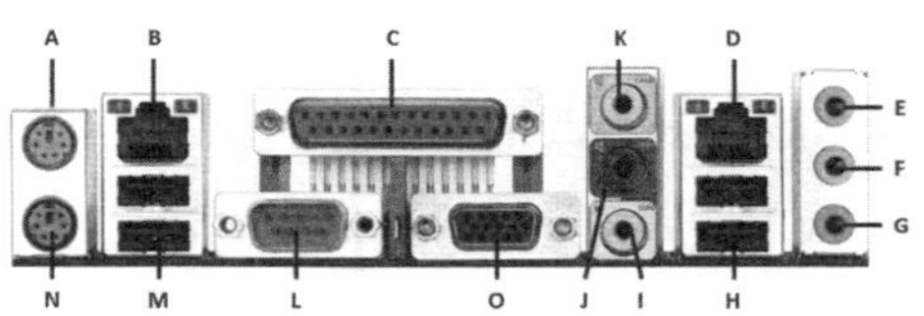

A) A e N.
B) M e I.
C) C e L.
D) B e D.
E) F, G e H.

↗ **Gabarito: "D".**

12. **(UFMT – TJMT – Analista Judiciário – Direito – 2016)** A principal vantagem do padrão USB 3.0 em relação aos padrões anteriores de portas USB é:

A) Possibilidade de conectarem-se, sem a necessidade de adaptadores, num único tipo de porta, dispositivos USB e HDMI.
B) Remoção da compatibilidade com os dispositivos USB 2.0, o que elimina as restrições do padrão 3.0.
C) Aumento da taxa de transferência de dados entre dispositivos que utilizam o padrão 3.0.
D) Redução da quantidade de fios utilizados para conectar dois dispositivos, o que torna o cabo de diâmetro mais reduzido.

↗ **Gabarito: "C".**

13. **(IESES – Prefeitura de São José-SC – Engenheiro Civil – 2019)** CPU é sigla inglesa de Central Processing Unit, que, em português, significa "Unidade Central de Processamento". Sobre CPU é INCORRETO afirmar que:

A) A velocidade de processamento das informações em um computador está diretamente relacionada à velocidade do processador.
B) Pode ser substituída por um hard drive, que ajuda na função de processamento de dados de um computador.
C) Tem a responsabilidade de processar todos os tipos de dados e apresentar o resultado do processamento.
D) Possui a memória cache, que armazena dados para o processamento.

↗ **Gabarito: "B".**

14. **(Quadrix – CRB 6ª Região – Auxiliar Administrativo – 2017)** Considerando a memória ROM (Read Only Memory) somente leitura e a memória RAM (Random Access Memory) uma memória com permissão de leitura e escrita, qual das alternativas a seguir é verdadeira e apenas aplicada à memória RAM?

A) É um tipo de memória volátil.
B) É uma memória de pequeno desempenho, em relação ao tempo de acesso a dados comparado ao HD.

C) Possui trilhas e setores para delimitar as regiões de dados.

D) Seu método de gravação se dá por meio magnético.

E) Pode-se expandir com o uso de DVD-ROM.

↗ **Gabarito: "A".**

15. **(ZAMBINI – PRODESP – Técnico em Informática – 2010)** Sobre as memórias RAM e ROM, é incorreto afirmar que:

A) RAM é um tipo de memória que permite leitura e escrita.

B) ROM é um tipo de memória que só permite a escrita.

C) ROM é um tipo de memória que só permite a leitura.

D) é a memória ROM a responsável pela ativação da BIOS do sistema de um microcomputador.

E) quando o computador é desligado, todos os dados armazenados na memória RAM são perdidos.

↗ **Gabarito: "B".**

16. **(Quadrix – CREMAM – Assistente Administrativo – 2016)** Alguns computadores atuais têm sua função de Boot gerenciada pelo UEFI, Unified Extensible Firmware Interface, que é uma especificação que define uma interface de software entre o sistema operacional e o firmware da plataforma. O que é firmware?

A) É o mesmo que hardware.

B) É o mesmo que software

C) É um conjunto de instruções operacionais que são programadas diretamente no hardware dos equipamentos eletrônicos.

D) É um conjunto de interfaces facilitadoras, "user friendly", para configurações iniciais de um sistema operacional.

E) É um conjunto de interfaces facilitadoras, "user friendly", para configurações de Boot.

↗ **Gabarito: "C".**

17. **(FCC – TRE-AP – Técnico Judiciário – Operação de Computadores – 2015)** Quando se liga um computador do tipo PC ele busca na memória ROM um firmware que contém instruções para a inicialização do computador. Esse firmware é conhecido como:

A) Assembly.

B) Setup.

C) Bootstrap.

D) BIOS.

E) BOOT.

↗ **Gabarito: "D".**

18. **(UECE-CEV – Prefeitura de Amontada-CE – Agente Administrativo – 2016)** Um computador compõe-se de uma CPU e vários periféricos. Alguns destes são periféricos de saída e outros de entrada. São periféricos de entrada:

A) microfone, teclado e caixa de som.

B) mouse, leitor biométrico e impressora laser.

C) caneta ótica, pen drive e caixa de som.

D) mouse, teclado e microfone.

↗ **Gabarito: "D".**

19. **(FCC – TRE-AM – Técnico Judiciário – Área Administrativa – 2010)** Os monitores de vídeo utilizados pelos computadores são construídos com tecnologias apropriadas para formação de imagens projetadas em telas. NÃO representa uma tecnologia para construção de monitores

A) a sigla CRT.

B) a sigla LCD.

C) a sigla OLED.

D) o termo RECEIVER.

E) o termo PLASMA.

↗ **Gabarito: "D".**

20. **(CESGRANRIO – EPE – Analista de Gestão Corporativa Júnior – Área Tecnologia da Informação – 2007)** Observe as afirmativas abaixo sobre impressoras.

I – Quanto maior o DPI ou PPP, melhor a impressora.

II – Quanto maior o PPM, pior a impressora.

III – Quanto menor o consumo de energia, pior a impressora.

Está(ão) correta(s) a(s) afirmativa(s):

A) I, apenas.

B) II, apenas.

C) I e II, apenas.

D) I e III, apenas.

E) I, II e III.

↗ **Gabarito: "A".**

21. **(VUNESP – PC-SP – Auxiliar de Papiloscopista Policial – 2018)** O tipo de impressora que utiliza toner como material de impressão é conhecido como impressora

A) de impacto.

B) jato de tinta.

C) matricial.

D) térmica.

E) laser.

↗ **Gabarito: "E".**

22. **(FUNRIO – MJ – Analista Técnico – Administrativo – 2009)** O hardware de um computador é composto de processador, memória e dispositivos periféricos de entrada e de saída. Dentre os dispositivos periféricos, alguns são de entrada, outros são de saída, e existem também os que são de entrada e saída, isto é, que funcionam tanto como dispositivos de entrada quanto de saída. Quais dispositivos abaixo são de entrada e saída?

A) teclado e scanner.

B) disco e modem.

C) impressora e alto falante.

D) microfone e web cam.

E) mouse e leitora ótica

↗ **Gabarito: "B".**

23. **(FMZ –SEAD-AP – Agente Penitenciário – 2010)** Assinale a opção em que se encontram os equipamentos necessários para que um usuário acesse a internet por meio de uma LAN (Local Area Network) e por meio de uma rede Dial-up, respectivamente.

A) Placa de fax/modem e kit multimídia completo.

B) Interface USB e placa de vídeo.

C) Placa de rede e placa de fax/modem.

D) Interface USB e placa de fax/modem

E) Placa de vídeo e placa de fax/modem.

↗ **Gabarito: "C".**

24. **(CETRO – Prefeitura de São Paulo-SP – Administração Pública – Ciências Contábeis – 2014)** Os Drivers são softwares indispensáveis para o bom funcionamento dos hardwares em um Sistema Operacional qualquer. Com relação a esses softwares, analise as assertivas abaixo.

I. Permitem que o Sistema Operacional se comunique com o hardware como uma impressora, por exemplo.

II. Os Drivers podem ser fornecidos pelo próprio Sistema Operacional ou pelo fabricante do hardware adquirido.

III. Nem todos os Drivers são desenvolvidos pelo fabricante do dispositivo a ser instalado.

É correto o que se afirma em:

A) I e II, apenas.

B) II e III, apenas.

C) I, apenas.

D) III, apenas.

E) I, II e III

↗ **Gabarito: "E".**

25. **(AOCP – BRDE – Assistente Administrativo – 2012)** O Hard Disk (HD) é o principal dispositivo de armazenamento usado nos computadores, é nele que gravamos arquivos e programas. Com o passar do tempo foi surgindo alguns tipos de Hard Disk. Qual das alternativas abaixo apresenta apenas tipos de Hard Disk (HD)?

A) FAT, NTFS, BIN.

B) IDE, SCSI, Serial ATA.

C) SATA, FAT32, FAT16.

D) SCSI, EXT3, EXT4.

E) FAT, FAT16, FAT32.

↗ **Gabarito: "B".**

26. **(UFSC – UFSC – Administrador – 2019)** Atualmente são utilizadas duas tecnologias para armazenamento permanente de dados em computadores pessoais: HDD (hard disk drive) e SSD (solid-state drive).

Considere as seguintes afirmativas a respeito dessas tecnologias e assinale a alternativa correta.

I. A tecnologia SSD consome menos energia que a tecnologia HDD.

II. A velocidade de leitura/gravação de dados na tecnologia SSD é superior à da tecnologia HDD.

III. Considerando a capacidade de armazenamento, os dispositivos com base na tecnologia SSD são proporcionalmente mais caros que os com base na tecnologia HDD.

A) Somente as afirmativas II e III estão corretas.

B) Somente a afirmativa II está correta.

C) Somente a afirmativa I está correta.

D) Todas as afirmativas estão corretas.

E) Nenhuma afirmativa está correta.

↗ **Gabarito: "D".**

27. **(FGV – TJ-BA –Técnico Judiciário – Tecnologia da Informação – 2015)** Na comparação entre drives HD e SSD, considere os seguintes fatores:

I. custo por GB armazenado;

II. velocidade de leitura;

III. capacidade máxima de armazenagem;

IV. resistência a choques e durabilidade.

Está correto concluir que os drives com tecnologia HD apresentam vantagens:

A) somente no fator I;

B) somente nos fatores I e III;

C) somente no fator IV;

D) somente nos fatores I, II e III;

E) em todos os fatores.

↗ **Gabarito: "B".**

28. **(AOCP – FUNDASUS – Técnico Informática – 2015)** Uma tecnologia de armazenamento bastante usada é o RAID (Redundant Array of Independent Drives). Sabendo disso, uma matriz que contém dois discos rígidos em que os dados entre os dois são espelhados em tempo real é conhecida como

A) RAID 10.

B) RAID 5.

C) RAID 3.

D) RAID 1.

E) RAID 0.

↗ **Gabarito: "D".**

29. **(FCC – Prefeitura de Teresina-PI – Técnico de Nível Superior – Administrador – 2016)** Nos computadores de uma organização percebeu-se que a inicialização do Windows está muito lenta. Notou-se que cada computador leva, em média, 2,5 minutos na inicialização. Para resolver o problema, a equipe de TI resolveu colocar duas unidades de armazenamento em cada computador: uma unidade C que usa memória flash de 120 GB apenas para o Windows e uma unidade de disco D de 2TB para armazenar arquivos e softwares que não necessitam de grande rapidez na inicialização. Após esta mudança o Windows começou a inicializar cerca de 10 vezes mais rápido. Com base nessas informações, as unidades C e D são, respectivamente,

A) dois HDs SATA.

B) HD SATA e HD IDE.

C) SSD e HD.

D) pen drive e disco rígido.

E) dois SSDs IDE.

↗ **Gabarito: "C".**

30. **(Quadrix – CREF 11ª Região – Assistente Administrativo (adaptada) – 2019)** Uma partição "Disco Local (C:)" é um tipo de partição lógica, a qual representa o tamanho exato do disco rígido (HD) do computador, já que, no sistema Windows, só é permitido uma partição por HD.

( ) Certo.

( ) Errado.

↗ **Gabarito: "Errado".**

31. **(Quadrix – SERPRO – Técnico – Suporte Administrativo – 2014)** Considere as seguintes afirmações e assinale a correta.

A) Um HD é a memória principal de um computador, onde ficam armazenados todos os programas e dados.

B) Ao formatar uma partição de disco rígido, todos os dados ali contidos são perdidos.

C) Uma CPU pode ser do tipo SATA ou SSD, sendo que estas últimas são mais rápidas.

D) Pen drives utilizam meios magnéticos para armazenar informações.

E) Os computadores PC podem executar dois ou mais sistemas operacionais simultaneamente, desde que os mesmos estejam instalados no HD.

↗ **Gabarito: "B".**

32. (FCC – TRT 4ª Região – Técnico Judiciário – Tecnologia da Informação – 2015) O sistema de arquivos:

A) é a estrutura usada para organizar dados em um disco rígido. Para instalar uma nova partição no disco rígido, será preciso formatar esse disco usando um sistema de arquivo diferente, mas compatível com o sistema operacional.

B) no Windows 7 oferece 4 opções que podem ser escolhidas: HPFS, NTFS, FAT16, FAT32. Não é possível converter uma partição de um tipo de sistema de arquivos diferente para o NTFS.

C) HPFS é o sistema de arquivos preferencial para o Windows 8. Esse sistema oferece muitas vantagens em relação ao sistema de arquivos NTFS anterior, como criptografia para restringir o acesso a determinados arquivos.

D) FAT16 é usado na maioria das unidades flash USB atuais. Já o FAT32 tem limitações de tamanho, mas permite que se crie uma partição no disco rígido com até 32 TB e que se armazenem arquivos de até 4 TB.

E) FAT32 não possui os mesmos recursos de segurança que o NTFS, por isso se o computador possui um disco rígido ou partição FAT32 no Windows 7, um usuário com acesso a esse computador poderá ler qualquer arquivo.

↗ **Gabarito: "E".**

33. (FAUEL – CISMEPAR-PR – Técnico em Informática – 2016) Uma partição, algumas vezes chamada de volume, é uma área em um disco rígido que pode ser formatada com um sistema de arquivos e identificada por uma letra do alfabeto. Por exemplo, a unidade C, na maioria dos computadores com Windows, é uma partição. Existem algumas regras que devem ser seguidas para nomear e renomear um arquivo ou uma pasta dentro destas áreas. Uma delas refere-se a determinados caracteres que não podem ser utilizados em nome de arquivos. Assinale a alternativa que possui apenas itens que podem fazer parte de nomes de arquivos ou pastas no sistema operacional Windows:

A) Ç – & – % – *

B) Ç – & – % – !

C) { – & – @ – *

D) { – ^ – @ – ?

↗ **Gabarito: "B".**

34. (IADES – AL-GO – Contador – 2019)

C:\Downloads
C:\Downloads\Aulas
C:\Downloads\Projetos
C:\Downloads\Projetos\Casa Nova

Com relação à estrutura das pastas e subpastas apresentada, e considerando que todas as pastas estão configuradas para permitir a escrita e a leitura para todos os usuários, bem como guardar arquivos, assinale a alternativa correta.

A) O arquivo de imagem Casa Nova está dentro da pasta Projetos.

B) A pasta Downloads só poderá ser apagada se as respectivas subpastas forem anteriormente excluídas.

C) A exclusão de Projetos excluirá Casa Nova.

D) O arquivo Projetos pode ser recortado e colado na pasta Aulas.

E) Aulas e Projetos são arquivos com a extensão oculta.

↗ **Gabarito: "C".**

35. (Quadrix – CREF 13ª Região – Analista Contador – 2018) No que diz respeito ao programa de navegação Mozilla Firefox, em sua versão mais atual, aos conceitos de organização e de gerenciamento de arquivos e às noções de vírus, worms e pragas virtuais, julgue o item a seguir.

A restrição do uso de caracteres especiais, como, por exemplo, asteriscos e vírgulas, na nomenclatura de pasta, no ambiente Windows, não se aplica às subpastas.

( ) Certo.
( ) Errado.

↗ **Gabarito: "Errado".**

36. **(AOCP – Sercomtel S.A Telecomunicações – Analista – 2016)** As extensões de arquivo .7Z e .TAR representam arquivos:

A) de áudio.

B) compactados.

C) de imagem do tipo vetorial.

D) de vídeo.

E) de texto.

↗ **Gabarito: "B".**

37. **(INAZ do Pará – DPE-PR – Técnico em Informática – 2017)** Cada sistema operacional possui requisitos e configurações básicas para funcionar em um computador. Qual a configuração básica para instalação do sistema operacional WINDOWS 7?

A) Processador de 1 giga-hertz(GHz)/Um gigabyte (GB) de Ram /16 GB de espaço em disco disponível.

B) Processador de 2 giga-hertz(GHz) / Dois gigabyte (GB) de Ram /500 GB de espaço em disco disponível.

C) Processador superior a 2 giga-hertz(GHz) / Dois gigabyte (GB) de Ram /500 GB de espaço em disco disponível.

D) Processador de 500 mega-hertz / Um gigabyte (GB) de Ram /16 GB de espaço em disco disponível.

E) Processador de 1 giga-hertz(GHz) / Dois gigabyte (GB) de Ram /16 GB de espaço em disco disponível.

↗ **Gabarito: "A".**

2. NOÇÕES DE SOFTWARE

1) Conceitos de software

A **Sequência de Instruções** que o computador executa é denominada **Algoritmo**, o qual pode ser definido como:

- Um conjunto de regras expressas por uma sequência lógica finita de instruções, que, ao serem executadas pelo computador, resolvem um problema específico.

Assim, podemos dizer que **um ou mais Algoritmos** compõem o que conhecemos como **Programa de Computador**, que no âmbito profissional da área de informática é conhecido como **Software** (ver Figura 21).

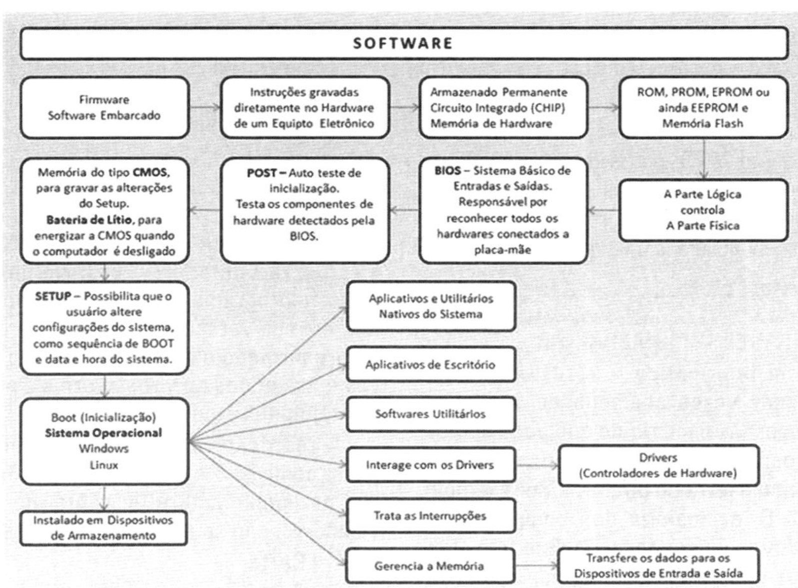

Figura 21

2) Software de sistema operacional

É o conjunto de informações processadas pelo sistema interno de um computador que permite a interação entre usuário e os periféricos do computador por meio de uma interface gráfica. Engloba o sistema operativo e os controladores de dispositivos (memória, impressora, teclado e outros).

É o software mais importante do computador. Ele é instalado em uma área especial dentro do disco rígido e é carregado (para a memória RAM) toda vez em que o computador é ligado. É ele que controla todos os recursos do computador.

Exemplos de sistemas operacionais:

- Ms-DOS;
- UNIX;
- Windows;
- Linux;
- Debian;
- Mac OS;
- Android (Telefonia móvel);
- IOS (Telefonia móvel).

3) Tipos de sistemas operacionais

Tema muito exigido em concursos, particularmente para órgãos federais, a classificação de softwares tem relação com o direito de uso e distribuição que acompanha o programa quando é instalado no computador.

a) Software proprietário (Copyright)

Quando um programa tem uma licença de uso baseada em software proprietário, quem tem o direito de definir a distribuição é exclusivamente o desenvolvedor do programa, qualquer pessoa diferente que distribuir este programa estará cometendo uma fraude.

Outra característica inerente aos softwares proprietários é ter o código fonte bloqueado, o que impossibilita outras pessoas alterarem sua estrutura cirando suas próprias distribuições do programa.

Exemplos de softwares proprietários: Windows, Word, Excel.

b) Software livre (Copyleft)

O conceito de software livre, que remete para um programa que dá liberdade ao utilizador, permite que ele o estude, modifique e compartilhe com outras pessoas. Para isso, é preciso que o utilizador possa aceder o código-fonte, para mudá-lo conforme as suas necessidades.

Quando um programa tem uma licença de uso baseada em software livre, qualquer pessoa, sendo ou não o desenvolvedor, tem o direito de distribuição deste programa.

Outra característica dos softwares livres é ter o código fone aberto, são completos, sem restrição de uso ou de conteúdo, o que permite que qualquer um o modifique criando sua própria distribuição.

Os Softwares Livres podem ser alterados para adequação no serviço público.

A Lei n. 12.965/2014 (Marco Civil) indica a prioridade (não obrigatoriedade) de uso de softwares livres.

Exemplo de software livre: Linux, suíte de aplicativos LibreOffice, programa cliente de e-mail Mozilla Thunderbird etc.

c) Software de uso público

São aqueles programas em que não existe propriedade sobre ele.

4) Interface / Ambiente / Modos de trabalho

Existem diversas formas de se trabalhar com sistemas operacionais, e estas formas definem como será a interface com o usuário.

a) Modo Shell

Baseado em comandos texto, e cada comando executa uma ação. Geralmente tem uma tela preta e comandos inseridos pelo usuário.

Exemplos de sistemas operacionais que atuam em modo Shell: DOS, Unix, Linux.

b) Modo gráfico (Interface Gráfica Amigável)

Baseado em elementos visuais como ícones e pastas, permite que o usuário trabalhe com a interação de mouse e comandos visuais.

Exemplos de sistemas operacionais que atuam em modo Gráfico: Windows e Linux.

5) Características de sistemas operacionais

Em concursos, os sistemas operacionais Windows e Linux são mais abordados, estes têm características comuns.

- Software proprietário (Copyright) – Windows;
- Software livre (Copyleft) – Linux.

6) Controlador coletivo

Os sistemas operacionais controlam tanto os elementos de hardware como os elementos de software do computador.

7) Definição de plataforma

Os sistemas operacionais definem a plataforma de trabalho do computador.

8) Multitarefa preemptivo

Os sistemas operacionais multitarefas permitem executar múltiplas tarefas de softwares de forma simultânea, abrindo diversos programas ao mesmo tempo.

Esquema de processamento computacional onde o kernel tem o controle do tempo que será usado por cada processo, e tem o poder de tomar de volta este tempo e dá-lo para outro processo segundo seu esquema de prioridades.

Quando nós estamos no Word e clicamos no botãozinho da impressora o sistema operacional consegue decidir que é o seu documento do Word que será impresso e não a sua planilha do Excel ou a informação do Internet Explorer.

9) Multiusuário

Os sistemas operacionais multiusuário são aqueles em que os usuários podem definir seu perfil e personalizar sua conta. Isso ocorre desde o Windows XP.

10) Programas nativos

Os programas aplicativos e utilitários que fazem parte do sistema operacional são considerados nativos.

11) Suporte nativo ao protocolo padrão TCP/IP para Redes e Internet

TCP/IP é o PROTOCOLO PADRÃO (Não Único), que são as regras de comunicação em Redes e Internet.

O Windows desde a versão 95 tem o suporte nativo pra ele. Ou seja, na hora que o Windows é instalado no computador, automaticamente o TCP/IP já é instalado junto, não precisa instalar por fora. E lembre sempre que para o computador se conectar a internet É NECESSÁRIO que o protocolo padrão TCP/IP esteja instalado.

12) Arquitetura de sistemas operacionais

a) Sistemas operacionais = 32 bits

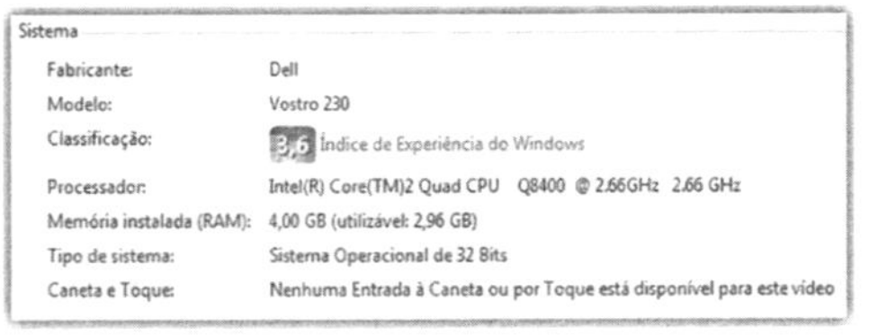

Figura 22

b) Sistemas operacionais = 64 bits

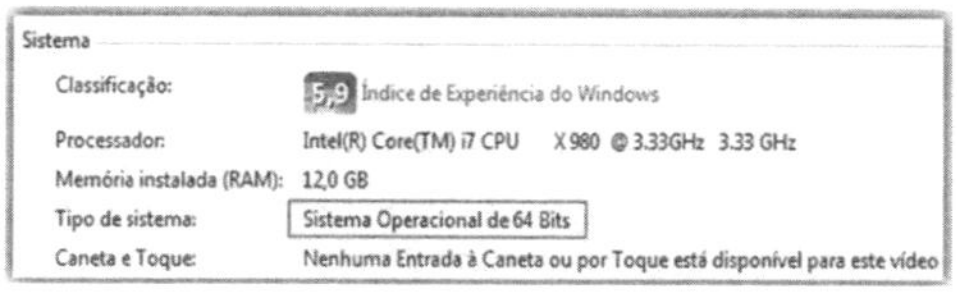

Figura 23

Para conseguir utilizar mais que 4 GB de memória RAM é preciso dispor tanto de um processador de 64 bits quanto de um sistema de 64 bits.

O Windows XP, o Windows Vista, o Windows 7, o Windows 8 e o Windows 10 de 64 bits conseguem mapear mais do que 4 GB de memória, apesar de ainda possuírem limitações.

Limite de memória física: Windows 7		
Versão	**32-bit (X86) Windows**	**64-bit (X64) Windows**
Windows 7 Ultimate	4 GB	192 GB
Windows 7 Enterprise	4 GB	192 GB
Windows 7 Professional	4 GB	192 GB
Windows 7 Home Premium	4 GB	16 GB
Windows 7 Home Basic	4 GB	8 GB
Windows 7 Starter	2 GB	2 GB

Limite de memória física: Windows 8		
Versão	**32-bit (X86) Windows**	**64-bit (X64) Windows**
Windows 8 Enterprise	4 GB	512 GB
Windows 8 Professional	4 GB	512 GB
Windows 8	4 GB	128 GB

Limite de memória física: Windows 10		
Versão	**32-bit (X86) Windows**	**64-bit (X64) Windows**
Windows 10 Enterprise	4 GB	2 TB
Windows 10 Education	4 GB	2 TB
Windows 10 Pro	4 GB	2 TB
Windows 10 Home	4 GB	128 GB

c) Para descobrir a arquitetura do sistema operacional no Windows

Clicar com o botão direito do mouse sobre o ícone Computador na Área de Trabalho (desktop), ou

Clicar no botão Iniciar e depois com o botão direito do mouse sobre o item Computador, ou

Utilizar a combinação de teclas Windows (Winkey) ⊞ + Pause Break.

d) Para descobrir a arquitetura do sistema operacional no Linux

#UNAME –M

A resposta será, por exemplo: i686 (32) ou AMD64 (64).

13) As limitações dos softwares

Em Sistemas de 64 bits, também poderão ocorrer limitações, não necessariamente no sistema ou no processador, mas nos programas. Ocorre que nem todos os softwares executados no Windows de 64 bits são aplicativos nativos. Isso quer dizer que muitos aplicativos são de 32 bits, o que significa que eles terão limitações.

Em teoria, um programa de 32 bits está limitado a usar até 4 GB de memória RAM. Sendo assim, caso você use um sistema operacional de 64 bits e algum programa chegue a atingir tal valor, é possível que ele trave e seja encerrado sem apresentar qualquer mensagem específica. Isso ocorre porque o Windows gerencia da seguinte forma: 2 GB reservados para os processos e 2 GB reservados para o sistema.

Falando no Windows 64 bits, os aplicativos de 32 bits se obrigam a usar os primeiros 4 GB de memória. Isso porque eles apresentam certa incompatibilidade ao acessar o que ultrapassa tal valor. Já com os aplicativos de 64 bits não existem problemas dessa natureza.

2.1 Questões

1. **(VUNESP – TCE-SP – Agente da Fiscalização Financeira – Sistemas, Gestão de Projetos e Governança de TI – 2015)** O software proprietário caracteriza-se como um modelo de negócio em que o software:

A) admite que seu código fonte seja acessado e modificado para fins comerciais

B) autoriza que os usuários que possuam uma cópia o utilizem para qualquer finalidade.

C) é cedido completamente, incluindo os direitos de autoria sobre ele.

D) é distribuído gratuitamente, permitindo que seu código fonte seja acessado e modificado.

E) possui restrições sobre seu uso e, geralmente, não oferece acesso ao código fonte.

↗ **Gabarito: "E".**

2. **(CESPE – ANAC – Analista Administrativo – Tecnologia da Informação – 2009)** A respeito de software livre, julgue os itens seguintes.

Sob a perspectiva do software livre, software proprietário e software comercial são conceitos similares.

( ) Certo.

( ) Errado.

↗ **Gabarito: "Errado".**

3. **(CESGRANRIO – Caixa – Técnico Bancário – 2012)** Usado para o manuseio de arquivos em lotes, também denominados scripts, o shell de comando é um programa que fornece comunicação entre o usuário e o sistema operacional de forma direta e independente.

Nos sistemas operacionais Windows XP, esse programa pode ser acessado por meio de um comando da pasta Acessórios denominado

A) Prompt de Comando.

B) Comandos de Sistema.

C) Agendador de Tarefas.

D) Acesso Independente.

E) Acesso Direto.

↗ **Gabarito: "A".**

4. **(COPESE – UFT – Prefeitura de Palmas-TO – Agente Administrativo Educacional – 2013)** Nos sistemas operacionais modernos, providos de interface gráfica, a representação de um documento, programa ou unidade de disco é dada por uma pequena imagem gráfica que representa o elemento. A essa pequena imagem dá-se o nome de:

A) Janela.

B) Fonte.

C) Caixa de Diálogo.

D) Ícone.

↗ **Gabarito: "D".**

5. **(CESPE – CNPQ – Assistente – 2011)** Com relação à informática e componentes funcionais de computadores, julgue os itens seguintes.

As principais características do sistema operacional Windows é ser multitarefa e multiusuário.

( ) Certo.

( ) Errado.

↗ **Gabarito: "Certo".**

6. (FMP – PROCEMPA – Analista Financeiro Contábil – 2012) A respeito das versões 32 bits e 64 bits do sistema operacional Windows, analise se as afirmações abaixo são verdadeiras ou falsas e marque a alternativa correta.

I. A versão 64 bits do sistema operacional Windows manipula quantidades maiores de memória RAM que a versão 32 bits.

II. A versão 64 bits deve ser considerada apenas se a arquitetura do processador for baseada em processadores de 32 bits ou mais.

III. Muitos aplicativos construídos, considerando a versão 32 bits do Windows, podem ser executados na versão 64 bits do Windows.

A) Apenas a I.

B) Apenas a II.

C) Apenas a III.

D) Apenas a I e III.

E) I, II e III.

↗ **Gabarito: "D".**

3. WINDOWS (RECURSOS) 7 / 8 / 8.1 / 10

Microsoft Windows é uma família de sistemas operacionais desenvolvidos, comercializados e vendidos pela Microsoft, como um ambiente gráfico para MS-DOS, inicialmente, em resposta ao crescente interesse em interfaces gráficas de usuário (GUIs). A partir do Windows 95, este passou a ser o próprio sistema operacional, mantendo funções do antigo MS-DOS como parte do sistema, e acessado por meio do acessório Prompt de Comandos.

1) Windows 7

O desenvolvimento do Windows 7 foi baseado:

Nas terminologias de núcleo do XP, ou seja:

- Pouco consumo de CPU e RAM;
- Múltiplas tarefas;
- Confiabilidade em aplicativos antigos;
- Não precisa ter uma máquina potente para rodar o Windows 7.

No design do Vista, ou seja:

- Efeitos gráficos remodelados;
- Nova interface Aero;
- Remodelagem de aplicativos já inclusos, como:
  - → Windows Media Player;
  - → Windows Media Center;
  - → Gadgets;
  - → Nova versão do Internet Explorer;
  - → Novo layout do Windows Paint, Wordpad, baseados na interface ribbons do Microsoft Office 2007 e 2010.

Na época de lançamento do Vista, para rodar "suave" ele precisava ter uma CPU potente, um Core 2 Duo, ou um Pentium Dual Core, pelo menos 1 GB de memória RAM, placa gráfica de 128 MB disponíveis para efeito aero. Mas era muito caro. Aí veio o Windows 7. Digamos que foi mantido a performance do XP, e a melhoria estética do Vista.

O Windows 7 funciona muito bem até mesmo em hardware limitado, como netbooks com 1GB RAM e processador de 1GHz, além de estar preparado para utilizar todo potencial das tecnologias atuais: processadores multi-core, muita memória RAM, discos SSD, drive de Blu-Ray, USB 3.0, placas de vídeo que processam 3 trilhões de cálculos por segundo, e tecnologias que utilizamos atualmente e que seriam consideradas coisas de ficção científica quando o Windows XP foi criado.

2) Windows 8

Windows 8 é um sistema operacional da Microsoft para computadores pessoais, portáteis (lê-se Notebooks), netbooks e tablets, embora exista certa compatibilidade e outras similaridades com o Windows 7.

Com o conceito de acessibilidade "all in", o Windows 8 permite que usuários e tecnologia fiquem conectados de forma constante.

Ao Windows 8 também foram adicionadas algumas novas ferramentas para os usuários do desktop, como uma nova janela de transferência de arquivos que mostra mais informações e tem um botão de pausa. O Gerenciador de Tarefas também recebeu uma reforma completa, com um visual mais "limpo", estatísticas de uso de disco e rede, uma visão que mostra o histórico de uso de recursos por cada aplicativo e uma forma melhor de gerenciar os programas que rodam na inicialização do sistema.

O Windows 8 também trouxe recursos para quem usa múltiplos monitores e tem ferramentas muito melhores para backup de arquivos, incluindo uma forma de salvar um histórico completo de suas pastas com documentos, músicas, fotos e vídeos.

A Microsoft eliminou o Menu Iniciar e o substituiu pela "Tela Iniciar" que ocupa a tela inteira e é recheada de APPS (de "aplicativos", também chamados de "programas") que são otimizados para interação com o toque. Embora o desktop esteja disponível, o usuário pode acabar alternando entre as duas interfaces. Comandos de sistema cruciais estão ocultos em "amuletos" (Charms) e "cantos ativos" (Hot Corners) que só aparecem quando o ponteiro do mouse é movido para certos pontos no canto da tela.

3) Windows 8.1

Devido a uma intensa rejeição por parte dos novos usuários a Microsoft lançou rapidamente uma nova versão do sistema, com melhorias, adaptações e até o retorno de alguns recursos, que tinham sido abandonados na versão anterior.

- Correções de falhas de segurança.
- Retorno do botão iniciar.
- Possibilidade de sincronizar suas informações.
- Maior número de personalização de temas e telas.
- Totalmente integrado com o buscador Bing.
- Novos aplicativos, Skydrive entre outros.
- Blocos de páginas com tamanhos diferentes.
- O Bing foi integrado na busca interna do sistema.
- Possibilidade de dividir a tela de trabalho em até 4 partes.
- Vários aplicativos foram estilizados trazendo uma interface mais limpa e amigável.
- Internet Explorer 11.

4) Windows 10

Projetado com base no Windows 8.1, traz aprimoramentos em recursos de personalização e de pesquisa, em aplicativos, na Windows Store e na conectividade em nuvem. Além disso, apresenta os recursos de segurança. É rápido e foi desenvolvido para funcionar em diferentes dispositivos, especialmente naqueles da nova geração de dispositivos de toque.

Plataforma unificada

A versão do Windows 10 é uma plataforma unificada. Isso significa que aproxima muito os aplicativos produzidos para as plataformas existentes atualmente. De uma maneira resumida, o mesmo Windows 10 utilizado por computadores é também nos tablets, smartphones e outros aparelhos.

5) Processo de inicialização do computador (BOOT)

Boot é um termo em inglês utilizado para fazer referência ao processo de inicialização de um computador, o qual acontece no momento em que você pressiona o botão "Ligar" da máquina até o total carregamento do sistema operacional instalado. O boot só é considerado completo quando o SO pode ser utilizado por uma pessoa.

Do momento em que você liga o seu computador até o instante em que o sistema operacional carrega muita coisa ocorre. Nesses preciosos segundos, uma série de processos – que juntos são chamados de boot – trabalham como engrenagens para inicializar a máquina e fazê-la funcionar.

Quando o botão de ligar é pressionado, a fonte leva eletricidade para a placa-mãe, que em seguida ativa o processador e o cooler. Logo após, quem entra em ação é o BIOS (Basic Input/Output System – Sistema Básico de Entrada/Saída em português), um sistema operacional pré-gravado no chipset que garante a tradução dos códigos de hardware para a tela.

O BIOS sempre será o primeiro a acordar e a trabalhar assim que você põe o PC para funcionar. É ele que passa as primeiras ordens para o processador, além de verificar quais itens estão instalados na máquina.

O BIOS também é responsável por carregar a memória RAM, placa de vídeo, teclado, cachê básico e, por fim, possibilitar a inicialização do sistema operacional. Acompanhe em ordem cronológica as etapas que ele percorre:

a) Acessa a memória CMOS, um circuito integrado que tem gravadas informações referentes ao hardware. Nela, o BIOS estabelece reconhecimento e comunicação com peças como placas de vídeo e memória RAM.

b) A segunda fase, conhecida como Power-on Self Test (POST) nada mais é do que um conjunto de teste que a BIOS realiza para saber se tudo está se inicializando da maneira correta. Quando alguns componentes essenciais estão faltando, alguns beeps ou mensagens na tela alertam o usuário.

c) A etapa seguinte consiste na procura de alguma fonte para inicializar o sistema operacional. Tal fonte é configurável e pode ser um disco rígido (padrão), CD-ROM, pen drive, disquete, entre outros.

d) Agora, o BIOS lê o setor zero (que contém apenas 512 bytes, denominado Master Boot Record) do HD. Essa área contém um código que alavanca a inicialização do sistema operacional. Outros dispositivos de boot (CDs, disquetes etc.) têm a capacidade de emular esse setor zero.

e) No caso do Windows, o Master Boot Record (MBR) verifica qual partição do HD está ativa (configurada como Master) e inicializa o "setor um" dela – essa área tem um código com a simples missão de carregar o setor dois.

f) A etapa seguinte consiste na leitura de um arquivo de configuração de boot, o Boot Loader (quando falamos do Windows, trata-se do NTLDR).

g) A partir dele, é inicializado o núcleo (kernel). Assim como o BIOS estabelece a ligação entre hardware e sistema, o kernel serve para firmar uma comunicação estável entre hardware e software. Nessa fase, é ele quem assume o controle do computador.

h) O kernel carrega os arquivos principais e informações básicas do sistema operacional (incluindo o registro), além de relacionar os componentes de hardware com as respectivas DLLs e drivers.

i) No entanto, o kernel não carrega todos os processos para não sobrecarregar o sistema – somente as operações essenciais são colocadas em atividade para possibilitar o início do Windows.

j) A tela de escolha de usuários é exibida e, após o logon, os programas relacionados para começar junto com o sistema são carregados.

6) Modo de segurança

O que o modo de segurança faz é, basicamente, filtrar ainda mais as funções que entram em ação junto ao carregamento do sistema operacional. O próprio Windows sugere, em certos casos, que o usuário tente reiniciar o computador em modo de segurança.

Nele, alguns componentes ficam desativados, possibilitando que deficiências e erros no processo de boot possam ser corrigidos. Da mesma maneira, drivers e programas com problemas podem ser desinstalados ou reinstalados.

Uma forma rápida de acessar o Modo de Segurança é ficar pressionando repetidas vezes rapidamente a tecla F8 assim que o dispositivo for ligado e antes de apresentar a tela com o logo do Windows.

Outra maneira é, com o computador em funcionamento, acessar o Gerenciador de Tarefas e configurar de tal forma que na próxima inicialização seja feita em modo de segurança.

7) Tela inicial, de abertura ou de bloqueio

No Windows 7 a tela de abertura ou de bloqueio não pode ser configurada.

A partir do Windows 8 a tela de abertura ou bloqueio é configurável: Windows Spotlight

Configurações > Personalização > Tela de Bloqueio

Combinação de teclas para bloqueio do computador = ⊞ + L.

8) Contas de usuário

Em sistemas operacionais Windows, o tipo de conta de usuário controla quais tarefas você pode executar no seu computador; em alguns casos podem ser necessários direitos administrativos para executar algumas tarefas ou uso de alguns aplicativos.

- **Contas de usuário padrão** são para computação diária.
- **Contas de administrador** fornecem mais controle sobre um computador e só devem ser usadas quando necessário.
- **Contas de convidado** destinam-se principalmente às pessoas que precisam usar temporariamente um computador.

A conta de usuário permite que você personalize sua experiência com o Sistema. Na sua conta de usuário, você pode alterar configurações como o plano de fundo da área de trabalho, organizar pastas e salvar arquivos. Seu histórico de navegação na internet e suas senhas também são gerenciados pela sua conta de usuário. Você pode criar várias contas de usuário para que cada usuário do computador possa personalizar suas próprias configurações.

Existem três tipos de contas de usuário: padrão, administrador e convidado. Um administrador tem mais poderes do que um usuário padrão. Por exemplo, um administrador pode criar e excluir outras contas de usuário, instalar e excluir aplicativos, configurar redes e impressoras sem fio e controlar as configurações que afetam todas as contas de usuário. Uma conta padrão não pode executar essas tarefas sem a senha de administrador ou uma permissão para tal tarefa. A primeira conta que você criar quando ligar o computador pela primeira vez será a conta do administrador. Você deve sempre ter pelo menos uma conta de administrador.

9) Autenticação de usuários

Apesar de não ser obrigatória, a autenticação é utilizada para testar se a pessoa que solicita o acesso é a mesma pessoa cadastrada e autorizada.

a) O mundo além das senhas

- Tokens em dispositivos ou aplicativos, com senhas randômicas.
- Reconhecimento de voz.
- Reconhecimento facial.
- Scan da íris.
- Scan da palma da mão.
- Scan das impressões digitais.
- Localização geográfica do usuário.
- Padrões de horários e formas de acesso.

b) Múltiplos fatores de autenticação

Para uma autenticação mais forte do usuário, múltiplos fatores podem ser combinados. Isto significa que a autenticação do usuário vai depender da verificação da identidade por meio de diversas credenciais.

Os fatores de autenticação estão contidos em três categorias:

- **O que o usuário sabe:** coisas que o usuário deve conhecer para que faça o login, tais como User Names, IDS, PINs, desenhos na tela etc.
- **O que o usuário possui:** coisas que o usuário deve possuir para que faça o login, tais como tokens para geração de senhas, smartphones com aplicativos geradores de senhas, SIM Cards, e-mail/SMS etc.
- **O que é inerente ao usuário:** quaisquer traços biológicos que o usuário tenha para ser autenticado ao fazer login: voz, formato do rosto, batimento cardíaco, configuração da retina ou da íris, impressão digital, formato da palma da mão, formato do lóbulo da orelha e sequenciamento do DNA.

c) Autenticação por senha

Uma das formas mais comuns de autenticar é por meio de solicitação de senha. Isso ocorre em todas as versões do Windows.

d) Autenticação por conta Microsoft

É possível configurar o Windows para logon utilizando sua conta Microsoft. Ao entrar na sua conta Microsoft, você tem um passe de acesso completo aos serviços premier da Microsoft. Se você usa qualquer um destes serviços, você tem uma conta Microsoft: Outlook, Office, Skype, OneDrive, Xbox Live, Bing, Store, Windows ou MSN.

Sua conta Microsoft permite que você gerencie tudo em um só lugar. Mantenha o controle de suas assinaturas e do histórico de pedidos, organize a vida digital de sua família, atualize suas configurações de privacidade e segurança, acompanhe a integridade e a segurança de seus dispositivos e receba prêmios. Tudo permanece com você na nuvem e em vários dispositivos, incluindo iOS e Android. Com sua conta Microsoft, é possível acesso às pessoas, ao conteúdo e ao entretenimento que mais lhe interessam. Uma conta para tudo da Microsoft.

e) Autenticação por PIN

O Windows Hello no Windows10 permite que os usuários se conectem a seus dispositivos usando um PIN. De que forma um PIN é diferente de (e é melhor do que) uma senha? À primeira vista, um PIN é muito parecido com uma senha. Um PIN pode ser um conjunto de números, mas a política corporativa pode permitir PINs complexos que incluam caracteres especiais e letras, maiúsculas e minúsculas. Algo como t758A! poderia ser uma senha de conta ou um PIN do Hello complexo. Não é a estrutura de um PIN (comprimento, complexidade) que o torna melhor do que uma senha; é como ele funciona.

i) O PIN está vinculado ao dispositivo

Uma diferença importante entre uma senha e um PIN do Hello é que o PIN está vinculado ao dispositivo específico no qual ele foi configurado. Esse PIN é inútil para qualquer pessoa sem esse hardware específico. Alguém que roube a senha pode fazer logon na conta em qualquer lugar, mas caso roube o PIN, precisa roubar o dispositivo físico também!

Nem você pode usar esse PIN em qualquer lugar, exceto nesse dispositivo específico. Caso queira entrar em vários dispositivos, precisa configurar o Hello em cada dispositivo.

ii) O PIN é local para o dispositivo

Uma senha é transmitida para o servidor – ela pode ser interceptada na transmissão ou roubada em um servidor. Um PIN é local para o dispositivo – ele não é transmitido em qualquer lugar e não é armazenado no servidor. Quando o PIN é criado, ele estabelece uma relação de confiança com o provedor de identidade e cria um par de chaves assimétricas usado na autenticação. Quando você insere o PIN, ele desbloqueia a chave de autenticação e usa a chave para assinar a solicitação enviada ao servidor de autenticação.

f) Windows Hello

O Windows Hello é uma maneira mais pessoal de entrar em seus dispositivos Windows 10. Basta seu olhar ou um toque. Você receberá segurança de nível empresarial sem precisar digitar uma senha.

Com o Windows Hello, você poderá optar por rosto, impressão digital ou íris se o computador tiver um leitor de impressão digital ou uma câmera compatível. Depois de tudo configurado, basta você passar o dedo ou olhar rapidamente para entrar.

Para usar a plataforma Windows Hello, que utiliza autenticação biométrica para login no sistema, será preciso adquirir equipamentos especiais, incluindo uma câmera infravermelha para reconhecimento facial, ou um leitor de impressões digitais.

g) Picture Passwords

É possível ainda configurar a abertura com Picture Passwords, que solicita a indicação de figuras que atendem a um determinado critério ou condição. Também chamados de Captcha, acrônimo utilizado para provar que o computador não está sendo acessado por um robô.

O Windows 8 possui realmente muitos elementos que são voltados especialmente para dispositivos com tela sensível ao toque, porém todos esses recursos funcionam bem também com o mouse. Uma prova disso são as senhas com imagem, que você pode configurar para acessar o computador.

Escolha uma imagem do seu computador e faça três gestos com o mouse sobre ela. Esse padrão então se torna a sua senha para acesso à máquina, sempre na mesma ordem que você fez a primeira vez.

10) Área de Trabalho / Desktop

Parte da interface gráfica de um sistema operacional que exibe, no vídeo, representações de objetos usualmente presentes nas mesas de trabalho, como documentos, arquivos, pastas e impressoras.

Dentro do sistema operacional é representada por uma **PASTA** vinculada a uma conta de usuário, que basicamente, podemos determinar que o que salvamos nesta pasta será exibido como ícone na área de trabalho, e ainda podemos criar atalhos para itens de fora da pasta, como: arquivos, pastas, inicializador de programas, links etc.

Resolução – Vídeo, Monitor / Resolução, qualidade / Orientação

Personalizar – Aparência ou Temas / Plano de Fundo / Cor das Janelas / Proteção de Tela

Para configurar os recursos visuais, inclusive da Função AERO, abrir as propriedades do Computador, abrir configurações avançadas do sistema e, na guia Avançado, clicar no botão configurações e na guia Efeitos Visuais escolher as configurações desejadas.

11) Ícones / Atalhos

A palavra ícone vem do Grego *eikon* e significa imagem. Na informática ícone é um pequeno símbolo gráfico, usado geralmente para representar um software, uma pasta, ou um arquivo que se encontra na pasta Desktop. Já um atalho representa link de acesso a um software, uma pasta, um arquivo ou um link de internet que podem ou não estar na pasta Desktop. E justamente por poder estar em outros lugares, usamos o link de acesso.

- O link do Atalho pode ser alterado, copiado, duplicado ou até apagado sem interferir no item ao qual está associado.
- Caso o link seja apagado, o item ao qual está associado não sofrerá nenhum tipo de alteração, da mesma forma que se apagar o item associado, o atalho permanecerá e apenas deixará de funcionar pelo fato de o item associado não existir mais.
- É possível criar um atalho de itens externos, como um arquivo de discos removíveis.

Criação de atalhos

Os atalhos podem ser criados pelo próprio usuário, ou até mesmo automaticamente por meio da instalação de um programa no seu dispositivo. Dependendo do atalho, ele estará disponível apenas na conta do usuário que o criou, ou caso seja de um aplicativo comum ao sistema, ele ficará disponível a todos os usuários. Em geral a instalação de softwares que criam atalhos é feita pela conta de administrador ou conta padrão de usuário com privilégios de administrador.

Formas de criar um atalho

- Aponte a seta do mouse sobre o item (arquivo, pasta ou programa) que deseja que seja criado o atalho, clique com o botão direito do mouse e no menu de contexto (lista de comandos que se abre) escolha "Enviar para", em seguida, no submenu escolha "Área de Trabalho (criar atalho)". Será criado na área de trabalho um ícone com uma seta no canto inferior esquerdo, com o mesmo nome do item selecionado com uma ligação (link) com o item original.
- Na área de trabalho, ou em qualquer pasta aberta, clique sobre a área vazia com o botão direito do mouse, e no menu de contexto, escolha "Novo", no submenu escolha "Atalho" e na janela que se abre, digite o local (caminho) do item que terá um atalho criado, ou por meio do botão "Procurar" encontre o item.
- Aponte a seta do mouse sobre o item que deseja criar um atalho, pressione e segure pressionado o botão esquerdo do mouse e junto pressione a tecla "ALT" do teclado, arraste a seta do mouse até o local onde deseja que fique o atalho, solte primeiro o botão do mouse e na sequência solta a tecla ALT.

12) Blocos dinâmicos (Live Tiles)

Os blocos dinâmicos são tijolinhos coloridos e animados. Também conhecidos como live tiles, esses novos ícones gráficos podem mostrar atualizações e informações de aplicativos sem a necessidade de abri-los na tela do PC. Como na tela de um dispositivo móvel com tela touch, facilita a vida do usuário para acessar determinadas aplicações ou ferramentas sem o uso do botão Iniciar.

Foi inserido a partir do Windows 8, já que não possuía nativamente na tela a barra de tarefas, nem o botão Iniciar.

Esses blocos podem ser criados pelo usuário, e também alterados em seu tamanho e disposição e até excluídos.

Com o retorno da barra de tarefas e do botão Iniciar, poderia ter sido dispensado, mas ao contrário disso, ao sistema foi incluído o chamado "**Modo Tablet**", que resulta do **Recurso Continuum**, o qual permite a mudança de formas de trabalho dependendo do tipo de aparelho, tamanho e resolução de tela que o sistema está rodando.

Também faz parte do menu Iniciar do Windows 10 e pode ser expandido para a tela toda.

13) Recurso Continuum

O sistema se adapta a diferentes modalidades de uso, especialmente em computadores híbridos e smartphones, evitando erros de usabilidade em diferentes resoluções de tela e hardwares.

O modo Continuum possibilita uma repleta readaptação do sistema para o tipo de configuração que o usuário deseja usar no momento da troca de forma de trabalho, touch ou teclado e mouse.

A funcionalidade se estende ainda aos telefones. Nesse caso, esse modo faz com que os aparelhos funcionem como um computador ao serem conectados em monitores, mouses e teclados.

Continuum no computador

Se você tem um computador híbrido com tela touchscreen, o Windows 10 funciona de forma bem parecida com o Windows 7 enquanto estiver usando o mouse e o teclado físico. Ou seja, se clicar no botão do Iniciar, ele será exibido como uma pequena "aba" com diversos atalhos e blocos dinâmicos, assim como todo aplicativo será aberto em janelas tradicionais e redimensionáveis na área de trabalho.

Ao dobrar o seu computador, ou destacar a tela para usá-lo como tablet, o Windows 10 se readaptará para funcionar de forma parecida com o Windows 8. Nesse caso, o modo Continuum fará com que o menu Iniciar volte a ser exibido em tela cheia, bem como os aplicativos ocuparão todo o display, com possibilidade de dividir a tela ao meio. O sistema aceitará os gestos para alternar entre programas, abrir a central de notificações e outras funcionalidades, como ocorre na versão atual da plataforma.

O Continuum também reconhecerá o caminho inverso. Ou seja, ao conectar o teclado novamente ou dobrar o computador para o modo laptop, o Windows 10 voltará a exibir janelas e menu Iniciar clássico.

Uma característica bastante interessante é que o Continuum para smartphones reconhece também os atalhos do teclado. Você pode copiar e colar algo usando o clássico "Ctrl + C" e "Ctrl+V", entre outras possibilidades. Os telefones serão capazes ainda de trabalhar com as duas telas, possibilitando que se faça algo no aparelho móvel e outra atividade no display auxiliar.

14) Barra de tarefas

Barra de tarefas é um software aplicativo utilizado na área de trabalho do gerenciador de janelas para iniciar e monitorar aplicações. A barra de tarefas sofreu alterações no passar do tempo e versões do Windows, inclusive sendo tirada na versão 8 do sistema, mas logo reintroduzida a partir da versão 8.1 e se mantém na versão 10.

- Além do botão Iniciar, existem os ícones fixados por padrão de aplicativos nativos do sistema.
- A barra de tarefas pode ser personalizada, mudada de local, mas por padrão ela é

bloqueada; portanto, qualquer alteração deve ser feita após o devido desbloqueio.

- O usuário pode Fixar Programas na Barra de Tarefas.
- Os Atalhos se transformam quando uma Janela é Aberta. E agrupam todas as janelas abertas deste mesmo aplicativo. Até o Windows 7 se forem abertas mais de uma janela do mesmo aplicativo, o ícone de atalho fixado na barra de tarefas fica com mais de um contorno retangular sobre ele, indicando várias janelas abertas, e mesmo que todas sejam minimizadas a visualização do ícone não muda. Já no Windows 10 mesmo que sejam abertas várias janelas do mesmo aplicativo, o ícone de atalho fixado na barra de tarefas recebe um único contorno, e caso todas as janelas sejam minimizadas o ícone fica apenas com uma linha na parte inferior.
- Ao clicar com o botão esquerdo do mouse sobre um ícone qualquer na barra de tarefas e arrastar o mouse para cima com o botão pressionado, é exibida a Jump List, com uma série de atalhos próprios do programa e lista de arquivos exibidos recentemente por ele. Pode também ser exibida a Jump List clicando com o botão direito do mouse sobre o ícone de atalho fixado na barra de tarefas.
- Programas e aplicativos abertos e que não estejam fixados na barra de tarefas também são exibidos nela quando são abertos, mas somem assim que o aplicativo for encerrado. Exceção feita aos programas e aplicativos que rodam em segundo plano, como, por exemplo, os Antivírus.
- Função Aero Peek – Mostra uma miniatura da janela do aplicativo aberto ao posicionar o cursor do mouse sobre o ícone do mesmo na barra de tarefas, podendo ver inclusive o que está sendo feito nele, ou ao posicionar o cursor do mouse sobre o retângulo transparente localizado na extremidade direita da barra de tarefas (botão mostrar área de trabalho) permite visualizar a área de trabalho ao passar o mouse sobre ele, mesmo sem clicar.

a) Ícones Padrões

- Internet Explorer (até o Windows 8.1)
- Microsoft Edge (no Windows 10)
- Windows Explorer (até o Windows 7)
- Explorador de Arquivos (a partir do Windows 8)
- Windows Media Player (até o Windows 7)
- Barra de Pesquisa (Windows 10): Permite fazer pesquisas na Web e no Windows por meio da ferramenta de busca da Microsoft, o BING, além de poder usar a Cortana como assistente.
- Botão Task View (Visão de Tarefas): Permite criar ou alternar entre áreas de trabalho do usuário (Windows 10)
- Botão Windows Store (Windows 10)

b) Outros fixados na Barra de tarefas

- Informações de Idioma
- Configuração do Teclado
- Mostrar ícones ocultos
- Central de Ações (Alertas / Resolver problemas do computador / Atualização) até o Windows 7
- Central de Ações e Notificações (a partir do Windows 8)
- Ícone de Rede
- Ícone do Som
- Relógio e Calendário (permitem os devidos ajustes das configurações de data e hora do sistema)
- Botão Mostrar a Área de Trabalho – Retângulo transparente localizado na extremidade direita da barra de tarefas que ao ser clicado minimiza todas as

janelas e leva o usuário até a área de trabalho. Também pode ser acessado por meio da combinação de teclas: Windows (Winkey) ⊞ + D.

c) Botão Iniciar

O Botão Iniciar pode ser acessado também pela combinação de teclas **Ctrl + Esc** ou por meio da tecla Windows ⊞

- Recentes
- Todos os Programas / Grupo de Programas
- Pesquisa
- Desligar
  - → Suspender
  - → Hibernar (até Windows 8)
  - → Reiniciar
  - → Bloquear
  - → Fazer Logoff
  - → Trocar Usuário
- Acessos Rápidos
  - → Pasta Pessoal
  - → Biblioteca Documentos
  - → Biblioteca Imagens
  - → Biblioteca Músicas
  - → Jogos
  - → Computador (Gerenciador de Pastas e Arquivos)
  - → Painel de Controle
  - → Dispositivos e Impressoras
  - → Programas Padrão
  - → Ajuda e Suporte

No Windows 8, foi substituído por "Tela Inicial", baseado fora da interface "Metro UI".

No Windows 10, além do retorno do botão iniciar, ele traz os blocos dinâmicos também, e pode ocupar a tela toda.

- Sugeridos
  - → Mais Usados (Frequentes)
  - → Utilizados Recentemente (Recentes)
  - → Adicionados Recentemente
  - → Explorador de Arquivos
  - → Email
  - → Configurações (semelhante ao Painel de Controle)
  - → Ligar/Desligar
  - → Todos os Aplicativos (em ordem alfabética)
  - → Blocos Dinâmicos (Live Tiles) ficam à direita do menu e agrupam funcionalidades em blocos animados, possibilitando ainda que isso ocupe a tela toda como era o Windows 8 ou como é num tablet.

d) Janelas

Recurso que deu o nome ao sistema e permite que, de maneira individualizada, possamos ter acesso a vários arquivos ou recursos do sistema "ao mesmo tempo", por meio das janelas abertas.

No Windows 7 – Janelas de Título

- Barra de Título
- Botões = Minimizar / Restaurar / Maximizar / Fechar
- Barras de: Menu / Ferramentas / Status
- Bordas para Redimensionamento
- Barras de Rolagem

No Windows 8 e 10 (opcional) – Interface Metro UI (Interface do Usuário) – Modern

- Tela cheia – Interface Modern

Recursos de gestão das janelas com base na ferramenta AERO, disponíveis a partir do Windows Vista.

- **Aero Shake** – Utilizada para minimizar todas as janelas, clicando na parte superior de uma janela (área transparente) e chacoalhando-a para os lados rapidamente.
- **Aero Snap** – Ao apontar o mouse sobre a barra superior transparente (barra de títulos) de uma janela aberta, e arrastá-la

para os lados ou para cima, quando a seta do mouse encosta na borda da tela, esta é automaticamente redimensionada até as bordas superior/inferior e expandida ocupa metade da tela (ou tela cheia se for arrastada para cima).

Este recurso também pode ser acionado por meio da combinação de teclas: Windows (Winkey) ⊞ + a seta para a direção desejada, para cima se quiser maximizar ou para baixo se quiser minimizar a janela.

No Windows 7 a reorganização das janelas pode ser feita com até duas janelas paralelas, cada uma ocupando 50% da tela, e caso queira redimensionar com o mouse, mesmo que aponte a seta do mouse para a posição central, onde elas se juntam, você estará ajustando apenas uma delas, a janela ativa.

No Windows 8 essa mesma reorganização permite até 3 janelas dividindo a tela verticalmente, cada uma ocupando até 1/3 da tela, e caso queira redimensionar as janelas, basta apontar a seta do mouse sobre a divisão das janelas que as duas serão ajustadas ao mesmo tempo.

No Windows 10 a reorganização pode dividir a tela em até 4 janelas e segue a forma do Windows 8 para redimensionar.

- **Aero Flip** – Basta pressionar Windows + Tab e você pode navegar por todas as janelas que estão abertas de uma forma muito visual. As janelas ficam empilhadas em 3D.

Você pode ainda utilizar a combinação **Ctrl + Windows + Tab** para fixar a pilha de janelas na tela e a partir daí navegar com o Tab ou a Seta e assim que chegar na janela desejada aplicar o Enter.

ATENÇÃO

No Windows 10, pelo fato de haver a possibilidade de mais de uma área de trabalho para o usuário, essas combinações foram reservadas para alternar entre as áreas de trabalho e não entre as janelas.

- **Alternar entre as Janelas** – Para alternar entre as janelas abertas, utilizamos a combinação de teclas **Alt + Tab** e aparecerá no centro da tela uma barra horizontal com os ícones referente às janelas abertas, e enquanto a tecla Alt estiver acionada, devemos pressionar e soltar a tecla **Tab** até que o ícone que representa a janela que deseja que seja ativada e então soltar a tecla **Alt**.

Podemos utilizar ainda a combinação **Ctrl + Alt + Tab** que fixa na tela a barra horizontal contendo os ícones que representam as janelas abertas, não é necessário ficar pressionando nenhuma tecla, e para que possamos movimentar a seleção devemos utilizar as setas de direção, chegando ao desejado, basta apertar a tecla **Enter.**

15) Task View (Visão de Tarefas) – Múltiplas Áreas de Trabalho

O Windows 10 traz o recurso de múltiplas Áreas de Trabalho e isso não é uma novidade isolada. Ele vem acompanhado do "Snap View", que permite aos usuários arrastarem aplicativos entre os desktops para que tudo seja organizado da melhor maneira possível para cada momento – tudo de acordo com a sua vontade, você pode separar programas abertos em diferentes grupos – um para trabalho e outro para lazer, por exemplo.

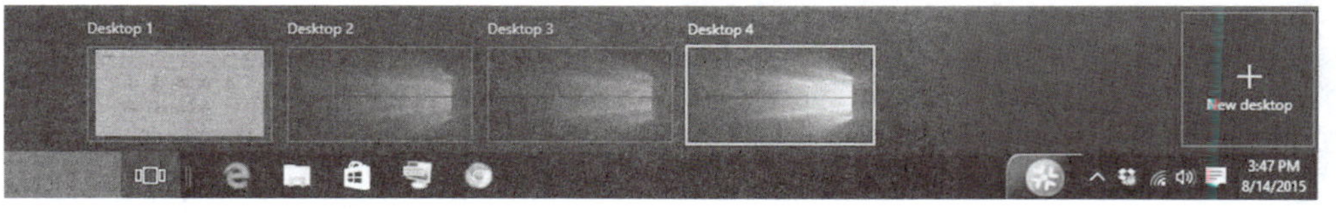

Figura 24

Os atalhos da barra de tarefas e do desktop são os mesmos entre eles. Clique no botão **Task View** (Visão de Tarefas) na barra de tarefas, ou pressione **Windows + Tab**, para trazer uma **visão geral de seus desktops**, adicionar novos ou remover os existentes. Esta função é equivalente ao **Aero Flip**.

Botão "Task View"

A barra de tarefas conta com um novo botão que é responsável pela troca rápida entre arquivos e softwares abertos, permitindo também o acesso às múltiplas áreas de trabalho.

A prévia de programas abertos mudou. As miniaturas estão maiores, o que torna mais fácil identificar o app e trabalhar com multitarefa. Para acessá-la, continua valendo o conhecido comando Alt+Tab.

16) Central de ações (Charms Bar redesenhada) – Notificações

No Windows 8 e 8.1 a Charms Bar teve pouca utilidade. No Windows 10 quem se beneficia com essa barra são os usuários que utilizaram o sistema com dispositivo touchscreen. As características da nova barra estão localizados dentro de um novo menu que aparece na barra de tarefas na janela de aplicativos.

Para abrir a central de ações, siga um destes procedimentos:

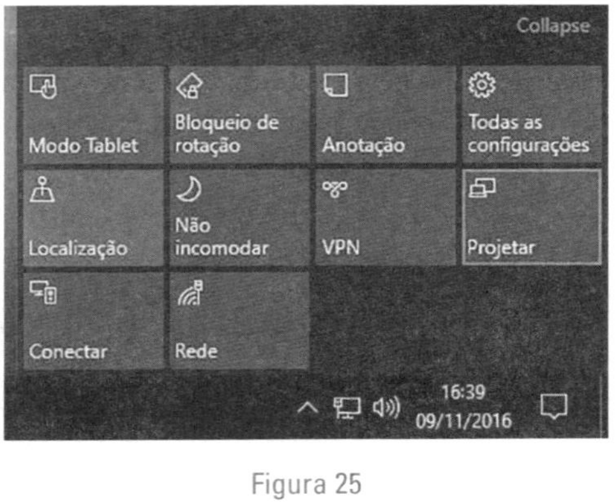

Figura 25

- Na extremidade direita da barra de tarefas, selecione a Central de Ações .
- Pressione a tecla do logotipo do Windows + A.
- Em um dispositivo com tela touch, passe o dedo a partir da borda direita da tela.

  → Modo Tablet

  → Conectar (outros dispositivos)

  → Anotações

  → Configurações

  → Projetar

  → Economia de Bateria

  → VPN

  → Bluetooth

  → Brilho

  → Rede

  → Não Incomodar

  → Local

  → Modo Avião

Charms Bar

Posicione o seu mouse sobre o canto inferior direito da janela para ver, quase que instantaneamente, vários botões aparecendo na lateral da janela. Esta é a Charms Bar, uma novidade do Windows 8 extremamente importante! É por ali, por exemplo, que você desliga o computador, faz pesquisas e acessa as configurações do PC.

Uma curiosidade interessante sobre a Charms Bar é que o seu ícone de pesquisas funciona de forma personalizada nos programas em tela cheia. Isto é, quando você estiver na loja, ele vai fazer buscas na loja; quando estiver com um app aberto – como a Wikipédia, por exemplo – as buscas a partir da Charms Bar são feitas dentro desse programa.

Figura 26

17) Área de transferência

Área de transferência é um recurso utilizado por um sistema operacional para o armazenamento de pequenas quantidades de dados para transferência entre documentos ou aplicativos, por meio das operações de cortar, copiar e colar.

É importante ressaltar que a Área de Transferência trabalha com um bloco de informações por vez, ou seja, o conteúdo anterior será sempre substituído pelo novo conteúdo.

Isso significa que, ao utilizar mais de uma vez o comando para copiar um determinado arquivo ou informação, a Área de Transferência irá armazenar apenas a informação mais recente.

- Ao copiar um bloco de informações, ele permanecerá temporariamente na área de transferência até que o computador seja desligado, ou seja, executado outro processo de copiar ou recortar.
- Uma informação copiada poderá ser colada quantas vezes forem necessárias até que outra informação seja copiada ou recortada.
- Um arquivo ou pasta, recortados, não são imediatamente retirados do seu local de origem, e, portanto não ficam guardados na área de transferência, e caso o computador seja desligado sem que seja colado em outro local, o arquivo permanece no seu local de origem.
- É possível copiar imagens que estão na tela usando o recurso Print Screen que leva o mesmo nome. Este recurso cria uma imagem a partir da tela toda e guarda na área de transferência até que seja colado em algum local.
- Já se houver a necessidade de criar uma imagem somente da janela ativa sem que as informações por trás dela sejam armazenadas na área de transferência, é necessário utilizar uma combinação de teclas: ALT + Print Screen.
- É possível ainda utilizar a Ferramenta de Captura encontrada no grupo Acessórios do Windows, que permite marcar qual a parte da tela que será copiada e criada uma imagem a partir dela.

18) Manipulação, organização e gerenciamento de arquivos, pastas e programas

Manipulação ou Gerenciamento de Arquivos ou Pastas é um recurso do sistema operacional que pode ser facilitado com a utilização de um programa de gerenciamento.

Até o Windows 7 = Windows Explorer

A partir do Windows 8 = Explorador de Arquivos

a) Layout da janela do gerenciador

Quando você abrir uma pasta ou biblioteca, você a verá em uma janela. As várias partes dessa janela foram projetadas para facilitar a navegação no Windows e o trabalho com arquivos, pastas e bibliotecas. Veja a seguir uma janela típica e cada uma de suas partes:

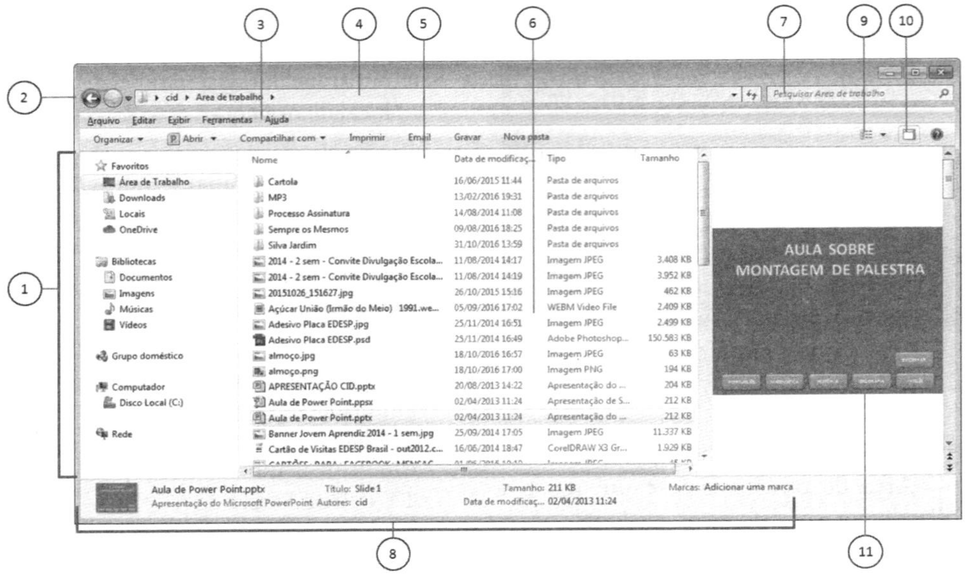

Figura 27

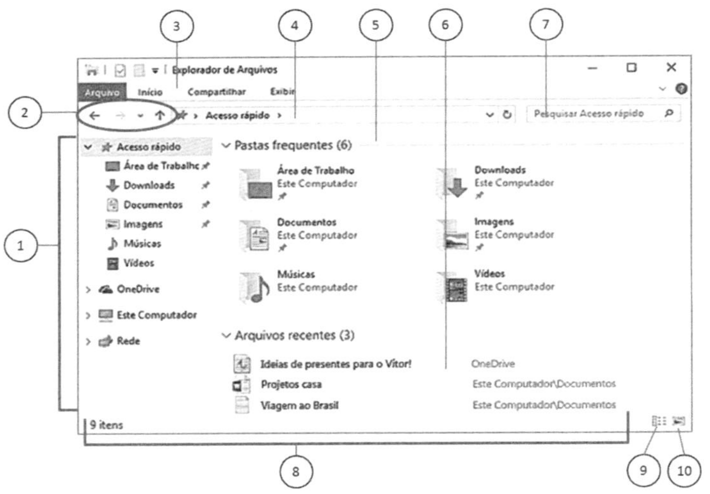

Figura 28

b) Painéis do gerenciador

i) Painel de navegação

Para acessar bibliotecas, pastas, pesquisas salvas e até mesmo discos rígidos inteiros.

Os Favoritos do Windows Explorer não podem ser alterados e foram substituídos por Acesso Rápido no Explorador de Arquivos e que podem ser alterados.

Por padrão, no Explorador de Arquivos as Bibliotecas não são exibidas, para isso deve abrir o menu Exibir e selecionar.

O nome de referência do dispositivo também mudou de Computador no Windows

Explorer para Este Computador no Explorador de Arquivos, mas continua fazendo a mesma função de mostrar todo o conteúdo a partir do diretório raiz.

ii) Botões Voltar e Avançar

Para navegar para outras pastas ou bibliotecas que você já tenha aberto, sem fechar, na janela atual.

No Explorador de Arquivos, além dos botões Voltar e Avançar, aparece também o botão que abre uma pasta um nível acima da atual, mesmo que ela não tenha sido aberta ainda, o que o comando voltar não fazia.

iii) Barra de menus ou ferramentas

Para executar tarefas comuns, como alterar a aparência de arquivos e pastas, gravar arquivos em um CD ou iniciar uma apresentação de slides de imagens digitais.

iv) Barra de endereços

Para navegar para uma pasta ou biblioteca diferente ou voltar à anterior.

v) Painel da biblioteca ou cabeçalho de colunas

Para personalizar a biblioteca ou organizar os arquivos por propriedades distintas. É exibido apenas quando você está em uma biblioteca (como a biblioteca Documentos).

Para alterar a forma como os itens na lista de arquivos são organizados. Por exemplo, você pode clicar no lado esquerdo do cabeçalho da coluna para alterar a ordem em que os arquivos e as pastas são exibidos ou pode clicar no lado direito para filtrar os arquivos de maneiras diversas. Os títulos de coluna só estão disponíveis no modo de exibição Detalhes.

vi) Lista de arquivos ou painel de conteúdo

É aqui que o conteúdo da pasta ou biblioteca atual é exibido. Se você digitar na caixa de pesquisa para localizar um arquivo, somente os arquivos correspondentes ao seu modo de exibição atual (incluindo arquivos em subpastas) serão exibidos.

vii) A caixa de pesquisa

Digite uma palavra ou frase na caixa de pesquisa para procurar um item na pasta ou biblioteca atual. A pesquisa é iniciada assim que você começa a digitar; portanto, quando você digita "B", por exemplo, todos os arquivos cujos nomes começam com a letra B aparecem na lista de arquivos.

Pesquisas – Integrada ao Sistema Operacional

- Filtros de Pesquisa
- Pesquisar direto na pasta
- Pesquisar por meio do menu iniciar

viii) Painel de detalhes ou Barra de Status

Para ver as propriedades mais comuns associadas ao arquivo selecionado. As propriedades são informações sobre um arquivo, como autor, a data que fez a última alteração no arquivo e quaisquer marcas descritivas que você tenha adicionado ao arquivo.

A Barra de Status mostra contagem de arquivos ou itens contidos na pasta ou biblioteca aberta.

ix) Controle de Modos de Exibição ou

- Ícones Extra Grandes
- Ícones Grandes
- Ícones Médios
- Ícones Pequenos
- Lista
- Detalhes
- Lado a Lado
- Conteúdo

x) Ativar ou ocultar painel de visualização rápida (Organizar / Layout) ou 

Para ver o conteúdo da maioria dos arquivos. Se você selecionar uma mensagem de e-mail, um arquivo de texto ou uma imagem, por exemplo, poderá ver seu conteúdo sem abri-lo em um programa.

xi) Painel de visualização ativo

Mostra o conteúdo inicial de arquivos cuja extensão é conhecida, como os arquivos do Office.

c) Opções da pasta

A maneira como as informações da pasta são exibidas podem ser configuradas pelo usuário por meio do caminho:

Organizar > Opções de pasta e pesquisa

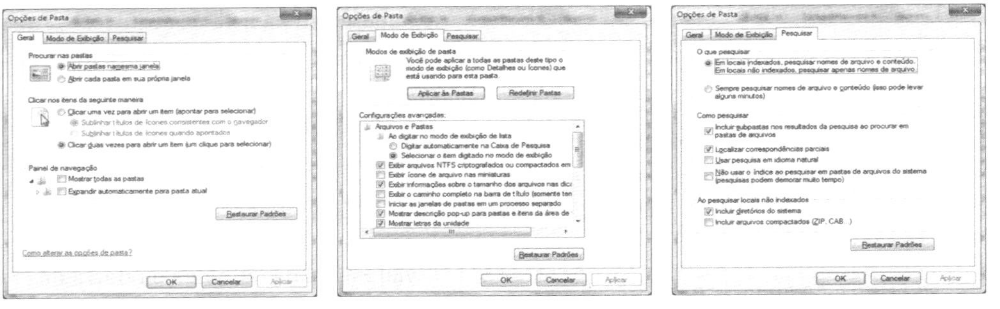

Figura 29

d) Propriedades de arquivos

Um arquivo possui certos atributos que variam de um sistema operacional para o outro, mas que normalmente são os seguintes:

- **Nome:** o nome simbólico do arquivo é a única informação conservada em forma legível pelas pessoas.
- **Tipo de arquivo:** informação necessária para aqueles sistemas que suportam diferentes tipos e estão relacionados à extensão.
- **Abre com:** conforme o recurso Programas Padrão, determina qual programa será utilizado por padrão para a abertura deste tipo.
- **Local:** é o caminho completo do arquivo no dispositivo.
- **Tamanho:** o tamanho corrente do conteúdo do arquivo e o tamanho que ele ocupa no disco.
- **Hora, data e identificação do usuário:** estas informações podem ser conservadas em relação à data da criação, última modificação e última utilização do arquivo. Estes dados podem ser úteis para proteção, segurança e monitoramento de uso do arquivo.

A informação sobre todos os arquivos é conservada na estrutura do diretório que também reside em memória secundária. A entrada de um diretório consiste no nome do arquivo com seu identificador único. O identificador, por sua vez, permite localizar os demais atributos do arquivo. O registro desta informação para cada arquivo pode ocupar mais que um KiloByte. Em um sistema com muitos arquivos o tamanho do próprio diretório pode ocupar megabytes. Como os diretórios, da mesma forma que os arquivos, devem ser não voláteis, precisam ser armazenados em dispositivos e conduzidos à memória gradativamente, conforme necessário.

e) Atributos de arquivos

O Windows Explorer possibilita que o usuário vincule atributos aos arquivos, tanto básicos quanto avançados, que seguem abaixo.

- **Somente leitura (básico)** – Garante a integridade do dado.

Os arquivos que recebem o atributo **somente leitura** não podem ser alterados, mas podem ser excluídos.

Após abrir um arquivo somente leitura, e fazer alterações, o mesmo não permite salvar.

- **Oculto (básico)** – Garante a confidencialidade do dado.

São os arquivos ocultos para exibição. Isso protege o recurso contra acessos indesejados. O Windows oculta arquivos e pastas de sistema importantes para protegê-los contra exclusões ou modificações acidentais. É possível exibir arquivos e pastas ocultos, selecionando a opção que os mostra na caixa de diálogo Opções de pasta, na guia Modo de exibição.

- **O arquivo está pronto para ser arquivado:**

São arquivos cujo backup não foi feito recentemente. Quando um utilitário de backup faz o backup de um recurso, ele o marca como arquivado. Quando o recurso é alterado de alguma forma, o sinalizador de arquivado é removido.

- **Permitir que o conteúdo deste arquivo seja indexado junto com as propriedades do arquivo:**

Em locais indexados, pesquisa nomes de arquivos e conteúdo.

- **Compactar o conteúdo para economizar espaço em disco (avançado)** – Garante a disponibilidade do dado.

São arquivos que diminuíram de tamanho, reduzindo a quantidade de espaço usado por eles em uma unidade ou no dispositivo de armazenamento removível. O Windows dá suporte a dois tipos de compactação: compactação, NTFS e compactação que utiliza o recurso de pastas compactadas (zipadas).

- **Criptografar o conteúdo para proteger os dados (avançado)** – Garante a confidencialidade do dado.

São arquivos que foram criptografados para serem mantidos em segurança contra o acesso de intrusos. Depois que um arquivo for criptografado, você poderá abri-lo e alterá-lo, sem precisar descriptografá-lo.

Para configurar estes atributos nas pastas basta acessar qualquer pasta de seu computador e clicar com o botão direito e em seguida clicar em Propriedades. Na guia Atributos você visualiza a configuração e no botão Avançados é possível criptografar e compactar os arquivos contidos na pasta.

ATENÇÃO

Os atributos avançados (Compactar e Criptografar) não podem ser aplicados juntos.

- **Proteção:** a informação de controle de acesso determina quem pode ler o arquivo, gravá-lo, executá-lo e assim por diante.

f) Gerenciamento de arquivos e pastas no Windows

- Selecionando e arrastando um arquivo entre pastas do mesmo diretório raiz, será executada a ação de MOVER.
- Selecionando e arrastando um arquivo entre pastas de diretórios raiz distintos, será executada a ação de COPIAR.
- Selecionando e arrastando um arquivo entre pastas do mesmo diretório raiz, mantendo a tecla CTRL pressionada, será executada a ação de COPIAR.
- Selecionando e arrastando um arquivo entre pastas de diretórios raiz distintos,

mantendo a tecla SHIFT pressionada, será executada a ação de MOVER.

- Copiando um arquivo de uma origem qualquer e colando em um destino onde já exista um arquivo com mesmo nome e extensão, será apresentada uma janela questionando o usuário a respeito do que deseja fazer e entre as opções está a que permite colar o arquivo modificando seu nome para (2).
- Copiando e colando um arquivo na mesma pasta, será criado um novo arquivo com a palavra Cópia.
- Recortando e colando um arquivo na mesma pasta, o Windows apresentará uma mensagem de erro.
- Renomear um arquivo para um nome já existente, será questionado o usuário a respeito do que deseja fazer e entre as opções está a que permite modificar o nome acrescentando (2).
- Para alterar as propriedades, permissões e atributos dos arquivos, clicar com botão direito do mouse e selecionar propriedades.

g) Favoritos

- Área de Trabalho
- Downloads
- Locais – Armazena os últimos locais acessados

h) Bibliotecas – Organizam os arquivos e facilitam o seu uso em rede local

- Documentos
- Imagens
- Músicas
- Vídeos
- Novas Bibliotecas

i) Discos

- Partições
- Diretórios (<3.1) / Pastas (95>)

j) Locais de rede

- Outros computadores ou locais da rede

19) Excluindo arquivos – Lixeira

A Lixeira do Windows é uma pasta que armazena temporariamente um arquivo, e tem como características:

- Os arquivos e pastas não podem ser manipulados.
- Não libera espaço no HD.
- O conteúdo restaurado volta o seu local de origem, caso a pasta de origem não exista mais ela será recriada.
- Para cada diretório do Hard Disk (para cada partição), existe uma lixeira independente.
- Para Hard Disks ou diretórios de partições com até 40GB de tamanho, o tamanho máximo da lixeira na configuração padrão do Windows é 10% do tamanho do HD.

Exemplo: Diretório de 20GB tem uma lixeira com o tamanho máximo de 2GB.

- Para Hard Disks ou diretórios de partições com mais de 40GB de tamanho, o tamanho máximo da lixeira, na configuração padrão do Windows, é de 10% para os primeiros 40GB e de 5% para o restante.

Exemplo: Diretório de 540GB tem uma lixeira com o tamanho máximo de 29GB (25GB + 4GB).

- O tamanho mínimo de lixeira que pode ser definido pelo usuário nas ultimas versões do Windows é de 1MB.
- Caso o usuário queira excluir definitivamente o arquivo sem que este seja enviado para a lixeira basta selecionar o mesmo e no teclado pressionar as teclas **Shift + Del**.
- Os sistemas Windows permitem que cada usuário tenha a sua própria lixeira, esse recurso é muito bom, porém, se os usuários não limpam as lixeiras, a quan-

tidade de lixo pode consumir muito espaço do disco rígido.

- Caso algum arquivo foi acidentalmente enviado para a lixeira e imediatamente for percebido podemos utilizar a combinação de teclas **Ctrl + Z** que será desfeita a última ação, ou seja, o arquivo será restaurado.
- Se o arquivo a ser apagado for maior que a lixeira ele será excluído definitivamente e não ficará armazenado.
- Se a lixeira estiver quase cheia e um arquivo maior que o espaço disponível for enviado para ela, os arquivos mais antigos serão excluídos definitivamente para que caiba o novo.
- A lixeira que vemos na área de trabalho do Windows é apenas um link.

Quando jogamos um arquivo no lixo do Windows (sem trocadilhos), este arquivo vai parar na(s) pasta(s) $RECYCLE.BIN (Windows 7), presente em cada partição do(s) disco(s) fixo(s) de armazenamento (HD).

Por padrão, a(s) verdadeira(s) lixeira(s) fica(m) oculta(s), mas não inacessível(is) para um usuário do tipo administrador. Se você quiser acessá-la(s), isto é, se quiser acessar a(s) pasta(s) $RECYCLE.BIN do Windows 7, basta digitar sua localização na barra de endereços do Explorer.

A(s) lixeira(s) fica(m) na raiz de cada partição, portanto, seu(s) endereço(s) pode(m) ser C:\$RECYCLE.BIN, D:\$RECYCLE.BIN, E:\$RECYCLE.BIN etc. (no caso do Windows 7).

Todavia, acessar a(s) lixeira(s) dessa forma não permite, normalmente, visualizar seu conteúdo (quando abrir a lixeira, ela se apresentará vazia, mesmo não estando). Para visualizar o conteúdo da lixeira, desmarque a opção "Ocultar arquivos protegidos do sistema operacional (recomendado)" e marque a opção "Mostrar arquivos, pastas e unidades ocultas", presente em Configurações Avançadas da aba "Modo de Exibição" das "Opções de pasta e pesquisa" do menu "Organizar", do Explorer.

20) Softwares nativos

Os apps nativos são softwares que podem funcionar off-line e foram desenvolvidos especificamente para uma plataforma específica. Ou seja, são programas construídos sob medida para funcionar plenamente nos dispositivos e tirar o máximo proveito dos seus recursos. São instalados junto com o próprio sistema.

O Windows, como sistema operacional baseado em licença de distribuição proprietária (copyright) tem programas que são internos a ele, denominados programas nativos.

Os programas nativos do Windows se subdividem em duas categorias: Aplicativos e Utilitários.

i) Softwares utilitários nativos

O sistema operacional Windows, além dos programas que são destinados para atender necessidades dos usuários, denominados aplicativos, tem programas que tem por função prevenir algum problema com o sistema ou hardware ou mesmo corrigir problemas já gerados, e estes são denominados utilitários.

- Utilitários – São programas que cumprem uma função de correção ou prevenção de problemas na máquina.

Exemplos: Compactadores de arquivos, software antivírus ou antimalware, desfragmentadores de unidades de discos, software de backup, software de acesso e controle remoto etc.

ii) Painel de Controle / Configurações

É uma ferramenta de sistema do Microsoft Windows, na qual agrega vários recursos para personalizar as configurações do computador.

Importante lembrar que no Windows 10 o painel de controle ainda é nativo, e tem o software Configurações como outra forma de fazer tudo o que ele faz com uma interface diferente. O acesso às configurações no Windows 10 pode ser feito por meio da combinação de teclas ⊞ + i

iii) Dispositivos e impressoras

Recurso utilizado para a instalação e gerenciamento de Impressoras e demais dispositivos periféricos.

iv) Limpeza de disco

Permite que sejam removidos os arquivos desnecessários do disco, como temporários e de atualizações.

v) Desfragmentador de disco

Quanto mais o Hard Disk é modificado, com a instalação de programas, edição de arquivos ou exclusão de conteúdo, mais ele fica fragmentado, com programas que não são utilizados de forma regular em setores de leitura inicial do Hard Disk e programas utilizados regularmente em setores de leitura final. Além disso, é possível que partes de um mesmo arquivo estejam localizadas em setores distantes, não contínuos, o que diminui o desempenho na leitura destes arquivos.

O Defrag tem como objetivo resolver estes problemas, por meio da reorganização do Hard Disk, eliminado fragmentos, para aumentar o desempenho na leitura de dados. Para isso, o defrag regrava partes de um mesmo arquivo em setores contínuos do HD, podendo ou não ser no mesmo setor.

Existem problemas que podem comprometer o pleno funcionamento do Hard Disk que não é função do Defrag corrigir, tais como:

- O Defrag não corrige erros físicos ou lógicos do HD
- O Defrag não libera espaço no HD.

vi) Procurar Erros em Arquivos e Pastas (antigo Scandisk)

Podem existir tanto erros físicos (riscos) quanto erros lógicos que comprometem o pleno funcionamento do Hard Disk, e é função do Scandisk realizar a verificação do disco em busca de erros lógicos em arquivos e pastas.

O Scandisk, na verificação feita no Hard Disk, busca e identifica erros físicos e lógicos nas partes do disco, porém tem o atributo de corrigir apenas os erros lógicos.

- Propriedades do HD – Ferramentas – Verificar

vii) Procurar erros físicos no disco (antigo CHKDSK)

Corrige erros físicos no HD.

viii) Agendar tarefas

O agendador de tarefas, como o próprio nome diz, é um recurso do Windows que permite criar, editar e agendar tarefas. Com ele, o usuário pode agendar algo como um enviar um e-mail ou abrir certo programa em determinado dia e hora, entre outros

ix) Verificar configurações do sistema (RAM / Processador / Nome do Computador)

Exibe informações sobre o computador e permite alterar as configurações de hardware, desempenho e conexões remotas. O acesso pode ser feito por meio da combinação de teclas Windows + Pause.

x) Gerenciador de dispositivos

O Gerenciador de Dispositivos é um recurso do Painel de Controle nos sistemas operacionais Microsoft Windows. Ele permite que os usuários visualizem e controlem o hardware conectado ao computador. Quando uma peça de hardware não está funcionando, o hardware incorreto é destacado para que o usuário o manipule. Para cada dispositivo, os usuários podem:

- Fornecer drivers de dispositivo de acordo com o modelo de driver do Windows.
- Ativar ou desativar dispositivos.
- Dizer ao Windows para ignorar dispositivos com defeito.

xi) Windows Update

Recurso do Windows que verifica se há atualizações de software e driver, escolhe configurações de atualização automática e exibe atualizações instaladas.

xii) MsConfig

O Windows é um sistema operacional com algumas configurações pré-definidas pelo desenvolvedor, que podem ser alteradas por meio do MsConfig, permitindo desabilitar a inicialização de programas quando o sistema for inicializado. Inclusive permite que o usuário configure o sistema para que o próximo carregamento seja feito em modo de segurança. Sua função é concentrar todas as configurações gerenciais necessárias do sistema operacional para que o mesmo possa executar seu trabalho.

Geral: Permite escolher a seleção de inicialização.

- **Inicialização Normal** – Padrão de inicialização default que iniciará todos os programas listados nas outras guias.
- **Inicialização de Diagnóstico** – Esta opção carrega apenas os processos mais básicos do Windows.
- **Inicialização Seletiva** – Esta opção é selecionada automaticamente quando alteramos qualquer uma das outras guias.

Inicialização do Sistema: Permite escolher as opções de Inicialização, como por exemplo, inicialização segura.

Serviços: Podemos configurar e influenciar no desempenho do boot do Windows, ativando ou desativando alguns serviços agregados ao sistema.

Inicialização de Programas: Aqui temos todos os programas que estão inicializando com o Windows, pode ser desativado qualquer programa para que não seja inicializado com o sistema. No Windows 8 essa guia possui um novo layout que é gerenciado agora no gerenciador de tarefas.

Ferramentas: Onde é possível acessar todas as ferramentas do SO.

xiii) Regedit

O Registro de edição de programas instalados no computador e inclusive do próprio Windows pode ser alterado e editado por meio do Regedit.

xiv) Gerenciador de tarefas

Controla as tarefas em execução como: Aplicativos, Processos, Serviços, Desempenho, Rede, e Usuários. CTRL + SHIFT + ESC.

xv) Restauração do sistema

Toda vez que o usuário altera Drivers, que são controladores de dispositivos, o Windows registra a configuração do sistema com a estrutura antiga de Drives, utilizando para isso arquivos denominados Hives.

Este registro da situação anterior do Driver gera o ponto de restauração, que permite ao usuário retornar ao ponto de restauração anterior caso ocorra algum problema com o computador.

A restauração de sistema permite que o usuário crie um ponto de restauração padrão, ou mesmo defina a retomada de um ponto de restauração por meio de uma tarefa agendada, porém, por padrão, a criação de um ponto de restauração é uma tarefa automática, toda vez que um Driver é alterado.

IMPORTANTE

A restauração de sistema não opera em Drives (hardwares) nem em Firmwares, como a BIOS, POST ou SETUP, e quando o usuário resolve retornar a um ponto de restauração, não são excluídos outros arquivos, como de textos ou planilhas, nem elementos como favoritos do Internet Explorer.

xvi) Criação de discos de recuperação

O disco de reparação do Windows permite acessar ferramentas de recuperação do sistema operacional para corrigir problemas de inicialização, restaurar o sistema usando pontos de restauração ou imagens de backup do sistema, testar a memória RAM e executar comandos a partir do prompt de comando.

xvii) BitLocker Drive Encryption

O BitLocker é a ferramenta de criptografia da Microsoft, disponível no Windows Vista, Windows 7, Windows 8 e Windows 10. O recurso permite encriptar o disco rígido do computador, protegendo os documentos e arquivos contra o acesso não autorizado.

xviii) Ferramenta de backup e restauração

A ferramenta de backup do Windows está localizada no Painel de Controle e permite fazer uma cópia de segurança tanto dos arquivos do usuário quanto uma imagem do sistema operacional para futuras restaurações, caso o mesmo apresente algum problema.

xix) Permitir acesso remoto

Acesso remoto é uma tecnologia que permite que um computador consiga acessar um servidor privado – normalmente de uma empresa – por meio de outro computador que não está fisicamente conectado à rede.

Essa tecnologia é o que permite acessar e-mails e arquivos corporativos fora do local de trabalho, assim como compartilhar a tela do computador em aulas ou palestras à distância, de modo a fazer com que o receptor visualize exatamente o que é reproduzido no computador principal e até fazer edições e alterações mediante permissão.

xx) Windows Defender

O antivírus Microsoft Windows Defender ganhou mais importância no Windows 10, com uma proteção mais robusta que visa substituir programas de terceiros.

Quando se inicia o Windows 10 pela primeira vez, o Windows Defender é ativado e trabalha para proteger seu computador procurando por software mal-intencionado. Ele será desativado automaticamente se for instalado outro aplicativo de antivírus.

O Windows Defender usa proteção em tempo real para examinar tudo que é baixado ou executado no computador. É possível desativar a proteção em tempo real temporariamente se for necessário.

- Nativo do Windows 8 e 10;
- Recebe Atualizações;
- Para instalar outro antivírus deve-se desativar ele;
- Nasceu como antispyware;
- Depois foi incorporado o MSE.

xxi) Firewall do Windows

O Firewall do Windows filtra informações que chegam ao seu computador da Internet e bloqueia programas potencialmente prejudiciais.

xxii) Softwares aplicativos / Acessórios nativos

São programas utilizados pelos usuários para auxiliar nas tarefas realizadas no dia a dia, e que são executados sobre um sistema operacional.

Exemplos: editores de texto, navegadores, planilhas eletrônicas, programas gráficos, arquitetura, contabilidade, educação, medicina e outras áreas comerciais. São ainda os videojogos, as bases de dados, os sistemas de automação industrial etc.

xxiii) Cortana (Windows 10)

A Cortana chegou à área de trabalho! Assim como no Windows Phone, você pode fazer perguntas sobre a previsão do tempo, obter direções para casa, definir lembretes, e mais: por exemplo, é possível pedir que ela ligue ou desligue o Bluetooth ou Wi-Fi.

A assistente pessoal do Windows agora tem suporte para língua portuguesa, e é similar à SIRI da Apple. A Cortana possibilita acessar agenda, calendário, despertador, inicializar programas e realizar pesquisas na internet, tendo interação com o Edge.

A exemplo da Siri e do Google Now, a assistente virtual oferece informações contextuais baseada nos dados que coleta sobre você e o que você costuma procurar na internet.

xxiv) Editores e leitores de texto

O Windows possui nativamente tanto leitores quanto editores de texto, porém estes sofreram inclusões e alterações nas diferentes versões do sistema operacional Windows.

- **Bloco de notas (Notepad)** – O bloco de notas é o mais simples editor de textos do Windows, e está presente em todas as versões. Sua extensão padrão para criação de arquivos é **.txt**.
- **Wordpad** – Este editor de textos, que também está presente nas diferentes versões do Windows e possui recursos mais desenvolvidos do que o Bloco de Notas. Sua extensão padrão para criação de arquivos é **.rtf.**

Obs.: a partir do Windows Vista, o Wordpad consegue ler arquivos com a extensão das mais recentes versões do Ms Word .docx.

- **Notas autoadesivas (Stickinotes) Post-it** – Presente **a partir do Windows Vista** serve como um lembrete virtual, que pode ser "adesivado" em qualquer janela do Windows. Lembrando que isso não é um arquivo.
- **Leitor (Reader)** – Presente a partir do Windows 8, não é um editor, mas sim um leitor de algumas extensões de texto, em particular no formato PDF, que não pode ser lido em versões anteriores do Windows.

xxv) Editores de imagens – Paint

O editor de imagens do Windows, denominado Paint, sofreu importantes alterações nas últimas versões do Windows, tanto a extensão padrão de arquivos quanto as ferramentas.

Até o Windows XP a extensão de arquivos padrão do Paint é .bmp, no Windows Vista passou a ser .jpeg e a partir do Windows 7 passou a ser .png.

As últimas versões do Windows (**a partir do Vista**) apresentaram novas funções para o paint, como as que seguem:

- **Interface com scanner** – Caso o Paint esteja aberto, as imagens digitalizadas podem ser inseridas diretamente no aplicativo.
- **Interface touchscreen** – É possível criar arquivos de imagens por meio de comandos de toque.

ATENÇÃO

No caso do Windows 7, algumas edições não possuem esta funcionalidade.

xxvi) Editores e players multimídia (Aplicativo)

O Windows possui programas que permitem tanto a reprodução quanto a edição de conteúdo multimídia (de áudio e/ou vídeo). O programa padrão que é o player nativo multimídia do Windows é denominado:

- Windows Media Player.

E o editor de vídeos nativo:

- Windows Movie Maker.

Caso não seja possível a reprodução de determinada extensão de arquivo de áudio ou vídeo é necessário atualizar a lista de extensões que estes programas podem reproduzir por meio de codecs apropriados.

xxvii) Calculadora

Calculadora é um software desenvolvido pela Microsoft, e já vem nativamente no sistema desde a primeira versão.

O programa simula uma calculadora digital, no qual existem dois sistemas de cálculos, o Padrão, que se pode adicionar, subtrair, dividir, multiplicar etc. E o sistema para cálculos científicos, que simula uma calculadora muito mais completa e detalhada, com opções Hex, Decimal, Octal, Binário em Graus, Radianos ou Grados (ver Figura 30).

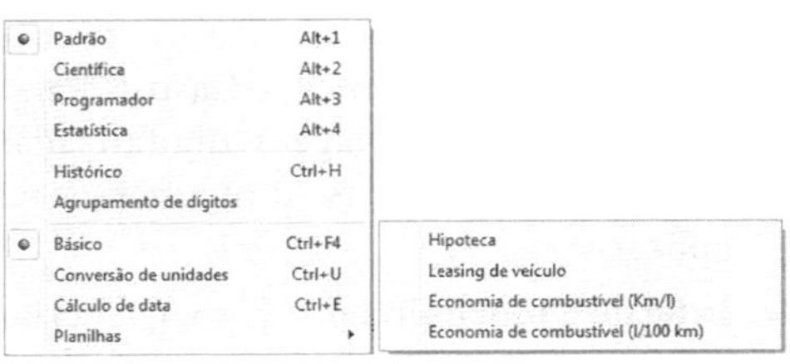

Figura 30

Além da calculadora tradicional que já vem embutida no Windows 8.1, uma calculadora em interface Metro também está presente no sistema, com a função de tela cheia, além da possibilidade de mudar para científico e modos de conversão.

A calculadora do Windows 10 é um aplicativo universal do Windows, trazendo novos e alguns recursos já presentes na calculadora do Windows 7, que são: conversor de volume, de comprimento, de peso, de temperatura, de energia, de espaço, de velocidade, de tempo, de alimentação, de data, de pressão e de ângulo, além de uma lista de histórico do qual o usuário poderá excluir. Embora o arquivo original cal.exe ainda esteja presente para fins de legado, agora é apenas um stub que inicia o aplicativo universal.

xxviii) Aplicativos de acessibilidade

O Windows possui diversos programas para facilitar a acessibilidade ao sistema operacional, suas pastas, arquivos e programas, dentre os aplicativos de acessibilidade do Windows se destacam:

- **Lupa** – Cria uma janela em que as áreas próximas ao cursor do mouse são ampliadas centenas de vezes. Ela permite acessibilidade para os casos de deficiência visual do usuário.
- **Teclado virtual** – Reproduz todas as teclas do teclado físico do computador (hardware) e pode ser utilizado por meio de comandos touchscreen. Ele permite acessibilidade para os casos de quebra ou ausência do teclado físico.

IMPORTANTE

O Teclado Virtual é também amplamente utilizado como ferramenta de segurança, para evitar que senhas sejam roubadas por meio de Keyloggers.

- **Narrador** – O Narrador lê em voz alta qualquer texto na tela. Você precisará de alto-falantes.
- **Alto contraste** – O alto contraste aumenta o contraste das cores para reduzir a fadiga ocular e facilitar a leitura.

Para acessar as configurações de Acessibilidade rapidamente basta utilizar a combinação de teclas Windows ⊞ + U.

xxix) Windows Fax and Scan

Fax e Scan do Windows é um programa nativo da Microsoft. Ele permite aos usuários enviar fax de mídia digital armazenada no disco rígido, e digitalizar por meio de equipamentos periféricos instalados do tipo scanner.

xxx) Visualizador de XPS

Um documento XPS é qualquer arquivo que seja salvo no formato XML Paper Specification ou .xps. Embora você possa criar documentos XPS (arquivos .xps) usando qualquer programa a partir do qual possa imprimir no Windows, é possível exibir documentos XPS apenas usando o Visualizador XPS.

xxxi) Comando Executar

Esta ferramenta mostra o executável e o caminho da aplicação que deseja abrir, é possível abrir ela com maior agilidade usando o atalho "WIN+R", ou o comando "Executar" do menu Iniciar.

xxxii) Prompt de Comandos

O Windows possui ainda um aplicativo que possibilita trabalhar com arquivos de lote, por meio de comandos de texto (shell). Este aplicativo, denominado Prompt de Comando, operado com os comandos do Ms DOS, permite, por exemplo, visualizar o conteúdo de determinado diretório, por meio do comando DIR ou ainda visualizar o IP de algum site da internet, por meio do comando PING.

Exemplo: ping www.bb.com.br

xxxiii) Navegadores

Um navegador de rede, navegador web, navegador da internet ou simplesmente navegador (em inglês: Web browser, browser) é um programa que habilita seus usuários a interagirem com documentos HTML hospedados em um servidor da rede.

- Internet Explorer

Internet Explorer, comumente abreviado como IE, é um navegador web gráfico desenvolvido pela Microsoft e incluso como parte da linha de sistemas operacionais Microsoft Windows, iniciado em 1995. Ele foi lançado inicialmente como parte do pacote de complementos Plus! para Windows 95 no mesmo ano. As versões posteriores foram disponibilizadas como downloads gratuitos, ou em service packs, e foi incluído nos serviços de lançamentos para Original Equipment Manufacturer (OEM) do Windows 95 e em versões posteriores do Windows.

- Microsoft Edge

O novo browser da Microsoft substitui o Internet Explorer como browser padrão do Windows, porém o IE continua existindo como browser nativo alternativo (ver Figura 31).

O Edge é de uso exclusivo do Windows 10, e você não pode rodá-lo no Windows 8 ou anteriores.

O novo navegador foi desenvolvido como um app Universal e receberá novas atualizações por meio da Windows Store. Ele utiliza um novo mecanismo de renderização de páginas conhecido também pelo nome Edge, inclui suporte para HTML5, Dolby Audio e sua interface se ajusta melhor a diferentes tamanhos de tela.

Entre as novidades do Edge estão:

➢ Extensões na loja

O Microsoft Edge já possui o suporte oficial a extensões, e podem ser baixadas pela Loja do Windows. É o caso do cofre de senhas LastPass, do bloqueador de anúncios AdBlock e do agregador de links Pocket, entre outras. Ao instalar os plug-ins, eles ficam acessíveis como ícones ao lado da barra de endereços, e podem ser geridos no novo menu Extensões do Edge.

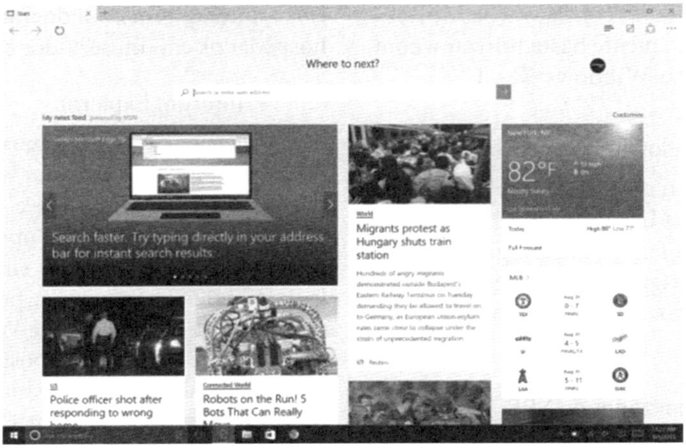

Figura 31

➢ Modo de Exibição de Leitura

Não deixe a Internet atrapalhar uma boa leitura. O recurso Modo de Exibição de Leitura elimina conteúdo que distrai sua atenção. Você só lê o que deseja.

➢ Anotações

Escreva, digite e rabisque diretamente na página da Web em que estiver com o recurso Anotação Web. Depois, é só compartilhar suas anotações com outras pessoas.

➢ Hub (Tudo o que é seu em um único local)

Chega de procurar arquivos baixados ou sites marcados. O Hub permite o acesso com um clique a itens favoritos, arquivos baixados, listas de leituras e mais.

➢ Leitor padrão de arquivos no formato PDF

Interação com a Cortana.

xxxiv) Email

O aplicativo Email conta com um editor de texto mais rico baseado no app Universal do Word para Windows 10 e também permite que o usuário utilize um plano de fundo personalizado para o app. (Iniciar)

No Windows 10, foi totalmente reformulado e trabalha junto com o aplicativo de calendário. O aplicativo conta com várias opções e suporte para gestos, caso você tenta um computador touch ou esteja usando um tablet. O aplicativo permite que você adicione quantas contas quiser e organizará todos seus e-mails corretamente. Além disto, ele permite que você mude o plano de fundo para quando não estiver com algum e-mail aberto!

xxxv) Calendário

O app Calendário ganhou uma interface bem mais intuitiva que a da versão para Windows 8.1, permitindo que o usuário crie compromissos e alterne entre modos dia/semana/mês mais facilmente. (Iniciar)

Um dos aplicativos mais renovados do Windows 10. O aplicativo de calendário traz um visual completamente novo e também traz novas funções. Agora você pode sair do calendário e ir para o e-mail de forma rápida. Além disto, você pode sincronizar todas suas contas no calendário, sem complicações.

xxxvi) Alarmes

O Windows 10 trouxe um novo aplicativo de alarme. Nele você encontrará outras opções além do alarme. Veja o horário em várias regiões do mundo, ative um contador ou até timer. O aplicativo é bem simples de usar e ajudará você no dia a dia. (Iniciar)

xxxvii) Pessoas

O novo aplicativo de pessoas irá facilitar sua vida, assim como os novos aplicativos de e-mail e calendário. Ele sincronizará automaticamente com os contatos da sua conta Microsoft, e isto permitirá que todos os contatos do seu Windows Phone estejam disponíveis em seu PC com Windows 10. Além disso, ao adicionar um contato pelo PC, ele será sincronizado e irá automaticamente para o seu celular. Caso você tenha um aparelho com Android você também pode aproveitar esta função! Basta adicionar sua conta Google acessando as configurações do aplicativo e escolhendo a opção de adicionar uma nova conta. (Menu Iniciar)

xxxviii) Fotos

Reúne fotos e vídeos de todos os seus dispositivos, aprimora-os para deixar ótimas fotos ainda melhores e organiza-os em belos álbuns. (Menu Iniciar)

Figura 32

Outro aplicativo totalmente reformulado. O aplicativo de fotos traz várias novidades quando falamos de exibição e de organização de fotos. Agora ele conta com uma exibição mais completa e também pode mostrar as fotos que estão salvas em seu OneDrive. Outra vantagem é a possibilidade de aprimorar suas fotos ou permitir que o aplicativo faça isso automaticamente. Você também pode usar o próprio aplicativo para executar edições básicas, recortes etc.

3.1 Questões

1. **(FCC – SABESP – Técnico em Gestão – Informática – 2014)** A única forma de evitar repetir o demorado processo de boot é manter a memória RAM ativa, ou salvar seu conteúdo no HD, recuperando-o no próximo boot. Essas estratégias são usadas, respectivamente, pelas opções de:

A) hibernar e bloquear.
B) suspender e hibernar.
C) restaurar e suspender.
D) bloquear e hibernar.
E) hibernar e suspender.

↗ **Gabarito: "B".**

2. **(CETRO – FUNDAÇÃO CASA – Técnico em Informática – Suporte – 2014)** Assinale a alternativa que apresenta a maneira como é feita para entrar no Modo de Segurança do sistema operacional Microsoft Windows 7, caso seja necessário resolver algum problema durante a sua operação.

A) Reiniciar o computador e, durante o processo, pressionar a tecla F8, antes de surgir o logotipo do Windows.
B) Pressionar diretamente a tecla F8, enquanto o Windows estiver funcionando.
C) Pressionar a tecla F8 repetidas vezes, enquanto o Windows estiver funcionando.
D) Manter pressionada a tecla F8 por, pelo menos, 4 segundos, enquanto o Windows estiver funcionando.
E) Reiniciar o computador e, durante o processo, pressionar a tecla F8, após surgir o logotipo do Windows.

↗ **Gabarito: "A".**

3. **(FCC – SEGEP-MA – Analista Executivo – Administrador – 2018)** Uma das recomendações de segurança para quem utiliza o Windows 10 é que, ao deixar o computador do trabalho por alguns instantes, se bloqueie a área de trabalho para evitar que pessoas mal-intencionadas possam aproveitar o momento para acessar dados confidenciais do usuário que se ausentou, ou possam usar o sistema como se fosse ele. Para acessar a tela onde é

possível bloquear a área de trabalho, deve-se pressionar a combinação de teclas.

A) Ctrl + Break.

B) Ctrl + Shift + Del (ou Ctrl + Shift + Delete).

C) Ctrl + Alt + Del (ou Ctrl + Alt + Delete).

D) Ctrl + End.

E) Ctrl + Alt + Break.

↗ **Gabarito: "C".**

4. **(FCM – IFF-RS – Assistente de Laboratório – Informática – 2016)** O Windows 7 permite criar contas com diferentes níveis de permissões. São tipos de contas de usuário:

A) Pública e oculta.

B) Pública e privada.

C) Compartilhada e oculta.

D) Compartilhada e privada.

E) Administrador e usuário padrão.

↗ **Gabarito: "E".**

5. **(IADES – MPE-GO – Técnico Ambiental – Biologia – 2013)** A respeito dos métodos de autenticação de usuários, a maioria dos sistemas baseia-se na identificação de algo que o usuário sabe, possui ou em características pessoais. Assinale a alternativa em que se apresenta o método de autenticação baseado em características pessoais.

A) Senha.

B) Senha de uma única vez (One-Time Passwords).

C) Certificado digital.

D) Biometria.

E) Token.

↗ **Gabarito: "D".**

6. **(Quadrix – FDSBC – Oficial Administrativo – 2019)** Para acessar rapidamente o conteúdo de uma pasta do HD de um computador a partir da área de trabalho do Windows 7, um advogado poderá criar um atalho para essa pasta na área de trabalho do Windows. Os primeiros passos para criar tal atalho envolvem um clique com o botão direito do mouse na área de trabalho, seguido da escolha das opções:

A) Criar > Atalho > Pasta.

B) Mapear > Atalho > Pasta.

C) Novo > Atalho > Pasta.

D) Inserir > Atalho.

E) Novo > Atalho.

↗ **Gabarito: "E".**

7. **(Quadrix – CREF 11ª Região – Agente de Orientação e Fiscalização – 2019)** No Windows 10, ao clicar o botão direito do mouse sobre um bloco dinâmico, dependendo do tipo de atalho, serão exibidas opções que possibilitam ao usuário, por exemplo, desligar as notificações de informações e anúncios nos blocos dinâmicos.

( ) Certo.

( ) Errado.

↗ **Gabarito: "Certo".**

8. **(Quadrix – CRESS-GO – Agente Fiscal – 2019)** Os Blocos Dinâmicos do sistema operacional Windows 10 não podem ser redimensionados, pois são padronizados por esse sistema operacional.

( ) Certo.

( ) Errado.

↗ **Gabarito: "Errado".**

9. **(Aroeira – PC-TO – Escrivão de Polícia Civil – 2014)** A barra de tarefas do Sistema Operacional Windows 8.1 normalmente fica posicionada na parte inferior da área de trabalho. Para desbloquear a barra de tarefas de forma que se possa movê-la para as laterais ou para a parte superior da área de trabalho, pode-se clicar com o botão direito do mouse em um espaço vazio na barra de tarefas e

A) desmarcar a opção "Bloquear a barra de tarefas".

B) ativar o menu "Desbloquear a barra de tarefas".

C) marcar a opção "Desbloquear a barra de tarefas".

D) ativar o menu "Bloquear a barra de tarefas".

↗ **Gabarito: "A".**

10. **(LEGALLE Concursos – Câmara de Vereadores de Guaíba-RS – Auxiliar de Apoio Administrativo – 2017)** Com relação às configurações da Barra de Tarefas no Windows 8.1, em português, analise as assertivas:

I. É possível alterar a localização da barra de tarefas na tela.

II. A barra de tarefas pode ser ocultada automaticamente.

III. É possível substituir a barra de tarefas pelo Menu Iniciar.

Está(ão) CORRETA(S):

A) Apenas I.

B) Apenas II.

C) Apenas III.

D) Apenas I e II.

E) I, II e III.

↗ **Gabarito: "D".**

11. (Quadrix – CREF – 13ª Região – Analista Contador – 2018) Acerca do Microsoft Excel 2013, do sistema operacional Windows 8 e dos conceitos de redes de computadores, julgue o item subsequente.

No Windows 8, ao clicar o botão direito do mouse sobre o ícone do Google Chrome, estando ele localizado na barra de tarefas, será possível obter uma lista dos sites mais visitados.

( ) Certo.

( ) Errado.

↗ **Gabarito: "Certo".**

12. (Quadrix – CREF – 13ª Região – Analista Contador – 2018) Acerca do Microsoft Excel 2013, do sistema operacional Windows 8 e dos conceitos de redes de computadores, julgue o item subsequente.

No Windows 8, os programas que estão em execução não podem ser fixados na barra de tarefas.

( ) Certo.

( ) Errado.

↗ **Gabarito: "Errado".**

13. (FUNDAÇÃO SOUSÂNDRADE – CRC-MA – Assistente Administrativo – 2010) A Barra de Tarefas é um componente tradicional do sistema Operacional Windows. Tipicamente lá encontramos, entre outras coisas, o relógio. Esse item, dentro da barra de tarefas, fica localizado;

A) no menu Iniciar.

B) na área de trabalho.

C) na área de notificação.

D) na barra de rolagem.

E) no painel de controle.

↗ **Gabarito: "C".**

14. (UFES – UFES – Assistente em Administração – 2017) O Windows 10 reintroduziu o botão "Iniciar", que havia sido removido em versões anteriores do sistema operacional. Por meio do botão "Iniciar", é possível abrir programas instalados no Windows 10 e ter acesso a outras funcionalidades desse sistema. NÃO é uma funcionalidade acionada por meio do botão "Iniciar" do Windows 10:

A) desinstalar programas.

B) ocultar um programa listado.

C) mostrar ou ocultar arquivos frequentemente utilizados.

D) instalar programas.

E) desligar o serviço do computador.

↗ **Gabarito: "D".**

15. (INAZ do Pará – BANPARÁ – Médico do Trabalho – 2014) As teclas de atalho para ativar o Botão Iniciar do Windows é:

A) CTRL+C.

B) CTRL+W.

C) ALT+TAB.

D) ALT+CTRL.

E) CTRL+ESC.

↗ **Gabarito: "E".**

16. (VUNESP – SAAE-SP – Auxiliar administrativo – 2014) Assinale a alternativa que contém o atalho de teclado que permite, no MS-Windows 7, em sua configuração padrão, alternar entre janelas ou programas abertos.

A) Alt + Tab.

B) Alt + F1.

C) F4.

D) Ctrl + Tab.

E) Ctrl + A.

↗ **Gabarito: "A".**

17. (FCC – MPE-SE – Analista do Ministério Público – Informática – 2010) No

Windows 7 pode-se trabalhar com duas janelas ao mesmo tempo, arrastando e redimensionando-as para as bordas da tela por meio do recurso:

A) Aero Shake.

B) Aero Peek.

C) Gadget.

D) Touch.

E) Snap.

↗ **Gabarito: "E".**

18. **(FEPESE – CIDASC – Médico Veterinário – 2017)** Sobre a Visão de Tarefas do Windows 10, assinale a alternativa correta.

A) Possibilita visualizar os aplicativos em execução pelo Windows e também criar áreas de trabalho adicionais.

B) Tem como funcionalidade organizar as tarefas do usuário e conta com lembretes e avisos sobre tarefas expiradas, por exemplo.

C) Lista os processos em execução pelo Windows com respectivas utilizações dos recursos de hardware.

D) Detalha as tarefas internas do Windows para manter o sistema operacional funcionando, incluindo rotinas de manutenção de disco rígido e segurança.

E) É um tipo de ajuda voltado à visualização dos novos recursos do Windows e visa auxiliar o usuário a descobrir as novidades do Windows.

↗ **Gabarito: "A".**

19. **(FEPESE – CELESC – Técnico em Segurança do Trabalho – 2018)** Sobre a central de ações do Windows 8.1 Pro em português, considere as seguintes afirmativas.

1. Permite ao usuário verificar se há algum software potencialmente prejudicial ao computador, detectado pelo Windows.

2. Permite iniciar e verificar o status de manutenções automáticas do Windows.

3. Permite ao usuário verificar mensagens de segurança do Windows.

Assinale a alternativa que indica todas as afirmativas corretas.

A) É correta apenas a afirmativa 3.

B) São corretas apenas as afirmativas 1 e 2.

C) São corretas apenas as afirmativas 1 e 3.

D) São corretas apenas as afirmativas 2 e 3.

E) São corretas as afirmativas 1, 2 e 3.

↗ **Gabarito: "E".**

20. **(FEPESE – MPE-SC – Técnico em Informática – Reaplicação – 2014)** O sistema operacional Windows 8 em Português oferece o recurso Charm Bar, que é uma maneira rápida de acessar as ações que os usuários realizam com maior frequência.

Assinale a alternativa que apresenta os cinco botões existentes na Charm Bar.

A) Pesquisar, Iniciar, Painel de Controle, Sistema e Computador.

B) Pesquisar, Compartilhar, Iniciar, Dispositivos e Configurações.

C) Pesquisar, Painel de Controle, Redes e Compartilhamentos, Sistema e Computador.

D) Painel de Controle, Compartilhar, Sistema, Computador e Configurações.

E) Iniciar, Painel de Controle, Sistema, Computador e Dispositivos.

↗ **Gabarito: "B".**

21. **(UFMT – Prefeitura de Cáceres-MT – Auxiliar Administrativo – 2015)** Sobre a Área de Transferência do Windows 7, marque V para as afirmativas verdadeiras e F para as falsas.

( ) A Área de Transferência é um espaço de armazenamento temporário pelo qual se pode, dentre outras coisas, copiar ou mover informações (como texto, imagens etc.) entre arquivos e programas.

( ) O conteúdo da Área de Transferência pode ser visto a qualquer momento, basta acessá-la pelo menu Iniciar, clicar em Todos os Programas, opção Acessórios, clicar em Área de Transferência.

( ) É possível utilizar a Área de Transferência para copiar e colar arquivos inteiros de uma pasta em outra, sendo que uma das maneiras de copiar e colar é usar os atalhos de teclado Ctrl+C (copiar) e Ctrl+V (colar).

( ) A Área de Transferência, por padrão, possui um histórico permanente de armazenamento e, todas as vezes em que o computador é desligado, o conteúdo da Área de Transferência é armazenado em um arquivo.

Assinale a sequência correta.

A) F, V, F, V.

B) V, F, V, F.

C) F, F, V, V.

D) V, V, F, F.

↗ **Gabarito: "B".**

22. **(VUNESP – FUNDUNESP – Historiógrafo – 2013)** No MS-Windows 7, a partir da sua configuração padrão, no Windows Explorer quando uma pasta ou biblioteca é aberta, é possível alterar a aparência dos arquivos na janela, por exemplo, ícones maiores, menores, conforme mostra a figura.

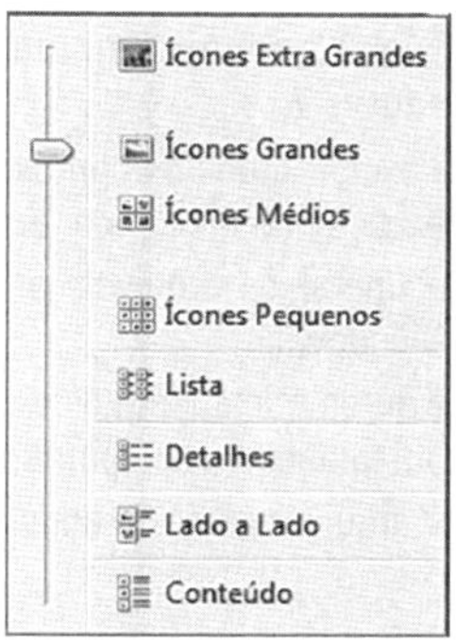

O botão que permite o acesso a essas opções chama-se

A) Tipos de Acesso.

B) Tipos de Figuras.

C) Modos de Acesso.

D) Modos de Exibição.

E) Modos de Detalhamento.

↗ **Gabarito: "D".**

23. **(FCC – MPE-PE – Analista Ministerial – Área Auditoria – 2018)** Por padrão, as extensões de arquivos conhecidos e ocultos não são exibidas nos nomes de arquivos apresentados no Explorador de Arquivos ou na Área de Trabalho do Windows 10. Existem diferentes formas para configurar a apresentação das extensões de arquivos, sendo uma delas, por meio do

A) clicar do botão direito do mouse sobre a Barra de ferramentas > ticar em Mostrar extensões de nomes de arquivos.

B) Explorador de Arquivos > menu Início > ticar em Mostrar extensões de nomes de arquivos.

C) clicar do botão direito do mouse na Área de trabalho > na janela que aparece clicar em Exibir > ticar em Mostrar extensões de nomes de arquivos.

D) Explorador de Arquivos > menu Exibir > ticar a opção Extensões de nomes de arquivos.

E) clicar do botão direito do mouse na janela do Explorador de Arquivos > na janela que aparece clicar em Exibir > ticar em Mostrar extensões de nomes de arquivos.

↗ **Gabarito: "D".**

24. **(FCC – TRF 4ª Região – Técnico Judiciário – Informática – 2010)** Se no ambiente Windows um arquivo foi marcado com o "atributo de arquivamento" significa que:

A) uma cópia foi realizada por um backup normal.

B) uma cópia foi realizada por um backup diferencial.

C) uma cópia foi realizada por um backup incremental

D) o arquivo foi recuperado recentemente.

E) o arquivo foi alterado recentemente.

↗ **Gabarito: "E".**

25. **(FCC – TRT 4ª Região – Técnico Judiciário – Administrativa – 2015)** Um técnico abriu duas janelas, uma ao lado da outra, na área de trabalho do Windows 7, em português. A janela da esquerda contém os arquivos e pastas de um pen drive e a janela da direita, os arquivos e pastas de uma partição do HD. Usando o método arrastar e soltar, o técnico arrastou um arquivo da janela da esquerda para a janela da direita. Neste caso, o arquivo será

A) movido.

B) compactado.

C) apagado.

D) ocultado.

E) copiado.

↗ **Gabarito: "E".**

26. **(COPESE – UFT – Administrador – 2014)** Sobre a Lixeira do Windows 7, em sua configuração padrão de instalação, analise as afirmativas.

I – Após excluir um arquivo do disco rígido, ele poderá estar na Lixeira, de forma que possa ser restaurado posteriormente, se necessário.

II – É possível excluir permanentemente um arquivo do computador sem enviá-lo para a Lixeira, clicando no arquivo e em seguida pressionado as teclas Shift+Delete.

III – Não é permitido excluir arquivos individualmente da Lixeira, mas somente esvaziá-la totalmente de uma só vez.

IV – Ao se excluir um arquivo de um pen drive, o arquivo será permanentemente excluído, em vez de armazenado na Lixeira.

Estão corretas as afirmativas

A) I, II e IV, apenas.

B) I, II, III e IV.

C) I e II, apenas.

D) III e IV, apenas.

↗ **Gabarito: "A".**

27. **(Instituto Legatus – Prefeitura de Angical do Piauí-PI – Digitador – 2016)** Os programas utilitários atuam sobre o sistema operacional para melhorar o desempenho dos mesmos ou lhes incluir novos recursos, ou seja, ampliam os recursos do sistema facilitando o uso e auxiliando a manutenção de programas. São exemplos de programas utilitários, EXCETO:

A) Programa de backup.

B) Software antivírus.

C) Compactador de dados.

D) Desfragmentador de disco.

E) Gerenciador de banco de dados.

↗ **Gabarito: "E".**

28. **(Máxima – SAAE de Aimorés-MG – Assistente Administrativo – 2016)** O sistema operacional Microsoft Windows 7 possui um painel de configurações, chamado Painel de Controle. Sobre esse painel, NÃO é possível afirmar que:

A) Por meio dele pode-se ajustar a data e hora do computador;

B) Por meio dele pode-se desinstalar um programa;

C) Por meio dele pode-se reinstalar o Windows;

D) Por meio dele pode-se criar novos usuários.

↗ **Gabarito: "C".**

29. **(IBAM – Prefeitura de Mauá-SP – Fiscal de Tributos – 2014)** No Windows 7 é possível instalar, exibir e gerenciar impressoras instaladas a partir de qual ferramenta?

A) Gerenciamento do Computador da Barra de Tarefas.

B) Dispositivos e Impressoras do Menu Iniciar.

C) Propriedades da Área de Trabalho.

D) Todos os Programas do Menu Iniciar.

↗ **Gabarito: "B".**

30. **(FAURGS – TJRS – Assessor Judiciário – 2016)** Assinale a alternativa correta em relação ao utilitário de limpeza de disco do Windows 7.

A) Possibilita excluir todos os pontos de restauração, com exceção do mais recente do disco.

B) Permite recuperar os arquivos já excluídos da lixeira do Windows.

C) Desinstala automaticamente os programas sem utilização instalados no computador.

D) Elimina os arquivos armazenados na cache de memória.

E) Não atua sobre a pasta de sistema do Windows.

↗ **Gabarito: "A".**

31. **(IBFC – EBSERH – Técnico em Informática – 2015)** Uma das melhores maneiras de melhorar o desempenho do computador é otimizando as unidades de disco. Por padrão, no Windows 8, o recurso Otimizar Unidades é executado automaticamente uma vez por semana. Se quisermos manualmente melhorar o desempenho das unidades no computador deveremos utilizar do recurso denominado:

A) Conciliador e Otimizador de Unidades.

B) Desfragmentador de Disco.

C) Disco Performance.

D) Otimizar unidades.

E) Otimizador de HD's.

↗ **Gabarito: "D".**

32. (COSEAC – CLIN – Auxiliar de Enfermagem do Trabalho – 2015) No Sistema Operacional Windows, o desfragmentador de discos (Defrag) e o verificador de erros de disco (Scan Disk) são exemplos de:

A) firmware.

B) aplicativo

C) software livre.

D) utilitário.

↗ **Gabarito: "D".**

33. (VUNESP – Câmara de Sertãozinho-SP – Tesoureiro – 2019) Um usuário criou uma tarefa agendada no Microsoft Windows 7, em sua configuração padrão, a partir do recurso Ferramentas Administrativas, do Painel de Controle, para ser executada todas as segundas-feiras, às 7:00. Assinale a alternativa que indica corretamente a condição para que a tarefa seja executada exatamente no dia e horário programados de forma automática.

A) O computador não pode estar sendo usado por nenhum usuário.

B) O computador não pode ter nenhum aplicativo aberto.

C) O computador deve estar obrigatoriamente ligado.

D) O computador não pode estar com a tela protegida.

E) O computador deve estar obrigatoriamente com o Agendador de Tarefas aberto.

↗ **Gabarito: "C".**

34. (CS-UFG – UEAP – Assistente Administrativo – 2014) A figura a seguir apresenta parte das informações básicas sobre o computador no sistema operacional Windows 7.

Classificação:	Índice de Experiência do Windows
Processador:	Inter(R) Core(TM) i5 CPU M450 2,53GHz 2,53 GHz
Memória instalada (RAM):	4,00 GB (utilizável 3,80 GB)
Tipo de sistema:	Sistema Operacional de 64 Bits
Caneta e Toque:	Nenhuma Entrada à Caneta ou por Toque está disponível para este vídeo

A janela que exibe essas informações pode ser acessada clicando no menu

A) Iniciar, submenu Programas Padrão, categoria Hardware e Sons e ícone Ferramentas Administrativas.

B) Iniciar, submenu Painel de Controle, categoria Sistema e Segurança e ícone Sistema.

C) Todos os Programas, submenu Programas Padrão, categoria Hardware e Sons e ícone Ferramentas Administrativas.

D) Todos os Programas, submenu Painel de Controle, categoria Sistema e Segurança e ícone Sistema.

↗ **Gabarito: "B".**

35. (VUNESP – Prefeitura de Ribeirão Preto-SP – Técnico em Processamento de Dados – 2018) No sistema operacional Windows 10, uma das maneiras de atualizar drivers de dispositivos é acessando o Painel de Controle, selecionando o Gerenciador de Dispositivos e, em seguida, o dispositivo que se deseja atualizar. Dentre as opções de atualização do driver do dispositivo, tem-se a "Pesquisar automaticamente software de driver atualizado". Essa opção efetua a pesquisa:

A) apenas na Internet.

B) apenas no próprio computador.

C) apenas no site do desenvolvedor do software de driver.

D) na Internet e armazena todas as versões encontradas em uma pasta.

E) no próprio computador e na Internet.

↗ **Gabarito: "E".**

36. (UFU-MG –Técnico de Laboratório – Informática – 2018) O Microsoft Windows 7 possui uma ferramenta de atualização automática do sistema operacional denominada Windows Update.

Sobre o funcionamento do Windows Update, seleciona a alternativa INCORRETA.

A) O Windows Update suporta download e instalação automáticos de atualizações.

B) O Windows Update suporta download automático das atualizações, seguido da emissão de um aviso quando essas estão prontas para a instalação.

C) O Windows Update suporta a verificação manual de atualizações.

D) Por padrão da Microsoft, o Windows 7 executa o Windows Update apenas quando o usuário "logado" no computador é Administrador.

↗ **Gabarito: "D".**

37. (CESPE – TCE-PA – Auxiliar Técnico de Controle Externo – Área Informática – 2016) Julgue o seguinte item, relativos ao diagnóstico de problemas em estações de trabalho e à manutenção de computadores.

Tanto em ações com fins corretivos quanto em ações com fins preventivos podem-se utilizar utilitários de sistema operacional, como o RegEdit e o MS-Config, e softwares antivírus para a varredura de ameaças à segurança de computadores.

( ) Certo.

( ) Errado.

↗ **Gabarito: "Certo".**

38. (CETAP – Prefeitura de Tailândia-PA – Professor de Educação Infantil – 2015) Para acessar o gerenciador de tarefas do Windows 7, existem diversos caminhos. Selecione das seguintes alternativas a que permite abrir o gerenciador de tarefas:

A) Clicar com botão direito na barra de tarefas e selecionar a opção "Iniciar Gerenciador de Tarefas".

B) Clicar com botão direito na área de trabalho e selecionar a opção "Gerenciador de Tarefas".

C) Pressionar a combinação de teclas Windows+T.

D) Pressionar a combinação de teclas Windows+R e selecionar a opção "Gerenciador de Tarefas".

E) Clicar com botão direito "Meu Computador" e selecionar a opção "Gerenciador de Tarefas".

↗ **Gabarito: "A".**

39. (AOCP – FUNDASUS – Médico – Pneumologia – 2015) Considerando o Sistema Operacional Windows, o Gerenciador de Tarefas permite que

A) o usuário agende suas tarefas em forma de lembrete.

B) o usuário agende suas tarefas para serem executadas de forma automática em uma data e hora preestabelecidas.

C) o computador gerencie a energia do monitor nas formas: econômica, normal e otimizada.

D) o usuário visualize os processos em execução.

E) o usuário possa gerenciar as tarefas de impressão e de armazenamento de dados com agendamentos diários, semanais, mensais ou anuais.

↗ **Gabarito: "D".**

40. (FAURGS – TJRS – Analista Judiciário – Engenharia Civil – 2012) Assinale a alternativa correta a respeito da ferramenta de sistema identificada como "restauração do sistema" no Windows 7.

A) Não é possível desfazer as alterações que a restauração do sistema faz no Registro do sistema.

B) A operação padrão de restauração não atua sobre arquivos pessoais, não servindo para recuperar a última versão de um arquivo pessoal excluído.

C) A operação de restauração sempre retorna à configuração da primeira instalação do Windows 7.

D) Na instalação padrão do Windows 7, os pontos de restauração são criados apenas quando novos dispositivos, como impressoras e discos, são instalados no sistema.

E) Os pontos de restauração são sempre criados automaticamente pelo sistema, não sendo possível criar um ponto de restauração manualmente.

↗ **Gabarito: "B".**

41. (CESPE – TRE-PI – Analista Judiciário – Análise de Sistemas – 2016) O recurso do Windows 8 denominado BitLocker:

A) é um dispositivo de segurança do sistema de arquivos do Windows que serve para bloquear arquivos danificados.

B) corresponde a um antivírus que localiza e bloqueia vírus.

C) bloqueia e compacta arquivos nas unidades do computador, cujo acesso é liberado apenas por meio de senha do dono do arquivo.

D) criptografa as unidades de disco no computador, fornecendo proteção contra roubo ou exposição de dados nos computadores e nas unidades removíveis perdidas ou roubadas.

E) não pode ser utilizado em arquivos armazenados em unidades de dados removíveis, como discos rígidos externos ou unidades flash USB.

↗ **Gabarito: "D".**

42. (IESES – CRM-DF – Assistente de Tecnologia da Informação – 2010) Dentre as opções de backup e restauração do Windows 7 apresentadas a seguir, selecione a opção que permite uma restauração completa do conteúdo de uma unidade de computador, incluindo o Windows, as configurações do sistema, os programas e arquivos:

A) Selecionar a opção para utilizar Versões Anteriores.

B) Restaurar o Backup da Imagem do Sistema.

C) Executar uma Restauração do sistema.

D) Restaurar um Backup de arquivo.

↗ **Gabarito: "B".**

43. (FCC – Copergás-PE – Auxiliar Administrativo – 2016) Um usuário está com problemas de configuração em um computador com o Windows 7 Professional em português, e deseja permitir que um especialista em informática da empresa onde trabalha, conectado na mesma rede interna, acesse seu computador remotamente para resolver os problemas. O computador desse usuário já está configurado adequadamente para permitir conexões de assistência remota. Para o especialista se conectar ao computador deste usuário por meio da abertura de conexão de área de trabalho remota ele deverá, no computador onde está, clicar no botão Iniciar, na opção:

A) Todos os Programas, na opção Acessórios e em Conexão de Área de Trabalho Remota. Na caixa de diálogo que se abre, no campo Computador, deverá digitar o nome do computador do usuário e clicar no botão Conectar.

B) Ajuda e Suporte e na opção Área de Trabalho Remota. Na caixa de diálogo que se abre, deverá selecionar o nome do computador do usuário na caixa de combinação Computador e clicar no botão Conectar.

C) Conectar a um Computador da Rede. Na caixa de diálogo que se abre, no campo Computador, deverá digitar o endereço IP do computador do usuário e clicar no botão Conectar.

D) Configurações de rede e na opção Conexão Remota. Na caixa de diálogo que se abre, deverá selecionar o nome do computador do usuário na caixa de combinação Conectar com e clicar no botão Conectar.

E) Ajuda e Suporte, na opção Acessórios e em Conexão de Área de Trabalho Remota. Na caixa de diálogo que se abre, no campo Computador, deverá digitar o nome do computador do usuário e clicar no botão Conectar.

↗ **Gabarito: "A".**

44. (FUNDATEC – Prefeitura de Torres-RS – Arquiteto e Urbanista – 2016) Qual a finalidade do programa Windows Defender, utilizado no Windows 10?

A) Controle de acesso para os filhos.

B) Navegação anônima na internet.

C) Ajuda a manter o computador seguro e proteger de ataques.

D) Restaurar o Windows.

E) Realizar backups dos arquivos do Windows.

↗ **Gabarito: "C".**

45. (UFMT – IF-MT – Arquivista – 2015) Sobre o Firewall do Windows 7, marque V para as afirmativas verdadeiras e F para as falsas.

( ) Um Firewall pode ajudar a impedir que hackers ou softwares mal-intencionados obtenham acesso ao computador por meio de uma rede ou da Internet.

( ) É possível modificar as configurações do Firewall do Windows 7 para cada um dos tipos de rede utilizados, sendo eles: Rede Doméstica, Rede de Trabalho, Rede Pública ou Domínio.

( ) Quando o Firewall do Windows está ativado, a maioria dos programas fica impedida de se comunicar pela rede, sendo possível que tal comunicação seja feita apenas se o Firewall for desabilitado.

( ) Recomenda-se, por padrão, que o Firewall do Windows fique desabilitado, caso contrário, se for necessário desativá-lo, é preciso realizar uma reinstalação do Windows.

Assinale a sequência correta.

A) V, F, V, F.

B) F, F, V, V.

C) F, V, F, V.

D) V, V, F, F.

↗ **Gabarito: "D".**

46. (UECE-CEV – Funceme – Analista de Suporte à Pesquisa Administração – 2018) Assinale a opção que descreve corretamente o recurso Cortana, presente no sistema operacional MS Windows 10.

A) Assistente digital desenvolvido para interagir com o usuário, auxiliando na realização de tarefas.

B) Ferramenta que tem como finalidade permitir que o usuário possa alterar as configurações do computador.

C) Área no sistema operacional destinada a armazenar dados de transferência entre documentos.

D) Localizada na parte inferior da área de trabalho, serve para exibir informações de todos os programas em uso.

↗ **Gabarito: "A".**

47. **(VUNESP – Câmara Municipal de Itatiba-SP – Contador – 2015)** Um usuário, por meio do MS-Windows 7, em sua configuração padrão, utiliza o aplicativo acessório WordPad, para edição de texto. A extensão padrão para arquivos gerados pelo WordPad é:

A) .xls.

B) .doc.

C) .txt.

D) .docx.

E) .rtf.

↗ **Gabarito: "E".**

48. **(Quadrix – CRF-RJ – Agente Administrativo – 2015)** Um computador que só tem o Windows 7 instalado terá disponível um editor de imagens e um editor de textos simples, que são, respectivamente:

A) Paint e WordPad.

B) Photoshop e Word.

C) PixWin e Microsoft Word.

D) PhotoPaint e Bloco de Notas.

E) Paintbrush e Writer.

↗ **Gabarito: "A".**

49. **(INAZ do Pará – DPE-PR – Técnico em Informática – 2017)** A calculadora no MS-Windows 7 possui novas funcionalidades em relação ao programa calculadora das versões anteriores, como calculadora científica, calculadora estatística e calculadora programador. Visto que pode ser utilizada para cálculos matemáticos simples e complexos, supomos que um funcionário da Defensoria Pública do Paraná necessite usá-la em seu modo padrão (simples), qual atalho no teclado ele poderá utilizar?

A) <alt> + <4>

B) <alt> + <3>

C) <alt> + <2>

D) <alt> + <1>

E) <ctrl> + <H>

↗ **Gabarito: "D".**

50. **(VUNESP – Câmara de Monte Alto-SP – Auxiliar Técnico Legislativo – 2019)** Durante um atendimento a um cidadão, um auxiliar técnico legislativo utiliza um aplicativo de acessibilidade do MS-Windows 7, em sua configuração padrão, para ampliar textos e outros itens da tela de seu computador, facilitando ao cidadão a leitura de sua tela.

Assinale a alternativa que apresenta o aplicativo a que se refere o enunciado.

A) Paint.

B) Painel de Controle.

C) Teclado Virtual.

D) Lupa.

E) Ferramenta de Captura.

↗ **Gabarito: "D".**

51. **(VUNESP – PC-SP –Técnico de Laboratório – 2014)** Observe os aplicativos a seguir, que podem ser acessados pelo usuário quando ele clica no botão Iniciar e depois em "Todos os Programas" do Windows 7, em sua configuração padrão.

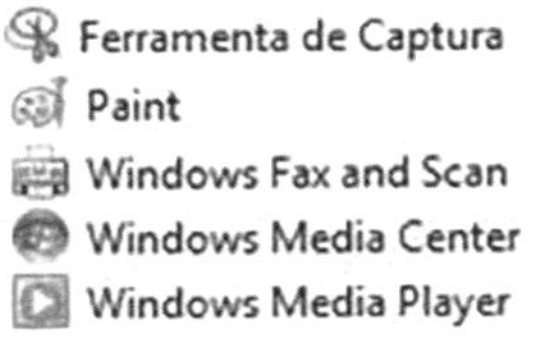

Ao conectar um scanner no computador, é possível digitalizar um material escrito utilizando o programa:

A) Ferramenta de Captura.

B) Windows Media Player.

C) Paint.

D) Windows Fax and Scan.

E) Windows Media Center.

↗ **Gabarito: "D".**

52. **(Quadrix – CRMV-SP – Técnico em Informática – 2013)** O Visualizador XPS é um aplicativo que se pode usar para exibir, pesquisar, definir permissões e assinar digitalmente documentos salvos no formato XML Paper Specification ou simplesmente xps. Esse formato é apresentado pela Microsoft como uma alternativa a qual outro formato?

A) doc.

B) docx.

C) txt.

D) pdf.

E) psd.

↗ **Gabarito: "D".**

53. **(FCC – MPE-MA – Técnico Ministerial – Rede e Infraestrutura – 213)** O usuário de um computador com o sistema operacional Windows deseja abrir a janela Executar para executar um comando do tipo linha de comando. Uma forma ágil para abrir a janela Executar é por meio do pressionar simultâneo das teclas:

A) Winkey (tecla com logo Windows) + R.

B) CTRL + X.

C) Winkey (tecla com logo Windows) + E.

D) Winkey (tecla com logo Windows) + F.

E) CTRL + E.

↗ **Gabarito: "A".**

54. **(VUNESP – Prefeitura de São Paulo-SP – Analista Fiscal de Serviços – 2016)** Observe a imagem a seguir, que mostra um ícone retirado do MS-Windows 7, em sua configuração padrão.

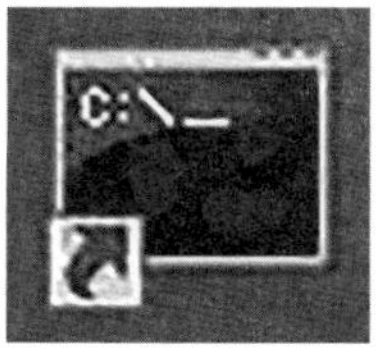

Assinale a alternativa que contém o nome do aplicativo associado ao ícone da imagem.

A) Prompt de Comando.

B) Drive C.

C) Executador.

D) Windows Explorer.

E) Painel de Controle.

↗ **Gabarito: "A".**

55. **(NUCEPE – SEJUS-PI – Agente Penitenciário (Reaplicação) – 2017)** Um navegador ou web browser é um software que permite aos usuários interagirem com documentos em um servidor Web. Diante disso, marque a alternativa CORRETA em relação às afirmativas abaixo:

I. Tais programas têm a capacidade de ler vários tipos de arquivos nativamente, tais como HTML, XML, JPEG, GIF, PNG, entre outros, e os restantes são lidos por meio de plugins (Flash, Java etc.).

II. A comunicação com servidores Web é realizada por meio do protocolo de transferência de hipertexto HTML para efetuar solicitações de arquivos e processar suas respostas.

III. Web cache é um recurso para armazenamento temporário no disco rígido, de páginas web, imagens e outros documentos, com o objetivo de reduzir o uso largura de banda disponível.

A) Somente a afirmativa I.

B) Somente a afirmativa II.

C) Somente as afirmativas I e II.

D) Somente as afirmativas I e III.

E) Nenhuma das afirmativas.

↗ **Gabarito: "D".**

56. **(VUNESP – TJSP – Psicólogo Judiciário – 2017)** Para navegar na internet por meio do MS-Windows 10, em sua configuração padrão, o aplicativo padrão é o:

A) Microsoft Edge.

B) Microsoft Internet Explorer 10.

C) Microsoft Internet Explorer 11.

D) Microsoft Chrome.

E) Microsoft Safari.

↗ **Gabarito: "A".**

57. (MS CONCURSOS – Prefeitura de Tanguá-RJ – Fiscal de Tributos – 2017) O Windows 10 disponibiliza o software Alarmes e Relógio. Sobre essa ferramenta, é correto dizer:

I – Você receberá uma notificação quando um alarme ou timer for acionado em seu computador, mesmo se o aplicativo estiver fechado ou o computador estiver bloqueado.

II – Se o computador entrar em suspensão, talvez os alarmes e timers não funcionem.

III – Somente os notebooks e tablets mais recentes com um recurso chamado InstantGo podem despertar do modo de suspensão para soar um alarme ou timer.

IV – Até mesmo com o InstantGo, o dispositivo poderá não despertar se não estiver ligado na tomada.

A) Apenas as opções I, II e IV estão corretas.

B) Apenas as opções I, III e IV estão corretas.

C) Apenas as opções II e IV estão corretas.

D) Todas estão corretas.

↗ **Gabarito: "D".**

4. MS WORD

Aplicativos de edição de texto estão praticamente em todos os concursos públicos, pois, independentemente das funções vinculadas ao cargo ou emprego pretendido, geração de documentos é algo inerente ao cargo público.

No Microsoft Word, alguns atalhos de teclado, em particular para edição de textos, foram traduzidos para a língua portuguesa, como:

- Selecionar tudo "Ctrl+T";
- Negrito "Ctrl+N".

O MS Word apesar de ser desenvolvido e distribuído pela Microsoft, não é nativo do Windows em nenhuma versão.

1) Iniciando o Word

A abertura do MS Word pode ser feita por meio de ícones fixados na Barra de Tarefas, de Atalhos criados na Área de Trabalho, ou por meio do botão iniciar, e encontrando a pasta do MS Office.

A tela de abertura do aplicativo, dependendo da versão, pode apresentar ao usuário opções sobre a abertura de um documento novo em branco, um já existente, ou um dos modelos salvos no computador, sejam eles nativos do aplicativo, ou criados pelo usuário.

2) Estrutura e utilização de editores de texto

A estrutura dos documentos abertos inicialmente pouco varia de uma versão para outra, mas em relação à estrutura do aplicativo, isso sim muda bastante, principalmente a forma de acesso aos comandos.

a) Guias e menus do MS Word (Faixa de opções)

O editor de textos Microsoft Word tem uma configuração padrão predefinida, e tem sua estrutura básica de menus e guias que segue abaixo:

i) 2003 – Menus

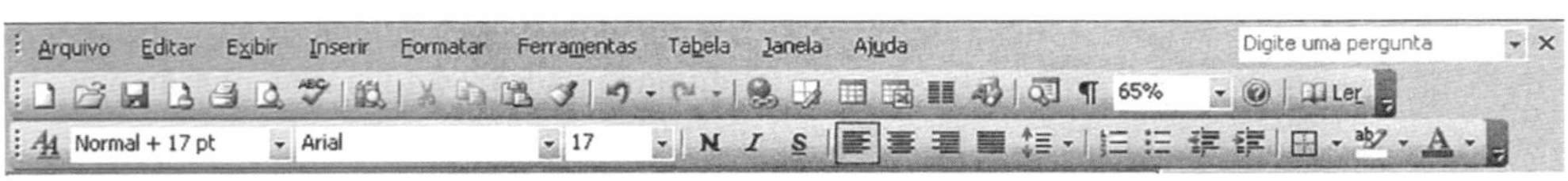

Figura 33

ii) 2007 – Botão Office / Guias

Guia Início, Inserir, Layout da Página, Referências, Correspondências, Revisão e Exibição.

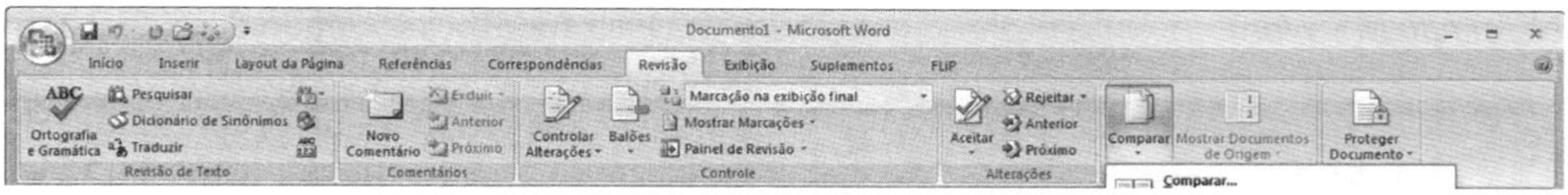

Figura 34

iii) 2010 – Menu Arquivo / Guias

Guia Página Inicial, Inserir, Layout da Página, Referências, Correspondências, Revisão e Exibição.

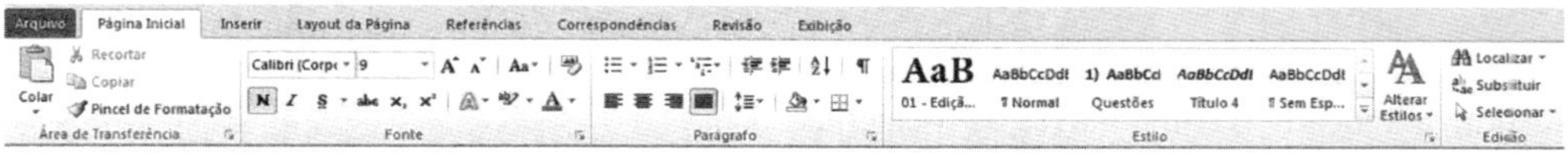

Figura 35

iv) 2013 – Menu Arquivo / Guias

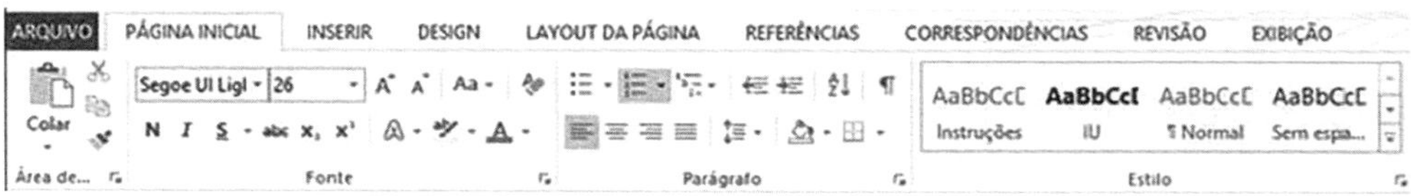

Figura 36

v) 2016 – Menu Arquivo / Guias

Figura 37

vi) 365 – Menu Arquivo / Guias

Tem o mesmo Layout do 2016

ATENÇÃO

Existem guias que são comuns aos demais programas do pacote Microsoft Office, e existem guias que são exclusivas. As guias exclusivas do Word, que não existem em outros aplicativos, são aquelas que estão no plural, e são as guias "**Referências**" e "**Correspondências**".

Teclas de atalho: CTRL + F1

A Faixa de Opções com as suas guias (Página Inicial,...) nos ajudam muito na formatação dos documentos.

Porém, em algumas situações, você precisa ocultá-las.

Utilize, então, as teclas de atalho CTRL + F1.

b) Tela do MS Word

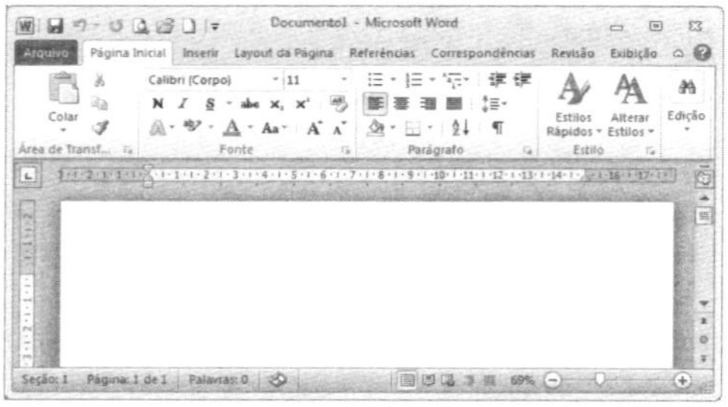

Figura 38

Além dos elementos comuns às janelas de outros aplicativos como barras de rolagem, barra de status, bordas de redimensionamento, barra de título, botões de controle de maximizar, restaurar e minimizar, a janela do Word apresenta os comandos mais importantes ou em forma de barra de ferramentas e menus nas versões antigas, ou na forma de Faixa de Opções, também chamada de Ribbon ou Faixa Fita, apresentando os comandos em grupos dentro de cada uma das guias.

Algumas das guias são comuns a outros aplicativos do Office, e, para saber quais são, basta identificar as que têm o nome no singular, exemplo disso é a guia Página Inicial que está presente em todos os aplicativos. Já as guias que seu nome está no plural, são guias exclusivas do aplicativo, exemplo disso é a guia Referências.

Uma prévia do documento de texto é exibida e o cursor posicionado respeitando os alinhamentos padrões, horizontal à esquerda e vertical acima.

c) Modos de exibição

São formas diferentes de exibir o documento que está em edição.

IMPORTANTE

Para trabalhar com cabeçalho e rodapé é necessário estar no modo de Exibição "Layout de impressão", que é a exibição padrão do Word.

Para modificar o modo de exibição ou para saber qual é o modo ativo, basta navegar até a guia Exibição, no grupo Modos de Exibição de Documentos, e ver qual deles está ativo. Mas em prova nem sempre isso está na imagem ou no enunciado, aí recorremos à barra de status, que fica na parte de baixo da janela e mostra a sequência dos ícones dos modos de exibição, e qual deles está ativo.

d) Exibição / Modos de exibição de documento

Na guia Exibição

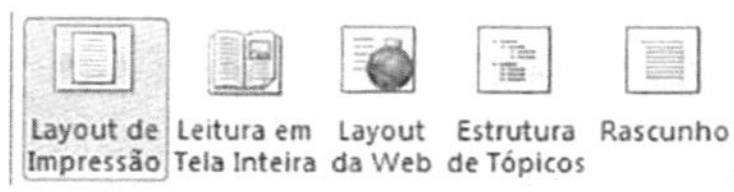

Figura 39

Vista ampliada da barra de Status

Figura 40

Layout de Impressão

Figura 41

Leitura em Tela Inteira

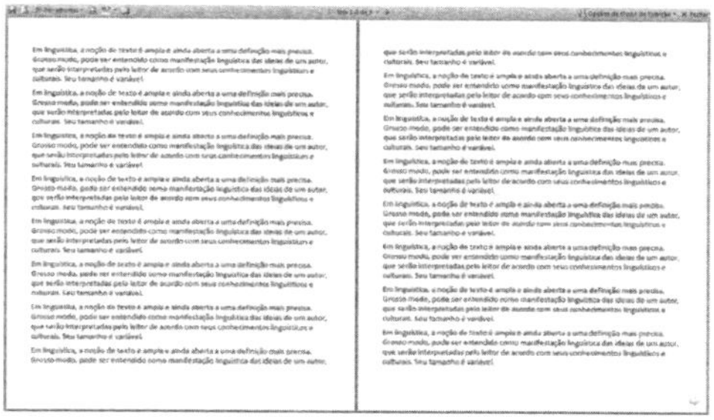

Figura 42

Layout da Web

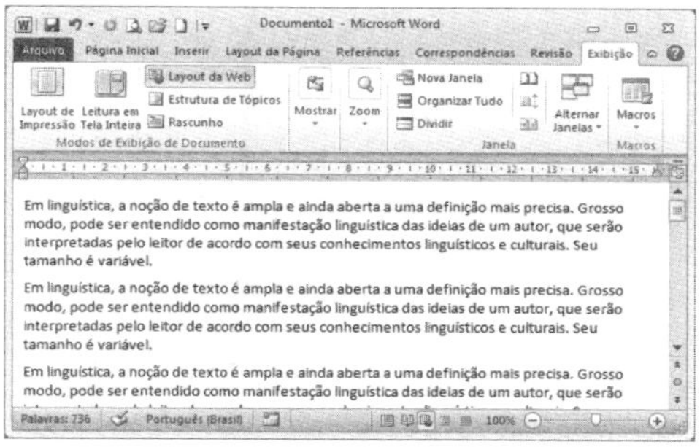

Figura 43

Estrutura de Tópicos

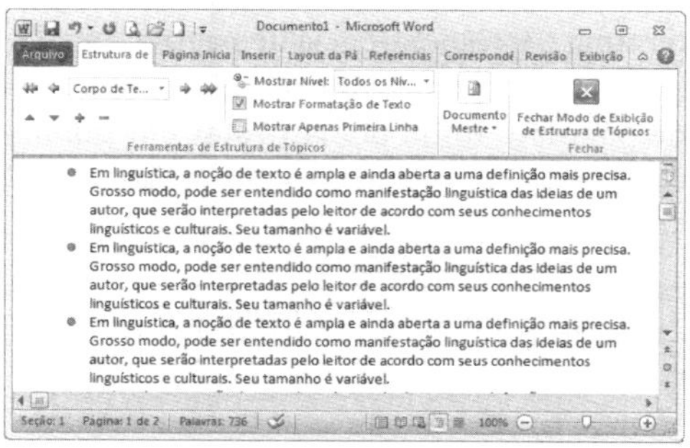

Figura 44

Rascunho

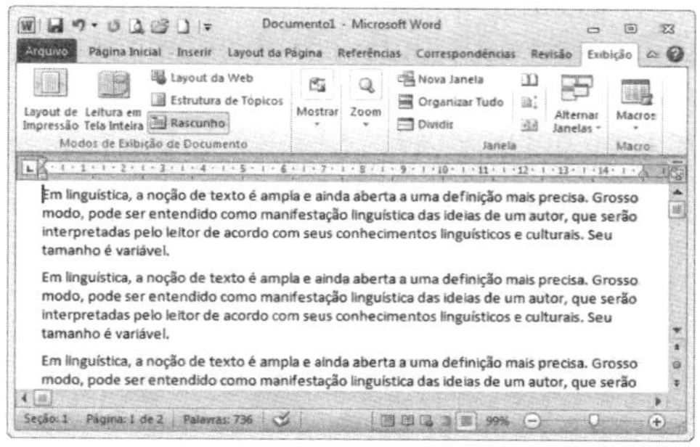

Figura 45

e) Exibição / Mostrar

São recursos visuais que permitem facilitar a produção do documento, mas não são imprimíveis.

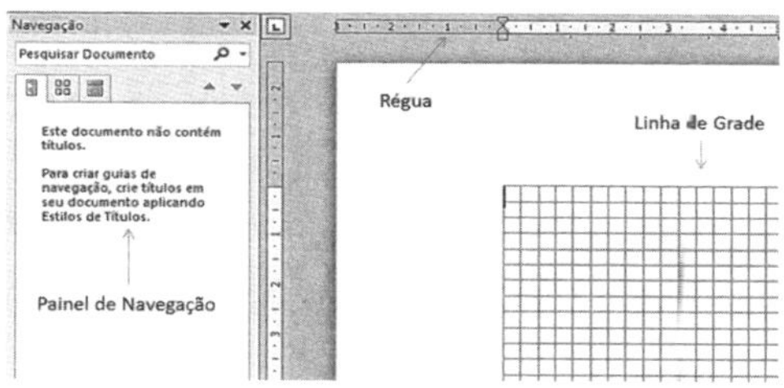

Figura 46

f) Exibição / Zoom

São controles de exibição do documento na tela, respeitando o Modo de Exibição, mas ampliando ou reduzindo o documento, sem que isso afete o tamanho da fonte ou o que será impresso. Apenas facilita a edição do documento para o usuário.

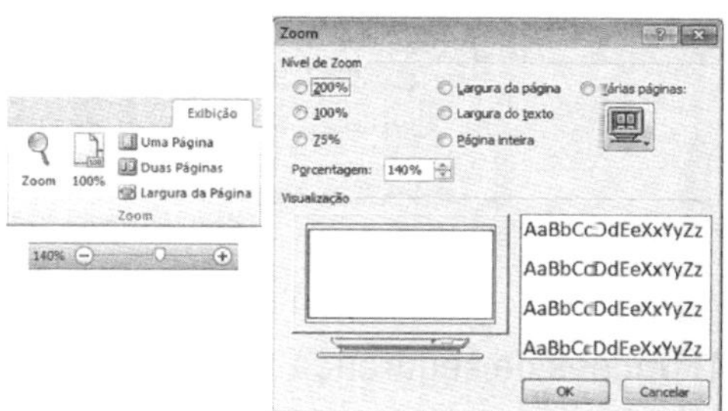

Figura 47

g) Exibição / Janela

Recurso que auxilia na organização de informações divididas em documentos diferentes, ou em posições distantes dentro do mesmo documento.

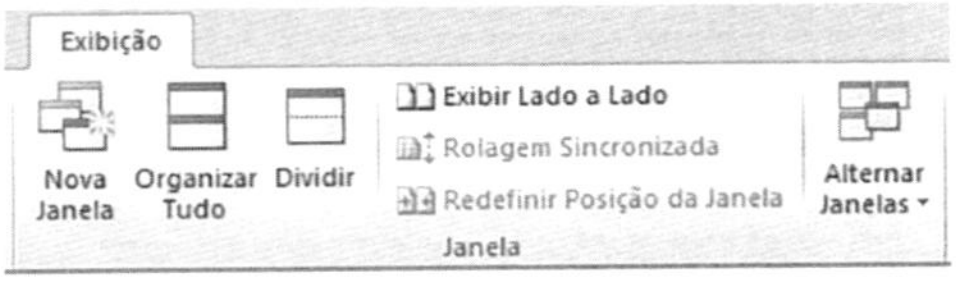

Figura 48

3) Os arquivos de texto

Todo documento criado a partir dos editores de texto deve ser salvo em algum dispositivo de armazenamento, fixo, removível ou nas nuvens. O nome de cada arquivo é dado pelo usuário, mas a extensão é sugerida pelo aplicativo.

a) Extensões de arquivos

O **MS Word** tem a extensão padrão "**.docx**" e de modelos "**.dotx**".

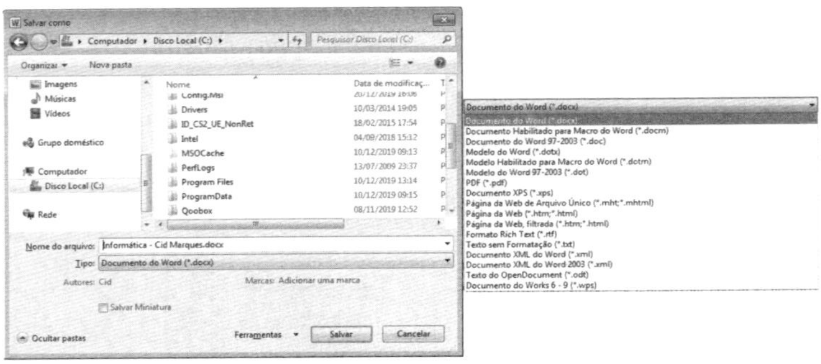

Figura 49

b) Suporte a arquivos com extensões XPS e PDF

Todas as versões mais novas do MS Word têm recursos para salvar arquivos PDF e XPS (formato exclusivo da Microsoft, que concorre com os PDFs).

A partir da versão 2013, é possível editar documentos originalmente salvos em PDF, mas para isso é necessário converter um PDF em um documento do Word editável.

O documento convertido pode não ter uma correspondência de páginas perfeita com o original. Por exemplo, as quebras de página e linha podem estar em pontos diferentes.

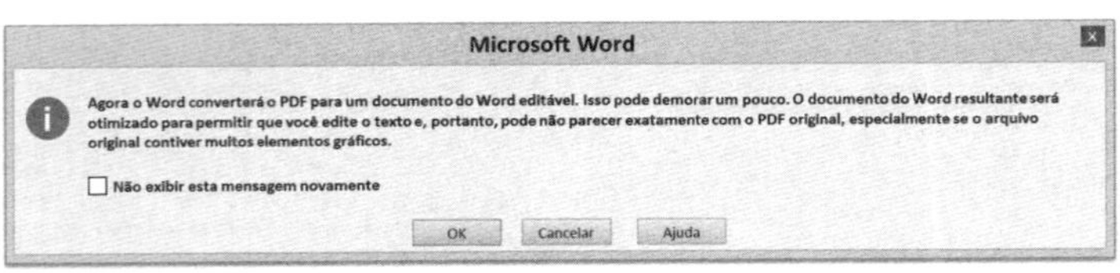

Figura 50

4) Opções de segurança

Hoje em dia, a segurança da informação é bastante debatida e abordada em provas.

a) Senhas

Os arquivos podem ser salvos com senha de proteção que impede que o arquivo seja aberto por pessoa não autorizada ou possuidora da senha, ou senha de gravação que permite a abertura, mas não as alterações.

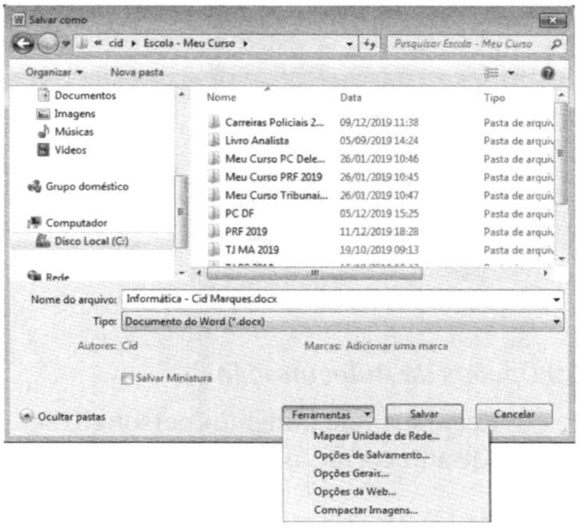

Figura 51

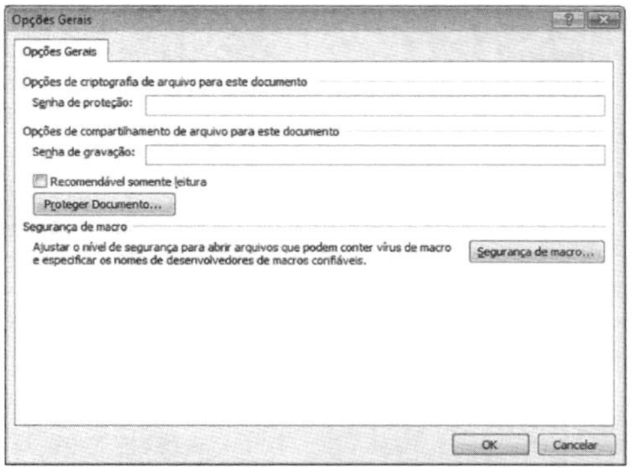

Figura 52

b) Outros recursos de segurança

É possível adicionar aos documentos recursos de segurança como Criptografia, restrições de edição, permissões por pessoa e assinatura digital.

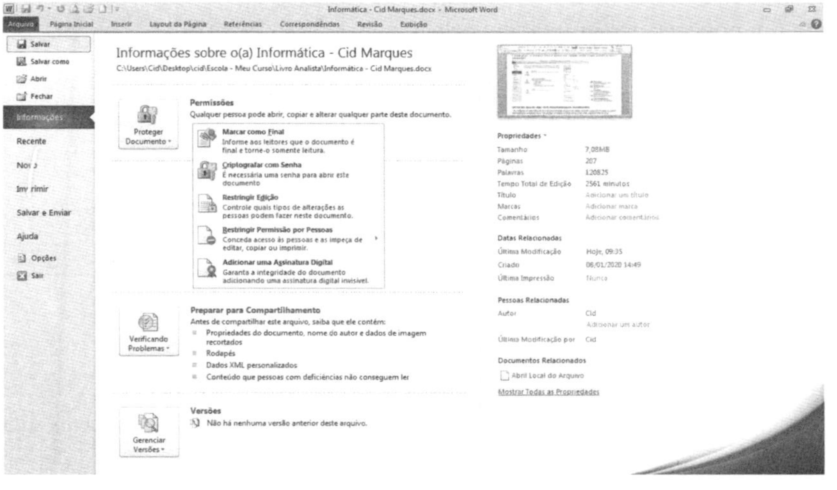

Figura 53

5) Edição e revisão

Os documentos do Word têm uma relação direta com textos, e, portanto o aplicativo disponibiliza diversos recursos para a edição e revisão desses documentos.

a) Revisão ortográfica e gramatical

Com base em dicionários e regras gramaticais da nossa língua, tudo o que é digitado é conferido pelo aplicativo, e, caso sejam encontradas inconsistências, são apontadas com uma ondulação colorida sob a palavra ou parte do texto.

Figura 54

Essa imagem mostra as marcações feitas na versão 2010.

excola = está marcada em vermelho pois representa um possível erro ortográfico.

legal , = está marcado em verde pois representa um possível erro gramatical pelo posicionamento da vírgula.

amigos = está marcado em azul, pois representa uma possível inconsistência de formatação (kerning aumentado).

Detalhe: nas versões mais novas as cores de marcações não são as mesmas. Por padrão os possíveis erros gramaticais são mostrados em azul. E as possíveis inconsistências de formatação têm que ser configuradas.

Para acionar a Verificação Ortográfica basta ir na guia Revisão, grupo Revisão de Texto, opção Ortografia e Gramática, ou acionando a tecla F7 do teclado.

b) Opções de Revisão de Texto

Para configurar as opções de revisão do Word, no menu Arquivo, acionamos Opções do Word.

Figura 55

c) Opções de Autocorreção

Recurso onde podemos personalizar as regras de autocorreção durante a digitação.

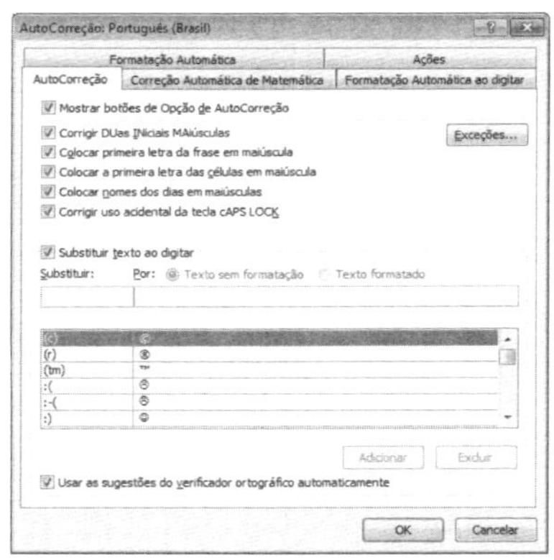

Figura 56

d) Personalizar Dicionário

Podemos adicionar novos dicionários ao aplicativo.

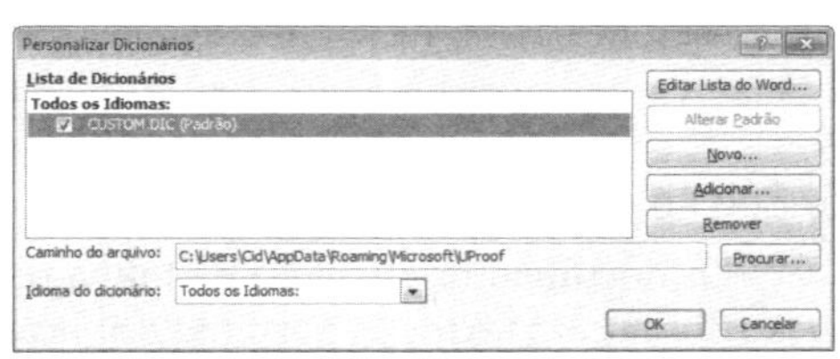

Figura 57

e) Idioma

Definimos qual o idioma padrão de edição.

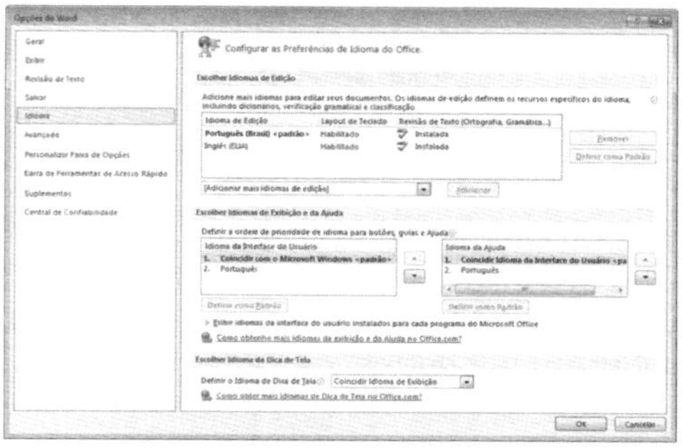

Figura 58

f) Contar Palavras

Recuso que permite que o aplicativo identifique e conte as palavras do documento. Encontrado na guia Revisão, no grupo Revisão de Texto.

g) Dicionário de Sinônimos

Recurso que sugere outras palavras com o mesmo significado aos da palavra selecionada. Combinação de teclas SHIFT + F7.

h) Traduzir

Recurso que permite que textos sejam traduzidos utilizando dicionários on-line.

i) Hifenização do Texto

Ativa o recurso de hifenizar as palavras ao final de cada linha separando as sílabas, mantendo na linha acima apenas parte da palavra, insere o hífen e o restante da palavra vai para a próxima linha.

j) Controlar Alterações

Permite que o criador do documento ative este recurso para que qualquer inserção, exclusão, ou alteração de formatação seja controlada. Combinação de teclas CTRL + SHIFT + E.

k) Movimentação do Cursor

Regras de movimentação por meio do teclado.

- → – Leva o cursor uma posição à direita.
- ← – Leva o cursor uma posição à esquerda.
- ↑ – Leva o cursor para a linha de cima.
- ↓ – Leva o cursor para a linha de baixo.
- **HOME** – Leva o cursor ao início da linha atual.
- **END** – Leva o cursor ao final da linha atual.
- **PAGE UP** – Leva o cursor para cima aproximadamente 20 linhas tamanho padrão
- **PAGE DOWN** – Leva o cursor para baixo aproximadamente 20 linhas tamanho padrão.
- **CTRL →** – Leva o cursor ao início da próxima palavra.
- **CTRL ←** – Leva o cursor ao início da palavra anterior.
- **CTRL ↑** – Leva o cursor ao início do parágrafo atual e depois ao próximo acima.
- **CTRL ↓** – Leva o cursor ao início do próximo parágrafo.
- **CTRL + HOME** – Leva o cursor ao início do documento.
- **CTRL + END** – Leva o cursor ao final do documento.
- **CTRL + PAGE UP** – Leva o cursor ao início da página acima.
- **CTRL + PAGE DOWN** – Leva o cursor ao início da página abaixo.

Regras de movimentação por meio do mouse.

- Girar a roda do mouse para cima ou para baixo.
- Pressionar a roda do mouse 1 vez e movimentar o mouse para cima ou para baixo.

- Barras de Rolagem Vertical e Horizontal

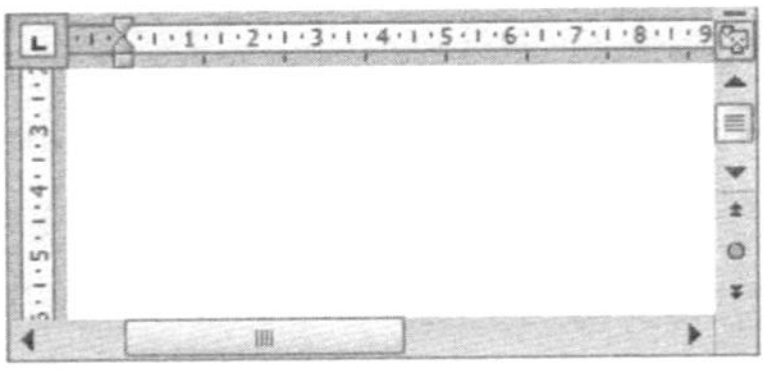

- Botões Ir para a Página Anterior ou Próxima Página .

- Botão Selecionar o Objeto da Procura (ALT + CTRL + HOME) .

l) Localizar e Substituir Textos

Página Inicial / Localizar / Substituir

Recurso utilizado para encontrar rapidamente partes de textos e, se necessário, substituir por outros.

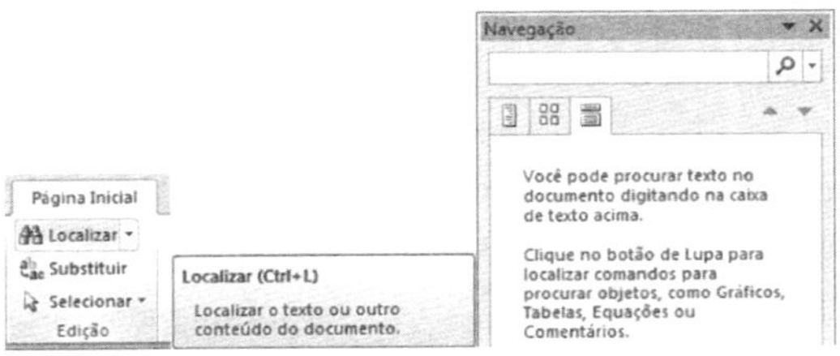

Figura 59

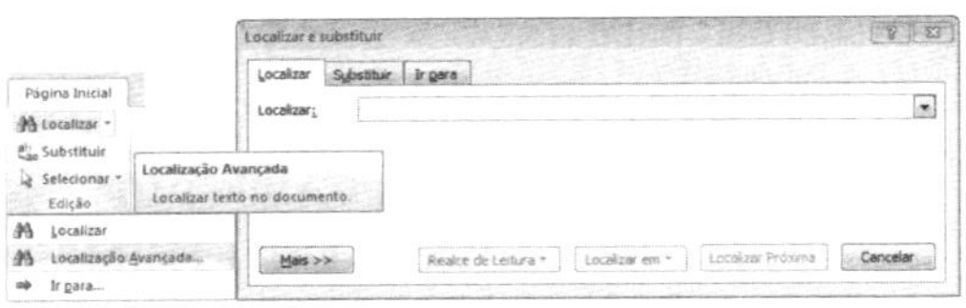

Figura 60

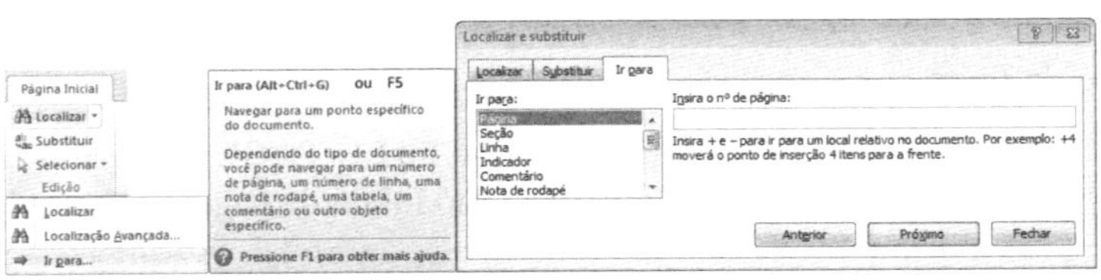

Figura 61

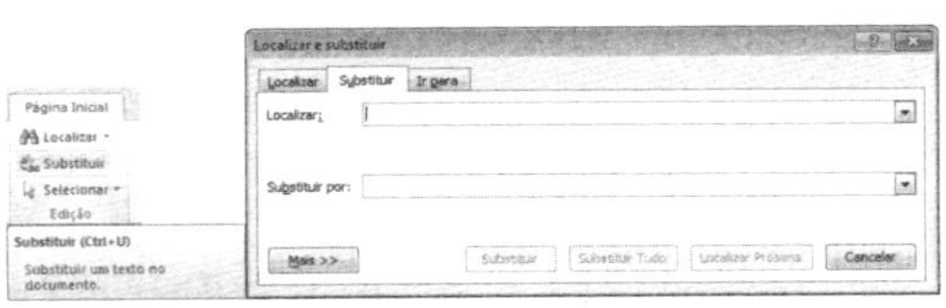

Figura 62

m) Seleção de Textos

Como se trata de um editor de textos, a seleção de texto é uma importante ferramenta do Microsoft Word e muito abordada em provas de concursos.

Existem diversas formas de seleção de textos no Word, por meio do cursor do mouse e por meio da seta de seleção, que é habilitada quando o cursor do mouse é levado para a margem esquerda do documento em edição, e por meio do teclado.

Regras de seleção por meio do cursor do mouse:

- **Clique simples** – Define a posição do cursor.
- **Clique duplo** – Seleciona a palavra e os espaços existentes até o próximo caractere, caso existam.
- **Clique duplo no espaço simples entre duas palavras** – Seleciona a palavra que estiver mais próxima do cursor do mouse.
- **Clique triplo** – Seleciona o parágrafo.
- **Clique quadruplo** – Desfaz o clique triplo, retornando ao duplo.
- **Segurar e arrastar** – Seleciona o texto que o cursor do mouse passar por cima.
- **Auxílio do SHIFT** – Clicar no início do texto a ser selecionado, segurar o SHIFT e clicar no final do texto a ser selecionado.
- **Seleção Alternada** – Selecionar o texto inicial com o cursor do mouse, depois segurar o CTRL e selecionar outro texto em local alternado.
- **Auxílio do CTRL** – Para selecionar uma sentença ou oração, basta clicar em qualquer palavra da mesma e depois segurar CTRL e clicar em qualquer palavra da mesma sentença ou oração.

Regras de seleção por meio da seta de seleção:

- **Clique simples** – Seleciona a linha.
- **Clique duplo** – Seleciona o parágrafo.
- **Clique triplo** – Seleciona tudo o que estiver inserido no documento.
- **Clique quadruplo** – Desfaz o clique triplo retornando ao clique duplo.

Regras de seleção por meio do teclado:

- **SHIFT →** – Seleciona letras à direita do cursor.
- **SHIFT ←** – Seleciona letras à esquerda do cursor.
- **SHIFT ↓** – Seleciona o texto da linha e posição atual para a linha de baixo na mesma posição da linha anterior.
- **SHIFT ↑** – Seleciona o texto da linha e posição atual para a linha de cima na mesma posição da linha anterior.
- **SHIFT + CTRL →** – Seleciona palavras à direita do cursor.
- **SHIFT + CTRL ←** – Seleciona palavras à esquerda do cursor.
- **SHIFT + CTRL ↓** – Seleciona o texto da linha e posição atual para a última posição e última linha do parágrafo atual.
- **SHIFT + CTRL ↑** – Seleciona o texto da linha e posição atual para a primeira linha e primeira posição do parágrafo atual.
- **SHIFT + HOME** – Seleciona o texto da posição atual até o início da linha atual.
- **SHIFT + END** – Seleciona o texto da posição atual até o final da linha atual.
- **SHIFT + CTRL + HOME** – Seleciona o texto da posição atual até o início do documento.
- **SHIFT + CTRL + END** – Seleciona o texto da posição atual até o final do documento.
- **SHIFT + PAGE DOWN** – Seleciona o texto da posição atual para baixo aproximadamente 20 linhas tamanho padrão.
- **SHIFT + PAGE UP** – Seleciona o texto da posição atual para cima aproximadamente 20 linhas tamanho padrão.
- **CTRL + T** – Seleciona todo o documento.

n) Área de Transferência

- Página Inicial / Área de Transferência / Colar e Colar Especial

Recurso que permite escolher a forma como as informações serão coladas no documento, seja em forma de imagem, texto sem formatação ou outros.

- Página Inicial / Área de Transferência / Recortar
- Página Inicial / Área de Transferência / Copiar
- Página Inicial / Área de Transferência / Pincel de Formatação

Possibilita copiar e aplicar a formatação de um texto em outras partes. Existem duas formas de trabalho com o pincel de formatação que seguem abaixo.

- Clique simples no pincel de formatação – Copia, aplica e desabilita a ferramenta.
- Clique duplo no pincel de formatação – Copia, aplica e mantém habilitada a ferramenta para aplicação em outras áreas do texto.

6) Formatações

Representam alterações no formato original ou padrão das fontes, parágrafos ou do documento.

a) Formatação de Fonte

Altera o tipo, tamanho, cor, caixa alta e efeitos das fontes padrões utilizadas na criação dos documentos.

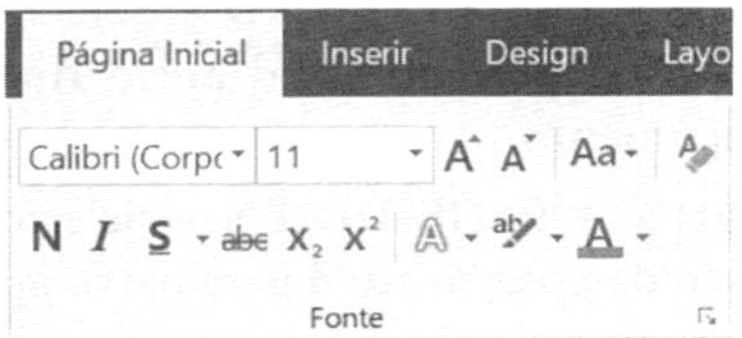

Figura 63

Efeitos de Fonte

No Microsoft Word é possível inserir estilos e efeitos ao texto em edição, e estes seguem abaixo:

- Regular — Exemplo
- Itálico — *Exemplo*
- Negrito — **Exemplo**
- Negrito Itálico — ***Exemplo***
- Sublinhado — Exemplo (ver outros)
- Tachado — ~~Exemplo~~
- Tachado Duplo — ~~Exemplo~~
- Subscrito — Exemplo
- Sobrescrito — Exemplo
- Versalete — EXEMPLO
- Todas Maiúsculas — EXEMPLO
- Oculto

IMPORTANTE

Não é possível vincular ao mesmo caractere subscrito e sobrescrito simultaneamente.

Combinação de teclas para acessar é CTRL + D

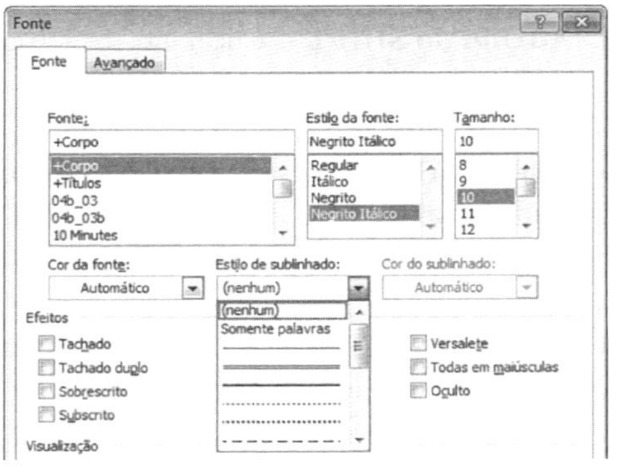

Figura 64

b) Edição e Formatação de Parágrafo

Altera o alinhamento, marcadores, numeração, espaçamento, bordas, sombreamento e recuos dos parágrafos.

Figura 65

c) Marcas de Parágrafo

Ativa o recurso que mostra todas as marcas de parágrafo, ou seja, onde foi utilizado o Enter para finalizar um parágrafo, além de outras marcas de formatação e posicionamento do texto, que não são imprimíveis. Combinação de Teclas CTRL + *

Página Inicial / Formatação de Parágrafos / Mostrar Tudo (Marcas de Parágrafo / Caracteres não Imprimíveis).

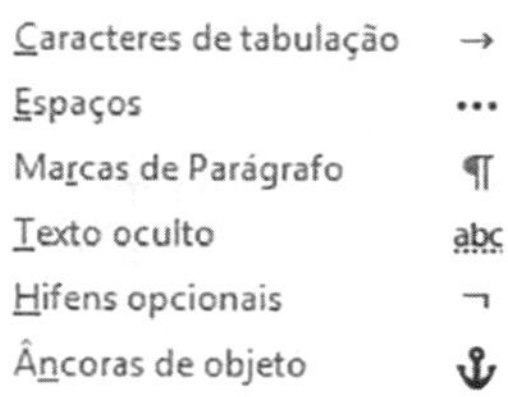

Figura 66

i) Alinhamentos

Ajusta cada um dos parágrafos, alinhando às margens conforme a formatação selecionada.

Página Inicial / Formatação de Parágrafos / Alinhamentos

Esquerda = Alinha todo o texto à margem esquerda e os espaços que sobram ficam à direita. CTRL + Q

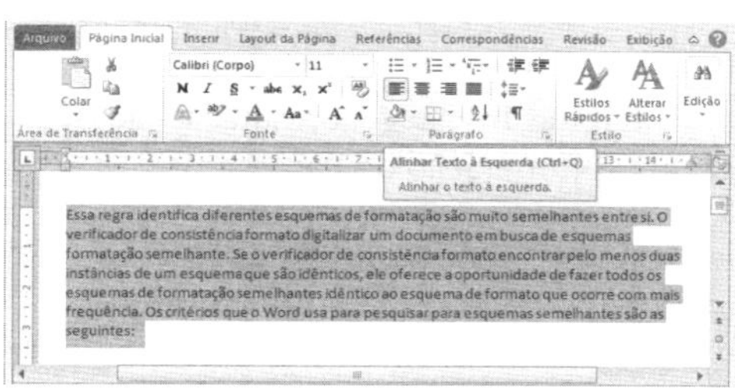

Figura 67

Direita = Alinha todo o texto à margem direita e os espaços que sobram ficam à esquerda. CTRL + G

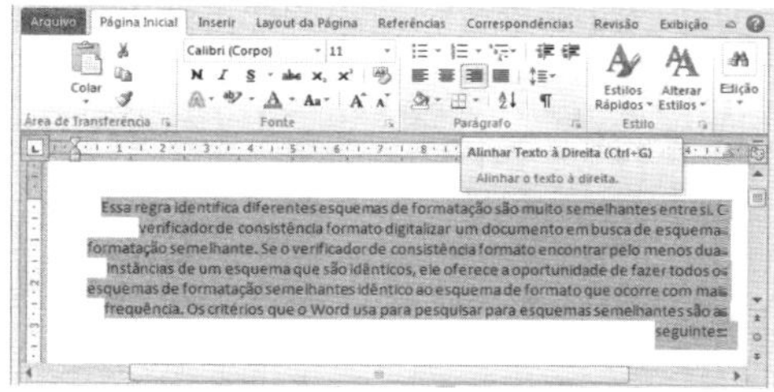

Figura 68

Centralizado = Alinha todo o texto ao centro das margens e os espaços que sobram são divididos à direita e à esquerda. CTRL + E

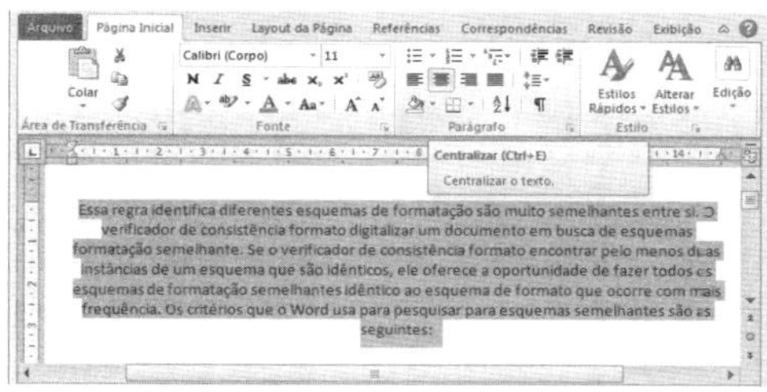

Figura 69

Justificado = Ajusta todo o texto nas duas margens e os espaços que sobram são divididos entre as palavras. CTRL + J

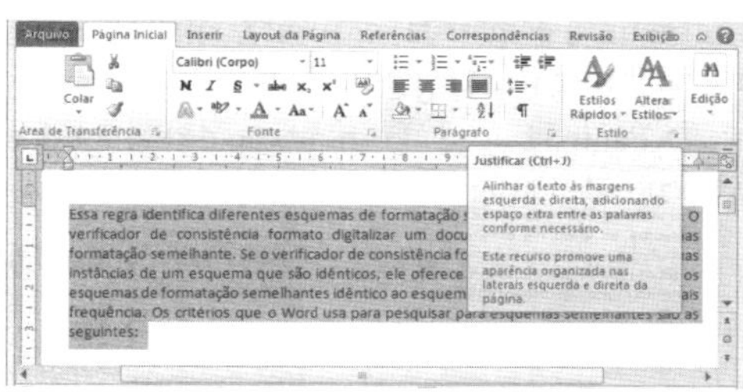

Figura 70

ii) Espaçamento de Linhas e Parágrafos

Permite determinar quanto de espaçamento o texto irá conter entre cada uma das linhas dentro de cada parágrafo, e também quanto de espaço será inserido antes ou depois de cada parágrafo.

Página Inicial / Formatação de Parágrafos / Espaçamento de Linhas e Parágrafos

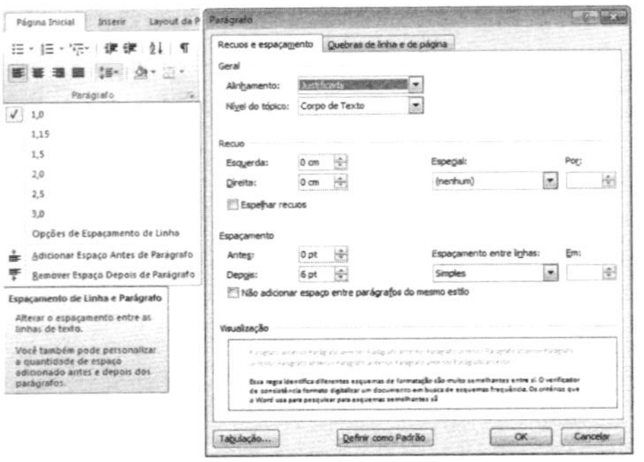

Figura 71

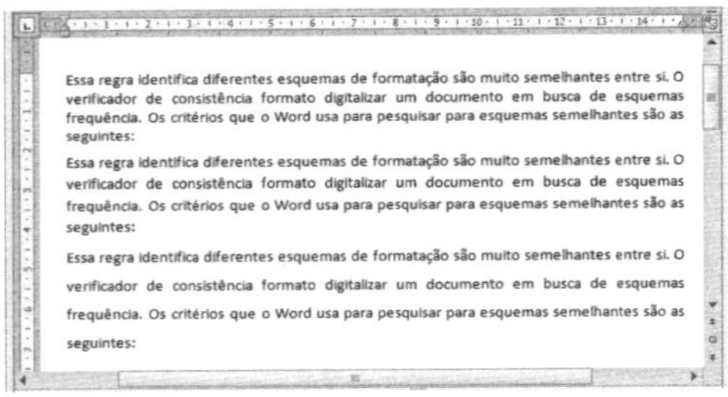

Figura 72

iii) Recuos

Ajusta cada parágrafo afastando das margens, à esquerda, à direita, apenas a primeira linha ou da segunda em diante.

Página Inicial / Formatação de Parágrafos / Recuos de Parágrafo (à Esquerda e à Direita)

Figura 73

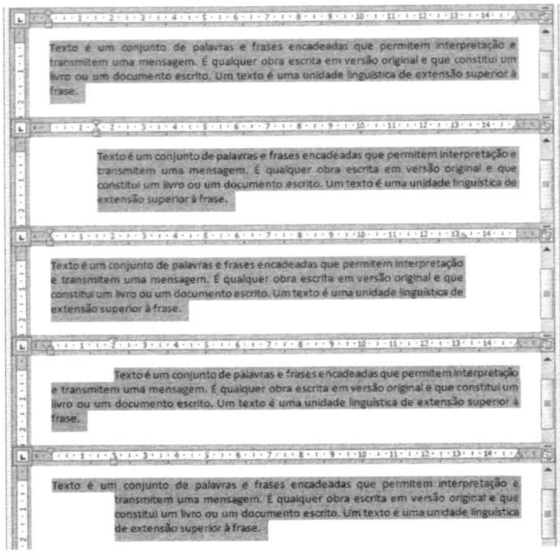

Figura 74

iv) Marcadores e Numeração

Recurso que formata cada parágrafo inserindo um símbolo de marcação de tópicos, ou numeração como uma lista numerada, na sequência ou em níveis diversos.

Página Inicial / Formatação de Parágrafos / Marcadores

Figura 75

Página Inicial / Formatação de Parágrafos / Numeração de Parágrafos

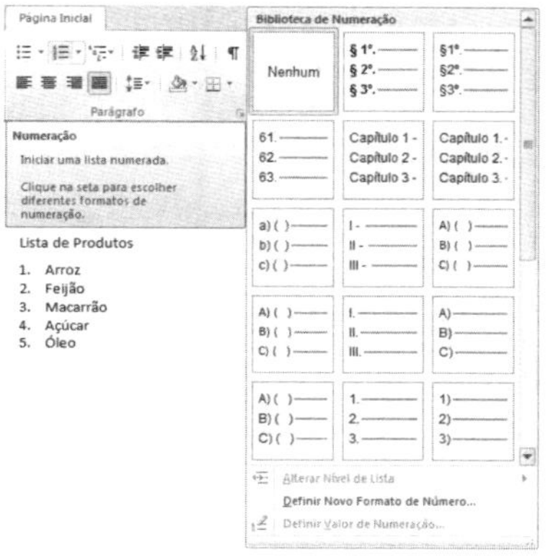

Figura 76

Página Inicial / Formatação de Parágrafos / Lista em vários Níveis

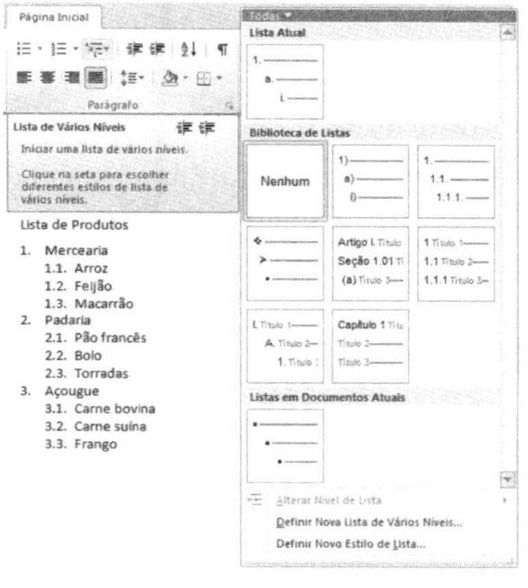

Figura 77

v) Classificar

Permite reorganizar uma lista de textos, datas ou números dispostos em parágrafos ou células de uma coluna de tabela.

Página Inicial / Formatação de Parágrafos / Classificar

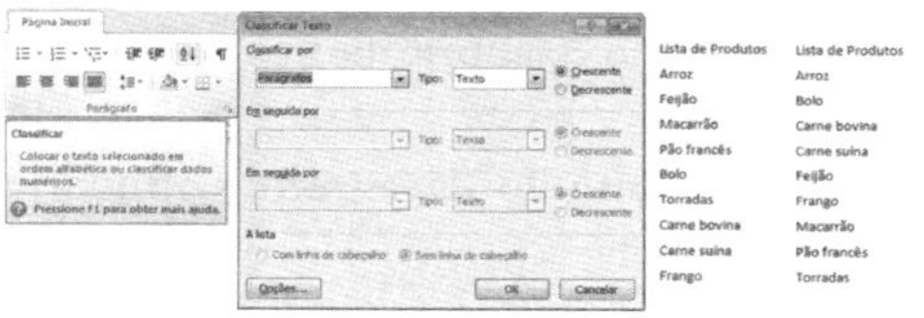

Figura 78

vi) Bordas e Sombreamento

Aplica aos parágrafos ou texto selecionados um contorno personalizado ou uma cor de fundo do tipo sombreamento.

Página Inicial / Formatação de Parágrafos / Bordas e Sombreamento

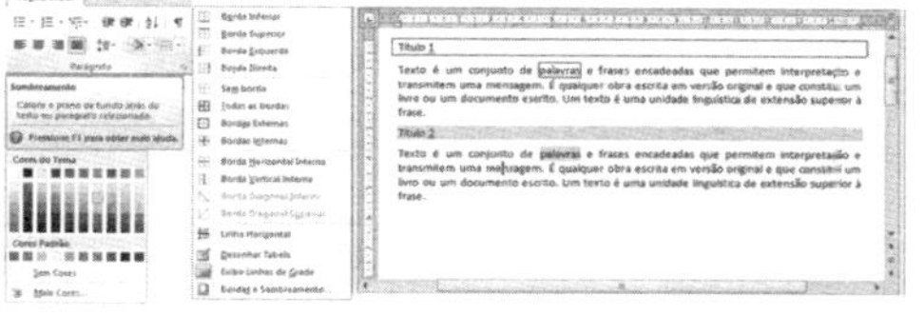

Figura 79

vii) Tabulação

É o ponto predeterminado de parada do cursor cada vez que pressionamos a tecla TAB. Por padrão esse ponto de parada fica a cada 1,25cm a partir da margem esquerda, e o alinhamento padrão é à esquerda do ponto de parada, e sem preenchimento no salto.

Podemos personalizar as tabulações em seu ponto de parada, alinhamento e preenchimento como segue.

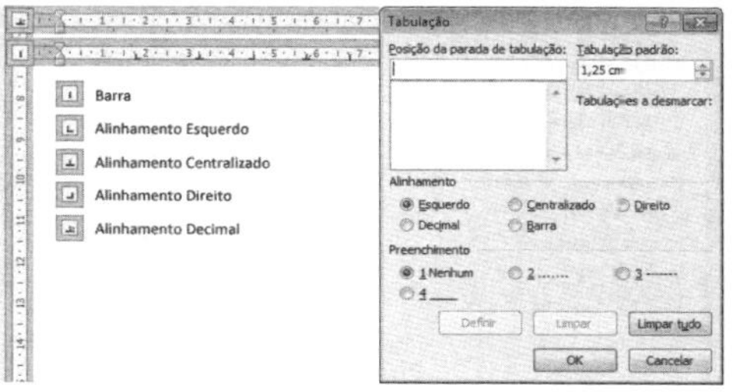

Figura 80

Parte da régua tradicional com os pontos de parada e à esquerda o botão que determina o alinhamento da tabulação. Uma das formas de alterar isso é clicar no botão do alinhamento para que o símbolo mude até encontrar o que representa o alinhamento desejado, e depois clicar na régua para determinar onde ficará o ponto de parada.

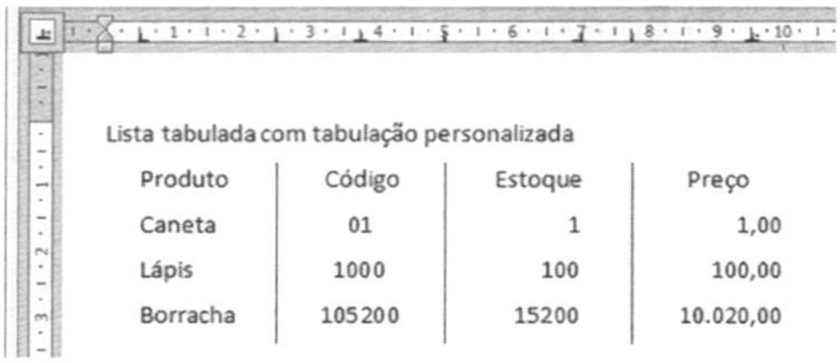

Figura 81

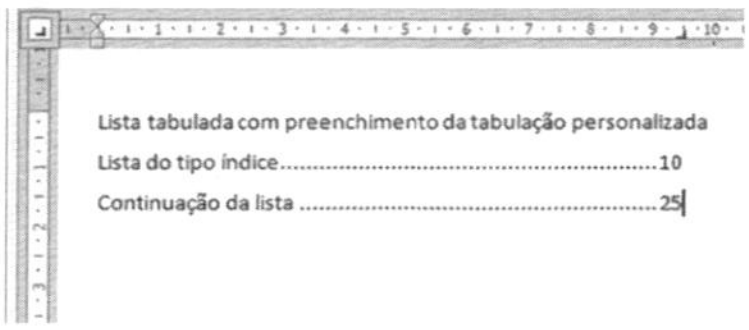

Figura 82

viii) Controle de Fluxo do Texto

Permite a configuração do fluxo automático do texto, como linhas órfãs, viúvas, quebrar página antes, manter linhas juntas, manter título junto com o próximo parágrafo, tudo isso em relação à passagem do texto de uma página para outra.

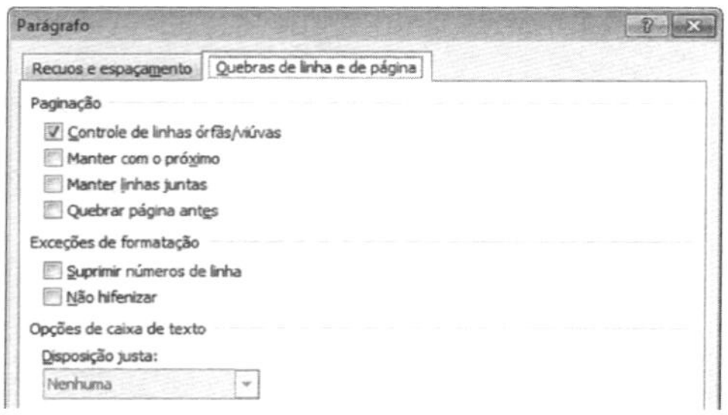

Figura 83

ix) Estilos de Parágrafos

Página Inicial / Estilos

Selecionando os Níveis de Títulos é possível fazer a Formatação padronizada entre os títulos, além de determinar quais os textos são títulos, quais seus níveis de título, e que farão parte da criação do sumário. Ainda, os títulos determinados pelos Estilos também farão parte do Painel de Navegação que pode ser exibido a partir da guia Exibição, grupo Mostrar.

Figura 84

7) Configuração de página

Recurso que permite ao usuário determinar qual o formato físico do seu documento, como tamanho da folha, orientação, margens e quantidade de colunas entre as margens.

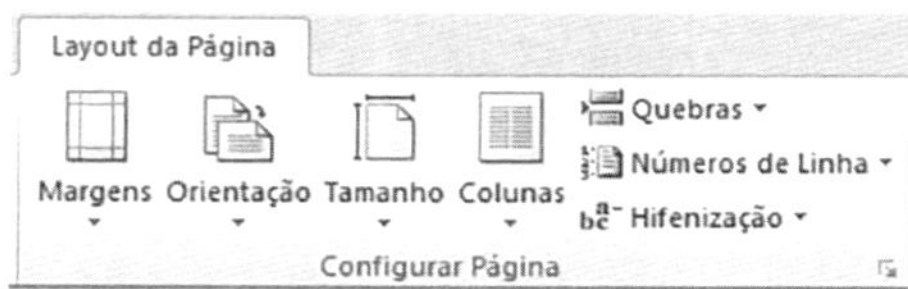

Figura 85

a) Configuração Padrão do Word

As últimas versões do Word mantiveram as mesmas definições de configuração padrão, e este tema é extremamente explorado em concursos públicos.

- **Fonte** – tipo "Calibri", tamanho "11", cor "preta";
- **Alinhamento do Parágrafo** – alinhar a "Esquerda";
- **Papel** – Uma página em branco, papel "A4";

- **Orientação** – “Retrato”;
- **Margens** – Inferior e superior “2,5cm”, esquerda e direita “3cm”;
- **Cabeçalho e Rodapé** – 1,25cm;
- **Alinhamento Vertical** – Superior;
- **Várias Páginas** – Normal (1 página por folha – só frente);
- **Medianiz** – Que é a área reservada para encadernação, é definida em “0cm” na “esquerda”.

A medianiz pode ser configurada tanto no tamanho quanto em sua orientação, e sua área não é vinculada à área das margens. Ao final da medianiz começa a margem.

Figura 86

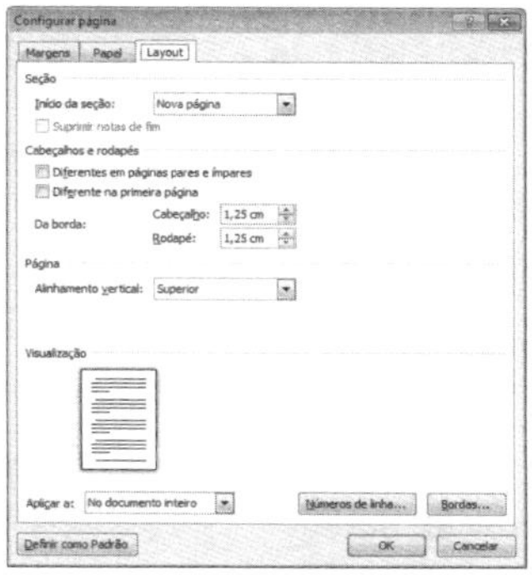

Figura 87

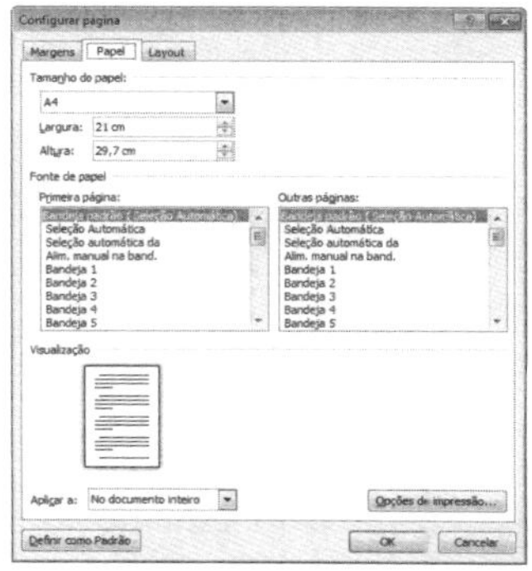

Figura 88

b) Personalizando o Layout da Página

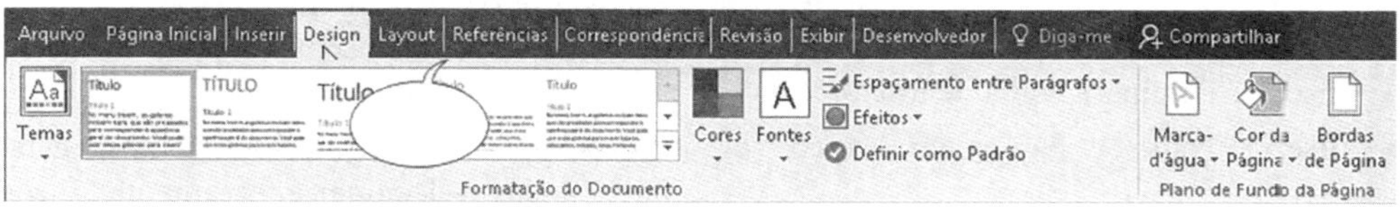

Figura 89

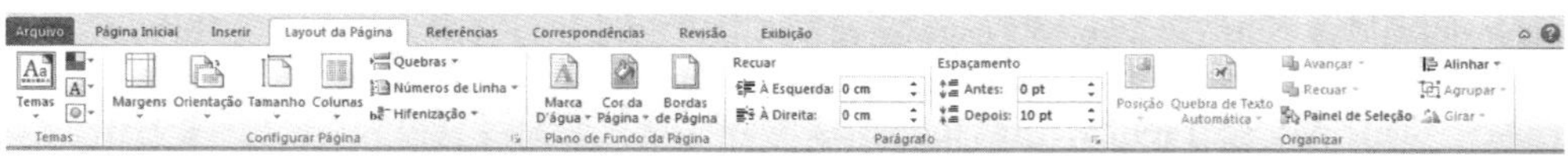

Figura 90

i) Temas / Layout da Página

A escolha de um tema permitirá outra formatação que não a padrão, mas, ainda assim, permite ajustes ou alterações. Nas versões mais novas esses recursos ficam na guia Design.

- Layout da Página / Temas;
- Layout da Página / Temas / Cor do Tema;
- Layout da Página / Temas / Fontes do Tema;
- Layout da Página / Temas / Efeitos do Tema.

ii) Plano de Fundo da Página / Layout da Página

O plano de fundo se refere à folha que por padrão é branca, mas pode ser personalizada, com outras cores de fundo, com marca d’água ou até com bordas do papel.

- Layout da Página / Plano de Fundo da Página / Marca D´água;

- Layout da Página / Plano de Fundo da Página / Cor da Página;
- Layout da Página / Plano de Fundo da Página / Bordas da Página.

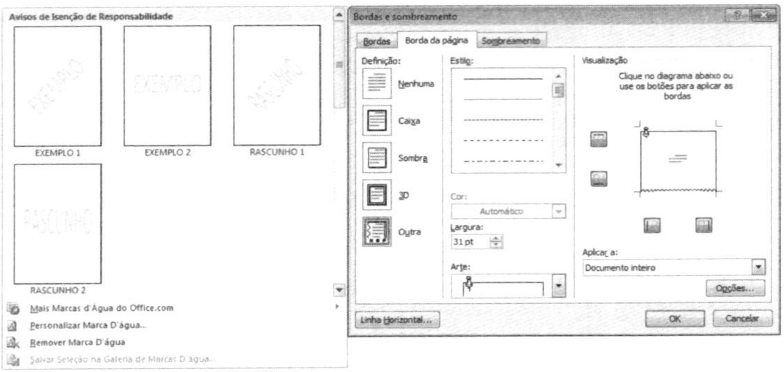

Figura 91

iii) Páginas / Inserir

Com o documento já em edição, podemos inserir partes em branco para inserção de novos dados. Folha de rosto é uma página no início do documento com informações sobre o mesmo, e página em branco pode ser inserida em qualquer parte do documento onde estiver o cursor.

- Inserir / Páginas / Folha de Rosto;
- Inserir / Páginas / Página em Branco.

iv) Cabeçalho e Rodapé

Recursos que se posicionam nas margens definidas pelo usuário, ou espaço reservado para eles, e que tem como característica principal se replicar em todas as páginas, a não ser que essas páginas sejam separadas por seções.

- Inserir / Cabeçalho e Rodapé / Cabeçalho;
- Inserir / Cabeçalho e Rodapé / Rodapé;
- Inserir / Cabeçalho e Rodapé / Número de Página.

8) Inserção de objetos

Além de textos, cada documento criado no Word permite que sejam inseridos ou colados outros tipos de objetos, como tabelas, gráficos, figuras, planilhas, formas, caixas de textos. Aliás, quase todos esses objetos estão de alguma forma relacionados.

a) Tabela

Apesar de o Word trabalhar com edição de textos é possível inserir tabelas, e elas têm regras próprias, que se diferem, por exemplo, da forma de trabalho com planilhas do Excel.

A forma de inserir uma tabela no Word é por meio da guia “Inserir”, e no grupo “Tabelas” selecionar a ferramenta “Inserir Tabela”. Após esta ação, o usuário escolhe a quantidade de colunas e linhas que a tabela terá. As células, que representam a intercessão de colunas e linhas, são a consequência desta ação.

A tabela abaixo apresenta as bases para tais diferenças.

5	6	2	3	
7	2	1		
6	3	9		
3	8			

- Enquanto o Excel trabalha com referências absolutas, com todas as células tendo um nome definido (A1, F7...), a tabela do Word trabalha com referência relativas ao local que se trabalha.

Exemplo: Não podemos afirmar que o número 5 se encontra na célula A1, e sim na primeira coluna e primeira linha, acima do 7 e à esquerda do 6.

- É possível trabalhar com a inserção de funções em uma tabela do Word. Como as guias são dinâmicas, quando se trabalha com tabela, surgem as guias "Design" e "Layout", e o caminho para inserir fórmulas na tabela do Word é na guia "Layout" e no grupo "Dados" selecionar a ferramenta "Fórmula".
- Ao contrário da planilha do Excel que trabalha com as funções e fórmulas em português, a tabelas do Word, mesmo em português (como é a abordagem em concursos públicos) está baseada na língua inglesa. A função padrão da tabela do Word é a função "SUM" (Soma), e as referências são relativas ao local em que a fórmula foi inserida.

Exemplo 1: Considerando o exemplo da tabela acima, caso o cursor do mouse esteja na primeira linha e última coluna, a fórmula inserida será =SUM(LEFT), somando os valores que se encontram a esquerda e retornando o resultado "16".

Exemplo 2: Considerando o exemplo da tabela acima, caso o cursor do mouse esteja na quarta linha e terceira coluna, a função inserida será =SUM(ABOVE) somando os valores que se encontram acima e retornando o resultado "12", pois a prioridade são os dados acima e depois à esquerda.

- Ao contrário da planilha do Excel, que tem fórmulas dinâmicas, e alterando um dos elementos o resultado da fórmula é alterado, na tabela do Word a fórmula inserida é fixa, ou seja, alterando um dos elementos, o resultado permanece o mesmo.

b) Planilhas do Excel no Microsoft Word

É possível, devido à compatibilidade existente entre os diferentes aplicativos do pacote Microsoft Office, inserir elementos do Excel em um documento que está sendo editado no Microsoft Word, como planilhas de cálculos.

Seguem as regras de trabalho com uma planilha de Excel no Word.

- A planilha inserida segue todas as regras do Excel e não de tabela do Word.
- Quando o usuário clica fora da área de edição da planilha, ela se transforma em uma imagem e nunca em uma tabela.
- Caso o usuário clique novamente na área de edição ela volta a ser uma planilha editável do Excel.
- Caso o usuário selecione a imagem e copie, colando em outro documento de qualquer aplicativo do pacote Microsoft Office, será colada como imagem, porém poderá ser editada no Microsoft Word.

c) Ilustrações

O grupo Ilustrações da guia Inserir, agrupa quase todos os recursos de inserção de objetos.

Figura 92

- Inserir / Ilustrações / Imagem = fotos
- Inserir / Ilustrações / Clip-Art = grupos de formas agrupadas

Figura 93

- Inserir / Ilustrações / Formas = formas geométricas

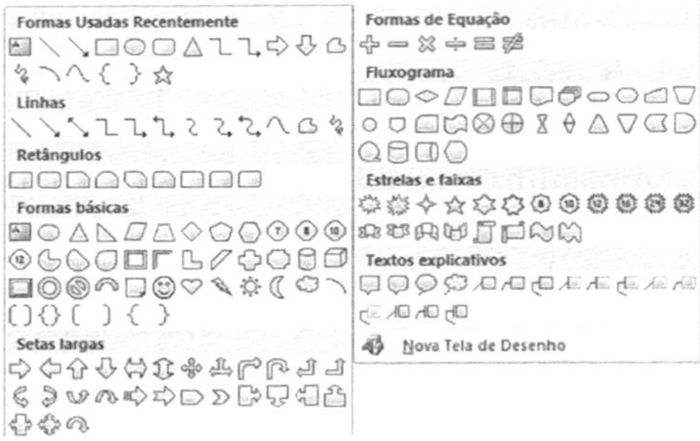

Figura 94

- Inserir / Ilustrações / SmartArt = Elementos gráficos de comunicação empresarial.

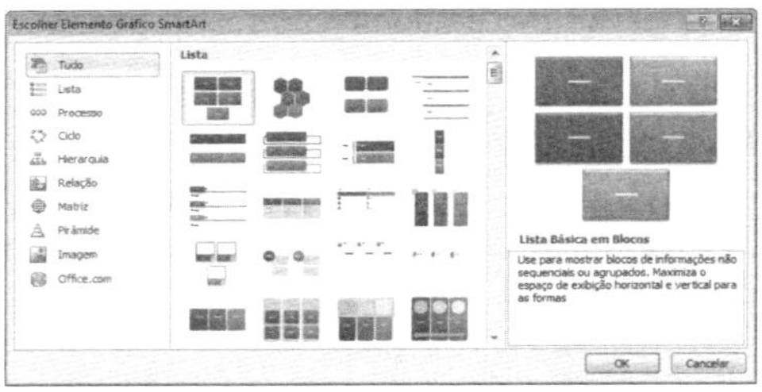

Figura 95

- Inserir / Ilustrações / Gráfico = comparativos de números em formas geométricas ou linhas.

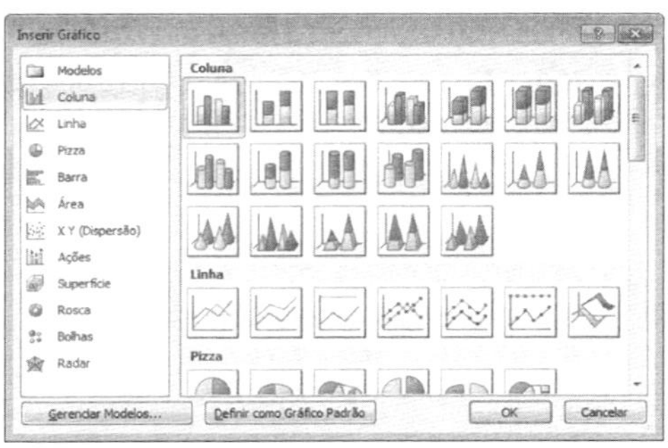

Figura 96

- Inserir / Ilustrações / Instantâneo = recurso para printar a tela.

d) Inserir Links

- Inserir / Links / Hiperlinks

É possível incluir no Word hiperlinks, que são atalhos tanto externos (para um site, por exemplo) quanto internos (para outra página do mesmo documento, por exemplo). Por padrão, um hiperlink inserido e ainda não habilitado é indicado na cor azul e sublinhado simples, já um hiperlink habilitado é indicado na cor roxa e sublinhado simples.

O caminho para se inserir um hiperlink em um texto ou imagem inserida em um documento em formatação no Word é selecionar o elemento e na guia "Inserir" escolher no grupo "links" a ferramenta "hiperlink", abrindo a janela de formatação do hiperlink é escolhido o endereço do atalho interno ou externo.

Para habilitar um hiperlink, por meio do cursor do mouse, é necessário manter pressionada a tecla "Ctrl".

- Inserir / Links / Indicador

Cria um indicador para atribuir um nome a um ponto específico em um documento.

- Inserir / Links / Referência Cruzada

Referir-se a itens com títulos, ilustrações e tabelas, inserindo uma referência cruzada como "Consulte a Tabela 6" ou "Vá para a página 8".

e) Inserir Texto

- Inserir / Texto / Caixa de Texto

Permite inserir caixas de textos pré-formatadas ou desenhar as caixas de texto.

- Inserir / Texto / Partes Rápidas

Inserir trechos de conteúdo reutilizável, incluindo campos, propriedades de documento como título e autor ou quaisquer fragmentos de texto pré-formatados criados por você.

- Inserir / Texto / WordArt

Inserir um texto decorativo no documento.

- Inserir / Texto / Letra Capitular

Criar uma letra maiúscula grande no início de um parágrafo.

- Inserir / Texto / Linha de Assinatura e Serviços de Autenticação

Inserir uma linha de assinatura que especifique a pessoa que deve assinar.

A inserção de uma assinatura digital requer uma identificação digital.

- Inserir / Texto / Data e Hora

Inserir data e horas atuais no documento atual, podendo ser atualizada automaticamente.

- Inserir / Texto / Objeto e Texto do Arquivo

Insere um novo objeto a partir de recursos disponibilizados no dispositivo, ou o conteúdo do arquivo no seu documento para que você possa editá-lo depois usando o aplicativo no qual o arquivo de origem foi criado.

f) Inserir Símbolos

- Inserir / Símbolos / Equação

Insere equações matemáticas ou desenvolve suas próprias equações usando uma biblioteca de símbolos matemáticos. ALT + =

- Inserir / Símbolos / Símbolo

Insere símbolos que não constam do teclado, como símbolos de copyright, símbolos de marca registrada, marcas de parágrafo e caracteres Unicode.

9) Referências

São recursos que permitem a devida ilustração das referências utilizadas na criação do documento, com sumário, índices de objetos, notas, legendas, bibliografia e autoridades.

a) Níveis de títulos

Os níveis de títulos podem ser feitos de duas maneiras. Uma delas por meio do recurso do grupo Estilo da guia Página Inicial, que padroniza as formatações e permite que esses títulos sejam parte do painel de navegação e do sumário que será criado.

Outra forma é usar o comando Adicionar Texto do grupo Sumário da guia Referências, escolhendo o respectivo nível de cada tipo de título, para que depois possa fazer parte do sumário.

b) Sumário

- Referências / Sumário / Adicionar Texto

Adicionar o parágrafo atual como uma entrada de sumário.

- Referências / Sumário / Sumário

Cria o sumário com base nas entradas inseridas a partir de Adicionar Texto, ou Estilos.

- Referências / Sumário / Atualizar Sumário

Atualiza o sumário de forma que todas as entradas indiquem o número de página correto. Também pode ser feito por meio da tecla F9 desde que o cursor esteja no sumário já criado.

c) Inserir Notas de Rodapé

- Referências / Notas de Rodapé / Inserir Nota de Rodapé

Adiciona uma nota de rodapé ao documento com base em uma parte do texto selecionada. As notas de rodapé são renumeradas automaticamente conforme você movimentar o texto no documento. ALT + CTRL + F.

- Referências / Notas de Rodapé / Inserir Nota de Fim
- Adiciona uma nota de fim no documento com base em uma parte do texto selecionada. ALT + CTRL + D.

- Referências / Notas de Rodapé / Próxima Nota de Rodapé

Navegar até a próxima nota de rodapé do documento.

- Referências / Notas de Rodapé / Mostrar Notas

Rola o documento até o local em que as notas estão localizadas.

d) Referências / Citações e Bibliografia

- Referências / Citações e Bibliografia / Inserir Citação

Cita um livro, artigo de jornal ou outro periódico como fonte das informações do documento.

Você pode escolher uma opção da lista de fontes que criou ou especificar informações sobre uma nova fonte.

O Word formatará a citação de acordo com o estilo selecionado.

- Referências / Citações e Bibliografia / Gerenciar Fontes Bibliográficas

Exibe a lista de todas as fontes citadas no documento.

- Referências / Citações e Bibliografia / Estilo

Permite escolher o estilo da citação a ser utilizado no documento.

- Referências / Citações e Bibliografia / Bibliografia

Adiciona uma Bibliografia, que lista todas as fontes citadas no documento.

e) Inserir Legendas em Objetos

- Referências / Legendas / Inserir Legenda

Adiciona uma legenda a uma imagem ou objeto. Uma legenda é uma linha de texto exibida abaixo de um objeto que o descreve.

- Referências / Legendas / Inserir Índice de Ilustrações

Insere um índice de ilustrações no documento, que inclui uma lista com todas as ilustrações, tabelas ou equações do documento.

- Referências / Legendas / Atualizar Tabela

Atualizar o índice de ilustrações com base nas entradas do documento. Também pode ser feito utilizando a tecla F9 desde que o cursor esteja no índice.

- Referências / Legendas / Referência Cruzada

Referir-se a itens com títulos, ilustrações e tabelas, inserindo uma referência cruzada como "Consulte a Tabela 6" ou "Vá para a página 8".

f) Inserir Índices

- Referências / Índice / Marcar Entrada

Inclui o texto selecionado no índice. ALT + SHIFT + X.

- Referências / Índice / Inserir Índice

Inserir um índice no documento.

- Referências / Índice / Atualizar Índice

Atualiza o índice de modo que todas as entradas indiquem o número de página correto.

g) Referências / Índice de Autoridades

- Referências / Índice de Autoridades / Marcar Citação

Adicionar o texto selecionado como uma entrada de índice de autoridades. ALT + SHIFT + I.

- Referências / Índice de Autoridades / Inserir Índice de Autoridades

Inserir um índice de autoridades no documento. Um índice de autoridades relaciona os casos, estatutos e outras autoridades citadas no documento.

- Atualizar Tabela

Atualizar o índice de autoridades de modo a incluir todas as citações do documento.

10) Impressão

Em geral, muitos dos documentos criados no Word são impressos. As configurações de impressão podem variar a cada documento por causa das divisões de seções.

É possível imprimir:

Apenas partes de um documento que estão selecionadas.

Personalizar o intervalo de impressão, definindo somente algumas páginas, seja na sequência ou alternadas.

Exemplo: 1-5;7 significa que o intervalo de páginas de 1 até 5 será impresso, mais a página 7.

Exemplo: p2s3-p7s4 significa que será impresso o intervalo da página 2 da seção 3 até a página 7 da seção 4.

Imprimir somente páginas pares ou ímpares.

Imprimir somente em um lado da folha ou dois lados, dependendo da impressora, de maneira automática ou manual.

Definir o agrupamento, por sequência de páginas em várias quantidades, ou várias quantidades de cada uma das páginas.

Exemplo: 1,2,3 1,2,3 1,2,3 ou 1,1,1 2,2,2 3,3,3.

Definir a orientação, o tamanho do papel e o tamanho das margens.

Fazer redução e imprimir miniaturas das páginas do documento em cada folha.

4.1 Questões

1. (Quadrix – COBRA Tecnologia S/A (BB) – Técnico Administrativo – 2014) O MS Word nas versões 2010 e 2013 teve sua interface remodelada, utilizando guias para organizar seus comandos. Assinale a alternativa que contém uma guia que existe na versão 2013 do MS Word, porém que não existia na versão 2010:

A) Inserir.

B) Referências.

C) Design.

D) Correspondências.

E) Revisão.

↗ **Gabarito: "C".**

2. (CESPE – MPOG – Administrador – 2015) A figura ilustra uma janela do Word 2010 em um computador com o sistema operacional Windows 7, na qual foi aberto o documento Dicas do Word 2010. Com relação a essa figura e ao programa Word 2010, julgue o próximo item.

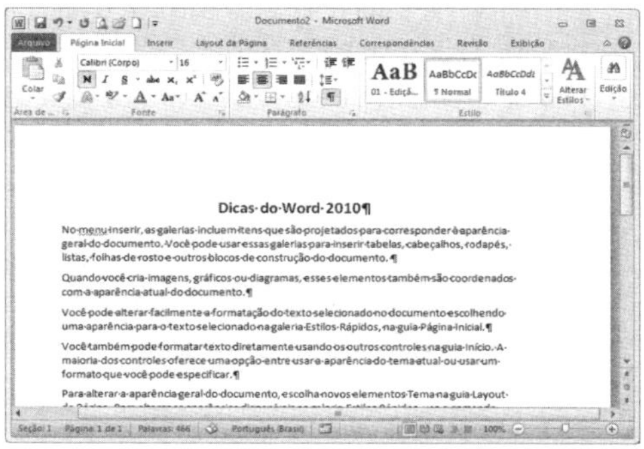

O Word 2010 tem vários modos de exibição, e o documento em questão está aberto no modo de exibição Layout de Impressão.

( ) Certo.

( ) Errado.

↗ **Gabarito: "Certo".**

3. (IBGP – Prefeitura de Andradas-MG – Fiscal Tributário – 2017) Considerando o uso do MS Word 2010, são extensões de arquivos que podem ser abertas corretamente, EXCETO:

A) .pst.

B) .doc.

C) .rtf.

D) .docx.

↗ **Gabarito: "A".**

4. (FCC – MPE-PE – Analista Ministerial – Área Jurídica – 2018) Arquivos do tipo PDF podem ser abertos com facilidade na maioria dos computadores, independentemente do sistema operacional que utilizam. Já arquivos criados no Microsoft Word só podem ser abertos em computadores que possuem o Microsoft Word ou algum editor de textos compatível. Sabendo disso, um Advogado criou um documento no Microsoft Word 2013, em português, e deseja gerar um arquivo no formato PDF para levar em um pen drive para outro local, já que não sabe se terá o Microsoft Word no local para onde vai. No Microsoft Word 2013:

A) o Advogado conseguirá gerar o arquivo PDF clicando em Arquivo > Salvar Como. Depois, deverá selecionar a unidade de pen drive, selecionar pdf (*.pdf) no campo onde se escolhe o tipo do arquivo e clicar no botão Salvar.

B) não será possível criar o arquivo PDF porque não há recursos nativos para isso nessa versão do Microsoft Word.

C) o Advogado poderá criar o arquivo PDF clicando em Arquivo > Exportar > Formato > PDF. Na tela que aparece, terá que selecionar a unidade de pen drive, nomear o arquivo e clicar no botão Salvar.

D) só será possível gerar o arquivo PDF se for instalado o plug-in PDF Generator que deve ser baixado pelo site da Microsoft e integrado ao Microsoft Word.

E) não há recursos para gerar arquivos PDF; porém, o Advogado poderá realizar esse trabalho no Wordpad do Windows.

↗ **Gabarito: "A".**

5. (UECE-CEV – Funceme – Analista de Suporte à Pesquisa Administração – 2018) Considerando a versão 6 do editor de textos LibreOffice Writer, assinale a opção que corresponde a uma sequência possível para exportar um arquivo no formato PDF.

A) Arquivo → Exportar como → Exportar como PDF.

B) Ferramentas → Salvar como → Exportar como PDF.

C) Arquivo → Salvar como → em Tipo: selecionar .PDF.

D) Ferramentas → Exportar → em Tipo: selecionar .PDF.

↗ **Gabarito: "A".**

6. (FCC – TRE-PR – Analista Judiciário – Área Administrativa – 2012) Com a utilização do editor Microsoft Word é possível proteger arquivos com senhas, definindo a permissão de acesso ao arquivo, para modificação ou somente leitura. Para proteger um arquivo no Word, em sua versão 2010, é possível entrar no menu:

A) Editar, clicar em Segurança e em seguida Proteger Arquivo.

B) Editar, clicar em Exportar e selecionar a caixa de checagem de Exportar com Senha.

C) Arquivo, clicar em Informações e em seguida Proteger Documento e definir o modo de proteção do arquivo.

D) Formatar, clicar em Propriedades e em seguida escolher Proteção.

E) Inserir, e clicar em Senha de Proteção.

↗ **Gabarito: "C".**

7. (Quadrix – CODHAB-DF – Analista – Administração – 2018) Julgue o item seguinte quanto ao programa Microsoft Word 2013, ao programa de navegação Google Chrome, em sua versão mais atual, e às noções de vírus, worms e pragas virtuais.

O Word 2013 possui recursos que visam controlar os tipos de alterações que podem ser feitas no documento. É possível restringir que outros usuários possam alterar a formatação de um documento e permitir que os demais procedimentos sejam realizados, como, por exemplo, edição.

( ) Certo.

( ) Errado.

↗ **Gabarito: "Certo".**

8. (Quadrix – CREF 12ª Região – Assistente Administrativo – 2013) O MS-Word 2010 possui diversas ferramentas, que auxiliam na revisão/correção do texto digitado, presentes na guia Revisão. Aponte a alternativa que contém uma ferramenta do Word que não está presente na guia Revisão.

A) Dicionário de Sinônimos.

B) Ortografia e Gramática.

C) Idioma.

D) Pesquisar.

E) Substituir.

↗ **Gabarito: "E".**

9. (UFES – UFES – Assistente em Administração – 2017) No Microsoft Word 2013, ao clicar o botão "Ortografia e Gramática", do grupo "Revisão de Texto" na guia "REVISÃO", o painel de tarefas "Ortografia" é exibido. Esse painel indica as palavras não reconhecidas pelo corretor ortográfico, e possibilita, assim, ao usuário algumas ações em relação a cada palavra, por meio de botões presentes no painel. Sobre os botões presentes no painel de tarefas "Ortografia", é INCORRETO afirmar:

A) Clicar o botão "Ignorar Tudo" faz com que o Microsoft Word 2013 nunca mais indique a palavra em questão como não reconhecida, porém não a adiciona ao dicionário.

B) Clicar o botão "Ignorar" não faz com que a palavra em questão seja adicionada ao dicionário e também não a corrige, mantendo-a como está no documento.

C) Clicar o botão "Adicionar" faz com que a palavra em questão seja adicionada ao dicionário e, por conseguinte, ela não será mais indicada como não reconhecida.

D) Clicar o botão "Alterar" faz com que a palavra em questão seja substituída pela palavra escolhida na lista "Sugestões", também presente no painel de tarefas "Ortografia".

E) Clicar o botão "Alterar Tudo" faz com que todas as ocorrências da palavra em questão sejam substituídas, no texto, pela palavra escolhida na lista "Sugestões", também presente no painel de tarefas "Ortografia".

↗ **Gabarito: "A".**

10. (Quadrix – CRP-SC – Auxiliar Administrativo – 2018) Acerca de hardware, do programa Microsoft Word 2013 e do sistema operacional Windows 8, julgue o item subsequente.

O Word 2013 permite que o usuário utilize um dicionário interno ou se conecte, via conta da Microsoft, à Office Store para que possa selecionar um dicionário gratuito ou comprar um dicionário.

( ) Certo.

( ) Errado.

↗ **Gabarito: "Certo".**

11. (CESPE – ANATEL – Analista Administrativo – Engenharia Civil – 2014) Com relação aos aplicativos Excel, Word e AutoCAD, julgue o item a seguir.

No menu Revisão do Microsoft Word 2010, a opção Contar Palavras informa a quantidade de palavras, de caracteres, de parágrafos, de linhas, como também o número de páginas no documento.

( ) Certo.

( ) Errado.

↗ **Gabarito: "Certo".**

12. (FCC – SEMEF Manaus-AM – Assistente Técnico Fazendário – 2019) O chefe solicitou a um assistente a elaboração de um relatório sobre os problemas do seu departamento para encaminhar para a diretoria da empresa. Esse assistente utilizará o Microsoft Word 2013, em sua configuração padrão para a língua portuguesa, para a elaboração desse relatório. Um recurso que esse editor possui para auxiliar na escrita de um texto com maior riqueza de vocabulário é o fornecimento de sinônimos para as palavras. Para obter sinônimos de uma palavra, esse assistente deve, supondo o mouse do computador em sua configuração padrão:

A) clicar com o botão direito do mouse na palavra para a qual deseja obter sinônimos, selecionar o item Sinônimo na janela que surge na tela e escolher um dos sinônimos sugeridos, provocando a substituição.

B) clicar com o botão direito do mouse na palavra para a qual deseja obter sinônimos, selecionar o item Dicionário na janela que surge na tela e escolher um dos sinônimos sugeridos, provocando a substituição.

C) selecionar a aba Inserir, grupo Sinônimo, digitar a palavra para a qual sinônimos deverão ser sugeridos e escolher o sinônimo desejado.

D) selecionar a aba Revisão, grupo Revisão de Texto, e selecionar Sinônimo, digitar a palavra para a qual sinônimos deverão ser sugeridos.

E) selecionar a palavra para a qual deseja obter sinônimos, selecionar a aba Revisão, grupo Alterações, selecionar Sinônimo, digitar a palavra para a qual sinônimos deverão ser sugeridos.

↗ **Gabarito: "A".**

13. (Quadrix – CODHAB-DF – Analista – Administração – 2018) Julgue o item seguinte quanto ao programa Microsoft Word 2013, ao programa de navegação Google Chrome, em sua versão mais atual, e às noções de vírus, worms e pragas virtuais.

A partir de um documento do Word 2013, é possível traduzir um texto selecionado para outro idioma.

( ) Certo.

( ) Errado.

↗ **Gabarito: "Certo".**

14. (Quadrix – CRBio 5ª Região – Fiscal Biólogo – 2013) Para responder a esta questão, sobre hifenização no programa MS Word 2013, leia atentamente as afirmações a seguir.

I. Por padrão, se uma palavra for muita comprida para se ajustar ao tamanho final de uma linha, o Word a posicionará no início da linha seguinte em vez de fazer a hifenização.

II. Ao se ativar a hifenização automática, o Word insere automaticamente hifens onde são necessários no documento. Se posteriormente houver alguma edição no documento alterando as quebras de linha, o Word não hifenizará o documento novamente.

III. Ao se escolher a hifenização manual, o Word pesquisa pelo texto para hifenizar, solicita que se confirme cada hífen opcional proposto e insere os hifens opcionais. Se houver mais alguma edição no documento alterando as quebras de linha, o Word exibirá e imprimirá somente os hifens opcionais que ainda caiam no final das linhas. O Word não hifenizará o documento novamente.

Está correto o que se afirma em:

A) somente I e II.

B) somente II e III.

C) somente I e III.

D) I, II e III.

E) nenhuma.

↗ **Gabarito: "C".**

15. (FCC – EMAE-SP – Eletricista de manutenção – 2018) Um texto foi digitado no Microsoft Word 2010, em português, pelo usuário João. Após a revisão da usuária Carla, utilizando os recursos de Controlar Alterações, o texto foi modificado e ficou marcado nos pontos alterados. Ao fazer a revisão, Carla optou por exibir, no texto modificado, somente as inserções e exclusões feitas, mas não os comentários e nem as mudanças de formatação. Ela conseguiu isso a partir de um clique na guia Revisão, e na opção:

A) Comparar.

B) Painel de Revisão.

C) Mostrar Marcações.

D) Restringir Edição.

E) Exibir Principais.

↗ **Gabarito: "C".**

16. (AOCP – Sercomtel S.A Telecomunicações – Analista – 2016) Considerando o MS-Word 2010, versão português em sua configuração padrão, e um documento contendo diversas páginas, sabendo que o cursor está posicionado na primeira linha da primeira página, ao pressionar a tecla de atalho CTRL + END, esse cursor Obs: O caractere "+" foi utilizado apenas para a interpretação da questão.

A) continuará posicionado na primeira página, mas no final da primeira linha.

B) continuará posicionado na primeira página, mas no início da última linha.

C) continuará posicionado na primeira página, mas no final da última linha.

D) será posicionado na última página, na primeira linha que contenha texto.

E) será posicionado na última página, no final da última linha que contenha texto.

↗ **Gabarito: "E".**

17. (CESPE – DPU – Analista – 2016) Com relação às ferramentas e às funcionalidades do ambiente Windows, julgue o item que se segue.

No Microsoft Word, o recurso Localizar e substituir permite encontrar palavras em um documento e substituir por outras; no entanto, por meio desse recurso não é possível substituir um termo por outro que esteja no formato negrito, itálico ou sublinhado, por exemplo.

( ) Certo.

( ) Errado.

↗ **Gabarito: "Errado".**

18. (FCM – IF Sudeste-MG – Auxiliar de Biblioteca – 2016) O Microsoft Word permite selecionar o texto de um documento de diferentes maneiras. Para selecionar palavras não adjacentes, selecione a primeira palavra e mantenha a tecla_______________ pressionada enquanto seleciona as próximas palavras.

O termo que preenche a lacuna é:

A) Alt.

B) Esc.

C) Ctrl.

D) Shift.

E) Insert.

↗ **Gabarito: "C".**

19. (VUNESP – TJSP – Escrevente Técnico Judiciário – 2017) A Área de Transferência do MS-Office 2016 permite que dados sejam transferidos entre os diversos aplicativos. Suponha que um usuário tenha aberto um arquivo do MS-Excel 2016 e outro do MS-Word 2016 e que, no Excel, algumas células tenham sido copiadas com o comando Ctrl + C. Observe a figura do MS-Word 2016.

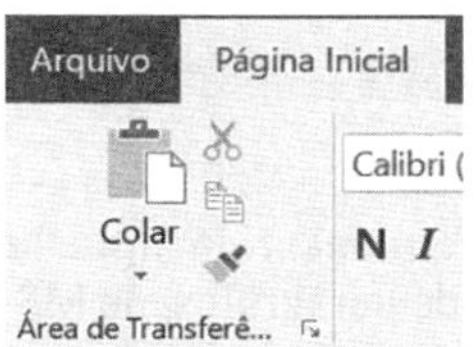

Caso a seta ao lado do texto "Área de Transferência" na figura seja clicada:

A) o último elemento copiado para a Área de Transferência será copiado para a posição após o cursor no texto, na forma "Colar Especial".

B) a Área de Transferência será limpa.

C) uma janela lateral será aberta, exibindo todos os elementos colocados na Área de Transferência, além de botões diversos.

D) o último elemento copiado para a Área de Transferência será copiado para a posição após o cursor no texto, na forma "Manter Formatação Original".

E) todo o conteúdo da Área de Transferência será copiado para a posição após o cursor no texto.

↗ **Gabarito: "C".**

20. (PUC-PR – TJMS – Analista Judiciário – 2015) Em processadores de texto é comum a utilização de teclas combinadas como atalho, para se ganhar mais produtividade. Sobre as teclas de atalho do LibreOffice Writer, é CORRETO afirmar que a combinação entre as teclas:

A) "CTRL" e "S" é o atalho para sublinhar o texto selecionado.

B) "CTRL" e "S" é o atalho para salvar o documento.

C) "CTRL" e "B" é o atalho para salvar o texto do documento.

D) "CTRL" e "A" é o atalho para abrir um novo documento de texto.

E) "CTRL" e "N" é o atalho para negritar o texto selecionado.

↗ **Gabarito: "B".**

21. (UFMT – TJMT – Analista Judiciário – Economia – 2016) A coluna da esquerda apresenta formatações de fonte, tamanho de fonte e alinhamento de parágrafo, respectivamente, do Microsoft Word 2007 e a da direita, os textos resultantes após a aplicação de cada uma delas. Numere a coluna da direita de acordo com a da esquerda.

1 – Century Gothic, 12, Justificado	( )	Maior que a tristeza de não haver vencido é a vergonha de não ter lutado!
2 – Arial, 12, Centralizado	( )	Maior que a tristeza de não haver vencido é a vergonha de não ter lutado!
3 – Times New Roman, 12, Centralizado	( )	Maior que a tristeza de não haver vencido é a vergonha de não ter lutado!
4 – Courier New, 12, Justificado	( )	Maior que a tristeza de não haver vencido é a vergonha de não ter lutado!

Assinale a sequência correta.

A) 1, 4, 3, 2

B) 4, 1, 2, 3

C) 3, 2, 4, 1

D) 2, 3, 1, 4

↗ **Gabarito: "B".**

22. (IDECAN – Câmara de Aracruz-ES – Analista em Tecnologia da Informação – 2016) Analise as afirmativas sobre a ferramenta Microsoft Office Word 2007 (configuração padrão).

I. Para adicionar uma lista numerada em um documento deve-se utilizar o recurso marcadores que está localizado no grupo Parágrafo da guia Início.

II. O recurso de criar letras pequenas acima da linha do texto é denominado sobrescrito.

III. O recurso de colorir o plano de fundo atrás do texto ou parágrafo selecionado é denominado preenchimento.

Está(ão) correta(s) apenas a(s) afirmativa(s):

A) I.

B) II.

C) III.

D) II e III.

↗ **Gabarito: "B".**

23. (PUC-PR – TJMS – Analista Judiciário – 2015) Sobre a funcionalidade "Caracteres Não Imprimíveis" do LibreOffice Writer, é CORRETO afirmar que:

A) sua função é copiar uma formatação de um determinado trecho de texto e aplicar sobre outro, para que ambos fiquem com a mesma aparência.

B) sua função é mostrar marcas de formatação, como marcas de parágrafo, quebras de linha, paradas de tabulação e espaços.

C) sua função é realçar textos com cores para que estes não possam ser impressos posteriormente.

D) sua função é criar um efeito de espaçamento entre as linhas, de modo que o texto não fique totalmente agrupado.

E) sua função é sinalizar, por meio de uma marcação abaixo da palavra, possíveis erros gramaticais.

↗ **Gabarito: "B".**

24. (VUNESP – Prefeitura de São Paulo-SP – Analista Fiscal de Serviços – 2016) Assinale a alternativa que contém o ícone do MS-Word 2010, em sua configuração padrão, usado para mostrar marcas de parágrafo e outros símbolos de formatação ocultos.

A) 

C) 

E) 

B) Ω

D) ¶

↗ **Gabarito: "D".**

25. (FCC – TRT 4ª Região – Técnico Judiciário – Área Administrativa – 2006) As opções de alinhamento de texto num documento Word comuns tanto para alinhamento horizontal quanto para alinhamento vertical são:

A) esquerdos e direitos.

B) centralizados e justificados.

C) superiores e inferiores.

D) centralizados, apenas.

E) justificados, apenas.

↗ **Gabarito: "B".**

26. (VUNESP – SPTrans – Técnico de enfermagem do trabalho – 2012) A formatação de parágrafos, no MS-Word 2007, permite diversos tipos de espaçamento entre linhas na janela Parágrafo, que pode ser ativada por meio do grupo Parágrafo da guia Início. São exemplos de espaçamento entre linhas presentes nesse tipo de formatação:

A) Antes, Depois, Esquerda e Direita.

B) Justificada, Esquerda, Direita e Centralizada.

C) Simples, Duplo, Pelo menos e Exatamente.

D) Simples, Duplo, Triplo e Quádruplo.

E) Pontos, Polegadas, Centímetros e Jardas.

↗ **Gabarito: "C".**

27. (FCC – TRE-AL – Técnico Judiciário – Área Administrativa – 2010) Dentro de um documento Word 2003, a formatação de um parágrafo, a partir da margem esquerda, que provoca o recuo para a direita de todas as linhas do parágrafo, exceto a primeira, exige a especificação da medida do recuo depois de clicar em:

A) Primeira linha do recuo especial.

B) Primeira linha do recuo esquerdo.

C) Deslocamento do recuo esquerdo.

D) Deslocamento do recuo especial.

E) Deslocamento do recuo direito.

↗ **Gabarito: "D".**

28. (VUNESP – Câmara de Sumaré-SP – Escriturário – 2017) A imagem a seguir mostra parte de um documento, contendo 4 parágrafos, sendo editado por meio do MS-Word 2010, em sua configuração padrão.

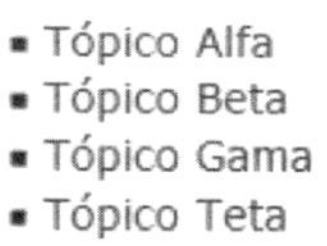

- Tópico Alfa
- Tópico Beta
- Tópico Gama
- Tópico Teta

Assinale a alternativa que apresenta o recurso aplicado aos parágrafos do documento exibido.

A) Marcadores.

B) Numeração.

C) Caixa de Texto.

D) Clip-Art.

E) Smart-Art.

↗ **Gabarito: "A".**

29. (FGV – FIOCRUZ – Tecnologista em Saúde – Arquitetura e Urbanismo – 2010) Ao classificar o texto de uma tabela, o aplicativo MS-Word ordena, primeiramente, os itens que são iniciados por:

A) sinais de pontuação ou símbolos.

B) números.

C) letras.

D) datas.

E) letras maiúsculas.

↗ **Gabarito: "A".**

30. (FUNCERN – SEBRAE-RN – Assistente – 2015) No Microsoft Word 2007 o botão "Sombreamento" é utilizado para:

A) Fazer o texto parecer como se tivesse sido marcado com um marca-texto.

B) Colorir o plano de fundo atrás do texto ou parágrafo selecionado.

C) Inserir um efeito de sombra em um objeto de desenho do wordart.

D) Produzir um efeito 3D em uma imagem a partir da inserção de sombras.

↗ **Gabarito: "B".**

31. (FUNCERN – CAERN – Engenheiro Civil – 2014) Tabulação é um recurso do editor de textos Microsoft Word 2010, que permite ordenar esteticamente os dados de um texto de uma forma organizada. Ao usar esse recurso, o Microsoft Word 2010 exibe, em sua régua, figuras que representam o alinhamento escolhido na posição de parada definida. A figura a seguir apresenta quatro alinhamentos em quatro posições de parada.

Marque a opção que apresenta o tipo de alinhamento correto, conforme a posição de parada definida.

A) Direito em 2 cm; Decimal em 5,5 cm; Centralizado em 9 cm; e Esquerdo em 13 cm.

B) Esquerdo em 2 cm; Centralizado em 5,5 cm; Decimal em 9 cm; e Direito em 13 cm.

C) Esquerdo em 2 cm; Decimal em 5,5 cm; Centralizado em 9 cm; e Direito em 13 cm.

D) Direito em 2 cm; Centralizado em 5,5 cm; Decimal em 9 cm; e Esquerdo em 13 cm.

↗ **Gabarito: "B".**

32. (MS CONCURSOS – Prefeitura de Sonora-MS – Assistente de Administração – 2019) Para controlar a quebra de linhas e parágrafos, é necessário configurar as linhas de um documento. A _______________ é a última linha de um parágrafo que é impressa sozinha na parte superior de uma página. Já a _______________ é a primeira linha de um parágrafo impressa sozinha na parte inferior de uma página. O Word permite determinar que grupos de parágrafos e linhas fiquem juntos.

A alternativa que completa adequadamente as lacunas, obedecendo à sequência natural do texto, é:

A) Linha viúva; Linha órfã.

B) Linha órfã; Linha viúva.

C) Linha de rodapé; Linha de cabeçalho.

D) Linha de cabeçalho; Linha de rodapé.

↗ **Gabarito: "A".**

33. **(VUNESP – UFABC – Assistente em Administração – 2016)** Em um documento do MS-Word 2010, em sua configuração padrão, é possível criar e atualizar um sumário automaticamente. Para que um documento possa ter essa facilidade, é necessário aplicar _______________ aos elementos que farão parte do sumário.

A alternativa que preenche corretamente a lacuna do enunciado é:

A) estilos de título.

B) margens.

C) espaçamento.

D) linha de saudação.

E) recuo.

↗ **Gabarito: "A".**

34. **(VUNESP – PC-SP – Perito Criminal – 2014)** A figura a seguir apresenta o grupo Configurar Página, da guia Layout da Página, do MS-Word 2010, em sua configuração padrão.

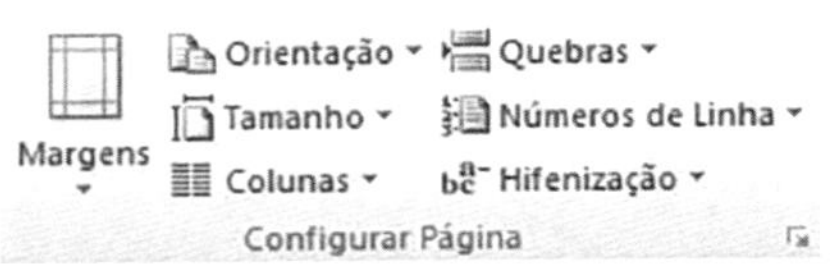

Assinale a alternativa que identifica a opção do grupo que permite alternar as páginas entre os layouts: Retrato (vertical) e Paisagem (horizontal).

A) Margens.

B) Quebras.

C) Tamanho.

D) Orientação.

E) Colunas.

↗ **Gabarito: "D".**

35. **(VUNESP – Câmara Municipal de Descalvado-SP – Assistente de Comunicação – 2015)** No MS-Word 2010, na sua configuração padrão, é possível aplicar cabeçalhos e rodapés diferentes em um mesmo documento. Para isso, basta que ambos estejam em _______________ diferentes e que a opção Vincular ao anterior esteja desmarcada.

Assinale a alternativa que preenche corretamente a lacuna do enunciado:

A) tabulações.

B) colunas.

C) seções.

D) margens.

E) páginas.

↗ **Gabarito: "C".**

36. **(FCC – Prefeitura de Teresina-PI – Técnico de Nível Superior – Analista de Orçamento e Finanças Públicas – 2016)** No Microsoft Word 2013 em português, após digitar meia página de texto em coluna única, um profissional deseja digitar o restante da página em duas colunas, sem afetar o texto já digitado. Para isso, antes de definir o número de colunas para a segunda metade de página, deve-se inserir uma quebra de seção:

A) Contínua.

B) Alternada.

C) Automática.

D) Dupla.

E) Vertical.

↗ **Gabarito: "A".**

37. **(UFU-MG – UFU-MG –Técnico em Radiologia – 2017)** O MS Word 2007 suporta o uso de marcas d'água, que são imagens ou textos colocados atrás do texto no documento. Podem-se inserir marcas d'água personalizadas ou fazer uso da galeria de marcas d'água. Assinale a alternativa que apresenta um modo de exibição em que as marcas d'água podem ser visualizadas na tela do computador.

A) Layout de impressão.

B) Estrutura de Tópicos.

C) Rascunho.

D) Leitura em Tela Inteira.

↗ **Gabarito: "A".**

38. **(VUNESP –TJSP –Escrevente Técnico Judiciário – 2017)** A colocação de um cabeçalho em um documento editado no MS-Word 2016 pode ser feita por meio da guia:

A) Inserir, no grupo Cabeçalho e Rodapé, no botão Cabeçalho.

B) Design, no grupo Efeitos, no botão Cabeçalho.

C) Inserir, no grupo Comentários, no botão Cabeçalho e Rodapé.

D) Layout da Página, no grupo Design, no botão Cabeçalho e Rodapé.

E) Layout da Página, no grupo Margens, no botão Inserir Cabeçalho.

↗ **Gabarito: "A".**

39. **(FEPESE – CELESC – Atendente Comercial – 2013)** O MS Word 2010 em português permite trabalhar com Tabelas. Sobre a Guia de Ferramentas de Tabelas do MS Word, considere as seguintes afirmações: 1. As ferramentas de Tabelas possuem duas guias: Design e Layout. 2. A Guia Fórmulas das ferramentas de tabelas deve ser utilizada para inserir funções e cálculos nas tabelas do MS Word. 3. Os estilos de Tabela, controles de bordas e opções de estilo da tabela encontram-se na guia Layout. Assinale a alternativa que indica todas as afirmativas corretas.

A) É correta apenas a afirmativa 1.

B) São corretas apenas as afirmativas 1 e 2.

C) São corretas apenas as afirmativas 1 e 3.

D) São corretas apenas as afirmativas 2 e 3.

E) São corretas as afirmativas 1, 2 e 3.

↗ **Gabarito: "A".**

40. **(FCC – DPE-RS – Técnico – Segurança – 2017)** No Word do Microsoft Office 2013, a ativação da opção SmartArt permite inserir:

A) o elemento gráfico para comunicação de informações visualmente.

B) imagens de um arquivo ou de várias fontes online.

C) Clip-art no documento, incluindo desenhos, filmes e sons.

D) formas prontas como triângulos, retângulos, círculos etc.

E) uma tabela para organização das informações.

↗ **Gabarito: "A".**

41. **(VUNESP – PC-SP – Agente Policial – 2018)** Por meio do recurso Links da guia Inserir do MS-Word 2016, em português e em sua configuração padrão, é possível a inserção de Hiperlink, Indicador e Referência Cruzada.

Assinale a alternativa correta a respeito da inserção de um Hiperlink em um documento do MS-Word 2016.

A) Introduz efeitos especiais em partes do documento, como textos piscantes, por exemplo.

B) Elimina espaços não utilizados no documento, o que faz gerar arquivos menores ao se salvar o documento.

C) Cria um índice para o documento, com base nos títulos de cada assunto.

D) Ajusta o espaçamento entre parágrafos, por meio de pontos de paradas predefinidos.

E) Permite criar um link no documento para acesso rápido a páginas da web e a outras partes do próprio documento.

↗ **Gabarito: "E".**

42. **(VUNESP – TJSP – Escrevente Técnico Judiciário (Interior) – 2018)** Uma caixa de texto foi inserida em um documento que estava sendo editado no MS-Word 2016 (versão em português e em sua configuração padrão), por meio da guia Inserir, grupo Texto, botão Caixa de Texto. Caso se deseje alterar a cor da linha dessa caixa de texto, basta ajustar esse parâmetro após se:

A) selecionar a caixa de texto e pressionar a tecla de atalho Ctrl+T, que esse parâmetro será apresentado em um quadro.

B) dar um duplo click com o botão esquerdo do mouse, em sua configuração padrão, sobre a borda dessa caixa, que esse parâmetro será apresentado em um quadro.

C) dar um click com o botão direito do mouse, em sua configuração padrão, dentro dessa caixa de texto e selecionar a opção "Formatar Borda...".

D) dar um click com o botão direito do mouse, em sua configuração padrão, sobre a borda dessa caixa de texto e selecionar a opção "Formatar Forma...".

E) dar um duplo click com o botão esquerdo do mouse, em sua configuração padrão, dentro dessa caixa, que esse parâmetro será apresentado em um quadro.

↗ **Gabarito: "D".**

43. **(FEPESE – CELESC – Técnico em Segurança do Trabalho – 2013)** Selecione a melhor alternativa dentre as abaixo.

Para inserir uma equação em um documento utilizando o MS Word 2010 em português, utiliza-se por padrão (default):

A) O suplemento Equation 3.0.

B) O suplemento Math Type.

C) Guia Inserir ▶ Equação.

D) Guia Referências ▶ Símbolos.

E) Deve-se escrever a equação utilizando os recursos de formatação padrão do MS Word.

↗ **Gabarito: "C".**

44. **(FEPESE – JUCESC – Analista Técnico em Gestão de Registro Mercantil – Técnico em Atividades Administrativas – 2014)** Com relação à criação de sumários de forma automática pelo MS Word 2010 em português, considere as seguintes afirmativas:

1. As entradas do sumário devem ser formatadas com os estilos de títulos e subtítulos do MS Word.

2. O sumário pode ser inserido no documento por meio da Guia Referências Sumário.

3. O sumário é atualizado automaticamente sempre que o documento sofrer alterações.

Assinale a alternativa que indica todas as afirmativas corretas.

A) É correta apenas a afirmativa 2.

B) São corretas apenas as afirmativas 1 e 2.

C) São corretas apenas as afirmativas 1 e 3.

D) São corretas apenas as afirmativas 2 e 3.

E) São corretas as afirmativas 1, 2 e 3.

↗ **Gabarito: "B".**

45. **(UFES – UFES –Técnico em Tecnologia da Informação – 2018)** O Microsoft Word 2013 dispõe de recursos para trabalhar com notas que permitem inserir notas de rodapé e notas de fim. Sobre esses recursos, analise as afirmativas a seguir:

I. O conteúdo de uma nota de rodapé localiza-se na parte inferior da página em que a nota é inserida. II. O conteúdo de uma nota de fim localiza-se no final do documento em que a nota é inserida. III. O conteúdo das notas não pode ser formatado. IV. Quando se adiciona, se move ou se exclui uma nota de rodapé, o Microsoft Word 2013 atualiza automaticamente a numeração das notas do documento que está sendo editado.

É CORRETO o que se afirma em:

A) I, II, III e IV.

B) I e II, apenas.

C) III e IV, apenas.

D) I, II e IV, apenas.

E) I e III, apenas.

↗ **Gabarito: "D".**

46. **(INSTITUTO AOCP – MPE-BA – Assistente Técnico – Administrativo – 2014)** No Processador de texto Microsoft Word 2010 (instalação padrão versão Português/Brasil), a opção Inserir Citação, que tem como definição: "Citar um livro, artigo de jornal ou outro periódico como fonte das informações do documento", está presente na guia

A) Correspondências.

B) Revisão.

C) Referências.

D) Inserir.

E) Layout da Página.

↗ **Gabarito: "C".**

47. **(FCC – DPE-RS – Técnico de Apoio Especializado – Informática – 2013)** Paulo está escrevendo um livro utilizando o editor de textos Microsoft Word 2010 (em português) e deseja colocar legenda nas imagens e tabelas para, depois que terminar o texto do livro, gerar automaticamente, nas primeiras páginas, um índice de imagens e tabelas.

Para inserir a legenda em uma imagem Paulo deve:

I. clicar com o botão direito do mouse sobre a imagem, selecionar a opção Inserir Legenda, selecionar o rótulo da legenda e a posição, completar a legenda com uma descrição da imagem e clicar no botão OK.

II. selecionar a imagem, clicar na guia Referências e na opção Inserir Legenda do grupo Legendas. Em seguida, deve selecionar o rótulo da legenda e a posição, completar a legenda com uma descrição da imagem e clicar no botão OK.

III. dar um duplo clique na imagem, selecionar o rótulo da legenda e a posição, completar a legenda com uma descrição da imagem e clicar no botão OK.

Está correto o que consta em:

A) I, II, III.
B) I e II, apenas.
C) II, III apenas.
D) I e III apenas
E) III, apenas.

↗ **Gabarito: "B".**

48. **(UFSC – UFSC – Técnico em Segurança do Trabalho – 2019)** Identifique quais das funcionalidades enumeradas abaixo estão presentes no Microsoft Word e estão descritas corretamente. Em seguida, assinale a alternativa correta.

I. Inserir nota de rodapé: insere uma nota numerada no rodapé da página.

II. Inserir índice remissivo: gera um índice contendo todos os termos formatados com o estilo "Entrada" contido no documento e seus respectivos números de página.

III. Inserir índice de seções: insere um índice contendo a primeira linha (título) de todas as seções do documento e seus respectivos números de página.

IV. Inserir índice de imagens: gera um índice com todas as legendas de imagens contidas no documento e suas respectivas páginas.

A) Somente os itens I, II e IV estão corretos.
B) Somente os itens I e III estão corretos.
C) Somente os itens II e III estão corretos.
D) Somente os itens II, III e IV estão corretos.
E) Somente os itens I e IV estão corretos.

↗ **Gabarito: "E".**

49. **(FCC – Copergás-PE – Analista Administrador – 2016)** Microsoft Office 2010 é um pacote de software para uso em escritórios, que permite criar documentos de texto, planilhas de cálculo, apresentações de slides, bancos de dados etc. Com relação às ações que podem ser realizadas nestes softwares, é correto afirmar:

A) É possível imprimir apenas partes do documento, por exemplo, uma página no Word, ou uma área selecionada de uma planilha no Excel.
B) Não é permitido numerar as páginas de cada seção de um documento do Word separadamente, pois uma vez definida a numeração de páginas na primeira seção, ela continuará automaticamente nas seções seguintes.
C) Não é permitido inserir gráficos criados a partir de planilhas em um documento do Word, pois existe o Excel para esta finalidade.
D) É possível abrir e editar arquivos PDF, mesmo que estejam protegidos, pois este é um formato padrão de arquivo utilizado e reconhecido em todos os tipos de computadores.
E) É possível salvar documentos do Word nos formatos DOC e DOCX, mas não no formato PDF. Apenas a versão 2013 do Word permite gravação de documentos no formato PDF.

↗ **Gabarito: "A".**

5. MS EXCEL

Aplicativos de edição de planilhas estão praticamente em todos os concursos públicos, pois independentemente das funções vinculadas ao cargo ou emprego pretendido, geração de tabelas e planilhas são inerentes ao cargo público.

Existe certa interdisciplinaridade em Excel, pois também envolve elementos abordados nas aulas de Matemática e Raciocínio Lógico-Matemático.

1) Estrutura básica e funcionamento das planilhas

Estrutura e Hierarquia

O Microsoft Excel tem a seguinte estrutura:

Arquivo → Pasta de trabalho → 1 Planilha visível → Colunas e Linhas → Células

A célula é o menor elemento do Excel e, portanto, indivisível.

2) Iniciando o Excel

A abertura do MS Excel pode ser feita por meio de ícones fixados na Barra de Tarefas, de Atalhos criados na Área de Trabalho, ou por meio do botão Iniciar, e encontrando a pasta do MS Office.

A tela de abertura do aplicativo, dependendo da versão, pode apresentar ao usuário opções sobre a abertura de uma pasta de trabalho nova em branco, uma já existente, ou um dos modelos salvos no computador, sejam eles nativos do aplicativo, ou criados pelo usuário.

a) Extensões de arquivos

A maior parte das ferramentas, funções e fórmulas são comuns entre o Excel e o Calc, porém uma importante diferença entre os dois aplicativos de planilhas, é a regra para extensões de arquivos.

Excel até 2003

- Extensão padrão ".xls"
- Modelos ".xlt"

Excel 2007 em diante

- Extensão padrão ".xlsx"
- Modelos ".xltx"

ATENÇÃO

O Excel permite a gravação de arquivos com a extensão PDF, e com extensões de outros programas de planilhas como ODS do LibreOffice Calc. Inclusive arquivos ODS podem ser lidos, mesmo que não com 100% de compatibilidade.

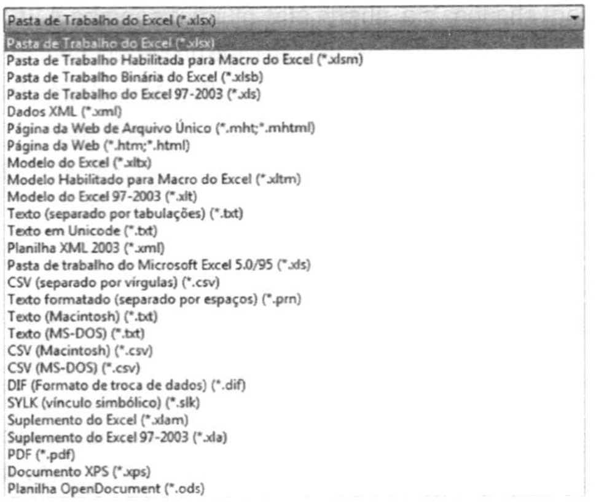

Figura 97

b) Opções de segurança

Para que arquivos de planilhas possam receber recursos de segurança, abra o menu Arquivo, selecione Informações e depois Proteger Pasta de Trabalho (ver Figura 98).

c) Menus / Guias (Faixa de Opções)

Existem guias que são comuns aos demais programas do pacote Microsoft Office, e existem guias que são exclusivas. As guias exclusivas do Excel, que não existem em outros aplicativos, são aquelas que estão no plural, e são as guias "Fórmulas" e "Dados".

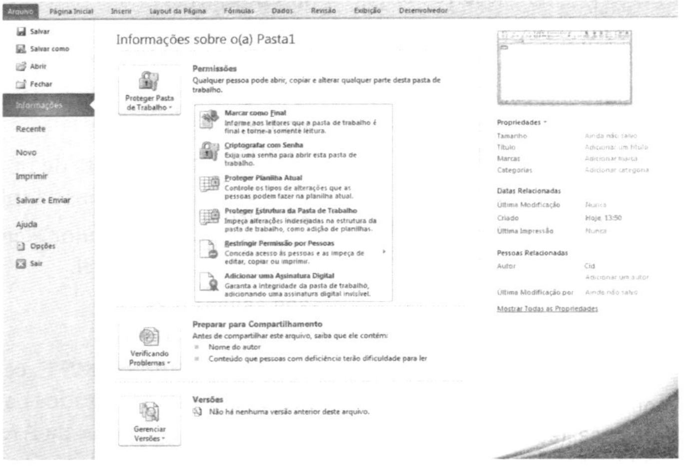

Figura 98

A Faixa de Opções com as suas guias (Página Inicial,...) nos ajudam muito na formatação dos documentos.

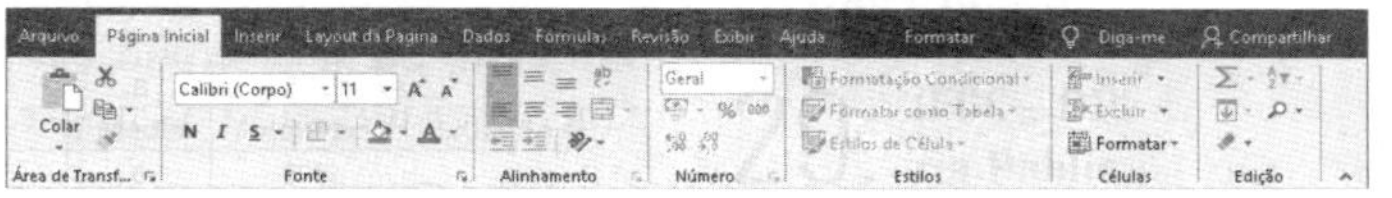

Figura 99

Porém, em algumas situações, você precisa ocultá-las.

Utilize, para ocultar ou exibir a faixa de opções, as teclas de atalho **CTRL + F1**.

d) Tela do MS Excel

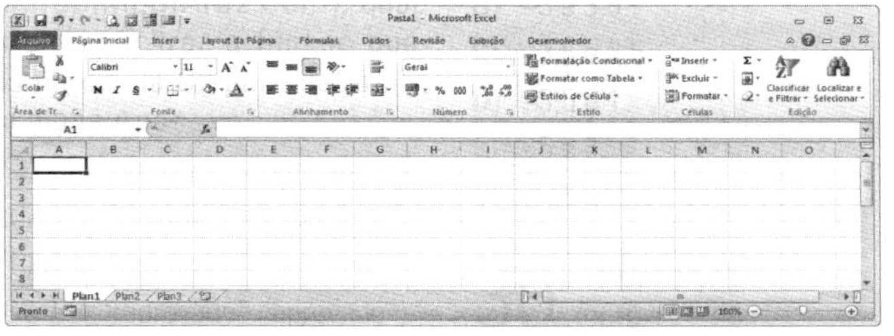

Figura 100

e) Modos de Exibição

São as formas como as Planilhas são mostradas na tela

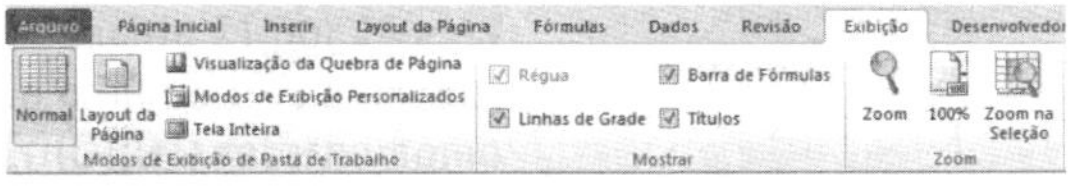

Figura 101

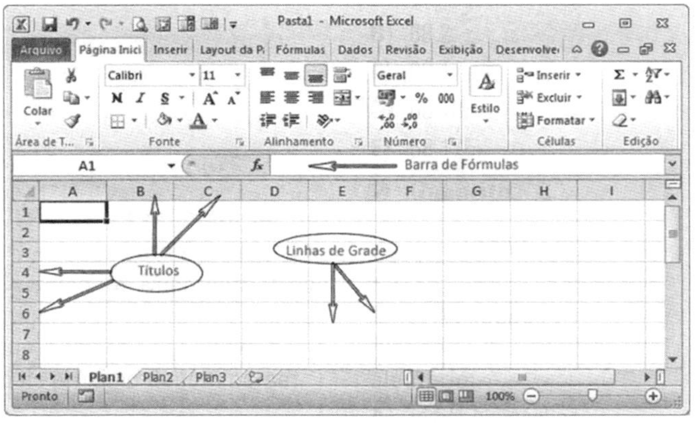

Figura 102

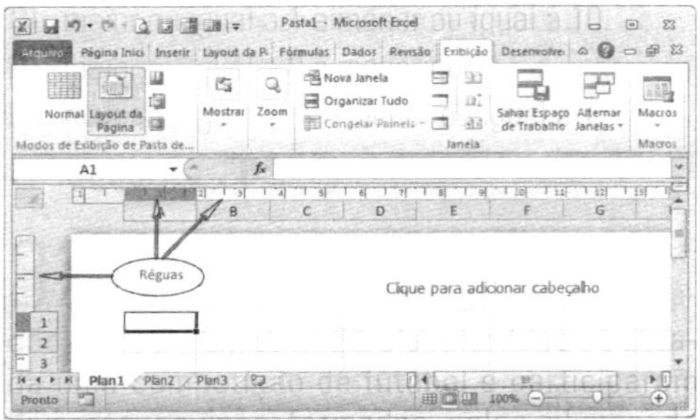

Figura 103

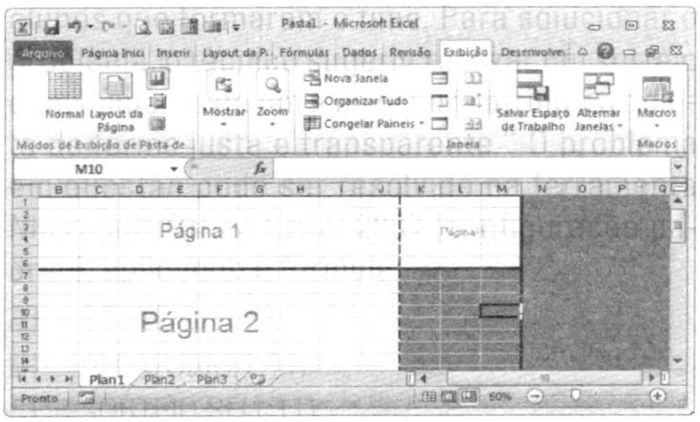

Figura 104

f) Congelar painéis

Define quantas linhas e colunas ficarão fixas na tela para que o usuário possa ter referência de títulos.

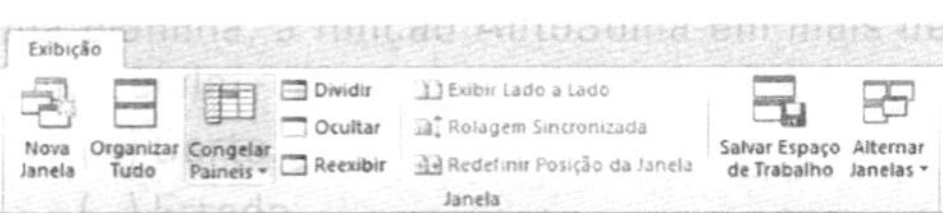

Figura 105

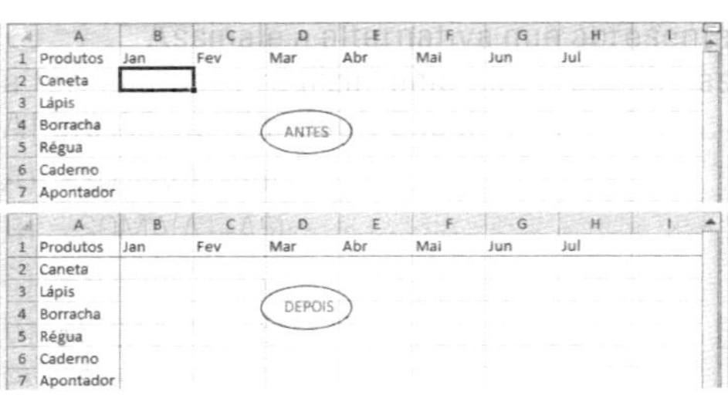

Figura 106

g) Configuração padrão de impressão do Excel

Define de que maneira a planilha será impressa, ou seja, como ela se encaixa no papel a ser utilizado na impressão.

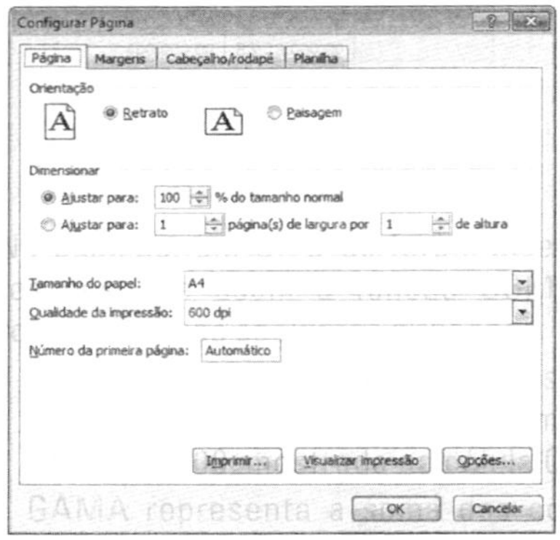

Figura 107

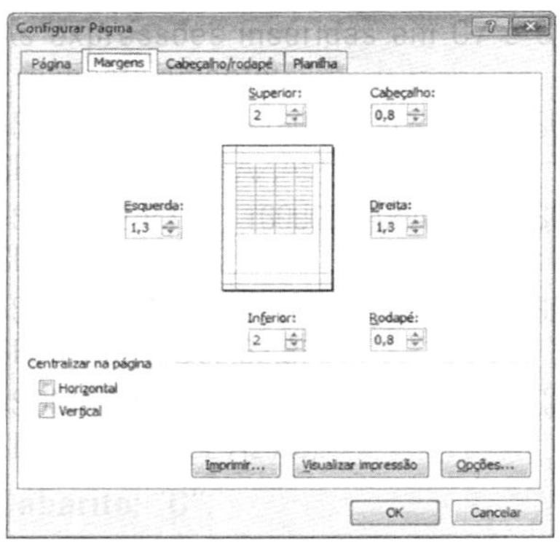

Figura 108

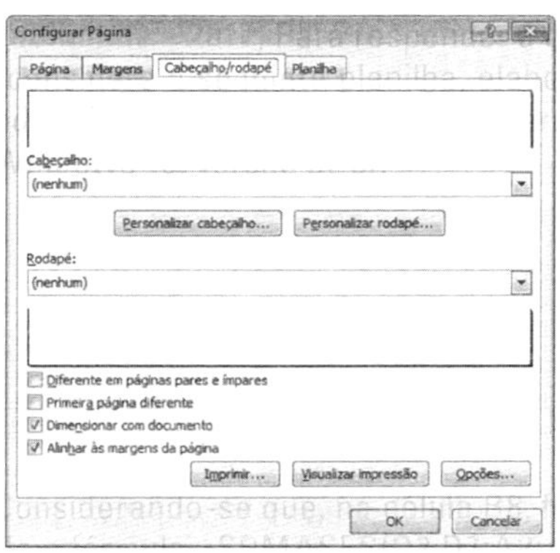

Figura 109

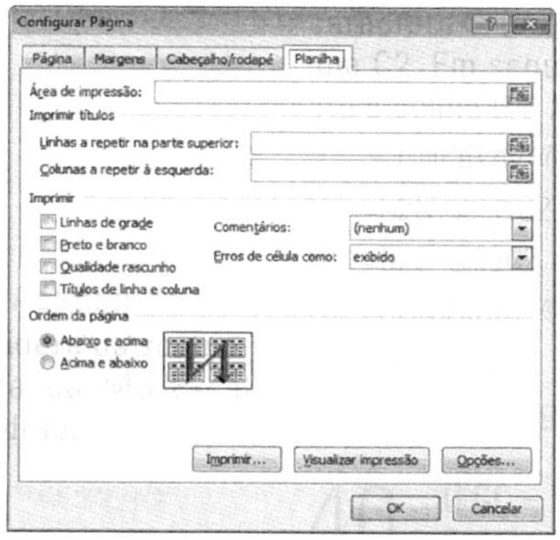

Figura 110

h) Estrutura e hierarquia de uma planilha de cálculo

Arquivo = Pasta de Trabalho → Planilhas → Colunas e Linhas → Células

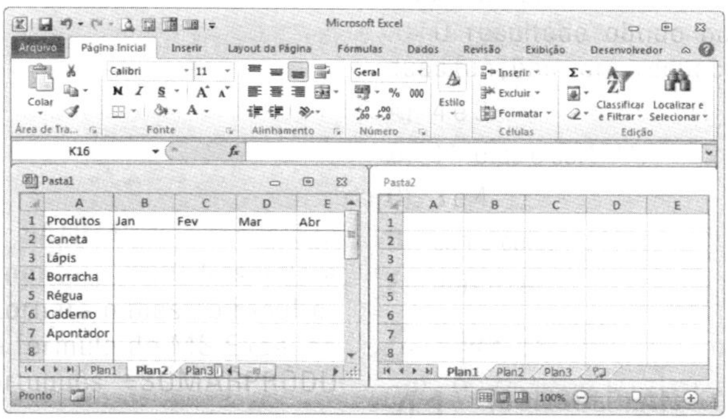

Figura 111

Pasta de trabalho: é o próprio arquivo que pode conter várias planilhas.

Planilha: representa um documento criado e editado no Excel para armazenar dados, entre os quais podem ser feitos cálculos, também chamado planilha eletrônica.

Uma planilha consiste em células organizadas em colunas e linhas;

Versões 2007 e 2010 = 3 Planilhas por padrão

Versões 2013 e 2016 / 365 = 1 Planilha por padrão

Colunas e linhas: As colunas (verticais) são nomeadas por letras isoladas (A, B, C,...), sequenciais conforme o alfabeto. Ao encerrar as letras do alfabeto, inicia-se novamente com a combinação de duas letras (AA, AB, AC,...), sendo também sequenciais. Ainda ao encerrar a combinação de duas letras, inicia-se a combinação com três letras (AAA, AAB, AAC,...) até a combinação (XFD), perfazendo um total de 16.384 colunas.

As linhas (horizontais) são nomeadas por números sequenciais de 1 a 1.048.576.

Células: A célula é o menor elemento de uma Planilha e, portanto, indivisível.

As células são sempre definidas pela intercessão das colunas com as linhas.

Inserindo ou excluindo linhas, colunas ou células

Ao inserir uma linha ou coluna, os conteúdos das células serão movidos para a direita ou para baixo, e exclui-se uma do final para manter a quantidade total.

Ao excluir uma linha ou coluna, exclui-se apenas o conteúdo da mesma, e a próxima linha ou coluna será deslocada para o local daquela que foi "excluída".

Será incluída uma linha ou coluna no final para que se mantenha a quantidade original de linhas e colunas.

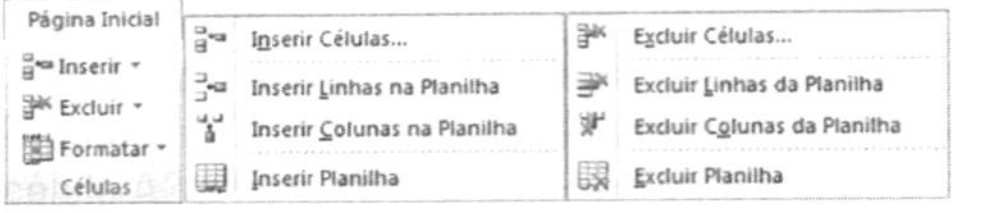

Figura 112

Ao inserir uma ou mais células, estamos incluindo apenas uma célula vazia a partir do cursor, onde temos que indicar se o deslocamento das células do entorno será para baixo ou para a direita.

Ao excluir uma ou mais células, estamos excluindo apenas o conteúdo, onde temos que indicar se o deslocamento das células do entorno será para cima ou para a esquerda.

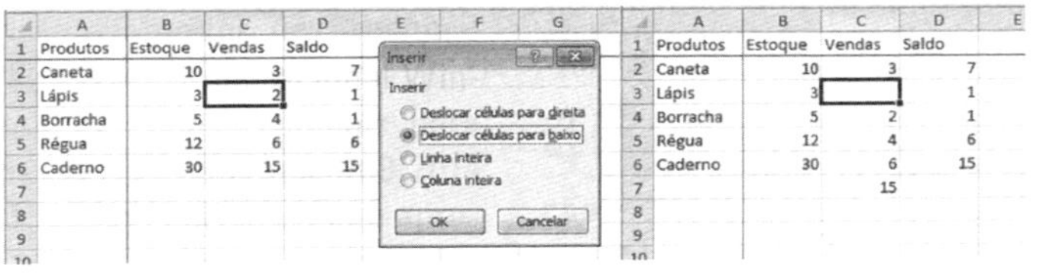

Figura 113

3) Inserindo dados e utilização de planilhas de cálculo

A Digitação de informações nas células deve ser feita a partir da posição do cursor. E por padrão seguem o seguinte:

Cada célula é uma calculadora e uma caixa de textos, e o aplicativo reúne capacidade para interpretar que tipo de informação está sendo digitada.

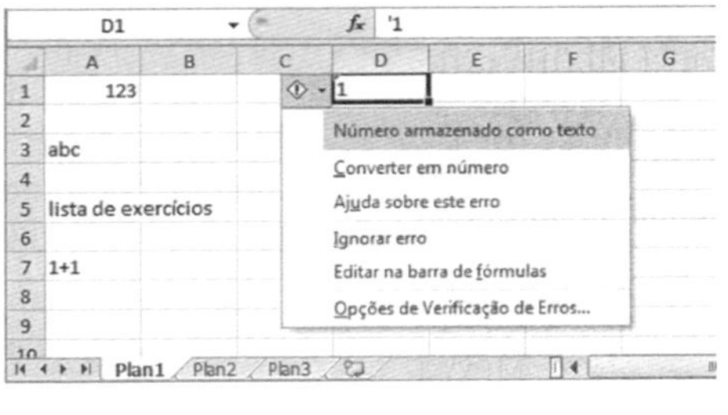

Figura 114

Nomes ou textos ficam armazenados à esquerda da célula, números ou resultados numéricos de fórmulas ou funções ficam à direita da célula, e números armazenados como textos ficam à esquerda da célula, e em geral não servem para cálculos com a utilização de funções.

Para que um número seja armazenado como texto, basta digitar antes do número o apóstrofo (aspas simples).

Textos maiores que o tamanho da célula podem ultrapassar seu limite desde que a próxima célula à direita esteja sem nenhum conteúdo.

- Caso o texto inserido seja maior que o tamanho da célula, e a célula à direita tenha algum conteúdo, o texto não é exibido completamente, mas seu conteúdo não é alterado, e podemos visualizá-lo na barra de fórmulas.
- Toda fórmula tem que ser iniciada pelo sinal de igual (=), caso contrário será inserida apenas como texto.
- Ao inserirmos uma fórmula devidamente precedida do sinal de igual (=), será

exibido o resultado na célula, mas na linha de conteúdo, ou barra de fórmulas, será exibida a fórmula montada conforme sua digitação.

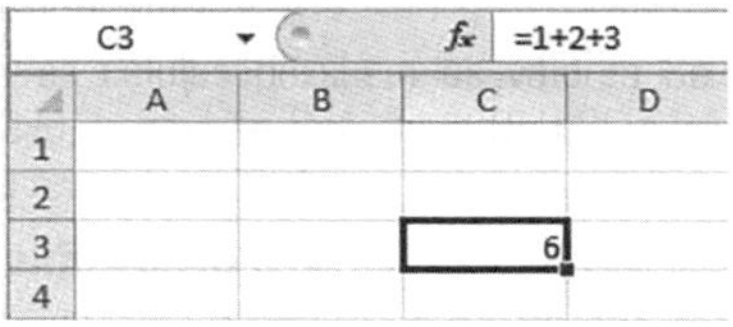

Figura 115

a) Navegação dentro do Excel

Além das tradicionais barras de rolagem do aplicativo, e do scroll do mouse, o usuário pode utilizar o teclado para movimentar o cursor, por meio das setas de direção, e as tradicionais teclas Page Up ou Page Down, a tecla Home que leva o cursor para a primeira coluna da linha atual do cursor. A combinação CTRL + Home leva o cursor para o início da planilha.

Uma possibilidade de movimentação rápida é a utilização da Caixa de Nome, onde vemos o endereço da célula em que está o cursor, pois permite que ao clicar e digitar um endereço válido qualquer, ao pressionar a tecla Enter, o cursor será levado para ele.

b) A caixa de nome

A caixa de nome do Excel, localizada no canto superior esquerdo da janela, tem a função de localização, navegação e criação de nomes para áreas específicas da Planilha.

Figura 116

- Onde estou;
- Ir para;
- Criar Nomes para célula ou faixa de células;
- Navegação por nome.

A posição do cursor na célula ativa é demonstrada na caixa de nome que também serve de guia de navegação, pois além de mostrar a posição atual do cursor na célula ativa, serve para que, se clicarmos dentro da caixa de nome, e digitarmos um endereço existente, ao pressionarmos o ENTER o aplicativo leva o cursor ao endereço indicado.

Ainda quanto à caixa de nome, podemos selecionar um ou mais endereços e aplicar um nome a esta faixa de células para que facilite a navegação. E após darmos o nome, basta selecionarmos o mesmo de qualquer área da pasta de trabalho que o cursor será levado à faixa indicada.

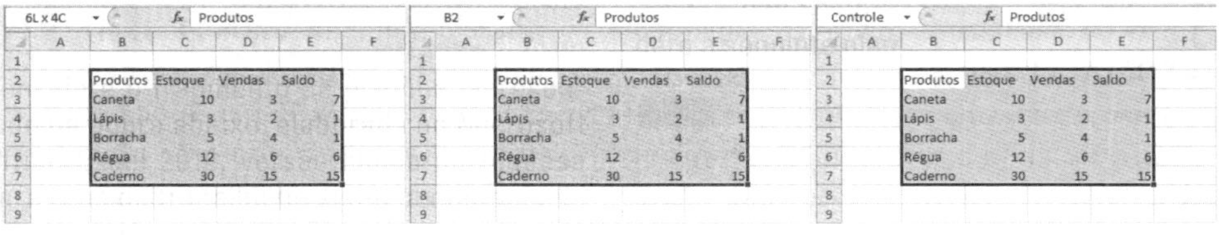

Figura 117

Enquanto a faixa de células está selecionada, sem que tenha sido solto o botão do mouse, a caixa de nome exibe a quantidade de linhas e colunas selecionadas; após soltar o botão do mouse, a caixa de nome exibe a célula ativa da seleção, e após digitarmos o nome que queremos aplicar à faixa e aplicarmos o ENTER, a caixa de nome assume o nome da faixa.

c) A Barra de Fórmulas

É o local onde são mostradas todas as informações digitadas nas células, e mesmo que seja uma fórmula onde na própria é mostrado o resultado, na Barra de Fórmulas continua sendo mostrado apenas o conteúdo.

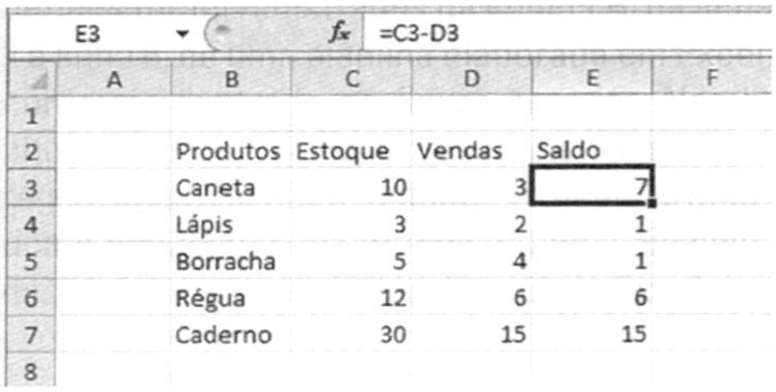

Figura 118

d) Correção automática de erros

O Excel corrige alguns erros gerados na estruturação de fórmulas, entendendo a intenção do usuário e interpretando o erro gerado.

- Caso o usuário insira a seguinte fórmula **=SOMA(A1:G5** ela estará incompleta, pois não foi fechado o parênteses e o Excel irá devolver o resultado e corrigir para =SOMA(A1:G5).
- Caso o usuário insira a seguinte fórmula **=SOMAA1:G5)** o Excel não irá corrigir, pois não está claro o local onde deveriam ser abertos os parênteses, e neste caso será gerada uma mensagem de erro.
- Caso o usuário insira a fórmula **=SOMA(A1..G5)** ela estará errada, pois (..) não é a mesma coisa do que (:), porém, o Excel irá corrigir, irá devolver um resultado e corrigir a fórmula para =SOMA(A1:G5).
- Caso o usuário insira a fórmula **=SOMA(A1.,G5)** ou **=SOMA(A1,.G5)** ela estará errada, pois (.,) e (,.) não é a mesma coisa do que (;) porém neste caso o Excel não devolverá um resultado e sim uma mensagem de erro.
- Caso o usuário insira a fórmula **=2+ 3** o Excel devolverá um resultado, pois espaço não configura erro.

e) Mensagens de erro

O Excel, quando encontra um erro de alguma natureza, devolve uma mensagem de erro, e são 3 as mais comuns.

Células que contêm fórmulas que resultam em um erro são porque a fórmula não usa a sintaxe, os argumentos ou os tipos de dados esperados. Os valores de erro incluem #DIV/0!, #N/D, #NOME?, #NULO!, #NÚM!, #REF! e #VALOR!. Cada um desses valores de erro tem causas diferentes e é resolvido de maneira distinta

Se você inserir um valor de erro diretamente em uma célula, ela será armazenada como esse valor de erro, mas não será marcada como erro. Entretanto, se uma fórmula em outra célula fizer referência a essa célula, a fórmula irá retornar o valor de erro dessa célula.

- *#####* – O Excel exibe esse erro quando uma coluna não é larga o suficiente para exibir todos os caracteres de uma célula, ou quando uma célula contém valores negativos de data ou hora.

Por exemplo, uma fórmula que subtrai uma data no futuro de uma data no passado, como =15/06/2008-01/07/2008, resulta em um valor de data negativo.

- **#NOME?** – Quando o Excel não reconhece o nome da função. Esse erro é exibido quando o Excel não reconhece texto em uma fórmula. Por exemplo, um nome de intervalo ou o nome de uma função pode estar escrito incorretamente.

Exemplo: =SOME(A1;F5)

Erro ortográfico da função é corrigido automaticamente.

- **#REF!** – Quando o Excel não reconhece alguma célula da fórmula.

Exemplo: =SOMA(A1;Plan6!S5)

Quando nos referimos a algo que não existe. Não é automático, abre a caixa atualizar valores.

- **#VALOR!** – Quando uma valoração não pode ser estabelecida pelo Excel. O Excel poderá exibir esse erro se a fórmula incluir células que contêm tipos diferentes de dados. Se a verificação de erros em fórmulas estiver habilitada, a Dica de Tela exibirá "Um valor usado na fórmula tem o tipo de dados incorreto". Geralmente, é possível corrigir esse problema fazendo pequenas alterações na fórmula.

Exemplo: =A1*célula que contenha texto

Quando nos referimos a uma faixa de dados inexistente, ou impossível.

- **#DIV/0** – O Excel exibe esse erro quando um número é dividido por zero (0) ou por uma célula que não contém um valor.

Exemplo: =A1/0

- **#N/D** – O Excel exibe esse erro quando um valor não está disponível para uma função ou fórmula.

Exemplo: =PROCV("excel";A1:B3;2;0) // Resultado: #N/D.

O erro acontece porque não foi possível encontrar o termo "excel" na lista da coluna A. Pode ocorrer, também, se uma lista não estiver classificada, ou se um ou mais argumentos necessários foram omitidos de uma função qualquer.

- **#NULO!** – O Excel exibe esse erro quando você especifica uma interseção de duas áreas que não se interceptam (cruzam). O operador da interseção é um caractere de espaço que separa referências em uma fórmula.

Exemplo: =SOMA(B3:B7 E6:E9)

Por exemplo, as áreas A1:A2 e C3:C5 não se interceptam, portanto, inserir a fórmula =SOMA(A1:A2 C3:C5) retorna o erro #NULO!.

- **#NÚM!** – O Excel exibe esse erro quando uma fórmula ou função contém valores numéricos inválidos.

Exemplo: =DIA(-1)

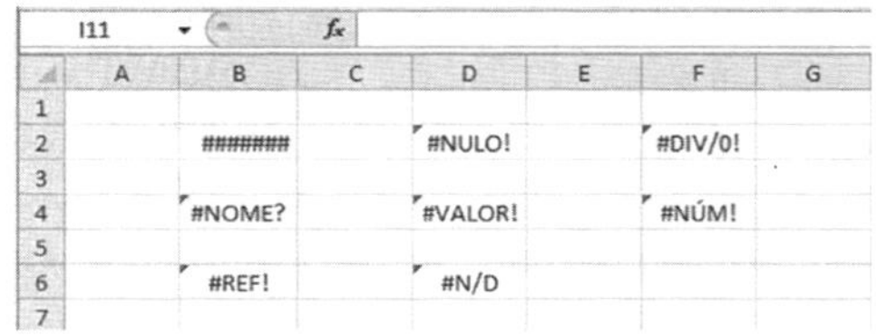

Figura 119

Erros de Resultados, não de Inserção

Células contendo anos representadas como 2 dígitos: A célula contém um texto de data que pode ser mal interpretado como o século errado quando usado em fórmulas. Por exemplo, a data na fórmula =ANO("1/1/31") poderia ser 1931 ou 2031. Use essa regra para verificar textos de data ambíguos.

Números formatados como texto ou precedidos por um apóstrofo: A célula contém números armazenados como texto. Isso normalmente ocorre quando os dados são importados de outras fontes. Os números armazenados como texto podem causar resultados de classificação inesperados e, portanto, convém convertê-los em números.

Fórmulas inconsistentes com outras fórmulas na região: A fórmula não corresponde ao padrão das outras fórmulas próximas a ela. Em muitos casos, as fórmulas adjacentes a outras fórmulas diferem somente nas referências usadas.

Fórmulas que omitem células em uma região: Uma fórmula pode não incluir automaticamente referências a dados que você insere entre o intervalo original de dados e a célula que contém essa fórmula. Essa regra compara a referência em uma fórmula com base no intervalo real de células adjacentes à célula que contém a fórmula. Se as células adjacentes contiverem valores adicionais e não estiverem em branco, o Excel exibirá um erro ao lado da fórmula.

Por exemplo, o Excel insere um erro ao lado da fórmula =SOMA(A2:A4) quando essa regra é aplicada, porque as células A5 A6, e A7 estão adjacentes às células que são referenciadas na fórmula e a célula que contém a fórmula (A8) e essas células contêm dados que deveriam ter sido referenciados na fórmula.

Fórmulas que fazem referência a células vazias: A fórmula contém uma referência a uma célula vazia. Isso pode gerar resultados inesperados, como mostra o exemplo a seguir.

Suponha que você queira calcular a média dos números na coluna seguinte de células. Se a terceira célula estiver em branco, ela não está incluída no cálculo e o resultado será 22,75. Se a terceira célula contiver 0, o resultado será 18,2.

f) Preenchimento de dados

Quando é necessário fazer a inserção ou preenchimento de dados numa sequência de células, podemos utilizar o recurso Preencher que encontramos no grupo Edição da guia Página Inicial.

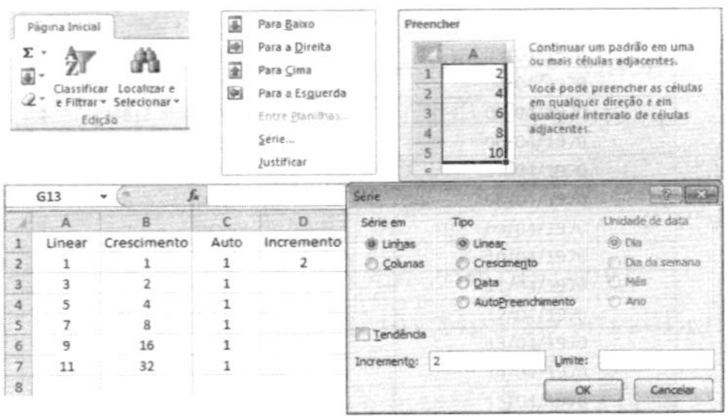

Figura 120

g) Listas personalizadas para preenchimento

O Excel por padrão contém quatro listas de preenchimento, mas permite a personalização e o gerenciamento dessas listas.

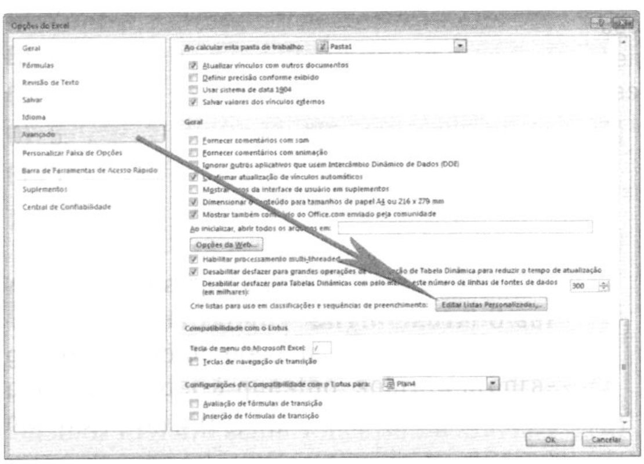

Figura 121

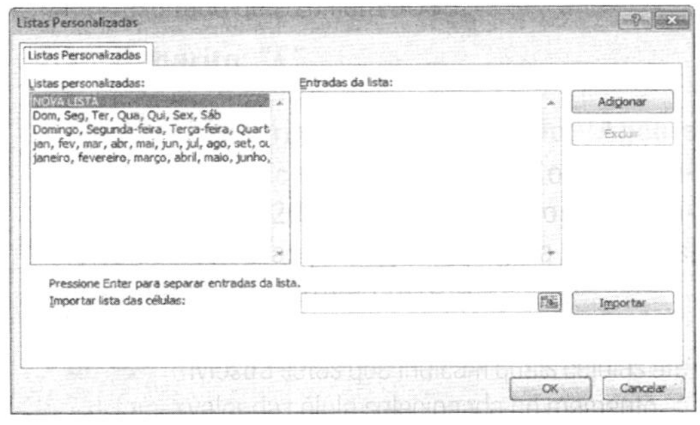

Figura 122

h) Alça de preenchimento

A alça de preenchimento do Excel gera sequências lógicas, e, na ausência da sequência lógica, gera repetição do termo ou do intervalo lógico.

Dependendo da informação da primeira célula, se utilizar a alça de preenchimento com a tecla CTRL pressionada, o preenchimento será feito como se fosse em série com incremento 1.

	A	B	C	D
1	Janeiro	Fevereiro	Março	Abril
2	Jan	Fev	Mar	Abr
3	Segunda-Feira	Terça-Feira	Quarta-Feira	Quinta-Feira
4	Seg	Ter	Qua	Qui
5	Segunda	Segunda	Segunda	Segunda
6	Jan	Mar	Mai	Jul
7	Cid	Cid	Cid	Cid
8	1	1	1	1
9	4	5	6	7
10	2,3	3,2	4,1	5
11	Fase 1	Fase 2	Fase 3	Fase 4
12	1 Fase	2 Fase	3 Fase	4 Fase
13	Fase 1 Prova	Fase 1 Prova	Fase 1 Prova	Fase 1 Prova
14	1º	1º	1º	1º
15	2º	2º	2º	2º
16	1ª	1ª	1ª	1ª
17	Cid	Ana	Cid	Ana
18	10/01/2019	11/01/2019	12/01/2019	13/01/2019
19	29/02/2014	29/02/2015	29/02/2016	29/02/2017

Figura 123

i) Referências relativas e absolutas

Ao copiar ou arrastar uma célula o conteúdo de uma fórmula pode se ajustar ao novo endereço de célula, porque as fórmulas por padrão utilizam referências relativas.

Mas é possível fixar os endereços, transformando-os em referências absolutas. Para isso é necessário a utilização do sinal de cifrão **$**.

= A 1 + B 1	Referências relativas
= A $ 1 + B $ 1	Referências absolutas para as linhas
= $ A 1 + $ B 1	Referências absolutas para as colunas
= $ A $ 1 + $ A $ 1	Referências absolutas para linhas e colunas

(atalho F4)

Ao copiar ou arrastar uma célula o conteúdo de uma fórmula pode se ajustar ao novo endereço de célula, porque as fórmulas por padrão utilizam referências relativas.

Mas é possível fixar os endereços, transformando-os em referências absolutas. Para isso é necessária a utilização do sinal de cifrão **$**.

Referências **RELATIVAS**

	A	B	C	D
1	Produtos	jan	fev	mar
2	Caneta	20	30	50
3	Lápis	30	40	20
4	Borracha	40	20	40
5	Total	=B2+B3+B4	=C2+C3+C4	=D2+D3+D4

	A	B	C	D
1	Produtos	Quant	Preço	Total
2	Caneta	10	8	=B2*C2
3	Lápis	20	7	=B3*C3
4	Borracha	30	6	=B4*C4
5	Caderno	40	5	=B5*C5

Figura 124

Referências **ABSOLUTAS** para as linhas	= A $ 1 + B $ 1
Referências **ABSOLUTAS** para as colunas	= $ A 1 + $ B 1
Referências **ABSOLUTAS** para linhas e colunas	= $ A $ 1 + $ A $ 1

	A	B	C	D	E
1	Produtos	Preço	Aumento	Novo Preço	
2	Caneta	50	10%	=B2*C$2	
3	Lápis	60		=B3*C$2	
4	Borracha	70		=B4*C$2	
5	Caderno	80		=B5*C$2	
6					

	A	B	C	D	E
1	Produtos	Caneta	Lápis	Borracha	
2	Preço Tabela	30	20	40	
3	Desconto	10%			
4	Preço Final	=B2-B2*$B3	=C2-C2*$B3	=D2-D2*$B3	
5					
6					

Figura 125

4) Formatações

São ajustes e alterações que podem ser feitas na informação como ele é exibida na célula, ou como as células são apresentadas na planilha.

a) Autoajuste de células

As colunas e linhas podem ser alteradas em seu tamanho, levando a seta do mouse até a divisão das linhas ou colunas, pressionando o botão esquerdo do mouse e arrastando para a direção desejada, aumentando ou diminuindo. Caso, ao apontar a seta do mouse sobre a divisão da linha ou coluna, o usuário aplique um duplo clique, fará com que seja feito um autoajuste, aumentando ou diminuindo a linha ou coluna de acordo com os conteúdos já inseridos.

Ainda é possível programar a planilha para que as linhas ou colunas sejam autoajustadas a cada mudança de conteúdo ou formatação do mesmo por meio da opção autoajuste da altura da linha ou autoajuste da largura da coluna, encontrados no comando Formatar do grupo Células da guia Página Inicial.

b) Fonte

Apesar de os comandos apontarem para a formatação do tipo e estilo de letras, o grupo fonte também reúne recursos de formatação da célula, como Bordas e Sombreamento.

c) Alinhamentos

Além dos tradicionais alinhamentos horizontais, esquerda, direita e centralizado, também são apresentados os alinhamentos verticais, acima, abaixo e centralizado.

O comando Orientação permite que a direção do texto na célula seja alterado para diagonal, ou vertical.

O comando Mesclar e Centralizar junta as células selecionadas transformando-as em uma só. Um detalhe importante sobre esse comando é que, caso as células que serão mescladas tenham conteúdos, somente o da primeira será mantido como conteúdo único da célula mesclada, o restante será eliminado.

O comando Quebra Automática de Texto permite que um texto longo que não caiba na célula, não ultrapasse seu tamanho, jogando parte do texto para uma segunda linha dentro da mesma célula. O detalhe deste comando é que, como todas as células da mesma linha têm que ter a mesma altura, caso uma das células receba este comando, terá que aumentar sua altura, e consequentemente toda a linha será alterada para a mesma altura.

d) Número

As formatações de Números permitem que eles sejam armazenados na célula em sua essência, mas sejam apresentados com um formato mais agradável para o usuário. Ex.: se for digitado o valor 0,10 em uma célula, e esta for ajustada com o formato de porcentagem (%), o conteúdo não será alterado, mas o que será mostrado na célula para o usuário é 10%.

O mesmo ocorre com valores monetários que, para serem exibidos, necessitam da inserção dos símbolos monetários com R$, o que, se for digitado, transforma o conteúdo em texto, e com isso não poderia ser utilizado para cálculos. Já se digitar 10 e formatar como moeda, o que será mostrado na célula é R$ 10,00 mantendo a possibilidade de este número ser utilizado em cálculos por que a essência é a mesma, só foi mudada a forma de ele ser exibido na célula.

e) Formatação condicional

Permite que as células recebam uma formatação que somente será aplicada no momento em que o conteúdo atenda a uma determinada condição. Realça as células de seu interesse, enfatiza valores incomuns e permite visualizar os dados usando Barras de Dados, Escalas de Cor e Conjuntos de Ícones baseados em critérios específicos.

f) Classificar e filtrar

Figura 126

Classificar a seleção do Menor para o Maior, ou seja, para que os valores inferiores fiquem na parte superior da coluna.

Classificar a seleção do Maior para o Menor, ou seja, para que os valores superiores fiquem na parte superior da coluna.

Classificar exibe a caixa de diálogo Classificar, para listar os dados com base em vários critérios ao mesmo tempo.

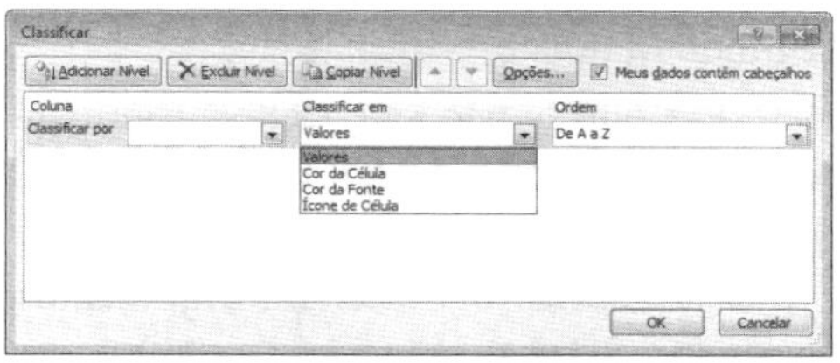

Figura 127

Filtro habilita a filtragem das células selecionadas. Quando a filtragem estiver ativada, clique na seta do cabeçalho da coluna para escolher um filtro para a coluna. Combinação de teclas CTRL + SHIFT + L.

5) Conceitos de cálculos

Fórmulas: são uma sequência de valores, referências de células, nomes, funções ou operadores em uma célula que juntos produzem um novo valor.

Uma fórmula sempre começa com um sinal de igual (=).

Algumas exceções são feitas quando a digitação se inicia por um operador que ajuda a expressar o valor, como + ou – . Ex.: +1+1

O resultado vai ser 2 porque o aplicativo entende isso como um erro de digitação e vai corrigir o que falta, no caso o sinal de =

Inserindo fórmulas montadas a partir da digitação de números.

Exemplo: = 1 + 2 + 3

Nesse caso, o resultado 6 está vinculado diretamente ao conteúdo digitado, ou seja, não faz referência a nenhuma outra informação da planilha e por isso não possui nenhum tipo de vínculo, sendo assim, nunca será alterado o resultado, a não ser que a fórmula seja alterada.

a) Lógica aritmética

O Excel apenas traduz para a informática a lógica e a aritmética, e neste caso é importante saber da ordem da resolução de uma fórmula.

Exemplo: =4 / 2 * (2 + 1) + 2 * 2 – 2 ^ (4 – (4 / 2)) Resultado = 6

- Resolve-se primeiro qualquer operação contida dentro dos **parênteses**.
- Caso haja mais de um grupo de parênteses, resolve-se o que vem primeiro na fórmula.
- Se ainda houver grupos de parênteses, um dentro do outro, resolve-se primeiro o que estiver dentro, e independente da quantidade de parênteses, resolve-se sempre de dentro para fora.
- No caso de termos uma fórmula com mais de uma operação serão resolvidos pela ordem:

  → Potência ^

  → Multiplicação * ou Divisão / (o que vier primeiro)

  → Soma + ou Subtração – (o que vier primeiro)

b) Uso dos parênteses

Há correspondência entre todos os parênteses abertos e fechados.

Verifique se todos os parênteses possuem um par correspondente. Quando você usar uma função em uma fórmula, será importante que cada parêntese esteja na posição correta para que a função funcione corretamente.

Por exemplo: = 2 / (2 * 2) + 2)

A fórmula não funcionará porque existem dois parênteses de fechamento e apenas um de abertura. A fórmula correta tem o seguinte formato:

= 2 / ((2 * 2) + 2)

Existem casos que uma mensagem de erro será apresentada dizendo não ser possível executar a fórmula porque realmente não tem sentido algum a montagem e digitação, e em outros casos, como é este exemplo, que será exibida uma mensagem dizendo que o Excel encontrou um erro e está solicitando autorização para corrigir. Mas é importante lembrar que como o aplicativo não lê intenção, é possível que, se autorizar, a correção pode não ser feita da maneira que você espera.

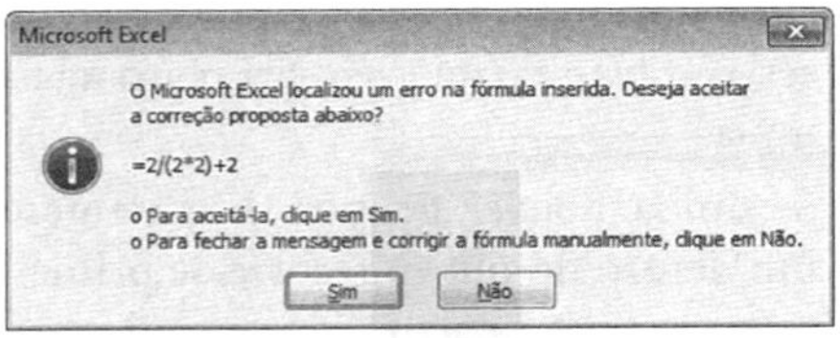

Figura 128

Observe que a correção proposta é a retirada do último parêntese de fechamento, e isso pode não ser o que o usuário deseja.

c) Intervalos

Dois-pontos são usados para indicar um intervalo.

Quando fizer referência a um intervalo de células, use dois pontos (:) para separar a referência à primeira célula do intervalo e a referência à última célula no intervalo. É como se estivesse dizendo: da primeira **ATÉ** a última célula citada

Por exemplo: **A1 : A5** ou **A : A** ou **1 : 1**

d) Argumentos

Algumas funções do Excel podem aceitar ou até exigir argumentos, e todos os argumentos exigidos são digitados.

- Todos os argumentos são separados por ; (ponto e vírgula).
- Podem ser os valores que uma função usa para executar operações ou cálculos.
- O tipo de argumento que uma função usa pode ser específico à função.
- Os argumentos comuns usados em funções incluem números, texto, referências de célula e nomes.

São obrigatórios em algumas funções. Exemplo = **MAIOR (A1 : B5 ; 2)** Retorna o segundo Maior

Em outras não são aceitos argumentos. Exemplo = **MAIÚSCULA ("janeiro")** ou = **PI ( )**

Há aquelas que aceitam argumentos. Exemplo = **SOMA (A1 ; B3 ; C4 ; 25)** Retorna a soma de cada um dos valores citados.

Além disso, verifique se você não inseriu argumentos demais. Toda função tem um limite de argumentos.

Se você usar o tipo incorreto de dados como argumento, o Excel poderá retornar resultados inesperados ou exibir um erro.

e) Fórmulas e funções

A diferença entre fórmulas e funções está no fato de as fórmulas executarem exclusivamente cálculos com base em regras matemáticas. Essas fórmulas podem ser montadas com números ou com referências a células.

Já as funções nem sempre executam cálculos; elas também podem executar procuras, contagem, verificação, alteração, serem condicionadas, e o mais importante é que cada função leva seu próprio nome para que o aplicativo reconheça o que deve ser feito. Portanto, nomes errados não produzem resultado algum, ou podem até produzir resultado não esperado.

Outra característica que as torna diferentes é a capacidade de reconhecimento de conteúdo da célula. Enquanto fórmulas conseguem reconhecer que um número no formato de texto é o conteúdo de uma célula, e, portanto, consegue realizar o cálculo normalmente, as funções não conseguem esse tipo de reconhecimento, e ignoram qualquer tipo de conteúdo que não seja número. Isso não é de todo ruim, porque uma fórmula quando encontra um texto numa célula referenciada pode produzir um erro, já a função, pelo fato de ignorar textos, não produzirá erro, apenas ignorará o conteúdo.

	A	B	C	D
1	2		=A1+A2	4
2	2		=A1+A3	#VALOR!
3	cid		=SOMA(A1;A2)	2
4			=SOMA(A1;A3)	2
5			=SOMA(A2;A3)	0
6				

Figura 129

IMPORTANTE

As bancas não diferenciam, no enunciado das questões, fórmulas de funções, portanto esse tópico é subjetivo na prova.

f) Fórmulas e funções utilizando referências de nomes de células, planilhas e arquivos

Células: Em geral, referências são os nomes das células, planilhas ou pastas de trabalho. As células se repetem em todas as planilhas, que se repetem em todas as pastas de trabalho, que por sua vez recebem um nome do usuário para serem armazenadas como arquivo no computador.

- As células recebem sua referência por meio da junção da coluna e linha, portanto isso se torna o nome de cada célula.
- Para alterar o nome (referência) de uma célula e torná-la única, basta selecionar a célula, clicar dentro da caixa de nome e digitar um novo nome. Este nome em geral é criado utilizando apenas letras e números.
- Na guia Fórmulas, grupo Nomes Definidos, podemos utilizar o comando Definir Nome ou Gerenciar Nomes.

Planilhas: Nativamente elas já contêm nomes, que podem ser utilizados como referências em cálculos, mas também é possível alterar esses nomes clicando com o botão direito do mouse sobre o nome atual e escolher Renomear, ou aplicar um duplo clique sobre o nome atual, digitar o novo nome e aplicar o Enter.

- Os nomes de planilhas, quando alterados, podem exigir que ao serem citados como referência estejam entre aspas simples (') para que o aplicativo o reconheça.
- Nomes somente com números.
- Nomes com até 3 letras.
- Nomes com espaços.
- Nomes com caracteres não alfanuméricos.

Pastas de Trabalho: São os nomes de arquivos dados pelo próprio usuário, e que seguem as regras do sistema de arquivos do Windows.

No computador, ou seja, diretamente no aplicativo, muitas das coisas aqui descritas ocorrem de maneira automática, e quase imperceptível ao usuário, mas, em provas, o candidato tem que ler o que está na questão e avaliar se aquilo está escrito de maneira correta, ou não, pois poderia, no aplicativo, se digitado errado, não funcionar, e, portanto, invalidaria a questão.

i) Inserindo fórmulas com referências a células da MESMA PLANILHA

Exemplo: = A1 + D5

No Excel é possível inserir fórmulas com referências da mesma planilha, e para isso basta citar o endereço das células.

	A	B	C	D
1	6	2	3	1
2	2	4	1	4
3	3	2	4	8
4	6	1	5	2
5	1	3	6	3

Figura 130

ii) Inserindo fórmulas com células de OUTRA PLANILHA

Um ponto de exclamação (!) é colocado depois do nome da planilha quando você se referir a ela em uma fórmula.

Exemplo: = A1 + **Plan2 !** D3

Exemplo: = A1 + **'Vendas 2017' !** D3

Se a fórmula se referir a valores ou células de outras planilhas, e o nome da outra planilha contiver qualquer caractere não alfanumérico, você deverá colocar o nome entre aspas simples (').

D7 fx =A1+'Vendas 2017'!D3

	A	B	C	D
1	6	2	3	1
2	2	4	1	4
3	3	2	4	8
4	6	1	5	2
5	1	3	6	3
6				
7				6

Plan1 / Plan2 / Vendas 2017

Figura 131

iii) Inserindo fórmulas com células de OUTRO ARQUIVO

Uma referência a uma célula de uma planilha para uma pasta de trabalho inclui o nome da pasta de trabalho e deve ser colocada entre colchetes [ ].

A referência também deve conter o nome da planilha na pasta de trabalho.

Exemplo: = A1 + [**listagem.xlsx**] **Plan2 !** $F$4 Arquivo Aberto

Se o nome da planilha ou arquivo citado contiver qualquer caractere não alfanumérico, você deverá colocar o nome entre aspas simples (').

Exemplo: = A1 + ' [**listagem.xlsx**] **Vendas 2017' !** $F$4 Arquivo Aberto

iv) Inserindo fórmulas com células de OUTRO ARQUIVO (fechado)

Se a pasta de trabalho à qual você deseja se referir não estiver aberta, será incluída mais uma referência para ela na fórmula. O caminho completo para o arquivo.

Exemplo: = A1 + ' **C:\Meus Documentos\ [Operações T2.xlsx**] Plan2' **!** A8

g) Aninhamento de funções

Aninhar funções significa inserir uma função dentro da outra, na posição de um dos argumentos ou referências. No Excel, o máximo de funções que podem ser aninhadas são 64.

= SE (RAIZ (PI ( )) < 2 ; "Menos de dois" ; "Mais de dois")

Figura 132

A fórmula contém três funções: a função PI está aninhada dentro da função RAIZ, que por sua vez está aninhada dentro da função SE.

6) Principais funções matemáticas

a) Arredondamentos

O que ficar para fora da célula ou estiver oculto por causa da configuração de números que determina quantas casas decimais serão exibidas, segue a regra matemática, onde o que for até 5 mantém o último número exibido sem alteração, ou se for maior que 5 aumenta em 1 o último número exibido.

Importante lembrar que, mesmo não sendo exibidos todos os números, eles continuam fazendo parte do conteúdo, portanto, qualquer cálculo feito com base neste conteúdo o usará por completo, e não pelo que está sendo exibido.

= 10 / 3	3,33333333333...
= 10 / 3 * 2	6,66666666676...

b) ARRED

Função de arredondamento que permite calcular e determina quantas casas decimais serão apresentadas no resultado, mas a regra matemática de arredondamento depois de aplicada torna o número exibido, o número real, não mais existindo nada escondido.

= ARRED (10 / 3 ; 2) Resultado: 3,33

= ARRED (10 / 3 * 2 ; 2) Resultado: 6,67

c) INT

Função de arredondamento, onde o resultado apresentado é obrigatoriamente um número inteiro, mas não usa regras matemáticas, apenas dispensa todos os valores das casas decimais, independentemente de quanto seja.

= INT (10 / 3) Resultado: 3

= INT (10 / 3 * 2) Resultado: 6

d) PAR

Função de arredondamento, onde o resultado apresentado é obrigatoriamente um número inteiro e par, e usa como regra a busca do próximo número inteiro par que fique acima do resultado da operação. O número apresentado nunca será um número menor que o resultado da operação.

= PAR (10 / 3) Resultado: 4

= PAR (10 / 3 * 2) Resultado: 8

e) ÍMPAR

Função de arredondamento, onde o resultado apresentado é obrigatoriamente um número inteiro e ímpar, e usa como regra a busca do próximo número inteiro ímpar que fique acima do resultado da operação. O número apresentado nunca será um número menor que o resultado da operação.

= ÍMPAR (10 / 3) Resultado: 5

= ÍMPAR (10 / 3 * 2) Resultado: 7

f) ARREDONDAR.PARA.BAIXO

Função de arredondamento que, em vez de seguir as regras matemáticas, busca arredondar para a quantidade de casas decimais determinadas na função, mas sempre para baixo.

= ARREDONDAR.PARA.BAIXO
(10 / 3 * 2 ; 0) Resultado: 6

g) ARREDONDAR.PARA.CIMA

Função de arredondamento que, em vez de seguir as regras matemáticas, busca arredondar para a quantidade de casas decimais determinadas na função, mas sempre para cima.

= ARREDONDAR.PARA.CIMA
(10 / 3 ; 0) Resultado: 4

h) TRUNCAR

Trunca um número com a quantidade de casas decimais estabelecida, ou até um número inteiro removendo a parte decimal ou fracionária do número.

= TRUNCAR (10 / 3 * 2) Resultado 6

i) ALEATÓRIO

Busca um número aleatório entre 0 (inclusive) e 1

= ALEATÓRIO ( )

j) ALEATÓRIOENTRE

Busca um número aleatório entre o primeiro e o último citado.

= ALEATÓRIOENTRE (10 ; 50)

k) AUTOSOMA

Exibe o resultado da soma numa determinada célula no entorno da área selecionada.

- Cursor posicionado à direita de uma faixa de células preenchidas com números, o resultado sai automaticamente na posição do cursor.
- Cursor posicionado abaixo de uma faixa de células preenchidas com números, o resultado sai automaticamente na posição do cursor.
- Cursor posicionado abaixo de uma faixa de células preenchidas com números, e à direita de uma faixa de células também preenchidas com números, a soma proposta será inicialmente das células que estão acima.
- Uma faixa interrompida por um texto ou célula vazia não será somada em sua totalidade
- Caso a faixa de células preenchidas seja selecionada, o resultado será colocado na primeira célula abaixo ou à direita da seleção.
- Ou se a seleção tiver todas as células preenchidas e mais uma ou duas vazias, o resultado será inserido na última da seleção.
- Se a seleção for de várias linhas e colunas ao mesmo tempo, e contiver somente células preenchidas com números, serão inseridos resultados abaixo de cada uma das colunas, e não à direita.
- Mas se a seleção for de várias linhas e colunas ao mesmo tempo, e contiver todas as células preenchidas com números, mais uma linha vazia abaixo e uma coluna vazia à direita, serão inseridos resultados abaixo de todas as colunas e à direita de todas as linhas.

l) SOMA

Soma todos os números contidos em um intervalo de células, indicadas entre o primeiro e o último endereço dentro dos parênteses.

Exemplo: = A1 + A2 + A3 + A4

Exemplo: = SOMA (intervalo de células) = SOMA (A1 : A4)

= SOMA (A : A) Soma todas as linhas de uma coluna

= SOMA (1 : 1) Soma todas as colunas de uma linha

Soma as células indicadas isoladamente pelo seu respectivo endereço, e separados por ponto e vírgula (;). O número de argumentos separados que podem ser somados é de 1 a 255. Valores lógicos e texto são ignorados, mesmo quando digitados como argumento.

Exemplo: = SOMA (lista de células) SOMA (A1 ; A4 ; A9)

É possível fazer uma soma unindo as duas formas, utilizando um intervalo e também endereços ou números isolados.

Exemplo: = SOMA (intervalo mais lista) = SOMA (A1 : B2 ; A4 ; B5)

Executa a operação de dentro dos parênteses, desprezando a função.

= SOMA (A1 + A2) = SOMA (A1 – A2)

m) SOMASE

A função SOMASE soma um conjunto de células baseada em condições ou critérios que podem estar nas mesmas ou em outras células, vinculando os elementos. Sua sintaxe é:

Exemplo: = SOMASE (Intervalo do Critério ; Critério ; Intervalo da Soma)

	A	B	C	D
1	Produtos	Estoque	Venda	
2	Caneta	10	5	
3	Lápis	5	4	
4	Borracha	4	8	
5	Régua	8	6	
6	Caneta	5	8	
7				
8				

Figura 133

OPERADORES

=	Igual
>	Maior
<	Menor
>=	Maior ou igual
<=	Menor ou igual
<>	Diferente

Figura 134

	A	B	C	D
1	Produtos	Estoque	Venda	
2	Caneta Vermelha	10	5	
3	Caderno Espiral	7	3	
4	Lápis	5	2	
5	Borracha	4	3	
6	Caneta	2	1	
7	Régua	8	7	
8	Lápis	8	8	
9	Caneta Azul	5	4	
10	Agenda Espiral	9	5	
11				

Figura 135

Exemplos (primeira tabela)

= SOMASE (A2 : A6 ; "Caneta" ; B2 : B6)

Soma todos os valores da coluna B desde que na mesma linha da coluna A a condição seja atendida.

= SOMASE (B2 : B6 ; ">7" ; B2 : B6)

Soma todos os valores da coluna B desde que os próprios valores atendam a condição.

= SOMASE (B2 : B6 ; ">7")

Esta função é idêntica à anterior, mas não aparece o intervalo da soma porque os dois intervalos são iguais, e não é necessário.

FILTROS (segunda tabela)

= SOMASE (A2:A10 ; "Caneta*" ; B2:B10)

Soma todos os valores da coluna B desde que na mesma linha da coluna A o conteúdo da célula inicie com a condição, e o (*) asterisco representa (tudo), ou seja, não importa o que vem depois.

= SOMASE (A2:A10 ; "*espiral" ; B2:B10)

Soma todos os valores da coluna B desde que na mesma linha da coluna A o conteúdo da célula termine com a condição, e o (*) asterisco representa (tudo), ou seja, não importa o que vem antes.

= SOMASE (A2:A10 ; "***pi***" ; B2:B10)

Caso utilize dois asteriscos, um antes e um depois, é como se estivesse condicionando a encontrar a condição em qualquer lugar do conteúdo da célula, no início, no meio ou no fim.

= SOMASE (A2:A10 ; "l**?**pis" ; B2:B10)

Soma todos os valores da coluna B desde que na mesma linha da coluna A o conteúdo da célula atenda a condição, e a (?) interrogação representa (o caractere), ou seja, não importa o que tem naquela posição, se atender ao restante, tudo será somado. Neste caso é por causa do acento.

IMPORTANTE

- Observe as regras que necessitam ser respeitadas, que são as aspas quando o critério for um texto, ou tiver um operador.
- Não há diferença entre letras Maiúsculas e Minúsculas na fórmula.
- Todo texto deve estar obrigatoriamente entre aspas duplas.

Exemplos com condições numéricas

= SOMASE (B2 : B6 ; ">7")

Condição maior que 7, tem que estar entre aspas duplas.

= SOMASE (B2 : B6 ; ">"&7)

Nesse caso, o operador ficou entre aspas, e o número fora, como esse campo é único, as duas informações têm que ser juntadas, e isso foi feito com o símbolo (&) concatenar.

= SOMASE (B2 : B6 ; 8)

Condição apenas numérica, não precisa de aspas duplas, mas significa IGUAL a.

= SOMASE (B2 : B6 ; “8”)

Condição apenas numérica pode estar entre aspas duplas, e ainda significa IGUAL a.

= SOMASE (B2 : B6 ; “=8”)

Condição numérica IGUAL a, e o operador exige que esteja entre aspas duplas.

= SOMASE (B2 : B6 ; “>=8”)

Condição numérica MAIOR ou IGUAL a, observe a colocação dos dois operadores.

= SOMASE (B2 : B6 ; “<>8”)

Condição numérica DIFERENTE de.

n) SOMASES

A função SOMASES soma um conjunto de células baseada em uma condição que pode estar nas mesmas células ou em outras células de colunas distintas, com a diferença que possibilita vincular os elementos nesta busca mais de uma coluna para teste. Sua sintaxe é:

= SOMASES (Intervalo da Soma ; Intervalo do Critério 1 ; Critério 1 ; Intervalo do Critério 2 ; Critério 2 ; .. Até 127)

Exemplo: = SOMASES (B2 : B6 ; A2 : A6 ; ”Caneta” ; B2 : B6 ; ”>7”)

= SOMASES (B2 : B6 ; B2 : B6 ; ”>5” ; B2 : B6 ; ”<10”)

IMPORTANTE

Para que os valores sejam somados, todos os critérios têm que ser atendidos juntos, se deixar de atender um deles, os valores não serão somados.

o) SOMAX2DY2

Soma as diferenças entre dois quadrados de dois intervalos ou matrizes correspondentes.

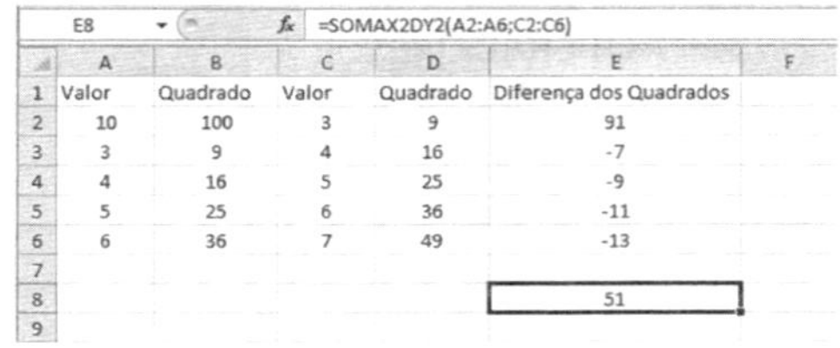
E8 =SOMAX2DY2(A2:A6;C2:C6)

	A	B	C	D	E	F
1	Valor	Quadrado	Valor	Quadrado	Diferença dos Quadrados	
2	10	100	3	9	91	
3	3	9	4	16	-7	
4	4	16	5	25	-9	
5	5	25	6	36	-11	
6	6	36	7	49	-13	
7						
8					51	
9						

Figura 136

= SOMAX2DY2 (A2 : A6 ; C2 : C6)

p) SOMAX2SY2

Retorna a soma total das somas dos quadrados dos números em dois intervalos ou matrizes correspondentes.

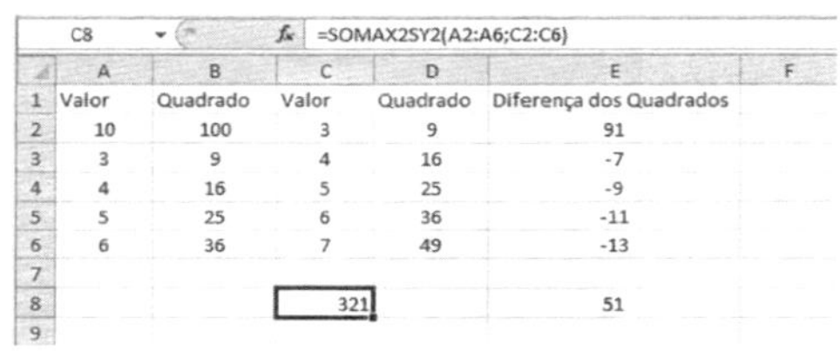
C8 =SOMAX2SY2(A2:A6;C2:C6)

	A	B	C	D	E	F
1	Valor	Quadrado	Valor	Quadrado	Diferença dos Quadrados	
2	10	100	3	9	91	
3	3	9	4	16	-7	
4	4	16	5	25	-9	
5	5	25	6	36	-11	
6	6	36	7	49	-13	
7						
8			321		51	
9						

Figura 137

= SOMAX2SY2 (A2 : A6 ; C2 : C6)

q) SOMAXMY2

Soma os quadrados das diferenças em dois intervalos ou matrizes correspondentes

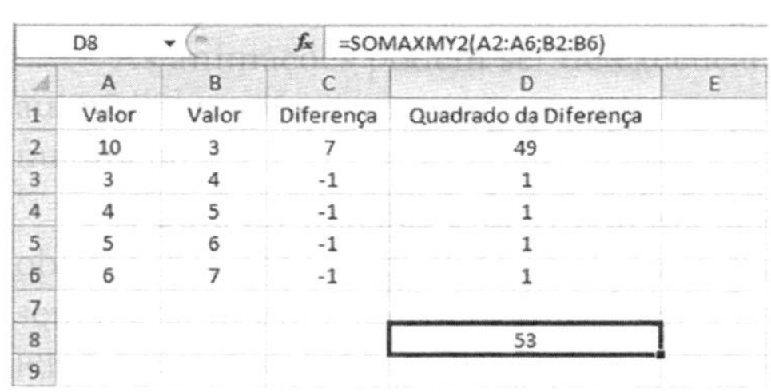
D8 =SOMAXMY2(A2:A6;B2:B6)

	A	B	C	D	E
1	Valor	Valor	Diferença	Quadrado da Diferença	
2	10	3	7	49	
3	3	4	-1	1	
4	4	5	-1	1	
5	5	6	-1	1	
6	6	7	-1	1	
7					
8				53	
9					

Figura 138

= SOMAXMY2 (A2 : A6 ; B2 : B6)

r) SOMARPRODUTO

Retorna a soma dos produtos de intervalos ou matrizes correspondentes.

C8 =SOMARPRODUTO(A2:A6;B2:B6)

	A	B	C	D	E	F
1	Valor	Valor	Produto	Diferença	Quadrado da Diferença	
2	10	3	30	7	49	
3	3	4	12	-1	1	
4	4	5	20	-1	1	
5	5	6	30	-1	1	
6	6	7	42	-1	1	
7						
8			134		53	
9						

Figura 139

= SOMARPRODUTO (A2 : A6 ; B2 : B6)

7) Principais funções de texto

a) CONCATENAR

Função utilizada para unir ou juntar os conteúdos. Pode ser expressa diretamente com as informações que serão unidas com o símbolo (&) que representa o concatenar. Ou por meio do nome da função CONCATENAR onde os argumentos são separados por (;) ponto e vírgula, mas também podem ser separados pelo símbolo (&) mesmo dentro da função.

=5&0 Resultado: 50

=5&00 Resultado: 50 (exclui o zero à esquerda)

=5&0&0 Resultado: 500

	A	B	C
1	ana	gmail.com	
2	rui	terra.com.br	
3	pedro	hotmail.com	
4			

Figura 140

=A16&"@"&B16 Resultado: ana@gmail.com = CONCATENAR (A16 ; "@" ; B16)

b) ESQUERDA

Extrai parte de um texto ou do conteúdo de uma célula a partir do lado esquerdo do conteúdo até a quantidade de caracteres especificada.

	A	B	C
1	Nomes	Função	
2	Cid Marques de Carvalho	Professor de Informática	
3	Maria do Rosário Lima	Advogada	
4			
5			

Figura 141

= ESQUERDA ("texto" ou endereço de célula ; número de caracteres)

= ESQUERDA (A2 ; 3)

Resposta: Cid

c) DIREITA

Extrai parte de um texto ou do conteúdo de uma célula a partir do lado direito do conteúdo até a quantidade de caracteres especificada.

= DIREITA ("texto" ou endereço de célula ; número de caracteres)

= DIREITA (A2 ; 8)

Resposta: Carvalho

d) EXT.TEXTO

Extrai parte de um texto ou do conteúdo de uma célula a partir do lado esquerdo do conteúdo ou de uma posição contada por quantidade de caracteres a partir do lado esquerdo até a quantidade de caracteres especificada.

= EXT.TEXTO ("texto" ou endereço de célula ; posição inicial ; número de caracteres)

= EXT.TEXTO (A1 ; 5 ; 7)

e) PROCURAR

Procura dentro de um texto ou do conteúdo de uma célula uma parte específica, e, quando encontra, conta quantos caracteres há entre o início a partir do lado esquerdo e a posição inicial do que foi encontrado. O resultado dessa função é numérico, pois se trata de uma contagem. Em geral é utilizada para substituir números que precisam ser dinâmicos em outra função de texto.

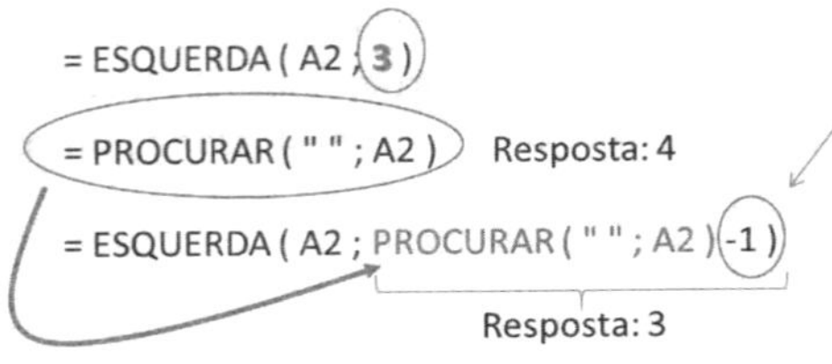

Figura 142

8) Principais funções de data

a) AGORA

Retorna a data e a hora atuais formatadas como data e hora.

Exemplo: =AGORA()

b) HOJE

Retorna a data de hoje formatada como uma data. Esta função não possui argumentos, e tem característica volátil, ou seja, se atualiza.

Exemplo: =HOJE()

9) Principais funções estatísticas

a) MÉDIA

Calcula a Média Aritmética de todos os valores contidos no intervalo entre o primeiro e o último endereço de células indicadas dentro dos parênteses, que podem ser números ou nomes, matrizes ou referências que contêm números.

Exemplo: = (B1 + B2 + B3 + B4) / 4

Exemplo: = MÉDIA (intervalo de células) → = MÉDIA (B2 : B6)

Calcula a Média Aritmética de todos os endereços do intervalo.

Exemplo: = MÉDIA (lista de células) → = MÉDIA (B2 ; B6)

Calcula a Média Aritmética somente dos valores dos endereços de células indicadas dentro dos parênteses, separados pelo sinal (;).

Exemplo: = MÉDIA (intervalo mais lista) → = MÉDIA (B2:B6 ; B5 ; 5)

Calcula a Média Aritmética de todos os endereços do intervalo, mais os separados, mais os números citados na função.

ATENÇÃO

Ao fazer uma média, você deve fazer 3 operações, primeiro soma, segundo soma, terceiro, divide o resultado da soma pelo resultado da contagem. Neste último exemplo, não se pode esquecer de contar todos os endereços do intervalo mais os outros citados isoladamente.

b) MÉDIASE

Calcula a Média Aritmética dos valores contidos no intervalo entre o primeiro e o último endereço de células indicadas dentro dos parênteses, e atendem ao critério especificado no intervalo de células que será avaliado.

Exemplo: = MÉDIASE (Intervalo do Critério ; Critério ; Intervalo da Média)

= MÉDIASE (A2 : A6 ; "Caneta" ; B2 : B6)

= MÉDIASE (B2 : B6 ; ">7" : B2 : B6)

= MÉDIASE (B2 : B6 ; ">7" : B2 : B6)

c) MÉDIASES

Calcula a Média Aritmética dos valores contidos no intervalo entre o primeiro e o último endereço de células indicadas dentro dos parênteses, e atende ao critério especificado no intervalo de células que será avaliado.

= MÉDIASES (Intervalo da Média ; Intervalo do Critério 1 ; critérios 1 ; Intervalo do Critério 2 ; critérios 2 ; ... Até 127)

= MÉDIASES (B1 : B6 ; A1 : A6 ; "CANETA" ; C1 : C6 ; "<8")

= MÉDIASES (B2 : B6 ; B2 : B6 ; ">5" ; B2 : B6; "<10")

d) CONT.NÚM

Conta e retorna a quantidade de células que contém números em uma lista de células ou intervalo entre o primeiro e o último endereço de células indicadas em cada argumento dentro dos parênteses separados pelo sinal (;). Podem ser utilizados até 255 argumentos.

Exemplo: = CONT.NÚM (intervalo de células) → = CONT.NÚM (A1 : C6)

= CONT.NÚM (valor1 ; valor2 ; valor3 ; ...) → = CONT.NÚM (A1 ; B3 ; C5 ; ...)

= CONT.NÚM (intervalo de células ; valor2 ; ...) →

= CONT.NÚM (A1 : B4 ; C6 ; ...)

e) CONT.VALORES

Conta e Retorna a quantidade de células que não estão vazias em uma lista de células ou intervalo entre o primeiro e o último endereço de células indicadas em cada argumento dentro dos parênteses separados pelo sinal (;). Podem ser utilizados até 255 argumentos.

Exemplo: = CONT.VALORES (intervalo de células) →

= CONT.VALORES (A1 : C6)

= CONT.VALORES (valor1 ; valor2 ; valor3 ; ...) →

= CONT.VALORES (A1 ; B3 ; C6 ; ...)

= CONT.VALORES (intervalo de células ; valor2 ; ...) →

= CONT.VALORES (A1 : B3 ; C6 ; ...)

f) CONT.SE

Conta e Retorna a quantidade de vezes que um termo aparece em um intervalo entre o primeiro e o último endereço de células indicadas dentro dos parênteses, antes do sinal. (;) que as separam do argumento.

Exemplo: =CONT.SE (Intervalo de células; Critério) →

= CONT.SE (A1 : C6 ; "CANETA") →
= CONT.SE (A1 : C6 ; ">5")

g) CONT.SES

Conta e Retorna a quantidade de células especificadas por uma lista de células ou intervalo entre o primeiro e o último endereço de células indicadas em cada argumento dentro dos parênteses separados pelo sinal (;) obedecendo um dado conjunto de condições ou critérios correspondentes a cada argumento.

Exemplo: = CONT.SES (Intervalo do critérios1 ; critérios1 ; Intervalo do critérios2 ; critérios2 ; ... Até 127 pares)

= CONT.SES (A1:A6 ; "CANETA" ; B1:B6 ; ">6") →

= CONT.SES (B2 : C6 ; ">5" ; B2 : B6 ; "<10")

h) CONTAR.VAZIO

Conta e Retorna a quantidade de células que estão vazias em um intervalo entre o primeiro e o último endereço de células indicadas dentro dos parênteses.

Exemplo: = CONTAR.VAZIO (intervalo de células) →

= CONTAR.VAZIO (A1:C7)

i) MODO (Moda)

Retorna o valor mais repetitivo ou que ocorre com maior frequência, entre todos aqueles contidos no intervalo entre o primeiro e o último endereço de células indicadas dentro dos parênteses.

(Moda – compatibilidade 2007 <) ou MODO.ÚNICO (Moda para versão 2010 em diante)

= MODO (intervalo de células) → = MODO (B2 : B6) coluna →

= MODO (B2 : F2) linha

Retorna o valor mais repetitivo, ou que ocorre com maior frequência, somente nos endereços de células indicadas dentro dos parênteses, separados pelo sinal (;).

= MODO (lista de argumentos) → = MODO (B2 ; C6 ; E5 ; 2)

	A	B	C	D	E	F	G
1	PRODUTOS	JAN	FEV	MAR	ABR	MAI	
2	Lápis	5	2	2	5	3	
3	Borracha	2	3	4	2	1	
4	Caneta	2	1	5	5	2	
5	Régua	8	7	5	2	1	
6	Caderno	5	8	6	5	2	
7							

Figura 143

= MODO (B2 : F6) Resp: 5 Procura em espiral

j) MED (Mediana)

Retorna a Mediana, ou o número central de todo o conjunto de números contidos no intervalo entre o primeiro e o último endereço de células indicadas dentro dos parênteses.

Exemplo: = MED (intervalo de células) → = MED (B2 : B6) →

4 5 5 8 10 → Resultado: 5

	A	B	C	D
1	Produtos	Estoque	Venda	
2	Caneta	10	5	
3	Lápis	5	4	
4	Borracha	4	8	
5	Régua	8	6	
6	Caneta	5	8	
7				

Figura 144

Retorna a Mediana, ou o número central dos números contidos somente nos endereços de células indicadas dentro dos parênteses, separados pelo sinal (;).

Exemplo: = MED (lista de células) → = MED (B2 ; C6) → 8 10 → Resultado: 9

k) MÁXIMO

Retorna o maior valor encontrado no conjunto de dados contidos no intervalo entre o primeiro e o último endereço de células indicadas dentro dos parênteses. Valores lógicos e texto são ignorados.

Exemplo: = MÁXIMO (intervalo de células) → = MÁXIMO (B2 : C6)

Retorna o maior valor encontrado somente nos endereços de células indicadas dentro dos parênteses, separados pelo sinal (;). Valores lógicos e texto são ignorados.

Exemplo: = MÁXIMO (lista de células) → = MÁXIMO (B2 ; B6)

l) MAIOR

Retorna o maior valor k-ésimo encontrado no conjunto de dados contidos no intervalo entre o primeiro e o último endereço de células indicadas dentro dos parênteses. No exemplo, o quinto maior número.

Exemplo: = MAIOR (intervalo de células ; k-ésimo) →

= MAIOR (B2 : B6 ; 5) 4 5 5 8 10 → Resultado: 4

m) MÍNIMO

Retorna o menor valor encontrado no conjunto de dados contidos no intervalo entre o primeiro e o último endereço de células indicadas dentro dos parênteses. Valores lógicos e texto são ignorados.

Exemplo: = MÍNIMO (intervalo de células) → = MÍNIMO (B2 : C6)

Retorna o menor valor encontrado somente nos endereços de células indicadas dentro dos parênteses, separados pelo sinal (;). Valores lógicos e texto são ignorados.

Exemplo: = MÍNIMO (lista de células) → = MÍNIMO (B2 ; C6)

n) MENOR

Retorna o menor valor k-ésimo encontrado no conjunto de dados contidos no intervalo entre o primeiro e o último endereço de células indicadas dentro dos parênteses. No exemplo, o quinto maior número.

Exemplo: = MENOR (intervalo de células ; k-ésimo) →

= MENOR (B2 : B6 ; 5) → 4 5 5 8 10 → Resultado: 10

10) Principais funções lógicas

As funções lógicas são efetuadas por meio de **Testes Lógicos**, que são comparativos.

O resultado apresentado, geralmente, sempre é **VERDADEIRO** OU **FALSO**.

Operadores utilizados para comparação		O que pode ser comparado
=	Igual	Números
>	Maior	Textos
<	Menor	Resultados de Fórmulas
>=	Maior ou Igual	Conteúdo de Células
<=	Menor ou Igual	Datas
<>	Diferente	

a) E

A função **E** dá a ideia de simultaneidade ou testes lógicos concomitantes, ou seja, todos os testes devem ser confirmados para o resultado ser Verdadeiro.

Podemos definir a função **E** como "Somente todos".

No caso de todos os testes lógicos serem confirmados, devolve VERDADEIRO.

No caso de pelo menos um teste lógico ser negado, devolve o resultado FALSO.

- Exemplo = E (20 < 30) → VERDADEIRO
- Exemplo = E (20 = 30) → FALSO
- Exemplo = E (20 = 20 ; 30 > 10 ; 15 <> 20) → VERDADEIRO
- Exemplo = E (10 = 8 ; 20 < 30 ; 20 <> 30) → FALSO
- Exemplo = E (20 = 20 ; 30 > 10 ; 15 <> 20 ; 1 ; 0) → FALSO

ATENÇÃO

1 = VERDADEIRO
0 = FALSO

b) OU

A função **OU** dá a ideia de pelo menos um, sem simultaneidade ou testes lógicos não concomitantes, ou seja, pelo menos um dos testes deve ser confirmado para o resultado ser Verdadeiro.

Podemos definir a função **OU** como "Pelo menos um".

No caso de pelo menos um teste lógico ser confirmado, devolve VERDADEIRO.

No caso de todos os testes lógicos serem negados, devolve o resultado FALSO.

- Exemplo = OU (20 < 30) → VERDADEIRO
- Exemplo = OU (20 = 30) → FALSO
- Exemplo = OU (20 < 30 ; 20 = 30) → VERDADEIRO

c) NÃO

A função **NÃO** nega a lógica interna, sempre analisando o resultado que está condicionado a ele, se este resultado interno for VERDADEIRO, devolve o resultado falso, e se for FALSO, e se o resultado interno for FALSO, devolve o resultado VERDADEIRO.

- Exemplo = NÃO (20 > 10) → FALSO
- Exemplo = NÃO (20 < 10) → VERDADEIRO
- Exemplo = NÃO (E (20 < 30 ; 10 = 10)) → FALSO
- Exemplo = NÃO (OU (20 > 30 ; 10 = 5)) → VERDADEIRO
- Exemplo = NÃO (E (20 < 30 ; 20 = 30)) → VERDADEIRO

- Exemplo = NÃO (NÃO (OU (10 = 5 ; 3 > 2 ; 2 > 3 ; 1 > 0))) → VERDADEIRO

d) SEERRO

Caso o resultado da fórmula seja #VALOR!, retorna uma expressão predefinida como condição ou argumento, caso contrário retorna o valor ou resultado da fórmula.

Exemplo: = SEERRO (20 / palavra ; 0) → Resposta: 0

= SEERRO (20 / palavra ; " ") → Resposta: célula em branco (na verdade com conteúdo espaço)

Neste caso não se pode dividir um número por uma palavra, retornaria #VALOR!, mas como a condição ou argumento é 0 (zero) para resultado de erro, é ele que é apresentado.

e) SE

A função SE é a mais importante função de Excel para concursos, pois é a que tem maior incidência em provas de concursos. A diferença da função SE para as funções E e OU é que na função SE os valores são definidos pelo usuário, que pode inserir nos campos VERDADEIRO e FALSO uma outra fórmula, um texto ou uma referência qualquer.

A função SE devolve o resultado VERDADEIRO OU FALSO. Dependendo do teste lógico, será definido um valor para verdadeiro e um outro valor para falso, definidos pelo usuário.

Sintaxe = SE (TESTE LÓGICO ; VERDADEIRO ; FALSO)

- Exemplo = SE (20 < 30 ; 20 + 30 ; 40 – 60) → Resultado: 50
- Exemplo = SE (20 = 30 ; 20 + 30 ; 40 – 60) → Resultado: -20
- Exemplo = SE (20 < 30 ; "procede" ; "não procede") → Resultado: procede

f) SES

A função SES verifica se uma ou mais condições são satisfeitas e retorna um valor que corresponde à primeira condição VERDADEIRO. A função SES pode ser usada como substituta de várias instruções SE aninhadas, além de ser muito mais fácil de ser lida quando condições múltiplas são usadas.

= SES (A2 > 89 ; "A" ; A2 > 79 ; "B" ; A2 > 69 ; "C" ; A2 > 59 ; "D" ; VERDADEIRO ; "F")

Que diz SE(A2 for Maior que 89, retornar "A", SE A2 for Maior que 79, retornar "B" e assim por diante e, para todos os outros valores inferiores a 59, retornar "F").

11) Principais funções de pesquisa e referência

a) PROC

Utilize PROC, uma das funções de pesquisa e referência, quando for necessário analisar uma única linha ou coluna e localizar um valor na mesma posição em uma segunda linha ou coluna.

	K	L	M	N
1	0	150	6%	Menor faixa
2	151	250	7%	Faixa intermediária menor
3	251	350	8%	Faixa intermediária maior
4	351		9%	Maior faixa
5				

Figura 145

Sintaxe VETORIAL: = PROC (valor_proc, vetor_proc, [Vetor_resultado])

Exemplo: = PROC (200 ; K1:K4 ; M1:M4)

O valor citado deverá ser localizado no vetor procurado, e quando encontrado, na mesma linha o resultado estará no vetor resultado.

ATENÇÃO

O Vetor procurado tem que ser uma única coluna e estar em ordem para que o resultado seja o esperado. O vetor resultado também tem que ser uma única coluna. O valor procurado pode não ser encontrado exatamente, e neste caso, vale o número menor encontrado.

Sintaxe MATRICIAL = PROC (valor_procurado, matriz)

Exemplo: = PROC (7% ; M1:N4)

O valor citado deverá ser localizado na primeira coluna da matriz, e quando encontrado, na mesma linha, o resultado estará na segunda coluna da matriz.

A primeira coluna da matriz tem que estar em ordem, e caso o valor procurado não seja encontrado, o resultado será o número menor encontrado.

b) PROCV / PROCH

A função PROCV procura um item na Vertical enquanto a função PROCH na Horizontal, a partir de um valor, e a partir de um intervalo determinado.

Sua sintaxe é: = **PROCV (VALOR PROCURADO ; INTERVALO ; COLUNA DE RESULTADO)**

O valor procurado, sendo numérico, deve estar na primeira linha, dentro do intervalo concernido, e, isolada a linha do valor encontrado, define-se a coluna que o resultado será devolvido.

	A	B	C	D
1	Faltas	Funcionários	RF	Vínculo
2	3	Ana	25785	Efetivo
3	2	Pedro	96854	Contratado
4	0	Raul	47852	Efetivo
5	2	Eraldo	32458	Efetivo
6	7	Renata	96569	Contratado
7	2	Júlio	74589	Contratado
8				

Figura 146

ATENÇÃO

1 = VERDADEIRO = Procura por valores aproximados = A lista tem que estar em ordem (sempre encontrará o mais próximo)

0 = FALSO = Procura por valores exatos = A lista não precisa estar em ordem (caso não encontre, o resultado será #N/D)

- Exemplo = PROCV (7 ; A2:D7 ; 2 ; 0) → Resultado: Renata
- Exemplo = PROCV (MÁXIMO (A2:A7) ; A2:D7 ; 2 ; 0) → Resultado: Renata
- Exemplo = PROCV (185 ; K1:N4 ; 3 ; 1) → Resultado: 7%

12) Auditoria de fórmulas

Exibe as relações entre fórmulas e células.

Caminho no Excel = Guia Fórmulas > Grupo Auditoria de Fórmulas > Rastrear (Precedentes ou Dependentes)

Figura 147

A função dos comandos de auditoria é verificar fórmulas, com relação à precisão ou localizar a origem de um erro, que pode ser difícil quando a fórmula usa células precedentes ou dependentes.

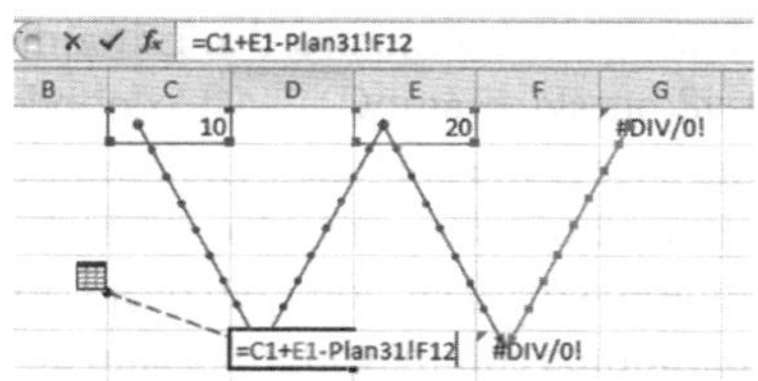

Figura 148

Linhas —●— = Origem – Destino > indica uma referência de célula sem erro, dentro da mesma planilha.

Linhas —■— = Origem – Destino > indica uma referência de célula com erro, dentro da mesma planilha.

Setas na Cor Preta Pontilhada = Origem – Destino > indica uma referência em outra planilha ou outro local.

Para saber qual é a origem, clique 2x na linha. No entanto, a outra pasta de trabalho precisará estar aberta antes que o Excel possa rastrear essas dependências.

a) Auditoria de fórmulas – Células precedentes

São células que são referenciadas por uma fórmula em outra célula. Por exemplo, se a célula D10 contiver a fórmula =B5, a célula B5 será precedente à célula D10.

Para rastrear células que fornecem dados a uma fórmula (precedentes), faça o seguinte:

Selecione a célula que contém a fórmula para a qual você deseja localizar as células precedentes.

Para exibir uma seta de rastreamento para cada célula que fornece dados diretamente para a célula ativa, na guia Fórmulas, no grupo Auditoria de Fórmulas, clique em Rastrear Precedentes.

As inhas —●— mostram as células sem erros. As linhas —■— mostram a células que causam erros. Se uma célula em outra planilha ou pasta de trabalho fizer referência à célula selecionada, uma seta preta apontará da célula selecionada para um ícone de planilha. No entanto, a outra pasta de trabalho precisará estar aberta antes que o Excel possa rastrear essas dependências.

Para identificar o próximo nível de células que fornecem dados para a célula ativa, clique em Rastrear Precedentes novamente.

Para remover as setas de rastreamento um nível por vez, iniciando com a célula precedente mais à direita da célula ativa, na guia Fórmulas, no grupo Auditoria de Fórmula, clique na seta próxima a Remover Setas e, em seguida, clique em Remover Setas Precedentes. Para remover outro nível de setas rastreadoras, clique no botão novamente.

b) Auditoria de fórmulas – Células dependentes

Contêm fórmulas que se referem a outras células. Por exemplo, se a célula D10 contiver a fórmula =B5, a célula D10 será dependente da célula B5.

Para rastrear fórmulas que fazem referência a uma determinada célula (dependentes), faça o seguinte:

Selecione a célula para a qual você deseja identificar as células dependentes.

Para exibir uma seta de rastreamento para cada célula dependente da célula ativa, na guia Fórmulas, no grupo Auditoria de Fórmulas, clique em Rastrear Dependentes.

As setas azuis mostram as células sem erros. As setas vermelhas mostram a células que causam erros. Se uma célula em outra planilha ou pasta de trabalho fizer referência à célula selecionada, uma seta preta apontará da célula selecionada para um ícone de planilha. No entanto, a outra pasta de trabalho precisará estar aberta antes que o Excel possa rastrear essas dependências.

Para remover as setas de rastreamento um nível por vez, iniciando com a célula dependente mais à esquerda da célula ativa, na guia Fórmulas, no grupo Auditoria de Fórmula, clique na seta próxima a Remover Setas e, em seguida, clique em Remover Setas Dependentes. Para remover outro nível de setas rastreadoras, clique no botão novamente.

Para remover todas as setas de rastreamento na planilha, na guia Fórmulas, no grupo Auditoria de Fórmula, clique em Remover Setas.

13) Gráficos

Os Gráficos ou elementos gráficos propõem expressar ou comunicar informações visualmente, ou seja, dados ou valores numéricos, de maneiras diferentes, assim facilitando a compreensão deles. Existem vários tipos de gráficos.

Figura 149

Os principais elementos são: os eixos ou raios, linha de grade, legenda, séries, título.

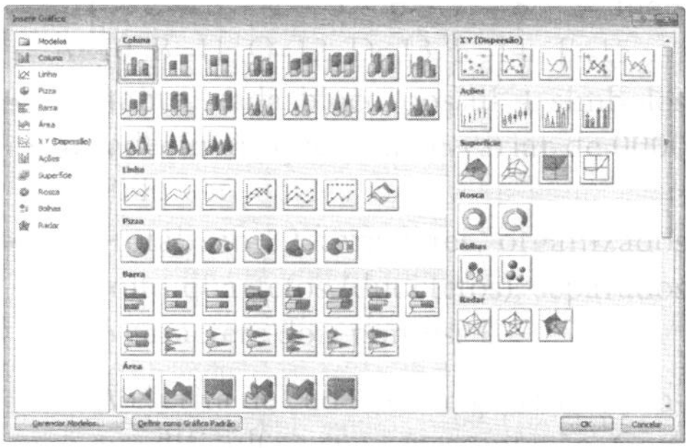

Figura 150

Os gráficos elaborados no Excel podem ser inseridos como um elemento ou objeto na planilha atual, ou em uma nova planilha, exclusiva para o gráfico.

14) Impressão

Figura 151

Comandos que definem de que maneira o documento será impresso.

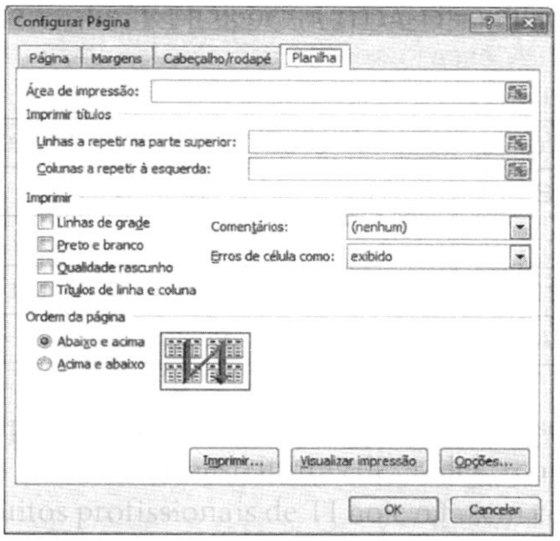

Figura 152

Opções de configuração de impressão que definem o que será impresso, se parte ou todo.

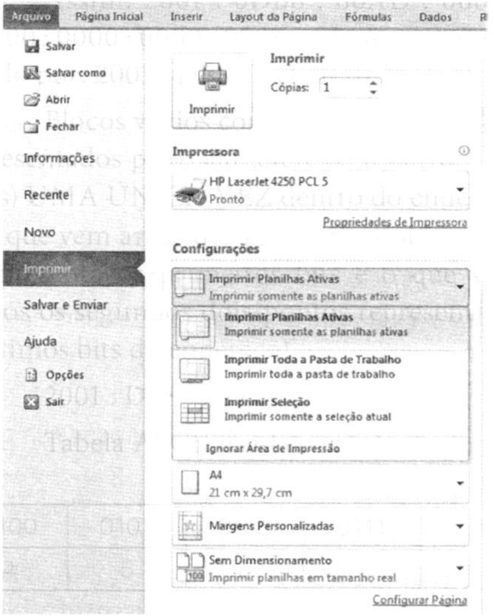

Figura 153

5.1 Questões

1. **(IADES – ELETROBRAS – ELETROBRAS – Arquivista – 2015)** O Excel é um aplicativo de planilha eletrônica que acompanha o pacote Office da Microsoft. Com ele, é possível criar e editar planilhas, inserindo objetos como imagem e gráficos. O Excel também

permite salvar documentos em vários formatos. A esse respeito, assinale a alternativa que apresenta apenas extensões de documentos que podem ser gravados pelo aplicativo Microsoft Excel.

A) .DOC, .OGX, .PWD.

B) .COM, .EXE, .BAT.

C) .INF, .DLL, .BAT.

D) .XLS, .XLT, .XLA.

E) .PPT, .PPS, .PDF.

↗ **Gabarito: "D".**

2. **(AOCP – Sercomtel S.A Telecomunicações – Analista – 2016)** Considerando o MS-EXCEL 2007, versão português, ao clicar no canto superior esquerdo da planilha (na "junção" entre as colunas e linhas), conforme circulado na imagem a seguir:

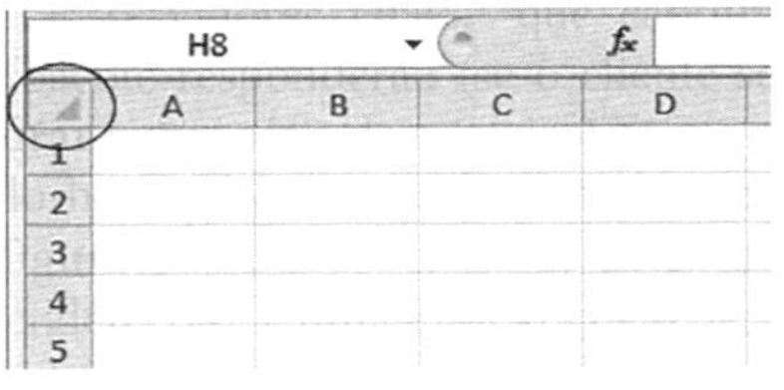

A) será selecionada toda a planilha.

B) será selecionada apenas a primeira linha.

C) será aberto um menu, com opções para ocultar as linhas.

D) será aberto o assistente de fórmulas.

E) será aberto o menu de configurações da planilha.

↗ **Gabarito: "A".**

3. **(FCC – DPE-SP – Administrador – 2015)** Paulo, um usuário do Microsoft Excel 2007 necessita alterar o modo de exibição de sua planilha. Para isso, o Excel 2007 tem 3 modos de exibição pré-formatados. Dois desses modos são

A) Normal e Layout de Página.

B) Simples e Visualizar Quebras de Página.

C) Básico e Impressão Rápida.

D) Principal e Impressão Simples.

E) Temporário e Visualização Completa.

↗ **Gabarito: "A".**

4. **(IADES – AL-GO – Contador – 2019)** No Excel 2016, versão em português, configuração padrão, o que ocorrerá se um usuário selecionar a célula C2 e, em seguida, clicar em Congelar Painéis > Congelar Linha Superior?

A) As pessoas ficam impedidas de realizar alterações indesejadas na linha superior.

B) A primeira coluna será mantida visível em todas as planilhas.

C) A linha superior será bloqueada para edição, mas deixada visível.

D) A planilha é dividida em diferentes painéis, a partir da linha superior.

E) A linha superior ficará visível enquanto se rola pelo resto da planilha.

↗ **Gabarito: "E".**

5. **(VUNESP – PC-SP – Agente de Telecomunicações Policial – 2018)** No MS-Excel 2016 (em português e em sua configuração padrão), considere a janela Configurar Página, aba Planilha, item Imprimir. Nessa janela, pode-se selecionar opções para a impressão de um documento. Duas dessas opções disponíveis nessa janela são:

A) Linhas de grade; Preto e branco.

B) Linhas horizontais somente; Linhas de grade.

C) Título de linha e coluna; Colorido.

D) Qualidade de rascunho; Cores básicas.

E) Linhas verticais somente; Cores básicas.

↗ **Gabarito: "A".**

6. **(COVEST-COPSET – UFPE – Auxiliar de Administração – 2013)** Sobre o aplicativo Microsoft Office Excel 2007, em sua configuração original, analise as afirmações abaixo.

1) Uma pasta de trabalho pode ser composta por uma ou mais planilhas.

2) Uma célula é identificada pela letra da linha (A,B,C ...Z,AA,AB,...) e o número da coluna (1,2,3...) em que ela está.

3) Cada planilha de uma pasta de trabalho é sempre armazenada em um arquivo separado.

4) Uma pasta de trabalho precisa ter pelo menos uma planilha visível.

Estão corretas, apenas:

A) 1 e 2.

B) 2 e 3.

C) 2 e 4.

D) 1 e 4.

E) 1, 3 e 4.

↗ **Gabarito: "D".**

7. (FUMARC – Prefeitura de Matozinhos--MG – Assistente Administrativo – 2016) Analise as seguintes afirmativas sobre as opções disponíveis no grupo "Células" da guia "Página Inicial" do Microsoft Excel, versão português do Office 2010:

I –  O menu abaixo do ícone "Inserir" possibilita a inserção de células, linhas, colunas ou planilha.

II –  O menu abaixo do ícone "Excluir" possibilita a exclusão de células, linhas, colunas ou planilha.

III –  O menu abaixo do ícone "Formatar" possibilita, além de outras funcionalidades, ajustar a altura de uma linha ou a largura de uma coluna.

Estão CORRETAS as afirmativas:

A) I e II, apenas.

B) I e III, apenas

C) II e III, apenas.

D) I, II e III.

↗ **Gabarito: "D".**

8. (IDHTEC – CRQ 1ª Região – Assistente Administrativo – 2015) Sobre as definições no Excel 2010 é INCORRETO afirmar:

A) Caixa de nome é onde está o endereço da célula, formado por letra (identificação da coluna) e número (identificação da linha).

B) Barra de fórmulas é onde são inseridas fórmulas de cálculo ou de inclusão de dados – desde uma soma até o texto que se quer colocar em uma célula.

C) Planilha é um conjunto de células, organizadas em linhas e colunas.

D) Fórmula é uma sequência de texto e símbolos usada para realizar qualquer cálculo no Excel. Deve começar com o sinal da operação a ser utilizada, por exemplo, em multiplicação, iniciar por asterisco (*).

E) Função é uma fórmula pré-moldada, pronta para preenchimento com valores. O Excel fornece funções para soma, porcentagem, média, cálculo de juros etc.

↗ **Gabarito: "D".**

9. (Orhion Consultoria – Prefeitura de Jaguariúna-SP – Assistente de Gestão Pública – 2018) Bruna estava trabalhando em uma planilha Excel (MS-Excel 2010). Após a digitação da fórmula em uma célula apareceu a seguinte Mensagem de Erro: #NULO!. Qual o significado dessa mensagem de erro?

A) Esse erro se deve às funções PROCV, PROCH, PROC ou CORRESP, quando uma fórmula não consegue encontrar um valor de referência.

B) Esse erro ocorre quando uma fórmula ou função contém valores numéricos que não são válidos.

C) Esse erro é uma maneira de o Excel informar que "Há algo errado com a forma como sua fórmula foi digitada. Ou há algo errado com as células às quais você está fazendo referência." Como o erro é muito geral, pode ser difícil encontrar sua causa exata.

D) Esse erro é mostrado quando você usa um operador de intervalo incorreto em uma fórmula ou quando usa um operador de interseção (caractere de espaço) entre referências de intervalo para especificar uma interseção de dois intervalos que não formam uma interseção.

↗ **Gabarito: "D".**

10. (CESPE – FUB – Conhecimentos Básicos – Todos os Cargos de Nível Superior – 2014) Acerca do Microsoft Office 2013, julgue o item subsequente.

Por meio do recurso Preenchimento Relâmpago, do Excel, é possível identificar um padrão utilizado no preenchimento de algumas células e preencher as demais células com base nesse padrão.

( ) Certo.

( ) Errado.

↗ **Gabarito: "Certo".**

11. **(FCC – TRT 21ª Região – Técnico Judiciário – Área Administrativa – 2003)** Em uma planilha Excel, as células C10 e C11 contêm, respectivamente, os valores 10 e 11. Após arrastá-las pela alça de preenchimento até a célula C14, esta célula será preenchida com

A) 10.

B) 11.

C) 12.

D) 13.

E) 14.

↗ **Gabarito: "E".**

12. **(MPE-RS – MPE-RS – Secretário de Diligências – 2017)** Instrução: A questão a seguir está relacionada ao texto abaixo.

Uma planilha do Microsoft Excel 2007 está organizada da seguinte forma:

A coluna A contém, nas primeiras 10 linhas, o nome de vários setores do MPRS. A coluna B contém, nas 10 primeiras linhas, a quantidade de processos em cada setor.

A planilha deverá ser editada de forma que a célula B20 contenha o número total de processos listados, e as 10 primeiras linhas da coluna C deverão informar o percentual de processos de cada setor. O cálculo do percentual deverá ser feito por meio da divisão do número de processos referente ao setor (linha) pelo total de processos, multiplicando-se o valor pela constante 100, com formato de número "Geral".

Uma fórmula deverá ser construída na célula C1 e deverá ser copiada para as demais células arrastando-se o cursor a partir do canto inferior direito da célula C1 até a célula C10. A fórmula a ser inserida na célula C1 deverá ser:

A) =(B1/B$20)*100%.

B) =(B1/$B20)*100.

C) =(B1:A10/$B$20)*100%.

D) =(B1/B$20)*100.

E) =(B1/B20%)*100%.

↗ **Gabarito: "D".**

13. **(FCC – MPE-RS – Agente Administrativo – 2008)** A formatação da altura de uma linha selecionada da planilha Excel, com a opção AutoAjuste, indica que a altura da mesma será ajustada

A) na medida padrão, apenas no momento da forma- tação.

B) na medida padrão, automaticamente a cada redefinição da letra.

C) na medida determinada pelo usuário, automaticamente a cada redefinição da letra.

D) com base no tamanho da maior letra, automaticamente a cada redefinição da letra.

E) com base no tamanho da maior letra, apenas no momento da formatação.

↗ **Gabarito: "D".**

14. **(FCC – DPE-SP – Oficial de Defensoria Pública – 2015)** Uma das maneiras de formatar as bordas das células de uma planilha feita no Microsoft Excel 2007 é acessar o botão Bordas. Considerando a configuração padrão do Microsoft Excel 2007 esse botão está acessível por meio da aba

A) Exibição, grupo Janela.

B) Layout de Página, grupo Temas.

C) Início, grupo Fonte.

D) Início, grupo Alinhamento.

E) Layout de Página, aba Organizar.

↗ **Gabarito: "C".**

15. **(FCM – IFF-RS – Assistente de Laboratório – Informática – 2016)** Analise as afirmativas abaixo e marque (V) para verdadeiro ou (F) para falso.

No Microsoft Excel 2013, os botões do grupo Alinhamento da guia Página Inicial permitem:

( ) Modificar a orientação do texto na célula.

( ) Alinhar o texto à parte superior da célula.

( ) Alinhar as margens de impressão do documento.

A sequência correta é

A) V, F, F.

B) V, V, F.

C) V, F, V.

D) F, V, V.

E) V, V, V.

↗ **Gabarito: "B".**

16. (CAIP-IMES – IPREM – Auxiliar Contábil – 2015) (Excel) Analise as afirmações sobre formato de número.

1 – Se o formato de número interno não atender às suas necessidades, você poderá criar seu próprio formato personalizado.

2 – Ao aplicar formatos de números diferentes, você pode alterar a aparência de um número sem alterar o próprio número.

3 – Um formato de número não afeta o valor real da célula que o Microsoft Excel usa para efetuar cálculos. O valor real é exibido na barra de fórmulas.

São corretas as afirmações:

A) 1 e 2, apenas.

B) 1 e 3, apenas.

C) 2 e 3, apenas

D) 1, 2 e 3.

↗ **Gabarito: "D".**

17. (Quadrix – CREF 13ª Região – Analista Contador – 2018) Acerca do Microsoft Excel 2013, do sistema operacional Windows 8 e dos conceitos de redes de computadores, julgue o item subsequente.

No Excel 2013, é possível, por meio do recurso formatação condicional, alterar a aparência de um intervalo de células com base em critérios formulados pelo usuário.

( ) Certo.

( ) Errado.

↗ **Gabarito: "Certo".**

18. (UECE-CEV – Funceme – Analista de Suporte à Pesquisa Administração – 2018) Na versão 6 do LibreOffice Calc, para classificar apenas uma coluna em ordem alfabética, sem modificar as demais colunas da planilha corrente, deve-se selecionar toda a coluna para então seguir os seguintes passos:

A) Ferramentas → Ordenar.

B) Editar → Número → Ordenar dados.

C) Dados → Ordenar.

D) Formatar → Ordenar Crescente.

↗ **Gabarito: "C".**

19. (CESPE – ABIN – Agente Técnico de Inteligência – Área de Tecnologia da Informação – 2010) No Excel, os sinais de @ (arroba), + (soma), – (subtração) e = (igual) indicam ao programa o início de uma fórmula.

( ) Certo.

( ) Errado.

↗ **Gabarito: "Certo".**

20. (PaqTcPB – IPSEM – Agente Administrativo – 2010) No Microsoft Excel, fórmulas são equações que executam cálculos sobre valores em uma planilha. Analise as afirmativas abaixo sobre as fórmulas e assinale a alternativa correta:

I) No Microsoft Excel quando o conteúdo de uma célula começa com o sinal de igual (=) isto indica que os caracteres seguintes são integrantes de uma fórmula.

II) Uma fórmula no Microsoft Excel pode conter: funções, referências, operadores e constantes.

III) As referências possibilitam usar dados contidos em partes diferentes de uma planilha em uma fórmula ou usar o valor de uma célula em várias fórmulas.

A) Todas estão corretas.

B) I e II estão corretas.

C) I e III estão corretas.

D) II e III estão corretas.

E) Todas estão erradas.

↗ **Gabarito: "A".**

21. (UFMT – TJMT – Analista Judiciário – Economia – 2016) A figura abaixo apresenta um grupo de células de uma planilha eletrônica do LibreOffice Calc versão 4.4.3. Com base na figura, marque V para as afirmativas verdadeiras e F para as falsas.

	A	B	C
1	1	5	9
2	3	7	16
3	5	9	35

( ) Na célula C1 inseriu-se a fórmula =2*B1 -A1

( ) Na célula C2 inseriu-se a fórmula = B2 -A1 + 2*A2

( ) Na célula C3 inseriu-se a fórmula =A3 * MÉDIA(A1:B3)

Assinale a sequência correta:

A) V, F, F.

B) V, V, F.

C) F, V, V.

D) F, F, V.

↗ **Gabarito: "A".**

22. (FUNCAB – DAE-CE – Engenheiro Civil Pleno – 2013) Analise as seguintes sentenças em relação ao MS Excel 2003:

I. Nas funções, os argumentos podem ou não estar entre parênteses.

II. É possível misturar tipos de argumentos em uma função.

III. Algumas funções podem existir sem argumentos.

É(são) verdadeira(s) apenas:

A) I.

B) II.

C) III.

D) I e II.

E) II e III.

↗ **Gabarito: "E".**

23. (IF-RR – IF-RR – Engenheiro Civil – 2015) Considere as seguintes fórmulas:

=SOMA(A$1:$E1;$A2)

=SOMA(SOMA(A1:E1);A2)

Considere ainda que:

i. as fórmulas estejam digitadas, respectivamente, nas células A3 e A4 de uma planilha do Microsoft Excel ou do LibreOffice Calc;

ii. quando da instalação do Microsoft Excel ou do LibreOffice Calc, foi escolhido o idioma Português (Brasil) e;

iii. as células utilizadas nas fórmulas possuem conteúdos do tipo numérico.

É correto afirmar que:

A) As duas fórmulas estão corretas e produzem resultados iguais.

B) A primeira fórmula está correta, e a segunda fórmula está errada.

C) A primeira fórmula está errada, e a segunda fórmula está correta.

D) As duas fórmulas contêm erros e não produzem resultado algum.

E) As duas fórmulas estão corretas e produzem resultados diferentes.

↗ **Gabarito: "A".**

24. (FUMARC – CEMIG-TELECOM – Técnico de Tecnologia da Informação – 2010) Considere que uma fórmula no Excel deva ser montada na planilha Plan2 somando o valor da célula A1 que está na Plan1 e o valor da célula C3 que está na própria Plan2. Como deveria ser a sintaxe desta fórmula no Excel?

A) =Plan1!A1 + C3.

B) =A1+C3.

C) !PLAN1!A1+ =C3.

D) =Plan1A1 + C3.

↗ **Gabarito: "A".**

25. (COVEST-COPSET – UFPE – Contador – 2013) Em relação ao aplicativo Microsoft Office Excel 2007, assinale a alternativa que apresenta a maneira correta de atribuir a uma célula da planilha atual a soma dos valores do intervalo de células de C1 a C20 da planilha 'Orçamento' da pasta de trabalho armazenada no arquivo Relatorio.xlsx, localizado na pasta 'C:\financeiro'.

A) =SOMA('C:\financeiro\[Relatorio.xlsx]Orçamento'! C1:C20)

B) =SOMA(C1:C20'!C:\financeiro\[Relatorio.xlsx] Orçamento')

C) =SOMA(C:\financeiro\[Relatorio.xlsx]Orçamento$ C1-C20)

D) =SOMA([$C1:$C20]!C:\financeiro\[Relatorio.xlsx] Orçamento)

E) =SOMA(C:\financeiro\[Relatorio.xlsx]Orçamento\$ C$1:$C$20)

↗ **Gabarito: "A".**

26. (IBADE – SEDUC-RO – Técnico Educacional – Cuidador – 2016) Na planilha a seguir, construída no Microsoft Excel 2013 (em português), são listadas as médias e a frequência de cinco alunos de uma turma. Para que o aluno seja aprovado, é necessário que sua média seja maior que a média da turma e que seja respeitada a frequência mínima determinada pela escola.

	A	B	C	D
1	Aluno	Média	Frequência	Situação
2	Ana	6	69%	
3	Beatriz	5	100%	
4	Carla	8	95%	
5	Denise	3	60%	
6	Erica	7		
7				
8	Média da Turma			
9	Frequência Mínima	75%		
10				

Considerando que na célula B8 foi inserida a fórmula =ARRED(MÉDIA(B2:B6);1), qual das alternativas a seguir traz a função que deve ser inserida na célula D2 para determinar a situação da aluna Ana?

A) = SE(E(B2<B8:C2<B9):"aprovado";"reprovado").

B) =SE(OU(B2>B8;C2>B9); "aprovado"; "reprovado").

C) =SE(OU(B2<B9;C2>B9); "reprovado" :"aprovado").

D) = SE(E(B2>B8;C2>B9):"reprovado";"aprovado").

E) =SE(E(B2>B8;C2>B9); "aprovado";"reprovado").

↗ **Gabarito: "E".**

27. (CONPASS – Prefeitura de Carpina-PE – Assistente Administrativo – 2016) No Microsoft Excel, se na célula C1 está o resultado da divisão de 71 por 14 e na célula D1 está digitado o número 2, a execução da função =ARRED(C1;D1) retorna como resultado,

A) 5,07.

B) 5,1.

C) 5,06.

D) 5,071.

E) 5,2.

↗ **Gabarito: "A".**

28. (CONSULPLAN – Prefeitura de Sabará-MG – Assistente Administrativo – 2017) Na ferramenta Microsoft Office Excel 2007 (configuração padrão), a função que arredonda um número para baixo até o número inteiro mais próximo denomina-se:

A) INT.

B) ARRED.

C) ROUND.

D) ARREDONDAR.

↗ **Gabarito: "A".**

29. (FCC – DPE-SP – Oficial de Defensoria Pública – 2015) Pedro, utilizando o Microsoft Excel 2007, inseriu as duas funções abaixo, em duas células distintas de uma planilha:

=ÍMPAR(–3,5) e =ÍMPAR(2,5)

O resultado obtido por Pedro para essas duas funções será, respectivamente,

A) –4 e 2.

B) –3 e 3,5.

C) –3,5 e 2,5.

D) –3,5 e 1.

E) –5 e 3.

↗ **Gabarito: "E".**

30. (VUNESP – TJSP – Estatístico Judiciário – 2015) Em uma planilha criada no MS-Excel 2010, foi inserida a seguinte fórmula na célula D4:

=TRUNCAR(SOMA(A1:C2);2)

Considere os valores presentes em outras células da planilha, conforme ilustrado a seguir:

	A	B	C
1	10,75	30,12	20,555
2	1	2,5	3,25
3			

O resultado gerado na célula D4 é:

A) 68,1.

B) 68,2.

C) 68,17.

D) 68,18.

E) 68,175.

↗ **Gabarito: "C".**

31. (CONPASS – Prefeitura de Carpina-PE – Assistente Administrativo – 2016) A execução, no Microsoft Excel 2010, da função = ALEATÓRIO( ) retorna um número aleatório:

A) maior ou igual a 0 e menor ou igual a 1.

B) maior que 0 e menor ou igual a 10.

C) maior ou igual a 1 e menor ou igual a 10.

D) maior ou igual a 0 e menor que 1.

E) maior ou igual a -1 e menor ou igual a 1.

↗ **Gabarito: "D".**

32. **(IDECAN – Câmara de Aracruz-ES – Analista em Tecnologia da Informação – 2016)** "Em uma escola infantil foi realizada uma competição de futebol e participaram diversas equipes formadas pelos alunos de cada sala. Um time sagrou-se campeão; porém, a bola utilizada na disputa do final do campeonato poderá ficar com apenas um dos onze alunos que formaram o time. Para solucionar o problema, o técnico sugeriu realizar um sorteio com números de um a onze para atribuir o objeto de forma justa e transparente." O problema em questão pode ser resolvido na ferramenta Microsoft Office Excel 2007 (configuração padrão), aplicando a fórmula:

A) =SORTEIO(1;11).

B) =ALEATORIO(1;11).

C) =SORTEIO.SE(1;11).

D) =ALEATÓRIOENTRE(1;11).

↗ **Gabarito: "D".**

33. **(Quadrix – CREF 13ª Região – Analista Contador – 2018)** Acerca do Microsoft Excel 2013, do sistema operacional Windows 8 e dos conceitos de redes de computadores, julgue o item subsequente.

No Excel 2013, é possível utilizar, na mesma planilha, a função AutoSoma em mais de uma célula.

( ) Certo.

( ) Errado.

↗ **Gabarito: "Certo".**

34. **(CIEE – AGU – Ensino Médio – 2014)** Assinale a alternativa que apresenta a fórmula para realizar uma soma das linhas A1 até A5, no Microsoft Excel.

A) =SOMA(A1-A5).

B) =SOMA(A1+A5).

C) =SOMA(A1:A5).

D) =SOMA(A1^A5).

E) =SOMA(A1;A5).

↗ **Gabarito: "C".**

35. **(Prefeitura do Rio de Janeiro-RJ – SMA-RJ – Agente de Fazenda – 2013)** A planilha abaixo foi criada no Excel 2010 BR.

	A	B	C	D
1	Valor da Propriedade	Comissão	Dados	
2	R$ 100.000,00	R$ 7.000,00	R$ 250.000,00	
3	R$ 200.000,00	R$ 14.000,00		
4	R$ 300.000,00	R$ 21.000,00		
5	R$ 400.000,00	R$ 28.000,00		
6				
7		ALFA =	R$ 63.000,00	
8				
9		GAMA =	R$ 49.000,00	
10				

Na planilha, em C7 e C9 foram inseridas expressões que usam a função SOMASE, abordando as duas seguintes situações:

- ALFA representa a soma das comissões para valores de propriedade acima de R$160.000,00, mostrada na célula C7.
- GAMA representa a soma das comissões para valores de propriedade maiores do que o valor em C2, mostrada na célula C9.

As expressões inseridas em C7 e C9 foram, respectivamente:

A) =SOMASE(B2:B5;">160000";A2:A5) e =SOMASE(B2:B5;">"&C2;A2:A5).

B) =SOMASE(B2:B5;"160000";A2:A5) e =SOMASE(A2:A5; ">"$C2;B2:B5).

C) =SOMASE(A2:A5;">160000";B2:B5) e =SOMASE(A2:A5;">"&C2;B2:B5).

D) =SOMASE(A2:A5;">160000";B2:B5) e =SOMASE(B2:B5;">"$C2;A2:A5).

↗ **Gabarito: "C".**

36. **(COMPERVE – MPE-RN – Analista do Ministério Público Estadual – Contabilidade – 2017)** Para responder a questão, considere a seguinte planilha, elaborada usando o Excel 2016 para o sistema operacional Windows 10, versão pt-br.

	A	B	C	D	E
1	Processo	Assunto	Fase	Valor	
2	2017.9880-990	Análise de Mérito	Julgamento	123	
3	2017.8777-123	Pensão Alimentícia	Instrução Inicial	345	
4	2017.6764-457	Crime contra o Patrimônio	Arquivado	210	
5	2016.7845-221	Problemas Adicionais	Julgamento	45	
6	2016.5643-129	Questões Administrativas	Arquivado	97	
7	2016.3489-917	Pensão Alimentícia	Julgamento	20	
8	Cálculo				
9					

Considerando-se que, na célula B8, foi digitada a fórmula =SOMASES(D2:D7;A2:A7;"2016*";C2:C7;C5), o valor a ser gerado é:

A) 123.
B) 65.
C) 97.
D) 288.

↗ **Gabarito: "B".**

37. (VUNESP – PC-SP – Auxiliar de Necropsia – 2014) Considere os seguintes valores em uma planilha do MS-Excel 2010, na sua configuração padrão:

5 na célula B1

6 na célula B2

Assinale a alternativa com o resultado proporcionado pela fórmula =SE((B1+B2>11); SOMAX2SY2(B1;B2);SOMA(B1;B2)) aplicada na célula A1:

A) 61.
B) 30.
C) 11.
D) #VALOR?
E) 900.

↗ **Gabarito: "C".**

38. (FEPESE – SANEFRAI – Tecnólogo de Saneamento – 2019) Assinale a alternativa que retornará o mesmo resultado da aplicação da fórmula do MS Excel do Office 365 em português =SOMARPRODUTO(A1:A2;B1:B2).

A) =(A1+B1+A2+B2).
B) =(A1*A2)+(B1*B2).
C) =(A1*B1)+(A2*B2).
D) =(A1+A2)*(B1+B2).
E) =(A1*B1*A2*B2).

↗ **Gabarito: "C".**

39. (FCC – TCE-SP – Agente de Fiscalização Financeira – Administração – 2012) A planilha a seguir foi criada no Microsoft Excel 2007, em português.

	A	B	C	D	E
1	Nome	Usuário	Servidor	E-mail	
2	Ana	anapaula	ig.com.br	anapaula@ig.com.br	
3	Pedro	pepiro	uol.com.br	pepiro@uol.com.br	
4	João	jjunior	globo.com	jjunior@globo.com	
5					

Na célula D2 foi utilizada uma operação para agrupar o conteúdo da célula B2 com o caractere @ (arroba) e com o conteúdo da célula C2. Em seguida a operação foi arrastada até a célula D4. A operação digitada foi:

A) =CONC(B2&"@"&C2).
B) =B2&"@"&C2.
C) =B2$"@"$C2.
D) =SOMA(B2+"@"+C2).
E) =B2+"@"+C2.

↗ **Gabarito: "B".**

40. (FCC – DPE-SP – Engenheiro Civil – 2015) Ana precisa fazer algumas operações com caracteres e números em sua planilha do Microsoft Excel 2007. Para tanto, inseriu as duas funções a seguir, em duas células distintas:

=DIREITA("canetas";4) e =ESQUERDA ("celular";3)

O resultado obtido por Ana para essas duas funções será, respectivamente,

A) 4 e 3.
B) ***etas e cel****.
C) 3 e 4.
D) can e celu.
E) etas e cel.

↗ **Gabarito: "E".**

41. (CONSULPLAN – Câmara de Nova Friburgo-RJ – Adjunto Legislativo – 2017) Na ferramenta Microsoft Office Excel 2007 (configuração padrão), a função EXT.TEXTO é utilizada para retornar os caracteres do meio de uma sequência de caracteres de texto, tendo a posição e o comprimento especificados. São parâmetros dessa função, EXCETO:

A) Texto.
B) Núm_final.
C) Núm_inicial.
D) Núm_caract.

↗ **Gabarito: "B".**

42. (UFU-MG – UFU-MG – Assistente em Administração – 2019) Em uma planilha do Microsoft Excel 2007, na sua configuração padrão, tem-se, na célula A1, a cadeia de caracteres "LIBERTAS QUAE SERA TAMEN", conforme ilustrado a seguir:

B1 fx =EXT.TEXTO(A1;LOCALIZAR(" ";A1);NÚM.CARACT(A1))

	A	B	C
1	LIBERTAS QUAE SERA TAMEN		
2			
3			

Qual será o resultado obtido na célula B1, ao se aplicar a fórmula abaixo?

=EXT.TEXTO(A1;LOCALIZAR(" ";A1)+1;NUM.CARACT(A1))

A) LIBERTAS.

B) QUAE SERA.

C) QUAE SERA TAMEN.

D) TAMEN.

↗ **Gabarito: "C".**

43. (CPCON – Prefeitura de Catolé do Rocha-PB – Monitor de Creche – 2015) Supondo um sistema operacional Windows 7, com configurações regionais para "Português (Brasil)", com data de 23/09/2014 e hora 10:16, assinale a alternativa que apresenta o resultado correto para a fórmula = AGORA () + 1 em uma célula de uma planilha no Microsoft Excel 2010.

A) 23/09/2014 10:16.

B) 23/09/2014 10:17.

C) 24/09/2014 10:16.

D) 24/09/2014 10:17.

E) 23/09/2015 10:16.

↗ **Gabarito: "C".**

44. (VUNESP – PC-SP – Investigador de Polícia – 2014) Utilizou-se a seguinte fórmula na célula A1 de uma planilha elaborada no MS-Excel 2010:

=SE(B1<HOJE( );"a";SE(B2>=HOJE( );"b"; "c"))

Supondo que a data atual seja 08/02/2014, para que a letra c seja apresentada na célula A1, é suficiente que:

A) B1=08/02/2014 e B2=08/02/2014.

B) B1=07/02/2014 e B2=07/02/2014.

C) B1=09/02/2014 e B2=09/02/2014.

D) B1=07/02/2014 e B2=08/02/2014.

E) B1=08/02/2014 e B2=07/02/2014.

↗ **Gabarito: "E".**

45. (FGV – Prefeitura de Salvador-BA – Analista – Engenharia Civil – 2019) Numa planilha do programa Excel, atribuiu-se à célula A3 a fórmula indicada na figura a seguir.

A3 fx =SOMA(A1:B1)/MÉDIA(A1:C1)

	A	B	C	D	E	F
1	5	10	15			
2						

O valor numérico obtido na célula A3 é

A) 5,0.

B) 3,0.

C) 2,5.

D) 2,0.

E) 1,5.

↗ **Gabarito: "E".**

46. (IDECAN – Câmara de Aracruz-ES – Analista em Tecnologia da Informação – 2016) Considere a planilha produzida com a ferramenta Microsoft Office Excel 2007 (configuração padrão):

	A	B	C
1	CIDADE	QTD	
2	ARACRUZ	200	
3	GUARAPARI	100	
4	VILA VELHA	300	
5	VITÓRIA	400	
6	SERRA	50	
7			

Se na célula A8 for adicionada a fórmula =MÉDIASE(B2:B6;">100"), pode-se afirmar que o resultado será:

A) 180.

B) 210.

C) 300.

D) 350.

↗ **Gabarito: "C".**

47. (PUC-PR – TJMS – Analista Judiciário – 2015) Sobre o LibreOffice Calc, utilizando as células A1, A2 e A3, é CORRETO afirmar que:

A) se as células possuem os valores Se A1=2, A2=3, e A3=b, a fórmula "CONT.VALORES (A1;A2;A3)" irá resultar em 2.

B) se as células possuem os valores Se A1=2, A2=3, e A3=b, a fórmula "SOMA(A1;A2;A3)" irá resultar em "5b".

C) se as células possuem os valores Se A1=0, A2=0, e A3=b, a fórmula "CONTAR.VAZIO(A1; A2;A3)" irá resultar em 2.

D) se as células possuem os valores A1=2, A2=3, e A3=b, a fórmula "CONT.NÚM(A1;A2;A3)" irá resultar em 2.

E) se as células possuem os valores Se A1=0, A2=0, e A3=b, a fórmula "CONT.SE(A1;A2;A3)" irá resultar em "b".

↗ **Gabarito: "D".**

48. **(FCC – MPE-PE – Analista Ministerial – Área Auditoria – 2018)** O trecho de planilha abaixo foi editado no Microsoft Excel 2010, em português, e apresenta a quantidade existente de cada um dos itens de um estoque. Quando há o – (traço) na quantidade significa que não há aquele item no estoque.

	A	B	C
1	Item	Quantidade	
2	1	10	
3	2	-	
4	3	5	
5	4	-	
6	5	5	
7			

Considerando que a fórmula: =CONT.NÚM(B2:B6) foi inserida na célula B7, esta célula apresentará:

A) 20.
B) #N/D.
C) 5.
D) #VALOR!
E) 3.

↗ **Gabarito: "E".**

49. **(FADESP – Prefeitura de Rurópolis-PA – Agente Administrativo – 2019)** Considere o fragmento de planilha, apresentado na figura abaixo, elaborada no Microsoft Office Excel 2016, versão língua portuguesa para área de trabalho no sistema operacional Windows 10, na sua configuração padrão.

	A	B	C
1	Frutas	Quantidade	
2	maçãs	32	
3	laranjas	54	
4	pêssegos	75	
5	maçãs	86	
6			

Ao ser aplicada à célula A6 a fórmula =CONT.SE(B2:B5;">=32")-CONT.SE(B2:B5;">85")

o resultado apresentado pela célula A6 será:

A) 1. **B)** 2. **C)** 3. **D)** 4.

↗ **Gabarito: "C".**

50. **(VUNESP – EMPLASA – Analista de Geomática – Engenharia da Computação – 2014)** No departamento de RH de uma empresa, é utilizada uma planilha do Microsoft Excel 2010, na sua configuração padrão, para controlar a quantidade de funcionários dessa empresa, conforme figura a seguir. A célula A contém o nome do funcionário(a), a célula B contém o sexo (M – Masculino, F – Feminino) e a célula C contém a idade do funcionário(a). A fórmula a ser aplicada na célula B10, para calcular o Total de funcionários Homens com idade maior que 40 anos, é:

	A	B	C	D
1	Nome do Funcionário	Sexo	Idade	
2	Alexandre da Silva	M	50	
3	Bernadete Oliveira	F	28	
4	Claudia Aparecida da Cruz	F	42	
5	Flavia Matsumoto	F	48	
6	Munique Paz	F	38	
7	Luis Dos Montes	M	51	
8	Pedro Marques	M	37	
9				
10	Total de Funcionários Homens com idade Maior que 40	2		
11				

A) =CONT.SE(B2:B8,"=M",C2:C8, ">40").

B) =CONT.SE(B2;B8;"M";C2:C8;">40").

C) =CONT.SES(B2:B8;"=M";C2:C8;"<>40").

D) =CONT.SES(B2;B8;"M";C2:C8;">40").

E) =CONT.SES(B2:B8;"=M";C2:C8;">40").

↗ **Gabarito: "E".**

51. **(FUNCAB – SEPLAG-MG – Comunicação Social – Jornalismo – 2014)** Considere a seguinte planilha do MS Excel 2010:

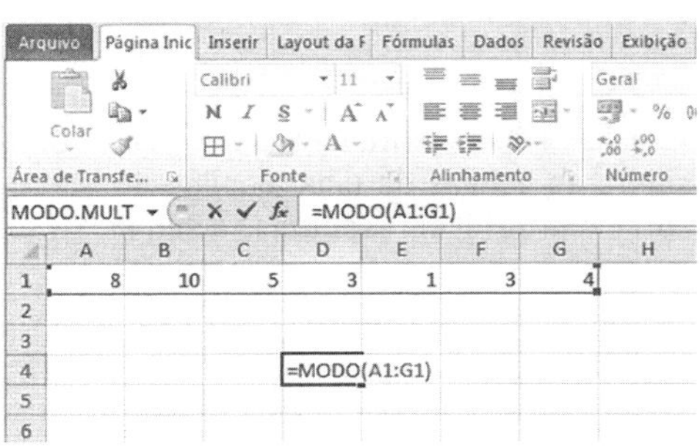

O valor retornado da função MODO aplicada na célula E6 é:

A) 3. **B)** 0. **C)** 2. **D)** 1.

↗ **Gabarito: "A".**

52. **(CESPE – EBSERH – Engenheiro Civil – 2018)** Para fins de orçamentação de uma obra, foi feita a cotação de um equipamento em cinco diferentes lojas. Os valores obtidos foram registrados na coluna B, da linha 2 à linha 6, de uma planilha elaborada em Excel, conforme ilustrado na figura anterior. Nas linhas 8 e 9 da coluna B dessa planilha, estão registradas, respectivamente, a média aritmética e a mediana dos preços cotados, calculadas usando-se comandos do próprio Excel.

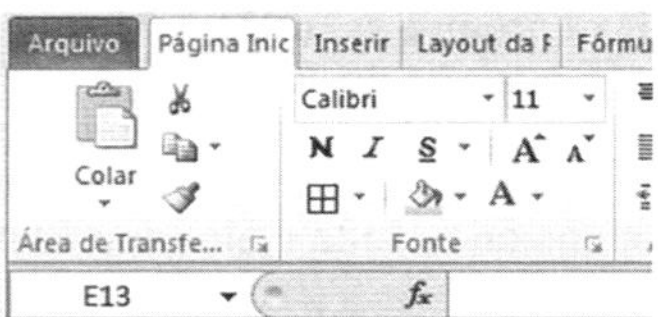

	A	B	C
1	Loja	Valor (R$)	
2	Loja 01	9.000,00	
3	Loja 02	12.000,00	
4	Loja 03	10.000,00	
5	Loja 04	11.500,00	
6	Loja 05	10.000,00	
7			
8	Média	10.500,00	
9	Mediana	10.000,00	
10			

A partir das informações precedentes, julgue o item que se segue, a respeito das fórmulas da ferramenta Excel.

A fórmula estatística MED(B2:B6) permite o cálculo da mediana entre os preços cotados.

( ) Certo.

( ) Errado.

↗ **Gabarito: "Certo".**

53. **(Colégio Pedro II – Colégio Pedro II – Assistente de Alunos – 2017)** Considere as células de uma planilha do Microsoft Excel 2013, apresentadas a seguir:

	A	B	C	D	E
1	10	49	80	60	
2	44	53	45	65	
3	43	20	55	99	
4	60	5	42	33	
5					

A fórmula =MÁXIMO(A1:C4), escrita em uma outra célula qualquer da planilha, apresentará como resultado

A) 60.

B) 80.

C) 99.

D) 109.

↗ **Gabarito: "B".**

54. **(Instituto Legatus – Câmara Municipal de Bertolínia-PI – Técnico Legislativo – 2016)** A planilha abaixo foi extraída do Microsoft Excel:

	A	B	C	D
1	Aluno	Altura	Peso	
2	Carlos	1,70	72	
3	Pedro	1,45	56	
4	Maria	1,80	74	
5	Luana	1,65	61	
6	Lucas	1,58	68	
7				

O resultado da aplicação da fórmula =MAIOR(C2:C6; 1) exibirá como resultado:

A) Maria.

B) 72.

C) 1,70.

D) 74.

E) 1,80.

↗ **Gabarito: "D".**

55. **(AOCP – SUSIPE-PA – Assistente Administrativo – 2017)** Considerando o aplicativo de Escritório Microsoft Excel (Versão 2013, com instalação padrão em português), qual será o resultado da resolução da expressão a seguir? =MÍNIMO(3^2; 3*3-1)

A) 2.

B) 3.

C) 4.

D) 8.

E) 9.

↗ **Gabarito: "D".**

56. **(Prefeitura do Rio de Janeiro-RJ – SMA-RJ – Agente Administrativo – 2013)** Observe a planilha abaixo, criada no Excel 2010 BR.

	A	B	C	D	E	F
1		2012 - GUARDA MUNICIPAL				
2						
3			PREÇO			
4	#	DESCRIÇÃO	1	2	3	MENOR
5	1	PENDRIVE 16GB	R$ 39,00	R$ 35,00	R$ 47,00	R$ 35,00
6	2	IMPRESSORA MULTIFUNCIONAL	R$ 303,00	R$ 324,00	R$ 399,00	R$ 303,00
7	3	HD SATA 1TB	R$ 352,00	R$ 299,00	R$ 236,00	R$ 236,00
8						

Sabe-se que em F5 foi inserida uma expressão que representa a melhor cotação e que indica o menor preço entre os mostrados em 1, 2 e 3. Considerando-se que, neste caso, o Excel permite o uso das funções MÍNIMO ou MENOR, em F5 pode ter sido inserida uma das seguintes expressões:

A) =MÍNIMO(C5:E5) ou =MENOR(C5:E5).

B) =MÍNIMO(C5:E5;1) ou =MENOR(C5:E5).

C) =MÍNIMO(C5:E5;1) ou =MENOR(C5:E5;1).

D) =MÍNIMO(C5:E5) ou =MENOR(C5:E5;1).

↗ **Gabarito: "D".**

57. (CESPE – FNDE – Técnico em Financiamento e Execução de Programas e Projetos Educacionais – 2012) O aplicativo em questão oferece um conjunto de funções, incluindo funções lógicas, estatísticas e financeiras, para possibilitar a inserção de fórmulas que executem cálculos complexos em seus dados. Considerando que, nesse aplicativo, a função lógica E retorna o valor VERDADEIRO se todos os argumentos forem verdadeiros, ou retorna o valor FALSO se um dos elementos for falso, é correto afirmar que a fórmula =E(12<13;14>12;7<6) retornará o valor FALSO.

( ) Certo.

( ) Errado.

↗ **Gabarito: "Certo".**

58. (UFU-MG – UFU-MG – Técnico em Enfermagem – 2016) Sobre o MS-Excel 2007, assinale a alternativa correta.

A) A fórmula =E(A1>A2;A3>A2) retorna FALSO e a fórmula =OU(A1>A2;NÃO(A3>A2)) retorna FALSO, se a célula A1 = 3, A2 = 5 e A3 = 7.

B) A fórmula =ARREDONDAR.PARA.CIMA(D1;D2) retorna 4, se D1 = 4,2 e D2 = 0 e retorna -10, se D1 = 5,8 e D2 = -2.

C) A fórmula =SE(NÃO(E(B2>B1;B3>B2));"Não Ok";"Ok") retorna "Não Ok", se B1 = 2, B2 = 4 e B3 = 6 e retorna "Ok", se B1 = 7, B2 = 5 e B3 = 3.

D) A fórmula =TEXTO(C1;"dd") calcula o dia da semana da data e retorna o nome completo do dia da semana, se a célula C1 contiver o valor "07/09/2016", ou seja, neste caso, "quarta-feira", pois 07 de setembro de 2016 foi uma quarta-feira.

↗ **Gabarito: "A".**

59. (FEPESE – SANEFRAI – Assistente Administrativo – 2017) Qual função do MS Excel 2013, em português, pode tratar um erro de divisão por zero para, por exemplo, exibir 0 (zero) no lugar da mensagem de erro do MS Excel?

A) DIV.

B) ERRO.

C) SEERRO.

D) TRATAR.

E) TROCAR.

↗ **Gabarito: "C".**

60. (FCC – Prefeitura de Teresina-PI – Técnico de Nível Superior – Administrador – 2016) A planilha abaixo, criada no Microsoft Excel 2013 em português, mostra parte das hipotéticas despesas correntes (por elemento) da Prefeitura de Teresina no mês de Junho de 2016.

	A	B	C
1	Despesa	Valor Mês	Categoria
2	Auxílio Financeiro a Estudantes	R$ 100.000,00	Azul
3	Auxílio -Alimentação	R$ 50.000,00	Azul
4	Contribuições	R$ 320.515,00	Azul
5	Despesas de Exercícios Anteriores	R$ 987.918,00	Amarela
6	Diárias - Civil	R$ 29.960,00	Azul
7	Indenizações e Restituições	R$ 549.000,50	Amarela
8	Indenizações e Restituições Trabalhistas	R$ -	Azul

(Adaptado de: http://transparencia.teresina.pi.gov.br/despesas.jsp)

Na coluna C, os valores da coluna B foram classificados em categorias, usando o seguinte critério: – Se o valor na célula da coluna B for menor do que 500000, a palavra Azul é exibida na célula correspondente da coluna C, senão, é exibida a palavra Amarela. Na célula C2 foi digitada uma fórmula que depois foi arrastada até a célula C8, mostrando as categorias de acordo com o critério definido. A fórmula digitada foi:

A) =SE(B2<500000 THEN "Azul" ELSE "Amarela").

B) =COMPARE(B2>=500000:"Amarela":"Azul").

C) =SE(B2<500000:"Azul";SE(B2>=500000):"Amarela").

D) =SE(B2<500000;"Azul";"Amarela").

E) =COMPARE(B2<500000;"Azul";"Amarela").

↗ **Gabarito: "D".**

61. (VUNESP – Prefeitura de São Paulo-SP – Analista Fiscal de Serviços – 2016) A planilha mostrada a seguir está sendo editada por meio do MS-Excel 2010, em sua configuração padrão.

	A	B	C
1	6	3	4
2	5	1	2
3	2	5	2
4			

Assinale a alternativa que contém o valor que será exibido na célula D1, após esta ser preenchida com a fórmula =SE(MAIOR(A1:C3;4)>4;MENOR(B1:B3;3);MAIOR(B1:B3;3)).

A) 2.

B) 4.

C) 1.

D) 5.

E) 3.

↗ **Gabarito: "C".**

62. (Quadrix – CONTER – Auxiliar Administrativo – CRTR – 2017) O seguinte trecho de planilha deve ser utilizado para responder à questão, sobre o programa MS Excel 2013.

	A	B	C	D	E
1	EQUIPES	Mar	Abr	Mai	Jun
2	Amarela	1	2	3	4
3	Azul	5	4	3	2
4	Verde	1	3	5	2
5	Vermelha	4	5	1	2
6					

Qual será o resultado exibido, ao se digitar a fórmula =PROC(A4;A3:A6;B3:B6), em alguma célula vazia?

A) 1.

B) 2.

C) 3.

D) 4.

E) 5.

↗ **Gabarito: "E".**

63. (IADES – APEX Brasil – Analista – Jurídico – 2018)

	A	B	C
1	ID	Primeiro Nome	Data de Nascimento
2	1	PEDRO	03/04/1970
3	2	JOÃO	04/04/1970
4	3	MARIA	05/04/1970
5	4	JOSÉ	06/04/1970
6	5	JESEBEL	07/04/1970
7	6	RAQUEL	08/04/1970
8	7	RONY	09/04/1970
9	8	VANESSA	10/04/1970
10	9	PAMELA	11/04/1970
11	10	PÂMELA	12/04/1970
12	11	CAROLINA	13/04/1970
13	12	GUSTAVO	14/04/1970
14	13	JOSEPH	15/04/1970
15	14	NÉLIDA	16/04/1970
16	15	CLÉBER	17/04/1970
17	16	NOÉLIA	18/04/1970
18			
19	PROCURAR		Resultado
20	ID	4	=PROCV(B20;A2:C17;2;FALSO)
21	Nome	CAROLINA	13/04/1970

As células C20 e C21 possuem duas funções PROCV, sendo que a primeira ainda está em edição pelo usuário. A função PROCV de C21 depende do valor inserido em B21. Com base nessas informações, assinale a alternativa correta.

A) Se a coluna ID for filtrada por números maiores do que 5, e a função de C20 for aplicada, esta não localizará o valor da célula B20.

B) Se os valores do intervalo C2:C17 forem apagados, a função de C20 não funcionará, se aplicada.

C) Ao se deletarem as três linhas referentes aos três primeiros ID, o resultado da função de C20 será alterado.

D) Caso se oculte a linha 12, a função de C21 retornará valor nulo.

E) Ao se inserir uma nova coluna entre B e C, o resultado de D20 será JOSÉ.

↗ **Gabarito: "E".**

64. (Quadrix – CREF 12ª Região – Agente de Fiscalização – 2013) Considerando o MS-Excel 2010 BR e os recursos de Auditoria de Fórmulas presentes na guia Fórmulas, assinale a alternativa correta.

A)  Mostra setas que indicam quais células afetam o valor da célula selecionada no momento.

B) Mostra setas que indicam quais células são afetadas pelo valor da célula selecionada no momento.

C) Rastreia os valores dependentes da fórmula da célula selecionada no momento.

D) Exibe as fórmulas presentes nas células, em vez de seus valores.

E) Procura por erros comuns que ocorrem em fórmulas.

↗ **Gabarito: "A".**

65. (CESPE – PC-ES – Auxiliar de Perícia Médico-legal – Básicos – 2011) A opção de Auditoria de fórmulas do Microsoft Excel permite rastrear células precedentes e células dependentes por meio de setas que identificam e validam essas relações de precedência ou dependência entre elas.

( ) Certo.

( ) Errado.

↗ **Gabarito: "Certo".**

66. (Quadrix – CRN 3ª Região – Assistente Administrativo – 2014) No grupo Auditoria de Fórmulas, presente na guia Fórmulas do MS-Excel, existem recursos que auxiliam na identificação de problemas na fórmula de uma célula da planilha. Com relação a tais recursos, são feitas as seguintes afirmações.

I. O comando Rastrear Precedentes mostra setas que indicam quais células afetam o valor da célula selecionada.

II. O comando Rastrear Dependentes mostra setas que indicam quais células são afetadas pelo valor da célula selecionada.

III. O comando Mostrar Fórmulas Mostrar Fórmulas exibe a fórmula presente na célula selecionada e setas coloridas que indicam suas dependências

Está correto o que se afirma em:

A) somente I e II.

B) somente I e III.

C) somente II e III

D) todas

E) nenhuma.

↗ **Gabarito: "A".**

67. (VUNESP – PC-SP – Papiloscopista Policial – 2013) Observe o gráfico construído no MS-Excel 2010.

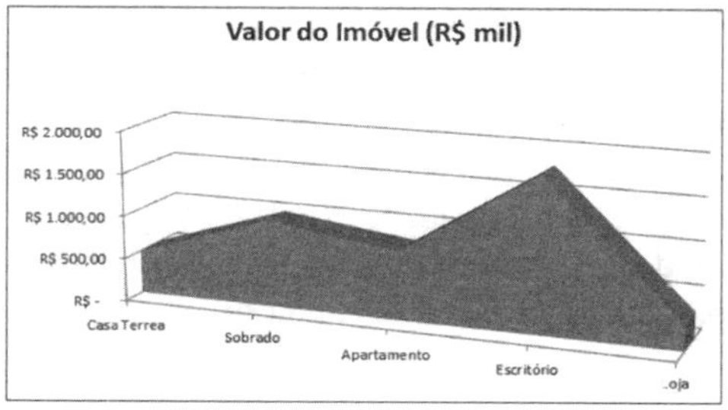

Com relação ao gráfico, assinale a alternativa correta.

A) O valor do imóvel está no eixo de categoria.

B) Os tipos de imóvel estão no eixo de categoria.

C) Trata-se de um gráfico de superfície.

D) Nesse tipo de gráfico, a entrada de legenda considera o cabeçalho do eixo de categoria.

E) Os rótulos estão visíveis.

↗ **Gabarito: "B".**

68. (VUNESP – TJSP – Escrevente Técnico Judiciário – 2017) No MS-Excel 2016, por meio do ícone Área de Impressão, localizado no grupo Configuração de Página da guia Layout da Página, tem-se acesso ao recurso "Limpar área de impressão", utilizado quando se deseja.

A) imprimir toda a planilha.

B) imprimir uma planilha vazia.

C) retirar todas as fórmulas calculadas automaticamente na planilha

D) retirar todas as planilhas colocadas na fila de impressão.

E) esvaziar a área de transferência do aplicativo.

↗ **Gabarito: "A".**

6. MS POWER POINT

Aplicativos de edição de apresentações, apesar de não terem uma abordagem tão recorrente quanto os de edição de textos e planilhas, estão praticamente em todos os concursos públicos.

1) Estrutura do editor de apresentações: MS-PowerPoint e seus arquivos

a) Extensões de arquivos

Uma importante diferença entre o PowerPoint e o Impress é a regra para extensões de arquivos, pois enquanto o PowerPoint tem duas extensões padrões (.pptx) e (.ppsx) e de modelos (.potx), o Impress tem como extensão padrão (.odp) e de modelos (.otp).

O fato de o PowerPoint ter duas extensões que são consideradas padrão, faz com que seja abordado nas provas suas diferenças, que seguem abaixo:

- Arquivos salvos com a extensão (.pptx) são abertos diretamente no PowerPoint e não são visualizados no "visualizador de slides" do Windows. Esta extensão é considerada automática no PowerPoint.
- Arquivos salvos com a extensão (.ppsx) são abertos diretamente no "visualizador de slides" do Windows, e não trazem a necessidade do PowerPoint no computador.

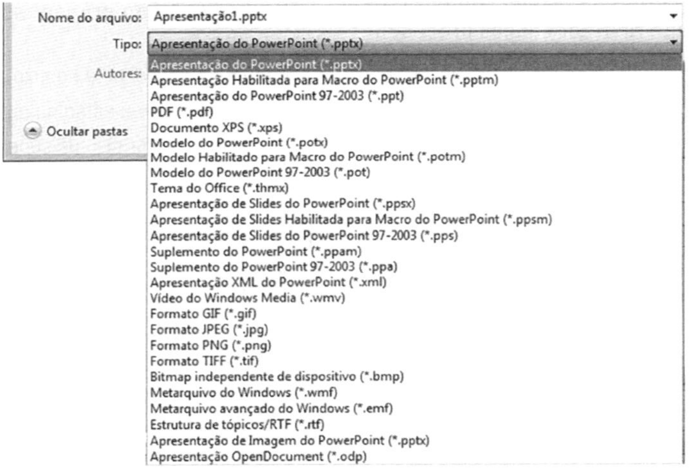

Figura 154

b) Menus / Guias

O editor de apresentações Microsoft PowerPoint tem uma configuração padrão predefinida, e tem sua estrutura básica de menus e guias que segue abaixo:

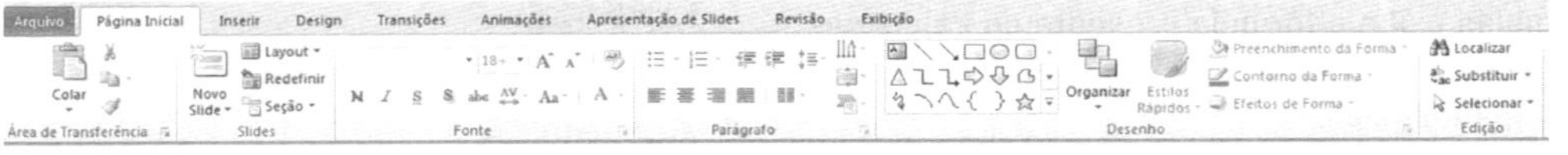

Figura 155

- Menu – Arquivo;
- Guias – Faixa de opções, também chamada de Ribbon ou Faixa Fita. Algumas bancas chamam de Abas.

ATENÇÃO

Existem guias que são comuns aos demais programas do pacote Microsoft Office, e existem guias que são exclusivas. As guias exclusivas do PowerPoint, que não existem em outros aplicativos, são aquelas que estão no plural, e são as guias "Transições", "Animações" e "Apresentação de slides".

Se, em algumas situações, você precisar ocultá-las, ou exibi-las, utilize, então, as teclas ce atalho CTRL + F1.

c) Tela do MS Power Point

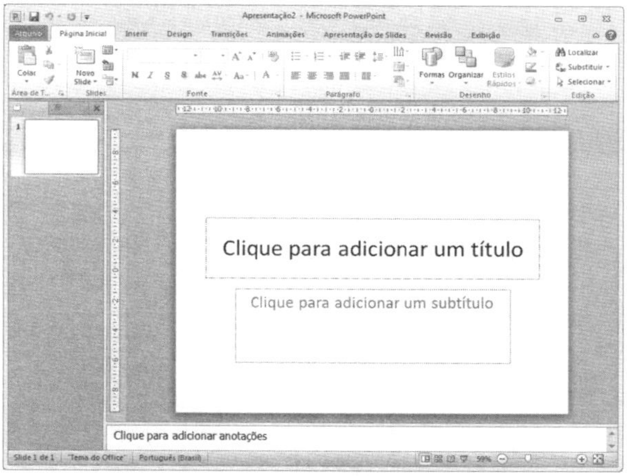

Figura 156

d) Modos de Exibição

Figura 157

Representam as formas como os slides são apresentados na tela.

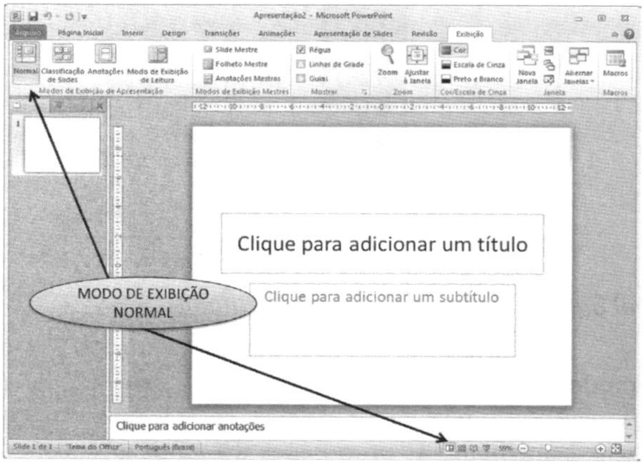

Figura 158

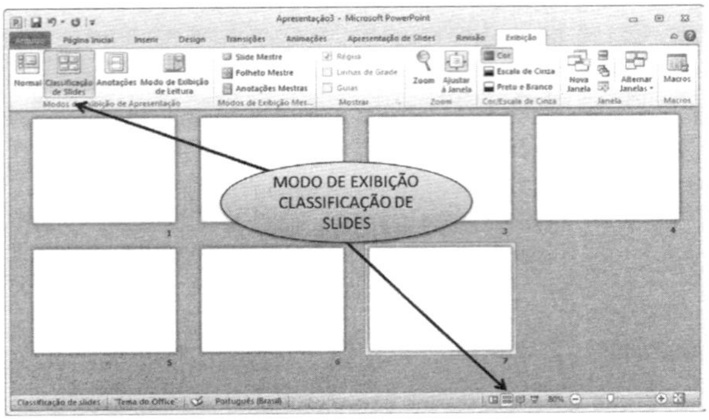

Figura 159

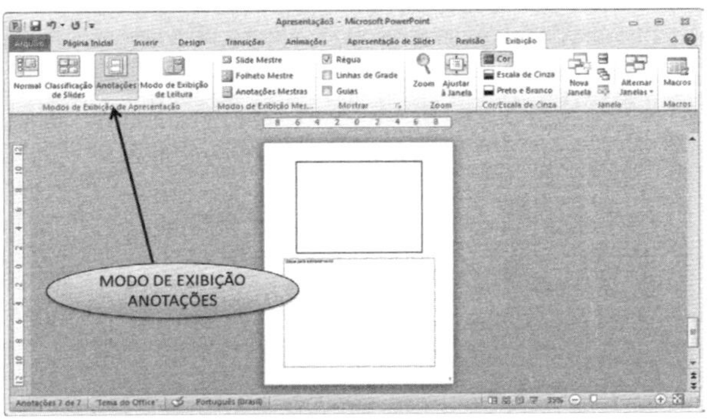

Figura 160

Figura 161

e) Configuração padrão do PowerPoint

A configuração inicial apresenta um modelo de slide dimensionado para a proporção de apresentação na tela de 4:3, ou seja, semelhante às proporções das antigas TVs de tubo que eram mais quadradonas. Mas podemos ajustar essa proporção para 16:9 que é semelhante às novas TVs de LED, com formato mais retangular.

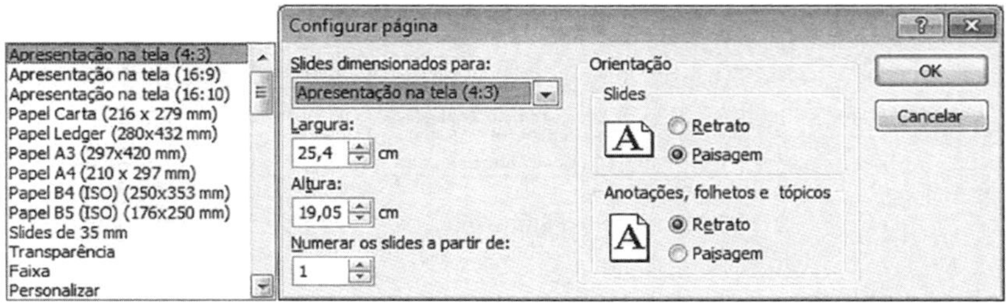

Figura 162

2) Design das apresentações

a) Layout

O design das apresentações começa a ser definido pelo Layout escolhido pelo usuário, que permite, por meio de formatações padronizadas, o desenvolvimento dos slides, com caixas para títulos, subtítulos, e objetos predefinidos.

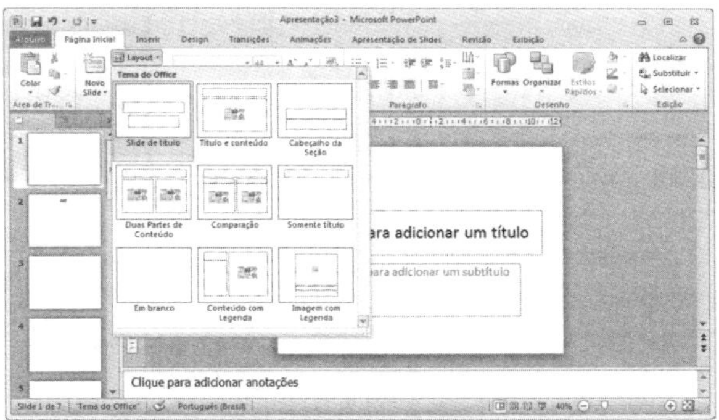

Figura 163

b) Design

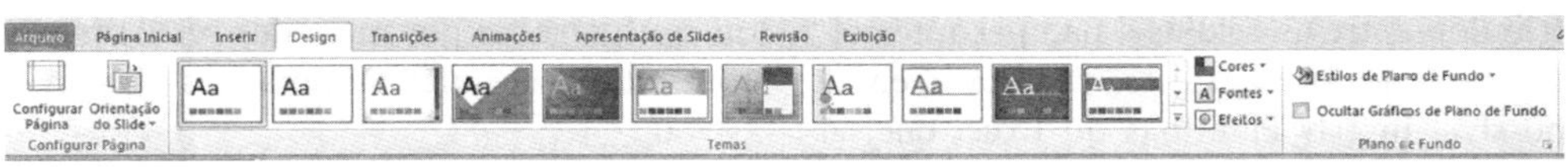

Figura 164

Permite a personalização dos Layouts, como plano de fundo, cores, cores e tamanhos de fontes, posicionamento de objetos, efeitos.

3) Slides Mestres

Existe a possibilidade, no editor de apresentações PowerPoint, de criar slides mestres, que são slides com layout predefinido para auxiliar nos trabalhos desenvolvidos.

O caminho para inserir slides mestres está na guia "Exibição" e no grupo "Modos de exibição mestre" escolher a ferramenta "Slide Mestre", neste momento será criada a nova guia "Slide Mestre"; no grupo "Editar Mestre" escolher a ferramenta "Inserir slide mestre".

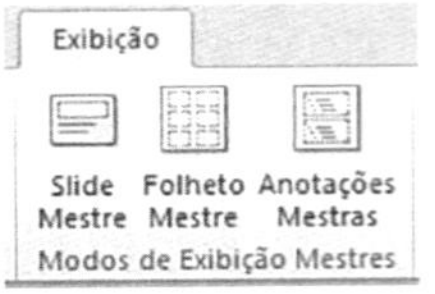

Figura 165

4) Inserção de objetos

Uma apresentação de slides é criada sobre um espaço em branco que pode ser personalizado, mas tudo o que inserimos será considerado um objeto, fotos, tabelas, gráficos, e até mesmo as caixas de texto.

a) Tabelas

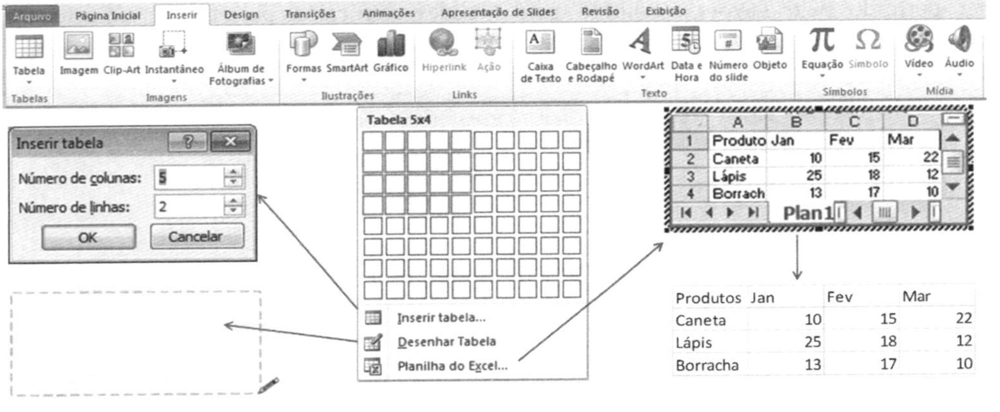

Figura 166

As tabelas são inseridas por meio de escolha de quantidade de colunas e linhas ou desenhando a tabela. O conteúdo é distribuído entre as células e não permite cálculos como as planilhas. Mas também é possível inserir Planilhas do Excel que, aí sim, permite que fórmulas e funções sejam utilizadas. Depois de inseridas, ao serem selecionadas, as tabelas podem ser alteradas ou configuradas por meio dos recursos encontrados nas guias automáticas Design e Layout.

Figura 167

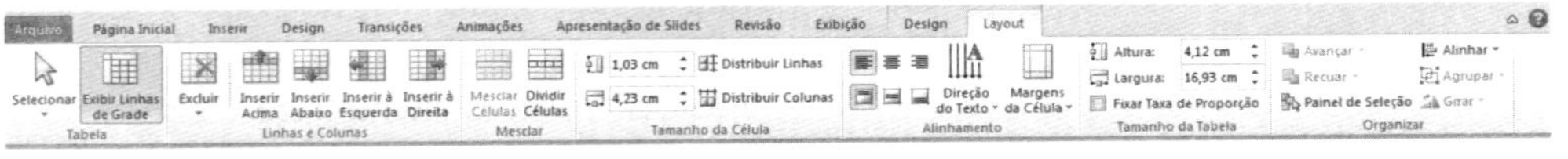

Figura 168

b) Imagens

Para ilustrar uma apresentação, podemos utilizar imagens, que, se estiverem salvas no dispositivo, ou em algum lugar ligado a ele, podem ser inseridas por meio da guia Inserir, grupo imagens, comando Imagem, que abre a janela Inserir Imagem, selecionamos o local e o tipo de imagem, e depois só clicar em abrir.

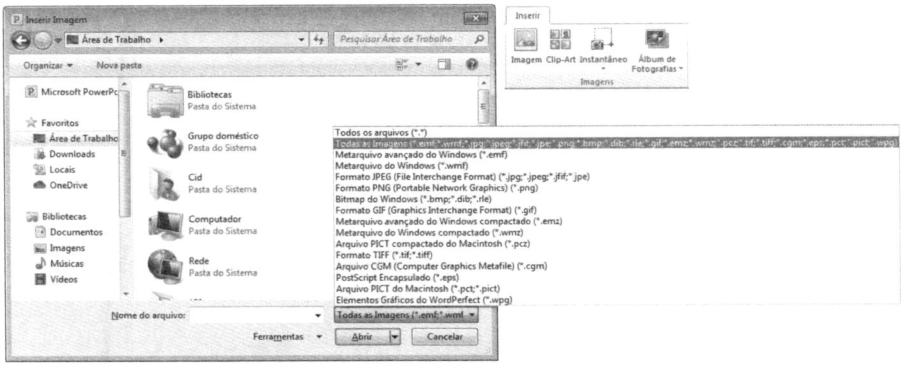

Figura 169

c) Álbum de fotografias

Recurso que permite que várias imagens salvas sejam inseridas numa sequência de slides formando um álbum digital de fotos numa apresentação.

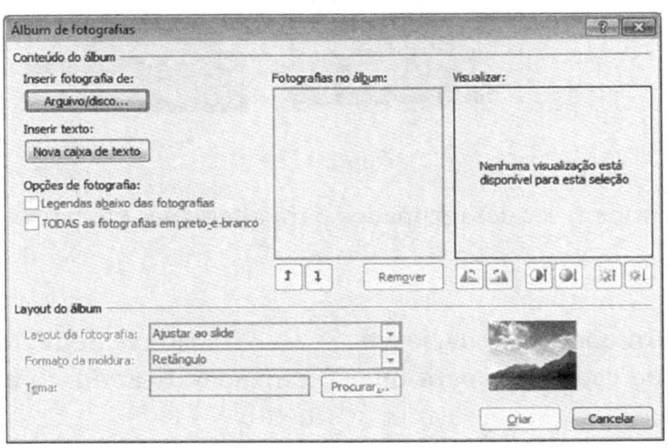

Figura 170

d) Formas

São formas geométricas básicas, linhas, setas, estrelas, formas de fluxogramas, de textos explicativos, e até formas revestidas de botões de ação que executam links.

Essas formas podem conter textos, serem formatadas e personalizadas, e agrupadas para formar uma só imagem.

Para selecionar várias formas ou objetos, basta clicar em cada um deles segurando a tecla SHIFT do teclado.

Os pontos marcados no contorno de uma forma ou imagem selecionada permite sua personalização de tamanho ou rotação.

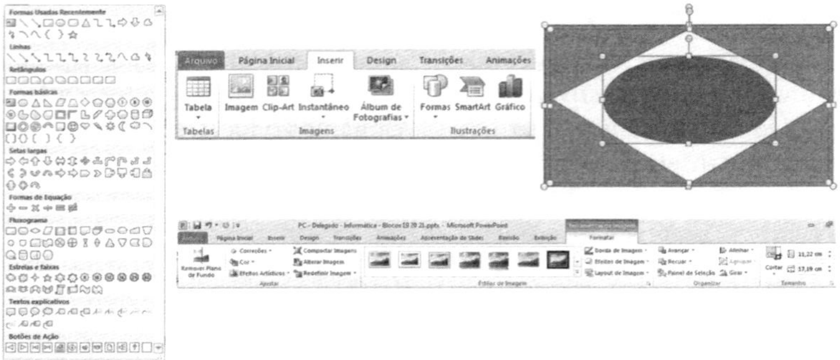

Figura 171

e) ClipArt

Figuras prontas, oferecidas com o pacote Office pela Microsoft, que são feitas com o agrupamento de formas.

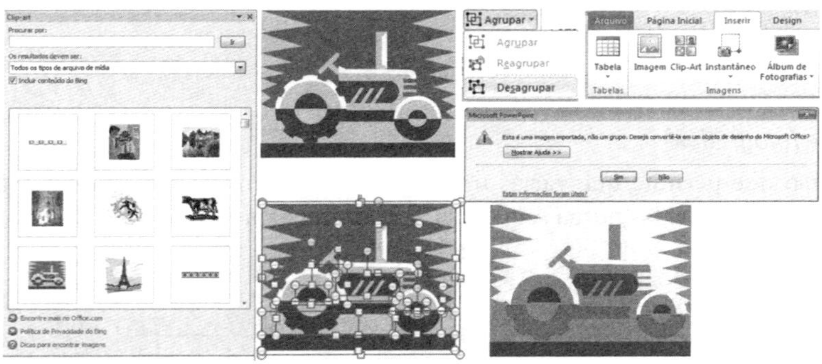

Figura 172

Esses ClipArts podem ser desagrupados para alterações em partes da figura.

f) Caixas de texto

São espaços definidos pelo usuário em pontos estratégicos de cada slide para que contenham textos.

As caixas de texto podem ser personalizadas ficando como uma forma com texto.

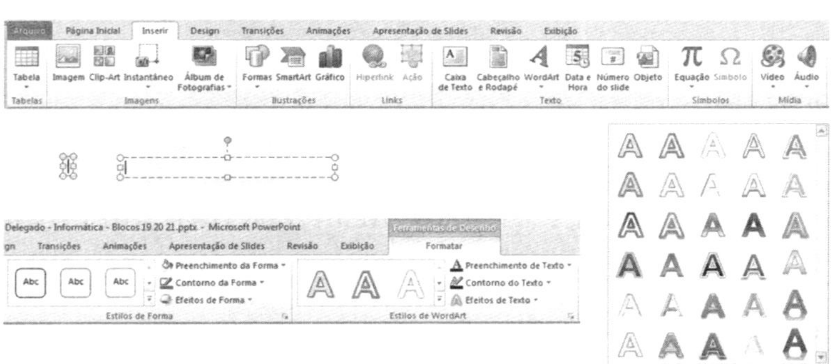

Figura 173

Existem duas maneiras de fazer uma caixa de texto: Uma delas é escolher o comando e apenas clicar na tela, mas dessa forma a caixa de texto fica sem margem, e tudo o que for escrito vai aumentando a caixa, para ir para a próxima linha, o usuário tem que pressionar a tecla Enter. Outra forma é apontar a seta do mouse para o local onde será o início da caixa de textos, segurar o botão esquerdo do mouse pressionado e arrastar na direção diagonal à direita; ao soltar o botão do mouse, a caixa de texto terá a definição das margens direita e esquerda, assim o texto salta de uma linha para a outra automaticamente.

O texto dentro da caixa pode receber, além das formatações normais, os efeitos que os transformam e m WordArt.

g) SmartArt

Recurso que permite criar elementos gráficos que em geral representam informações administrativas e organizacionais.

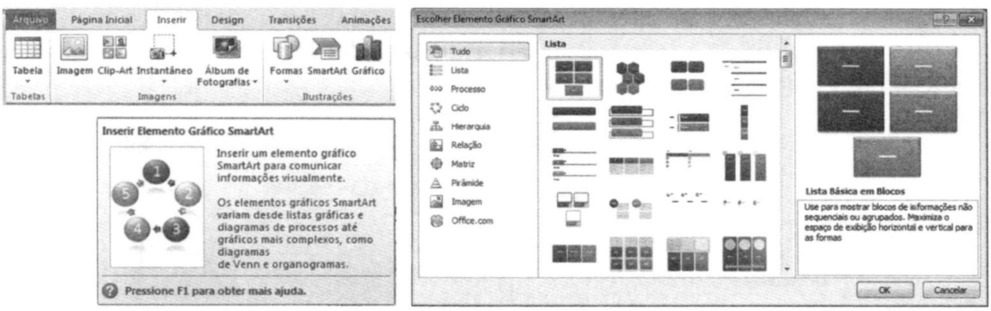

Figura 174

h) Gráficos

Recurso que permite fazer a representação gráfica dos números, dados ou informações.

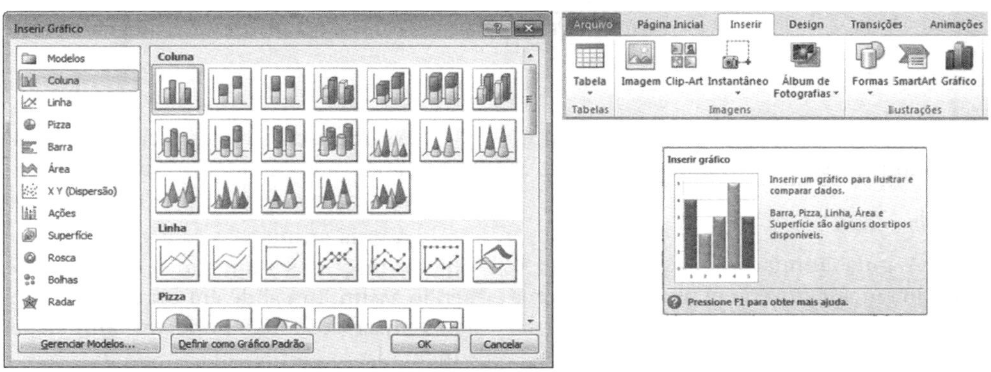

Figura 175

5) Links

A criação de uma apresentação pode ser programada para a execução de algumas ações internas ou externas com a criação de Links.

a) Hiperlink

Permite criar uma ligação, em geral, mas não exclusivamente, com locais externos da apresentação.

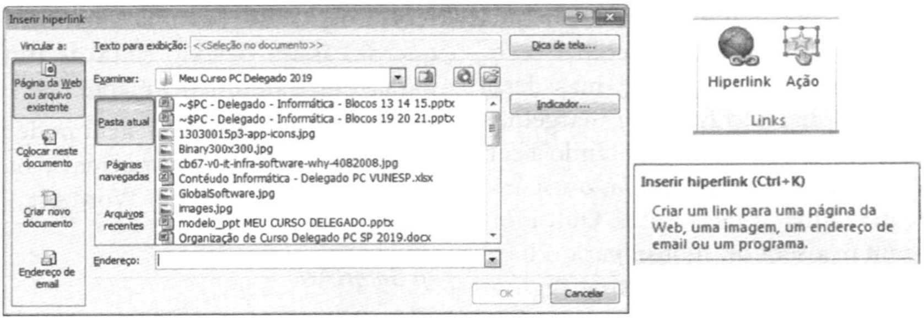

Figura 176

b) *Ação*

Permite criar ligações internas, ou seja, entre os slides para determinar por meio de botões de ação, qual será o próximo slide a ser exibido.

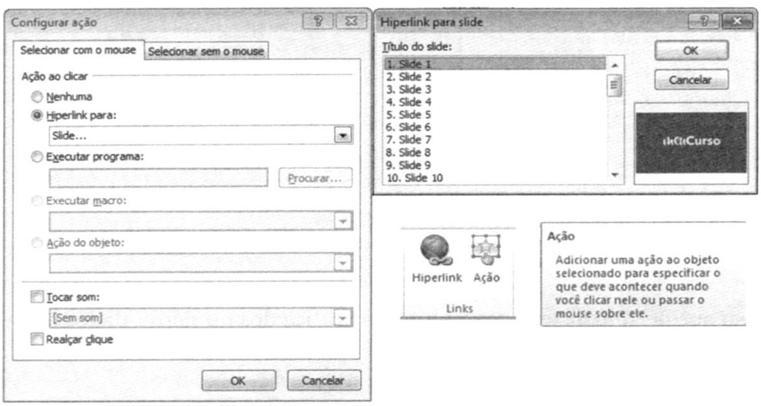

Figura 177

6) Noções de edição e formatação de apresentações

a) *Animações*

A guia animações possibilita que o usuário vincule uma ou mais animações aos objetivos inseridos em um slide, como caixas de texto, tabelas, imagens etc.

As animações podem ser de execução automática, após a anterior ou mesmo manualmente.

A guia animações está vinculada aos objetos inseridos a um slide e não ao slide, sendo assim, um slide em branco, sem objetos inseridos, não pode ter animações vinculadas.

Figura 178

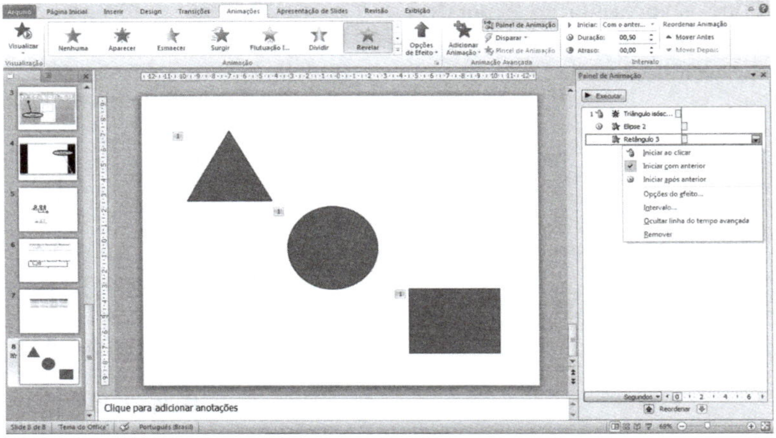

Figura 179

b) Transições

A guia transições possibilita vincular transições aos slides, e está vinculada ao slide e não ao objeto do slide. Por esta razão é possível inserir transições mesmo em um slide em branco e mesmo em um arquivo que contenha apenas um slide.

Ao contrário do que a própria nomenclatura indica, a transição de slides não representa a mudança de um slide para outro, pois, se fosse assim, seriam necessários dois slides para inserir transições de um para outro. Na verdade a transição é a "entrada de um slide".

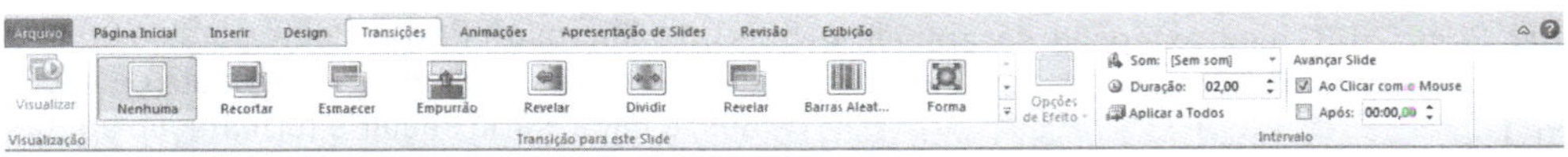

Figura 180

7) Configurar apresentação

Permite ao usuário criador escolher a forma como a sua apresentação será exibida.

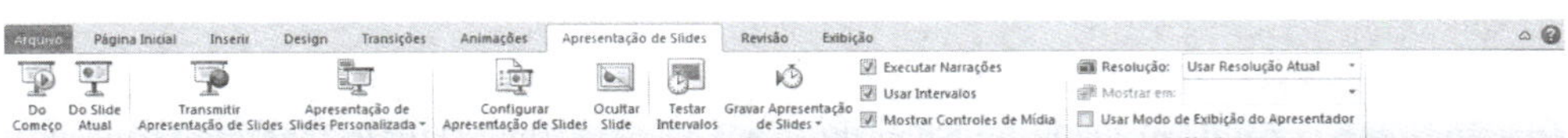

Figura 181

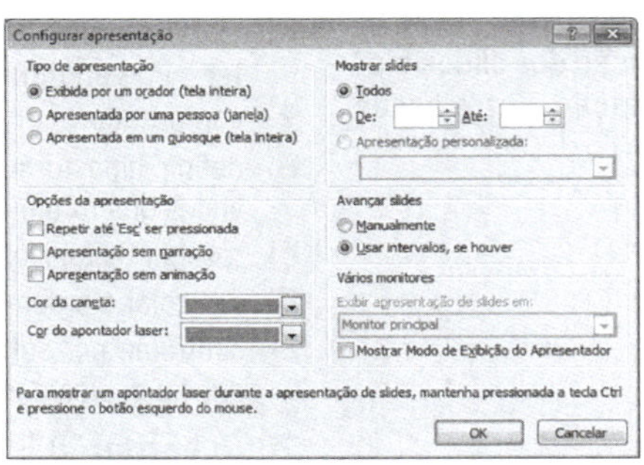

Figura 182

E durante a apresentação é possível utilizar recursos para destacar o conteúdo, como caneta, laser.

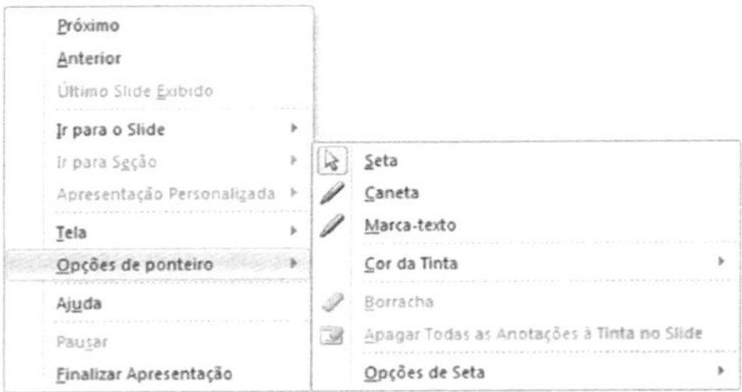

Figura 183

Caneta = CTRL + C.

Laser = CTRL + Botão esquerdo do Mouse.

Borracha = CTRL + E.

6.1 Questões

1. (Quadrix – CREFONO 6ª Região – Auxiliar Administrativo – 2013) Ao se salvar uma nova apresentação no programa MS Power Point 2013, qual extensão de arquivo é assumida como padrão?

A) ppt.

B) pptx.

C) xppt.

D) pps.

E) xps.

↗ Gabarito: "B".

2. (INAZ do Pará – CORE-SP – Assistente Jurídico – 2019) No menu principal do software MS Office Power Point 2010, da Microsoft, encontra-se, entre outras, a opção "Exibição". Nessa opção estão disponíveis vários recursos de exibição dos slides elaborados para uma apresentação. Entre esses recursos temos, EXCETO:

A) Anotações.

B) Linhas de grade.

C) Ajustar à janela.

D) Verificar ortografia.

E) Classificação de slides.

↗ Gabarito: "D".

3. (CAIP-IMES – Câmara Municipal de São Caetano do Sul – SP – Procurador – 2014) Os layouts abaixo se referem a alguns modelos disponíveis no Power Point.

Respectivamente, esses são modelos do tipo:

A) somente título, comparação e conteúdo com legenda.

B) slide de título, título e conteúdo e cabeçalho da seção.

C) duas partes do conteúdo, cabeçalho da seção e comparação.

D) somente título, slide de título e duas partes de conteúdo.

↗ Gabarito: "B".

4. (CESPE – DPU – Analista – 2016) Com relação às ferramentas e às funcionalidades do ambiente Windows, julgue o item que se segue.

No Microsoft Power Point, para se utilizar um dos temas de modelos de leiaute de eslaides, é necessário seguir a formatação adotada pelo estilo selecionado, não sendo possível, por exemplo, alterar o tipo de fonte e de cores, ou inserir outros efeitos.

( ) Certo.

( ) Errado.

↗ Gabarito: "Errado".

5. (FCC – Banco do Brasil – Escriturário – 2010) Um recurso bastante útil nas apresentações de PowerPoint ou Impress é o slide mestre. O slide mestre serve para

A) exibir a apresentação sem a necessidade de ter o PowerPoint ou Impress instalado em seu computador.

B) definir uma formatação padrão para todos os slides que forem criados com base nele.

C) resumir os tópicos da apresentação.

D) controlar a ordem de apresentação dos slides.

E) controlar, por software, todas as funcionalidades do equipamento projetor.

↗ Gabarito: "B".

6. (VUNESP – Prefeitura de São Paulo--SP – Analista Fiscal de Serviços – 2016) O MS-PowerPoint 2010, em sua configuração padrão, possui um recurso que permite inserir uma imagem de qualquer programa que não esteja minimizado na barra de tarefas, sem a necessidade de, antes, criar um arquivo com tal imagem, ou seja, a imagem é inserida na apresentação diretamente da janela do outro programa.

Assinale a alternativa que mostra o ícone relacionado ao recurso descrito no enunciado.

A) 

B) 

C) 

D) 

E) 

↗ **Gabarito: "A".**

7. (INSTITUTO AOCP – MPE-BA – Analista Técnico – Sistemas – 2014) Sobre Álbum de Fotografia presente no programa de apresentações Power Point 2010 (instalação padrão português – Brasil), assinale a alternativa correta.

A) Está presente na Guia Design.

B) Quando se usa o recurso Álbum de Fotografia, o usuário deverá fechar a apresentação aberta, pois, caso contrário, a apresentação em uso será afetada.

C) Usa-se a tecla de atalho ALT para selecionar um conjunto de fotos.

D) Em Álbum de Fotografia, encontra-se a opção Olhos Vermelhos para correção de imagem.

E) Cada imagem será colocada em um Slide individual.

↗ **Gabarito: "E".**

8. (VUNESP – Câmara de Piracicaba-SP – Agente Administrativo – Agente Legislativo – 2019) No MS-PowerPoint 2010, para alterar o estilo da borda de uma caixa de texto, o usuário pode selecionar a caixa de texto e em "Ferramentas de Desenho", na guia "Formatar", clicar em "Contorno da Forma" do grupo "Estilos de Forma" e depois em

A) Espaçamento entre linhas.

B) Traços.

C) Tachado.

D) Contorno do Texto.

E) Editar Forma.

↗ **Gabarito: "B".**

9. (INAZ do Pará – CREFITO-16ª Região – Auxiliar Administrativo – 2018) Para fornecer inúmeras opções de ilustrações no desenvolvimento das apresentações do Power Point, além da ferramenta de inserção de imagem, tabela e gráficos, temos a de SmartArt.

O uso desta ferramenta está dividido em algumas categorias que podem ser:

A) Ênfase, lista, relação, hierarquia.

B) Processo, hierarquia, surgir, pirâmide.

C) Hierarquia, lista, processo, relação.

D) Pirâmide, matriz, ciclo, ênfase.

E) Surgir, relação, processo, ênfase.

↗ **Gabarito: "C".**

10. (VUNESP – CETESB – Técnico Administrativo – Recursos Humanos – 2013) O MS-PowerPoint 2010, em sua configuração original, sugere a ação hiperlink para último slide exibido para o seguinte botão de ação.

A) 

B) 

C) 

D) 

E) 

↗ **Gabarito: "B".**

11. (VUNESP – Câmara de Dois Córregos-SP – Oficial de Atendimento e Administração – 2018) Considere o slide a seguir, acompanhado do seu respectivo Painel de Animação, extraídos do MS-PowerPoint 2010 na sua configuração padrão.

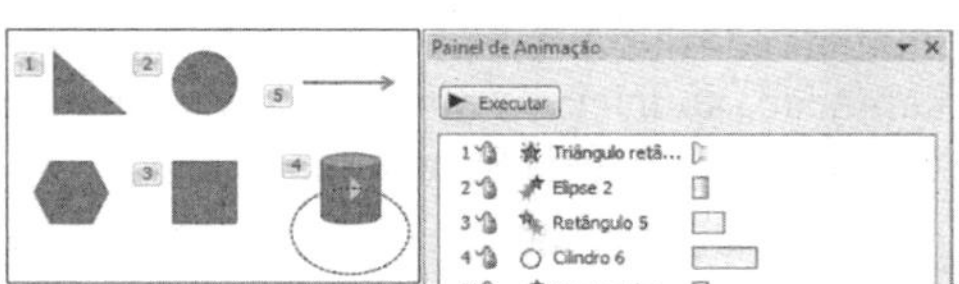

Assinale a alternativa que contém a forma configurada com uma animação do tipo Caminhos de Animação (conhecida também como Trajetórias de Animação).

A) Triângulo retângulo.

B) Elipse.

C) Hexágono.

D) Círculo.

E) Cilindro.

↗ **Gabarito: "E".**

12. **(VUNESP – Câmara de Valinhos-SP – Analista Técnico Legislativo – 2017)** No Microsoft PowerPoint 2010, em sua configuração padrão, um usuário criou uma apresentação com 4 slides e configurou uma transição de slides entre os slides 2 e 3. Depois de algum tempo, o usuário removeu essa transição.

Durante uma apresentação de slides, ao se pressionar ENTER na exibição do slide 2, a apresentação

A) foi para o slide 4.

B) permaneceu no slide 2.

C) foi para o slide 3.

D) voltou para o primeiro slide.

E) foi encerrada.

↗ **Gabarito: "C".**

13. **(VUNESP – Câmara de Serrana-SP – Técnico Legislativo – 2019)** Tem-se a seguinte apresentação de slides criada no Microsoft PowerPoint 2010, em sua configuração original.

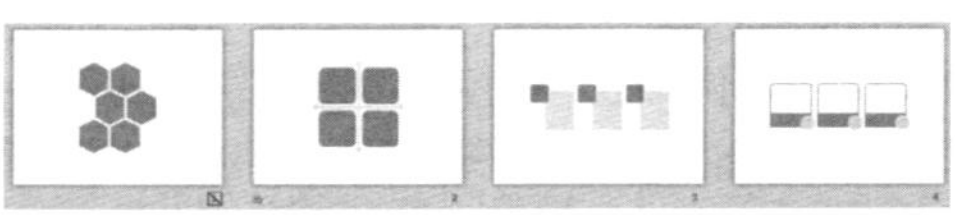

Observe que o slide 1 está oculto e que há uma transição de slides configurada no slide 2. Considerando que não há nenhuma animação configurada nas AutoFormas contidas na apresentação, ao iniciar o modo de apresentação pressionando a tecla F5, a apresentação:

A) se inicia pelo slide 2, mas sem a transição de slides.

B) se inicia pelo slide 1, exibindo a transição de slides para o slide 2 assim que for pressionado ENTER.

C) se inicia pelo slide 2, apresentando de imediato a transição de slides.

D) se inicia pelo slide 1, mas sem exibir a transição de slides para o slide 2 assim que for pressionado ENTER.

E) se inicia pelo slide 2, exibindo a transição de slides para o slide 3 assim que for pressionado ENTER.

↗ **Gabarito: "C".**

7. AMBIENTES DE REDE

1) Conceito de redes de computadores

O modelo de um único computador realizando todas as tarefas requeridas quase não existe mais e está sendo substituído pelas redes de computadores, nas quais os trabalhos são realizados por vários computadores separados, interconectados por alguma via de comunicação.

Independentemente do tamanho e do grau de complexidade, o objetivo básico de uma rede é garantir que todos os recursos disponíveis sejam compartilhados rapidamente, com segurança e de forma confiável.

Para tanto, uma rede de computadores deve possuir regras básicas e mecanismos capazes de garantir o transporte seguro das informações entre os elementos constituintes.

Uma rede de computadores vai muito além de uma simples conexão de cabos e placas. Há necessidade de uma série de protocolos para regular a comunicação entre todos os níveis, desde o programa que está sendo utilizado até o tipo de cabo instalado.

2) A história das redes e Internet

Muitos querem saber quem é o "dono" da Internet ou quem administra os milhares de computadores e linhas que a fazem funcionar. Para encontrar a resposta, vamos voltar um pouco no tempo.

a) A Guerra Fria

O Governo Norte-Americano, em 1958, sob a supervisão do então presidente Eisenhower, numa reação à vitória tecnológica da então União Soviética com o lançamento do primeiro satélite artificial, o **Sputnik 1**, determinou que o **DoD** (**Department of Defense** ou **Departamento de Defesa**) por meio dos militares e pesquisadores criassem a **ARPA** (**Advanced Research Projects Agency** ou **Agência de Projetos e Pesquisa Avançada**).

O objetivo original da agência era manter a superioridade tecnológica dos EUA e alertar contra possíveis avanços tecnológicos de adversários potenciais. Esse objetivo evoluiu com o tempo, e hoje também inclui criar surpresas tecnológicas para os inimigos dos EUA. A agência é independente, com cerca de 240 funcionários e um orçamento de 2,8 bilhões de dólares, e se reporta diretamente ao Departamento de Defesa.

A história das redes de computadores iniciou por volta da década de 60, onde a rede telefônica era a rede de comunicação que dominava o mundo; nesta a voz era transmitida por comutação de circuitos a uma taxa constante entre a origem e o destino.

O desenvolvimento de minis e microcomputadores de bom desempenho, com requisitos menos rígidos de temperatura e umidade, permitiu a instalação de considerável poder computacional em várias localizações, ao invés de em uma determinada área, mas faltava um meio para unir estes computadores. Apesar do alto custo dos computadores nesta década, pode-se dizer que com o surgimento da multiprogramação, surgiu a necessidade de interligar computadores de modo que se pudessem compartilhar informações entre diferentes usuários e diferentes regiões. Esta necessidade surgiu naturalmente pela espera de acontecimentos futuros. O tráfego gerado por estes usuários ocorreria em uma sequência de atividades, onde ao acionar um comando a um computador distante (remoto), este permaneceria por alguns instantes inativo, explorando e aguardando uma resposta.

Em busca de como transformar a comutação de circuitos em uma comutação de pacotes, três grupos de pesquisa separadamente iniciaram seus estudos. Sendo o primeiro em 1961, onde Leonard Kleinrock, nos laboratórios MIT, usou a **teoria das filas**, a **comutação de pacotes** baseada no **tráfego em rajadas**.

b) A ideia revolucionária

Em 1962, enquanto o comunismo fazia força e a Guerra Fria pairava no ar, a Força Aérea dos EUA pede a um pequeno grupo de investigadores que crie uma rede de comunicação militar capaz de resistir a um ataque nuclear.

O conceito desta rede assentava num sistema descentralizado, permitindo à rede funcionar apesar da destruição de uma ou várias máquinas, e grandes computadores foram espalhados pelos Estados Unidos e armazenavam informações militares estratégicas em função do perigo de um ataque nuclear soviético.

c) O modelo Baran

Já por volta de 1964 Paul Baran do Rand Institute começou a estudar o uso da comutação de pacotes para a segurança da transmissão de voz para redes militares, e na Inglaterra Donald Davies e Roger Scantlebury desenvolviam ideias sobre a comutação de pacotes no National Physical Laboratory. Estes trabalhos, junto com Lawrence Roberts também no MIT lideravam o projeto de ciência de computadores na ARPA (EUA – Agência de Projetos de Pesquisa Avançada).

Paul Baran é considerado um dos atores principais da criação da Internet. Ele teve a ideia de criar uma rede com a forma de uma grande tela. Tinha percebido que um sistema centralizado era vulnerável porque a destruição do seu núcleo provocava a destruição das comunicações. Criou então uma rede híbrida de arquiteturas em estrela e com malhas, na qual os dados se deslocariam de forma dinâmica, "procurando" o caminho menos sobrecarregado, e "esperando" se todas as estradas estivessem sobrecarregadas.

Esta tecnologia foi chamada "**PACKET SWITCHING**" ou "**A COMUTAÇÃO DE PACOTES**".

Surgiu assim a ideia de interconectar os vários centros de computação de modo que o sistema de informações norte-americano continuasse funcionando, mesmo que um desses centros, ou a interconexão entre dois deles, fosse destruído.

d) Chaveamento de pacotes

É um esquema para transmissão em rede de computadores no qual as informações são subdivididas em pequenos pacotes que contêm trechos dos dados, o endereço do destinatário e informações que permitam a remontagem da mensagem original.

Nas redes chaveadas por pacotes, cada mensagem enviada é subdividida em mensagens menores chamadas pacotes. Um pacote é a menor unidade de dados que pode ser transmitida na rede. Cada pacote faz um caminho diferente até chegar ao seu destino. Desta forma, em um único circuito físico pode ocorrer a comunicação entre múltiplos nós.

Uma consequência do chaveamento por pacotes é que, como cada pacote toma um caminho diferente, eles acabam chegando sempre fora de ordem e é necessário que o nó de destino organize os pacotes assim que eles chegarem antes de poder ler a mensagem. Além disso, a velocidade pela qual os dados são transferidos varia de acordo com o tráfego; podemos fazer com que um nó mande mensagens para mais de um destinatário simultaneamente e as redes deste tipo são mais baratas do que as chaveadas por circuito.

Um exemplo de uma rede chaveada por pacotes é a Internet.

e) O ARPANET

O Departamento de Defesa, com base nas pesquisas realizadas para identificar qual seria a forma mais segura e flexível de interconectar computadores, em agosto de 1969, independentemente de qualquer objetivo militar, criou a rede experimental **ARPANET**, com o objetivo de ligar quatro instituições universitárias:

- o Stanford Institute;
- a universidade da Califórnia em Los Angeles;
- a universidade da Califórnia em Santa Bárbara;
- a universidade de Utah.

Com base nisso, em 1970 foi criada a semente do que viria a ser a Internet. A guerra fria acabou, mas a herança daqueles dias rendeu bastante, tornando-se uma rede voltada principalmente para a pesquisa científica.

A rede ARPANET é hoje considerada a rede precursora da Internet. Comportava já naquela época certas características fundamentais da rede atual.

- um ou vários nós da rede podiam ser destruídos sem perturbar o seu funcionamento;
- a comunicação entre máquinas fazia-se sem máquina centralizada intermédia;
- os protocolos utilizados eram básicos.

O nome original da agência foi alterado para **DARPA** (**Defense Advanced Research Projects Agency** ou **Agência de Projetos de Pesquisa Avançada de Defesa**) em março de 1972. Voltou a ser ARPA novamente em fevereiro de 1993, e depois foi alterado de novo para DARPA em março de 1996.

Em outubro de 1972, a rede **ARPANET** foi apresentada pela a primeira vez ao grande público, quando da conferência ICCC (International Computer Communication Conference), e o termo "**INTERNETTING**" passou a ser utilizado para designar o ARPANET, então um embrião da Internet.

Por meio da **National Science Foundation**, o governo norte-americano investiu na criação de **BACKBONES**, aos quais são conectadas redes menores.

Por volta dos anos 1970 começaram a surgir outras redes de comutação de pacotes como:

- ALOHAnet: rede de microondas via rádio que interligava as ilhas do Havaí;
- TELENET: comutação de pacotes comerciais da BBN baseada na tecnologia da Arpanet;
- TAYMNET e TRANSPAC: rede de comutação de pacotes franceses.

O número de pequenas redes crescia cada vez mais, sendo apresentados por Robert Metcalfe os princípios de uma rede local, uma ETHERNET, que mais tarde originariam LANs de curta distância.

f) O protocolo TCP

O protocolo **NCP** (**Network Control Protocol** ou **Protocolo de Controle de Rede**), utilizado até então, não permitia gerir controle de erro e era, por esse motivo, utilizável unicamente na rede ARPANET, na medida em que a infraestrutura era dominada corretamente.

Assim Bob Kahn, chegado ao ARPA desde 1972, começou a trabalhar sobre as bases de um novo protocolo, já batizado **TCP** (**Transmission Control Protocol** ou **Protocolo de Controle de Transmissão**), permitindo encaminhar dados numa rede fragmentando-os em pequenos pacotes (**CHAVEAMENTO DE PACOTES**). Na Primavera de 1973, pediu a Vinton Cerf (então à Stanford) que o ajudasse a construir o protocolo.

Em 1976, o DoD decidiu estender o protocolo TCP à rede ARPANET, composta de 111 máquinas ligadas entre elas. Em 1978, o protocolo TCP foi cindido em dois protocolos: TCP e IP (Internet Protocol), para constituir que o que ia se tornar na suíte TCP/IP.

No final da década de 1970, aproximadamente 200 máquinas estavam conectadas à ARPANET não só devido a pesquisas, mas também por ser utilizada para comunicação militar na Guerra Fria, em que toda comunicação passava por um computador central que se encontrava no Pentágono. Ao passar esta época de guerra, a ARPANET não tinha mais importância para os militares, sendo passada então para maioria das universidades e outros pesquisadores que foram estendendo a comunicação por outros países, chegando à década de 1980 com cem mil máquinas interligadas, formando uma grande rede mundial que passou a ser conhecida como Internet.

A transferência de arquivos e o processamento de e-mails entre as universidades dos EUA eram feitos pela BITnet (rede de bits), e a comunicação com outras universidades não interligadas pela ARPANET eram feitas pela CSNET. No dia 1º de janeiro de 1983 o protocolo TCP/IP tornou-se oficial, sendo obrigatório estar em todas as máquinas. Em 1986 surgiu o NSFNET, o backbone primário que fornecia acesso a outros centros de computação. Também nesta época foi desenvolvido o DNS (Domain Name System), usado para conversão dos endereços em forma de letras e palavras, pois são de mais fácil memorização para nós, na forma de endereço IP de 32 bits, a linguagem dos computadores.

g) Endereço IP

É o Internet Protocol, ou **o endereço do dispositivo**, computador em que o site está fisicamente armazenado, hospedado.

Representa de fato o endereço de um site, o local onde ele se encontra nas redes que compõe a internet. A Internet está migrando do IPv4 para o IPv6, pois o v4 está com sua capacidade de endereços esgotada.

i) Protocolo IPv4

Composto por 4 octetos de 8 bits cada – com comprimento total de 32 bits

- No IPv4 temos cerca de 4 bilhões de combinações de endereços possíveis.
- Um endereço IPv4 é representado por 4 blocos de 8 bits cada um, totalizando 32 bits.

Exemplo do IP 192.168.15.25

1º octeto	2º octeto	3º octeto	4º octeto
192	168	15	25
1100 0000	1010 1000	0000 1111	0001 1001
128 + 64 + 0 + 0 + 0 + 0 + 0 + 0	128 + 0 + 32 + 0 + 8 + 0 + 0 + 0	0 + 0 + 0 + 0 + 8 + 4 + 2 + 1	+ 0 + 0 + 16 + 8 + 0 + 0 + 1

- Cada bloco é chamado de **octeto**.
- Na apresentação binária seria da seguinte forma: **11000000 10101000 00001111 00011001**.
- Cada bit do octeto tem uma equivalência que varia de 1 a 128 seguindo a regra abaixo:
- Da esquerda para direita fica assim: 128 64 32 16 8 4 2 1.

0 x 128 = 0	0 x 64 = 0	0 x 32 = 0	0 x 16 = 0	0 x 8 = 0	0 x 4 = 0	0 x 2 = 0	0 x 1 = 0	= 0
1 x 128 = 128	1 x 64 = 64	1 x 32 = 32	1 x 16 = 16	1 x 8 = 8	1 x 4 = 4	1 x 2 = 2	1 x 1 = 1	= 255

- Ao final de cada cálculo individual, somam-se os resultados para que seja apresentado na forma decimal.
- Se o octeto for: 00000000 será igual a 0.
- Se o octeto for: 11111111 chegaríamos a um valor total **máximo de 255** (128+64+32+16+8+4+2+1=255).
- Usualmente o octeto é apresentado da forma **decimal** para facilitar como **192.168.1.15**.

É importante compreender isso para que consigamos fazer os cálculos corretamente, evitando desperdícios de números IP e aumentando a velocidade da rede.

O endereçamento da rede correto é importante porque auxilia a localização de dispositivos, dessa forma é obrigatório que cada dispositivo tenha um endereço único para que não ocorram conflitos.

Contudo o endereço IP tem duas partes que são:

- a identificação da rede;
- identificação do host.

A primeira parte é o ID da rede e a segunda é o ID do host (pc, roteador...) que estão dentro de uma rede que possui o mesmo ID de rede.

ii) Protocolo IPv6

Composto por 8 duoctetos de 16 bits cada – com comprimento total de 128 bits

- No IPv6 temos mais de 340 undecilhões de combinações de endereços possíveis.
- Um endereço IPv6 é representado por 8 blocos de 16 bits cada um, totalizando 128 bits.

Exemplo do IPv6 = 21DA:00D3:0000:2F3B:02AA:00FF:FE28:9C5A21DA:D3:0:2F3B:2 AA:FF:FE28:9C5A

0010 0001 1101 1010	0000 0000 1101 0011	0000 0000 0000 0000	0010 1111 0011 1011
2 1 D A	0 0 D 3	0 0 0 0	2 F 3 B

0000 0010 1010 1010	0000 0000 1111 1111	1111 1110 0010 1000	1001 1100 0101 1010
0 2 A A	0 0 F F	F E 2 8	9 C 5 A

- Cada bloco é chamado de decahexateto ou duocteto.
- Em cada duocteto, os 16 bits são separados em 4 grupos de 4 bits.
- Cada grupo de 4 bits é representado por um símbolo ou caracter hexadecimal baseado na tabela ASCII (os 4 últimos bits).
- Os símbolos hexadecimais podem ser: 0 – 1 – 2 – 3 – 4 – 5 – 6 – 7 – 8 – 9 mais A=10 B=11 C=12 D=13 E=14 F=15
- Portanto, cada bloco possui 4 símbolos hexadecimais que podem variar de 0000 a FFFF.
- No total são 32 caracteres, organizados em oito quartetos (duoctetos), separados pelo caractere dois pontos:

A escrita de cada endereço IPv6 é longa, o que dificulta a sua representação. Com IPv6, o serviço de DNS que fornece um nome amigável a um computador será mais necessário do que nunca, simplesmente é impossível decorar os endereços v6 presentes numa infraestrutura de redes, como muitos profissionais de TI hoje o fazem com seus blocos IPv4.

Para facilitar sua representação, algumas regras de nomenclatura foram definidas:

Zeros à esquerda em cada duocteto podem ser omitidos

Assim: 2001 : 0DB8 : 00AD : 000F : 0000 : 0000 : 0000 : 0001 pode ser representado por: 2001 : DB8 : AD : F : 0 : 0 : 0 : 1

Blocos vazios contínuos podem ser representados pelos caracteres :: (quatro pontos) UMA ÚNICA VEZ dentro do endereço (o que vem antes dos primeiros dois-pontos representa os primeiros bits e o que vem após os segundos dois-pontos representa os últimos bits do endereço).

2001 : DB8 : AD : F : : 1

Tabela ASCII usada como base

0000	0001	0010	0011	0100	0101	0110	0111
0	1	2	3	4	5	6	7

1000	1001	1010	1011	1100	1101	1110	1111
8	9	A ou 10	B ou 11	C ou 12	D ou 13	E ou 14	F ou 15

h) Protocolo DHCP

O DHCP (Dynamic Host Configuration Protocol ou Protocolo de Configuração Dinâmica de Host) é um protocolo de serviço TCP/IP que oferece configuração dinâmica de terminais, com concessão de endereços IP de host, máscara de sub-rede, default gateway (gateway padrão), número IP de um ou mais servidores DNS, sufixos de pesquisa do DNS e número IP de um ou mais servidores

WINS. Este protocolo é o sucessor do BOOTP que, embora mais simples, tornou-se limitado para as exigências atuais.

O DHCP usa um modelo cliente-servidor, e resumidamente opera da seguinte forma:

Quando um computador (ou outro dispositivo) conecta-se a uma rede, o host/cliente DHCP envia um pacote UDP em broadcast (destinado a todas as máquinas) com uma requisição DHCP.

Qualquer servidor DHCP na rede pode responder a requisição. O servidor DHCP mantém o gerenciamento centralizado dos endereços IP usados na rede e informações sobre os parâmetros de configuração dos clientes como gateway padrão, nome do domínio, servidor de nomes e servidor de horário. Os servidores DHCP que capturarem este pacote responderão (se o cliente se enquadrar numa série de critérios) para a porta 68 do host solicitante com um pacote com configurações onde constará, pelo menos, um endereço IP e uma máscara de rede, além de dados opcionais, como o gateway, servidores de DNS etc.

i) Velocidade de transmissão de dados

Existem várias maneiras de conectar computadores em rede. Os diversos tipos de conexões apresentam diferenças significativas na taxa de transferência obtida.

A velocidade padrão de uma rede de computadores é medida em BPS (Bytes por segundo), e trabalhamos com duas tabelas de grandezas, que seguem:

bps	Bits por segundo	–	–
–	–	**B/s**	Bytes por segundo
Kbsp	Kilobit por segundo	**KB/s**	Kilobyte por segundo
Mbps	Megabit por segundo	**MB/s**	Megabyte por segundo
Gbps	Gigabit por segundo	**GB/s**	Gigabyte por segundo
Tbps	Terabit por segundo	**TB/s**	Terabyte por segundo
Pbps	Pettabit por segundo	**PB/s**	Pettabyte por segundo
Ebps	Exabit por segundo	**EB/s**	Exabyte por segundo
Zbps	Zettabit por segundo	**ZB/s**	Zettabyte por segundo
Ybps	Yottabit por segundo	**YB/s**	Yottabyte por segundo

j) Nós

É um termo que designa qualquer equipamento que esteja ligado diretamente a uma rede, seja ela LAN, MAN ou WAN.

Um computador ou uma impressora podem ser um "nó" de uma rede LAN; um celular pode ser um "nó" de uma rede WAN.

3) Interfaces (Formas de comunicação – meios físicos)

Conexão Direta via Cabo: não são usadas placas de interface especiais, já que este tipo de conexão aproveita as interfaces já existentes no PC.

Interface Serial – DB9 (RS-232)	115.200 bps	14.400 B/s	14 KB/s
Interface Paralela – DB25 (SPP)	1.228.800 bps	153.600 B/s	153,6 KB/s
Interface Paralela – DB25 (ECP/EPP)	25.165.824 bps	3.145.728 B/s	3 MB/S

Rede Dial-up: são usadas placas fax/modem, na qual dois PCs se comunicam pela linha telefônica.

Placa Fax/Modem	56.000 bps	7.000 B/s	6,8 KB/s

Redes Locais: são usadas placas de expansão conhecidas como placas de rede.

Placa de Rede Ethernet	10 Mbits	1.280 KB/s	1,25 MB/s
Placa de Rede Ethernet	100 Mbits	12.800 KB/s	12,5 MB/s
Placa de Rede Ethernet	1000 Mbits	128.000 KB/s	125 MB/s

Apesar de a transferência de dados por placas de rede ser feita a taxas predeterminadas, as taxas verificadas na prática são bem menores.

Essas taxas ao longo da rede só ocorrem quando existem apenas dois computadores trocando dados entre si.

Quando existe tráfego, a taxa de transferência entre cada par de computadores será menor, já que não há a rede para seu uso exclusivo.

Além disso, entra em jogo também a taxa de transferência do disco rígido.

Para ler um arquivo de um servidor para o cliente, é preciso transferir os dados do disco rígido para a memória, e da memória para a rede.

No computador que recebe os dados, estes são enviados da rede para a memória, e da memória para o disco rígido.

Servidor **Cliente**

HD → Memória → Rede → Memória → HD

4) Hardwares de comunicação

Em redes de computadores a arquitetura de redes, o escopo e a topologia são definidos por hardwares específicos de redes de computadores. Estes hardwares são **Componentes Periféricos Híbridos** que cumprem função de Entrada e Saída ou Input e Output.

a) Repetidores

Dispositivo capaz de expandir o cabeamento de rede. Ele poderá transformar os sinais recebidos e enviá-los para outros pontos da rede. Apesar de serem transmissores de informações para outros pontos, eles também diminuirão o desempenho da rede, havendo colisões entre os dados à medida que são inseridas outras máquinas. Esse equipamento, geralmente, localiza-se dentro do hub.

b) Cabos / Conectores de comunicação de redes

A maioria das redes de microcomputadores utiliza cabos e placas tipo Ethernet. Podemos encontrar diferentes tipos de cabos Ethernet.

Os cabos ou cabeamentos fazem parte da estrutura física utilizada para conectar computadores em rede, estando relacionados a:

- Largura de banda;
- Taxa de transmissão;
- Padrões internacionais etc.

Há vantagens e desvantagens para a conexão feita por meio de cabeamento.

i) Cabo SERIAL

- DB9 – até 1.200 metros

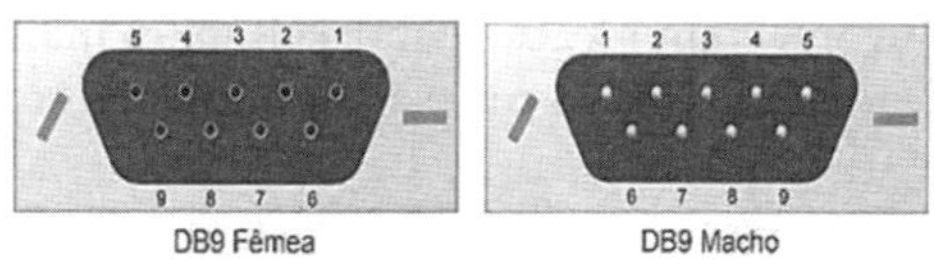

Figura 184

Comunicação serial é a transferência de dados bit a bit (um de cada vez); é usada para a comunicação entre o computador e vários dispositivos: teclado, mouse, impressora, modem, terminais, bem como instrumentação industrial e vários equipamentos de laboratório.

Figura 185

RS-232 (Norma ANSI/EIA-232) é a conexão serial encontrada em PCs compatíveis com IBM. Devido às melhorias nas linhas de condutores e cabos, as aplicações muitas vezes aumentam o desempenho do RS-232 além da distância e velocidade listadas na norma. O RS-232 é limitado a conexões ponto a ponto entre as portas seriais do PC e os dispositivos.

ii) Cabo PARALELO

- DB25 – até 2 metros entre dois dispositivos e até 20 metros total.

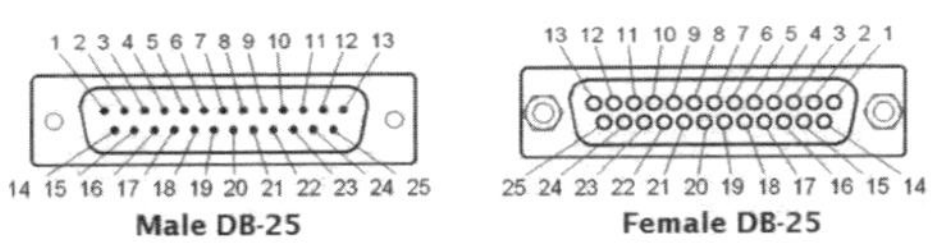

Figura 186

Em telecomunicações e ciência da computação, comunicação paralela é o processo de enviar dados em que todos os bits de um símbolo são enviados juntos. É diferente da comunicação serial, em que cada bit é enviado individualmente. A diferença entre os dois é a quantidade de fios distintos na camada física, usados para a transmissão simultânea dos dados a partir de um dispositivo. A comunicação paralela implica mais de um fio, além da conexão de alimentação.

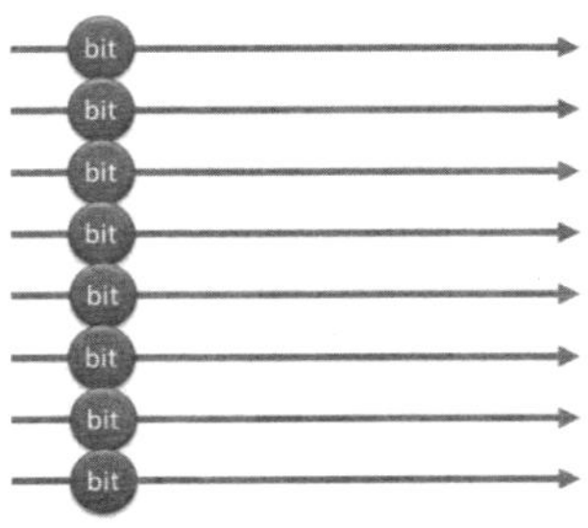

Figura 187

A porta paralela ECP possui uma conexão bidirecional de alta performance, sendo compatível com praticamente todos os equipamentos eletrônicos que podem ser acoplados aos computadores, salvo alguns modelos mais antigos.

iii) Cabo COAXIAL

- Thinnet Ethernet (cabo fino – 10Base2) até 185 metros
- Thicknet Ethernet (cabo grosso – 10Base5) até 500 metros

Cabos que permitem uma distância maior na transmissão de dados.

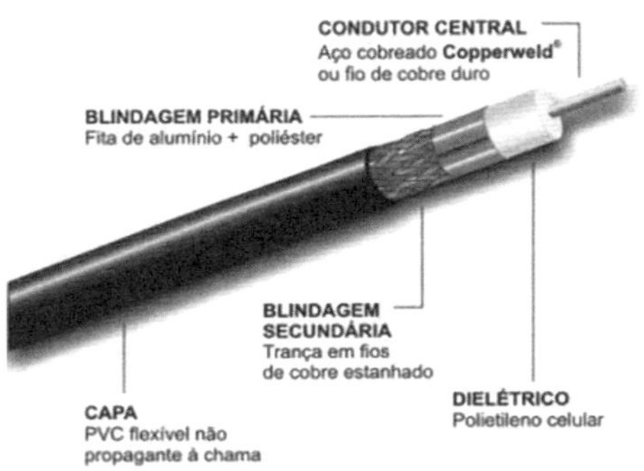

Figura 188

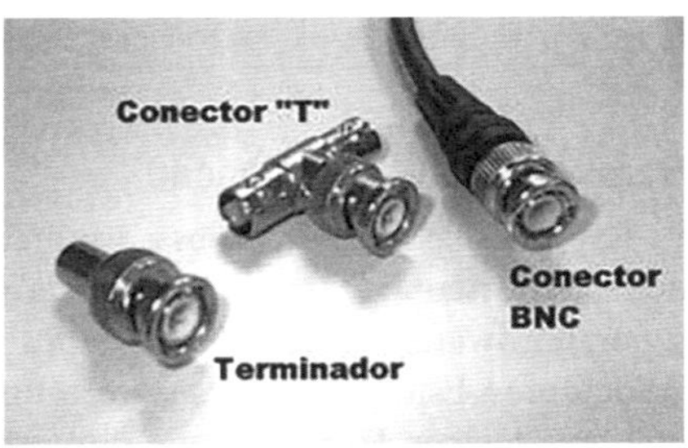

Figura 189

Apesar de serem flexíveis, são caros e frágeis.

Eles necessitam de barramento ISA, suporte não encontrado em computadores mais novos.

O cabo coaxial foi o primeiro cabo disponibilizado no mercado para redes e computadores; durante muito tempo foi o cabeamento padrão de redes.

Mesmo que ainda hoje seja utilizado para transporte de dados, não é mais majoritário por ter como característica perder a força do sinal em longas distâncias entre os pontos de uma mesma rede.

- Possuem apenas uma malha radial e um cabo central para as conexões.
- O conector padrão utilizado é o BNC (Conector Naval Britânico);
- Conector de emenda BARREL-BNC (une dois cabos);
- Conector de ligação com os dispositivos T-BNC;
- Conector de finalização dos cabos TERMINADOR.

iv) Cabo PAR TRANÇADO (Twisted Pair)

Cabos caracterizados por sua velocidade, podem ser feito sob medida, comprados em lojas de informática ou produzidos pelo usuário.

Nos últimos anos os cabos de par trançado substituíram os cabos coaxiais, sendo hoje usados no cabeamento padrão de redes de computadores.

O Par Trançado é um meio físico muito utilizado em redes, apesar do custo adicional decorrente da utilização de outros hardwares de rede que auxiliam na interconexão. O custo do cabo é mais baixo, e a instalação mais simples. Basta ligar cada um dos computadores ao hardware de rede. As conexões são simples porque são independentes. Para adicionar um novo computador à rede, basta fazer a sua ligação ao hardware de rede, sem a necessidade de remanejar cabos de outros computadores.

Os cabos de par trançados são compostos por 4 pares de fios de cobre que, como o nome sugere, são trançados entre si. Este sistema cria uma barreira eletromagnética, protegendo as transmissões de interferências externas, sem a necessidade de usar uma camada de blindagem. Este sistema sutil de proteção contrasta com a "força bruta" usada nos cabos coaxiais, onde o condutor central é protegido de interferências externas por uma malha metálica.

Para evitar que os sinais de um cabo interfiram com os dos vizinhos, cada par de cabos utiliza um padrão de entrançamento diferente, com um número diferente de tranças por metro.

O uso de tranças nos cabos é uma ideia antiga, que remonta ao final do século 19, quando a técnica passou a ser utilizada no sistema telefônico, de forma a aumentar a distância que o sinal era capaz de percorrer.

Em todas as categorias, a distância máxima permitida é de 100 metros (com exceção das redes 10G com cabos categoria 6, onde a distância máxima cai para apenas 55 metros). O que muda é a frequência e, consequentemente, a taxa máxima de transferência de dados suportada pelo cabo, além do nível de imunidade a interferências externas.

Categorias 1 e 2: Estas duas categorias de cabos não são mais reconhecidas pela TIA (Telecommunications Industry Association), que é a responsável pela definição dos padrões de cabos. Elas foram usadas no passado em instalações telefônicas e os cabos de categoria 2 chegaram a ser usados em redes Arcnet de 2.5 megabits e redes Token Ring de 4 megabits, mas não são adequados para uso em redes Ethernet.

Categoria 3: Este foi o primeiro padrão de cabos de par trançado desenvolvido especialmente para uso em redes. O padrão é certificado para sinalização de até 16 MHz, o que permitiu seu uso no padrão 10BASE-T, que é o padrão de redes Ethernet de 10 megabits para cabos de par trançado.

Existiu ainda um padrão de 100 megabits para cabos de categoria 3, o 100BASE-T4 (que vimos a pouco), mas ele é pouco usado e não é suportado por todas as placas de rede.

A principal diferença do cabo de categoria 3 para os obsoletos cabos de categoria 1 e 2 é o entrançamento dos pares de cabos. Enquanto nos cabos 1 e 2 não existe um padrão definido, os cabos de categoria 3 (assim como os de categoria 4 e 5) possuem pelo menos 24 tranças por metro e, por isso, são muito mais resistentes a ruídos externos. Cada par de cabos tem um número diferente de tranças por metro, o que atenua as interferências entre os pares de cabos.

Categoria 4: Esta categoria de cabos tem uma qualidade um pouco superior e é certificada para sinalização de até 20 MHz. Eles foram usados em redes Token Ring de 16 megabits e também podiam ser utilizados em redes Ethernet em substituição aos cabos de categoria 3, mas na prática isso é incomum. Assim como as categorias 1 e 2, a categoria 4 não é mais reconhecida pela TIA e os cabos não são mais fabricados, ao contrário dos cabos de categoria 3, que continuam sendo usados em instalações telefônicas.

Categoria 5: Os cabos de categoria 5 são o requisito mínimo para redes 100BASE-TX e 1000BASE-T, que são, respectivamente, os padrões de rede de 100 e 1000 megabits usados atualmente. Os cabos cat 5 seguem padrões de fabricação muito mais estritos e suportam frequências de até 100 MHz, o que representa um grande salto em relação aos cabos cat 3.

Apesar disso, é muito raro encontrar cabos cat 5 à venda atualmente, pois eles foram substituídos pelos cabos **categoria 5e** (o "e" vem de "enhanced"), uma versão aperfeiçoada do padrão, com normas mais estritas, desenvolvidas de forma a reduzir a interferência entre os cabos e a perda de sinal, o que ajuda em cabos mais longos, perto dos 100 metros permitidos.

Os cabos cat 5e devem suportar os mesmos 100 MHz dos cabos cat 5, mas este valor é uma especificação mínima e não um número exato. Nada impede que fabricantes produzam cabos acima do padrão, certificando-os para frequências mais elevadas. Com isso, não é difícil encontrar no mercado cabos cat 5e certificados para 110 MHz, 125 MHz ou mesmo 155 MHz, embora na prática isso não faça muita diferença, já que os 100 MHz são suficientes para as redes 100BASE-TX e 1000BASE-T.

É fácil descobrir qual é a categoria dos cabos, pois a informação vem decalcada no próprio cabo, como na foto:

Figura 190

Os cabos 5e são os mais comuns atualmente, mas eles estão em processo de substituição pelos cabos categoria 6 e categoria 6a, que podem ser usados em redes de 10 gigabits.

Categoria 6: Esta categoria de cabos foi originalmente desenvolvida para ser usada no padrão Gigabit Ethernet, mas com o desenvolvimento do padrão para cabos categoria 5 sua adoção acabou sendo retardada, já que, embora os cabos categoria 6 ofereçam uma qualidade superior, o alcance continua sendo de apenas 100 metros, de forma que, embora a melhor qualidade dos cabos cat 6 seja sempre desejável, acaba não existindo muito ganho na prática.

Os cabos categoria 6 utilizam especificações ainda mais estritas que os de categoria 5e e suportam frequências de até 250 MHz. Além de serem usados em substituição dos cabos cat 5 e 5e, eles podem ser usados em redes 10G, mas nesse caso o alcance é de apenas 55 metros.

Figura 191

Para permitir o uso de cabos de até 100 metros em redes 10G foi criada uma nova categoria de cabos, a categoria 6a ("a" de "augmented", ou ampliado). Eles suportam frequências de até 500 MHz e utilizam um conjunto de medidas para reduzir a perda de sinal e tornar o cabo mais resistente a interferências.

v) Utilização do Conector RJ-45

É importante notar que existem também diferenças de qualidade entre os conectores RJ-45 destinados a cabos categoria 5 e os cabos cat 6 e cat 6a, de forma que é importante checar as especificações na hora da compra.

Aqui temos um conector RJ-45 cat 5 ao lado de um cat 6. Vendo os dois lado a lado é possível notar pequenas diferenças; a principal delas é que no conector cat 5 os 8 fios do cabo ficam lado a lado, formando uma linha reta, enquanto no conector cat 6 eles são dispostos em zig-zag, uma medida para reduzir o crosstalk e a perda de sinal no conector:

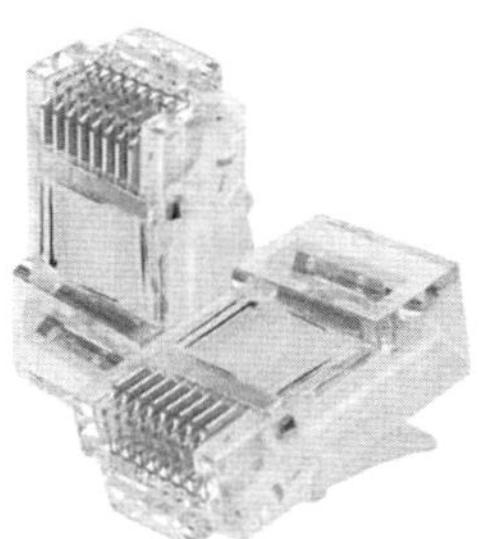

Figura 192

Embora o formato e a aparência seja a mesma, os conectores RJ-45 destinados a cabos cat 6 e cat 6a utilizam novos materiais, suportam frequências mais altas e introduzem muito menos ruído no sinal. Utilizando conectores RJ-45 cat 5, seu cabeamento é considerado cat 5, mesmo que sejam utilizados cabos cat 6 ou 6a.

vi) Blindagem de Cabos de Rede

- **UTP** – Unshielded Twisted Pair (cabo de par trançado sem blindagem)

Figura 193

- **FTP** – Foiled Twisted Pair (Película de metal sobre o conjunto) também conhecidos como **ScTP** – Screened Twisted Pair (Película de metal sobre o conjunto) são os cabos cobertos pelo mesmo composto do UTP categoria 5 Plenum, mas são os que utilizam a blindagem mais simples. Neles, uma fina folha de aço ou de liga de alumínio envolve todos os pares do cabo, protegendo-os contra interferências externas, melhorando a resposta ao EMI, mas sem fazer nada com relação ao crosstalk, ou seja, a interferência entre os pares de cabos, embora exija maiores cuidados quanto ao aterramento para garantir eficácia diante das interferências.

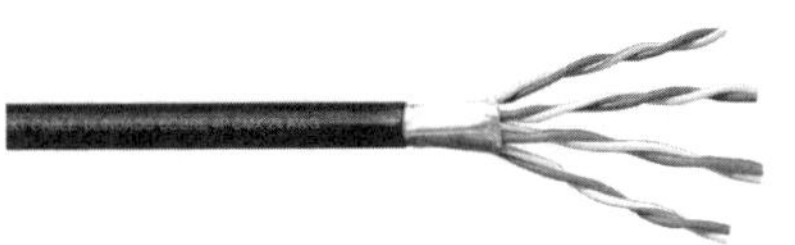

Figura 194

- **STP** – Shielded Twisted Pair (com blindagem metálica em cada par). Os cabos STP vão um pouco além, usando uma blindagem individual para cada par de cabos. Isso reduz o crosstalk e melhora a tolerância do cabo com relação à distância, o que pode ser usado em situações onde for necessário crimpar cabos fora do padrão, com mais de 100 metros.

Figura 195

- **SSTP** – Screened Shielded Twisted Pair também chamados de **SFTP** – Screened Foiled Twisted Pair, que combinam a blindagem individual para cada par de cabos com uma segunda blindagem externa, envolvendo todos os pares, o que torna os cabos especialmente resistentes a interferências externas. Eles são mais adequados a ambientes com fortes fontes de interferências.

Concluindo, existem também cabos de rede com fios sólidos e também cabos stranded (de várias fibras, também chamados de patch), onde os 8 fios internos são compostos por fios mais finos. Os cabos sólidos são os mais comuns e são os recomendados para uso geral, pois oferecem uma menor atenuação do sinal (cerca de 20% menos, considerando dois cabos de qualidade similar):

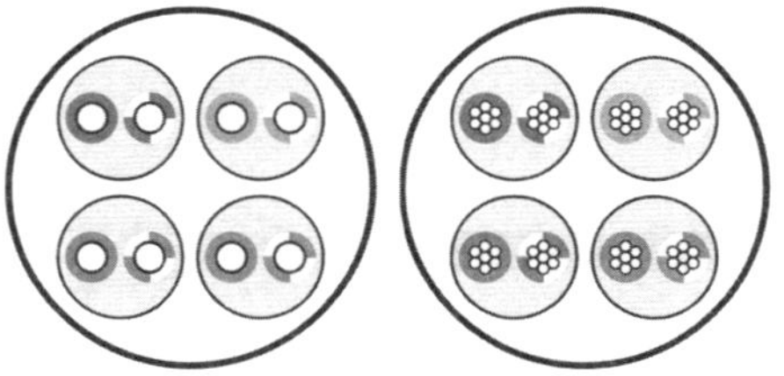

Figura 196

Visão interna de um cabo sólido e de um cabo stranded

A única vantagem dos cabos stranded é que o uso de múltiplos fios torna os cabos mais flexíveis, o que faz com que sejam muitas vezes preferidos para cabos de interconexão curtos (patch cords), usados para ligar os PCs às tomadas de parede ou ligar o switch ao patch panel (veja detalhes a seguir).

Dentro do padrão, os cabos de rede crimpados com cabos stranded não devem ter mais de 10 metros. Você pode usar um cabo sólido de até 90 metros até a tomada e um cabo stranded de mais 10 metros até o micro, mas não pode fazer um único cabo stranded de 100 metros.

Embora seja um detalhe pouco conhecido, existiram conectores RJ-45 próprios para cabos stranded, onde as facas-contato internas tinham a ponta arredondada. Estes conectores não funcionavam muito bem com cabos sólidos (o formato da faca-contato tornava o contato deficiente). Tínhamos então conectores específicos para cabos sólidos, que utilizavam facas-contato com três lâminas.

Estes dois tipos foram logo substituídos pelos conectores atuais, onde as facas-contato são pontudas, de forma a funcionarem bem com os dois tipos de cabos. Os conectores RJ-45 com este tipo de contato (que são praticamente os únicos usados atualmente) são também chamados de conectores universais:

- Categoria 1: sistema de telefonia;
- Categoria 2: UTP tipo 3 definido pela IBM. Baixa transmissão;
- Categoria 3: transmissão de até 16 Mhz. Utilização típica em até 10 Mbps;
- Categoria 4: transmissão de até 20 Mhz. Utilização típica em até 16Mbps;
- Categoria 5: transmissão de até 100 Mhz. Utilização típica em até 100Mbps.

c) Fibra óptica

Este cabeamento **utiliza o sinal luminoso** em vez da eletricidade na transmissão de dados. A fibra óptica é um filamento de vidro, que mantém o sinal em longas distâncias, e é imune a raios, porém tem como características onerosas, **além do alto custo**, ser **pouco maleável**.

Os cabos de fibra óptica utilizam o fenômeno da refração interna total para transmitir feixes de luz a longas distâncias. Um núcleo de vidro muito fino, feito de sílica com alto grau de pureza, é envolvido por uma camada (também de sílica) com índice de refração mais baixo, chamada de cladding, o que faz com que a luz transmitida pelo núcleo de fibra seja refletida pelas paredes internas do cabo. Com isso, apesar de ser transparente, a fibra é capaz de conduzir a luz por longas distâncias, com um índice de perda muito pequeno.

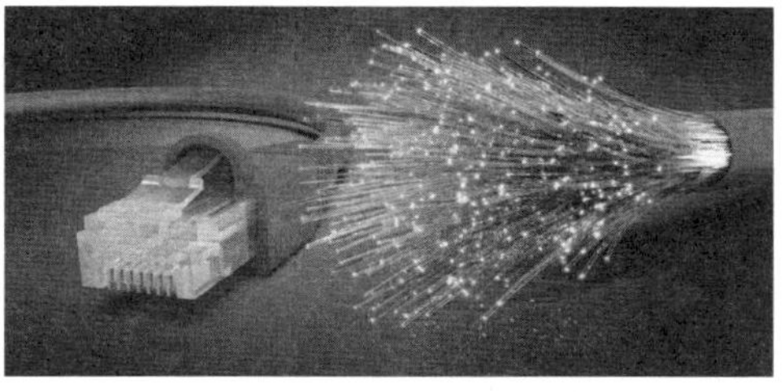

Figura 197

Embora a sílica seja um material abundante, os cabos de fibra óptica são caros devido ao complicado processo de fabricação, assim como no caso dos processadores, que são produzidos a partir do silício. A diferença entre sílica e silício é que o silício é o elemento Si puro, enquanto a sílica é composta por dióxido de silício, composto por um átomo de silício e dois de oxigênio. O silício é cinza escuro e obstrui a passagem da luz, enquanto a sílica é transparente.

Como os fios de fibra são muito finos, é possível incluir um grande volume deles em um cabo de tamanho modesto, o que é uma grande vantagem sobre os fios de cobre. Como a capacidade de transmissão de cada fio de fibra é bem maior que a de cada fio de cobre e eles precisam de um volume muito menor de circuitos de apoio, como repetidores, usar fibra em links de longa distância acaba saindo mais barato. Outra vantagem é que os cabos de fibra são imunes a interferência eletromagnética, já que transmitem luz e não sinais elétricos, o que permite que sejam usados mesmo em ambientes onde o uso de fios de cobre é problemático.

A transmissão de dados usando sinais luminosos oferece desafios, já que os circuitos eletrônicos utilizam eletricidade e não luz. Para solucionar o problema, é utilizado um transmissor óptico, que converte o sinal elétrico no sinal luminoso enviado por meio da fibra e um receptor, que faz o processo inverso. O transmissor utiliza uma fonte de luz, combinada com uma lente, que concentra o sinal luminoso, aumentando a percentagem que é efetivamente transmitida pelo cabo. Do outro lado, é usado um receptor ótico, que amplifica o sinal recebido e o transforma novamente nos sinais elétricos que são processados.

Para reduzir a atenuação, não é utilizada luz visível, mas sim luz infravermelha, com comprimentos de onda de 850 a 1550 nanômetros, de acordo com o padrão de rede usado. Antigamente, eram utilizados LEDs nos transmissores, já que eles são uma tecnologia mais barata, mas com a introdução dos padrões Gigabit e 10 Gigabit eles foram quase que inteiramente substituídos por laseres, que oferecem um chaveamento mais rápido, suportando, assim, a velocidade de transmissão exigida pelos novos padrões de rede.

Existem padrões de fibra óptica para uso em redes Ethernet desde as redes de 10 megabits. Antigamente, o uso de fibra óptica em redes Ethernet era bastante raro, mas com o lançamento dos padrões de 10 gigabits a utilização vem crescendo, com os links de fibra sendo usados, sobretudo para criar backbones e links de longa distância.

i) Os dois tipos de cabos de fibra óptica

- Multimodo ou MMF (multimode fibre): as multimodo utilizam núcleos mais espessos, tipicamente com 62.5 microns.

As fibras multimodo são mais baratas e o núcleo mais espesso demanda uma precisão menor nas conexões, o que torna a instalação mais simples, mas, em compensação, a atenuação do sinal luminoso é muito maior.

O núcleo mais espesso das fibras multimodo favorece a divisão do sinal em vários feixes separados, que ricocheteiam dentro do cabo em pontos diferentes, aumentando brutalmente a perda durante a transmissão.

As fibras multimodo permitem um alcance de até 550 metros no Gigabit Ethernet e 300 metros no 10 Gigabit.

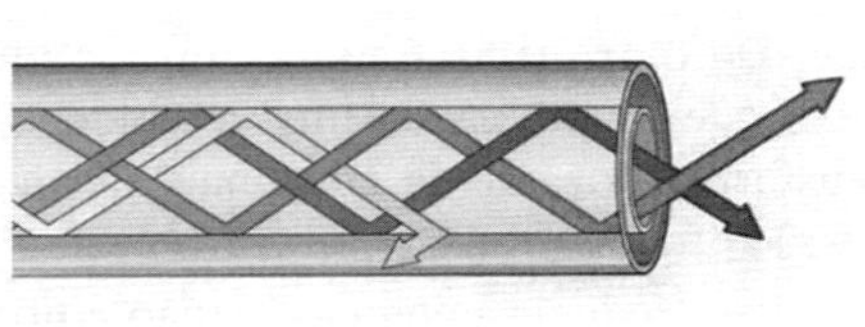

Figura 198

Isso faz com que as fibras multimodo sejam utilizadas apenas em conexões de curta distância, já que sairia muito mais caro usar cabos multimodo e repetidores do que usar um único cabo monomodo de um ponto ao outro.

- Monomodo ou SMF (singlemode fibre): As fibras monomodo possuem um núcleo muito mais fino, de 8 a 10 mícrons de diâmetro.

O pequeno diâmetro do núcleo das fibras monomodo faz com que a luz se concentre em um único feixe, que percorre todo o cabo com um número relativamente pequeno de reflexões.

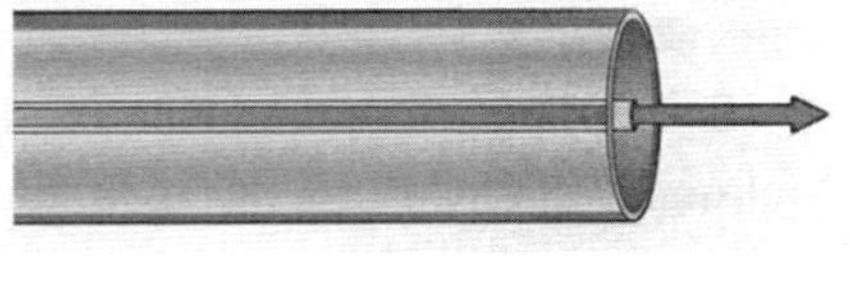

Figura 199

As fibras monomodo podem atingir até 80 km no padrão 10 Gigabit.

ii) Vantagens da fibra óptica

- Dimensões reduzidas.
- Capacidade para transportar grandes quantidades de informação (um par de fibras ópticas, cujo diâmetro pode ser comparado com o de um fio de cabelo, pode transmitir 2,5 milhões ou mais de chamadas telefônicas ao mesmo tempo. Um cabo de cobre com a mesma capacidade teria um diâmetro da ordem de 6 m!).
- Imunidade às interferências eletromagnéticas.
- Matéria-prima muito abundante.
- Segurança no sinal.
- Facilidade na instalação.
- Menos deterioração com o tempo comparando com os fios de cobre.

iii) Desvantagens da fibra óptica

- Custo elevado.
- Fragilidade das fibras óticas sem encapsulamento.
- Dificuldade para ramificações (uma rede ponto a ponto seria mais viável, caso contrário as conexões tipo "T" sofrem com perdas muito elevadas de dados).
- Impossibilidade de alimentação remota dos repetidores.
- Falta de padronização dos componentes ópticos.

iv) Backbones

No mundo inteiro, existem milhares de LANs e computadores ligados à Internet. Para dar conta de todo esse tráfego de informações, foram instaladas linhas de comunicação de alta capacidade. Essas linhas de alta capacidade são conhecidas como backbones, que em inglês significa **Espinha Dorsal**.

Esses backbones conectam poderosos computadores por linhas de grande largura de banda como canais de fibra ótica, elos de satélite e elos de transmissão por rádio.

O backbone é basicamente a central que liga as operadoras aos servidores externos. Existem backbones nacionais (para comunicação entre diferentes estados), internacionais (que possibilitam a conexão entre diferentes países de um mesmo continente) e intercontinentais (que ligam os países da Europa aos da América ou outros continentes).

Os backbones são instalados no subterrâneo e há alguns que até ficam no fundo do oceano. Como eles trabalham com uma quantidade absurda de dados (imagine que são milhões de usuários acessando sites externos), utilizam protocolos de transferências especiais e fibras ópticas.

Os protocolos garantem que todos os dados trafeguem simultaneamente de um lado para o outro. Já a fibra óptica é a parte estrutural que permite a transmissão em altas velocidades, podendo ultrapassar facilmente a casa dos 100 terabytes por segundo (pense que são milhões de usuários carregando os mais diferentes tipos de sites simultaneamente).

A Fibra Óptica é usada na instalação dos Backbones (Espinha Dorsal da Internet)

- Cabos centrais da Internet;
- Existem cabos regionais / nacionais / internacionais / intercontinentais;
- Cabos aéreos / subterrâneos / submarinos;
- Seguem por milhares de quilômetros;
- O provedor assina o serviço de utilização do backbone.

v) Nós em fibra óptica

Dependendo de onde o nó óptico esteja localizado, a rede pode ser classificada como:

- FTTN (Fiber To The Node ou da Fibra para o Nó): o nó óptico é instalado no bairro do usuário, semelhante ao que ocorre com a TV a cabo. Também conhecido por FTTCab (Fiber To The Cabinet ou Fibra para o Gabinete).
- FTTC (Fiber To The Curb ou da Fibra para a Calçada): o nó óptico vai até a parte externa (calçada) do prédio do usuário.
- FTTB (Fiber To The Building ou da Fibra para o Prédio): as fibras ópticas entram no prédio do usuário, mas um cabo de cobre é utilizado para conectar o nó óptico ao apartamento do usuário.
- FTTH (Fiber To The Home ou da Fibra para a Casa): as fibras ópticas entram na casa do usuário e fios de telefone comuns não são usados.

d) Rede HFC – Hybrid Fiber Coaxial

Com o passar dos anos, o sistema de televisão cresceu, e os cabos entre as várias cidades foram substituídos por fibra óptica de alta largura de banda, de forma semelhante ao que aconteceu no sistema telefônico. Um sistema com fibra nas linhas principais e cabo coaxial nas ligações para residências é chamado HFC (Hybrid Fiber Coaxial) Sistema híbrido de cabo coaxial e fibra.

A tecnologia modem a cabo, diferentemente das outras tecnologias de acesso residencial, é um meio de transmissão compartilhado. Cada pacote enviado pelo provedor trafega por todos os enlaces até todas as casas. Isso faz com que os pacotes enviados simultaneamente por duas casas diferentes colidam e se destruam. Portanto, a taxa efetiva de transmissão depende do número de usuários ativos.

Uma possível vantagem da tecnologia ADSL sobre a modem a cabo reside justamente no fato de a ADSL ser uma linha dedicada e não compartilhada. Entretanto, uma rede HFC bem dimensionada provê taxa de transmissão maior que a do ADSL. Opcionalmente, HFC permite utilizar um Interactive Set-Top-Box, cuja principal função é a de disponibilizar um maior número de canais de TV, sobre a mesma banda passante. O Set-Top- Box cria um canal de retorno que permite ao usuário navegar pela Internet e receber os resultados na tela da TV. Serviços como voz sobre IP, quando bem dimensionados, podem ser implantados com alta qualidade.

e) Sistema de Cabeamento Estruturado – BUS WAY

Para que essa conexão não atrapalhe o ambiente de trabalho, se feito em uma grande empresa, são necessárias várias conexões e muitos cabos. Assim surgiu o cabeamento estruturado.

Por meio dele, um técnico irá poupar trabalho e tempo, tanto para fazer a instalação quanto a remoção da rede. Ele é feito por meio das tomadas RJ-45 que possibilitam que vários conectores possam ser encaixados num mesmo local, sem a necessidade de serem conectados diretamente no hub.

Além disso, o sistema de cabeamento estruturado possui um painel de conexões, em inglês Patch Panel, onde os cabos das tomadas RJ-45 são conectados, sendo um concentrador de tomadas, facilitando a manutenção das redes. Eles são adaptados e construídos para serem inseridos em um rack.

Todo esse planejamento deve fazer parte do projeto do cabeamento de rede, em que a conexão da rede é pensada de forma a realizar a sua expansão.

f) Micro-ondas e Infravermelho

São de tecnologia utilizada em ambientes urbanos ou em áreas rurais que não possuem infraestrutura adequada. Trabalham em distâncias que variam de **380 metros (infravermelho)** a **20 Km (micro-ondas)**.

g) Placa Fax/Modem

A palavra Modem vem da junção das palavras **MO**dulador e **DEM**odulador. É um dispositivo eletrônico que modula um sinal digital numa onda analógica, pronta a ser transmitida pela linha telefônica, e que demodula o sinal analógico e reconverte-o para o formato digital original. Utilizado para conexão à Internet, ou a outro computador.

O processo de conversão de sinais binários para analógicos é chamado de modulação/conversão digital-analógico. Quando o sinal é recebido, outro modem reverte o processo (chamado demodulação). Ambos os modems devem trabalhar de acordo com os mesmos padrões, que especificam, entre outras coisas, a velocidade de transmissão (bps, baud), nível e algoritmo de compressão de dados, protocolo etc.

O prefixo Fax deve-se ao fato de que o dispositivo pode ser utilizado para receber e enviar fac-símile.

Os primeiros modems analógicos eram externos. Ligados por meio das interfaces paralelas, onde a velocidade de transmissão era de 300 bps (bits por segundo) e operavam em dois sinais diferentes, um tom alto que representava bit 1, enquanto o tom baixo representava o bit 0.

h) Modem e Modem a Cabo

Atualmente, as operadoras de TV a cabo estão competindo com as companhias telefônicas pelos usuários residenciais que cada vez mais pedem banda para acessar a internet em alta velocidade. A tecnologia DSL permite acessos de alta velocidade aos usuários por meio da conexão telefônica local.

Contudo, a tecnologia DSL utiliza pares trançados sem blindagem e, por isso, são muito susceptíveis a interferências. Isto reflete na conexão, modificando o limite superior da taxa de transmissão.

Outra proposta é utilizar a rede de TV a cabo para acessar a Internet.

i) Placas de rede

Dispositivo que garante a comunicação entre os computadores da rede. Cada arquitetura de rede depende de um tipo de placa específica. As mais utilizadas são as do tipo Ethernet e Token Ring (rede em anel).

O endereço da placa de rede: Mac Address

O endereço MAC (Media Access Control ou Controle de Acesso de Mídia), também conhecido como Endereço Físico, é o endereço associado a interfaces de comunicação utilizadas em dispositivos de rede. Diferente do endereço IP, a sua identificação é gravada em hardware, na memória ROM da placa de rede de roteadores, computadores, notebooks, smartphones, impressoras de rede, entre outros. O MAC é um endereço único, ou seja, não existem dois iguais com a mesma numeração no mundo.

j) Switch

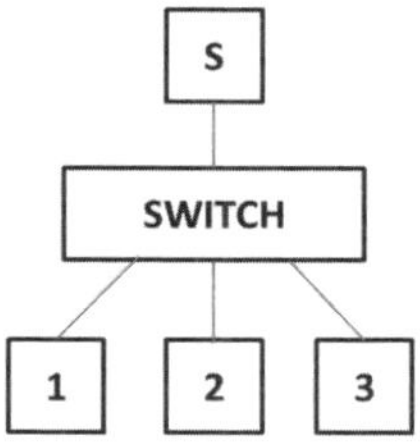

Figura 200

Este hardware se caracteriza por ser multiportas. É um componente de hardware que interliga os computadores em uma rede, aparelho semelhante a um hub, mas que funciona como uma ponte: ele envia os dados apenas para a máquina que o solicitou atuando em multicast. Ele possui muitas portas de entrada e melhor desempenho, podendo ser utilizado para redes maiores.

Uma importante diferença do Switch para o Hub é que o Switch **consegue ler tanto o IP de origem quanto o IP de destino** da informação, possibilitando que saiba tanto a origem quanto o ponto que deve entregar a informação.

- Funciona em Multicast.
- Garante a confidencialidade.
- Não diminui ou compromete o fluxo ou desempenho da rede.
- Não gera pacotes redundantes e desnecessários.

Os switches são aparelhos muito mais inteligentes. Eles fecham canais exclusivos de comunicação entre o micro que está enviando dados e o que está recebendo, permitindo que vários pares de micros troquem dados entre si ao mesmo tempo. Isso melhora bastante a velocidade em redes congestionadas, com muitos micros. Outra vantagem dos switches é que eles permitem o uso do modo full-duplex, onde é possível enviar e receber dados simultaneamente. Isso permite que os micros disponham de 100 ou 1000 megabits em cada sentido, agilizando as transmissões.

Hoje em dia, os hubs "burros" caíram em desuso. Quase todos à venda atualmente são "hub-switches", modelos de switches mais baratos, que custam quase o mesmo que um hub antigo. Depois destes, temos os switches "de verdade", capazes de gerenciar um número muito maior de portas, sendo, por isso, adequados a redes de maior porte.

k) HUB

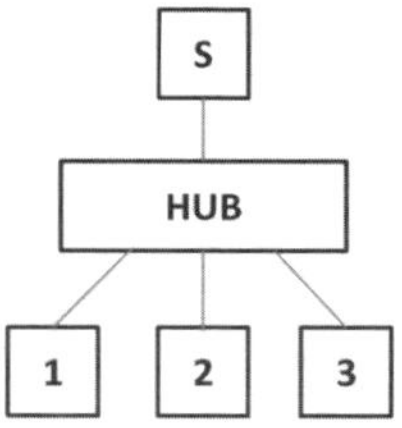

Figura 201

O hub é um dispositivo capaz de interligar os computadores de uma rede local. Sua forma de trabalho é a mais simples se comparado ao switch e ao roteador: o hub recebe e concentra os dados vindos de um computador e os transmite às outras estações de trabalho (máquinas).

Um hub é um hardware que permite a transmissão ou difusão de determinado serviço ou informação, e tem como característica principal enviar a informação para vários clientes de forma simultânea, atuando em **Broadcast**.

Nesse momento nenhuma outra máquina consegue enviar um determinado sinal até que os dados sejam distribuídos completamente. Eles são utilizados em redes domésticas e podem ter 8, 16, 24 e 32 portas, dependendo do fabricante. Existem os Hubs Passivos, Ativos, Inteligentes e Empilháveis.

Importante característica do hub é que **ele lê o IP de origem,** mas não lê o IP de destino da informação, o que possibilita que identifique a origem da informação, porém, ao não identificar o destino da informação, distribui para todos os clientes da rede.

- Funciona em Broadcast (um único envio para todos).
- Pode gerar pacotes redundantes e desnecessários.
- Pode comprometer o fluxo da rede.
- Não garante a confidencialidade.
- A informação enviada para quem não deveria, morre na entrada.

l) Roteador

Temos os roteadores, que são o topo da cadeia evolutiva. Os roteadores são ainda mais inteligentes, pois são capazes de interligar várias redes diferentes e sempre escolher a rota mais rápida para cada pacote de dados.

É um dispositivo utilizado para conectar redes e arquiteturas diferentes e de grande porte. Ele funciona como um tipo de ponte na camada de rede (nível 3) do modelo OSI (Open Systens Interconnection – protocolo de interconexão de sistemas abertos para conectar máquinas com fabricantes diferentes), procurando, identificando e definindo um IP (em vez de endereços MAC) para cada computador que se conecta com a rede.

Usando roteadores, é possível interligar um número enorme de redes diferentes, mesmo que situadas em países ou mesmo continentes diferentes. Note que cada rede possui seu próprio roteador e os vários roteadores são interligados entre si. É possível interligar inúmeras redes diferentes usando roteadores, e não seria de se esperar que todos os roteadores tivessem acesso direto a todos os outros roteadores a que estivesse conectado.

Pode ser que, por exemplo, o roteador 4 esteja ligado apenas ao roteador 1, que esteja ligado ao roteador 2, que por sua vez esteja ligado ao roteador 3, que esteja ligado aos roteadores 5 e 6. Se um micro da rede 1 precisar enviar dados para um dos micros da rede 6, então o pacote passará primeiro pelo roteador 2, será encaminhado ao roteador 3 e finalmente ao roteador 6. Cada vez que o dado é transmitido de um roteador para outro, temos um "hop".

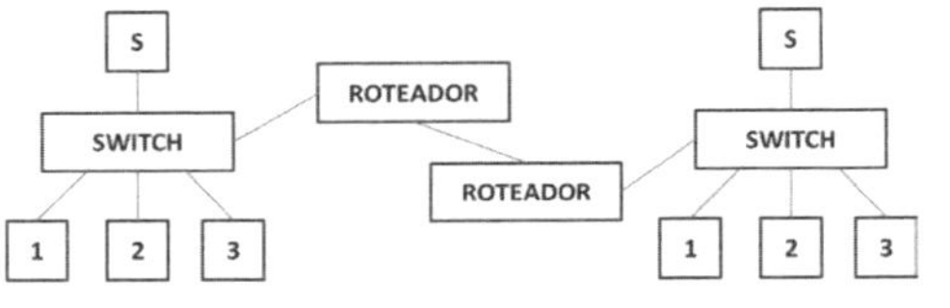

Figura 202

O hardware caracterizado como roteador é um dispositivo que permite encaminhar dados entre redes de computadores distintas e independentes, estabelecendo para isso um conjunto de redes em sobreposição.

Um roteador é conectado a duas ou mais redes diferentes. Como característica importante, além de permitir a conexão entre redes independentes, ele também impõe políticas de segurança na rede.

- Conecta 2 redes independentes com a mesma tecnologia.
- Hipótese 1 = Bloqueia FTP.
- Hipótese 2 = Bloqueia Facebook.
- O segmento entre os dois roteadores é chamado de DMZ (Zona desmilitarizada), ou seja, sem política de segurança.

Existem dois tipos de roteadores, e sua função principal é organizar o tráfego de dados na rede e selecionar o caminho que a informação deve seguir para chegar a seu destino.

- **Roteadores estáticos:** capazes de encontrar o menor caminho para tráfego de dados, mesmo se a rede estiver congestionada.
- **Roteadores dinâmicos:** capazes de encontrar os melhores caminhos, ou seja, os mais rápidos e menos congestionados para o tráfego, independentemente se forem mais longos.

Os roteadores são inteligentes o suficiente para determinar o melhor caminho a seguir. Inicialmente, o roteador procurará o caminho com o menor número de hops: o caminho mais curto. Mas se por acaso perceber que um dos roteadores desta rota está ocupado demais (o que pode ser medido pelo tempo de resposta), ele procurará caminhos alternativos para desviar do trecho de lentidão, mesmo que para isso o sinal tenha que passar por mais roteadores. No final, apesar do sinal ter percorrido o caminho mais longo, chegará mais rápido, pois não precisará ficar esperando na fila do roteador congestionado.

A Internet é, na verdade, uma rede gigantesca, formada por várias sub-redes interligadas por roteadores. Todos os usuários de um pequeno provedor, por exemplo, podem ser conectados à Internet por meio do mesmo roteador. Para baixar uma página do Google, por exemplo, o sinal deverá passar por vários roteadores, várias dezenas em alguns casos. Se todos estiverem livres, a página será carregada rapidamente. Porém, se alguns estiverem congestionados, pode ser que a página demore vários segundos antes de começar a carregar.

Você pode medir o tempo que um pedido de conexão demora para ir até o destino e ser respondido usando o ping. Para verificar por quantos roteadores o pacote está passando até chegar ao destino, use o comando "traceroute" (no Linux) ou "tracert" (no Windows).

Os roteadores podem ser desde PCs comuns, com duas ou mais placas de rede, até supercomputadores capazes de gerenciar centenas de links de alta velocidade. Muda o desempenho e muda o sistema operacional usado, mas o trabalho é fundamentalmente o mesmo.

Quando você usa um PC com duas placas de rede para compartilhar a conexão com os micros da rede local, você está configurando-o para funcionar como um roteador simples, que liga uma rede (a Internet) a outra (a sua rede doméstica). O mesmo acontece ao configurar seu modem ADSL como roteador. Pense que a diferença entre os switches e os roteadores é justamente esta: os switches permitem que vários micros sejam ligados formando uma única rede, enquanto os roteadores permitem interligar várias redes diferentes, criando redes ainda maiores, como a própria Internet.

Dentro de uma mesma rede é possível enviar pacotes de broadcast, que são endereçados a todos os integrantes da rede simultaneamente e, ao usar um hub burro, todos os micros recebem todas as transmissões. Um roteador filtra tudo isso, fazendo com que apenas os pacotes especificamente endereçados a endereços de outras redes trafeguem entre elas. Lembre-se de que, ao contrário das redes locais, os links de Internet são muito caros, por isso é essencial que sejam bem aproveitados.

Quando um serviço de banda larga é contratado, um modem é recebido oferecendo um "access point" ou ponto único de acesso à internet. Desta forma, para compartilhar esta conexão com mais de um aparelho é preciso criar uma rede interna com o roteador, podendo assim estender a conexão com a web para outros computadores e também para dispositivos móveis locais.

m) Ponte

Temos também os bridges (pontes), que permitem interligar dois segmentos de rede, de forma que eles passem a formar uma única rede.

É um repetidor inteligente que funciona como uma ponte. Ele lê e analisa os dados da rede, além de interligar arquiteturas diferentes.

Em redes antigas, onde era utilizado um único cabo coaxial ou um hub burro, o uso de bridges permitia dividir a rede em segmentos menores, reduzindo, assim, o volume de colisões e melhorando o desempenho da rede. O bridge trabalha no nível 2 do modelo OSI, verificando os endereços MAC de origem e de destino dos frames e encaminhando apenas os frames necessários de um segmento a outro. Outra vantagem é que a rede passa a comportar duas transmissões simultâneas, uma envolvendo micros do segmento A e outra envolvendo micros do segmento B:

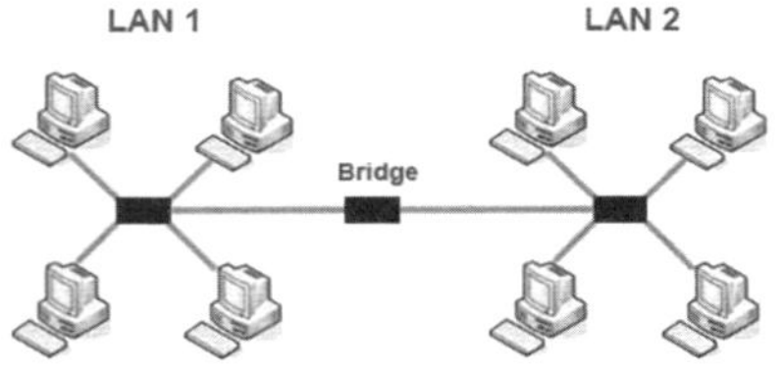

Figura 203

O hardware definido como ponte ou "Bridge" é caracterizado como o dispositivo que interliga duas ou mais redes que usam protocolos distintos ou iguais ou dois segmentos da mesma rede que utilizam protocolo e tecnologias distintas. Também é possível que uma ponte estabeleça procedimentos exclusivos em um segmento de rede.

- Conecta duas redes independentes com tecnologias distintas.

Hoje em dia não faz sentido usar bridges para dividir a rede em segmentos porque os switches já desempenham essa função, criando segmentos individuais para cada micro, o que praticamente elimina o problema das colisões, mas eles foram muito utilizados na época dos hubs burros.

Outra utilidade dos bridges é unificar segmentos de rede baseados em mídias diferentes. Antigamente, quando ainda estava acontecendo a transição das redes com cabos coaxiais para as redes de par trançado, era muito comum que fosse utilizado um bridge para interligar os hosts conectados à rede antiga, com cabo coaxial à rede nova, com cabos de par trançado. Graças ao trabalho do bridge, tudo funcionava de forma transparente.

O bridge não precisa necessariamente ser um dispositivo dedicado. Veja o caso deste hub antigo, que além das 8 portas para cabos de par trançado, possui também um conector de cabo coaxial, o que permite que ele assuma também a função de bridge, interligando os dois segmentos de rede:

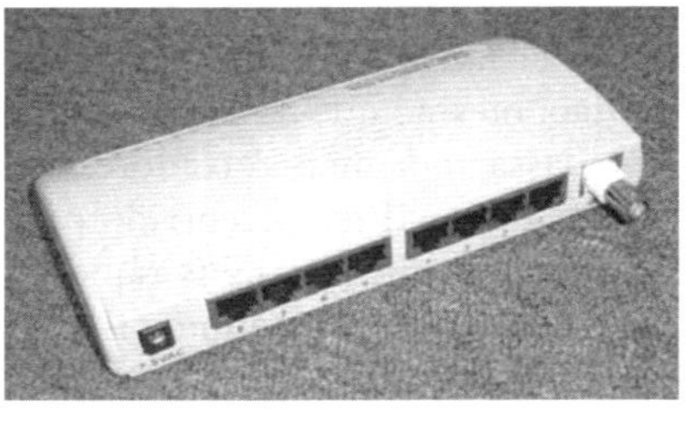

Figura 204

Hub 10/10 antigo, com saída para cabo coaxial

Atualmente, o exemplo mais comum de bridge são os pontos de acesso wireless, que podem interligar os micros da rede cabeada aos micros conectados à rede wireless, criando uma única rede. Muitos pontos de acesso incorporam também switches de 4 ou mais portas, ou até mesmo minirroteadores, que permitem compartilhar a conexão entre os micros da rede local. Hoje em dia, dispositivos "tudo em um" são cada vez mais comuns, pois, com o avanço das técnicas de fabricação, tornou-se possível incluir cada vez mais circuitos em um único chip, fazendo com que um ponto de acesso "tudo em um" custe praticamente o mesmo que um ponto de acesso sem as funções extras.

5) Definição de redes

Uma **Rede de Computadores** representa um **conjunto de computadores interligados** para o **compartilhamento de serviços e informação.**

Para o planejamento de uma rede devem-se conhecer os seus principais componentes **lógicos** e **físicos**:

- As Velocidades de Transmissão de Dados – Taxas de Transferência.
- Hardwares de Rede.
- Protocolos de Comunicação.
- As Arquiteturas de Redes – Hierarquia Física.
  - → Os Servidores de Arquivos.
  - → As Estações de Trabalho.
- Os Escopos de Redes – Abrangência.
- Topologias de Redes – Conexão.
  - → Padrões de Conexão.
  - → Meios físicos de Conexão.

6) Serviços compartilhados em uma rede

Uma rede de computadores pode compartilhar serviços distintos, e entre eles se destacam aqueles que são os mais comuns no uso corporativo pelas organizações públicas e privadas, e que seguem abaixo.

Comunicação: Uma rede de computadores basicamente possibilita a **comunicação entre clientes**, para que possam se comunicar terminal-terminal ou mesmo **compartilhar arquivos**.

Dispositivos: É muito comum que uma rede de computadores compartilhe **Recursos de Hardware** como dispositivos, impressoras, scanner ou outros, que são gerenciados e disponibilizados pelo servidor e que possibilitam que os clientes acessem.

Segurança: Uma rede de computadores pode ser estabelecida para que exista compartilhamento de **recursos de segurança** como antimalwares e firewall físicos ou lógicos.

Aplicativos: É possível que uma rede exista para compartilhar **Programas Aplicativos** que ficam hospedados em um servidor e podem ser acessados pelos clientes da rede de forma colaborativa.

Internet/Intranet: Serviço que mais comumente é compartilhado em uma rede de computadores, tendo um servidor que recebe a conexão do provedor de acesso e disponibiliza para os clientes de sua rede.

7) Gateway

Conjunto de recursos de segmentos comuns a mais de uma rede (físicos ou lógicos).

São componentes indispensáveis para alcançar as comunicações entre terminais ligados a redes heterogêneas que usam protocolos diferentes.

Gateway em geral é um computador ou roteador que fica entre duas redes. Um exemplo de um gateway é o roteador de internet, que separa a rede da empresa da rede Internet. No gateway em geral são instalados os dispositivos de segurança da rede como firewall.

Outros serviços de rede como proxy, NAT e heurísticas de detecção de ataques também podem ser incorporadas aos gateways. Nas redes mais comuns encontradas nas pequenas empresas brasileiras, o gateway é o roteador de Internet ou o computador usado como servidor de Internet, quando existe.

Muitas vezes, o modem tem um roteador embutido, e pode ou não funcionar como gateway. Podem existir vários gateways em uma mesma rede, e a configuração dos mesmos define quem tem prioridade em cada serviço. A maior parte da configuração da rede é feita no gateway: firewall, redirecionamento de portas etc.

8) Software de rede

As redes de computadores possuem vários componentes, sejam físicos ou lógicos baseados em camadas e protocolos. A esse conjunto dá-se o nome de arquitetura de rede. Cada sistema operacional possui característica específica que oferece suporte.

A maioria das redes se organiza em camadas ou níveis (hierarquia), que são colocadas sobrepostas, sendo que cada uma tem a sua função específica, oferecendo suporte às camadas superiores. Para estabelecerem comunicação entre camadas de máquinas diferentes existem os protocolos da camada n.

9) Protocolo Telnet

O protocolo Telnet é um protocolo standard de Internet que permite a interface de terminais e de aplicações por meio da Internet. Este protocolo fornece as regras básicas para permitir ligar um cliente (sistema composto de uma afixação e um teclado) a um intérprete de comando (do lado do servidor).

10) Arquiteturas de rede / Internet

A terminologia "arquitetura" está caindo em desuso, por conta das atuais tecnologias, formas de conexão e serviços da internet, porém ainda encontramos estes termos em provas de concursos públicos.

A arquitetura define a forma com que os computadores são conectados entre si e qual a hierarquia estabelecida entre eles.

ATENÇÃO

Hoje em dia os chamados **Sistemas Finais de Acesso à Internet** vão muito além dos computadores, e incluem telefonia celular, tablets e outros componentes, alterando a relação de arquitetura em redes.

A interconexão destes chamados sistemas finais estabelece **Rotas de Comunicação** que geram vários **Enlaces** e **Tecnologias**.

A internet é baseada na arquitetura **Cliente-Servidor**, onde existe um servidor conectado diretamente aos clientes. Esta arquitetura é de **hierarquias fixa e definida**, pois os computadores que têm o papel de atuar como clientes e como servidores não sofrem alteração de suas funções e por decorrência não sofrem mudança de hierarquia.

Outra arquitetura utilizada em alguns serviços é a **Peer-to-Peer P2P**, onde os clientes estão conectados diretamente entre si.

a) Servidor de Arquivos

O Servidor de Arquivos é um computador com maiores recursos de memória e velocidade, que se utiliza do Sistema Operacional de Rede para controlar e disponibilizar os recursos físicos que estão conectados.

Os provedores de acesso possuem computadores centrais que se conectam, por determinado meio físico (telefonia ou cabeamento) aos computadores dos usuários que adquirem os serviços.

Estes computadores são denominados servidores. O servidor é o principal computador de uma rede, e provedores têm seu servidor conectado diretamente ou via rede telefônica com os clientes.

b) Estações de Trabalho (Cliente – Computadores da Rede)

São microcomputadores nos quais os usuários irão executar os seus aplicativos. Cada usuário processa os seus próprios arquivos e utiliza o seu próprio Sistema Operacional.

As estações de trabalho se comunicam com o Servidor por meio de uma camada de software que disponibiliza todos os recursos da rede para as estações de trabalho como se fossem recursos locais da própria unidade de trabalho.

c) Cliente / Servidor – Hierarquia Fixa

Figura 205

O modelo cliente-servidor (client/server), na computação, representa uma estrutura de aplicação definida como distribuída, pois distribui as tarefas e aplicações existentes entre os provedores de um recurso ou serviço na internet, denominados fisicamente como servidores, e os requerentes destes serviços denominados como clientes.

Os dois elementos, clientes e servidores, comunicam-se por meio de uma rede de computadores, sendo computadores distintos ou enlace entre redes, porém um mesmo computador pode operar como cliente e servidor.

Denomina-se servidor um host (computador hospedeiro) que executa um ou mais **Serviços**, **Aplicativos** ou **Recursos de Hardware** e que **Compartilhe Recursos** com os clientes.

Um Cliente Realiza:

- a Solicitação do Serviço ao Servidor, que dependendo do Status, do Grau de Autorização de determinado cliente.

O Servidor Fornece:

- tal Serviço dá Acesso aos Recursos ou mesmo Autorização para Comunicação entre clientes.

O modelo cliente-servidor foi desenvolvido na empresa Xerox nos anos 1970.

A arquitetura ou este modelo cliente-servidor é o mais comum na informática e em particular na internet e intranet.

i) Características do Cliente

- Pedidos para o servidor são iniciados.
- Resposta é aguardada.
- Resposta é recebida.
- Cliente é conectado aos servidores.
- Cria-se uma interface direta entre servidor e cliente.
- Recursos de rede são compartilhados.

ii) Características do Servidor

- Aguarda o pedido por parte do cliente.
- Atende aos pedidos respondendo aos clientes sobre a solicitação enviada para determinado serviço.
- Pode estabelecer comunicação com outros servidores para atender a demanda vinda de determinado cliente.
- Fornece os recursos para a rede.
- Estrutura todo o sistema de rede.

d) Ponto a Ponto (Peer-to-Peer – P2P) – Hierarquia Variável – par a par

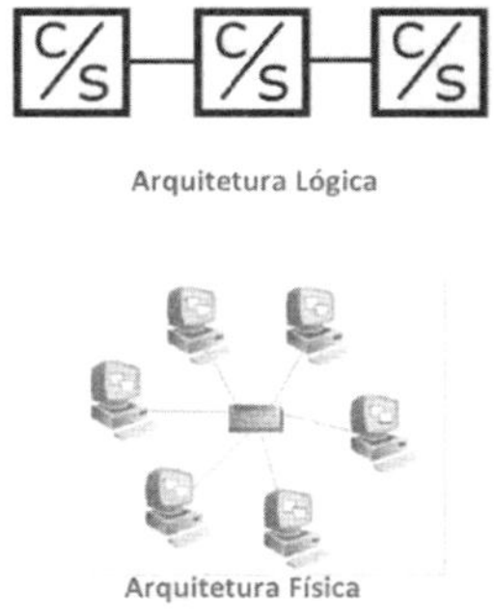

Figura 206

A rede ponto a ponto também é chamada de **não hierárquica** ou **homogênea**, pois parte-se do princípio de que todos os computadores podem ser iguais, sem a necessidade de um micro que gerencie os recursos de forma centralizada. O usuário pode acessar qualquer informação que esteja em qualquer um dos computadores da rede sem a necessidade de pedir permissão a um administrador de rede.

A arquitetura de redes Peer-to-Peer se caracteriza por **Computadores** que **Representam Pontos** ou **Nós** da rede que **Funcionam** tanto como **Cliente** quanto como **Servidor**, permitindo que serviços e arquivos sejam compartilhados e dados sejam trocados sem existir a necessidade de um servidor central para tais procedimentos de comutação.

Neste tipo de rede o próprio sistema operacional possui mecanismos de compartilhamento e mapeamento de arquivos e impressoras, mecanismos de segurança menos eficientes. Esta arquitetura é indicada para redes com poucos computadores.

As **Redes P2P** podem ser configuradas para **atender demandas** de **uso residencial**, no uso de **organizações públicas** ou **privadas** ou mesmo em comunicação e compartilhamento de dados na Internet.

Em P2P todos os pontos da rede devem usar recursos de **software** que são **compatíveis** para que exista a comunicação com outro computador.

Uma rede Peer-to-Peer pode ser utilizada no compartilhamento de arquivos em formato digital.

Características de Peer-to-Peer

- Todos os usuários que estão neste tipo de arquitetura contribuem com recursos para a rede.
- Existe a descentralização dos serviços, por não existir um servidor central.
- Utiliza Sistema Operacional do tipo local.
- A Segurança é limitada.
- É estabelecida a homogeneidade na rede, não existindo hierarquia definida entre os computadores que compõe esta comunicação.
- Rede linear – Distribuída – Não Hierárquica.

11) Topologia

A topologia de rede se caracteriza por determinar o **segmento** no qual o **ponto** de uma **rede** está **conectado** aos outros pontos, sendo estes computadores, servidores ou dispositivos.

A topologia refere-se à disposição dos componentes físicos e ao meio de conexão dos dispositivos na rede, ou seja, como estes estão conectados.

A topologia de uma rede depende do projeto das operações, da confiabilidade e do seu custo operacional.

Ao se projetar uma rede, muitos fatores devem ser considerados, mas a topologia a ser empregada é de total importância para o bom desempenho e retorno do investimento de uma rede.

Cada topologia possui suas características, com diferentes implicações quanto ao desenvolvimento, operação e manutenção da rede, além disso, cada topologia apresenta duas formas, a forma física e a lógica.

A topologia em sua forma física identifica como os nós estão interconectados uns nos outros.

A topologia em sua forma lógica tem o papel de descrever um esquema usado pelo sistema operacional da rede, para administrar o fluxo de informações entre os nós da rede.

a) Ponto a Ponto

Conexão Direta via Cabo: não são usadas placas de interface especiais, já que este tipo de conexão aproveita as interfaces já existentes no PC.

Também são chamadas de conexão Ponto a Ponto aquelas em que, mesmo com vários computadores e servidores fazendo parte da comunicação, os pacotes estão criptografados, portanto somente tem acesso a informação quem está nas duas pontas.

b) Barramento (Bus)

Também chamada de rede Linear, modelo utilizado nas primeiras conexões feitas pelas redes Ethernet, trata-se de computadores conectados em formato linear, cujo cabeamento é feito em sequência.

Nas redes de topologia barramento, cada nó é conectado a um único cabo (espinha dorsal), porém esta estrutura deve completar-se em ambas as pontas com um conector especial chamado Terminador.

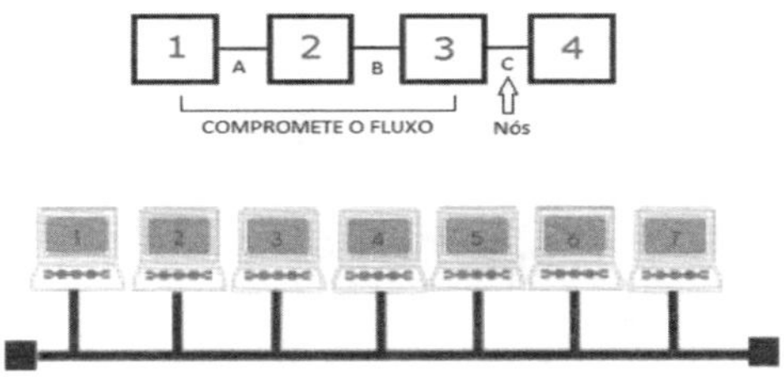

Figura 207

- Única que aceita arquitetura Cliente/Servidor ou Peer-to-Peer.
- Antiga, utilizava cabeamento coaxial.
- Cabeamento de caminho único.
- Permitia atingir taxas de 10Mbps.
- Um computador transmite os dados por vez.
- Não permite dois pacotes ao mesmo tempo (um pacote por segmento).
- Cai um segmento, cai a rede. (Se o cabo danificar ou a ponta romper, os nós não poderão comunicar-se e a rede deixará de funcionar).
- No caso de ter problemas de transmissão, é difícil isolar a causa, já que todos os nós estão conectados ao mesmo meio físico.
- A rede fica mais lenta em períodos de uso intenso.
- Excesso de colisões.
- Não Aceita / Suporta Subservidor.

O desempenho de um sistema em barra comum é determinado pelo meio de transmissão, número de nós conectados, controle de acesso, tipo de tráfego entre outros fatores.

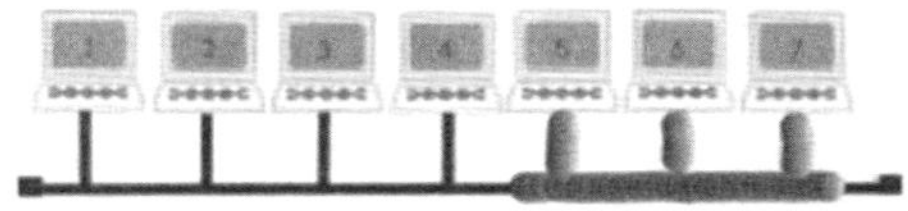

Figura 208

Cada nó na barra pode ouvir todas as informações transmitidas. Esta característica facilita as aplicações com mensagens do tipo difusão (para múltiplas estações). Existe uma variedade de mecanismos para o controle de acesso à barra, que pode ser centralizado ou descentralizado. A técnica adotada para acesso à rede é a multiplexação no tempo. Em controle centralizado, o direito de acesso é determinado por uma estação especial da rede, o Servidor. Em um ambiente de controle descentralizado, a responsabilidade de acesso é distribuída entre todos os nós.

c) Anel (Ring)

Essa topologia é muito parecida com a topologia Estrela, porém seu funcionamento lógico é completamente diferente.

Modelo atualmente utilizado em automação industrial e na década de 1980 pelas redes Token Ring da IBM. Nesse caso, todos os computadores são interligados formando um anel e os dados são transmitidos de computador a computador até a máquina de origem.

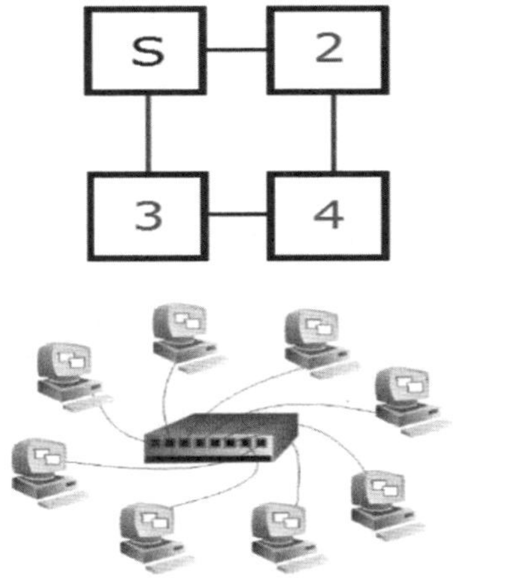

Figura 209

Esse modelo de topologia utiliza um HUB que internamente possui um anel que faz a busca dos computadores.

- Circuito fechado.
- Cabeamento de caminho único.
- Geralmente é realizada com cabos coaxiais, possui conectores BNC.
- Um ponto retransmite os dados de forma unilateralmente até atingir seu destino final.
- Funcionamento normal (sem erro) = sentido horário.
- 2 nós criam pacotes = Servidor e Último.
- O último cria pacote de confirmação de entrega.
- Funcionamento com erro = sentido anti-horário.
- O nó com erro cria pacote de erro.
- Fácil adição e remoção de estações.
- Não aceita / Suporta Subservidor.

Em uma rede em anel, cada nó tem sua vez para enviar e receber informações por meio de um token (ficha, em inglês). O token, junto com quaisquer informações, é enviado do primeiro para o segundo nó, que extrai as informações endereçadas a ele e adiciona quaisquer informações que deseja enviar. Depois, o segundo nó passa o token e as informações para o terceiro nó e assim por diante, até chegar novamente ao primeiro nó. Somente o nó com o token pode enviar informações. Todos os outros nós devem esperar o token chegar.

Na nova tipologia em anel é utilizada uma topologia híbrida, ou seja, utilizam-se cabos de rede RJ-45 e um hub que faz a topologia anel lógica no seu interior. Pode-se ligar entre 30 a 50 computadores com taxas de transferência de 50 Mbps.

d) Estrela (Star)

Em uma topologia física estrela todos os dispositivos da rede são conectados a um dispositivo central, este pode ser um computador Mainframe, um dispositivo comutador PBX, ou mais comumente, em dispositivos LAN's atuais, um HUB ou concentrador.

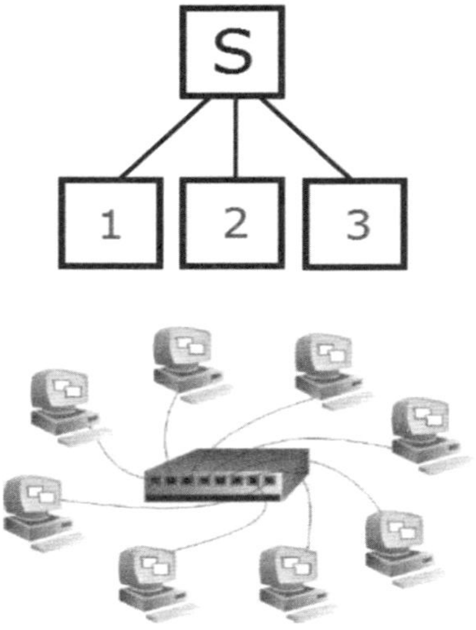

Figura 210

Esse modelo de topologia utiliza-se do padrão de comunicação Ethernet e do padrão de comunicação ArcNet, Ethernet quando se utiliza de cabo par trançado e ArcNet quando se utiliza de cabo coaxial.

- Só aceita arquitetura Cliente/Servidor.
- Gerenciamento centralizado.
- Mais comum atualmente.
- Utiliza normalmente cabo par trançado.
- Cada cliente tem um segmento exclusivo com o servidor.
- Múltiplos pacotes no mesmo segmento.
- Cliente não está conectado diretamente a outro cliente.
- Pode atingir taxas de até 10 Gbps.
- Cai um segmento, não compromete a rede.
- A adição de estações é feita conectando-se as mesmas às portas de comunicação que estejam livres.
- O número de estações fica limitado ao número de portas do HUB / Switch.

- A análise de problemas na rede é feita de maneira mais simples.
- Aceita / Suporta Sub Servidor.

e) Árvore

Uma topologia Árvore é utilizada principalmente na ligação de Hub's e repetidores, conhecida também por cascateamento.

É uma topologia física baseada numa estrutura hierárquica de várias redes e sub-redes.

Existem um ou mais concentradores que ligam cada rede local e existe outro concentrador que interliga todos os outros concentradores.

Esta topologia facilita a manutenção do sistema e permite detectar avarias com mais facilidade, relativamente às topologias em Barramento e Anel.

Esta topologia é mais utilizada em Redes Locais (LAN) e em Redes Campus.

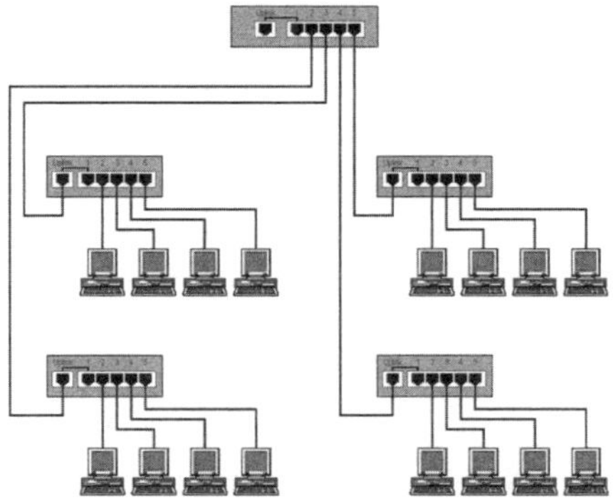

Figura 211

f) Malha (Mesh)

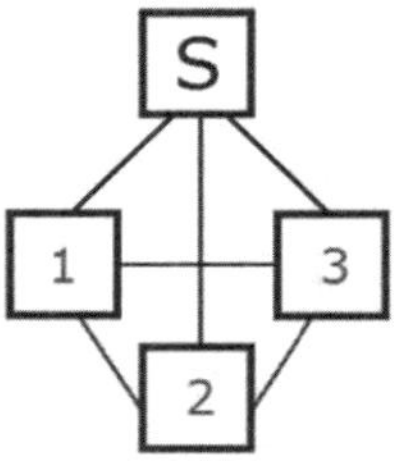

Figura 212

- Utiliza cabo par trançado.
- Cabeamento múltiplos caminhos.
- Mais de um pacote por segmento.
- Cada cliente tem um segmento exclusivo com o servidor.
- Cada cliente tem um segmento exclusivo com o servidor e a outro cliente.
- Aumenta a velocidade porque diminui a quantidade de segmentos.
- Cai um segmento, não compromete a rede e nem o cliente.
- Compromete apenas um caminho ou segmento.

g) Parcial (Grafo)

Esse modelo de topologia engloba características de várias topologias. Cada ponto da rede possui uma rota alternativa para caso de congestionamento ou falha. As rotas são definidas por máquinas que tem a função de rotear endereços que não pertence a sua rede.

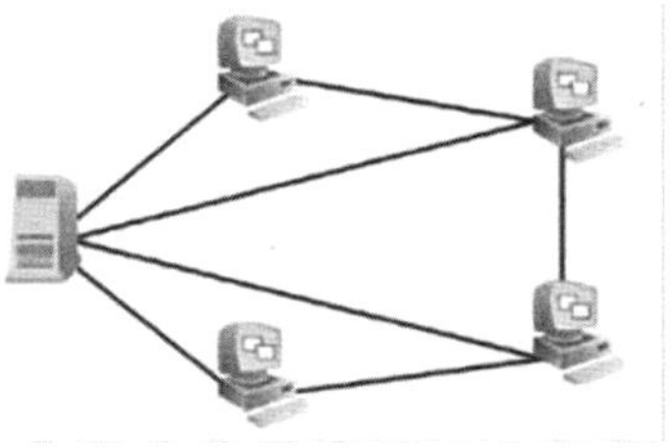

Figura 213

h) Híbrida

Representa a junção de duas ou mais topologias originais, que combinadas permitem a comunicação entre os elementos da rede.

É comum em uma mesma organização, por necessidade de serviço ou critérios de segurança, cada departamento ter uma topologia interna diferente e independente, e ao analisar a rede que abrange toda a organização, com a abrangência de todos os departamentos, podemos ter uma topologia híbrida, como, por exemplo, um departamento com os pontos de rede conectados em estrela e outro departamento com os pontos conectados em anel.

Geralmente, para estabelecer uma topologia híbrida, são necessários Subservidores.

O Subservidor não pode ser único ligado ao servidor, pois sendo assim ele seria servidor.

É possível fazer uma topologia híbrida com duas redes iguais.

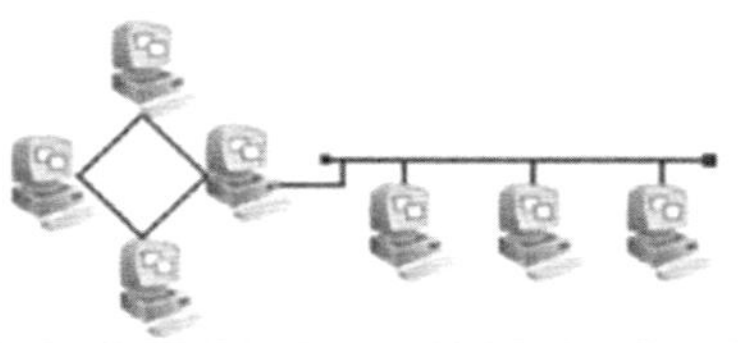

Figura 214

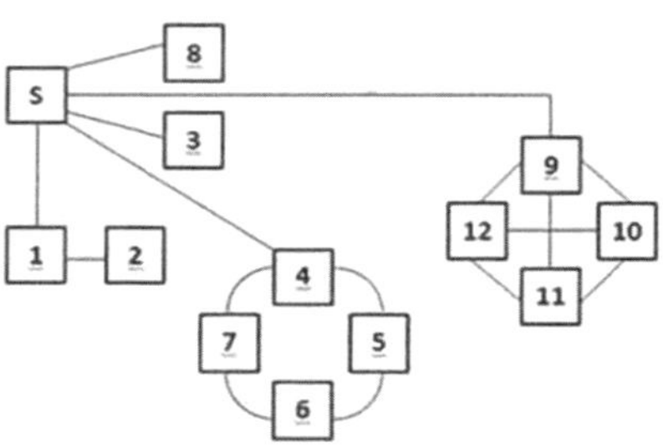

Figura 215

Bus = S – 1 – 2

Star = S – 1 – 3 – 8

Mesh = S – SS9 – 10 – 11 – 12

Ring = S – SS4 – 5 – 6 – 7

i) Redes Wireless

As redes wireless permitem flexibilizar o sistema de cabeamento de rede. Você pode então combinar o uso de cabos e de conexões wireless, usando uma ou outra forma de conexão de acordo com a situação.

Além dos PCs, as redes wireless são a forma preferida de conexão para smartphones, tablets e diversos outros dispositivos. Mesmo com um plano de acesso 3G, você vai preferir usar a rede wireless em vez da rede celular sempre que possível, já que ela será quase sempre muito mais rápida, além de consumir menos bateria. As redes wireless estão em toda a parte, como escritórios, fábricas, bancos, lanchonetes, escolas ou residências.

j) Redes de difusão (Broadcast)

Quando as máquinas estão interconectadas por um mesmo canal por meio de pacotes endereçados.

- Unicast.
- Broadcast.
- Multicast.

12) Escopos de rede

Uma rede de computadores pode ter abrangências distintas, indo desde uma rede doméstica, composta por computadores pessoais interligados a um serviço de distribuição de acesso à internet, até uma rede de abrangência global.

Na definição do escopo o critério central é a abrangência da rede.

No Serviço Público a rede Cabeada é Majoritária pelo motivo de segurança.

a) Rede do tipo PAN (Personal Area Networks)

Escopo que caracteriza a rede de uma Área Pessoal, vinculada geralmente a uma pessoa física.

Estas redes utilizam geralmente tecnologia sem fio para a conexão entre computadores e tem uma quantidade variada de dispositivos de conexão, como computadores, tablets, smarthphones e smarthtvs.

Podem se comunicar a um metro de distância. Exemplo: Redes Bluetooth.

b) Rede do tipo LAN (Local Area Networks)

O Escopo que mais comumente é abordado em concursos pode também ser definido como **Redes Locais**, são os tipos de redes mais comuns em organizações, pois possibilita a conexão entre clientes, servidores e dispositivos compartilhados em uma Área Restrita, como uma **Sala**, um **Pavimento**, um **Prédio**, uma **Empresa**, ou um **campus de universidade** etc.

Redes em que a distância varia de 10m a 1km.

Características da LAN:

- Alta velocidade de compartilhamento.
- Baixo custo de instalação.
- Alta estabilidade dos elementos.
- Flexibilidade na forma de instalação.
- Alta acessibilidade aos componentes.

c) Rede do tipo CAN (Campus Area Network)

Escopo que caracteriza a conexão entre componentes de uma mesma rede que se encontra em **Edificações Distintas**, porém em uma **Área Geográfica Próxima** e são pertencentes à **Mesma Organização**, como um condomínio, uma empresa com vários prédios próximos, um complexo industrial e de negócios, um campus universitário etc.

d) Rede do tipo MAN (Metropolitan Area Networks)

Escopo que se caracteriza pela conexão entre pontos de uma rede concentrada em uma **Área Metropolitana**, como exemplo os computadores que interligam a rede de uma prefeitura e se limitam a **Uma Cidade**.

É utilizada quando a distância dos equipamentos conectados a uma rede atinge áreas metropolitanas, cerca de 10km. Exemplo: TV a cabo.

e) Rede do tipo RAN (Regional Area Network)

Escopo que caracteriza uma rede de uma **Região Geográfica Determinada**. Esta rede se caracteriza pela alta velocidade de conexão, utilizando recursos como cabeamento de fibra óptica. Redes com escopo definido como RAN são de abrangência maior do que redes PAN, LAN e MAN, porém são menores que as redes de longa distância, definidas como WAN. Uma RAN caracteriza-se por conectar **Cidades Próximas**.

f) Rede do tipo WAN (Wide Area Network) – Rede de Área Alargada ou Rede de Longa Distância

Escopo que se caracteriza por **Longas Distâncias**, de **Alcance Global**. As redes WANs se diferenciam das redes de abrangência menor, como a LAN, em vários aspectos.

Enquanto os outros escopos interligam componentes em áreas geograficamente limitadas, como um prédio, condomínio, cidade ou região, na WAN não existe limitação geográfica para o estabelecimento do escopo.

As WANs utilizam conexões seriais de vários tipos para fornecer acesso à largura de banda em grandes áreas geográficas.

Características da WAN:

- Abrangência de longa distância.
- Utiliza a estrutura de empresas de telefonia, empresas de TV a cabo, sistemas de satélites e provedores de rede.
- É composta de linhas de transmissão e roteadores.
- Apresenta baixa velocidade na comunicação entre os pontos de rede.
- Menor disponibilidade por apresentar possibilidade de erros.

g) Rede de Escopo Híbrido (LAN-WAN-LAN) – Redes Interligadas

Muito comum na conexão da internet, o escopo hibrido é caracterizado pela **Conexão entre Duas Redes Locais**, como de uma empresa e dos computadores de determinado serviço na internet, como o facebook, por meio de um escopo de longa distância, se caracterizando como LAN-WAN-LAN.

h) WLAN (Wireless Local Area Network) – Rede sem Fio ou Internet sem Fio

Rede capaz de conectar dispositivos eletrônicos próximos, sem a utilização de cabeamento. Além dessa, existe também a WMAN, uma rede sem fio para área metropolitana e WWAN, rede sem fio para grandes distâncias.

i) WWAN (Wireless Wide Area Network) – Rede Sem Fio

Escopo de uma **Rede Sem Fio** e de **Abrangência de Longa Distância**. Este escopo se caracteriza como aquele utilizado pelas empresas de telefonia celular para estabelecer conexão entre os variados pontos internos da sua rede de transmissão.

j) WMAN (Wireless Metropolitan Area Network)

Escopo **Sem Fio**, que tem a **Abrangência Similar** às **Redes de Escopo MAN**. Caracteriza-se por oferecer serviços para compartilhar dados em uma região metropolitana delimitada, como uma cidade que oferece ao cidadão a conexão à internet por meio de acesso sem fio.

k) SAN (Storage Area Networks)

Escopo **Específico para Armazenamento**, que tem como seu objetivo interligar e compartilhar servidores e clientes de armazenamento numa área geográfica limitada.

13) Comunicação à longa distância

Acesso a computadores fisicamente distantes, ou seja, em outros locais, criando assim a dependência da utilização de meios de comunicação de terceiros para a transferência de informação e arquivos.

a) Linhas telefônicas analógicas / Banda base

Nos anos 1990, quase todos os usuários residenciais acessavam a internet por meio de linhas telefônicas analógicas, utilizando um modem discado. Atualmente usuários de países não desenvolvidos e de áreas rurais (onde o acesso à banda larga é indisponível) ainda têm acesso à internet discada.

Emprega-se o termo dial-up porque o software do usuário na verdade disca (em inglês dial) um número de telefone do ISP (Internet Service Provider) e realiza uma ligação telefônica tradicional com o ISP (por exemplo, AOL). O computador é ligado a um modem discado que, por sua vez, é conectado à linha telefônica analógica da residência, onde essa linha telefônica é composta por cabos de cobre trançados e é a mesma linha telefônica utilizada para fazer ligações comuns. O modem da residência converte a saída digital do computador em um formato analógico apropriado para transmissão pela linha telefônica analógica. Na outra extremidade da conexão, um modem do ISP converte o sinal analógico em forma digital para inserir dados no roteador do ISP.

A conexão **Dial-Up / Modem** feita com **Linhas Analógicas** convencionais com acesso discado alcançava, no máximo, **56,6 kbps**.

- Emitia um som característico enquanto conectava.
- Caía a conexão sempre que alguém tirava o telefone do gancho.
- Enquanto um usuário utiliza o modem para navegar na internet, ninguém mais poderá realizar ou receber ligações nessa linha, porque o acesso discado bloqueia a linha comum do usuário.

Além disso, como a conexão era feita a partir de uma ligação telefônica para a operadora, o computador precisava ficar próximo a alguma tomada ou ao alcance do fio do telefone. Como a grande maioria dos cabos tinha apenas 1,5m, a distância era bastante limitada.

i) ISDN

ISDN é a sigla para **Integrated Services Digital Network**.

Essa tecnologia é conhecida no Brasil por **RDSI – Rede Digital de Serviços Integrados**.

O ISDN é outra tecnologia de acesso rápido, que surgiu bem antes do ADSL, que já está disponível na maioria das cidades, mas que oferece várias desvantagens, por ser mais lento e caro.

O ISDN continua usando o sistema telefônico comum, por isso **os pulsos telefônicos continuam sendo pagos**.

Tem-se à disposição **duas linhas digitais de 64 K cada uma**, que podem ser usadas tanto para conexão à Internet quanto para chamadas de voz normais.

Na hora de conectar você tem a opção de usar as duas linhas, conectando-se a 128 k, ou então deixar a segunda linha livre para uma chamada de voz, mas em compensação acessando apenas a 64 k.

O pior de tudo é que os pulsos são tarifados normalmente; se você usar as duas linhas ao mesmo tempo custará o dobro...

É por isso que, apesar de estar disponível em muitas cidades, o ISDN quase não é usado. Justamente por ser extremamente desvantajoso para o usuário ao contrário do ADSL.

ii) Discadores

A internet discada era um meio de comunicação que dependia de um provedor, que fornecia um software ao usuário para que, quando instalado no seu dispositivo, fazia uma ligação telefônica para o provedor, para que esse efetuasse a conexão do seu dispositivo com a rede mundial.

Esses softwares discadores em geral eram fornecidos gratuitamente, justamente para fidelizar o consumidor a utilizar o provedor, que nem sempre era gratuito. Fora o custo de utilização da linha telefônica.

b) Provedor de acesso (Empresa)

Não é possível termos uma conexão direta com a internet, simplesmente conectando o computador a um modem, pois necessitamos de uma empresa que sirva como intermediário, que envie o acesso aos serviços da internet, e esta empresa é denominada provedor de acesso.

O provedor de acesso é a empresa que fornece os serviços da internet (um ou múltiplos) aos usuários finais, tanto sendo estes usuários pessoas físicas quanto jurídicas.

É o local onde são feitas as assinaturas para se ingressar na Internet. Cada provedor é conectado a outro, também por meio de modems de alta velocidade e capacidade.

Esse provedor pode ser uma empresa pública ou privada, e os provedores podem ainda ser internos ou externos, sendo que as empresas públicas oferecem, por padrão, acesso apenas para os provedores internos para as organizações do serviço público.

Provedores de acesso internos são aqueles em que a própria organização gera seu acesso, já os externos são aqueles que terceirizam o serviço para os usuários finais.

PÚBLICO	PRIVADO
xxx **2** 1 yyy	**1** **2** zzz
INTERNO (própria organização)	EXTERNO (usuário final)

i) Serviços do Provedor

As redes que compõe a internet oferecem muitos serviços que podem ser disponibilizados por diferentes provedores ou um único provedor, que disponibiliza acesso, e-mails etc.

Cada serviço da internet tem uma forma diferente para transmissão de dados, envio e recebimento de conteúdo, e estes são os protocolos de aplicações.

c) CHAT (Sala de bate-papos)

O serviço de CHAT pode levar o leitor a cometer um erro conceitual, pois mesmo que ele, desde os anos 1990, tenha se tornado minoritário na comunicação instantânea pela internet, dando lugar aos serviços como ICQ, MSN e posteriormente Skype e facebook Messenger, mantém uma importante função no serviço público que é seu uso como interface para o pregão eletrônico, quando é utilizada esta modalidade de licitação. Tem, portanto, importante relevância no serviço público.

Uma definição genérica do serviço de CHAT é uma ferramenta para conversas em tempo real, quando os usuários se comunicam com múltiplos contatos na mesma janela de comunicação.

Duas importantes características do serviço de CHAT são:

- O protocolo utilizado, que é o **"IRC"** (Internet Relay Chat).
- O programa padrão, que é o **"mIRC"**.

Além de utilizar um programa para acesso aos chats, é possível também acessar o serviço utilizando o Browser, entrando em salas de bate-papo dos portais da internet.

- Comunicador instantâneo que permite vários usuários.

d) Outros comunicadores instantâneos

Existem outros comunicadores instantâneos que, mesmo tendo funções originais diferentes e operando com outros protocolos, podem permitir a criação de chats. Seguem os principais comunicadores instantâneos:

- Windows Live Messenger (descontinuado);
- ICQ;
- Facebook Messenger;
- Google Talk;
- Skype.

Esse serviço pertence à **Camada de Aplicação.**

e) Voz por IP

Um dos serviços que mais tem crescido no uso corporativo, tanto de empresas privadas quanto públicas é a Voz por IP, pela economicidade e disponibilidade que pode gerar.

Voz por IP é um tipo de comunicação que se utiliza de recursos da Internet para estabelecer conversação telefônica, e **pode ou não ser tarifado.**

Duas importantes características do serviço de Voz por IP são:

- O protocolo utilizado, que é o **"VoIP"** (Voice Over Internet Protocol ou Voz Sobre Protocolo de Internet);
- Os programas, como o **"Skype"** e **"UOL-VoIP"**.

Este serviço pertence à **Camada de Aplicação.**

f) Transferência de dados – Protocolo FTP

Serviço de transferência de dados – É o serviço de download (recebimento ou de "baixar" mensagens) e upload (enviar mensagens) que utiliza:

- o **protocolo "FTP"**; e
- tem duas categorias de programas, o **"Via Servidor", como o Emule,** e **"Via Torrent", como o Ares Galaxy.**

Esse serviço pertence à **Camada de Aplicação.**

O FTP (File Transfer Protocol) ou Protocolo de Transferência de Arquivos, é uma forma antiga e bastante utilizada para transferir arquivos – antes da massificação de serviços na "nuvem" como o Dropbox, Google Drive etc., o protocolo FTP era o serviço soberano para a transferência de arquivos entre locais remotos. Embora sua utilização tenha diminuído, o FTP ainda é bastante utilizado por empresas e principalmente sites/blogs e suas hospedagens.

g) Linhas digitais / Banda larga

Banda larga é a conexão de internet que permite ao usuário navegar em alta velocidade.

A diferença entre acesso discado e banda larga é a velocidade de conexão.

O acesso discado tem a velocidade de até 56 Kbps enquanto a banda larga tem **velocidade mínima de 128 Kpbs**.

O termo banda larga pode apresentar diferentes significados em diferentes contextos. A recomendação I.113 do setor de Padronização da UIT define banda larga como a capacidade de transmissão que é superior àquela da primária do ISDN por segundo.

O Brasil ainda não tem uma regulamentação que indique qual é a velocidade mínima para uma conexão ser considerada de banda larga. A Colômbia estabeleceu uma velocidade mínima de 1024kbps e os Estados Unidos de 2000kbps.

O significado já sofreu várias modificações conforme o tempo. Inicialmente, banda larga era o nome usado para definir qualquer conexão à internet acima da velocidade padrão dos modems analógicos (56 Kbps).

Usando linhas analógicas convencionais, a velocidade máxima de conexão é de 56 Kbps. Para obter velocidade acima desta tem-se obrigatoriamente de optar por outra maneira de conexão do computador com o provedor.

O termo pode ser usado como oposição à banda estreita ou banda base.

h) ADSL

ADSL é a sigla para **Assymmetric Digital Subscriber Line** ou **Linha Digital Assimétrica para Assinante**.

É o tipo de conexão ADSL que permite a transferência digital de dados em alta velocidade por meio de linhas telefônicas comuns.

É o tipo de conexão à internet em banda larga mais usada no Brasil e um dos mais conhecidos no mundo. Sua característica principal é que os dados podem trafegar mais rápido em um sentido do que em outro.

Devido a essas características o ADSL ganhou o termo "assymmetric" (assimétrica) no nome, pois indica que a tecnologia possui maior velocidade para download e menor velocidade para upload. A grande vantagem do ADSL é que o usuário é conectado ponto a ponto com a central telefônica, sem precisar compartilhar sua linha com outros usuários, contrariamente ao modem a cabo.

O modem ou roteador ADSL pode ser ligado ao computador via uma placa ethernet, por meio de uma porta USB ou ainda em modo wireless (sem fio).

A tecnologia ADSL divide a linha telefônica em três canais virtuais:

- para voz;
- para download (de velocidade alta); e
- para upload (com velocidade média se comparado ao canal de download).

14) Protocolos de rede

São regras de padronização de procedimentos de modo que haja uma comunicação eficaz entre emissor e receptor. Por exemplo, ao conversar com uma pessoa usando a língua inglesa, é necessário que a outra pessoa compreenda a mesma língua.

São regras de software que definem o formato dos dados que trafegam em uma rede. Existem vários tipos de protocolos, como, por exemplo, o TCP/IP.

São códigos ou padrões específicos emitidos por meio de um sistema de pergunta e resposta, utilizado entre dispositivos diferentes. Esses padrões permitem que haja uma interação entre software e hardware. Além disso, eles são regras de comunicação.

Existem vários tipos de protocolos para situações específicas. Por exemplo, um protocolo de rede é executado quando digitamos o endereço de uma página da web. O computador envia uma mensagem pedindo a conexão com um servidor remoto, este irá responder positivamente à mensagem, quando essa conexão é feita, a página digitada pelo usuário é encontrada e o servidor envia o arquivo correspondente.

Os protocolos de comunicação em rede para internet conhecidos são:

TCP/IP – (Transmission Control Protocol / Internet Protocol);

(Protocolo de Controle de Transmissão / Protocolo de Internet).

Tipo de protocolo de aplicação de rede para internet. Ele organiza a transmissão de informações e estabelece o tipo de endereçamento e envio de dados.

15) Camadas do TCP/IP – Protocolo padrão

Redes de computadores atuam sobre a **Pilha de Protocolos** TCP/IP, e suas **Camadas** apresentam os elementos que são fundamentais para a comutação em redes.

IMPORTANTE

De forma genérica, o TCP/IP pode ser considerado o principal protocolo da internet, e desta forma é amplamente abordado pelas bancas organizadoras, porém ele é na verdade uma pilha de protocolos que na internet tem 5 camadas, que devem ser consideradas da mais básica para a avançada, e sem a camada inicial não é possível estabelecer a camada superior.

Os protocolos para Internet formam o grupo de protocolos de comunicação que implementam a pilha de protocolos sobre a qual a internet e a maioria das redes comerciais funcionam. Eles são algumas vezes chamados de "protocolos TCP/IP", já que os dois protocolos: o protocolo TCP – Transmission Control Protocol (Protocolo de Controle de Transmissão); e o IP – Internet Protocol (Protocolo de Internet) foram os primeiros a serem definidos.

O modelo OSI descreve um grupo fixo de sete camadas que pode ser comparado, grosso modo, com o modelo TCP/IP. Essa comparação pode causar confusão ou trazer detalhes mais internos para o TCP/IP.

O modelo inicial do TCP/IP é baseado em 4 níveis: Host/rede; Inter-rede; Transporte; e Aplicação. Surgiu, então, um modelo híbrido, com 5 camadas, que retira o excesso do modelo OSI e melhora o modelo TCP/IP: Física; Enlace; Rede; Transporte; e Aplicação.

As 7 camadas do modelo OSI

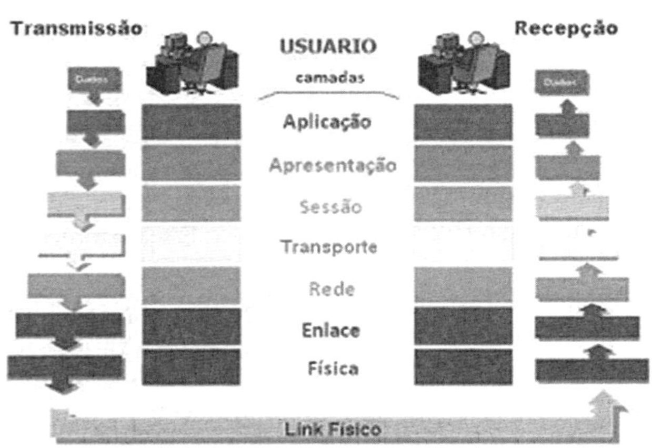

Figura 216

<table>
<tr><th>Modelo OSI</th><th>Modelo Inicial TCP/IP</th><th colspan="2">Modelo TCP/IP Híbrido</th></tr>
<tr><td>7 – Aplicação</td><td rowspan="3">4 – Aplicação</td><td rowspan="3" colspan="2">5 – Aplicação / Serviços</td></tr>
<tr><td>6 – Apresentação</td></tr>
<tr><td>5 – Sessão</td></tr>
<tr><td>4 – Transporte</td><td>3 – Transporte</td><td colspan="2">4 – Transporte</td></tr>
<tr><td rowspan="2">3 – Rede</td><td rowspan="2">2 – Internet</td><td rowspan="2">3 –</td><td>Inter Rede</td></tr>
<tr><td>Host Rede</td></tr>
<tr><td>2 – Enlace</td><td rowspan="2">1 – Host/Rede</td><td colspan="2">2 – Enlace</td></tr>
<tr><td>1 – Física</td><td colspan="2">1 – Física</td></tr>
</table>

Resumidamente, o modelo é o que podemos chamar de uma "solução prática para problemas de transmissão de dados". Textualmente isto pode parecer muito genérico, pois, na realidade, para melhor compreensão de um protocolo TCP/IP deveremos usar exemplos práticos. Este modelo é ocasionalmente conhecido como modelo DoD, devido à influência fundamental da ARPANET em 1970 (operado pela DARPA, uma agência do Departamento de Defesa dos Estados Unidos).

Segue abaixo a Lista e o detalhamento de cada camada da pilha TCP/IP:

<table>
<tr><th>Física</th><th>Enlace</th><th>Rede</th><th>Transporte</th><th colspan="2">Aplicação</th></tr>
<tr>
<td>100Base-TX
10Base-T
802.11 Wi-Fi
Bluetooth
EIA-422
ISDN
Modem
RDIS
RS-232 Serial
RS-449 Paralela
SONET
USB
xDSL</td>
<td>ATM
Ethernet
FDDI
HDLC
IEEE 802
MAC Address
NDP
PPP
RDIS
Token Ring
VPN Túneis...
VPN (L2TP)
X.25
Frame Relay
SLIP</td>
<td>ARP
ECN
ICMP
ICMPV6
IGMP
IPsec
IPV4
IPV6
NAT
RARP</td>
<td>DCCP
OSPF
RSVP
SCTP
TCP
UDP</td>
<td>BGP
DHCP
DNS
FINGER
FTP
FTPS
GHOPHER
HTTP / HTTPS
IMAP4
IRC
Jabber
LDAP
MIME
MGCP
NetBIOS
NNTP
NTP
ONC/RPC
OSCAR
Picht</td>
<td>Ping
POP3
RDP
RIP
RTP
RTSP
SFTP
SIP
SMTP
SNMP
SSH
Telnet
TFTP
TLS/SSL
TORRENT
UUCP
VOIP
WHOIS
XDR
XMPP
X Windows</td>
</tr>
</table>

a) Camada de aplicação

A camada de aplicação é a camada onde se encontram os protocolos dos serviços de rede e internet, que a maioria dos programas de rede usa de forma a se comunicar por meio de uma rede com outros programas. Processos que rodam nessa camada são específicos da aplicação; o dado é passado do programa de rede, no formato usado internamente por essa aplicação, e é codificado dentro do padrão de um protocolo.

Alguns programas específicos são levados em conta nessa camada. Eles proveem serviços que suportam diretamente aplicações do usuário.

Uma vez que o dado de uma aplicação foi codificado dentro de um padrão de um protocolo da camada de aplicação ele será passado para a próxima camada da pilha.

Existem diversos protocolos nesta camada. Como exemplo de alguns deles podemos citar:

HTTP (HyperText Transfer Protocol) – utilizado para a publicação de sites WEB na Internet (navegação na World Wide Web). Faz a transferência do hipertexto, áudio, vídeo, textos etc. para que haja comunicação entre as páginas da internet e os usuários.

HTTPS – Protocolo que representa a utilização do TLS/SSL sobre o HTTP para transferência de dados criptografados e com a devida apresentação de certificados.

SSH (Secure Shell) login remoto seguro. O Irmão seguro do telnet – Um dos motivos para a queda do uso do telnet foi a falta de segurança das informações trafegadas por ele.

Basicamente o SSH **utiliza um padrão de criptografia de chaves públicas**. Os hosts que desejam se comunicar trocam inicialmente suas chaves públicas. Uma vez feito isso, a conexão pode ser estabelecida garantindo-se a autenticação dos usuários e a segurança dos dados transmitidos. Todos os dados enviados e recebidos pelo SSH são criptografados, tornando, portanto impossível ler os dados que trafegam na rede.

Cópia de arquivos: é possível copiar arquivos pela rede através de uma conexão SSH usando o protocolo SCP.

FTP (File Transfer Protocol) – utilizado para publicação de arquivos na Internet, para a transmissão de arquivos entre computadores portáteis e locais, na realização de download e upload (transferência de arquivos).

Via Servidor – com Emule

Via Torrent – com Ares

SMTP (Simple Mail Transfer Protocol) é utilizado para a comunicação entre serviços de correio eletrônico na Internet (envio de e-mail). É um protocolo essencial para as trocas de mensagens eletrônicas. Ele utiliza o serviço do TCP, ideal para a segurança na transferência de e-mail entre o remetente e o destinatário, entre outros.

POP3 (Post Office Protocol) – O protocolo de agência de correio versão 3 (POP3) é um protocolo padrão para recuperação de e-mail. O protocolo POP3 controla a conexão entre um cliente de e-mail POP3 e um servidor onde o e-mail fica armazenado. O serviço POP3 usa o protocolo POP3 para recuperar e-mails de um servidor de e-mail para um cliente de e-mail POP3. O protocolo POP3 tem três estados de processos para tratar a conexão entre o servidor de e-mail e o cliente de e-mail POP3: o estado de autenticação, o estado de transação e o estado de atualização.

IMAP4 (Internet Message Access Protocol) – Protocolo de acesso à mensagem da internet, que permite o acesso de vários clientes à mesma caixa de correio, mantendo as mensagens de e-mail disponíveis no servidor para mais tarde lhes aceder por meio do webmail.

VOIP (Voice over Internet Protocol) – Protocolo de **Voz por IP** é uma tecnologia que permite o tráfego de voz pelas redes de computadores, tráfego até então só possibilitado pela rede de telefonia tradicional. Com a VoIP, é possível efetuar ligações telefônicas entre computadores, telefones comuns, telefones IP e celulares.

IRC (Internet Relay Chat) – Protocolo de **transmissão de bate papo** é um protocolo de comunicação que foi utilizado para bate papo em tempo real e que permitia tanto conversas públicas quanto privadas.

DNS (pesquisas nome <-> IP) e muitos outros.

WHOIS – O nome vem da expressão de língua inglesa "who is" (quem é), é um mecanismo que registra domínios, IPs e sistemas autônomos na Internet e que serve para identificar o proprietário de um site. Alimentado por companhias de hospedagem, ele reúne todas as informações pertencentes a uma página, seja ela atrelada, no Brasil, a um CNPJ ou a um CPF. Tecnicamente falando, o WHOIS é um protocolo TCP que tem como objetivo consultar contato e DNS. Ele apresenta, geralmente, três principais linhas de contato do dono de um website, o contato administrativo, o contato técnico e o contato de cobrança. Além disso, são exibidos telefones e endereços físicos.

TELNET – oferece aos usuários a capacidade de executar programas remotamente e facilita a administração remota.

TORRENT – É um protocolo P2P (peer-to-peer, ou ponto a ponto) da rede de Internet que permite ao usuário efetuar downloads de diversos tipos de arquivos, que estão indexados, e não hospedados, em sites da web. O Torrent aproveita o conceito do compartilhamento, já introduzido por programas P2P anteriores, como o Kazaa. Dessa forma, objetivamente, o download dos arquivos é feito de diversos outros usuários que já tenham o arquivo, característica que se provou um importante maximizador de desempenho, proporcionando altas taxas de transferência, ao mesmo tempo em que suporta uma enorme quantidade de usuários fazendo o download simultaneamente do mesmo arquivo, sem sobrecarregar algum servidor.

DHCP (Dynamic Host Configuration Protocol) – É um protocolo de serviço TCP/IP que oferece configuração dinâmica de terminais, com concessão de endereços IP de host e outros parâmetros de configuração para clientes de rede. Este protocolo é o sucessor do BOOTP que, embora mais simples, tornou-se limitado para as exigências atuais. O DHCP surgiu como padrão em outubro de 1993.

b) Camada de transporte

Representa a camada que efetivamente possibilita o transporte de dados, por meio do protocolo que garante a entrega de pacotes "TCP" orientado por conexão, e o que não garante a entrega, pois tem envio único "UDP".

Fornece gerenciamento de sessão de comunicação entre computadores host. Define o nível de serviço e o status da conexão usada durante o transporte de dados.

TCP (Transmission Control Protocol – Protocolo de Controle de Transmissão)

- Garante a entrega de datagramas IP.
- Executa a segmentação e o reagrupamento de grandes blocos de dados enviados pelos programas.
- Garante o sequenciamento adequado e a entrega ordenada de dados segmentados.
- Verifica a integridade dos dados transmitidos usando cálculos de soma de verificação.
- Envia mensagens positivas dependendo do recebimento bem-sucedido dos dados. Ao usar confirmações seletivas, também são enviadas confirmações negativas para os dados que não foram recebidos.
- Oferece um método preferencial de transporte para programas que precisam

usar transmissão confiável de dados baseada em sessões, como bancos de dados cliente/servidor e programas de e-mail.

O TCP baseia-se na comunicação ponto a ponto entre dois hosts de rede. Ele recebe os dados dos programas e processa esses dados como um fluxo de bytes. Os bytes são agrupados em segmentos que o TCP numera e sequencia para entrega.

Antes que dois hosts TCP possam trocar dados, eles devem primeiro estabelecer uma sessão entre si. Uma sessão TCP é iniciada por meio de um processo conhecido como handshake de três vias. Esse processo sincroniza os números de sequência e oferece informações de controle necessárias para estabelecer uma conexão virtual entre os dois hosts.

Depois de concluído o handshake em três vias inicial, os segmentos são enviados e confirmados de forma sequencial entre os hosts remetente e destinatário. Um processo de handshake semelhante é usado pelo TCP antes de fechar a conexão para verificar se os dois hosts acabaram de enviar e receber todos os dados.

UDP (User Datagram Protocol)

O UDP é um padrão TCP/IP definido na RFC 768. O UDP é usado por alguns programas em vez do TCP para o transporte rápido, leve e não confiável de dados entre hosts TCP/IP, ou seja, sem garantia de entrega de dados.

O UDP fornece um serviço de datagrama sem conexão que oferece entrega com esforço otimizado, ou seja, ele não garante a entrega ou verifica o sequenciamento de qualquer datagrama. Um host de origem que precisa de comunicação confiável deve usar TCP ou um programa que ofereça seus próprios serviços de sequenciamento e confirmação.

As diferenças entre UDP e TCP

Geralmente, as diferenças na maneira como UDP e TCP entregam os dados assemelham-se às diferenças entre um telefonema e um cartão postal. O TCP funciona como um telefonema, verificando se o destino está disponível e pronto para a comunicação. O UDP funciona como um cartão postal – as mensagens são pequenas e a entrega é provável, mas nem sempre garantida.

UDP é geralmente usado por programas que transmitem pequenas quantidades de dados de uma vez ou têm necessidades em tempo real. Nessas situações, a sobrecarga baixa e os recursos de multicast do UDP (por exemplo, um datagrama, vários destinatários) são mais adequados que o TCP.

O UDP contrasta diretamente com os serviços e recursos oferecidos por TCP. A tabela a seguir compara as diferenças no modo como a comunicação TCP/IP é tratada dependendo do uso de UDP ou TCP para o transporte de dados.

UDP	TCP
Serviço sem conexão; nenhuma sessão é estabelecida entre os hosts.	Serviço orientado por conexão; uma sessão é estabelecida entre os hosts.
O UDP não garante ou confirma a entrega nem sequencia os dados.	O TCP garante a entrega usando confirmações e entrega sequenciada dos dados.
Os programas que usam UDP são responsáveis por oferecer a confiabilidade necessária ao transporte de dados.	Os programas que usam TCP têm garantia de transporte confiável de dados.
O UDP é rápido, requer baixa sobrecarga e pode oferecer suporte à comunicação ponto a ponto e de ponto a vários pontos.	O TCP é mais lento, requer maior sobrecarga e pode oferecer suporte apenas à comunicação ponto a ponto.

O UDP e o TCP usam portas para identificar comunicações para cada programa TCP/IP.

c) Camada de rede

Representa a camada que permite estabelecer os endereçamentos dos dispositivos tanto de origem quanto de destino do conteúdo compartilhado. Estes endereços de dispositivos são denominados IPs "Internet Protocol".

IP (Internet Protocol) = Endereço físico dos Computadores (IPv4 / IPv6)

Empacota dados em datagramas IP, que contêm informações de endereço de origem e de destino usadas para encaminhar datagramas entre hosts e redes. Executa o roteamento de datagramas IP.

ARP (Address Resolution Protocol)

O protocolo ARP é um padrão TCP/IP necessário definido na RFC 826, "Address Resolution Protocol (ARP)". Ele resolve os endereços IP utilizados por programas de software que usam TCP/IP para endereços de controle de acesso à mídia usados por hardware de rede local (LAN). O ARP fornece os seguintes serviços de protocolo a hosts localizados na mesma rede física:

Os endereços de controle de acesso à mídia são obtidos usando uma solicitação de difusão de rede na forma da pergunta "Qual é o endereço de controle de acesso à mídia de um dispositivo configurado com o endereço IP incluso?". Ou seja, identifica o endereço físico por meio do IP.

Quando uma solicitação ARP é respondida, tanto o remetente da resposta ARP quanto o solicitador ARP original registram seus respectivos endereço IP e endereço de controle de acesso à mídia como uma entrada em uma tabela local denominada cache do ARP para referência futura.

RARP (Reverse Address Resolution Protocol) – Identifica o IP por meio do endereço físico em terminais burros.

NAT (Network Address Translation) = Protocolo de Tradução de Endereços de Rede. Teoricamente cada computador conectado à Internet precisa de um endereço IP "público" válido. O NAT permite a uma rede local usar um único endereço IP "público". Por exemplo, quando você conecta sua rede doméstica ou da sua empresa à Internet usando um roteador de banda larga, o roteador usará o único endereço IP "público" atribuído por seu provedor, enquanto seus computadores usarão os endereços IP que são válidos apenas dentro da sua rede (chamados endereços IP "mágicos", normalmente na faixa 192.168.x.x). Do ponto de vista da Internet, todos os computadores de sua rede estão usando o mesmo endereço IP. Portanto, para enviar dados para um dos computadores da sua rede, o computador de origem usará o seu endereço IP pelo endereço IP que o computador de destino está usando, que é válido apenas dentro da sua rede. Esta técnica é chamada NAT.

IGMP (Internet Group Management Protocol) = Protocolo de Gerenciamento de Grupo Internet. A técnica de enviar o mesmo datagrama para todos os computadores da rede é chamada broadcast, enquanto a técnica de enviar o mesmo datagrama para um determinado grupo de computadores (mas não todos) é chamada multicast. O multicast no TCP/IP pode ser feito até mesmo se computadores estiverem localizados em redes diferentes. Esses grupos são gerenciados usando mensagens de controle IGMP. O IGMP usa o protocolo IP, trabalhando na camada Internet.

d) Camada de enlace

Representa a camada que possibilita a interconexão entre redes autônomas sem a qual obrigaria definição de hierarquia entre elas, por meio, principalmente, da tecnologia Ethernet.

Ethernet – Permite a Interconexão de Redes Independentes.

Token Ring – É um protocolo de redes que opera na camada física e de enlace (ligação de dados) do modelo OSI dependendo da sua aplicação.

MAC – O Endereço MAC (Media Access Control) é um endereço físico associado à interface de comunicação, que conecta um dispositivo à rede. O MAC é um endereço "único", não havendo duas portas com a mesma numeração; é usado para controle de acesso em redes de computadores.

e) Camada física

Representa os componentes de hardware que são necessários para acessar a internet, como os Modens ou hardwares específicos para redes de computadores (Hub, Roteador etc.).

Especifica os detalhes de como os dados são enviados fisicamente pela rede, inclusive como os bits são assinalados eletricamente por dispositivos de hardware que estabelecem interface com um meio da rede, como cabo coaxial, fibra óptica ou fio de cobre de par trançado.

Fax-Modem (Usa Linha Telefônica Analógica – Compromete a Linha)

Modem (Usa Linha Telefônica Analógica / Digital – Compromete a Linha)

Modem ADSL (Usa Linha Telefônica Digital – Aceita Banda Larga e Não Compromete a Linha)

Cable Modem (Usa cabos compartilhados com TV a cabo – Aceita Banda Larga)

Placa de Rede

WIFI

BLUETOOTH

7.1 Questões

1. **(COSEAC – UFF – Administrador – 2019)** Além da integração das informações propriamente ditas, por meio do funcionamento harmônico das funções empresariais, é preciso estabelecer a integração dos recursos computacionais disponíveis na organização. Como resposta a essa necessidade, surgiram várias opções de comunicação e compartilhamento de dados. Um grupo de computadores interligados por meio de cabos, localizados em determinada área geográfica, permitindo que um computador use recursos de todos os outros, na presença de um software gerenciador, está associado com maior intensidade à ideia de:

A) rede local de microcomputadores.
B) internet e intranet.
C) rede cliente/servidor.
D) rede local não hierárquica.
E) multimídia.

↗ **Gabarito: "A".**

2. **(Quadrix – CRESS-GO – Agente Fiscal – 2019)** Julgue o item a respeito do Microsoft Word 2013, do sistema operacional Windows 10 e dos conceitos de redes de computadores.

Pode-se definir redes de comunicação como sendo sistemas de comunicação construídos tanto de enlaces físicos quanto de protocolos.

( ) Certo.
( ) Errado.

↗ **Gabarito: "Certo".**

3. **(CESPE – MEC – Web Design – 2015)** A Web, conhecida também por WWW (world wide web), pode ser considerada como uma das maneiras de compartilhamento de informação na Internet. Com relação a Web, termos e tecnologias utilizados, julgue o item seguinte.

A Web foi patrocinada pela Agência de Defesa e Pesquisa Militar Americana (DARPANET). O conceito WWW foi desenvolvido logo após o início da Guerra Fria, em 1962, e foi utilizado como precursor de comunicação com o satélite de comunicação Sputnik.

( ) Certo.
( ) Errado.

↗ **Gabarito: "Errado".**

4. **(CESPE – DPU – Analista – 2016)** A respeito da Internet e suas ferramentas, julgue o item a seguir.

O TCP/IP, conjunto de protocolos criados no início do desenvolvimento da Internet, foi substituído por protocolos modernos, como o WiFi, que permitem a transmissão de dados por meio de redes sem fio.

( ) Certo.

( ) Errado.

↗ **Gabarito: "Errado".**

5. **(IBADE – Câmara de Jaru-RO – Contador – 2019)** Um IP dinâmico é:

A) o endereço permanente de um computador na rede.

B) um dispositivo de hardware que melhora a velocidade.

C) um sistema de verificação de quem está conectado.

D) um endereço alocado em tempo de conexão.

E) uma função que aumenta a velocidade de transmissão.

↗ **Gabarito: "D".**

6. **(Quadrix – CRB 6ª Região – Bibliotecário Fiscal – 2014)** O endereçamento IP dos computadores em uma rede é necessário para que eles possam se comunicar. O protocolo utilizado no endereçamento pode ser o Internet Protocol versão 4 (IPv4) ou o internet Protocol versão 6 (IPv6), dependendo da rede. Representa um endereço IPv4 válido:

A) 172.168.255.128.1.

B) 2001:0DB8::ABCD:0000:0000:0000:1234.

C) 192.168.1.2.

D) 2001:0DB8::ABCD::1234.

E) A1B.0D2.002.A2D.

↗ **Gabarito: "C".**

7. **(Quadrix – CRP 2º Região – Assistente Administrativo – 2018)** Os computadores em redes IPv6 são identificados por um conjunto de algarismos conhecidos como endereços IP. Considerando essa informação, assinale a alternativa que apresenta um endereço IPv6 incorreto.

A) 2001:0DH8:000:000:130G:000:000:140B.

B) 2001: DB8:0:54::.

C) 2001:DB8:0:0:130F::140B.

D) 2001:DB8:0:54:0:0:0:0.

E) 2001:DB8::130F:0:0:140B.

↗ **Gabarito: "A".**

8. **(INAZ do Pará – CORE-PE – Assistente Jurídico – 2019)** "É responsável pela configuração dinâmica de endereços IP em uma rede de computadores, ou seja, atribui automaticamente um endereço IP quando um computador é inicializado ou conectado a uma rede de computadores".

O trecho textual acima se refere ao protocolo:

A) SMTP.

B) IMAP.

C) HTTP.

D) SNMP.

E) DHCP.

↗ **Gabarito: "E".**

9. **(CETAP – M PC-PA – Técnico em Informática – Desenvolvimento – 2015)** A velocidade de transmissão dos atuais links de acesso a Internet em banda larga e usualmente medida em:

A) Mbits/s; que significa "Megabits por segundo".

B) MBytes/s; que significa "Megabytes por segundo".

C) Mbits/s; que significa "Megabytes por segundo".

D) MBytes/s; que significa "Megabits por segundo".

E) GBytes; que significa "Gigabytes por segundo".

↗ **Gabarito: "A".**

10. **(UFRRJ – UFRRJ – Assistente Social – 2019)** Hardwares de Rede são equipamentos que facilitam e dão suporte ao uso de uma rede de computadores. São exemplos de hardwares de redes:

A) Modem, Roteador, Switch e Endereço IP.

B) Gateway, Firewall, Roteador e Switch.

C) Roteador, Repetidor, Firewall e Protocolo.

D) Modem, Switch, Repetidor e Endereço IP.

E) Firewall, Protocolo, Modem e Repetidor.

↗ **Gabarito: "B".**

11. (CS-UFG – UFG – Técnico de Laboratório – Informática – 2018) O dispositivo de rede utilizado em circuitos de comunicação que reduz a distorção, amplificando ou regenerando um sinal, de modo que possa continuar sendo transmitido com força e formas originais, é:

A) hubs.

B) repetidores.

C) switchs.

D) roteadores.

↗ **Gabarito: "B".**

12. (Quadrix – CONRERP 2ª Região – Analista de Relações Públicas – 2019) Julgue o item, relativo ao Microsoft Word 2013, ao sistema operacional Windows 8 e aos conceitos de redes de computadores.

Cabo de par trançado, cabo coaxial e cabo de fibra óptica são exemplos de meios de transmissão utilizados em redes de computadores.

( ) Certo.

( ) Errado.

↗ **Gabarito: "Certo".**

13. (FGV – COMPESA – Assistente de Saneamento e Gestão – Assistente de Tecnologia da Informação – 2016) Os meios de transmissão podem ser guiados ou não guiados. Os principais meios guiados são o par trançado, o cabo coaxial e a fibra óptica. Em relação a esses meios de transmissão guiados, analise as afirmativas a seguir.

I. Um cabo coaxial consiste em um fio de cobre esticado na parte central, envolvido por um material isolante.

II. Os pares trançados podem ser usados na transmissão de sinais analógicos ou digitais.

III. Os cabos de fibra óptica podem ser danificados com facilidade se forem encurvadas demais.

Está correto o que se afirma em:

A) I, apenas.

B) II, apenas.

C) III, apenas.

D) I e II, apenas.

E) I, II e III.

↗ **Gabarito: "E".**

14. (CONSULPAM – Prefeitura de Resende-RJ – Engenheiro Civil – 2019) Podemos dizer que internet é um conjunto de redes interligadas por meio de Backbones que é o termo principal utilizado para:

A) Interpretar as páginas da web.

B) Enviar mensagens instantâneas pelos sites.

C) Solicitar informação em qualquer lugar do mundo por meio de sites.

D) Identificar a rede principal pela qual os dados de todos os clientes da Internet passam.

↗ **Gabarito: "D".**

15. (UFGD – UFGD – Assistente em Administração – 2019) A interação entre hardware e software em diversos níveis oferece uma estrutura para se entenderem os fundamentos da computação. A respeito da organização básica de um computador, assinale a alternativa correta.

A) A memória é a área de armazenamento temporária em que os programas são mantidos quando estão sendo executados e que contém os dados necessários para os programas em execução. A capacidade de armazenamento de uma memória é medida em hertz (Hz) ou megahertz (MHz).

B) O chipset é um conjunto de componentes eletrônicos de alta capacidade em um circuito integrado (ou chip) que interpreta e executa as instruções de um programa de computador, tais como aritmética básica, lógica e entrada/ saída de dados.

C) O modem é um dispositivo eletrônico que modula um sinal digital numa onda analógica, pronta a ser transmitida pela linha telefônica, e que demodula o sinal analógico e reconverte-o para o formato digital original.

D) O hub é um dispositivo eletrônico que tem a função de interligar os computadores de uma rede local. Ele recebe os dados vindos de um computador e transmite às outras máquinas. Caso o cabo de rede de uma máquina seja desconectado ou apresente algum defeito, toda a rede deixará de funcionar.

E) USB, PS/2, SMTP e HDMI são padrões de conexão de hardware utilizados para conectar periféricos ao computador.

↗ **Gabarito: "C".**

16. (NC-UFPR – ITAIPU BINACIONAL – Profissional Nível Suporte I – Atividade Administrativa – 2017) Para conectar um novo dispositivo a uma rede corporativa, é necessário informar o número de identificação do hardware. Esse número é informado por meio do:

A) MAC ADDRESS.

B) IP.

C) SMTP.

D) JSP.

E) CGI.

↗ **Gabarito: "A".**

17. (FCC – SEFAZ-PB – Auditor Fiscal de Tributos Estaduais – 2006) Dispositivo físico que tem por função básica apenas interligar os computadores de uma rede local. Recebe dados vindos de um computador e os transmite às outras máquinas. Conhece-se também por concentrador:

A) o parser.

B) o hub.

C) o router.

D) a bridge.

E) o gateway.

↗ **Gabarito: "B".**

18. (FGV – SEFAZ-RJ – Fiscal de Rendas – 2010) Devido ao papel que executa e pelas características que possui, o roteador é um equipamento de interligação que exerce função de elevada importância.

A esse respeito, analise as afirmativas a seguir.

I. Os roteadores realizam filtro de tráfego com base no endereço IP, que funciona como um parâmetro lógico, na camada de rede da arquitetura OSI/ISO.

II. Os roteadores integram LANs heterogêneas, que pode resultar na formação de uma WAN com acesso à Internet, com base nos protocolos da arquitetura TCP/IP.

III. Os roteadores representam a solução por segmentação, para problemas de redes com congestionamento devido às colisões resultantes do funcionamento do protocolo token passing.

Assinale:

A) se somente a afirmativa I estiver correta.

B) se somente as afirmativas I e II estiverem corretas.

C) se somente as afirmativas I e III estiverem corretas.

D) se somente as afirmativas II e III estiverem corretas.

E) se todas as afirmativas estiverem corretas.

↗ **Gabarito: "B".**

19. (CESPE – DPU – Analista – 2016) A respeito da Internet e suas ferramentas, julgue o item a seguir.

Switchs e roteadores são equipamentos utilizados para definir a origem e o destino de pacotes de dados que trafegam entre máquinas de usuários ou de servidores e podem ser utilizados para interligar várias redes de computadores entre si.

( ) Certo.

( ) Errado.

↗ **Gabarito: "Certo".**

20. (IBFC – SESACRE – Agente Administrativo – 2019) Uma Rede de computadores é formada por um _______ de máquinas eletrônicas com processadores capazes de trocar informações e _______ recursos, interligados por um subsistema de comunicação, ou seja, é quando há pelo menos dois ou mais computadores, e outros dispositivos interligados entre si de modo a poderem compartilhar recursos _______, estes podem ser do tipo: dados, impressoras, mensagens (e-mails), entre outros.

A) único nó / pequenos / isolados.

B) banco / representar / seguros.

C) nó / adequar / não confiáveis.

D) conjunto / compartilhar / físicos e lógicos.

↗ **Gabarito: "D".**

21. **(Quadrix – CREA-GO – Analista – 2019)** Acerca dos conceitos de redes de computadores, do programa de navegação Mozilla Firefox, em sua versão mais atual, e das noções de vírus e worms, julgue o item.

Por meio das redes de computadores, os usuários podem compartilhar recursos que vão desde a impressão de documentos até o armazenamento de dados, entre outros.

( ) Certo.

( ) Errado.

↗ **Gabarito: "Certo".**

22. **(COPEVE-UFAL – IF-AL – Administrador – 2011)** Em uma rede local, para acessar uma pasta chamada 'documentos' compartilhada em um computador de nome 'host01', que utiliza o Windows, pode-se:

A) digitar \\documentos\host01 na barra de endereço do Windows Explorer e pressionar a tecla Enter.

B) digitar \\host01\documentos na barra de endereço do Windows Explorer e pressionar a tecla Enter.

C) digitar \\documentos\host01 na barra de endereço do Internet Explorer e pressionar a tecla Enter.

D) digitar http://www.host01.com.br/documentos na barra de endereço do Internet Explorer e pressionar a tecla Enter.

E) clicar no botão Iniciar do Windows e, na caixa pesquisar/executar, digitar \\documentos\host01 e pressionar a tecla Enter.

↗ **Gabarito: "B".**

23. **(CESPE – Correios – Cargos de Nível Superior – Conhecimentos Básicos – 2011)** A ferramenta denominada Telnet foi desenvolvida com as características de uma aplicação cliente/servidor.

( ) Certo.

( ) Errado.

↗ **Gabarito: "Certo".**

24. **(NC-UFPR – Câmara de Quitandinha-PR – Técnico Legislativo – 2018)** Em uma empresa, com rede interna ambiente Windows, os modelos de documentos oficiais estão centralizados na pasta Modelos compartilhada em modo Leitura aos usuários do domínio, no servidor de arquivos SERVDOC. Qual é o endereço para acessar o modelo oficio.dotx, no Windows Explorer, num computador com Windows 7?

A) SERVDOC/modelos/oficio.dotx.

B) \\SERVDOC\Modelos\oficio.dotx.

C) SERVDOC.Modelos@oficio.dotx.

D) oficio.dotx@SERVDOC.

E) oficio.dotx@Modelos.

↗ **Gabarito: "B".**

25. **(CESPE – MPC-PA – Assistente Ministerial de Informática – 2019)** Uma empresa possui, em sua rede de computadores, um computador que disponibiliza arquivos para muitos usuários, o que possibilita manter o controle do acesso de pessoas a arquivos, de acordo com o usuário autenticado e o endereço IP do computador que foi acessado. Para acessar um arquivo armazenado nesse computador, o usuário deverá anexar esse arquivo em um email e enviá-lo a outro usuário.

Nesse caso, o computador do usuário conectado a essa rede é considerado:

A) um servidor.

B) uma estação de trabalho.

C) um provedor de serviços.

D) um gerenciador de serviços.

E) um orquestrador de infraestrutura.

↗ **Gabarito: "B".**

26. **(FCC – SEMEF Manaus-AM – Assistente Técnico de Tecnologia da Informação da Fazenda Municipal – Suporte – 2019)** Ao analisar os serviços da internet que se utilizam da arquitetura Cliente/Servidor, um Assistente de TI identificou que, nesse tipo de serviço:

A) o Servidor toma a iniciativa de oferecer o serviço para o Cliente inscrito.

B) o Cliente oferece serviços para outros Clientes para o balanceamento de carga.

C) todos os dados são armazenados no Servidor, o que aumenta a segurança.

D) as regras e a lógica da aplicação são armazenadas e executadas no Servidor.

E) Front-end é a outra denominação para o Servidor, uma vez que é ele que executa o pedido.

↗ **Gabarito: "C".**

27. (Quadrix – CREF 8ª Região – Assistente Administrativo – 2018) Julgue o item seguinte quanto aos conceitos básicos de redes de computadores, ao programa de navegação Mozilla Firefox, em sua versão mais recente, e aos conceitos de organização e de gerenciamento de arquivos e pastas.

Para que os dispositivos de uma rede P2P (Peer-to-Peer) funcionem corretamente, não é necessário que haja um servidor.

( ) Certo.

( ) Errado.

↗ **Gabarito: "Certo".**

28. (UECE-CEV – DETRAN-CE – Agente de Trânsito e Transporte – 2018) Topologia de redes é a forma como os dispositivos de uma rede estão conectados. São exemplos de topologia de redes:

A) anel, barramento, híbrida e colar.

B) estrela, anel, barramento e árvore.

C) híbrida, malha, trançada e colar.

D) árvore, malha, estrela, trançada.

↗ **Gabarito: "B".**

29. (Quadrix – CRM-PR – Contador – 2018) Julgue o item seguinte quanto ao Microsoft Word 2013, ao sistema operacional Windows 8 e aos conceitos de redes de computadores.

Uma rede doméstica, contendo dois computadores interligados ponto a ponto, não pode ser classificada como uma rede do tipo LAN.

( ) Certo.

( ) Errado.

↗ **Gabarito: "Errado".**

30. (FAU – IF-PR – Tradutor e intérprete de linguagem de Sinais – 2019) Assinale a alternativa INCORRETA sobre Redes de Computadores:

A) Host é o nome dado aos computadores que acessam recursos fornecidos por um servidor e compartilham na rede.

B) Na topologia de Barramento, todos os nós se conectam por meio de uma barra ou cabo de dados e quando uma mensagem é enviada, todos os nós recebem.

C) Em uma intranet podemos ter duas máquinas com o mesmo endereço IP, pois é somente o endereço físico (MAC) que é enviado no cabeçalho da mensagem enviada na rede.

D) Uma das diferenças entre a comunicação serial da comunicação paralela para transmissão de dados em uma rede de computadores é a quantidade de canais utilizada na transmissão.

E) Um equipamento switch é semelhante ao hub, também conhecido como hub inteligente, pois ele recebe uma mensagem e envia apenas para o computador de destino.

↗ **Gabarito: "C".**

31. (COSEAC – Prefeitura de Niterói-RJ – Técnico em Informática – 2016) É uma vantagem e uma desvantagem da topologia lógica em anel, respectivamente:

A) facilidade de identificação de problemas e baixa segurança na rede.

B) simplicidade do layout dos cabos e baixa segurança na rede.

C) facilidade para acréscimo da rede e paralização total no caso de falhas.

D) baixo consumo de cabos e dificuldade para diagnosticar falhas.

E) facilidade de manutenção e alto consumo de cabos.

↗ **Gabarito: "D".**

32. (CESPE – MEC – Conhecimentos Básicos para os Postos 9, 10, 11 e 16 – 2015) No que se refere aos conceitos básicos de redes de computadores e ao programa de navegação Microsoft Internet Explorer, julgue o item que se segue.

Nas redes em estrela, se houver rompimento de um cabo, consequentemente toda a rede parará de funcionar.

( ) Certo.

( ) Errado.

↗ **Gabarito: "Errado".**

33. (IDECAN – IF-AM – Assistente em Administração – 2019) A topologia física de rede representa o layout no qual estão conectados os computadores e os outros componentes da rede. Uma topologia de rede em Estrela consiste em equipamentos

A) conectados a um nó central, que é responsável por controlar o tráfego de dados. O nó central é geralmente o switch, que é responsável por analisar os pacotes e gerenciar sua distribuição.

B) conectados em série; nesse tipo de topologia é necessário que em cada extremidade do cabo exista um terminador. O fluxo dos dados é bidirecional.

C) interligados em série; ao invés de terminadores nas extremidades do cabo, uma extremidade é conectada a outra formando um círculo. O fluxo de dados é unidirecional.

D) interligados em série; em que um equipamento bridge é conectado entre as extremidades do cabo formando um círculo. O fluxo de dados é bidirecional.

E) conectados em série; em que, entre as extremidades do cabo, é conectado um equipamento hub formando um anel. O fluxo de dados é unidirecional.

↗ **Gabarito: "A".**

34. (CESPE – FUB – Conhecimentos Básicos – Todos os Cargos de Nível Superior – 2014) No que diz respeito aos conceitos e ferramentas de redes de computadores e ao programa de navegação Google Chrome, julgue o item que se segue.

Diversas tecnologias estão envolvidas na ligação de computadores em redes, o que gera uma pluralidade de combinações de redes.

( ) Certo.

( ) Errado.

↗ **Gabarito: "Certo".**

35. (IF-ES – IF-ES – Enfermeiro – 2019) As redes Wi-Fi se tornaram populares pela mobilidade que oferecem e pela facilidade de instalação e de uso em diferentes tipos de ambientes. Para resolver alguns dos riscos que estas redes oferecem, foram desenvolvidos mecanismos de segurança. Sobre esses mecanismos de segurança, associe a segunda coluna com a primeira.

I – WEP (Wired Equivalent Privacy).

II – WPA (Wi-Fi Protected Access).

III – WPA-2.

( ) É o mecanismo mais recomendado.

( ) É considerado frágil e, por isto, o uso deve ser evitado.

( ) É o nível mínimo de segurança que é recomendado.

Assinale a alternativa que contém a sequência CORRETA de associação, de cima para baixo.

A) I – II – III.

B) III – I – II.

C) I – III – II.

D) II – I – III.

E) III – II – I.

↗ **Gabarito: "B".**

36. (IBFC – IDAM – Técnico de Nível Superior – Analista de Redes – 2019) Para se ter acesso à Internet por meio de rede Wi-Fi, deve-se estar no raio de ação ou área de abrangência de um ponto de acesso. Esse ponto de acesso é conhecido tecnicamente por:

A) switch.

B) firewall.

C) hotspot.

D) bridge.

↗ **Gabarito: "C".**

37. (Quadrix – CRA-PR – Auxiliar Administrativo I – 2019) A respeito dos conceitos básicos de redes de computadores, do programa de navegação Google Chrome, em sua versão mais recente, e dos conceitos de organização e de gerenciamento de arquivos e pastas, julgue o item.

No tipo de tecnologia de transmissão conhecido como redes de difusão, as mensagens enviadas por uma determinada máquina são recebidas somente pela máquina endereçada, ou seja, a máquina de destino.

( ) Certo.

( ) Errado.

↗ **Gabarito: "Errado".**

38. (Quadrix – CRP-SC – Psicólogo Assistente Técnico – 2018) Com relação ao Microsoft Excel 2013, ao sistema operacional Windows 10 e aos conceitos de redes de computadores, julgue o item.

Quanto à sua abrangência, ou seja, sua extensão, as redes de computadores podem ser classificadas em LAN, MAN e WAN.

( ) Certo.

( ) Errado.

↗ **Gabarito: "Certo".**

39. (IBFC – IDAM – Assistente Técnico – 2019) Existem vários tipos de redes de computadores. Dentro desse tópico pode-se classificar a tecnologia Bluetooth como sendo uma rede com as características do tipo:

A) PAN.

B) WAN.

C) MAN.

D) SAN.

↗ **Gabarito: "A".**

40. (IMA – Prefeitura de Fortaleza dos Nogueiras-MA – Engenheiro Civil – 2019) Sobre os conhecimentos de Redes de Computadores julgue as afirmativas abaixo:

I. Uma rede LAN é normalmente utilizada dentro de um único prédio ou prédios vizinhos, ou seja, de extensão pequena.

II. Em uma transmissão Síncrona os dados são enviados de maneira sincronizada com o funcionamento da rede.

III. Na topologia em barra (barramento), se uma das estações falhar a rede deixa de funcionar e prejudica toda a ligação.

A) Todos os itens estão corretos.

B) Apenas os itens I e II estão corretos.

C) Apenas os itens I e III estão corretos.

D) Todos os itens estão incorretos.

↗ **Gabarito: "B".**

41. (INAZ do Pará – Prefeitura de São João do Araguaia-PA – Procurador Municipal – 2018) Uma rede de computadores consiste em máquinas interligadas compartilhando recursos e informações entre si, principalmente em locais como escritórios. A necessidade de se conectar com outros módulos deu origem a outros tipos de estruturas de rede, como LAN, MAN, WAM, WLAN e PAN.

Quando uma empresa deseja conectar as máquinas de seus escritórios que estão em uma mesma cidade constitui uma estrutura de rede:

A) WAN.

B) MAN.

C) WLAM.

D) PAN.

↗ **Gabarito: "B".**

42. (UECE-CEV – DETRAN-CE – Agente de Trânsito e Transporte – 2018) Atente às seguintes afirmações sobre redes de computadores:

I. LAN é um tipo de rede local que atua em uma área limitada, como uma loja.

II. MAN são redes que abrangem grandes espaços tais como uma cidade.

III. WAN consegue abranger uma grande área geográfica, como um país.

Está correto o que se afirma em:

A) I e II apenas.

B) I e III apenas.

C) II e III apenas.

D) I, II e III.

↗ **Gabarito: "D".**

43. (Quadrix – CREF 13ª Região – Analista Contador – 2018) Acerca do Microsoft Excel 2013, do sistema operacional Windows 8 e dos conceitos de redes de computadores, julgue o item subsequente.

As principais características da rede LAN são a capacidade de atingir longas distâncias e ser uma rede predominantemente pública.

( ) Certo.

( ) Errado.

↗ **Gabarito: "Errado".**

44. (FMZ-AP – SEAD-AP – Agente Penitenciário – 2010) Assinale a opção em que se encontram os equipamentos necessários para que um usuário acesse a internet por meio de uma LAN (Local Area Network) e por meio de uma rede Dial-up, respectivamente.

A) Placa de fax/modem e kit multimídia completo.

B) Interface USB e placa de vídeo.

C) Placa de rede e placa de fax/modem.

D) Interface USB e placa de fax/modem.

E) Placa de vídeo e placa de fax/modem.

↗ **Gabarito: "C".**

45. (FEC – MPA – Agente Administrativo – 2010) Das opções seguintes, aquela que contém apenas tecnologias de acesso à Internet é:

A) Dial-up, ISDN, 3G e Firewire.

B) ISDN, Firewire, ADSL e 3G.

C) 3G, Dial-up, Firewire e ADSL.

D) ADSL, ISDN, Dial-up e 3G.

E) Firewire, ADSL, Dial-up e ISDN.

↗ **Gabarito: "D".**

46. (CESPE – Banco da Amazônia – Técnico Científico – Administração – 2010) A Internet funciona a partir do modelo cliente/servidor, no qual os computadores dos usuários operam como clientes conectados aos servidores que funcionam como provedores de acesso e de serviços de correio eletrônico, transferência de arquivos e acesso a páginas web.

( ) Certo.

( ) Errado.

↗ **Gabarito: "Certo".**

47. (CESPE – TRE-BA – Técnico Judiciário – Área Administrativa – 2010) Um sítio de chat ou de bate-papo é um exemplo típico de grupo de discussão em que os assuntos são debatidos em tempo real. Para essa finalidade, a comunicação pode ser de forma assíncrona, o que significa que é desnecessária a conexão simultânea de todos os usuários.

( ) Certo.

( ) Errado.

↗ **Gabarito: "Errado".**

48. (UFSC – UFSC – Técnico em Segurança do Trabalho – 2019) A popularização da Internet estimulou o desenvolvimento de diversos serviços, que são utilizados atualmente por pessoas e empresas. Um desses serviços permite que sejam feitas ligações telefônicas por meio da Internet e é identificado pela sigla:

A) VoIP.

B) DNS.

C) IMAP.

D) ADSL.

E) TCP/IP.

↗ **Gabarito: "A".**

49. (FGV – COMPESA – Assistente de Saneamento e Gestão – Assistente de Tecnologia da Informação – 2016) O protocolo FTP permite realizar transferência de arquivos entre diferentes computadores, independente do sistema operacional utilizado.

Sobre o funcionamento do FTP, assinale a afirmativa correta.

A) Os arquivos podem ser transferidos pelas conexões de dados ou de controle.

B) A conexão de dados existe apenas durante a transferência de dados

C) O servidor de FTP é o responsável por iniciar e encerrar a conexão de controle.

D) A conexão de controle não existe durante a transferência de dados.

E) O FTP utiliza o protocolo SSH na conexão de controle.

↗ **Gabarito: "B".**

50. (FGV – Prefeitura de Niterói-RJ – Contador – 2015) Quando se fala de conexões com a Internet, o termo "banda larga" designa:

A) dispositivos utilizados na conexão, tais como aparelho celular, computador ou tablet;

B) qualidade da conexão, medida pelo percentual de tempo que a conexão fica inativa;

C) tipos de conexão física, tais como rede cabeada, wi-fi ou fibra ótica;

D) quantidade de bits que podem trafegar pela conexão numa determinada unidade de tempo;

E) conexão de dados apenas, não incluindo voz.

↗ **Gabarito: "D".**

51. **(FGV – Prefeitura de Niterói-RJ – Contador – 2015)** Quando se fala de conexões com a Internet, o termo "banda larga" designa:

A) dispositivos utilizados na conexão, tais como aparelho celular, computador ou tablet;

B) qualidade da conexão, medida pelo percentual de tempo que a conexão fica inativa;

C) tipos de conexão física, tais como rede cabeada, wi-fi ou fibra ótica;

D) quantidade de bits que podem trafegar pela conexão numa determinada unidade de tempo;

E) conexão de dados apenas, não incluindo voz.

↗ **Gabarito: "D".**

52. **(CESPE – MPU – Técnico Administrativo – 2010)** Um modem ADSL permite que, em um mesmo canal de comunicação, trafeguem sinais simultâneos de dados e de voz. Por isso, com apenas uma linha telefônica, um usuário pode acessar a Internet e telefonar ao mesmo tempo.

( ) Certo.

( ) Errado.

↗ **Gabarito: "Certo".**

53. **(IBFC – TRE-AM – Analista Judiciário – Engenharia Civil – 2014)** Referente aos conceitos básicos de Redes de Computadores e de Internet, identifique a alternativa que apresenta o principal protocolo utilizado na rede das redes, a Internet:

A) TCP/IP.

B) TCP/FTP.

C) FTP/IP.

D) ISO/OSI.

↗ **Gabarito: "A".**

54. **(FUNCERN – Prefeitura de Jardim de Piranhas-RN – Agente de Administração – 2019)** O modelo OSI é um modelo de rede de computador referência da ISO que é distribuído em camadas. Tem como objetivo padronizar os protocolos de comunicação. O modelo é dividido em:

A) 7 camadas.

B) 6 camadas.

C) 8 camadas.

D) 5 camadas.

↗ **Gabarito: "A".**

55. **(Quadrix – CREF 13ª Região – Analista Contador – 2018)** Acerca do Microsoft Excel 2013, do sistema operacional Windows 8 e dos conceitos de redes de computadores, julgue o item subsequente.

O UDP é conhecido como um protocolo não confiável, uma vez que ele não fornece nenhuma garantia de que a mensagem chegará ao receptor.

( ) Certo.

( ) Errado.

↗ **Gabarito: "Certo".**

56. **(CPCON – Câmara de Campina Grande-PB – Agente Legislativo – 2019)** No modelo TCP/IP, protocolos como TCP, UDP e SCTP pertencem à camada de:

A) Transporte.

B) Aplicação.

C) Internet.

D) Enlace.

E) Sessão.

↗ **Gabarito: "A".**

57. **(Quadrix – CREA-GO – Assistente Administrativo – 2019)** Julgue o item quanto ao sistema operacional Windows 8 e aos conceitos de redes de computadores.

O IP (Internet Protocol) é considerado como o principal protocolo da camada de rede da Internet.

( ) Certo.

( ) Errado.

↗ **Gabarito: "Certo".**

58. **(SUGEP – UFRPE – Administrador – 2019)** Assinale a alternativa que apresenta protocolos da camada de aplicação, camada de transporte e camada de rede, respectivamente.

A) HTTP, TCP, IP.

B) SMTP, BGP, FTP.

C) DNS, P2P, TCP.

D) SNMP, IMAP, CDMA.

E) TCP, POP3, TFTP.

↗ **Gabarito: "A".**

8. CONCEITOS DE INTRANET

1) Intranet (Provedor Interno)

Para concursos públicos a abordagem de internet e intranet é técnica, e neste sentido é fundamental um bom dicionário de termos técnicos para auxiliar nos estudos, pois muitas vezes a terminologia utilizada de forma geral e principalmente a terminologia utilizada no mercado de vendas de equipamentos de informática e serviços da internet não respeitam as normas técnicas, o que leva o candidato ao erro. Os termos que seguem nos próximos tópicos são os mais relevantes para concursos.

A intranet é uma **rede interna, fechada e exclusiva**, com acesso **somente para os funcionários** de determinada empresa e muitas vezes liberado somente no ambiente de trabalho e em computadores registrados na rede.

Essa restrição do ambiente de trabalho não é necessária, já que as intranets **não são necessariamente LANs**, mas sim **redes construídas sobre a internet**. Em outras palavras, tecnicamente é possível acessar intranet de qualquer computador ligado à internet, caso a mesma também esteja ligada à internet.

Uma intranet é uma versão particular da internet, que pode ou não estar conectada a esta. Essa rede pode servir para troca de informação, mensagens instantâneas (os famosos chats), fóruns ou sistemas de gerenciamento de sites ou serviços on-line.

Uma intranet pode conectar empregados de uma empresa que trabalham em escritórios diferentes ou pode facilitar a logística de pedidos justamente por interligar diferentes departamentos de uma mesma empresa em uma mesma rede.

É uma rede privada, geralmente de uma empresa ou órgão público, que tem as seguintes características:

- Geralmente tem o Servidor Interno.
- Acesso restrito por senha ou por autorização de IP.
- Utiliza os mesmos serviços e protocolos da Internet.

Como o serviço público se utiliza de redes privadas, por questões de necessidade de serviço, o termo intranet é extremamente abordado em provas de concursos públicos, muitas vezes tratando dos mesmos serviços que são comuns à internet.

2) Extranet

Equivocadamente é muito comum a confusão entre Extranet e VPN, e apesar de existir a Extranet-VPN os dois termos não são sinônimos.

A Extranet é a extensão da intranet de uma organização para parceiros, em um contexto business-to-business. Como exemplo, temos a área privada de um site que é acessível apenas para intranets de empresas parceiras.

- Conexão entre duas redes privadas

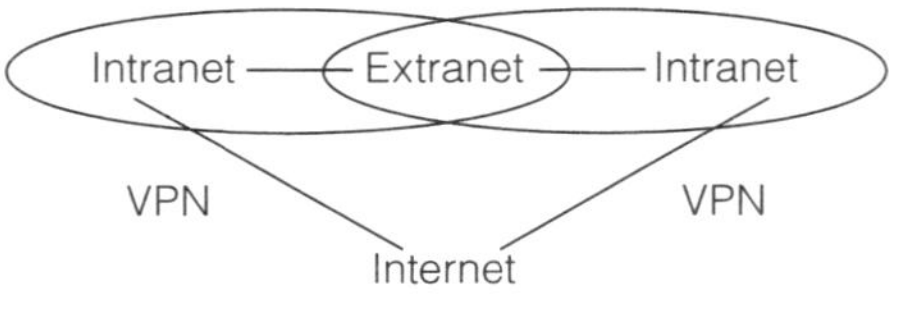

3) VPN

Quando o usuário se encontra nos computadores que compõe uma intranet, ele utiliza os serviços e acessa os sites de forma interna, porém é possível, e inclusive cada vez mais comum, o acesso à intranet da organização também ser possível por meio de um local externo, como a internet.

Como exemplo, temos um servidor público que possui uma senha vinculada ao seu registro funcional e que tem a possibilidade de acessar a intranet da organização em que trabalha de sua residência ou outro local.

Quando acontece esta conexão "intranet-internet" ou "internet-intranet", ou seja, quando se dá a conexão entre redes públicas e privadas, é criada uma **VPN (Rede Virtual Privada)**. Esta rede virtual privada, portanto, é estabelecida quando se utiliza uma rede pública Internet para acessar uma rede privada, Intranet.

- Mantém seguro os seus dados enquanto trafegam na rede.

8.1 Questões

1. **(FCC – Copergás-PE – Analista Administrador – 2016)** Recentemente foi publicado um processo licitatório: "A Companhia Pernambucana de Gás – COPERGÁS, por meio do seu PREGOEIRO, torna público que fará realizar PREGÃO PRESENCIAL, do tipo Menor Preço Global, Sob a Forma de Empreitada por Preço Unitário, para CONTRATAÇÃO DE EMPRESA ESPECIALIZADA PARA PRESTAÇÃO DE SERVIÇOS DE MANUTENÇÃO CORRETIVA E EVOLUTIVA DO SITE E *INTRANET* COPERGÁS, conforme Termo de Referência Anexo Q4".

(Disponível em: http://www.jusbrasil.com.br/diarios/106917582/doepe-09-01-2016-pg-12)

No texto acima está destacada a palavra intranet, sobre a qual é correto afirmar:

A) Um usuário interage com um sistema por meio de um navegador web. A rede interna de uma organização, denominada intranet, é implementada utilizando-se recursos deste navegador.

B) Não há integração entre a internet e a intranet para impedir que um usuário, ao acessar a intranet fora da empresa, coloque as informações desta empresa em risco.

C) Uma intranet de uma grande empresa requer conectividade com backbones, que são cabos que ligam os computadores da empresa à internet por meio de sistema wi-fi.

D) Uma intranet é uma rede organizacional na qual as aplicações e interfaces com o usuário baseiam-se principalmente em serviços web e seu uso é restrito a usuários autorizados da empresa.

E) Uma empresa como a COPERGÁS pode usar sua intranet, sem conexão com a internet, para realizar operações comerciais com fornecedores externos por meio do acesso por navegador web, de forma totalmente segura.

↗ **Gabarito: "D".**

2. **(IADES – AL-GO – Contador – 2019)** Internet, intranet e extranet são termos bastante utilizados no contexto tecnológico, tanto de organizações quanto de residências, para designar tipos de acessos das redes de computadores. Acerca da intranet, é correto afirmar que se trata de um tipo de rede

A) restrita a um grupo seleto de pessoas e exclusiva de uma organização.

B) aberta ao público e exclusiva de um grupo de organizações.

C) restrita a um grupo seleto de pessoas e exclusiva de uma organização e dos respectivos fornecedores e parceiros de negócio.

D) aberta ao público e exclusiva de uma organização e dos respectivos clientes.

E) aberta ao público e de acesso irrestrito.

↗ **Gabarito: "A".**

3. **(FGV – SEFAZ-RJ – Fiscal de Rendas – 2009)** Dentre os recursos atualmente disponíveis no âmbito da tecnologia da informação, a Extranet constitui um termo associado às facilidades de comunicação na busca do aumento da produtividade.

Nesse sentido, a Extranet é definida como:

A) uma parte da Intranet que fica disponível à troca de informações com os funcionários de uma organização, mas inibe todo tipo de acesso ao ambiente externo por meio do firewall.

B) uma sub-rede sob sistema operacional Windows XP ou Linux que implementa recursos de VPN na sua segurança, mas libera acesso por meio do firewall.

C) uma parte da Intranet que fica disponível na Internet para interação com clientes e fornecedores de uma organização, mas com acesso autorizado, controlado e restrito.

D) uma sub-rede que disponibiliza uma maior quantidade de microcomputadores com acesso à Internet por meio da utilização do mecanismo NAT, mas restringe a intercomunicação com usuários indesejados à organização.

E) uma parte da Intranet que disponibiliza a comunicação com fornecedores e determinados clientes de uma organização, mas inibe todo tipo de acesso ao ambiente interno por meio do firewall.

↗ **Gabarito: "C".**

4. (UFGD – UFGD – Assistente em Administração – 2019) Com relação ao uso de computadores e Internet, assinale a alternativa correta.

A) Em uma mensagem de correio eletrônico, o campo Cópia Simples (CC) criptografa o conteúdo da mensagem, garantindo a privacidade entre as partes.

B) POP3 é um protocolo de correio eletrônico utilizado para enviar e-mail, enquanto SMTP é um protocolo usado para transferir as mensagens contidas numa caixa de correio eletrônico para um computador local.

C) Uma rede social é uma estrutura social composta por pessoas ou organizações, conectadas por um ou vários tipos de relações, que partilham valores e objetivos comuns. São exemplos de redes sociais na Internet: Facebook, LinkedIn e Dropbox.

D) Bluetooth é um protocolo padrão de comunicação projetado para conectar e trocar informações entre dispositivos, como telefones celulares, computadores e impressoras. Os dispositivos usam um sistema de comunicação via rádio de alto alcance (dependendo da potência: 1 quilômetro, 10 quilômetros, 100 quilômetros), por isso não necessitam estar na linha de visão um do outro.

E) Rede privada virtual, do inglês Virtual Private Network (VPN), é uma rede de comunicações privada construída sobre uma rede de comunicações pública – como, por exemplo, a Internet – que utiliza protocolos de criptografia e tunelamento para manter os dados seguros por meio de uma rede insegura.

↗ **Gabarito: "E".**

9. CONCEITO DE INTERNET

ATENÇÃO

Tema dos mais recorrentes em provas, a internet demanda atenção redobrada na hora da prova, pois de todos os temas de informática é aquele que mais induz o candidato ao erro, e esta indução se dá pelos hábitos que temos no uso da internet e de suas ferramentas. Aquilo que na prática é extremamente intuitivo, em provas é exclusivamente teórico.

Em muitos casos de concursos como, por exemplo, de Técnico Bancário do Banco do Brasil, em que a CESPE não inclui no edital o tema específico de Informática, mas no tema **Atualidades,** são abordadas questões como: educação à distância, redes sociais, segurança e tecnologia.

1) Definição de Internet (Física)

É um Conjunto de Redes Independentes interligadas por Servidores de Provedores, que compartilham serviços por meio de determinados protocolos.

Ao contrário do conceito generalizado **não é uma rede de alcance global (WWW).**

Os protocolos representam a forma que cada serviço compartilha informações.

IMPORTANTE

Quando assinamos um provedor de acesso, geralmente temos acesso aos múltiplos serviços da internet, como:

- Navegação;
- E-mail;
- Download;
- Serviço de Chat (salas de bate papo);
- Serviço de Voz por IP;
- Transferência de Dados etc.

Porém cada serviço tem suas próprias regras para transmissão de dados, e estas regras atendem pelo termo:

- **Protocolos (formas diferentes de transmitir informações).**

2) A World Wide Web

A sigla WWW se refere a **World Wide Web** ou, em português, **Rede de Alcance Mundial**.

A partir de 1980, Tim Berners-Lee, um investigador do CERN de Genebra, criou um sistema de navegação hipertexto e desenvolveu, com a ajuda de Robert Cailliau, um software batizado **ENQUIRE** que permitia navegar de acordo com este princípio.

Em finais de 1990, Tim Berners-Lee criou o protocolo **HTTP (HyperText Transfer Protocol)**, bem como a linguagem **HTML (HyperText Markup Language)**, que permite navegar com a ajuda de ligações hipertextuais, por meio das redes.

A World Wide Web, um dos mais importantes serviços da Internet, tinha nascido.

O serviço de hipertexto é o tema mais explorado em provas de concursos quando se trata da Internet, pois é o serviço mais utilizado tanto pelos usuários no acesso privado à internet quanto no uso corporativo, em organizações públicas e privadas, pois se trata do serviço que **possibilita a navegação em sites por meio de links e hiperlinks conectando uma página à outra** e possibilitando a navegação assim como a conhecemos.

Trata-se de um sistema interligado de arquivos e informações executados na internet.

Ainda, é um **sistema de hipermídia** que em sua tradução literal significa "teia em todo o mundo" representando o poder de conectar o planeta e transmitir informações para qualquer lugar.

Os arquivos e documentos que estão na world wide web, ou simplesmente web, podem estar em forma de **vídeos**, **hipertextos**, **sons** e **figuras**, por isso ela é considerada um sistema hipermídia.

Para que essas informações possam ser mostradas ao usuário, um navegador ou browser é encarregado de dissecar as informações e apresentá-las em formato agradável em um dispositivo ou computador. Dessa forma, o usuário pode navegar pelo site e seguir os hiperlinks que os levarão para outros documentos, ao mesmo tempo em que também permitem enviar informações para um servidor.

Hipertexto representa uma linguagem que possibilita a navegação na internet por meio de link e hiperlinks em que sites se vinculam a outros, possibilitando a navegação.

Quando utilizamos o serviço de hipertexto, a transmissão de dados se dá por meio dos protocolos http e https e este serviço tem como programas os Browsers (Internet Explorer, Google Chrome, Mozzila Firefox...).

- O sistema de hipertexto utilizado por padrão na Internet é o WWW.
- O Protocolo de Serviços de Hipertexto pertence à **camada de aplicação.**

A Web trabalha por meio de três parâmetros: a URL, o HTTP e o HTML.

- A **URL** especifica o endereço único que cada página da internet vai receber e delimita como ela vai ser encontrada pelos usuários.
- O **HTTP** é um protocolo de comunicação que assegura a transferência de informações e dados entre redes.
- O **HTML** se trata de um método para codificar a informação da internet, a fim de que seja exibida de diferentes formas.

Em conjunto, esses parâmetros trabalham da seguinte forma: o **hipertexto** é codificado com a linguagem de programação **HTML**, que possui marcas de codificação interpretadas pelos clientes **WWW**. Para realizar a transferência de informações no www é utilizado o protocolo **HTTP**, que possui suporte aos **sistemas de informações e hipermídia**.

3) Linguagem de marcação de hipertexto

HTML (abreviação para a expressão inglesa HyperText Markup Language, que significa Linguagem de Marcação de Hipertexto) é uma linguagem de marcação utilizada para produzir páginas na Web. Documentos HTML podem ser interpretados por navegadores.

Tecnicamente não é uma linguagem de programação, mas sim uma linguagem de marcação, utilizada para informar ao browser o papel semântico de cada bloco de informação encontrado no conteúdo.

O surgimento desta linguagem e dos softwares chamados Browsers ou Navegadores deu início à chamada World Wide Web, ou simplesmente Web, que é um dos serviços que funcionam dentro da internet, que já existia desde a década de 1960.

É importante que façamos bem claramente a distinção entre Internet (que é a rede mundial de computadores) e a Web (que é um dos serviços a que temos acesso por meio da internet).

A Web é um serviço de disponibilização de informações na forma de páginas interligadas, que acessamos por meio de um programa navegador.

4) Páginas web

Uma página da web é um documento adequado para atuar como um recurso na World Wide Web. Quando acessado por um navegador da web, ele pode ser exibido como uma página da web em um monitor ou dispositivo móvel. Páginas típicas da web são documentos de hipertexto que contêm hiperlinks, geralmente chamados de links, para navegar em outras páginas da web.

O termo página da web geralmente se refere ao que é visível, mas também pode se referir ao conteúdo do código-fonte, que geralmente é um arquivo de texto contendo hipertexto escrito em HTML ou uma linguagem de marcação comparável.

Um site normalmente contém um grupo de páginas da web vinculadas ou possui outro método coerente de navegação. A página da web mais importante em um site é a página de índice. Dependendo das configurações do servidor da web, a página de índice pode ter qualquer nome, mas os nomes mais comuns são index.html e index.php. Quando um navegador visita a página inicial de um site ou qualquer URL que aponte para um diretório em vez de um arquivo específico, o servidor da web exibirá a página de índice. Se nenhuma página de índice estiver definida na configuração ou se esse arquivo não existir no servidor, um erro ou listagem de diretório será apresentado no navegador.

Os sites e as páginas que os compõem geralmente são encontrados com a ajuda de um mecanismo de pesquisa, mas podem receber tráfego de mídias sociais e outras fontes.

5) Registro de domínio

É um nome amigável para que um serviço de internet (como um website) possa ser acessado na internet.

Seu domínio é sua marca na internet. Com ele você garante que nenhuma pessoa ou empresa irá criar um site com o mesmo endereço registrado.

Exemplo: para que seu site possa ser encontrado na internet pelo endereço meusite.com.br, você precisará de um serviço de hospedagem para disponibilizar os arquivos do site e também registrar este endereço (desde que ainda não tenha sido usado por outra pessoa) em um órgão registrador para atribuí-lo à sua hospedagem.

Os domínios devem conter no **mínimo 3** e no **máximo 63** (sessenta e três) **caracteres**.

Além de **letras**, eles podem conter **números** e **hifens**.

Porém, um domínio **não pode conter APENAS números**. Eles ainda **não podem ter acentos ou cedilha**.

O domínio pode ser registrado em qualquer lugar e ser hospedado em outro.

COM	Relações Comerciais
GOV	Governamental
IND	Industrial / Corporativos
ORG	Organizações não Governamentais / Entidades de Classe / Conselho de Categoria
NET	Empresas de Telecomunicações
EDU	Conteúdo Acadêmico
XXX	Conteúdo Adulto / Pornográfico
INT	Utilizado em instituições internacionais como a União Europeia.
BIZ	Os domínios .biz (diminutivo de "business", negócio em inglês) estão pensados especialmente para empresas, comércios, negócios e, em termos gerais, qualquer website dedicado a estes temas.
INFO	Os domínios .info estão pensados especialmente para aqueles que desejam oferecer, a um grande número de pessoas, informação sobre si próprios ou da sua empresa e/ou organização, os seus produtos, as suas ideias, notícias e outras novidades.

Quem controla o Registro de Domínios na Internet?

Quem controla o registro de domínios na Internet é a **ICANN** (Internet Corporation for Assigned Names and Numbers), órgão mundial responsável por estabelecer regras do uso da Internet. É uma entidade sem fins lucrativos e de âmbito internacional, responsável pela distribuição de números de "Protocolo de Internet" (IP), pela designação de identificações de protocolo, pelo controle do sistema de nomes de domínios de primeiro nível com códigos genéricos (gTLD) e de países (ccTLD) e com funções de administração central da rede de servidores. Esses serviços eram originalmente prestados mediante contrato com o governo dos EUA, pela Internet Assigned Numbers Authority (**IANA**) e outras entidades. A ICANN hoje cumpre a função da IANA.

Além disso, a ICANN é responsável por coordenar o controle dos elementos técnicos do **DNS** que garantem a "**resolução universal**", que ajuda os usuários da Internet a encontrar qualquer endereço válido. Isso é realizado por meio da supervisão da distribuição das identificações exclusivas usadas nas operações da Internet e a distribuição de nomes de domínio de primeiro nível (como .com, .info etc.).

O registro de domínios no Brasil é feito pelo site **registro.br**, ligado ao Comitê Gestor da Internet Brasileira.

Você pode conferir o tutorial de como fazer um novo registro aqui: http://registro.br/suporte/tutoriais/novo-registro.html.

Para registrar um domínio, é necessário ser uma entidade legalmente representada ou estabelecida no Brasil como pessoa jurídica (Instituições que possuam CNPJ) ou física (CPF) que possua um contato em território nacional. Estrangeiros podem registrar domínios no Brasil por meio de procuradores estabelecidos no Brasil.

6) Hospedagem

Hospedagem de site é o serviço de armazenamento de um site e sua disponibilização constante na internet, ou seja, o serviço de hospedagem possibilitará que seu site seja visualizado 24h por dia em todo o mundo.

Você poderá hospedar seu site em qualquer provedor de hospedagem de sua escolha.

Eis uma pequena lista dos serviços de hospedagem e registro de domínios mais conhecidos. Alguns, por serem internacionais, exigem pagamento em dólar, o que pode ser feito por meio de cartão de crédito internacional e serviços como o Paypal:

- **Locaweb** (empresa brasileira);
- **UOL Host** (empresa brasileira);
- **Bluehost** (empresa norte-americana, pagamento em dólar);
- **DreamHost** (empresa norte-americana, pagamento em dólar);
- **HostGator** (internacional, mas com filial brasileira);
- **Google Sites** (serviço gratuito do Google para criação de sites);
- **GoDaddy** (popular serviço de registro de domínios, pagamento em dólar);
- **Registro.br** (serviço oficial de registros de domínios terminados em .br).

7) URL

URL é o endereço de um recurso disponível em uma rede, seja a rede internet ou intranet, e significa em inglês **Uniform Resource Locator**, e em português é conhecido por **Localizador Padrão de Recursos** ou **Localização Universal de Registro**.

Em outras palavras, URL é um endereço virtual com uma estrutura de caminho utilizada para indicar onde está o que o usuário procura para acessar, e pode ser:

- um arquivo;
- uma máquina;
- um domínio;
- uma página;
- um site;
- uma pasta etc.;
- pode ser também o link ou endereço de um site.

Uma URL é composta de um protocolo, que pode ser:

- HTTP, que é um protocolo de comunicação;
- FTP que é uma forma rápida de transferir arquivos na internet etc.

O formato completo das URL é definido pela norma RFC 1738, e possui a seguinte estrutura:

Exemplo: http://www.pudim.com.br – 1º Site registrado no Brasil.

As partes dessa URL são:

- HTTP – Esquema ou Protocolo – HiperText Transfer Protocol ou protocolo de transferência de hipertexto
- WWW – Identificação do serviço de hipertexto da World Wide Web
- PUDIM – Domínio (nome do site)
- COM – Identifica o tipo de domínio do website que foi registrado
- BR – Extensão de domínio que identifica o país em que o domínio do website foi registrado

Esquema domínio caminho recurso query_string fragmento

- **esquema** é o protocolo. Poderá ser HTTP, HTTPS, FTP etc. Informa ao computador como conectar-se (que linguagem o computador deverá usar para as comunicações);
- **domínio** é o endereço da máquina: designa o servidor que disponibiliza o documento ou recurso solicitado, especifica onde conectar-se (a localização do outro computador);
- **porta** é o ponto lógico no qual se pode executar a conexão com o servidor;
- **caminho** especifica o local (geralmente num sistema de arquivos) onde se encontra o recurso, dentro do servidor; (opcional)
- **query_string** é um conjunto de um ou mais pares "pergunta-resposta" ou "parâmetro-argumento" (como, por exemplo, nome=fulano, em que nome pode ser, por exemplo, uma variável, e fulano é o valor (argumento) atribuído a nome). É uma string enviada ao servidor para que seja possível filtrar ou mesmo criar o recurso; (opcional)

- **fragmento** é uma parte ou posição específica dentro do recurso. (opcional)

8) Servidor DNS

O sistema DNS, utilizado hoje em dia, foi criado em 1984, a fim de paliar a falta de flexibilidade, pedindo a atualização manual das correspondências entre os nomes de máquinas e o seu endereço em ficheiros de textos em cada uma das máquinas.

Os usuários por padrão não decoram ou têm conhecimento do endereço IP vinculado aos sites; por esta razão, utilizam o endereço do site, a URL, para acesso, porém sem o endereço do dispositivo não é possível visualizar o conteúdo, e existem na internet os servidores DNS que traduzem o IP em URL e vice-versa.

Caso não existissem os servidores DNS seríamos obrigados a conhecer o endereço IP de todos os sites acessados, o que tornaria a navegação na internet muito mais lenta e pouco acessível.

- Traduzem URL – IP.

9.1 Questões

1. (SUGEP – UFRPE – Técnico em Contabilidade – 2018) Em relação aos conceitos sobre redes de computadores, assinale a alternativa correta.

A) Intranet é uma rede pública localizada em várias corporações, constituída de uma ou mais redes locais interligadas, e pode possuir computadores e redes remotas.

B) As MANs (Metropolitan Area Network) são redes que abrangem uma região continental. Seu raio de cobertura abrange 4000 a 8000Km.

C) Extranet é uma rede pública que usa protocolos da Internet e os serviços de provedores de telecomunicações para compartilhar parte de suas informações com seus usuários, de forma segura.

D) Internet é uma interligação de mais de uma rede local ou remota, na qual é necessária a existência de um roteador na interface entre duas redes.

E) As redes WANs (Wide Area Network) interconectam PANs que estão em cidades próximas.

↗ **Gabarito: "D".**

2. (AOCP – TCE-PA – Técnico de Informática – Suporte – 2012) A WWW significa Rede de Alcance Mundial. Assim, a WWW é:

A) um sistema de documentos em hipermídia que são interligados e executados na Internet.

B) um conglomerado de redes em escala mundial de milhões de computadores interligados pelo protocolo de comunicação TCP/IP.

C) uma referência de um documento em hipertexto a outro documento ou a outras partes deste mesmo documento.

D) um conjunto de protocolos padronizado para redes de longa distância que usam o sistema telefônico ou ISDN como meio de transmissão.

E) uma organização que facilita e sustenta a evolução técnica da Internet e promove o desenvolvimento de novas aplicações.

↗ **Gabarito: "A".**

3. (FUNDEP (Gestão de Concursos) – Prefeitura de São Lourenço-MG – Auxiliar de Secretaria – 2016) A linguagem de marcação utilizada para a produção de páginas na Web é conhecida como:

A) HTML.

B) DNS.

C) FTP.

D) TCP/IP.

↗ **Gabarito: "A".**

4. (FUNCAB – DER-RO – Analista de Sistemas – 2010) O endereço de uma página web é representado pela sigla:

A) URL.

B) WWW.

C) HTTP.

D) MSN.

E) Home Page.

↗ **Gabarito: "B".**

5. (FCC – DPE-RR – Técnico em Informática – 2015) Cada domínio ou bloco de endereços IP registrado na WWW possui uma lista de informações de contato que remetem às pessoas responsáveis por estes domínios ou blocos. Geralmente existem três tipos de contatos: técnico, administrativo e de cobrança. Os endereços de e-mail destes contatos devem estar atualizados e serem válidos. Estas informações de contato são mantidas em uma base de dados denominada

A) WWWIS.

B) WHOIS.

C) Register.

D) DNS.

E) RLOGIN.

↗ **Gabarito: "B".**

6. (VUNESP – IPREMM-SP – Auxiliar de Escrita – 2019) Considere o seguinte endereço em URL:

http://www.teste.com/aranha/pencil.html

Sendo http o protocolo utilizado, as demais partes desse endereço URL significam:

A) www.teste.com é o documento buscado; aranha é o nome do servidor e pencil.html é o diretório alvo do endereço.

B) www.teste.com é o servidor; aranha é o diretório alvo do endereço e pencil.html é o documento buscado.

C) www.teste.com é o programa fonte; aranha é o compilador do programa fonte e pencil.html é o documento a ser gerado.

D) www.teste.com é o tipo de conexão; aranha é a porta de entrada do servidor e pencil.html é o domínio do servidor.

E) www.teste.com é o recurso buscado; aranha é o documento a ser exibido e pencil.html é o tipo de conexão.

↗ **Gabarito: "B".**

7. (MS CONCURSOS – Prefeitura de Sonora-MS – Assistente de Administração – 2019) Sobre "URL", analise as opções a seguir:

I – URL é o endereço de um recurso disponível em uma rede, seja a rede internet ou intranet, e significa em inglês Uniform Resource Locator, e em português é conhecido por Localizador Padrão de Recursos.

II – URL é um endereço virtual com um caminho que indica onde está o que o usuário procura, e pode ser tanto um arquivo, como uma máquina, uma página, um site, uma pasta etc.

III – URL é composto de um protocolo, que pode ser tanto HTTP, que é um protocolo de comunicação, como FTM, que é uma forma rápida de transferir arquivos na internet etc.

Está correto o contido:

A) Apenas na opção I.

B) Apenas na opção II.

C) Apenas nas opções I e II.

D) Em todas as opções.

↗ **Gabarito: "C".**

8. (AMAUC – Prefeitura de Itá-SC – Fiscal de Tributos – 2019) Das opções abaixo, qual melhor caracteriza a importância do DNS para a navegação na Internet?

A) Ligar a Intranet das empresas e permitir a troca de dados.

B) Gerenciar as contas de usuários cadastradas no dispositivo e permitir a navegação.

C) Traduzir a URL em um endereço IP e permitir que se chegue até um endereço de Website.

D) Aumentar a velocidade de acesso aos Websites.

E) Bloquear a entrada de vírus por meio da Internet.

↗ **Gabarito: "C".**

10. NAVEGAÇÃO NA INTERNET

1) Navegadores – Leitores de arquivos de páginas web

São os programas utilizados para exibir graficamente uma página da web e navegação, em WWW, utilizando os protocolos específicos para hipertexto.

Os navegadores da web mais atuais incluem a capacidade de visualizar o código fonte. Os navegadores da web frequentemente precisam acessar vários elementos de recursos da web, como folhas de estilo, scripts e imagens, enquanto apresentam cada página da web.

Em uma rede, um navegador da web pode recuperar uma página da Web de um servidor da Web remoto. O navegador da web usa o HTTP (HyperText Transfer Protocol) para fazer essas solicitações ao servidor da web. Este, por sua vez, pode restringir o acesso a uma rede privada (por exemplo, uma intranet corporativa).

- Internet Explorer – Nativo do Windows até o Windows 8.1;
- Microsoft Edge – Nativo do Windows 10;
- Google Chrome;
- Mozzila Firefox.

2) Protocolos de navegação

Cada serviço da internet tem uma forma diferenciada para transmissão de dados, enviando e recebendo informações, e estas formas são denominadas protocolos.

Os **principais protocolos** do serviço de navegação são o HTTP e o HTTPs, e as características distintivas deles seguem abaixo:

- **HTTP** – Protocolo de hipertexto que possibilita visualização de terceiros, pois não estabelece uma conexão criptografada e, portanto, **não possui o critério de segurança da confidencialidade**.
- **HTTPs** – Protocolo de hipertexto que possibilita não visualização de terceiros, pois estabelece uma conexão criptografada e, portanto **possui o critério de segurança da confidencialidade**.

Foi criado para suportar páginas formatadas com imagens em mapas de bits (bitmaps), como imagens em multimídia.

> **ATENÇÃO**
>
> Não é possível estar, de forma simultânea, em um site e utilizando os protocolos HTTP e HTTPs, porém em um mesmo site é possível estar em HTTP e em outra página ou após acesso restrito migrar para HTTPs, como em sites de bancos, comércio eletrônico ou webmail.

3) Recursos da navegação

a) *Histórico de navegação*

Todos os browsers têm um histórico de navegação, que é a listagem das URLs acessadas no Browser. Por meio do histórico **é possível identificar que sites foram acessados**, porém **não é possível saber qual o procedimento dentro da URL**.

b) *Favoritos*

Os Favoritos são links que permitem acessar seus sites preferidos rapidamente.

c) *Navegação em modo privado*

Navegar em modo privado (navegação anônima no Google Chrome) ou (navegação InPrivate no Internet Explorer)

Se você não deseja que o Google Chrome salve um registro dos seus acessos e downloads, é possível navegar na Web no modo anônimo.

Uma janela anônima é diferente de uma janela normal. A parte superior de uma janela anônima é cinza ou azul, dependendo do seu computador ou dispositivo.

> **IMPORTANTE**
>
> O modo de visitante está disponível apenas em algumas versões do Google Chrome.

O modo de navegação anônima e o modo visitante são modos de navegação temporários, mas existem algumas diferenças básicas entre eles.

Modo de navegação anônima: você não deixa o histórico de navegação e cookies no seu computador, mas ainda pode ver o histórico já existente, favoritos, senhas, dados de preenchimento automático e outras configurações do Chrome.

Modo visitante: um usuário em modo visitante não deixa nenhum histórico de navegação, nem cookies no computador. Além disso, ele não pode ver ou modificar o perfil do Google Chrome do proprietário do computador.

Importante: o modo de navegação anônima e o modo visitante não deixam você invisível na web. Os websites que você, seu empregador ou seu provedor de serviços visitam ainda podem ver sua atividade de navegação.

d) Cookies

São arquivos de texto que registram e armazenam informações sobre você e suas preferências de acordo com a navegação do usuário em determinado site. São salvos pelo Browser e podem ser excluídos pelo Browser.

Os cookies foram criados para aumentar o desempenho na navegação, porém, com a velocidade de navegação cada vez mais rápida, por conta da banda larga, os cookies perderam esta característica, e hoje são utilizados majoritariamente para serem utilizados com a intenção de criar perfil de usuários com o objetivo de enviar propagandas direcionadas.

i) Como funciona o cookie?

Quando você visita um site pela primeira vez, este envia um cookie como resposta para o seu navegador, contendo as suas preferências, em formato de texto. Este pequeno arquivo ficará armazenado em seu computador até que perca sua validade.

Enquanto o cookie estiver salvo em seu PC, toda vez que você digitar o endereço do site, o seu navegador irá enviar este arquivo para o site que você está conectado. Desta maneira, as suas configurações serão aplicadas de maneira automática.

ii) O que é a validade de um cookie?

Um cookie pode ser temporário (de sessão), quando é apagado no momento em que o navegador web ou programa leitor de e-mail é fechado, ou permanente (persistente), quando fica gravado no computador até expirar ou ser apagado.

Também pode ser primário (first-party), quando definido pelo domínio do site visitado, ou de terceiros (third-party), quando pertencente a outro domínio (geralmente relacionado a anúncios ou imagens incorporados à página que está sendo visitada).

A validade do cookie é definida pela quantidade de dias que ele irá ficar armazenado em seu computador, variando muito de site para site. Pode ser de alguns minutos até muitos anos. Na maioria dos endereços, o fato de um cookie permanecer salvo não acarreta riscos, exceto em sites que trabalham com serviços de e-mails.

iii) Desmistificando o cookie

Algumas lendas sobre cookies rondam a Internet, fazendo com que usuários tenham arrepios ao ouvir esta palavra. A primeira delas diz que o cookie pode transmitir vírus, o que não é verdade, pois o arquivo texto é muito pequeno, não permitindo que ameaças sejam inseridas. Outra lenda diz que cookies monitoram e-mails de sites alheios, o que também é mentira.

iv) Bloquear cookies e personalizar configurações de cookies

Se não quiser que os sites armazenem cookies em seu computador, você pode bloquear os cookies. Também é possível personalizar para quais sites os cookies devem ser bloqueados.

v) Permitir cookies

O bloqueio de cookies pode impedir que algumas páginas sejam exibidas corretamente. Também pode aparecer uma mensagem em um site avisando que é preciso permitir os cookies para poder ver esse site.

vi) Riscos relacionados ao uso de cookies

- **Compartilhamento de informações:** as informações coletadas pelos cookies podem ser indevidamente compartilhadas com outros sites e afetar a sua privacidade. Não é incomum, por exemplo, acessar pela primeira vez um site de música e observar que as ofertas de CDs para o seu gênero musical preferido já estão disponíveis, sem que você tenha feito qualquer tipo de escolha.
- **Exploração de vulnerabilidades:** quando você acessa uma página web, o seu navegador disponibiliza uma série de informações sobre o seu computador, como hardware, sistema operacional e programas instalados. Os cookies podem ser utilizados para manter referências contendo estas informações e usá-las para explorar possíveis vulnerabilidades em seu computador.
- **Autenticação automática:** ao usar opções como "Lembre-se de mim" e "Continuar conectado" nos sites visitados, informações sobre a sua conta de usuário são gravadas em cookies e usadas em autenticações futuras. Esta prática pode ser arriscada quando usada em computadores infectados ou de terceiros, pois os cookies podem ser coletados e permitirem que outras pessoas se autentiquem como você.
- **Coleta de informações pessoais:** dados preenchidos por você em formulários web também podem ser gravados em cookies, coletados por atacantes ou códigos maliciosos e indevidamente acessados, caso não estejam criptografados.
- **Coleta de hábitos de navegação:** quando você acessa diferentes sites onde são usados cookies de terceiros, pertencentes a uma mesma empresa de publicidade, é possível a esta empresa determinar seus hábitos de navegação e, assim, comprometer a sua privacidade.

Veja que, quando você altera uma configuração de privacidade, ela é aplicada aos novos cookies, mas não aos que já estão gravados em seu computador. Assim, ao fazer isto, é importante que você remova os cookies já gravados para garantir que a nova configuração seja aplicada a todos.

e) Filtro SmartScreen

SmartScreen é um componente antiphishing e antimalware baseado na nuvem, incluído em vários produtos da Microsoft.

f) Filtragem InPrivate

A Filtragem InPrivate ajuda a evitar que provedores de conteúdo de sites coletem informações sobre os sites que você visita por meio dos cookies do seu computador.

A Filtragem InPrivate analisa o conteúdo das páginas da web visitadas e, se detectar que o mesmo conteúdo está sendo usado por vários sites, ela oferecerá a opção de permitir ou bloquear o conteúdo. Você também pode permitir que a Filtragem InPrivate bloqueie automaticamente qualquer provedor de conteúdo ou site de terceiros detectado, ou então pode desativar a Filtragem InPrivate.

g) PLUGIN, complementos e extensões

Também conhecido como Plug-in, é um módulo de extensão que possibilita a inclusão de um novo recurso no Browser, geralmente desenvolvido por terceiros e que você pode instalar em seu navegador web ou leitor de e-mails para prover funcionalidades extras.

É fornecido sob demanda, pois o usuário instala determinado plugin caso exista necessidade de tal recurso, não sendo obrigatório para o pleno funcionamento do Browser, mas sim fundamental para gerar determinada operação por meio de demanda específica.

h) POP-UP

São janelas automáticas do Browser geralmente com conteúdo comercial. É possível bloquear, nos browsers, os pop-ups.

Janelas de pop-up são aquelas que aparecem automaticamente e sem permissão, sobrepondo a janela do navegador web, após você acessar um site.

i) Alguns riscos que podem representar

- apresentar mensagens indesejadas, contendo propagandas ou conteúdo impróprio;
- apresentar links, que podem redirecionar a navegação para uma página falsa ou induzi-lo a instalar códigos maliciosos.

ii) Prevenção

- configure seu navegador Web para, por padrão, bloquear janelas de pop-up;
- crie uma lista de exceções, contendo apenas sites conhecidos e confiáveis e onde forem realmente necessárias.

i) Downloads

Um gerenciador de downloads é um programa de computador criado para efetuar e gerir descarregamentos de arquivos da Internet.

- Pausar o download de arquivos grandes.
- Reiniciar downloads corrompidos ou parados (especialmente para arquivos grandes).
- Baixar arquivos em conexões lentas.
- Agendar downloads (incluindo, desconexões/desligamentos automáticos).
- Procurar pelo mesmo arquivo em diferentes sites.
- Quebrar os arquivos em partes, baixando estas partes simultaneamente.

4) Sites responsivos

Site ou layout responsivo, ou também conhecido como site flexível é quando o site automaticamente se encaixa no dispositivo do usuário (PC, celular, tablet etc.). Um site responsivo muda a sua aparência e disposição com base no tamanho da tela em que o site é exibido.

a) Impressão de páginas

Imprima páginas pressionando Crtl + P no teclado ou clique no botão Ferramentas > Imprimir e, em seguida, selecione Imprimir. Você também pode ver como ficará a página impressa selecionando Visualizar Impressão.

Para imprimir apenas uma imagem da página, e não a página inteira, clique com o botão direito do mouse na imagem e selecione Imprimir. Na caixa de diálogo Imprimir, clique em Imprimir novamente.

Páginas: Determina quais páginas serão impressas.

Escala: zoom da página na impressão.

Orientação: é o posicionamento do papel; retrato ou paisagem.

Simplificar a página: Remove propaganda indesejada, texto e imagens não relacionados, além de espaços em branco para imprimir o conteúdo em menos folhas.

Visualizar Impressão: Permite mostrar o que será impresso de acordo com as configurações selecionadas.

Margens: Você pode mudar separadamente a largura das margens superior, inferior, esquerda e direita das páginas.

Cabeçalho e rodapé: Use os menus suspensos para selecionar o que deve aparecer nas páginas impressas. O valor do campo superior esquerdo é impresso no canto superior esquerdo de cada página, o valor do campo inferior direito é impresso no canto inferior direito das páginas e assim por diante. Em cada posição, escolha:

– em branco –: Nada será impresso.

Título: Imprime o título da página web.

Endereço: Imprime o endereço web da página.

Data/Hora: Imprime a data e hora do momento em que é feita a impressão.

Página #: Imprime o número da página.

Página # de #: Imprime o número da página junto com o total de páginas.

Personalizar...: Digite um texto para o cabeçalho ou rodapé. Pode ser usado para imprimir um nome de empresa ou organização no topo ou base de cada página impressa.

10.1 Questões

1. (UFU-MG – UFU-MG – Técnico em Contabilidade – 2019) A Internet dispõe de uma grande quantidade de serviços, em que a maioria das ações dos usuários é executada pelo acesso a páginas Web. Para atender à grande demanda, incorporar maior funcionalidade e melhorar a aparência das páginas Web, novos recursos de navegação foram desenvolvidos e novos serviços foram disponibilizados.

A tabela a seguir apresenta uma lista de recursos/extensões e suas definições.

Recursos

I. Adware.

II. JavaScripts.

III. Cookies.

IV. Janelas de pop-up.

V. Plug-ins.

Definições

( ) Aparecem automaticamente e sem permissão, sobrepondo a janela do navegador Web, após acessar uma determinada página web ou um hiperlink específico.

( ) Pequeno fragmento de dados que um servidor envia para o navegador do usuário. O navegador pode, assim, armazenar esses dados e enviá-los de volta com a próxima requisição para o mesmo servidor.

( ) Pequenos programas que podem ser instalados em seu navegador Web para prover funcionalidades extras. Muitos deles são confiáveis, mas há possibilidade de alguns executarem atividades maliciosas.

( ) Recurso projetado especificamente para apresentar propagandas. Pode ser usado para fins legítimos ou para fins maliciosos.

( ) Código móvel utilizado por desenvolvedores para incorporar maior funcionalidade e melhorar a aparência de páginas Web.

Correlacione a sequência de recursos com suas respectivas definições, e assinale a alternativa que apresenta a sequência correta, de cima para baixo.

A) IV, III, V, I e II.

B) III, II, V, IV e I.

C) V, III, IV, I e II.

D) II, III, V, I e IV.

↗ **Gabarito: "A".**

2. (CESGRANRIO – Chesf – Piloto de Helicóptero – 2012) O Internet Explorer 9 oferece como padrão alguns recursos para auxiliar os usuários quanto à proteção, segurança e privacidade para navegar pela Web. Dentre esses recursos, NÃO se inclui o:

A) Filtro SmartScreen.

B) Gerenciar Complementos.

C) Firewall de segurança.

D) Realce de domínio.

E) Filtro de scripts entre sites (XSS).

↗ **Gabarito: "C".**

3. (FGV – MPE-AL – Analista do Ministério Público – Administrador de Rede – 2018) A Microsoft incluiu um navegador totalmente novo, Microsoft Edge, no Windows 10. Sobre este navegador, analise as afirmativas a seguir.

I. Oferece suporte a extensões de binários que não são da Microsoft.

II. Substitui o Internet Explorer, o qual não está mais disponível no Windows 10.

III. Permite que sejam feitas anotações diretamente na página web.

Está correto o que se afirma em:

A) I, apenas.

B) II, apenas.

C) III, apenas.

D) I e II, apenas.

E) I, II e III.

↗ **Gabarito: "C".**

4. **(AOCP – Sercomtel S.A Telecomunicações – Analista – 2016)** Considerando o Navegador de Internet Google Chrome, versão 49 em português, para selecionar o endereço do site da aba ativa, basta o usuário executar qual Tecla de Atalho? Obs. O caractere "+" foi utilizado apenas para a interpretação das alternativas.

A) Alt + F7.

B) Ctrl + Alt + A.

C) Shift + F.

D) Ctrl + L.

E) Alt + F3.

↗ **Gabarito: "D".**

5. **(Quadrix – CODHAB-DF – Analista – Administração – 2018)** Julgue o item seguinte quanto ao programa Microsoft Word 2013, ao programa de navegação Google Chrome, em sua versão mais atual, e às noções de vírus, worms e pragas virtuais.

É perfeitamente possível configurar o Google Chrome para que ele possa reabrir as mesmas páginas que o usuário estava visualizando quando saiu.

( ) Certo.

( ) Errado.

↗ **Gabarito: "Certo".**

6. **(Quadrix – CODHAB-DF – Analista – Administração – 2018)** Julgue o item seguinte quanto ao programa Microsoft Word 2013, ao programa de navegação Google Chrome, em sua versão mais atual, e às noções de vírus, worms e pragas virtuais.

No Chrome, é permitido editar um arquivo PDF aberto por esse navegador, pois ele já vem com o plug-in padrão que desbloqueia esse formato de arquivo, caso esteja protegido.

( ) Certo.

( ) Errado.

↗ **Gabarito: "Errado".**

7. **(Quadrix – CODHAB-DF – Analista – Administração – 2018)** Julgue o item seguinte quanto ao programa Microsoft Word 2013, ao programa de navegação Google Chrome, em sua versão mais atual, e às noções de vírus, worms e pragas virtuais.

Ao aumentar o Zoom de uma página, utilizando o programa de navegação Google Chrome, e, posteriormente, abrir uma nova guia neste navegador, o Zoom da nova página será sempre igual ao da página anterior, ou seja, apresentará o Zoom aumentado.

( ) Certo.

( ) Errado.

↗ **Gabarito: "Errado".**

8. **(Quadrix – CREF 13ª Região – Analista Contador – 2018)** No que diz respeito ao programa de navegação Mozilla Firefox, em sua versão mais atual, aos conceitos de organização e de gerenciamento de arquivos e às noções de vírus, worms e pragas virtuais, julgue o item a seguir.

A importação de favoritos de outros navegadores, como, por exemplo, do Google Chrome, é uma tarefa que pode ser realizada pelo Firefox. No entanto, cookies não podem ser importados.

( ) Certo.

( ) Errado.

↗ **Gabarito: "Errado".**

9. **(UECE-CEV – Funceme – Analista de Suporte à Pesquisa Administração – 2018)** Ao serem pressionadas simultaneamente as teclas de atalho CTRL + TAB no navegador Mozilla Firefox:

A) a próxima aba passa a ser a corrente.

B) todas as abas abertas do navegador são atualizadas.

C) é encerrada a aba atual.

D) o próximo campo do formulário corrente é selecionado.

↗ **Gabarito: "A".**

10. **(IBFC – MGS – Técnico Contábil – 2019)** O protocolo mais popular de transferência de dados na internet, HTTP (do inglês Hypertext Transfer Protocol) teve desenvolvida, ao longo da última década, uma variação com maior segurança, o chamado HTTPS. O HTTPS utiliza uma combinação dos protocolos de comunicação criptografados

TLS (Transport Layer Security) ou SSL (Secure Sockets Layers, em inglês). Sobre esse assunto, analise as afirmativas abaixo, dê valores Verdadeiro (V) ou Falso (F).

( ) Os sites que são acessados a partir de um protocolo de transferência de hipertexto seguro, aparecem com o código "https://" antes da URL.

( ) No HTTPS há uma conexão de dados segura entre o computador do usuário e o servidor, usando criptografia, que procuram dificultar a interceptação das informações durante a transmissão dos dados entre o computador do usuário e os servidores dos sites.

( ) Hipertexto é implementado na linguagem html que é uma linguagem de programação de sites e que possibilita programar técnicas de criptografa.

( ) No Google Chrome, desde a versão de 2018, sites HTTP sem a camada de segurança aparecem marcados em vermelho com a advertência "Inseguro".

Assinale a alternativa que apresenta, de cima para baixo, a sequência correta.

A) V, F, F, V.

B) F, F, V, F.

C) F, V, V, F.

D) V, V, F, V.

↗ **Gabarito: "D".**

11. (FCC – Copergás-PE – Analista Administrador – 2016) Uma empresa como a COPERGÁS procura implantar regras e mecanismos de proteção e segurança de suas informações. Uma regra ou mecanismo correto é:

A) utilizar equipamento do tipo log para detectar o uso indevido de computadores, como um usuário tentando alterar arquivos do sistema de forma indevida.

B) utilizar, sempre que possível, conexão segura com EV SSL, na qual a barra de endereço e/ou o recorte são apresentados na cor verde e há o nome da instituição proprietária do site.

C) certificar-se da procedência do site e da utilização de conexões seguras, como o protocolo HTTP, ao realizar compras e pagamentos via web.

D) evitar cifrar ou colocar senhas em dispositivos removíveis, como disco externo e pen-drive, para que dados de backup possam ser mais facilmente recuperados.

E) desabilitar o log dos arquivos obtidos pela internet para conseguir detectar arquivos corrompidos ou indevidamente alterados durante a transmissão.

↗ **Gabarito: "B".**

12. (UFMT – TJMT – Analista Judiciário – Administração – 2016) No Internet Explorer 11, a janela para excluir o histórico de navegação pode ser acessada ao clicar no botão  Ferramentas e em seguida:

A) **Opções da Internet**, guia/aba **Privacidade**, botão **Excluir**...

B) **Opções de Privacidade**, guia/aba **Histórico**, botão **Excluir**...

C) **Opções da Internet**, guia/aba **Geral**, botão **Excluir**...

D) **Opções de Privacidade**, guia/aba **Geral**, botão **Excluir**...

↗ **Gabarito: "C".**

13. (VUNESP – Câmara Municipal de Poá-SP – Oficial Legislativo – 2016) Assinale a alternativa que apresenta o nome dado, no Internet Explorer 11, ao recurso que facilita o acesso aos sites mais acessados, permitindo ao usuário salvar seus endereços de internet, atribuindo-lhes uma descrição personalizada.

A) Abas.

B) Páginas.

C) Histórico.

D) Downloads.

E) Favoritos.

↗ **Gabarito: "E".**

14. (UECE-CEV – Funceme – Analista de Suporte à Pesquisa Administração – 2018) Modernos navegadores da Internet permitem seu uso no modo anônimo, também chamado de modo privado ou incógnito. Sobre a navegação privada, considere as seguintes afirmações:

I. O modo privado inibe o navegador de salvar cookies, senhas, buscas na barra de endereço, conteúdo de formulários eletrônicos e quaisquer arquivos baixados pelo navegador.

II. Se keyloggers e/ou spyware estão instalados no computador, o modo anônimo não irá oferecer proteção contra o roubo de dados por programas maliciosos.

III. A navegação em modo incógnito torna o usuário anônimo, impedindo que terceiros – empregador(a), provedor de Internet e sites visitados, por exemplo – tenham acesso ao conteúdo acessado.

É correto o que se afirma somente em:

A) I e II.

B) II.

C) III.

D) I e III.

↗ **Gabarito: "B".**

15. (AMAUC – Prefeitura de Itá-SC – Agente Administrativo – 2019) Dentre as opções abaixo, qual melhor define os COOKIES presentes na Internet:

A) Arquivo de texto cujo conteúdo é usado para espalhar vírus na Internet.

B) É onde são armazenados o login e senha dos usuários.

C) É um arquivo de texto muito simples, cuja composição depende diretamente do conteúdo do endereço Web visitado e as preferencias ou formatos do usuário com relação ao respectivo endereço.

D) É um arquivo temporário, criado toda vez que se acessa determinado Website para acelerar a apresentação do seu conteúdo principalmente gráfico.

E) É um arquivo executável que permite ter acesso aos recursos às fontes do Website acessado.

↗ **Gabarito: "C".**

16. (UECE-CEV – Funceme – Analista de Suporte à Pesquisa Administração – 2018) Pequenos arquivos localmente salvos pelo navegador, no computador do usuário, cuja finalidade é melhorar a experiência de futuras navegações são denominados:

A) cookies.

B) proxies.

C) DRM.

D) couchemar.

↗ **Gabarito: "A".**

17. (FCC – TRE-CE – Analista Judiciário – Área Judiciária – 2012) Sobre o Filtro SmartScreen do Internet Explorer 9, analise:

I. Enquanto você navega pela Web, ele analisa as páginas da Web e determina se elas têm alguma característica que possa ser considerada suspeita. Se encontrar páginas da Web suspeitas, o SmartScreen exibirá uma mensagem dando a você a oportunidade de enviar um comentário e sugerindo que você proceda com cautela.

II. Verifica os sites visitados e os compara com uma lista dinâmica de sites de phishing e sites de softwares mal-intencionados relatados. Se encontrar uma correspondência, o Filtro SmartScreen exibirá um aviso notificando-o que o site foi bloqueado para a sua segurança.

III. Verifica os arquivos baixados da Web e os compara com uma lista de sites de softwares mal-intencionados relatados e programas conhecidos como inseguros. Se encontrar uma correspondência, o Filtro SmartScreen o avisará que o download foi bloqueado para a sua segurança.

IV. É um recurso no Internet Explorer que ajuda a detectar sites de phishing. Pode ajudar também a protegê-lo contra o download ou a instalação de malware (software mal-intencionado).

Está correto o que se afirma em:

A) I, II, III e IV.

B) I e II, apenas.

C) I, II e III, apenas.

D) III e IV, apenas.

E) IV, apenas.

↗ **Gabarito: "A".**

18. (Crescer Consultorias – Prefeitura de Lagoa Alegre-PI – Engenheiro Civil Fiscal – 2019) Julgue se as firmações abaixo são verdadeiras e em seguida assinale a alternativa correta:

I. A Intranet é uma rede privada de acesso restrito, mas que utiliza as mesmas tecnologias da internet, e por isso deve estar conectada à Internet.

II. Os plug-ins são programas que expandem a capacidade do browser em recursos específicos.

III. O protocolo HTTP é um protocolo de comunicação utilizado para assegurar que as informações trocadas nessa comunicação não sejam conhecidas por terceiros.

A) As afirmações I, II e III são verdadeiras.

B) As afirmações I, II e III não são verdadeiras.

C) Somente as afirmações I e III são verdadeiras.

D) Somente a afirmação II é verdadeira.

↗ **Gabarito: "D".**

19. (VUNESP – DETRAN-SP – Agente de Trânsito – 2013) O termo pop-up, quando associado à navegação na Internet, é utilizado para designar:

A) a janela aberta de forma automática no navegador Internet ao se carregar um site.

B) um site que tem seu conteúdo editado de forma colaborativa por visitantes.

C) uma lista cronológica de todos os sites visitados no navegador Internet.

D) um site que concentra as notícias publicadas em outros sites na Internet.

E) o conjunto de sites visitados com maior frequência em um navegador Internet.

↗ **Gabarito: "A".**

20. (FCC – Copergás-PE – Analista Administrador – 2016) O Google Chrome, por ser fácil de usar, é um dos navegadores mais utilizados atualmente, disponibilizando recursos para facilitar a navegação e o trabalho do usuário, como, por exemplo:

A) a gravação padrão dos arquivos baixados da internet na pasta Arquivos Baixados, que fica na Área de Trabalho do Windows.

B) o acesso direto às pastas do computador por meio da digitação de File:Search na barra de endereço do navegador.

C) a possibilidade de reabrir uma guia que foi fechada acidentalmente, bastando, para isso, clicar na opção Configurações e Reabrir guia.

D) a possibilidade de configurar o navegador para perguntar onde cada arquivo baixado da internet deverá ser salvo no computador.

E) a possibilidade de alternar rapidamente entre guias abertas pressionando-se as teclas PageUp ou PageDown.

↗ **Gabarito: "D".**

21. (IF-TO – IF-TO – Enfermeiro – Reaplicação – 2015) Para imprimir uma página da Web no Google Chrome, versão 45, basta pressionar as teclas Ctrl + P. Após pressionar as teclas, uma janela é exibida com as opções de configuração de impressão. Algumas destas opções são:

A) páginas, cópias, layout, tamanho do papel, margens e qualidade.

B) reverter páginas, tamanho real, layout, orientação, agrupado e margens.

C) orientação, agrupado, margens, PDFCreator e cópias.

D) PDFCreator, página atual, tamanho real, escala personalizada e orientação.

E) ajustar, exibição atual, agrupado, reverter páginas e escala personalizada.

↗ **Gabarito: "A".**

11. CORREIO ELETRÔNICO

Tema presente na maioria dos concursos públicos, tão relevante quanto o serviço de hipertexto, o e-mail (correio eletrônico) representa um endereçamento que é vinculado a uma pessoa física ou jurídica e que é único, não existindo na internet dois endereços de e-mail idênticos.

Grosso modo, o serviço de e-mail é mais antigo que a própria massificação da internet, e desde os anos 70 do século passado, ele manteve basicamente sua mesma estrutura de endereço e de campos de uma mensagem.

Em 1971, Ray Tomlinson criou um novo modo de comunicação: o correio eletrônico.

O conteúdo deste primeiro e-mail era o seguinte: **QWERTYUIOP.**

Além disso, o caractere "@" servia já para separar o nome do utilizador do nome da máquina nos endereços.

Em julho de 1972, Lawrence G. Roberts melhorou as possibilidades abertas por Ray Tomlinson, desenvolvendo a primeira aplicação que permitia:

- listar;
- ler de maneira seletiva;
- arquivar;
- responder ou reencaminhar um e-mail.

Desde então, o serviço de mensagens eletrônicas não parou de crescer, até se tornar na principal utilização da rede das redes no início do século XXI.

Estrutura do endereço de e-mail:

- login @ provedor de e-mail.

É possível existirem múltiplos endereços com o mesmo login, porém com o provedor diferente, assim como é possível existirem múltiplos e-mails com o mesmo provedor, porém com login diferente. A combinação "login+provedor" é única.

1) Protocolos usados por e-mails

Como todos os demais serviços da internet, o serviço de e-mail tem suas próprias formas de envio e recebimento de conteúdo, denominadas protocolos.

- Os protocolos fazem parte da camada de aplicação.

a) Protocolo SMTP (Simple Mail Transfer Protocol)

Protocolo de Transferência de Correio Simples é o protocolo padrão de envio de mensagens de correio eletrônico por meio da Internet entre dois dispositivos computacionais (emissor e receptor).

É um protocolo simples, em texto plano, somente de envio (semelhante a um carteiro), onde um ou vários destinatários de uma mensagem são especificados (e, na maioria dos casos, validados).

b) Protocolo IMAP (Internet Message Access Protocol)

O protocolo IMAP é um protocolo on-line de recebimento de e-mail, no qual o software de e-mails conecta-se ao servidor, realiza o sincronismo das mensagens e, após esse processo, mantém a conexão para que as alterações e mensagens novas recebidas sejam atualizadas quase que em tempo real.

Esse protocolo tem acesso a todas as pastas de sua conta e deixa o status das mensagens igual tanto no servidor como no software.

Esse tipo de configuração é recomendado para quem precisa acessar os e-mails em mais de um local, e precisa que estes estejam sempre com o mesmo status.

- Mantém as mensagens no Servidor do Provedor.
- Em clientes de e-mail, copia a mensagem para o dispositivo.
- Sincroniza todas as ações entre os dispositivos que acessam a conta.

c) Protocolo POP (Post Office Protocol)

O protocolo POP3 é um protocolo off-line no qual o software de e-mails conecta-se ao servidor, realiza o download das mensagens e, após esse processo, finaliza a conexão. Esse protocolo tem acesso apenas à caixa de entrada, não conseguindo baixar, ou ao menos visualizar nenhuma outra pasta de sua conta.

O acesso via POP baixa as mensagens do servidor e salva as mesmas localmente em seu computador, por padrão não deixando uma cópia das mensagens no servidor, a menos que seja marcada a opção de manter cópia no servidor.

Esse tipo de configuração é recomendado para quem precisa acessar os e-mails em apenas um local, ou possuem redes com largura de banda baixa.

Se houver a necessidade de excluir uma conta configurada como POP nos softwares de e-mail, TODAS as mensagens, baixadas da caixa de entrada, serão perdidas, sem chance de recuperá-las.

2) Estrutura do Correio Eletrônico

a) Estrutura do endereço

- login @ provedor de e-mail.

É possível existirem múltiplos endereços com o mesmo login, porém com o provedor diferente, assim como é possível existirem múltiplos e-mails com o mesmo provedor, porém com login diferente. A combinação "login+provedor" é única.

b) Estrutura de uma mensagem

Desde que foi concebido nos anos 1970, a estrutura do e-mail continua praticamente a mesma, e os campos atendem a funções muito claras e definidas.

Segue abaixo a listagem dos campos que formam a estrutura de um e-mail:

- **Cabeçalho (header)** – O cabeçalho é composto de:
  - → **Remetente** – Único e que envia a mensagem.
  - → **Destinatário, PARA** – Único ou múltiplo e que recebe a mensagem.
  - → **Destinatário CC** – Único ou múltiplo e que recebe a mensagem "com cópia".
  - → **Destinatário CCO** – Único ou múltiplo e que recebe a mensagem "com cópia oculta".
  - → **Título do E-mail** – Identificação que será mostrada ao destinatário quando receber a mensagem.
- **Corpo (body)** – O corpo é a mensagem propriamente dita, que contém o texto da mensagem a ser enviada.
- **Anexos** – Arquivos que podem ser juntados à mensagem respeitando algumas regras como de tamanho máximo por exemplo.

c) Pastas

A chamada caixa postal da conta de e-mail permite a organização das mensagens em pastas, e de certa forma, automatiza alguns processos.

Entrada: mensagens recebidas em condições normais.

Saída: mensagens prontas e que ainda não foram enviadas por falta de conexão.

Rascunho: mensagens salvas, ou ainda não concluídas.

Lixeira (Excluídos): mensagens selecionadas para serem excluídas.

Enviados: mensagens enviadas com sucesso.

Lixo Eletrônico (SPAM): mensagens suspeitas.

d) Anexos

Documentos ou arquivos juntados à mensagem.

Somente arquivos podem ser anexados.

Os provedores impõe limite no tamanho da mensagem e não na quantidade de arquivos anexos.

3) A utilização do e-mail

a) Formas de acesso

Existem basicamente duas formas de acesso a um e-mail.

- Webmail;
- Cliente de E-mail.

i) Webmail

O acesso a conta de e-mail por meio do webmail consiste na utilização de browsers para a visualização e edição de e-mails, onde as mensagens recebidas e enviadas são armazenadas nos servidores da internet e não nos computadores dos usuários.

Para ter acesso aos seus e-mails por meio do webmail não é necessária a utilização de um programa de e-mails, como o Outlook, Entourage ou Thunderbird, basta apenas utilizar um navegador (como o Internet Explorer ou o Mozilla Firefox). Digite em seu navegador o endereço:

- http://webmail.locamail.com.br; ou
- webmail.dominio.com.br.

ATENÇÃO

Você deve substituir o termo: dominio.com.br por seu domínio (o endereço completo que vem após o "@" em sua conta de e-mail).

O webmail traz vantagens e desvantagens para o usuário, e entre as vantagens, a possibilidade de acesso de múltiplos pontos se destaca, pois basta um ponto com acesso à internet para visualizar os e-mails. Como desvantagem está o fato da total dependência da internet, pois como as mensagens ficam armazenadas nos servidores da internet, se este servidor não estiver disponível ou mesmo se o usuário tiver interrompido o serviço de internet, não terá acesso ao serviço de webmail.

Hoje em dia, devido às tarefas cada vez mais corridas do cotidiano e hábito das pessoas de acessarem a internet e o e-mail de vários pontos, como computadores, tablets, smathphones etc., o webmail é a forma padronizada de as pessoas acessarem suas contas de e-mail, e por esta razão tem considerável incidência em concursos públicos.

Existem características que trazem vantagens e desvantagens no uso do webmail, e algumas delas podem ser tanto uma quanto outra, dependendo do ponto de vista analisado, das condições de uso do e-mail e das necessidades do usuário.

Segue abaixo a listagem das principais vantagens e desvantagens no serviço de e-mail utilizando browser, por meio do webmail.

➢ Vantagens:

- Possibilita acesso de múltiplos pontos.
- Níveis de segurança corporativos.
- Possibilita aumento de espaço para armazenamento.
- Recursos como anti-malwares ou anti-phishing.
- Não traz a necessidade do usuário se dispor de espaço físico de armazenamento.

➢ Desvantagens:

- Possível custo para utilização do serviço.
- Espaço predefinido para armazenamento.
- Nome do provedor no endereço de e-mail.
- Anúncios comerciais na página de acesso.
- Possibilita o recebimento de mais spams.
- Não permite acesso off-line.

ii) Programas Clientes de e-mail

➢ Vantagens:

- Edição e leitura de e-mails sem acesso à internet.
- Armazena as mensagens enviadas e recebidas no HD do computador.
- Cadastrar simultaneamente múltiplas contas de e-mail.
- Melhor gerenciamento da lista de contatos.
- Melhor confidencialidade por meio da criptografia de mensagens.
- Filtro antispam.
- Melhor configuração de grupos de discussão.

- Editar e enviar e-mail em diversos formatos.

➢ Desvantagens:

- Comprometimento de espaço no HD.
- As mensagens recebidas também ocupam espaço no disco.
- A cobrança de determinados serviços.
- Indisponibilidade de configuração em clientes de alguns provedores de serviço de e-mail.

iii) Outlook

4) E-mail maliciosos

Existem diversas formas de montar um e-mail malicioso para induzir o usuário a cair em uma fraude e ter, de alguma maneira, seus dados e privacidade comprometidos.

Categorias de E-mails Maliciosos:

- SPAM;
- SCAM;
- PHISHING;
- HOAX.

a) SPAM

O **Spam** é o mais comum e-mail malicioso e se caracteriza por apresentar uma propaganda, a oferta de algum produto ou serviço; ele não tem o objetivo de furtar dados do usuário e sim de realizar uma oferta comercial. O recebimento massivo de spams pode comprometer a caixa de entrada do e-mail e com isso gerar a quebra da disponibilidade do serviço.

Seguem as principais caraterísticas do Spam:

- Mensagem com conteúdo indesejado e comercial.
- Remetente desconhecido.
- Envio massivo de...
- Para destinatários individuais.
- Pode atacar o critério da disponibilidade (enche a caixa de e-mail).

b) SCAM

O **Scam** se caracteriza por ser um dos mais perigosos, pois sua forma de propagação está baseada na confiabilidade que a pessoa tem nas outras. Geralmente se caracteriza pelo envio de um tema de interesse coletivo e que induz o destinatário a abrir a mensagem e executar o arquivo anexo, supostamente uma foto ou vídeo, e que contém uma ação maliciosa oculta.

Seguem as principais características do Scam:

- Mensagem de interesse público, coletivo (sazonal).
- Remetente conhecido (passivo / pessoa física).
- Destinatário coletivo (ordem alfabética).
- Instala um (programa malicioso) malware.
- Propaga / reenvia o e-mail falso.
- Pode atacar o critério da integridade (ataque ao conteúdo sem autorização).

c) PHISHING

É muito comum recebermos e-mail que se passam por organizações públicas ou privadas, como bancos ou a receita federal. O **Phishing** se utiliza da credibilidade destas instituições para induzir o usuário a fornecer dados pessoais, e com isso ter sua privacidade atacada. É comum os serviços de webmail oferecerem filtros antiphishing, com o objetivo de encontrar estas mensagens e bloquear sua ação maliciosa.

Seguem as principais características do Phishing:

- Mensagem de interesse público, coletivo.
- Remetente que se passa por empresa ou órgão público.
- Destinatário individual.
- Pode atacar o critério da confidencialidade (ataca o segredo).

d) HOAX

Dos menos onerosos, o **Hoax** é o e-mail malicioso que é enviado sem alguma intenção maliciosa, mas seu envio massivo pode comprometer a capacidade da caixa de entrada do usuário. Geralmente são as famosas "correntes" compartilhadas por e-mail, mensagens de autoajuda ou mesmo os virais e boatos transmitidos por internet.

Seguem as principais características do Hoax:

- Mensagem boato ou viral ou corrente.
- Remetente conhecido (ativo – PF).
- Destinatário coletivo.
- Pode atacar o critério da disponibilidade (enche a caixa de entrada).

11.1 Questões

1. **(VUNESP – IPT-SP – Técnico de Administração – 2014)** Quando se fala em correio eletrônico, uma caixa postal é:

A) um software cliente de e-mail.

B) um arquivo texto.

C) correspondente ao endereço de uma conta de e-mail.

D) um e-mail anexado.

E) uma mensagem de e-mail.

↗ **Gabarito: "C".**

2. **(UFES – UFES – Jornalista – 2019)** No contexto de redes de computadores, os protocolos são as regras ou padrões que controlam e possibilitam a conexão, a comunicação e a transferência de dados entre computadores. Sobre protocolos, é INCORRETO afirmar:

A) POP3 e IMAP são utilizados para o gerenciamento de e-mails em um servidor.

B) HTTP é utilizado para a navegação em páginas de websites.

C) FTP é utilizado para a transferência de arquivos.

D) SSH é utilizado para a atribuição de endereço IP a computadores.

E) SMTP é utilizado para o envio de e-mails.

↗ **Gabarito: "D".**

3. **(VUNESP – Prefeitura de São Paulo-SP – Analista Fiscal de Serviços – 2016)** Um analista, ao usar o recurso __________ sobre um e-mail recebido que possui 1 endereço de e-mail no campo "De", mais 3 endereços de e-mail no campo "Para" e mais 1 endereço no campo "Cc", o e-mail preparado será enviado para 5 endereços, considerando que todos os endereços são distintos e que o próprio endereço do usuário já foi excluído da contagem de endereços nos campos.

Assinale a alternativa que preenche corretamente a lacuna do enunciado.

A) encaminhar.

B) responder.

C) arquivar tudo.

D) responder a todos.

E) enviar para spam.

↗ **Gabarito: "D".**

4. **(CESPE – SERPRO – Técnico – Operação de Redes – 2010)** A respeito de Internet e ferramentas de correio eletrônico, julgue os itens que se seguem.

Considere que, ao enviar um e-mail a três destinatários diferentes, um remetente digite, nos campos Para:, Cc: e Cco: do programa usado, respectivamente, usuario1@serpro.gov.br, usuario2@serpro.gov.br e usuario3@serpro.gov.br. Nesse caso, usuario1 e usuario2 não verão o endereço de e-mail de usuario3 na mensagem recebida, enquanto que usuario3 verá os endereços de e-mail dos dois primeiros.

( ) Certo.

( ) Errado.

↗ **Gabarito: "Certo".**

5. **(VUNESP – SPTrans – Técnico – Processos Administrativos Júnior – Administração Geral – 2012)** Um usuário de um programa de correio eletrônico típico, como o GMail, iniciou a digitação de uma mensagem, mas precisou sair do programa e desligar o computador antes de completá-la e enviá-la. O que possivelmente ocorrerá é que essa mensagem será:

A) colocada na Lixeira.

B) enviada mesmo incompleta.

C) guardada em Rascunho.

D) colocada na Caixa de Saída para envio futuro.

E) perdida, pois não há como tais programas preservarem mensagens incompletas.

↗ **Gabarito: "C".**

6. (TJSC – TJ-SC – Analista Jurídico – 2011) Sobre a utilização de arquivos anexos em mensagens de e-mail, assinale a alternativa correta:

A) Não é possível enviar arquivos anexos por e-mail.

B) Só é permitido anexar arquivos em novas mensagens de e-mail, não sendo possível, por exemplo, anexá-los ao responder ou encaminhar mensagens existentes.

C) Não é possível anexar arquivos no formato ".JPG".

D) Ao receber uma mensagem com arquivo anexo, é possível salvar esse arquivo em seu computador.

E) Para reduzir a lentidão da rede, os programas de e-mail só permitem anexar arquivos com tamanho inferior a 100 Kb.

↗ **Gabarito: "D".**

7. (Quadrix – CRF-RS – Técnico em Informática – 2013) No envio e recebimento de mensagens de correio eletrônico, seja por meio de programas específicos ou de webmails, é correto afirmar que:

A) Só é possível enviar no máximo oito arquivos anexados por mensagem.

B) O uso de programas antivírus só é necessário se usarmos webmails para receber as mensagens.

C) O campo Assunto é de preenchimento obrigatório e nunca pode estar em branco no envio da mensagem.

D) As mensagens podem ser enviadas com solicitação de confirmação de entrega.

E) Não se pode preencher simultaneamente os campos CC e CCO.

↗ **Gabarito: "D".**

8. (Quadrix – CRF-RS – Técnico em Informática – 2013) No envio e recebimento de mensagens de correio eletrônico, seja por meio de programas específicos ou de webmails, é correto afirmar que:

A) Só é possível enviar no máximo oito arquivos anexados por mensagem.

B) O uso de programas antivírus só é necessário se usarmos webmails para receber as mensagens.

C) O campo Assunto é de preenchimento obrigatório e nunca pode estar em branco no envio da mensagem.

D) As mensagens podem ser enviadas com solicitação de confirmação de entrega.

E) Não se pode preencher simultaneamente os campos CC e CCO.

↗ **Gabarito: "D".**

9. (FCC – CREMESP – Oficial Administrativo – Área Administrativa – 216) O webmail é um recurso que permite o acesso a uma conta de e-mail de qualquer lugar com acesso à Internet, diretamente no navegador web. Esse recurso

A) permite encaminhar mensagens recebidas, para outros destinatários, inclusive com cópia oculta (Cco).

B) permite enviar uma mensagem de e-mail a, no máximo, 20 destinatários de uma só vez.

C) é imune a vírus, por isso arquivos anexos podem ser abertos sem preocupação.

D) pode ser acessado de redes públicas, como de shoppings e aeroportos, sem preocupação com a segurança.

E) permite enviar arquivos anexos à mensagem de e-mail, de tamanho ilimitado.

↗ **Gabarito: "A".**

10. (CEFET-BA – CREF 13ª Região – Analista Advogado – 2012) Existem diversas formas de acesso a uma caixa postal de e-mails. Aplicativos como o OutLook da Microsoft competem diretamente com o acesso a portais de WebMail.

Comparando-se as duas soluções, a alternativa que apresenta uma vantagem do OutLook frente a um portal de WebMail é a:

A) O acesso aos seus e-mails via OutLook normalmente oferece mais segurança, pois são raros os casos de problemas desse tipo associados ao OutLook.

B) Com o OutLook instalado em seu computador, o usuário pode ter acesso às mensagens recebidas anteriormente, mesmo que ele esteja desconectado da Internet, embora a conexão continue sendo fundamental para atualização das novas mensagens ou para o envio de respostas.

C) Com o OutLook instalado em seu computador, é possível enviar anexos contendo arquivos do Microsoft Office, o que seria impossível em uma aplicação de WebMail.

D) O OutLook permite o acesso em qualquer computador, seja no próprio computador do usuário, um Smartphone, ou mesmo um computador de uma LAN House.

E) Não há qualquer vantagem no uso do OutLook frente aos modernos portais de WebMail.

↗ **Gabarito: "B".**

11. (FCC – Copergás-PE – Analista Administrador – 2016) Um usuário do Microsoft Outlook 2013 em português vai sair de férias e deseja configurar uma mensagem de resposta automática aos e-mails que chegarem nesse período. Considerando os recursos disponíveis no Outlook, este usuário:

A) não conseguirá realizar esta tarefa, pois o Microsoft Outlook 2013 não permite configurar respostas automáticas em caso de ausências temporárias, férias ou impossibilidade de responder e-mails.

B) terá que clicar nas opções Arquivo e Respostas Automáticas. Na janela que se abre, deverá marcar as opções Enviar respostas automáticas e Só enviar durante este intervalo de tempo, definir o intervalo de tempo, escrever a mensagem e clicar no botão OK.

C) não precisará realizar essa tarefa, pois o Microsoft Outlook 2013 já encaminhará mensagens de aviso sobre ausências temporárias quando o usuário deixar de verificar sua caixa de entrada por mais de 48 horas.

D) deverá clicar na guia Página Inicial e na opção Mensagens Instantâneas da divisão Responder. Em seguida, deverá digitar a mensagem desejada, definir o intervalo de datas em que ela será usada como resposta automática e clicar no botão OK.

E) terá que clicar em Arquivo, Opções, Email, Respostas e Encaminhamentos e Respostas automáticas. Na janela que se abre, terá que definir o intervalo de datas, digitar a mensagem e clicar no botão OK.

↗ **Gabarito: "B".**

12. (CESPE – DPU – Analista – 2016) Com relação às ferramentas e às funcionalidades do ambiente Windows, julgue o item que se segue.

No Outlook, o recurso 

permite enviar e receber mensagens de várias contas do usuário configuradas no sistema, sendo possível também selecionar a opção de baixar apenas mensagens de determinada caixa de correio.

( ) Certo.

( ) Errado.

↗ **Gabarito: "Certo".**

13. (IF-MS – IF-MS – Técnico de Laboratório / Eletrotécnica – 2016) Sobre um SPAM é CORRETO afirmar que:

A) É um vírus.

B) É um antivírus.

C) É uma mensagem de e-mail indesejada.

D) É um navegador web.

E) É um site de buscas.

↗ **Gabarito: "C".**

14. (INSTITUTO AOCP – UFPB – Assistente em Administração – 2019) O Phishing é um tipo de ameaça virtual bastante comum nos dias de hoje. Em relação ao Phishing, assinale a alternativa correta.

A) É o termo usado para se referir aos e-mails não solicitados, que geralmente são enviados para um grande número de pessoas. Quando esse tipo de mensagem possui conteúdo exclusivamente comercial, também é referenciado como UCE (Unsolicited Commercial E-mail). Em alguns pontos, assemelha-se a outras formas de propaganda, como a carta colocada na caixa de correio, o panfleto recebido na esquina e a ligação telefônica ofertando produtos.

B) São programas especificamente desenvolvidos para executar ações danosas e atividades maliciosas em um computador. Algumas das diversas formas como os códigos maliciosos podem infectar ou comprometer um computador são pela exploração de vulnerabilidades existentes nos programas instalados, auto execução de mídias removíveis infectadas, como pen drive, entre outras.

C) É um software projetado para monitorar as atividades de um sistema e enviar as informações coletadas para terceiros. Pode ser usado tanto de forma legítima quanto maliciosa, dependendo de como é instalado, das ações realizadas, do tipo de informação monitorada e do uso que é feito por quem recebe as informações coletadas.

D) São programas, ou parte de um programa de computador, normalmente maliciosos, que se propagam inserindo cópias de si mesmo e se tornando parte de outros programas e arquivos.

E) É um método de envio de mensagens eletrônicas que tentam se passar pela comunicação oficial de uma instituição conhecida, como um banco, empresa ou um site popular. Procuram atrair a atenção do usuário, seja por curiosidade, por caridade ou pela possibilidade de obter alguma vantagem financeira.

↗ **Gabarito: "E".**

15. **(UFCG – UFCG – Assistente de Tecnologia da Informação – 2016)** Analise as afirmativas abaixo:

I – Hoax é um alarme falso, um boato, uma notícia sobre uma ameaça inexistente.

II – Spam é uma mensagem eletrônica não solicitada.

III – Phishing é o termo usado para denominar os tipos de programas usados para praticar ações maliciosas/ameaças em uma máquina.

IV – Keyloggers têm função de projetar propagandas por meio de um browser ou programa instalado no computador.

Estão corretas:

A) somente I.

B) somente I e II.

C) somente III.

D) somente I e III.

E) somente II, III e IV.

↗ **Gabarito: "B".**

12. SERVIÇOS DE BUSCA E PESQUISA NA INTERNET

1) Serviços do Google

A empresa Google Inc. é uma empresa privada norte-americana, mas nos últimos anos tornou-se quase que sinônimo de internet, por conta da popularidade de seus serviços, em particular de sua ferramenta de busca.

a) Google Search

Motor de pesquisa na web, que é o principal produto do Google Inc. Ele foi a primeira criação da companhia, saindo na versão beta em 21 de setembro de 1999, e até hoje se consolida como o produto mais popular e famoso do mundo.

b) Blog Search

Motor de busca voltado a pesquisa de blogues, com um índice de pesquisa continuamente atualizado.

c) Google Books

Serviço que procura textos completos de livros que a Google escaneia, converte-o utilizando o reconhecimento ótico de caracteres.

d) Google Custom Search

Ferramenta que permite que um usuário crie uma experiência de pesquisa personalizada para o seu próprio site. Renomeado de Google Co-op, que por sua vez substituído por Google Custom Search.

e) Google Finance

O serviço apresenta a informações sobre empresas incluindo suas últimas decisões e também suas ações com um código em JavaScript que permite a visualização das ações no momento.

f) Google Groups

Serviço de web e e-mail de serviço e arquivo. Os usuários podem participar de um grupo, fazer um grupo, publicar posts, rastrear seus temas favoritos, escrever um conjunto de páginas web de grupos atualizáveis por membros e arquivos do grupo de ações.

g) Google News

Serviço de compilação automatizado de notícias e motor de busca. Existem versões do agregador para mais de 20 idiomas. Enquanto a seleção de notícias é totalmente automatizada, os locais incluídos são selecionados por editores humanos.

h) Google Scholar

Ferramenta que permite pesquisar em trabalhos acadêmicos, literatura escolar, jornais de universidades e artigos variados.

i) Google Translate

É um serviço virtual gratuito de tradução instantânea de textos e websites.

2) Motor de pesquisa ou ferramenta de busca

Caracteriza-se como um motor de pesquisa ou ferramenta de busca, um programa que é desenvolvido com o objetivo de procurar palavras-chave que são fornecidas pelo usuários do serviço, e realizar a busca desejada em documentos e bases de dados de sites.

Na aplicação de seu contexto para a internet, um motor de pesquisa possibilita procurar palavras-chave na world wide web, como palavras que se encontram armazenadas em sites e inclusive nos arquivos internos existentes nestes.

a) Tipos de motores de pesquisa

Buscadores globais – São denominados globais os motores de pesquisa que são buscadores que pesquisam em todos os documentos e sites da internet. Segue abaixo listagem dos principais buscadores globais:

- Google;
- Yahoo;
- Bing;
- Terra.

Buscadores verticais – São buscadores que realizam pesquisas "especializadas", particulares, em bases de dados próprias de acordo com suas intenções e áreas de interesse que motivam tal busca.

Geralmente a inserção de um termo em um buscador vertical está vinculada à procura de algum produto ou mesmo o pagamento de uma mensalidade ou de um valor por cliques na Internet, migrando de um site para outro. Segue abaixo listagem dos principais buscadores verticais:

- AchaNoticias;
- Catho;
- BuscaPé;
- Decolar.com.

Guias locais – São considerados guias locais os motores de busca ou buscadores que têm um escopo exclusivamente local ou regional. As informações destas pesquisas se referem aos endereços de empresas ou prestadores de serviços da região solicitada.

O resultado é priorizado na listagem pelo destaque de quem contrata o serviço, como melhor preço, data de publicação etc. Segue abaixo listagem dos principais serviços de guia local:

- Listão;
- GuiaMais;
- AcheCerto;
- Zeen!

Guias de busca local ou buscador local – São os motores de busca que são buscadores de abrangência nacional, restritos a um país, que lista as empresas e prestadores de serviços próximos ao endereço do usuário que realiza tal pesquisa a partir de um texto digitado.

Diretórios de sites – São índices para pesquisa internos de sites, geralmente organizados por categorias e por subcategorias. Eles têm como objetivo principal permitir ao usuário encontrar rapidamente sites que desejar, sempre listando a pesquisa por categorias, e não por palavras-chave.

b) Funcionamento do Google

Segunda a própria definição da empresa Google Inc. em suas páginas, o PageRank é um algoritmo utilizado pela ferramenta de busca Google para posicionar na listagem de relevância entre os resultados de suas buscas.

O PageRank mede a importância de uma página contabilizando a quantidade e qualidade de links apontando para ela em outras páginas da internet.

c) Comandos avançados de busca

- Busca Exata – Comando: Entre Aspas Duplas

Excluir Termo – Comando: – (sinal de menos)

- Coringa / Wildcard – Comando: * (asterisco)
- Sinônimos – Comando: OR
- Comandos:

inurl: (termo no endereço das páginas)

intitle: (termo no título)

intext: (termo no texto)

inanchor: (termo com texto âncora)

define: (definição)

site: (Páginas Indexadas / Conteúdo de um site específico)

link: (Inbound Links – ex: site.com.br)

filetype: (Tipo de Arquivo – ex: .pdf, .gif, .jpg etc.)

- Cálculos e Conversões – (5*9) + 3

12.1 Questões

1. **(CS-UFG – SANEAGO-GO – Advogado – 2018)** Um motor de pesquisa ou ferramenta de busca ou buscador é um programa desenvolvido para procurar palavras-chave, fornecidas pelo usuário, em documentos e bases de dados. No contexto da internet, um motor de pesquisa permite procurar palavras-chave em documentos que estão na web, como aqueles que se encontram armazenados em websites. Entre as ferramentas mais usadas encontram-se o Google, o Yahoo!, o Bing, o Lycos e o Cadê. Ao usar o Google, o usuário pode utilizar:

A) o apóstrofo, como em 'texto', para buscar a frase completa e não cada termo em separado.

B) as reticências, como em 2010...2018, para mostrar resultados publicados no intervalo de tempo especificado.

C) a palavra file, como em file:pdf, para especificar um tipo de arquivo a ser localizado.

D) o menos, como em segurança -patrimonial, para procurar a palavra segurança, excluindo os resultados em que aparecem a palavra patrimonial.

↗ **Gabarito: "D".**

2. **(IF-ES – IF-ES – Administrador – 2017)** Um mecanismo de busca é uma ferramenta que possibilita encontrar informações na web. Há diversos operadores que auxiliam na busca de resultados mais precisos. Sobre os operadores de refinamento do buscador Google, marque a alternativa INCORRETA.

A) Para excluir palavras da pesquisa, deve ser colocado o sinal – (sinal de menos) antes da palavra que se queira deixar de fora.

B) Para pesquisar uma correspondência exata, a frase pesquisada deve ser colocada entre aspas duplas.

C) Para combinar pesquisas, os termos pesquisados devem ser separados pelo operador OR.

D) O ícone microfone permite realizar a pesquisa por voz sem a necessidade de digitar o termo a ser pesquisado.

E) Para pesquisar com caracteres curinga, deve ser utilizado o operador # na palavra ou frase onde se deseja deixar um marcador.

↗ **Gabarito: "E".**

3. (IBADE – IPERON-RO – Analista em Previdência – Assistente Social – 2017) Para achar o significado da palavra "total" utilizando o buscador Google, um usuário aplica a seguinte sintaxe nesse buscador:

A) Keyword:total.

B) Intexl:total.

C) Define:total.

D) Filetype:total.

E) Inurl:total.

↗ **Gabarito: "C".**

4. (CESPE – PGE-PE – Analista Administrativo de Procuradoria – Calculista – 2019) A respeito de redes de computadores, julgue o item que segue.

Entre os delimitadores de pesquisa pelo Google, o comando filetype:pdf delimita a busca apenas de arquivos no formato PDF.

( ) Certo.

( ) Errado.

↗ **Gabarito: "Certo".**

13. CLOUD COMPUTING

O Conceito de Cloud Computing, tema relativamente recente, mas que tem ganho importante destaque em provas recentes, pois é um conceito que está sendo largamente adotado tanto por organizações privadas quanto públicas, refere-se ao armazenamento, edição e aplicação de softwares se utilizando de servidores da Internet ou Intranet.

Quando é utilizado Cloud para armazenamento e edição, não existe a necessidade de dispositivos de armazenamento massivo de dados, como Hard Disks, pen drives etc. e esta situação traz nítidas vantagens para quem faz uso destes serviços, porém algumas claras desvantagens, que seguem abaixo. É necessário compreender que, dependendo da análise da aplicação, tal característica pode ser tanto uma vantagem quanto desvantagem.

Principais vantagens de Cloud Computing:

- **Disponibilidade** – Como os dados ficam gravados nos servidores da Internet ou da Intranet, o acesso pode ser feito de múltiplos pontos, sendo necessário apenas o acesso à internet.
- **Serviços sobre demanda** – O uso e contratação do serviço, ou mesmo a utilização de algum aplicativo on-line, só são feitos quando existe real demanda de trabalho por parte do usuário de tal serviço.
- **Escalabilidade** – É possível, de acordo com a necessidade de uso, aumentar o espaço para armazenamento de dados ou mesmo contratar múltiplos serviços Cloud.
- **Segurança** – Como os dados ficam armazenados em servidores corporativos, os níveis de segurança são geralmente mais elevados do que os encontrados em computadores de uso pessoal.

Principais desvantagens de Cloud Computing:

- **Comprometimento de dados** – Com a disponibilidade dos dados em locais que não são os computadores de uso pessoal, uma invasão ao servidor pode comprometer a confidencialidade dos dados.
- **Velocidade de acesso** – Como existe a dependência da internet para acessar os serviços Cloud, dependendo da banda contratada, a velocidade de acesso a estes serviços pode ser extremamente lenta.
- **Custo** – Os serviços Cloud são oferecidos por empresas privadas, que geralmente oferecem um espaço inicial para armazenamento de dados, e cobram por espaços adicionais.

- **Disponibilidade** – No serviço de Cloud Computing o usuário é completamente dependente dos servidores, e se estes não estiverem disponíveis para uso, por qualquer razão, o usuário não terá acesso aos dados.

1) Tipos de Clouds Computing

Existem várias classificações e tipos de Cloud, e esta classificação se dá pela natureza do serviço e objetivos da empresa que é a provedora Cloud. Seguem abaixo os tipos de Cloud Computing existentes:

- **Cloud Privado** – O serviço de nuvens privadas classificado como privado ou restrito caracteriza aquele que é disponível exclusivamente para único usuário (uma organização pública, por exemplo). Neste caso, a infraestrutura física e lógica necessária para o serviço cloud pertence ao próprio usuário, o que permite que esta organização tenha total autonomia e controle sobre o serviço e disponibilidade, portanto, um serviço Cloud privado demanda um Data Center próprio por parte da organização. Ele não é oferecido para terceiros. O Cloud privado pode ser tanto de organizações da iniciativa privada quanto de organizações públicas.
- **Cloud Público** – O serviço Cloud caracterizado como público é aquele em que uma organização oferece os serviços para terceiros, mediante um contrato de uso. Múltiplos usuários utilizam os mesmos servidores para armazenamento de dados, aplicação, edição etc. No Brasil o Cloud público, oferecido para terceiros, é geralmente oferecido por empresas da iniciativa privada.
- **Cloud em Comunidade** – O serviço Cloud em comunidade se caracteriza quando os mesmos servidores são utilizados por diversas organizações, que compartilham das mesmas demandas e necessidades, quanto à disponibilidade, segurança, e demais critérios.
- **Cloud Híbrido** – O serviço Cloud considerado como híbrido apresenta servidores que comportam operações tanto públicas quanto privadas. A caracterização híbrida do serviço Cloud pode acontecer, por exemplo, quando uma empresa já tem comprometida a capacidade de armazenamento de seus servidores privados e tem a necessidade de ampliar sua capacidade de armazenamento temporariamente, contratando, para isso, serviços de outras empresas que oferecem Cloud público.

2) Cloud Storage

Uma subcategoria do serviço cloud que se caracteriza exclusivamente pelo armazenamento de dados. É o armazenamento em nuvens, onde o usuário não tem a característica de edição, mas sim de guarda de dados.

3) Nuvem como serviço

a) HAAS – Hardware as a Service (Hardware como Serviço)

O HaaS pode ser usado em dois contextos. Como serviço gerenciado, que é a contratação de equipamentos físicos mediante pagamentos regulares; e no Cloud Computing que significa a contratação e disponibilização de hardware remotamente pela nuvem.

b) SAAS – Software as a Service (Software como Serviço)

Nesse modelo de nuvem, você pode ter acesso ao software sem comprar a sua licença, utilizando-o a partir da Cloud Computing, muitas vezes com recursos limitados.

c) PAAS – Platform as a Service (Plataforma como Serviço)

Nesse modelo de nuvem, contrata-se um ambiente completo de desenvolvimento, no qual é possível criar, modificar e otimizar softwares e aplicações.

d) IAAS – Infrastructure as a Service (Infraestrutura como Serviço)

Nesses modelos de nuvem, a empresa contrata uma capacidade de hardware que corresponde à memória, armazenamento, processamento etc. Podem entrar nesse pacote de contratações os servidores, roteadores, racks, entre outros.

13.1 Questões

1. **(IESES – Prefeitura de São José-SC – Engenheiro Civil – 2019)** O armazenamento em cloud ou armazenamento na nuvem, tornou-se bastante popular nos últimos anos. Sobre ele, é INCORRETO afirmar que:

A) Possui restrições de local no acesso dos dados. Podendo ser acessado somente na rede interna da empresa.

B) Com o armazenamento na nuvem, não é necessário adquirir hardware.

C) É útil pois nem sempre é fácil estimar a quantidade de armazenamento que sua você precisará.

D) Armazena dados na Internet por meio de um provedor de computação na nuvem, que gerencia e opera o armazenamento físico de dados como serviço.

↗ **Gabarito: "A".**

2. **(EDUCA – Prefeitura de Várzea-PB – Assistente Social – 2019)** O armazenamento em Nuvem ou Cloud Storage é um modelo de armazenamento de arquivos online que permite que você mantenha seus dados sincronizados com todos os seus dispositivos, tais como tablets, smartphones, notebooks e Desktops.

O armazenamento cloud pode ser feito em, EXCETO:

A) Nuvens públicas.

B) Nuvens comunitárias.

C) Nuvens híbridas.

D) Nuvens Simples.

E) Nuvens privadas.

↗ **Gabarito: "D".**

3. **(CESPE – Telebras – Analista Superior – Comercial – 2015)** A respeito de sítios de busca na Internet e de aplicações da computação em nuvem, julgue o próximo item. Nesse sentido, considere que as siglas HAAS e SAAS referem-se a hardware as a service e software as a service, respectivamente.

O SAAS, modelo de uso da computação em nuvem em que um aplicativo é acessado, via Internet, em um sítio diferente daquele do cliente, apresenta como vantagem para o cliente a não exigência de licença de uso.

( ) Certo.

( ) Errado.

↗ **Gabarito: "Certo".**

4. **(SUGEP – UFRPE – Técnico em Contabilidade – 2018)** Em relação aos modelos de serviço da computação em nuvem, analise as proposições abaixo.

1) No SaaS, o usuário administra a infraestrutura subjacente, incluindo rede, servidores, sistemas operacionais, armazenamento ou mesmo as características individuais da aplicação.

2) O ambiente de computação em nuvem é composto dos modelos de serviços: Software como um Serviço (SaaS), Plataforma como um Serviço (PaaS) e Infraestrutura como um Serviço (IaaS).

3) O modelo de serviço PaaS prevê que o usuário deve administrar a infraestrutura subjacente, incluindo rede, servidores, sistemas operacionais ou armazenamento.

4) O modelo de serviço IaaS permite o fornecimento de recursos, tais como servidores, rede, armazenamento e outros recursos de computação, que podem incluir sistemas operacionais e aplicativos.

5) O PaaS fornece um sistema operacional, linguagens de programação e ambientes de desenvolvimento para as aplicações, auxiliando a implementação de sistemas de software, já que contém ferramentas de desenvolvimento e colaboração entre desenvolvedores.

Estão corretas, apenas:

A) 1, 2 e 3. **C)** 1, 3 e 5. **E)** 2, 4 e 5.

B) 1, 3 e 4. **D)** 2, 3 e 5.

↗ **Gabarito: "E".**

5. (FAU – IF-PR – Tradutor e intérprete de linguagem de Sinais – 2019) Assinale a alternativa que contenha apenas o(s) modelo(s) de serviço(s) presente na computação em nuvem:

A) Google Drive.

B) SaaS, PaaS e IaaS.

C) DhcP, PaaS e IaaS.

D) DDoS.

E) OneDrive.

↗ **Gabarito: "B".**

14. CONCEITOS DE PROTEÇÃO E SEGURANÇA DA INFORMAÇÃO

A segurança da informação não é, ao contrário do que muitos acreditam, um adjetivo, uma característica genérica de um site, serviço ou software, e sim uma área da tecnologia da informação que tem quatro critérios centrais (Autenticidade, Integridade, Disponibilidade, Confidencialidade), que, somados aos demais, formam a segurança da informação (Auditoria, Privacidade, Legalidade e Não Repúdio).

Como a privacidade de dados, o fluxo de informações em sigilo e principalmente os ataques externos a uma rede de computadores de uma organização pública ou privada pode comprometer dados, prejudicar a prestação de serviços ou mesmo comprometer procedimentos; as organizações estão cada vez mais focadas em criar um ambiente elevado de segurança, e por esta razão este tópico é tema recorrente em provas de concursos públicos.

Após o crescimento do uso de sistemas de informação, comércio eletrônico e tecnologia digital, as empresas se viram obrigadas a pensar na segurança de suas informações para evitar ameaças e golpes. Assim, a segurança da informação surgiu para reduzir possíveis ataques aos sistemas empresariais e domésticos. Resumindo, a segurança da informação é uma maneira de proteger os sistemas de informação contra diversos ataques, ou seja, mantendo documentações e arquivos.

Principais Ameaças ao Sistema de Informação: incêndio, problemas na eletricidade, erros no hardware e software, alterações em programas, furto de dados, invasão ao terminal de acesso, dificuldades de telecomunicação etc.

1) Critérios da segurança – conforme Instrução Normativa n. 1, de 13-6-2008 (*DOU* 18-6-2008)

Toda análise de segurança deve ter quatro critérios definidos, que são os critérios universais da segurança da informação, tanto ataques como procedimentos de segurança podem visar um ou mais critérios para violação ou proteção de dados. Uma informação ou ambiente são considerados completamente seguros quando apresentam a segurança relativa aos quatro critérios.

> Disciplina a **Gestão de Segurança da Informação (GSI)** e Comunicações na Administração Pública Federal, direta e indireta, e dá outras providências.
>
> O MINISTRO CHEFE DO GABINETE DE SEGURANÇA INSTITUCIONAL DA PRESIDÊNCIA DA REPÚBLICA, na condição de SECRETÁRIO-EXECUTIVO DO CONSELHO DE DEFESA NACIONAL, no uso de suas atribuições;
>
> CONSIDERANDO: o disposto no artigo 6º e parágrafo único do art. 16 da Lei n. 10.683, de 28 de maio de 2003; o disposto no inciso IV do *caput* e inciso III do § 1º do art. 1º e art. 8º do Anexo I do Decreto n. 5.772, de 8 de maio de 2006; o disposto nos incisos I, VI, VII e XIII do artigo 4º do Decreto n. 3.505, de 13 de junho de 2000; as informações tratadas no âmbito da Administração Pública Federal, direta e indireta, como ativos valiosos para a eficiente prestação dos serviços públicos; o interesse do cidadão como beneficiário dos serviços prestados pelos órgãos e entidades da Administração Pública Federal, direta e indireta; o dever do Estado de proteção

> das informações pessoais dos cidadãos; a necessidade de incrementar a segurança das redes e bancos de dados governamentais; e a necessidade de orientar a condução de políticas de segurança da informação e comunicações já existentes ou a serem implementadas pelos órgãos e entidades da Administração Pública Federal, direta e indireta.
>
> RESOLVE:
>
> **Art. 1º** Aprovar orientações para Gestão de Segurança da Informação e Comunicações que deverão ser implementadas pelos órgãos e entidades da Administração Pública Federal, direta e indireta.
>
> **Art. 2º** Para fins desta Instrução Normativa, entende-se por:
>
> I – **Política de Segurança da Informação e Comunicações**: documento aprovado pela autoridade responsável pelo órgão ou entidade da Administração Pública Federal, direta e indireta, com o objetivo de fornecer diretrizes, critérios e suporte administrativo suficientes à implementação da segurança da informação e comunicações;
>
> II – **Segurança da Informação e Comunicações**: ações que objetivam viabilizar e assegurar a disponibilidade, a integridade, a confidencialidade e a autenticidade das informações;

Seguem abaixo os critérios de segurança da informação:

> III – **Disponibilidade**: propriedade de que a informação esteja acessível e utilizável sob demanda por uma pessoa física ou determinado sistema, órgão ou entidade;

É a garantia de que os sistemas e as informações de um computador estarão disponíveis quando necessário.

Quando a informação é atacada e torna-se indisponível para os que deveriam visualizar. Como exemplo, temos a queda de um servidor no último dia de inscrições para um concurso público por grande quantidade de acessos simultâneos.

A Disponibilidade pode ser aplicada também a outros fatores como por exemplo:

- **Hardware:** Computadores ou dispositivos que permitem acesso exclusivamente por dispositivos de identificação biométrica ou por cartão com código de barras ou certificado digital, caso não estejam funcionando corretamente geram indisponibilidade ao recurso de Hardware.
- **Software:** Sistemas interligados, precisam ter acesso a informação sob demanda, às vezes até por força de lei ou determinação judicial, e essas informações têm que estar disponíveis e utilizáveis. Sistemas infectados por Malwares, mesmo que fisicamente ligados, podem ficar indisponível, ou seja, não permitir acesso à informação.
- **Informação:** Documentos criptografados ou até mesmo salvo com senhas, geralmente para garantir segurança do nível Confidencialidade, caso essas senhas ou chaves não sejam devidamente informadas às pessoas, órgãos ou entidades, não terão acesso à informação. Ou até mesmo informações que por algum motivo tenham sido apagadas ou destruídas mesmo que acidentalmente, e que não tenham sido feitas as devidas cópias de segurança (backup), não estarão disponíveis sob demanda.
- **Pessoas:** Parte do critério com menor nível de percepção, é percebido quando, para que possamos ter acesso a alguma informação, dependemos de pessoas com poder de decisão, por exemplo, e não temos acesso a essas pessoas.

> IV – **Integridade**: propriedade de que a informação não foi modificada ou destruída de maneira não autorizada ou acidental;

Princípio em que as informações e dados serão guardados em sua forma original evitando possíveis alterações realizadas por terceiros.

É quebrada quando alguém altera o conteúdo da informação não sendo a pessoa autorizada para isso. Como exemplo temos a alteração do conteúdo de um site governamental, por um ataque realizado por terceiros.

- **Hardware:** Computadores ou dispositivos que podem ter recebido alguma interferência ou alteração, intencional ou acidental, ou até mesmo por uso indevido, ou falta de manutenção preventiva.
- **Software:** Sistemas infectados por Malwares, geralmente, recebem alterações em seu funcionamento com objetivos de monitoramento da informação ou até mesmo da cópia indevida ou subtração da mesma. Em muitos casos o próprio usuário comete o equívoco de fazer a instalação de softwares não originais ou não autorizados pelos gestores, causando o funcionamento inadequado ao tratamento das informações.
- **Informação:** Documentos ou arquivos que, se alterados ou destruídos sem a devida autorização ou conhecimento do autor ou proprietário, podem ser considerados quebra de Integridade, mesmo que acidentalmente. Documentos que devam ser transferidos ou enviados a outros usuários, podem ser criptografados, que sem a chave de acesso impede que este seja alterado, ou adicionar algum recurso que garanta a Integridade, como, por exemplo, assinatura digital ou certificado digital, que não impede a visualização, mas o documento tem sua integridade garantida.
- **Pessoas:** Como parte de identificação que garante a Confidencialidade e a Autenticidade, é importante lembrar que a Integridade física de uma pessoa pode ser notada, por exemplo, no caso da identificação biométrica onde as digitais que são únicas para cada indivíduo são previamente cadastradas em um sistema computacional, e caso a pessoa, por exemplo, trabalhe com produtos corrosivos às digitais, este terá atingido sua forma de identificação e autenticação.

> V – **Confidencialidade**: propriedade de que a informação não esteja disponível ou revelada a pessoa física, sistema, órgão ou entidade não autorizado e credenciado;

É a capacidade de controlar quem vê as informações e sob quais condições. Assegurar que a informação só será acessível por pessoas explicitamente autorizadas.

Quando a informação é visualizada por que não deveria ter acesso a ela. Como exemplo, temos a visualização de um conteúdo por um terceiro que não tinha este grau de autorização, quebrando com isso o segredo da informação.

- **Hardware:** Computadores ou dispositivos que não podem ter acesso de pessoas não autorizadas têm que ficar devidamente seguros em ambientes fechados e com restrição de acesso tipo chaves, cartões, identificação biométrica, teclados de identificação de segredo tipo senhas.
- **Software:** Sistemas podem ter restrição de acesso via dispositivos de identificação física do tipo biometria, ou de segredo tipo senhas, como uma simples conta de usuário, até a utilização de um sistema com autorização em níveis de hierarquia administrativa.
- **Informação:** Documentos podem ser criptografados ou até mesmo salvo com senhas, para garantir segurança, essas senhas ou chaves devem ser de acesso restrito somente às pessoas, órgãos ou entidades, devidamente cadastrados e autorizados. Documentos que devam ser transferidos ou enviados a outros usuários, podem ser criptografados, que sem a chave de acesso impede que este seja visualizado ou alterado. Informações que estejam em estado físico, do tipo documento impresso, devem ficar guardadas de maneira segura e com acesso restrito, de preferência com os mesmos critérios de Hardware.

- **Pessoas:** Parte importante, e ativa no processo de Confidencialidade, geralmente são as pessoas que detêm o segredo ou forma de identificação que permitem acesso a Hardwares, Sistemas ou Informação. A formação de senhas deve ser criteriosa, para não ser esquecida facilmente, mas também difícil para que pessoas ou sistemas não as identifiquem facilmente. Uma senha segura é aquela que mistura, em uma quantidade razoável, letras maiúsculas, letras minúsculas, números e caracteres especiais.

> VI – **Autenticidade**: propriedade de que a informação foi produzida, expedida, modificada ou destruída por uma determinada pessoa física, ou por um determinado sistema, órgão ou entidade;

Permite a verificação da identidade de uma pessoa ou agente externo de um sistema. É a confirmação exata de uma informação.

É quebrada quando alguém autentica algo ou se autentica em determinado local sem ser a pessoa autorizada para isso. Como exemplos temos o furto de uma senha e o acesso indevido, por terceiros, em uma rede social.

ATENÇÃO

A consequência da confirmação da autenticidade gera a Irretratabilidade ou o não repúdio.

- **Hardware:** Computadores ou dispositivos que fazem parte de uma rede interna ou externa são identificados pelo endereço lógico (IP), e caso tenham seu sistema infectado, pode até realizar um acesso indevido a um servidor ou informação permitindo que um invasor tenha acesso de maneira disfarçada como se fosse o dispositivo autenticado que foi infectado.
- **Software:** Sistemas e Programas instalados em um dispositivo têm um termo de condições de uso que geralmente solicitam acesso a informações do usuário e, com isso, aplicam de maneira genérica, às informações e documentos criados a partir destas ferramentas, dados do usuário como autor. Um sistema infectado ou controlado remotamente por um invasor pode permitir alteração destas informações, quebrando a autenticidade. Por muitas vezes, um software instalado num dispositivo solicita uma chave de ativação do produto, que para isso estabelece comunicação com o servidor do fornecedor do software para a sua devida liberação. Muitos usuários acabam por burlar essa etapa, instalando softwares "piratas", ou seja, com a chave de ativação do produto falsificada, quebrando por si só a autenticidade do produto, e gerando possivelmente futuros problemas de segurança da informação.
- **Informação:** Uma Informação ou Documento autêntico é aquele que contém, além dos dados em si, informações sobre o autor, que somente assim garante a autenticidade. Para garantir a autenticidade de uma informação ou documento, podemos recorrer à utilização de certificados digitais que, além de garantir a integridade, garante também a autenticidade, com o benefício da garantia jurídica por ter a participação de uma Autoridade Certificadora (AC) como emissora do certificado. A informação, para que tenha garantia de Autenticidade, tem que ser produzida, expedida, ou modificada, somente por pessoas ou sistemas devidamente cadastrados, identificados e autenticados para isso. Até mesmo para que a informação ou documento sejam destruídos deve ser feito somente por pessoa ou sistema cadastrados, identificados e autenticados.
- **Pessoas:** Ser efetivamente quem você diz ser não é tão complicado; basta para isso

provar com documentos ou informações do tipo segredo, dos quais a pessoa é única detentora. Por isso todo e qualquer sistema exige acesso com identificação do tipo "login" que é cadastrado previamente, e autenticação do tipo "biometria" ou "senha".

> VII – **Gestão de Segurança da Informação e Comunicações**: ações e métodos que visam à integração das atividades de gestão de riscos, gestão de continuidade do negócio, tratamento de incidentes, tratamento da informação, conformidade, credenciamento, segurança cibernética, segurança física, segurança lógica, segurança orgânica e segurança organizacional aos processos institucionais estratégicos, operacionais e táticos, não se limitando, portanto, à tecnologia da informação e comunicações;
>
> VIII – **Quebra de Segurança**: ação ou omissão, intencional ou acidental, que resulta no comprometimento da segurança da informação e das comunicações;
>
> IX – **Tratamento da Informação**: recepção, produção, reprodução, utilização, acesso, transporte, transmissão, distribuição, armazenamento, eliminação e controle da informação, inclusive as sigilosas.

- **Auditoria.** É a possibilidade de rastrear os diversos passos que o processo realizou ou que uma informação foi submetida, identificando os participantes, locais e horários de cada etapa. Exame do histórico dos eventos dentro de um sistema para determinar quando e onde ocorreu violação de segurança.
- **Privacidade.** Capacidade de controlar quem viu certas informações e quem realizou determinado processo para saber quem participou, em que local e o horário.
- **Legalidade.** É a garantia de legalidade de uma informação de acordo com a legislação vigente.
- **Não Repúdio.** Não há como "dizer não" sobre um sistema que foi alterado ou sobre um dado recebido.

2) Conceitos de ameaça e vulnerabilidade

Uma **ameaça** é um possível perigo que pode explorar uma **vulnerabilidade** do sistema.

Como vimos, uma vulnerabilidade é definida como uma condição que, quando explorada por um atacante, pode resultar em uma violação de segurança.

Note que a ameaça é algo ativo (que explora a vulnerabilidade). Já a vulnerabilidade é algo passivo, simplesmente existe.

> **IMPORTANTE**
>
> Alguns autores não diferenciam ataque e ameaça e por vezes são utilizados como sinônimos.

Para norma ISO/IEC 27002, vulnerabilidade é uma fragilidade e ameaça é causa de um incidente. Veja:

a) **Vulnerabilidade**: é uma fragilidade de um ativo ou grupo de ativos que pode ser explorada por uma ou mais ameaças.

Uma vulnerabilidade é definida como uma condição que, quando explorada por um atacante, pode resultar em uma violação de segurança.

Exemplos de vulnerabilidades são falhas no projeto, na implementação ou na configuração de programas, serviços ou equipamentos de rede.

Um ataque de exploração de vulnerabilidades ocorre quando um atacante, utilizando-se de uma vulnerabilidade, tenta executar ações maliciosas, como invadir um sistema, acessar informações confidenciais, disparar ataques contra outros computadores ou tornar um serviço inacessível.

b) **Ameaça:** uma causa potencial de incidente indesejado, que pode resultar em um dano para um sistema ou organização.

Ameaça de Análise – Após uma análise poderão descobrir as possíveis consequências da ameaça a um sistema.

Ameaça Inteligente – Situação em que seu adversário possui capacidade técnica e operacional para fazer uso de algo vulnerável no sistema.

3) Diferença entre o hacker e o cracker

Hackers – São especialistas em tecnologia da informação que invadem sistemas, quebram senhas e códigos sem intenções claramente maliciosas, e muitas vezes são autorizados pelos proprietários da informação, para testar os níveis de segurança da rede de uma organização. São considerados invasores e assim podem ser apresentados em uma prova, porém não têm como objetivo final dos ataques cometer o crime da fraude, prejudicando terceiros com o furto de dados, desvio de dinheiro ou cópia de conteúdo privado.

Crackers – São especialistas em tecnologia da informação que invadem sistemas, quebram senhas e códigos com intenções maliciosas, sem a autorização do proprietário da informação. Em linhas gerais, são os criminosos virtuais que têm a intenção de prejudicar terceiros obtendo vantagens próprias, seja com desvio de dinheiro, invasão da rede social alheia ou mesmo furto de dados privados para benefício próprio.

4) Ataques

Um ataque é qualquer ação que compromete a segurança da informação.

Ataques costumam ocorrer na Internet com diversos objetivos, visando diferentes alvos e usando variadas técnicas. Qualquer serviço, computador ou rede que seja acessível via Internet pode ser alvo de um ataque, assim como qualquer computador com acesso à Internet pode participar de um ataque.

a) Tipos de ataque à informação

Um ataque pode ser decorrente de um furto a um sistema de segurança no intuito de invadir sistemas e serviços. Ele pode ser dividido em ativo, passivo e destrutivo.

- **Ataques passivos:** Um exemplo de ataque passivo é uma leitura não autorizada.

Note que nada acontece com o conteúdo da informação. O cracker está interessado em monitorar a transmissão sem ser percebido.

Outro exemplo de ataque passivo é a análise de tráfego. Mesmo que o canal de comunicação seja criptografado, a simples intensidade de tráfego pode ser uma informação importante. O aumento de tráfego para determinados pontos a partir de certa origem pode indicar, por exemplo, um ataque terrorista.

A leitura não autorizada e a análise de tráfego são ataques chamados de interceptação. Estes ataques violam o princípio da **confidencialidade**.

- **Ataques ativos:** Um ataque ativo pode ser dividido em quatro tipos:
    - → Disfarce (ou fabricação): uma entidade finge ser outra. Viola o princípio da autenticidade.
    - → Repetição: captura passiva de dados seguida de retransmissão para produzir um efeito não autorizado. Viola o princípio da integridade.
    - → Modificação de mensagens: alteração do conteúdo da mensagem. Viola o princípio de integridade.
    - → Negação de serviço (ou interrupção): impede o acesso à informação, por exemplo, um ataque DOS (Denial of service). Viola o princípio da disponibilidade.
- **O Destrutivo:** Proíbe qualquer acesso aos dados.

Para que um ataque seja considerado bem-sucedido o sistema atacado deve estar vulnerável.

Seja qual o for o tipo de criptografia utilizada (simétrica ou assimétrica), o objetivo é a proteção contra ataques de hackers sedentos por acessar, alterar ou ainda destruir suas informações.

b) Motivações para ataques

Os motivos que levam os atacantes a desferir ataques na Internet são bastante diversos, variando da simples diversão até a realização de ações criminosas. Alguns exemplos são:

- **Demonstração de poder:** mostrar a uma empresa que ela pode ser invadida ou ter os serviços suspensos e, assim, tentar vender serviços ou chantageá-la para que o ataque não ocorra novamente.
- **Prestígio:** vangloriar-se, perante outros atacantes, por ter conseguido invadir computadores, tornar serviços inacessíveis ou desfigurar sites considerados visados ou difíceis de serem atacados; disputar com outros atacantes ou grupos de atacantes para revelar quem consegue realizar o maior número de ataques ou ser o primeiro a conseguir atingir um determinado alvo.
- **Motivações financeiras:** coletar e utilizar informações confidenciais de usuários para aplicar golpes.
- **Motivações ideológicas:** tornar inacessível ou invadir sites que divulguem conteúdo contrário à opinião do atacante; divulgar mensagens de apoio ou contrárias a uma determinada ideologia.
- **Motivações comerciais:** tornar inacessível ou invadir sites e computadores de empresas concorrentes, para tentar impedir o acesso dos clientes ou comprometer a reputação destas empresas.

c) Formas de ataque à informação

Uma ameaça acontece quando há uma ação sobre uma pessoa ou sobre um processo utilizando uma determinada fraqueza e causa um problema ou consequência. Sendo assim, são caracterizados como divulgação ruim, usurpação, decepção e rompimento. As ameaças podem ter origem natural, quando surgem de eventos da natureza, como terremotos ou enchentes; podem ser involuntárias, como falta de energia ou erros causados por pessoas desconhecidas; ou se trata de ameaças voluntárias em que hackers e bandidos acessam os computadores no intuito de disseminar vírus e causar danos.

i) Força Bruta (Brute Force)

É considerado o ataque em que o usuário não comete nenhum erro ou procedimento indevido, mas mesmo assim seus dados e segurança são violados de forma forçada, por meio da invasão.

Um ataque de força bruta, ou brute force, consiste em adivinhar, por tentativa e erro, um nome de usuário e senha e, assim, executar processos e acessar sites, computadores e serviços em nome e com os mesmos privilégios deste usuário.

Qualquer computador, equipamento de rede ou serviço que seja acessível via Internet, com um nome de usuário e uma senha, pode ser alvo de um ataque de força bruta. Dispositivos móveis, que estejam protegidos por senha, além de poderem ser atacados pela rede, também podem ser alvos deste tipo de ataque caso o atacante tenha acesso físico a eles.

Se um atacante tiver conhecimento do seu nome de usuário e da sua senha ele pode efetuar ações maliciosas em seu nome como, por exemplo:

- Trocar a sua senha, dificultando que você acesse novamente o site ou computador invadido.
- Invadir o serviço de e-mail que você utiliza e ter acesso ao conteúdo das suas mensagens e à sua lista de contatos, além de poder enviar mensagens em seu nome.
- Acessar a sua rede social e enviar mensagens aos seus seguidores contendo códigos maliciosos ou alterar as suas opções de privacidade.

- Invadir o seu computador e, de acordo com as permissões do seu usuário, executar ações, como apagar arquivos, obter informações confidenciais e instalar códigos maliciosos.

Mesmo que o atacante não consiga descobrir a sua senha, você pode ter problemas ao acessar a sua conta caso ela tenha sofrido um ataque de força bruta, pois muitos sistemas bloqueiam as contas quando várias tentativas de acesso sem sucesso são realizadas.

As tentativas de adivinhação costumam ser baseadas em:

- Dicionários de diferentes idiomas e que podem ser facilmente obtidos na Internet.
- Listas de palavras comumente usadas, como personagens de filmes e nomes de times de futebol.
- Substituições óbvias de caracteres, como trocar "a" por "@" e "o" por "0"'.
- Sequências numéricas e de teclado, como "123456", "qwert" e "1qaz2wsx".
- Informações pessoais de conhecimento prévio do atacante, ou coletadas na Internet em redes sociais e blogs, como nome, sobrenome, datas e números de documentos.

ii) Quebra de senha

O quebrador, ou cracker, de senha é um programa usado pelo hacker para descobrir uma senha do sistema. O método mais comum consiste em testar sucessivamente as palavras de um dicionário até encontrar a senha correta.

Apesar de os ataques de força bruta poderem ser realizados manualmente, na grande maioria dos casos eles são realizados com o uso de ferramentas automatizadas facilmente obtidas na Internet e que permitem tornar o ataque bem mais efetivo.

iii) Varredura em redes (Scan)

Varredura em redes, ou scan, é uma técnica que consiste em efetuar buscas minuciosas em redes, com o objetivo de identificar computadores ativos e coletar informações sobre eles como, por exemplo, serviços disponibilizados e programas instalados. Com base nas informações coletadas é possível associar possíveis vulnerabilidades aos serviços disponibilizados e aos programas instalados nos computadores ativos detectados.

A varredura em redes e a exploração de vulnerabilidades associadas podem ser usadas de forma:

- Legítima: por pessoas devidamente autorizadas, para verificar a segurança de computadores e redes e, assim, tomar medidas corretivas e preventivas.
- Maliciosa: por atacantes, para explorar as vulnerabilidades encontradas nos serviços disponibilizados e nos programas instalados para a execução de atividades maliciosas. Os atacantes também podem utilizar os computadores ativos detectados como potenciais alvos no processo de propagação automática de códigos maliciosos e em ataques de força bruta.

ATENÇÃO

Não confunda scan com scam. Scams, com "m", são esquemas para enganar um usuário, geralmente, com finalidade de obter vantagens financeiras.

Um ataque de força bruta, dependendo de como é realizado, pode resultar em um ataque de negação de serviço, devido à sobrecarga produzida pela grande quantidade de tentativas realizadas em um pequeno período de tempo.

iv) Negação de Serviço / Denial of Service (DoS e DDoS)

É uma técnica pela qual um atacante utiliza um computador para tirar de operação um serviço, um computador ou uma rede conectada à Internet. Quando utilizada de forma coordenada e distribuída, ou seja, quando um conjunto de computadores é utilizado no ataque, recebe o nome de negação de serviço distribuído, ou DDoS (Distributed Denial of Service).

O ataque consiste em sobrecarregar um servidor com uma quantidade excessiva de solicitações de serviços. Há muitas variantes, como os ataques distribuídos de negação de serviço (DDoS). Nessa variante, o agressor invade muitos computadores e instala neles um software zumbi, como o Tribal Flood Network ou o Trinoo. Quando recebem a ordem para iniciar o ataque, os zumbis bombardeiam o servidor-alvo, tirando-o do ar.

O objetivo destes ataques não é invadir nem coletar informações, mas sim exaurir recursos e causar indisponibilidades ao alvo. Quando isto ocorre, todas as pessoas que dependem dos recursos afetados são prejudicadas, pois ficam impossibilitadas de acessar ou realizar as operações desejadas.

Ataques de negação de serviço podem ser realizados por diversos meios, como:

- pelo envio de grande quantidade de requisições para um serviço, consumindo os recursos necessários ao seu funcionamento (processamento, número de conexões simultâneas, memória e espaço em disco, por exemplo) e impedindo que as requisições dos demais usuários sejam atendidas;
- pela geração de grande tráfego de dados para uma rede, ocupando toda a banda disponível e tornando indisponível qualquer acesso a computadores ou serviços desta rede;
- pela exploração de vulnerabilidades existentes em programas, que podem fazer com que um determinado serviço fique inacessível.

v) Scanners de portas

Os scanners de portas são programas que buscam portas TCP abertas por onde pode ser feita uma invasão. Para que a varredura não seja percebida pela vítima, alguns scanners testam as portas de um computador durante muitos dias, em horários aleatórios.

vi) Spoofing

É a técnica de se fazer passar por outro computador da rede para conseguir acesso a um sistema. Há muitas variantes, como o spoofing de IP. Para executá-lo, o invasor usa um programa que altera o cabeçalho dos pacotes IP de modo que pareçam estar vindo de outra máquina.

vii) Smurf

O Smurf é outro tipo de ataque de negação de serviço. O agressor envia uma rápida sequência de solicitações de Ping (um teste para verificar se um servidor da Internet está acessível) para um endereço de broadcast. Usando spoofing, o cracker faz com que o servidor de broadcast encaminhe as respostas não para o seu endereço, mas para o da vítima. Assim, o computador-alvo é inundado pelo Ping.

viii) Interceptação de tráfego Sniffing

O sniffer é um programa ou dispositivo que analisa o tráfego da rede. Sniffers são úteis para gerenciamento de redes. Mas, nas mãos de hackers, permitem roubar senhas e outras informações sigilosas.

Interceptação de tráfego, ou sniffing, é uma técnica que consiste em inspecionar os dados trafegados em redes de computadores, por meio do uso de programas específicos chamados de sniffers. Esta técnica pode ser utilizada de forma:

Legítima: por administradores de redes, para detectar problemas, analisar desempenho e monitorar atividades maliciosas relativas aos computadores ou redes por eles administrados.

Maliciosa: por atacantes, para capturar informações sensíveis, como senhas, números de cartão de crédito e o conteúdo de arquivos confidenciais que estejam trafegando por meio de conexões inseguras, ou seja, sem criptografia.

Note que as informações capturadas por esta técnica são armazenadas na forma como trafegam, ou seja, informações que trafegam criptografadas apenas serão úteis ao atacante se ele conseguir decodificá-las.

ix) Engenharia social

É considerado o ataque que induz o usuário a entregar dados e cometer ações que comprometem a segurança por meio da boa-fé, onde, por meio da indução, são levados a acreditar que estão cometendo uma ação legítima e honesta. Caracteriza-se por e-mail de falsos bancos ou mensagens que induzem a fornecer dados pessoais.

x) Falsificação de e-mail, ou E-mail Spoofing

É uma técnica que consiste em alterar campos do cabeçalho de um e-mail, de forma a aparentar que ele foi enviado de uma determinada origem quando, na verdade, foi enviado de outra.

Esta técnica é possível devido a características do protocolo SMTP (Simple Mail Transfer Protocol) que permitem que campos do cabeçalho, como "From:" (endereço de quem enviou a mensagem), "Reply-To" (endereço de resposta da mensagem) e "Return-Path" (endereço para onde possíveis erros no envio da mensagem são reportados), sejam falsificados.

Ataques deste tipo são bastante usados para propagação de códigos maliciosos, envio de spam e em golpes de phishing. Atacantes utilizam-se de endereços de e-mail coletados de computadores infectados para enviar mensagens e tentar fazer com que os seus destinatários acreditem que elas partiram de pessoas conhecidas.

Exemplos de e-mails com campos falsificados são aqueles recebidos como sendo:

- De alguém conhecido, solicitando que você clique em um link ou execute um arquivo anexo.
- Do seu banco, solicitando que você siga um link fornecido na própria mensagem e informe dados da sua conta bancária.
- Do administrador do serviço de e-mail que você utiliza, solicitando informações pessoais e ameaçando bloquear a sua conta caso você não as envie.

Você também pode já ter observado situações onde o seu próprio endereço de e-mail foi indevidamente utilizado. Alguns indícios disto são:

- Você recebe respostas de e-mails que você nunca enviou.
- Você recebe e-mails aparentemente enviados por você mesmo, sem que você tenha feito isto.
- Você recebe mensagens de devolução de e-mails que você nunca enviou, reportando erros como usuário desconhecido e caixa de entrada lotada (cota excedida).

xi) Mail Bomb

É a técnica de inundar um computador com mensagens eletrônicas. Em geral, o agressor usa um script para gerar um fluxo contínuo de mensagens e abarrotar a caixa postal de alguém. A sobrecarga tende a provocar negação de serviço no servidor de e-mail.

xii) Desfiguração de página (Defacement)

Desfiguração de página, defacement ou pichação, é uma técnica que consiste em alterar o conteúdo da página Web de um site.

As principais formas que um atacante, neste caso também chamado de defacer, pode utilizar para desfigurar uma página Web são:

- Explorar erros da aplicação web.
- Explorar vulnerabilidades do servidor de aplicação web.
- Explorar vulnerabilidades da linguagem de programação ou dos pacotes utilizados no desenvolvimento da aplicação web.
- Invadir o servidor onde a aplicação web está hospedada e alterar diretamente os arquivos que compõem o site.
- Furtar senha de acesso à interface web usada para administração remota.

Para ganhar mais visibilidade, chamar mais atenção e atingir maior número de visitantes, os atacantes geralmente alteram a página principal do site, porém páginas internas também podem ser alteradas.

xiii) Cavalo de Troia (Trojan)

O cavalo de troia, ou trojan horse, é um programa disfarçado que executa alguma tarefa maligna. Um exemplo: o usuário roda um jogo que conseguiu na Internet. O jogo secretamente instala o cavalo de troia, que abre uma porta TCP do micro para invasão. Alguns trojans populares são NetBus, Back Orifice e SubSeven. Há também cavalo de troia dedicado a roubar senhas e outros dados sigilosos.

5) Procedimentos de segurança

O que define as chances de um ataque na Internet ser ou não bem-sucedido é o conjunto de medidas preventivas tomadas pelos usuários, desenvolvedores de aplicações e administradores dos computadores, serviços e equipamentos envolvidos.

Se cada um fizer a sua parte, muitos dos ataques realizados via Internet podem ser evitados ou, ao menos, minimizados.

A parte que cabe a você, como usuário da Internet, é proteger os seus dados, fazer uso dos mecanismos de proteção disponíveis e manter o seu computador atualizado e livre de códigos maliciosos. Ao fazer isto, você estará contribuindo para a segurança geral da Internet, pois:

- Quanto menor a quantidade de computadores vulneráveis e infectados, menor será a potência das botnets e menos eficazes serão os ataques de negação de serviço.
- Quanto mais consciente dos mecanismos de segurança você estiver, menores serão as chances de sucesso dos atacantes;
- Quanto melhores forem as suas senhas, menores serão as chances de sucesso de ataques de força bruta e, consequentemente, de suas contas serem hackeadas.
- Quanto mais os usuários usarem criptografia para proteger os dados armazenados nos computadores ou aqueles transmitidos pela Internet, menores serão as chances de tráfego em texto claro ser interceptado por hacker.
- Quanto menor a quantidade de vulnerabilidades existentes em seu computador, menores serão as chances de ele ser invadido ou hackeado.
- Instale e mantenha atualizado um bom programa antivírus e atualize as assinaturas do antivírus, de preferência diariamente.
- Configure o antivírus para verificar os arquivos obtidos pela Internet, discos rígidos (HDs) e unidades removíveis, como CDs, DVDs e pen drives.
- Siga todas as recomendações para prevenção contra vírus.
- Desabilite no seu programa leitor de e-mails autoexecução de arquivos anexados às mensagens.
- Não execute ou abra arquivos recebidos por e-mail ou por outras fontes, mesmo que venham de pessoas conhecidas. Caso seja necessário abrir o arquivo, certifique-se que ele foi analisado pelo programa antivírus.
- Utilize na elaboração de documentos formatos menos suscetíveis à propagação de vírus, tais como RTF, PDF ou PostScript.

- Não utilize, no caso de arquivos comprimidos, o formato executável. Utilize o próprio formato compactado, como por exemplo, Zip ou Gzip.
- Mantenha o sistema operacional e demais softwares sempre atualizados.
- Aplique todas as correções de segurança (patches) disponibilizadas pelos fabricantes, para corrigir eventuais vulnerabilidades existentes nos Softwares utilizados.
- Instale um firewall pessoal, que em alguns casos pode evitar que uma vulnerabilidade existente seja explorada ou que um worm ou bot se propague.

a) Autorizar e autenticar

- **Autorizar** um usuário é conceder ou negar acesso ao sistema utilizando controles de acesso no intuito de criar perfis de acesso. Com esses perfis é possível definir que tarefa será realizada por determinada pessoa.
- **Autenticar** é a comprovação de que uma pessoa que está acessando o sistema é quem ela diz ser. Ela é importante, pois limita o controle de acesso e autoriza somente determinadas pessoas a terem acesso a uma informação.

i) Processo de autenticação

- **Identificação positiva:** quando o usuário possui alguma informação em relação ao processo, como acontece quando ele possui uma senha de acesso.
- **Identificação proprietária:** o usuário tem algum material para utilizar durante a etapa de identificação como um cartão.
- **Identificação biométrica:** casos em que o usuário se identifica utilizando alguma parte do corpo como a mão ou impressão digital.

ii) Contas e senhas

Elabore sempre uma senha que contenha pelo menos oito caracteres, compostos de letras, números e símbolos e jamais utilize como senha seu nome, sobrenomes, números de documentos, placas de carros, números de telefones, datas que possam ser relacionadas com você ou palavras que façam parte de dicionários.

Utilize uma senha diferente para cada serviço e altere com frequência. Além disso, crie tantos usuários com privilégios normais, quantas forem as pessoas que utilizam seu computador.

As senhas representam a forma mais básica de garantir a autenticidade em um ambiente privado na internet, seja o acesso a um banco, rede social, e-mail ou outro tipo de serviço não público. Porém a senha não é a forma exclusiva de garantir a autenticação do usuário, e existem três grupos básicos para este procedimento, que seguem abaixo:

- Verificar aquilo que você é – Biometria.
- Verificar aquilo que você possui – Senhas.
- Verificar aquilo que você sabe – Perguntas para acesso.

O método de verificação daquilo que você possui, por meio de senhas (password), é o método mais comum de autenticação de uma conta, para confirmação da identidade do usuário, confirmando que este de fato é quem diz ser.

iii) Senhas inseguras

- Nomes próprios.
- Palavras contidas em dicionários.
- Datas.
- Combinações óbvias.

Pois estas podem ter um ataque por meio de WORDLIST.

iv) Senhas seguras

- Letras, números ou caracteres aleatórios.

Podem ter um ataque por meio de FORÇA BRUTA.

v) Chaveamento de senha

Selecione caracteres de uma determinada frase: baseie-se em uma frase e selecione a primeira, a segunda ou a última letra de cada palavra. Exemplo: com a frase "O Cravo brigou com a Rosa debaixo de uma sacada" você pode gerar a senha "?OCbcaRddus".

Utiliza-se uma frase longa e geralmente pouco conhecida, porém, que faça sentido para o proprietário da senha.

vi) Procedimentos com senhas

- Não compartilhar a senha com terceiros.
- Não utilizar a mesma senha para serviços distintos.
- A senha deve ser de fácil memorização.
- Quanto maior o número de caracteres mais forte é a senha.
- Sempre que possível incluir caracteres como símbolos.
- Fazer uso de gerenciadores de senhas.
- Ficar atento quanto ao uso de serviços e e-mail, para a senha não ser acessada por terceiros por meio da engenharia social.
- Utilizar procedimento de segurança, como antimalwares e firewall.

b) Incidente de segurança e uso abusivo na rede

O incidente de segurança está relacionado a qualquer problema confirmado ou não e tem relação com redes de computadores ou sistemas de computação. Pode ser caracterizado por tentativas de acesso aos dados de um sistema, acessos não autorizados, mudanças no sistema sem prévia autorização ou sem conhecimento da execução etc.

O uso abusivo na rede é um conceito mais difícil de ser definido, mas possui características específicas como envio de spams e correntes, distribuição de documentação protegida por direito autoral, uso indevido da internet para ameaçar e difamar pessoas, ataques a outros computadores etc.

c) Registros de eventos (logs)

Os logs são registros de tarefas realizados com programas de computador e geralmente são detectados por firewalls. Os logs podem ser acusados no momento em que uma pessoa tenta entrar em um computador e é impedido pelo firewall. Verifique sempre os logs do firewall pessoal e de IDSs que estejam instalados no computador e confira se não é um falso positivo, antes de notificar um incidente.

d) Notificações de incidentes

Muitas vezes um computador é atacado por um programa ou pessoa mal-intencionada. Caso seja um ataque proveniente de um computador, avise aos responsáveis pela máquina para que sejam tomadas medidas necessárias. No entanto, caso esse ataque venha de uma pessoa que invadiu seu sistema com um computador, é importante avisá-los de tal atitude para que tome as medidas cabíveis.

Inclua logs completos com data, horário, time tone (fuso horário), endereço IP de origem, portas envolvidas, protocolo utilizado e qualquer outra informação que tenha feito parte da identificação do incidente. Além disso, envie a notificação para os contatos da rede e para os grupos de segurança das redes envolvidas; manter cert@cert.br na cópia das mensagens.

e) Antimalwares

Como se tornou comum na informática a definição genérica de vírus como todos os ataques existentes na informática, também de forma igualmente errônea se caracterizam os programas para combater os ataques de antivírus, e por esta definição genérica, porém amplamente adotada e aceita comercialmente, não existe base para recursos e anulações em provas.

Porém, tecnicamente, um programa de segurança que tem o objetivo de verificar os dispositivos de armazenamento massivo como Hard Disk (interno ou externo), pen drive etc., e que pode identificar variados tipos de ataques, ou seja, variados tipos de malwares, deve ser denominado antimalwares, e é por esta razão que este termo tem surgido com cada vez mais relevância em provas para concursos públicos de diversas bancas organizadoras.

Características dos Antimalwares

Os antimalwares são programas de segurança desenvolvidos para ações de prevenção ou correção de danos causados por ataques de softwares maliciosos nos computadores.

Sua forma de funcionamento é permissiva, ou seja, permite qualquer ação do usuário no computador em que ele está conectado, bloqueando apenas as ações que são proibidas.

Existem diversas empresas que distribuem antimalwares, e o ideal é utilizar em cada computador apenas um programa, pois, utilizando dois ou mais, pode haver conflito entre as configurações destes.

O critério de eficácia de um antimalware não está no fato de ser um programa gratuito ou pago, ou ser um software de livre distribuição ou proprietário, na verdade o único critério que torna um antimalware mais ou menos eficaz é a atualização constante da biblioteca de vírus ou de malwares.

f) Categorias de programas de segurança

- **Permissivos** – Programas de segurança permissivos são aqueles em que tudo é permitido, a não ser que exista alguma proibição.
- **Restritivos** – Programas de segurança restritivos são aqueles em que nada é permitido a não ser que seja criada uma exceção.

g) Métodos de funcionamento

Dependendo do desenvolvedor e das características dos programas de segurança da categoria de antimalwares, eles apresentam formas variadas de funcionamento na identificação de possíveis ameaças assim como na resolução de programas gerados pelos ataques já realizados e prevenção contra possíveis ataques futuros.

Seguem abaixo as principais formas identificação de malwares:

- **Verificação de malwares por meio da biblioteca de vírus (malwares)** – Quando uma nova ameaça é identificada, o desenvolvedor isola uma parte de sua estrutura que não é comum a outros arquivos maliciosos; esta parte da estrutura, um grupo de caracteres, é denominada string. Os strings que identificam um arquivo malicioso permite a identificação de tal arquivo no computador ou rede verificados pelo antimalware por meio de uma verificação completa de todas as pastas do sistema. Assim que o antimalware identifica o string do arquivo malicioso, ele avisa o usuário do comprometimento do computador e este decide pelo procedimento adequado.
- **Verificação de ações em execução** – Também chamado de sensoreamento heurístico é um método mais complexo e, portanto passível de erros, pois é baseado na análise das ações de cada executável quando é feita a verificação. Em linhas gerais, é a análise de programas que estão em execução. Cada programa é varrido em busca de instruções que não são executadas por programas usuais, como a modificação de arquivos executáveis. Este método muitas vezes traz a necessidade de executar ações sobre programas já em execução, o que nem sempre é realizado com total segurança.

- **Verificação por algoritmos** – é uma verificação onde o programa antimalware busca algoritmos para encontrar um resultado. Na verdade todos os programas de segurança trabalham com algoritmos, porém esta denominação está vinculada aos antimalwares gratuitos para se diferenciarem dos programas pagos que realizam buscas por meio de critérios publicitários.
- **Verificação de integridade** – É um método de busca por arquivos maliciosos, onde é conferido o registro de cada arquivo existente nos computadores protegidos em comparação com os dígitos em comparações posteriores. Caso exista alguma alteração entre a verificação da situação anterior e da situação posterior, o antimalware indica ao usuário que pode haver comprometimento de segurança no computador verificado.

h) Backup

As cópias de segurança são um procedimento padrão na informática, utilizadas em organizações públicas e privadas para garantir que a informação possa ser acessada caso exista quebra da disponibilidade da informação original.

Os backups devem fazer parte da rotina de operação dos seus sistemas e seguir uma política determinada. O melhor é fazê-los da **forma mais automatizada possível**, de modo a reduzir o seu impacto sobre o trabalho dos administradores e operadores de sistemas.

A lista de itens cujo backup deve ser feito com frequência inclui:

→ Dados.

→ Arquivos de configuração.

→ Logs.

Um ponto que merece especial cuidado é o backup de binários (executáveis e bibliotecas), que geralmente deve ser evitado. Uma exceção a essa regra é uma cópia completa do sistema logo após a sua instalação, antes que ele seja colocado em rede. Backups que incluem binários não são aconselháveis porque abrem a possibilidade de que eventuais Cavalos de Troia ou executáveis corrompidos sejam reinstalados na restauração do sistema.

Alguns cuidados devem ser tomados em relação ao local onde são guardados os backups:

→ o acesso ao local deve ser restrito, para evitar que pessoas não autorizadas roubem ou destruam backups;

→ o local deve ser protegido contra agentes nocivos naturais (poeira, calor, umidade);

→ se possível, é aconselhável que o local seja também à prova de fogo.

Os backups devem ser verificados logo após a sua geração e, posteriormente, em intervalos regulares. Isto possibilita a descoberta de defeitos em dispositivos e meios de armazenamento e pode evitar que dados sejam perdidos por problemas com backups que não podem ser restaurados.

Algumas organizações providenciam meios para armazenar backups fora das suas instalações, como em cofres de bancos, por exemplo. Essa é uma boa maneira de garantir a disponibilidade dos backups em caso de problemas nas instalações. Entretanto, isso pode comprometer a confidencialidade e a integridade desses backups. Uma possível solução é criptografar o backup e gerar um checksum (MD5 ou SHA-1, por exemplo) dele antes que seja entregue a pessoas de fora da organização. Uma verificação do checksum antes da restauração pode servir como prova de que o backup não foi alterado desde que foi feito.

Quando for necessário restaurar um sistema, isto deve ser feito com a máquina isolada da rede. Caso o sistema em questão tenha sido comprometido, revise a sua configuração após a restauração para certificar-se de que não tenha ficado nenhuma porta de entrada previamente instalada pelo invasor.

i) Critérios de backup

- **Periodicidade** – Dependendo da relevância de dados a periodicidade na atualização do backup pode ser maior ou menor.
- **Cópia distante geograficamente do original** – Como a intenção é garantir o acesso ao conteúdo na indisponibilidade do original, o backup não pode se encontrar no mesmo local físico do original, e neste sentido duas partições de um Hard Disk ou dois Hard Disk em Disk Array com RAID 01 não caracterizam Backup;
- **Dispositivos de armazenamento** – Os dispositivos de armazenamento massivo, como pen drive, CD, DVD, BD são indicados para gerar o backup;
- **Cloud Storage** – O armazenamento em Cloud só é considerado Backup se existir a garantia de cópia do original em outro local que não o mesmo servidor Cloud.

ii) Tipos de backup

- **Completo / Total** – copia todo o conteúdo.

É o backup que abrange na íntegra todos os arquivos e diretórios existentes no servidor ou selecionados, e marca cada um deles como já tendo um backup (em outras palavras, o atributo de arquivo é desmarcado). Com backups normais.

Você só precisa da cópia mais recente do backup para restaurar todos os arquivos.

Normalmente o backup normal é executado quando você cria um conjunto de backup pela primeira vez.

➢ Vantagens:

Backup completo do servidor.

Caso você precise restaurar arquivos, eles são facilmente restaurados do único conjunto de backup.

➢ Desvantagens:

Um backup completo é **mais demorado** que outras opções de backup.

Backups completos requerem mais disco, fita ou espaço de unidade de rede.

- **Incremental** – Atualiza sempre o último incremental.

Backup incremental é o método de backup onde múltiplos backups são mantidos (e não apenas o último). Em um backup incremental, cada arquivo é armazenado uma única vez e, em seguida, sucessivos backups contêm apenas as informações que mudaram desde uma cópia de segurança anterior.

O backup incremental é altamente eficiente, uma vez que permite o armazenamento de {N} cópias de tamanho {S}, divididas em pedaços, com um total de armazenamento exigido muito inferior a {NxS}. Se a informação inicial é que o backup não mudou entre os backups, o tamanho total será próximo de {S}. Se ele mudou quase completamente, o tamanho do backup será aproximadamente {NxS}.

Copia somente os arquivos criados ou alterados desde o último backup normal ou incremental.

Os arquivos dos quais foram feitos backup são marcados dessa forma (ou seja, o atributo de arquivo é desmarcado).

➢ Vantagens:

Tempo de backup é **mais rápido do que backups totais**.

Backups incrementais requerem menos disco, fita ou espaço de unidade de rede.

Você pode manter várias versões dos mesmos arquivos em diferentes conjuntos de backup.

➢ Desvantagens:

Se você usar uma combinação de backup normal e backup incremental, precisará do último conjunto de backup normal e de todos os conjuntos de backup incrementais para restaurar.

Para restaurar todos os arquivos, você deve ter todos os backups incrementais disponíveis.

Pode levar mais tempo para restaurar um arquivo específico, pois é necessário pesquisar mais de um conjunto de backup para encontrar a versão mais recente de um determinado arquivo.

- **Diferencial** – atualiza sempre o completo.

Backup diferencial é um backup cumulativo de todas as alterações feitas desde o último backup completo. Juntos, um backup total e um backup diferencial devem incluir todos os arquivos no computador, alterados e inalterados.

Copia somente os arquivos criados ou alterados desde o último backup normal ou incremental.

Os arquivos que já têm um backup não são marcados dessa forma (ou seja, o atributo de arquivo não é desmarcado).

➢ Vantagens:

A recuperação é realizada em curto período de tempo, exigindo apenas um backup completo e os últimos backups diferenciais para restaurar o sistema.

Tempo de backup é **mais rápido que backups completos ou incrementais.**

➢ Desvantagens:

Se você executar uma combinação de backup normal e backup diferencial, a restauração dos dados exigirá os arquivos do último backup normal e do último backup diferencial.

Restaurar todos os arquivos pode levar consideravelmente mais tempo, pois você pode ter que restaurar o último backup diferencial e completo.

Restaurar um arquivo individual pode demorar mais, pois é necessário que você localize o arquivo em um backup completo ou incremental.

Firewall

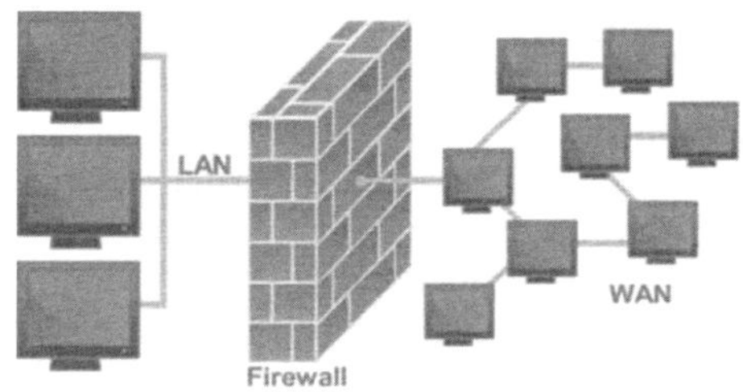

Figura 217

O recurso de segurança denominado Firewall corresponde a um software ou um hardware que tem a função de verificar o conteúdo que é proveniente da Internet ou de uma rede externa qualquer e realizar os bloqueios, caso seja necessário, ou permissões quando estas forem previamente autorizadas. Em linhas gerais, os firewalls físicos (hardwares) ou lógicos (softwares) têm o objetivo de proteger a rede interna contra ataques externos.

O firewall não é um antimalware ou antivírus, e não tem a função, portanto, de verificar os arquivos internos dos computadores atrás de ações maliciosas. O ideal, portanto, é que uma combinação básica de segurança congregue tanto recursos de firewall como programas de segurança da categoria antimalware.

Os sistemas firewall nasceram no final dos anos 1980, fruto da necessidade de criar restrição de acesso entre as redes existentes, com políticas de segurança no conjunto de protocolos TCP/IP. Nesta época a expansão das redes acadêmicas e militares, que culminou com a formação da ARPANET e, posteriormente, a Internet e a popularização dos primeiros computadores tornaram-se alvos fáceis para a incipiente comunidade hacker.

Casos de invasões de redes e fraudes em sistemas de telefonia começaram a surgir, e foram retratados no filme Jogos de Guerra ("War Games"), de 1983. Em 1988, administradores de rede identificaram o que se tornou a primeira grande infestação de vírus de computador e que ficou conhecido como Internet Worm. Em menos de 24 horas, o worm escrito por Robert T. Morris Jr disseminou-se por todos os sistemas da então existente Internet (formada exclusivamente por redes governamentais e de ensino), provocando um verdadeiro "apagão" na rede.

O termo em inglês firewall faz alusão comparativa da função que este desempenha para evitar o alastramento de acessos nocivos dentro de uma rede de computadores a uma parede antichamas, que evita o alastramento de incêndios pelos cômodos de uma edificação.

iii) Firewall (Lógico – Software)

O Sistema Operacional geralmente tem um software firewall nativo, como as versões do Windows, garantindo a proteção contra ataques externos desde o momento em que o computador é ligado e o sistema operacional é inicializado. Como o firewall funciona com permissões, por meio de **regras restritivas**, caso exista no computador um programa instalado que demanda acesso externo, como um programa de compartilhamento de dados para download e upload que utiliza o conceito **TORRENT** por meio de conexão **Peer-to-Peer**, deve ter autorização em exceção para funcionamento e ser liberada a conexão pelo firewall.

- → Impedir a transmissão e/ou recepção de acessos nocivos ou não autorizados dentro de uma rede local.
- → Um firewall também pode ajudar a **impedir** o computador de **enviar** software mal-intencionado para outros computadores.

iv) Firewall (Físico – Hardware)

Os recursos de segurança dos firewalls físicos, em forma de um hardware, representam equipamentos conectados aos computadores geralmente de uso corporativo, em organizações públicas e privadas. Uma importante característica do firewall como hardware é que ele é dedicado ao computador ou rede instalado e não compartilhado; esta característica permite que este firewall aumente o desempenho no atendimento de solicitações de bloqueio ou exceções com muito mais agilidade.

- → Regular o tráfego de dados entre uma rede local e a rede externa não confiável, por meio da introdução de filtros para pacotes ou aplicações.
- → Um firewall pode ajudar a **impedir** que hackers, crackers ou softwares mal-intencionados (como worms) **obtenham acesso** ao seu computador por meio de uma rede ou da Internet.

v) A combinação de Firewall Físico e Lógico

Essa combinação é chamada tecnicamente de **APPLIANCE**.

A complexidade de instalação depende do tamanho da rede, da política de segurança, da quantidade de regras que controlam o fluxo de entrada e saída de informações e do grau de segurança desejado.

vi) Firewall Stateless – Filtros de Pacotes

Esses sistemas analisam individualmente os pacotes à medida que estes são transmitidos, verificando apenas o cabeçalho da **camada de rede** (camada 3 do modelo ISO/OSI) e da **camada de transporte** (camada 4 do modelo ISO/OSI).

As regras podem ser formadas indicando os endereços de rede (de origem e/ou destino) e as portas TCP/IP envolvidas na conexão.

➢ Vantagem:

A análise dos pacotes é rápida e não causam atraso (delay) na retransmissão dos pacotes. Além disso, a atuação desse tipo de firewall é completamente transparente para a rede, de forma que nem o atacante, nem os hosts da rede saibam seu endereço IP.

➢ Desvantagem:

A principal desvantagem desse tipo de tecnologia para a segurança reside na falta de controle de estado do pacote, o que permite que agentes maliciosos (atacantes) possam produzir pacotes simulados (com endereço IP falsificado, técnica conhecida como IP Spoofing), fora de contexto ou ainda para serem injetados em uma sessão válida, na tentativa de fazer o ataque "man-in-the-middle".

O man-in-the-middle (pt: Homem no meio, em referência ao atacante que intercepta os dados) é uma forma de ataque em que os dados trocados entre duas partes, por exemplo você e o seu banco, são de alguma forma interceptados, registrados e possivelmente alterados pelo atacante sem que as vítimas se apercebam.

vii) Firewall Stateful – Firewall de Estado de Sessão

Os firewalls stateful têm a função de testar a velocidade de conexão em determinado segmento de rede, filtrando os dados de envio e recebimento.

➢ Vantagens:

Oferecem maior segurança que os filtros de pacotes, pois guardam o estado das conexões TCP/IP. A atuação desse tipo de firewall também pode ser transparente para a rede, de forma que nem o atacante, nem os hosts da rede saibam seu endereço IP.

➢ Desvantagens:

Necessitam de mais recursos para processamento das informações e aumentam o atraso (delay) na retransmissão dos pacotes.

viii) Servidor Proxy

Os firewalls do tipo servidor proxy verificam o fluxo na conexão de rede, por meio de método de tratar requisições como uma aplicação e posteriormente originando um novo pedido sob sua responsabilidade para o servidor que recebeu tal requisição. A resposta do pedido, enviada pelo servidor, é recebida pelo firewall proxy e este é analisado antes de ser liberado para o cliente que solicitou a comunicação. Sua consequência é bloquear IP de entrada e saída.

➢ Vantagens:

Os **Gateways de Aplicações** conectam as redes corporativas à Internet por meio de estações seguras (chamadas de bastion hosts), rodando aplicativos especializados para tratar e filtrar os dados (os proxy firewalls). Esses Gateways, ao receberem as requisições de acesso dos usuários e realizarem uma segunda conexão externa para receber estes dados, acabam por esconder a identidade dos usuários nestas requisições externas, oferecendo uma proteção adicional contra a ação dos crackers.

➢ Desvantagens:

Para cada novo serviço que aparece na Internet, o fabricante deve desenvolver o seu correspondente agente de Proxy. Isto pode demorar meses, tornando o cliente vulnerável enquanto o fabricante não libera o agente específico. A instalação, manutenção e atualização dos agentes do Proxy requerem serviços especializados e podem ser bastante complexos e caros.

ix) Firewall de Aplicação

Com a explosão do comércio eletrônico, percebeu-se que mesmo a última tecnologia em filtragem de pacotes para TCP/IP poderia não ser tão efetiva quanto se esperava. Com todos os investimentos despendidos em tecnologia de Stateful Firewalls, os ataques continuavam a prosperar de forma avassaladora. Somente a filtragem dos pacotes de rede não era mais suficiente. Os ataques passaram a se concentrar nas características (e vulnerabilidades) específicas de cada aplicação. Percebeu-se que havia a necessidade de desenvolver um novo método que pudesse analisar as particularidades de cada protocolo e tomar decisões que pudessem evitar ataques maliciosos contra uma rede.

Se comparado com o modelo tradicional de Firewall – orientado a redes de dados, o Firewall de Aplicação é frequentemente instalado junto à plataforma da aplicação, atuando como uma espécie de procurador para o acesso ao servidor (Proxy).

➢ Vantagens:

- Pode suprir a deficiência dos modelos tradicionais e mapear todas as transações específicas que acontecem na camada da aplicação Web proprietária;
- Por ser um terminador do tráfego SSL (Secure Socket Layer), pode avaliar hipertextos criptografados (HTTPS) que originalmente passariam despercebidos ou não analisados por firewalls tradicionais de rede.

➢ Desvantagens:

Pelo fato de embutir uma grande capacidade de avaliação técnica dos métodos disponibilizados por uma aplicação (Web), este tipo de firewall exige um grande poder computacional – geralmente traduzido para um grande custo de investimento.

Ao interceptar aplicações web e suas interações com o cliente (o navegador de web), pode acabar por provocar alguma incompatibilidade no padrão de transações (fato que exigirá, sem sombra de dúvidas, um profundo trabalho de avaliação por parte dos implementadores).

Alguns especialistas ou engenheiros de tecnologia refutam o firewall de aplicação baseando-se nas seguintes argumentações:

- A tecnologia introduz mais um ponto de falha sem adicionar significativos avanços na tecnologia de proteção.
- O firewall e o IDS/IPS já seriam suficientes para cobrir grande parte dos riscos associados à aplicação web.
- A tecnologia ainda precisa amadurecer o suficiente para ser considerada um componente indispensável de uma arquitetura de segurança.

- **Sistema de Prevenção de Intrusos – IDS / IPS**

Os sistemas de prevenção de intrusões, do inglês Intrusion Prevention Systems (IPS), evoluíram no final dos anos 1990 para resolver as ambiguidades no monitoramento de rede passivo, ao colocar a detecção em linha. A princípio, o IPS era apenas um sistema de detecção de intrusos (IDS) que possibilitava alguma interação com o firewall para controlar o acesso. Em pouco tempo foi necessário desenvolver algo mais robusto, pois apenas comandar o firewall não bastava: ainda era possível que ao menos aquele pacote malicioso trafegasse na rede. A solução era implementar formas inteligentes de bloqueio dentro do IPS.

Visto como uma extensão do firewall, o IPS possibilita decisões de acesso baseadas no conteúdo da aplicação – e não apenas no endereço IP ou em portas, como os firewalls tradicionais trabalham. Entretanto, nada impede que, para otimizar a performance, muitos IPS utilizem regras baseadas em portas e endereço IP.

O IPS também pode servir secundariamente como um serviço de nível de host, prevenindo atividades potencialmente maliciosas. Existem vantagens e desvantagens, tanto no IPS baseado em host como no IPS baseado em rede. Em alguns casos, as tecnologias podem ser complementares. Porém, não se pode esquecer que grande parte da tecnologia de IPS de rede evoluiu e, hoje, pode tranquilamente exercer também as funções de host.

A vantagem de um sistema de prevenção de intrusos está em ser um excelente detector de tráfego malicioso com uma média de falso positivo e falso negativo baixa.

➢ IDS – Intrusion Detection System (Sistema de Detecção de Intrusão)

Trabalha como uma câmera ou um alarme contra as intrusões.

Capaz de detectar e alertar os administradores quanto a possíveis ataques.

Capaz de detectar ataques a DMZ.

O FW libera conexões e o IDS detecta, notifica e responde a tráfegos suspeitos.

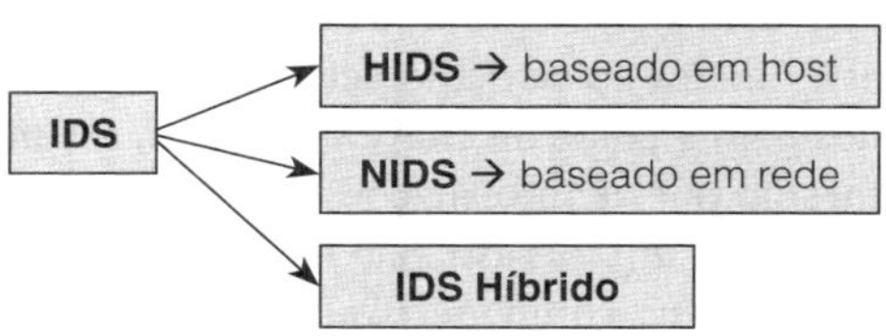

Figura 218

➢ **HIDS – Host-based Intrusion Detectin System** (Base de Acolhimento – Sistema de Detecção de Intrusão)

Faz o monitoramento do sistema, baseado em informações de arquivos de logs ou de agentes de auditoria.

Capaz de monitorar acessos e alterações em importantes arquivos do sistema, modificações nos privilégios dos usuários, processos do sistema, programas que estão sendo executados, uso da CPU etc.

Checa integridade dos arquivos do sistema.

Pode detectar tentativas de portscanning.

➢ NIDS – Network-based Intrusion Detection System (Base de Rede – Sistema de Detecção de Intrusão)

Monitora o tráfego do segmento da rede.

Eficiente contra ataques como portscanning, IP Spoofing, SYN flooding, buffer overflow etc.

Alguns utilizam o algoritmo assimétrico RSA.

Detecta ataques na rede em "tempo real".

➢ Honeypot

É uma ferramenta que tem a função de propositalmente simular falhas de segurança e colher informações de um invasor.

Interage com um hacker em potencial.

Os detalhes da técnica utilizada e do ataque podem ser capturados e estudados.

➢ IPS – Intrusion Prevention System (Sistema de Prevenção de Intrusão)

IDS inline, capaz não apenas de detectar os ataques, mas também de preveni-los, pois os pacotes do ataque não chegam aos servidores.

Envia mensagem de "drop" das conexões.

Um firewall não é a mesma coisa que um antivírus. Para ajudar a proteger o seu computador, você precisará tanto de um firewall quanto de um antivírus e um antimalware.

- **Criptografia**

Criptografia nada mais é do que um método matemático para "esconder" a informação que um determinado tipo de dado (uma mensagem de texto ou um arquivo, por exemplo) pode transmitir. Esse dado é “embaralhado”, “transformado”, de forma que só quem conheça o método utilizado possa entender, “desembaralhar” o dado criptografado, tendo acesso às informações desejadas.

A criptografia, palavra que tem origem nos termos gregos kryptós (escondido) e gráphein (escrita), é uma área de estudo que analisa princípios e técnicas para transformar uma informação, como um arquivo de texto, em um código cifrado, que não possibilita a leitura, pois é ilegível, sendo lida apenas pelo seu emissor e receptor, que são os elementos que detêm as chaves (códigos) para criptografar e reverter a criptografia, garantindo com isso a confidencialidade, pois, se for interceptada por outra pessoa, não poderá ser lida.

O conceito de criptografia parece novo, algo ligado a muita tecnologia e aos tempos modernos da computação, porém foi nos impérios de Júlio César que tudo começou. O grande imperador não confiava em seus mensageiros. Para enviar mensagens aos generais, Júlio César substituía toda letra A por D, B por E, e assim por diante, ou seja, cada letra era deslocada em 3 posições no alfabeto. Assim, somente os generais (que conheciam o algoritmo utilizado) poderiam compreender as mensagens.

x) O conceito de chaves

Apesar de muito engenhoso para a época, o método de Júlio César não era tão eficiente, pois qualquer um que descobrisse ou desvendasse o método de criptografia utilizado pelo imperador teria acesso ao conteúdo das mensagens. Durante muito tempo a criptografia funcionou desta maneira, diferentes métodos eram utilizados, porém ambos os lados (quem emite e quem recebe a mensagem) deviam conhecer o algoritmo para ter acesso às informações.

Novas tecnologias foram surgindo, até que o conceito de chaves foi introduzido. A criptografia baseada em chaves utiliza determinados métodos matemáticos que embaralham os dados baseados em uma espécie de senha (chave) que é fornecida por quem criptografa os dados. Assim, mesmo conhecendo o método utilizado, é preciso conhecer a chave para ter acesso às informações. Os dados criptografados poderiam então ser transmitidos por um meio menos seguro, mas a chave ainda sim deveria ser passada com segurança para não ser interceptada por pessoas não autorizadas.

Uma nova forma de criptografia surgiu para sanar este problema, a criptografia baseada em duas chaves: A chave pública (public key) e a chave particular (private key).

A chave pública é utilizada para criptografar dados que só serão descriptografados por meio da chave particular, ou seja, cada usuário possui uma chave pública que deve ser distribuída a todos que desejem enviar dados criptografados a este usuário, e estes dados só poderão ser descriptografados com a posse da chave particular, assim, mesmo que as informações sejam interceptadas por um intruso, não há nada nela que possa dizer como decifrar as mensagens, pois a chave particular não é transmitida, fica em posse somente do usuário que receberá as mensagens. Este novo conceito na criptografia permite que dados importantes sejam transmitidos com segurança.

Nesse sentido, este ramo da matemática visa o estudo dos métodos para garantir o sigilo da informação, por meio da utilização de duas chaves possíveis, a pública e a privada, gerando duas formas de criptografia:

- → Simétricas (criptografia de chave única).

Uma chave única criada pelo Receptor e fornecida ao Emissor para Criptografar a informação, e a mesma chave utilizada pelo Receptor para Descriptografar a informação.

→ Assimétricas (criptografia de chave pública).

Duas chaves criadas pelo Receptor, sendo uma delas fornecida ao Emissor para Criptografar a informação, e outra chave de uso exclusivo do Receptor utilizada para Descriptografar a informação.

xi) Objetivos da criptografia

→ **Garantir o critério da confidencialidade** – Apenas o receptor previamente autorizado e detentor da chave que descriptografa (decripta) a informação está autorizado a extrair o conteúdo cifrado. Informações prévias sobre o arquivo enviado em criptografia devem ser igualmente sigilosas, para dificultar a quebra da criptografia.

→ **Garantir o critério da integridade** – A criptografia garante que o receptor se certifique que a mensagem recebida não sofreu alteração em seu envio, e não tendo alterações de conteúdo não autorizadas, é garantida a integridade da informação.

→ **Garantir o critério da autenticidade** – Quando o receptor decripta a mensagem, e esta não sofreu alterações, é garantido que o emissor é quem diz ser, garantindo com isso o critério da autenticidade da informação.

→ **Gerar o não repúdio ou irretratabilidade** – A partir do momento em que a autenticidade é confirmada e quando a informação não sofreu alteração, garantindo com isso a integridade, o emissor perde o direito de se retratar, repudiando a mensagem.

xii) Criptografia simétrica

A criptografia simétrica usa a mesma chave tanto para criptografar como para descriptografar o conteúdo. Os algoritmos são mais básicos que a criptografia assimétrica e com isso mais fácil de ser quebrado.

Na criptografia simétrica é utilizada uma mesma chave tanto para criptografar quanto para descriptografar a mensagem; esta chave, denominada chave pública, é criada pelo receptor, que a entrega para os emissores e, ao receber, descriptografa com a mesma chave.

Neste sentido, a criptografia simétrica é frágil, pois qualquer um que tiver a chave pode reverter a criptografia, e ela só é confiável com um círculo restrito de confiança.

Estrutura da criptografia simétrica – Emissor criptografa com a chave pública criada pelo Receptor e o Receptor descriptografa com a chave pública criada pelo próprio Receptor.

xiii) Criptografia assimétrica

Na criptografia assimétrica existe mais segurança, pois são utilizadas duas chaves, aumentando o nível de segurança na informação compartilhada em criptografia. Nesta criptografia, o receptor cria duas chaves, uma privada e uma pública, ele envia a chave pública para o Emissor criptografar e, quando recebe a mensagem, descriptografa o conteúdo com a chave privada.

Estrutura da criptografia assimétrica – Emissor criptografa com a chave pública criada pelo Receptor e o Receptor descriptografa com a chave privada criada pelo próprio Receptor.

O **Data Encryption Standard (DES)** é uma cifra (método de criptografia) selecionado como FIPS oficial (Federal Information Processing Standard) pelo governo dos EUA em 1976 e que foi utilizado em larga escala internacionalmente. O algoritmo era inicialmente controverso, com um pequeno tamanho de chave e suspeitas de um backdoor da NSA. O DES foi estudado academicamente e motivou os sistemas modernos de entendimento da criptoanálise. O

DES é atualmente considerado inseguro para muitas aplicações. Isto se deve principalmente à pequena chave de 56-bit. (Fonte: Wikipédia.)

- Assinatura Digital

A assinatura digital é uma marca de autenticação eletrônica e criptografada sobre informações digitais, como uma mensagem de e-mail, uma macro ou um documento eletrônico. A assinatura confirma que as informações são originárias do signatário e não foram alteradas. Tem a mesma relação da assinatura propriamente dita. A diferença é que a assinatura digital, que é criada pelo emissor, tem como objetivo a comprovação de que o emissor de fato é quem diz ser, o que, quando confirmado, impede o emissor de repudiar o conteúdo, como não sendo ele o autor. Também é critério de confirmação da assinatura digital a confirmação de que o conteúdo não sofreu alteração de nenhum bit, ou seja, manteve sua integridade.

- Certificado de Autenticação

Para criar uma assinatura digital, é necessário um certificado de autenticação, que prova sua identidade. Ao enviar uma macro ou um documento assinado digitalmente, você também envia o seu certificado e sua chave pública.

Os certificados são emitidos por uma autoridade de certificação e, como uma carteira de habilitação, podem ser revogados.

Um certificado normalmente possui validade de um ano, após o qual o signatário deve renovar ou obter um novo certificado de autenticação para estabelecer sua identidade.

- Autoridade de certificação (CA)

Uma autoridade de certificação é uma entidade semelhante a um cartório público. Ela emite certificados digitais, assina certificados para verificar sua validade e controla quais certificados foram revogados ou expiraram.

- Garantias da assinatura digital

→ **Autenticidade**: O signatário é confirmado como tal.

→ **Integridade**: A assinatura digital ajuda a garantir que o conteúdo não foi alterado nem violado desde que foi assinado digitalmente.

→ **Irretratabilidade / Não repúdio**: Prova para todas as partes a origem do conteúdo assinado. Repúdio refere-se ao ato de um signatário negar qualquer associação com o conteúdo assinado.

→ **Reconhecimento de firma**: Assinaturas em arquivos do Word, Excel ou PowerPoint, os quais recebem carimbo de data/hora por um servidor seguro, em algumas circunstâncias, têm a validade de um reconhecimento de firma.

Para que essas garantias sejam fornecidas, é necessário que o conteúdo seja assinado digitalmente pelo seu criador, que deverá utilizar uma assinatura que atenda aos seguintes critérios:

→ A assinatura digital deve ser válida.

→ O certificado associado à assinatura digital é atual (não expirou).

→ O signatário ou a organização signatária, conhecido como fornecedor, deve ser confiável.

IMPORTANTE

Documentos assinados, que incluem um carimbo de data/hora, são considerados documentos com assinaturas válidas, independentemente da idade ou do status de revogação do certificado de assinatura.

O certificado associado à assinatura digital deve ser emitido ao fornecedor signatário por uma CA (autoridade de certificação) respeitável.

A assinatura digital, apesar de ser um importante instrumento de segurança na transmissão de dados, não tem validade jurídica no Brasil, pois é uma relação entre duas pessoas (emissor e receptor), não tendo uma terceira parte independente envolvida.

- Aplicação da Assinatura Digital

Os principais Browsers do mercado trabalham com assinatura digital. Isto pode muitas vezes ser imperceptível para o usuário, mas é recorrente na navegação em diversos sites. Cada browser tem sua própria metodologia de identificação, e no caso do Google Chrome, por exemplo, a identificação segue abaixo:

→ **Cadeados verdes** – Identificam certificados reconhecidos.

→ **Cadeados amarelos** – Identificam problemas na certificação.

→ **Cadeados vermelhos** – Não identificados.

- Funcionamento da Assinatura Digital

O usuário pode se utilizar de diversos métodos para assinar um documento digital, e, pela necessidade de aumentar os níveis de segurança na internet, estes métodos estão em constante alteração e evolução. Centralmente, as assinaturas digitais têm dois elementos, o hash (resumo do conteúdo) e a encriptação deste mesmo hash.

Na primeira ação é gerado resumo criptografado do conteúdo por meio de algoritmos, e estes reduzem as mensagens. Depois, este resumo, denominado hash, é analisado sobre as características que seguem abaixo:

→ Não pode haver vínculo entre a mensagem original e o hash, para que não seja encontrada facilmente a mensagem original.

→ Mesmo que seja gerado por meio de um algoritmo padrão, o hash deve dar a impressão de ser aleatório, e é eficaz quando consegue identificar a alteração de um bit da mensagem original para a que chega até o receptor.

→ Não deve existir um hash vinculado a mais de um conteúdo com assinatura digital, por esta razão ele deve manter a característica de exclusividade.

- Certificado Digital

Ao contrário da Assinatura Digital, que não tem validade jurídica por não incluir uma terceira parte independente e confiável envolvida, o certificado digital tem validade jurídica justamente por conter esta terceira parte confiável e independente, que é a organização pública ou privada que cria o certificado digital. Inclusive, regulamentado pela Medida Provisória n. 2.200-2/2001, o certificado digital é muito utilizado no serviço público para relação de compras, por exemplo, onde uma empresa precisa de um certificado digital para participar de um pregão eletrônico se esta for a modalidade de licitação.

Um certificado digital é um arquivo digital que contém informações sobre um emissor (pessoa física ou jurídica) por meio da chave pública referente à chave privada que deve ser de posse exclusiva do receptor do conteúdo em que foi solicitado tal certificado.

xiv) Elementos do certificado digital

→ Informações pessoais referentes ao emissor (entidade) para o qual o certificado foi emitido (nome, e-mail, endereço CPF/CNPJ etc.).

→ A chave pública vinculada à chave privada de posse da entidade especificada no certificado digital emitido.

- → O prazo de validade do certificado.
- → Número de série do certificado.
- → O chamado "centro de revogação" que geralmente é uma URL para LCR.
- → A assinatura digital da AC e emissor que confirma que a chave pública do certificado confere com as informações contidas neste certificado.

xv) Criação de certificado

- → A entidade que emite o certificado digital gera as chaves criptográficas, sendo uma chave pública e uma chave privada vinculada.
- → É gerado o Certificate Signing Request (CSR), que é um arquivo que contém a chave pública da entidade emissora e outras informações facultativas que a AC solicita sobre a entidade e é assinado digitalmente pela chave privada da entidade e envia o CSR criptografado pela chave pública da AC.
- → É necessária a presença física do responsável pela (AR) para confirmação dos dados contidos no CSR e, quando necessário o acréscimo de outros dados do responsável pelo certificado e pela emissão deste certificado.
- → Posteriormente o CSR é alterado para um certificado digital propriamente dito e assinado pela AC e, finalmente devolvido ao emissor.
- → Nesse último passo, o software browser utilizado para gerenciamento do certificado digital realiza a combinação do certificado com a chave privada de posse do receptor do conteúdo, gerando a chamada identidade digital.

xvi) Legislação

A Medida Provisória n. 2.200-2, de 24 de agosto de 2001, define as regras para a criação da ICP-Brasil.

"Art. 1º Fica instituída a Infraestrutura de Chaves Públicas Brasileira – ICP-Brasil, para garantir a autenticidade, a integridade e a validade jurídica de documentos em forma eletrônica, das aplicações de suporte e das aplicações habilitadas que utilizem certificados digitais, bem como a realização de transações eletrônicas seguras.

Art. 2º A ICP-Brasil, cuja organização será definida em regulamento, será composta por uma autoridade gestora de políticas e pela cadeia de autoridades certificadoras, composta pela Autoridade Certificadora Raiz – AC Raiz, pelas Autoridades Certificadoras – AC e pelas Autoridades de Registro – AR.

Art. 3º A função de autoridade gestora de políticas será exercida pelo Comitê Gestor da ICP-Brasil, vinculado à Casa Civil da Presidência da República e composto por cinco representantes da sociedade civil, integrantes de setores interessados, designados pelo Presidente da República, e um representante de cada um dos seguintes órgãos, indicados por seus titulares."

As informações obrigatórias são:

- Número de série
- Prazo de validade

AR – Autoridade de Registro: vinculada a uma AC, tem por objetivo o recebimento, validação, encaminhamento de solicitações de emissão ou revogação de certificados digitais e identificação, de forma presencial, de seus solicitantes.

AC – Autoridade Certificadora: uma Autoridade Certificadora (AC) é uma entidade, pública ou privada, subordinada à hierarquia da ICP-Brasil, responsável por emitir, distribuir, renovar, revogar e gerenciar certificados digitais.

14.1 Questões

1. (CESGRANRIO – Petrobras – Técnico de Administração – Biocombustível – 2010) As medidas de segurança são um conjunto de práticas que, quando integradas, constituem uma solução global e eficaz para segurança da informação. Dentre as principais medidas, a diretiva de segurança busca:

A) estabelecer os padrões de segurança que devem ser seguidos por todos os envolvidos no uso e na manutenção das informações.

B) rastrear vulnerabilidades nas informações que possam ser exploradas por ameaças.

C) instruir a correta implementação de um novo ambiente tecnológico por meio do detalhe de seus elementos.

D) analisar os riscos que envolvem as rotinas de segurança implantadas sem o devido levantamento das necessidades.

E) otimizar as rotinas de segurança definidas pelos gestores de segurança da informação para a implantação eletrônica.

↗ **Gabarito: "A".**

2. (CESPE – PC-PB – Papiloscopista e Técnico em Perícia – 2009) Com relação a conceitos de segurança e proteção de informações, assinale a opção incorreta.

A) Instalar e manter atualizado antivírus são procedimentos fundamentais para garantir a proteção dos dados do computador.

B) Keylogger é um tipo de chave protetora que garante a segurança do computador, evitando a infecção por vírus quando o computador está conectado na Internet.

C) A segurança da informação não está restrita somente a sistemas computacionais, dados eletrônicos ou sistemas de armazenamento.

D) As características básicas de um sistema de segurança da informação são confidencialidade, integridade e disponibilidade.

E) Firewall é um aplicativo que intercepta as conexões de entrada e de saída de um computador e decide quais dessas conexões podem ser aceitas e quais devem ser recusadas, baseando-se em regras padrão ou definidas pelo usuário.

↗ **Gabarito: "B".**

3. (Gestão Concurso – EMATER-MG – Auxiliar Técnico/ Suporte em Informática – 2018) No contexto do sistema mundial relacionado à rede de segurança de computadores, definem-se princípios gerais básicos para mantê-lo de forma eficiente.

Desses princípios básicos, a disponibilidade pode ser descrita como protetora contra:

A) ameaça acidental de ações administrativas.

B) corrupção deliberada ou acidental de informações.

C) revelação acidental ou deliberada de informações críticas.

D) ação que cause a indisponibilidade de informações críticas aos usuários.

↗ **Gabarito: "D".**

4. (UFGD – UFGD – Assistente em Administração – 2016) A respeito do assunto "Noções de Segurança da Informação", que estabelece um conjunto de regras para proteger os sistemas de informação contra diversos ataques, destaca-se o princípio da "Integridade" que pode ser compreendido como:

A) a garantia de que os sistemas e as informações de um computador estarão disponíveis sempre que necessário.

B) a capacidade de assegurar que a informação só será acessível por pessoas explicitamente autorizadas pelo proprietário da informação.

C) a garantia de que as informações e dados serão guardados em sua forma original evitando possíveis alterações realizadas por terceiros.

D) a capacidade de verificar se o sistema estabelece os critérios e regulamentos da lei para informações digitais.

E) a garantia que impossibilita negar a autoria de uma ação realizada sobre uma informação.

↗ **Gabarito: "C".**

5. (SUGEP – UFRPE – Administrador – 2019) Qual dos princípios básicos da segurança da informação garante que a informação estará acessível apenas para pessoas autorizadas?

A) Autenticação.

B) Confidencialidade.

C) Disponibilidade.

D) Integridade.

E) Irretratabilidade.

↗ **Gabarito: "B".**

6. (CESPE – Telebras – Analista Superior – Comercial – 2015) A respeito de segurança da informação, julgue o item subsecutivo.

A biometria, tecnologia de segurança da informação utilizada por bancos, devido a sua precisão e eficiência, garante a autenticidade da identidade de um usuário durante a sua autenticação junto aos sistemas.

( ) Certo.

( ) Errado.

↗ **Gabarito: "Certo".**

7. (CESPE – DPU – Analista – 2016) A respeito da Internet e suas ferramentas, julgue o item a seguir.

Integridade, confidencialidade e disponibilidade da informação, conceitos fundamentais de segurança da informação, são adotados na prática, nos ambientes tecnológicos, a partir de um conjunto de tecnologias como, por exemplo, criptografia, autenticação de usuários e equipamentos redundantes.

( ) Certo.

( ) Errado.

↗ **Gabarito: "Certo".**

8. (UFRR – UFRR – Técnico em Assuntos Educacionais – 2019) A segurança da informação compreende a proteção das informações, sistemas, recursos e demais ativos contra desastres, erros (intencionais ou não) e manipulação não autorizada, objetivando a redução da probabilidade e do impacto de incidentes de segurança.

A respeito dos conceitos e controles que estão ligados à segurança da informação qual conceito correto:

A) Ataque – Qualquer omissão que comprometa a segurança de uma organização.

B) Impacto – Consequência não avaliada de um evento em particular.

C) Risco – Qualquer fraqueza que possa ser explorada e comprometer a segurança de sistemas ou informações.

D) Vulnerabilidade – Combinação de probabilidade (chance da ameaça se concretizar) de um evento ocorrer e de suas consequências para organização.

E) Ameaça – Qualquer evento que explore vulnerabilidades. Causa potencial de um incidente indesejado, que pode resultar em dano para um sistema ou organização.

↗ **Gabarito: "E".**

9. (INSTITUTO AOCP – UFBA – Técnico em Segurança do Trabalho – 2017) Sobre ataques à segurança da informação e mecanismos de proteção e autenticação, julgue, como CERTO ou ERRADO, o item a seguir.

Um exemplo de ataque por força bruta (brute force) seria adivinhar, por tentativa e erro, um nome de usuário e senha, por exemplo, e, assim, executar processos e acessar sites, computadores e serviços em nome e com os mesmos privilégios desse usuário.

( ) Certo.

( ) Errado.

↗ **Gabarito: "Certo".**

10. (IDIB – CRF-RJ – Agente Administrativo – 2018) Completando o conceito abaixo, marque a alternativa correta.

"_______________ consiste em sobrecarregar um sistema com uma quantidade excessiva de solicitações. Sobrecarregando-o, ele para de atender novos pedidos de solicitações, efetivando a ação do Atacante."

A) IP.

B) DoS.

C) Firewall.

D) Cracker.

↗ **Gabarito: "B".**

11. (FUNCAB – FUNASG – Advogado – 2015) Uma rede de computadores foi atacada com um vírus que cria endereços de rede falsos e permite que um usuário interno cause dano à rede sem ser descoberto com facilidade. Esse tipo de ameaça é denominado:

A) combolist.

B) bruteforce.

C) keylogger.

D) sniffer.

E) spoofing.

↗ **Gabarito: "E".**

12. (UFES – UFES – Assistente em Administração – 2014) O termo "Engenharia Social" é comumente utilizado para se referir a técnicas utilizadas por pessoas mal-intencionadas que abusam de relações sociais para conseguir informações sigilosas ou acesso a sistemas. Dos cenários abaixo, NÃO caracteriza um caso de Engenharia Social o que está descrito em:

A) Em um ambiente de trabalho, uma pessoa liga, identifica-se como administrador dos sistemas da empresa e solicita que você siga uma série de passos, incluindo acesso a sites na internet e instalação de softwares, para melhorar o desempenho da sua máquina.

B) Você recebe um e-mail indicando que acaba de ser sorteado com um prêmio e instruindo-o a acessar um determinado site e preencher o cadastro para coletar o seu prêmio.

C) Você recebe um e-mail alertando sobre um novo vírus muito perigoso e orientando-o a procurar por determinado arquivo em seu sistema e, caso ele exista, excluí-lo imediatamente e repassar a mensagem a todos os seus conhecidos.

D) Uma pessoa liga para você, identifica-se como sendo de uma empresa prestadora de serviços (exemplo: de telefonia), explica que há um problema no seu cadastro e pede que você informe vários dados pessoais, como nome completo, endereço etc.

E) Após fornecer seu endereço de e-mail em um site para se cadastrar, você recebe uma mensagem de e-mail desse site pedindo que você clique em um link para confirmar o seu cadastro.

↗ **Gabarito: "E".**

13. (UFMT – Prefeitura de Várzea Grande-MT – Gestor Municipal – 2018) A respeito de ataques na internet, pode-se afirmar que e-mail spoofing:

A) é o termo usado para se referir aos e-mails não solicitados, que geralmente são enviados para um grande número de pessoas.

B) é uma técnica que consiste em espionar os dados de e-mails trafegados em redes de computadores, por meio do uso de programas específicos chamados de sniffers.

C) é uma técnica pela qual um atacante utiliza um computador para tirar de operação um serviço, um computador ou uma rede conectada à internet.

D) é uma técnica que consiste em alterar campos do cabeçalho de um e-mail, de forma a aparentar que ele foi enviado de uma determinada origem quando, na verdade, foi enviado de outra.

↗ **Gabarito: "D".**

14. (CESPE – TRE-RJ – Cargos de Nível Superior – Conhecimentos Básicos – 2012) É possível executar um ataque de desfiguração (defacement) – que consiste em alterar o conteúdo da página web de um sítio – aproveitando-se da vulnerabilidade da linguagem de programação ou dos pacotes utilizados no desenvolvimento de aplicação web.

( ) Certo.

( ) Errado.

↗ **Gabarito: "Certo".**

15. (Quadrix – CRECI 5ª Região – Profissional de Suporte Administrativo – 2019) Assinale a alternativa que apresenta o arquivo malicioso que permite que o computador do criminoso acesse remotamente outro computador, obtenha os dados confidenciais da vítima e os envie para o criminoso.

A) keylogger.

B) sniffer.

C) cavalo de troia.

D) worm.

E) engenharia social.

↗ **Gabarito: "C".**

16. (FAURGS – TJRS – Analista Judiciário – Área Administrativa – 2017) O método de controle de acesso a serviços e recursos de rede que exigem, além de uma senha, um código de verificação específico para cada acesso denomina-se:

A) verificação em duas etapas.

B) desafio resposta.

C) identificação alternativa.

D) recuperação de senha.

E) autenticação assimétrica.

↗ **Gabarito: "A".**

17. **(FCC – TJMA – Técnico Judiciário – Técnico em Informática – Software – 2019)** Das opções abaixo, o método MENOS aconselhável a ser utilizado como forma de gerenciamento de senhas pessoais é:

A) anotar as contas e senhas em um papel e guardá-lo em um local seguro, como um cofre ou gaveta trancada.

B) usar um programa gerenciador de senhas que permite armazenar senhas em um único arquivo acessível por meio de uma chave mestra.

C) usar opções como "Lembre-se de mim" e "Continuar conectado" em sites da web.

D) gravar suas contas e senhas em um arquivo criptografado no computador e manter um backup deste arquivo em outro computador.

E) criar grupos de senhas de complexidade diferente, de acordo com o risco envolvido.

↗ **Gabarito: "C".**

18. **(UFMA – UFMA – Administrador – 2016)** Na NBR ISO/IEC 27001:2006, a identificação de uma possível violação de uma política de segurança da informação ou falha de controles ou uma situação previamente desconhecida decorrente de uma ocorrência identificada de um estado de sistema, serviço ou rede, que possa ser relevante para a segurança da informação é um(a):

A) Incidente de segurança da informação.

B) Problema de segurança da informação.

C) Ocorrência de violação premeditada de segurança da informação.

D) Incidente identificado de segurança da informação.

E) Evento de segurança da informação.

↗ **Gabarito: "E".**

19. **(FCC – TRT 4ª Região – Analista Judiciário – Área Judiciária – 2015)** Ferramentas antimalware, como os antivírus, procuram detectar, anular ou remover os códigos maliciosos de um computador. Para que estas ferramentas possam atuar preventivamente, diversos cuidados devem ser tomados, por exemplo:

A) utilizar sempre um antimalware online, que é mais atualizado e mais completo que os locais.

B) configurar o antimalware para verificar apenas arquivos que tenham a extensão .EXE.

C) não configurar o antimalware para verificar automaticamente os discos rígidos e as unidades removíveis (como pen drives e discos externos), pois podem ser uma fonte de contaminação que o usuário não percebe.

D) atualizar o antimalware somente quando o sistema operacional for atualizado, para evitar que o antimalware entre em conflito com a versão atual do sistema instalado.

E) evitar executar simultaneamente diferentes programas antimalware, pois eles podem entrar em conflito, afetar o desempenho do computador e interferir na capacidade de detecção um do outro.

↗ **Gabarito: "E".**

20. **(IESES – Prefeitura de São José-SC – Engenheiro Civil- 2019)** Qual o tipo de backup que deve ser realizado para fazer a cópia apenas das alterações relativas ao último backup?

A) Diferencial.

B) Completo.

C) Analógico.

D) Incremental.

↗ **Gabarito: "D".**

21. **(IESES – Prefeitura de São José-SC – Analista de Recursos Humanos – 2019)** As cópias de segurança (backup) são imprescindíveis nas organizações e elas podem ser armazenadas de diversas formas. O tipo de backup que copia todas as alterações realizadas desde o último backup completo, independente do número de backups, é chamado de:

A) Backup incremental.

B) Backup cumulativo.

C) Backup híbrido.

D) Backup diferencial.

↗ **Gabarito: "D".**

22. **(CESPE – TJSE – Técnico Judiciário – Área Judiciária – 2014)** Acerca dos conceitos de segurança da informação e de redes de computadores, julgue os próximos itens.

O firewall é um dispositivo que conecta o computador pessoal à rede mundial com garantia de segurança.

( ) Certo.

( ) Errado.

↗ **Gabarito: "Errado".**

23. **(CESPE – TRE-BA – Técnico Judiciário – Área Administrativa – 2010)** Uma das formas de bloquear o acesso a locais não autorizados e restringir acessos a uma rede de computadores é por meio da instalação de firewall, o qual pode ser instalado na rede como um todo, ou apenas em servidores ou nas estações de trabalho.

( ) Certo.

( ) Errado.

↗ **Gabarito: "Certo".**

24. **(INSTITUTO PRÓ-MUNICÍPIO – CRP 11ª Região – Técnico Contábil – 2019)** Em muitas empresas para se conectar à Internet a partir da rede interna, se faz necessário configurar nas opções de rede ou no seu browser a conexão com um servidor intermediário. Este servidor administra as requisições para a Internet e os procedimentos de segurança sob elas. Como é conhecido esse servidor.

A) Proxy;

B) Backup;

C) FTP;

D) DNS.

↗ **Gabarito: "A".**

25. **(FCC – Prefeitura de Teresina-PI – Técnico de Nível Superior – Analista de Orçamento e Finanças Públicas – 2016)** A proteção das informações e dos sistemas das organizações requer o uso de recursos de proteção como os firewalls, utilizados para:

A) ajudar a impedir que a rede privada da empresa seja acessada sem autorização a partir da Internet.

B) liberar o uso de todos os serviços de rede somente aos usuários registrados pelo administrador da rede.

C) garantir que cada pacote de dados seja entregue com segurança apenas ao destinatário informado, reduzindo assim o tráfego na rede.

D) garantir que nenhum colaborador possa comprometer a segurança das informações da organização.

E) garantir que os computadores da rede não sejam infectados por malwares ou atacados por hackers.

↗ **Gabarito: "A".**

26. **(UECE-CEV – Funceme – Analista de Suporte à Pesquisa Administração – 2018)** Assinale a opção que corresponde à correta definição de firewall.

A) Software malicioso que se infiltra em computadores com o intuito de roubar ou danificar dados.

B) Programa de cifragem e deciframento de mensagens destinado a proteger dados dos usuários durante a navegação na web.

C) Dispositivo de segurança de rede que age monitorando o tráfego e detectando possíveis ameaças.

D) Rede privada de computadores, à qual somente usuários devidamente autorizados e autenticados podem acessar.

↗ **Gabarito: "C".**

27. **(CESPE – TCE-RN – Assessor Técnico Jurídico – 2009)** Chave criptográfica é um termo que se refere a um parâmetro (ou conjunto de parâmetros) variável do algoritmo criptográfico que interfere diretamente no processo criptográfico. Para cada chave distinta (valor de chave), o algoritmo gera um criptograma diferente para uma mesma mensagem, que só poderá ser decifrado pelo usuário que conheça o valor em uso. Dessa forma, a segurança lógica é garantida, mesmo que o processo criptográfico se torne público, desde que a chave seja mantida secreta.

( ) Certo.

( ) Errado.

↗ **Gabarito: "Certo".**

28. **(FCC – SEFAZ-PI – Auditor Fiscal da Fazenda Estadual – Conhecimentos Gerais – 2015)** Em determinada instituição, João envia uma mensagem criptografada para Antônio, utilizando criptografia assimétrica. Para codificar o texto da mensagem, João usa:

A) a chave privada de Antônio. Para Antônio decodificar a mensagem que recebeu de João, ele terá que usar sua chave privada. Cada um conhece apenas sua própria chave privada.

B) a chave pública de Antônio. Para Antônio decodificar a mensagem que recebeu de João, ele terá que usar a chave privada, relacionada à chave pública usada no processo por João. Somente Antônio conhece a chave privada.

C) a chave pública de Antônio. Para Antônio decodificar a mensagem que recebeu de João, ele terá que usar a chave privada, relacionada à chave pública usada no processo por João. Ambos conhecem a chave privada.

D) a chave privada de Antônio. Para Antônio decodificar a mensagem que recebeu de João, ele terá que usar a chave pública, relacionada à chave privada usada no processo por João. Ambos conhecem a chave privada.

E) sua chave privada. Para Antônio decodificar a mensagem que recebeu de João, ele terá que usar sua chave pública. Somente João conhece a chave privada.

↗ **Gabarito: "B".**

29. **(FCC – SEFAZ-PB – Auditor Fiscal de Tributos Estaduais – 2006)** Criptografia simétrica é um método de codificação que utiliza:

A) uma chave pública e uma chave privada para encriptar e decodificar a mesma mensagem.

B) duas chaves públicas para encriptar e decodificar a mesma mensagem.

C) uma só chave para encriptar e decodificar a mesma mensagem.

D) duas chaves privadas para encriptar e decodificar a mesma mensagem.

E) uma chave pública e duas chaves privadas para encriptar e decodificar a mesma mensagem.

↗ **Gabarito: "C".**

30. **(SELECON – Prefeitura de Niterói-RJ – Guarda Civil Municipal – 2019)** A criptografia é considerada a ciência e a arte de escrever mensagens em forma cifrada ou em código, constituindo um dos principais mecanismos de segurança que se pode usar para se proteger dos riscos associados ao uso da internet. De acordo com o tipo de chave usada, os métodos criptográficos podem ser subdivididos em duas grandes categorias, descritas a seguir.

(1) Utiliza uma mesma chave tanto para codificar como para decodificar informações, sendo usada principalmente para garantir a confidencialidade dos dados. Casos nos quais a informação é codificada e decodificada por uma mesma pessoa, não há necessidade de compartilhamento da chave secreta. Entretanto, quando estas operações envolvem pessoas ou equipamentos diferentes, é necessário que a chave secreta seja previamente combinada por meio de um canal de comunicação seguro (para não comprometer a confidencialidade da chave). Exemplos de métodos criptográficos que usam chave simétrica são: AES, Blowfish, RC4, 3DES e IDEA.

(2) Utiliza duas chaves distintas: uma pública, que pode ser livremente divulgada, e uma privada, que deve ser mantida em segredo por seu dono. Quando uma informação é codificada com uma das chaves, somente a outra chave do par pode decodificá-la. Qual chave usar para codificar depende da proteção que se deseja, se confidencialidade ou autenticação, integridade e não repúdio. A chave privada pode ser armazenada de diferentes maneiras, como um arquivo no computador, um smartcard ou um token. Exemplos de métodos criptográficos que usam chaves assimétricas são: RSA, DSA, ECC e Diffie-Hellman.

Os métodos descritos em (1) e em (2) são denominados, respectivamente, criptografia de chave:

A) direta e indireta.

B) digital e analógica.

C) hashing e hamming.

D) reservada e secreta.

E) simétrica e assimétrica.

↗ **Gabarito: "E".**

31. (CEPS-UFPA – UFPA –Arquivista – 2018) Assinatura digital é uma modalidade de assinatura eletrônica, resultado de uma operação matemática que utiliza algoritmos de criptografia e permite aferir, com segurança, a origem e a integridade do documento. Quanto aos atributos da assinatura digital, analise as afirmativas seguintes.

I. Ser única para cada documento, mesmo que seja o mesmo signatário.

II. Comprovar a autoria do documento digital.

III. Atribuir ao emitente e demais pessoas acesso à chave privada que gerou a assinatura.

IV. Possibilitar a verificação da integridade do documento.

V. Assegurar ao destinatário o "não repúdio" do documento digital.

Estão corretas:

A) I, III e IV, somente.

B) I e III, somente.

C) I, II, IV e V, somente.

D) II, III e IV, somente.

E) I, II e III, somente.

↗ **Gabarito: "C".**

32. (UFMT – TJMT – Analista Judiciário – Direito – 2016) A respeito de segurança na Internet, marque V para as afirmativas verdadeiras e F para as falsas.

( ) Por meio do uso da criptografia, podem-se proteger os dados sigilosos armazenados em um computador, como o arquivo de senhas, por exemplo.

( ) Ao utilizar-se os navegadores, é fundamental que se habilite o uso de cookies, os quais ajudam a manter sua privacidade.

( ) Ao enviar uma mensagem, para proteger os dados e informações enviadas, é recomendado utilizar-se criptografia para assegurar-se de que somente o destinatário poderá lê-la.

( ) A assinatura digital permite comprovar a autenticidade e a integridade de uma informação, ou seja, que ela foi realmente gerada por quem diz ter feito isto e que ela não foi alterada.

Assinale a sequência correta.

A) V, V, F, F.

B) V, F, V, V.

C) F, F, V, F.

D) F, V, F, V.

↗ **Gabarito: "B".**

33. (CESPE – Caixa – Técnico Bancário – 2010) Ainda a respeito de certificação digital, assinale a opção correta.

A) A autoridade certificadora raiz possui a incumbência de gerar certificados para todos os usuários de uma infraestrutura de chaves públicas.

B) O certificado digital só precisa ter data de validade se o usuário estiver em situação de risco de perdê-lo, pois, em geral, não possui restrição de expiração.

C) A autoridade certificadora é a entidade responsável por emitir uma chave pública.

D) O certificado digital é pessoal e intransferível e não possui nenhuma informação sobre o seu titular.

E) A certificação digital é uma forma de ingresso a sítios inseguros, mas cuja configuração não permite que o conteúdo seja alterado.

↗ **Gabarito: "C".**

15. MALWARE E PRAGAS VIRTUAIS

O termo "malware" é proveniente do inglês "malicious software" ("software malicioso"); é um software destinado a executar alguma ação maliciosa, que prejudica o usuário afetado, como se infiltrar-se em um sistema de computador alheio de forma ilícita e desconhecida, com a intenção de causar alguns danos, acesso indevido, furto de dados e alterações ou roubo de informações confidenciais ou não.

Malwares não se replicam, com exceção do Worm.

1) Tipos de malwares

a) Ransomware

É uma subcategoria de Trojan Horse que sequestra o conteúdo de um computador, restringindo o acesso ao conteúdo por meio de criptografias ou senhas e solicita um resgaste, uma recompensa financeira para que tal conteúdo seja disponibilizado novamente por quem de direito.

b) Spyware

Termo que designa diversos softwares maliciosos que atuam ocultos, em segundo plano, e que têm a intenção de se apropriar de dados pessoais para que o criminoso cometa algum tipo de fraude.

c) Keylogger

Um dos mais antigos tipos de Spywares, o Keylogger registra e captura aquilo que é digitado no teclado físico do computador e envia estes dados para o cracker. Na maioria das vezes ele é ativado em situações prévias, como o acesso aos bancos e comércio eletrônico. A forma de se proteger de que senhas e dados pessoais sejam roubados por meio de keyllogers é a utilização de teclados virtuais.

d) Screenlogger

É o software malicioso que registra instantâneos sequenciais da tela do computador e tem a intenção de registrar a posição do cursor do mouse e a imagem na tela, toda vez que o usuário clica com o mouse. Os screeenloggers podem copiar a senha digitada em um teclado virtual.

e) Adware (Advertising Software)

Softwares maliciosos que têm o objetivo central de enviar propagandas direcionadas pela internet. Seu objetivo é a divulgação de produtos e serviços e não têm a intenção de furtar dados pessoais dos usuários. Geralmente os adwares são instalados nos computadores quando é realizado o download de determinado conteúdo ou ainda instalado um programa de computador.

f) Worm

Software malicioso que atua em redes de computadores e tem o objetivo de se propagar na rede, pois ele tem a capacidade de se replicar, criar cópias de si mesmo, e caminhar com os protocolos de rede, infectando outros computadores. Geralmente os worms deixam a rede gradativamente mais lenta até que causa a queda da rede, atacando a disponibilidade da informação.

Após infectar um computador, ele tenta se propagar e continuar o processo de infecção. Para isto, necessita identificar os computadores alvos para os quais tentará se copiar, o que pode ser feito de uma ou mais das seguintes maneiras:

- efetuar varredura na rede e identificar computadores ativos;
- aguardar que outros computadores contatem o computador infectado;
- utilizar listas, predefinidas ou obtidas na Internet, contendo a identificação dos alvos;
- utilizar informações contidas no computador infectado, como arquivos de configuração e listas de endereços de e-mail.

Após identificar os alvos, ele efetua cópias de si mesmo e tenta enviá-las para estes computadores, por uma ou mais das seguintes formas:

- como parte da exploração de vulnerabilidades existentes em programas instalados no computador-alvo;
- anexadas a e-mails;
- via programas de troca de mensagens instantâneas;
- incluídas em pastas compartilhadas em redes locais ou do tipo P2P (Peer-to-Peer).

Após realizado o envio da cópia, ele necessita ser executado para que a infecção ocorra, o que pode acontecer de uma ou mais das seguintes maneiras:

- imediatamente após ter sido transmitido, pela exploração de vulnerabilidades em programas sendo executados no computador-alvo no momento do recebimento da cópia;

- diretamente pelo usuário, pela execução de uma das cópias enviadas ao seu computador;
- pela realização de uma ação específica do usuário, a qual ele está condicionado, como, por exemplo, a inserção de uma mídia removível.

Após o alvo ser infectado, o processo de propagação e infecção recomeça, sendo que, a partir deste momento, o computador que antes era o alvo passa a ser também originador dos ataques.

g) Backdoor

Software malicioso que permite aos invasores um acesso remoto não autorizado. As backdoors são geralmente ocultas, levando o computador infectado a ser controlado ou monitorado sem que o usuário atacado perceba tal invasão.

h) Hijackers

Softwares maliciosos que têm o objetivo de modificar a página inicial do navegador ou mesmo de outros programas do computador. Os hijackers podem tanto direcionar o usuário para uma página determinada quanto abrir automaticamente abas ou mesmo instalar no browser uma barra de ferramentas de determinada empresa.

i) Sniffers

São softwares ou hardwares maliciosos que atuam em redes de computadores, farejando o conteúdo compartilhado. Os sniffer físicos são denominados conectores dentados e têm a intenção de capturar o conteúdo compartilhado em uma rede antes que esta chegue até o computador de destino, furtando os dados no cabeamento.

j) Bot

É um programa que dispõe de mecanismos de comunicação com o invasor que permitem que ele seja controlado remotamente. É um software malicioso que tem características parecidas com o Worm, pois ele se replica, criando cópias dele mesmo e caminhando com os protocolos de uma rede de computadores, infectando os demais computadores dessa rede. Fora esta característica também permite que se estabeleça comunicação com o computador invasor, permitindo que este controle o bot e decida qual a ação que será executada no computador infectado.

k) Botnet

É uma rede estabelecida por meio da propagação de bots.

Botnet é uma rede formada por centenas ou milhares de computadores zumbis e que permite potencializar as ações danosas executadas pelos bots.

Algumas das ações maliciosas que costumam ser executadas por intermédio de botnets são: ataques de negação de serviço, propagação de códigos maliciosos (inclusive do próprio bot), coleta de informações de um grande número de computadores, envio de spam e camuflagem da identidade do atacante (com o uso de proxies instalados nos zumbis).

l) Rootkit

Representa um conjunto de softwares maliciosos que tem como finalidade manter a presença de um invasor no computador infectado. Ele não é utilizado para alterar o status de administradores e demais contas e sim assegurar, de variadas formas combinadas, a manutenção no invasor que controla o computador infectado por meio de acesso remoto.

m) SYN flood ou ataque SYN

É uma forma de ataque de negação de serviço (também conhecido como Denial of

Service – DoS) em sistemas computadorizados, na qual o atacante envia uma sequência de requisições SYN para um sistema-alvo visando uma sobrecarga direta na camada de transporte e indireta na camada de aplicação do modelo OSI.

Quando um cliente tenta começar uma conexão TCP com um servidor, o cliente e o servidor trocam uma série de mensagens, que normalmente são assim:

- O cliente requisita uma conexão enviando um SYN (synchronize) ao servidor.
- O servidor confirma esta requisição mandando um SYN-ACK (acknowledge) de volta ao cliente.
- O cliente por sua vez responde com um ACK, e a conexão está estabelecida.

Isto é o chamado aperto de mão em três etapas (Three-Way Handshake).

Um cliente malicioso, que implemente intencionalmente um protocolo TCP errado e incompleto, pode não mandar esta última mensagem ACK. O servidor irá esperar por isso por um tempo, já que um simples congestionamento de rede pode ser a causa do ACK em falta.

Essa chamada conexão semiaberta explora a boa-fé do protocolo TCP que espera por certo tempo e algumas tentativas de restabelecimento de um sinal ACK válido para retomar a comunicação. A resposta maliciosa ao comando SYN gerada pelo cliente pode ocupar recursos no servidor (memória e processamento) ou causar prejuízos para empresas usando softwares licenciados por conexão (aumento de conexões "ativas"). Pode ser possível ocupar todos os recursos da máquina, com pacotes SYN. Uma vez que todos os recursos estejam ocupados, nenhuma nova conexão (legítima ou não) pode ser feita, resultando em negação de serviço. Alguns podem funcionar mal ou até mesmo travar se ficarem sem recursos desta maneira.

Exploit

Em português explorar, significando "usar algo para sua própria vantagem", é um pedaço de software, um pedaço de dados ou uma sequência de comandos que tomam vantagem de um defeito, falha ou vulnerabilidade, a fim de causar um comportamento acidental ou imprevisto a ocorrer no software ou hardware de um computador ou em algum eletrônico (normalmente computadorizado). Tal comportamento frequentemente inclui coisas como ganhar o controle de um sistema de computador, permitindo elevação de privilégio ou um ataque de negação de serviço.

2) Vírus

Durante muito tempo o termo vírus serviu, de forma genérica, para caracterizar todos os ataques realizados nos computadores e todos os tipos de softwares maliciosos, e inclusive hoje, de forma coloquial, o termo vírus é utilizado de forma errônea para designar todos os ataques, quando na verdade vírus representa uma categoria dentro dos malwares e não todos os ataques.

Na informática para concursos públicos o termo vírus de computador é caracterizado como um software malicioso que é desenvolvido por crackers e que tem sempre uma intenção maliciosa de determinada natureza. Esta denominação tem origem nos vírus da biologia, pois, em uma alusão a estes, infecta o computador da vítima causando malefícios.

Vírus se replica.

a) Vírus de Boot

Um dos mais antigos tipos de vírus, ele se localiza em setores de inicialização do Hard Disk, alocando-se na inicialização do sistema operacional, e assim que este sistema operacional é carregado, sendo Windows, Linux ou qualquer outro, ele é carregado e gera a ação maliciosa muitas vezes antes mesmo do antivírus existente entrar em operação.

b) Time Bomb (bomba-relógio)

Essa categoria de vírus é programada para atuar em uma data futura predefinida, em data determinada pelo cracker. Na data definida, ele atua, e apenas nesta data gera algum tipo de dano ao computador infectado. Os mais conhecidos exemplos de malwares da categoria de vírus do tipo "Time Bomb" são os "Sexta-Feira 13" e "1º de Abril".

c) Estado Zumbi

Essa categoria de vírus se caracteriza pelo acesso indevido e o controle do computador infectado por terceiros, deixando o computador infectado como um verdadeiro zumbi, onde o usuário perde o controle do computador e o invasor detém controle sobre a máquina infectada. A partir do momento em que o estado zumbi é estabelecido, o invasor pode se utilizar desta situação para instalar qualquer tipo de malware, como trojans, spywares, worms, bots etc. Geralmente o estado zumbi é estabelecido em computadores que tem o firewall desabilitado ou mesmo tenham sistemas operacionais com falhas de segurança. Quando os computadores apresentam estas fragilidades existe uma grande chance de serem infectados e entrarem em uma condição de estado zumbi.

d) Vírus de Macro (Vírus de Aplicativo)

São ataques por meio de vírus que ficam hospedados em arquivos de aplicativos de escritórios, como editores de textos (Word e Writer), aplicativos de planilhas de cálculos (Excel e Calc), aplicativos de apresentações (PowerPoint) e aplicativos de bancos de dados (Access e Base). Uma macro não é necessariamente uma ação maliciosa, e sim uma ação automática, porém quando esta executa um vírus, ele gera ações nocivas ao computador infectado.

O pacote de aplicativos de escritório Microsoft Office e seus aplicativos internos (Word, Excel, PowerPoint e Access) até a versão 2003 habilitava macros de forma automática assim que o arquivo fosse aberto, gerando uma fragilidade muito grande e facilitando o ataque por vírus de macro. Já o pacote Microsoft Office nas versões 2007, 2010 e 2013 bloqueiam as macros quando o arquivo é aberto, apresentando uma caixa de diálogo em que o usuário tem a opção de executar ou não a macro contida no arquivo.

e) Splog

Essa categoria de vírus é muito particular, pois são caracterizadas por falsos blogs, que, por meio da indução por engenharia social, induz o usuário a navegar e com isso acessar páginas que apresentam propagandas comerciais. Os splogs não têm intenção fraudulenta, pois geralmente possibilitam a aquisição do produto oferecido, porém, ao se passarem por um blog de notícias em que de forma indireta vendem produtos, são classificados na literatura especialista como malwares.

15.1 Questões

1. **(CESPE – DPU – Analista – 2016)** A respeito da Internet e suas ferramentas, julgue o item a seguir.

Malwares são mecanismos utilizados para evitar que técnicas invasivas, como phishing e spams, sejam instaladas nas máquinas de usuários da Internet.

( ) Certo.

( ) Errado.

↗ **Gabarito: "Errado".**

2. **(Quadrix – CRB 8ª Região-SP – Fiscal Bibliotecário – 2018)** O tipo de código malicioso que torna inacessíveis os dados armazenados em um equipamento e que exige pagamento de resgate (ransom) para restabelecer o acesso ao usuário é chamado de ransomware. Sendo assim, assinale a alternativa que apresenta os dois tipos existentes de ransomware.

A) ransomware locker e ransomware crypto.

B) ransomware cracker e ransomware crypto.

C) ransomware locker e ransomware cracker.

D) ransomware backdoor e ransomware cracker.

E) ransomware locker e ransomware backdoor.

↗ **Gabarito: "A".**

3. (IADES – SES-DF – Técnico de Laboratório – Patologia Clínica – 2014) Existem diversos tipos de códigos maliciosos, entre eles o spyware. Acerca desse assunto, é correto afirmar que spyware consiste em:

A) programa que, além de executar as funções para as quais foi aparentemente projetado, também executa outras funções, normalmente maliciosas, sem o conhecimento do usuário.

B) programa ou parte de um programa de computador, normalmente malicioso, que se propaga inserindo cópias de si mesmo, tornando-se parte de outros programas e arquivos.

C) programa projetado para monitorar as atividades de um sistema e enviar as informações coletadas para terceiros.

D) programa que permite o retorno de um invasor a um computador comprometido, por meio da inclusão de serviços criados ou modificados para esse fim.

E) conjunto de programas e técnicas que permite esconder e assegurar a presença de um invasor ou de outro código malicioso em um computador comprometido.

↗ **Gabarito: "C".**

4. (IADES – APEX Brasil – Analista – Jurídico – 2018) Programa malicioso que tem como finalidade registrar e armazenar tudo o que é digitado pelo usuário, quase sempre a fim de capturar, por exemplo, senhas de acesso ou números de cartões de crédito.

As informações apresentadas descrevem o programa denominado:

A) Worm.

B) Vírus.

C) Keylogger.

D) Rootkit.

E) Cavalo de Troia.

↗ **Gabarito: "C".**

5. (Quadrix – CREF 3ª Região – Assistente Administrativo – 2013) Com relação aos códigos maliciosos (malwares), analise as seguintes afirmações:

I. Screenlogger é um tipo de spyware capaz de armazenar a posição do cursor e a tela apresentada no monitor, nos momentos em que o mouse é clicado, ou a região que circunda a posição onde o mouse é clicado. É bastante utilizado por atacantes para capturar as teclas digitadas pelos usuários em teclados virtuais, disponíveis principalmente em sites de internet Banking.

II. Worm é um programa ou parte de um programa de computador, normalmente malicioso, que se propaga inserindo cópias de si mesmo, tornando-se parte de outros programas e arquivos. O worm depende da execução do programa ou arquivo hospedeiro para que possa se tornar ativo e dar continuidade ao processo de infecção.

III. Vírus é um tipo de código malicioso capaz de se propagar automaticamente pelas redes, enviando cópias de si mesmo de computador para computador. Não embute cópias de si mesmo em outros programas ou arquivos e não necessita ser explicitamente executado para se propagar. Sua propagação se dá por meio da exploração de vulnerabilidades existentes ou falhas na configuração de programas instalados em computadores.

Está correto o que se afirma apenas em:

A) I.

B) II.

C) III.

D) I e II.

E) II e III.

↗ **Gabarito: "A".**

6. (AOCP – Prefeitura de João Pessoa-PB – Enfermeiro – 2018) Adware é um tipo de malware responsável:

A) pelo roubo de credenciais.

B) pelo sequestro de clicks e propagandas.

C) pelo sequestro de dados.

D) pela varredura de redes.

↗ **Gabarito: "B".**

7. (PUC-PR – TJMS – Analista Judiciário – 2015) A respeito de segurança da informação, é CORRETO afirmar que um Worm é:

A) um programa ou parte de um programa de computador que se propaga por meio de cópias de si mesmo, infectando outros programas e arquivos de computador. O Worm depende da execução do programa ou do hospedeiro para ser ativado.

B) um programa que procura dar a garantia de retorno a um computador invadido, sem utilizar novas técnicas de invasão, ou que retorna ao computador invadido sem ser notado.

C) um software espião que tem como objetivo monitorar atividades de um sistema e enviar as informações coletadas para terceiros.

D) um tipo de software projetado para apresentar propagandas, seja por meio de um navegador (browser), seja com algum outro programa instalado em um computador.

E) um programa capaz de se propagar automaticamente por meio de redes, enviando cópias de si mesmo de computador para computador. Difere do vírus por não embutir cópias de si mesmo em outros programas ou arquivos.

↗ **Gabarito: "E".**

8. (Quadrix – CREF 13ª Região – Analista Contador – 2018) No que diz respeito ao programa de navegação Mozilla Firefox, em sua versão mais atual, aos conceitos de organização e de gerenciamento de arquivos e às noções de vírus, worms e pragas virtuais, julgue o item a seguir.

Computadores que já foram infectados por worms não são alvos de reinfecção.

( ) Certo.

( ) Errado.

↗ **Gabarito: "Errado".**

9. (FCC – DPE-RS – Técnico – Segurança – 2017) Cada tipo de código malicioso possui características próprias que o define e o diferencia dos demais tipos. Com relação às ações mais comuns do Backdoor e Rootkit, pode-ser afirmar que eles

A) vêm por e-mail e enviam spam e phishing.

B) vêm por mídias removíveis infectadas e consomem grandes quantidades de recursos.

C) furtam informações sensíveis e enviam cópia de si próprio automaticamente por e-mail.

D) são baixados de sites na internet e desferem ataques na internet.

E) possibilitam os retornos dos invasores, não se propagam e ficam escondidos.

↗ **Gabarito: "E".**

10. (FUNCAB – PRF – Agente Administrativo – 2014) Alguns termos relacionados com conceitos básicos de segurança da informação estão disponibilizados na coluna I. Estabeleça a correta correspondência com os seus significados, disponibilizados na coluna II.

Coluna I	Coluna II
1. VPN	( ) ambiente criado para proteger a rede interna gerando um perímetro de segurança entre a rede interna e a Internet.
2. DMZ	( ) programa que pode ser utilizado para controlar computadores e comandar ataques de negação de serviço.
3. IDS	( ) utilização do método de tunelamento que oferece conectividade de rede em longa distância.
4. RoBOT	( ) sistema de detecção de intrusos.
5. Hijacker	( ) programa ou script que contamina os registros de navegadores.

A sequência correta é:

A) 1 3,2 4 e 5.

B) 1 5,2 3 e 4.

C) 2 4,1 3 e 5.

D) 3 5,1 2 e 4.

E) 2 5,1 3 e 4.

↗ **Gabarito: "C".**

11. **(FCC – Prefeitura de Teresina-PI – Auditor Fiscal da Receita Municipal – 2016)** Um funcionário de uma empresa percebeu que seu computador estava sendo controlado remotamente sem seu consentimento, quando foi notificado pelo administrador da rede que, a partir de seu computador, estavam sendo enviados spams, realizados ataques de negação de serviço e propagação de outros códigos maliciosos. Com base nestas características e ações, conclui-se que o computador deve estar infectado por um:

A) vírus.

B) rootkit.

C) keylogger.

D) spyware.

E) bot.

↗ **Gabarito: "E".**

12. **(Quadrix – CODHAB-DF – Analista – Administração – 2018)** Julgue o item seguinte quanto ao programa Microsoft Word 2013, ao programa de navegação Google Chrome, em sua versão mais atual, e às noções de vírus, worms e pragas virtuais.

Botnets são computadores infectados por arquivos considerados como maliciosos que podem ser controlados por criminosos, remotamente.

( ) Certo.

( ) Errado.

↗ **Gabarito: "Certo".**

13. **(Quadrix – CREF 13ª Região – Analista Contador – 2018)** No que diz respeito ao programa de navegação Mozilla Firefox, em sua versão mais atual, aos conceitos de organização e de gerenciamento de arquivos e às noções de vírus, worms e pragas virtuais, julgue o item a seguir.

Um rootkit se esconde com profundidade no sistema operacional, sendo sua remoção uma tarefa difícil, já que, na maioria dos casos, danifica o sistema.

( ) Certo.

( ) Errado.

↗ **Gabarito: "Certo".**

14. **(FCC – TRT 24ª Região – Analista Judiciário – Área Administrativa – 2017)** É um conjunto de programas e técnicas que permite esconder e assegurar a presença de um invasor ou de outro código malicioso em um computador comprometido. Pode ser usado para: remover evidências em arquivos de logs; instalar outros códigos maliciosos, como backdoors, para assegurar o acesso futuro ao computador infectado; esconder atividades e informações, como arquivos, diretórios, processos, chaves de registro, conexões de rede etc.; mapear potenciais vulnerabilidades em outros computadores, por meio de varreduras na rede; capturar informações da rede onde o computador comprometido está localizado, pela interceptação de tráfego; dentre outras possibilidades. No entanto, seu nome não indica que os programas e as técnicas que o compõem são usadas para obter acesso privilegiado a um computador, mas sim para manter o acesso privilegiado. (Disponível em: http://cartilha.cert.br/malware/) O texto descreve um tipo de ameaça à segurança das informações conhecido como:

A) rootkit.

B) engenharia social.

C) wardriving.

D) worm.

E) bot.

↗ **Gabarito: "A".**

15. **(UFV – UFV-MG – Auxiliar em Administração – 2016)** "Um programa ou parte de um programa de computador que se propaga inserindo cópias de si mesmo e se tornando parte de outros programas e arquivos" (Fonte: Cert.br, Cartilha de Segurança para Internet, 2012) corresponde à definição de:

A) Vírus.

B) Spyware.

C) Backdoor.

D) Cavalo de Troia.

↗ **Gabarito: "A".**

16. **(Quadrix – CODHAB-DF – Analista – Administração – 2018)** Julgue o item seguinte quanto ao programa Microsoft Word 2013, ao programa de navegação Google

Chrome, em sua versão mais atual, e às noções de vírus, worms e pragas virtuais.

O vírus de boot é um vírus que age diretamente na inicialização do sistema de computadores conectados à rede. Contudo, ele não é espalhado por meio de dispositivos, como, por exemplo, pen drives.

( ) Certo.

( ) Errado.

↗ **Gabarito: "Errado".**

17. **(UFMT – UFMT – Assistente em Administração – 2014)** A respeito dos tipos de vírus de computador, assinale a afirmativa INCORRETA.

A) Vírus de Boot é um tipo de vírus que se infecta na área de inicialização dos discos.

B) Vírus de macro encontram-se em arquivos, normalmente de ferramentas de escritório (Office), de modo que, quando um aplicativo carrega o arquivo, as instruções maliciosas são executadas.

C) Vírus de processador infecta a CPU modificando suas instruções, impedindo a execução de qualquer software.

D) Time bomb (ou bomba relógio) são vírus programados para se ativarem em determinados momentos, por exemplo em uma determinada data do ano.

↗ **Gabarito: "C".**

18. **(CESPE – CNJ – Programador de computador – 2013)** Vírus de macro infectam arquivos criados por softwares que utilizam linguagem de macro, como as planilhas eletrônicas Excel e os documentos de texto Word. Os danos variam de alterações nos comandos do aplicativo à perda total das informações.

( ) Certo.

( ) Errado.

↗ **Gabarito: "Certo".**

19. **(FCC – SANASA Campinas – Analista Administrativo – Serviços Administrativos – 2019)** Considere as características de pragas virtuais, abaixo.

I. Não se propaga por meio da inclusão de cópias de si mesmo em outros programas ou arquivos, mas sim pela execução direta de suas cópias ou pela exploração automática de vulnerabilidades existentes em programas instalados em computadores.

II. É um programa ou parte de um programa de computador, normalmente malicioso, que se propaga inserindo cópias de si mesmo e se tornando parte de outros programas e arquivos. Para que possa se tornar ativo e dar continuidade ao processo de infecção, ela depende da execução do programa ou arquivo hospedeiro, ou seja, para que o seu computador seja infectado é preciso que um programa já infectado seja executado.

III. É um programa projetado para monitorar as atividades de um sistema e enviar as informações coletadas para terceiros. Pode ser usado tanto de forma legítima quanto maliciosa, dependendo de como é instalado, das ações realizadas, do tipo de informação monitorada e do uso que é feito por quem recebe as informações coletadas.

Os itens I, II e III descrevem corretamente um

A) worm – vírus e spyware.

B) botnet – trojan e rootkit.

C) backdoor – worm e adware.

D) vírus – spyware e botnet.

E) trojan – vírus e rootkit.

↗ **Gabarito: "A".**

REFERÊNCIAS

FOROUZAN, B.A.; MOSHARRAF, F. *Foundations of computer science*. 2. ed. 2007.

IDOETA, I. V.; CAPUANO, F. G. *Elementos de eletrônica digital*. Érica.

LANCHARRO, E. A.; LOPEZ, M. G.; FERNANDEZ, S. P. *Informática básica*. Makron Books, 1991.

LAPPONI. J. C. *Estatística usando excel*. São Paulo: Lapponi, 2000.

MEYER, M.; BABER, R.; PFAFFENBERGER, B. *Nosso futuro e o computador*. Bookman, 1999.

MONTEIRO, M. A. *Introdução à organização de computadores*. LTC, 1992.

NORTON, P. *Introdução à informática*. Makron Books, 1997.

TANENBAUM, A. S. *Organização estruturada de computadores*. 4. ed. LTC, 2001.

VELOSO, F. C. *Informática*: conceitos básicos. 7. ed. Rio de Janeiro: Campus, 2004.

Apostilas e Manuais Técnicos de Autores/Fabricantes Diversos.

http://www.slideshare.net/Sammy17/chapter1-introduction

BRUNO VILAR LEITE DOS SANTOS

5

MATEMÁTICA

SUMÁRIO

1. CONJUNTOS NUMÉRICOS

1.1 Conjuntos dos números Naturais (N)

N = {0,1,2,3,4,5,...} $N^* = \{1,2,3,4,5,...\}$

ATENÇÃO

O conjunto dos números naturais é cobrado em questões que envolvem contagem de números de páginas ou dias da semana.

1.2 Conjunto dos números Inteiros (Z)

Z = {...,–4,–3,–2,–1,0,1,2,3,4,...}

Os subconjuntos do conjunto Z são:

- Conjunto dos números inteiros não nulos: $Z^* = \{...,-4,-3,-2,-1,1,2,3,4,...\}$
- Conjunto dos números inteiros não negativos: Z= {0,1,2, 3,..,}
- Conjunto dos números inteiros positivos: $Z^*_+ = \{1,2,3,...\}$
- Conjunto dos números inteiros não-positivos: Z– = {... ,–3,–2,–1,0}
- Conjunto dos números inteiros negativos: $Z-^* = \{...,-3,-2,-1,\}$

Operações com números inteiros

A) Adição de números inteiros.

A.1) Números com sinais iguais.

Nesse caso, conserva o sinal e soma os números. Exemplos:

5 + 2 = 7 –3 – 5 = –8

A.2) Números com sinais diferentes.

Nesse caso, conserva o sinal do número maior e subtrai os números. Exemplos:

7 – 3 = 4 –5 + 2 = –3

B) Multiplicação ou divisão de números inteiros.

Nesse caso, usamos o quadro de sinais:

+ + = +

– – = +

+ – = –

– + = –

Exemplos: $3 \cdot 4 = 12$ $4 \cdot (-7) = -28$

Resumo: sinais iguais o resultado é positivo e sinais diferentes o resultado é negativo.

1.3 Conjuntos dos números Racionais (Q)

Chama-se número racional todo número que pode ser colocado na forma de fração p/q, com $p \in Z$, $q \in Z^*$.

* Todo número inteiro é racional.

Exemplos: –2, –5, 0, 1, 2

* Todo número decimal exato é racional.

Exemplos: 0,5 é racional, pois pode ser colocado na forma 5/10.

* Todo número decimal periódico é racional.

Exemplos: 0,444=4/9 0,5555=5/9

Transformar uma dízima periódica em uma fração

A) Dízima periódica simples.

Nesse caso, para cada algarismo do número que se repete embaixo colocamos um 9.

a) 0,444 ...

Nessa dízima temos apenas um algarismo que se repete, que é o algarismo 4.

$$0,444... = \frac{4}{9}$$

b) 0, 243243243243...

Nessa dízima temos três algarismos que se repetem.

$$0,243243243243... = \frac{243}{999}$$

B) Dízima periódica composta.

Nesse caso devemos usar a fórmula:

$$\frac{número - pnp}{\underset{pp}{9} \quad \underset{pnp}{0}}$$

PNP: parte não periódica, ou seja, não se repete.

PP: parte periódica, isto é, se repete.

Para cada algarismo que se repetir colocamos um 9 e para cada algarismo que não se repetir colocamos um 0.

Exemplo:

a) 0,45555...

O algarismo que se repete é 5; parando no primeiro algarismo, temos o número formado 45.

1 PP e 1 PNP

$$\frac{45 - 4}{90} = \frac{41}{90}$$

b) 0,2434343....

O número que se repete é 43, logo o número formado é 243.

2 PP e 1 PNP

$$\frac{243 - 2}{990} = \frac{241}{990}$$

c) 0,21424242....

O número que se repete é o 42, logo o número formado é 2142.

2 PP e 2 PNP

$$\frac{2142 - 21}{9990} = \frac{2121}{9990}$$

1.4 Conjunto dos números Irracionais (I ou Q')

Os gregos antigos reconheciam uma espécie de números que não são nem inteiro nem fracionário, posteriormente identificado como irracional.

1.5 Conjunto dos números Reais (R)

De forma mais abrangente a esse universo de conjuntos numéricos, temos o conjunto dos números reais. O conjunto dos números reais é formado pela união dos racionais com os irracionais. R = Q ∪ I.

1.6 Questões

1. **(FCC –TRT-PE – Analista)** Um Analista Judiciário precisa distribuir certo número de tarefas por 17 funcionários. Distribuindo-se 13 tarefas por funcionário irão sobrar 4 tarefas sem serem distribuídas entre os funcionários. Se a mesma quantidade de tarefas fosse distribuída igualmente por 24 funcionários, cada funcionário receberia 9 tarefas e sobrariam, sem serem distribuídas entre os funcionários, um total de tarefas igual a:

A) 3.
B) 7.
C) 9.
D) 6.
E) 8.

↘ Resolução:

13 tarefas · 17 funcionários = 221 tarefas com funcionário designado + sem funcionário designado = 225 tarefas no total.

225 : 24, temos como resto o número 9, que representa a quantidade de tarefas sem funcionários.

↗ Gabarito: "C".

2. **(FCC – TRT-PE – Analista)** O número natural x possui ao todo três divisores positivos distintos. O número natural y possui ao todo três divisores positivos distintos. O produto x · y é um número natural maior que 30 e menor que 40. A soma x + y é igual a:

A) 12.
B) 14.
C) 13.
D) 16.
E) 19.

↘ Resolução:

É uma questão de tentativa e erro.

Os números que possuem apenas três divisores distintos e formam um produto entre 30 e 40 são: 4 e 9.

Divisores do 4 = 1, 2 e 4 Divisores do 9 = 1, 3 e 9

Soma= 4 + 9 = 13

↗ Gabarito: "C".

3. **(FCC – TRF 3ª Região – Analista)** Seja A o quociente da divisão de 8 por 3. Seja B o quociente da divisão de 15 por 7. Seja C o quociente da divisão de 14 por 22.

O produto A. B. C é igual a:

A) 3,072072072

B) 3,636363

C) 3,121212

D) 3,252525

E) 3,111

↘ Resolução:

$$\frac{8}{3} \cdot \frac{15}{7} \cdot \frac{14}{22} = \frac{1680}{462} = 3{,}636363...$$

↗ Gabarito: "B".

2. MÍNIMO MÚLTIPLO COMUM (MMC)

O MMC é o menor múltiplo comum de dois ou mais números naturais, diferentes de zero.

2.1 Cálculo do MMC (Método simplificado)

Objetivo: procurar números comuns.

Calcule o MMC dos números abaixo:

A) 4 e 10

4,10 Pergunta: existe algum número que divide 2 e 3 ao mesmo tempo?

4,	10	2
2,	5	

Pergunta: Existe algum número que divide 4 e 10 ao mesmo tempo?

Sim! O número 2. Nesse caso continuamos a divisão, pois temos um número comum.

Pergunta: Existe algum número que divide 2 e 5 ao mesmo tempo? Não!

Logo, o MMC é $2 \cdot 2 \cdot 5 = 20$

Observe que 2 e 5 pelo motivo de não ter número comum e o outro número 2 é comum.

Podemos dizer que o MMC será o produto dos termos comuns com os termos que não são comuns.

B) 6, 8 e 10

No caso de termos três números, devemos seguir a seguinte relação:

1ª Procurar um número que divida os três.

2ª Procurar um número comum em dupla.

6, 8 e 10.

Existe algum número que divide 6, 8 e 10 ao mesmo tempo?

SIM! O número 2.

6,	8,	10	2
3,	4,	5	

Existe algum número que divide 3, 4 e 5 ao mesmo tempo? Não!

Existe algum número que divide 3 e 4 ao mesmo tempo? Não!

Existe algum número que divide 3 e 5 ao mesmo tempo? Não!

Existe algum número que divide 4 e 5 ao mesmo tempo? Não!

Logo o MMC é $3 \cdot 4 \cdot 5 \cdot 2 = 120$.

2.2 Problemas envolvendo MMC

Os problemas que envolvem MMC possuem a seguinte característica:

* Situação repetitiva (cíclica), isto é, mantém o padrão.

* Afirma um encontro e pergunta sobre o próximo encontro.

2.3 Questões

1. **(FCC – SABESP – Analista)** Um novo filme será lançado em 3 cinemas de uma cidade do oeste paulista. Devido à popularidade mundial do filme, os 3 cinemas irão exibir sessões continuamente pelos próximos dias, inclusive de madrugada e de manhã, assim como nos domingos e feriados.

O lançamento ocorre simultaneamente nos 3 cinemas, às 23h de um sábado. A partir daí as próximas exibições seguem o seguinte padrão:

– Cinema A: a partir do instante de lançamento, uma nova sessão a cada 4 horas;

– Cinema B: a partir do instante de lançamento, uma nova sessão a cada 5 horas;

– Cinema C: a partir do instante de lançamento, uma nova sessão a cada 12 horas.

Dessa forma, pode-se concluir que a primeira vez em que os três cinemas irão iniciar uma sessão simultaneamente, sem contar o lançamento, se dará às:

A) 23h de uma segunda-feira.

B) 23h de uma terça-feira.

C) 11h de uma terça-feira.

D) 16h de um domingo.

E) 11h de uma quarta-feira.

↘ **Resolução:**

É uma situação repetitiva, questão sobre MMC.

4,5,12 |2

2,5,6 |2

1,5,3 |3

1,5,1 |5

1,1,1 /60 horas

Assim:

60 horas = (2 dias completos) 48h + 12 horas.

Se começou no sábado 23h + 2 dias. Temos:

* 1º dia = Domingo 23h

* 2º dia = Segunda-feira 23h + 12 horas = 11h de terça-feira.

↗ **Gabarito: "C".**

2. **(FCC – PGE-BA)** O número de times que compõem a liga de futebol amador de um bairro, que é menor do que 50, permite que as equipes sejam divididas em grupos de 4, 6 ou 8 componentes, sem que sobrem times sem grupo. Tendo apenas essas informações, é possível concluir que a liga é composta por x ou por y times. A soma x + y é igual a:

A) 96

B) 72

C) 60

D) 120

E) 80

↘ **Resolução:**

Os grupos devem conter 4, 6 ou 8 times. O nosso objetivo é encontrar o primeiro número que é divisível ao mesmo tempo por 4, 6 e 8. Como encontrar esse número? O número desejado será encontrado por meio do MMC.

O MMC de 4, 6 e 8 = 24 (primeiro número divisível ao mesmo tempo 4, 6 e 8).

Observe que a questão informou que nosso total é menor que 50 e temos duas quantidades possíveis para esse total de times. O primeiro número (x) é 24 e o segundo número é 48 (24 + 24).

Resultado final: 24 + 48 = 72.

↗ **Gabarito: "B".**

3. **(FCC – TRT 22ª Região)** Sistematicamente, Fábio e Cíntia vão a um mesmo restaurante: Fábio a cada 15 dias e Cíntia a cada 18 dias. Se em 10 de outubro de 2004 ambos estiveram em tal restaurante, outro provável encontro dos dois nesse restaurante ocorrerá em:

A) 9 de dezembro de 2004

B) 10 de dezembro de 2004

C) 8 de janeiro de 2005

D) 9 de janeiro de 2005

E) 10 de janeiro de 2005

↘ **Resolução:**

Situação repetitiva.

15 e 18

Existe algum número que divide 15 e 18 ao mesmo tempo? Sim! O número 3.

15,	18	3
5	6	

Existe algum número que divide 5 e 6 ao mesmo tempo? Não!

MMC = 3 · 5 · 6 = 90 dias.

Observe que 90 dias não significa 3 meses, pois temos meses com 30 e 31 dias.

Início: 10-10-2004

+ 3 meses

10-1-2005

Outubro – Novembro – Dezembro – Janeiro

31 dias 30 dias 31 dias /

Temos 2 meses de 31 dias, por isso devemos retirar dois dias, isto é, o excesso.

10-1-2005

–2

8-1-2005.

↗ **Gabarito: "C".**

3. MÁXIMO DIVISOR COMUM (MDC)

Definição: Dois números naturais (diferentes de zero) sempre têm divisores comuns. Sendo o MDC o maior divisor comum entre eles.

3.1 Cálculo do MDC

É necessário utilizar apenas divisores comuns.

Calcule o MDC dos números abaixo.

A) 36 e 90

Procurar um número que divide 36 e 90 ao mesmo tempo.

Existe algum número que divide 36 e 90 ao mesmo tempo? Sim! 18.

36, 90	18
2, 5	

Existe algum número que divide 2 e 5 ao mesmo tempo? Não!

No MDC só multiplicamos os termos comuns.

Nesse caso, o MDC é 18.

B) 5 e 7

Existe algum número que divide 5 e 7 ao mesmo tempo? Não!

O MDC será 1 (pois todos os números são divisíveis por 1; quando os números não possuírem o divisor comum, o MDC é 1).

3.2 Problemas envolvendo MDC

Os problemas relacionados ao MDC são sobre divisão de coisas ou objetos de tamanhos diferentes em partes iguais e o maior tamanho possível.

ATENÇÃO

Existem questões que escrevem menor quantidade no lugar de maior tamanho possível. Lembre-se para que a quantidade seja a menor possível o tamanho deve ser o maior possível.

Nas questões de MDC só temos duas perguntas sobre o elemento (tamanho ou quantidade) ou sobre arrumação (quantidade de lotes, caixas etc.).

3.3 Questões

1. **(FCC – SABESP – Analista)** Um grande terreno plano e retangular, com lados medindo 63 m e 96 m, será completamente gramado. Para isso, o proprietário contrata uma empresa de paisagismo. Ao fazer o orçamento, o técnico da empresa de paisagismo informa ao proprietário do terreno que o gramado é vendido apenas em tapetes quadrados, cujos lados podem ter qualquer quantidade inteira de metros. Para evitar o desperdício, o proprietário decide comprar os maiores tapetes possíveis, com a condição de que nenhum deles tenha de ser cortado para gramar o terreno e que todos sejam utilizados.

Para isso, ele deve pedir uma quantidade de tapetes igual a:

A) 384.
B) 672.
C) 6.048.
D) 3.024.
E) 1.488.

↘ Resolução:

Divisão em partes iguais e o maior tamanho possível = MDC.

96, 63|3

32, 21| 3

8, 7

3 x 3 = 9

Área total do terreno retangular = base . altura

A = 96 . 63 = 6048

É necessário dividir por 9 para encontrar a quantidade de tapetes.

6048 / 9 = 672

↗ Gabarito: "B".

2. **(FCC – TRT-SE – Analista)** Uma entidade assistencial pretende montar kits com vestimentas de inverno para distribuir em creches da cidade. Para a montagem dos kits, a entidade dispõe de 60 cobertores idênticos, 72 casacos idênticos e 108 calças idênticas. Se todos os kits são iguais e se todas as 240 vestimentas são utilizadas nos kits, o número máximo de kits que a entidade conseguirá montar é igual a:

A) 24.

B) 180.

C) 60.

D) 12.

E) 6.

↘ Resolução:

Tema: MDC

60, 72, 108 |12

5 6 9 |

Número de kits = 12 (em cada kit teremos 5 cobertores, 6 casacos e 9 agasalhos)

↗ Gabarito: "D".

3. **(FCC – COPERGAS-PE – Analista)** Participaram de um congresso 45 engenheiros da cidade A, 72 engenheiros da cidade B e 81 engenheiros da cidade C. O comitê organizador havia programado como atividade final do congresso um debate em grupos. Todos os grupos deveriam ter o mesmo número de participantes e esse número de participantes por grupo deveria ser o maior possível. Cada grupo deverá ter o mesmo número de engenheiros da cidade A, o mesmo número de engenheiros da cidade B e o mesmo número de engenheiros da cidade C. Nessa situação, em qualquer um desses grupos, o número de engenheiros da cidade A somado com o número de engenheiros da cidade B, supera o número de engenheiros da cidade C em:

A) 3.

B) 5.

C) 4.

D) 2.

E) 6.

↘ Resolução:

MDC (45, 72, 81) = 9 (número que divide os três ao mesmo tempo)

A = 45/9 = 5

B = 72/9 = 8

C = 81/9 = 9

A + B = 5 + 8 = 13

Resultado: 13 – 9 = 4

↗ Gabarito: "C".

4. FRAÇÃO

É uma divisão de dois números inteiros a e b, com b ≠ 0.

$\frac{a}{b}$ ou a : b

Temos: a: numerador e b: denominador

O numerador representa a quantidade de partes utilizadas. Por isso o numerador nesse caso é 3, pois são 3 partes pintadas.

O denominador representa o total de partes. Por isso o denominador é 4, pois o quadrado foi dividido em 4 quadrados iguais.

ATENÇÃO

$\frac{0}{0}$ = indeterminação.

$\frac{0}{b \neq 0}$ = 0. Exemplo: $\frac{0}{2}$ = 0.

$\frac{b \neq 0}{0}$ = impossível. Exemplo: $\frac{5}{0}$ = é impossível.

4.1 Operações entre frações

A) Adição ou subtração

A.1) Adição ou subtração de denominadores iguais

Processo: Conserva o denominador e soma ou subtrai os numeradores.

Exemplos:

$$\frac{1}{4}+\frac{6}{4}=\frac{7}{4}$$

A.2) Adição ou subtração de denominadores diferentes

Processo:

1º Tirar o MMC dos denominadores.

2º Colocar o resultado do MMC no denominador da nova fração e dividir o denominador da nova fração pelo denominador de cada fração e o resultado multiplicar pelo numerador da respectiva fração.

$$\frac{2}{5}+\frac{3}{8}$$

1º Tirar o MMC dos denominadores.

MMC de 5 e 8 = 40 (não possui divisor comum, logo o produto deles é o MMC)

2º Colocar o resultado do M.M.C no denominador da nova fração e dividir o denominador da nova fração pelo denominador de cada fração e o resultado multiplicar pelo numerador da respectiva fração.

$$\frac{8\cdot 2+5\cdot 3}{40}=\frac{16+15}{40}=\frac{31}{40}$$

B) Multiplicação

$$\frac{a}{b}\cdot\frac{c}{d}=\frac{a\cdot c}{b\cdot d}$$

Exemplos:

$$\frac{3}{5}\cdot\frac{2}{7}=\frac{3\cdot 2}{5\cdot 7}=\frac{6}{35}$$

$$\frac{2}{5}\text{ de } 40=\frac{2}{5}\cdot 40=\frac{2\cdot 40}{5}=\frac{80}{35}=16$$

ATENÇÃO

As expressões **do** e **de** entre dois números representam o sinal de multiplicação.

Simplificação: É dividir uma fração por um mesmo número, isto é, dividir o numerador e o denominador por um mesmo número.

$$\frac{2}{5}\text{ de } 40=\frac{2.40}{5}=\frac{2.40^{:5}}{5^{:5}}=\frac{2.8}{1}=\frac{16}{1}$$

= 16

Antes de multiplicar verifique se é possível simplificar, pois diminui o cálculo.

C) Divisão

$$\frac{a}{b}:\frac{c}{d}=\frac{a}{b}\cdot\frac{d}{c}=\frac{a\cdot d}{b\cdot c}$$

Processo: conserva a primeira fração e multiplica pelo inverso da segunda.

$$\frac{2}{3}:\frac{4}{7}=\frac{2}{3}\cdot\frac{7}{4}=\frac{2^{:2}\cdot 7}{3\cdot 4^{:2}}=\frac{1\cdot 7}{3\cdot 2}=\frac{7}{6}$$

4.2 Questões

1. **(FCC – TRT-MS – Analista)** Francisco verificou que havia x pastas em um diretório. Ele abriu 1/3 dessas pastas, deixou as restantes fechadas e foi embora. Geraldo encontra as pastas como Francisco havia deixado, abre 5/7 das pastas que ainda estavam fechadas e foi embora.

Humberto observa a situação das pastas após a intervenção de Geraldo, fecha 7/34 das pastas que encontrou abertas e abre metade das pastas que encontrou fechadas. Após a intervenção de Humberto, a fração, das x pastas, que ficaram abertas é igual a:

A) 13/21.

B) 15/34.

C) 9/21.

D) 31/42.

E) 5/ 34.

Resolução:

1ª etapa: Francisco abriu 1/3 dessas pastas, deixou as restantes fechadas e foi embora.

Abertas por Francisco = 1/3

Fechadas por Francisco = 2/3 (fração restante de 1/3)

2ª etapa: Geraldo encontra as pastas como Francisco havia deixado, abre 5/7 das pastas que ainda estavam fechadas e foi embora.

Abertas por Geraldo = 5/7 · 2/3 = 10/21

Total abertas, até a segunda etapa, é 1/3 + 10/21 = 17/21

Total fechadas, até o momento, é 4/21 (fração restante de 17/21)

3ª etapa: Humberto observa a situação das pastas após a intervenção de Geraldo, fecha 7/34 das pastas que encontrou abertas e abre metade das pastas que encontrou fechadas.

Assim, se Humberto fecha 7/34, logo 27/34 ficam abertas.

27/34 .17/21 = 9/14 (ficaram abertas)

Ele abriu metade das fechadas = 1/2 . 4/21 = 2/21

Resultado: 9/14 + 2/21 = 31/42

↗ **Gabarito: "D".**

2. (Analista – TRT-PE) Em uma empresa, no ano de 2005, o total de funcionários era 100, e a razão entre o número de homens e o número de mulheres era 7/ 3. De 2005 até 2010 nenhum funcionário se desligou da empresa e foram feitas contratações de modo a duplicar o número total de funcionários. Após essas contratações a razão, que era 7/ 3, passou a ser 3/ 2. Desse modo, é correto concluir que a razão entre o número de homens contratados e o número de mulheres contratadas, nesse período, foi:

A) 3/ 4.

B) 5/ 3.

C) 2/ 1.

D) 1/ 1.

E) 4/ 5.

↘ **Resolução:**

2005: Funcionários: 100 Homens: 70 Mulheres: 30

70/30 = 7/3

2010: Funcionários: 200 Homens: 120 Mulheres: 80

120/80 = 12/8 = 3/2

Diferença entre 2010 e 2005

Homens: 120 – 70 = 50 (Acrescimento de 50 funcionários homens)

Mulheres: 80 – 30 = 50 (Acrescimento de 50 funcionárias mulheres)

50/50 = 1/1

↗ **Gabarito: "D".**

3. (FCC – TRT-RO e AC – Analista) Em um curso de informática, 2/3 dos alunos matriculados são mulheres. Em certo dia de aula, 2/5 das mulheres matriculadas no curso estavam presentes e todos os homens matriculados estavam presentes, o que totalizou 27 alunos (homens e mulheres) presentes na aula. Nas condições dadas, o total de alunos homens matriculados nesse curso é igual a:

A) 18.

B) 10.

C) 15.

D) 12.

E) 21.

↘ **Resolução:**

Mulheres = 2N/3

Homens = N/3

2/5 x (2N/3) = 4N/15 (mulheres matriculadas presentes em certo dia)

Total de presentes = homens presentes + mulheres presentes

27 = N/3 + 4N/15

27 = 5N/15 + 4N/15

27 = 9N/15

9N = 27 · 15

N = 405/9 = 45 (total de pessoas)

O total de homens matriculados é igual a N/3 = 45/3 = 15.

↗ **Gabarito: "C".**

4. (FCC – DPE-RS – Analista) Carlos comeu a terça parte de uma pizza. Angelina chegou depois e comeu a metade do que Carlos havia deixado da pizza. Por último, Beatriz chegou e comeu o correspondente à metade do que Angelina havia comido. A fração que sobrou dessa pizza foi:

A) 1/6.

B) 3/8.

C) 2/9.

D) 1/5.

E) 1/12.

↘ Resolução:

1ª etapa: Carlos comeu 1/3 da pizza.

Carlos = 1/3

Sobra = 1 – 1/3 = 2/3

2ª etapa: Angelina comeu metade da sobra de Carlos.

Angelina = 1/2 · 2/3 = 2/6 (simplificando por 2) = 1/3

3º etapa: Beatriz comeu metade do que Angelina havia comido.

Beatriz = 1/2 . 1/3 = 1/6

1/3 + 1/3 + 1/ 6 = (2+2+1)/ 6 = 5/6

Sobra = 1 – 5/6 = 1/6

↗ Gabarito: "A".

5. **(FCC – TRT-MS)** **Do total de pessoas que visitaram uma Unidade do Tribunal Regional do Trabalho de segunda a sexta-feira de certa semana, sabe-se que 1/5 fizeram na terça-feira 1/6 na sexta-feira. Considerando que o número de visitantes da segunda-feira correspondia a 3/4 de terça-feira e que a quarta-feira e a quinta-feira receberam, cada uma, 58 pessoas, então o total de visitantes recebidos nessa Unidade ao longo de tal semana é um número:**

A) menor que 150.

B) múltiplo de 7.

C) quadrado perfeito.

D) divisível por 48.

E) maior que 250.

↘ Resolução:

Podemos responder utilizando o conceito de fração.

Terça = 1/5 do total

Quarta = quinta = 58

Quarta + quinta = 58 + 58 = 116

Sexta = 1/6 do total

Segunda = 3/4 de segunda = 3/4 · 1/5 = 3/20 do total

Somando segunda, terça e sexta, temos: 1/5 + 3/20 + 1/6 = 31/60 do total

Segunda, terça e sexta correspondem a 31 partes de 60, logo quarta e quinta correspondem a 29 partes de 60.

Conclusão: 29/60 do total = 116

29/60x = 116

29x = 60 · 116

x = 6960/29 = 240

240 é divisível por 48.

↗ Gabarito: "D".

5. RAZÃO E PROPORÇÃO

5.1 Razão

É uma divisão ou quociente de dois números inteiros a e b com $b \neq 0$.

$$\frac{a}{b}$$

a é chamado de antecedente e o b é chamado de consequente.

ATENÇÃO

Quando a expressão $\frac{a}{b}$ representar uma razão deve ser pronunciada assim:

a está para b

A razão de a/b

5.2 Razões especiais

A) velocidade média

$$Vm = \frac{distância}{tempo}$$

B) densidade de corpos

$$d = \frac{massa}{volume}$$

C) densidade demográfica

$$d = \frac{população}{área}$$

D) escala

$$e = \frac{\textit{comprimento do desenho}}{\textit{comprimento real}}$$

5.3 Proporção

É uma igualdade de razões.

Dados quatro números racionais a, b, c, d, não nulos, nessa ordem, dizemos que eles formam uma proporção quando a razão do 1º para o 2º for igual à razão do 3º para o 4º. Assim:

$\frac{a}{b} = \frac{c}{d}$ ou $a{:}b=c{:}d$ (lê-se "*a* está para *b*, assim como *c* está para *d*")

Propriedade fundamental da proporção:

$\frac{a}{b} = \frac{c}{d}$ temos a.d = b.c (o produto dos extremos é igual ao produto dos meios).

5.4 Questões

1. **(FCC – TRT-MS – Analista)** Um veículo trafegando a uma velocidade média de 75 km/h percorre determinada distância em 4 horas e 20 minutos. Se a sua velocidade média cair para 45 km/h, o tempo necessário para percorrer a mesma distância será acrescido de um valor que é:

A) maior que três horas e menor que quatro horas.
B) maior que duas horas e menor que três horas.
C) menor do que uma hora.
D) maior que uma hora e menor que duas horas.
E) maior que quatro horas.

↘ Resolução:

1ª etapa: Um veículo trafegando a uma velocidade média de 75 km/h percorre determinada distância em 4 horas e 20 minutos.

Assim, 20 minutos = 1/3 de hora

75 · 4 = 300

75 · 1/3 = 75/ 3 = 25

Distância total percorrida = 300 + 25 = 325 km (tempo = 4 horas e 20 minutos).

2ª etapa: Se a sua velocidade média cair para 45 km/h, o tempo necessário para percorrer a mesma distância será acrescido de um valor que é:

325 : 45 = 7, 2222 h

Dica: 7, 222h = 7h e 2/9 de hora

2/9 de hora = 2/9 · 60 = 120/9 = 17 minutos aproximadamente

7h e 17 min – 4 h e 20 = 2h e 53 minutos, aproximadamente.

↗ Gabarito: "B".

2. **(FCC – TRT-PE) A relação entre funcionários homens e funcionárias mulheres em uma repartição pública é de 5 para 4, nessa ordem. Após um concurso, foram admitidos 5 novos funcionários homens e 12 novas funcionárias mulheres nessa repartição. Com o ingresso desses funcionários, a proporção entre funcionários homens e funcionárias mulheres da repartição passou a ser de 9 para 8, nessa ordem. Sendo assim, depois do concurso a repartição passou a ter um total de funcionárias mulheres igual a:**

A) 64.
B) 78.
C) 80.
D) 72.
E) 70.

↘ Resolução:

$\frac{H}{M} = \frac{5}{4}$

Observe que 4H = 5M (8H = 10 M, multiplicando por 2)

Com a contratação, temos: $\frac{H}{M} + \frac{5}{12} = \frac{9}{8}$

9M + 108 = 8H +40

9M + 108 = 10M + 40

9M – 10 M = 40 – 108

–M = – 68 (–1)

M = 68

Resultado = 68 (valor inicial de mulheres) + 12 (contratadas) = 80

↗ Gabarito: "C".

3. **(FCC – ELETROBRAS – Direito)** **Para ir de um ponto A até um ponto B, uma pessoa corre constantemente a razão de 8 quilômetros por hora, e para voltar de B até A, ela**

caminha constantemente a razão de 5 quilômetros por hora. Se o percurso de ida e volta durou 13 horas, sem intervalos de parada, a distância entre A e B, em quilômetros, é igual a:

A) 18.

B) 36.

C) 80.

D) 40.

E) 60.

↘ Resolução:

Distância = x

Tempo= distância/ velocidade

$$\frac{x}{5} + \frac{x}{8} = 13$$

$$\frac{8x + 5x = 520}{40}$$

Assim, corta o denominador depois de colocar todos os termos no mesmo denominador.

13x = 520

x = 520/13 = 40

↗ Gabarito: "D".

4. (FCC – TRT-SC) Fincadas na areia de uma praia estão pranchas de surf e de bodyboard, na razão de 7 para 4. Sabendo que são 24 pranchas de surf a mais que as de bodyboard, o número total dessas pranchas fincadas na areia é igual a:

A) 62.

B) 48.

C) 12.

D) 88.

E) 27.

↘ Resolução:

A diferença entre o número de pranchas é igual a 24.

A diferença entre as partes é igual a 3 (7 – 4)

Conclusão: 3 partes = 24 pranchas (temos uma relação entre parte e valor, logo é necessário montar a regra de três)

Observe o total de partes = 11

Parte ---- quantidade

3 24

11 x

3x = 24 · 11

3x = 264

x = 264/3

x = 88

↗ Gabarito: "D".

6. DIVISÃO PROPORCIONAL

6.1 Números diretamente proporcionais

Os números racionais x, y e z são diretamente proporcionais aos números racionais a, b e c quando se tem:

$$\frac{x}{a} = \frac{y}{b} = \frac{z}{c}$$

6.2 Números inversamente proporcionais

Os números racionais x, y e z são inversamente proporcionais aos números racionais a, b e c quando se tem:

$$x \cdot a = y \cdot b = z \cdot c$$

Os conceitos de números proporcionais serão utilizados no cálculo da regra de três.

6.3 Divisão em partes proporcionais

A) Divisão em partes diretamente proporcionais

Nesse caso, aplicamos a fórmula:

$$\frac{total}{soma\ das\ partes}$$

B) Divisão em partes inversamente proporcionais

Nesse caso, aplicamos a fórmula:

$$\frac{total}{soma\ das\ partes}$$

Observe que antes de utilizar a fórmula é necessário inverter as partes.

C) Divisão composta

Observe que temos uma divisão ao mesmo tempo, por isso é necessário multiplicar as partes envolvidas.

6.4 Questões

1. **(FCC – TRT-SE – Analista)** Uma situação judicial exige que o valor de R$ 810.000,00 seja repartido em três partes de forma que a segunda seja igual ao dobro da primeira e a terça parte da terceira. Feita a repartição dessa maneira, a diferença entre a maior e a menor das três partes foi, em reais, de:

A) 480.000,00.

B) 420.000,00.

C) 460.000,00.

D) 380.000,00.

E) 450.000,00.

Resolução:

Número = 810 000

Primeira parte = 1 (suposição, poderia ser escolhido qualquer número)

Segunda parte = 1 · 2 = 2 (a segunda parte é o dobro da primeira parte)

Terceira parte = 3 · 2 = 6 (a segunda parte é a terça parte da primeira = a terceira parte é o triplo da segunda parte).

Assim:

Segunda parte = 1/3 da terceira parte

Fazendo uma proporção, temos:

A terceira parte = 3 . segunda parte

Fórmula: (número/ soma das partes)

$\frac{810000}{1+2+6} = \frac{810000}{9} = 9000$ (valor de cada parcela)

Assim, Maior parte = 6 e Menor parte = 1

6 – 1 = 5 (partes de diferença)

Logo, 5 · 90 000 = 450 000 (diferença entre o maior e o menor valor)

Gabarito: "E".

2. **(FCC – TRT AM e RR – Analista)** José Souza, Paulo Almeida e Claudio Prinot são três funcionários que têm que realizar, no total para os três, 72 tarefas diariamente. Cada dia eles escolhem um critério diferente para repartir as tarefas. Por exemplo, no dia de ontem eles decidiram que as 72 tarefas seriam divididas entre eles diretamente proporcional às consoantes do sobrenome de cada um. Sendo assim, ontem Paulo Almeida teve que realizar o total de tarefas igual a:

A) 15.

B) 12.

C) 18.

D) 9.

E) 24.

Resolução:

Souza = 2 consoantes = 2 partes

Almeida = 3 consoantes = 3 partes

Prinot = 4 consoantes = 4 partes

Fórmula: Número/ soma das partes

72/ 9 = 8 (valor de cada parte)

Paulo Almeida = 3 · 8 = 24

Gabarito: "E".

3. **(FCC – TRT-BA)** Três funcionários, A, B e C, decidem dividir entre si a tarefa de conferir o preenchimento de 420 formulários. A divisão deverá ser feita na razão inversa de seus respectivos tempos de serviço no Tribunal. Se A, B e C trabalham no Tribunal há 3, 5 e 6 anos, respectivamente, o número de formulários que B deverá conferir é:

A) 100.

B) 120.

C) 200.

D) 240.

E) 250.

Resolução:

Nesse caso, temos uma divisão em partes inversamente, por isso devemos inverter as partes.

$A = \frac{1}{3}, B = \frac{1}{5} \text{ e } C = \frac{1}{6}$

Temos partes fracionárias, por isso devemos utilizar o macete de partes fracionárias.

1º passo: colocando os termos no mesmo denominador, temos:

$$\frac{10\ 6\ 5}{30}$$

2º passo: cortar o denominador e utilizar apenas os numeradores.

A = 10, B = 6 e C = 5.

Observe que o nosso referencial é A = 10 partes, B = 6 partes e C = 5 partes.

Vamos utilizar a fórmula do K.

$$\frac{420}{10+6+5} = \frac{420}{21} = 20$$

$B = 6 \cdot 20 = 120$.

↗ **Gabarito: "B".**

4. (FCC – TRF 4ª Região – Analista) Um prêmio em dinheiro é repartido entre 3 pessoas em partes inversamente proporcionais às suas idades, ou seja, 24, 36 e 48 anos. Se a pessoa mais nova recebeu R$ 9.000,00 a mais que a mais velha, então a pessoa que tem 36 anos recebeu:

A) R$ 21.000,00.

B) R$ 18.000,00.

C) R$ 15.000,00.

D) R$ 12.000,00.

E) R$ 9.000,00.

↘ **Resolução:**

As divisões são em partes inversamente proporcionais.

Nesse caso, devemos inverter as partes.

Vamos simplificar antes de inverter, dessa forma o cálculo fica menor.

A = 24 : 12 = 2

B = 36 : 12 = 3

C = 48 : 12 = 4

Agora, realizamos a inversão dos termos.

A = 1/2

B = 1/3

C = 1/4

Vamos colocar no mesmo denominador e utilizar apenas os numeradores.

Observe que MMC (2, 3 e 4) = 12

$$\frac{6\ 4\ 3}{12}$$

A partir desse cálculo, as nossas partes são:

A = 6 partes inteiras.

B = 4 partes inteiras.

C = 3 partes inteiras.

A única informação que temos é que a pessoa mais nova recebeu R$ 9.000,00 a mais que a mais velha.

Conclusão: A – C = 9000 (essa diferença de valores recebidos).

Agora, a diferença das partes é igual a 3, pois o A tem 6 partes e C tem 3 partes.

Temos as seguintes informações.

A diferença de valores é igual a 9000.

A diferença das partes é igual a 3.

Dessa forma podemos concluir que 3 partes correspondem a 9000.

Pois a diferença dos valores está relacionada com a diferença das partes.

Se 3 partes valem 9000, então uma parte vale 3000.

Você pode fazer uma regra de três se preferir.

Parte	Valor
3	9000
1	x

3x = 9000.1

x = 9000: 3 = 3000

A pessoa de 36 anos possui 4 partes, logo ela recebeu $4 \cdot 3000 = 12000$.

↗ **Gabarito: "D".**

5. (FCC – TRT-MS) Caetano fundou uma empresa com um capital de R$ 300.000,00 e após 8 meses admitiu Milton como Sócio, com R$ 120.000,00 de capital. Ao completar 1 ano de atividades da empresa, houve um lucro de R$ 170.000,00. Na divisão proporcional desse lucro, a parte que coube a Milton foi:

A) R$ 20.000,00.

B) R$ 40.000,00.

C) R$ 50.000,00.

D) R$ 60.000,00.

E) R$ 80.000,00.

Resolução:

A questão não informou, então podemos concluir que as grandezas são diretamente proporcionais.

DP – capital	DP – tempo
C = 300 000	12
M = 120 000	4 (entrou após 8 meses, logo 4 meses)

DP – capital	DP – tempo
C = 300 000 : 1000 = 30 : 6 = 5	12 : 4 = 3
M = 120 000 : 1000 = 12 : 6 = 2	4 : 4 = 1

1ª parte: $5 \cdot 3 = 15$

2ª parte: $2 \cdot 1 = 2$

Aplicando a fórmula:

$$\frac{170000}{15+2} = \frac{170000}{17} = 10.000$$

M: $2 \cdot 10.000 = 20.000$.

Gabarito: "A".

6. **(FCC – TRF 1ª Região)** Dois funcionários de uma repartição pública foram incumbidos de arquivar 164 processos e dividiram esse total na razão direta de suas respectivas idades e inversa de seus respectivos tempos de serviço público. Se um deles tem 27 anos e 3 anos de tempo de serviço e o outro 42 anos e está há 9 anos no serviço público, então a diferença positiva entre os números de processos que cada um arquivou é:

A) 48.
B) 50.
C) 52.
D) 54.
E) 56.

Resolução:

A idade é diretamente proporcional (DP) e o tempo de serviço é inversamente proporcional (IP)

DP – idade	IP – tempo de serviço
27	3
42	9

Nesse caso, invertemos os números inversos, tornando diretos.

DP – idade	IP – tempo de serviço
27	1/3
42	1/9

1ª parte: $27 \cdot \frac{1}{3} = \frac{27}{3} = 9$

2ª parte: $42 \cdot \frac{1}{9} = \frac{42}{9} = \frac{42^{:3}}{9^{:3}} = \frac{14}{3}$

Colocando as partes no mesmo denominador:

$9 \text{ e } \frac{21}{3} = \frac{27 \text{ e } 14}{3}$

1ª parte: 27 e 2ª parte: 21.

Aplicando a fórmula: $\frac{162}{27+14} = \frac{162}{41} = 4$

A questão pediu a diferença das partes: 27 – 14 = 13 (diferença das partes)

Resultado: $13 \cdot 4 = 52$.

Gabarito: "C".

7. REGRA DE TRÊS

7.1 Grandezas

Grandeza é tudo aquilo que pode ser medido, contado.

A) Grandezas diretamente proporcionais

As grandezas diretamente proporcionais são grandezas que mantêm o mesmo padrão, isto é, se uma dobra a outra também, se uma reduz a terça parte a outra grandeza também reduz na mesma medida e assim sucessivamente.

Principais grandezas diretamente proporcionais:

Tempo – distância;

Valor – quantidade;

Tempo – salário (valor por hora);

Pessoas – produção;

Tempo – produção.

B) Grandezas inversamente proporcionais

As grandezas inversamente proporcionais são grandezas em que o produto entre elas é igual, por isso se uma grandeza dobrar a outra tem que se reduzir à metade no intuito de conservar o padrão. Podemos então concluir que se uma grandeza for multiplicada por um número a outra será dividida pelo mesmo número.

Principais grandezas inversamente proporcionais:

Tempo – velocidade;

Tempo – pessoa;

Dia – hora.

7.2 Tipos de regra de três

A) Regra de três simples

Regra de três simples é um processo prático para resolver problemas que envolvam quatro valores dos quais conhecemos três deles. Devemos, portanto, determinar um valor a partir dos três já conhecidos.

Passos utilizados na resolução de uma regra de três simples:

1º) Construir uma tabela, agrupando as grandezas da mesma espécie em colunas e mantendo na mesma linha as grandezas de espécies diferentes em correspondência.

2º) Identificar se as grandezas são diretamente ou inversamente proporcionais.

3º) Montar a proporção e resolver a equação.

Caso 1: Grandezas diretamente proporcionais

a-----b

c-----d

$b \cdot c = a \cdot d$

Caso 2: Grandezas inversamente proporcionais

a-----b

c-----d

$a \cdot b = c \cdot d$

B) Regra de três composta

A regra de três possui dois métodos de resolução: o método da comparação (usa as setas, comparando as grandezas) e o método causa e efeito (que não precisa comparar as grandezas).

Vamos juntos aprender o método causa-efeito.

Primeiro, devemos saber quais as grandezas que representam a causa e quais as que representam o efeito.

Causa	Efeito
Tempo (dia, hora) Pessoas (operários) Velocidade média Produtividade	Produção Área Grau de dificuldade (da área ou produção) Consumo Distância

7.3 Questões

1. **(FGV – TSJSC)** Um pintor pintou uma parede retangular com 3m de altura por 4m de largura em uma hora.

Com a mesma eficiência, esse pintor pintaria uma parede com 3,5m de altura por 6m de largura em:

A) 1h45min;

B) 1h40min;

C) 1h35min;

D) 1h30min;

E) 1h25min.

Resolução:

Pintor 1 : $3 \cdot 4 = 12$ m² em 1 hora

Pintor 2 : $3{,}5 \cdot 6 = 21$m² em x hora

Tempo – área

1 12

x 21

$12x = 21$

x = 21/12 = 1,75 hora (1,75 . 60 = 105 minutos = 1 hora e 45 minutos)

↗ **Gabarito: "A".**

2. **(FCC – TRT-MA)** André pensou que realizaria uma tarefa em 20 dias, porém, levou 20 dias a mais porque trabalhou 3 horas a menos por dia. Se a produtividade de André por hora se manteve sempre a mesma durante a realização da tarefa, o número de horas diárias que André dedicou à realização da tarefa foi igual a:

A) 6.
B) 5.
C) 5,5.
D) 3,5.
E) 3.

↘ **Resolução:**

A relação entre tempo (dia) e tempo (hora) é inversamente proporcional.

Dia ----- hora

20 x

40 x–3

Observe que na relação inversamente proporcional deve-se multiplicar os elementos da mesma linha.

40(x–3) = 20x

40x – 120 = 20x

40x – 20x = 120

20x = 120

X = 120/20 = 6

6 – 3 = 3 (hora dedicada)

↗ **Gabarito: "E".**

3. **(FGV – TJSC)** Dois atendentes atendem 32 clientes em 2h40min. Com a mesma eficiência, três atendentes atenderão 60 clientes em:

A) 2h40min;
B) 2h48min;
C) 3h10min;
D) 3h20min;
E) 3h30min.

↘ **Resolução:**

Regra de três composta

1º passo: montar a regra de três

Pessoa	Tempo	Clientes
2	160	32
3	x	60

2º passo: Montar o "x"

Pessoa	Tempo	Clientes
~~2~~	~~160~~	32
~~3~~	~~x~~	60

$$x = \frac{2.160.60}{3.32} = \frac{19200}{96} = 200 \text{ minutos}$$

(3 horas e 20 minutos)

↗ **Gabarito: "D".**

4. **(FCC – TRF 3ª Região – Analista)** Uma indústria produz um tipo de máquina que demanda a ação de grupos de funcionários no preparo para o despacho ao cliente. Um grupo de 20 funcionários prepara o despacho de 150 máquinas em 45 dias. Para preparar o despacho de 275 máquinas, essa indústria designou 30 funcionários. O número de dias gastos por esses 30 funcionários para preparem essas 275 máquinas é igual a:

A) 55.
B) 36.
C) 60.
D) 72.
E) 48.

↘ **Resolução:**

1ª etapa: Montar a tabela da Causa-Efeito

CAUSA		EFEITO
F	D	M
20	45	150
30	X	275

2ª etapa: Fazer o grande X

CAUSA		EFEITO
F	D	M
~~20~~	~~45~~	150
~~30~~	~~X~~	275

$$X = \frac{20 \cdot 45 \cdot 275}{30 \cdot 150} = \frac{247500}{4500} = 55$$

↗ **Gabarito: "A".**

5. (FCC – COPERGAS-PE – Analista) Uma equipe de 12 funcionários prepara uma remessa de 600 caixas de determinado produto em 450 horas de trabalho. Uma outra remessa, de 1.800 caixas do mesmo produto anterior, deverá ser preparada em 600 horas. O número de funcionários, com o mesmo desempenho de cada um dos funcionários anteriores, necessários para executar essa segunda tarefa, é igual a:

A) 21.

B) 35.

C) 24.

D) 18.

E) 27.

↘ **Resolução:**

1ª etapa: Montar a tabela da Causa-Efeito

CAUSA

F	H
12	450
X	600

EFEITO

C
600
1800

2ª etapa: Fazer o grande X

CAUSA

F	H
12	450
X	600

EFEITO

C
600
1800

$$X = \frac{12 \cdot 450 \cdot 1800}{600 \cdot 600} = \frac{9720000}{360000} = 27$$

↗ **Gabarito: "E".**

8. PORCENTAGEM

A porcentagem é muito utilizada no nosso cotidiano, porém muitas pessoas ainda têm dificuldades com ela.

A noção de porcentagem:

$a\,\% = \frac{a}{100}$ ou $0{,}0a$

Exemplos:

$5\% = \frac{5}{100}$ ou 0,05 (corre a vírgula duas casas para a esquerda)

8.1 Cálculo de porcentagem

a) 40% de 120

1ª opção: $\frac{40}{100} \cdot 120 = \frac{40 \cdot 120}{100} = \frac{4800}{100} = 48.$

2ª opção: utilizando o método da regra de três simples.

O número 120 é base, logo corresponde a 100%.

Valor	Percentual (%)
120	100
x	40

$100 \cdot x = 120 \cdot 40$

$100 \cdot x = 4800$

$x = \frac{4800}{100} = 48$

8.2 Operações comerciais

Para iniciar os estudos sobre lucro ou prejuízo, devemos estar atentos que o preço inicial sempre corresponde a 100% (ou preço-base).

Primeiro vamos estudar o lucro ou ágio.

Essas palavras representam o aumento do percentual.

Exemplo:

10% de lucro = 100 + 10 = 110%.

Agora, vamos estudar o desconto ou prejuízo.

10% de desconto = 100 – 10 = 90%.

25% de prejuízo = 100 – 25 = 75%.

Preço inicial ---------- 100%

Preço de venda ----------% da venda (lucro ou prejuízo)

8.3 Questões

1. (FGV – TJSC) Sérgio pagou uma conta vencida, com 6% de juros, no valor total (juros incluídos) de R$ 371,00.

Se Sérgio tivesse pagado essa conta até o vencimento, o valor seria:

A) R$ 346,00;
B) R$ 348,74;
C) R$ 350,00;
D) R$ 351,68;
E) R$ 360,00.

↘ Resolução:

x (valor inicial) + 6% de x = 371

x + 0,06x = 371

1,06 x = 371

x = 371/ 1,06 = 350

↗ Gabarito: "C".

2. (FCC – TRT-PE – Analista) Quatro quintos dos processos de uma comarca são da área civil e três oitavos desses processos são da regional sul da comarca. A porcentagem de processos da comarca que são da área civil e da regional sul é igual a:

A) 42%.
B) 20%.
C) 45%.
D) 12%.
E) 30%.

↘ Resolução:

4/5 . 3/8 = 12/40 . 100 = 1200/40 = 30%

↗ Gabarito: "E".

3. (FCC – TRT-MS – Analista) Em determinada semana o preço do tomate é 80% do preço da batata. Na semana seguinte o preço da batata cai 48% e o preço do tomate sobe 30%. Nessa segunda situação, para que o preço da batata se iguale ao preço do tomate, ele deverá subir:

A) 75%.
B) 50%.
C) 80%.
D) 100%.
E) 90%.

↘ Resolução:

Preço da batata = 100 (escolha)

Preço do tomate = 80% do preço da batata = 80 (80% de 100)

Batata: o preço da batata cai 48%

100 – 48% de 100 = 100 – 48 = 52 (novo valor da batata)

Tomate: o preço do tomate sobe 30%

80 + 30% de 80 = 80 + 24 = 104

Objetivo: Nessa segunda situação, para que o preço da batata se iguale ao preço do tomate, e e deverá subir.

52 para 104, temos um aumento de 52, que corresponde a 100% de 52.

↗ Gabarito: "D".

4. (FCC – TRT-SE – Analista) Um comerciante resolveu incrementar as vendas em sua loja e anunciou liquidação de todos os produtos com desconto de 30% sobre o preço das etiquetas. Ocorre que, no dia anterior à liquidação, o comerciante havia remarcado os preços das etiquetas para cima de forma que o desconto verdadeiro, durante a liquidação, fosse de 16% sobre o preço anterior ao aumento com a remarcação. Sendo assim, o aumento do preço feito na remarcação das etiquetas no dia anterior à liquidação foi de:

A) 24%.
B) 20%.
C) 21%.
D) 32%.
E) 34%.

↘ Resolução:

Preço inicial = 100 (suposição, pode escolher qualquer valor)

Desconto verdadeiro: 16%

100 – 16% de 100 = 100 – 16 = 84

Número --- %

84 70 (30% de desconto = 100 – 30 = 70%)

x 100

70x = 84 · 100

x = 8400/70 = 120 (preço de venda)

Para ocorrer um desconto real de 16% é necessário aumentar o preço em 20% antes da liquidação (o valor passou de 100 para 120, ou seja, 20% de aumento).

↗ **Gabarito: "B".**

5. **(FCC – TRF 3ª Região – Analista)** O senhor A investiu a quantia de x em um produto financeiro que apresentou queda constante e sucessiva de 10% ao ano por, pelo menos, 10 anos. Simultaneamente, o senhor B investiu a quantia de 27x (27 vezes a quantia x) em um produto financeiro que apresentou queda constante e sucessiva de 70% ao ano por, pelo menos, 10 anos. A partir do início desses dois investimentos, o número de anos completos necessários para que o montante investido pelo senhor A se tornasse maior que o montante investido pelo senhor B é igual a:

A) 2.
B) 4.
C) 6.
D) 3.
E) 5.

↘ **Resolução:**

n = número de anos

Valor x = x

Senhor A: 10% de redução = 100–10% = 90% do valor = 0,9 (fator de redução)

Senhor B: 10% de redução = 100–70% = 30% do valor = 0,3 (fator de redução)

(0,3)n . 27x = (0,9)n . x (cortando o "x" de ambos os lados)

(0,9/0,3)n = 27

3n = 27

n = 3

↗ **Gabarito: "D".**

6. **(FCC – ELETROBRAS – Direito)** Um comerciante comprou uma mercadoria com desconto de 25% sobre o valor tabelado pelo fornecedor. O comerciante deseja vender essa mercadoria por um preço tal que seja possível dar um desconto de 20% ao comprador e, ainda assim, que seu lucro seja de 10% sobre o preço que pagou. Nas condições descritas, o comerciante terá que colocar seu produto à venda por um preço x% superior ao preço tabelado do fornecedor, sendo que x é igual a:

A) 3,225.
B) 4,245.
C) 2,825.
D) 3,125.
E) 6,105.

↘ **Resolução:**

Preço tabelado = 100 (suposição)

Preço de compra com 25% de desconto = 100 – 25% de 100 = 100 – 25 = 75

Preço recebido com 20% de desconto = 100% – 20% = 80% do valor total

Lucro de 10% sobre o preço de compra = 75 + 10% de 75 = 75 + 7,5 = 82,5

Número --- %

82,5 80

x 100

80x = 82,5 . 100

x = 8250/80 = 103,125

103,125 – 100 (valor tabelado) = 3,125% de aumento

↗ **Gabarito: "D".**

7. **(FCC Analista/TRT-RO e AC – Analista)** Um comerciante compra certa mercadoria por R$ 149,50 e estabelece o preço de venda levando em consideração que ele quer obter um lucro de 20% sobre o preço de venda, e que ele deverá pagar um imposto de 15% sobre o mesmo preço de venda. Nas condições dadas, o preço de venda da mercadoria deverá ser, em R$, de:

A) 235,00.
B) 202,00.
C) 210,00.
D) 242,00.
E) 230,00.

↘ **Resolução:**

Objetivo: Lucro (20% do valor = 0,2) = venda (V) – compra (149,5) – imposto (15% de V = 0,15V)

0,2V = V – 149,50 – 0,15V

0,65V = 149,50

V = 149,5/0,65

V = 230

↗ **Gabarito: "E".**

8. (FCC – FUNAPE – Analista) Um comerciante autônomo compra mercadorias pelo preço unitário de R$ 8,00 para depois revendê-las. Ele guarda 10% da diferença entre o preço de compra e de venda da mercadoria para reinvestir no seu negócio, e paga 20% de imposto sobre o preço de venda da mercadoria. Se ele deseja realizar um lucro de 32,5% sobre o valor de compra de cada mercadoria colocada à venda, o preço unitário de venda dessa mercadoria terá que ser igual a:

A) R$ 13,20.

B) R$ 14,00.

C) R$ 14,40.

D) R$ 13,00.

E) R$ 10,60.

↘ Resolução:

Preço de compra = 8

Lucro de 32,5 % sobre o preço de compra = 32,5% de 8 = 2,6

L = PV – PC – Imposto – (diferença para economizar)

2,6 = PV – 8 – 0,2PV – [0,1(PV – 8)]

2,6 + 8 – 0,8 = 0,7PV

0,7PV = 9,8

PV = 9,8/0,7 = 14

↗ Gabarito: "B".

9. (FCC – FUNAPE – Analista) Uma motocicleta foi vendida por R$ 18.500,00, com lucro de 8% sobre a venda. O custo desta motocicleta foi de:

A) R$ 16.480,00.

B) R$ 17.340,00.

C) R$ 18.010,00.

D) R$ 16.760,00.

E) R$ 17.020,00.

↘ Resolução:

Preço de venda: 18500

Lucro 8% (0,08) = 18500. 0,08 = 1480

Custo = 18500 – 1480 = 17 020

↗ Gabarito: "E".

10. (FCC – TRT-RS) Jeová comprou dois automóveis, um para seu próprio uso e o outro para dar de presente à sua esposa, e, após um ano, vendeu cada um deles por R$ 39.100,00. Sabendo que, relativamente aos custos de tais veículos, um automóvel foi vendido com um lucro de 15% e o outro com um prejuízo de 15%, é correto afirmar que, com a venda dos dois automóveis, Jeová:

A) teve um prejuízo de R$ 1.800,00.

B) lucrou R$ 2.500,00.

C) teve um prejuízo de R$ 2.000,00.

D) lucrou R$ 3.000,00.

E) não teve lucro nem prejuízo.

↘ Resolução:

Trata-se de questão clássica de concurso!

O lucro e prejuízo são calculados a partir de bases distintas. Não confunda valor final com o valor-base. Nessa questão temos o valor final de cada venda, porém não temos valores-base de cada venda.

1ª etapa: lucro de 15%

Valor final = 39100

15% de lucro (lucro = aumento) = 100 + 15 = 115%

Valor inicial = x

Número ---------- %

x 100

39100 115

115x = 39100 · 100

x = 3910000/115

x = 34000

Lucro = receita – custo

Lucro = 39100 – 34000 = 5100

2ª etapa: prejuízo de 15%

Valor final = 39100

15% de prejuízo (prejuízo=redução) = 100 – 15 = 85%

Valor inicial = x

Número ---------- %

x 100

39100 85

85x = 39100 · 100

x = 3910000/85

x = 46000

Prejuízo = receita – custo

Prejuízo = 39100 – 46000 = –6900

Resultado: = –6900 + 5100 = –1800

↗ Gabarito: "A".

REFERÊNCIAS

LAGES, Elon L. *A matemática do ensino médio*. Rio de Janeiro: SBM, 1998. v. 2.

SANTOS, Bruno V. *Raciocínio lógico*: teoria e treinamento prático. São Paulo: Método, 2013.

_______. *Raciocínio lógico facilitado*. 4. ed. São Paulo: Método, 2016.

_______. *Matemática facilitada*. São Paulo: Método, 2016.

6

RACIOCÍNIO LÓGICO

Sumário

1. LÓGICA PROPOSICIONAL

1.1 Proposição lógica

Definição

Proposição é toda sentença declarativa (com sujeito e predicado) à qual se pode atribuir, sem ambiguidade, apenas um valor lógico: verdadeiro (V) ou falso (F).

Exemplos:

O sol é uma estrela.

8 é divisível por 4.

João é paulista.

As proposições lógicas se dividem em: proposição fechada (proposição lógica) e proposição aberta (sentença aberta). A proposição lógica é chamada de proposição fechada, pois o valor do enunciado está definido.

Condições para uma frase ser classificada como uma proposição lógica:

1) Frase declarativa com sujeito e predicado (ou sentido de declaração).
2) Não pode ser uma sentença aberta.
3) Não é um paradoxo.

Proposição aberta ou Sentença aberta

Definição – Sentença aberta é uma sentença cujo resultado (falso ou verdadeiro) é desconhecido, por conter pelo menos um elemento indefinido.

Temos dois casos de sentença aberta.

Caso 1: Variável Matemática

Exemplo:

$x + 2 = 5$

Caso 2: Pronome (não são todos, os utilizados são: ele, ela, aquele, aquela)

Ele é alto.

Paradoxo

Definição – É uma declaração aparentemente verdadeira que leva a uma contradição lógica, ou a uma situação que contradiz a intuição comum. Em termos simples, um paradoxo é "o oposto do que alguém pensa ser a verdade". O paradoxo representa a ausência de nexo ou lógica numa frase.

Exemplos: – Eu sou mentiroso.

– Essa frase é falsa.

ATENÇÃO

A frase "Há vida no planeta Marte" é uma proposição. Como é, professor?

A frase está declarando que "Existe vida no planeta Marte".

Certo, mas verbo "haver" no sentido de "existir" não torna o sujeito indeterminado?

Na lógica não temos esse olhar, o que importa é o sentido de declaração.

1.2 Princípios fundamentais da lógica

Introdução

Os princípios são as bases para construção de um modelo lógico formal. Os princípios lógicos fundamentais, pela lógica aristotélica, são três: Identidade, Não Contradição e Terceiro Excluído.

Princípio da identidade

Todo objeto é idêntico a si mesmo, isto é, uma proposição verdadeira é sempre verdadeira e uma proposição falsa é sempre falsa.

Princípio da não contradição

Uma proposição não pode ser simultaneamente verdadeira e falsa.

Princípio do terceiro excluído

Toda proposição ou é só verdadeira ou é só falsa, nunca ocorrendo um terceiro caso.

IMPORTANTE

Toda proposição lógica pode assumir apenas um valor lógico (verdadeiro ou falso).

1.3 Classificação das proposições

As proposições podem ser simples ou compostas.

Proposição simples ou atômica: é uma frase declarativa que expressa um pensamento completo acerca de um objeto, isto é, possui um único objeto de estudo.

Proposição composta ou molecular: é formada por duas ou mais proposições relacionadas pelos conectivos lógicos

1.4 Negação de uma proposição simples

Introdução

Existe uma discussão se a negação é um operador lógico ou conectivo lógico. Na minha opinião, é um operador lógico. Por isso, pode acontecer de outro professor chamar de conectivo lógico.

Definição

A negação de uma proposição lógica é a mudança do seu valor lógico, sem perder o sentido (a perda do sentido ocorre quando não seguimos as regras que serão desenvolvidas adiante).

A forma simbólica da negação é **~p**.

p	~p
V	F
F	V

ATENÇÃO

O CESPE utiliza o símbolo $\neg$ para representar a negação.

Vamos estudar os cinco casos de negação de uma proposição simples.

*Caso 1 – A frase não possui o advérbio **não**: logo, colocamos o advérbio antes do verbo de ligação.*

p: Salvador tem praia.

$\neg$p: Salvador não tem praia.

Outras formas de negar essa mesma proposição é:

Não é verdade que Salvador tem praia.

É falso que Salvador tem praia.

*Caso 2 – A frase possui o advérbio **não**: neste caso, é só retirar o advérbio **não**.*

q: O Brasil não é um país do continente americano.

$\neg$q: O Brasil é um país do continente americano.

Caso 3 – Utilização de antônimos

p: Mário é alto.

~p: Mário não é alto.

~p: Mario é baixo.

Caso 4 – Negação dos símbolos matemáticos

p	$\neg$p
$=$	$\neq$
$\geqslant$	$<$
$\leqslant$	$>$
$>$	$\leqslant$
$<$	$\geqslant$

p: $2 + 3 = 5$

~p: $2 + 3 \neq 5$.

Caso 5 – Negação de proposições contendo quantificador ou 2ª Lei de Morgan

1ª situação – Quantificador Universal Afirmativo (Todo)

A regra é mudar o **todo** pelo **algum** (existe ou pelo menos um) e negar a frase.

p: Todo homem é mortal.

~p: Algum homem não é mortal.

Outras opções:

~p: Pelo menos um homem que não é mortal.

~p: Existe um homem que não é mortal.

IMPORTANTE

Outra possibilidade de negar o **todo** é colocar o termo **nem** antes da frase.

p: Todo homem é mortal.

~p: Nem todo homem é mortal.

2ª situação – Quantificador Existencial (algum = existe = pelo menos um)

A negação do algum possui duas possibilidades:

1) usar o todo e negar a frase.
2) usar o nenhum e manter a frase.

p: Existem homens que são sábios.

~p: Todos os homens não são sábios.

~p: Nenhum homem é sábio.

3ª Situação – Quantificador Universal Negativo (Nenhum)

A regra da negação é trocar o **algum** pelo **nenhum**.

p – Nenhum A é B.

~p: Algum A é B.

Todo	⟷	Algum	Processo: Troca um pelo outro e nega a sentença.
Nenhum	⟷	Algum	Processo: Troca um pelo outro e mantém a sentença.

1.5 Operadores lógicos

1) Disjunção inclusiva

Definição

Dadas duas proposições **p** e **q**, chama-se "disjunção de p e q" a proposição **p ∨ q** (lê-se: p ou q).

ATENÇÃO

Em concurso público, são cobradas duas partes do operador lógico: a linguagem escrita e a tabela-verdade. Por isso, vamos começar o estudo pela linguagem escrita da disjunção.

Exemplo:

r: Catarina é ocupante de cargo em comissão Cj3.

s: Catarina é ocupante de cargo em comissão Cj4.

r ∨ s: Catarina é ocupante de cargo em comissão Cj3 ou Catarina é ocupante de cargo em comissão Cj4.

Nesse caso, como as duas frases possuem o mesmo sujeito (Catarina) e uma parte do predicado (ocupante de cargo em comissão) comum, podemos fazer uma junção dos termos comuns, sem causar prejuízo à proposição.

r ∨ s: Catarina é ocupante de cargo em comissão Cj3 ou Cj4. (Proposição composta)

ATENÇÃO

Seguem abaixo outras maneiras de escrever a forma p ∨ q.

p ∨ q: p ou q

p ou q ou ambos

p e/ou q (documentos legais).

Tabela da disjunção inclusiva

p	q	$p \vee q$
V	V	V
V	F	V
F	V	V
F	F	F

IMPORTANTE

No **ou**, se pelo menos uma proposição for verdadeira, o resultado é verdadeiro.

Aplicação da tabela: qual é o valor lógico da proposição "4 + 3 = 9 ou 2 + 5 = 7"?

1ª etapa: determinar o valor lógico de 4 + 3 = 9

Valor lógico: (F)

2ª etapa: determinar o valor lógico de 2 + 5 = 7

Valor lógico: (V)

3ª etapa: montar a dupla

FV= V, na disjunção inclusiva.

2) Disjunção exclusiva

Definição – Dadas duas proposições **p** e **q**, chama-se "disjunção de p e q" a proposição $p \veebar q$ (lê-se: ou p ou q).

ATENÇÃO

Transmite uma ideia de exclusão, isto é, conjuntos disjuntos (sem elementos comuns).

Exemplo: ou Bruno é baiano ou Bruno é paraibano.

Comentário: Bruno não pode ser baiano e paraibano ao mesmo tempo, pois uma característica exclui a outra.

Tabela da disjunção exclusiva

p	q	$p \veebar q$
V	V	F
V	F	V
F	V	V
F	F	F

IMPORTANTE

Com símbolos diferentes (VF ou FV), o resultado é V.

3) Conjunção

Dadas duas proposições **p** e **q**, chama-se "conjunção de p e q" a proposição $p \wedge q$ (lê-se: p **e** q).

Exemplo:

1) p: O sol é uma estrela.

q: A lua é um satélite.

$p \wedge q$: O sol é uma estrela **e** a lua é um satélite.

ATENÇÃO

A expressão $p \wedge q$ também pode ser escrita nas seguintes formas:

p e q.	Tanto p como q.
p, mas q.	p, apesar de q.
p, porém q.	p, q (sentido de "mas").

A expressão "O sol é uma estrela **e** a lua é um satélite" pode ser escrita também nas seguintes formas, do ponto de vista lógico:

O sol é uma estrela, mas a lua é um satélite.

Tanto o sol é uma estrela como a lua é um satélite.

O sol é uma estrela, embora a lua seja um satélite.

O sol é uma estrela, apesar de a lua ser um satélite.

p, q (sentido de "mas"), como assim?

Exemplo: A sentença "Não sou traficante, sou usuário" é uma conjunção.

Tabela da conjunção

p	q	p ∧ q
V	V	V
V	F	F
F	V	F
F	F	F

IMPORTANTE

No "e", se pelo menos um.

4) Condicional

Definição

Dadas duas proposições **p** e **q**, a proposição "se p, então q", que será indicada por **p ⟶ q**, é chamada de **condicional**.

p ⟶ q (lê-se: se p, então q).

causa (p) ⟶ q (efeito).

IMPORTANTE

A condicional tem várias formas de escrita, por isso fique atento ao sentido da frase. Se a frase expressar uma ideia de "causa e consequência", então teremos uma condicional.

Exemplo:

1) p: Estou em paz.

q: Sou feliz.

p ⟶ q: **Se** estou em paz, **então** sou feliz.

Se estou em paz**,** sou feliz.

Quando estou em paz, sou feliz.

Sempre que estou em paz, sou feliz.

Estou em paz **consequentemente** sou feliz.

Toda vez que estou em paz sou feliz.

Sou feliz, **desde que** esteja em paz.

No caso de estar em paz, sou feliz

ATENÇÃO

As outras formas de escrever a condicional são:

Se p, então q.	p implica q.	p é suficiente para q.
q é necessário para p.	p consequentemente q.	Quando p, q.
No caso de p, q.	q, contanto p.	q, se p.
q, no caso de p.	Todo p é q.	

Uma questão clássica é mudança da forma "se p então q" para "condição suficiente" ou "condição necessária"

Na expressão: **Se corro, então canso.**

Temos "**corro" sendo a causa** e **"canso" sendo o efeito.**

Caso 1: a causa é condição suficiente para o efeito (p é suficiente para q).

Por isso, podemos escrever a expressão da seguinte forma:

"Corro" é condição suficiente para "canso".

ATENÇÃO

A forma simbólica p ⟶ q (causa ⟶ efeito) não muda a posição.

Caso 2: o efeito é condição necessária para a causa.

Logo, podemos escrever a expressão da seguinte forma:

"Canso" é condição necessária para "corro".

ATENÇÃO

Causa – suficiente – efeito Efeito – necessária – causa.

Tabela da condicional

p	q	p → q
V	V	V
V	F	F
F	V	V
F	F	V

IMPORTANTE

Na condicional, é falso quando for VF, nessa ordem. (VF) é falso.

Propriedades da condicional

- Proposição recíproca de p → q é q → p
- Proposição contrária de p → q é ~p → ~q
- Proposição contrapositiva de p → q é ~q → ~p

5) Bicondicional

Definição – Dadas duas proposições **p** e **q**, a proposição "p se, e somente se, q", que será indicada por **p ↔ q**, é chamada de **bicondicional**. A proposição bicondicional **p ↔ q** será verdadeira quando **p** e **q** forem ambas verdadeiras ou ambas falsas; e será falsa nos demais casos.

p ↔ q (lê-se: p se e somente se q).

Exemplo:

1) p: Perereca se transforma em sapo.

q: Sapo se transforma em perereca.

p ↔ q: Perereca se transforma em sapo se e somente se o sapo se transforma em perereca.

Perereca se transformar em sapo é condição suficiente e necessária para o sapo se transformar em perereca.

Sapo se transformar em perereca é condição suficiente e necessária para perereca se transformar em sapo.

A bicondicional pode ser escrita nas seguintes formas:

p se e somente se q.

p é condição suficiente e necessária para q.

q é condição suficiente e necessária para p.

Tabela da bicondicional

p	q	p ↔ q
V	V	V
V	F	F
F	V	F
F	F	V

Resumo

Conectivo	Símbolo	Forma simbólica	Sentido
Disjunção inclusiva	∨	p ∨ q	Ocorre p ou ocorre q ou ambos
Disjunção exclusiva	⊻	p ⊻ q	Ocorre p ou ocorre q, mas não ocorre ambos
Conjunção	∧	p ∧ q	Ocorre p e q
Condicional	→	p → q	Se ocorre p então q também ocorre
Bicondicional	↔	p ↔ q	Ou ocorre p e q, ou não ocorre p e q

Resumo da tabela

Conectivo	Forma simbólica	Sentido
Disjunção inclusiva	$p \vee q$	1 V = V
Disjunção exclusiva	$p \veebar q$	Símbolos diferentes (VF ou FV) = V
Conjunção	$p \wedge q$	1 F = F
Condicional	$p \rightarrow q$	VF = F
Bicondicional	$p \leftrightarrow q$	Símbolos iguais (VV ou FF) =V

1.6 Negação de uma proposição composta

Comentário: no caso das proposições compostas, devemos utilizar as fórmulas de negação, isto é, expressões equivalentes à negação das proposições.

1) Negação da disjunção

Fórmula: $\sim(p \vee q) \equiv \sim p \wedge \sim q$

ATENÇÃO

As expressões: $\sim(p \vee q)$ e $\sim p \vee q$ não representam a mesma coisa. A primeira expressão representa a negação da conjunção e a segunda proposição é a "negação de p ou q".

Método passo a passo

1º passo: negar a primeira proposição.

2º passo: colocar o conectivo da conjunção (e, mas, tanto... como).

3º Passo: negar a segunda proposição.

Exemplo:

p: Salvador tem praia ou Santos não tem praia.

Vamos negar a proposição p?

1º passo: negar a proposição "Salvador tem praia".

A negação da proposição "Salvador tem praia" é "Salvador não tem praia".

2º passo: colocar o conectivo da conjunção (e).

3º passo: negar a proposição "Santos não tem praia".

A negação da proposição "Santos não tem praia" é "Santos tem praia".

Conclusão: ~p: Salvador não tem praia e Santos tem praia.

q: Catarina é ocupante de cargo de chefia ou diretoria.

~q: Catarina não é ocupante de cargo de chefia e não é ocupante de cargo de diretoria.

A expressão **nem**, na lógica, significa a união do conectivo da conjunção com o não, ou seja, nem = e + não. Logo, temos outra opção para negar a disjunção.

Método passo a passo

1º passo: negar a primeira proposição.

2º passo: colocar a expressão nem.

3º passo: manter a segunda proposição.

ATENÇÃO

O **nem** realiza ao mesmo tempo a função de conjunção e de negação da segunda proposição. Por isso, não negamos a segunda proposição quando utilizamos o **nem**.

~q: Catarina não é ocupante de cargo de chefia nem de diretoria.

Dica: nem = e + não.

Negação de "p ou q"
- 1ª opção: "não p e não q"
- 2ª opção: "não p nem q"

Negação da conjunção

Fórmula: $\sim(p \wedge q) \equiv \sim p \vee \sim q$

Método passo a passo

1º passo: negar a primeira proposição.

2º passo: colocar o conectivo da disjunção inclusiva (ou).

3º Passo: negar a segunda proposição.

P: Mário é alto e Jorge é culpado.

1º passo: negar a primeira proposição.

A negação da proposição "Mário é alto" é "Mário não é alto".

ATENÇÃO

Podemos utilizar os antônimos na negação. A proposição "Mário não é alto" é equivalente a "Mário é baixo".

2º passo: colocar o conectivo da disjunção inclusiva (ou).

3º passo: negar a segunda proposição.

A negação da proposição "Jorge é culpado" é "Jorge não é culpado".

ATENÇÃO

A proposição "Jorge não é culpado" é equivalente a "Jorge é inocente".

A negação da proposição p é:

~p: Mário não é alto ou Jorge não é culpado.

~p: Mário é baixo ou Jorge é inocente.

q: João Pessoa é a capital da Paraíba e Sergipe é a capital de Brasília.

~q: João Pessoa não é a capital da Paraíba ou Sergipe não é a capital de Brasília.

2) Negação da condicional

Fórmula: $\sim (p \rightarrow q) \equiv p \wedge \sim q$

Método passo a passo

1º passo: manter a primeira proposição.

2º passo: colocar o conectivo da conjunção (e).

3º passo: negar a segunda proposição.

Exemplo:

p: Se corro, então canso.

Vamos ao passo a passo.

1º passo: manter a primeira proposição.

IMPORTANTE

A primeira proposição é toda a sentença depois do **se** e antes do **então**.

Primeira proposição é "corro".

2º passo: colocar o conectivo da conjunção (e).

3º passo: negar a segunda proposição.

Dica: a segunda proposição é toda sentença depois do "então".

A segunda proposição é canso.

A negação de "canso" é "não canso".

~p: Corro e não canso.

3) Negação da bicondicional

Fórmula: $\sim(p \leftrightarrow q) = \sim p \leftrightarrow q$ outra opção $p \leftrightarrow \sim q$.

Método passo a passo

1ª opção: Negando apenas a primeira proposição

1º passo: negar a primeira proposição.

2º passo: colocar o conectivo da bicondicional (se e somente se).

3º passo: manter a segunda proposição.

IMPORTANTE

A primeira proposição é toda a sentença antes da expressão **se e somente se**.

A segunda proposição é toda sentença depois da expressão **se e somente se**.

2ª opção: Negando apenas a segunda proposição

1º passo: manter a primeira proposição.

2º passo: colocar o conectivo da bicondicional (se e somente se).

3º passo: negar a segunda proposição.

ATENÇÃO

Você não pode negar as duas simultaneamente.

p: 2 é par se e somente se 3 é ímpar.

1ª opção: negando apenas a primeira proposição.

~p: 2 não é par se e somente se 3 é ímpar.

2ª opção: negando apenas a segunda proposição.

~p: 2 é par se e somente se 3 não é ímpar.

A negação da bicondicional ainda possui uma terceira opção, isso mesmo, uma terceira forma. Vamos lá, falta pouco!

Fórmula: $\sim(p \leftrightarrow q) = p \veebar q$.

IMPORTANTE

Manter as proposições e colocar o conectivo **ou... ou**.

Método passo a passo

1º passo: manter a primeira proposição.

2º passo: colocar o conectivo da disjunção exclusiva (ou... ou).

3º passo: manter a segunda proposição.

p: 2 é par se e somente se 3 é ímpar.

~p: Ou 2 é par ou 3 é ímpar.

4) Negação da disjunção exclusiva

Fórmula: $\sim(p \veebar q) = \sim p \veebar q$ outra opção $p \veebar \sim q$.

Método passo a passo

1ª opção: Negando apenas a primeira proposição

1º passo: negar a primeira proposição.

2º passo: colocar o conectivo da disjunção exclusiva (ou... ou).

3º passo: manter a segunda proposição.

2ª opção: Negando apenas a segunda proposição

1º passo: manter a primeira proposição.

2º passo: colocar o conectivo da disjunção exclusiva (ou... ou).

3º passo: negar a segunda proposição.

P: Ou João é baiano ou João é amazonense.

1ª opção de negação: negando a primeira e mantendo operador.

~p: Ou João não é baiano ou João é amazonense.

2ª opção de negação: negando a segunda e mantendo operador.

~p: Ou João é baiano ou João não é amazonense.

A negação da disjunção exclusiva ainda possui uma terceira opção, isso mesmo, uma terceira forma. Vamos lá, avante!

Fórmula: $\sim(p \veebar q) = p \leftrightarrow q$.

ATENÇÃO

Mantemos as proposições e colocamos o conectivo **se e somente se**.

Método passo a passo

1º passo: manter a primeira proposição.

2º passo: colocar o conectivo da bicondicional (se e somente se).

3º passo: manter a segunda proposição.

Exemplo:

a: ou 2 é par ou 2 é impar.

~a: 2 é par se e somente se 2 é ímpar.

1.7 Equivalência lógica

Definição – As proposições p e q são equivalentes quando apresentam tabelas-verdade idênticas.

Indicamos que **p** é equivalente a **q** do seguinte modo: $p \Leftrightarrow q$.

ATENÇÃO

Para confirmar a equivalência lógica, devem-se construir as tabelas-verdade das proposições e, se apresentarem a mesma valoração (na ordem das linhas correspondentes), então as proposições serão equivalentes.

"A equivalência lógica permite dizer a mesma proposição com outras palavras."

Obs.: nem todos os operadores lógicos têm equivalência.

Equivalência da condicional

A condicional possui duas expressões equivalentes:

$p \rightarrow q \equiv \neg q \rightarrow \neg p \equiv \neg p \vee q$.

1ª forma: $p \rightarrow q \equiv \neg q \rightarrow \neg p$ (contrapositiva).

ATENÇÃO

Essa expressão foi comentada no Capítulo 1, na parte de propriedades da condicional.

Método passo a passo

1º passo: negar a primeira proposição.

IMPORTANTE

A primeira proposição está depois do **se** e antes do **então**.

2º passo: negar a segunda proposição.

A segunda proposição está depois do **então**.

3º passo: inverter as proposições e manter o conectivo da condicional.

Exemplo: determine uma proposição equivalente à afirmação "se corro, então canso".

Se corro, então canso ($p \rightarrow q$).

ATENÇÃO

Primeira proposição é "corro" e a segunda é "canso".

1º passo: negar a primeira proposição.

A negação de corro é não corro.

2º passo: negar a segunda proposição.

A negação de canso é não canso.

3º passo: inverter as proposições e manter o conectivo da condicional.

Se não canso, então não corro ($\neg q \rightarrow \neg p$).

As proposições "Se corro, então canso" e "Se não canso, então não corro" são equivalentes.

2ª forma: $p \rightarrow q \equiv \neg p \vee q$ (a negação da negação da condicional).

Método passo a passo

1º passo: negar a primeira proposição.

2º passo: colocar o conectivo **ou**.

3º passo: manter a segunda proposição.

Exemplo: determine uma proposição equivalente à afirmação "se corro, então canso".

Agora, iremos montar a equivalência usando a segunda opção.

Se corro, então canso ($p \rightarrow q$).

1º passo: negar a primeira proposição.

A negação de "corro" é "não corro".

2º passo: colocar o conectivo **ou**.

3º passo: manter a segunda proposição.

A segunda proposição é "canso".

A frase equivalente é "Não corro ou canso" ($\neg p \vee q$).

Dica 1: as proposições $\neg$ **p** $\vee$ **q** e **q** $\vee$ $\neg$ **p** são equivalentes. O conectivo "ou" permite a inversão, ou seja, "A ou B" = "B ou A".

Dica 2: a proposição $\neg p \vee q$ representa a negação da negação da condicional.

$\neg p \vee q$ pode ser escrita da seguinte forma: não é verdade que + negação da condicional.

$\neg p \vee q = \neg (p \wedge \neg q)$

Se corro então canso.

A NEGAÇÃO de "Se corro então canso" é "Corro e não canso".

$\neg p \vee q$ – Não é verdade que, corro e não canso.

ATENÇÃO

Temos outra opção para escrever a proposição $\neg$ **p** $\vee$ **q**: não é verdade que, + negação de **p** $\rightarrow$ **q**

IMPORTANTE

Resumo:

Se corro, então canso. ($p \rightarrow q$)

Se não canso, então não corro. ($\neg q \rightarrow \neg p$)

Não corro ou canso. ($\neg p \vee q$)

Canso ou não corro. ($q \vee \neg p$)

Não é verdade que, corro e não canso. $\neg (p \wedge \neg q)$

Essas cinco frases, do ponto de vista lógico representam a mesma coisa.

Equivalência da bicondicional

Fórmula: $(p \leftrightarrow q) \equiv (p \rightarrow q) \wedge (q \rightarrow p)$.

Método passo a passo

1º passo: observar quem é a primeira proposição e segunda.

IMPORTANTE

A primeira proposição está antes da expressão **se e somente se** e a segunda proposição está depois da expressão **se e somente se**.

2º passo: escrever a proposição "Se p então q".

3º passo: escrever a proposição "Se q então p".

4º passo: escrever a proposição "Se p então q + conectivo da conjunção + se q então p".

Exemplo: determine uma afirmação equivalente à frase "6 é par se e somente se 6 for um múltiplo de 2".

1ª proposição: 6 é par.

2ª proposição: 6 for um múltiplo de 2.

A: se 6 é par, então 6 é um múltiplo de 2, e se 6 é um múltiplo de 2, então 6 é par (proposição equivalente à proposição 6 é par se e somente se 6 for um múltiplo de 2).

ATENÇÃO

A proposição bicondicional tem outras duas formas de equivalência:

$(p \leftrightarrow q) = \sim p \veebar q = p \veebar \sim q$.

Nesse caso, mudamos para o conectivo da disjunção exclusiva e negamos apenas uma proposição, que pode ser ou a primeira ou a segunda.

A: 6 é par se e somente se 6 for um múltiplo de 2.

1ª opção: negando apenas a primeira proposição.

A negação de 6 é par é 6 não é par.

Resultado: ou 6 não é par ou 6 é um múltiplo de 2.

2ª opção: negando a segunda proposição.

A negação de 6 é um múltiplo de 2 é 6 não é um múltiplo de 2.

Resultado: ou 6 é par ou 6 não é um múltiplo de 2.

Equivalência da disjunção inclusiva

Fórmula: $p \vee q \equiv \neg p \rightarrow q$.

Método passo a passo

1ª etapa: negar a primeira.

2ª etapa: manter a segunda proposição.

3ª etapa: colocar o operador da condicional. Não se esqueça de colocar o "se" antes da frase.

Exemplo: determine uma proposição equivalente à afirmação "O sol é uma estrela ou a lua é um satélite".

1ª etapa: negar a primeira.

A negação de "O sol é uma estrela" é "O sol não é uma estrela".

2ª etapa: manter a segunda proposição.

A segunda proposição é "a lua é um satélite".

3ª etapa: colocar o operador da condicional. Não se esqueça de colocar o "se" antes da frase.

Resultado: Se o sol não é uma estrela então lua é um planeta.

Equivalência da disjunção exclusiva

Fórmula: $(p \veebar q) = \sim p \veebar q = p \veebar \sim q$.

Nesse caso, mudamos para o conectivo da bicondicional e negamos apenas uma proposição, que pode ser ou a primeira ou a segunda.

Método passo a passo

1ª etapa: escolher a proposição que será negada: ou primeira ou a segunda.

2ª etapa: colocar o conectivo da bicondicional.

Exemplo: determine uma proposição equivalente à afirmação "Ou 2 é par ou 2 é ímpar".

A: Ou 2 é par ou 2 é ímpar.

1ª opção: negando apenas a primeira proposição.

A negação de "2 é par" é "2 não é par".

Resultado: 2 não é par se e somente se 2 é ímpar.

2ª opção: negando a segunda proposição.

A negação "de 2 é ímpar" é "2 não é ímpar".

Resultado: 2 é par se e somente se 2 não é ímpar.

1.8 Questões

1. **(FCC – TRT-20 Região – Analista)** Do ponto de vista da lógica, a proposição "se tem OAB, então é advogado" é equivalente à:

A) tem OAB ou é advogado.

B) se não tem OAB, então não é advogado.

C) se não é advogado, então não tem OAB.

D) é advogado e não tem OAB.

E) se é advogado, então tem OAB.

↘ Resolução:

Se p então q = se não q então não p = não p ou q (regras das equivalência da condicional)

Se tem OAB, então é advogado (se p então q)

Frase equivalentes, temos:

Se não é advogado, então não tem OAB. (Se não q então não p)

Não tem OAB ou é Advogado.

↗ Gabarito: "C".

2. (FCC – DPE-RS – Analista) Considere a afirmação:

Ontem trovejou e não choveu.

Uma afirmação que corresponde à negação lógica desta afirmação é

A) se ontem não trovejou, então não choveu.

B) ontem trovejou e choveu.

C) ontem não trovejou ou não choveu.

D) ontem não trovejou ou choveu.

E) se ontem choveu, então trovejou.

↘ Resolução:

Regra da negação do **e** é a seguinte: nega a primeira proposição coloca o **ou** e nega a segunda proposição.

A negação de "Ontem trovejou" é "Ontem não trovejou".

A negação de "não choveu" é "choveu".

O resultado da negação é: ontem não trovejou ou choveu.

↗ Gabarito: "D".

3. (FCC – TRT-MS – Analista) Uma afirmação que corresponda à negação lógica da afirmação: todos os programas foram limpos e nenhum vírus permaneceu, é:

A) Alguns programas foram limpos ou algum vírus não permaneceu.

B) Se algum vírus permaneceu, então nenhum programa foi limpo.

C) Se pelo menos um programa não foi limpo, então algum vírus não permaneceu.

D) Existe um programa que não foi limpo ou pelo menos um vírus permaneceu.

E) Nenhum programa foi limpo e todos os vírus permaneceram.

↘ Resolução:

Regra da negação do "e" é a seguinte: nega a primeira proposição coloca o "ou" e nega a segunda proposição.

A negação do todo é algum (existe ou pelo menos um) + negação da frase.

A negação de "Todos os programas foram limpos" é algum programa não foi limpo.

A negação do nenhum é algum (existe ou pelo menos" + frase.

A negação de "nenhum vírus permaneceu" é algum vírus permaneceu.

O resultado da negação é "Existe um programa que não foi limpo ou pelo menos um vírus permaneceu".

↗ Gabarito: "D".

4. (FCC – TCE-SP) Considere verdadeiras as afirmações I, II, III, e falsa a afirmação IV.

I. Se acordo, então abro os olhos.

II. Se me levanto, então caminho.

III. Se não caminho, então fico em casa.

IV. Abro os olhos ou caminho.

A partir dessas afirmações, é verdade que:

A) não caminho e abro os olhos.

B) não abro os olhos e acordo.

C) acordo e não me levanto.

D) não fico em casa ou me levanto.

E) acordo ou fico em casa.

↘ Resolução:

I. Se acordo, então abro os olhos. (V)

II. Se me levanto, então caminho. (V)

III. Se não caminho, então fico em casa. (V)

IV. Abro os olhos ou caminho. (F)

Base: Abro os olhos ou caminho, pois no **ou** uma proposição é falsa quando as duas forem falsas. Logo, "abro os olhos" é falsa e "caminho" é falsa.

1º degrau: III. Se não caminho, então fico em casa. (V)

V ? = V

A proposição "fico em casa" é verdadeira, pois VV = V (condicional) e VF = F (condicional).

Logo, podemos afirmar que a proposição "acordo ou fico em casa" é verdadeira. Pois no **ou** pelo menos um V garante um resultado final verdadeiro.

↗ **Gabarito: "E".**

5. **(CESPE – TC-DF – Analista)** (Adaptado) Julgue o item que se segue, considerando a proposição P a seguir: Se o tribunal entende que o réu tem culpa, então o réu tem culpa.

A negação da proposição "O tribunal entende que o réu tem culpa" pode ser expressa por "O tribunal entende que o réu não tem culpa".

↘ **Resolução:**

Incorreto. A negação da proposição "O tribunal entende que o réu tem culpa" é "O tribunal não entende que o réu tem culpa".

6. **(CESPE – DPU – Analista)** Um estudante de direito, com o objetivo de sistematizar o seu estudo, criou sua própria legenda, na qual identificava, por letras, algumas afirmações relevantes quanto à disciplina estudada e as vinculava por meio de sentenças (proposições). No seu vocabulário particular constava, por exemplo:

P: Cometeu o crime A.

Q: Cometeu o crime B.

R: Será punido, obrigatoriamente, com a pena de reclusão no regime fechado.

S: Poderá optar pelo pagamento de fiança.

Ao revisar seus escritos, o estudante, apesar de não recordar qual era o crime B, lembrou que ele era inafiançável.

Tendo como referência essa situação hipotética, julgue o item que se segue.

A sentença P —> S é verdadeira.

↘ **Resolução:**

Incorreto. O valor das proposições P e S são indefinidos, por isso não podemos garantir o valor da sentença P —> S.

7. **(FCC – TRF-1 – Analista – 2017)** Em uma reunião de colegiado, após a aprovação de uma matéria polêmica pelo placar de 6 votos a favor e 5 contra, um dos 11 presentes fez a seguinte afirmação: "Basta um de nós mudar de ideia e a decisão será totalmente modificada".

Considerando a situação apresentada e a proposição correspondente à afirmação feita, julgue o próximo item.

A negação da proposição pode ser corretamente expressa por "Basta um de nós não mudar de ideia ou a decisão não será totalmente modificada".

↘ **Resolução:**

Incorreto. A proposição "Basta um de nós mudar de ideia e a decisão será totalmente modificada" é uma condicional.

A regra da negação da condicional é manter a primeira e negar a segunda.

Primeira proposição: basta um de nós mudar de ideia.

Segunda proposição: a decisão será totalmente modificada.

A negação da segunda proposição é a decisão não será totalmente modificada.

O resultado da negação é A negação é "Basta um de nós mudar de ideia E a decisão NÃO será totalmente modificada".

8. **(FGV – TJSC)** Considere a afirmação: "Nenhum médico é cego".

A negação dessa afirmação é:

A) Há, pelo menos, um médico cego;

B) Nenhum cego é médico;

C) Todos os médicos são cegos;

D) Todos os cegos são médicos;

E) Todos os médicos não são cegos.

↘ **Resolução:**

Regra da negação do nenhum = algum + Frase.

Negação: Algum médico é cego = Há, pelo menos, um médico cego.

↗ **Gabarito: "A".**

2. QUANTIFICADORES E DIAGRAMAS LÓGICOS

Definição

Quantificador é um termo utilizado para quantificar uma expressão. Os quantificadores são utilizados para transformar uma sentença aberta ou proposição aberta em uma proposição lógica.

> **ATENÇÃO**
>
> Chama-se de "Lógica de primeira ordem" toda proposição que contém pelo menos um quantificador.

2.1 Quantificador universal (∀)

O símbolo ∀ pode ser lido das seguintes formas:

- *todo*
- *para todo*
- *qualquer que seja*

Exemplo: Todo homem é mortal.

A conclusão dessa afirmação é: se você é homem, então será mortal.

Na representação do diagrama lógico, seria:

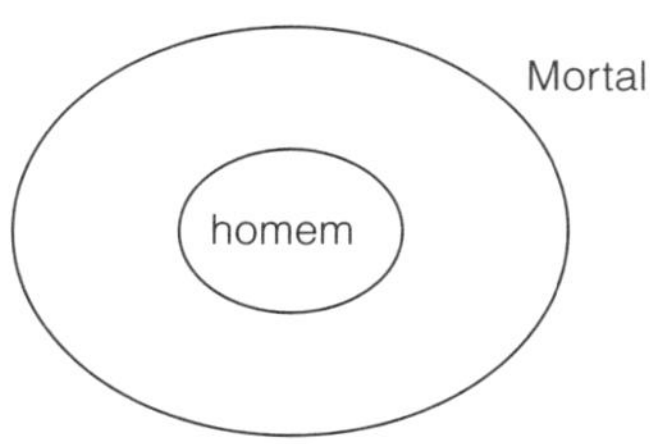

> **ATENÇÃO**
>
> Todo homem é mortal, mas nem todo mortal é homem.

A forma "Todo A é B" pode ser escrita na forma: *Se A então B.*

A forma simbólica da expressão "Todo A é B" é a expressão $(\forall (x) (A (x) \rightarrow B)$.

Talvez você tenha ficado na dúvida sobre como o todo é colocado na forma da condicional.

A palavra **todo** representa uma relação de inclusão de conjuntos, por isso está associada ao operador da condicional.

"Todo gato é cachorro" representa o seguinte diagrama:

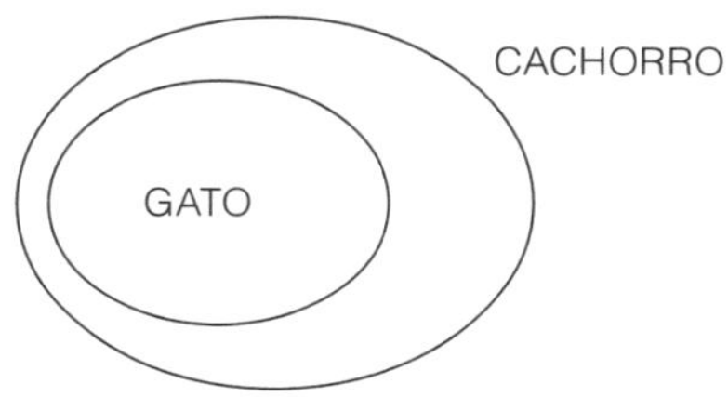

2.2 Quantificador existencial (∃)

O símbolo ∃ pode ser lido das seguintes formas: pelo menos um/ existe/ algum

Exemplo: "Algum matemático é filósofo". O diagrama lógico dessa frase é:

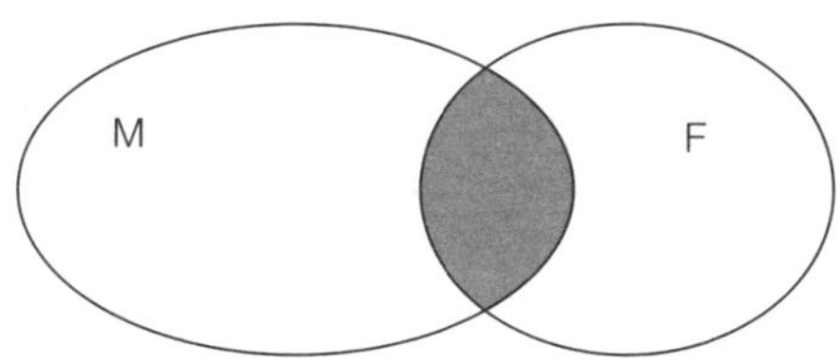

O quantificador existencial tem a função de elemento comum. A palavra **algum**, do ponto de vista lógico, representa termos comuns, por isso "Algum A é B" possui a seguinte forma simbólica: $(\exists (x)) (A (x) \wedge B)$.

> **ATENÇÃO**
>
> Parte 1: A palavra **todo** não permite inversão dos termos. Como assim?
>
> Exemplo: "Todo A é B" é diferente de "Todo B é A".

> A palavra **algum** permite a inversão dos termos. Como assim?
>
> Exemplo: "Algum A é B" é a mesma coisa que "Algum B é A".
>
> Parte 2: A frase "todo homem é mortal" possui as seguintes conclusões:
>
> 1ª) Algum mortal é homem ou algum homem é mortal.
>
> 2ª) Se José é homem, então José é mortal.

Forma simbólica dos quantificadores

Todo A é B = $(\forall\ (x)\ (A\ (x) \rightarrow B)$.

Algum A é B = $(\exists\ (x))\ (A\ (x) \wedge B)$.

Nenhum A é B = $(\sim \exists\ (x))\ (A\ (x) \wedge B)$.

Algum A não é B= $(\exists\ (x))\ (A\ (x) \wedge \sim B)$.

Nomenclatura dos quantificadores

Todo A é B: frase universal afirmativa.

Nenhum A é B: frase universal negativa.

Algum A é B: frase particular afirmativa.

Algum A não é B: frase particular negativa.

Tipos de proposições categóricas

Chamam-se *proposições categóricas* as proposições simples e diretas na forma de sujeito-predicado. Elas apresentam quatro tipos:

A: Todo M é N.

B: Nenhum M é N (todo M não é N).

C: Algum M é N.

D: Algum M não é N.

Caso 1: Todo M é N

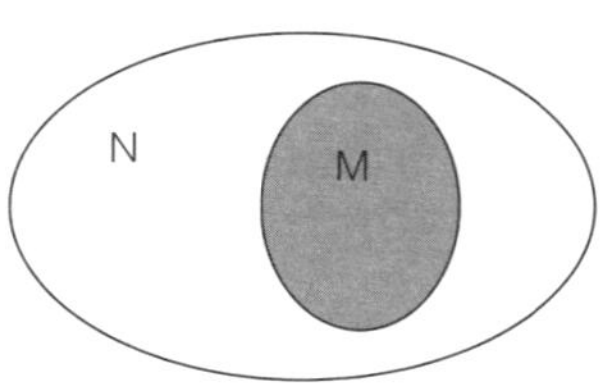

Essa relação mostra que o conjunto M está dentro do conjunto N. Logo, M é subconjunto de N.

Exemplo: Todo homem é sábio.

O conjunto "homem" está dentro do conjunto "sábio".

Caso 2: Nenhum M é N

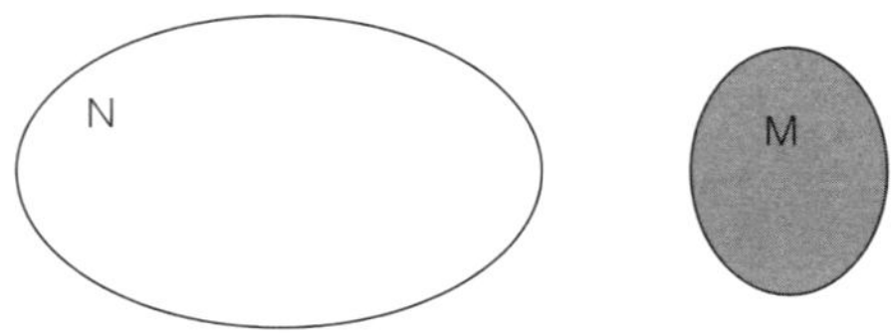

O termo **nenhum** tem a função de exclusão, por isso os conjuntos não possuem elementos comuns. Logo, M e N são conjuntos distintos.

Exemplo: Nenhum gato é cachorro.

Nesse caso, não existe animal que seja gato e cachorro, isto é, ou é gato ou é cachorro.

A expressão "Nenhum M é N" também pode ser escrita na forma "Todo M não é N".

A expressão "Nenhum M é N" é equivalente é a "Nenhum N é M".

Caso 3: Algum M é N

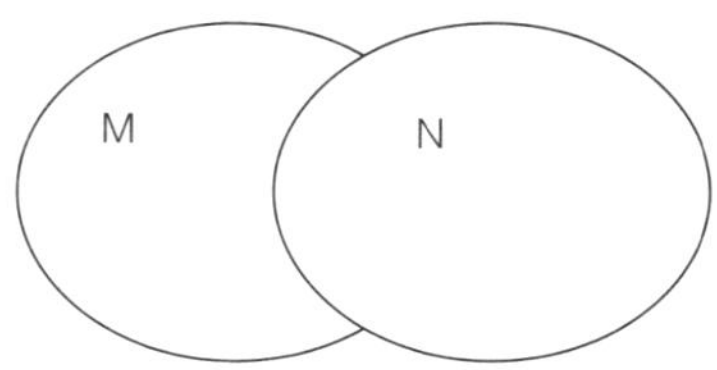

A palavra **algum** representa elemento comum, isto é, que pertence aos dois conjuntos ao mesmo tempo. Logo, $M \cap N$ (intersecção de conjuntos).

Caso 4: Algum M não é N

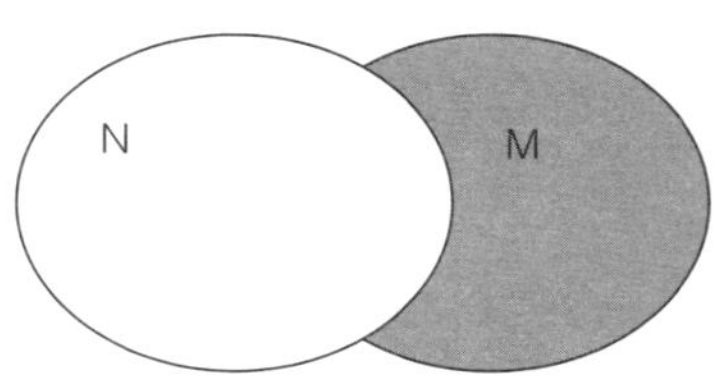

Nesse caso, o termo **algum** representa um elemento que pertence ao conjunto M, mas não pertence ao conjunto N. Logo, M – N (diferença de conjuntos).

ATENÇÃO

"Algum M não é N" é equivalente a "Algum não N é M". Agora, "Algum M não é N" é diferente de "Algum N não é M". Conforme vemos no diagrama abaixo:

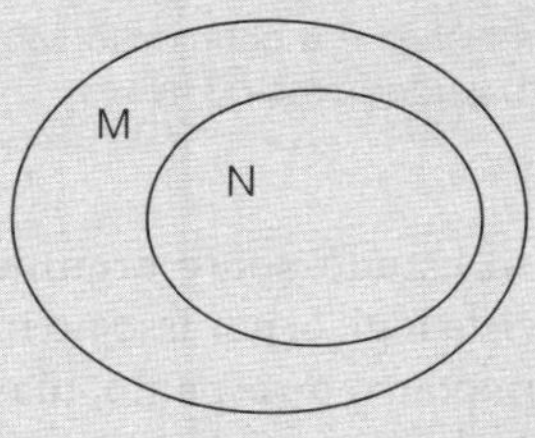

"Algum M não é N" é verdadeira, mas não posso afirmar que "Algum N não é M", devido a essa possibilidade de o conjunto N estar dentro do conjunto M.

2.3 Questões

1. (FCC – Metrô-SP) Considere verdadeiras as afirmações:

– Alguns trabalhadores são estudantes.

– Todos os estudantes são esperançosos.

A partir dessas afirmações, é correto concluir que:

A) nenhum estudante é trabalhador.

B) todo estudante que não é trabalhador é esperançoso.

C) todos os trabalhadores são esperançosos.

D) os esperançosos que não são estudantes não são trabalhadores.

E) qualquer esperançoso é estudante.

Resolução:

1º passo: Montar o diagrama

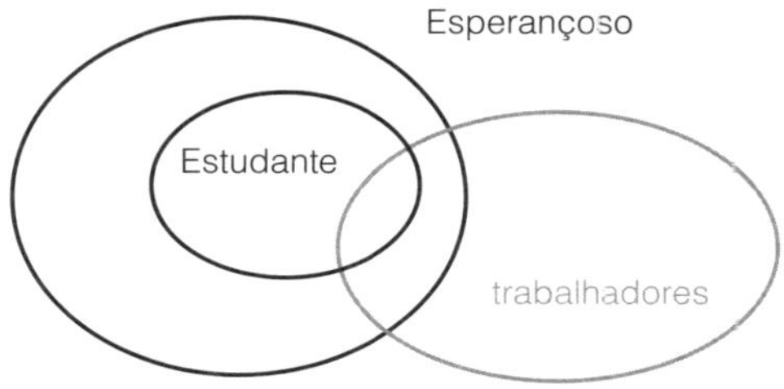

2ª passo: Analisar as alternativas

A) nenhum estudante é trabalhador.

Errado, pois existe uma intersecção entre os conjuntos Estudante e Trabalho.

B) todo estudante que não é trabalhador é esperançoso.

Certo, pois todo estudante é esperançoso.

Gabarito: "B".

2. (FCC – TRT-PE) Um mecânico sabe que todo veículo de determinada marca, quando apresenta algum problema no sistema de freios, automaticamente aciona um bloqueio que impede que seja dada a partida no veículo. Dois veículos X e Y dessa marca foram levados à oficina desse mecânico com algum problema. No veículo X, a partida podia ser dada normalmente, mas no veículo Y ela estava bloqueada. A partir dessas informações, o mecânico concluiu que:

A) tanto o veículo X quanto o veículo Y certamente apresentavam algum problema no sistema de freios.

B) o veículo X podia ou não apresentar algum problema no sistema de freios, enquanto que o veículo Y certamente apresentava.

C) o veículo X certamente não apresentava problema no sistema de freios, mas o veículo Y certamente apresentava.

D) o veículo X certamente não apresentava problema no sistema de freios, enquanto que o veículo Y podia ou não apresentar.

E) tanto o veículo X quanto o veículo Y certamente não apresentavam qualquer problema no sistema de freios.

↘ Resolução:

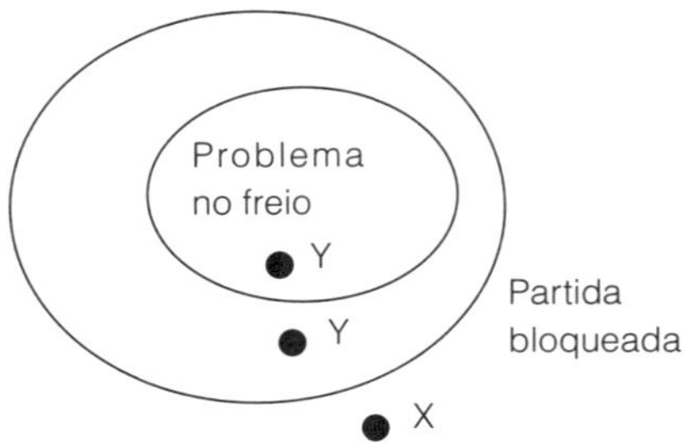

O veículo X não possui defeito, pois não estava bloqueado.

O veículo Y pode estar com defeito ou não, pois apenas afirmou-se que o veículo está com a partida bloqueada.

↗ Gabarito: "A".

3. LÓGICA DE ARGUMENTAÇÃO

Existem duas formas de verificar, no método tradicional, a validade de um argumento:

1º caso: argumento composto de quantificadores

Nesse caso, devemos montar o diagrama lógico utilizando as premissas como referência e depois verificar se a conclusão é uma relação que pertencente ao diagrama construído.

2º caso: argumento sem quantificadores

Nesse caso, devemos montar a tabela-verdade da proposição e verificar se o resultado final é uma tautologia. Se a proposição apresentar uma tautologia, então o argumento é correto.

Argumentar é estabelecer uma relação entre proposições dadas e uma conclusão. Nem sempre uma argumentação é "boa", isto é, apesar da aparência de um encadeamento lógico, a conclusão é falsa ou não provém das proposições iniciais.

O argumento está inserido no nosso cotidiano. Por exemplo, um bom vendedor tem que saber argumentar; o bom político tem que saber argumentar; por isso devemos dar atenção maior a este tópico. Para concluir, uma boa cantada tem um pouco de argumentação!

O argumento lógico é classificado em válido e não válido (sofisma ou falácia).

ATENÇÃO

Sofisma ou falácia são argumentos não válidos baseados em uma estrutura linguística ou psicológica.

Já as premissas e a conclusão são classificadas em verdadeiras ou falsas.

Nosso estudo sobre argumento é do ponto de vista lógico, por isso no início pode ocorrer um pouco de espanto, mas nossa finalidade é observar a relação entre as premissas e a conclusão.

Definição

Sejam P_1, P_2,... P_n ($n \geqslant 1$) e C proposições quaisquer (simples ou compostas). Chama-se de *argumento* a sequência finita de proposições P_1, P_2,... P_n ($n \geqslant 1$) que tem como consequência a proposição C.

Forma simbólica: $P_1, P_2,... P_n \Rightarrow C$

Podemos concluir que o argumento é formado por premissas que resultam em uma conclusão, no qual utilizamos uma relação de implicação lógica (condicional verdadeira); por isso podemos resumir assim:

ATENÇÃO

Argumento é um encadeamento lógico de premissas que implicam uma conclusão.

Seguem as formas de expressar um encadeamento lógico ou argumento.

Premissa(s), implica conclusão.

Premissa(s), logo a conclusão.

Premissa(s), portanto a conclusão.

Vamos estudar a forma básica de argumento, que é chamada de SILOGISMO!

3.1 Silogismo

Definição

Silogismo é um argumento lógico formado por proposições, sendo duas primeiras proposições chamadas de premissas (sendo uma maior, e a outra, menor) e a última proposição é chamada de conclusão, sendo essa uma proposição obtida através das premissas.

Verificação de argumento a partir da definição

Para relembrar, vimos que o argumento lógico é um conjunto de premissas que resultam em uma conclusão (P_1, P_2,... $P_n \Rightarrow$ C). Essa relação entre premissas e conclusão é uma implicação lógica; por isso, para o argumento ser validado, é necessário que a relação entre a premissa e a conclusão seja verdadeira.

Na tabela abaixo, temos as possíveis situações para o nosso argumento ser válido.

PREMISSA (P)	CONCLUSÃO (C)	$P \Rightarrow C$
VERDADEIRA	VERDADEIRA	VÁLIDO
FALSA	VERDADEIRA	VÁLIDO
FALSA	FALSA	VÁLIDO

Conclusões:

- Podemos ter premissas verdadeiras ou falsas, como também podemos ter conclusões verdadeiras ou falsas.
- O argumento não será válido no caso de premissa final verdadeira e conclusão falsa.
- Se tivermos premissa final falsa, independentemente da valoração (V ou F) da conclusão, teremos um argumento válido; e se a conclusão for verdadeira, independentemente da segunda proposição.

3.2 Questões

1. **(FCC – SABESP)** A respeito de um objeto, sabe-se que:

– se é pequeno, então é escuro;

– se é quadrado, então é de papel;

– se não é pequeno, então não é quadrado.

Se o objeto é quadrado, é correto afirmar que ele é

A) pequeno, escuro, mas não é de papel.

B) pequeno, claro e de papel.

C) de papel, escuro e grande.

D) de papel, escuro e pequeno.

E) grande, escuro e de papel.

↘ **Resolução:**

Não existe uma proposição-base e todas as proposições estão na condicional, logo é possível utilizar a regra do silogismo "Se A então B" e "Se B então C". A conclusão será " Se A então C".

– se não é pequeno, então não é quadrado.

Montando a equivalência da frase "se não é pequeno, então não é quadrado" temos a seguinte frase: "Se é quadrado, então é pequeno" (Se p então q = se não q então não p).

"Se é quadrado, então é pequeno".

"Se é pequeno, então é escuro".

A conclusão das duas proposições: "Se é quadrado então é escuro".

A conclusão final: "Se é quadrado então é escuro", "se é quadrado, então é de papel" e "Se é quadrado, então é pequeno".

↗ **Gabarito: "D".**

2. **(FCC – SEGEP-MA)**

Se Roberta for promovida, então Antônio não será demitido.

Se Cláudia se aposentar, então Douglas não perderá o seu posto.

Se Douglas não perder seu posto, então Antônio será demitido.

Sabe-se que Cláudia se aposentou.

A partir dessas informações é correto concluir que:

A) Antônio não será demitido ou Roberta será promovida.

B) Roberta não foi promovida ou Cláudia não se aposentou.

C) Douglas perdeu seu posto e Antônio não será demitido.

D) se Douglas não perder seu posto, então Cláudia não irá se aposentar.

E) Roberta foi promovida e Douglas não perdeu seu posto.

↘ Resolução:

Existe uma proposição-base.

1ª passo: Considerar que as premissas são verdadeiras.

Se Cláudia se aposentar, então Douglas não perderá o seu posto. (V)

Se Douglas não perder seu posto, então Antônio será demitido. (V)

Cláudia se aposentou. (V)

2ª passo: Descobrir o valor das proposições simples

Base: Cláudia se aposentou. (V)

1ª degrau: Se Cláudia se aposentar, então Douglas não perderá o seu posto. (V)

V ? =V

A proposição "Douglas não perderá o seu posto" é verdadeira, pois na condicional VV = V.

2ª degrau: Se Douglas não perder seu posto, então Antônio será demitido.

V ? =V

A proposição "Antônio será demitido" é verdadeira, pois na condicional VV = V.

3ª degrau: Se Roberta for promovida, então Antônio não será demitido.

? F = V

A proposição "Roberta for promovida" é falsa, pois na condicional FF = V.

A proposição "Roberta não foi promovida ou Cláudia não se aposentou" é verdadeira, pois no **ou** basta um V para garantir um resultado verdadeiro.

↗ Gabarito: "B".

3. (FGV – TJSC) Alberto disse: "Se chego tarde em casa, não ligo o computador e, se não ligo o computador, vou cozinhar. Porém, sempre que ligo o computador, tomo café".

Certo dia, Alberto chegou em casa e não tomou café.

É correto concluir que Alberto:

A) cozinhou;

B) chegou tarde;

C) não cozinhou;

D) chegou cedo;

E) ligou o computador.

↘ Resolução:

Se chego tarde em casa, não ligo o computador.

Se não ligo o computador, vou cozinhar.

Sempre que ligo o computador, tomo café.

Base: Alberto chegou em casa e não tomou café.

1ª degrau: Se chego tarde em casa, não ligo o computador.

V ? =V

A proposição "não ligou o computador" é verdadeira, VV = V (condicional)

2ª degrau: Se não ligo o computador, vou cozinhar.

V ? =V

A proposição "vou cozinhar" é verdadeira, VV = V (condicional)

↗ Gabarito: "A".

4. RACIOCÍNIO ANALÍTICO

Esse tipo de raciocínio lógico tem como finalidade testar a sua capacidade de analisar situações, eventos, hipóteses fornecidas e, o mais importante, a sua capacidade de reflexão sobre o problema exposto. As questões clássicas sobre esse tema são: associação lógica, verdade e mentira, quem é o culpado etc.

Iremos aprender praticando as principais questões de concurso. Antes de iniciar o treinamento, seguem algumas dicas básicas:

IMPORTANTE

1) Não tente deduzir.

Você deve encontrar a hipótese que coincida com a informação fornecida pelo enunciado.

2) Faça um resumo do enunciado e veja que tema está sendo cobrado: "verdade e mentira", "encontre o culpado" etc.

3) Tenha calma!

Caso 1: Associação lógica

O objetivo desse estilo de questão é relacionar os fatos informados, respeitando as restrições informadas.

IMPORTANTE

Nesse caso, o princípio da não contradição será a chave para encontrarmos a resposta correta!

Caso 2: Verdade e mentira

A questão desse perfil tem como característica principal verificar a natureza da pessoa ou descobrir quem é o culpado.

Nesse caso, é necessário imaginar hipóteses e verificar a validade de cada uma delas, ou seja, se a hipótese coincidir com o enunciado da questão, então foi realizada uma escolha correta. Exemplo: a questão vai dizer que apenas um mentiu ou apenas um falou a verdade (essa informação será o referencial para verificar a veracidade da nossa hipótese).

ATENÇÃO

Existem alguns métodos utilizados para reduzir a quantidade de hipóteses levantadas.

Método 1: perguntas clássicas

Pergunta 1: você é mentiroso?	A resposta sempre será *não*, independentemente da natureza da pessoa. Logo, esse tipo de pergunta não permite conclusão sobre a natureza (se mente ou fala a verdade).
Pergunta 2: você fala sempre a verdade (veraz)?	A resposta sempre será *sim*, independente da natureza da pessoa. Logo, esse tipo de pergunta não permite conclusão sobre a natureza (se mente ou fala a verdade).

Método 2: afirmações clássicas

Afirmação 1: quando uma pessoa afirma que a outra fala uma verdade. Exemplo: Carlos Henrique disse que Sormnay é veraz.	Nesse caso, podemos concluir que as pessoas citadas na frase são de mesma natureza, ou seja, ou as duas sempre falam a verdade ou as duas sempre mentem.
Afirmação 2: quando uma pessoa afirma que a outra falou uma mentira. Exemplo: Carlos Henrique disse que Ronilton é mentiroso.	Nesse caso, podemos concluir que as pessoas citadas na frase são de natureza distintas, ou seja, um sempre diz a verdade e o outro sempre mente.

ATENÇÃO

Infelizmente, não podemos utilizar esses métodos para todas as questões de Verdades e Mentiras.

4.1 Questões

1. **(FCC – TRT-AM – Analista)** Alexandre, Breno, Cleide e Débora saíram vestindo camisas do seu time de futebol. Sabe-se que cada pessoa torce por um time diferente, e que os times são: Flamengo, Corinthians, São Paulo, Vasco, não necessariamente nessa ordem. Cleide é corintiana, Breno não torce pelo Flamengo nem pelo São Paulo, Débora é são-paulina. Sendo assim, conclui-se que Alexandre e Breno, respectivamente, torcem para:

A) Flamengo e Corinthians.

B) Vasco e Flamengo.

C) São Paulo e Vasco.

D) Flamengo e Vasco.

E) Vasco e Corinthians.

↘ Resolução:

Resumo: Cleide é corintiana e Débora é são-paulina.

Conclusão parcial:

Cleide é corintiana.

Débora é são-paulina.

Breno não torce pelo Flamengo nem pelo São Paulo.

Conclusão final:

Cleide é corintiana.

Débora é são-paulina.

Breno é vascaíno (ele não pode ser corintiano, nem são-paulino, nem flamenguista).

Alexandre é flamenguista (time que sobrou).

↗ **Gabarito: "D".**

2. (FCC – SEGEP) Quatro meninos têm 5, 7, 9 e 11 carrinhos cada um. A respeito da quantidade de carrinhos que cada um tem, eles afirmaram:

– Antônio: Eu tenho 5 carrinhos;

– Bruno: Eu tenho 11 carrinhos;

– Cássio: Antônio tem 9 carrinhos;

– Danilo: Eu tenho 9 carrinhos.

Se apenas um deles mentiu, tendo os outros dito a verdade, então é correto concluir que a soma do número de carrinhos de Antônio, Bruno e Cássio é igual a:

A) 23.

B) 25.

C) 21.

D) 27.

E) 22.

↘ **Resolução:**

Dica: Apenas um dele mentiu, logo precisamos encontrar a contradição.

As sentenças de Cássio e Danilo são contraditórias, ou seja, as duas não podem ser verdadeiras ao mesmo tempo.

– Antônio: Eu tenho 5 carrinhos; (V)

– Bruno: Eu tenho 11 carrinhos; (V)

Logo, – Cássio: Antônio tem 9 carrinhos é falsa, pois Antônio tem 5 carrinhos.

– Danilo: Eu tenho 9 carrinhos. (V)

Resumo:

Antônio: 5 carrinhos, Bruno: 11 carrinhos, Cássio: 7 carrinhos e Danilo: 9 carrinhos.

Resultado: 5 + 11+ 7 = 23.

↗ **Gabarito: "A".**

3. (FGV – TJSC) Maria é mais nova que Roberta e Joana é mais velha que Sílvia, que tem a mesma idade de Roberta.

É correto concluir que:

A) Maria é mais velha que Sílvia;

B) Roberta é mais jovem que Joana;

C) Maria é mais velha que Joana;

D) Sílvia é mais jovem que Maria;

E) Maria e Joana têm a mesma idade.

↘ **Resolução:**

Dica: Joana é mais velha que Sílvia, que tem a mesma idade de Roberta.

Logo, Joana é mais velha que Silvia e é mais velha que Roberta.

Joana é mais velha que Roberta = Roberta é mais nova que Joana.

↗ **Gabarito: "B".**

4. (FGV – TJSC) Em um escritório de advocacia há pastas azuis, verdes e marrons.

O chefe do escritório disse ao estagiário:

i. Processos trabalhistas são colocados em pastas verdes.

É correto concluir que:

A) processo não trabalhista não é colocado em pasta verde;

B) dentro de uma pasta verde há sempre um processo trabalhista;

C) dentro de uma pasta azul não há um processo trabalhista;

D) um processo penal é colocado em pasta marrom;

E) pelo menos um processo penal está em pasta azul.

↘ **Resolução:**

Será necessário analisar as alternativas.

A) processo não trabalhista não é colocado em pasta verde.

O texto não afirmou sobre os processos não trabalhista, logo não podemos afirmar.

B) dentro de uma pasta verde há sempre um processo trabalhista.

Processos trabalhistas são colocados em pastas verdes, mas isso não significar dizer que todas as pastas verdes foram usadas.

C) dentro de uma pasta azul não há um processo trabalhista.

Correto, pois os processos trabalhistas só podem ser encontrados em pastas verdes.

↗ **Gabarito: "C".**

5. RACIOCÍNIO SEQUENCIAL

Como estudar o Raciocínio Sequencial?

Na minha visão, é um ramo do raciocínio logico de caráter prático. Por isso, a melhor forma de estudar é por meio da prática.

O objetivo desse tipo de enunciado é avaliar a sua capacidade de reconhecer o padrão lógico utilizado. Para facilitar a sua capacidade de observação, o tema será dividido nos seguintes temas: número, datas (calendário), letras e figuras.

Tema 1: números

IMPORTANTE

O padrão geralmente é encontrado por meio de um processo de tentativa e erro. Mas, como saber o padrão correto? O padrão correto é aquele em que visualizamos uma repetição de, no mínimo, duas vezes.

Exemplo: sequência: 3, 5, 7... (o padrão é de aumento de 2, pois visualizamos esse padrão duas vezes. De 3 para 5: aumentamos duas unidades e de 5 para 7: aumentamos duas unidades)

Tema 2: letras

O nosso objetivo é observar o padrão das sequencias compostas por letras. É fundamental conhecer a posição de cada letra no nosso alfabeto.

ATENÇÃO

É importante conhecer o alfabeto com 26 letras:

A B C D E F G H I J K L M N O P Q R S T U V W X Y Z

Fique esperto, pois é possível a questão solicitar o alfabeto com 23 letras, sem K, Y e W.

A B C D E F G H I J L M N O P Q R S T U V X Z

Tema 3: datas

Caso 1: encontrar um determinado dia da semana.

É fundamental dominar o calendário civil, ou seja, conhecer a quantidade de dias de cada mês do ano.

Outra parte importante é conhecer a característica de um ano bissexto. Vamos conhecer!

IMPORTANTE

1) o ano possui 366 dias e o mês de fevereiro tem 29 dias. A consequência é que no ano bissexto o mês de fevereiro terá um dia da quinta semana. Se a questão informar que o mês de fevereiro tem 5 domingos, então esse ano é bissexto.

2) dois meses consecutivos somados tem 60 dias. Janeiro (31) + fevereiro (29) = 60 dias ou fevereiro (29) + março (31) = 60 dias.

3) todos os anos múltiplos de 400 são bissextos. Exemplos: 1600, 2000, 2400, 2800.

4) todos os anos múltiplos de 4, mas não múltiplos de 100, também são bissextos. Exemplos: 1996, 2004, 2008, 2012.

Curiosidade do Calendário Gregoriano, que nós utilizamos!

Feitas as correções de calendário, definiu-se a nova regra para o cálculo dos anos bissextos:

De 4 em 4 anos é ano bissexto.

De 100 em 100 anos não é ano bissexto.

De 400 em 400 anos é ano bissexto.

Prevalecem as últimas regras sobre as primeiras.

Para melhor entender

São bissextos todos os anos múltiplos de 400, p. ex: 1600, 2000, 2400, 2800...

São bissextos todos os múltiplos de 4 e não múltiplos de 100, p. ex: 1996, 2004, 2008, 2012, 2016...

Não são bissextos todos os demais anos.

Na prática, isso significa que há 97 anos bissextos a cada 400 anos.

Meses com 30 dias:	Abril, Junho, Setembro e Novembro.
Meses com 31 dias:	Janeiro, Março, Maio, Julho, Agosto, Outubro e Dezembro.
Mês com 28 ou 29 dias:	Fevereiro.

5.1 Questões

1. **(FGV – TJSC)** Antônio comprou uma caixa com 42 comprimidos de um remédio. Ele tomou um comprimido por dia, sem interrupções, até terminar os comprimidos da caixa.

Se ele tomou o primeiro comprimido em uma sexta-feira, o último comprimido foi tomado em:

A) uma quarta-feira;
B) uma quinta-feira;
C) uma sexta-feira;
D) um sábado;
E) um domingo.

↘ Resolução:

É uma questão sobre sequência cíclica, situação de um calendário, logo é necessário dividir 42 por 7 (uma semana tem 7 dias). O elemento fundamental dessa divisão é o resto, ok?

42: 7, vai ter resto igual a zero.

O resto 0 = último dia dessa semana.

1ª dia: sexta, 2 ª dia: sábado até 7ª dia: quinta.

↗ Gabarito: "B".

2. **(FCC – TRT-MS – Analista – 2017)** Na sequência 1A3E; 5I7O; 9U11A; 13E15I; 17O19U; 21A23E; . . ., o 12º termo é formado por algarismos e pelas letras:

A) EI.
B) UA.
C) OA.
D) IO.
E) AE.

↘ Resolução:

As vogais se repetem de 5 em 5: A-E-I-O-U

1º 1A 3E;	2º 5I 7O	3º 9U 11A;
4º 13 E15I;	5º 17 O19U;	6º 21A 23E
7º I O	8º U A	9º E I
10º O U	11º A E	12º I O

↗ Gabarito: "D".

3. **(FCC – TRT-AM – Analista)** Marlene, Jair, Renata, Alexandre e Patrícia fizeram uma prova de um concurso obtendo cinco pontuações diferentes. Sabe-se ainda que, nessa prova:

– Marlene obteve mais pontos do que Alexandre, mas menos pontos do que Patrícia;

– Jair obteve mais pontos do que Renata, que por sua vez obteve mais pontos do que Marlene.

Sendo assim, é necessariamente correto que:

A) Marlene obteve mais pontos do que Renata.
B) Jair obteve menos pontos do que Patrícia.
C) Renata obteve menos pontos do que Patrícia.
D) Alexandre foi o que obteve menos pontos.
E) Patrícia foi a que obteve mais pontos.

↘ Resolução:

– Marlene obteve mais pontos do que Alexandre, mas menos pontos do que Patrícia;

Conclusão parcial: Alexandre... Marlene... Patrícia (ordem crescente e não sabemos se existe elementos entre eles).

– Jair obteve mais pontos do que Renata, que por sua vez obteve mais pontos do que Marlene.

Conclusão parcial: Marlene ... Renata ... Jair.

Observe que, necessariamente, Renata, Jair e Patrícia tiveram mais pontos que Marlene, e Alexandre obteve menos pontos que Marlene. Não sabemos se Patrícia teve mais ou menos pontos que Renata e Jair. Além disso, temos certeza de que somente Alexandre teve menos pontos que Marlene, ou seja, ele é o que teve menor pontuação.

↗ **Gabarito: "D".**

4. (FCC – TRF 3ª Região – Analista – 2016) A diferença entre o 12º e o 13º, nessa ordem, termos da sequência lógica matemática (20; 20; 15; 30; 20; 60; 40; 160; 120; 600; 520; ...) é igual a:

A) 220.

B) –80.

C) 160.

D) –120.

E) 1200.

↘ **Resolução:**

A diferença está dobrando de valor e a multiplicação está aumentando de um em um.

1ª termo: 20	2ª termo: 20 · 1 = 20	3ª termo: 20 – 5 = 15
4ª termo: 15 · 2 = 30	5ª termo: 30 – 10 = 20	6ª termo: 20 · 3 = 60
7ª termo: 60 – 20 = 40	8ª termo: 40 · 4 = 160	9ª termo: 160 – 40 = 120
10ª termo: 120 · 5 = 600	11ª termo: 600 – 80 = 520	12º termo: 520 · 6 = 3120
13ª termo: 3120 – 160 (a diferença será 160)		

↗ **Gabarito: "C".**

6. RACIOCÍNIO MATEMÁTICO

O raciocínio matemático tem como finalidade avaliar os seus conhecimentos matemáticos na resolução de uma situação-problema. Os temas mais cobrados são: princípio fundamental de contagem, média aritmética, equação do primeiro grau, sistema de equações e porcentagem.

6.1 Questões

1. (FGV – TJSC) Há 10 anos, a soma das idades de Fernanda e de sua filha Isadora era 40 anos.

Daqui a 10 anos, a soma das idades delas será:

A) 50 anos;

B) 60 anos;

C) 70 anos;

D) 80 anos;

E) 90 anos.

↘ **Resolução:**

Há 10 anos, a soma das idades de Fernanda e de sua filha Isadora era 40 anos.

Logo, hoje a soma é 40 + 20 = 60 (são duas pessoas, por isso a soma é igual a 20, sendo 10 anos para cada pessoa).

Daqui a 10 anos, a soma das idades delas será:

60 (hoje) + 20 (2 pessoas daqui a 10 anos) = 80

↗ **Gabarito: "D".**

2. (FGV – TJSC) Em uma urna há 5 bolas amarelas, 7 bolas verdes e 4 bolas azuis.

O número mínimo de bolas a ser retirado aleatoriamente da urna, sem lhes ver a cor, para se ter certeza de que serão retiradas pelo menos duas bolas verdes é:

A) 14.

B) 13.

C) 11.

D) 9.

E) 8.

↘ **Resolução:**

É necessário tirar todas as bolas não verdes, total = 5 + 4 = 9.

9 (todas sem azul) + 2 = 11 (pelo menos duas verdes).

↗ **Gabarito: "C".**

3. (FCC – TRF 3ª Região – Analista) O setor de compras de uma empresa vai adquirir certas quantidades de dois tipos de artigos, sendo um deles de valor unitário R$ 15,00, e o outro no valor unitário R$ 24,00. Gastando exatamente R$ 537,00 nessa compra, o maior

número de maneiras distintas em que ela poderá ser realizada é igual a:

A) 4.

B) 5.

C) 3.

D) 6.

E) 9.

↘ **Resolução:**

15x + 24y = 537 (simplificando por 3)

5x + 8y = 179

É uma questão de tentativa e erro.

Os valores possíveis para x serão: 7, 15, 23 e 31

↗ **Gabarito: "A".**

4. **(FCC – TRT-PE – Analista)** Em uma empresa com 120 funcionários, 42 recebem vale-transporte e 95 recebem vale-refeição. Sabendo que todos os funcionários da empresa recebem ao menos um desses dois benefícios, o total de funcionários que recebem ambos os benefícios é igual a:

A) 25.

B) 17.

C) 15.

D) 19.

E) 20.

↘ **Resolução:**

Vale-transporte = 42 n(T)

Vale-refeição = 95 n(V)

Total = 120

Fórmula da reunião de 2 conjuntos:

$n(A \cup B) = n(A) + n(B) - n(A \cap B)$

$120 = n(T) + n(V) - n(T \cap V)$

120 = 42 + 95 – X

120 = 137 – X

X = 137 – 120

X = 17

↗ **Gabarito: "B".**

REFERÊNCIAS

ALENCAR FILHO, Edgard. *Iniciação à lógica matemática*. São Paulo: Nobel, 1995.

KELLER, Vicente. *Aprendendo lógica*. Rio de Janeiro: Vozes, 2003.

LAGES, Elon L. *A matemática do ensino médio*. Rio de Janeiro: SBM, 1998. v. 2.

MORTARI, Cezar A. *Introdução à lógica*. São Paulo: UNESP, 2001.

SANTOS, Bruno V. *Raciocínio Lógico*: teoria e treinamento prático. São Paulo: Método. 2013.

_______. *Raciocínio lógico facilitado*. 4. ed. São Paulo: Método. 2016.

_______. *Matemática Facilitada*. São Paulo: Método. 2016.

VIVIANE CRISTINA DE SOUZA LIMONGI

7 ESTATUTO DA PESSOA COM DEFICIÊNCIA

SUMÁRIO

1. INTRODUÇÃO

Historicamente, as pessoas com deficiência, sobretudo as com algum déficit mental ou intelectual, sempre estiveram relegadas a uma espécie de *morte civil*[1]. Negava-se à pessoa com deficiência, assim como a escravos, pessoas condenadas à morte, a capacidade jurídica[2].

Às mulheres, no passado, também já foi negada a capacidade civil, em decorrência da crença em uma inaptidão natural em razão do gênero feminino: "*les femmes sont incapables par la seule raison du sexe, de plusieurs sortes d'engagements et de fonctions*", nas palavras de Jean Domat[3].

Ao longo dos tempos, muitas foram as razões para as pessoas com deficiência intelectual permanecerem afastadas dos atos da vida civil: decisões judiciais de interdição, coarctando a pessoa com deficiência de atuar em todo e qualquer ato da vida civil; a dificuldade das famílias que tinham no seio do seu lar uma pessoa com deficiência; o sentimento de culpa dessas famílias; tratamentos manicomiais extremamente degradantes, que visavam não à integração, mas à segregação das pessoas com deficiência intelectual; o estigma da interdição pela sociedade; enfim, todos esses fatores legais, culturais e axiológicos tornavam a inclusão da pessoa com deficiência intelectual algo irrealizável.

Na metade do século passado, com a Declaração Universal dos Direitos Humanos e a dignidade da pessoa humana passando ao centro do ordenamento jurídico, muitas leis foram promulgadas em favor dos direitos da pessoa com deficiência, mas o arcabouço legal civil ainda se mostrava incipiente à eliminação das barreiras culturais, físicas ou sociais. No âmbito infraconstitucional, foi promulgada a Lei n. 7.853/89, que instituiu a Política Nacional da Pessoa Portadora de Deficiência em prol da tutela jurisdicional de interesses coletivos e difusos das pessoas com deficiência.

Os tratados internacionais passaram a visar à proteção das minorias, tentando interferir no arbítrio dos Estados, para que o grupo das pessoas com deficiência passasse a ser reconhecido e protegido *no triplo caráter de homem, cidadão e minoritário*[4], como

1 F. Genaudet, em 1854, relembra que a expressão "morte civil" se originou em Roma e era assim definida: *Elle consiste dans la privation des droits que font de l'homme un membre actif de la cité et de la famille. Elle est l'image de la mort naturelle, puisque de même que celle-ci retranche l'homme du sein de leur semblables, de même la mort civile rompt tous les liens qui l'unissaient à la société, pour ne laisses subsister en lui que l'état de nature et avec l'existence purement physique les moyes de la garantir et de la conserver.* Tradução livre: Ela consiste na privação dos direitos do homem a um membro ativo da cidade e da família. É a imagem da morte natural, pois da mesma maneira que isola o homem do seio de seus semelhantes, a morte civil rompe todos os laços que o uniram à sociedade, para que nele possam apenas subsistir o estado de natureza e, com sua existência puramente física, os meios para garanti-la e preservá-la. Cf. GENAUDET, F. *Étude sur la mort civile et la necessité de son abolition.* Paris: Imprimerie de Éd. Fleury et Ad. Chevergny, 1854, p. 6.

2 Referência ao direito romano que previa três espécies de perda da capacidade jurídica: a perda do *status libertatis* acarretava a *capitis deminutio maxima*, pela perda da liberdade. A perda do *status civitatis* acarretava a *capitis deminutio media*, significando a perda de qualquer outro *status*. E a *capitis deminutio minima*, significada a alteração da situação familiar.

3 Tradução livre: *as mulheres são incapazes pela única razão de sexo e outras formas de compromissos e funções.* DOMAT, Jean. *Oeuvres de J. Domat.* Paris: Éditeur E. Kleffer (L. Tenré), 1821-1825, t. 1, p. 194.

4 RAWLS, John. *Justiça e democracia.* Tradução de Irene A. Paternot. São Paulo: Martins Fontes, 2000, p. XXXVI apud SÉGUIN, Elida.

sugere John Rawls, citado por Elida Séguin. A autora firma que, na metade do séc. XX, a sociedade iniciou um tímido processo de conscientização da necessidade dos direitos difusos e coletivos, adotando comportamentos de ações afirmativas em prol dos grupos vulneráveis e minorias[5].

A sociedade passou a clamar pela inclusão.

E, como o ordenamento jurídico deve levar em conta os valores sociais, a ele ficou o dever de estabelecer definitivamente instrumentos e mecanismos legais para a efetividade dos direitos fundamentais, sem privilégios ou paternalismos, das pessoas com deficiência. Demais disso, o sistema jurídico deveria buscar compreender que a *deficiência* não é estática, mas um termo em constante evolução que depende também do ambiente no qual está inserida a pessoa com algum déficit intelectual. Isto é, o ordenamento jurídico também deveria reconhecer que igualmente seria dever da sociedade prover meios para que as pessoas com deficiência se desenvolvessem.

E foi nesse contexto que a Convenção Internacional dos Direitos da Pessoa com Deficiência, assinada em Nova York, em 30 de março de 2007, passou a integrar o ordenamento jurídico brasileiro pelo Decreto n. 6.949, de 25 de agosto de 2009[6], quando o Brasil efetuou o depósito do instrumento de ratificação, vinculando-se ao conteúdo desse tratado e internacionalizando seu conteúdo principiológico.

Clamando pela outorga da capacidade de agir à pessoa com deficiência, a Convenção reforçou a necessidade de realização de igualdade substancial, como ideário de justiça social, por meio do reconhecimento e da inclusão da pessoa com deficiência, reafirmando a universalidade, a indivisibilidade, a interdependência e a inter-relação de todos os seus direitos humanos e liberdades fundamentais[7].

Demais disso, a Convenção determinou que os Estados legislassem, como forma de inserir nos ordenamentos internos um programa de ações afirmativas em prol da pessoa com deficiência, pelo que, no direito privado, fazia-se necessário também o reconhecimento da preocupação humanista para emancipação das pessoas com deficiência.

E foi nesse contexto social e legal que a Lei Brasileira de Inclusão, também denominada Estatuto da Pessoa com Deficiência, foi promulgada e ganhou relevância porquanto efetuou modificações substanciais no âmbito da teoria das incapacidades e nas formas de suprimento da vontade da pessoa com deficiência, sempre de modo a diminuir a intervenção do Estado no âmbito íntimo da pessoa.

2. A TEORIA DAS INCAPACIDADES ANTES DO ESTATUTO DA PESSOA COM DEFICIÊNCIA

Antes da promulgação do Estatuto da Pessoa com Deficiência, a capacidade de agir relacionava-se diretamente ao discernimento, isto é, à aptidão que a pessoa teria para pensar, discernir e manifestar sua vontade.

Minorias e grupo vulneráveis. Uma abordagem jurídica. Rio de Janeiro: Forense, 2002, p. 25.

5 SÉGUIN, Elida. Op. cit., p. 25.

6 BRASIL. Decreto n. 6.949, de 25 de agosto de 2009. Disponível em: http://www.planalto.gov.br/ccivil_03/_ato2007-2010/2009/decreto/d6949.htm. Data de acesso: 30 out. 2019.

7 PIOVESAN, Flávia. Apresentação. In: DIAS, Joelson; FERREIRA, Laíssa da Costa; GUGEL, Maria Aparecida; COSTA FILHO, Waldir Macieira. *Novos comentários à Convenção sobre os direitos das pessoas com deficiência*. Secretaria de Direitos Humanos da Presidência da República (SDH/PR), SNDP-SDH-PR, 2014, p. 10.

Nesse contexto, eram absolutamente incapazes aqueles previstos no rol do art. 3º do Código Civil, ou seja, (i) os menores de 16 anos; (ii) os que, por enfermidade ou deficiência mental, não tiverem o necessário discernimento para a prática desses atos; e (iii) os que, mesmo por causa transitória, não puderem exprimir sua vontade.

Trata-se, pois, da capacidade de fato pois, reitere-se, a capacidade de direito era outorgada a toda pessoa nascida viva, visto que qualquer restrição significaria o aniquilamento da pessoa do mundo jurídico, coarctando sua qualidade de pessoa e despindo-a dos atributos da personalidade, como explicou Maria Helena Diniz[8].

A capacidade de fato, também denominada capacidade de exercício de direitos[9], está expressa, portanto, na negação pela ordem jurídica a alguns indivíduos de pessoalmente exercerem seus direitos[10]. Somente o ordenamento jurídico poderia restringir a capacidade de agir do indivíduo.

Marcos Bernardes de Mello[11], encampando entendimento de Savigny[12], sobre a capacidade de agir, ensina:

(...) a função da capacidade de agir é a fixação, genérica, da aptidão de discernimento das pessoas para conhecer e avaliar as consequências práticas, materiais (não jurídicas) de seus atos, conforme a sua experiência de vida refletida pela idade, o estado de sanidade física ou mental e a condição cultural.

A capacidade de exercício, por ser regra geral, é definida pela lei, como se vê, mais em sentido negativo do que em sentido positivo[13]. Ou seja, aquele que a lei não considerou incapaz (absolutamente ou relativamente), será presumidamente capaz para o exercício dos atos da vida civil[14]. Aquele que não estiver sob a proteção de seus representantes, encarregados de protegê-lo e de praticar por ele e em seu nome os atos necessários, será capaz para o exercício de seus direitos.

Marcel Planiol e Georges Ripert ensinam que a doutrina civilista sempre limitou a capacidade de exercício pela aferição do estado da pessoa: *l'état des personnes*[15]. Isto é: o ordenamento positivo partiu da análise do estado da pessoa – especialmente da análise de fatores como saúde e idade – para limitar a capacidade para a prática dos atos da vida civil, a fim de que esses atos sejam plenamente válidos[16]. Trata-se de presunção *juris et de jure* para aferição da capacidade.

8 DINIZ, Maria Helena. *Curso de direito civil brasileiro*. 31. ed. São Paulo: Saraiva, 2014, v. 1, p. 169.

9 MOTA PINTO, Carlos Alberto da. *Valor dos actos jurídicos dos dementes*. Coimbra: Separata da Revista de Direito e Estudos Sociais, v. XII, n. 1-2, p. 8.

10 RODRIGUES, Silvio. *Direito civil*: edição atual de acordo com o novo Código Civil. São Paulo: Saraiva, 2003, v. 1, p. 39.

11 MELLO, Marcos Bernardes de. *Teoria do fato jurídico*: plano da validade. 14. ed. São Paulo: Saraiva, 2015, p. 60.

12 SAVIGNY. *Sistema del derecho romano actual*, v. 2, p. 210 e § 106, apud MELLO, Marcos Bernardes de. *Teoria do fato jurídico*: plano da validade. 14. ed. São Paulo: Saraiva, 2015, p. 60.

13 BETTI, Emílio. *Teoria geral do negócio jurídico*. Campinas: LZN, 2003, p. 10.

14 Nesse aspecto, divisa-se que o limite legal da capacidade de agir se guie pelas hipóteses de incapacidade (que serão analisadas em capítulo posterior).

15 PLANIOL, Marcel; RIPERT, Georges. *Traité Élémentaire de Droit Civil conforme au programme officiel des facultés de droit*. 11. ed. Paris: Librarie Générale de Droit & de Jurisprudence, 1928, v. I, p. 161.

16 AGUIAR, Mônica. 2002 + 10. Para além da capacidade: o impacto da vulnerabilidade em matéria de autonomia em questões de saúde. In: LOTUFO, Renan; NANNI, Gio-

Até a promulgação do Estatuto da Pessoa com Deficiência, interessava para a Lei Civil a análise do estado da pessoa – *idade e saúde intelectual* – para determinar a restrição ou não da capacidade de agir. O estado é fator determinante da capacidade do sujeito para a prática de atos jurídicos, apresentando-se, portanto, como qualidade pessoal na constituição de uma específica relação jurídica[17], da qual decorrem direitos e deveres[18].

O conhecimento desse estado da pessoa, de sua "aptidão", ou "inaptidão", ou "deficiência" era a medida da capacidade de agir e, portanto, era o pressuposto para valoração de cada ato e atividade realizados pelo sujeito[19] (se seria válido ou não, visto que a capacidade de agir é elemento do negócio jurídico válido, nos termos do art. 104 do Código Civil).

O legislador, ao analisar os aspectos da pessoa e fundado em estudos e pesquisas, estabeleceu um momento na vida da pessoa em que a regra natural é de que se atinja um nível de desenvolvimento físico, intelectual e moral, decorrente de boa saúde e acúmulo de experiência de vida, que a torne apta ao exercício dos atos da vida civil, autodeterminando-se e exercendo sua autonomia privada[20]. Esse momento estaria no alcance da maioridade e da capacidade plena para os atos da vida civil.

Mas, até então, os Códigos Civis reconheciam alguns estados biológicos (etários ou intelectuais) para valorar o ato jurídico praticado pelo indivíduo (válido ou inválido), evitando que pessoas sem discernimento, crianças e adolescentes se responsabilizassem do ponto de vista patrimonial.

É por essa razão que podemos afirmar que a teoria das incapacidades sempre se pautou na *proteção* dessas pessoas que *não apresentavam experiência de vida, idade ou condição intelectual para assumir seus compromissos no aspecto patrimonial.*

Charles Aubry, Charles Rau, Charles Falcimaigne Maurice Gault e Étienne Bartin confirmavam o caráter protetivo da teoria das incapacidades, ao discorrerem sobre os meios de proteção – previstos no ordenamento jurídico – aos interesses das pessoas incapazes de se governar ou gerir seus bens[21].

Caio Mário da Silva Pereira afirmava que a teoria das incapacidades tem em seu bojo o intuito de proteção, atendendo a que uma falta de discernimento, de que sejam portadores, aconselha tratamento especial, por cujo intermédio o ordenamento jurídico procura restabelecer um equilíbrio psíquico, rompido em consequências das condições peculiares dos mentalmente deficitários[22].

António Menezes Cordeiro[23] salienta que, desde o livro Deuteronômio, Moisés já previa a proteção de deficientes, em atenção

vanni Ettore; MARTINS, Fernando Rodrigues (Coords.) *Temas relevantes do direito civil contemporâneo*: reflexões sobre os 10 anos do Código Civil. São Paulo: Atlas, 2012, p. 88.

17 AMARAL, Francisco. *Direito civil*: introdução. 6. ed. Rio de Janeiro: Renovar, 2006, p. 237.

18 GOMES, Orlando. *Introdução ao direito civil*. 20. ed. Rio de Janeiro: Forense, 2010.

19 PERLINGIERI, Pietro. *Perfis do direito civil*: introdução ao direito civil constitucional. 3. ed. Rio de Janeiro: Renovar, 1997, p. 140.

20 NUNES, Lydia Neves Bastos Telles. Incapacidade: uma questão de proteção à pessoa humana. *Revista do Instituto dos Advogados de São Paulo,* v. 18, p. 170-186, jul.-dez./2006, p. 177.

21 AUBRY, Charles; RAU, Charles-Frédéric; FALCIMAIGNE, Charles ; GAULT, Maurice ; BARTIN, Étienne. *Cours de droit civil français*: d'aprés la méthode de Zachariae, t. I, p. 582.

22 PEREIRA, Caio Mário da Silva. *Instituições de direito civil*. 21. ed. Rio de Janeiro: Forense, 2005, p. 272.

23 MENEZES CORDEIRO, António. *Tratado de direito civil português*. 2. ed. Coimbra: Almedina, 2007, t. III, p. 457.

a um princípio de *tutela dos débeis* ou *venia debilium*. Isso significa que a teoria das incapacidades sempre teve por objetivo a proteção da pessoa com deficiência intelectual dela mesma, ou seja, impedindo que ela respondesse com seu patrimônio caso firmasse um contrato, pois esse negócio seria declarado nulo, no nascimento, sem nenhuma validade ou efeito jurídico.

A teoria das incapacidades, ao limitar a atuação da pessoa e estabelecer formas específicas para sua atividade econômico-jurídica – por meio da representação ou assistência, no Brasil –, não tinha a intenção de prejudicá-la, mas defendê-la, de modo preventivo, para que não ficasse à mercê de intrigas e manobras de terceiros mal-intencionados[24].

Enzo Roppo reconhece que a limitação legal perante a atividade econômico-jurídica não tinha por intuito prejudicar a pessoa com deficiência, mas defendê-la, de modo preventivo de se prejudicar por suas próprias mãos[25]. Ele afirma também que, a despeito disso, a teoria das incapacidades também se revestia do caráter de prevenção a terceiros interessados eventualmente prejudicados pelo ato da pessoa *incapaz*[26], de modo a favorecer o tráfego jurídico-econômico-social. O tráfego negocial é, para o autor italiano, premissa da teoria das incapacidades, porquanto *o mercado não poderia funcionar eficazmente sem um mínimo de garantia de que as tomadas de posição dos operadores económicos não são tomadas de modo arbitrário ou irracional*[27].

Ou seja, apesar de ter sua pedra fundamental na tutela da pessoa com deficiência intelectual, a teoria das incapacidades também servia ao tráfego negocial. Infelizmente, afastar a pessoa com deficiência intelectual do tráfego negocial era uma *saída*: afastava-se a pessoa com deficiência da possibilidade de celebrar contratos e resolvia-se a questão, de modo simples e eficaz, por meio de uma decisão de interdição total.

Além disso, a lei não previa a existência de estados *intermediários de incapacidade*. Para a lei, uma pessoa com qualquer deficiência intelectual era passível de proteção e, por isso, ficaria afastada da sociedade. Pessoas inseridas no espectro autista, por exemplo, do mais severo ao mais leve, eram tratadas da mesma forma pelo ordenamento jurídico. O ordenamento via a hipótese de deficiência intelectual e, diante disso e da necessidade de *proteção* dessa pessoa, coarctava-lhe o direito de atuar nos atos da vida civil, interditando-a.

Até então, o processo de interdição para aferição da capacidade do sujeito fundava-se exclusivamente em critério médico/cognitivo – a despeito do interrogatório judicial –, de modo que, para a maior parte dos deficientes intelectuais, incidia uma espécie de *morte civil:* reconhecido, sob o aspecto cognitivo, o déficit funcional, ficava afastado da prática de atos negociais e existenciais. Essa concepção do *tudo ou nada,* em termos da aferição da capacidade, culminava em um regime de curatela que, ao invés de prestigiar o incapaz, por meio da valorização de sua vontade, concretizava justamente o inverso[28]: substituição completa de sua vontade e autonomia privada, mesmo em atos existenciais.

24 CAPITANT, Henri. *Introduction à l'Étude du Droit Civil.* Paris: A. Pedone, Editeur, 1929, p. 178.

25 ROPPO, Enzo. *O contrato.* Coimbra: Livraria Almedina, 1988, p. 227 et seq.

26 ROPPO, Enzo. *O contrato.* Coimbra: Livraria Almedina, 1988, p. 227 et seq.

27 ROPPO, Enzo. *O contrato.* Coimbra: Livraria Almedina, 1988, p. 226.

28 FERRAZ, Carolina Valença; LEITE, Glauber Salomão. Capacidade civil: fixação de novos paradigmas para a construção de um regime jurídico voltado à tutela da dignidade humana. In: EHRHARDT JR. Marcos (Coord.). *Os 10 anos do Código Civil*: evolução e perspectivas. Belo Horizonte: Fórum, 2012, p. 46.

Apesar de desde 1934 existir a interdição parcial, por meio do Decreto n. 24.559/34, as pessoas com deficiência intelectual, das mais severas às mais leves, sofriam intervenções drásticas pelo Estado: eram interditadas, qualificadas como *loucas* (pela redação constante do art. 3º do Código Civil de 1916), sofriam o estigma de estarem *interditadas* e, de fato, estavam afastadas totalmente dos atos da vida civil.

À época, já havia críticas. Pontes de Miranda já advertia que a ordem jurídica deveria reconhecer a existência de estados intermédios ou intermitentes no discernimento, sendo necessária a intervenção heterônoma apenas para certos atos ou situações, não para a totalidade deles[29]. No entanto, a realidade era de que a interdição afetava toda a pessoa com deficiência intelectual.

Pouco importava ao ordenamento jurídico o grau de deficiência. Havendo deficiência, incidiria à espécie a interdição que se pautava exclusivamente no aspecto médico. O regime do *tudo ou nada* se mostrava extremamente prejudicial aos interesses da pessoa com deficiência intelectual pois, sendo a compra de um imóvel ou a compra de um refrigerante, a consequência do ato era a mesma: *nulidade do ato jurídico praticado*, sem possibilidade de convalescência ou ratificação.

As críticas doutrinárias eram contundentes e necessárias.

O sistema jurídico não poderia mais, à luz dos direitos humanos e da evolução dos direitos da personalidade, afastar toda e qualquer pessoa com deficiência intelectual dos atos da vida civil. Os valores do antigo ordenamento eram incompatíveis com o momento atual que não mais admitia a *generalização* da pessoa com deficiência e a limitação de sua autonomia. Era obrigação do legislador atuar de forma positiva no sentido de ampliar o desenvolvimento socioafetivo da pessoa com deficiência, em um contexto de realização dos princípios da *liberdade geral da pessoa*[30], dignidade da pessoa humana e igualdade.

A teoria das incapacidades passou a conviver com essas críticas e demandar gradação e evolução para aos aspectos humanos – e não somente patrimoniais que sempre circundaram o direito civil desde o Código Civil Napoleônico de 1804.

Era chegado o momento de tratar a pessoa com deficiência intelectual de acordo com suas especificidades pessoais, e não somente generalizá-la à luz do que impunha o Código Civil. Além disso, era necessário considerar os inúmeros e diferentes estados patológicos já classificados pela medicina, que decorrem de doenças, deficiências, alienação mental, esquizofrenia em níveis variados, doenças funcionais ou orgânicas, restando o termo legal *deficiência mental* inapropriado para designar todas essas hipóteses.

Além disso, a utilização exclusiva do critério médico e cognitivo, fundado no quociente intelectual, passou a ser insuficiente. Era necessário que o ordenamento jurídico buscasse reconhecer uma *visão social da pessoa*, valorizando suas potencialidades e o desenvolvimento de sua interação com o mundo, analisando esses aspectos.

Não bastassem essas críticas, era necessária a criação de uma legislação que libertasse as pessoas com deficiência intelectual do *paternalismo exagerado*.

29 PONTES DE MIRANDA. *Tratado de direito privado*. Atualizado por Judith Martins-Costa; Gustavo Haical e Jorge Cesa Ferreira da Silva. São Paulo: Revista dos Tribunais, 2012, t. I, p. 252.

30 MOTA PINTO, Paulo. Autonomia privada e discriminação: algumas notas. In: SARLET, Ingo Wolfgang (Org.) *Constituição, direitos fundamentais e direito privado*. 3. ed. Porto Alegre: Livraria do Advogado, 2010, p. 327.

Afinal, *como liberar-se do assistencialismo que a sociedade lhe oferece e que suas famílias aceitam?*[31] Luiz Alberto David Araújo esclarece que a resposta a essa pergunta está na Constituição Federal: integração social, com políticas inclusivas e ações afirmativas[32].

E é nesse aspecto pluridimensional do fato social, como ensina Miguel Reale[33], que a teoria das incapacidades deveria ser revista para promover a pluralismo e liberdade, convivendo de forma harmônica com o sistema jurídico.

A teoria das incapacidades demandava gradação que somente foi alcançada pela promulgação da Lei n. 13.146, de 6 de julho de 2015 – Estatuto da Pessoa com Deficiência.

3. PRINCÍPIOS DO ESTATUTO DA PESSOA COM DEFICIÊNCIA

Fundado no intuito de emancipar a pessoa com deficiência intelectual, o Estatuto da Pessoa com Deficiência constitui uma evolução no trato jurídico-social, na medida em que passa a proclamar o exercício dos direitos e liberdades fundamentais dessas pessoas, sem discriminação e em igualdade de condições, visando à inclusão social e cidadania, com dignidade[34] nos termos do que preconizou a Convenção. Veja-se, *in verbis:*

> Art. 2º Considera-se pessoa com deficiência aquela que tem impedimento de longo prazo de natureza física, mental, intelectual ou sensorial, o qual, em interação com uma ou mais barreiras, pode obstruir sua participação plena e efetiva na sociedade em igualdade de condições com as demais pessoas.
>
> § 1º A avaliação da deficiência, quando necessária, será biopsicossocial, realizada por equipe multiprofissional e interdisciplinar e considerará:
>
> I – os impedimentos nas funções e nas estruturas do corpo;
>
> II – os fatores socioambientais, psicológicos e pessoais;
>
> III – a limitação no desempenho de atividades; e
>
> IV – a restrição de participação.
>
> § 2º O Poder Executivo criará instrumentos para avaliação da deficiência[35].

Tomando os princípios norteadores da dignidade humana e da isonomia, à luz da inclusão das pessoas com deficiência, a autonomia individual, consubstanciados na disposição sobre *liberdade de fazer as próprias escolhas*[36], de forma livre e independente, o Estatuto passou a ditar uma nova concepção de deficiência para, ao depois, alterar substancialmente a teoria das incapacidades.

Como se viu, até a promulgação do Estatuto, a lei não analisava os estados intermediários de capacidade. Demais disso, o processo de interdição para aferição da capacidade do sujeito fundava-se exclusivamente em critério médico/cognitivo, de modo que, existindo uma deficiência, *por mais leve que fosse*, o indivíduo ficava afastado da prática dos atos negociais e existenciais.

31 SPROVIERI, Maria Helena S. A integração da pessoa deficiente. In: MANTOAN, Maria Teresa Egler (Org.). *A integração de pessoas com deficiência*. São Paulo: Memnon Edições Científicas, 1997, p. 107.

32 ARAÚJO, Luiz Alberto David. *A proteção constitucional das pessoas portadoras de deficiência*. 2. ed. Brasília: Coordenadoria Nacional para Integração da Pessoa Portadora de Deficiência, 1997, p. 52.

33 REALE, Miguel. *Lições preliminares de direito*. 9. ed. São Paulo: Saraiva: 1946.

34 Art. 10 da Convenção sobre os Direitos da Pessoa com Deficiência (Nova York, 2006).

35 BRASIL. Lei 13.146 de 6 de julho de 2015. Disponível em: http://www.planalto.gov.br/ccivil_03/_Ato2015-2018/2015/Lei/L13146.htm. Data de acesso: 30 out. 2019.

36 Art. 3º, *a*, da Convenção sobre os Direitos da Pessoa com Deficiência (Nova York, 2006).

E por essas razões, para promover a emancipação da pessoa com deficiência, o Estatuto seguiu em duas direções: *in dubio pro capacitas* e *intervenção mínima*[37] (na esfera íntima do incapaz), como ensina Maria Garcia, ao tratar do caráter bidimensional da norma[38]: reconhecimento da identidade e distribuição de recursos para possibilitar sua participação na sociedade, em igualdade de condições com os demais[39].

A primeira direção da lei está no antigo pleito das pessoas com deficiência sobre a necessidade de separar o conceito de deficiência do de capacidade, pois a deficiência funcional, em si, não deveria carregar o estigma da falta de capacidade. A pessoa com deficiência intelectual pode, sim, ser capaz para a prática de atos jurídicos. Fosse reconhecido algum déficit funcional, seria este colocado à luz das barreiras ambientais, para, ao depois, o ordenamento jurídico outorgar a limitação da capacidade, em uma medida justa e viável à consecução da dignidade humana, com o mínimo de intervenção pelo Estado.

Era necessária a dissociação entre os conceitos de deficiência e capacidade.

E isso também se justifica pela existência de transtornos especificados no *Diagnostic and Statistic Manual of Mental Disorders* (DSM 5) que não preenchem o requisito da falta de discernimento, e, por consequência, não deveriam ser hipóteses de perda de capacidade, como adverte Maurício Requião[40].

Assim, para dissociar os conceitos deficiência e capacidade, a Lei n. 13.146, de 6 de julho de 2015, em seu art. 2º, ratificou a letra do art. 1º da Convenção sobre os Direitos das Pessoas com Deficiência e passou a positivar a deficiência mental de acordo com o ambiente social e as barreiras por ele impostas à pessoa com deficiência, transpondo o olhar da ciência médica para a celebração da diversidade humana, como afirma Laís Figueirêdo Lopes[41].

O conceito de deficiência passou a considerar o estado de saúde e também as barreiras enfrentadas pela pessoa. Na verdade, a causa da deficiência *também* está agora na sociedade que, por sua vez, tem o dever, como eixo central de inclusão, de promover a educação em prol da formação de cidadãos efetivamente capazes de direito[42] e diminuir as

37 MENEZES, Joyceanne Bezerra de. O direito protetivo no brasil após a convenção sobre a proteção da pessoa com deficiência: impactos do novo CPC e do Estatuto da Pessoa com Deficiência. *Civilistica.com*. Rio de Janeiro, a. 4, n. 1, jan.-jun./2015, p. 6. Disponível em: http://civilistica.com/wp-content/uploads/2016/01/Menezes-civilistica.com-a.4.n.1.2015.pdf. Data de acesso: 30 out. 2019.

38 FRASER, Nancy. Redistribuição, Reconhecimento e Participação: por uma concepção integrada da justiça. In: SARMENTO, Daniel; IKAWA, Daniela; PIOVESAN, Flávia (Coord.). *Igualdade, diferença e direitos humanos*. 2. tir. Rio de Janeiro: Lumen Juris, 2010, p. 185.

39 GARCIA, Maria. Comentários Introdutórios ao Estatuto da Inclusão e os direitos e liberdades. In: LEITE, Flávia Piva Almeida; RIBEIRO, Lauro Luiz Gomes; COSTA FILHO, Waldir Macieira (Orgs.). *Comentários ao Estatuto da Pessoa com Deficiência*. São Paulo: Saraiva, 2016, p. 44.

40 REQUIÃO, Maurício. *Estatuto da Pessoa com Deficiência, incapacidades e interdição*. Salvador: Juspodivm, 2016, p. 152.

41 LOPES, Laís Figueirêdo. Artigo 1. In: DIAS, Joelson; FERREIRA, Laíssa da Costa; GUGEL, Maria Aparecida; COSTA FILHO, Waldir Macieira. *Novos comentários à Convenção sobre os direitos das pessoas com deficiência*. Secretaria de Direitos Humanos da Presidência da República (SDH/PR), SNDP-SDH-PR, 2014, p. 27.

42 GRABOIS, Claudia. In: DIAS, Joelson; FERREIRA, Laíssa da Costa; GUGEL, Maria Aparecida; COSTA FILHO, Waldir Macieira. *Novos comentários à Convenção sobre os direitos*

barreiras por ela impostas ao pleno desenvolvimento da pessoa com déficit funcional.

Maria Garcia explica que o novo paradigma de deficiência, agora à luz dos direitos humanos, passou a ser o de modelo social: *é o ambiente que exerce influência direta na liberdade da pessoa, expandindo ou coarctando sua liberdade de agir*[43], que, por sua vez, não se limita somente à existência de um déficit funcional intelectual. Deficiência passou a englobar não só as limitações físicas, mentais ou sensoriais, mas a associação dessas limitações funcionais às variáveis ambientais, sociais, econômicas e culturais, combinando esses aspectos.

A nova concepção de deficiência vem ao encontro da noção do homem-social (*der sozialisierte Mensch),* segundo a qual a pessoa é definida conforme seu papel na sociedade (função/integração), *na realização de suas necessidades, na sua ação individual orientada e motivada por alguma posição de necessidade*[44]. Por essa visão sociológica, o homem não é visto apenas como sujeito de direitos, mas também segundo o exercício efetivo de seus papéis na interação da vida privada, como ensinam Cláudia Lima Marques e Bruno Miragem, ao encampar ensinamentos de Talcott Parsons[45].

Laís de Figueirêdo Lopes afirma que a falta de obstáculo ou barreira social ao indivíduo implica a ausência de deficiência, segundo aplicação da equação *deficiência = limitação funcional X ambiente.* Isso não significa que a deficiência funcional (cognição) desapareça, mas que ela deixa de ser uma *questão problema,* recolocando-se apenas como um fator de diversidade humana[46]. *Contrario sensu,* se o ambiente onde o indivíduo está inserido apresenta barreiras, sua deficiência será potencializada pela severidade de sua limitação funcional[47], o que se pode deduzir pelo exemplo: *deficiência 2 = limitação funcional 1 X ambiente 2.*

Percebe-se que a deficiência deixa o *status* individual para se situar em correlação com as políticas públicas destinadas a promover a acessibilidade daquela pessoa. Se, a despeito de haver algum déficit funcional, a sociedade provê meios, por meio da acessibilidade, que possibilitam a essa pessoa exercer sua personalidade em igualdade de condições com as demais, não é possível falar em deficiência.

E é por essa razão que a acessibilidade adquire especial relevância social. Entendida como a possibilidade de que os equipamentos urbanos, seu mobiliário, edificações, meios de transporte e comunicação sejam passíveis de utilização por todas as pessoas, a acessibi-

das pessoas com deficiência. Secretaria de Direitos Humanos da Presidência da República (SDH/PR), SNDP-SDH-PR, 2014, p. 99.

43 GARCIA, Maria. Comentários Introdutórios ao Estatuto da Inclusão e os direitos e liberdades. In: LEITE, Flávia Piva Almeida; RIBEIRO, Lauro Luiz Gomes; COSTA FILHO, Waldir Macieira (Orgs.). *Comentários ao Estatuto da Pessoa com Deficiência.* São Paulo: Saraiva, 2016, p. 43.

44 MARQUES, Claudia Lima; MIRAGEM, Bruno. *O novo direito privado e a proteção dos vulneráveis.* São Paulo: Revista dos Tribunais, 2012, p. 118.

45 MARQUES, Claudia Lima; MIRAGEM, Bruno. *O novo direito privado e a proteção dos vulneráveis.* São Paulo: Revista dos Tribunais, 2012, p. 118.

46 LOPES, Laís Figueirêdo. Artigo 1. In: DIAS, Joelson; FERREIRA, Laíssa da Costa; GUGEL, Maria Aparecida; COSTA FILHO, Waldir Macieira. *Novos comentários à Convenção sobre os direitos das pessoas com deficiência.* Secretaria de Direitos Humanos da Presidência da República (SDH/PR), SNDP-SDH-PR, 2014, p. 27.

47 LOPES, Laís Figueirêdo. Artigo 1º. In: DIAS, Joelson; FERREIRA, Laíssa da Costa; GUGEL, Maria Aparecida; COSTA FILHO, Waldir Macieira. *Novos comentários à Convenção sobre os direitos das pessoas com deficiência.* Secretaria de Direitos Humanos da Presidência da República (SDH/PR), SNDP-SDH-PR, 2014, p. 28.

lidade se torna o instrumento utilizado pelo ordenamento jurídico por meio do qual se assegurará às pessoas com déficit funcional, em igualdade de condições com as demais, o pleno desenvolvimento de suas oportunidades, como forma de preservação de seus direitos fundamentais e de vida[48].

A acessibilidade revela-se princípio e regra, direito e garantia, como afirma Maria Garcia[49]. É ela a *espinha dorsal* para a inclusão das pessoas com deficiência, na medida em que perpassa e complementa todos os outros princípios e direitos, garantindo que todos os cidadãos tenham acesso aos produtos e serviços em igualdade de condições[50]. Ela é o fundamento da outorga da real capacidade de agir à pessoa com deficiência.

O novo paradigma do modelo social da deficiência determina que ela não está na pessoa como um problema a ser curado, mas, sim, na sociedade que impõe barreiras a essas pessoas, agravando sua limitação funcional[51].

Luiz Alberto David Araújo afirma que o Estatuto inovou ao trazer um *conceito aberto* de deficiência que, apesar de gerar maior dificuldades para o aplicador do direito, podendo chegar a *zonas de incerteza* – dada às inúmeras variáveis –, diminui as chances de que uma pessoa que precise de proteção seja dela excluída. *Beneficia-se a inclusão, valor constitucional consagrado, em detrimento da facilidade do operador do sistema jurídico*[52].

A mudança de paradigma fez com que se abandone a ideia de *naturalização da deficiência,* que passa a ser reconhecida pela *inacessibilidade* do deficiente que se vê oprimido pela sociedade, pelos obstáculos físicos, atitudinais, linguísticos, culturais e econômicos por ela erigidos[53], como afirma Maria Garcia. Essa resposta à exclusão social abandona o viés paternalista e caritativo/assistencialista para assumir a posição de promoção dos direitos humanos, pela igualdade de oportunidades em relação às demais pessoas[54], o que se dará por meio da acessibilidade e eliminação dessas barreiras estruturais.

4. A TEORIA DAS INCAPACIDADES APÓS O ESTATUTO DA PESSOA COM DEFICIÊNCIA

Como consequência natural da mudança de paradigma da deficiência – trans-

48 ARAÚJO, Luiz Alberto David. Meio ambiente urbano constitucional e o cumprimento das regras de acessibilidade. *Revista de direito ambiental*, v. 79, p. 431-448, jul.-set./2015, p. 6.

49 GARCIA, Maria. Comentários Introdutórios ao Estatuto da Inclusão e os direitos e liberdades. In: LEITE, Flávia Piva Almeida; RIBEIRO, Lauro Luiz Gomes. COSTA FILHO, Waldir Macieira (Org.). *Comentários ao Estatuto da Pessoa com Deficiência.* São Paulo: Saraiva, 2016, p. 59.

50 GARCIA, Maria. Comentários Introdutórios ao Estatuto da Inclusão e os direitos e liberdades. In: LEITE, Flávia Piva Almeida; RIBEIRO, Lauro Luiz Gomes. COSTA FILHO, Waldir Macieira (Org.). *Comentários ao Estatuto da Pessoa com Deficiência.* São Paulo: Saraiva, 2016, p. 59.

51 GARCIA, Maria. Comentários Introdutórios ao Estatuto da Inclusão e os direitos e liberdades. In: LEITE, Flávia Piva Almeida; RIBEIRO, Lauro Luiz Gomes. COSTA FILHO, Waldir Macieira (Org.). *Comentários ao Estatuto da Pessoa com Deficiência.* São Paulo: Saraiva, 2016, p. 56.

52 ARAÚJO, Luiz Alberto David; MAIA, Maurício. O conceito de pessoas com deficiência e algumas de suas implicações no direito brasileiro. *Revista de Direito Constitucional e Internacional*, v. 86, p. 165-181, jan.-mar./2014, p. 7.

53 FERRAZ, Carolina Valença; LEITE, Glauber Salomão. Capítulo II. In: LEITE, Flávia Piva Almeida; RIBEIRO, Lauro Luiz Gomes; COSTA FILHO, Waldir Macieira (Orgs.). *Comentários ao Estatuto da Pessoa com Deficiência.* São Paulo: Saraiva, 2016, p.67.

54 GARCIA, Maria. Op. Cit., p. 67.

posição da análise médica do *status* individual à análise das barreiras sociais, políticas e econômicas –, houve alteração no regime da teoria das incapacidades, constante dos arts. 3º e 4º do Código Civil.

A principal modificação está na ratificação do art. 12 da Convenção, segundo a qual se reconhece que as pessoas com deficiência (intelectual e mental) gozam de capacidade legal em igualdade de condições com as demais em todos os aspectos da vida. Demais disso, ratificou-se o teor de seu art. 6º, no sentido de que a deficiência não afeta a plena capacidade civil, pelo que se pode afirmar que o princípio *in dubio pro capacitas*, conjugado com a igualdade de oportunidades à pessoa com déficit funcional, norteia todos os dispositivos da lei.

Aliás, esse artigo não se limitou a declarar a igualdade em termos de capacidade, mas especificou que a teoria das incapacidades – que, como visto, sempre teve abrangência no âmbito patrimonial – não se aplica a atos existenciais. Todas as restrições da teoria da incapacidade não abarcariam os atos existenciais – aqueles decorrentes dos direitos da personalidade, de modo que o Estatuto reconhece que, mesmo se admitida a deficiência, a pessoa tem capacidade para a prática desses atos, quais sejam, casar-se e constituir união estável; exercer direitos sexuais e reprodutivos; exercer o direito de decidir sobre número de filhos e ter acesso a informações sobre reprodução e planejamento familiar; conservar sua fertilidade, vedada a esterilização compulsória; exercer o direito à família e à convivência familiar e comunitária; além de exercer o direito a guarda, tutela, curatela e a adoção, em igualdade de oportunidades[55].

Dessa disposição que declara a plena capacidade da pessoa com deficiência, extrai-se, no tocante especificamente à capacidade de exercício, a revogação dos incisos I, II e III do antigo art. 3º, e dos incisos I e IV do art. 4º, ambos do Código Civil de 2002, nos termos do art. 114 do Estatuto da Pessoa com Deficiência. *In verbis:*

> Art. 114. A Lei n. 10.406, de 10 de janeiro de 2002 (Código Civil), passa a vigorar com as seguintes alterações:
>
> "Art. 3º. São absolutamente incapazes de exercer pessoalmente os atos da vida civil os menores de 16 (dezesseis) anos.
>
> I – (Revogado);
>
> II – (Revogado);
>
> III – (Revogado)." (NR)
>
> "Art. 4º São incapazes, relativamente a certos atos ou à maneira de os exercer:
>
> ....
>
> II – os ébrios habituais e os viciados em tóxico;
>
> III – aqueles que, por causa transitória ou permanente, não puderem exprimir sua vontade.

Da leitura acima, divisa-se que, no tocante às antigas hipóteses de incapacidade absoluta, contidas no art. 3º do Código Civil de 2002, o Estatuto manteve apenas o critério etário – menores de 16 anos –, revogando todas as demais hipóteses de incapacidade decorrente de déficit mental. Isto significa dizer que o ordenamento apenas reconhece *total inaptidão* para os atos da vida civil aos menores de 16 anos, excluindo o fator mental/intelectual desse rol.

O ordenamento não mais pretende *proteger* totalmente a pessoa com déficit funcional mental ou intelectual.

No tocante às antigas hipóteses de incapacidade relativa, previstas no art. 3º do Código Civil, foram excluídas as expressões *deficiência mental* e *discernimento reduzido*, constantes do inciso II, bem como a alusão a *excepcionais, sem desenvolvimento mental completo*. Foram excluídas completamente

55 Art. 6º do Estatuto da Pessoa com Deficiência (Lei n. 13.146, de 6 de julho de 2015).

as expressões decorrentes da falta de saúde mental ou intelectual também para as situações de incapacidade relativa, restringindo eventual limitação da capacidade à falta de manifestação de vontade, ou seja, apenas a *exteriorização da vontade.*

A plena capacidade de exercício dos atos e negócios jurídicos passa a ser o novo paradigma acerca da autonomia moral da pessoa com deficiência, como preconiza Maria Garcia[56].

O reconhecimento da pessoa capaz para o exercício de seus direitos – não obstante a presença de eventual déficit funcional – decorre do princípio da igualdade formal disposto no art. 12 da Convenção e implica a alteração na sistemática da teoria das incapacidades do Código Civil de 2002.

Com o advento do Estatuto, aboliu-se a aferição do *discernimento* pela análise do *status* biopsicológico mental, que foi substituído pelo *status* volitivo, em todas as antigas hipóteses de falta de saúde.

O Estatuto da Pessoa com Deficiência alterou a tradicional teoria das incapacidades e *aboliu* a análise do *status* correspondente à saúde mental: *a aferição da saúde mental, no caso concreto, para fins de discernimento e limitação de capacidade foi excluída do ordenamento jurídico.*

Todas as hipóteses de transtorno mental foram retiradas do rol da incapacidade absoluta, que passou a contar apenas com o critério etário: menores de 16 anos. De acordo com a equação mencionada, uma disfunção mental simples que não cause impactos ambientais não pode ser tomada por deficiência, mas simples característica pessoal.

Como afirma Fernando Rodrigues Martins[57], a estratégia do legislador foi excluir do rol de incapacidade absoluta todas as hipóteses correspondentes à deficiência mental e reorganizar o art. 4º do Código Civil para englobar as situações de falta de formação mental completa (como no caso do surdo-mudo desprovido de educação adequada ou aqueles com anomalias congênitas, como, por exemplo, a pessoa com síndrome de Down), reorientando o inciso III para a hipótese de falta de expressão da vontade por causa transitória ou permanente, mesclando com a antiga hipótese de incapacidade absoluta.

Esse *giro linguístico,* termo utilizado por Nelson Rosenvald, direciona qualquer impossibilidade de autogoverno por *deficiência ou enfermidade mental* para a hipótese de impossibilidade de *objetivamente* exprimir sua vontade, conduzindo a situação para a incapacidade relativa, passível de curatela com assistência. Segundo o autor, o ordenamento jurídico providenciou uma solução que compõe o interesse econômico da pessoa e a segurança jurídica[58].

É possível dizer, portanto, que o antigo *status* de discernimento, que englobava a aferição da saúde individual, nos mais diversos níveis médico-cognitivos, foi substituído pelo *status* correspondente à análise da *vontade manifestada pela pessoa.*

56 GARCIA, Maria. Comentários Introdutórios ao Estatuto da Inclusão e os direitos e liberdades. In: LEITE, Flávia Piva Almeida; RIBEIRO, Lauro Luiz Gomes. COSTA FILHO, Waldir Macieira (Orgs.). *Comentários ao Estatuto da Pessoa com Deficiência.* São Paulo: Saraiva, 2016, p. 80.

57 MARTINS, Fernando Rodrigues. A emancipação insuficiente da pessoa com deficiência e o risco patrimonial ao novo emancipado na sociedade de consumo. *Revista do Direito do Consumidor,* v. 104, p. 203-255, mar.-abr./2016, p. 10.

58 ROSENVALD, Nelson. Conheça o Estatuto da Pessoa com Deficiência. 24-8-2015. Disponível em: http://www.nelsonrosenvald.info/single-post/2015/08/24/Conhe%C3%A7a-o-Estatuto-da-Pessoa-com-Defici%C3%AAncia. Acesso em: 30 out. 2019.

Ou seja, uma pessoa com qualquer déficit mental não é mais automática e aprioristicamente inserida no rol das incapacidades, dada a dissociação entre saúde mental e incapacidade, e sim inserida no *generalista* rol do inciso III do art. 4º do Código Civil.

Não mais importa à teoria das incapacidades se o ato praticado pela pessoa com deficiência decorreu do elemento intelectual, mas somente ela foi capaz de expressar sua vontade. Se esse *giro linguístico* pode trazer prejuízos patrimoniais à pessoa com deficiência intelectual vai depender da interpretação do Poder Judiciário e já foi objeto de estudo específico[59]. No entanto, o *giro linguístico* foi expresso e proposital.

Basta ao Estatuto analisar se a pessoa se encontra em condições físico-psíquicas no momento de formação de vontade[60], bastando a aferição se a vontade emanada não foi desviada por alguma influência exógena[61], hipótese de defeito da declaração.

A alteração da teoria das incapacidades faz até algum sentido lógico pois, se a falta de condição físico-psíquica não perfaz mais hipótese de incapacidade, o ordenamento deveria desconsiderá-la para efeitos de incapacidade. No entanto, não se pode olvidar que, na prática, haverá situações de absoluta falta de conhecimento, não somente de aptidão para expressar a vontade, o que demandaria, por óbvio, uma intervenção mais drástica do ordenamento para proteção dessa pessoa e uma pena mais acentuada em caso de violação de seu direito.

O que se vê, da alteração promovida, é que, pela primeira vez no ordenamento brasileiro, desde as Ordenações Filipinas, a saúde mental deixou de ser fator para proteção pública, social e jurídica. Pessoas com déficit mental deixaram de ser objeto de proteção para se tornarem apenas objeto do dever legal e social de se promover acessibilidade. A aferição do *status biopsicológico* e do *discernimento* não interessa mais à aptidão para os atos da vida civil e, por consequência, não perfaz hipótese de limitação da capacidade de exercício.

Essa inovação decorre do novo conceito de deficiência mental e visa à justiça distributiva, em prol da igualdade de condições com os demais, proporcionando uma real possibilidade de desenvolvimento da personalidade e o exercício de direitos fundamentais.

A segunda direção da lei encontra abrigo na intervenção mínima na esfera privada da pessoa com deficiência.

Trata-se de uma resposta ao regime do *tudo ou nada* do processo de interdição e ao estigma suportado ao longo do tempo pelas pessoas com deficiência. Afinal, antes do Estatuto e pelas razões já apontadas (inexistência de graduação dos níveis de déficit; exclusividade do conceito cognitivo; discriminação negativa; dentre outras), a vontade do incapaz para a prática de todos os atos civis era substituída integralmente pela de seu representante, situação apontada por Maurício Requião como inversão do regime protetivo das incapacidades, em prol da proteção patrimonial de terceiros, e não do incapaz[62].

O excesso de paternalismo familiar, culminado com a infantilização da pessoa com deficiência, também concorria na repercussão negativa na esfera da autonomia

59 LIMONGI, Viviane Cristina de Souza. *A capacidade civil e o Estatuto da Pessoa com Deficiência:* reflexos patrimoniais do negócio jurídico firmado pela pessoa com deficiência mental. Rio de Janeiro: Lumen Juris, 2018.

60 PEREIRA, Caio Mário da Silva. *Instituições de direito civil.* Rio de Janeiro: Forense, 2001, v. 1, p. 324.

61 PEREIRA, Caio Mário da Silva. *Instituições de direito civil.* Rio de Janeiro: Forense, 2001, v. 1, p. 325.

62 REQUIÃO, Maurício. *Estatuto da Pessoa com Deficiência, incapacidades e interdição.* Salvador: JusPodivm, 2016, p. 81.

da pessoa com deficiência, pois era a própria família – também pautada nos aspectos médicos/cognitivos – que não reconhecia a capacidade. Além disso, a sistemática *patrimonialista* da incapacidade ia de encontro aos valores constitucionais e se revelava incompatível com a promoção da dignidade humana[63], pois excluía a possibilidade de a pessoa – apesar de seu déficit funcional intelectual – expressar sua vontade no tocante a aspectos existenciais *e* patrimoniais.

Por essa razão, o Estatuto instituiu, nos arts. 84 e 85, uma renovação no instituto da curatela, em prol de sua humanização e especificação, *in verbis:*

> Art. 84. A pessoa com deficiência tem assegurado o direito ao exercício de sua capacidade legal em igualdade de condições com as demais pessoas.
>
> § 1º Quando necessário, a pessoa com deficiência será submetida à curatela, conforme a lei.
>
> § 2º É facultado à pessoa com deficiência a adoção de processo de tomada de decisão apoiada.
>
> § 3º A definição de curatela de pessoa com deficiência constitui medida protetiva extraordinária, proporcional às necessidades e às circunstâncias de cada caso, e durará o menor tempo possível.
>
> § 4º Os curadores são obrigados a prestar, anualmente, contas de sua administração ao juiz, apresentando o balanço do respectivo ano.
>
> Art. 85. A curatela afetará tão somente os atos relacionados aos direitos de natureza patrimonial e negocial.
>
> § 1º A definição da curatela não alcança o direito ao próprio corpo, à sexualidade, ao matrimônio, à privacidade, à educação, à saúde, ao trabalho e ao voto.
>
> § 2º A curatela constitui medida extraordinária, devendo constar da sentença as razões e motivações de sua definição, preservados os interesses do curatelado.
>
> § 3º No caso de pessoa em situação de institucionalização, ao nomear curador, o juiz deve dar preferência a pessoa que tenha vínculo de natureza familiar, afetiva ou comunitária com o curatelado.

Extrai-se, do texto da Lei, que a avaliação da deficiência para fins de curatela pode ser desnecessária, mantendo-se o conceito de que o impedimento à pessoa com deficiência deve ser de longo prazo. Isso significa que a avaliação da incapacidade, *se e quando necessária*, será realizada quando for relevante para definir o universo de beneficiários dos direitos garantidos[64]. O procedimento somente deve ser deflagrado em razão da imprescindibilidade da proteção. Na dúvida, presume-se a capacidade da pessoa e desnecessidade de curatela.

E quando houver necessidade da curatela, a avaliação será feita por equipe multidisciplinar, dada a nova acepção de deficiência, à luz das barreiras sociais, econômicas e políticas, e não mais restrita ao aspecto médico/cognitivo por meio de um perito.

Como resultado dessa nova natureza da curatela, medida extrema e eventual, à luz da manutenção do *status personae*[65] da

[63] FERRAZ, Carolina Valença; LEITE, Glauber Salomão. Capacidade civil – fixação de novos paradigmas para a construção de um regime jurídico voltado à tutela da dignidade humana. In: EHRHARDT JR. Marcos (Coord.). *Os 10 anos do Código Civil:* evolução e perspectivas. Belo Horizonte: Fórum, 2012, p. 51.

[64] GARCIA, Maria. Comentários Introdutórios ao Estatuto da Inclusão e os direitos e liberdades. In: LEITE, Flávia Piva Almeida; RIBEIRO, Lauro Luiz Gomes; COSTA FILHO, Waldir Macieira (Orgs.). *Comentários ao Estatuto da Pessoa com Deficiência.* São Paulo: Saraiva, 2016, p. 49.

[65] MENEZES, Joyceane Bezerra. O direito protetivo no Brasil após a Convenção sobre a

pessoa com deficiência, refirmou-se a necessidade de *limitação da curatela*, bem como de sua exata fundamentação.

É de reconhecer, como explicam Cristiano Chaves de Farias, Rogério Sanches Cunha e Ronaldo Batista Pinto, que a curatela passa a apresentar forte carga argumentativa para justificar um projeto terapêutico individualizado: *cada curatelando tem o direito (de envergadura constitucional) de ter parametrizada a sua curatela de acordo com as suas particularidades, sem fórmulas genéricas e neutras*[66]. O Estatuto veio consolidar a necessidade de que a curatela seja proporcional, afastando a saída comum de simples decretação absoluta, com limitação integral da capacidade do sujeito[67].

Vê-se que o novo procedimento da curatela se coaduna com o reconhecimento do *status personae* da pessoa com deficiência, como afirma Joyceanne Bezerra de Menezes[68]. A autora explica que a limitação da curatela tem seu alicerce no desenvolvimento da personalidade do curatelado e seu reconhecimento como pessoa, vez que o ordenamento jurídico passa a atribuir maior relevo a suas preferências, a suas circunstâncias personalíssimas, aos seus vínculos de afetividade e interesses fundamentais[69].

E, no tocante aos atos existenciais, divisa-se que a lei foi taxativa ao dispor que *não haverá curatela*. Atos que envolvam o próprio corpo, sexualidade, matrimônio, privacidade, educação, saúde, trabalho e voto serão tomados exclusivamente pela pessoa com deficiência, sem incidência de curatela, sob nenhuma hipótese, nos termos do § 1º do art. 85 do Estatuto.

O Estatuto outorgou explicitamente às pessoas com algum déficit mental ou intelectual plena capacidade para atos que envolvam sua esfera física ou moral, seus direitos de personalidade correspondentes ao modo de ser físico ou moral da pessoa, como ensina Adriano de Cupis[70]. Isto é, para atos praticados na esfera da *utilitas* privada, que por sua natureza correspondam às próprias necessidades mais elevadas e essenciais do indivíduo considerado em si mesmo[71], o Estatuto declarou seu exercício pessoal e sua intransmissibilidade por curatela.

Além disso, o Estatuto instituiu a *tomada de decisão apoiada* como outro instituto para promover a autonomia da pessoa com deficiência. Nesse instituto, o apoiado,

proteção da pessoa com deficiência: impactos do novo CPC e do Estatuto da Pessoa com Deficiência. *Civilistica.com*. Rio de Janeiro, ano 4, n. 1, jan.-jul./2015, p. 18. Disponível em: http://civilistica.com/wp-content/uploads/2016/01/Menezes-civilistica.com-a.4.n.1.2015.pdf. Acesso em: 30 out. 2019.

66 FARIAS, Cristiano Chaves; CUNHA, Rogério Sanches; PINTO, Ronaldo Batista. *Estatuto da Pessoa com Deficiência comentado*. Salvador: JusPodivm, 2016, p. 241.

67 ABREU, Célia Barbosa. *Curatela e interdição civil*. Rio de Janeiro: Lumen Juris, 2009, p. 82-143.

68 MENEZES, Joyceane Bezerra. O direito protetivo no Brasil após a Convenção sobre a proteção da pessoa com deficiência: impactos do novo CPC e do Estatuto da Pessoa com Deficiência. *Civilistica.com*. Rio de Janeiro, ano 4, n. 1, jan.-jul./2015, p. 18. Disponível em: http://civilistica.com/wp-content/uploads/2016/01/Menezes-civilistica.com-a.4.n.1.2015.pdf. Acesso em: 30 out. 2019.

69 MENEZES, Joyceane Bezerra. O direito protetivo no Brasil após a Convenção sobre a proteção da pessoa com deficiência: impactos do novo CPC e do Estatuto da Pessoa com Deficiência. Civilistica.com. Rio de Janeiro, ano 4, n. 1, jan.-jul./2015, p. 18. Disponível em: http://civilistica.com/wp-content/uploads/2016/01/Menezes-civilistica.com-a.4.n.1.2015.pdf. Acesso em: 30 out. 2019.

70 CUPIS, Adriano de. *Os direitos da personalidade*. Trad. Afonso Celso Furtado Rezende. São Paulo: Quorum, 2008, p. 36.

71 CUPIS, Adriano de. *Os direitos da personalidade*. Trad. Afonso Celso Furtado Rezende. São Paulo: Quorum, 2008, p. 34.

por iniciativa própria, elege duas pessoas com as quais mantenha vínculos e que gozem de sua confiança, para prestar-lhe apoio na tomada de decisão sobre atos da vida civil. Para isso, fornece-lhes os elementos e informações necessários para que possa exercer sua capacidade, nos termos do art. 116 do Estatuto.

Diferentemente de Áustria e Alemanha, que excluem a curatela na hipótese da tomada de decisão apoiada, no sistema brasileiro o regime da curatela parece conviver com o novo instituto. A diferença entre os dois regimes é colocada por Maurício Requião: a legitimidade ativa para a tomada de decisão apoiada cabe ao sujeito que dela fará uso, o que reforça o papel da *autonomia da pessoa com deficiência intelectual*, ou seja, o indivíduo, baseado em sua exclusiva vontade, poderá possuir apoiadores escolhidos por ele – e não por ordem legal – para o auxiliar.

A tomada de decisão apoiada se apresenta como um reforço a *ratio legis* do Estatuto, no sentido de se privilegiar a autonomia e independência do titular de direitos, projetando no ordenamento jurídico o exercício ativo de seus direitos fundamentais.

Divisa-se, portanto, que o Estatuto da Pessoa com Deficiência teve por objetivo reafirmar a emancipação da pessoa com deficiência intelectual, reforçando-se, o quanto possível, sua capacidade para atuar nos atos da vida civil, sem interferência de terceiros; sem substituição de sua vontade, mantendo-se sua autonomia e o livre desenvolvimento de sua personalidade, como *pessoa social* e livre.

5. QUESTÕES

1. (FCC – DPE-AP – Defensor Público – 2018) Considere as assertivas abaixo à luz do Estatuto da Pessoa com Deficiência (Lei n. 13.146/2015):

I. As pessoas que em razão de enfermidade ou deficiência mental não tiverem o necessário discernimento para a prática dos atos da vida civil deixaram de ser absolutamente incapazes.

II. A decisão apoiada é imposta à pessoa com deficiência que se enquadre nas hipóteses de incapacidade relativa.

III. O casamento de pessoa com deficiência mental é válido.

IV. A ignorância, anterior ao casamento, de doença mental grave que, por sua natureza torne insuportável a vida em comum ao cônjuge enganado, acarreta a anulabilidade do casamento.

Está correto o que se afirma APENAS em:

A) II e III.
B) I e III.
C) I e II.
D) II e IV.
E) I, II e IV.

Resolução:

I. *Correta.* Considerando-se a presunção *ex lege* de capacidade às pessoas com deficiência intelectual, não há mais hipóteses de incapacidade absoluta no art. 3º, ressalvada a hipótese etária: menores de 16 anos.

II. *Incorreta.* A tomada de decisão apoiada constitui um instrumento colocado à disposição da pessoa com deficiência – até para deficiência física – que o utilizará se quiser.

III. *Correta.* O art. 6º, I, do Estatuto da Pessoa com Deficiência, reconhece a plena capacidade da pessoa com deficiência para casar-se e constituir união estável.

IV. *Incorreta.* No tocante a erro essencial sobre a pessoa do outro cônjuge, para fins de anulabilidade do casamento, cumpre ressaltar que o Estatuto da Pessoa com Deficiência retirou do rol o termo "doença mental grave", alterando, portanto, a disposição do inciso III do art. 1.557 do Código Civil que passou a viger com a seguinte redação: "a ignorância, anterior ao casamento, de defeito físico irremediável que não caracterize deficiência ou de moléstia grave e transmissível, por contágio ou por herança, capaz de pôr em risco a saúde do outro cônjuge ou de sua descendência".

Gabarito: "B".

2. (FCC – DPE-AM – Defensor Público – 2018) De acordo com previsão expressa do Estatuto da Pessoa com Deficiência, a deficiência NÃO afeta a plena capacidade civil da pessoa, para:

A) casar-se e constituir união estável ou para exercer o direito à adoção.

B) conservar sua fertilidade ou para outorgar procuração.

C) exercer direito à adoção ou para outorgar procuração.

D) casar-se e constituir união estável ou para firmar contrato.

E) exercer seu direito reprodutivo ou para dispor em testamento.

↘ Resolução:

Importante salientar que o Estatuto da Pessoa com Deficiência outorga plena capacidade às pessoas com deficiência especialmente às questões existenciais, nos termos do art. 6º da Lei.

Como as assertivas "B", "C", "D" e "E" podem eventualmente referir-se a questões patrimoniais, há a possibilidade de instituição de curatela, sendo flexibilizada, portanto, a plena capacidade civil para esses atos patrimoniais.

↗ Gabarito: "A".

3. (FCC – TRT 11ª Região – Analista Judiciário – Área Administrativa – 2017) No que diz respeito ao reconhecimento igual perante a lei, a Lei n. 13.146/2015 estabelece que:

A) a pessoa com deficiência sempre será submetida à curatela.

B) a curatela de pessoa com deficiência constitui medida protetiva ordinária.

C) a curatela é proporcional às necessidades e às circunstâncias de cada caso e persiste obrigatoriamente até que sejam completados os 21 anos de idade.

D) é facultado à pessoa com deficiência a adoção de processo de tomada de decisão apoiada.

E) a curatela não afeta os atos relacionados aos direitos de natureza patrimonial e negocial.

↘ Resolução:

A questão tem por objetivo enfatizar que a pessoa com deficiência é dotada de plena capacidade civil. No entanto, para atos de natureza patrimonial e negocial, há certa relativização da capacidade civil e a curatela, se necessário, pode ser instituída.

Cumpre-nos ressaltar que qualquer medida de proteção – curatela e tomada de decisão apoiada – somente será instituída, respectivamente, se realmente houver necessidade (art. 84, § 1º, do Estatuto), não constituindo, portanto, a curatela medida ordinária, mas extraordinária. A tomada de decisão apoiada também só será instituída mediante requerimento do próprio apoiado.

O intuito do Estatuto é o de promover auxílio conforme às necessidades e circunstâncias de cada pessoa, sem a prolação de decisões generalistas, não havendo limitação de idade.

↗ Gabarito: "D".

4. (FCC – AL-MS – Consultor de Processo Legislativo – 2016) Prevê o Estatuto da pessoa com deficiência, Lei n. 13.146/2015, que a pessoa com deficiência tem assegurado o direito ao exercício de sua capacidade legal em igualdade de condições com as demais pessoas. Prevê, ainda, que quando necessário, a pessoa com deficiência será submetida à curatela. Nestes casos, é certo que:

A) a definição de curatela de pessoa com deficiência constitui medida protetiva ordinária, proporcional às necessidades básicas das pessoas portadoras de deficiência.

B) é obrigatória à pessoa com deficiência a adoção de processo de tomada de decisão apoiada.

C) a curatela afetará tão somente os atos relacionados aos direitos de natureza patrimonial e negocial.

D) a curatela durará pelo maior tempo possível, respeitando o mínimo de dois anos visando à proteção integral da pessoa com deficiência.

E) os curadores são obrigados a prestar, semestralmente, contas de sua administração ao juiz, apresentando o balanço de dois trimestres.

↘ Resolução:

Como a Lei presume a capacidade civil a todas as pessoas com deficiência, a curatela somente afetará os atos relacionados aos direitos de natureza patrimonial e negocial, nos termos do art. 85 do Estatuto.

Como já mencionado, a *ratio* do Estatuto é a presunção de capacidade civil para todos os atos, de modo que a curatela não será obrigatória e constituirá medida extraordinária atinente às circunstâncias e interesses do curatelado, nos termos do § 2º do art. 85.

↗ **Gabarito: "C".**

5. (CESPE – EBSERH – Técnico em Análises Clínicas – 2018 – Adaptada) Acerca do Estatuto da Pessoa com Deficiência, julgue o item que se segue:

A avaliação da deficiência de uma pessoa deverá ser biopsicossocial, com equipe multiprofissional e interdisciplinar, considerando seus fatores socioambientais, psicológicos e pessoais.

A) Certo.

B) Errado.

↘ **Resolução:**

O Estatuto da Pessoa com Deficiência redirecionou o conceito de deficiência de modo que deixou de se caracterizar unicamente por um déficit pessoal e passou a estar associado às barreiras que essa pessoa suporta na sociedade.

Essa nova concepção vem ao encontro da noção do homem-social, segundo o qual a pessoa é vista segundo o efetivo exercício de seus papéis na interação da vida privada. É por essa razão que a aferição da acessibilidade é fundamental para a nova concepção de deficiência: se a pessoa, a despeito de haver algum déficit funcional, não enfrenta barreiras porque a sociedade possibilita o exercício de sua personalidade, em igualdade de condições com as demais, não é possível falar em deficiência.

Diante disso, o Estatuto da Pessoa com Deficiência, em seu art. 2º, § 1º, declara que a avaliação da deficiência, quando necessária, deve englobar o aspecto biopsicossocial e ser realizada por equipe multiprofissional e interdisciplinar e considerará: "I – os impedimentos nas funções e nas estruturas do corpo; II – os fatores socioambientais, psicológicos e pessoais; III – a limitação no desempenho de atividades; e IV – a restrição de participação".

↗ **Gabarito: "A".**

CONCLUSÃO

Veio em bom tempo a promulgação do Estatuto da Pessoa com Deficiência porquanto a teoria da incapacidade, em sua origem, e o instituto da curatela não mais serviam ao tratamento humanizado, social e adequado ao livre desenvolvimento da pessoa com deficiência intelectual que, por sua vez, se via premida pela interdição total e afastada da sociedade.

O regime do *tudo ou nada* a que sempre estiveram submetidas as pessoas com deficiência sempre se mostrou radical, pois nunca se ateve às especificidades da deficiência e, tampouco, analisou as deficiências medianas. Em razão disso, aliadas ao estigma, as sentenças de decretação de interdição total culminavam com o real afastamento da pessoa com deficiência intelectual do seio da sociedade e a substituição de sua vontade por um terceiro, coarctando seu direito de desenvolver livremente sua personalidade, sobretudo nos aspectos existenciais.

Fazia-se necessária uma legislação que reconhecesse a pessoa com deficiência como *pessoa social*, outorgando-lhe poderes para autodeterminar-se na vida, seja no aspecto existencial, como no patrimonial (ainda que com certas limitações, caso necessário, por meio da curatela parcial), em condições de igualdade material, proteção das diferenças e inclusão, sem discriminação.

São muitas as questões acerca da capacidade e da validade do negócio jurídico firmado pela pessoa com deficiência mental grave, e tais questões serão resolvidas por meio de hermenêutica por parte do Poder Judiciário. No entanto, era necessário que pessoas com deficiência intelectual menos acentuada pudessem movimentar-se com mais autonomia na sociedade, em atenção a seus desejos mais íntimos, pois o Estatuto outorgou à pessoa com deficiência uma emancipação já há muito tempo buscada.

Demais disso, o Estatuto colocou no seio da sociedade o dever de, mediante ações afirmativas e quebra de barreiras, facilitar o acesso e a inclusão da pessoa com deficiência ao real patamar de igualdade, além de dissociar também os conceitos acerca da capacidade e deficiência.

Espera-se, com a promulgação do Estatuto, que a sociedade cumpra seu papel e proceda às políticas públicas para promover acessibilidade e inclusão. Ademais, embora algumas adequações sejam ainda necessárias no Estatuto, espera-se que os valores personalíssimos das pessoas com deficiência intelectual sejam observados e que, de fato, o conteúdo principiológico da Convenção, digno de aplausos, seja alcançado e que, finalmente, as deficiências deixem de ser limitações para apenas se situarem como uma das possíveis características da pessoa humana.

REFERÊNCIAS

ABREU, Célia Barbosa. *Curatela e interdição civil.* Rio de Janeiro: Lumen Juris, 2009.

AGUIAR, Mônica. 2002 + 10. Para além da capacidade: o impacto da vulnerabilidade em matéria de autonomia em questões de saúde. In: LOTUFO, Renan; NANNI, Giovanni Ettore; MARTINS, Fernando Rodrigues (Coords.). *Temas relevantes do direito civil contemporâneo:* reflexões sobre os 10 anos do Código Civil. São Paulo: Atlas, 2012.

AMARAL, Francisco. *Direito civil*: introdução. 6. ed. Rio de Janeiro: Renovar, 2006.

ARAÚJO, Luiz Alberto David. *A proteção constitucional das pessoas portadoras de deficiência.* 2. ed. Brasília: Coordenadoria Nacional para Integração da Pessoa Portadora de Deficiência, 1997.

ARAÚJO, Luiz Alberto David. Meio ambiente urbano constitucional e o cumprimento das regras de acessibilidade. *Revista de direito ambiental,* v. 79/2015, p. 431-448, jul.-set./2015.

ARAÚJO, Luiz Alberto David; MAIA, Maurício. O conceito de pessoas com deficiência e algumas de suas implicações no direito brasileiro. *Revista de Direito Constitucional e Internacional,* v. 86/2014, jan.-mar./2014.

AUBRY, Charles; RAU, Charles-Frédéric; FALCIMAIGNE, Charles; GAULT, Maurice; BARTIN, Étienne. *Cours de droit civil français*: d'aprés la méthode de Zachariae. t. I.

BETTI, Emílio. *Teoria geral do negócio jurídico.* Campinas: LZN, 2003.

BRASIL. Decreto n. 6.949, de 25 de agosto de 2009. Disponível em: <http://www.planalto.gov.br/ccivil_03/_ato2007-2010/2009/decreto/d6949.htm>.

BRASIL. Lei 13.146 de 6 de julho de 2015. Disponível em: <http://www.planalto.gov.br/ccivil_03/_Ato2015-2018/2015/Lei/L13146.htm>.

CAPITANT, Henri. *Introduction à l'Étude du Droit Civil.* Paris: A. Pedone, Editeur, 1929.

CUPIS, Adriano de. *Os direitos da personalidade.* Trad. Afonso Celso Furtado Rezende. São Paulo: Quorum, 2008.

DINIZ, Maria Helena. *Curso de Direito Civil Brasileiro.* 31. ed. São Paulo: Saraiva, 2014. v. 1.

DOMAT, Jean. *Oeuvres de J. Domat.* Paris: Éditeur E. Kleffer (L. Tenré), 1821-1825. t. 1.

FARIAS, Cristiano Chaves; CUNHA, Rogério Sanches; PINTO, Ronaldo Batista. *Estatuto da Pessoa com Deficiência comentado.* Salvador: JusPodivm, 2016.

FERRAZ, Carolina Valença; LEITE, Glauber Salomão. Capacidade civil: fixação de novos paradigmas para a construção de um regime jurídico voltado à tutela da dignidade humana. In: EHRHARDT JR. Marcos (Coord.). *Os 10 anos do Código Civil: evolução e perspectivas.* Belo Horizonte: Fórum, 2012.

FRASER, Nancy. Redistribuição, Reconhecimento e participação: por uma concepção integrada da justiça. In: SARMENTO, Daniel; IKAWA, Daniela; PIOVESAN, Flávia (Coords.). *Igualdade, diferença e direitos humanos*. 2. tir. Rio de Janeiro: Lumen Juris, 2010.

GARCIA, Maria. Comentários Introdutórios ao Estatuto da Inclusão e os direitos e liberdades. In: LEITE, Flávia Piva Almeida; RIBEIRO, Lauro Luiz Gomes; COSTA FILHO, Waldir Macieira (Orgs.). *Comentários ao Estatuto da Pessoa com Deficiência*. São Paulo: Saraiva, 2016.

GENAUDET, F. *Étude sur la mort civile et la necessité de son abolition*. Paris: Imprimerie de Éd. Fleury et Ad. Chevergny, 1854.

GOMES, Orlando. *Introdução ao direito civil*. 20. ed. Rio de Janeiro: Forense, 2010.

GRABOIS, Claudia. In: DIAS, Joelson; FERREIRA, Laíssa da Costa; GUGEL, Maria Aparecida; COSTA FILHO, Waldir Macieira. *Novos comentários à Convenção sobre os direitos das pessoas com deficiência*. Secretaria de Direitos Humanos da Presidência da República (SDH/PR), SNDP-SDH-PR, 2014.

LIMONGI, Viviane Cristina de Souza. *A capacidade civil e o Estatuto da Pessoa com Deficiência*: reflexos patrimoniais do negócio jurídico firmado pela pessoa com deficiência mental. Rio de Janeiro: Lumen Juris, 2018.

LOPES, Laís Figueirêdo. Artigo 1. In: DIAS, Joelson; FERREIRA, Laíssa da Costa; GUGEL, Maria Aparecida; COSTA FILHO, Waldir Macieira. *Novos comentários à Convenção sobre os direitos das pessoas com deficiência*. Secretaria de Direitos Humanos da Presidência da República (SDH/PR), SNDP-SDH-PR, 2014.

MARQUES, Claudia Lima; MIRAGEM, Bruno. *O novo direito privado e a proteção dos vulneráveis*. São Paulo: Revista dos Tribunais, 2012.

MARTINS, Fernando Rodrigues. A emancipação insuficiente da pessoa com deficiência e o risco patrimonial ao novo emancipado na sociedade de consumo. *Revista do Direito do Consumidor*, v. 104/2016, p. 203 - 255, mar - abr/2016, DRT/2016/4625.

MELLO, Marcos Bernardes de. *Teoria do fato jurídico*: plano da validade. 14. ed. São Paulo: Saraiva, 2015.

MENEZES CORDEIRO, António. *Tratado de direito civil português*. 2. ed. Coimbra: Almedina, 2007, t. III.

MENEZES, Joyceanne Bezerra de. O direito protetivo no brasil após a convenção sobre a proteção da pessoa com deficiência: impactos do novo CPC e do Estatuto da Pessoa com Deficiência. *Civilistica.com*. Rio de Janeiro, a. 4, n. 1, jan-jun/2015, p. 6. Disponível em: http://civilistica.com/wp-content/uploads/ 2016/01/Menezes-civilistica.com-a.4.n.1.2015.pdf. Data de acesso: 30-10-2019.

MOTA PINTO, Carlos Alberto da. Valor dos actos jurídicos dos dementes. Coimbra: *Separata da Revista de Direito e Estudos Sociais*, v. XII, n. 1-2.

MOTA PINTO, Paulo. Autonomia privada e discriminação: algumas notas. In: SARLET, Ingo Wolfgang (Org.). *Constituição, Direitos Fundamentais e Direito Privado*. 3. ed. Porto Alegre: Editora Livraria do Advogado, 2010.

NUNES, Lydia Neves Bastos Telles. Incapacidade: uma questão de proteção à pessoa humana. *Revista do Instituto dos Advogados de São Paulo*, v. 18/2006, p. 170-186, jul-dez/2006.

PERLINGIERI, Pietro. *Perfis do direito civil*: introdução ao direito civil constitucional. 3. ed. Rio de Janeiro: Renovar, 1997.

PEREIRA, Caio Mário da Silva. *Instituições de direito civil.* 21. ed. Rio de Janeiro: Forense, 2005. v. 1.

PIOVESAN, Flávia. Apresentação. In: DIAS, Joelson; FERREIRA, Laíssa da Costa; GUGEL, Maria Aparecida; COSTA FILHO, Waldir Macieira (Orgs.). *Novos comentários à Convenção sobre os direitos das pessoas com deficiência.* Secretaria de Direitos Humanos da Presidência da República (SDH/PR), SNDP-SDH-PR, 2014.

PLANIOL, Marcel; RIPERT, Georges. *Traité Élémentaire de Droit Civil conforme au programme officiel des facultés de droit.* 11. ed. Paris: Librarie Générale de Droit & de Jurisprudence, 1928. v. I.

PONTES DE MIRANDA. *Tratado de direito privado.* Atual. por Judith Martins-Costa; Gustavo Haical e Jorge Cesa Ferreira da Silva. São Paulo: Revista dos Tribunais, 2012. t. I.

RAWLS, John. *Justiça e Democracia.* Trad. Irene A. Paternot. São Paulo: Martins Fontes, 2000, p. XXXVI apud SÉGUIN, Elida. *Minorias e grupo vulneráveis*: uma abordagem jurídica. Rio de Janeiro: Forense, 2002.

REALE, Miguel. *Lições preliminares de direito.* 9. ed. São Paulo: Saraiva, 1946.

REQUIÃO, Maurício. *Estatuto da Pessoa com Deficiência, incapacidades e interdição.* Salvador: JusPodivm, 2016.

RODRIGUES, Silvio. *Direito civil.* São Paulo: Saraiva, 2003. v. 1.

ROPPO, Enzo. *O contrato.* Coimbra: Livraria Almedina, 1988.

ROSENVALD, Nelson. Conheça o Estatuto da Pessoa com Deficiência. 24.08.2015. Disponível em: <http://www.nelsonrosenvald.info/single-post/2015/ 08/24/Conhe%C3%A7a-o-Estatuto-da-Pessoa-com-Defici%C3%AAncia>. Acesso em: 30-10-2019.

SAVIGNY. *Sistema del derecho romano actual*, v. 2, p. 210 e § 106, apud MELLO, Marcos Bernardes de. *Teoria do fato jurídico*: plano da validade. 14. ed. São Paulo: Saraiva, 2015.

SPROVIERI, Maria Helena S. A integração da pessoa deficiente. In: MANTOAN, Maria Teresa Egler (Org.) *A integração de pessoas com deficiência.* São Paulo: Memnon Edições Científicas, 1997.